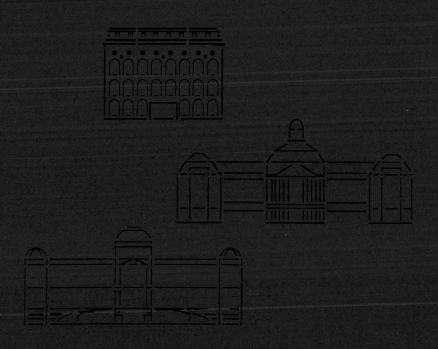

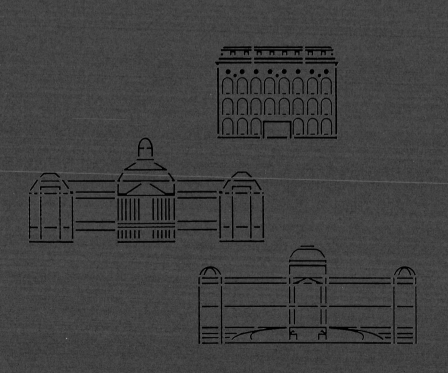

Jahresabschluß und Jahresabschlußprüfung

Probleme, Perspektiven, internationale Einflüsse

Festschrift
zum 60. Geburtstag von Jörg Baetge

Herausgegeben von

Thomas R. Fischer und Reinhold Hömberg

IDW-VERLAG GMBH
Düsseldorf 1997

Die Deutsche Bibliothek – CIP-Einheitsaufnahme

Jahresabschluß und Jahresabschlußprüfung : Probleme, Perspektiven, internationale Einflüsse ; Festschrift zum 60. Geburtstag von Jörg Baetge / hrsg. von Thomas R. Fischer und Reinhold Hömberg. – Düsseldorf : IDW-Verl., 1997
ISBN 3-8021-0721-7

ISBN 3-8021-0721-7

Illustrationen der Universitäten Frankfurt, Münster und Wien:
Dipl.-Designer Gisela Döpke

Copyright 1997 by IDW-Verlag GmbH, Düsseldorf
Alle Rechte der Verbreitung, auch durch Film, Funk und Fernsehen, fotomechanische Wiedergabe, Tonträger jeder Art, auszugsweisen Nachdruck oder Einspeicherung und Rückgewinnung in Datenverarbeitungsanlagen aller Art, einschließlich der Übersetzung in andere Sprachen, sind vorbehalten.

Gesamtherstellung: Bercker Graphischer Betrieb GmbH, Kevelaer

Inhaltsverzeichnis

Vorwort der Herausgeber IX
Abkürzungsverzeichnis XIII

I. Rechnungslegung und Rechnungslegungsgrundsätze

Wolfgang Dieter Budde/Elgin Steuber
Rechnungslegung nach HGB und der verfassungsrechtliche
Grundsatz der Gleichbehandlung 3

Norbert Herzig
Derivatebilanzierung und GoB-System 37

Bruno Kropff
Vorsichtsprinzip und Wahlrechte 65

Adolf Moxter
Zur Interpretation des True-and-fair-view-Gebots der Jahresabschlußrichtlinie....................................... 97

Theodor Siegel
Mangelnde Ernsthaftigkeit des Gläubigerschutzes als offene
Flanke der deutschen Rechnungslegungsvorschriften 117

II. Jahresabschluß und Informationsfunktion

Wolfgang Ballwieser
Die Lageberichte der DAX-Gesellschaften im Lichte der
Grundsätze ordnungsmäßiger Lageberichterstattung 153

Arnold Kawlath
Reichen Jahresabschluß und Lagebericht, um auf künftige
Unternehmenserfolge zu schließen? 189

Helmut Koch
Lageberichterstattung und inflationäre Preissteigerungen 215

Gerwald Mandl/Heinz Königsmaier
Kapitalkonsolidierung nach der Erwerbsmethode und die Behandlung von Minderheitsanteilen im mehrstufigen Konzern... 239

Dieter Rückle
Rechnungslegung der Versicherungen und Überschußbeteiligung der Versicherten 279

III. Ergebnisermittlung

Helmut Brede
Der Erfolgsbegriff im Neuen Öffentlichen Rechnungswesen ... 309

Thomas R. Fischer
Zur Diskussion um das Umsatzkostenverfahren – Grundsatzfragen und praktische Umsetzung........................ 333

Andreas Nordmeyer
Anschaffungsnaher Aufwand im Handelsrecht 373

Lothar Schruff
Zum Ausweis des Zinsanteils bei der Zuführung zur Pensionsrückstellung 401

Wienand Schruff
Zur Bilanzierung von Beteiligungserträgen nach dem Urteil des EuGH vom 27. Juni 1996........................... 427

Günter Siepe
Die Belastungen der Unternehmensergebnisse durch Pensionszusagen 451

Carl Zimmerer
Betrachtungen zu „Aufwendungen als Folge von Kriminalität" 487

IV. Internationalisierung der Rechnungslegung

Gerhart Förschle
Earnings Per Share... 499

Hans Havermann
Tendenzen zur Internationalisierung der deutschen Konzernrechnungslegung 519

Norbert Krawitz
Zur Erweiterung der deutschen Segmentberichterstattung unter Berücksichtigung internationaler Entwicklungen............. 551

Jacques Richard/Wilfried Bechtel
Jahresabschlußinformationen für globale Märkte und die aktuelle Krise des französischen Rechnungswesens 601

V. Prüfungsgrundsätze und Prüfungstheorie

Herbert Biener
Wäre die Übernahme der Prüfungsgrundsätze der IFAC oder anderer Berufsorganisationen geeignet, die Qualität der Abschlußprüfung in Deutschland zu verbessern?............. 639

Erich Loitlsberger
Paradigmenwechsel in der Prüfungstheorie 667

Rainer Ludewig
Unternehmensethik und Unternehmenskultur in der Wirtschaftsprüferpraxis..................................... 701

Ludwig Mochty
Zur theoretischen Fundierung des risikoorientierten Prüfungsansatzes.................................... 731

Claus-Peter Weber
Überlegungen zu einer Erweiterung der Ziele der Jahresabschlußprüfung...................................... 781

VI. Prüfung und Informationsgewinnung

Anton Egger
Bewertung und Prüfung der fertigen und unfertigen Erzeugnisse unter besonderer Berücksichtigung der Unterbeschäftigung 813

Reinhold Hömberg
Prospektprüfung – Grundsätze, praktische Anwendung, Empfehlungen 833

Gerhard Knolmayer/Thomas Myrach
Die Berücksichtigung fehlerhafter Daten durch historisierende Datenhaltung 863

VII. Prüfungsurteil

Robert Buchner/Matthias Wolz
Zur Beurteilung der Redepflicht des Abschlußprüfers gemäß § 321 HGB mit Hilfe der Fuzzy-Diskriminanzanalyse 909

Karl-Heinz Forster
Zur Lagebeurteilung im Prüfungsbericht nach dem Referentenentwurf zum KonTraG................................. 935

Hans-Jürgen Kirsch
Erwartungslücke und Bestätigungsvermerk 955

Wilfried Schlüter
Die Haftung der Arbeitnehmervertreter im Aufsichtsrat einer Aktiengesellschaft bei Nichtigkeit des Jahresabschlusses 981

**Schriftenverzeichnis von
Prof. Dr. Dr. h.c. Jörg Baetge**......................... 1009

Vorwort der Herausgeber

Professor Dr. Dr. h.c. *Jörg Baetge*, einem der profiliertesten Hochschullehrer der Betriebswirtschaftslehre, widmen Freunde und Kollegen aus den Fachgebieten der Rechnungslegung und Wirtschaftsprüfung diese Festschrift zum 60. Geburtstag.

***

Jörg Baetge wird am 16. August 1937 in Erfurt/Thüringen geboren. Die Familie übersiedelt 1948 nach Bad Nenndorf und später nach Darmstadt. *Jörg Baetge* nimmt nach Abitur und Wehrdienst 1959 an der Wirtschafts- und Sozialwissenschaftlichen Fakultät der Johann Wolfgang Goethe-Universität in Frankfurt am Main das Studium der Betriebswirtschaftslehre auf, das er 1964 als Diplom-Kaufmann abschließt. Nach einer Assistententätigkeit an der Universität Frankfurt wird er 1965 Assistent *Ulrich Leffson*s in Münster, der im Jahr zuvor das Institut für betriebliche Finanzen und Steuern, das spätere Institut für Revisionswesen, übernahm. *Leffson*s Wesenszug, zugleich Vorbild, Ratgeber und väterlicher Freund zu sein, wird später Leitlinie für *Jörg Baetge*s Verhältnis zu seinen Mitarbeitern.

1968 wird *Jörg Baetge* an der Rechts- und Staatswissenschaftlichen Fakultät der Westfälischen Wilhelms-Universität Münster mit einer Dissertation über „Möglichkeiten der Objektivierung des Jahreserfolges" zum Dr. rer. pol. promoviert. Ein Hauptanliegen dieser Arbeit ist die Indikatorerfolgsermittlung: der Jahreserfolg soll demnach als Indikator für das „Auf und Ab" des Unternehmens dienen; die Bilanzierungsregeln seien diesem Ziel gemäß festzulegen. Dem wichtigen Anliegen, Unternehmensindikatoren für das „Auf und Ab" zu entwickeln, bleibt *Jörg Baetge* seither treu. Art, Umfang und Technik seiner Unternehmensdiagnosen haben sich jedoch in den letzten drei Jahrzehnten erheblich gewandelt. Die Indikatorerfolgsermittlung ist zu einer umfangreichen Klassifikation deutscher Unternehmen nach ihrer Überlebensfähigkeit geworden.

Jörg Baetge habilitiert sich 1972 in Münster mit einer Arbeit über „Betriebswirtschaftliche Systemtheorie. Regelungstheoretische Planungs-Überwachungsmodelle für Produktion, Lagerung und Absatz". Diese Arbeit wird zum Ausgangspunkt für eine etwa zwei Jahrzehnte dauernde intensive Auseinandersetzung mit Fragen der Anwendung von Simulationsmethoden, der Kybernetik, der Kontroll- und Regelungstheorie und der Überwachungstheorie in der Betriebswirtschaftslehre. *Jörg Baetge* engagiert sich in der Gesellschaft für Wirtschafts- und Sozialkybernetik, deren Vorstandsvorsitzender er alsbald wird, und die er in den 12 Jahren seines Vorsitzes zu neuer Blüte führt. Darüber hinaus ist *Jörg Baetge* langjähriges Mitglied des Beirats der Schmalenbach-Gesellschaft – Deutsche Gesellschaft für Betriebswirtschaft e. V. sowie der beiden Arbeitskreise „Externe Unternehmensrechnung" und „Externe und interne Überwachung der Unternehmung" dieser Gesellschaft.

1973 bis 1977 ist *Jörg Baetge,* zusammen mit *Adolf Moxter,* Professor am traditionsreichen Seminar für Treuhandwesen der Johann Wolfgang Goethe-Universität Frankfurt/M. 1977 bis 1979 lehrt er, zusammen mit *Erich Loitlsberger,* das gesamte Spektrum der betriebswirtschaftlichen Fächer am Institut für Betriebswirtschaftslehre der Sozial- und Wirtschaftswissenschaftlichen Fakultät der Universität Wien. 1979 kehrt er nach der Emeritierung *Ulrich Leffson*s als dessen Nachfolger an das Institut für Revisionswesen nach Münster zurück. *Leffson*s stattlichen Lehrstuhl entwickelt *Jörg Baetge* seit dieser Zeit weiter zu einem großen Forschungszentrum für Rechnungslegung und Prüfung mit weit mehr als einem Dutzend wissenschaftlicher Mitarbeiter. Sowohl sein umfangreiches Schriftenverzeichnis als auch die von ihm bisher herausgegebenen rund vierzig Bände der „Schriften des Instituts für Revisionswesen", die im IDW-Verlag erschienen sind, dokumentieren eindrucksvoll die wissenschaftliche Leistung des Instituts und seines Leiters.

Jörg Baetge fördert seine Mitarbeiter, er fordert aber auch. Entwürfe zu Forschungsarbeiten wechseln mehrfach zwischen ihm und den Assistenten hin und her, bis den Manuskripten schließlich die Gunst des „druckfertig" zuteil wird. Von Doktoranden als „makellos" eingeschätzte Dissertationsentwürfe kommen nach einigen Tagen an ihre Verfasser zurück – rotgerändert und übersät mit Verbesserungsvorschlägen. Mancher erfolgreiche Deutschlehrer reagierte sicherlich verwundert, erführe er, daß seinem früheren Zögling die sorgfältige Lektüre von Ludwig Reiners „Stilfibel" empfohlen wurde.

Auch in der Lehre zeigt *Jörg Baetge* großes Engagement. Es vergeht kaum ein Semester, in dem er seinen Studenten nicht weit über sein Deputat hinaus in Lehrveranstaltungen zur Verfügung steht. Wer ihn je in einem Seminar zur Bilanzanalyse oder zur Krisenfrüherkennung erlebt hat, weiß, wie er die Studenten begeistert.

Ein bedeutendes Diskussionsforum des Instituts für Revisionswesen ist der von *Jörg Baetge* initiierte und von ihm wissenschaftlich geleitete Münsteraner Gesprächskreis. Dieser Gesprächskreis ist mit ca. 850 Mitgliedern eine der größten betriebswirtschaftlichen Fachorganisationen Deutschlands. Die jährlich stattfindende Tagung des Gesprächskreises hat sich bei Wissenschaftlern und Praktikern zu einem aktuellen Forum des Gedankenaustausches entwickelt.

Jörg Baetge werden wichtige Auszeichnungen zuteil. Neben den angenommenen erhält er zwei weitere Rufe. Seit 1980 ist er Honorarprofessor der Universität Wien. 1995/96 ist er Stellvertretender Vorsitzender des Verbandes der Hochschullehrer für Betriebswirtschaft e.V. 1996 wird er zum ordentlichen Mitglied der Klasse für Natur-, Ingenieur- und Wirtschaftswissenschaften der Nordrhein-Westfälischen Akademie der Wissenschaften ernannt. 1997 erhält er die Ehrendoktorwürde der European Business School, Schloß Reichartshausen.

*Jörg Baetge*s berufliche Erfolge beruhen nicht zuletzt auf seiner großen Disziplin und seinem immensen Arbeitseinsatz; vielen Mitarbeitern, die zu einer – ihres Erachtens – frühen Stunde das Institut betreten, ist ihr Chef um manche Arbeitsstunde voraus. Die Erfolge basieren auch auf seiner Fähigkeit, Studenten und Assistenten für ein gemeinsames Ziel zu begeistern.

Jörg Baetge liebt es, einen großen Kreis von Mitarbeitern, Freunden und Kollegen einzuladen, um mit ihnen zu feiern. Seine außergewöhnliche Großzügigkeit als Gastgeber ist bekannt. Es bereitet ihm Freude, mit Assistenten und Studenten zu Skiseminaren aufzubrechen – wobei bei letzteren die „Seminarstunden" die „Skistunden" stets dominieren. Bei seinen Mitarbeitern sind die in den letzten Jahren stattfindenden Exkursionen, die u. a. nach Wien, Israel, Moskau, Dresden und Budapest geführt haben, besonders beliebt.

*Jörg Baetge*s Erfolge beruhen sicherlich auch auf der liebevollen Unterstützung durch seine Gattin *Elinor Baetge*. Selbst ein auf dem Gebiete der betriebswirtschaftlichen Regelung und Steuerung Habilitierter wird ihr kaum Empfehlungen zu einer effizienteren Gestaltung des familiären Bereichs, der für den Jubilar besonders wichtig ist, geben können. Außerdem hilft Frau *Baetge* ihrem Gatten nicht zuletzt, indem sie – nach Einschätzung der Unterzeichner – den Jubilar dazu bewegt, komplexe Fragestellungen unter weiteren, auch außerfachlichen Blickwinkeln zu betrachten.

Die Verfasser dieser Festschrift und die Herausgeber wünschen dem Jubilar Gesundheit und Erfolg bei der Verwirklichung seiner vielfältigen Pläne. Sie wünschen ihm für das Handicap bei seinem Lieblingshobby, dem Golfen, – im Gegensatz zu seinen sonstigen Aktivitäten – ein stetiges „Ab".

***

Großen Dank schulden die Herausgeber für die angenehme Zusammenarbeit dem IDW-Verlag sowie für die engagierte redaktionelle Betreuung der Festschrift den Mitarbeiterinnen und Mitarbeitern des Lehrstuhls für Betriebswirtschaftslehre, insbesondere Betriebswirtschaftliche Steuerlehre und Wirtschaftsprüfung der Rheinisch-Westfälischen Technischen Hochschule Aachen und des Lehrstuhls für Betriebswirtschaftslehre, insbesondere Finanzierung der Westfälischen Wilhelms-Universität Münster. Die Mitarbeiterinnen und Mitarbeiter in Aachen und Münster haben das Projekt „Festschrift" von der ersten Phase bis zur Drucklegung mit großem Einsatz begleitet. In Münster gebührt vor allem Frau Dipl.-Kffr. *Silke König* ein besonderer Dank.

16. August 1997

Thomas R. Fischer
Reinhold Hömberg

Abkürzungsverzeichnis

A

a. A.	anderer Auffassung
Abb.	Abbildung
ABl.	Amtsblatt
Abs.	Absatz
Abschn.	Abschnitt
AcSB	Accounting Standards Board
a. D.	außer Dienst
ADR	American Depositary Receipts
a. F.	alte Fassung
A. F. C.	Association francaise de comptabilité
AFG	Arbeitsförderungsgesetz
AG	Aktiengesellschaft
AG	Die Aktiengesellschaft (Zeitschrift)
AICPA	American Institute of Certified Public Accountants
AktG	Aktiengesetz
Anl.	Anlage
Anm.	Anmerkung
Anm. d. Verf.	Anmerkung des Verfassers
AP	Arbeitsrechtliche Praxis
APB	Accounting Principles Board, auch Auditing Practices Board
APC	Auditing Practices Committee
APV	Adjusted Present Value
Art.	Artikel
ASR	Accounting Series Release
AU	Auditing (Index Professional Standard)
Aufl.	Auflage

B

BAB	Betriebsabrechnungsbogen
BAG	Bundesarbeitsgericht
BAGE	Sammlung der Entscheidungen des Bundesarbeitsgerichts
BAnz	Bundesanzeiger

BayOLG	Bayerisches Oberlandesgericht
BAV	Bundesaufsichtsamt für das Versicherungswesen
BB	Betriebsberater (Zeitschrift)
BBK	Buchführung, Bilanz, Kostenrechnung (Zeitschrift)
Bd.	Band
Bde.	Bände
bearb.	bearbeitet
BeckBil-Komm.	Beck'scher Bilanzkommentar
Beck'sches HdR	Beck'sches Handbuch der Rechnungslegung
Begr.	Begründung
begr.	begründet
BetrAVG	Gesetz zur Verbesserung der betrieblichen Altersversorgung
BetrVG	Betriebsverfassungsgesetz
bes.	besonders
BFA	Bankenfachausschuß
BFH	Bundesfinanzhof
BFHE	Sammlung der Entscheidungen des Bundesfinanzhofes
BFH/NV	Sammlung amtlich nicht veröffentlichter Entscheidungen des Bundesfinanzhofes
BFuP	Betriebswirtschaftliche Forschung und Praxis (Zeitschrift)
BGB	Bürgerliches Gesetzbuch
BGBl.	Bundesgesetzblatt
BGH	Bundesgerichtshof
BGHZ	Entscheidungen des Bundesfinanzhofs in Zivilsachen
BiRiLiG	Bilanzrichtlinien-Gesetz
BMJ	Bundesministerium der Justiz
BMW	Bayrische Motorenwerke
BörsG	Börsengesetz
BörsZulV	Börsenzulassungsverordnung
BoHR	Bonner Handbuch Rechnungslegung
BR	Bundesrat
bspw.	beispielsweise
BStBl.	Bundessteuerblatt

Buchst.	Buchstabe
BuW	Betrieb und Wirtschaft (Zeitschrift)
BV	Bestätigungsvermerk
BVerfG	Bundesverfassungsgericht
BVerfGE	Entscheidungen des Bundesverfassungsgerichts
BVerwG	Bundesverwaltungsgericht
bzgl.	bezüglich
bzw.	beziehungsweise

C

ca.	circa
CCAB	Consultativ Committee of Accounting Bodies
CNC	Conseil National de Comptabilité
CNCC	Compagnie Nationale de Commissaires aux Comptes
CPA	Certified Public Accountants
CSF	Critical Success Factors

D

DAX	Deutscher Aktienindex
DB	Der Betrieb (Zeitschrift)
DBW	Die Betriebswirtschaft (Zeitschrift)
DCF	Discounted Cash Flow
ders.	derselbe
dgl.	dergleichen
d. h.	das heißt
dHGB	deutsches Handelsgesetzbuch
Diss.	Dissertation
DM	Deutsche Mark
Drucks.	Drucksache
d. s.	das sind
DSoP	Draft Statement of Principles
DStR	Deutsches Steuerrecht (Zeitschrift)
DUS	Dollar-Unit-Sampling
DVFA/SG	Deutsche Vereinigung für Finanzanalyse und Anlageberatung e.V./Schmalenbach-Gesellschaft

E

E(U)	Enkelunternehmen
ECOSCO	Economic and Social Council
ED	Exposure Draft
EFG	Entscheidungen der Finanzgerichte
EG	Europäische Gemeinschaft[en]
EGHGB	Einführungsgesetz zum HGB
EGV	Vertrag der Europäischen Gemeinschaften
EK	Eigenkapital
endg.	endgültig
erg.	ergänzte
erw.	erweiterte
EStG	Einkommensteuergesetz
EStR	Einkommensteuer-Richtlinien
EU	Europäische Union
EuGH	Europäischer Gerichtshof
e.V.	eingetragener Verein
evtl.	eventuell
EWG	Europäische Wirtschaftsgemeinschaft
EWS	Europäisches Wirtschafts- und Steuerrecht (Zeitschrift)

F

f.	folgende
FAS	Financial Accounting Standards
FASB	Financial Accounting Standards Board
Fassg.	Fassung
FAZ	Frankfurter Allgemeine Zeitung
FEE	Fédération des Experts Comptables Européens
ff.	fortfolgende
FG	Finanzgericht/Fachgutachten
Fn.	Fußnote
FR	Finanz-Rundschau (Zeitschrift)
FRR	Financial Reporting Release
FT	Financial Times (Zeitschrift)
FuE	Forschung und Entwicklung

G

GA	Genetischer Algorithmus

GAAP	General Accepted Accounting Principles (auch US-GAAP)
GAAS	Generally Accepted Auditing Standards
GB	Geschäftsbericht
GE	Geldeinheit
GEFUI	Gesellschaft für Finanzwirtschaft in der Unternehmensführung e.V.
gem.	gemäß
GenG	Gesetz betreffend die Erwerbs- und Wirtschaftsgenossenschaften (Genossenschaftsgesetz)
GewStG	Gewerbesteuergesetz
GG	Grundgesetz
ggf.	gegebenenfalls
GmbH	Gesellschaft mit beschränkter Haftung
GmbHG	Gesetz betreffend die Gesellschaft mit beschränkter Haftung
GO	Gemeindeordnung
GoB	Grundsätze ordnungsmäßiger Buchführung
GoL	Grundsätze ordnungsmäßiger Lageberichterstattung
GO NW	Gemeindeordnung Nordrhein-Westfalen
GoP	Grundsätze ordnungsmäßiger Prüfung
GrS	Großer Senat
GuV	Gewinn- und Verlustrechnung
GVR	Gewinn- und Verlustrechnung

H

h.c.	honoris causa
HdJ	Handbuch des Jahresabschlusses in Einzeldarstellungen
HdKR	Handbuch der Konzernrechnungslegung
HdR	Handbuch der Rechnungslegung
HFA	Hauptfachausschuß
HGB	Handelsgesetzbuch
HGB-E	Entwurf eines Gesetzes zur Änderung des Handelsgesetzbuches
HGrG	Haushaltsgrundsätzegesetz
h. M.	herrschende Meinung
Hrsg.	Herausgeber

hrsg.	herausgegeben
HRV	Handelsregisterverfügung
Hs.	Halbsatz
HURB	Handwörterbuch unbestimmter Rechtsbegriffe im Bilanzrecht des HGB
HWProd	Handwörterbuch der Produktionswirtschaft
HWRev	Handwörterbuch der Revision

I

i. a.	im allgemeinen
IAPC	International Auditing Practices Committee
IAS	International Accounting Standard
IASC	International Accounting Standards Committee
i. d. F.	in der Fassung
i. d. R.	in der Regel
IDW	Institut der Wirtschaftsprüfer in Deutschland e.V.
IFAC	International Federation of Accountants
IKS	Internes Kontrollsystem
Inc.	Incorporated
INF	Die Information über Steuer und Wirtschaft (Zeitschrift)
insb.	insbesondere
IOSCO	International Organization of Securities Commissions
i. S.	im Sinne
ISA	International Standards on Auditing
ISAR	Intergovernmental Working Group of Experts on International Standards on Accounting and Reporting
i. S. d.	im Sinne des
ISO	International Organization for Standardization
i. S. v.	im Sinne von
i. V. m.	in Verbindung mit
IWB	Internationale Wirtschaftsbriefe (Zeitschrift)

J

jährl.	jährliche
JaR	Jahresabschlußrichtlinie

JfB	Jounal für Betriebswirtschaft
JoA	Journal of Accountancy
JZ	Juristenzeitung

K

k. A.	keine Angaben
KAAG	Gesetz über Kapitalanlagegesellschaften
KapAEG	Kapitalaufnahmeerleichterungsgesetz
KG	Kommanditgesellschaft
KG	Kammergericht
KGaA	Kommanditgesellschaft auf Aktien
Kölner Komm. AktG	Kölner Kommentar zum Aktiengesetz
KonTraG	Gesetz zur Kontrolle und Transparenz im Unternehmensbereich
KRP	Kostenrechnungspraxis (Zeitschrift)
KuK	Kredit und Kapital
KWG	Kreditwesengesetz

L

LAG	Landesarbeitsgericht
LB	Lagebericht
LG	Landgericht
lifo	last in first out
LöschG	Gesetz über die Auflösung und Löschung von Gesellschaften und Genossenschaften (Löschungsgesetz)
lt.	laut

M

max.	maximal[e]
m. E.	meines Erachtens
Mio.	Millionen
Mrd.	Milliarden
MS	Motorschiff
MünchHdArbR	Münchener Handbuch des Arbeitsrechts
MünchHdG	Münchener Handbuch des Gesellschaftsrechts
m. w. N.	mit weiteren Nachweisen

N

NB	Neue Betriebswirtschaft (Zeitschrift)
neubearb.	neubearbeitete
neugest.	neugestaltete
n. F.	neue Fassung
NJW	Neue Juristische Wochenschrift
No., Nr.	Nummer
Nrn.	Nummern
NRLQ	Naval Research Logistic Quarterly
NVwZ	Neue Zeitschrift für Verwaltungsrecht
NWB	Neue Wirtschaftsbriefe (Zeitschrift)
NYSE	New York Stock Exchange
NZA	Neue Zeitschrift für Arbeitsrecht

O

o. a.	oben angeführt[en]
o. ä.	oder ähnliche[s]
OECCE	Ordre des Experts Comptables et Comptables Agrées
OECD	Organization for Economic Cooperation and Development
öHGB	österreichisches Handelsgesetzbuch
o. J.	ohne Jahr
OLG	Oberlandesgericht
OPEC	Organization of petroleum exporting countries
o. V.	ohne Verfasser

P

Pak. J. Statist.	Pakistanian Journal of Statistics (Zeitschrift)
PIMS	Profit Impact of market strategy
PPS	Produktionsplanung und -steuerung
PSV	Pensions-Sicherungs-Verein
PublG	Gesetz über die Rechnungslegung von bestimmten Unternehmen und Konzernen (Publizitätsgesetz)

R

R	Richtlinie
rd.	rund

RdA	Recht der Arbeit (Zeitschrift)
RefE	Referentenentwurf
RefE-HGB	Referentenentwurf zum HGB
RegBegr	Regierungsbegründung
RegE	Regierungsentwurf
resp.	respektive
RFH	Reichsfinanzhof
RGZ	Entscheidungen des Reichsgerichts in Zivilsachen
RIW	Recht der internationalen Wirtschaft (Zeitschrift)
Rn.	Randnummer
Rz.	Randziffer
RStBl.	Reichssteuerblatt

S

s.	siehe
S.	Seite
S	Schilling
SAS	Statement on Auditing Standard
SEC	Securities and Exchange Commission
SFAS	Statement of Financial Accounting Standards
SGB	Sozialgesetzbuch
SIC	Standing Interpretations Committee
sog.	sogenannt/sogenannte/sogenannten
Sp.	Spalte
StB	Steuerberater
StuW	Steuer und Wirtschaft
StVj	Steuerliche Vierteljahresschrift (Zeitschrift)
StVO	Straßenverkehrsordnung
s. u.	siehe unten

T

T(U)	Tochterunternehmen
Tab.	Tabelle
Tz.	Textziffer

U

u.	und

u. a.	und andere/unter anderem
u. ä.	und ähnliche[s]
u. a. m.	und anderes mehr
udgl.	und dergleichen
u. E.	unseres Erachtens
überarb.	überarbeitete
UN	United Nations
UNCTAD	United Nations Conference on Trade and Development
Urt.	Urteil
US(A)	United States (of America)
US-GAAP	United States General Accepted Accounting Principles
usw.	und so weiter
UN(O)	United Nations (Organisation)
u. U.	unter Umständen

V

v.	vom, von
VAG	Versicherungsaufsichtsgesetz
vbo	Verein für Bankorganisation
verb.	verbesserte
VersR	Versicherungsrecht (Zeitschrift)
vgl.	vergleiche
VO	Verordnung
Vol	Volume
vollst.	vollständig
VoP	Verwaltungsführung, Fachzeitschrift für öffentliche Verwaltung
vs.	versus
VW	Volkswagen

W

WACC	Weighted Average of Capital Costs
wesentl.	wesentlich
WFA	Wohnungswirtschaftlicher Fachausschuß
WiB	Wirtschaftsrechtliche Beratung (Zeitschrift)
WiSt	Wirtschaftswissenschaftliches Studium (Zeitschrift)

WISU	Das Wirtschaftsstudium (Zeitschrift)
WM	Wertpapier-Mitteilungen (Zeitschrift)
WP	Wirtschaftsprüfer
WPg	Die Wirtschaftsprüfung (Zeitschrift)
WpHG	Wertpapierhandelsgesetz
WPK	Wirtschaftprüferkammer
WPO	Wirtschaftsprüferordnung

Z

z. B.	zum Beispiel
ZfB	Zeitschrift für Betriebswirtschaft
ZfbF	Zeitschrift für betriebswirtschaftliche Forschung
ZfhF	Zeitschrift für handelswissenschaftliche Forschung
ZGR	Zeitschrift für Unternehmens- und Gesellschaftsrecht
ZHR	Zeitschrift für das gesamte Handels- und Wirtschaftsrecht
Ziff.	Ziffer
ZiP	Zeitschrift für Wirtschaftsrecht
z. T.	zum Teil
ZVersWiss	Zeitschrift für die gesamte Versicherungswissenschaft
z. Zt.	zur Zeit
zzgl.	zuzüglich

I. Rechnungslegung und Rechnungslegungsgrundsätze

Wolfgang Dieter Budde
Elgin Steuber

Rechnungslegung nach HGB und der verfassungsrechtliche Grundsatz der Gleichbehandlung

1 Einleitung

2 Gleichbehandlung

3 Kaufmännische Rechnungslegung

4 Publizität

5 Rechenschaftsfunktion des Einzel- und des Konzernabschlusses

6 Gläubigerschutz

7 Informations- und Ausschüttungsfunktion

8 Fazit

WP/StB/RA Dr. Wolfgang Dieter Budde
Vorsitzender des Aufsichtsrates der C & L Deutsche Revision AG
Frankfurt/M.

RAin Elgin Steuber
Frankfurt/M.

1 Einleitung

Unternehmerische Rechnungslegung und Verfassungsrecht ist kein Gegensatz. Das Recht auf freie Entfaltung der Persönlichkeit, und daraus abgeleitet das Recht auf freie wirtschaftliche Betätigung und auf informationelle Selbstbestimmung (Art. 2 GG), die Eigentumsgarantie und die Sozialbindung des Eigentums (Art. 14 GG) sind Grundrechte, die auch für juristische Personen gelten (Art. 19 Abs. 3 GG)[1]. Sie begründen Rechte und Pflichten, die die Regelungsreichweite des materiellen Rechts bestimmen. Das Verfassungsrecht dient als Maßstab bei dieser finalen Betrachtung[2]. Nicht das freie Spiel der Kräfte oder die Forderungen des Marktes, sondern das Recht regelt die Beziehungen zwischen der Gesellschaft und ihren Organen, ihren Anteilseignern sowie außenstehenden Dritten[3]. Zu den rechtlichen Verpflichtungen der Gesellschaft gegenüber „ihren" Berechtigten gehört u. a. die Rechenschaftslegung[4]. Die Erstellung eines Jahresabschlusses in der Form eines Einzelabschlusses und, soweit ein Konzern vorliegt, zusätzlich in der Form eines Konzernabschlusses ist neben der Prüfungs- und Publizitätspflicht Teil der unternehmerischen Rechenschaftslegung, deren Grundlage, Inhalt und Umfang nicht beliebig bestimmbar ist, sondern nach den verfassungsrechtlichen Grundsätzen gerechtfertigt sein muß, denn jede Form der Rechenschaftslegung ist aufgrund ihrer Außenwirkung zugleich auch ein Eingriff in die Rechte dessen, der dazu verpflichtet ist.

Aus aktuellem Anlaß soll vor diesem Hintergrund der dem Kabinett am 27. November 1996 vom Bundesministerium der Justiz vorgelegte Entwurf eines „Gesetzes zur Verbesserung der Wettbewerbsfähigkeit deutscher Konzerne an internationalen Kapitalmärkten und zur Erleichterung der Aufnahme von Gesellschafterdarlehen" (Kapitalaufnahmeerleichterungsgesetz – KapAEG)[5] betrachtet werden. Inhalt des KapAEG sind Änderungen des Dritten Buches, zweiter Abschnitt des Handelsgesetzbuches. Die Vorschriften des KapAEG betreffen die unternehmerische Rechenschaftslegung, insbesondere die Kon-

---

1 Vgl. BVerfG, Beschluß vom 5. 4. 1993, in: NVwZ 1994, S. 262; BGH, Urteil vom 3. 6. 1986, in: NJW 1986, S. 2951.
2 Vgl. *Budde, W. D.,* Spannungsfeld, S. 33 ff.
3 Vgl. *Lutter, M.,* Konzernrecht, S. 105–111.
4 Vgl. *Budde, W. D.,* Rechenschaftslegung, S. 789.
5 Vgl. KapAEG, Drucksache des BR 697/96.

zernrechnungslegung von Unternehmen, die international die Kapitalmärkte in Anspruch nehmen. Es geht um Erleichterungen für börsennotierte Gesellschaften.

Der Gesetzentwurf ist als „Teil des Aktionsprogramms für Arbeitsplätze und Investitionen" konzipiert[6]. Hier steht bereits eine erste Kritik an, denn Aktionsprogramme bedürfen in der Regel keiner Normierung[7]. Als Motiv für den Gesetzentwurf werden die Sicherung des Standortes Deutschland, Beseitigung der Inländerdiskriminierung und Erhöhung der internationalen Wettbewerbsfähigkeit deutscher Unternehmen genannt[8]. Die Änderungen werden vor dem Hintergrund vorgeschlagen, daß deutsche Unternehmen in steigendem Maße die Kapitalmärkte weltweit in Anspruch nehmen wollen, da „wir uns im Moment in einer für die Finanzmärkte nahezu idealen makroökonomischen Welt bewegen"[9].

Die Inanspruchnahme des internationalen Kapitalmarktes setzt eine Börsennotierung in anderen Ländern voraus. Grundsätzlich stellen die nationalen Börsenbehörden jeweils eigene Zulassungsvoraussetzungen auf, welchen ein nach den Möglichkeiten des HGB aufgestellter Konzernabschluß wegen seiner unzureichenden Informationsbreite oft nicht genügt; dies gilt insbesondere für die Börsenzulassung in den USA. Durch den weltweiten Zusammenschluß der Wertpapier- und Börsenaufsichtsbehörden, die International Organization of Securities Commissions (IOSCO), ist eine globale Vereinheitlichung der Börsenzulassungsvoraussetzungen in Aussicht gestellt. Nachdem die IOSCO in der Konferenz in New York 1986[10] beschlossen hat, keine eigenen Standards zu schaffen, sondern sich stattdessen im International Accounting Standards Committee (IASC) zu engagieren, folgte 1995 die Einigung, daß ab dem Jahr 2000 für die Zulassung an allen internationalen Börsen ein nach den International Accounting Standards (IAS) aufgestellter (Konzern-)Abschluß ausrei-

---

6 Gesetzentwurf KapAEG des BMJ Referat III A 3 vom 27. 11. 1996, Begründung A.I. Vorbemerkung.
7 Vgl. *Münch, Ch.*, Rechtssicherheit, S. 3320, der den Wechsel von der Augenblicks- und Stimmungsgesetzgebung zurück zur Kodifikation fordert.
8 Vgl. Begründung zum Gesetzesentwurf KapAEG des BMJ Referat III A 3 vom 27. 11. 1996, A.II.3.2 und 4.
9 *Walter, N.*, Zeit, S. 2227.
10 Vgl. *Kirkpatrick, J.*, Conformity, S. 17.

chen soll[11]. Im März 1996 wurde die Fertigstellung der IAS für 1998 beschlossen, wofür das IASC eine Finanzierungshilfe in Höhe von US$ 2 Millionen von amerikanischer Seite erhielt[12]. Diese Vereinheitlichung soll dann auch für den Zugang zum amerikanischen Kapitalmarkt gelten, der gegenwärtig noch am unerbittlichsten von der amerikanischen Börsenaufsicht, der Securities and Exchange Commission (SEC), gegen jede „Aufweichung" von internationalen, d. h. nicht-amerikanischen Regelungen verteidigt wird. Der vom IASC versuchte Kompromiß zwischen den verschiedenen Rechnungslegungskulturen ist faktisch eine Verständigung auf den kleinsten gemeinsamen Nenner[13].

Sowohl die Erfüllung unterschiedlicher nationaler Zulassungsvoraussetzungen für die jeweilige Zulassung an einer ausländischen Börse als auch die Erstellung des Konzernabschlusses nach den internationalen IAS bedeutet für deutsche Konzerne gegenwärtig doppelte Arbeit und doppelten Aufwand, denn daneben ist von Gesetzes wegen ein Konzernabschluß nach HGB aufzustellen, zu prüfen und offen zu legen (§§ 297, 315, 316 Abs. 2, 325 Abs. 3 HGB). An dieser Stelle setzt das KapAEG an, das primär darauf zielt, die Gruppe der deutschen *global players* von der vorab skizzierten Doppelbelastung zu befreien.

Die nachstehenden Ausführungen greifen unter dem Aspekt der Gleichbehandlung grundsätzliche verfassungsrechtliche Fragen auf, die sich aus den beabsichtigten Änderungen der unternehmerischen Rechenschaftslegung, unter anderem auch durch das KapAEG ergeben.

2 Gleichbehandlung

Der Grundsatz der Gleichbehandlung hat im Rahmen der kaufmännischen Rechenschaftslegung eine zweifache Bedeutung. Zum einen geht es um die personelle Gleichbehandlung in der Form, daß die Kaufleute, insbesondere die Kapitalgesellschaften innerhalb der gesetzlichen Gruppeneinteilung gleich verpflichtet sind. Zum anderen

---

11 Vgl. *Hahn, J./Menn, B. J.*, Jahresabschlüsse; *Sharpe, I.*, Stop, S. 9.
12 Vgl. *Bardenz, A.*, Durchbruch, S. 1657.
13 Vgl. *Grünewälder, O.*, Shareholder-Value-Konzept, S. 447–448.

geht es um die inhaltlich gleiche Darstellung der Informationen, über die Rechenschaft abzulegen ist.

Die Präambel der 4. EG-Richtlinie schreibt die Vergleichbarkeit der Abschlüsse in diesem zweifachen Sinn fest. Im Wortlaut der Präambel heißt es, „daß hinsichtlich des Umfangs der zu veröffentlichenden finanziellen Angaben in der Gemeinschaft gleichwertige rechtliche Mindestbedingungen für miteinander im Wettbewerb stehende Gesellschaften hergestellt werden"[14]. Angestrebt war (nur) eine Vergleichbarkeit und Gleichwertigkeit der von den (europäischen) Unternehmen veröffentlichten Finanzinformationen, keine Vereinheitlichung[15]. Faktisch erfolgt gegenwärtig eine Vereinheitlichung nicht nur innerhalb der Grenzen der EU, sondern weltweit, wenn die Unternehmen ihre (Konzern-)Abschlüsse nach IAS aufstellen. Indessen ist diese Vereinheitlichung auf börsennotierte Gesellschaften beschränkt und sie erfolgt bis jetzt ausschließlich freiwillig. Da die IAS noch in keinem Land in nationales Recht transformiert sind und weder völkerrechtlichen noch supranationalen Charakter haben, kommt es allein auf die Entscheidung der betroffenen Unternehmen an; der Begriff Vergleichbarkeit kann nur noch ironisch gebraucht werden[16]. An dem fakultativen Charakter dieser Vereinheitlichung ändert auch die gesetzliche Neuregelung nichts. § 292a HGB/RegE-KapAEG überläßt die Entscheidung dem Unternehmen, ob es von der Befreiungswirkung Gebrauch machen will oder nicht und schreibt nicht etwa für alle börsennotierten Kapitalgesellschaften eine verbindliche Handhabung vor. Insoweit bleibt das Postulat der Vergleichbarkeit unberücksichtigt.

Es stellt sich die Frage, ob es mit dem Prinzip der Rechtsstaatlichkeit und der Rechtssicherheit vereinbar ist, daß der deutsche Gesetzgeber ein Gesetz ausschließlich für die Gruppe der sog. *global players* schafft. Gegenwärtig sind es 45 deutsche Konzernunternehmen, die ausländische Kapitalmärkte in Anspruch nehmen, darunter fünf Konzerne, die an der New York Stock Exchange notiert sind[17]. Die

---

14 Präambel der 4. EG-Richtlinie vom 25. 7. 1978, ABl. L 222 vom 14. 8. 1978, S. 11 ff.; *Schruff, L.,* Entwicklung, S. 17.
15 Vgl. *Hulle, K. van,* Angleichung.
16 Vgl. *Lutter, M.,* Bilanzrecht, S. 1945.
17 Vgl. Deutsche Börse Fact Book 1996, Ziff. 4.1.4. Notierungen von deutschen Aktien an Auslandsbörsen 1996.

Befreiungsvorschrift des § 292a HGB/RegE-KapAEG bezieht sich ausdrücklich nur auf diese Gesellschaften. Gemäß § 292a Abs. 1 brauchen nur Mutterunternehmen, die einen *ausländischen* Kapitalmarkt im Sinn des Absatzes 2 der Vorschrift in Anspruch nehmen, keinen Konzernabschluß und keinen Konzernlagebericht nach HGB aufzustellen. Der Sinn dieser Unterscheidung in Anbetracht eines Aktienhandels, für den es aufgrund der Informationstechnik nicht mehr darauf ankommt, wo Käufe und Verkäufe abgewickelt werden, ist fraglich, worauf noch eingegangen wird. Das KapAEG begünstigt die Gruppe der vorhandenen *global players;* es ist nicht anwendbar auf die bloß interessierten deutschen Unternehmen, die noch keine ausländischen Kapitalmärkte in Anspruch nehmen und ihren Konzernabschluß gleichsam probeweise nach IAS aufstellen. Diesen wird nicht unmittelbar der Zugang zu ausländischen Kapitalmärkten erleichtert, sondern das KapAEG ist nur ein Anreiz; das Gesetzesziel[18] wird angesteuert, aber nicht erreicht.

Das KapAEG regelt die unternehmerische Rechenschaftslegung und greift deshalb in die allgemeine Handlungsfreiheit der Gesellschaft und ihr Recht auf institutionelle Selbstbestimmung ein[19]. Art. 19 Abs. 1 GG enthält ein grundsätzliches Verbot, Grundrechte durch Einzelfallgesetze einzuschränken[20]. Die Aufgabe des Gesetzgebers ist es, generelle und abstrakte, am Gleichheitssatz orientierte Regeln für die Allgemeinheit zu schaffen. Art. 19 Abs. 1 GG ist das Regulativ innerhalb einer Gesetzgebungstendenz, die immer stärker auf Einzelfall-, Maßnahme- oder Planungsgesetze gerichtet ist[21]. Die allgemeine Handlungsfreiheit nach Art. 2 Abs. 1 GG ist jedoch insbesondere von der Rechtsprechung so weitgehend gefaßt worden, daß nach h. M. Art. 19 Abs. 1 Satz 2 GG auf derartige Eingriffe nicht angewendet wird[22]. Es ist auch kaum ein Gesetz denkbar, welches die allgemeine Handlungsfreiheit nicht berührt. Dahingestellt bleiben kann hier, ob das KapAEG eventuell weitere Grundrechte (Art. 14 GG), die gemäß Art. 19 Abs. 3 GG auch für juristische Personen gelten, tangiert, denn es ist im Zweifel nicht als Einzelfallgesetz anzusehen. Ein Gesetz für

---

18 Vgl. Fn. 6.
19 Vgl. *Budde, W. D.,* Spannungsfeld, S. 33.
20 Vgl. *Maunz, T./Dürig, G./Herzog, R.,* Grundgesetz, Art. 19, Rn. 2, 8, 24 (Fassg. v. Sept. 1981).
21 Vgl. *Maunz, T./Dürig, G./Herzog, R.,* Grundgesetz, Art. 19, Rn. 5–7.
22 Vgl. *Maunz, T./Dürig, G./Herzog, R.,* Grundgesetz, Art. 19, Rn. 57.

Kapitalgesellschaften, die ausländische Kapitalmärkte in Anspruch nehmen, richtet sich zwar gegenwärtig an 45 benennbare Gesellschaften, gilt aber generell für alle entsprechenden Gesellschaften und nicht nur für einen bestimmbaren, unveränderlichen Adressatenkreis[23]. Kritisch zu würdigen ist die Unterscheidung in Gesellschaften, die einen ausländischen Kapitalmarkt in Anspruch nehmen, und solchen, die nur den inländischen Kapitalmarkt nutzen. Die Entwicklung des globalen Kapitalmarkts macht diese Unterscheidung obsolet[24]. Wann ausländische Kapitalmärkte in Anspruch genommen werden, definiert § 292a Abs. 2 HGB/RegE-KapAEG; ob die Definition hinreichend bestimmt ist, oder ob sich Auslegungsprobleme ergeben, wird sich in der Praxis zeigen. Nach einem Anteilserwerb sind jedenfalls alle Investoren Anteilseigner/Aktionäre des maßgeblichen deutschen Unternehmens und insoweit Berechtigte und Adressaten der unternehmerischen Rechenschaftslegung. Diese Stellung rechtfertigt keine unterschiedliche Behandlung, es sei denn, man erachtet den Konzernabschluß nur als Marketinginstrument, was noch dargelegt wird. Werden jedoch Rechtsfolgen an den Konzernabschluß geknüpft, darf die Unterscheidung nur zwischen Gesellschaften, die den Kapitalmarkt in Anspruch nehmen und solchen, die es nicht tun, erfolgen. Die Differenzierung in § 292a HGB/RegE-KapAEG erscheint nicht ausreichend bestimmt und deshalb nicht verfassungskonform.

Die an die gruppenspezifische Unterscheidung gebundene Befreiungsmöglichkeit des § 292a impliziert auch eine inhaltliche Ungleichbehandlung. Die Gesellschaft, die einen ausländischen Kapitalmarkt in Anspruch nimmt, kann anders Rechenschaft legen als die nur im Inland börsennotierte Gesellschaft. § 292a Abs. 4 HGB/RegE-KapAEG läßt der Gesellschaft eine dreifache Wahl, nämlich zwischen den von einem ausländischen Kapitalmarkt vorgeschriebenen oder den dort (nur) anerkannten Rechnungslegungsmethoden (vorausgesetzt, die Vorgaben gemäß Abs. 3 sind erfüllt) oder der Rechnungslegung nach HGB, die auch von einer ausländischen Börse anerkannt sein kann. Die mangelnde Bestimmtheit der Regelung verstößt gegen den Grundsatz der Rechtssicherheit, die als Bestandteil des Rechtsstaatsprinzips gemäß Art. 20 Abs. 3 GG die Grundvoraus-

---

23 Vgl. *Maunz, T./Dürig, G./Herzog, R.*, Grundgesetz, Art. 19, Rn. 28–34.
24 Vgl. *Döring, C.*, Hintertürchen; *Dries, F.*, Marktmacherkartell.

setzung einer funktionierenden Wirtschaftsordnung ist[25]. Schon ein nach IAS erstellter Konzernabschluß kann nur schwer mit dem nach HGB erstellten Einzelabschluß derselben Gesellschaft, oder mit den HGB-Konzernabschlüssen anderer Gesellschaften in gleicher Rechtsform verglichen werden. Die Vergleichbarkeit ist nahezu aufgehoben, wenn der Konzernabschluß des an einer ausländischen Börse notierten deutschen Unternehmens ausschließlich nach anderen nationalen börsenrechtlichen Vorgaben aufgestellt ist, deren (Rechts-)Grundlage den hiesigen Anteilseignern und anderen Adressaten des Konzernabschlusses zumeist unbekannt sein dürfte[26]. Neben den inhaltlichen Bedenken widerspricht aber vor allem das Fakultative des § 292a HGB/RegE-KapAEG, verbunden mit einer statuierten Befreiungswirkung für mehrere, inhaltlich nicht bestimmte und nicht bestimmbare Alternativen dem verfassungsrechtlichen Bestimmtheitsgrundsatz und dem Postulat gleicher Rechtsgeltung, d. h. der Rechtssicherheit[27]. Der deutsche Gesetzgeber nimmt Bezug auf ausländisches Recht und auf nicht normative Regeln von Standardsettern, die einer ständigen Änderung oder auch Aufhebung unterliegen können, ohne daß eine Einflußmöglichkeit des deutschen Gesetzgebers gegeben ist. Die Folgerichtigkeit dieser Standards ist (bisher) ungeprüft, ihre Auslegungsfähigkeit offen und ihr Verständnis fraglich[28]. Eine Umsetzung in deutsches Recht findet nur indirekt statt, denn § 292a Abs. 5 läßt offen, ob die entsprechende Rechtsverordnung erlassen werden kann oder muß. Die nach fremden Bilanzierungsregeln aufgestellten Konzernabschlüsse deutscher Gesellschaften übernehmen aufgrund der gesetzlichen Befreiung die Funktion eines nach HGB zu erstellenden Abschlusses. Zwar differenziert auch das HGB bezüglich der zur Rechenschaftslegung verpflichteten Personen, doch ist diese Differenzierung grundsätzlich strukturiert, nämlich rechtsformabhängig und unterschiedlich hinsichtlich der einzelnen „Teilaspekte" der Rechenschaftslegung, die für Unternehmen aus Rechnungslegung, Prüfung und Publizität besteht.

---

25 Vgl. *Münch, Ch.*, Rechtssicherheit, S. 3320.
26 Vgl. *Grund, M.*, Entwurf, S. 1969–1970.
27 Vgl. *Maunz,T./Dürig, G./Herzog, R.*, Grundgesetz, Art. 19, Rn. 10.
28 Vgl. *Grund, M.*, Entwurf, S. 1969–1971.

3 Kaufmännische Rechnungslegung

Jeder Kaufmann und damit auch jede Gesellschaft ist zur Buchführung verpflichtet (§ 238 Abs. 1 HGB), die bestimmten Grundsätzen zu entsprechen hat und stets die Aufstellung eines Jahresabschlusses umfaßt. Ob für den Jahresabschluß die Erstellung einer Bilanz und einer Gewinn- und Verlustrechnung ausreicht, oder ob auch ein Anhang und ein Lagebericht zu erstellen sind, ist abhängig davon, ob der zur Rechnungslegung Verpflichtete eine natürliche oder juristische Person ist und bei letzterer, in welcher Rechtsform sie besteht. Die Pflicht zur Rechnungslegung knüpft nicht allein an die Kaufmannseigenschaft an. Das Handelsgesetzbuch differenziert zwischen Kaufleuten, die nicht publizitätspflichtig sind, und solchen, die es sind. Zu den ersten zählen Einzelkaufleute und alle Personengesellschaften, die nicht unter das Publizitätsgesetz fallen; sie müssen gemäß § 242 Abs. 1 und 2 HGB einen Jahresabschluß bestehend aus Bilanz und Gewinn- und Verlustrechnung erstellen. Zu den publizitätspflichtigen Kaufleuten gehören Kapitalgesellschaften und die im PublG genannten Gesellschaften in anderer Rechtsform, die gemäß § 264 Abs. 1 HGB auch einen Anhang sowie einen Lagebericht aufstellen müssen. Innerhalb dieser Kategorie unterscheidet das HGB bezüglich des Umfangs der Rechnungslegung grundsätzlich nicht zwischen kleinen, mittleren und großen Kapitalgesellschaften (§ 267 HGB). Zwar ist die sog. kleine Aktiengesellschaft als kleine Kapitalgesellschaft von der Erstellung eines Lageberichts befreit (§ 264 Abs. 1 Satz 3 HGB), und es gelten für kleine und mittelgroße Kapitalgesellschaften Erleichterungen für die Aufstellung der Gewinn- und Verlustrechnung (§ 276 HGB). Diese geringeren Anforderungen an die (schriftliche) Rechnungslegung werden zumindest für die Gruppe der Anteilseigner ergänzt durch die (mündliche) Auskunftsverpflichtung des Unternehmens gegenüber diesen. Der Umfang der Auskunfts- und Einsichtsrechte der Gesellschafter einer Kapitalgesellschaft ist nicht größenabhängig, sondern nur rechtsformspezifisch bestimmt (§§ 131 AktG, 52 a GmbHG)[29].

Besteht ein Konzern (§ 15 AktG), stellt die gesetzliche Pflicht zur Aufstellung eines Konzernabschlusses eine weitere Kategorie im Hinblick auf den Umfang der Rechnungslegung dar. Im Konzernab-

---

29 Vgl. *Förschle, G.*, in: BeckBil-Komm., 3. Aufl., § 276 HGB, Rn. 3.

schluß wird eine Unternehmenseinheit aller konsolidierten Gesellschaften fingiert (§ 297 Abs. 3 Satz 1 HGB). Diese Fiktion soll die tatsächlichen wirtschaftlichen Verhältnisse wiedergeben und konzernbedingte Verschiebungen im Verhältnis zu den Einzelabschlüssen aller konsolidierten Gesellschaften offenlegen. Der Konzernabschluß steht unter der gesetzlichen Vorgabe, die Vermögensgegenstände und Schulden nach denselben Methoden wie im Einzelabschluß zu bewerten (§ 308 Abs. 1 HGB). Diese Verpflichtung wird in der Praxis zunehmend nicht mehr ernst genommen[30], weder werden die Gründe für die Stetigkeitsbrüche angegeben, noch deren Auswirkungen hinreichend oder gar begründet aufgezeigt[31].

Über die handelsrechtliche Differenzierung hinaus finden sich erweiterte Rechnungslegungspflichten nur noch in Spezialgesetzen, wobei zu unterscheiden ist, ob tatsächlich der Umfang der Rechnungslegung erweitert ist, oder ob es sich um erweiterte Publizitätspflichten handelt. Eine erweiterte Rechnungslegung können die Börsenzulassungsbehörden von Kaufleuten, die den Kapitalmarkt in Anspruch nehmen, verlangen; neben der Vorlage des Einzelabschlusses und des Konzernabschlusses (§ 13 Abs. 3 BörsZulV) können sie nach eigenem Ermessen „wichtige zusätzliche Angaben" verlangen (§ 44 b BörsenG i. V. m. § 56 BörsZulV). So fordert die Frankfurter Wertpapierbörse im Rahmen des Anfang 1997 gestarteten zusätzlichen Handelssegments „Neuer Markt" die Vorlage zeitnaher deutsch- und englischsprachiger Jahres- und Quartalsberichte nach IAS oder US-GAAP[32].

Die geplante Regelung in § 292a HGB/RegE-KapAEG fügt sich in dieses Gesamtkonzept der abgestuften Rechnungslegungspflichten nicht ein, sondern setzt auf ein anderes Konzept[33]. Es ist festzustellen, daß der im Sprachgebrauch so einheitlich benutzte Terminus der „Rechnungslegung nach HGB" einen differenzierten Personenkreis berührt und, dieser Differenzierung entsprechend, unterschiedlich weitgehende Verpflichtungen beinhaltet. Bereits nach der vorhande-

---

30 Vgl. *Küting, K.*, Bilanzen (Nur 29% der in eine Studie einbezogenen deutschen Konzerne begründeten mehr oder weniger ausführlich ihre Bewertungswechsel).
31 Vgl. *Küting, K.*, Jahresabschlüsse.
32 Vgl. *Döring, C.*, Hintertürchen.
33 Vgl. *Ordelheide, D.*, Internationalisierung, S. 545, der von einem Paradigmenwechsel spricht.

nen Rechtslage wird durch Spezialgesetze zwischen Unternehmen, die den Kapitalmarkt in Anspruch nehmen, und sonstigen Kapitalgesellschaften unterschieden. Die Befreiungsregelung des § 292a Abs. 1 HGB/RegE-KapAEG besagt, daß „ein Mutterunternehmen, das einen ausländischen Kapitalmarkt im Sinne des Abs. 2 in Anspruch nimmt, einen Konzernabschluß und einen Konzernlagebericht nach den Vorschriften dieses Unterabschnitts nicht aufzustellen braucht, wenn es einen den Anforderungen des Abs. 3 entsprechenden Konzernabschluß und Konzernlagebericht aufstellt . . .". Die Verwendung des Terminus Muttergesellschaft zeigt, daß es für die Befreiungsregelung in Anlehnung an § 290 Abs. 1 HGB maßgeblich auf die einheitliche Leitung ankommt. Daraus folgt, daß innerhalb eines mehrstöckigen Konzerns nicht ausschließlich die Konzernobergesellschaft von der Befreiungsregelung Gebrauch machen kann, sondern auch die mit Leitungsmacht ausgestatteten Muttergesellschaften innerhalb des Konzerns. Der Vollständigkeit halber wird darauf hingewiesen, daß, wenn auch mit einer anderen Zielsetzung, auf die hier nicht näher eingegangen werden soll, der neu eingefügte § 264 Abs. 3 HGB/RegE-KapAEG die Anforderungen an die Rechnungslegung von Tochterunternehmen im Vertragskonzern (§ 302 AktG) niedriger als bisher ansetzt; diese werden künftig unter bestimmten Bedingungen ganz von der Verpflichtung befreit, die Rechnungslegungsregeln für Kapitalgesellschaften anzuwenden, d. h. sie dürfen ihre Bücher nach den für alle Kaufleute geltenden allgemeinen Regelungen der §§ 238 ff. HGB führen und einen hinsichtlich seines Inhalts einfacheren Jahresabschluß aufstellen, Offenlegung und Prüfung entfallen ganz[34]. Möglicherweise will der deutsche Gesetzgeber auf diese Weise Art. 57 der 4. EG-Richtlinie transformieren, der es ermöglicht, die Bestimmungen der 4. EG-Richtlinie nicht auf Tochterunternehmen anzuwenden. Jedoch stehen diese Erleichterungen für bestimmte Konzerntochtergesellschaften in keinem Zusammenhang mit der Kapitalaufnahme im Ausland.

Inhaltlich ermöglicht das KapAEG es deutschen Unternehmen, ihren Konzernabschluß nach ausländischen Standards aufzustellen. Diese Handhabung befreit von der Verpflichtung, einen Konzernabschluß nach deutschem Handelsrecht vorlegen und veröffentlichen zu müssen. § 292a Abs. 3 HGB/RegE-KapAEG nennt weder die IAS noch

---

34 Vgl. *Grund, M.,* Entwurf, S. 1969.

US-GAAP als die alternativ anwendbaren Bilanzierungsregeln, sondern stellt darauf ab, daß der Konzernabschluß und der Konzernlagebericht befreiende Wirkung dann haben, wenn sie im Einklang mit der 7. EG-Richtlinie nach Rechnungslegungsmethoden aufgestellt worden sind, die an dem ausländischen Kapitalmarkt vorgeschrieben oder anerkannt sind (Abs. 3 Ziff. 2) und die Aussagekraft der danach aufgestellten Unterlagen der Aussagekraft eines nach den Vorschriften dieses Unterabschnitts (HGB) aufgestellten Konzernabschlusses und Konzernlageberichts gleichwertig ist (Abs. 3 Ziff. 3). Ob die Gleichwertigkeit gegeben ist, kann durch das BMJ bestimmt werden (Abs. 5). Weder die US-GAAP noch die IAS erfüllen diese Voraussetzungen vollständig[35]. Die Verlautbarung des Hauptfachausschusses des IDW zum Bestätigungsbericht zur Übereinstimmung eines handelsrechtlichen Konzernabschlusses mit den Standards des IASC enthält keine Aussage zur Vereinbarkeit oder Gleichwertigkeit mit dem HGB-gemäßen Abschluß. Der HFA erachtet es im Gegenteil als mit § 322 HGB nicht vereinbar, den Bestätigungsvermerk um eine Aussage zur Übereinstimmung mit anderen Rechnungslegungssystemen zu erweitern[36]. Die Gesetzesbegründung enthält entsprechend die Aussage, „sechs dieser ab 1.1.1995 anzuwendenden IAS sind mit dem deutschen Vorsichtsprinzip jetzt nur noch teilweise vereinbar (nämlich IAS 2, 8, 9, 11, 18, 21)"[37]. Die zunehmende Anwendung der IAS durch deutsche (Konzern-)Gesellschaften ist deshalb keineswegs mit der Folgerung verbunden, daß erlaubt ist, was alle tun, oder, daß es erlaubt sein muß, weil es alle tun. Auch das von allen mißachtete Halteverbot gemäß StVO wird nicht zum Parkplatz, sondern weist ein Handeln dem Gesetzgeber zu. Als eine solche legislative Aktivität ist das KapAEG zu verstehen, dessen Zweckerreichung aber einer Prüfung vorbehalten bleibt.

Von der EU wurden die IAS bisher nur, soweit sie in überarbeiteter Form vorlagen, als kompatibel mit den europäischen Richtlinien erachtet. Diese Aussage ist das Arbeitsergebnis des Kontaktausschusses für Richtlinien der Rechnungslegung, den die EU-Kommission einbe-

---

35 Vgl. *Bardenz, A.*, Durchbruch, S. 1657–1669.
36 Vgl. *Helmschrott, H./Buhleier, C.*, Konsequenzen, S. 10–17.
37 Begründung A.II.2.1. zum Gesetzentwurf KapAEG des BMJ Referat III A 3 vom 27. 11. 1996.

rufen hatte[38]. Schon aus formalen Gründen ist diese Aussage nicht (normativ) bindend.

Die SEC ist grundsätzlich bereit, ausländischen Emittenten den Zugang zum amerikanischen Kapitalmarkt auf der Grundlage der IAS zu erlauben. Sie macht jedoch zur Bedingung, daß die IAS streng ausgelegt und angewandt werden[39]. Wohl aus diesem Grund, um ihre Bedingung in der Praxis durchzusetzen, betreibt die SEC bei der EU-Kommission die Anerkennung ihrer von der International Federation of Accountants (IFAC) entwickelten „global auditing standards"; wenn auch bisher ohne Erfolg[40]. Eine im Sinn der SEC strenge Auslegung der IAS gefährdet deren teilweise anerkannte Kompatibilität mit der 4. und 7. EG-Richtlinie, so daß die Anerkennung der IAS für den amerikanischen Kapitalmarkt durch die SEC gegenwärtig keinen Harmonisierungseffekt hat. Diese Divergenzen hindern die generelle, weltweite Anerkennung der IAS, die aber Grundvoraussetzung ist, um der Bilanzierung nach IAS überhaupt eine normativ befreiende Wirkung zuzumessen, wie es das KapAEG vorsieht. Die pragmatische Prognose geht deshalb eher dahin, daß eine weiter verzögerte Anerkennung der IAS die *global players* veranlassen wird, auf die Rechnungslegungsvorschriften auszuweichen, die dem bislang erzielten Konsens am nächsten kommen, das sind die US-GAAP[41].

Nicht nur die inhaltliche Unbestimmtheit des § 292a HGB/RegE-KapAEG, sondern auch die aufgehobene Systematik unternehmerischer Rechnungslegung ist zu kritisieren. Jede von einer ausländischen Börsenzulassungsbehörde geforderte Information, die im (Konzern-)Abschluß der Gesellschaft darzulegen ist, beeinflußt die Konzernrechnungslegung des Unternehmens im Inland. Da es sich, ausgehend von dem heutigen Diskussionsstand, in der Regel um weitergehende Informationen handeln wird, als diese nach HGB vom Unternehmen

---

38   Vgl. Dokument des Kontaktausschusses für Richtlinien der Rechnungslegung vom 1. 4. 1996, Eine Überprüfung der Konformität der IAS mit den europäischen Richtlinien der Rechnungslegung, Brüssel XV/7003/96 – DE, Rev. 2; European Accountant 1996, issue 67 (june), S. 1.
39   Vgl. SEC Support for IASC („rigorously interpreted and applied"), Accountancy June 1996, S. 89.
40   Vgl. International Accounting Bulletin v. 23.1.1997, S. IV.
41   Vgl. *Keegan, M./King, H.,* Together, S. 9.

gefordert werden, legitimiert die vorgesehene Befreiungsregelung einen stärkeren Eingriff in die Rechte des Unternehmens. § 292a HGB/RegE-KapAEG re-transformiert einerseits spezialgesetzliche (börsenrechtliche) Verpflichtungen in das HGB, obwohl letzteres gerade keine Differenzierungen für die Rechnungslegung von Kapitalgesellschaften enthält; das HGB unterscheidet nicht zwischen börsennotierten und nicht börsennotierten Kapitalgesellschaften. Andererseits beläßt die Subsidiaritätsklausel die Entscheidung bei der betroffenen Gesellschaft, ob sie von der Befreiungsmöglichkeit Gebrauch machen will oder für Inlandszwecke einen Konzernabschluß nach HGB aufstellt. Diese ausgeprägte Disponibilität zugunsten der Unternehmen, d. h. ihrer Leitungsorgane, hebt die Kontinuität zwischen Einzel- und Konzernabschluß auf und verhindert, daß sowohl die Abschlüsse deutscher als auch die europäischer Konzernunternehmen verglichen werden können[42]. De facto löst die vorgesehene Befreiungsregelung den Konzernabschluß vom Einzelabschluß. Berücksichtigt man nun noch, daß nach deutschem Recht der Konzernabschluß keine Rechtsfolgen hat, weil er nicht förmlich festgestellt wird, steht seine Funktion damit auf dem Spiel.

4 Publizität

Die handelsrechtlichen Differenzierungen setzen sich fort in der Publizitätspflicht. Einzelkaufleute sind nicht zu einer Veröffentlichung verpflichtet, der Jahresabschluß wird durch den Inhaber gebilligt (§ 4 Abs. 3 PublG). Auch Personengesellschaften müssen ihren Jahresabschluß nur intern den Gesellschaftern zwecks Feststellung vorlegen (§§ 245, 120, 167 HGB). Kapitalgesellschaften sind dagegen gemäß § 325 HGB zur Offenlegung verpflichtet, aber wiederum in abgestufter Form. Während § 325 HGB den Normalfall darstellt, nennen die §§ 326, 327 HGB größenabhängige Erleichterungen. Nach Maßgabe des § 267 HGB müssen kleine und mittelgroße Kapitalgesellschaften beim Handelsregister die Bilanz und den Anhang ohne GuV hinterlegen (§ 326 HGB), bei mittelgroßen Kapitalgesellschaften muß die Bilanz weitergehende Angaben enthalten (§ 327 HGB). Unmittelbar im Anschluß an die Einreichung zum Handelsregister muß im Bun-

---

42 Vgl. *Grund, M.*, Entwurf, S. 1969–1974.

desanzeiger ein Hinweis über die Einreichung bekanntgemacht werden (Registerpublizität und Hinterlegungsbekanntmachung).

Große Kapitalgesellschaften haben die nach § 325 Abs. 1 Satz 1 HGB offenlegungspflichtigen Unterlagen zunächst im Bundesanzeiger zu veröffentlichen und erst danach zum Handelsregister des Sitzes der Gesellschaft einzureichen (Bundesanzeiger- und Registerpublizität). Dieses Verfahren gilt auch für die Jahresabschlüsse von Unternehmen, die nach dem Publizitätsgesetz offenlegungspflichtig sind (§ 9 Abs. 1 PublG). Kapitalgesellschaften in der Rechtsform einer GmbH sind unabhängig von ihrer Größe von der Offenlegung der Ergebnisverwendung befreit (§ 325 Abs. 1 Satz 1 Hs. 3 HGB). Das deutsche Recht sieht (vorerst) keine weiteren Publizitätspflichten vor, nicht vorgesehen ist eine „Konzernfirmenpublizität" – also: Unternehmen X, Teil der Gruppe Y – oder eine „konzerninterne Transaktionspublizität", allerdings wird die Einführung eines Konzernregisters auf europäischer oder weltweiter Basis als wünschenswert erachtet[43].

Einsicht in das Handelsregister kann jeder erhalten (§ 9 Abs. 1 HGB, §§ 10, 29, 30 HRV), ohne daß ein Interesse oder gar ein berechtigtes Interesse nachgewiesen werden muß[44]. Die Einsicht ist nicht etwa auf den in § 335 Satz 2 HGB genannten Personenkreis beschränkt, der allein vom Registergericht ein Einschreiten gegen eine unterlassene oder unvollständige Offenlegung verlangen kann[45].

§ 292a Abs. 4 HGB/RegE-KapAEG verlangt keine unmittelbare Registerpublizität und keine Bundesanzeigerpublizität mehr für die nach internationalen Regeln aufgestellten Konzernabschlüsse, wenn diese im Ausland entsprechend der §§ 325, 326 HGB offengelegt und hinterlegt worden sind[46]. Beim Handelsregister ist lediglich eine Bestätigung in deutscher Sprache über die Offenlegung im Ausland zu hinterlegen. Damit ist eine Kenntnisnahme der Konzernabschlußdaten durch die hiesige Öffentlichkeit in einem Maß erschwert, daß sie

---

43 Vgl. *Hopt, K. J.,* Konzernrecht, S. 74–79, 83.
44 Vgl. BGH, Beschluß vom 12. 7. 1989, in: NJW 89, S. 2818.
45 Der Vorschlag des Bundesjustizministeriums für eine sog. Geldbußenrechtsverordnung vom 19. 8. 1993, welcher eine strengere Sanktion bei Nichteinhaltung der Publizitätspflicht vorsah, ist nicht weiterverfolgt worden.
46 Vgl. Begründung zur Einfügung des § 292a (Absatz 4) zum Gesetzentwurf KapAEG des BMJ Referat III A 3 vom 27. 11. 1996.

ausgeschlossen erscheint. Diese Senkung der Publizitätserfordernisse darf aus Gründen des allgemeinen Gläubigerschutzes und des Gleichbehandlungsgrundsatzes nicht hingenommen werden[47].

Neben den handelsrechtlichen Offenlegungsverpflichtungen, die in der Regel auch satzungs- oder vertragsmäßig festgeschrieben sind, sind innerhalb der Gruppe der Kapitalgesellschaften einige Gesellschaften zu noch weitergehender Publizität aufgrund von Spezialgesetzen verpflichtet. § 44 BörsenG ist gleichsam eine Generalnorm für die Mitteilungspflichten der Wertpapiere emittierenden Unternehmen gegenüber dem Publikum und der Zulassungsstelle, die im einzelnen in der Börsenzulassungs-Verordnung[48] geregelt sind. Gemäß § 70 BörsZulV muß die Veröffentlichung in deutscher Sprache in mindestens einem überregionalen Börsenpflichtblatt erfolgen. WpHG, KWG und VAG sehen primär zusätzliche Mitteilungspflichten gegenüber den jeweiligen Aufsichtsämtern vor, aber auch eine öffentliche Bekanntmachung in entsprechenden Medien (§ 15 WpHG; §§ 6, 44, 26 Abs. 1 Satz 1 und 3, Abs. 3 KWG; §§ 55a Abs. 1 Nr. 1a–3, 58, 81 Abs. 1, 83, 104 VAG). § 103 VAG enthält darüberhinaus ein eigenes Recht des Bundesaufsichtsamts für das Versicherungswesen, jährlich den Stand der ihm unterstellten Versicherungsunternehmen sowie seine Wahrnehmungen auf dem Gebiet des Versicherungswesens zu veröffentlichen. Diese weitergehend verpflichteten Gesellschaften können als Gruppe nur insoweit einheitlich definiert werden, als sie der Allgemeinheit in stärkerem Maß verpflichtet sind, als andere Kapitalgesellschaften. Grundlage für die spezialgesetzlichen Kontrollen sind öffentlich-rechtliche Strukturvorgaben[49]. Zugunsten der Allgemeinheit sind Banken und Versicherungsgesellschaften sowie alle börsennotierten Gesellschaften einer aufsichtsrechtlichen Kontrolle unterworfen, die neben der Rechts- auch eine Inhaltsaufsicht beinhaltet.

Gerade die Publizitätspflichten sind als der eigentliche Grundrechtseingriff anzusehen. Daß die Geschäftsergebnisse eines Unternehmens nicht nur buchhalterisch (intern) festzuhalten, sondern auch zu veröffentlichen sind, greift in die Gesellschaftsrechte nach Art. 2 und 14

---

47 Vgl. *Grund, M.*, Entwurf, S. 1969–1972.
48 Vgl. BörsZulV vom 15. 4. 1987, BGBl. I, S. 1234; zuletzt geändert durch Artikel 16 des Gesetzes vom 26. 7. 1994, BGBl. I, S. 1783.
49 Vgl. *Schneider, U. H.*, Inhaltskontrolle, S. 712.

GG ein, und ist nur im Interesse der Öffentlichkeit an dieser Information sowie im Rahmen der Sozialbindung gerechtfertigt[50]. Die Publizitätspflichten der Kapitalgesellschaften sind jedenfalls keine bloße Folge der Haftungsbeschränkung auf das Stammkapital; dem widerspricht das Publizitätsgesetz, das die gleichen Offenlegungspflichten auch für Gesellschaften in anderer Rechtsform vorsieht, und die mit der Publizität verbundene, rechtlich relevante Außenwirkung.

Die Publizität dient dem Zweck, den der Grundrechtseingriff erlaubt. Dementsprechend sind die gesetzlichen Bestimmungen der Rechenschaftslegung, d. h. die gesetzlichen Vorgaben zum Inhalt des Jahresabschlusses insgesamt, auszulegen und zu definieren. Zwangsläufig müssen die gesetzlichen Vorgaben so klar und eindeutig sein, daß sie von jedem betroffenen Unternehmen verstanden werden, zu dessen „Lasten" der Grundrechtseingriff erfolgt, aber auch von jedem Informationsempfänger, zu dessen „Gunsten" in die Grundrechte der Gesellschaft eingegriffen wird; die Regelungen müssen dem verfassungsrechtlichen Bestimmtheitsgrundsatz genügen, der neben der Rechtsklarheit, Rechtskontinuität, Rechtszugänglichkeit und Rechtsdurchsetzbarkeit zu den tragenden Elementen der Rechtssicherheit gehört[51].

5 Rechenschaftsfunktion des Einzel- und des Konzernabschlusses

Rechnungslegung und Publizität haben primär den Zweck, Rechenschaft zu legen. „Dem Berechtigten eine die geordnete Zusammenstellung der Einnahmen oder der Ausgaben enthaltende Rechnung mitzuteilen und, soweit Belege erteilt zu werden pflegen, Belege vorzulegen" ist die allgemeine zivilrechtliche und gesetzliche Definition der Rechenschaftslegung (§ 259 Abs. 1 BGB). Die Vollständigkeit der Auskunft sowie der Nachweise muß mitgeteilt und ggf. eidesstattlich versichert und somit gegenüber den Berechtigten offengelegt werden (§§ 259 Abs. 2, 261 BGB). Durch die Rechenschaftslegung des Verpflichteten erhält der Berechtigte die Informationen, die ihn in die Lage versetzen, seine Ansprüche geltend zu machen

---

50 Vgl. *Budde, W. D.*, Spannungsfeld, S. 33–37.
51 Vgl. *Münch, Ch.*, Rechtssicherheit, S. 3320 m. w. N. (z. B. *Bendix*, 1914; *Rümelin*, 1924; *Brasloff*, 1928; *Scholz*, 1955).

und durchzusetzen[52]. Da die deutsche Rechtsordnung kein allgemeines Auskunftsrecht kennt, bestehen Rechenschaftslegungspflichten stets nur bei Vorliegen einer entsprechenden Rechtsgrundlage, die sich aus Gesetz oder Vertrag ergeben kann.

Die handelsrechtlichen Rechenschaftslegungspflichten haben ihre Grundlage in dem Spannungsverhältnis zwischen der Gesellschaft, deren Geschäft durch ein Leitungsorgan betrieben wird, welches die Gesellschaft auch nach außen vertritt und den Gesellschaftern als Eigentümern der Gesellschaft[53]. Die Rechenschaftslegung jeder Gesellschaft geht soweit, daß jeder Anteilseigner in die Lage versetzt wird, seine Ansprüche gegenüber der Gesellschaft durchzusetzen[54], wobei der Anspruch auf Rechenschaftslegung per se gegenüber allen Gesellschaften besteht, sein Umfang aber rechtsformabhängig ist. Als Aktionär einer börsennotierten Aktiengesellschaft muß er die ihm von Gesetzes wegen obliegenden Rechte in der Hauptversammlung wahrnehmen können, die justiziabel sind (§§ 132 Abs. 2, 243, 257 i. V. m. § 246 AktG). Es geht nicht darum, daß die Rechenschaftslegung durch das Unternehmen einen Aktionär in die Lage versetzt, seinen Dividendenanspruch selbst zu bestimmen, wie dies das Schlagwort vom gierigen Aktionär oder eine einseitige Betrachtung des Shareholder Value-Begriffs geriert[55], sondern darum, daß der Aktionär die Ausschüttung nachvollziehen und prüfen kann, um zu entscheiden, ob er in der Hauptversammlung dem Gewinnverwendungsvorschlag folgen kann oder sich gegen den Beschluß wehren will. Der Aktionär überläßt der Gesellschaft sein Kapital zur eigenverantwortlichen Nutzung (§ 76 Abs. 1 AktG), so daß er dessen Nutzung in jeder Form dulden muß, solange die Nutzung im gesetzlich zulässigen Rahmen erfolgt und mit dem Gesellschaftszweck übereinstimmt. Sein Auskunftsrecht bezieht sich nicht auf die Art der Nutzung, sondern nur auf die Zulässigkeit derselben (§ 131 AktG). Diesen Aussagewert muß die unternehmerische Rechenschaftslegung haben, ohne daß das Unternehmen sich auf weitere Einschränkungen berufen darf oder gesetzliche Ausnahmetatbestände extensiv zu sei-

---

52 Vgl. *Heinrichs, H.,* § 261 BGB, Rn. 1.
53 Vgl. *Budde, W. D.,* Spannungsfeld, S. 33 ff.; *Hopt, K. J.,* Konzernrecht, S. 74–82; *Schilling, W. U.,* Shareholder Value, S. 373–381.
54 Vgl. *Lutter, M.,* Konzernrecht, S. 105–112.
55 Vgl. OLG Frankfurt, in: WM 1990, S. 2116; *Schilling, W. U.,* Shareholder Value, S. 373–374, 377.

nen Gunsten auslegt. Gegen die Bestimmungen in § 131 Abs. 3 Ziff. 2, 3, 4 und 6 AktG ist am 29. 1. 1993 von *Prof. Wenger* Verfassungsbeschwerde erhoben worden[56].

Innerhalb eines Konzerns gilt die Rechenschaftspflicht in gleichem Maße, und zwar als Verpflichtung der Konzernobergesellschaft gegenüber eigenen Anteilseignern und gegenüber den Anteilseignern der abhängigen Gesellschaften[57]. Daß die Unternehmenseinheit nur fingiert ist, steht der Verpflichtung der Konzernobergesellschaft zu einer vollständigen Information nicht entgegen. Der Grundsatz des *true and fair view* gilt uneingeschränkt auch für den Konzernabschluß (§ 297 Abs. 2 Satz 2 HGB). Außer dem Informationswert können die Anteilseigner nach der gegenwärtigen Rechtslage aber aus dem Konzernabschluß keine weiteren Ansprüche, wie z. B. einen Ausschüttungsanspruch, herleiten. Da der Konzernabschluß nicht förmlich festgestellt wird (§ 337 AktG, § 42a GmbHG), verschafft er weder dem Aufsichtsrat noch den Anteilseignern die Möglichkeit, Einfluß zu nehmen; er ist nicht anfechtbar noch kann er nichtig sein (§§ 241, 256 AktG), so daß er nach herrschender Auffassung keine Rechtswirkung entfaltet[58] und rechtlich als „Nullum" anzusehen ist[59]. Dieser nach deutschem Recht bestehende Mangel des Konzernabschlusses muß unabhängig von der Anwendung ausländischer oder von Standardsettern aufgestellter Bilanzierungsregeln allein schon wegen der börsenrechtlichen Bedeutung des Konzernabschlusses behoben werden[60]. Gemäß § 13 Abs. 3 BörsZulV ist er die Voraussetzung für die Börsenzulassung. Insofern betrifft diese Änderung alle Gesellschaften, die den Kapitalmarkt in Anspruch nehmen, ohne daß zwischen dem deutschen und ausländischen Kapitalmärkten unterschieden werden kann.

Nahezu weltweit ist der Konzernabschluß die maßgebende Grundlage für eine Börsenzulassung; d. h. der Konzernabschluß ist die maßgebende Information für den Kapitalmarkt zur Beurteilung des börsen-

---

56 Vgl. 1 BvR 168/93; Wenger erhebt Verfassungsbeschwerde, Börsen-Zeitung v. 11. 10. 1994.
57 Vgl. BGH, Urteil vom 19. 6. 1995 in: DB 1995, S. 1700.
58 Vgl. *Busse von Colbe, W./Ordelheide, D.,* Konzernabschlüsse, S. 21; *Lutter, M.,* Konzernrecht, S. 105–112.
59 Vgl. *Budde, W. D./Steuber, E.,* Jahresabschluß, S. 591.
60 Vgl. *Budde, W. D.,* Gesellschaften, S. 81–101.

notierten Unternehmens. Demzufolge ist der Schutz der Anteilseigner als der wesentliche Zweck der Konzern-Rechenschaftslegung zu nennen[61], d. h. der Gläubigerschutz im weiteren Sinn, der neben den Anteilseignern[62] auch Arbeitnehmer und sonstige mit dem Unternehmen aufgrund eines synallagmatischen Schuldverhältnisses verbundene Personen umfaßt, und der nach traditionellem deutschen Verständnis insbesondere durch die Beachtung des Vorsichtsprinzips garantiert wird[63], sowie der Schutz außenstehender Dritter, zu denen potentielle Investoren, aber auch z. B. Wettbewerber zählen; diese Gruppe wird regelmäßig als „die Öffentlichkeit" bezeichnet.

6 Gläubigerschutz

Also unterliegt auch der Gläubigerschutz einer Differenzierung, die, soweit es die Gruppe der Anteilseigner betrifft, wiederum rechtsformabhängig ist. Als Gesellschafter einer BGB-Gesellschaft oder Personengesellschaft des HGB trägt der Anteilseigner von Gesetzes wegen unternehmerische Verantwortung (§§ 709, 421 BGB; §§ 114 Abs. 1, 118, 126, 164 und 166 HGB) und hat damit nahezu uneingeschränkte Auskunfts-, Einsichts- und Gestaltungsrechte in Bezug auf seine Gesellschaft. Diese umfassende Mitwirkung wird durch eine nahezu aufgehobene Verfügungsmöglichkeit über seine Anteile kompensiert, denn ein Anteilsverkauf bedingt bei Personengesellschaften des BGB und HGB in der Regel die Liquidation der Gesellschaft (§§ 131 Nr. 4 und 6 HGB). Der Gesellschafter einer GmbH kann deren Geschäftsführung beschränken (§§ 37 Abs. 1, 51a Abs. 1 GmbHG); darüber hinaus ist der Anteilseigner aber nicht befugt, in die Geschäftsführung einzugreifen oder sich der finanziellen Mittel der Gesellschaft zu bedienen (§ 46 GmbHG). Die Veräußerung von GmbH-Anteilen ist grundsätzlich möglich, ohne den Bestand der Gesellschaft zu tangieren; sie ist aber an formale Voraussetzungen geknüpft (§ 15 GmbHG). Bei einer Aktiengesellschaft sind die Einflußmöglichkeiten der einzelnen Aktionäre auf die Unternehmensführung auf Auskunftsrechte in der Hauptversammlung reduziert (§ 131 AktG), deren

---

61 Vgl. *Hopt, K. J.,* Konzernrecht, S. 74–82.
62 Vgl. *Kübler, F.,* Gläubigerschutz, S. 550, 554.
63 Vgl. *Beisse, H.,* Gläubigerschutz, S. 77–84; ders., True and fair view, S. 27 ff.; *Moxter,* Verhältnis, S. 195–198.

Berechtigung und Umfang jedoch gerichtlich nachprüfbar sind (§ 132 AktG). Dagegen ist der Verkauf (oder Kauf) von Anteilen einer Aktiengesellschaft institutionalisiert, die Aktie ist normalerweise Handelsobjekt, es sei denn, sie ist vinkuliert.

In diesem System der abgestuften Mitwirkungsrechte der Anteilseigner sind die Größenkriterien nach dem Publizitätsgesetz oder nach § 267 HGB unbeachtlich, der Umfang der Mitwirkungsrechte des Anteilseigners richtet sich formal nach der Rechtsform. Ebensowenig spielt die Börsennotierung als Kriterium für ein Mehr oder Weniger an Gesellschafterrechten eine Rolle. Die Aktionäre börsennotierter Unternehmen haben allerdings durch ihre Forderungen in den Hauptversammlungen des Jahres 1993 und durch die anschließende Klageflut dafür gesorgt, daß der Anspruch der Aktionäre auf eine der Generalnorm des *true and fair view* verpflichtete Rechenschaftslegung ins Bewußtsein der Öffentlichkeit gedrungen ist und die Unternehmen insbesondere von der Rechtsprechung ihre Lektion erteilt bekamen[64]. Die von den Aktionären auf dem Rechtsweg erzwungene verbesserte Rechenschaftslegung war sicher nicht das bestimmende Motiv dafür, daß die Gesellschaften ihre Jahresabschlüsse anstatt nach HGB nun nach internationalen Standards aufstellen, die über eine größere Informationsbreite verfügen. Die positive Reflexwirkung im Hinblick auf die Aktionärsauskunftsrechte haben die börsennotierten Unternehmen unter Hervorhebung des Shareholder Value aber für sich genutzt.

Die übrigen Gläubiger sind, soweit es sich um Kapitalgesellschaften handelt, gleichgestellt. Ihre unterschiedliche Interessenlage wird von Gesetzes wegen im Rahmen der Publizitätspflicht nicht berücksichtigt, so daß potentielle Investoren die gleichen Informationen erlangen wie Konkurrenten des Unternehmens. Im Grundsatz gilt dies

---

64 Vgl. BayOLG, Beschluß vom 20. 3. 1996, in: WM 1996, S. 1177; BayOLG, Beschluß vom 30. 11. 1995, in: WM 1996, S. 119; BGH, Urteil vom 19. 6. 1995, in: DB 1995, S. 1700; LG Frankfurt, Beschluß vom 16. 9. 1994, in: WM 1994, S. 1929; OLG Hamburg, Beschluß vom 24. 2. 1994, in: ZiP 1994, S. 373; LG Bonn, Urteil vom 14. 9. 1994, in: WM 1994, S. 1933; LG Berlin, Urteil vom 26. 5. 1994, in: WM 1994, S. 1246; LG Frankfurt, Urteil vom 7. 6. 1993, in: ZiP 1994, S. 784; OLG Frankfurt, Beschluß vom 4. 8. 1993, in: DB 1993, S. 2274; KG, Beschluß vom 26. 8. 1993, in: ZiP 1993, S. 1618; BGHZ 101, S. 1; BGHZ 107, S. 296; BVerfG, Beschluß vom 21. 11. 1989, in: WM 1990, S. 755.

auch für die Arbeitnehmer, deren Informationsbedürfnis im Hinblick auf die Sicherung ihres eigenen Status auch nur durch den veröffentlichten Jahresabschluß und weitergehend nur indirekt über betriebsverfassungsrechtliche Regelungen befriedigt wird[65].

Die Umstellung auf IAS oder US-GAAP und die damit erweiterte Rechenschaftslegung erfolgte freiwillig. Es ist eine Tatsache, daß mittlerweile so viele deutsche Unternehmen ihren Jahresabschluß für das Geschäftsjahr 1996 nach den International Accounting Standards (IAS) aufstellen, daß sich eine Aufzählung dieser Unternehmen erübrigt[66]. Obwohl es unstreitig ist, daß die IAS bisher in keinem Land umgesetzt und damit normiert worden sind, und daß das IASC nicht als Standardsetter anerkannt ist und den IAS auch deshalb die rechtliche Verbindlichkeit fehlt und sie im übrigen auch keineswegs als die besseren Rechnungslegungsregelungen anzusehen sind, werden sie zunehmend angewandt. Die internationalen Bilanzgrundsätze sind allein an der Informationsaufgabe ausgerichtet und bestimmen nicht Gewinnansprüche, weshalb eine Abwägung zwischen Auszahlungsansprüchen und Unternehmensinteressen unterbleibt und stattdessen auf eine einzelfallorientierte, „periodengerechte, richtige" Gewinnermittlung gesetzt wird. Die stärker am Einzelunternehmen orientierten internationalen Bilanzierungsstandards implizieren Ermessensspielräume, die ebensowenig anzustrebenden Objektivierungsprinzipien oder dem Gleichheitsgrundsatz entsprechen wie die im HGB enthaltenen Wahlrechte, aber zu Gunsten der Informationsbreite weitergehende Auskünfte geben[67]. Die Anwendung der internationalen Bilanzierungsregeln verstärkt mithin die Reduzierung des Konzernabschlusses auf einen bloßen Informationswert ohne rechtliche Verbindlichkeit. Dieser Zustand wird durch das KapAEG festgeschrieben, das der internationalen Auffassung folgt und dadurch den Konzernabschluß vom Einzelabschluß trennt. Zum Beispiel regeln die US-GAAP nur den Ausweis des erzielten Gewinns, der nach den, abhängig vom Firmensitz, maßgeblichen einzelstaatlichen Bestimmungen keineswegs auch als verteilbarer Gewinn anzusehen ist; allerdings muß eine Wechselwirkung bejaht werden[68].

---

65 Vgl. *Schilling, W. U.*, Shareholder Value, S. 373–377.
66 Vgl. *Bardenz, A.*, Durchbruch, S. 1657–1658, der von gegenwärtig 200 großen Konzernen weltweit spricht.
67 Vgl. *Moxter, A.*, Verhältnis, S. 195–197.
68 Vgl. *Wüstemann, J.*, US-GAAP, S. 421–427.

Diese Abkopplung bedingt unter Berücksichtigung des Umstandes, daß der Konzernabschluß selbst keine Rechtsfolgen auslöst, daß er nur als Eigendarstellung der jeweiligen Konzerngesellschaft anzusehen ist. Die Abkopplung degradiert den Konzernabschluß zu einem bloßen Werbemittel. Das börsennotierte Unternehmen stellt sich zu Kapitalmarktzwecken optimal dar, ohne daß diese Darstellung rechtliche Folgen hat. Aus Sicht des Kapitalmarktes kann das Fehlen einer rechtlichen Verbindlichkeit dazu führen, daß die Börsenpreise möglicherweise nicht fair und manipulationssicher zustandekommen[69]. Die Investition in börsennotierte Wertpapiere oder andere am Kapitalmarkt gehandelte Schuldverschreibungen/Anleihen müßte unter dieser Prämisse als Spiel ohne Rechtsbindung angesehen werden (§ 762 Abs. 1 Satz 1 BGB). Allein die Existenz einer staatlichen Börsenaufsicht kann die Gewährleistung, daß die Kapitalmarktmechanismen im Interesse der Anleger und potentiellen Investoren sicher funktionieren, nicht erbringen[70].

Anstelle einer Abkopplung kommt es deshalb darauf an, daß der Konzernabschluß und der Einzelabschluß des Konzernunternehmens eine rechtliche und nicht nur eine faktische Einheit bilden. Nur dann können die Gläubiger und vorrangig die Anteilseigner auf dessen inhaltliche Wahrheit vertrauen und den Wert ihrer Investition in Anteile neben den Renditemöglichkeiten beurteilen; das Ergebnis dieser konsolidierten Einsicht müßte sich als Gewinnausschüttung im Einzelabschluß wiederfinden, ohne daß deshalb der Einzelabschluß zwingend auch nach IAS aufgestellt sein muß[71]. Diese Betrachtungsweise setzt allerdings vom deutschen Gesetzgeber eine konzeptionell neue Entscheidung voraus, die neben den Bilanzierungsvorgaben auch solche zur gesetzlichen Abschlußprüfung berücksichtigen muß. Nur bei einer einheitlichen Betrachtung von Konzern- und Einzelabschluß kann der nach anderen Bilanzierungsregeln aufgestellte Konzernabschluß den deutschen Prüfungsgrundsätzen unterliegen und gesetzlich testiert werden (§ 322 HGB setzt – noch – einen HGB-gemäßen Abschluß voraus). Aber selbst unter dieser Prämisse erscheint es durchaus nicht selbstverständlich, daß die besonderen Vorgaben für den Konzernabschluß börsennotierter Gesellschaften aufgrund

---

69 Vgl. *Weltecke, E.,* Fisch, S. 8.
70 Vgl. *Budde, W. D.,* Gesellschaften, S. 81–101.
71 Vgl. *Strobl, E.,* IASC, S. 389–391, 407.

seiner weltweiten Wirkung nur einer gesetzlichen Jahresabschlußprüfung unterliegen, ohne Mitwirkung und/oder Einflußnahme durch die nationalen und ggf. internationalen Börsenbehörden nebst den Aufsichtsämtern. Denkbar ist eine inhaltliche Erweiterung der Prüfung ebenso wie der Nachweis von Spezialkenntnissen im Kapitalmarktbereich auf Seiten des Prüfers. Auf eine Änderung der Prüfungsgrundsätze deutet bereits jetzt schon die erwähnte Aktivität der SEC zur Implementierung der IFAC-Global Auditing Standards über die EU-Kommission hin[72]. Auch das Institut der Wirtschaftsprüfer (IDW) hat in seiner Verlautbarung zum „Bestätigungsbericht zur Übereinstimmung eines handelsrechtlichen Konzernabschlusses mit den Standards des IASC" unabhängig von der Börsennotierung ausgesprochen, daß der nach IAS aufgestellte Konzernabschluß nach den International Standards on Auditing (ISA) zu prüfen ist[73] und damit die Tür für andere Prüfungsgrundsätze geöffnet. Im Rahmen dieses Aufsatzes soll der Prüfungsaspekt ausgespart bleiben.

In der Sache ist die Gleichschaltung von Einzel- und Konzernabschluß eigentlich schon durch den Umstand vorgegeben, daß sowohl der Einzelabschluß als auch der Konzernabschluß ausdrücklich von Gesetzes wegen sich an der Generalnorm des *true and fair view* auszurichten hat, der als Grundsatz übergeordnet und unteilbar ist[74]. Das Postulat der Tatsachenentsprechung und des daran geknüpften Gläubigerschutzes ist gleichsam vorkonstitutionell; es wurde sinngemäß bereits im Jahr 1894 vom Reichsgericht entschieden und findet sich im Gesetz schon in § 260b Abs. 2 AktG 1931. Die Generalnorm ist nicht Selbstzweck, sondern dient dem Zweck der unternehmerischen Rechenschaftslegung und seinen Rechtsfolgen.

7 Informations- und Ausschüttungsfunktion

In diesem Sinn, nämlich final zugunsten der Anteilseigner, hat bereits das Reichsgericht 1894 entschieden, daß „jeder einzelne Aktionär für sich die Mitteilung des für die Bildung eines selbständigen Urteils

---

72 Vgl. Punkt 3.
73 Vgl. *HFA*, Bestätigungsbericht, S. 73.
74 Vgl. *Budde, W. D./Förschle, G.,* Verhältnis, S. 27–41; *Budde, W. D./Steuber, E.,* Jahresabschluß, S. 590.

erforderlichen Bilanzunterlagen verlangen könne"[75]. Die fehlende rechtliche Bedeutung des Konzernabschlusses wurde in der jüngeren Vergangenheit oft dadurch kompensiert, daß Konzernobergesellschaften das Bilanzergebnis im Konzern- und Einzelabschluß gleichhoch auswiesen, denn aufgrund ihrer Leitungsmacht hatten die Konzernobergesellschaften es in der Hand, Gewinne der Tochtergesellschaften zu thesaurieren oder auszuschütten[76]. Diese Vorgehensweise ist nach deutschem Recht aber weder nach den GoB üblich noch gesetzlich vorgeschrieben.

Trotz der höchstrichterlichen Feststellung, daß die Konzernobergesellschaft auch eine Verpflichtung gegenüber den Aktionären der abhängigen Gesellschaften hat[77], können sich diese noch nicht einmal den Effekt eines gleichen Ausweises des Bilanzergebnisses zunutze machen. Der Aktionär einer abhängigen (konsolidierten) Gesellschaft findet seinen Ausschüttungsanspruch im Konzernabschluß nicht. Dieser enthält nur den summierten Ausgleichsanspruch aller Tochtergesellschaften, nicht aber seinen eigenen, bezogen auf das Tochterunternehmen, an dem er Anteile hält. Er kann also weder die Entwicklung seines Ausgleichsanspruchs über mehrere Jahre hinweg verfolgen, noch kann er dessen Berechnung wegen der zahlreichen zulässigen, im Ermessen der Konzerngesellschaft stehenden, Saldierungsmöglichkeiten nachvollziehen. Sind Minderheits- oder außenstehende Aktionäre an einer konsolidierten Gesellschaft beteiligt, so ist deren Ausgleichszahlung gemäß § 304 AktG in den Fällen, in denen ein Gewinnabführungsvertrag existiert, vom Mutterunternehmen als Verbindlichkeit zu passivieren. Im Konzernabschluß findet sich die Ausgleichszahlung nicht als Aufwand (denn sie wird dort im Rahmen der Schuldenkonsolidierung weggelassen), sondern als Gewinnanteil (Ausgleichsposten für Anteile anderer Gesellschafter) gemäß § 307 Abs. 2 HGB. Demzufolge kann der Aktionär einer konsolidierten Gesellschaft anhand des Konzernabschlusses lediglich die Rentabilität seiner Anteile aufgrund der Lage des Konzerns insgesamt beurteilen und letztlich entscheiden, ob er sich abfinden (§ 305 AktG) oder sich den Ausgleich auszahlen läßt (§ 304 AktG). Unter Zugrundele-

---

75 RGZ, S. 34, 58.
76 Vgl. *Busse von Colbe, W./Ordelheide, D.*, Konzernabschlüsse, S. 403.
77 Vgl. BGH, Urteil vom 19. 6. 1995, in: DB 1995, 1700.

gung eines unteilbaren *true and fair view* erscheint dieses Ergebnis nicht tragbar.

Da, wie vorab dargestellt, die Informationsvermittlung seitens des Unternehmens dazu dient, dem Anteilseigner die Durchsetzung seiner Rechte zu ermöglichen, folgt daraus zwangsnotwendig, daß der Konzernabschluß als Grundlage für den Einstieg in den Kapitalmarkt und für das Bestehen am Kapitalmarkt auch Grundlage für die kapitalmarktgerechte Ausschüttung sein muß. Diese Funktion sollte für alle den Kapitalmarkt in Anspruch nehmenden Gesellschaften bejaht werden. Sie ist nicht notwendigerweise übertragbar auch auf die Gesellschaften, die zwar in der Rechtsform einer Aktiengesellschaft bestehen, aber keinen Kapitalmarkt in Anspruch nehmen. Der Kauf von Aktien oder ähnlichen Wertpapieren erfolgt in der Regel unter Renditegesichtspunkten und nicht unter dem Motiv, eine Eigentümerstellung zu begründen. In einem institutionalisierten Kapitalmarkt, der allen zugänglich ist und der zudem auch äußerst kurzfristig agiert, müssen deshalb die Entscheidungsgrundlagen so dargestellt sein, daß sie allen zugänglich und unmittelbar verständlich sind. Diese Voraussetzung ist nicht erfüllt, wenn der Konzernabschluß als Marketingmittel nur ad offerendem einlädt, die tatsächliche Rendite aber vorbehaltlich strenger, am Bestandsschutz orientierter Zahlenwerke, ermittelt werden muß, die zwar veröffentlicht sind, aber nicht gemäß § 70 BörsZulV.

Da der Konzernabschluß gemäß Börsengesetz die maßgebliche Grundlage für den Kapitalmarkt darstellt, ist es aus Gründen des Gläubigerschutzes geboten, daß die Aktionäre der Konzernobergesellschaft und auch die Aktionäre der jeweils abhängigen Gesellschaften aus dem für den Kapitalmarkt veröffentlichten Konzernabschluß ihre Ansprüche herleiten können. Das die IAS oder andere – weitergehende Informationen bietende – Bilanzierungsregeln anwendende Unternehmen kann seinerseits nach dem Grundsatz „volenti non fit iniuria" aus dieser freiwilligen Zusatzinformation keine eigenen Schutzrechte herleiten[78].

Die spezialgesetzliche Regelung des Börsengesetzes weist dem Konzernabschluß über die nach HGB gegebene bloße Informationsfunktion hinaus eine Rechenschaftslegungsfunktion zu, die aus rechtssystematischen Gründen mit Rechtsfolgen verknüpft sein muß. Entwik-

---

78 Vgl. *Budde, W. D.,* Gesellschaften, S. 81–95.

kelt sich der Kapitalmarkt in Deutschland dann noch in eine Richtung wie in den USA, daß nämlich der Anteilseigner in starkem Maß als Kreditgeber der Gesellschaft angesehen wird, an der er Anteile hält, wären seine Ausschüttungsansprüche in noch stärkerem Maß an die vorab vom Unternehmen gegebene Information gebunden. Das „Darlehen" erfolgt nach Auswertung der veröffentlichten Unternehmensdaten unter der Prämisse, daß die „Verzinsung" höher ist als die Rendite auf einem Sparkonto. Die Abhängigkeit der Investition in Anteile von dem veröffentlichten Ergebnis ist bei allen börsennotierten oder in anderer Form den Kapitalmarkt in Anspruch nehmenden Gesellschaften offenkundig. Entsprechend muß der Gesetzgeber dieser Interdependenz in Form von Rechten und Pflichten der Beteiligten Rechnung tragen.

Die Beschränkung auf die Beteiligten bedeutet eine spezialgesetzliche Regelung. Im Grundsatz bedingen die besonderen Verpflichtungen des Börsengesetzes einen Regelungsvorbehalt dahingehend, daß auch ergänzende Regelungen für Gesellschaften, die als Emittenten den Kapitalmarkt in Anspruch nehmen (§§ 36 ff. BörsG) wiederum nur durch das entsprechende Spezialgesetz bestimmt werden. Es ist systemwidrig, wenn das KapAEG, das Regelungen nur für diejenigen Gesellschaften enthält, die den Kapitalmarkt in Anspruch nehmen, diese im HGB vorsieht, dessen Vorschriften für alle Kapitalgesellschaften gelten.

8 Fazit

§ 292a HGB/RegE-KapAEG genügt vordergründig dem Bedürfnis deutscher Konzerngesellschaften, die neben dem deutschen auch ausländische Kapitalmärkte in Anspruch nehmen, indem es ihnen erlaubt, den für den Kapitalmarkt relevanten Konzernabschluß nach den jeweils gängigen Bilanzierungsregelungen aufzustellen. Die Unternehmen können frei entscheiden, ob sie überhaupt fremde Bilanzierungsregeln anwenden wollen, und sie sind befugt zu entscheiden, welche sie anwenden wollen, vorausgesetzt, diese entsprechen den nicht allzu strengen Vorbehalten des Gesetzes (Art. 2 Abs. 1 GG). Ob sie allerdings einheitlich verfahren können, wenn die Aktien an mehreren ausländischen Börsen notiert sind[79], bleibt ein offenes Problem.

---

79 Vgl. Deutsche Börse Fact Book 1996, Ziff. 4.1.4. (18 von insgesamt 45 auslandsnotierten Aktien sind an mehr als zwei ausländischen Börsen notiert).

Die inhaltliche Unbestimmtheit der beabsichtigten gesetzlichen Regelung und ihre eingeschränkte Anwendbarkeit nur auf (Mutter-)Gesellschaften, die ausländische Kapitalmärkte in Anspruch nehmen, stößt auf erhebliche verfassungsrechtliche Bedenken. Weder der Bestimmtheits- noch der Gleichheitsgrundsatz sind erfüllt (Art. 19 Abs. 1, Art. 20 Abs. 3 GG).

Darüber hinaus widerspricht § 292a HGB/RegE-KapAEG der bisherigen Systematik unternehmerischer Rechenschaftslegung (Art. 2 Abs. 1, Art. 14 Abs. 2 GG), denn es löst den Konzernabschluß vom Einzelabschluß und weist ihm ausschließlich Informationsfunktion zu, ohne rechtliche Folgen. Das nach deutschem Recht bestehende System, konzernimmanente Sachverhalte und Gefahren prophylaktisch zu regeln, wird teilweise aufgegeben[80]. Der Konzernabschluß als geprüfte und veröffentlichte Rechenschaftsaussage der Gesellschaft verliert mit seiner Verbindlichkeit auch seine Schutzfunktion gegenüber den Anteilseignern und anderen Gläubigern der Gesellschaft, die gleichermaßen verfassungsmäßige Rechte für sich beanspruchen können (Art. 2 Abs. 1, Art. 14 Abs. 1 GG). Die Existenz von spezialgesetzlichen, börsenrechtlichen Regelungen spricht gegen dessen Abkopplung. Die gesetzliche Vorgabe, daß der Konzernabschluß die maßgebliche Grundlage für die Kapitalmarktinanspruchnahme ist, verbietet es als systemwidrig, seine rechtliche Verbindlichkeit aufzuheben. Umgekehrt gebieten die spezialgesetzlichen Regelungen im Börsenrecht es aber, etwaige Modifizierungen, die (nur) die Gesellschaften betreffen, die den Kapitalmarkt in Anspruch nehmen, auch dort zu regeln und nicht im HGB, dessen Vorschriften für alle Kaufleute gelten. Die Einigung innerhalb der IOSCO auf eine Harmonisierung der Börsenzulassungsregeln erfordert eine Vereinheitlichung der internationalen Rechenschaftslegungsstandards. Damit wäre automatisch auch das Problem der Rechenschaftslegung bei Mehrfachnotierungen gelöst.

Das Kapitalaufnahmeerleichterungsgesetz in der bisherigen Form ist eine zu einfache und vielleicht auch zu schnelle Reaktion des Gesetzgebers auf einen durch Faktizität ausgeübten Druck.

---

80 Vgl. *Lutter, M.,* Konzernrecht, S. 105–108.

Literaturverzeichnis

Bardenz, Alexander, Durchbruch für das International Accounting Standards Committee?, in: WM 1996, S. 1657–1671 (Durchbruch).

Beisse, Heinrich, Gläubigerschutz – Grundprinzip des deutschen Bilanzrechts, in: Festschrift für Beusch, hrsg. v. Beisse, Heinrich/Lutter, Marcus/Närger, Heribald, Berlin/New York 1993, S. 77–97 (Gläubigerschutz).

Beisse, Heinrich, Zehn Jahre „True and fair view", in: Rechnungslegung – warum und wie, Festschrift für Clemm, hrsg. v. Ballwieser, Wolfgang/Moxter, Adolf/Nonnenmacher, Rolf, München 1996, S. 27–58 (True and fair view).

Budde, Wolfgang Dieter, Grundsätze ordnungsmäßiger Rechenschaftslegung, in: Unternehmen und Unternehmensführung, Festschrift für Semler, hrsg. v. Bierich, Marcus/Hommelhoff, Peter/Kropff, Bruno, Berlin/New York 1993, S. 789–817 (Rechenschaftslegung).

Budde, Wolfgang Dieter, Rechenschaftslegung im Spannungsfeld des Grundgesetzes, in: Bilanzrecht und Kapitalmarkt, Festschrift für Moxter, hrsg. v. Ballwieser, Wolfgang/Böcking, Hans-Joachim/Drukarczyk, Jochen/Schmidt, Reinhard H., Düsseldorf 1995, S. 33–59 (Spannungsfeld).

Budde, Wolfgang Dieter, Müssen die börsennotierten Gesellschaften eigene Wege gehen? in: Rechnungslegung – warum und wie, Festschrift für Clemm, hrsg. v. Ballwieser, Wolfgang/Moxter, Adolf/Nonnenmacher, Rolf, München 1996, S. 81–106 (Gesellschaften).

Budde, Wolfgang Dieter/Förschle, Gerhart, Das Verhältnis des „True and fair view" zu den GoB und den Einzelrechnungslegungsvorschriften, in: Einzel- und Konzernabschluß, hrsg. v. Mellwig, Winfried/Moxter, Adolf/Ordelheide, Dieter, S. 27–41 (Verhältnis).

Budde, Wolfgang Dieter/Steuber, Elgin, Jahresabschluß – Was soll die Veranstaltung?, in: Festschrift für Claussen, Köln 1997, S. 583–604 (Jahresabschluß).

Busse von Colbe, Walther/Ordelheide, Dieter, Konzernabschlüsse, 6. Aufl., Wiesbaden 1993 (Konzernabschlüsse).

Deutsche Börse Fact Book 1996.

Dokument des Kontaktausschusses für Richtlinien der Rechnungslegung vom 1. 4. 1996, Eine Überprüfung der Konformität der IAS mit den europäischen Richtlinien der Rechnungslegung, Brüssel XV/7003/96 – DE, Rev. 2.

Döring, Claus, Das Hintertürchen fürs HGB, in: Börsen-Zeitung v. 29. 11. 1996 (Hintertürchen).

Dries, Folker, Das opake Marktmacherkartell, in: Börsen-Zeitung v. 29. 8. 1996 (Marktmacherkartell).

Förschle, Gerhardt, in: Beck'scher Bilanzkommentar, hrsg. v. Budde, Wolfgang Dieter u. a., 3. Aufl. 1995, § 276 HGB, Rn. 3 (§ 276 HGB).

Grünewälder, Otto, Shareholder-Value-Konzept/International Accounting Standards; Auswirkungen auf die deutsche Unternehmenskultur, in: AG 1996, S. 447–449 (Shareholder-Value-Konzept).

Grund, Matthias, Zum Entwurf eines Gesetzes zur Kapitalaufnahmeerleichterung-Flucht oder Pflicht des Gesetzgebers?, in: ZiP 1996, S. 1969–1977 (Entwurf).

Hahn, Jürgen/Menn, Bernd-Joachim, Vom Jahr 2000 an werden die Jahresabschlüsse nach den IAS aufgestellt, in: Blick durch die Wirtschaft vom 19. 10. 1995 (Jahresabschlüsse).

Heinrichs, Helmut, in: Palandt, BGB-Kommentar, 55. Aufl. 1996, § 261 BGB, Rn. 1. (§ 261 BGB).

Helmschrott, Harald/Buhleier, Claus, Die Konsequenzen einer GOB-widrigen Anwendung internationaler Rechnungslegungsnormen aus der Perspektive des Handelsrechts und Strafrechts, in: WPg 1997, S. 10–17 (Konsequenzen).

HFA des IDW, Verlautbarung: Bestätigungsbericht zur Übereinstimmung eines handelsrechtlichen Konzernabschlusses mit den Standards des IASC, in: WPg 1996, S. 73 (Bestätigungsbericht).

Hopt, Klaus J., Europäisches Konzernrecht, in: Recht, Geist und Kunst, liber amicorum für Rüdiger Volhard, hrsg. v. Reichert, Klaus u. a., Baden-Baden 1996, S. 74–88 (Konzernrecht).

Hulle, Karel van, Angleichung und/oder gegenseitige Anerkennung, Vortrag vom 27. 6. 1992, 8. Münsterisches Tagesgespräch „Rechnungslegung und Prüfung – Perspektiven für die neunziger Jahre" (Angleichung).

Keegan, Mary/King, Hannah, Together but different, in: Accountancy Oct. 1996, S. 9 (Together).

Kirkpatrick, John, The case for visible conformity, in: Accountancy Jan. 1987, S. 17 (Conformity).

Kübler, Friedrich, Institutioneller Gläubigerschutz oder Kapitalmarkttransparenz, in: ZHR 1995, S. 550–566 (Gläubigerschutz).

Küting, Karlheinz, Undurchsichtige Bilanzen, in: Blick durch die Wirtschaft vom 1. 11. 1995 (Bilanzen).

Küting, Karlheinz, Jahresabschlüsse sind für Aktionäre da, in: FAZ v. 14. 10. 1996 (Jahresabschlüsse).

Lutter, Marcus, Konzernrecht: Schutzrecht oder Organisationsrecht?, in: Recht, Geist und Kunst, liber amicorum für Rüdiger Volhard, hrsg. v. Reichert, Klaus u. a., Baden-Baden 1996, S. 105–113 (Konzernrecht).

Lutter, Marcus, Im Mahlstrom der Interessen: Das Bilanzrecht, in: NJW 1996, S. 1945–1946 (Bilanzrecht).

Maunz, Theodor/Dürig, Günter/Herzog, Roman, Grundgesetz, Kommentar, München 1996 (Grundgesetz).

Moxter, Adolf, Zum Verhältnis von Handelsbilanz und Steuerbilanz, in: BB 1997, S. 195–199 (Verhältnis).

Münch, Christof, Rechtssicherheit als Standortfaktor, in: NJW 96, S. 3320–3324 (Rechtssicherheit).

Ordelheide, Dieter, Internationalisierung der Rechnungslegung deutscher Unternehmen (Anm. zum Entwurf eines KapAEG), in: WPg 1996, S. 545–552 (Internationalisierung).

Schilling, Wolf Ulrich, Shareholder Value und Aktiengesetz, in: BB 1997, S. 373–381 (Shareholder Value).

Schneider, Uwe H., Die aufsichtsrechtliche Inhaltskontrolle von Verträgen der Kreditinstitute und ihrer Mitarbeiter, in: WM 96, S. 712–713 (Inhaltskontrolle).

Schruff, Lothar, Entwicklung der 4. EG-Richtlinie, Düsseldorf 1986 (Entwicklung).

Sharp, Isobel, Stop tinkering with IASs, Accountancy Nov. 1996, S. 9 (Stop).

Strobl, Elisabeth, IASC-Rechnungslegung und Gläubigerschutzvorschriften, in: Rechnungslegung – warum und wie, Festschrift für Clemm, hsrg. v. Ballwieser, Wolfgang/Moxter, Adolf/Nonnenmacher, Rolf, München 1996, S. 389–412 (IASC).

Walter, Norbert, Zeit für Aktien?, in: WM 96, S. 2227–2228 (Zeit).

Weltecke, Ernst, Wie Fisch und Wasser, in: FAZ vom 22.11.1993, Beilage Finanzen International, S. 8 (Fisch).

Wüstemann, Jens, US-GAAP: Modell für das deutsche Bilanzrecht?, in: WPg 1996, S. 421–431 (US-GAAP).

Norbert Herzig*

Derivatebilanzierung und GoB-System

1 Einleitung

2 Alternative Konzepte der Bilanzierung derivativer Finanzinstrumente
  21 Imparitätische Einzelbewertung
  22 Bildung von Bewertungseinheiten
    221. Micro-Hedges
    222. Macro-Hedges und Portfolio-Hedges
  23 Mark-to-Market-Ansatz

3 Beurteilung aus Sicht des Bilanzrechtssystems
  31 Bilanzzweckebene
  32 Korrespondierende GoB-Ebene
    321. Vorsichtsprinzip
      321.1 Realisationsprinzip
        321.11 Aspekt: Ausschüttungsbemessung
        321.12 Aspekt: Informationsvermittlung
        321.13 Aspekt: Objektivierung
      321.2 Imparitätsprinzip
        321.21 Aspekt: Ausschüttungsbemessung
        321.22 Aspekt: Informationsvermittlung
        321.23 Aspekt: Objektivierung
    322. Objektivierungsprinzip
  33 Würdigung der induktiv vorgefundenen Bilanzierungsansätze anhand der Bilanzzwecke und der GoB
    331. Imparitätische Einzelbewertung
    332. Bewertungseinheitenansätze
    333. Mark-to-Market-Ansatz

4 Plädoyer für die Marktbewertung als das dem Bilanzrechtssystem am ehesten entsprechende Bewertungskonzept

WP/StB Univ.-Prof. Dr. Norbert Herzig
Seminar für Allgemeine Betriebswirtschaftslehre und
Betriebswirtschaftliche Steuerlehre
Universität zu Köln

---

* Für seine engagierte Unterstützung bei der Anfertigung dieses Beitrages danke ich meinem wissenschaftlichen Mitarbeiter, Herrn Dipl.-Kfm. Ulrich Rieck, ganz herzlich.

1 Einleitung

Der Einsatz derivativer Finanzinstrumente[1] ist weltweit weiter auf dem Vormarsch. Neben Finanzinstituten setzen zunehmend auch Industrie-, Handels- und Dienstleistungsunternehmen Derivate zu Spekulations-, Arbitrage- und Absicherungszwecken ein. Mittlerweile hat sich die Erkenntnis durchgesetzt, daß erst der Einsatz derivativer Finanzinstrumente eine erfolgreiche Ertrags- und Risikosteuerung ermöglicht.

Einhergehend mit der Frage des finanzwirtschaftlich optimalen Einsatzes von Derivaten, die hier nicht weiter zu untersuchen ist, und den zunehmenden Kontraktvolumina stellt sich die Forderung nach einer zweckgerechten Abbildung der derivativen Finanzinstrumente im Rahmen des externen Rechnungswesens. In der Literatur findet sich eine Vielzahl verschiedener Konzepte zur Bilanzierung derivativer Finanzinstrumente, ohne daß sich bisher eine einheitliche Vorgehensweise abzeichnen würde[2]. Die Bilanzierungspraxis scheint durchaus ein Interesse an der derzeitigen Gemengelage zu haben, da sie eine Bilanzierung und Besteuerung nach Wahl zu erlauben scheint. Alle vorgetragenen Ansätze zeichnen sich dadurch aus, daß ihre Vereinbarkeit mit den Bilanzierungszwecken und den Grundsätzen ordnungsmäßiger Buchführung in der Diskussion steht. Die Bilanzierung derivativer Finanzinstrumente stellt zugleich eine Herausforderung an die Weiterentwicklung des GoB-Systems dar; denn dieses soll als offenes System auch die Abbildung neu auftretender Sachverhalte ermöglichen. Das GoB-System soll darüber hinaus größen-, rechtsform- und insbesondere branchenunabhängig gültig sein. Im Bereich der Derivatebilanzierung zeichnet sich allerdings immer mehr die

---

[1] Unter derivativen Finanzinstrumenten – oder kurz Derivaten – sollen jene an einem Markt gehandelten Rechte verstanden werden, deren Börsen- oder Marktpreis unmittelbar oder mittelbar von der Entwicklung des Börsen- oder Marktpreises von Devisenkursen, Zinssätzen oder Eigenkapitaltiteln abhängt; vgl. auch § 2 Abs. 2 des Gesetzes über den Wertpapierhandel und zur Änderung börsenrechtlicher und wertpapierrechtlicher Vorschriften – Zweites Finanzmarktförderungsgesetz – vom 26. 7. 1994, BGBl. I, S. 1749.

[2] Von einem „Bilanzierungschaos" spricht *Windmöller, R.*, Zinsen in der Bankbilanzierung, S. 883–896.

Tendenz zu einer branchen-[3], instrument-[4] und einsatzmotivspezifischen[5] Abbildung ab. Hier könnte ein Sprengsatz für das gesamte GoB-System verborgen sein.

Im folgenden sollen zunächst die – induktiv – im Schrifttum vorgefundenen Bilanzierungskonzeptionen für derivate Finanzinstrumente kurz beschrieben werden. Sie sind sodann auf ihre Vereinbarkeit mit den Zwecken der Bilanz und den Grundsätzen ordnungsmäßiger Buchführung hin zu untersuchen.

2   Alternative Konzepte der Bilanzierung derivativer Finanzinstrumente

21   Imparitätische Einzelbewertung

Im Rahmen einer imparitätischen Einzelbewertung von Finanzinstrumenten werden das Imparitäts- und das Realisationsprinzip als Ausprägungen des allgemeinen Vorsichtsprinzips auf jede formalrechtlich abgegrenzte „einzelne" Bewertungseinheit, sei es eine Bilanzposition oder ein schwebendes Vertragsverhältnis, bezogen. Sicherungszusammenhänge zwischen Grund- und Gegengeschäft, die zur Kompensation negativer und positiver Erfolge aus den streng einzelbewerteten Positionen führen würden, werden anders als bei den nachfolgend beschriebenen Bewertungseinheitenansätzen nicht berücksichtigt. Materielle Konsequenz dieser wortlautorientierten Interpretation des Einzelbewertungs- und des Vorsichtsprinzips ist, daß derjenige, der eine offene Position durch ein risikomäßig gegenläufiges Sicherungsgeschäft gegen Kursrisiken immunisiert, dennoch stets

---

3   Im Hinblick auf die Branchenzugehörigkeit des Bilanzierenden wird insbesondere zwischen Banken und Nichtbanken getrennt.

4   Auch die Stellungnahmen des *IDW* sind weitgehend instrumentspezifisch; vgl. bereits die Stellungnahme des *IDW-BFA* 1/1975 zur Bilanzierung und Prüfung von Devisengeschäften bei Kreditinstituten sowie die Stellungnahmen *BFA* 2/1993: Bilanzierung und Prüfung von Financial Futures und Forward Rate Agreements, S. 517 f. und *BFA* 2/1995: Bilanzierung von Optionsgeschäften.

5   Als Einsatzmotive kommen Sicherung, Spekulation und Arbitrage in Frage; vgl. statt vieler *Eilenberger, G.,* Finanzinnovationen, S. 127. Auch der Exposure Draft E 48 des International Accounting Standards Committee unterscheidet in Ziffer 83 ff. zwischen Anlagemotiv, Absicherungsmotiv und anderen Motiven.

einen Verlust auszuweisen hat, sofern sich der Marktpreis des zugrundeliegenden underlying ändert[6]. Denn unabhängig davon, ob der zugrundeliegende Marktpreis steigt oder fällt, wird entweder das Grund- oder das Sicherungsgeschäft für sich betrachtet einen Verlust ausweisen, der nach dem Imparitätsprinzip zu antizipieren ist, ohne daß der zeitgleich entstehende Bewertungsgewinn der korrespondierenden Position berücksichtigt werden könnte; dies würde gegen das im traditionellen Sinne eng verstandene Realisationsprinzip verstoßen[7].

22 Bildung von Bewertungseinheiten

Ziel der Bewertungseinheitenansätze, auch als Hedge-Accounting bezeichnet, ist es, die asymmetrische Erfassung von Gewinnen und Verlusten bei korrespondierenden Grund- und Sicherungsgeschäften durch eine Zusammenfassung der originären und derivaten Finanzgeschäfte zu unterbinden. Imparitäts- und Realisationsprinzip werden nicht mehr auf ein formalrechtlich abgegrenztes Bewertungsobjekt, sondern – gleichsam auf einer höheren Ebene – auf eine aggregierte Bewertungseinheit angewandt. Je nachdem, auf welcher Stufe die Aggregation vorgenommen wird, können dabei Micro-, Macro- und Portfolio-Hedge unterschieden werden[8].

---

[6] Vgl. statt vieler *Benne, J.*, Gewinnerwartungen, S. 1655; *Groh, M.*, Bilanzierung von Fremdwährungsgeschäften, S. 870; *Breker, N.*, Optionsrechte und Stillhalterverpflichtungen, S. 122.

[7] Zu den Befürwortern einer strengen imparitätischen Einzelbewertung vgl. *Diehl, W.*, Bilanzierung von Devisengeschäften, S. 290–293; *Langel, H.*, Wechselkursänderungen, S. 259–331; *Hartung, W.*, Bilanzierung bei Kurssicherung, S. 635–646.

[8] Der Frage, ob für derartige Kompensationen ein Wahlrecht oder eine Pflicht anzunehmen ist, muß hier nicht nachgegangen werden; dies hängt letztlich davon ab, ob man die Bildung von Bewertungseinheiten als zweckgerechte Auslegung der GoB – so z. B. *Prahl, R./Naumann, T. K.*, Moderne Finanzinstrumente, S. 715 f. – oder als begründeten Ausnahmefall nach § 252 Abs. 2 HGB ansehen will; vgl. etwa *Wenger, E./Kaserer, Ch./Bayer, R.*, Abbildung von Zins- und Währungsswaps, S. 953 m. w. N.

221. Micro-Hedges

Micro-Hedges fassen genau zwei gegenläufige Positionen, idealtypisch ein Grund- und ein korrespondierendes Sicherungsgeschäft, zusammen. Dabei sollen die künftigen Kursveränderungen des Grundgeschäftes durch gegenläufige Kursveränderungen des Sicherungsgeschäftes kompensiert werden. Da der Wert der Gesamtposition allenfalls geringen Kursschwankungen unterliegen kann, wird somit das vordergründig erzielte finanzwirtschaftliche Absicherungsergebnis mittels der Bildung eines Micro-Hedges bilanztechnisch nachvollzogen[9].

Unter welchen Voraussetzungen gegenläufige Bewertungserfolge aus Grund- und Sicherungsgeschäft kompensiert werden dürfen, ist allerdings völlig offen[10]. Die Anzahl potentieller Kompensationskriterien ist Legende[11]. Einigkeit herrscht wohl nur dahingehend, daß ein Grund- und ein Sicherungsgeschäft objektiv existieren müssen, und das Sicherungsgeschäft zum Ausgleich des aus dem Basisgeschäft resultierenden Verlustes objektiv geeignet ist, indem es eine hohe negative Korrelation zu diesem aufweist. Die Zuordnung eines Sicherungsgeschäftes zum korrespondierenden Basisgeschäft erfolgt dann subjektiv nach den Vorstellungen des bilanzierenden Kaufmanns, wobei der Sicherungszusammenhang mittels einer getrennten Bestandsführung der Hedge-Positionen zu dokumentieren ist[12,13]. Die Abgrenzung der Bewertungseinheit erscheint aber selbst nach diesen allgemeinen Kriterien bereits schwer objektivierbar.

---

9 Bei dieser Sichtweise des Micro-Hedge wird häufig übersehen, daß der Abschluß eines Sicherungsgeschäftes im Hinblick auf ein definiertes Grundgeschäft die gesamte offene Risikoposition des Unternehmens durchaus auch erhöhen kann.

10 Vgl. *Krumnow, J. u. a.*, § 340e HGB, Tz. 103.

11 Zur Vielzahl der in der Literatur genannten Kompensationskriterien vgl. *Herzig, N./Mauritz, P.*, Micro-Hedges, S. 141 ff.; *Mauritz, P.*, Konzepte, S. 45 ff.

12 Zu den allgemeinen Voraussetzungen des Micro-Hedge vgl. statt vieler *Krumnow, J. u. a.*, § 340e HGB, Tz. 309 f.

13 Eine alternativ vorstellbare zwangsweise Kompensation objektiv zueinander passender Derivatepositionen ist hingegen nicht praktikabel. Die Identifizierung aller irgendwie korrespondierender Risikostrukturen würde den Bilanzierenden bei komplexen Finanzinstrumenten überfordern und wäre für einen sachverständigen Dritten, etwa den Wirtschaftsprüfer, nicht nachvollziehbar; vgl. *Mauritz, P.*, Derivate Finanzinstrumente bei Privatanlegern, S. 701.

222. Macro-Hedges und Portfolio-Hedges

Macro-Hedges fassen oberhalb der 1:1-Sicherungsebene originäre und derivative Finanzinstrumente innerhalb eines organisatorisch abgegrenzten Verantwortungsbereiches zusammen, soweit diese Finanztitel den gleichen Risiken unterliegen[14]. Es werden folglich für Zins-, Währungs- und andere Preisrisiken separat Nettorisikopositionen ermittelt, die sodann abgesichert werden[15]. Beispielsweise könnte im Rahmen des Zinsrisikomanagements einer Bank eine sich unter Berücksichtigung heterogener Positionen ergebende Festzinslücke durch eine gegenläufige Terminposition geschlossen werden[16]. Der Aggregationsgrad des Macro-Hedge ist daher wesentlich höher, seine Komplexität wesentlich größer als die eines Micro-Hedge; bewertungstechnisch entspricht der Macro-Hedge hingegen trotz der noch weitergehenden Ausdehnung der Bewertungseinheit – und damit auch des Einzelbewertungsgrundsatzes – grundsätzlich dem Micro-Hedge.

Beim Portfolio-Hedge werden nicht mehr nur identische Gegengeschäfte mit lediglich umgekehrtem Vorzeichen zu einer Bewertungseinheit zusammengefaßt, sondern unter Verfolgung einer Cheapest Hedge-Strategie, die darauf abzielt, eine Absicherung möglichst kostengünstig zu erreichen, werden auch vom Grundgeschäftstyp in ihrem Wesen deutlich abweichende Geschäfte zusammengefaßt. Der Portfolio-Hedge soll insbesondere für die Handelsbestände von Kreditinstituten anwendbar sein[17]. Zum Bilanzstichtag werden alle einem Portfolio zugeordneten Instrumente mit ihrem Marktwert am Bilanzstichtag erfaßt; Bewertungsgewinne und -verluste einzelner Positionen werden saldiert, so daß das Imparitäts- und das Realisationsprinzip nur auf das Portfolio als Ganzes Anwendung finden.

Unabdingbare Voraussetzung für die bilanzielle Anerkennung eines Macro- oder Portfolio-Hedges soll neben der Formulierung einer

---

14 Vgl. *Prahl, R./Naumann, T. K.*, Moderne Finanzinstrumente, S. 715.
15 Vgl. *Brackert, G./Prahl, R./Naumann, T. K.*, Neue Verfahren der Risikosteuerung, S. 552.
16 Vgl. *Krumnow, J.* u. a., § 340e HGB, Tz. 311.
17 Vgl. vor allem *Prahl, R./Naumann, T. K.*, Bilanzierung von portfolio-orientierten Handelsaktivitäten, S. 735; *dies.*, Moderne Finanzinstrumente, S. 715 f.

Hedge-Strategie[18] unter Beachtung eines vorgegebenen Hedge-Ratios[19], ein funktionierendes Risikomanagement[20] und der Wille zur nachhaltigen Risikovermeidung[21] sein.

23 Mark-to-Market-Ansatz

Die Portfolio-Bewertung stellt bereits eine Annäherung an den Mark-to-Market-Ansatz dar, jedoch beschränkt für den Bereich portfolioorientierter Handelsaktivitäten bei Kreditinstituten[22]. Bei konsequenter Marktbewertung hingegen werden alle originären und derivativen Finanzinstrumente mit ihrem Marktwert bewertet. Der Marktwert einer Position kann – sofern er nicht direkt als Marktpreis an einem liquiden (Sekundär-)Markt ablesbar ist – durch den Barwert des aus dem Finanzinstrument resultierenden Zahlungsstromes beschrieben werden. Die gedankliche Wiedergeldwerdung der Finanzgeschäfte zum Bilanzstichtag gelingt, indem der zukünftige Zahlungsstrom unter Rückgriff auf Marktparameter – etwa Zinssätze – mit umgekehrtem Vorzeichen dupliziert wird. Der Bewertungsgewinn oder -verlust fällt somit – unter Abweichung vom „reinen" Imparitäts- und Realisationsprinzip – bereits am Bewertungsstichtag an. Sicherungszusammenhänge zwischen einzelnen Positionen werden durch eine Marktbewertung somit quasi automatisch korrekt erfaßt; eine explizite Benennung von Grund- und Sicherungsgeschäft wird obsolet[23, 24].

Die Überprüfung der GoB-Konformität der skizzierten Konzepte erfordert eine Auseinandersetzung mit dem Bilanzrechtssystem.

---

18 Vgl. *Elkart, W.*, Finanzinstrumente in der Rechnungslegung, S. 384.
19 Vgl. *Prahl, R./Naumann, T. K.*, Moderne Finanzinstrumente, S. 716.
20 Vgl. *Elkart, W.*, Finanzinstrumente in der Rechnungslegung, S. 389; *Oestreicher, A.*, Bilanzierung von Zinsterminkontrakten, S. 87 ff.; *Brackert, G./Prahl, R./Naumann, T. K.*, Neue Verfahren der Risikosteuerung, S. 550.
21 Vgl. *Prahl, R./Naumann, T. K.*, Bilanzierung von portfolio-orientierten Handelsaktivitäten, S. 735.
22 Vgl. *Krumnow, J.* u. a., § 340e HGB, Tz. 314 m. w. N.
23 Vgl. *Steiner, M./Tebroke, H.-J./Wallmeier, M.*, Rechnungslegung für Finanzderivate, S. 535 ff. m. w. N.
24 Ausfallrisiken müssen separat berücksichtigt werden.

3 Beurteilung aus Sicht des Bilanzrechtssystems

Das nationale Bilanzrechtssystem ist dreischichtig aufgebaut. Es wird von den Bilanzzwecken dominiert. Als primäre Zwecke der Bilanz im Rechtssinne sind insbesondere die Informationsvermittlung und die Zahlungsbemessung anzusehen. Die Ausfüllung der Bilanzzwecke obliegt den Grundsätzen ordnungsmäßiger Buchführung. Die GoB ihrerseits sind als unbestimmter Rechtsbegriff zu qualifizieren, der im Wege der Gesetzesauslegung zu präzisieren ist[25]. Die GoB sollen gewährleisten, daß das betriebliche Geschehen entsprechend den Bilanzzwecken abgebildet wird. Die Konkretisierung der GoB hat deshalb gesetzeszweckkonform und – da die einzelnen GoB Bausteine eines teleologischen Systems darstellen – auch systemkonform zu erfolgen[26]. Da die GoB inhaltlich, auch nach ihrer weitgehenden Kodifizierung durch das BiRiLiG, als weitgehend offenes System zu qualifizieren sind, ermöglichen sie die Abbildung neu auftretender Sachverhalte, wie sie etwa die Abbildung derivativer Finanzinstrumente darstellt. Die GoB ihrerseits stehen zu den gesetzlichen Einzelregelungen in einem Verhältnis wechselseitiger Ergänzung und Konkretisierung.

31 Bilanzzweckebene

Sowohl für die Gewichtung der Gesetzeszwecke als auch für die Konkretisierung des GoB-Systems zeichnen sich einschneidende Veränderungen ab. Im Gefolge der Tendenzen zur Internationalisierung der Rechnungslegung und nicht zuletzt im Anschluß an das EuGH-Urteil in der Rechtssache *Tomberger*[27] erscheint es kaum mehr zulässig, die zutreffende Vermittlung des Einblicks in die Vermögens-, Finanz- und Ertragslage im Sinne der Abkopplungsthese in den Anhang zu verbannen[28]. Das System der Grundsätze ordnungsmäßiger Buchführung ist nicht mehr nur vor dem Hintergrund einer

---

25 Vgl. stellvertretend *Budde, W. D./Raff, I.*, in: BeckBil-Komm., 3. Aufl., § 243 HGB, Rn. 11 ff.
26 Vgl. *Baetge, J./Fey, D./Fey, G.*, in: HdR Ia, 4. Aufl., § 243 HGB, Rn. 11 f.
27 Vgl. EuGH, Urteil vom 27. 6. 1996, Rs C 234/94, Waltraud Tomberger gegen Gebrüder von der Wettern GmbH, in: ZiP 1996, S. 1168 u. DB 1996, S. 1400.
28 Vgl. ebenso *Weber-Grellet, H.*, Bilanzrecht, S. 2090.

als gläubigerschützend vermuteten Ausschüttungsbegrenzung zu konkretisieren, sondern ebenfalls unter Berücksichtigung der Informationsfunktion der Bilanz. Der Anhang kann bei seiner derzeit praktizierten Ausgestaltung nur ein Informationsinstrument zweiter Klasse sein[29]. Ausschüttungsbemessung ist vor diesem Hintergrund nicht mehr nur als übervorsichtige Ausschüttungsbegrenzung zu verstehen, sie hat – unter Beachtung berechtigter Gläubigerschutzerwägungen – gleichzeitig die Ausschüttungsansprüche der Gesellschafter gegenüber der Unternehmensführung sicherzustellen. Dieser Kompetenzabgrenzungsfunktion steht aber insbesondere die Möglichkeit zur willkürlichen Legung stiller Reserven, wie sie auch eine nicht zweckgerechte Bilanzierung im Bereich derivativer Finanzinstrumente gestatten könnte, entgegen.

Beide primären Bilanzzwecke, Informationsvermittlung und Ausschüttungsbemessung, stehen dabei unter Objektivierungsrestriktionen. Nur auf Basis einer objektivierten, intersubjektiv nachprüfbaren Rechnungslegung können Gläubiger und Eigenkapitalgeber zuverlässige Entscheidungen treffen[30]. Objektivierung ist jedoch kein Selbstzweck; insbesondere darf die zutreffende Informationsvermittlung nur in dem Maße eingeschränkt werden, wie dies unter Objektivierungsgesichtspunkten unbedingt erforderlich erscheint. Dem Anhang kann dabei die Funktion zukommen, objektivierungsbedingte Informationsverzerrungen der Bilanz auszugleichen. Für eine imparitätische Objektivierung in dem Sinne, daß an die Bilanzierung der Aktiva wesentlich höhere Objektivierungsanforderungen zu stellen sind als an die Passivierung, ist bei Betonung der Informationsfunktion kein Raum. Auch der Gläubiger benötigt zutreffende Informationen über die wirtschaftliche Lage des Unternehmens; denn auch der Gläubiger wird durch den geräuschlosen Abbau in der Vergangenheit gebildeter stiller Willkürreserven gefährdet[31].

Gläubiger- wie auch Investorenschutz haben daher sowohl eine Informations- als auch eine Ausschüttungskomponente. Eine zutreffende Ausschüttungsbemessung kann aber nur auf Basis eines die wirkliche

---

29 Vgl. *Forster, K.-H.*, Erwartungslücke, S. 794.
30 Hinsichtlich der Zuordnung des Objektivierungserfordernisses zum Rechenschaftszweck vgl. *Baetge, J.*, Möglichkeiten der Objektivierung des Jahreserfolges, S. 15 f. und 27 f.
31 Vgl. *Kübler, F.*, Institutioneller Gläubigerschutz, S. 560.

wirtschaftliche Situation des Unternehmens abbildenden Vermögens- und Erfolgsausweises stattfinden.

32 Korrespondierende GoB-Ebene

Für die Abbildung derivativer Finanzinstrumente sind insbesondere das Vorsichtsprinzip und verschiedene Objektivierungsgrundsätze, hier vor allem das Einzelbewertungs- und das Stichtagsprinzip, heranzuziehen. Diese oberen GoB sind ebenso wie die mit ihnen korrespondierenden gesetzlichen Einzelregelungen, zu nennen wären das Niederstwertprinzip oder das Anschaffungskostenprinzip, so auszulegen, daß den primären Bilanzzwecken Rechnung getragen wird. Auf die explizite Einbeziehung des Grundsatzes des true and fair view im Sinne eines overriding principle wird nachfolgend verzichtet. Eine alleinige Orientierung am true and fair view würde wegen der Unbestimmtheit dieses Grundsatzes eine nicht hinnehmbare Entobjektivierung der Bilanz nach sich ziehen. Es kann vielmehr festgestellt werden, daß die nachfolgend näher untersuchten GoB sowohl Ausschüttungsbemessungs- als auch Informations- und Objektivierungsaspekte in sich tragen. Die Betonung der Informationskomponente der GoB trägt dem true and fair view in ausreichendem Maße Rechnung.

321. Vorsichtsprinzip

Das allgemeine Vorsichtsprinzip des § 252 Abs. 1 Nr. 4 HGB umfaßt das Realisationsprinzip, das Imparitätsprinzip und den hier nicht näher zu untersuchenden Grundsatz der Bewertungsvorsicht, der die Bewertung unter unsicheren Erwartungen betrifft.

321.1 Realisationsprinzip

321.11 Aspekt: Ausschüttungsbemessung

Nach dem Realisationsprinzip gilt: „Gewinne sind nur zu berücksichtigen, wenn sie am Abschlußstichtag realisiert sind"[32]. Als Realisationskriterium wird regelmäßig die Bestätigung des Gewinns durch

---

32 § 252 Abs. 1 Nr. 4 2. Hs. HGB.

einen Umsatzakt am Markt gefordert[33]. Bis zu diesem Zeitpunkt dürfen Wertänderungen der Vermögensgegenstände und Schulden nach dem das Realisationsprinzip konkretisierenden Anschaffungskostenprinzip nicht berücksichtigt werden; Beschaffungs- und Produktionsvorgänge werden daher erfolgsneutral behandelt. Die Umsatzbindung spiegelt für realwirtschaftliche Vorgänge das – hier im Übergang der Preisgefahr liegende – Erfordernis der Quasisicherheit der Vermögensmehrung als übergeordnetes Realisationskriterium wieder[34]. Es muß nicht auf den zukünftigen Zahlungsmittelzufluß abgestellt werden, da der Gewinnausweis unter Risiko- und Objektivierungsgesichtspunkten hinreichend konkretisiert ist und eventuell bestehende Forderungsausfallrisiken separat berücksichtigt werden können. Die Umsatzbindung als Realisationskriterium stellt daher lediglich einen Spezialfall des allgemeinen Realisationstatbestandes für realwirtschaftliche Vorgänge dar. Denn nicht in allen Fällen, in denen ein positiver Erfolg zweifellos erzielt wurde, liegt ein Umsatzakt vor; an einem Umsatzakt fehlt es z. B. bei der erfolgswirksamen Auflösung von Rückstellungen oder Rechnungsabgrenzungsposten.

Gilt ein Gewinn unter Risiko- und Objektivierungskriterien als realisiert, so ist er im Grundsatz als ausschüttbar anzusehen.

321.12 Aspekt: Informationsvermittlung

Neben der Festlegung des Zeitpunktes des Gewinnausweises regelt das Realisationsprinzip vor allem die sachliche und zeitliche Periodenzuordnung der Erträge und Aufwendungen. Als grundlegendes Abgrenzungsprinzip wird das Realisationsprinzip zum zentralen Informationsvermittlungsgrundsatz, wobei die Periodisierung aus Objektivierungsgründen jedoch an ein nachprüfbares Mengengerüst gebunden wird[35]. Die Legung stiller Zwangsreserven infolge des Anschaffungskostenprinzips schränkt die Informationsvermittlung über

---

33 Vgl. statt vieler *Adler, H./Düring, W./Schmaltz, K.*, 6. Aufl., § 252 HGB, Tz. 82; *Budde, W. D./Geißler, H.*, in: BeckBil-Komm., 3. Aufl., § 252 HGB, Tz. 45.
34 Vgl. *Euler, R.*, Gewinnrealisierung, S. 67 ff.
35 Vgl. *Herzig, N.*, Rückstellungsbegrenzende Wirkung des Realisationsprinzips, S. 209 ff.; *Herzig, N./Rieck, U.*, Abgrenzung des Saldierungsbereiches, S. 530, jeweils m. w. N.

die Vermögenslage aus Gründen der Ausschüttungsbemessung und Objektivierung ein.

321.13 Aspekt: Objektivierung

Neben der Vermögensorientierung ist ein weiterer wesentlicher Objektivierungsaspekt des Realisationsprinzips in seiner grundsätzlichen Marktorientierung zu sehen[36]. Die erfolgsneutrale Erfassung von Beschaffungsvorgängen beinhaltet die Ausgeglichenheitsvermutung, daß die am Beschaffungsmarkt festgestellten Anschaffungs- oder Herstellungskosten im Zugangszeitpunkt zukünftige Erträge in zumindest gleicher Höhe alimentieren[37]. Diese Ausgeglichenheitsvermutung wirkt über den Produktionsprozeß fort, da im Rahmen der Transformation regelmäßig neue Bewertungsobjekte entstehen, deren Erfolgsbeitrag einerseits den eingesetzten Gütern nicht mehr zurechenbar ist, andererseits aber häufig noch keinen konkreten Bezug zum Absatzmarkt aufweist. Bei der Veräußerung von Gütern erweist sich der Absatzmarkt sodann wieder als objektivierend wirkende Bewertungsinstanz für realwirtschaftliche Vorgänge.

321.2 Imparitätsprinzip

321.21 Aspekt: Ausschüttungsbemessung

Das Imparitätsprinzip ergänzt das Realisationsprinzip als zentrales Periodisierungsprinzip dahingehend, daß sich nach den Grundsätzen zeitlicher und sachlicher Abgrenzung ergebende Verluste sowie vorhersehbare Risiken vom Realisationszeitpunkt auf den früheren Verursachungszeitpunkt vorverlagert werden[38]. Die asymmetrische Behandlung positiver und negativer Erfolge dient der Kapitalerhaltung durch Ausschüttungsbegrenzung. Die verlustantizipationsbegründende Wirkung des Imparitätsprinzips, die sich in den Niederstwertvorschriften für die Aktiva, dem Höchstwertprinzip für die Passiva sowie der Vorschrift des § 249 Abs. 1 S. 1 HGB, wonach für drohende Verluste aus schwebenden Geschäften Rückstellungen zu bilden sind,

---

36 Vgl. *Wüstemann, J.*, Imparitätsprinzip, S. 1037.
37 Vgl. *Euler, R.*, Verlustantizipation, S. 194.
38 Vgl. *Koch, H.*, Teilwert, S. 335.

konkretisiert, ist aber nur eine Seite der Medaille. Denn gleichzeitig begrenzt das Imparitätsprinzip eine willkürliche Verlustantizipation. Es dürfen nur Verluste und vorhersehbare Risiken berücksichtigt werden, die in Zukunft auch tatsächlich zur Realisation gelangen. Für den Verlusteintritt muß folglich eine Mindestwahrscheinlichkeit bestehen; fiktive Verluste oder gar entgangene Gewinn dürfen nicht antizipiert werden[39]. Auch dürfen mit einem Vermögensgegenstand oder einem Geschäft verbundene Vorteilserwartungen bei der Ermittlung der Antizipationshöhe nicht willkürlich aus dem Saldierungsbereich ausgegrenzt werden. Noch nicht durch Dispositionen der Vergangenheit verursachte künftige Aufwandsüberschüsse fallen ebenfalls nicht in den Antizipationsbereich des Imparitätsprinzips. Der Antizipationsumfang wird zudem durch Objektivierungsregelungen weiter eingeschränkt[40].

Damit prägt neben dem Realisationsprinzip insbesondere die verlustantizipationsbegründende und -begrenzende Wirkung des Imparitätsprinzip die Verteilung der Ausschüttungskompetenz zwischen Gläubigern und Anteilseignern einerseits und Unternehmensführung und Anteilseignern andererseits.

321.22 Aspekt: Informationsvermittlung

Im Sinne der Informationsvermittlung wirkt das Imparitätsprinzip insbesondere dadurch, daß seine Anwendung eine Erfassung aller Verlustträger durch eine Inventur der Risiken voraussetzt. Bei zweckgerechter Anwendung und unter Beachtung seiner antizipationsbegrenzenden Wirkung werden der bilanzierende Kaufmann sowie Gläubiger und Anteilseigner über verlustträchtige Geschäfte informiert, ohne daß der Zweck des Imparitätsprinzip eine Legung stiller Willkürreserven gestatten würde. Dies setzt allerdings voraus, daß die entsprechenden Antizipationsbeträge nicht ununterscheidbar im Periodenergebnis aufgehen[41].

---

39 Vgl. *Baetge, J./Knüppe W.*, in: HURB, S. 396; *Adler, H./Düring, W./Schmaltz, K.*, 6. A., § 252 HGB, Tz. 74 ff.; *Budde, W. D./Geißler, H.*, in: BeckBil-Komm., 3. Aufl., § 252 HGB, Rn. 72.
40 Vgl. *Herzig, N./Rieck, U.*, Abgrenzung des Saldierungsbereiches, S. 530 ff.
41 Vgl. *Baetge, J.*, Bilanzen, S. 92; *Kübler, F.*, Institutioneller Gläubigerschutz, S. 553.

321.23 Aspekt: Objektivierung

Im Zusammenspiel mit dem Realisationsprinzip und dem Objektivierungsgrundsatz wird der Antizipationsumfang des Imparitätsprinzips weiter begrenzt, da nur solche Risiken und Verluste berücksichtigt werden können, die hinreichend konkretisiert und an ein nachprüfbares Mengengerüst geknüpft sind. Als derart abgegrenzte Verlustträger kommen nur Vermögensgegenstände, Schulden und schwebende Geschäfte in Betracht. Eine Antizipation allgemeiner, kaum prognostizierbarer Risiken oder von Unternehmens- oder Konjunkturrisiken ist demnach ausgeschlossen[42].

Zur Bemessung der Höhe des zu antizipierenden Betrages greift das Imparitätsprinzip objektivierungsbedingt auf Marktpreise zurück. So sieht das Niederstwertprinzip Abschreibungen auf den sich aus einem Börsen- oder Marktpreis am Abschlußstichtag ergebenden niedrigeren Wert oder subsidiär auf den niedrigeren beizulegenden Wert vor[43], wobei auch letzterer aus Marktdaten, primär solchen des Absatzmarktes, abzuleiten ist.

322. Objektivierungsprinzip

Die Bilanzierung muß einen Mindestgrad an Objektivierung aufweisen, um für Dritte nachprüfbar zu sein. So wünschenswert der Ausweis eines zukunftsbezogenen ökonomischen Gewinns für Zwecke der Informationsvermittlung und Ausschüttungsbemessung auch sein mag, so wenig ist diese Größe wegen ihrer fehlenden intersubjektiven Nachprüfbarkeit für Zwecke der Rechenschaftslegung gegenüber Dritten geeignet[44]. Dem Objektivierungserfordernis wird auf der Ebene der GoB insbesondere durch die Regelung des § 252 Abs. 1 Nr. 3 HGB Rechnung getragen, wonach die Vermögensgegenstände und Schulden zum Abschlußstichtag einzeln zu bewerten sind. Die Einzelbilanzierung erfordert eine Abgrenzung der einzelnen Bilanzierungsobjekte und eine isolierte Wertzuordnung. Der Objektivierungseffekt der Einzelbewertung resultiert einerseits aus der weitgehenden Vernachlässigung der sich aus der Kombination von Vermögensge-

---

42 Vgl. *Leffson, U.*, Grundsätze ordnungsmäßiger Buchführung, S. 388 ff.
43 Vgl. § 253 Abs. 3 S. 1 u. 2 HGB.
44 Vgl. *Baetge, J.*, Bilanzen, S. 59.

genständen ergebenden Synergieeffekte[45]. Andererseits bildet der Einzelbewertungsgrundsatz die Grundlage für die objektivierte Anwendung des Realisations- und des Imparitätsprinzips und verhindert eine über das einzelne Bewertungsobjekt hinausgehende, für den Bilanzleser nicht nachvollziehbare Verrechnung von künftigen Aufwandsüberschüssen mit unrealisierten Gewinnen[46]; die Einzelbewertung ist damit zugleich Voraussetzung für das den Einzelausweis betreffende Saldierungsverbot des § 246 Abs. 2 HGB.

Auch das Stichtagsprinzip wirkt objektivierend, da es dem Kaufmann mit seiner Forderung nach einer Bilanzierung zum Abschlußstichtag weitgehend die Möglichkeit nimmt, über in der Zukunft liegende Wertänderungen zu mutmaßen. Gleichzeitig grenzt es mit seinem Schnitt durch die Totalperiode im Zusammenwirken mit dem Wertaufhellungsgrundsatz die im Jahresabschluß zu berücksichtigenden Tatbestände und Informationen ab.

33 Würdigung der induktiv vorgefundenen Bilanzierungsansätze anhand der Bilanzzwecke und der GoB

331. Imparitätische Einzelbewertung

Bei Anwendung einer imparitätischen Einzelbewertung auf Finanzderivate werden risikoaverse Bilanzierende, die eine offene Risikoposition durch gegenläufige Sicherungsgeschäfte schließen, bilanziell diskriminiert; sie müssen unabhängig von der Richtung der Marktpreisentwicklung in jedem Fall einen Verlust ausweisen, während Bilanzierende mit offenen Risikopositionen dies nur bei einer von zwei möglichen Preistendenzen tun müssen. Der Ausweis von Verlusten bei geschlossenen Positionen verstößt damit gegen die verlustantizipationsbegrenzende Wirkung des Imparitätsprinzips, da es sich um fiktive Verluste handelt, die nie zur Realisation gelangen werden. Wenn ein Verlust mit hinreichender Wahrscheinlichkeit nicht eintritt, ist für Vorsichtsüberlegungen kein Raum[47]. Der im Imparitätsprinzip

---

45 Vgl. *Baetge, J.*, in: HdR, 3. Aufl., Grundsätze ordnungsmäßiger Buchführung, S. 219, Rn. 146; *Oestreicher, A.*, Bilanzierung von Zinsterminkontrakten, S. 161.
46 Vgl. statt vieler *Kupsch, P.*, Bewertungseinheit, S. 132.
47 *Krumnow, J.* u. a., § 340e HGB, Rn. 97 m. w. N.

angelegte Ausgleich zwischen den Ausschüttungsinteressen der Anteilseigner und dem Selbstfinanzierungsinteresse der Unternehmensleitung wird durch die Bildung stiller Reserven in Höhe der imparitätischen Fehlbewertung aufs Gröbste verletzt. Eine Fehlallokation von Mitteln kann die Folge sein.

Auch für die Gläubiger kann der mit der imparitätischen Einzelbewertung verbundene Aufbau von Willkürreserven nur bei vordergründiger Betrachtung dienlich sein. Denn neben einer vorsichtigen – nicht übervorsichtigen – Ausschüttungsbemessung sind die Gläubiger ebenso wie die Eigner an einer zutreffenden Darstellung der Vermögens-, Finanz- und Ertragslage interessiert. Durch eine imparitätische Einzelbewertung werden aber der Erfolg und das Vermögen dauerhaft verzerrt und zunächst zu niedrig ausgewiesen. Sie verstößt damit nicht nur gegen die Generalnorm des § 264 Abs. 2 HGB bei Kapitalgesellschaften, sondern auch gegen den Informationsvermittlungszweck der Bilanz für alle Kaufleute. Eine derartige Bilanzrechtsauslegung, bei der das Imparitätsprinzip in Widerspruch zu den Bilanzzwecken gerät, ist im Ergebnis Ausfluß eines falsch verstandenen Objektivierungsverständnisses, bei dem die Objektivierung in Form des formalen Einzelbewertungsprinzips unter vollständiger Verdrängung der primären Bilanzzwecke zum Selbstzweck wird. Im Extremfall verleitet eine imparitätische Einzelbewertung die Unternehmensleitung sogar dazu, auf wirtschaftlich sinnvolle Absicherungsmaßnahmen zwecks Vermeidung eines Verlustausweises oder einer bilanziellen Überschuldung zu verzichten[48]; dies kann weder im Interesse eines materiellen Gläubigerschutzes noch im Interesse der Anteilseigner sein.

332. Bewertungseinheitenansätze

Aufgrund der Mängel einer imparitätischen Einzelbewertung wird die grundsätzliche Zulässigkeit der Bildung von Bewertungseinheiten im Schrifttum speziell für den Micro-Hedge kaum mehr angezweifelt. Die Zulässigkeit von Macro- und Portfolio-Hedges wird hingegen noch weit restriktiver beurteilt. Die Bewertungseinheitenbildung wird regelmäßig als teleologische Reduktion des Einzelbewertungsgrund-

---

48 Vgl. *Beckmann, R.*, Kurssicherung, S. 394; *Oestreicher, A.*, Bilanzierung von Zinsterminkontrakten, S. 244.

satzes oder als triftiger Ausnahmefall i. S. d. § 252 Abs. 2 HGB begründet[49]. Dabei wird leicht übersehen, daß die Aufgabe des objektivierend wirkenden Einzelbewertungsgrundsatzes keinesfalls automatisch zu einem besseren Einblick in die wirtschaftliche Lage oder eine zutreffendere Ausschüttungsbemessung führt. Denn wegen der vielfältigen Anwendungsvoraussetzungen für die Bildung von Bewertungseinheiten steht es faktisch im Ermessen des Bilanzierenden, ob er und in welchem Umfang er auf Bewertungseinheiten zurückgreift. Während beim Micro-Hedge die nachweisbare Zweckbestimmung und Zuordnung einzelner Geschäfte subjektiv vom Kaufmann vorgenommen werden kann, wird die Reichweite der Bewertungseinheit bei Macro-Hedge von der – ebenfalls vom Kaufmann nach Belieben steuerbaren – Qualität der Hedge-Strategie und des Risikomanagements determiniert; beim Portfolio-Hedge stellt sich die Frage der Zuordnung einzelner Geschäfte zum Portfolio und die Anerkennung intern kontrahierter Geschäfte. Ein weiteres Problem der Bewertungseinheitenansätze liegt darin, daß Finanztitel gleichzeitig mehrere Risiken für den Anwender beinhalten können und daher theoretisch auch in mehreren Bewertungseinheiten gleichzeitig berücksichtigt werden müssen.

Das Objektivierungsziel wird indessen verfehlt, wenn der Bilanzierende durch wahlweise enge oder weite Abgrenzung der Bewertungseinheit den Grad der Verrechnung individuell steuern kann. Im Anwendungsbereich des Imparitäts- und Realisationsprinzips ein faktisches Wahlrecht einzuführen, erscheint weder mit dem Ziel der Ausschüttungsbemessung noch der Informationsvermittlung vereinbar. Die Kriterien für die Bildung von Bewertungseinheiten können eine zweckgerechte und willkürfreie Rechnungslegung von Finanzderivaten kaum sicherstellen.

333. Mark-to-Market-Ansatz

Eine Alternative zu den Bewertungseinheitenansätzen stellt die Marktbewertung aller derivativen und originären Finanzinstrumente dar. Hierdurch könnte die Informationsfunktion der externen Rechnungslegung zweifellos deutlich verbessert werden[50]; ein Indiz hier-

---

49 Vgl. *Krumnow, J.* u. a., § 340e HGB, Rn. 98 m. w. N.
50 Vgl. *Bieg, H./Rübel, M.*, Devisen- und Zinstermingeschäfte, S. 618.

für wäre nicht zuletzt die Wiederannäherung von interner und externer Rechnungslegung. Der Aufbau von Verlustverschleierungspotentialen durch faktische Wahlrechte bei der Bestimmung der Reichweite der Bilanzierungseinheit wird unterbunden. Die zutreffende Information über die Vermögens- und Erfolgslage des Unternehmens fördert zudem eine effiziente Kapitalallokation. Auch die mit einer Marktbewertung einhergehende Komplexitätsreduktion wirkt objektivierend; eine kasuistische Zergliederung und Verkomplizierung des GoB-Systems wird vermieden. Weder die Zwecksetzung des Geschäftes noch das organisatorische Umfeld noch die Art des Finanzproduktes, die zugrundeliegende Risikokategorie oder die Branchenzugehörigkeit des Bilanzierenden spielen für die bilanzielle Abbildung eine Rolle. Zudem muß nicht für jedes neu kreierte Finanzprodukt eine eigene Abbildungskonzeption erarbeitet werden. Ist ein Finanzinstrument von verschiedenen Risiken zugleich betroffen, so werden sämtliche Sicherungszusammenhänge durch die Marktbewertung automatisch berücksichtigt; auch die Abbildung zusammengesetzter Finanzinstrumente ist problemlos möglich[51]. Die Frage der Anerkennung unternehmensinterner Kontrakte, die insbesondere bei Banken eine bedeutende Rolle spielt, entfällt ebenfalls[52].

Auf der Ebene der GoB entspricht der Rückgriff auf die Marktpreise des Bewertungsstichtages in idealer Weise dem Einzelbewertungs- und dem Stichtagsprinzip. Das Imparitäts- und das Realisationsprinzip werden im Hinblick auf ihre Informations- und Objektivierungskomponente gewahrt. Der Rückgriff auf Marktpreise ist im übrigen dem geltenden Bilanzrecht immanent: So sieht das strenge Niederstwertprinzip Abschreibungen auf den niedrigeren Wert, der sich aus einem Börsen- oder Marktpreis am Abschlußstichtag ergibt, vor. Ist ein solcher nicht verfügbar, so muß auf den beizulegenden Wert am Abschlußstichtag abgeschrieben werden[53], wobei auch dieser auf Marktinformationen beruhen muß. Auch die Bewertung von Rückstellungen nach vernünftiger kaufmännischer Beurteilung[54] legt einen

---

51 Zu den Vorteilen des Mark-to-Market vgl. auch *Herzig, N./Mauritz, P.*, Marktbewertungspflicht.
52 Vgl. *Bezold, A.*, Finanzinstrumente, S. 353 f.; *Krumnow, J.*, Bankcontrolling, S. 16 f., *Müller, Ch.*, Bildung von Bewertungseinheiten, S. 1975 ff.
53 Vgl. § 253 Abs. 3 S. 1 u. 2 HGB.
54 Vgl. § 253 Abs. 1 S. 2 HGB.

Marktwertansatz nahe, weil dieser die Informationen aller Marktteilnehmer bündelt.

Die Marktwertkonzeption des geltenden Bilanzrechts ist jedoch bisher nur auf negative Wertänderungen des Bewertungsobjektes beschränkt. Positive Wertänderungen bleiben nach dem das Realisationsprinzip konkretisierenden Anschaffungswertprinzip bis zum Stadium ihrer Quasisicherheit unberücksichtigt. Fraglich erscheint deshalb die Vereinbarkeit einer generellen Marktbewertungspflicht für originäre und derivative Finanzinstrumente mit dem Ausschüttungsbemessungsaspekt des Imparitäts- und Realisationsprinzips und dem darin zum Ausdruck kommenden Gläubigerschutzgedanken. Eine generelle Marktbewertung bedingt eine Weiterentwicklung des Realisationstatbestandes, die Realisation vollzieht sich qua Marktbewertungsfähigkeit. Der Gewinn ist zwar nicht im traditionellen Sinne bereits realisiert; er ist aber realisierbar und liquidierbar. Diese Modifikation des Realisationstatbestandes erscheint mit dem übergeordneten Realisationskriterium der Quasisicherheit durchaus vereinbar. Bereits im jetzigen Rechtszustand liegt de facto bei Finanzinstrumenten ein Realisationswahlrecht vor, da jederzeit die Möglichkeit besteht, eine Position zu schließen und das Ergebnis zum Bilanzstichtag nach Belieben auszusteuern. Eine generelle Marktbewertungspflicht stellt insofern lediglich einen Entzug des Rechts zur wahlweisen Zwischengewinnrealisierung dar[55]. Die Gewinnrealisierung qua Marktbewertung erscheint wegen des hohen Objektivierungsgrades von Marktwerten zudem hinreichend konkretisiert.

Eine Orientierung des Realisationszeitpunkts am betrieblichen Lieferungs- und Leistungsprozeß, wie sie bei realwirtschaftlichen Geschäften vorgenommen wird, erscheint für Finanzinstrumente nicht sachgerecht, da sie nicht dem betrieblichen Transformationsprozeß mit all seinen Unwägbarkeiten unterliegen[56]. Die latente Gefahr, daß sich die zum Bewertungsstichtag ausgewiesenen Bewertungsgewinne durch stichtagsnachgelagerte Preisveränderungen verflüchtigen[57], ist letztlich Ausfluß der objektivierungsbedingten Stichtagsbezogenheit der

---

55 Vgl. *Göth, P.,* Financial Futures, S. 78.
56 Vgl. *Windmöller, R.,* Zinsen in der Bankbilanzierung, S. 895.
57 Vgl. für viele *Groh, M.,* Bilanzierung von Fremdwährungsgeschäften, S. 870; *Bezold, A.,* Finanzinstrumente, S. 356.

Bilanzierung[58], durch welche als wertbegründend anzusehende Marktpreisschwankungen nach dem Stichtag unberücksichtigt bleiben. Dieses Wertänderungsrisiko besteht im übrigen auch bei der Verrechnung von Bewertungsgewinnen innerhalb einer mehr oder weniger willkürlich abgegrenzten Bewertungseinheit. Auch für die übrigen Bilanzpositionen darf nicht auf die schlechtest mögliche Zukunftsentwicklung abgestellt werden; dies würde gegen die antizipationsbegrenzende Komponente des Imparitätsprinzips verstoßen.

4 Plädoyer für die Marktbewertung als das dem Bilanzrechtssystem am ehesten entsprechende Bewertungskonzept

Die Analyse der vorgestellten Bewertungskonzeptionen macht deutlich, daß die vordergründig mit dem herrschenden Bilanzrechtsverständnis unvereinbar erscheinende Marktbewertung hinsichtlich der Informations- und Rechenschaftslegungsfunktion der Bilanz am leistungsfähigsten ist[59], ohne den Gläubigerschutz materiell zu gefährden. Auch die Marktbewertung kann als Bildung einer Bewertungseinheit begriffen werden, bei der alle originären und derivativen Finanzinstrumente auf der Gesamtunternehmensebene zusammengefaßt werden, ohne daß dabei das Einzelbewertungsprinzip aufgegeben wird. Will man die Durchführung einer Marktbewertung bereits auf Basis des geltenden Bilanzrechts als zulässig erachten, so stellt sich die Frage, ob für die nach traditionellem Bilanzierungsverständnis noch unrealisierten Stichtagsbewertungsgewinne bestimmte Beträge in eine ausschüttungsgesperrte offene Zwangsrücklage einzustellen sind[60]. In diesem Fall würde die Marktbewertung theoretisch mit den Bewertungseinheitenansätzen korrespondieren, ohne deren Objektivierungsprobleme hervorzurufen; denn auch bei diesen wird der Überschuß der Bewertungsgewinne über die Bewertungsverluste regelmäßig ausschüttungsgesperrt, jedoch nicht als offene Rücklage, sondern in Form stiller Bewertungsreserven. Zur Bemessung der zu sperrenden Beträge könnte aber auch auf das in der Praxis für die

---

58 Vgl. *Kammann, E.,* Stichtagsprinzip, S. 177 und 211.
59 Vgl. auch *Bieg, H./Rübel, M.,* Devisen- und Zinstermingeschäfte, S. 618.
60 Vgl. *Busse von Colbe, W.,* Entwicklung des Jahresabschlusses, S. 24; *Brukkert, G./Prahl, R./Naumann, T. K.,* Neue Verfahren der Risikosteuerung, S. 554.

interne Risikosteuerung verwandte Money-at-Risk-Konzept zurückgegriffen werden[61].

Die Befürwortung oder Ablehnung einer Ausschüttungssperre hängt letztlich davon ab, wie man den im geltenden Bilanzrecht insbesondere im Imparitäts- und Realisationsprinzip angelegten Ausgleich zwischen den Ausschüttungsansprüchen der Anteilseigner einerseits und den Thesaurierungswünschen der Gläubiger und der Unternehmensleitung andererseits interpretieren möchte. Im Sinne eines materiellen Gläubigerschutzes unbedingt zwingend erscheint diese Ausschüttungssperre nicht; sie könnte „jedoch zu einer erhöhten Akzeptanz der Marktbewertung in Deutschland beitragen"[62] und damit auch den Anschluß an die internationale Entwicklung im Rechnungswesen sicherstellen, ohne einen allzu abrupten Bruch mit der deutschen Rechnungslegungstradition zu provozieren.

---

61 Vgl. *Brackert, G./Prahl, R./Naumann, T. K.*, Neue Verfahren der Risikosteuerung, S. 554.
62 Ebenda.

Literaturverzeichnis

Adler, Hans/Düring, Walther/Schmaltz, Kurt, Rechnungslegung und Prüfung der Unternehmen. Kommentar zum HGB, AktG, GmbHG, PublG nach den Vorschriften des Bilanzrichtlinien-Gesetzes, neu bearb. v. Forster, Karl-Heinz u. a., 6. Auflage, Stuttgart 1995 (§ 252 HGB).

Baetge, Jörg, Möglichkeiten der Objektivierung des Jahreserfolgs, Düsseldorf 1970.

Baetge, Jörg, Grundsätze ordnungsmäßiger Buchführung, in: Handbuch der Rechnungslegung. Kommentar zur Bilanzierung und Prüfung, hrsg. v. Küting, Karlheinz/Weber, Claus-Peter, 3. Auflage, Stuttgart 1990, S. 193–232.

Baetge, Jörg, Bilanzen, 3. Auflage, Düsseldorf 1994.

Beckmann, Reinhard, Zur Bilanzierung bei Kurssicherung durch Termingeschäfte, in: RIW 1993, S. 387–395 (Kurssicherung).

Beck'scher Bilanzkommentar, Handels- und Steuerrecht, hrsg. v. Budde, Wolfgang Dieter u. a., 3. neubearb. Auflage, München 1995.

Benne, Jürgen, Die Bedeutung der Gewinnerwartungen aus schwebenden Geschäften für die Bewertung der Aktiva und Passiva. Ein Beitrag zum Problem der Einzelbesteuerung, in: BB 1979, S. 1653–1656 (Gewinnerwartungen).

Bezold, Andreas, Finanzinstrumente in der (internen) Risiko- und Ergebnissteuerung, in: Neuorientierung der Rechnungslegung – eine Herausforderung für Unternehmer und Wirtschaftsprüfer, Bericht über die IDW-Fachtagung 1994 in Stuttgart, hrsg. v. IDW, Düsseldorf 1995, S. 341–363 (Finanzinstrumente).

Bieg, Hartmut/Rübel, Markus, Ausweis und Bewertung von Devisen- und Zinstermingeschäften in Bankbilanzen, in: KuK 1988, S. 253–277, 422–450 und 592–624 (Devisen- und Zinstermingeschäfte).

Brackert, Gerhard/Prahl, Reinhard/Naumann, Thomas K., Neue Verfahren der Risikosteuerung und ihre Auswirkungen auf die handelsrechtliche Gewinnermittlung – Ein Plädoyer für die Zulässigkeit von imperfekten Mikro-Bewertungseinheiten und von Makro-Bewertungseinheiten auf modifizierter Mark-to-Market-Basis, in: WPg 1995, S. 544–555 (Neue Verfahren der Risikosteuerung).

Breker, Norbert, Optionsrechte und Stillhalterverpflichtungen im handelsrechtlichen Jahresüberschuß, Düsseldorf 1993 (Optionsrechte und Stillhalterverpflichtungen).

Busse von Colbe, Walther, Die Entwicklung des Jahresabschlusses als Informationsinstrument, in: Ökonomische Analyse des Bilanzrechts. Entwicklungslinien und Perspektiven, hrsg. v. Wagner, Franz W., in: ZfbF-Sonderheft Nr. 32/1993, S. 11–29 (Entwicklung des Jahresabschlusses).

Diehl, Wolfram, Die Bilanzierung von Devisengeschäften durch Kreditinstitute, in: BB 1977, S. 290–293 (Bilanzierung von Devisengeschäften).

Eilenberger, Guido, Überblick über produktbezogene Finanzinnovationen unter Gesichtspunkten der Rechnungslegung, in: BFuP 1995, S. 125–145 (Finanzinnovationen).

Elkart, Wolfgang, Die Finanzinstrumente in der (externen) Rechnungslegung oder: A Black Hole in the Balance Sheet, in: Neuorientierung der Rechenschaftslegung – eine Herausforderung für Unternehmer und Wirtschaftsprüfer, Bericht über die IDW-Fachtagung 1994 in Stuttgart, hrsg. v. IDW, Düsseldorf 1995, S. 365–389 (Finanzinstrumente in der Rechnungslegung).

Euler, Roland, Grundsätze ordnungsmäßiger Gewinnrealisierung, Düsseldorf 1989 (Gewinnrealisierung).

Euler, Roland, Zur Verlustantizipation mittels des niedrigeren beizulegenden Wertes und des Teilwertes, in: ZfbF 1991, S. 191–212 (Verlustantizipation).

Forster, Karl-Heinz, Zur Erwartungslücke bei der Abschlußprüfung, in: WPg 1994, S. 789–795 (Erwartungslücke).

Göth, Philip, Financial Futures aus der Sicht des Bilanz- und Steuerrechts, Wien 1993 (Financial Futures).

Groh, Manfred, Zur Bilanzierung von Fremdwährungsgeschäften, in: DB 1986, S. 869–877 (Bilanzierung von Fremdwährungsgeschäften).

Handbuch der Rechnungslegung [HdR], Kommentar zur Bilanzierung und Prüfung, hrsg. v. Küting, Karlheinz/Weber, Claus-Peter, Band Ia, 4. Auflage, Stuttgart 1995.

Handwörterbuch unbestimmter Rechtsbegriffe im Bilanzrecht des HGB [HURB], hrsg. v. Leffson, Ulrich/Rückle, Dieter/Großfeld, Bernhard, Köln 1986.

Hartung, Werner, Zur Bilanzierung bei Kurssicherung, in: RIW 1990, S. 635–646 (Bilanzierung bei Kurssicherung).

Herzig, Norbert, Die rückstellungsbegrenzende Wirkung des Realisationsprinzips, in: Ertragbesteuerung: Zurechnung – Ermittlung – Gestaltung, Festschrift für Schmidt, hrsg. v. Raupach, A./Uelner, A., München 1993, S. 209–226 (Rückstellungsbegrenzende Wirkung des Realisationsprinzips).

Herzig, Norbert/Mauritz, Peter, Micro-Hedges, Macro-Hedges und Portfolio-Hedges für derivative Finanzinstrumente. Kompatibel mit dem deutschen Bilanzrecht?, WPg 1997, S. 141–155 (Micro-Hedges).

Herzig, Norbert/Mauritz, Peter, Grundkonzeption einer bilanziellen Marktbewertungspflicht für originäre und derivative Finanzinstrumente, in: BB 1997, Beilage 5 (Marktbewertungspflicht).

Herzig, Norbert/Rieck, Ulrich, Abgrenzung des Saldierungsbereiches bei Rückstellungen für drohende Verluste aus schwebenden Geschäften, in: Stbg 1995, S. 529–542 (Abgrenzung des Saldierungsbereiches).

IDW-Bankenfachausschuß Stellungnahme 1/1975, Bilanzierung und Prüfung der Devisengeschäfte der Kreditinstitute, in: WPg 1975, S. 664–667.

IDW-Bankenfachausschuß Stellungnahme 2/1993, Bilanzierung und Prüfung von Financial Futures und Forward Rate Agreements, in: WPg 1993, S. 517 f.

IDW-Bankenfachausschuß Stellungnahme 2/1995, Bilanzierung von Optionsgeschäften, in: WPg 1995, S. 421–422.

Kammann, Evert, Stichtagsprinzip und zukunftsorientierte Bilanzierung, Köln 1988 (Stichtagsprinzip).

Koch, Helmut, Zur Problematik des Teilwertes, ZfbF 1960, S. 319–353 (Teilwert).

Krumnow, Jürgen u. a., Rechnungslegung der Kreditinstitute, Kommentar zum Bankbilanzrichtlinien-Gesetz und zur RechKredV, Stuttgart 1994 (§ 340e HGB).

Krumnow, Jürgen, u. a. Das derivate Geschäft als Motor des Wandels für das Bankcontrolling, in: DBW 1995, S. 11–20 (Bankcontrolling).

Kübler, Friedrich, Institutioneller Gläubigerschutz oder Kapitalmarkttransparenz?, in: ZHR 1995, S. 550–566 (Institutioneller Gläubigerschutz).

Kupsch, Peter, Abgrenzung der Bewertungseinheit in Handels- und Steuerbilanz, Grenzbereich Einzelbewertung und Saldierungsverbot, in: StbJb 1994/95, S. 131–155 (Bewertungseinheit).

Langel, Horst, Bilanzierungs- und Bewertungsfragen bei Wechselkursänderungen, in: StbJb 1979/80, S. 259–331 (Wechselkursänderungen).

Leffson, Ulrich, Die Grundsätze ordnungsmäßiger Buchführung, 7. Auflage, Düsseldorf 1987 (Die Grundsätze ordnungsmäßiger Buchführung).

Mauritz, Peter, Derivative Finanzinstrumente beim Privatanleger – Steuerliche Behandlung und Überlegungen zur Steuerplanung. Zugleich Besprechung des BMF-Schreibens vom 10. 11. 1994, IV B 3, S 2256 34/94, DB 1994, S. 2315, in: DB 1995, S. 698–704 (Derivate Finanzinstrumente beim Privatanleger).

Mauritz, Peter, Konzepte der Bilanzierung und Besteuerung derivater Finanzinstrumente – Der Einfluß von Bewertungskonzepten auf Bilanzpolitik und Steuerplanung, Wiesbaden 1997 (Konzepte).

Müller, Christoph, Die Bildung von Bewertungseinheiten bei zentralem Zins- und Währungsmanagement im Konzern, in: DB 1995, S. 1973–1979 (Bildung von Bewertungseinheiten).

Oestreicher, Andreas, Grundsätze ordnungsmäßiger Bilanzierung von Zinsterminkontrakten, Düsseldorf 1992 (Bilanzierung von Zinsterminkontrakten).

Prahl, Reinhard/Naumann, Thomas K., Zur Bilanzierung von portfolio-orientierten Handelsaktivitäten der Kreditinstitute, in: WPg 1991, S. 729–739 (Bilanzierung von portfolio-orientierten Handelsaktivitäten).

Prahl, Reinhard/Naumann, Thomas K., Moderne Finanzinstrumente im Spannungsfeld zu traditionellen Rechnungslegungsvorschriften. Barwertansatz, Hedge-Accounting und Portfolio-Approach, in: WPg 1992, S. 709–719 (Moderne Finanzinstrumente).

Steiner, Manfred/Tebroke, Hermann-Josef/Wallmeier, Martin, Konzepte der Rechnungslegung für Finanzderivate, in: WPg 1995, S. 533–544 (Rechnungslegung für Finanzderivate).

Weber-Grellet, Heinrich, Bilanzrecht im Lichte, Bilanzsteuerrecht im Schatten des EuGH, in: DB 1996, S. 2089–2092 (Bilanzrecht).

Wenger, Ekkehard/Kaserer, Christoph/Bayer, Ralf, Die erfolgskonforme Abbildung von Zins- und Währungsswaps, in: DStR 1995, S. 948–958 (Abbildung von Zins- und Währungsswaps).

Windmöller, Rolf, Fragen zur Berücksichtigung der Zinsen in der Bankbilanzierung, in: Bilanzrecht und Kapitalmarkt, Festschrift für Moxter, hrsg. v. Ballwieser, W./Drukarczyk, J./Schmidt, R. H., 1994, S. 883–896 (Zinsen in der Bankbilanzierung).

Wüstemann, Jens, Funktionale Interpretation des Imparitätsprinzips, in: ZfbF 1995, S. 1029–1043 (Imparitätsprinzip).

Bruno Kropff

Vorsichtsprinzip und Wahlrechte

1 Zum Thema

2 Gibt es Wahlrechte?
   21 Wahlrecht oder Ermessensspielraum?
   22 Rückblick auf § 149 Abs. 1 Satz 2 AktG 1965
   23 Heutiger Rechtszustand: Wahlrechte
   24 Sind Wahlrechte richtlinienkonform?

3 Motive für Wahlrechte

4 Einordnung der bilanzpolitischen Wahlrechte
   41 Gläubigerschutz
   42 Vorsichtsprinzip
      421. Gesetzliche Regelung in § 252 Abs. 1 Nr. 4 HGB
      422. Richtlinienkonforme Auslegung
   43 Vorsichtsprinzip und Grundsätze ordnungsmäßiger Buchführung (GoB)
      431. Deutung der GoB als Konkretisierung des Vorsichtsprinzips
      432. Die Entstehung des Vorsichtsprinzips im Aktienbilanzrecht
      433. Die GoB nach dem Bilanzrichtlinienrecht
         433.1 Ableitung aus dem gesetzlichen Zweck des Jahresabschlusses
         433.2 Rechtsformabhängige Abschlußzwecke
         433.3 Auswirkungen des Zwecks der Rechnungslegung auf die GoB
   44 Ergebnis

5 Folgerungen
   51 Geltendes Recht
   52 Reformfragen

Prof. Dr. Bruno Kropff
Ministerialdirigent a. D. im Bundesministerium der Finanzen
Bonn

1 Zum Thema

Jörg Baetge hat die Fragen der Rechnungslegung und Prüfung nicht nur wissenschaftlich vertieft und seine Erkenntnisse in einer außerordentlich fruchtbaren Lehrtätigkeit anderen vermittelt. Vielmehr hat er mit dem „Münsteraner Gesprächskreis Rechnungslegung und Prüfung e. V." auch den organisatorischen Rahmen für ein über die Betriebswirtschaftslehre hinausgreifendes, Wissenschaftler und Praktiker zusammenführendes Fachgespräch geschaffen. In den Themen der Tagesgespräche und Vortragsveranstaltungen dieses von *Jörg Baetge* ebenso souverän wie liebenswürdig geleiteten Gesprächskreises haben von der Entstehungszeit des Bilanzrichtlinien-Gesetzes an alle wesentlichen und aktuellen Fragen des Bilanzrechts ihren Niederschlag gefunden. Die Veröffentlichung der Vorträge, aber auch ihrer jeweils anschließenden Diskussion in der Schriftenreihe des Instituts für Revisionswesen der Westfälischen Wilhelms-Universität Münster hat nicht nur das fachliche Denken wesentlich beeinflußt, sondern auch die Rechtsprechung und – in Einzelfällen nachweisbar – die Gesetzgebung.

Am 2. Dezember 1996 hielt in diesem Gesprächskreis Herr Bundesrichter i. R. Prof. Dr. h.c. *Heinrich Beisse* einen vielbeachteten Vortrag über die Krise des Bilanzrechts und die Zukunft des Maßgeblichkeitsgrundsatzes. In der anschließenden Diskussion machte *Jörg Baetge* bei sonst weitgehender Zustimmung doch Bedenken gegen eine These des Vortrags geltend. Im Gegensatz zu Herrn *Beisse* hielt er es nicht für möglich, die bilanziellen Wahlrechte als Grundsätze ordnungsmäßiger Buchführung anzusehen. Die Frage war aus der Sicht des Vortragenden wohl nicht sehr erheblich, denn das Steuerrecht erkennt die bilanziellen Wahlrechte ohnehin nur in engen Grenzen an. Doch steht hinter ihr ein tiefergehender Dissens über den Einfluß des Gläubigerschutzes und des ihm dienenden Vorsichtsprinzips auf das deutsche Bilanzrecht und speziell über die Frage, ob das Vorsichtsprinzip auch die „Wahlrechte" begründet und rechtfertigt. Das in dieser Diskussion deutlich gewordene Interesse von *Jörg Baetge* mag hier einige Gedanken zu diesem Thema rechtfertigen.

Zudem handelt es sich um einen Teilaspekt der z. Zt. vieldiskutierten Frage, ob und in welchem Umfang sich das deutsche Bilanzrecht für Einflüsse aus dem internationalen (insbesondere: IASC) oder amerikanischen Bereich (US-GAAP) öffnen sollte. Gegen eine solche Öffnung wendet man sich vor allem aus Sorge um das Vorsichtsprinzip. „Das deutsche Vorsichtsprinzip hat sich bewährt . . . Seine Aufgabe oder Einschränkung kommt daher nicht in Frage" heißt es in der Begründung des vom Bundesjustizministerium vorgelegten Entwurfs eines Kapitalaufnahmeerleichterungsgesetzes[1]. Das ist zweifellos richtig. Aber es ist nicht zu übersehen, daß das Vorsichtsprinzip auch als Begründung für Fehlentwicklungen unseres Bilanzrechts und vor allem unserer Bilanzierungspraxis herhalten muß. Auf das Vorsichtsprinzip beruft man sich auch, um sich durch „bilanzgestaltende" Maßnahmen einer kontrollierbaren Rechnungslegung zu entziehen. Daher soll im folgenden untersucht werden, ob das Vorsichtsprinzip die Wahlrechte des deutschen Bilanzrechts legitimiert, letztlich um zu beantworten, ob diese Wahlrechte wirklich bewährter Teil der deutschen bilanzrechtlichen Tradition sind, die es gegen die andrängenden internationalen Einflüsse zu verteidigen gilt.

2 Gibt es Wahlrechte?

21 Wahlrecht oder Ermessensspielraum?

Die Frage „Gibt es Wahlrechte?" erscheint überflüssig. Jeder Kommentar erörtert sie, sie sind Gegenstand zahlreicher Aufsätze. Zweifelsfrei bringt das Gesetz an zahlreichen Stellen durch Formulierungen wie „dürfen" oder „brauchen nicht" zum Ausdruck, daß der Bilanzierende so oder so verfahren kann. Das gilt zunächst für Fragen der Gliederung (z. B. § 268 Abs. 1, § 272 Abs. 1 Satz 3 HGB). Die hier bestehenden Alternativen betreffen nur die Form des Abschlusses und sollen daher im folgenden außer Betracht bleiben. Wesentlich problematischer sind diejenigen für den Ansatz (z. B. § 248 Abs. 2, § 249 Abs. 2 HGB) und für die Bewertung von Bilanzposten (z. B. § 255 Abs. 2 Satz 4, Abs. 3 HGB), und zwar für den Einzelabschluß wie für den Konzernabschluß (dort z. B. § 308 Abs. 3, § 309 Abs. 1 HGB). Denn sie wirken sich auf das Ergebnis aus.

Aber handelt es sich wirklich um „Wahlrechte"? Der Ausdruck unterstellt, daß der Bilanzierende berechtigt ist, sich nach seinem Gut-

---
[1] *Deutscher Bundesrat*, BR-Drucks. 967/96.

dünken für eine der gesetzlichen Lösungen zu entscheiden, daß er sich dabei also von seinen bilanzpolitischen Absichten leiten lassen darf. So wird das „Wahlrecht" denn auch heute überwiegend verstanden, insbesondere von den für die Praxis entscheidenden großen Wirtschaftsprüfer-Kommentaren. Die Grenze soll nur bei „Willkür" liegen[2] – was immer man darunter verstehen mag.

Indes ist dies nicht unbestritten. Zumindest für Kapitalgesellschaften wird aus der Forderung nach einem den tatsächlichen Verhältnissen entsprechenden Bild i. S. von § 264 Abs. 2 Satz 1 HGB hergeleitet, daß unter den vom Gesetz eröffneten Möglichkeiten diejenige zu wählen ist, die am besten dieses Bild vermittelt[3]. Das Gesetz würde danach kein Wahlrecht, sondern einen Ermessensspielraum eröffnen. Der Bilanzierende wäre gehalten, sein Ermessen entsprechend dem Zweck dieses Spielraums so auszuüben, daß ein möglichst zutreffendes Bilanzbild entsteht.

22 Rückblick auf § 149 Abs. 1 Satz 2 AktG 1965

Eine entsprechende Streitfrage bestand zu den Rechnungslegungsvorschriften des AktG 1965. § 149 Abs. 1 Satz 2 AktG 1965 bestimmte, daß der Jahresabschluß „im Rahmen der Bewertungsvorschriften einen möglichst sicheren Einblick in die Vermögens- und Ertragslage der Gesellschaft geben" müsse. Die Entstehungsgeschichte macht deutlich, daß diese Forderung auch und gerade für die Ausübung von Bewertungsspielräumen gelten sollte. Der Regierungsentwurf enthielt keine solche Richtschnur. Er hatte – wie das AktG 1937 – nur Höchstwerte vorgesehen, aber Unterbewertungen weitgehend zugelassen. Auf die Forderung nach einem möglichst sicheren Einblick hatte er ausdrücklich verzichtet, „weil diese Forderung nicht mit den materiellen Bewertungsvorschriften des Regierungsentwurfs in Ein-

---

2 Vgl. *Adler, H./Düring, W./Schmaltz, K.*, 5. Aufl., § 264 HGB, Tz. 59 ff. und Tz. 107–108; *Budde, W. D./Karig, K. P.*, in: BeckBil-Komm., 3. Aufl., § 264 HGB, Rn. 29–30; *IDW*, WP-Handbuch 1996, Bd. I, Abschn. F, Rn. 5, jeweils mit weiteren Schrifttumsangaben.

3 Nachdrücklich auch *Jörg Baetge*, in *Baetge, J.*, Bilanzen, S. 80 und ausführlich *Baetge, J./Commandeur, D.*, in: HdR, 2. Aufl., § 264 HGB, Rn. 34–36; ferner z. B. *Claussen, C. P./Korth, M.*, in: Kölner Komm. AktG, 2. Aufl., § 264 HGB, Rn. 33–38 mit weiteren Schrifttumsangaben.

klang zu stehen schien, die eine – begrenzte – Bildung stiller Rücklagen zuließen"[4]. Erst in den Ausschußberatungen schlug die Bundesregierung das dann Gesetz gewordene Bewertungssystem vor, das zwar alternative Bewertungsmethoden zuließ, aber die Bildung stiller Rücklagen grundsätzlich ausschloß. Zur Begründung der von den Ausschüssen beschlossenen Forderung nach einem möglichst sicheren Einblick (§ 149 Abs. 1 Satz 2 AktG 1965) heißt es dann im Ausschußbericht: „Zwar gewähren auch die neuen Bewertungsvorschriften erheblichen Spielraum bei der Wahl der Bewertungs- und Abschreibungsmethode. Gerade dieser Spielraum macht es aber nach Ansicht des Rechts- und des Wirtschaftsausschusses zweckmäßig, den Rechnungslegungsvorschriften eine allgemeine Vorschrift über die Anforderungen voranzustellen, . . . die bei der Ausübung von Bewertungswahlrechten zu beachten sind"[5]. Wortlaut und Motive stellen m. E. klar, daß keine Wahlrechte gewollt waren, sondern die gesetzlichen Spielräume im Einzelfall entsprechend ihrem Zweck und unter Beachtung der Forderung nach einem möglichst sicheren Einblick auszuüben waren[6].

Die Praxis ist darüber hinweggegangen. Sie nahm ganz ähnlich wie heute zu § 264 Abs. 2 Satz 1 HGB an, daß „durch § 149 Abs. 1 AktG 1965 nur die mißbräuchliche Ausnutzung von Bewertungswahlrechten verhindert wird"[7]. Hier hat sich bereits gezeigt, daß in unserer durch konkrete Normen geprägten bilanzrechtlichen Tradition derartige Generalklauseln von den Bilanzierenden nicht akzeptiert und von den Abschlußprüfern nicht durchgesetzt werden[8].

---

4 Ausschußbericht, abgedruckt bei *Kropff, B.*, Aktiengesetz, S. 219.
5 Abgedruckt bei *Kropff, B.*, Aktiengesetz, S. 219.
6 Eingehend *Kropff, B.*, in: Geßler/Hefermehl/Eckardt/Kropff, § 149 AktG, Rn. 91–100. Richtigerweise bestanden nach dieser Auffassung keine Wahlrechte, sondern unter Bindung an § 149 Abs. 1 Satz 2 AktG 1965 auszufüllende Ermessensspielräume; vgl. *Kropff, B.*, Bilanzwahrheit, S. 369 ff.
7 *Adler, H./Düring, W./Schmaltz, K.*, 4. Aufl., § 149 AktG, Tz. 94 m. w. Nachweisen.
8 In einer jüngst ergangenen Entscheidung hat allerdings der BGH den Gedanken des Ermessensspielraums für das frühere Recht aufgegriffen; vgl. BGH, Urteil v. 30. 9. 1996, II ZR 51/95, S. 125–126.

23 Heutiger Rechtszustand: Wahlrechte

Vor diesem Hintergrund ist verständlich, daß man heute überwiegend auch in der Generalklausel des § 264 Abs. 2 Satz 1 HGB keine Beschränkung der freien Ausübung von Wahlrechten sieht[9]. Die Entwicklung seit 1965 hatte gezeigt, daß Unternehmen und Abschlußprüfer nicht bereit waren, die Generalklausel des § 149 Abs. 1 Satz 2 AktG 1965 im Sinne einer Einschränkung der freien Wahlrechtsausübung anzunehmen und durchzusetzen. Der Gesetzgeber des Bilanzrichtlinien-Gesetzes hat gleichwohl davon abgesehen, das true-and-fair-view-Gebot ausdrücklich als Richtschnur für die Wahl zwischen mehreren zulässigen Bilanzierungsmethoden vorzuschreiben. Er hat im Gegenteil die Bedeutung dieses Gebotes in den Gesetzesmaterialien durch den Hinweis heruntergespielt, daß sich „trotz der anspruchsvolleren Formulierung . . . für die Praxis, soweit § 149 AktG bisher im Einzelfall nicht zu großzügig angewandt wurde, keine grundsätzlichen Änderungen ergeben"[10]. Man wird daher auch heute in der Rechtswirklichkeit davon auszugehen haben, daß die „Wahlrechte" auch bei Kapitalgesellschaften trotz § 264 Abs. 2 Satz 1 HGB tatsächlich als ein Recht des Bilanzierenden gesehen werden, das es ihm ermöglicht, unter mehreren zulässigen Bilanzierungsmethoden die seinen bilanzpolitischen Vorstellungen entsprechende Lösung zu wählen[11]. Erst recht gilt dies für Nicht-Kapitalgesellschaften, für die die Generalklausel des § 264 Abs. 2 Satz 1 HGB jedenfalls nicht unmittelbar gilt.

Allerdings beschränkt das Gesetz ein Abgehen von der einmal gewählten Methode durch das Erfordernis der Stetigkeit (§ 252 Abs. 1 Nr. 6 HGB). Doch werden Unterbrechungen der Stetigkeit sehr weit-

---

9 So insbesondere die für die Praxis maßgebenden großen Wirtschaftsprüfer-Kommentare wie *Adler, H./Düring, W./Schmaltz, K.*, 5. Aufl., § 264 HGB, Tz. 107; *Budde, W. D./Karig, K. P.*, in: BeckBil-Komm., 3. Aufl., § 264 HGB, Rn. 29 ff., jeweils mit w. Nachweisen.
10 Regierungsentwurf eines Bilanzrichtlinien-Gesetzes, abgedruckt bei *Biener, H./Berneke, W.*, Bilanzrichtlinien-Gesetz, S. 136; vgl. auch den Ausschußbericht, S. 10 dort.
11 Außerhalb des Bilanzrechts können sich allerdings Grenzen aus der Gesellschafter-Treuepflicht ergeben; vgl. BGH, Urteil v. 29. 3. 1996, II ZR 263/94, S. 926–929.

herzig gerechtfertigt[12]. Jedenfalls berührt der Stetigkeitsgrundsatz die Frage des Bestehens von Wahlrechten nicht grundsätzlich.

24 Sind Wahlrechte richtlinienkonform?

Fraglich ist allerdings, ob das Verständnis als „Wahlrecht" jedenfalls bei Kapitalgesellschaften dem true-and-fair-view-Grundsatz der Vierten Richtlinie entspricht. In der Entscheidung „Tomberger"[13] hat der Europäische Gerichtshof erstmalig eine vom Bundesgerichtshof beabsichtigte Auslegung des deutschen Bilanzrechts auf ihre Vereinbarkeit mit Europäischen Richtlinien – hier der Vierten Richtlinie – geprüft. Die mit einem englischen Richter als Vorsitzendem und Berichterstatter ergangene Entscheidung macht trotz ihrer sehr knappen Begründung deutlich, daß der Gerichtshof in der Beachtung des true-and-fair-view-Prinzips die „Hauptzielsetzung" der Richtlinie sieht. Dabei soll sich einerseits dieses Prinzip an den in Art. 31 der Richtlinie niedergelegten allgemeinen Bewertungsgrundsätzen zu orientieren haben. Andererseits muß sich das nationale Gericht vergewissern, daß die Darstellung der wirtschaftlichen Lage bei Anwendung dieser Grundsätze dem Prinzip der Bilanzwahrheit entspricht[14]. Es unterliegt daher kaum einem Zweifel, daß der Gerichtshof auch die Entscheidung zwischen mehreren vom Gesetz zugelassenen Bilanzierungs- und Bewertungsmethoden am true-and-fair-view-Prinzip messen und dabei enger begrenzen würde, als dies durch die z. Zt. jedenfalls für die Praxis maßgebende Grenze der „Willkür" geschieht. Die in der Bundesrepublik herrschende Auffassung, daß es genügt, wenn das in § 264 Abs. 2 Satz 1 HGB geforderte Bild durch ergänzende Angaben im Anhang vermittelt wird (sog. Abkoppelungstheorie)[15], dürfte vor den Augen des Gerichtshofs kaum Gnade finden.

---

12 Vgl. *IDW,* WP-Handbuch 1996, Bd. I, Abschn. E, Rn. 215–216; z. B. Wechsel des Managements, grundlegend andere Einschätzung der Unternehmensentwicklung usw.

13 Vgl. EuGH, Urteil v. 27. 6. 1996, Rs C 234/94, S. 1168.

14 Im englischen Text: „that that presentation of the subsidiary's financial position complies with the principle of the true and fair view". Ich nehme auch Bezug auf meine Besprechung des Urteils; vgl. *Kropff, B.,* Phasengleiche Gewinnvereinnahmung, S. 115.

15 Vgl. *Moxter, A.,* Zum Verhältnis von handelsrechtlichen GoB, S. 426 ff.; *Adler, H./Düring, W./Schmaltz, K.,* 5. Aufl., § 264 HGB, Tz. 104 („vor allem:

Die „Tomberger"-Entscheidung wird aber als bisher einziger und zudem nicht konkret auf „Wahlrechte" bezogener Rechtsspruch auf dem Gebiet des Bilanzrechts das z. Zt. herrschende Verständnis der „Wahlrechte" nicht wesentlich beeinflussen, zumal die knappe Begründung ihre Tragweite nicht erkennen läßt.

3 Motive für Wahlrechte

Zur Beantwortung der Frage, ob das Vorsichtsprinzip Wahlrechte rechtfertigt, wird zunächst auf die Motive des Gesetzgebers zurückzugreifen sein. Dabei ist für vier – gegeneinander allerdings nicht scharf abgegrenzte – Gruppen von Wahlrechten deutlich, daß sie auf anderen Gesichtspunkten als denen von Gläubigerschutz oder Vorsicht beruhen. Bei ihnen handelt es sich erstens um Bilanzierungshilfen, die das Gesetz als Wahlrecht einräumt, damit im konkreten Fall gravierende Auswirkungen der allgemeinen Bilanzierungsregeln vermieden werden können (z. B. § 269, § 274 Abs. 1 HGB). Deutlich ist zweitens auch, daß die Wahlrechte zur Übernahme steuerlich zulässiger Ansätze und Werte (z. B. § 247 Abs. 3, § 254 HGB) durch den Maßgeblichkeitsgrundsatz motiviert sind, wobei die Überzeugungskraft dieses Motivs hier dahingestellt bleiben muß. Bei einer dritten Gruppe von Wahlrechten mag eine gewisse Unsicherheit über die zur „richtigen" Darstellung der Ertragslage sachgerechte Bilanzierung mitgespielt haben, so beim Wahlrecht, Fremdkapitalzinsen zu aktivieren (§ 255 Abs. 3 HGB) oder lifo zu bewerten (§ 256 HGB). Diese Unsicherheiten könnten durch die fortschreitende bilanzrechtliche Diskussion einer Klärung zugeführt werden, wie es z. B. bei dem bis dahin angenommenen Wahlrecht, auch entgeltlich erworbene immaterielle Anlagewerte nicht zu aktivieren (§ 153 Abs. 3 AktG 1965), im Zuge der Bilanzrichtliniengesetzgebung geschehen ist (jetzt § 248 Abs. 2 HGB). Eine vierte Gruppe dient schließlich Vereinfachungsgesichtspunkten (z. B. § 240 Abs. 3, § 304 Abs. 2 und 3 HGB).

Läßt man die durch den Maßgeblichkeitsgrundsatz bedingten Wahlrechte trotz ihrer großen Bedeutung – und ihrer negativen Auswirkungen auf die Aussagefähigkeit des Jahresabschlusses – hier außer

---

Generalnorm für den Anhang"); dagegen z. B. *Großfeld, B.,* Europäisches Unternehmensrecht und internationaler Wettbewerb, S. 195–196; *Weber-Grellet, H.,* Bilanzrecht, S. 2089 ff.

Betracht, so konzentriert sich das rechtspolitische Interesse auf eine fünfte Gruppe, für die die vorstehend genannten Motive allenfalls am Rande gelten. Die hierher gehörenden Wahlrechte stehen im Mittelpunkt der Reformdiskussion, da sie bevorzugte und gewichtige Instrumente der Bilanzpolitik sind. Sie sollen daher im folgenden als „bilanzpolitische Wahlrechte" bezeichnet werden. An sie wird vor allem gedacht, wenn Wahlrechte auf Belange des Gläubigerschutzes, der Vorsicht oder allgemein auf die GoB zurückgeführt werden. Im Einzelabschluß geht es dabei namentlich um die Wahlrechte zur Bildung von Aufwandsrückstellungen (§ 249 Abs. 1 Satz 3, Abs. 2 HGB), zum Nichtansatz von Gemeinkosten bei der Vorrätebewertung (§ 255 Abs. 2 und 3 HGB) oder zur Nichtaktivierung eines Disagios (§ 250 Abs. 3 HGB), im Konzernabschluß um die Möglichkeit zur Verrechnung eines Geschäfts- oder Firmenwerts mit den Rücklagen (§ 309 Abs. 1 Satz 3 HGB) oder zur Beibehaltung steuerlich niedrigerer Werte nach § 308 Abs. 3 HGB. Bei Nicht-Kapitalgesellschaften steht zusätzlich vor allem die Möglichkeit von Abschreibungen nach § 253 Abs. 4 HGB zur Verfügung.

Zu den Gründen dieser bilanzpolitisch wichtigen Wahlrechte sagen die Motive erstaunlicherweise wenig. Im allgemeinen Teil des Ausschußberichts findet sich der Hinweis, daß „nach den Richtlinien mögliche Wahlrechte und Erleichterungen . . . grundsätzlich an die Unternehmen weitergegeben" werden[16]. Der gleiche Gedanke taucht im Ausschußbericht zur Zulassung von Aufwandsrückstellungen auf, wenn es dort heißt, es würde nicht der Harmonisierung dienen, „wenn deutschen Kaufleuten Rückstellungsmöglichkeiten untersagt werden würden, die in anderen Mitgliedsstaaten der EWG zulässig und üblich sind"[17]. Es entsteht der Eindruck, daß die Ausschüsse gemeint haben, eine möglichst weitgehende Weitergabe der von den Richtlinien zugelassenen bilanzpolitischen Instrumente liege im Interesse der deutschen Unternehmen. Die gesamtwirtschaftliche Bedeutung einer aussagefähigen Rechnungslegung scheint darüber aus dem Blick gekommen zu sein.

Gemeinsames Kennzeichen der hierher gehörenden Wahlrechte ist, daß sie typisch nicht mehr dem Vorgang der Bilanzierung und Be-

---

16 Ausschußbericht, abgedruckt bei *Biener, H./Berneke, W.*, Bilanzrichtlinien-Gesetz, S. 1.
17 Abgedruckt bei *Biener, H./Berneke, W.*, Bilanzrichtlinien-Gesetz, S. 83.

wertung des einzelnen Bilanzgegenstandes zuzuordnen sind. Die Entscheidung über die Ausübung des Wahlrechts wird vorrangig zur Herbeiführung des erwünschten Bilanzbildes getroffen. Sie ist den Entscheidungen über den Ansatz und die Bewertung des Bilanzgegenstandes vorgelagert und von ihnen zu trennen. Erst wenn über den Ansatz von Gemeinkosten bei der Vorrätebewertung, über die Bildung einer Aufwandsrückstellung entschieden ist, können die Vorräte oder die Rückstellung bewertet werden. Die Entscheidung über die Ausübung des Wahlrechts gehört daher nicht zur Bilanzierung und Bewertung der Bilanzgegenstände, sondern betrifft die Bilanzpolitik; die hierher gehörenden Wahlrechte sind – neben der Sachverhaltsgestaltung – das für die Praxis wichtigste Mittel der Bilanzpolitik. Damit geht es um die Frage, ob das Vorsichtsprinzip auch für die (bloße) Möglichkeit einer auf „Untertreibung" ausgerichteten Bilanzpolitik ins Feld geführt werden kann.

4 Einordnung der bilanzpolitischen Wahlrechte

41 Gläubigerschutz

Risikovorsorge dient nach traditionellem Verständnis vor allem dem Gläubigerschutz; er ist bilanzpolitisches Postulat aus zwei Gründen. Erstens darf sich der Kaufmann in seiner Bilanz seinen Gläubigern nicht reicher zeigen als er ist. Bei Kapitalgesellschaften kommt zweitens hinzu, daß das den Gläubigern haftende Kapital durch vorsichtige Bilanzierung sicher gegen eine Ausschüttung gesperrt werden soll. Beide Gesichtspunkte bedingen zwingende Bilanzierungsgrundsätze, wie sie nach geltendem Bilanzrecht in Gestalt der Höchstwertvorschriften gegeben sind. Die zwingende Natur der Gläubigerschutzvorschriften ist nicht auf das Bilanzrecht beschränkt. Sie kommt z. B. auch in der Nichtigkeit von Hauptversammlungsbeschlüssen zum Ausdruck, die gegen Vorschriften verstoßen, welche „ausschließlich oder überwiegend zum Schutze der Gläubiger der Gesellschaft oder sonst im öffentlichen Interesse gegeben sind" (§ 241 Nr. 3 AktG).

Daher ergibt sich ein grundsätzliches Bedenken gegen eine Einordnung der Wahlrechte als Instrument des bilanziellen Gläubigerschutzes bereits daraus, daß sie eben Wahlrechte, also in die Entscheidung des Bilanzierenden gestellt sind. Kein Gläubiger kann sich dagegen wehren, daß Wahlrechte bilanzpolitisch zu einer möglichst günstigen Darstellung der Vermögens- und/oder Ertragslage genutzt werden. Kein Gläubiger kann sich darauf verlassen, daß Wahlrechte zur Bildung stiller Reserven genutzt worden sind oder weiter genutzt werden. Bilanzierungsalternativen, die in die Disposition des Bilanzierenden gestellt sind, können nicht wirklich dem Gläubigerschutz dienen.

42 Vorsichtsprinzip

Der Grundsatz, daß vorsichtig zu bilanzieren und zu bewerten ist, dient vor allem dem Gläubigerschutz. Er soll aber auch den Kaufmann selbst vor zu optimistischer Einschätzung seiner Lage und zu riskanter Geschäftsführung bewahren[18]. Die Postulate von Gläubigerschutz und Vorsicht decken sich zwar weitgehend, aber nicht voll. Zur Ergänzung und weiteren Absicherung der vorstehend aus der zwingenden Natur des Gläubigerschutzes hergeleiteten Überlegungen ist daher nun auf den Inhalt des Vorsichtsprinzips einzugehen.

421. Gesetzliche Regelung in § 252 Abs. 1 Nr. 4 HGB

Angesichts der außerordentlichen Bedeutung, die dem Vorsichtsprinzip in der derzeitigen Diskussion beigemessen wird, ist erstaunlich, daß es erst durch das Bilanzrichtlinien-Gesetz in das geschriebene Recht aufgenommen worden ist. Nach § 252 Abs. 1 Nr. 4 HGB „ist vorsichtig zu bewerten". Das setzt Art. 31 Abs. 1 Buchst. c der Vierten Richtlinie um, weicht aber vom Wortlaut der Richtlinie ab. Die Richtlinie formuliert eher stärker: „Der Grundsatz der Vorsicht muß in jedem Fall beachtet werden". Daran hatte sich der Regierungsentwurf enger angelehnt und sich – wie die Richtlinie – auf den „Grundsatz der Vorsicht" bezogen[19]. Doch kommt dieser Abweichung kein großes Gewicht zu. Der heutige § 252 Abs. 1 Nr. 4 HGB sollte nach dem Ausschußbericht „nur sprachlich klarer gefaßt" werden. Es spricht nichts dafür, daß der deutsche Gesetzgeber hinter den Anforderungen der Richtlinie zurückbleiben wollte, allerdings vom Wort-

---

18 Vgl. *Leffson, U.,* Grundsätze ordnungsmäßiger Buchführung, S. 465; *Heinen, E.,* Handelsbilanzen, S. 17.
19 Abgedruckt bei *Biener, H./Berneke, W.,* Bilanzrichtlinien-Gesetz, S. 93.

laut her auch nichts dafür, daß man über die Richtlinie hinausgehen, dem Vorsichtsprinzip also einen höheren als den von der Richtlinie beabsichtigten Rang zuweisen wollte. Ein deutscher Sonderweg in Richtung Vorsicht ist aus dem Gesetz nicht abzuleiten. Auch ein besonderer Rang des Vorsichtsprinzips im Rahmen der Bewertungsgrundsätze des § 252 Abs. 1 HGB ist dem Gesetz nicht zu entnehmen. Die Grundsätze sind gleichrangig und nebeneinander anwendbar[20].

§ 252 Abs. 1 Nr. 4 HGB folgt der Richtlinie dann auch darin, daß der Grundsatz der Vorsicht durch das Imparitätsprinzip und das Realisationsprinzip konkretisiert wird. Dabei kann dahingestellt bleiben, ob diese Grundsätze vorwiegend das Vorsichtsprinzip umsetzen sollen, wie es der Gesetzeswortlaut nahelegt, oder ob sie objektive Regeln zur willkürfreien Erfolgsermittlung sein sollen[21]. Denn auch wenn man insbesondere im Realisationsprinzip vorwiegend eine Regel zur willkürfreien Erfolgsermittlung sieht, so ist sie doch bei typisierender Betrachtung eine durch Vorsicht geprägte Regel[22].

Das gesetzliche Vorsichtsprinzip ist nach Wortlaut und Stellung im Gesetz eine Bewertungsregel. Es bezieht sich auf die Bewertung der Aktiven und Passiven also der einzeln (§ 252 Abs. 1 Nr. 3 HGB) zu bilanzierenden Gegenstände und verpflichtet den Bilanzierenden, unsichere Aktivwerte eher zu niedrig, unsichere Verbindlichkeiten eher zu hoch und künftige Entwicklungen keinesfalls zu optimistisch einzuschätzen. Das gilt sicher entsprechend für die Ansatzvorschriften. Jedenfalls betrifft das gesetzliche Vorsichtsprinzip nach Wortlaut und Stellung nur den Ansatz und die Bewertung der einzelnen Bilanzgegenstände. Es deckt keine allgemeine bilanzpolitische Risikovorsorge. Dementsprechend rechtfertigt es nach allgemeiner Meinung auch nicht die Gestaltung des Jahresergebnisses durch Bildung stiller Rücklagen[23]. Vor allem gilt das Prinzip zwingend („ist") und deckt daher nicht die vom Kaufmann durch Ausübung von Wahlrechten

---

20 Vgl. *Müller, W.*, Rangordnung, S. 405 ff.
21 Vgl. *Leffson, U.*, Grundsätze ordnungsgemäßer Buchführung S. 247 ff.
22 Mag das Ergebnis auch in Sonderfällen unter Vorsichtsgesichtspunkten Bedenken begegnen, z. B. wenn die realisierte Kaufpreisforderung von vornherein nicht vollwertig erscheint.
23 Vgl. *Adler, H./Düring, W./Schmaltz, K.*, 6. Aufl., § 252 HGB, Tz. 71; *Budde, W. D./Geißler, H.*, in: BeckBil-Komm., 3. Aufl., § 252 HGB, Rn. 32.

realisierte Bilanzpolitik, mag sie auch auf vorsichtiger Einschätzung der zukünftigen Geschäftsentwicklung beruhen. Mit dem gesetzlichen Vorsichtsprinzip in § 252 Abs. 1 Nr. 4 HGB lassen sich Wahlrechte daher nicht rechtfertigen.

422. Richtlinienkonforme Auslegung

Im übrigen verbietet es die hier notwendige richtlinienkonforme Auslegung des § 252 Abs. 1 Nr. 4 HGB, aus dieser Vorschrift die Berechtigung zu allgemeiner bilanzpolitischer Risikovorsorge herzuleiten. Denn eine solche Risikovorsorge kollidiert mindestens potentiell mit dem true-and-fair-view-Prinzip. Zumindest für Kapitalgesellschaften ist aber der in weitgehend wörtlicher Umsetzung von Art. 31 Abs. 1 Buchst. c der Vierten Richtlinie kodifizierte Grundsatz vorsichtiger Bewertung im Kontext dieser Richtlinie und also unter Berücksichtigung des true-and-fair-view-Grundsatzes auszulegen. Wo dabei im Einzelfall die Grenzen der Vorsicht liegen, kann hier dahin gestellt bleiben. Eine Bilanzierung, die nicht durch vorsichtige Einschätzung des Bilanzgegenstandes begründet ist, sondern auf allgemeiner bilanzpolitischer Risikovorsorge beruht, läßt sich jedenfalls nicht auf das Vorsichtsprinzip der Richtlinie stützen.

Zweifelhaft ist, ob das gesetzliche Vorsichtsprinzip auch für Nicht-Kapitalgesellschaften „europäisch" beeinflußt ist. Die Vierte Richtlinie gilt nur für Kapitalgesellschaften. Ob sich der true-and-fair-view-Grundsatz mittelbar auch auf Nicht-Kapitalgesellschaften auswirkt, soweit Vorschriften des für alle Kaufleute geltenden Ersten Abschnitts des Dritten Buchs des HGB mehr oder weniger wörtlich aus der Vierten Richtlinie übernommen worden sind, wird kontrovers beurteilt. Teilweise nimmt man an, die „richtliniengeborenen" Normen im Ersten Teil des Dritten Buchs seien nur bei Anwendung auf Kapitalgesellschaften richtlinienkonform auszulegen, weil die Richtlinien nur für Kapitalgesellschaften gelten[24]. Andere meinen – m. E.

---

[24] Zu den die Bedeutung der Richtlinien noch weiter zurückführenden Interpretationen z. B. von *Moxter, A.*, Umfang der Entscheidungskompetenz, S. 1463 und *Groh, M.*, Bilanzrecht vor dem EuGH, S. 1206 ff., wonach die Richtlinien überhaupt nicht die Gewinnermittlung betreffen sondern nur Informationspflichten festlegen, vgl. zutreffend *Hennrichs, J.*, EG-Bilanzrichtlinie, S. 66–71.

mit besseren Gründen –, daß solche Normen zwar nicht aufgrund der Richtlinien, aber nach dem Willen des nationalen Gesetzgebers europarechtlich auszulegen seien, da der deutsche Gesetzgeber diesen Willen durch die Übernahme aus den Richtlinien zum Ausdruck gebracht habe, und eine unterschiedliche Auslegung der gleichen Norm je nach ihrer Anwendung auf Kapital- oder Nicht-Kapitalgesellschaften juristisch unlogisch und sachlich unzweckmäßig wäre[25]. *Hennrichs* hat das Postulat einheitlicher Auslegung der wortgleich für Kapital- wie für Nicht-Kapitalgesellschaften geltenden richtliniengeborenen Vorschriften des 1. Teils kürzlich mit der Begründung verneint „daß nur bei Kapitalgesellschaften das true-and-fair-view-Prinzip des § 264 Abs. 2 HGB auch auf die Auslegung dieser Vorschriften ausstrahle"[26]. Zwingend ist dieses Argument nicht. Bekanntlich war ja im Gesetzgebungsverfahren bis zum Schluß umstritten, ob die Generalklausel nicht sogar umfassend für alle Kaufleute gelten sollte[27]. Die Frage stand übrigens seinerzeit auch im Mittelpunkt einer Vortragsveranstaltung des Münsteraner Gesprächskreises mit dem damaligen Vorsitzenden des Rechtsausschusses und Berichterstatter für das Bilanzrichtlinien-Gesetz Helmrich[28]. Herr *Helmrich* hat sich in den späteren Ausschußberatungen das dort im der Diskussion vorgetragene Argument zu eigen gemacht, daß eine Übernahme der Generalklausel in den Ersten Teil des Dritten Buchs mit einer ganz konkreten Vorschrift dieses Teils, nämlich mit § 253 Abs. 4 HGB unvereinbar wäre[29]. Denn diese Vorschrift gestattet den Nicht-Kapitalgesellschaften – und nur ihnen – die Bildung stiller Rücklagen in großem und jedenfalls mit dem true-and-fair-view-Prinzip unvereinbarem Umfang[30]. Das schließt es aber nicht aus, andere durch § 253

---

25 Vgl. *Schulze-Osterloh, J.,* Vorabentscheidungen, S. 170–176.
26 *Hennrichs. J.,* EG-Bilanzrichtlinie, S. 78 ff.
27 Ausschußbericht, abgedruckt bei *Biener H./Berneke W.,* Bilanzrichtlinien-Gesetz, S. 10.
28 Vgl. *Helmrich, H.,* Europäische Rechtssetzung, S. 15 ff., Diskussion, S. 137.
29 Die sonstigen Unterschiede im Bewertungsrecht, vgl. § 279 Abs. 1 Satz 2, Abs. 2, § 280 HGB, sind nicht so gewichtig, daß sie die grundsätzliche Geltung des true-and-fair-view-Prinzips ausgeschlossen hätten.
30 Österreich hat – bei genereller Anlehnung an das deutsche Bilanzrichtlinien-Gesetz – § 253 Abs. 4 HGB „als mit den Zielen der Reform in Widerspruch stehend" nicht übernommen (*Gassner, W./Lahodny-Karner, A.,* in: Straube, § 204 öHGB, Rn. 4) und konsequent auch für alle Kaufleute vorschreiben können, daß der Jahresabschluß „dem Kaufmann ein möglichst getreues Bild

Abs. 4 HGB nicht berührte Grundsätze, die der deutsche Gesetzgeber in Umsetzung der Richtlinie für alle Kaufleute einheitlich und wortgleich in Kraft gesetzt hat, auch für alle Kaufleute „richtliniengerecht" und damit unter Berücksichtigung des true-and-fair-view-Prinzips auszulegen. Ich meine, daß jedenfalls der Grundsatz der Vorsicht (§ 252 Abs. 1 Satz 4 HGB) für Nicht-Kapitalgesellschaften den gleichen Inhalt hat wie für Kapitalgesellschaften. Er deckt auch bei ihnen nicht eine allgemeine Risikovorsorge außerhalb des Anwendungsbereichs von § 253 Abs. 4 HGB.

43   Vorsichtsprinzip und Grundsätze ordnungsmäßiger Buchführung (GoB)

431. Deutung der GoB als Konkretisierung des Vorsichtsprinzips

Der mystische Glanz des Vorsichtsprinzips im Bilanzrecht wird denn auch nicht aus dem Gesetz (§ 252 Abs. 1 Nr. 4 HGB), sondern aus den Grundsätzen ordnungsmäßiger Buchführung hergeleitet, auf die das Gesetz in § 243 Abs. 1 HGB für alle Unternehmen verweist. Zweifellos geht das Vorsichtsprinzip der GoB im Anwendungsbereich über § 252 Abs. 1 Nr. 4 HGB hinaus, indem es auch für den Bilanzansatz und den Bilanzausweis gilt. Vorstellbar wäre, daß es auch inhaltlich weitergeht und die Möglichkeit der Wahlrechtsausübung zu bilanzpolitischer Risikovorsorge postuliert. Dafür spricht der außergewöhnlich hohe Stellenwert, der dem Vorsichtsgedanken innerhalb der GoB teilweise zugewiesen wird. Man sieht in den GoB ein geschlossenes und aus einem einheitlichen Grundgedanken, nämlich den Prinzipien des Gläubigerschutzes und der kaufmännischen Vorsicht abgeleitetes System, das sich das HGB durch die Verweisung in § 243 Abs. 1 HGB als geschlossenes System inkorporiert habe, um damit zugleich „ihr in der Tradition wurzelndes einheitsstiftendes Prinzip zu betonen, nämlich den Gläubigerschutz und den aus ihm fließenden Grundsatz der kaufmännischen Vorsicht"[31]. Um

---

der Vermögens- und Ertragslage des Unternehmens zu vermitteln" hat (§ 195 öHGB). Bei Kapitalgesellschaften fordert § 222 Abs. 2 öHGB dieses Bild für jedermann (nicht nur für „den Kaufmann") und fügt ergänzend die Finanzlage hinzu.

31   *Beisse, H.*, Gläubigerschutz, S. 79–80; ähnlich *Moxter, A.*, Zum Verhältnis von handelsrechtlichen GoB, S. 419 ff.

einen GoB handele es sich hier, „wenn die Prinzipien des Gläubigerschutzes und der Vorsicht oben anstehen"[32]. Das für Kapitalgesellschaften geltende true-and-fair-view-Prinzip (§ 264 Abs. 2 HGB) habe demgegenüber Ausnahmecharakter, seine Einbeziehung in die GoB – ebenso wie eine Öffnung des deutschen Bilanzrechts für internationale Einflüsse – liefe auf einen Paradigmenwechsel hinaus[33], der abzuwehren sei. In dieser Sicht sind die GoB ein dem Gesetz vorgelagertes, aber das Gesetz über § 243 Abs. 1 HGB im Sinne des Gläubigerschutzes und der kaufmännischen Vorsicht prägendes System. Dabei dominiert der Gläubigerschutz über die GoB das allgemeine Bilanzrecht, während für Kapitalgesellschaften das true-and-fair-view-Prinzip eine eng auszulegende Ausnahme ist.

432. Die Entstehung des Vorsichtsprinzips im Aktienbilanzrecht

Es ist jedoch keineswegs so, daß vom Vorsichtsprinzip beherrschte GoB traditionell für alle Kaufleute gelten und jetzt gegen ein europäisches Sonderrecht für Kapitalgesellschaften verteidigt werden müßten. Tatsächlich verlief die Entwicklung genau umgekehrt. Der Gläubigerschutz und das seiner Durchsetzung dienende Vorsichtsprinzip haben zunächst nur die Bilanzierung der Aktiengesellschaften bestimmt. Das ist auch unter dem für ihre Gläubiger besonders wichtigen Gesichtspunkt der Kapitalerhaltung verständlich. Das allmähliche, erst mit dem Bilanzrichtlinien-Gesetz zum Abschluß gekommene Übergreifen dieses Gedankens auf andere Rechtsformen läßt sich gut am Realisationsprinzip verfolgen, das als wichtigste Ausprägung der kaufmännischen Vorsicht gilt.

Das Realisationsprinzip ist erstmalig in der Bewertungsregel der Aktienrechtsnovelle von 1894 gesetzlich verankert worden (Art. 185 a). Die damalige Begründung[34] sah in ihm ein „Gebot der Solidität", welches „an alle Aktiengesellschaften unbedingt zu stellen (sei), . . . wenn nicht gewissenlose Überschätzung der Vermögensgegenstände unter dem Schein kaufmännischer Usance soll erleichtert und das auf das Grundkapital gestützte Vertrauen des öffentlichen Kredits

---

32 *Beisse, H.,* Gläubigerschutz, Fn. 31, S. 89.
33 Vgl. *Beisse, H.,* Gläubigerschutz, Fn. 31, S. 89.
34 Abgedruckt in *Schubert, W./Hommelhoff, P.,* Hundert Jahre modernes Aktienrecht, S. 474.

soll mißbraucht werden können". Das waren Besonderheiten der Aktiengesellschaft[35].

Folgerichtig lehnten die Motive des GmbH-Gesetzes von 1892 eine Übernahme in das GmbH-Recht ab, weil die Vorschriften des Aktiengesetzes „den Zweck (haben), der Verteilung noch nicht realisierter, bloß möglicher Gewinne vorzubeugen, wozu bei der Aktiengesellschaft die Versuchung wegen des Einflusses der Dividende auf den Aktienkurs besonders nahe liegt. Bei der Gesellschaft mit beschränkter Haftung kommt ein derartiges Motiv nicht in Betracht . . ."[36]. Dementsprechend hielt man in der Folgezeit „eine Erhöhung der Wertansätze früherer Bilanzen grundsätzlich für zulässig; auch ein entgegenstehendes Handelsgewohnheitsrecht existiert nicht"[37]. Noch als Döllerer 60 Jahre später seinen heute als klassisch geltenden Vortrag über die Grundsätze ordnungsmäßiger Buchführung hielt, war die Geltung des Realisationsprinzips für die GmbH zweifelhaft, wenngleich er sie nachdrücklich befürwortete[38].

Erst recht kann von einer traditionellen Geltung dieses Prinzips bei den Nicht-Kapitalgesellschaften keine Rede sein. Die Denkschrift zum HGB von 1897[39] äußerte – obwohl auch dieses Gesetz auf die GoB verweisen sollte – „erhebliche Bedenken" dagegen, „die Bewertungsregelung des Aktiengesetzes ohne weiteres auf andere Handelsgesellschaften oder Einzelkaufleute auszudehnen". Tatsächlich sah man im Realisationsprinzip noch nach Inkrafttreten des Aktiengesetzes von 1965 keinen zwingenden Bilanzgrundsatz für Personenhandelsgesellschaften und Einzelkaufleute[40].

Bis in die neueste Zeit sind daher wichtige Ausprägungen des Vorsichtsprinzips keineswegs als allgemeingültige GoB betrachtet worden. Für Nicht-Kapitalgesellschaften sind sie erst allmählich und

---

35 Das als zu streng empfundene Realisationsprinzip im Aktienrecht scheint ein Motiv für das Ausweichen in die Rechtsform der Kolonialgesellschaft gewesen zu sein; vgl. *Lehmann, K.*, Das Recht der Aktiengesellschaft, S. 302 ff. und S. 305.
36 Drucksachen zu den Verhandlungen des Bundesrathes des Deutschen Reichs, Jahrgang 1891, Bd. II, Nr. 94, Berlin 1891, S. 75–76.
37 *Staub/Hachenburg*, GmbHG, § 42, Anm. 11.
38 Vgl. *Döllerer, G.*, Grundsätze, S. 1220.
39 Zitiert bei *Brüggemann, D.*, in: Staub, 3. Aufl., § 40 HGB, Anm. 3.
40 *Brüggemann, D.*, in: Staub, 3. Aufl., § 40 HGB, Anm. 3.

letztlich erst durch das Bilanzrichtlinien-Gesetz verbindlich geworden. Bereits dieser kursorische Rückblick zeigt, daß die GoB in der deutschen bilanzrechtlichen Tradition keineswegs in dem behaupteten Ausmaß durch das Vorsichtsprinzip geprägt sind.

433. Die GoB nach dem Bilanzrichtlinienrecht

433.1 Ableitung aus dem gesetzlichen Zweck des Jahresabschlusses

Vor allem stellt die Vorstellung, daß die GoB als „einheitsstiftendes Prinzip" dem Gesetz „den Gläubigerschutz und den aus ihm fließenden obersten Grundsatz der kaufmännischen Vorsicht" aufprägen, die Rangordnung von Gesetz und GoB auf den Kopf. Die GoB leiten ihre verpflichtende Kraft vom Gesetz (§ 243 Abs. 1 HGB) ab, und nicht umgekehrt. Sie sollen als Normen mit vom Gesetz abgeleiteter Rechtssatzwirkung die zwangsläufigen Lücken des Gesetzes schließen. Dem entspricht, daß der Gesetzgeber des Bilanzrichtlinien-Gesetzes der Vierten Richtlinie folgend die wichtigsten GoB durch Übernahme in das Gesetz – namentlich § 252 HGB – eingeschärft hat. Sie mögen gleichwohl weiterhin als GoB anzusehen sein[41]. Aber sie sind, wie jede Gesetzesnorm, nach ihrem Sinn und Zweck im Rahmen des Gesetzes und im vorliegenden Fall überdies jedenfalls bei Kapitalgesellschaften richtlinienkonform auszulegen, da sie europäisches Richtlinienrecht umsetzen. Die fortschreitende Kodifikation des Bilanzrechts hat die Bedeutung der Verweisung auf die GoB entscheidend gemindert.

Entsprechendes gilt für die nicht kodifizierten GoB. Seit Döllerers grundlegendem Aufsatz über die Grundsätze ordnungsmäßiger Bilanzierung[42] ist h. M., daß die GoB jene Regeln sind, „nach denen zu verfahren ist, um zu einer sachgerechten Bilanz zu kommen", nämlich zu einer Bilanz, die den „Zwecken" entspricht, die „die Bilanz erfüllen muß"[43]. Welche Zwecke aber eine Bilanz erfüllen muß, folgt

---

41 So ausdrücklich die Begr. RegE, S. 76, zustimmend zitiert bei *Budde, W. D./Karig, K. P.,* in: BeckBil-Komm., 3. Aufl., § 264 HGB, Rn. 32; *Leffson, U.,* Grundsätze ordnungsmäßiger Buchführung, S. 27.
42 Vgl. *Döllerer, G.,* Grundsätze, S. 1217 ff.
43 *Döllerer, G.,* Grundsätze, S. 1220.

in erster Linie aus dem Gesetz, genauer: aus den im Gesetz festgelegten Aufgaben der kaufmännischen Rechnungslegung. Der Große Senat des BFH hat daher zutreffend die GoB als Regeln bezeichnet, „nach denen der Kaufmann zu verfahren hat, um zu einer dem gesetzlichen Zweck entsprechenden Bilanz zu gelangen"[44]. Mithin ist bei den im Gesetz nicht ausdrücklich geregelten Bilanzproblemen zunächst zu fragen, wie sie nach Sinn und Zweck des Gesetzes zu lösen sind. Versagt dieser Weg, ist der hilfsweise heranzuziehende GoB aus dem Zweck der gesetzlichen Rechnungslegung abzuleiten, wobei – wie im Schrifttum erörtert – auch die Entscheidungen der Gerichte, die Auffassungen der Lehre und die Übung der Kaufmannschaft hilfreich sein können[45]. Doch kann wiederum keine Rede davon sein, daß ungeschriebene GoB das normierte Bilanzrecht im Sinne eines weitergehenden Vorsichtsprinzips prägen, das dem Kaufmann bei der Wahl der Bewertungsmethode die Möglichkeit allgemeiner Risikovorsorge sichert.

433.2 Rechtsformabhängige Abschlußzwecke

Nach h. M. gelten die GoB einheitlich für alle Rechtsformen. Es ist schwer zu sehen, wie diese Einheitlichkeit mit den weit differenzierten Zwecken der Rechnungslegung zu vereinbaren ist, wie sie bereits in den sehr viel weitergehenden Bilanzierungsregeln für Kapitalgesellschaften zum Ausdruck kommen. Auf diese vielerörterten Zwecke kann hier nicht näher eingegangen werden. Aber soviel ist klar: Der Jahresabschluß hat dem Kaufmann – jedem Kaufmann – „ein möglichst getreues Bild der Vermögens- und Ertragslage des Unternehmens zu vermitteln" (§ 195 Satz 3 öHGB); er soll es den Gläubigern ermöglichen, sich über den Jahresabschluß Einblick in die Vermögens- und Ertragslage ihres Schuldners zu verschaffen. Er bemißt bei Kapitalgesellschaften darüber hinaus die zulässige Ausschüttung. Vor allem ist er bei ihnen aber auch Rechenschaftslegung[46] der Verwaltung über die Entwicklung und den Ertrag des ihr – der Verwaltung –

---

44 BFH, Beschluß v. 3. 2. 1969, GrS 2/68 im Anschluß an den I. Senat; BFH, Urteil vom 31. 5. 1967, I 208/63.

45 Eingehend auch *Baetge, J.,* Grundsätze ordnungsmäßiger Buchführung, S. 3 f. mit w. Nachweisen.

46 Vgl. prägnant *Lutter, M.,* Rechnungslegung als Rechenschaftslegung, S. 409 ff.

anvertrauten Vermögens und bei Aktiengesellschaften überdies die für einen funktionierenden Kapitalmarkt unumgängliche öffentliche Rechnungslegung als Grundlage für informierte Entscheidungen der Marktteilnehmer. Daß mit dem Jahresabschluß (auch) Rechnung zu legen ist, ist keine Neuerung des Bilanzrichtlinienrechts, sondern war bereits der ausschlaggebende Gesichtspunkt für die Neugestaltung des Bilanzrechts durch das Aktiengesetz 1965. Der von Beisse befürchtete Paradigmenwechsel[47] hat – wenn überhaupt – bereits 1965 stattgefunden[48].

433.3 Auswirkungen des Zwecks der Rechnungslegung auf die GoB

Zumindest bei Kapitalgesellschaften kann aus dem Zweck des Abschlusses kein GoB hergeleitet werden, nach dem das Unternehmen berechtigt sein müßte, durch Wahlrechtsausübung bilanzpolitische Risikovorsorge zu treiben. Im Gegenteil: Ein solches Recht ist mit dem Gedanken der Rechnungslegung unvereinbar. Wer Rechnung zu legen hat, darf nicht selbst wählen können, wie er Vermögen und Ertrag ausweist. Diesem Bilanzzweck entspricht vielmehr das true-and-fair-view-Prinzip des § 264 Abs. 2 HGB, das daher durchaus als kodifizierter GoB für Kapitalgesellschaften eingeordnet werden kann[49].

In welchem Ausmaß das Bilanzbild durch Ausübung von Wahlrechten und insbesondere durch eine geänderte Wahl verzerrt werden

---

47 Vgl. *Beisse, H.*, Gläubigerschutz, S. 89, sowie in dem oben unter 1 genannten Vortrag.
48 Ohne allerdings den Gläubigerschutz wirklich zu schwächen. Eingehend insbesondere *Geßler, E.*, Bedeutungswandel, S. 129 ff.; schlagwortartig überschrieb *Forster, K.-H.* damals einen Aufsatz: Vom Gläubigerschutz zum Aktionärsschutz – der Wandel in den Bewertungsbestimmungen des Aktienrechts.
49 Nach *Weber-Grellet, H.*, Steuerbilanzrecht, S. 54, soll das true-and-fair-view-Prinzip sogar allgemein geltender oberster GoB sein. Das ist mit der unmittelbaren Geltung dieses Prinzips nur für Kapitalgesellschaften schwer zu vereinbaren. Doch ist die Bedeutung der Frage nicht groß, denn Geltung und Tragweite des Grundsatzes ergeben sich aus dem Gesetz und die Frage, inwieweit der Grundsatz auch für Nicht-Kapitalgesellschaften gilt, ist aus dem Gesetz zu beantworten; s. oben Kap. 24.

kann, haben die Daimler-Abschlüsse für 1993 gezeigt und breiter angelegte neuere Untersuchungen bestätigt. Wahlrechte werden genutzt, um die Ertragsentwicklung verzerrt, ja z. T. mit der Wirklichkeit entgegengesetzter Tendenz auszuweisen, wobei die Angabepflichten nach § 284 HGB oft nicht oder nicht ausreichend erfüllt werden[50]. Die in der Tat wünschenswerte Einschärfung der Berichts- und Angabepflichten bei Wechsel einer Bilanzierungs- oder Bewertungsmethode (§ 284 Abs. 1 HGB)[51] löst das Problem nicht, denn Angaben im Anhang haben für den normalen Bilanzleser bei weitem nicht den gleichen Informationswert wie das Zahlenwerk des Abschlusses und jedenfalls das ausgewiesene Ergebnis.

Logisch zwingende Folge der besonderen Bilanzzwecke bei Kapitalgesellschaften scheint zu sein, daß die GoB nicht einheitlich für alle Kaufleute gelten können[52]. Jedoch braucht die Frage hier nicht vertieft zu werden. Denn auch für Nicht-Kapitalgesellschaften spricht der Zweck des Jahresabschlusses gegen die Annahme, daß die für sie geltenden GoB bilanzpolitische Wahlrechte erfordern und rechtfertigen. Solche Wahlrechte sind mit den auch für sie geltenden Bilanzzwecken der Dokumentation und Selbstinformation schwer vereinbar. Auch bei ihnen gefährdet die Möglichkeit, durch eine andere Ausübung des Wahlrechts nachteilige Entwicklungen zu verdecken, die Aussagefähigkeit des Abschlusses, zumal keine Angabepflichten nach § 284 HGB bestehen. Die ihnen in § 253 Abs. 4 HGB erteilte Erlaubnis zu allgemeiner Risikovorsorge kann nicht auf die GoB zurückgeführt werden. Sie beruht vielmehr auf dem grundsätzlichen Mißverständnis, daß Interessen des Mittelstandes gegen eine „Verschärfung" des früheren Rechts sprechen.

---

50 Vgl. die eindrucksvollen (und erschreckenden) Beispiele in *Küting, K.,* Der Wahrheitsgehalt deutscher Bilanzen, S. 84 ff. Küting sieht insbesondere in den Aufwandsrückstellungen und den steuerlichen Verzerrungen einen „gigantischen Fremdkörper" in der handelsrechtlichen Rechnungslegung.

51 Von der *Kessler, H.,* Die Wahrheit über das Vorsichtsprinzip, S. 3, zuviel erwartet.

52 In der Tat wollte der RegE eines Bilanzrichtlinien-Gesetzes unterscheiden zwischen GoB für alle Unternehmungen und GoB, „welche nur für bestimmte, nämlich zur Offenlegung verpflichtete Unternehmen gelten sollen", abgedruckt bei *Biener, H./Berneke, W.,* Bilanzrichtlinien-Gesetz, S. 136. Für rechtsformspezifische GoB auch *Goerdeler, R./Müller, W.,* § 42 GmbHG, Anm. 13; a. A. *Leffson, U.,* Grundsätze ordnungsmäßiger Buchführung, S. 65; vgl. auch *Moxter, A.,* Die handelsrechtlichen Grundsätze, S. 264.

44 Ergebnis

Jörg Baetge[53] hatte recht: Wahlrechte werden bilanzrechtlich weder durch das Vorsichtsprinzip noch sonst durch einen das Gesetz überlagernden GoB legitimiert. Gesetzlich (§ 252 Abs. 1 Nr. 4 HGB) wie als GoB ist der Grundsatz der Vorsicht ausschließlich eine Regel zur Bilanzierung und Bewertung der einzelnen Bilanzgegenstände. Er steht insoweit jedenfalls bei Kapitalgesellschaften, richtiger Ansicht nach aber auch bei Nicht-Kapitalgesellschaften, in einem Spannungsverhältnis zum true-and-fair-view-Prinzip, das ein Zuviel an Vorsicht verbietet. Auf die im Einzelfall notwendige und auch von der Rechtsform abhängige Abgleichung beider Prinzipien kommt es aber für die bilanzrechtliche Einordnung der Wahlrechte nicht an. Die hier zur Diskussion stehenden bilanzpolitischen Wahlrechte würden durch das Vorsichtsprinzip allenfalls legitimiert, wenn dieses Prinzip auch eine vom Kaufmann in freier Entscheidung zu treffende bilanzpolitische Vorsorge für allgemeine Risiken trüge. Dem Gläubigerschutz könnten diese Wahlrechte aber bereits im Hinblick auf die nahezu uneingeschränkte Dispositionsbefugnis des Bilanzierenden nicht zugeordnet werden. Darüber hinaus widersprechen diese Wahlrechte jedenfalls bei Kapitalgesellschaften, m. E. aber auch bei Nicht-Kapitalgesellschaften, den Zwecken der Rechnungslegung.

5 Folgerungen

51 Geltendes Recht

Für das geltende Recht mag dieses Ergebnis unerheblich erscheinen: Wahlrechte stehen nun einmal im Gesetz. Doch ist es nicht ganz so. Wenn durch Ausübung von Wahlrechten eine weder durch den gesetzlichen Vorsichtsgrundsatz noch durch die GoB gedeckte Minderung des ausgewiesenen Gewinns bewirkt werden kann, dann ist bilanzrechtlich zwangsläufig die Bildung einer Reserve gegeben. Sie kann durch eine andere Wahlrechtsausübung – in den weiten Grenzen des Stetigkeitsgebots – aufgelöst werden. Man kann darüber streiten, ob es sich dabei um stille Reserven im klassischen Sinne handelt, da das Gesetz immerhin durch die Pflicht zu Angaben im Anhang (§ 284

---

53 In der unter 1 erwähnten Diskussion.

Abs. 2 HGB) einen gewissen Einblick gewährt. Man könnte von verschleierten Reserven sprechen. Wie schwer allerdings Durchblicke durch diesen Schleier gemacht werden können, zeigen immer wieder professionelle Untersuchungen. Die bestehenden bilanzpolitischen Wahlrechte beruhen auf einer positivrechtlichen Erlaubnis zu verschleierter Reservebildung, für die nicht die GoB verantwortlich gemacht werden können.

Als Reservenbildung gehört die Ausübung der hier erörterten Wahlrechte nicht zur Ermittlung, sondern zur Gestaltung des Ergebnisses. Sicher sind die Grenzen zwischen Ermittlung und Gestaltung angesichts der beim Bilanzieren unvermeidbaren Schätzungen fließend. Jedenfalls die hier erörterten Wahlrechte werden aber nicht aufgrund bilanzierungsbedingter Unsicherheit, sondern in davon unabhängiger bilanzpolitischer Absicht ausgeübt. Führt die Ausübung solcher Wahlrechte zu einem niedrigeren Ergebnisausweis, so wird mit ihnen zwar der Form nach über die Bilanzierung, der Sache nach aber über die Verwendung des Ergebnisses entschieden. Zutreffend – im Grunde auch für das Handelsrecht – hat der Große Senat des BFH[54] bereits 1969 in Minderungen des handelsrechtlichen Gewinns durch Ausübung von Wahlrechten eine Gewinnverwendung gesehen und für die Steuerbilanz eliminiert.

Der Bundesgerichtshof hat daraus in einer sehr bemerkenswerten Entscheidung[55] im Anschluß an *Schulze-Osterloh*[56] die Konsequenz gezogen und für eine Kommanditgesellschaft (KG) ausgesprochen, daß die Bildung von Aufwandsrückstellungen gem. § 249 Abs. 1 Satz 3, Absatz 2 HGB, von Abschreibungen gem. § 253 Abs. 4 HGB und von steuerlichen Abschreibungen nicht zur Ermittlung, sondern zur Verwendung des Ergebnisses gehört; sie falle mithin in die Kompetenz des für die Ergebnisverwendung zuständigen Organs. Die Voraussetzungen, insbesondere die genaue Abgrenzung der hierzu gehörenden Wahlrechte, und die weiteren Konsequenzen dieser im Grundsatz zu billigenden Rechtsprechung bedürfen noch weiterer Klärung. Der Grundgedanke der Entscheidung müßte aber wohl auch für die GmbH gelten, wenn dort ausnahmsweise die Zuständigkeiten

---

54 Vgl. BFH, Beschluß v. 3. 2. 1969, GrS 2/68, S. 291.
55 Vgl. BGH, Urteil v. 29. 3. 1996, II ZR 263/94.
56 Vgl. *Schulze-Osterloh, J.*, Aufstellung und Feststellung, S. 2519; kritisch dazu *Hoffmann, W.-D./Sauter, W.*, Jahresabschluß der KG, S. 967.

für die Feststellung des Abschlusses und die Ergebnisverwendung auseinanderfallen sollten. Er dürfte es auch rechtfertigen, daß der Gesellschaftsvertrag der GmbH die Ausübung von Wahlrechten regeln kann[57], obwohl die Rechnungslegung sonst im wesentlichen der vertraglichen Disposition entzogen ist.

Bei Aktiengesellschaften beschränkt das Gesetz hingegen die Kompetenz der Hauptversammlung auf die Entscheidung über den Bilanzgewinn (§ 58 Abs. 3 AktG). Für die Feststellung des Jahresabschlusses (einschließlich der Ausübung von Wahlrechten) und die Verwendung von Teilen des Jahresüberschusses (vgl. § 58 Abs. 2 AktG) ist die Verwaltung zuständig. Angesichts der strikt auf klare Verhältnisse bedachten aktienrechtlichen Zuständigkeitsordnung wird man daraus, daß auch mit der Ausübung bilanzpolitischer Wahlrechte über die Ergebnisverwendung entschieden wird, nicht herleiten können, daß sich die Verwaltung die solchermaßen gebildeten Rücklagen auf ihre Kompetenz nach § 58 Abs. 2 AktG anrechnen lassen müsse.

52 Reformfragen

Unmittelbare Reformüberlegungen konzentrieren sich z. Zt. auf die Frage, ob es zugelassen werden soll, daß deutsche Obergesellschaften anstelle eines Konzernabschlusses nach §§ 290 ff. HGB einen „internationalen Konzernabschluß" aufstellen. Doch wird in diesem Zusammenhang alternativ oder zusätzlich auch nachdrücklich eine Reform des deutschen Konzernabschlußrechts gefordert. Auf längere Sicht werden Auswirkungen auch auf das Recht des Einzelabschlusses kaum zu vermeiden sein. Dazu ist hier nicht Stellung zu nehmen.

Das sehr viel bescheidenere Ziel dieses Beitrags war, dem Eindruck entgegenzutreten, daß Wahlrechte und hier insbesondere die oben als bilanzpolitisch bezeichneten Wahlrechte den GoB entsprechen, dem Gläubigerschutz dienen oder sonst in irgendeiner Weise durch das traditionelle Vorsichtsprinzip gerechtfertigt werden. Sie sind vielmehr den Zwecken der Rechnungslegung zuwiderlaufende Instrumente der Bilanzpolitik, die vor allem von den Unternehmensleitungen im Interesse rechenschaftsfreier Räume zur Ergebnisgestaltung verteidigt werden. Sie schaffen verschleierte Reserven, die auch unter

---

57 Vgl. *Schulze-Osterloh, J.*, § 42 GmbHG, Rn. 22–23.

Gesichtspunkten des Gläubigerschutzes den gleichen oft diskutierten Einwänden begegnen wie andere stille Reserven auch, nämlich daß durch ihre oft schwer durchschaubare Auflösung eine Wende zum Schlechteren lange kaschiert werden kann. Jede wirkliche Reform muß die bilanzpolitischen Wahlrechte auf den Prüfstand stellen. Das gilt im Recht des Konzernabschlusses insbesondere für die Verrechnungsmöglichkeit nach § 309 Abs. 1 Satz 3 HGB – die in der Praxis zudem durch erfolgsneutrale ratierliche Verrechnung gegen Rücklagen mißbraucht wird[58] – und für die Übernahme steuerlich niedrigerer Wertansätze nach § 310 Abs. 3 HGB (die im Konzernabschluß nicht durch die Maßgeblichkeit bedingt ist). Der Einzelabschluß wird vor allem durch das Wahlrecht zur Bildung von Aufwandsrückstellungen verfälscht, während bei der Vorratsbewertung jedenfalls steuerrechtlich nicht zulässige Methoden ausgeschlossen werden sollten.

---

58 Vgl. *Küting, K.*, Der Wahrheitsgehalt deutscher Bilanzen, S. 87.

Literaturverzeichnis

Adler, Hans/Düring, Walther/Schmaltz, Kurt, Rechnungslegung und Prüfung der Aktiengesellschaft, 4. Aufl., bearbeitet von Schmaltz, Kurt u. a., Band 1, Stuttgart 1968 (§ 149 AktG).

Adler, Hans/Düring, Walther/Schmaltz, Kurt, Rechnungslegung und Prüfung der Unternehmen, Kommentar zum HGB, AktG, GmbHG, PublG nach den Vorschriften des Bilanzrichtlinien-Gesetzes, bearbeitet von Forster, Karl-Heinz u. a., 5. Aufl., Stuttgart 1987 (§ 264 HGB).

Adler/Düring/Schmaltz, Rechnungslegung und Prüfung der Unternehmen, Kommentar zum HGB, AktG, GmbHG, PublG nach den Vorschriften des Bilanzrichtlinien-Gesetzes, bearbeitet von Forster, Karl-Heinz u. a., 6. Aufl., Stuttgart 1995 (§ 252 HGB).

Baetge, Jörg, Grundsätze ordnungsmäßiger Buchführung, in: DB 1986, Beil. 26/86.

Baetge, Jörg, Bilanzen, 3. Aufl., Düsseldorf 1994.

Baetge, Jörg/Commandeur, Dirk, § 264 HGB, in: Handbuch der Rechnungslegung, Kommentar zur Bilanzierung und Prüfung, hrsg. v. Küting, Karlheinz/Weber, Claus-Peter, 2. Aufl. Stuttgart 1987 (§ 264 HGB).

Beisse, Heinrich, Gläubigerschutz – ein Grundprinzip des deutschen Bilanzrechts, in: Festschrift für Beusch, hrsg. v. Beisse, Heinrich/Lutter, Marcus/Närger, Heribald, Berlin, New York 1993, S. 77–97 (Gläubigerschutz).

Biener, Herbert/Berneke, Wilhelm, Bilanzrichtlinien-Gesetz, Textausgabe des Bilanzrichtlinien-Gesetzes vom 19. 12. 1985 (Bundesgesetzblatt I, S. 2355) mit Bericht des Rechtsausschusses des Deutschen Bundestags, Regierungsentwürfe mit Begründung, EG-Richtlinien mit Begründung, Entstehung und Erläuterung des Gesetzes, unter Mitwirkung v. Niggemann, Karl Heinz, Düsseldorf 1986 (Bilanzrichtlinien-Gesetz).

Brüggemann, Dieter, § 40 HGB, in: Handelsgesetzbuch, Großkommentar, begr. v. Staub, Hermann, 3. Aufl., Band 1, Berlin 1967 (§ 40 HGB).

Budde, Wolfgang Dieter/Geißler, Horst, § 252 HGB, in: Beck'scher Bilanzkommentar, Handels- und Steuerrecht, hrsg. v. Budde, Wolfgang Dieter u. a., 3. Aufl., München 1995 (§ 252 HGB).

Budde, Wolfgang Dieter/Karig, Klaus Peter, § 264 HGB, in: Beck'scher Bilanzkommentar, Handels- und Steuerrecht, hrsg. v. Budde, Wolfgang Dieter u. a., 3. Aufl., München 1995 (§ 264 HGB).

Claussen, Carsten Peter/Korth, Michael, § 264 HGB, in: Kölner Kommentar zum Aktiengesetz, hrsg. von Zöllner, Wolfgang, 2. Aufl., Köln 1990 (§ 264 HGB).

Deutscher Bundesrat (Hrsg.), Entwurf eines Gesetzes zur Verbesserung der Wettbewerbsfähigkeit deutscher Konzerne an internationalen Kapitalmärkten und zur Erleichterung der Aufnahme von Gesellschafterdarlehen (KapAEG), in: BR-Drucksache 967/96 v. 20. 12. 1996 (BR-Drucks. 967/96).

Döllerer, Georg, Die Grundsätze ordnungsmäßiger Bilanzierung, deren Entstehung, und Ermittlung, in: BB 1959, S. 1217–1221 (Grundsätze).

Forster, Karl-Heinz, Vom Gläubigerschutz zum Aktionärsschutz – der Wandel in den Bewertungsbestimmungen des Aktienrechts, in: WPg 1964, S. 422–429.

Gassner, Wolfgang/Lahodny-Karner, Andrea, § 204 öHGB, in: Kommentar zum Handelsgesetzbuch, hrsg. von Straube, Manfred, Bd. 2: Rechnungslegung, bearb. von Deutsch, E. u. a., Wien 1992 (§ 204 öHGB).

Geßler, Ernst, Der Bedeutungswandel der Rechnungslegung im Aktienrecht, in: 75 Jahre Deutsche Treuhand, hrsg. von Muthesius, Volkmar, Frankfurt 1965, S. 129 ff. (Bedeutungswandel).

Goerdeler, Reinhard/Müller, Welf, § 42 GmbHG, in: GmbHG, Großkommentar, begr. v. Hachenburg, Max, 7. Aufl., Berlin 1979 (§ 42 GmbHG).

Groh, M., Bilanzrecht vor dem EuGH, in: DStR 1996, S. 1206–1210.

Großfeld, Bernhard, Europäisches Unternehmensrecht und internationaler Wettbewerb, in: Internationale Wirtschaftsprüfung, Festschrift für Havermann, hrsg. von Lanfermann, Josef, Düsseldorf 1995, S. 183–200.

Heinen, Edmund, Handelsbilanzen, 10 Aufl., Wiesbaden 1982.

Helmrich, Herbert, Europäische Rechtssetzung und die Aufgabe des nationalen Gesetzgebers, in: Das neue Bilanzrecht – Ein Kompromiß divergierender Interessen, Institut für Revisionswesen der Westfälischen Wilhelms-Universität Münster, hrsg. von Baetge, Jörg, Düsseldorf 1985, S. 13–27 (Europäische Rechtssetzung).

Hennrichs, Joachim, Die Bedeutung der EG-Bilanzrichtlinie für das deutsche Handelsbilanzrecht, in: ZGR 1997, S. 66–88 (EG-Bilanzrichtlinie).

Hoffmann, Wolf-Dieter/Sauter, Wolfgang, Der Jahresabschluß der KG – Exerzierfeld einer Bilanzrechtsrevolution? Anmerkungen zum BGH-Urteil vom 29. 3. 1996, II ZR 263/94, in: DStR 1996, S. 967–972 (Jahresabschluß der KG).

IDW (Hrsg.), WP-Handbuch 1996, Handbuch für Rechnungslegung, Prüfung und Beratung, bearbeitet von Budde, Wolfgang Dieter u. a., Band I, 11. Aufl., Düsseldorf 1996 (WP-Handbuch 1996).

Kessler, Harald, Die Wahrheit über das Vorsichtsprinzip, in: DB 1997, S. 1–7.

Kropff, Bruno, Aktiengesetz, Textausgabe des AktG vom 6. 9. 1965 und des EGAktG vom 6. 9. 1965 mit Begründung des Regierungsentwurfs, Bericht des Deutschen Bundestags, Verweisungen und Sachverzeichnis, Düsseldorf 1965 (Aktiengesetz).

Kropff, Bruno, Bilanzwahrheit und Ermessensspielraum in den Rechnungslegungsvorschriften des Aktiengesetzes 1965, in: WPg 1966, S. 369–380 (Bilanzwahrheit).

Kropff, Bruno, § 149 AktG, in: Aktiengesetz, Kommentar, hrsg. v. Geßler, Ernst/Hefermehl, Wolfgang/Eckardt, Ulrich/Kropff, Bruno, München 1973 (§ 149 AktG).

Kropff, Bruno, Phasengleiche Gewinnvereinnahmung aus der Sicht des Europäischen Gerichtshofs, – zugleich Besprechung der Entscheidung EuGH, ZIP 1996, 1168, in: ZGR 1997, S. 115–118 (Phasengleiche Gewinnvereinnahmung).

Küting, Karlheinz, Der Wahrheitsgehalt deutscher Bilanzen, in: DStR 1997, S. 84–91.

Leffson, Ulrich, Die Grundsätze ordnungsmäßiger Buchführung, 7. Aufl., Düsseldorf 1987.

Lehmann, Karl, Das Recht der Aktiengesellschaften, 2. Band, Berlin 1904.

Lutter, Marcus, Rechnungslegung als Rechenschaftslegung, in: Das vereinigte Deutschland im Europäischen Markt, Bericht über die IDW-Fachtagung vom 16.–18. 10. 1991 in Berlin, Düsseldorf 1992, S. 409–433.

Moxter, Adolf, Die handelsrechtlichen Grundsätze ordnungsmäßiger Buchführung und das neue Bilanzrecht, in: ZGR 1980, S. 254–276 (Die handelsrechtlichen Grundsätze).

Moxter, Adolf, Zum Verhältnis von handelsrechtlichen Grundsätzen ordnungsmäßiger Bilanzierung und True-and-fair-view-Gebot bei Kapitalgesellschaften, in: Rechnungslegung im Wandel, Festschrift für Budde, hrsg. v. Förschle, Gerhart/Kaiser, Klaus/Moxter, Adolf, München 1995, S. 419–429 (Zum Verhältnis von handelsrechtlichen GoB).

Moxter, Adolf, Zum Umfang der Entscheidungskompetenz des Europäischen Gerichtshofes im Bilanzrecht, in: BB 1995, S. 1463–1465 (Umfang der Entscheidungskompetenz).

Müller, Welf, Zur Rangordnung der in § 252 Abs. 1 Nr. 1 bis 6 HGB kodifizierten allgemeinen Bewertungsgrundsätze, in: Bilanz- und Konzernrecht, Festschrift für Goerdeler, hrsg. von Havermann, Hans, Düsseldorf 1987, S. 397–410 (Rangordnung).

Schubert, Werner/Hommelhoff, Peter, Hundert Jahre modernes Aktienrecht, Berlin u. a. 1985.

Schulze-Osterloh, Joachim, Vorabentscheidungen des Europäischen Gerichtshofs zum Handelsbilanzrecht, zugleich Besprechung der Entscheidung BGH, ZIP 1994, 1259, in: ZGR 1995, S. 170–189 (Vorabentscheidungen).

Schulze-Osterloh, Joachim, Aufstellung und Feststellung des handelsrechtlichen Jahresabschlusses einer Kommanditgesellschaft, in: BB 1995, S. 2519–2524 (Aufstellung und Feststellung).

Schulze-Osterloh, Joachim, § 42 GmbHG, in: GmbHG, Kommentar, hrsg. v. Baumbach, Alfred/Hueck, Götz, 16. Auflage, bearbeitet von Hueck, Götz/Schulze-Osterloh, Joachim/Zöllner, Wolfgang, München 1996 (§ 42 GmbHG).

Staub/Hachenburg (Hrsg.), GmbH-Gesetz, Vierte Aufl., Berlin 1913.

Weber-Grellet, Heinrich, Bilanzrecht im Lichte, Bilanzsteuerrecht im Schatten des EuGH, in: DB 1996, S. 2089–2091 (Bilanzrecht).

Weber-Grellet, Heinrich, Steuerbilanzrecht, München 1996.

Verzeichnis der Rechtsprechung

BGH, Urteil vom 29. 3. 1996, II ZR 263/94, in: DB 1996, S. 926–930.

BGH, Urteil vom 30. 9. 1996, II ZR 51/95, in: AG 1997, S. 125–127.

BFH, Urteil vom 31. 5. 1967, I 208/63, BStBl. III 1967, S. 607.

BFH, Beschluß vom 3. 2. 1969, GrS 2/68, BStBl. II 1969, S. 291–294, in: DB 1969, S. 730–732.

EuGH, Urteil vom 27. 6. 1996, Rs C 234/94, in: ZIP 1996, S. 1168.

Adolf Moxter

Zur Interpretation des True-and-fair-view-Gebots der Jahresabschlußrichtlinie

1 Einführung

2 Wandlungen des True-and-fair-view-Gebots in der Entstehungsgeschichte der Jahresabschlußrichtlinie
   21 Vorentwurf der Richtlinie von 1968
   22 Ursprünglicher Vorschlag der Jahresabschlußrichtlinie von 1971
   23 Geänderter Vorschlag aus dem Jahre 1974
   24 Richtlinienfassung aus dem Jahre 1978

3 Versuch einer Konkretisierung des True-and-fair-view-Gebots
   31 Das True-and-fair-view-Gebot als Ausdruck des Grundsatzes der Jahresabschlußwahrheit
   32 Der Schutzzweck des True-and-fair-view-Gebots
   33 Wechselseitige Erhellung von Generalklausel und Einzelvorschriften
   34 Konkretisierung des Ergänzungs- und des Abweichungsgebotes

4 Zusammenfassung

Univ.-Prof. Dr. Dr. h.c. Dr. h.c. Adolf Moxter
Seminar für Treuhandwesen
Johann Wolfgang Goethe-Universität
Frankfurt/M.

1 Einführung

Jörg Baetge hat die betriebswirtschaftliche Bilanzlehre in einer derart luziden Weise abgehandelt[1], daß jeder Versuch einer Vertiefung einzelner Problembereiche aussichtslos erscheint. Ich konzentriere mich daher im folgenden auf ein bilanzrechtliches Problem, das in den Arbeiten des Jubilars etwas in den Hintergrund tritt: die Frage, ob die Jahresabschlußrichtlinie ihr Gebot des „true and fair view" als reine Deklamationsnorm wertet oder ob dem Gebot unmittelbare rechtliche Bedeutung zukommt. Diese Fragestellung hat zudem den Vorzug, die Fruchtbarkeit der vom Jubilar praktizierten Hermeneutik[2] aufzuzeigen.

2 Wandlungen des True-and-fair-view-Gebots in der Entstehungsgeschichte der Jahresabschlußrichtlinie

21 Vorentwurf der Richtlinie von 1968

Der von der Studiengruppe *Elmendorff* erarbeitete „Vorentwurf" einer Vierten Gesellschaftsrechtlichen Richtlinie[3] sah eine Generalklausel vor, wonach der Jahresabschluß „im Rahmen der Bewertungs- und Gliederungsvorschriften einen möglichst sicheren Einblick in die Vermögens-, Finanz- und Ertragslage der Gesellschaft geben" müsse. Zusätzlich heißt es in diesem Vorentwurf, der Jahresabschluß habe „den Grundsätzen ordnungsmäßiger und zuverlässiger Rechnungslegung zu entsprechen". Als Bestandteile des Jahresabschlusses werden Bilanz, GVR und Anhang angeführt; von diesem Anhang sagt die Begründung des Vorentwurfs, daß in ihm „Erläuterungen" zur Bilanz und GVR zu erfolgen haben.

Als Sinn und Zweck der Richtlinie nennt die Begründung zum Vorentwurf, „den Aktionären und Dritten im Rahmen harmonisierter Gliederungs- und Bewertungsregeln für den Jahresabschluß einen möglichst sicheren und gleichwertigen Einblick in die Vermögens-,

---

1 Vgl. insbesondere *Baetge, J.*, Bilanzen.
2 Vgl. *Baetge, J.*, Bilanzen, S. 68 ff.
3 Alle im folgenden wiedergegebenen Zitate aus Richtlinienentwürfen und Begründungen hierzu sind entnommen der Arbeit von *Schruff, L.*, 4. EG-Richtlinie, S. 9–31.

Finanz- und Ertragslage" zu gewähren. Bemerkenswert erscheint, daß die Begründung die Grenzen eines solchen Einblicks hervorhebt: „Die gesetzliche Festlegung von Regeln für die Rechnungslegung im Jahresabschluß muß zwangsläufig zu Kompromissen und somit zu einer Beeinträchtigung des Aussagewertes führen, weil unterschiedliche Interessen der Aktionäre, der Gläubiger, der Verwaltung, der Arbeitnehmer, des Staates und der Öffentlichkeit zu berücksichtigen sind." Die Vermögens-, Finanz- und Ertragslage könne „immer nur in mehr oder minder groben Zügen in ihrer Struktur anschaulich gemacht werden"; auch sei „zu berücksichtigen, daß jeder Jahresabschluß vergangenheits- und stichtagsbezogen ist und keine Schlüsse auf die zukünftige Entwicklung gestattet, sofern nicht zusätzliche Informationen gegeben werden"; „die Veröffentlichung dieser Daten kann in einer Wettbewerbswirtschaft jedoch in der Regel nicht verlangt werden"[4].

Nach dem Vorentwurf besagt die Generalklausel, daß der Einblick in die Vermögens-, Finanz- und Ertragslage nur in dem (engen) Rahmen erzwungen werden soll, den die Bewertungs- und Gliederungsvorschriften ziehen. Das Gebot eines möglichst sicheren Einblicks in die Vermögens-, Finanz- und Ertragslage besagt mithin zum Beispiel nicht, daß die Anschaffungs- oder Herstellungskosten wesentlich übersteigende Zeitwerte von Vermögensgegenständen offenzulegen sind oder daß stärkere Untergliederungen als in den Gliederungsschemata vorgesehen erfolgen müssen. Die Aufgabe der Generalklausel scheint mithin weniger darin zu liegen, einen möglichst sicheren Einblick durchzusetzen, als Informationsansprüche der Jahresabschlußadressaten auf den von den Bewertungs- und Gliederungsvorschriften ermöglichten Einblick zu begrenzen.

22 Ursprünglicher Vorschlag der Jahresabschlußrichtlinie von 1971

In dem Vorschlag einer Jahresabschlußrichtlinie aus dem Jahre 1971 bleibt die Generalklausel gegenüber dem Vorentwurf im wesentli-

---

[4] Entsprechende Bemerkungen zur begrenzten Aussagefähigkeit des Jahresabschlusses finden sich in den späteren Richtlinienbegründungen nicht mehr; sie sind unverkennbar durch *Elmendorff* geprägt. Vgl. *Elmendorff, W.*, Erkenntniswert des Jahresabschlusses.

chen unverändert; es werden lediglich die „Grundsätze ordnungsmäßiger und zuverlässiger Rechnungslegung" durch die „Grundsätze ordnungsmäßiger Buchführung" ersetzt. In der allgemeinen Richtlinienbegründung wird hervorgehoben, daß „Personen, welche mit Gesellschaften aus anderen Mitgliedstaaten in Beziehung treten wollen oder schon in Beziehung getreten sind . . ., ausreichende und vergleichbare Informationen über die Vermögens-, Finanz- und Ertragslage dieser Gesellschaften erhalten" sollten. Gegenstand der Richtlinie sei, „die Schutzbestimmungen der Mitgliedstaaten über die Gliederung und den Inhalt des Jahresabschlusses und des Lageberichts sowie über die Bewertungsmethoden und die Offenlegung dieser Dokumente zu koordinieren". Zur Bedeutung der Generalklausel heißt es nun, die einzelnen „Bestimmungen dieser Richtlinie" könnten sich „in einigen Grenzfällen als nicht ganz angemessen erweisen, um den gewünschten Einblick in die Lage der Gesellschaft zu geben"; in diesen Grenzfällen zwinge die Generalklausel dazu, „die gemachten Angaben ausreichend zu erläutern, so daß alle wünschenswerten Daten über die tatsächliche Lage des Unternehmens geliefert werden". Soweit „Abweichungen" von den Einzelbestimmungen der Richtlinie zulässig seien, habe man „alle Vorsichtsmaßregeln getroffen, um es durch die Pflicht, eine Reihe zusätzlicher Angaben und Erläuterungen zu machen, zu ermöglichen, sich in quantitativer und qualitativer Hinsicht ein klares Bild von den Unterschieden zu machen, die sich aus solchen Abweichungen ergeben".

In der Begründung zu Artikel 2 des Richtlinienvorschlags heißt es weitergehend, der „möglichst sichere Einblick in die Vermögens-, Finanz- und Ertragslage" bilde das „Hauptziel" der „Vorschriften über den Jahresabschluß". „Dieses Hauptziel ist bei der Aufstellung des Jahresabschlusses sowie bei der Wahl zwischen den von den Gliederungs- und Bewertungsvorschriften gelassenen Alternativen stets im Auge zu behalten." Die „Grundsätze ordnungsmäßiger Buchführung . . . näher festzulegen" habe man „weder für nötig noch für zweckmäßig gehalten . . ., da sie hinsichtlich ihres Inhalts und ihrer Tragweite nicht eindeutig abgegrenzt werden können".

Der gerade skizzierte ursprüngliche Richtlinienvorschlag stellt in seiner Begründung klar, daß die Generalklausel die Einzelnormen insoweit dominieren soll, als sich aus ihr zusätzliche Erläuterungspflichten sowie Einschränkungen von Gliederungs- bzw. Bewertungswahlrechten ergeben können. Unter welchen Voraussetzungen die Erläuterungspflichten auftreten, bleibt in der Begründung indes ebenso unbestimmt wie die Art der Einschränkung von Gliederungs- und Bewertungswahlrechten. Entscheidend ist, daß mit dem ursprünglichen Richtlinienvorschlag – anders als nach dem Vorentwurf – eine Konkretisierung der Generalklausel erforderlich wird; nur so kann sie die ihr nunmehr ausdrücklich zugedachten rechtlichen Wirkungen entfalten.

Der ursprüngliche Richtlinienvorschlag hat sich hinsichtlich der Generalklausel unverkennbar am (damaligen) deutschen Aktienrecht orientiert. Die Forderung nach einem ,,möglichst sicheren Einblick in die Lage der Gesellschaft" findet sich hier erstmals in der Aktienrechtsnovelle von 1931 (§ 260b Abs. 2 HGB); sie wurde damals im Schrifttum bereits als ,,irreführend" und ,,überflüssig" kritisiert[5]. Dennoch wurde sie in das Aktiengesetz von 1937 übernommen (§ 129 Abs. 1 Satz 2); in einem der damals führenden Kommentare wird sie in dem Sinne interpretiert, daß das Gesetz ,,die finanzielle Lage der Gesellschaft und auch die Erfolgsbildung möglichst erkennbar machen" wolle, ,,ohne zu verlangen, daß der wirklich erzielte Gewinn als solcher ausgewiesen wird"[6]. Nach dem Regierungsentwurf zum Aktiengesetz von 1965 war vorgesehen, die Vorschrift als überflüssig und irreführend zu streichen; doch wurde sie durch die Bundestagsausschüsse wieder in das Gesetz eingefügt (§ 149 Abs. 1 Satz 2 AktG 1965): Die Absicht war, klarzustellen, daß die Bewertungsvorschriften dem Bilanzierenden zwar bewußt einen erheblichen Spielraum eröffnen, daß aber gerade deswegen eine allgemeine Vorschrift erforderlich sei, die der Bilanzierende ,,bei der Ausübung von Bewertungswahlrechten zu beachten habe"[7].

Wie im ursprünglichen Richtlinienvorschlag blieb auch im Aktiengesetz von 1965 offen, welches Gewicht der Generalklausel bei der Einschränkung von Bewertungswahlrechten zukommen sollte. Wiederum mußte die Klärung bereits daran scheitern, daß es an einer Konkretisierung der Generalklausel fehlte.

---

5 *Lehmann, J./Hirsch, E.*, Verordnung über Aktienrecht, S. 95.
6 *Adler, H./Düring, W./Schmaltz, K.*, § 129 AktG, Rz. 19.
7 Vgl. zu Einzelheiten *Geßler, E.*, § 149 AktG, Rz. 93.

23   Geänderter Vorschlag aus dem Jahre 1974

Im geänderten Richtlinienvorschlag aus dem Jahre 1974 lautet die Generalklausel: „Der Jahresabschluß hat einen getreuen Einblick in die Vermögens-, Finanz- und Ertragslage der Gesellschaft zu geben". Gestrichen wurde mithin die Einschränkung, daß der Einblick nur im Rahmen der Bewertungs- und Gliederungsvorschriften erzwungen werden soll. Gestrichen wurde ferner der Verweis auf die Grundsätze ordnungsmäßiger Buchführung, „da die Forderung nach einem getreuen Einblick zwangsläufig zur Folge hat, daß diese Grundsätze anzuwenden sind".

In der Begründung heißt es, die Neufassung entspräche „den Wünschen des Europäischen Parlaments und des Wirtschafts- und Sozialausschusses. Aus ihr geht eindeutiger hervor, daß für die Aufstellung des Jahresabschlusses der allgemeine Grundsatz, nach dem der Jahresabschluß einen getreuen Einblick in die Lage der Gesellschaft zu geben hat, von erstrangiger Bedeutung ist. Wenn die Anwendung der Sondervorschriften der Richtlinie allein nicht ausreicht, folgt aus diesem Grundsatz, daß die Gesellschaft rechtlich verpflichtet ist, zusätzliche Informationen zu liefern."

In der Begründung zum geänderten Richtlinienvorschlag aus dem Jahre 1974 wird die Absicht einer unmittelbaren rechtlichen Bedeutung der Generalklausel ungleich stärker betont als im ursprünglichen Richtlinienvorschlag. Hinweise darauf, wie die im Jahresabschluß darzustellende Vermögens-, Finanz- und Ertragslage zu verstehen ist, fehlen indes nach wie vor: Es sind nach der Begründung zwar zwingend „zusätzliche Informationen" zu gewähren, aber das sind Informationen über einen unbestimmt bleibenden Sachverhalt.

Bemerkenswert in der Begründung zum geänderten Richtlinienvorschlag ist auch das Argument, wonach der Verweis auf die Grundsätze ordnungsmäßiger Buchführung überflüssig sei, weil diese Grundsätze in der Forderung „nach einem getreuen Einblick" wurzelten. Die Grundsätze ordnungsmäßiger Buchführung wären demnach auch so auszulegen, daß der getreue Einblick ermöglicht wird. Dem steht entgegen, daß sich in dem geänderten Richtlinienvorschlag (zum ersten Mal) die Bewertungsvorschrift findet, „der Grundsatz der Vorsicht muß in jedem Fall beachtet werden" (Art. 28 Abs. 1 Buchst. c).

Ob dieser Konflikt zwischen Einblickserfordernis und Vorsichtsprinzip überhaupt gesehen wurde, ist freilich unklar.

24 Richtlinienfassung aus dem Jahre 1978

In der endgültigen Fassung der Richtlinie ändert sich der Wortlaut von Artikel 2 wie folgt: Absatz 1 definiert zunächst den Jahresabschluß als eine ,,aus der Bilanz, der Gewinn- und Verlustrechnung und dem Anhang" bestehende ,,Einheit". Von diesem Jahresabschluß heißt es dann, er sei ,,klar und übersichtlich aufzustellen" und müsse ,,dieser Richtlinie entsprechen" (Absatz 2). Das True-and-fair-view-Gebot erscheint nun in der Formulierung, wonach der Jahresabschluß ,,ein den tatsächlichen Verhältnissen entsprechendes Bild der Vermögens-, Finanz- und Ertragslage der Gesellschaft zu vermitteln" hat (Absatz 3). Absatz 4 ist neu und unterstreicht die Bedeutung dieses True-and-fair-view-Gebotes: ,,Reicht die Anwendung dieser Richtlinie nicht aus, um ein den tatsächlichen Verhältnissen entsprechendes Bild im Sinne des Absatzes 3 zu vermitteln, so sind zusätzliche Angaben zu machen". Nach dem ebenfalls neuen Absatz 5 kann das True-and-fair-view-Gebot Einzelvorschriften sogar verdrängen: ,,Ist in Ausnahmefällen die Anwendung einer Vorschrift dieser Richtlinie mit der in Absatz 3 vorgesehenen Verpflichtung unvereinbar, so muß von der betreffenden Vorschrift abgewichen werden, um sicherzustellen, daß ein den tatsächlichen Verhältnissen entsprechendes Bild im Sinne des Absatzes 3 vermittelt wird. Die Abweichung ist im Anhang anzugeben und hinreichend zu begründen; ihr Einfluß auf die Vermögens-, Finanz- und Ertragslage ist darzulegen. Die Mitgliedstaaten können die Ausnahmefälle bezeichnen und die entsprechende Ausnahmeregelung festlegen." Ferner heißt es im letzten, dem 6. Absatz: ,,Die Mitgliedstaaten können gestatten oder vorschreiben, daß in dem Jahresabschluß neben den Angaben, die aufgrund dieser Richtlinie erforderlich sind, weitere Angaben gemacht werden."

Das in Absatz 4 angeführte Ergänzungsgebot war im ursprünglichen Richtlinienvorschlag nur in der Begründung, nicht im Richtlinienwortlaut angeführt. Man sah es damals als Konsequenz aus dem True-and-fair-view-Gebot; es sollte freilich nur ,,in einigen Grenzfällen" bedeutsam werden. Diese Einschränkung wird wieder aufgenommen durch eine Protokollerklärung zum Ergänzungsgebot, nicht jedoch durch den Richtlinienwortlaut selbst; es heißt in dieser Protokollerklärung: „Der Rat und die Kommission stellen fest, daß es normalerweise ausreicht, die Richtlinie anzuwenden, damit das gewünschte den tatsächlichen Verhältnissen entsprechende Bild entsteht." Mit der Anwendung der „Richtlinie" kann nur die Anwendung der Einzelvorschriften gemeint sein.

Vom Abweichungsgebot (Absatz 5) heißt es dagegen im Richtlinienwortlaut selbst, daß es nur „in Ausnahmefällen" wirksam werden kann; es bedurfte insoweit mithin keiner einschränkenden Protokollerklärung. Bemerkenswert ist indes eine zweite Protokollerklärung; sie betrifft den Absatz 6 und lautet: „Der Rat und die Kommission stellen fest, daß die Mitgliedstaaten aufgrund dieser Bestimmung ermächtigt sind, in ihrer Gesetzgebung insbesondere zu verlangen, daß eine Kapitalflußrechnung erstellt und gleichzeitig mit dem Jahresabschluß offengelegt wird." Diese Protokollerklärung ist insofern bedeutsam, als aus der (geringen) Aussagefähigkeit von Kapitalflußrechnungen Schlüsse gezogen werden können auf das von Rat und Kommission gewollte Bild der Vermögens-, Finanz- und Ertragslage.

Aus dem Ergänzungs- und Abweichungsgebot folgt, daß die Generalklausel des Artikel 2 Abs. 3 JaR jedenfalls in Ausnahmefällen gegenüber den Einzelvorschriften vorrangig und damit keine bloße Deklamationsnorm ist; der Richtliniengeber ging davon aus, daß diesem True-and-fair-view-Gebot jedenfalls nicht generell schon dann entsprochen wird, wenn die Einzelvorschriften befolgt werden. Der Richtliniengeber muß mithin auch angenommen haben, daß sich das True-and-fair-view-Gebot konkretisieren läßt.

Irritierend wirkt freilich, daß nach Artikel 2 Abs. 5 Satz 3 JaR das True-and-fair-view-Gebot gar nicht generell als *overriding principle* gedacht ist; denn die Mitgliedstaaten können die „Ausnahmefälle", in denen von den Einzelvorschriften abgewichen werden muß, „bezeichnen und die entsprechende Ausnahmeregelung festlegen". Das Recht, Ausnahmefälle zu bezeichnen und Ausnahmeregelungen festzulegen bedeutet doch, den Geltungsbereich des True-and-fair-view-Gebots als *overriding principle* entsprechend einzuengen und damit die Einzelvorschriften wieder zu betonen. Beschränkt ein Mitgliedstaat die Ausnahmefälle etwa auf die Anwendung der Vorschriften über die Gewinnrealisierung, so bleiben alle übrigen Einzelvorschriften von der Abweichungspflicht unberührt; in einem solchen Falle läßt sich ein Konflikt zwischen True-and-fair-view-Gebot und Einzelvorschrift nur durch den Rekurs auf das Ergänzungsgebot des Artikel 2 Abs. 4 JaR lösen.

3 Versuch einer Konkretisierung des True-and-fair-view-Gebots

31 Das True-and-fair-view-Gebot als Ausdruck des Grundsatzes der Jahresabschlußwahrheit

Wenn nach Artikel 2 Abs. 3 JaR der Jahresabschluß ein den „tatsächlichen Verhältnissen" entsprechendes Bild der Vermögens-, Finanz- und Ertragslage zu vermitteln hat, so ist das zunächst in dem Sinne zu verstehen, daß die wahre Vermögens-, Finanz- und Ertragslage wiederzugeben ist: Der Jahresabschluß darf kein Bild zeichnen, das die Vermögens-, Finanz- und Ertragslage verzerrt, unrichtig darstellt. Artikel 2 Abs. 3 JaR entspricht so gesehen dem Grundsatz der Jahresabschlußwahrheit, was sich in der englischsprachigen Fassung der Richtlinie unmittelbar niederschlägt in der Bezeichnung „true".

Ein Jahresabschluß, der falsche Angaben zur Vermögens-, Finanz- und Ertragslage enthielte, widerspräche dem Grundsatz einer getreuen Rechenschaft. Das drückt die französischsprachige Fassung der Richtlinie aus mit der Forderung nach dem „image fidèle", dem getreuen Bild der Vermögens-, Finanz- und Ertragslage. Dabei kann es immer nur darauf ankommen, welches Bild der Jahresabschluß als Einheit (im Sinne von Artikel 2 Abs. 1 JaR) bietet; die einzelnen Jahresabschlußkomponenten (Bilanz, GVR, Anhang) brauchen für sich genommen kein getreues Bild der Vermögens-, Finanz- und Ertragslage zu zeichnen.

Die Forderung nach dem getreuen Bild der Vermögens-, Finanz- und Ertragslage impliziert im Grunde die in Artikel 2 Abs. 2 JaR enthaltene Vorschrift, wonach der Jahresabschluß „klar und übersichtlich" sein muß: Eine unklare bzw. unübersichtliche Darstellung der Vermögens-, Finanz- und Ertragslage ist unzulässig, weil nichts besser geeignet ist, die wahre Vermögens-, Finanz- und Ertragslage zu vertuschen als eine in Einzelheiten unklare und im ganzen unübersichtliche Darstellung.

Die praktische Bedeutung des Gebots der Jahresabschlußwahrheit ist indes insofern denkbar gering, als es lediglich Selbstverständlichkeiten ausdrückt; die sich bei der Auslegung des True-and-fair-view-Gebots stellenden Probleme werden hierdurch nicht gelöst. Zum Beispiel sagt das Gebot der Jahresabschlußwahrheit, daß der Kaufmann ein ihm nicht gehörendes Grundstück nicht aktivieren darf; die Frage, unter welchen Voraussetzungen der Kaufmann ein Grundstück als ihm bilanzrechtlich zugehörig zu betrachten hat, läßt sich dagegen mit Hilfe des Wahrheitsprinzips nicht (unmittelbar) beantworten. Das True-and-fair-view-Gebot und der Grundsatz der Jahresabschlußwahrheit lassen sich nur simultan konkretisieren.

32 Der Schutzzweck des True-and-fair-view-Gebots

In der Richtlinienpräambel heißt es, der Richtlinie „kommt im Hinblick auf den Schutz der Gesellschafter sowie Dritter besondere Bedeutung zu". Gesellschafter und „Dritte" werden durch Informationen über die Vermögens-, Finanz- und Ertragslage geschützt, wenn derartige Informationen ihnen zu interessegerechteren Entscheidungen verhelfen bzw. wenn die Pflicht zur Offenlegung der Vermögens-, Finanz- und Ertragslage eine prohibitive Wirkung insofern entfaltet, als für Gesellschafter oder Dritte nachteilige Maßnahmen von der Geschäftsleitung von vornherein unterlassen werden. Es scheint daher naheliegend, aus den schutzwürdigen Informationsinteressen von Gesellschaftern und Dritten den Inhalt des von der Richtlinie gemeinten, den tatsächlichen Verhältnissen entsprechenden Bildes der Vermögens-, Finanz- und Ertragslage abzuleiten und Artikel 2 Abs. 3 JaR durch eine solche Konkretisierung zu unmittelbarer rechtlicher Bedeutung zu verhelfen.

Eine im gerade skizzierten Sinne funktionale Auslegung der Richtlinienbegriffe „Vermögens-, Finanz- und Ertragslage" stößt indes auf erhebliche Probleme: Die Informationsinteressen von Gesellschaftern und Dritten hinsichtlich der Vermögens-, Finanz- und Ertragslage gehen sehr weit. So wird ein Gesellschafter für eine ganze Anzahl von ihm zu treffender Entscheidungen erfahren wollen, was sein Gesellschaftsanteil am Abschlußstichtag wirklich wert ist und wie sich dieser Wert gegenüber dem letzten Abschlußstichtag verändert hat. Der wirkliche Wert eines Gesellschaftsanteils bestimmt sich indes nach den für diesen Anteil bestehenden (Netto-)Ausschüttungserwartungen, bezogen auf den am Markt für Zahlungsströme solcher Art, insbesondere solcher Unsicherheitsstruktur, geltenden Preis. Die entsprechenden Informationsbedürfnisse eines Gesellschafters weisen mithin drei Dimensionen auf: Sie sind zukunftsorientiert in dem Sinne, daß der vom Unternehmen an den Gesellschafter künftig fließende Zahlungsstrom (samt dessen Determinanten) interessiert; sie sind abschlußstichtagsorientiert in dem Sinne, daß der Gesellschafter etwas über den am Abschlußstichtag für einen solchen Zahlungsstrom geltenden Preis erfahren will; sie sind vergangenheitsorientiert in dem Sinne, daß die Änderung, die hinsichtlich dieser Zahlungsstromerwartungen bzw. deren Stichtagswert in dem abgelaufenen Geschäftsjahr eingetreten ist, offengelegt werden sollte.

Die Richtlinie will nicht Informationsinteressen befriedigen, sondern Informationsansprüche, also nur rechtlich durchsetzbare Informationsinteressen; die Richtlinie will, anders ausgedrückt, allein die schutzwürdigen Informationsinteressen von Gesellschaftern und Dritten berücksichtigt sehen. Das entscheidende Problem bei der Richtlinienauslegung besteht indes in dieser Grenzziehung, für die sich allein aus dem Schutzzweck der Richtlinie keine nennenswerten Kriterien gewinnen lassen.

33 Wechselseitige Erhellung von Generalklausel und Einzelvorschriften

Das True-and-fair-view-Gebot läßt sich nicht unabhängig von den Einzelvorschriften konkretisieren. Zwar kann aus den Einzelvorschriften wegen des Ergänzungs- und Abweichungsgebots und wegen ihrer Auslegungsbedürftigkeit nicht unmittelbar die Grenze des gewollten Einblicks entnommen werden, aber die Einzelvorschriften weisen den Weg zur Ausfüllung des True-and-fair-view-Gebots. In einem ersten Schritt erlauben die Einzelvorschriften, die Art des gewollten Einblicks grob zu umreißen: Mit der Vermögens- und der Finanzlage kann demnach nur Art, Umfang und Verhältnis der bilanziellen Vermögens- und Schuldposten gemeint sein, mit der Ertragslage Art, Umfang und Verhältnis der in der GVR erscheinenden Aufwands- und Ertragsposten. Das so gewonnene, grobe Bild der von der Richtlinie gemeinten Vermögens-, Finanz- und Ertragslage ist in einem zweiten Schritt durch die Analyse der Einzelvorschriften zu präzisieren; charakteristisch ist jetzt die wechselseitige Erhellung von Generalklausel und Einzelvorschriften, aber auch das hierbei auftretende Wertungserfordernis. Letztlich müssen diese Wertungen der Rechtsprechung überlassen bleiben; die Aufgabe der Wissenschaft beschränkt sich insoweit darauf, Zusammenhänge zu erklären und Wertungsvorschläge zu unterbreiten[8].

Die Richtlinie kennt zwei Gruppen von Einzelvorschriften: der Gewinnermittlung dienende Ansatz- und Bewertungsvorschriften einerseits sowie Gliederungs- und Angabevorschriften andererseits. Ansatz- und Bewertungsvorschriften sind deutlich geprägt von der Ausschüttungssperraufgabe, die der Jahresabschlußrichtlinie durch die Zweite Gesellschaftsrechtliche Richtlinie vorgegeben war. Das für die Bewertung geltende Vorsichtsprinzip („Der Grundsatz der Vorsicht muß in jedem Fall beachtet werden", Art. 31 Abs. 1 Buchst. c Satz 1 JaR) läßt diese Dominanz der Ausschüttungssperraufgabe besonders hervortreten: Es ist sinnentsprechend, den unter Gläubigerschutzaspekten ermittelten ausschüttbaren Gewinn vorsichtig zu bestimmen; dagegen taugt ein vorsichtig ermittelter Gewinn wenig als Indikator der Vermögens-, Finanz- und Ertragslage, wird die tatsächliche Vermögens-, Finanz- und Ertragslage doch zunächst, wenn stille (Vorsichts-)Reserven gebildet werden, zu ungünstig wiedergegeben, später, wenn sich diese Reserven auflösen, tritt der gegenteilige Effekt ein. Diese aus vorsichtiger Gewinnermittlung resultierenden Einblicksbeschränkungen sind so bekannt, haben in der Entwicklung

---

8 Vgl. zu Einzelheiten *Ballwieser, W.*, Informationsorientierte Jahresabschlußverbesserungen; *Ballwieser, W.*, Generalklausel zur Rechnungslegung; *Beine, F.*, Scheinkonflikte; *Clemm, H.*, Bilanzpolitik und Ehrlichkeits-Gebot; *Döllerer, G.*, Aktienrechtliche Publizität; *Ewert, R.*, Bilanzielle Publizität; *Franke, G./Laux, H.*, Wert betrieblicher Informationen; *Hulle, K. van*, „True and Fair View"; *Lange, Chr.*, Jahresabschlußinformationen und Unternehmensbeurteilung; *Leffson, U.*, Die beiden Generalnormen; *Niehus, R. J.*, „True and Fair View"; *Ordelheide, D.*, True and fair view; *Richter, H.*, Generalklausel des § 264 Abs. 2 HGB; *Rückle, D.*, in: Handwörterbuch unbestimmter Rechtsbegriffe im Bilanzrecht des HGB, Finanzlage; *Schildbach, Th.*, Generalklausel für den Jahresabschluß von Kapitalgesellschaften; *Streim, H.*, Die Generalnorm des § 264 Abs. 2 HGB; *Volk, G.*, Das Informationsinteresse der Jahresabschlußadressaten; *Wölk, A.*, Generalnorm.

des Bilanzrechts vieler Staaten eine so erhebliche Rolle gespielt[9], daß sie der Richtliniengeber beachtet haben muß.

Man darf daher annehmen, daß Gliederungs- und Angabevorschriften zunächst die Aufgabe haben, aus der vorsichtigen Gewinnermittlung resultierende Verzerrungen des Bildes der Vermögens-, Finanz- und Ertragslage auszugleichen. So muß Artikel 29 JaR zu interpretieren sein, wonach eine Erläuterungspflicht besteht für „außerordentliche" Erträge und „außerordentliche" Aufwendungen sowie für Erträge und Aufwendungen, „die einem anderen Geschäftsjahr zuzurechnen sind", und so ist Artikel 43 Abs. 1 Nr. 1 JaR auszulegen, wonach „Angaben zu machen" sind über die „angewandten Bewertungsmethoden sowie die Methoden zur Berechnung der Wertberichtigungen".

Man kann sich das Gesagte am Beispiel der langfristigen Fertigung rasch veranschaulichen: Das Vorsichtsprinzip erzwingt hier, die Gewinnrealisierung bis zur Abnahme des Werkes hinauszuschieben[10]. Das aber kann den Einblick in die Vermögens-, Finanz- und Ertragslage erheblich beeinträchtigen; um diese Einblicksverzerrung zu heilen, sind Erläuterungen der angewandten Bewertungsmethoden im Sinne von Artikel 43 Abs. 1 Nr. 1 JaR erforderlich. Diese Erläuterungen müssen sich an ihrem Korrekturzweck orientieren. Es genügt nicht etwa, die eingerechneten und die nicht eingerechneten Kostenelemente anzuführen; es müssen auch Angaben zum nicht realisierten Gewinn erfolgen. Der Geschäftsjahresgewinn bleibt damit zwar als Pauschalgröße entsprechend seiner vorrangigen Ausschüttungssperraufgabe unberührt, aber seine Erläuterung vermeidet Mißverständnisse hinsichtlich seiner Bedeutung für die Beurteilung der Vermögens-, Finanz- und Ertragslage.

---

9 Besonders großes Aufsehen erregte der überraschende Zusammenbruch der Royal Mail Steam Packet Company, die von 1921–1927 die aufgetretenen Verluste durch stille Auflösung stiller Reserven verschleierte; vgl. *Frank, V.*, Company Accounts, S. 136 f. und *Bray, F. S.*, Four Essays in Accounting Theory, S. 26 f.

10 Vgl. zu Einzelheiten *Döllerer, G.*, Grundsätze ordnungswidriger Bilanzierung, S. 778; *Euler, R.*, Grundsätze ordnungsmäßiger Gewinnrealisierung, S. 94–96; *Leffson, U.*, Die Grundsätze ordnungsmäßiger Buchführung, S. 284; *Schmalenbach, E.*, Dynamische Bilanz, S. 77 f.; vgl. ferner BFH, Urteil vom 5. 5. 1976, I R 121/74, BFHE 119, 59, BStBl II 1976, 541.

34 Konkretisierung des Ergänzungs- und des Abweichungsgebotes

Nach der Art der Einzelvorschriften der Richtlinie ist, wie schon erwähnt, auszuschließen, daß die effektive Vermögens-, Finanz- und Ertragslage dargestellt werden soll: Unter der effektiven Vermögenslage ist der am Abschlußstichtag am Markt erzielbare potentielle Preis des ganzen Unternehmens bzw. der Unternehmensanteile zu verstehen, die effektive Finanzlage wird bestimmt durch die in einem Finanzplan zeitlich geordneten Einzahlungs- und Auszahlungserwartungen, und mit der effektiven Ertragslage ist der vom Investor zu erwartende Zahlungsstrom gemeint. Kein Zweifel kann bestehen, daß sich das Informationsinteresse der Jahresabschlußadressaten auf die so interpretierte Vermögens-, Finanz- und Ertragslage richtet; keinen Zweifel kann es indes nach der Art der Einzelvorschriften geben, daß die Richtlinie insoweit nur gewisse Indikatoren bereitstellen soll: Die Richtlinie will die effektive Vermögens-, Finanz- und Ertragslage nur in dem Maße wiedergegeben haben, wie das in Bilanzen und GVR sowie deren Erläuterungen strukturbedingt möglich ist. Man erkennt das unmittelbar aus den in der Richtlinie geforderten Angaben zur Finanzlage (vgl. insbesondere die in Artikel 10 vorgesehene Aufteilung von Forderungen und Verbindlichkeiten nach Restlaufzeiten von mehr als einem Jahr bzw. bis zu einem Jahr sowie die in Artikel 43 Abs. 1 Nrn. 6 und 7 erzwungenen zusätzlichen Anhangangaben); hieraus lassen sich Schlüsse auf die effektive Finanzlage ziehen, insbesondere durch Periodenvergleiche[11], aber von einem umfassenden Einblick in die (effektive) Finanzlage, also von der Möglichkeit einer zuverlässigen Beurteilung der Gefahr von Überschuldung bzw. Zahlungsunfähigkeit kann nicht die Rede sein.

Entscheidend auch für die Beurteilung der Finanzlage ist indes die Ertragslage eines Unternehmens im gerade skizzierten Sinne des von den Eignern zu erwartenden Zahlungsstroms. Dieser Zahlungsstrom wird von den künftigen Gewinnen alimentiert, woraus sich die Indikatorfunktion des Geschäftsjahresgewinns für die künftigen Gewinne und damit für die effektive Ertragslage ergibt. Für eine solche Indikatorfunktion des – erläuterten bzw. aufgegliederten – Geschäftsjahres-

---

11 Vgl. insbesondere *Baetge, J.*, Früherkennung negativer Unternehmensentwicklungen.

gewinns sprechen die bereits erwähnten Berichtspflichten hinsichtlich der Erträge und Aufwendungen, die „außerordentlich" oder „einem anderen Geschäftsjahr zuzurechnen" sind (Art. 29 JaR). Ergänzende Angaben im Sinne von Art. 2 Abs. 4 JaR könnten insoweit erforderlich werden, wenn bestimmte Erträge bzw. Aufwendungen, ohne außerordentlich bzw. einem anderen Geschäftsjahr zuzurechnen zu sein, als für künftige Geschäftsjahre nicht repräsentativ gelten müssen. Diese Interpretation wäre auch mit der Protokollerklärung zu Artikel 2 Abs. 4 JaR vereinbar, handelte es sich doch um Ausnahmefälle.

Das Abweichungsgebot (Art. 2 Abs. 5 JaR) kann in Anbetracht der durch die Zweite Gesellschaftsrechtliche Richtlinie vorgegebenen Ausschüttungssperraufgabe nicht in einer Zurücknahme des Gebotes vorsichtiger Gewinnermittlung resultieren. Seine Bedeutung liegt in Abweichungen von Gliederungs- und Anhangvorschriften, die sich vor allem aufgrund von Branchenbesonderheiten aufzwingen können.

4 Zusammenfassung

1. Es war zu prüfen, ob das True-and-fair-view-Gebot der Jahresabschlußrichtlinie (Art. 2 Abs. 3 JaR) als bloße Deklamationsnorm aufzufassen ist oder ob ihm unmittelbare rechtliche Bedeutung zukommt.

2. In der Entstehungsgeschichte der Jahresabschlußrichtlinie war das True-and-fair-view-Gebot erheblichen Wandlungen unterworfen: Im sogenannten Vorentwurf diente es eher der Einblicksbegrenzung; auf den folgenden Stufen (ursprünglicher Richtlinienvorschlag, geänderter Richtlinienvorschlag, endgültige Richtlinienfassung) wurde das True-and-fair-view-Gebot immer stärker betont.

3. Unmittelbare rechtliche Bedeutung kann das True-and-fair-view-Gebot nur bei ausreichender Konkretisierung erlangen; diese kann nicht unmittelbar aus dem Schutzzweck der Richtlinie gewonnen werden, taugt ein solcher Ansatz doch nur dazu, Informationsinteressen, nicht auch Informationsansprüche abzuleiten.

4. Die von der Richtlinie gewollten Informationsansprüche müssen auf dem skizzierten Wege wechselseitiger stufenweiser Erhellung

von True-and-fair-view-Gebot und Einzelvorschriften bestimmt werden; *Jörg Baetge* hat für einen solchen Ansatz in verdienstvoller Weise den Weg gewiesen.

Literaturverzeichnis

Adler, Hans/Düring, Walter/Schmaltz, Kurt, Rechnungslegung und Prüfung der Aktiengesellschaft, Stuttgart 1938 (§ 129 AktG).

Baetge, Jörg, Möglichkeiten der Früherkennung negativer Unternehmensentwicklungen mit Hilfe statistischer Jahresabschlußanalysen, in: ZfbF 1989, S. 792–811 (Früherkennung negativer Unternehmensentwicklungen).

Baetge, Jörg, Bilanzen, 4. Aufl., Düsseldorf 1996.

Ballwieser, Wolfgang, Zur Begründbarkeit informationsorientierter Jahresabschlußverbesserungen, in: ZfbF 1982, S. 772–793 (Informationsorientierte Jahresabschlußverbesserungen).

Ballwieser, Wolfgang, Sind mit der neuen Generalklausel zur Rechnungslegung auch neue Prüfungspflichten verbunden?, in: BB 1985, S. 1034–1043 (Generalklausel zur Rechnungslegung).

Beine, Frank, Scheinkonflikte mit dem True and Fair View, in: WPg 1995, S. 467–475 (Scheinkonflikte).

Beisse, Heinrich, Zehn Jahre „True and fair view", in: Rechnungslegung – Warum und Wie, Festschrift für Clemm, hrsg. v. Ballwieser, Wolfgang u. a., München 1996, S. 27–58.

Bray, F. Sewell, Four Essays in Accounting Theory, London u. a. 1953.

Clemm, Hermann, Bilanzpolitik und Ehrlichkeits-(„True and fair view") Gebot, in: WPg 1989, S. 357–366 (Bilanzpolitik und Ehrlichkeits-Gebot).

Döllerer, Georg, Zweck der aktienrechtlichen Publizität, in: BB 1958, S. 1281–1284 (Aktienrechtliche Publizität).

Döllerer, Georg, Grundsätze ordnungswidriger Bilanzierung, in: BB 1982, S. 777–781.

Elmendorff, Wilhelm, Erkenntniswert des Jahresabschlusses und Aussagewert des Bestätigungsvermerks, in: Wirtschaftsprüfung, Rechnungslegung und Besteuerung, Bd. 1 der Schriftenreihe des IDW, hrsg. v. IDW, Düsseldorf 1950, S. 60–75 (Erkenntniswert des Jahresabschlusses).

Euler, Roland, Grundsätze ordnungsmäßiger Gewinnrealisierung, Düsseldorf 1989.

Ewert, Ralf, Bilanzielle Publizität im Lichte der Theorie vom gesellschaftlichen Wert öffentlich verfügbarer Information, in: BFuP 1989, S. 245–263 (Bilanzielle Publizität).

Frank, Vivian, Company Accounts, 2. Aufl., London 1952.

Franke, Günter/Laux, Helmut, Der Wert betrieblicher Informationen für Aktionäre, in: NB 1970, Heft 7, S. 1–8 (Wert betrieblicher Informationen).

Geßler, Ernst u. a., Aktiengesetz, Kommentar, Bd. III, München 1973 (§ 149 AktG).

Hulle, Karel van, „True and Fair View", im Sinne der 4. Richtlinie, in: Rechenschaftslegung im Wandel, Festschrift für Budde, hrsg. v. Förschle, Gerhart u. a., München 1995, S. 313–326 („True and Fair View").

Lange, Christoph, Jahresabschlußinformationen und Unternehmensbeurteilung, Stuttgart 1989.

Leffson, Ulrich, Die beiden Generalnormen, in: Bilanz- und Konzernrecht, Festschrift für Goerdeler, hrsg. v. Havermann, Hans, Düsseldorf 1987, S. 315–325.

Leffson, Ulrich, Die Grundsätze ordnungsmäßiger Buchführung, 7. Aufl., Düsseldorf 1987.

Lehmann, Julius/Hirsch, Ernst, Verordnung über Aktienrecht, 2. Aufl., Mannheim u. a. 1932.

Niehus, Rudolf J., „True and Fair View" – in Zukunft auch ein Bestandteil der deutschen Rechnungslegung?, in: DB 1979, S. 221–225 („True and Fair View").

Ordelheide, Dieter, True and fair view, in: European Accounting Review 1993, S. 81–90.

Richter, Heiner, Die Generalklausel des § 264 Abs. 2 HGB und die Forderung des true and fair view, in: BB 1988, S. 2212–2219 (Generalklausel des § 264 Abs. 2 HGB).

Rückle, Dieter, Finanzlage, in: Handwörterbuch unbestimmter Rechtsbegriffe im Bilanzrecht des HGB, hrsg. von Leffson, Ulrich u. a., Köln 1986, S. 168–184.

Schildbach, Thomas, Die neue Generalklausel für den Jahresabschluß von Kapitalgesellschaften – Zur Interpretation des Paragraphen 264 Abs. 2 HGB, in: BFuP 1987, S. 1–15 (Generalklausel für den Jahresabschluß von Kapitalgesellschaften).

Schmalenbach, Eugen, Dynamische Bilanz, 13. Aufl., Köln/Opladen 1962.

Schruff, Lothar, Entwicklung der 4. EG-Richtlinie, Düsseldorf 1986 (4. EG-Richtlinie).

Streim, Hannes, Die Generalnorm des § 264 Abs. 2 HGB, in: Bilanzrecht und Kapitalmarkt, Festschrift für Moxter, hrsg. v. Ballwieser, Wolfgang u. a., Düsseldorf 1994, S. 391–406.

Volk, Gerrit, Das Informationsinteresse der Jahresabschlußadressaten, in: BB 1987, S. 723–728.

Wölk, Armin, Die Generalnorm für den Einzelabschluß von Kapitalgesellschaften, Frankfurt am Main u. a. 1992 (Generalnorm).

Theodor Siegel

Mangelnde Ernsthaftigkeit des Gläubigerschutzes als offene Flanke der deutschen Rechnungslegungsvorschriften

1 Gläubigerschutz: Diskrepanz zwischen Ziel und Realität
2 Relevanz des Gläubigerschutzes
  21 Schutzbedürftigkeit der Gläubiger?
  22 Zur Tauglichkeit des Bilanzrechts für den Gläubigerschutz
  23 Alternative Interpretationen des Bilanzrechts de lege lata
  24 Ausmaß des Gläubigerschutzes als Wertung
  25 Gläubigerschutz auch in der Steuerbilanz?
  26 Zu den Gläubigergefahren im geltenden Recht
  27 Ergänzung durch informationellen Gläubigerschutz
3 Konsequenzen vor dem Hintergrund der internationalen Entwicklung

Univ.-Prof. Dr. Theodor Siegel
Institut für Rechnungswesen und Wirtschaftsprüfung
Humboldt-Universität zu Berlin

1 Gläubigerschutz: Diskrepanz zwischen Ziel und Realität

Einer der Schwerpunkte der wissenschaftlichen Arbeit *Jörg Baetges* ist die Umsetzung des Bilanzrechts, wobei er stets auch die konzeptionellen Grundlagen diskutiert[1]. Man denke etwa an *Baetges* Vorschlag eines Systems der Grundsätze ordnungsmäßiger Buchführung[2], welches im Rahmen einer „hermeneutischen Spirale" zu gewinnen und zu konkretisieren sei[3]; insbesondere veranschaulicht er mit einem „Eiffelturm-Prinzip" seine Auffassung, daß „bei den GoB kein generelles Über- oder Unterordnungsverhältnis" bestehe[4].

Bereits diese Stichwörter können vielfältig zur Diskussion Anlaß geben; Diskussion ist mein Bindeglied zu *Jörg Baetge*. Denn im Reigen der Gratulanten, die diese Festschrift zusammenführt, stelle ich eine Ausnahme dar, weil ich außer einer spannenden Diskussionsbeziehung – bei wiederholt unterschiedlichen Positionen – keine andere Beziehung zu *Jörg Baetge* aufweise. (Ein Kollege, der uns beiden nahesteht, bezeichnete uns als „Sparringspartner".) Freilich ist eine Festschrift wohl nicht der Ort des Disputes mit dem Jubilar. Daher verschiebe ich gern meine fällige Stellungnahme in der Diskussion um das Silvesterbeispiel[5]: Sollte die Vollkosten- oder die Teilkostenbewertung als GoB-konform angesehen werden?

Für diesen Beitrag greife ich das Stichwort Gläubigerschutz heraus – in der deutschen Rechnungslegung ein merkwürdiges Phänomen: Einerseits wird der Gläubigerschutz von einem Teil der Literatur als ihr wichtigster Grundpfeiler herausgestellt[6], wobei diese Zielvorstellung

---

1 Vgl. die nun schon in 4., überarbeiteter Auflage vorliegende Bilanzlehre: *Baetge, J.,* Bilanzen.
2 Vgl. die Übersicht bei *Baetge, J.,* Bilanzen, 4. Aufl., S. 94 und *Baetge, J./Kirsch, H.-J.,* in: HdR Ia, 4. Aufl., GoB, S. 152.
3 Vgl. *Baetge, J.,* Bilanzen, 4. Aufl., S. 68–75; zum Begriff vgl. S. 73 und S. 75. Vgl. ferner *Baetge, J./Kirsch, H.-J.,* in: HdR Ia, 4. Aufl., GoB, S. 140–145.
4 Vgl. *Baetge, J.,* Bilanzen, 4. Aufl., S. 75–77; Zitat S. 76.
5 Vgl. hierzu *Siegel, T.,* Maximierung des Gewinnausweises; *Baetge, J.,* Bilanzen, 1. Aufl., S. 176–178; *Siegel, T.,* Herstellungskosten, S. 660–664; *Baetge, J.,* Bilanzen, 4. Aufl., S. 190–193; insbesondere *Baetge, J.,* Vollaufwand versus Teilaufwand.
6 So etwa bei *Beisse, H.,* Gläubigerschutz; vgl. dort bereits den Titel; entsprechend *Strobl, E.,* Vorsichtsprinzip in der Steuerbilanz, S. 79, die hieraus folgert: „Die handelsrechtlichen GoB sind insgesamt Konkretisierungen des

auch dann wesentlich bleibt, wenn sie sich diese Position mit dem anlegerorientierten Informationsziel teilen muß[7]. Andererseits funktioniert der Gläubigerschutz jedoch allenfalls in geringem Maße – ein Phänomen, an dem der vorliegende Beitrag anknüpft.

Dieser Gegensatz könnte mit der Interpretation der GoB und der Umsetzung unserer deutschen Rechnungslegungsvorschriften zu tun haben. M. E. finden wir hierzu einen Zustand vor, mit dem die Bilanzierenden recht und die ausfallgeschädigten Gläubiger eher schlecht leben können. Da derzeit die Frage auf der Tagesordnung steht, ob unsere deutschen Grundsätze durch internationale Vorstellungen überrollt werden, ist zu überlegen, ob gegen deren Übernahme eine Verteidigungsposition aufgebaut werden sollte.

Ein Anliegen des vorliegenden Beitrages ist es, die Fragwürdigkeit eines solchen Vorhabens zu zeigen. Es wird nach den Gründen für das häufige Fehlschlagen des Gläubigerschutzes gefragt, das sich in zahlreichen Konkursfällen dokumentiert. Der Titel des Beitrages deutet die These an, daß der Gläubigerschutz im angewendeten Bilanzrecht nicht hinreichend verankert ist. Erweisen sich Differenzen zwischen Anspruch und Realität des Gläubigerschutzes, so dürfte es schwierig sein, den Gläubigerschutz als vermeintlichen Vorteil unserer Regelungen als Bollwerk gegen die Übernahme abweichender internationaler Rechnungslegungsvorstellungen aufzubauen.

Zu fragen ist freilich auch, ob Gläubigerschutz in Rechnungslegungsvorschriften verankert sein sollte. Für den Fall, daß dies sinnvoll erscheint, soll diskutiert werden, wie dazu das deutsche Recht zu modifizieren wäre, wobei auch die Beziehung des Gläubigerschutzes zu den Interessen der Eigenkapitalgeber zu diskutieren sein wird – gilt das „Eiffelturm-Prinzip"? Möglicherweise ist ein Bilanzrechtssystem zu präferieren, welches die Informationswirkungen der angelsächsischen Rechnungslegungsphilosophie mit striktem Gläubigerschutz kombiniert.

Gläubigerschutzes."; vgl. ferner *Wüstemann, J.,* US-GAAP, S. 429: „oberstes Leitprinzip der Bilanzierung"; ähnlich *Strobl, E.,* IASC-Rechnungslegung, S. 394.

7 Zu diesen Zielen und ihren möglichen Gegensätzen vgl. etwa *Schildbach, T.,* Der handelsrechtliche Jahresabschluß, S. 39–48 und S. 62–71; *Coenenberg, A. G.,* Jahresabschluß und Jahresabschlußanalyse, S. 11–13 sowie bereits *Leffson, U.,* Grundsätze, S. 59–63.

2 Relevanz des Gläubigerschutzes

21 Schutzbedürftigkeit der Gläubiger?

Auch wenn man nicht wie *Beisse* eine absolute Dominanz des Gläubigerschutzes für das deutsche Bilanzrecht postuliert[8], so wird diesem Ziel kaum ein hoher Stellenwert bestritten; daher ist eine tiefe Kluft zu der festzustellenden hohen Anzahl von Insolvenzen mit enormen Gläubigerverlusten festzustellen. Zu diesem allgemein bekannten Zustand wird für 1996 berichtet[9], daß in etwa zwei Dritteln der Fälle das Vermögen nicht einmal zur Eröffnung des Konkursverfahren ausgereicht hat und im übrigen nur selten eine Quote von mehr als 5% erzielt wurde; der volkswirtschaftliche Gesamtschaden wird mit 80 Mrd. DM beziffert.

Bevor diese Diskrepanz analysiert wird, ist darauf einzugehen, ob der Gläubigerschutz überhaupt eine Zielsetzung für den Jahresabschluß darstellen sollte. Diese Frage ist zumindest deshalb klärungsbedürftig, weil der Gläubigerschutz namentlich im kodifizierten US-amerikanischen Bilanzrecht keine nennenswerte Rolle spielt[10]. Die Antwort mag davon abhängen, ob Gläubigerschutz auf anderen Wegen er-

---

8 „Der Vorrang der GoB bedeutet Herrschaft des Gläubigerschutzgedankens. Damit ordnet sich das Bilanzrecht ohne Wertungswiderspruch in das Handels- und Wirtschaftsrecht ein, dessen oberstes Prinzip nach wie vor der Gläubigerschutz ist.": *Beisse, H.,* Gläubigerschutz, S. 82, mit Hinweis auf *Wiedemann, H.,* Gesellschaftsrecht (vgl. insg. S. 515). Eine Dominanz des Gläubigerschutzes wird auch bei *Budde, W. D./Karig, K. P.,* in: BeckBil-Komm., 3. Aufl., § 264 HGB, Rn. 35, konstatiert. Vgl. auch bereits *Stützel, W.,* Entscheidungstheoretische Elementarkategorien, S. 787: „Im Vordergrund steht die Gläubigerschutzfunktion". *Moxter* spricht von einer „,relativen Dominanz' der Ausschüttungssperre" im AktG 1965, vgl. *Moxter, A.,* Bilanzlehre, 2. Aufl., S. 416, und drückt sich zum HGB 1985 indirekt aus: „Die Bestimmung des vorsichtig bemessenen ausschüttbaren Gewinns wird durch das Vorsichtsprinzip dominiert": *Moxter, A.,* Bilanzlehre, 3. Aufl., Bd. 2, S. 67.
9 Vgl. z. B. die auf Angaben einer namhaften Wirtschaftsauskunftei gestützte Notiz „Rekord bei Firmenpleiten", in: Der Tagesspiegel v. 9. 1. 1997, S. 15.
10 Vgl. auch zum britischen Bilanzrecht den erstaunlichen Hinweis bei *Evans, L./Nobes, C.,* Mysteries, S. 362 und S. 372, auf die unterschiedliche Formulierung in Art. 31 Abs. 1 lit. c der 4. Richtlinie, wo dem deutschen Wortlaut „Der Grundsatz der Vorsicht muß in jedem Fall beachtet werden" die schwächere englische Formulierung gegenübersteht: „valuation must be made on a prudent basis".

reicht wird. Zumindest in Deutschland scheint letzteres jedoch nicht generell der Fall zu sein, wie schon der Befund belegt, an den soeben erinnert wurde. Freilich betrifft die Frage meist im wesentlichen nur Kleingläubiger, die nicht die ökonomische Position haben, einen vertraglichen Gläubigerschutz mit Sicherungsinstrumenten zwischen Eigentumsvorbehalt und Grundpfandrechten durchzusetzen. Neben den Kleingläubigern sind jedoch auch der Fiskus und das Sozialversicherungssystem betroffen, denen ebenfalls jährlich hohe Milliardenbeträge entgehen.

Auch wenn es hinsichtlich Fiskus und Parafiskus naheliegend erscheint, einen Gläubigerschutz zu fordern, so muß m. E. doch für die Gesamtfrage festgestellt werden, daß sie nur im Sinne einer Wertung beantwortet werden kann. So mag man in unserem Wirtschaftssystem die Position vertreten, daß ungesicherte Gläubiger für sich selbst sorgen müssen; schließlich bricht das System trotz der hohen Insolvenzenanzahl offenbar nicht zusammen. Jedoch fragt es sich, ob das Wirtschaftssystem Wertvernichtungen in erheblichem Ausmaß tolerieren sollte, wenn in dem zugrunde liegenden Nullsummenspiel dem Minus der geschädigten Gläubiger ein möglicherweise fragwürdiges Plus bei anderen, auch den Anteilseignern, gegenübersteht. Diese Aspekte erlauben m. E. die Wertung, daß Gläubigerschutz sehr wohl anzustreben ist, ,,denn vermeidbare Gläubigerschädigungen stellen eine Verschwendung von Mitteln dar"[11].

Allerdings entspringt dieses Ergebnis allenfalls indirekt nur Gerechtigkeitserwägungen. Ausgangspunkt des Problems ist die Existenz beschränkter Haftung. Ob in dieser Situation Fremdkapital in gewünschtem Ausmaß ohne Gläubigerschutzmechanismen zur Verfügung gestellt würde, ist fraglich. Im Gegensatz zu der Situation in den USA ist dieses Problem in Deutschland bei dem hier relativ schwach ausgeprägten Aktienmarkt besonders bedeutsam. Wird aber Gläubigerschutz durch Ausschüttungsbeschränkungen akzeptiert, etwa weil dies gegenüber den Alternativen Kapitalverzicht oder Inkaufnahme hoher Sicherheits-Zinszuschläge als vorteilhaft angesehen wird, so muß die Rechtsordnung die Ausschüttungsbeschränkungen regeln. Die Kernfrage dieses Beitrages ist, in welchem Umfang dies erforderlich ist.

---

11 *Schneider, D.,* Betriebswirtschaftslehre, S. 110.

So kann in diesem Zusammenhang die Frage aufgeworfen werden, ob Gläubiger einen höheren Schutz genießen sollten als die Anteilseigner[12]. Ein Hinweis auf die für Gläubiger grundsätzlich vorhandenen breiten zivilrechtlichen Absicherungsmöglichkeiten[13] bis hin zu Versicherungsschutz[14] erscheint aber nicht als klärend, denn es verbleibt das Problem „unfreiwilliger" und solcher Gläubiger, die diesen gleichgestellt werden sollten[15]. Die Antwort muß m. E. differenziert ausfallen: Einerseits dürfen mit der Forderung nach Gläubigerschutz keineswegs das Prinzip der beschränkten Haftung und das Trennungsprinzip in der Kapitalgesellschaft durchbrochen werden; andererseits sind aber – da der Anspruch der Anteilseigner ein Residualanspruch ist – zunächst bis zur Grenze der erforderlichen Kapitalerhaltung nur die Interessen der Gläubiger zu berücksichtigen[16]. Wie weit diese Grenze reicht und ob sie in Abhängigkeit von Informationsansprüchen abzustecken sein mag, die allerdings nicht notwendigerweise einen Gegensatz zwischen Anteilseigner- und Gläubigerinteressen aufwerfen, ist hier – wie schon angedeutet – das Problem.

Teilt man die Wertung der Schutzbedürftigkeit zumindest eines Teiles der Gläubiger, so ist auch die Frage nach gesetzlicher oder freiwilliger Rechnungslegung beantwortet: So verständlich die Forderung ist, Marktteilnehmern die Möglichkeit zu überlassen, den Abrechnungsmodus frei zu vereinbaren[17], so zwangsläufig ist bei Akzeptanz der Prämisse die Konsequenz kodifizierter Regelungen, weil einem Teil der Gläubiger die Alternative vereinbarter Rechnungslegung fehlt. Dann können vertragliche Regelungen nur zusätzliche Einschränkungen, verglichen mit denen der gesetzlichen, beinhalten. Somit ergibt sich die Notwendigkeit, die Tauglichkeit kodifizierter Regelungen zu prüfen.

---

12 So von *Budde, W. D./Steuber, E.,* Rechnungslegung im Spannungsfeld, S. 545.
13 Deren Einschränkung steht nach der Insolvenzrechtsreform in Deutschland zu erwarten.
14 So ebenfalls *Budde, W. D./Steuber, E.,* Rechnungslegung im Spannungsfeld, S. 545.
15 Vgl. hierzu *Kübler, F.,* Haftungstrennung, S. 407–409.
16 Vgl. etwa die Zusammenstellung möglicher Eigner-Gläubiger-Konflikte als Principal-Agent-Probleme bei *Ewert, R.,* Rechnungslegung, S. 14–20, oder *Schildbach, T.,* Jahresabschluß und Markt, S. 92–94.
17 Vgl. *Hax, H.,* Rechnungslegungsvorschriften, S. 198–200.

Aus dem Zusammenhang folgt: Der hier behandelte Gläubigerschutz bezieht sich nicht auf die Absicherung von Fremdkapital schlechthin. Die Gefährdung der Rückzahlung von Fremdkapital kann ohnehin in der Marktwirtschaft allenfalls vertraglich vermindert werden; im übrigen muß sich der Gläubiger vielleicht gar „sein eigenes ‚Versagen' bei der Kreditwürdigkeitsprüfung anlasten lassen"[18]. Solche Gläubiger stehen hier jedoch ohnehin nicht im Zentrum des Interesses. Vielmehr ist mit Gläubigerschutz hier gemeint: Kapitalschutz durch Verhinderung unberechtigter Entnahmen seitens der Eigner.

22 Zur Tauglichkeit des Bilanzrechts für den Gläubigerschutz

Freilich muß Gläubigerschutz nicht notwendigerweise wesentliche Aufgabe des Jahresabschlusses sein. Der Blick in die USA, den für uns insbesondere *Kübler* geschärft hat, zeigt, daß Gläubigerschutz weitgehend vom vorgelagerten Gesellschaftsrecht übernommen werden kann[19], so daß es verständlich erscheint, daß sich das dortige Bilanzrecht im wesentlichen ohne Beachtung von Kapitalerhaltungsinteressen der Gläubiger voll auf die Informationsinteressen der Anleger („decision usefulness"[20]) konzentriert. Ein entsprechender Jahresabschluß ist gewiß auch für Gläubiger nützlich, jedoch können Informationen Ausschüttungssperren nicht ersetzen, a) weil – wie bereits erwähnt – nicht für alle Gläubiger Informationen relevant sind und b) anlegende Gläubiger durch Ausschüttungssperren besser als durch möglicherweise irrtums- oder manipulationsbehaftete Informationen geschützt werden.

Zwar ist der Gläubigerschutz durch US-amerikanisches Gesellschaftsrecht nicht lückenlos, doch scheint ein Haftungsdurchgriff auf das Privatvermögen von Gesellschaftern leichter als in Deutschland erreichbar zu sein[21]. Es steht hier nicht an, das amerikanische Schutzsystem zu beurteilen; doch reicht dieses wohl – trotz seiner Heterogenität je nach Bundesstaat – weiter als das deutsche, so daß für

---

18 *Hemmerde, W.,* Insolvenzrisiko, S. 7.
19 Vgl. *Kübler, F.,* Unternehmensfinanzierung und Kapitalmarkt, S. 30–33; *Kübler, F.,* Vorsichtsprinzip, S. 369–370; *Bauer, M.,* Gläubigerschutz.
20 Vgl. hierzu z. B. *Baetge, J./Roß, H.-P.,* Fair Presentation, S. 32–34.
21 Vgl. hierzu *Kübler, F.,* Institutioneller Gläubigerschutz, S. 559, sowie *Zimmer, D.,* Internationales Gesellschaftsrecht, S. 334–337 und S. 341.

Deutschland die Frage des Gläubigerschutzes durch Jahresabschlußrecht weiterzuverfolgen ist.

Selbstverständlich kann kein Verfahren eines bilanziellen Gläubigerschutzes[22] Insolvenzen verhindern. Ziel kann jedoch sein, die Verluste möglichst gering zu halten. Im typischen Fall eines Überschuldungskonkurses mit sehr geringer Quote erscheint es kaum lebensnah, anzunehmen, daß zum vorangehenden Bilanzstichtag noch keine Überschuldung vorlag und daß das hohe Ausmaß der eingetretenen Überschuldung durch plötzlich eintretende sehr hohe Verluste verursacht wurde. Auch wenn im Ausnahmefall die Situation anders gewesen sein mag, so ist für den Regelfall nach anderen Erklärungen zu suchen – und diese müssen mit dem geltenden Jahresabschlußrecht zu tun haben.

Für die Klärung einer Überschuldung ist offenbar die Relation zwischen Schuldendeckungspotential und Schulden entscheidend. Für die Ermittlung dieser Differenz ist der handelsrechtliche Jahresabschluß des geltenden Rechts untauglich; die h. M. würde sich dagegen verwahren, daß der Jahresabschluß die Aufgaben einer Überschuldungsbilanz übernehmen sollte[23]. Allerdings geht es in dem vorliegenden Beitrag im Kern nicht unmittelbar um Überschuldungsbilanzen, sondern nur mittelbar: um durch Ausschüttungsbegrenzungen Gläubigerverluste zu vermeiden. Dann aber fragt sich, ob der Preis nicht zu hoch liegt, wenn die genannte Relation für Jahresabschlußadressaten nicht ersichtlich und für Ausschüttungen irrelevant ist.

Diesem Zweifel wird gewiß entgegnet, daß der Gesetzgeber in § 252 Abs. 1 Nr. 2 HGB das going-concern-Prinzip kodifiziert hat und dieses so zu interpretieren sei, daß das Schuldendeckungspotential gerade nicht sichtbar wird. Dem könnte wiederum entgegengehalten wer-

---

22 Vgl. auch den Überblick über „Kapitalschutz durch Rechnungslegung" bei *Schulze-Osterloh, J.,* Fortentwicklung der Rechnungslegung, S. 124–134, oder *Schulze-Osterloh, J.,* Kapitalschutz, S. 124–127.

23 So stuft *Moxter, A.,* Bilanzlehre, 3. Aufl., S. 18, die Schuldendeckungskontrolle als „Sekundäraufgabe" des Jahresabschlusses ein. Vgl. allerdings *Moxter, A.,* Betriebswirtschaftliche Gewinnermittlung, S. 128 (hervorgehoben): „Bei Haftungsbeschränkung wird der Ausschüttungssperrfunktion am besten entsprochen, wenn Vermögen und Schulden nach den Regeln der Konkursvorsorge-Bilanz definiert werden."

den, daß die gesetzliche Regelannahme der Unternehmensfortführung sinnvollerweise nur so weit reicht, daß sie den Ansatz konkursspezifischer Schulden und die Unterstellung eines Ramschverkaufes verbietet, also Einzelveräußerungs- statt Einzelzerschlagungswerte ansetzen läßt. Vor allem aber sollte going concern nicht mit going profit verwechselt werden. Denn darin liegt m. E. ein Verstoß gegen das Realisationsprinzip. Dennoch: Das Gesetz will es anders, denn sonst hätte es die Fortführungsprämisse nicht ausdrücklich auf die Bewertung bezogen. Nur bei Ablehnung dieser Prämisse wird das Schuldendeckungspotential, grundsätzlich über Einzelveräußerungswerte, erhoben[24]. Im Regelfall haben Einzelveräußerungswerte aber nur hilfsweise Bedeutung für die Bewertung von Vermögensgegenständen.

Hier wird dagegen der Ansatz von Einzelveräußerungswerten bevorzugt[25], womit aber keineswegs der Ausschüttungsfähigkeit unrealisierter Gewinne das Wort geredet werden soll: Soweit ein Einzelveräußerungswert die Anschaffungs- oder Herstellungskosten übersteigt, müßte er durch eine Wertberichtigung – mit dem Charakter unrealisierten Gewinnes – korrigiert werden[26]. Während diese Situation für das Umlaufvermögen bedeutsam ist, tritt im Anlagevermögen eher das Gegenteil auf: Im abnutzbaren Anlagevermögen liegen die Wertansätze nach planmäßiger Abschreibung nicht selten oberhalb der Einzelveräußerungswerte. Dann aber stellt das zusätzlich Aktivierte m. E. lediglich Gewinnerwartungen dar.

Dennoch wird in der Literatur Schuldendeckungspotential abweichend „zweidimensional" verstanden: Relevant sei zur Schuldendeckung auch der Wert bei Unternehmensfortführung[27]. Ein so orientiertes Schuldendeckungspotential läßt sich jedoch nicht mit fortgeführ-

---

24 Vgl. etwa *Adler, H./Düring, W./Schmaltz, K.*, 6. Aufl., § 252 HGB, Tz. 33.
25 Vgl. die Einzelveräußerungsstatik bei *Berlage, H.*, Einzelveräußerungsstatik und Bilanzierung latenter Steuern, S. 67–76.
26 Damit ist m. E. eines der Argumente, die *Schneider, D.*, Betriebswirtschaftslehre, S. 131–132, einer Abschreibung nach dem Verlauf der Einzelveräußerungswerte entgegenhält, gegenstandslos. Auch die weiteren Gegenargumente greifen m. E. nicht: a) Es fehle die Planbarkeit – Vorhersehbarkeit wird indessen bei der anerkannten Leistungsabschreibung auch nicht verlangt. b) Es existierten häufig keine Marktpreise – dann ist m. E. eine deutliche Abschreibung um so wichtiger. c) Es könnten relativ hohe Abbruchkosten gegeben sein – dann erst recht!
27 Vgl. hierzu *Moxter, A.*, Bilanzlehre, 2. Aufl., S. 216–217.

ten Anschaffungs- oder Herstellungskosten bestimmen, sondern würde sich (falls man das Zuordnungsproblem lösen könnte[28]) als Summe von Ertragswertbeiträgen darstellen. Damit ist m. E. aber klar, daß ein solches Optimismus-Schuldendeckungspotential dem Realisationsprinzip zuwiderläuft und für die Aufgabe des Gläubigerschutzes nicht tauglich sein kann.

23 Alternative Interpretationen des Bilanzrechts de lege lata

Während die Orientierung an Einzelveräußerungswerten nach h. M. wohl nur de lege ferenda zu erreichen wäre, können andere Verbesserungen des Gläubigerschutzes m. E. durchaus de lege lata erzielt werden. Dies gilt etwa hinsichtlich der in der Literatur verbreiteten Auffassung, daß Schulden im Rechtssinne nicht notwendigerweise zu passivieren seien. Typisches Beispiel sind Rückstellungen für Rekultivierungsaufwendungen, für die meist ein Ansammlungsverfahren vertreten wird, mit dem der erwartete Endbedarf zeit-, produktionsmengen- oder erlösabhängig aufgebaut wird[29]. Zutreffend ist m. E. jedoch eine zustandsabhängige („Voll-")Rückstellung, d. h. in derjenigen Höhe, die zur Rekultivierung des zum Bilanzstichtag anzutreffenden Zustandes erforderlich ist. Jede niedrigere Rückstellungsbewertung unterstellt m. E. später anfallende Gewinne und ist somit nach dem Vorsichtsprinzip nicht haltbar.

Daß Gläubigerschutz bei der gegenteiligen Auffassung unausgesprochen irrelevant ist, veranschaulicht folgender Vergleich: Ein Kiesgrubenunternehmen muß in zehn Jahren 1 Million DM zahlen a) für die Altersversorgung eines bereits ausgeschiedenen Geschäftsführers, b) für die Aufforstung eines Waldes. Sicherlich verlangen beide Fälle unterschiedliche Informationen über die Erfolgslage im Zeitablauf. Für die Gläubiger sehen beide Fälle jedoch gleich aus: Entscheidend ist, daß mit der Zahlung von 1 Million DM zu rechnen ist. Ob die Kiesgrube diese aus späteren Gewinnen bestreiten kann und daher jetzt noch kein Grund zur (vollen) Thesaurierung des Gegenwertes besteht, kann nicht davon abhängen, aus welchem Anlaß der Betrag

---

28 Vgl. hierzu die Kritik am Teilwertbegriff bei *Schneider, D.,* Steuerbilanzen, S. 145–147.
29 Für eine Rückstellungsbildung pro rata temporis z. B. *Baetge, J./Philipps, H.,* Bilanzierung von Umweltschutzverpflichtungen, S. 254.

zu zahlen ist[30]. Genau diese ökonomisch unverständliche Fiktion benutzen aber die Vertreter von Ansammlungsrückstellungen – obwohl sie den Gläubigerschutz offenbar nicht ablehnen.

Freilich entspricht eine partiell entsprechende Inkonsistenz ständiger Anwendung bzw. hat Gesetzesrang[31]: Bei verzinslichen Verbindlichkeiten bzw. Rückstellungssachverhalten mit „Zinsanteil"[32] sind die zu erwartenden Zinszahlungen nicht zu passivieren. Ob das Unternehmen mit verfügbaren Mitteln einen Zinsbetrag erwirtschaften wird, für dessen Passivierung somit kein Vorsorgebedarf besteht, kann nicht von der Mittelherkunft abhängen. Eine Konvention dieses Inhalts erscheint sehr wohl diskutabel, wenngleich sie das Realisationsprinzip einschränkt; doch muß sie für alle durch Passivierung gebundenen Mittel einheitlich gelten. Erst recht erscheint eine Differenzierung zwischen Drohverlustrückstellungen und Rückstellungen für ungewisse Verbindlichkeiten insoweit unverständlich, wenn nur für die erste, nicht aber für die zweite Rückstellungsart unterstellt wird, daß Zinsen verdient werden[33], also nur erstere abzuzinsen sind.

Der Gläubigerschutz ist ebenso berührt, wenn schwebende Geschäfte mit Verlust ausgehen können und unvollständig berücksichtigt werden. Hier können zwei Problembereiche unterschieden werden: im geltenden Bilanzrecht ist die Rückstellungsbildung a) umstritten bzw. wird b) einhellig abgelehnt. Den ersten Bereich charakterisiert der sog. Apothekerfall, der bei Redaktionsschluß dieses Beitrages noch dem Großen Senat des Bundesfinanzhofs zur Entscheidung vorliegt[34]: Sind erwartete, aber nicht rechtlich abgesicherte Gewinne aus einem Untermietverhältnis[35] mit dem vertraglich zu erwartenden Verlust aus der Differenz zwischen Mietausgaben und Untermieteinnahmen zu saldieren? M. E. sollte zugunsten des Gläubigerschutzes die Saldierung unterbleiben[36] – die Auffassungen in der Literatur sind sehr geteilt[37].

---

30 Vgl. erstmals *Siegel, T.*, Rückstellungen, S. 1142–1143.
31 Vgl. *Siegel, T.*, Saldierungsprobleme bei Rückstellungen, S. 2242.
32 Vgl. § 253 Abs. 1 Satz 2 HGB ab 1995.
33 So aber *Schneider, D.*, Betriebswirtschaftslehre, S. 310.
34 Vgl. BFH, Beschluß vom 26. 5. 1993, X R 72/90, BStBl. II 1993, S. 855–861.
35 Der Untermieter betreibt eine Arztpraxis, der Vermieter an Ort und Stelle eine Apotheke.
36 Vgl. *Siegel, T.*, Saldierungsprobleme bei Rückstellungen.
37 Vgl. zum Meinungsstand etwa *Clemm, H./Nonnenmacher, R.*, in: BeckBilKomm., 3. Aufl., § 249 HGB, Rn. 62.

Somit ist die Frage zu klären, wie weit die Ausgeglichenheitsvermutung für schwebende Geschäfte reichen sollte. Das Problem wird noch deutlicher bei solchen schwebenden Geschäfte, für die nicht bedingte Forderungen und Verbindlichkeiten gegenüberstehen, sondern vertragliche Verpflichtungen vorliegen, die „normalerweise" durch zu erwartende Einnahmen ausgeglichen werden, ohne daß bereits Verträge vorliegen. Prototyp für diesen Fall b) sind Gehälter, die oft erst längere Zeit nach dem Bilanzstichtag abbaufähig sind. Bei einem strengen Verständnis von Gläubigerschutz wären auch hierfür Rückstellungen zu diskutieren, falls nicht vertraglich abgesicherte, gewinnbringende Verwendungsmöglichkeiten für die Arbeitsleistungen gegeben sind.

24 Ausmaß des Gläubigerschutzes als Wertung

Die zuletzt diskutierte, für die Bilanzierungspraxis ungewohnte mögliche Position gibt Anlaß, daran zu erinnern, daß bilanzieller Gläubigerschutz und damit ggf. auch dessen Ausmaß wertungsabhängig ist. Materiell geht es um die Risikoverteilung zwischen Gläubigern und Anteilseignern. In dem zuletzt angesprochenen Problembereich wird implizit die Wertung praktiziert, daß im Falle einer Rückstellung das ausschüttbare Einkommen zulasten der Anteilseigner zu stark beschnitten würde. *Moxter* wird jeden, der für das Gegenteil eintritt, einer „exzessiven Gewichtung des Gläubigerschutzes"[38] zeihen. Aber wie sieht diese Wertung unter dem Aspekt des m. E. gewichtigen Insolvenzenproblems aus? Und: Nicht in bezug auf das Informationsziel, wohl aber in bezug auf den Gläubigerschutz sind offene Gehaltsverpflichtungen (d. h. für den Zeitraum der Unkündbarkeit) mit Pensionszusagen vergleichbar, für deren Passivierungspflicht das Handelsrecht[39] erst anläßlich eines Insolvenzproblems „aus Erfahrung gut" werden mußte: In beiden Fällen stehen Verpflichtungen keine rechtlich abgesicherten Einnahmen gegenüber.

Für einen ambitionierten Gläubigerschutz ist m. E. eine Absicherung derartiger offener Verpflichtungen zu verlangen. Die Absicherung müßte jedoch nicht notwendigerweise durch eine Ausschüttungssperre erfolgen, wenn an deren Stelle eine Versicherung durch den

---
38 *Moxter, A.,* Erwiderung, S. 1144.
39 Vgl. indirekt Art. 28 Abs. 1 Satz 1 EGHGB.

Schuldner tritt[40]. Dieser müßte einen Versicherer finden, der an erwartete Erfolge in Höhe der Bemessungsgrundlage der Versicherungsprämie glaubt: ggf. der Differenz zwischen den im Sinne des zuletzt Ausgeführten „vollständig" erfaßten Verpflichtungen einschließlich von „Voll"-Rückstellungen einerseits und dem durch Einzelveräußerungswerte belegten Schuldendeckungspotential andererseits.

Auf diese Weise ließe sich auch das schreckhafte Beispiel der Rückstellung für Entsorgungsaufwendungen von Kernkraftwerken[41] entschärfen: Im Versicherungsfalle ließe sich eine nicht ausschüttungsgesperrte Aktivierungshilfe vertreten[42]. Die Gegenauffassung, die eine „Voll"-Rückstellung ablehnt, kann mit folgendem Zitat illustriert werden: „Unter rationalen Gesichtspunkten wird der Betrieb einer solchen Anlage nur in Erwägung gezogen, wenn trotz künftiger Aufwendungen für Entsorgungsverpflichtungen insgesamt ein Gewinn erwartet wird. [. . . Die] Ertragserzielungsabsicht [ist] als Ursache für die Entsorgungsverpflichtung zu sehen"[43]. Deutlicher als mit einem solchen Optimismusprinzip kann man m. E. den Gläubigerschutz nicht als irrelevant qualifizieren.

Dies läßt sich auch für den Vorschlag[44] auf den Punkt bringen, zwar eine Entsorgungsrückstellung zu bilden, ihren Betrag aber gleichzeitig als zusätzliche Anschaffungskosten der Kernbrennstäbe zu aktivieren: Eine entsprechende Abschreibung mag durchaus informativ sein, doch führt die Entsorgungsverpflichtung nicht zu zusätzlichem Schuldendeckungspotential, so daß eine entsprechende Aktivierung aus Gläubigerschutzgründen ausscheiden muß.

Aus der Wertungsabhängigkeit der Lösung folgt, daß ebenso Kompromißlösungen vertreten werden können, z. B. daß rechtlich nicht abgedeckte Personalausgaben, die im Rahmen des nächsten Geschäftsjahrs disponiert sind oder die ein bestimmtes umsatz- oder ertragsabhängiges Maß nicht übersteigen, nicht rückstellungspflichtig sind. Schließlich ist in diesem Sinne auch die derzeit geltende Kon-

---

40 Vgl. bereits *Kübler, F.*, Haftungstrennung, S. 417.
41 Angeführt bei *Moxter, A.*, Erwiderung, S. 1144.
42 Vgl. auch *Siegel, T.*, Umweltschutz im Jahresabschluß, S. 151.
43 *Friedemann, B.*, Umweltschutzrückstellungen, S. 55.
44 So etwa in Diskussionsbeiträgen von Praktikern im Forum Rechnungswesen und Steuern an der Humboldt-Universität zu Berlin am 29. 11. 1996.

vention ein (wenn auch m. E. fragwürdiger) zulässiger Kompromiß. Man kann auch argumentieren, daß man den Gläubigern ein „Restrisiko" zumuten könne, zumal sich ohnehin Bewertungen als falsch herausstellen können und ein absoluter Schutz nicht möglich ist, da Gläubigerschutz durch Ausschüttungssperren nur bei Zutreffen bestimmter Hypothesen[45] Insolvenzen verhindern kann.

Hierzu ist auch an das agencytheoretische Überinvestitionsproblem zu erinnern: Die Haftungsbeschränkung kann dazu führen, daß ein geschäftsführender Eigner je nach Konstellation der erwarteten Einzahlungsüberschüsse im eigenen Interesse eine suboptimale Investition wählt, da ihn u. U. nur die Chancen eines positiven Barwerts der Rückflüsse, nicht aber die Risiken eines negativen Barwerts treffen[46]. Ist gar der Erwartungswert des Kapitalwerts einer Investition negativ, so kann diese für den Eigner günstig erscheinen, den Gläubiger jedoch schlechter stellen, als wenn es keine Ausschüttungssperre gäbe und der Eigner nicht zu einer entsprechenden Investition gezwungen wäre („restriktionsinduzierte Überinvestition"[47]). Dieser Fall – der dadurch charakterisiert ist, daß die Investition Verluste im Gefolge hat, die über den Kapitaleinsatz hinausgehen – zeigt, daß Ausschüttungssperren nicht zwingend gläubigerschützend wirken. Allerdings läßt sich diese mögliche Gefahr nicht gegen die Forderung nach einem bilanziellen Gläubigerschutz ins Feld führen, wenn dieser als Preis der Haftungsbeschränkung anzusehen ist.

Freilich sind bei solchen Wertungen die Interessen von Gläubigern und Anteilseignern abzuwägen – nicht etwa Gläubigerinteressen und „Unternehmensinteresse"[48]. Abgesehen davon, daß ein Unternehmensinteresse leicht mit einem Interesse der Manager an der Legung stiller Reserven verwechselt werden könnte, versteht eine marktwirtschaftliche Wirtschaftsverfassung Unternehmen als Objekt effizienter Kapitalallokation[49] – diese setzt aber zugunsten der Anteilseigner die

---

45 Vgl. hierzu *Schneider, D.*, Betriebswirtschaftslehre, S. 112–118, sowie in diesem Zusammenhang auch *Ballwieser, W.*, Zum Nutzen handelsrechtlicher Rechnungslegung, S. 10–15.
46 Vgl. auch *Niedernhuber, G.*, Ausschüttungsregelungen, S. 55.
47 *Leuz, C.*, Kreditfinanzierung, S. 84 und S. 90; vgl. auch *Ewert, R.*, Rechnungslegung, S. 186–194 und S. 252, zusammenfassend S. 386.
48 Entgegen *Moxter, A.*, Handelsbilanz und Steuerbilanz, S. 197.
49 Vgl. hierzu z. B. *Wagner, F. W.*, Ausschüttungskompetenzen.

Entziehbarkeit aller Beträge voraus, die nicht nach den Konventionen über den Gläubigerschutz im Unternehmen gebunden bleiben müssen.

25 Gläubigerschutz auch in der Steuerbilanz?

Naturgemäß können alle aus dem Gläubigerschutzziel abgeleiteten Folgerungen nur für die Handelsbilanz gelten und nicht ohne weiteres auf die Steuerbilanz übertragen werden: „Handelsbilanz und Steuerbilanz verfolgen unterschiedliche Zwecke"[50]. Für *Moxter* folgt aus der Aufgabenstellung der Steuerbilanz, den Steueranspruch des Fiskus zu bestimmen, jedoch „zwingend die Maßgeblichkeit der für die Ermittlung von Gewinnansprüchen geltenden handelsrechtlichen GoB"[51]. Dies ist m. E. aber gerade nicht der Fall: Eine zwecks Gläubigerschutz handelsrechtlich unerläßliche Rückstellung läßt sich für die Steuerbilanz nicht begründen, weil Anteilseigner grundsätzlich nicht zur Rückerstattung von Gewinnausschüttungen verpflichtet werden können – der Fiskus über den Verlustvortrag aber sehr wohl[52]. (Dem steht nicht entgegen, daß der Verlustrücktrag gegenüber dem derzeitigen Stand in § 10d EStG und § 10a GewStG noch zu vervollkommnen ist.) Daher ist ein Allgemeinheitsanspruch eines „vom Maßgeblichkeitsprinzip verkörperte[n] rechtsethische[n] Gedanke[ns]"[53] zu bezweifeln[54].

Im übrigen dürfte das Maßgeblichkeitsprinzip einen wesentlichen Grund für die in Deutschland verbreitete Abneigung gegen die Übernahme angloamerikanisch geprägter Rechnungslegung darstellen, weil diese tendenziell frühere Steuerzahlungen annehmen läßt[55]; ggf.

---

50 So jüngst die Erinnerung bei *Thiel, J.*, Maßgeblichkeitsgrundsatz, S. 267.
51 *Moxter, A.*, Handelsbilanz und Steuerbilanz, S. 197.
52 Vgl. bereits *Siegel, T.*, Saldierungsprobleme bei Rückstellungen, S. 2243–2245; im Ergebnis auch *Schneider, D.*, Betriebswirtschaftslehre, S. 283; *Robisch, M./Treisch, C.*, Neuere Entwicklungen, S. 166.
53 So aber *Moxter, A.*, Handelsbilanz und Steuerbilanz, S. 198.
54 Vgl. hierzu die im Steuerreformgesetz 1998 vorgesehene Einschränkung der Rückstellungsbildung für drohende Verluste aus schwebenden Geschäften (neuer Absatz 5 in § 5 EStG, zitiert nach dem im März 1997 vorliegenden Referentenentwurf).
55 Dies gilt insbesondere aber auch bezüglich der als „Allokationsbremse" (*Wagner, F. W.*, Umgekehrte Maßgeblichkeit, S. 6) wirkenden umgekehrten Maßgeblichkeit.

könnte dann aber Druck auf den Gesetzgeber zur Aufgabe des Maßgeblichkeitsprinzips zu erwarten sein[56].

26 Zu den Gläubigergefahren im geltenden Recht

Was hier als Unvollkommenheit des derzeitigen bilanziellen Gläubigerschutzes angesehen wird, kann insbesondere in zwei unterschiedlich gearteten Situationen zur Gläubigergefährdung werden: a) Ein bilanzierender Eigner, etwa ein Gesellschafter-Geschäftsführer einer GmbH, arbeitet bewußt auf die Nutzung dieser Unvollkommenheiten hin; b) ein Management nutzt sie als unerkannten Puffer zur Verschleierung von Unwirtschaftlichkeiten.

In der ersten Fallgruppe spielt die oben angeführte (derzeit wohl unvermeidliche) Interpretation des going-concern-Prinzips eine möglicherweise erhebliche Rolle: Nach überwiegender Auffassung ist dieses Prinzip sogar noch in Abwicklungsbilanzen anzuwenden[57], also z. B. weiterhin „planmäßig" abzuschreiben. Eigner, die erkennen, daß entsprechende Buchwerte erheblich oberhalb der Einzelveräußerungswerte liegen[58], können somit vorher „Gewinne" entnehmen, die sich später als ungedeckte Schulden herausstellen. Bei der Vielzahl der Insolvenzverfahren ist m. E. zu vermuten, daß die Praktizierung eines solchen „Abräummodells"[59] keine Petitesse darstellt. Auch wenn man der m. E. zwangsläufigen Auffassung folgt, daß in Liquidationsbilanzen Einzelveräußerungswerte anzusetzen sind[60], verlagert sich das Problem nur auf die vorangehenden regulären Bilanzen, aufgrund derer unzweifelhaft Differenzen zwischen Buch- und Einzelveräußerungswerten abgeschöpft werden können.

---

56 Vgl. hierzu *Schruff, W.*, Internationale Vereinheitlichung, S. 410, sowie ferner *Groh, M.*, Bilanzrecht, S. 186–187.
57 So etwa *Adler, H./Düring, W./Schmaltz, K.*, 6. Aufl., § 270 AktG, Tz. 48. Dagegen *Schulze-Osterloh, J.*, § 71 GmbHG, Rn. 15.
58 In diesem Fall für Sonderabschreibungen, obwohl das going-concern-Prinzip als relevant angesehen wird: *Lutter, M.*, Fortführung der Unternehmenstätigkeit, S. 190.
59 Diese Bezeichnung prägte *J. Schulze-Osterloh* in einer Seminarsitzung an der Freien Universität Berlin am 30. 1. 1997, als ich die hier skizzierten Bedenken einbrachte.
60 So auch *Gross, G.*, Unternehmensfortführungsannahme, S. 261.

Die zweite Fallgruppe bezieht sich auf Gläubigergefahren im Zuge stiller Reserven. Dies anzusprechen mag überflüssig erscheinen, treten doch neuerdings Theorie und Praxis gemeinsam gegen die Zulässigkeit der Legung stiller Reserven an, da bekanntlich die stille Auflösung stiller Reserven ausgesprochen gläubigergefährdend wirkt. Doch könnten diese Äußerungen bei einem Teil der Autoren eine Reaktion auf die US-amerikanische Rechnungslegungsphilosophie darstellen. Das hindert praxisorientierte Autoren nicht daran, in Deutschland bisher unbekannte Methoden zu propagieren, die zu zusätzlichen stillen Reserven führen können. Hierzu ist das (wertbezogene) Index-Lifo-Verfahren anzuführen[61], welches angeblich seine GoB-Qualität dadurch gewonnen hat, daß der Steuergesetzgeber ein anderes, nämlich das bisher in Deutschland geläufige (mengenbezogene) Lifo-Verfahren für die Steuerbilanz[62] anerkannt hat[63]. Nicht nur, daß die Index-Lifo-Methode u. U. noch stille Reserven über die der normalen Lifo-Methode hinaus ermöglicht: Über die Bildung von Gruppen läßt sich das Index-Lifo-Verfahren bei professioneller Anwendung zur Gewinnausweissteuerung einsetzen[64].

Flexibilität zugunsten des Bilanzierenden, aber Probleme für den Gläubigerschutz können sich m. E. auch bei einem dogmatischen Innovationsvorhaben ergeben. Insbesondere *Moxter* hat für das Realisationsprinzip die Sichtweise eingeführt, daß es sich erfolgswirksam nicht mehr nur auf Erträge, sondern auch auf Aufwendungen beziehe[65]. So kann diese Auffassung etwa bei den Vertretern einer Ansammlungsrückstellung im oben angesprochenen Rekultivierungsfall als Begründung dienen: Die Rückstellung sei noch nicht „voll" zu bilden, weil noch mit Erträgen zu rechnen ist. Im Ergebnis unterscheidet sich diese Auffassung nur in derartigen Situationen erwarteter Erträge bei gegebenen Aufwendungen vom „konservativen" Vorgehen[66]. Daß auch hier eine sachbezogene zeitliche Zuordnung von Aufwendungen und Erträgen für Anleger sinnvoll sein mag – wie

---

61 Zulässig u. a. nach *Adler, H./Düring, W./Schmaltz, K.*, 6. Aufl., § 256 HGB, Tz. 56–63. Dagegen u. a. *Schulze-Osterloh, J.*, § 42 GmbHG, Rn. 299.
62 Vgl. § 6 Abs. 1 Nr. 2a EStG seit 1990.
63 So *Herzig, N./Gasper, R.*, Lifo-Methode, insbes. S. 558–560. Vgl. dagegen *Bareis, P./Elschen, R./Siegel, T./Sigloch, J./Streim, H.*, Lifo.
64 Vgl. hierzu *Siegel, T.*, Lifo-Methode und Indexverfahren, S. 1946–1948.
65 Vgl. z. B. *Moxter, A.*, System der handelsrechtlichen Grundsätze, S. 21–23.
66 Vgl. hierzu *Siegel, T.*, Realisationsprinzip, S. 16–19.

auch die Ähnlichkeit (oder Identität) mit dem angloamerikanischen matching principle zeigt –, ist unbestritten. Doch ist die Abhängigkeit von Rückstellungen von erwarteten Erträgen wegen deren fehlender Objektivierbarkeit für den Gläubigerschutz problematisch und daher abzulehnen[67]; das Realisationsprinzip wird so eher in sein Gegenteil verkehrt, denn sein Kern ist m. E. die Unterstellung, daß in Zukunft Erfolge von genau Null eintreten.

27 Ergänzung durch informationellen Gläubigerschutz

Der bisher angesprochene Gläubigerschutz durch Ausschüttungssperren kann durch ,,informationellen Gläubigerschutz"[68] nicht ersetzt, sondern nur ergänzt werden. Denn es geht – wie oben erörtert – insbesondere um den Schutz unfreiwilliger und anderer ungesicherter Gläubiger; deren Prototyp ist ,,der Klempner, der in die Firma gerufen wird, um einen Wasserrohrbruch abzudichten [und] sich nicht erst Verträge und Bilanzen vorlegen läßt, um anhand dieser Unterlagen abzuwägen, ob er den Auftrag nur dann ausführen soll, wenn ihm besondere Sicherheiten oder ein Risikoaufschlag [. . .] zugestanden worden sind"[69].

Für jahresabschlußlesende Gläubiger müßte indessen informationeller Gläubigerschutz nützlich sein, sofern er nicht Ausschüttungssperren verdrängt. Da es schwer vorstellbar erscheint, daß Bilanzen und Gewinn-und-Verlust-Rechnungen jeweils zwei Spalten (ausschüttungsorientiert und informationsorientiert) enthalten, dürfte sich das Interesse für eine entsprechende Lösung auf den Anhang konzentrieren. Methodisch liegt diese Folgerung auf der Hand; *Moxter* hat sie als Abkoppelungsthese bezeichnet und wie folgt formuliert: ,,Die aus dem bilanziellen Vorsichtsprinzip drohenden Informationsverzerrungen werden durch Zusatzinformationen, im wesentlichen im Anhang, beseitigt"[70].

---

67 In dieser strittigen Frage z. B. wie hier *Schön, W.,* Der Bundesfinanzhof und die Rückstellungen, S. 6–7, z. B. gegen *Herzig, N.,* Wirkung des Realisationsprinzips, mit dessen These von der ,,rückstellungsbegrenzenden Wirkung des Realisationsprinzips".
68 Vgl. hierzu *Kübler, F.,* Institutioneller Gläubigerschutz, S. 560–561.
69 Dieses anschauliche Beispiel verdanken wir *Kübler, F.,* Haftungstrennung, S. 408.
70 *Moxter, A.,* Bilanzlehre, 3. Aufl., S. 67–68, Zitat (hervorgehoben) S. 68.

Bei einem Rückstellungssachverhalt, für den mit gleichen Glaubwürdigkeiten Zahlungen zwischen 100 und 1000 Geldeinheiten erwartet werden mögen, bedeutet dies, daß in der Bilanz nach dem Vorsichtsprinzip ein „Wert vom unteren Ende der Bandbreite"[71], etwa 800 Geldeinheiten, anzusetzen ist, während der Anhang die volle Wahrscheinlichkeitsverteilung offenbart. Eine solche Offenlegung mag zum Schutz der Unternehmung (d. h. ihrer Eigner) gegenüber der Konkurrenz seine Grenzen haben; doch würde es hierzu gewiß nicht an pragmatischen Lösungen mangeln.

Während die Abkoppelungsthese auf zusätzliche Informationen für die Anteilseigner abzielt[72], kann ihre Umsetzung aber keinen Interessengegensatz zwischen Eigen- und Fremdkapitalgebern verursachen. Auch den Gläubiger mag es interessieren, daß der mit 800 passivierte Rückstellungssachverhalt voraussichtlich schlimmstenfalls 1000 Geldeinheiten, möglicherweise aber auch nur 100 Geldeinheiten erfordert. Vor allem aber sind Gläubigerinformationen im Anhang essentiell, wenn die Bilanz ein Risiko oder dessen Ausmaß nicht erkennen läßt, sofern der Bilanzierende der von einem erheblichen Teil der Literatur vertretenen eingeschränkten Bilanzierung von Schulden folgt. Für den oben angesprochenen Fall der Rekultivierungsrückstellung besagt dies: Wenn jemand für die Bilanz eine Ansammlungsrückstellung vertritt und sich nicht wenigstens dafür einsetzt, daß aus dem Anhang das volle Risiko ersichtlich wird[73], so ist m. E. nicht zu übersehen, daß er den Interessen der Gläubiger als unstrittig vorhandener Kategorie von Jahresabschlußadressaten zuwiderhandelt[74].

---

71 *Leffson, U.,* Grundsätze, S. 479.
72 Zur Anwendung auf die IAS-Informationsziele vgl. *Schildbach, T.,* Internationale Rechnungslegungsstandards, S. 718–719.
73 Verpflichtend könnten bei Wesentlichkeit Angaben nach § 285 Nr. 3 HGB in Betracht kommen. Doch dürfte sich diese Vorschrift auf Verpflichtungen insgesamt und nicht auf „Bewertungsüberhänge" beziehen.
74 Dieser Vorwurf gilt für viele Autoren, erfreulicherweise aber nicht für *Baetge, J./Philipps, H.,* Bilanzierung von Umweltschutzverpflichtungen, S. 254; desgleichen nicht für *Hans-Joachim Böcking* (Diskussion im Forum Rechnungswesen und Steuern an der Humboldt-Universität zu Berlin, 26. 1. 1996).

3 Konsequenzen vor dem Hintergrund der internationalen Entwicklung

Aufgehängt am Befund traditionell hoher Insolvenzzahlen wurden in diesem Beitrag Elemente von Einschränkungen des Gläubigerschutzes zusammengestellt, die auf nicht hinreichende Ausschüttungssperren zurückzuführen sind. Dieses Ergebnis könnte wegen des „nominell" hohen Ranges des Vorsichtsprinzips überraschen. Doch zeigt sich, daß kodifiziertes und praktiziertes Vorsichtsprinzip einerseits und Gläubigerschutz-Prinzip andererseits nicht deckungsgleich sind[75]. Das Vorsichtsprinzip wird in der Praxis nicht selten aber auch über den zugunsten der Gläubiger gebotenen Kapitalschutz hinaus eingesetzt und schadet somit den Interessen der Anteilseigner[76]. Somit ist das in Deutschland praktizierbare Vorsichtsprinzip teils zu kurz, teils zu weit greifend, so daß es bei diesen systematischen Mängeln fraglich erscheint, ob wir ein verteidigungswertes Bilanzrechtssystem besitzen.

Als Alternative schiebt sich – über das Konzernbilanzrecht[77] hinaus – die anlegerorientierte Bilanzierung nach den US-amerikanischen GAAP[78] oder den IAS des International Accounting Standards Committee[79] in den Vordergrund[80]. Der vorliegende Beitrag drückt schon im Titel Zweifel daran aus, daß sich das deutsche Bilanzrecht dem gegenüber mittelfristig halten lassen wird. Die Formulierung soll freilich keine Distanzierung gegenüber der angloamerikanischen Rechnungslegungsphilosophie ausdrücken. Im Gegenteil: Informationen für den Kapitalmarkt, insbesondere für die Eigenkapitalgeber,

---

75 Mit dieser Beurteilung geht hier der Befund der „mangelnden Ernsthaftigkeit" über den der Untauglichkeit bei *Strobl, E.*, IASC-Rechnungslegung, S. 408, hinaus.
76 Vgl. etwa mit umfangreicher Erfahrung: *Budde, W. D.*, Rechenschaftslegung, S. 48.
77 Vgl. den derzeitig (März 1997) vorliegenden Entwurf zu § 292 Abs. 5 HGB.
78 Zum Unterschied vgl. z. B. *Ballwieser, W.*, Umstellung der Rechnungslegung.
79 Zu beiden vgl. etwa im Detail *Pellens, B.*, Internationale Rechnungslegung. Zu den IAS vgl. auch *Baetge, J.*, Harmonisierung, S. 114–123.
80 Vgl. etwa die Einschätzung bei *Busse von Colbe, W.*, Internationalisierung der Konzernrechnungslegung, S. 143; *Hüttche, T.*, International Accounting Standards, S. 1023–1025, *Ballwieser, W.*, Zum Nutzen handelsrechtlicher Rechnungslegung, S. 7; fragend *Ordelheide, D.*, Weiterentwicklung der EG-Bilanzrichtlinien, S. 38.

erscheinen als die zentrale Aufgabe der Rechnungslegung, und diese wird – schon infolge der Einschränkung von Wahlrechten – durch US-GAAP oder IAS besser erfüllt als nach HGB[81]. Freilich gilt diese Einschätzung nicht uneingeschränkt[82], was hier jedoch nicht zu diskutieren ist.

Es wäre allerdings ein Fehlschluß, aus der Betonung der decision usefulness im angloamerikanischen Bilanzrecht abzuleiten, daß in den betreffenden Staaten kein bilanzieller Gläubigerschutz praktiziert wird. U. U. neben gewissen gesetzlichen bilanzbezogenen Ausschüttungsbegrenzungen[83] sind insbesondere Restriktionen auf freiwilliger Basis relevant: In den USA sind vertragliche Ausschüttungsbeschränkungen[84] auf der Basis eines abgewandelten Jahresabschlusses bei vorsichtiger Gewinnermittlung gebräuchlich[85]. Dies mag allerdings insofern überraschen, als daß man eher cash-flow-bezogene Ausschüttungsbeschränkungen erwarten könnte, zumal der Jahresabschluß eine Kapitalflußrechnung enthält und damit eine zusätzliche Rechnung zu vermeiden wäre[86]. In Großbritannien werden indessen in Kreditverträgen kaum Ausschüttungsrestriktionen vereinbart; doch kann dort eine ergänzende gesetzliche Ausschüttungsbeschränkung in Betracht kommen, durch welche die Ausschüttung des im Jahresabschluß ausgewiesenen accounting profit auf einen vorsichtig ermittelten distributable profit eingeschränkt wird[87].

---

81 Demgegenüber erscheint der Hinweis von *Wüstemann, J.*, US-GAAP, S. 430, auf die „durch Nachdenken" (*Döllerer, G.*, Entstehung und Ermittlung, S. 656) erfolgte GoB-Ermittlung nicht durchschlagend, zumal z. B. die Ausführungen in Abschnitt 26 wohl zeigen, daß der Denkstil nicht einheitlich ist.

82 Vgl. etwa die Kritik bei *Schildbach, T.*, Internationale Rechnungslegungsstandards, S. 714–717, und die Warnung, die Informationsvorteile zu überschätzen, bei *Ballwieser, W.*, Zum Nutzen handelsrechtlicher Rechnungslegung, S. 22–24.

83 Zu heterogenen Regelungen in USA-Einzelstaaten vgl. *Wüstemann, J.*, US-GAAP, S. 424–427; vgl. dort auch zur fehlenden Justiziabilität S. 427–429, insbesondere mit Hinweis auf *Siegel, S.*, State Regulation. Vgl. ferner die umfassende Arbeit von *Bauer, M.*, Gläubigerschutz, der die Ausschüttungsbeschränkungen des California Corporation Code betont (S. 323–329).

84 Vgl. allgemein *Ewert, R.*, Rechnungslegung, S. 66–67.

85 Vgl. hierzu *Leuz, C.*, Kreditfinanzierung, S. 233–238, mit weiteren Hinweisen.

86 So auch *Leuz, C.*, Kreditfinanzierung, S. 235.

87 Vgl. wiederum *Leuz, C.*, Kreditfinanzierung, S. 238–241, mit weiteren Hinweisen.

Aus alledem ist m. E. ein betriebswirtschaftliches Modell für die Rechnungslegung zu folgern, in dem die Optimierung unter Nebenbedingungen vorzunehmen ist: Zum einen hat eine Maximierung des Informationsgehalts unter der Nebenbedingung des Schutzes vor der Konkurrenz zu erfolgen; zum anderen muß das Recht des Jahresabschlusses nach derzeitigem Stand des Gesellschaftsrechts in Deutschland Ausschüttungssperren für das Nominalkapital von Kapitalgesellschaften berücksichtigen[88]. Diese Nebenbedingung zu gewährleisten, sind die geltenden Bilanzierungs- und Bewertungsregeln nach der hier vorgetragenen Auffassung nur sehr begrenzt tauglich. Ob bei den Änderungsvorschlägen Abstriche zu machen sind, mag dahinstehen, zumal auch dieser Rechtsbereich nicht ohne Wertungen und Konventionen auskommen kann. Allerdings bedarf es eindeutiger, grundsätzlich wahlrechtsfreier Regelungen auf der Basis objektivierbarer Werte; letztere sind Einzelveräußerungs- bzw. Ablösewerte.

Eine derartige Lösung ist m. E. nur dann überflüssig, wenn das Gesellschaftsrecht Gläubiger auf andere Weise sichert. So ist es denkbar, daß die Kapitalgesellschaft zugunsten von unfreiwilligen und anderen Gläubigern, die sich typischerweise nicht durch vertragliche Absicherung oder durch Risikozuschläge schützen können, eine Haftpflichtversicherung abzuschließen hat, sofern die rechtlich entstandenen Schulden und Risiken nicht durch Schuldendeckungspotential kompensiert werden. Es wäre zu prüfen, ob die Versicherungsprämien für die Anteilseigner günstiger kämen als die Opportunitätskosten infolge der Ausschüttungssperre. Eine Gegenvorstellung für eine Versicherungslösung könnte sein, diese bei den Gläubigern anzuknüpfen und diesen den Versuch zu überlassen, die Prämie im Preis zu überwälzen. Von der wohl besseren Kalkulierbarkeit der Prämienhöhe bei den Schuldnern abgesehen, dürfte diese Lösung bereits deshalb ausfallen, weil mit ihr unfreiwillige und ähnliche Gläubiger sowie Fiskus und Parafiskus nicht geschützt werden können.

Anstelle einer Versicherungslösung erscheint der Vorschlag, ein höheres Thesaurierungsrecht des Vorstands in der Aktiengesellschaft und die Einführung einer gesetzlichen Rücklage in der GmbH vorzu-

---

[88] Vgl. auch bereits *Baetge, J.,* Rechnungslegungszwecke, S. 27: „Dominanz der Informationsregelung [mit] der Restriktion der Ausschüttungssperre".

sehen[89], bei seiner pauschalen Quantifizierung[90] viel weniger treffsicher[91] und daher problematisch; er würde zu der Gefahr führen, daß eine unnötig hohe Ausschüttungssperre Mittel vom Kapitalmarkt fernhält.

Für das gegebene Gesellschaftsrecht ist zu fragen, wie Gläubigerinteressen und die Informationsinteressen der Anteilseigner in der Rechnungslegung miteinander zu vereinbaren sind. Durch den möglichen Einsatz unterschiedlicher Instrumente stellen sich „Institutioneller Gläubigerschutz oder Kapitalmarkttransparenz?"[92] nicht als gegensätzliche Alternativen dar. Weil Ausschüttungssperren zugunsten der Gläubiger erforderlich sind und sich ein ausschüttungsoffener Gewinn aufgrund der Bilanzierung ergibt, liegt es nahe, weiterhin die Bilanz als Instrument des Gläubigerschutzes zu verwenden. Nach der Abkoppelungsthese käme dann dem Anhang die Hauptaufgabe der Vermittlung von decision-usefulness-Informationen zu[93].

Jedoch sei hier ein weitergehender Vorschlag zur Diskussion gestellt. Wenn wir seit unserer kaufmännischen Lehre oder der Buchführungsveranstaltung im ersten Semester wissen, daß sich aus Bilanz und Gewinn-und-Verlust-Rechnung derselbe Jahreserfolg ergeben muß, so ist dies irreführend: Wieso kann nicht neben einer schuldendeckungsbezogenen („statischen") Bilanz[94] eine informationsbezogene („dynamische") Gewinn-und-Verlust-Rechnung stehen, wenn das unterschiedliche Jahresergebnis zum Verständnis der Jahresabschlußadressaten durch Überleitungserläuterungen im Anhang erklärt wird?

---

89 So *Schulze-Osterloh, J.*, Fortentwicklung der Rechnungslegung, S. 137–138.
90 Dabei ist fraglich, ob die von *Schulze-Osterloh, J.*, Fortentwicklung der Rechnungslegung, S. 138, erwartete „Hilfe betriebswirtschaftlicher Erwägungen" geleistet werden kann. Kritisch auch *Strobl, E.*, IASC-Rechnungslegung, S. 409 und S. 411.
91 Anders der Vorschlag von *Krumnow, J.*, Die Deutsche Rechnungslegung, S. 649, für unrealisierte Gewinne eine Ausschüttungssperre vorzusehen; ähnlich *Schruff, W.*, Internationale Vereinheitlichung, S. 410.
92 So der Titel des Beitrages von *Kübler, F.*, Institutioneller Gläubigerschutz.
93 Vgl. hierzu auch *Baetge, J.*, Harmonisierung, S. 123.
94 Vgl. auch bereits den Vorschlag einer gesonderten „Ausschüttungssperrbilanz" mit vorsichtigerer Bewertung bei *Stützel, W.*, Bankpolitik heute und morgen, S. 40, insbes. S. 42–45; vgl. hierzu *Hemmerde, W.*, Insolvenzrisiko, S. 434–443.

Es mag zunächst irritierend erscheinen, wenn zwei unterschiedliche Gewinngrößen abgeleitet werden – doch würde dies dem unverständigen Jahresabschlußleser gar nicht auffallen, wenn die Bilanz nach Gewinnverwendung ausgewiesen wird. Im übrigen dürfte es kein Problem sein, der interessierten Öffentlichkeit im Anhang klarzumachen, worin der Unterschied zwischen einem ,,informativen" und einem ,,vorsichtigen" – oder zwischen ,,ermitteltem" und ausschüttungsfähigem – Gewinn besteht. Wenn der Jahresabschluß neben dem Ausweis eines ,,informativen" Gewinnes eine gläubigerschützende Bilanz enthält, muß dies m. E. kein Widerspruch zur angloamerikanischen Rechnungslegung bedeuten, weil dort dem Jahresabschluß keine Ausschüttungsfunktion zukommt.

Zwei Bedenken könnten naheliegend sein: Die erforderliche doppelte Bewertung sei zu aufwendig, und der ,,informativ" ermittelte Gewinn könne nach wie vor manipulationsanfällig sein. Der Mehraufwand würde sich m. E. indessen in Grenzen halten, zumal maximale Genauigkeit für das Schuldendeckungspotential auch beim besten Willen kaum zu erreichen sein dürfte; hier sind pragmatische Lösungen denkbar. Zur Vermeidung manipulativer Berichterstattung müßte der Anhang differenziert die Regeln und konkreten Annahmen für die Überleitung zwischen ,,vorsichtigem" und ,,informativem" Gewinn offenbaren.

Dieser Vorschlag, der auch die Aufgaben des Anhanges in neuem Licht erscheinen läßt, stellt m. E. eine sachgerechte Interessenregelung für Anteilseigner und Gläubiger dar. Wenngleich in ihm für Zahlungswirkungen im Zweifel die Gläubigerinteressen vorgehen, würde der Vorschlag deutliche Informationsvorteile insbesondere für die Eigenkapitalgeber bringen. Vielleicht genügt er damit dem von *Baetge* formulierten ,,Eiffelturm-Prinzip", welches letztlich ebenso ,,dem Ausgleich divergierender Interessen gerecht werden" will[95].

---

95 *Baetge, J.,* Bilanzen, 4. Aufl., S. 75.

Literaturverzeichnis

Adler, Hans/Düring, Walther/Schmaltz, Kurt, Rechnungslegung und Prüfung der Unternehmen, Kommentar zum HGB, AktG, GmbHG, PublG nach den Vorschriften des Bilanzrichtlinien-Gesetzes, bearb. v. Forster, Karl-Heinz u. a., 6. Aufl., Stuttgart 1995 ff. (§ 252 HGB, § 256 HGB, § 270 AktG).

Baetge, Jörg, Rechnungslegungszwecke des aktienrechtlichen Jahresabschlusses, in: Bilanzfragen, Festschrift für Leffson, hrsg. v. Baetge, Jörg/Moxter, Adolf/Schneider, Dieter, Düsseldorf 1976, S. 11–30 (Rechnungslegungszwecke).

Baetge, Jörg, Bilanzen, 1. Aufl., Düsseldorf 1991.

Baetge, Jörg, Harmonisierung der Rechnungslegung – haben die deutschen Rechnungslegungsvorschriften noch eine Chance?, in: Internationalisierung der Wirtschaft – Eine Herausforderung an Betriebswirtschaft und Unternehmenspraxis, Kongress-Dokumentation 46. Deutscher Betriebswirtschafter-Tag 1992, hrsg. v. Schmalenbach-Gesellschaft – Deutsche Gesellschaft für Betriebswirtschaft e.V., Stuttgart 1993, S. 109–123 (Harmonisierung).

Baetge, Jörg, Bilanzen, 4. Aufl., Düsseldorf 1996.

Baetge, Jörg, Herstellungskosten: Vollaufwand versus Teilaufwand, in: Rechnungslegung, Prüfung und Beratung, Festschrift für Ludewig, hrsg. v. Baetge, Jörg u. a., Düsseldorf 1996, S. 53–84 (Vollaufwand versus Teilaufwand).

Baetge, Jörg/Kirsch, Hans-Jürgen, Grundsätze ordnungsmäßiger Buchführung, in: Handbuch der Rechnungslegung, Kommentar zur Bilanzierung und Prüfung, hrsg. v. Küting, Karlheinz/Weber, Claus-Peter, Bd. Ia, 4. Aufl., Stuttgart 1995, S. 135–173 (GoB).

Baetge, Jörg/Philipps, Holger, Bilanzierung von Umweltschutzverpflichtungen, in: Das Buch des Umweltmanagements, hrsg. v. Schitag Ernst & Young, Weinheim u.a. 1995, S. 241–268 (Bilanzierung von Umweltschutzverpflichtungen).

Baetge, Jörg/Roß, Heinz-Peter, Was bedeutet „fair presentation"?, in: US-amerikanische Rechnungslegung, hrsg. v. Ballwieser, Wolfgang, 2. Aufl., Stuttgart 1996, S. 29–45 (Fair Presentation).

Ballwieser, Wolfgang, Zum Nutzen handelsrechtlicher Rechnungslegung, in: Rechnungslegung – warum und wie, Festschrift für Clemm, hrsg. v. Ballwieser, Wolfgang/Moxter, Adolf/Nonnenmacher, Rolf, München 1996, S. 1–25.

Ballwieser, Wolfgang, Was bewirkt eine Umstellung der Rechnungslegung vom HGB auf US-GAAP?, in: US-amerikanische Rechnungslegung, hrsg. v. Ballwieser, Wolfgang, 2. Aufl., Stuttgart 1996, S. 265–283 (Umstellung der Rechnungslegung).

Bareis, Peter/Elschen, Rainer/Siegel, Theodor/Sigloch, Jochen/Streim, Hannes, Lifo, Jahresabschlußziele und Grundsätze ordnungsmäßiger Buchführung, in: DB 1993, S. 1249–1252 (Lifo).

Bauer, Markus, Gläubigerschutz durch eine formale Nennkapitalziffer – Kapitalgesellschaftsrechtliche Notwendigkeit oder überholtes Konzept?, Frankfurt am Main u. a. 1995 (Gläubigerschutz).

Beisse, Heinrich, Gläubigerschutz – Grundprinzip des deutschen Bilanzrechts, in: Festschrift für Beusch, hrsg. v. Beisse, Heinrich/Lutter, Marcus/Närger, Heribald, Berlin/New York 1993, S. 77–97 (Gläubigerschutz).

Berlage, Hans, Einzelveräußerungsstatik und Bilanzierung latenter Steuern, Hamburg 1993.

Budde, Wolfgang Dieter, Rechenschaftslegung im Spannungsfeld des Grundgesetzes, in: Bilanzrecht und Kapitalmarkt, Festschrift für Moxter, hrsg. v. Ballwieser, Wolfgang u. a., Düsseldorf 1994, S. 33–59 (Rechenschaftslegung).

Budde, Wolfgang Dieter/Karig, Klaus Peter, § 264 HGB, in: Beck'scher Bilanz-Kommentar, Handels- und Steuerrecht, hrsg. v. Budde, Wolfgang Dieter u. a., 3. Aufl., München 1995 (§ 264 HGB).

Budde, Wolfgang Dieter/Steuber, Elgin, Rechnungslegung im Spannungsfeld zwischen Gläubigerschutz und Information der Gesellschafter, in: AG 1996, S. 542–550 (Rechnungslegung im Spannungsfeld).

Busse von Colbe, Walther, Zur Internationalisierung der Konzernrechnungslegung deutscher Unternehmen, in: WPK-Mitteilungen 1996, S. 137–143 (Internationalisierung der Konzernrechnungslegung).

Clemm, Hermann/Nonnenmacher, Rolf, § 249 HGB, in: Beck'scher Bilanz-Kommentar, Handels- und Steuerrecht, hrsg. v. Budde, Wolfgang Dieter u. a., 3. Aufl., München 1995 (§ 249 HGB).

Coenenberg, Adolf Gerhard, Jahresabschluß und Jahresabschlußanalyse, 15. Aufl., Landsberg am Lech 1994.

Döllerer, Georg, Grundsätze ordnungsmäßiger Bilanzierung, deren Entstehung und Ermittlung, in: WPg 1959, S. 653–658 (Entstehung und Ermittlung).

Evans, Lisa/Nobes, Christopher, Some mysteries relating to the prudence principle in the Forth Directive and in German and British law, in: The European Accounting Review 1996, S. 361–373 (Mysteries).

Ewert, Ralf, Rechnungslegung, Gläubigerschutz und Agency-Probleme, Wiesbaden 1986 (Rechnungslegung).

Friedemann, Bärbel, Umweltschutzrückstellungen im Bilanzrecht: Probleme öffentlich-rechtlicher Verpflichtungen, Wiesbaden 1996 (Umweltschutzrückstellungen).

Groh, Manfred, Bilanzrecht im Dienste der Steuervermeidung, in: Rechnungslegung – warum und wie, Festschrift für Clemm, hrsg. v. Ballwieser, Wolfgang/Moxter, Adolf/Nonnenmacher, Rolf, München 1996, S. 175–187 (Bilanzrecht).

Gross, Gerhard, Die Unternehmensfortführungsannahme als Bewertungskriterium, in: Rechenschaftslegung im Wandel, Festschrift für Budde, hrsg. v. Förschle, Gerhart/Kaiser, Klaus/Moxter, Adolf, München 1995, S. 243–263 (Unternehmensfortführungsannahme).

Hax, Herbert, Rechnungslegungsvorschriften – Notwendige Rahmenbedingungen für den Kapitalmarkt?, in: Unternehmungserfolg: Planung – Ermittlung – Kontrolle, Festschrift für Busse von Colbe, hrsg. v. Domsch, Michel u. a., Wiesbaden 1988, S. 187–201 (Rechnungslegungsvorschriften).

Hemmerde, Wilhelm, Insolvenzrisiko und Gläubigerschutz: Eine ökonomische Analyse gesetzlicher Normen zur Kapitalaufbringung und Kapitalerhaltung, Thun/Frankfurt am Main 1985 (Insolvenzrisiko).

Herzig, Norbert, Die rückstellungsbegrenzende Wirkung des Realisationsprinzips, in: Ertragsbesteuerung: Zurechnung – Ermittlung – Gestaltung, Festschrift für Schmidt, hrsg. v. Raupach, Arndt/Uelner, Adalbert, München 1993, S. 209–226 (Wirkung des Realisationsprinzips).

Herzig, Norbert/Gasper, Richard, Die Lifo-Methode in der Handels- und Steuerbilanz, in: DB 1991, S. 557–565 (Lifo-Methode).

Hüttche, Tobias, International Accounting Standards in Deutschland – Aufbruchstimmung oder Abschiedsschmerz?, in: Recht der Internationalen Wirtschaft 1996, S. 1018–1025 (International Accounting Standards).

Krumnow, Jürgen, Die deutsche Rechnungslegung auf dem Weg ins Abseits? Ein Ausblick nach der vorläufig abgeschlossenen EG-Harmonisierung, in: Bilanzrecht und Kapitalmarkt, Festschrift für Moxter, hrsg. v. Ballwieser, Wolfgang u. a., Düsseldorf 1994, S. 679–698 (Die deutsche Rechnungslegung).

Kübler, Friedrich, Aktie, Unternehmensfinanzierung und Kapitalmarkt: Rechtsvergleichende Untersuchung der Möglichkeiten der Eigenkapitalbeschaffung in der Bundesrepublik und in den USA unter besonderer Berücksichtigung der mit der nennwertlosen Aktie verbundenen Vor- und Nachteile, Köln 1989 (Unternehmensfinanzierung und Kapitalmarkt).

Kübler, Friedrich, Haftungstrennung und Gläubigerschutz im Recht der Kapitalgesellschaften: Zur Kritik der „Autokran"-Doktrin des Bundesgerichtshofes, in: Festschrift für Heinsius, hrsg. v. Kübler, Friedrich/Mertens, Hans-Joachim/Werner, Winfried, Berlin/New York 1991, S. 397–424 (Haftungstrennung).

Kübler, Friedrich, Vorsichtsprinzip versus Kapitalmarktinformation: Bilanzprobleme aus der Perspektive der Gesellschaftsrechtsvergleichung, in: Rechenschaftslegung im Wandel, Festschrift für Budde, hrsg. v. Förschle, Gerhart/Kaiser, Klaus/Moxter, Adolf, München 1995, S. 361–375 (Vorsichtsprinzip).

Kübler, Friedrich, Institutioneller Gläubigerschutz oder Kapitalmarkttransparenz?: Rechtsvergleichende Untersuchung zu den „stillen Reserven", in: ZHR 1995, S. 550–566 (Institutioneller Gläubigerschutz).

Leffson, Ulrich, Die Grundsätze ordnungsmäßiger Buchführung, 7. Aufl., Düsseldorf 1987 (Grundsätze).

Leuz, Christian, Rechnungslegung und Kreditfinanzierung: Zum Zusammenhang von Ausschüttungsbegrenzung, bilanzieller Gewinnermittlung und vorsichtiger Rechnungslegung, Frankfurt am Main u.a. 1996 (Kreditfinanzierung).

Lutter, Marcus, Fortführung der Unternehmenstätigkeit, in: Handwörterbuch unbestimmter Rechtsbegriffe im Bilanzrecht des HGB, hrsg. v. Leffson, Ulrich/Rückle, Dieter/Großfeld, Bernhard, Köln 1986, S. 185–191 (Fortführung der Unternehmenstätigkeit).

Moxter, Adolf, Bilanzlehre, 2. Aufl., Wiesbaden 1976.

Moxter, Adolf, Betriebswirtschaftliche Gewinnermittlung, Tübingen 1982.

Moxter, Adolf, Das System der handelsrechtlichen Grundsätze ordnungsmäßiger Buchführung, in: Der Wirtschaftsprüfer im Schnittpunkt nationaler und internationaler Entwicklungen, Festschrift für v. Wysocki, hrsg. v. Gross, Gerhard, Düsseldorf 1985, S. 17–28 (System der handelsrechtlichen Grundsätze).

Moxter, Adolf, Bilanzlehre, 3. Aufl., Bd. II: Einführung in das neue Bilanzrecht, Wiesbaden 1986.

Moxter, Adolf, Erwiderung zur Stellungnahme von Theodor Siegel, in: ZfbF 1995, S. 1144 (Erwiderung).

Moxter, Adolf, Zum Verhältnis von Handelsbilanz und Steuerbilanz, in: BB 1997, S. 195–199 (Handelsbilanz und Steuerbilanz).

Niedernhuber, Günter, Ausschüttungsregelungen für Aktiengesellschaften: Eine ökonomische Analyse, Hamburg 1988 (Ausschüttungsregelungen).

Ordelheide, Dieter, Notwendigkeiten und Probleme der Weiterentwicklung der EG-Bilanzrichtlinien und des deutschen Konzernabschlußrechts, in: Die deutsche Rechnungslegung vor dem Hintergrund internationaler Entwicklungen, hrsg. v. Baetge, Jörg, Düsseldorf 1994, S. 11–39 (Weiterentwicklung der EG-Bilanzrichtlinien).

o. V., Rekord bei Firmenpleiten, in: Der Tagesspiegel v. 9. 1. 1997, S. 15.

Pellens, Bernhard, Internationale Rechnungslegung, Stuttgart 1997.

Robisch, Martin/Treisch, Corinna, Neuere Entwicklungen des Verhältnisses von Handelsbilanz und Steuerbilanz – Anhaltspunkte für eine Tendenzwende?, WPg 1997, S. 156–169 (Neuere Entwicklungen).

Schildbach, Thomas, Jahresabschluß und Markt, Heidelberg 1986.

Schildbach, Thomas, Internationale Rechnungslegungsstandards auch für deutsche Einzelabschlüsse?, in: Bilanzrecht und Kapitalmarkt, Festschrift für Moxter, hrsg. v. Ballwieser, Wolfgang u. a., Düsseldorf 1994, S. 699–721 (Internationale Rechnungslegungsstandards).

Schildbach, Thomas, Der handelsrechtliche Jahresabschluß, 4. Aufl., Herne/Berlin 1995.

Schneider, Dieter, Steuerbilanzen: Rechnungslegung als Messung steuerlicher Leistungsfähigkeit, Wiesbaden 1978 (Steuerbilanzen).

Schneider, Dieter, Betriebswirtschaftslehre, Bd. 2: Rechnungswesen, 2. Aufl., München/Wien 1997.

Schön, Wolfgang, Der Bundesfinanzhof und die Rückstellungen, in: BB 1994, Beilage 9.

Schruff, Wienand, Die internationale Vereinheitlichung der Rechnungslegung nach den Vorschlägen des IASC – Gefahr oder Chance für die deutsche Bilanzierung? –, in: BFuP 1993, S. 400–426 (Internationale Vereinheitlichung).

Schulze-Osterloh, Joachim, Fortentwicklung der Rechnungslegung auf Kosten gesellschaftsrechtlicher Kapitalschutzmechanismen?, in: Neuorientierung der Rechenschaftslegung, Bericht über die IDW-Fachtagung vom 27.–28.10.1994 in Stuttgart, Düsseldorf 1995, S. 123–139 (Fortentwicklung der Rechnungslegung).

Schulze-Osterloh, Joachim, § 42 GmbHG, in: GmbHG, Kommentar, hrsg. v. Baumbach, Alfred/Hueck, Götz, 16. Auflage, bearbeitet von Hueck, Götz/Schulze-Osterloh, Joachim/Zöllner, Wolfgang, München 1996 (§ 42 GmbHG).

Schulze-Osterloh, Joachim, § 71 GmbHG, in: GmbHG, Kommentar, hrsg. v. Baumbach, Alfred/Hueck, Götz, 16. Auflage, bearbeitet von Hueck, Götz/Schulze-Osterloh, Joachim/Zöllner, Wolfgang, München 1996 (§ 71 GmbHG).

Schulze-Osterloh, Joachim, Harmonisierung der Rechnungslegung und Kapitalschutz, in: Bilanzrecht unter dem Einfluß internationaler Reformzwänge, hrsg. v. Schruff, Lothar, Düsseldorf 1996, S. 121–134 (Kapitalschutz).

Siegel, Stanley, A critical examination of state regulation of accounting principles, in: Journal of Comparative Business and Capital Market Law 1985, S. 317–331 (State Regulation).

Siegel, Theodor, Die Maximierung des Gewinnausweises mit dem Instrument der Vollkostenrechnung, in: WiSt 1981, S. 390–392 (Maximierung des Gewinnausweises).

Siegel, Theodor, Grundsatz-Probleme der Lifo-Methode und des Indexverfahrens, in: DB 1991, S. 1941–1948 (Lifo-Methode und Indexverfahren).

Siegel, Theodor, Umweltschutz im Jahresabschluß: Probleme und Lösungsansätze, in: Betriebswirtschaft und Umweltschutz, hrsg. v. Wagner, Gerd Rainer, Stuttgart 1993, S. 129–160 (Umweltschutz im Jahresabschluß).

Siegel, Theodor, Das Realisationsprinzip als allgemeines Periodisierungsprinzip?, in: BFuP 1994, S. 1–24 (Realisationsprinzip).

Siegel, Theodor, Saldierungsprobleme bei Rückstellungen und die Subventionswirkung des Maßgeblichkeitsprinzips, in: BB 1994, S. 2237–2245 (Saldierungsprobleme bei Rückstellungen).

Siegel, Theodor, Herstellungskosten und Grundsätze ordnungsmäßiger Buchführung, in: Unternehmenstheorie und Besteuerung, Festschrift für Schneider, hrsg. v. Elschen, Rainer/Siegel, Theodor/Wagner, Franz W., Wiesbaden 1995, S. 635–672 (Herstellungskosten).

Siegel, Theodor, Rückstellungen und die Risikoverteilungswirkung des Jahresabschlusses, in: ZfbF 1995, S. 1141–1143 (Rückstellungen).

Strobl, Elisabeth, Plädoyer für das handelsrechtliche Vorsichtsprinzip in der Steuerbilanz, in: Steuerberater-Jahrbuch 1994/95, S. 77–96 (Vorsichtsprinzip in der Steuerbilanz).

Strobl, Elisabeth, IASC-Rechnungslegung und Gläubigerschutzbestimmungen nach deutschem Recht, in: Rechnungslegung – warum und wie, Festschrift für Clemm, hrsg. v. Ballwieser, Wolfgang/Moxter, Adolf/Nonnenmacher, Rolf, München 1996, S. 389–412 (IASC-Rechnungslegung).

Stützel, Wolfgang, Bankpolitik heute und morgen, 2. Aufl., Frankfurt am Main 1964.

Stützel, Wolfgang, Entscheidungstheoretische Elementarkategorien als Grundlage einer Begegnung von Wirtschaftswissenschaft und Rechtswissenschaft, in: ZfB 1966, S. 769–789 (Entscheidungstheoretische Elementarkategorien).

Thiel, Jochen, Der Maßgeblichkeitsgrundsatz im Umwandlungssteuerrecht, in: Festschrift für Ritter, hrsg. v. Kley, Max Dietrich/Sünner, Eckart/Willemsen, Arnold, Köln 1997, S. 267–284 (Maßgeblichkeitsgrundsatz).

Wagner, Franz W., Allokative und distributive Wirkungen der Ausschüttungskompetenzen von Hauptversammlung und Verwaltung einer Aktiengesellschaft, in: ZGR 1988, S. 210–239 (Ausschüttungskompetenzen).

Wagner, Franz W., Die umgekehrte Maßgeblichkeit der Handelsbilanz für die Steuerbilanz: Eine Analyse ihrer ökonomischen Wirkungen, in: Steuer und Wirtschaft 1990, S. 3–14 (Umgekehrte Maßgeblichkeit).

Wiedemann, Herbert, Gesellschaftsrecht: Ein Lehrbuch des Unternehmens- und Verbandsrechts, Band I: Grundlagen, München 1980 (Gesellschaftsrecht).

Wüstemann, Jens, US-GAAP: Modell für das deutsche Bilanzrecht?, in: WPg 1996, S. 421–431 (US-GAAP).

Zimmer, Daniel, Internationales Gesellschaftsrecht: Das Kollisionsrecht der Gesellschaften und sein Verhältnis zum Internationalen Kapitalmarktrecht und zum Internationalen Unternehmensrecht, Heidelberg 1996 (Internationales Gesellschaftsrecht).

II. Jahresabschluß und Informationsfunktion

Wolfgang Ballwieser

Die Lageberichte der DAX-Gesellschaften im Lichte der Grundsätze ordnungsmäßiger Lageberichterstattung

1 Problemstellung
2 *Baetge*s System der Grundsätze ordnungsmäßiger Lageberichterstattung
   21 Berichtsadressaten und Schutzklauseln
   22 Grundsätze
      221. Grundlagen
      222. Grundsatz der Richtigkeit
      223. Grundsatz der Vollständigkeit
      224. Grundsatz der Klarheit
      225. Grundsatz der Vergleichbarkeit
      226. Grundsatz der Wirtschaftlichkeit bzw. der Wesentlichkeit
      227. Grundsatz der Informationsabstufung nach Art und Größe des Unternehmens
      228. Grundsatz der Vorsicht
   23 Berichtselemente des § 289 HGB
      231. Geschäftsverlauf und Lage (Wirtschaftsbericht)
      232. Besondere Vorgänge nach Schluß des Geschäftsjahrs (Nachtragsbericht)
      233. Voraussichtliche Entwicklung (Prognosebericht)
      234. Forschung und Entwicklung (Forschungs- und Entwicklungsbericht)
      235. Zweigniederlassungen (Zweigniederlassungsbericht)
      236. Weitere Elemente
3 Untersuchung der DAX-Gesellschaften auf Einhaltung der Grundsätze ordnungsmäßiger Lageberichterstattung
   31 Grundgesamtheit
   32 Auswertung nach formalen Kriterien
      321. Erkennbarkeit des Lageberichts und Übereinstimmung in Bundesanzeiger und Geschäftsbericht

Univ. Prof. Dr. Wolfgang Ballwieser
Seminar für Rechnungswesen und Prüfung
Ludwig-Maximilians-Universität München

322. Aggregation und Umfang
323. Bezeichnung der Lageberichtselemente
324. Von den Aufsichtsräten verwandte maximale Zeit zur Prüfung des Lageberichts
325. Implikationen für die Einhaltung der Grundsätze ordnungsmäßiger Lageberichterstattung
33 Auswertung nach inhaltlichen Kriterien
331. Bericht über die voraussichtliche Entwicklung
332. Bericht über Forschung und Entwicklung
333. Freiwillige Informationen und deren Verteilung im Geschäftsbericht
334. Implikationen für die Einhaltung der Grundsätze ordnungsmäßiger Lageberichterstattung
335. Einige positive Erfahrungen

4 Folgerungen

5 Thesen

1 Problemstellung

Jörg Baetge hat die Informationsfunktion handelsrechtlicher Rechnungslegung immer als zentral angesehen[1] und die Prognoseeignung von Rechnungslegungsinformationen auch empirisch mit großem Erfolg untersucht[2]. Ein besonders wichtiges Informationsinstrument der Rechnungslegung könnte der Lagebericht sein. Er ist gegenüber dem Jahresabschluß frei von den Fesseln der GoB, die stark informationshemmend wirken. Man denke nur an das Realisations-, Imparitäts- und Vorsichtsprinzip, die im Verbund den Ansatz selbsterstellter immaterieller Anlagewerte, Bewertungen über den Anschaffungs- oder Herstellungskosten und damit Vereinnahmungen des Gewinns entsprechend dem Fertigungsfortschritt ebenso verbieten wie sie drohende Verluste aus schwebenden Geschäften und aus Beständen zu erfassen verlangen. Der Lagebericht erfüllt weiterhin gegenüber dem Jahresabschluß eine wichtige Ergänzungsaufgabe[3], weil er die Darstellung der Gesamtlage des Unternehmens oder Konzerns statt der isolierten Darstellung von Vermögens-, Finanz- und Ertragslage verlangt. Mit der Forderung, die voraussichtliche Entwicklung der Kapitalgesellschaft darzustellen, ist er erkennbar zukunftsbezogener als der Jahresabschluß[4].

Wie geeignet der Lagebericht als Informationsinstrument ist, hängt u. a. davon ab, wie eindeutig die gesetzlichen Anforderungen des § 289 HGB sind, inwieweit die Kommentierung Auslegungsspielräume beseitigt[5] und welche Anstrengungen die bilanzierenden Gesellschaften unternehmen, um dem Gesetz nachzukommen oder gar darüber hinauszugehen. Mehrere Untersuchungen stellten in der Vergangenheit die fehlende Erfüllung des Gesetzes fest[6]. Hierzu mögen

---

1 Vgl. *Baetge, J.*, Rechnungslegungszwecke.
2 Vgl. aus früherer Zeit insb. *Baetge, J.*, Früherkennung; *Baetge, J./Huß, M./ Niehaus, H.-J.*, Auswertung; *Baetge, J.*, Möglichkeiten; in jüngerer Zeit z. B. *Baetge, J./Jerschensky, A.*, Beurteilung.
3 Vgl. *Baetge, J./Fischer, T. R./Paskert, D.*, Lagebericht, S. 9.
4 Vgl. *Baetge, J./Fischer, T. R./Paskert, D.*, Lagebericht, S. 9.
5 Kritisch hierzu *Streim, H.*, Stellenwert, S. 707–713; *Dörner, D.*, Prognosebericht, S. 220.
6 Vgl. *Schildbach, T./Beermann, M./Feldhoff, M.*, Lagebericht (274 GmbH mit Geschäftsjahr 1987); *Kuhn, W.*, Forschung (Auswertung von im Bundesanzeiger 1989 publizierten Lageberichten großer Gesellschaften); *Paschen, I.*, Publizitätspraxis (53 GmbH mit Geschäftsjahren 1987 bis 1989); *Krumbholz, M.*,

unklare Normen und ein allgemein geringes Ansehen des Lageberichts ebenso wie die Interessen der Vorstände beigetragen haben.

An dieser Stelle setzt die vorliegende Untersuchung an. *Jörg Baetge* hat – zusammen mit *Thomas R. Fischer* und *Dierk Paskert* – entsprechend den GoB ein System von Grundsätzen ordnungsmäßiger Lageberichterstattung entwickelt, das die Gesetzesanforderungen de lege lata präzisieren soll[7]. Es ist reizvoll zu untersuchen, ob und wie dieses System in praxi beachtet wird. Um den Untersuchungsumfang nicht zu sprengen, werden nur die Geschäftsberichte der dreißig DAX-Gesellschaften des Geschäftsjahres 1995 bzw. 1995/96 analysiert. Man kann bei diesen Gesellschaften davon ausgehen, daß sie gegenüber anderen Unternehmen aufgrund ihrer Börsennotierung und Umsatzstärke an den deutschen Börsen zu den besonders informationsfreundlichen Gesellschaften gehören. Kein Anliegen der Untersuchung ist es, eine Gesamtbewertung der Geschäftsberichte vorzunehmen, mit der sich *Jörg Baetge* und seine Schüler ebenfalls beschäftigt haben[8].

2 *Baetges* System der Grundsätze ordnungsmäßiger Lageberichterstattung

21 Berichtsadressaten und Schutzklauseln

Sinnvollerweise stellt *Baetge* den konkreten Anforderungen an die Lageberichterstattung eine Analyse der Adressaten und möglicher Schutzklauseln voran. Adressaten des Lageberichts sind die Anteilseigner bzw. Gesellschafter, Gläubiger, Lieferanten, Dauerkunden und Arbeitnehmer[9]. Die Öffentlichkeit wird mit dem Argument ausge-

---

Qualität (120 AG und KGaA mit Geschäftsjahr 1991; nutzwertanalytisches Punktbewertungsmodell); *Sorg, P.*, Prognosebericht (börsennotierte Industrie-AG mit Geschäftsjahr 1992). Vgl. auch zum Überblick *Streim, H.*, Stellenwert, S. 713–715.

[7] Vgl. *Baetge, J./Fischer, T. R./Paskert, D.*, Lagebericht, und *Baetge, J./Krumbholz, M.*, in: HdR Ia, 4. Aufl., Grundsätze. Im Detail z. T. kritisch hierzu *Dörner, D.*, Prognosebericht, S. 232 (Ebene der Grundsätze), S. 234 (Vorsicht), S. 237 (Informationsabstufung), S. 238 (Klarheit) und S. 239 (Vergleichbarkeit).

[8] Vgl. *Baetge, J.*, Geschäftsbericht; *Krumbholz, M.*, Qualität; *Baetge, J./Armeloh, K.-H./Schulze, D.*, Anforderungen.

[9] Vgl. *Baetge, J./Fischer, T. R./Paskert, D.*, Lagebericht, S. 10–12.

schlossen, daß andernfalls die Informationsinteressen von jedermann bei der Lageberichterstattung zu berücksichtigen wären, was die Unternehmen überfordern würde.

Die für bestimmte Angaben im Anhang geltende Schutzklausel des § 286 HGB wird für den Lagebericht analogisiert. Angaben, die das Wohl der Bundesrepublik Deutschland gefährden, sind zu unterlassen. Gleichermaßen erkennt *Baetge* ein Selbstschutzinteresse des berichterstattenden Unternehmens an, wenn die Berichterstattung nach vernünftiger kaufmännischer Beurteilung bei diesem zu einem erheblichen Nachteil führen würde[10]. Eine Einschränkung der Berichtspflicht dürfe jedoch nur dann in Frage kommen, wenn der potentielle Schaden des Unternehmens die Adressatenschädigung wesentlich überschreite[11]. Sie dürfe nicht in einer Unterlassung, sondern lediglich in einer Vergröberung des Berichts bestehen. Die Schilderung einer negativen Entwicklung dürfe nicht ohne weiteres mit dem Hinweis auf eine sich selbst erfüllende Prophezeiung unterbleiben[12].

22 Grundsätze

221. Grundlagen

Der Geschäftsbericht gemäß § 160 AktG 1965 enthielt neben dem Erläuterungsbericht einen Lagebericht, und bei seiner Aufstellung waren die „Grundsätze gewissenhafter und getreuer Rechenschaft" zu beachten. Soweit die Rechtsgrundlagen des Aktiengesetzes 1965 und des heutigen HGB identisch sind, können die Grundsätze ordnungsmäßiger Lageberichterstattung insofern auf übertragbare Komponenten der Grundsätze gewissenhafter und getreuer Rechenschaft[13] ebenso zurückgreifen wie auf analogisierbare GoB[14].

---

10 Vgl. *Baetge, J./Fischer, T. R./Paskert, D.*, Lagebericht, S. 13–14.
11 Vgl. *Baetge, J./Fischer, T. R./Paskert, D.*, Lagebericht, S. 15.
12 Vgl. *Baetge, J./Fischer, T. R./Paskert, D.*, Lagebericht, S. 15.
13 Vgl. hierzu insb. *Moxter, A.*, Fundamentalgrundsatze, (m. w. N.).
14 Vgl. hierzu insb. *Baetge, J.*, Bilanzen, S. 65–94; *Baetge, J./Kirsch, H.-J.*, in: HdR Ia, 4. Aufl., Grundsätze.

222. Grundsatz der Richtigkeit

Der Grundsatz der Richtigkeit verlangt, den Lagebericht entsprechend dem Gesetz aufzustellen, mithin die dort gebotenen Abbildungsregeln anzuwenden. Eine Berichterstattung über tatsächliche Ereignisse ist eindeutig überprüfbar. Für Prognosen gilt das nicht. Hier wird verlangt, daß die Prognosen „schlüssig und widerspruchsfrei hergeleitet werden und zudem die Prämissen, auf denen die Prognosen beruhen, offengelegt werden"[15].

223. Grundsatz der Vollständigkeit

„Nach dem Grundsatz der Vollständigkeit ist im Lagebericht über die wirtschaftliche Situation des Unternehmens umfassend zu berichten"[16]. Erste Anhaltspunkte zur Einhaltung des Grundsatzes ergeben sich durch die Aufzählung der in § 289 HGB enthaltenen Elemente Geschäftsverlauf, Lage, Vorgänge von besonderer Bedeutung nach Schluß des Geschäftsjahres, voraussichtliche Entwicklung, Forschung und Entwicklung und Zweigniederlassungen.

Der vollständige Bericht über die Lage der Gesellschaft muß jene Angaben enthalten, die für die Dispositionen der Lageberichtsadressaten nötig sind. Hierzu ist auf die spezifischen Merkmale der Gesellschaft abzustellen[17].

224. Grundsatz der Klarheit

Der Grundsatz der Klarheit verlangt einen übersichtlichen, verständlichen und prägnanten Bericht[18]. Dazu gehört, daß die Angaben des Lageberichts unter einer entsprechenden Bezeichnung zu finden sind[19] und die vom Gesetz verlangten Teilangaben getrennt behandelt werden. Die Aussagen müssen für die Adressaten in Form und Inhalt

---

15 *Baetge, J./Fischer, T. R./Paskert, D.*, Lagebericht, S. 17.
16 *Baetge, J./Fischer, T. R./Paskert, D.*, Lagebericht, S. 18. Im Original z. T. hervorgehoben.
17 Vgl. *Baetge, J./Fischer, T. R./Paskert, D.*, Lagebericht, S. 19.
18 Vgl. *Baetge, J./Fischer, T. R./Paskert, D.*, Lagebericht, S. 19.
19 Kritisch hierzu *Dörner, D.*, Prognosebericht, S. 237–238. Eindeutige Erkennbarkeit sei hinreichend.

nachvollziehbar sein. ,,Die freiwilligen Angaben des Lageberichts dürfen die gesetzlich geforderten Mindestangaben ... nicht dominieren, da dem Leser des Lageberichts dadurch ein zutreffender Eindruck von den Mindestangaben des Lageberichts verwehrt würde"[20].

225. Grundsatz der Vergleichbarkeit

Der Grundsatz der Vergleichbarkeit hat nach *Baetge* eine zeitliche und eine zwischenbetriebliche Komponente[21]. Zeitliche Vergleichbarkeit bedeutet Stetigkeit und Darlegung und Begründung ihrer Unterbrechung. Die zwischenbetriebliche Vergleichbarkeit ist eng mit der Klarheit verbunden; z. B. trägt die systematische Unterteilung des Lageberichts nach seinen Elementen Geschäftsverlauf, Lage, voraussichtliche Entwicklung zur zwischenbetrieblichen Vergleichbarkeit bei.

226. Grundsatz der Wirtschaftlichkeit bzw. der Wesentlichkeit

Der Grundsatz der Wirtschaftlichkeit verlangt, daß der Informationsertrag die zugehörigen Aufwendungen übersteigt. Weil sich nur die letztgenannten messen lassen, greift der Grundsatz der Wesentlichkeit. ,,Als wesentlich sind solche Lageberichtsangaben anzusehen, deren Fehlen die Lageberichtsadressaten voraussichtlich schädigen würde"[22].

227. Grundsatz der Informationsabstufung nach Art und Größe des Unternehmens

,,Dieser Grundsatz besagt, daß größere Unternehmen und Unternehmen mit breiter Produktpalette detaillierter berichten müssen als kleinere Unternehmen und wenig diversifizierte Unternehmen, damit die Lageberichtsadressaten sowohl von kleineren bzw. wenig diversifi-

---

20 *Baetge, J./Fischer, T. R./Paskert, D.*, Lagebericht, S. 20.
21 Vgl. *Baetge, J./Fischer, T. R./Paskert, D.*, Lagebericht, S. 20–21. Nach *Dörner, D.*, Prognosebericht, S. 238–239, läßt sich dieser Grundsatz unter den Grundsatz der Klarheit subsumieren.
22 *Baetge, J./Fischer, T. R./Paskert, D.*, Lagebericht, S. 22 mit Verweis auf *Leffson, U.*, Grundsätze, S. 183.

zierten als auch von großen bzw. weit diversifizierten Unternehmen Lageberichtsangaben mit jeweils gleichem Informationsgehalt erhalten"[23]. Begründet wird diese These auch mit dem Aufwand, den Unternehmen eigenständig zur Offenlegung betreiben müssen, und den Konkurrenznachteilen, die sie erleiden können.

228. Grundsatz der Vorsicht

Bei der Abwägung, ob bestimmte Angaben in den Lagebericht aufzunehmen sind, sind nach dem Grundsatz der Vorsicht negative Angaben im Interesse der Adressaten stärker zu gewichten als positive Angaben. Begründet wird dies mit den Schädigungsmöglichkeiten der Adressaten bei Nichterkennung negativer Entwicklungen und den geringen Konkursdeckungsquoten[24]. Der Grundsatz besagt hingegen nicht, daß Prognosen vorsichtig statt erwartungsgemäß abzugeben sind.

23 Berichtselemente des § 289 HGB

231. Geschäftsverlauf und Lage (Wirtschaftsbericht)

Wegen der Verbundenheit der beiden Berichtselemente Geschäftsverlauf und Lage und ihres Bezugs von der Vergangenheit bis zur Gegenwart erscheint es zweckmäßig, sie zusammenzufassen[25]. Bei der Berichterstattung im, in der Literatur so genannten Wirtschaftsbericht[26], ist – soweit die Informationen für das Unternehmen von Bedeutung sind – einzugehen auf[27]:

---

23 *Baetge, J./Fischer, T. R./Paskert, D.*, Lagebericht, S. 25. Nach *Dörner, D.*, Prognosebericht, S. 237, ist kein eigenständiger Grundsatz nötig; er subsumiert den Tatbestand unter den Grundsatz der Vollständigkeit.

24 Vgl. *Baetge, J./Fischer, T. R./Paskert, D.*, Lagebericht, S. 25. A. A. hierzu *Dörner, D.*, Prognosebericht, S. 234. Die Richtigkeit und Willkürfreiheit gebiete Gleichbehandlung.

25 Vgl. *Baetge, J./Fischer, T. R./Paskert, D.*, Lagebericht, S. 31–32.

26 Vgl. z. B. *Baetge, J.*, Bilanzen, S. 641.

27 Vgl. *Baetge, J./Fischer, T. R./Paskert, D.*, Lagebericht, S. 32–33, bei der Struktur mit Verweis auf *Lück, W.*, in: HdR, 2. Aufl., § 289 HGB. Die mit „insb." hervorgehobenen Elemente ergeben sich aus der Erläuterung der Struktur bei *Baetge, J./Fischer, T. R./Paskert, D.*, Lagebericht, S. 33–35.

1) Gesamtwirtschaftliche Situation,

2) Branchensituation,

3) Situation des Unternehmens:

   a) Beschaffung, insb. Kosten- und Mengenentwicklung,

   b) Produktion, insb. wesentliche Veränderungen des Produktionsprogramms und der Produktionsanlagen, außergewöhnliche Produktionsausfälle, Kapazitätsauslastung,

   c) Auftragsbestand, Absatz und Umsatz mit Preisinformation für wichtigste Produkte auf den wichtigsten Absatzmärkten, insb. Marktanteile im In- und Ausland,

   d) Vermögensbereich, insb. Investition,

   e) Finanzierung (denkbar sind Zusatzangaben wie Kapitalflußrechnungen),

   f) Haftungsverhältnisse,

   g) Verwaltung, insb. Organisationsänderungen, Datenverarbeitungssysteme, Rationalisierungen, und

   h) Personal- und Sozialangelegenheiten, insb. Altersstruktur, Fluktuation, beschäftigte Behinderte, betriebliche Weiterbildungsmaßnahmen, medizinische Betreuung der Mitarbeiter, Unfallschutz, Tarifvereinbarungen.

232. Besondere Vorgänge nach Schluß des Geschäftsjahrs (Nachtragsbericht)

Baetge plädiert für eine Berichterstattung bis zum Zeitpunkt der Auslieferung des Lageberichts[28]. Die zu berücksichtigenden Vorgänge müssen besondere Bedeutung für die Adressaten haben und lassen sich qualifizieren in Daten bzw. Datenänderungen, die sich auf die Unternehmensumwelt beziehen (z. B. Veränderungen der Marktpreise, Ausfuhr- und Einfuhrsperren, aber auch Eintritt großer Bereichs- oder Geschäftsverluste), und solche, die unternehmenspolitisch bedingt sind (z. B. bedeutende Verträge, Erwerb oder Verkauf von

---

28 Vgl. *Baetge, J./Fischer, T. R./Paskert, D.*, Lagebericht, S. 39.

Beteiligungen, Akquisition von Großkunden, Maßnahmen der Finanzierungspolitik)[29].

233. Voraussichtliche Entwicklung (Prognosebericht)

Die Information über die voraussichtliche Entwicklung muß nach *Baetge* an die Information über den Geschäftsverlauf und die Lage der Gesellschaft anknüpfen. Das bedeutet, daß nun Erwartungen über die oben unter 231. genannten Komponenten offenzulegen sind. Hierbei müssen Detailprognosen wegen des damit verbundenen Aufwands und der möglichen Unternehmensnachteile nicht erfolgen[30].

Um den Lageberichtsadressaten die Möglichkeit einer gewissen Überprüfung zu bieten, werden auch quantifizierte Werte, und diese in Form von Intervallschätzungen, verlangt. Damit sich die publizierten Prognosen auch nach dem Veröffentlichungszeitpunkt noch auf die Zukunft beziehen, wird ein zweijähriger Prognosezeitraum nach dem Abschlußstichtag befürwortet. Der Grundsatz der Richtigkeit verlangt die Angabe der wesentlichen Prämissen, die den Prognosen zugrunde liegen[31].

234. Forschung und Entwicklung (Forschungs- und Entwicklungsbericht)

Verlangt werden in diesem Bereich Angaben über die Ziele der Forschung und Entwicklung, über unternehmensexterne bzw. überbetriebliche Forschungsprojekte und über unternehmensinterne Aktivitäten. Zu letzterem zählen Informationen über Forschungs- und Entwicklungseinrichtungen und über staatliche Förderungen, Kennzahlen (z. B. zu Umfang und Veränderung des Budgets, Anteil der Aufwendungen am Gesamtaufwand) und Informationen über Forschungsergebnisse (z. B. einzelne Projekte, angemeldete Patente, neu entwickelte Produkte, Lizenzeinnahmen).

Ein Verzicht auf diese Angaben ist dort möglich, wo Forschung und Entwicklung branchenüblich unbedeutend sind; wo sie branchenüb-

---

29 Vgl. *Baetge, J./Fischer, T. R./Paskert, D.,* Lagebericht, S. 37–38.
30 Vgl. *Baetge, J./Fischer, T. R./Paskert, D.,* Lagebericht, S. 41.
31 Vgl. *Baetge, J./Fischer, T. R./Paskert, D.,* Lagebericht, S. 43–44.

lich, aber bedeutend sind, muß bei unterlassener Forschung und Entwicklung eine Fehlanzeige erfolgen. Das Schutzbedürfnis des Unternehmens ist gegen das Informationsinteresse der Lageberichtsadressaten abzuwägen.

235. Zweigniederlassungen (Zweigniederlassungsbericht)

In diesem Teil des Lageberichts ist über den Ort zu informieren, an dem Zweigniederlassungen bestehen[32]. Ferner ist das Tätigkeitsfeld der Zweigniederlassung zu umreißen, wenn es von dem der Hauptniederlassung abweicht, und abweichende Firmierungen sind herauszustellen. Weiterhin angabepflichtig sind wesentliche Veränderungen gegenüber dem Vorjahr.

236. Weitere Elemente

Der Lagebericht kann über die genannten Informationen hinaus weitere Elemente enthalten. Sie können rechtsformspezifisch bedingt sein oder freiwillig gegeben werden. Während hier die Grundsätze der Vollständigkeit, Wesentlichkeit, Vergleichbarkeit und Informationsabstufung irrelevant werden, sind die Grundsätze der Richtigkeit und Klarheit einzuhalten[33].

3 Untersuchung der DAX-Gesellschaften auf Einhaltung der Grundsätze ordnungsmäßiger Lageberichterstattung

31 Grundgesamtheit

Der DAX enthält die im deutschen Börsenhandel umsatzstärksten deutschen Kapitalgesellschaften. Er ist im Laufe der Zeit in seiner Zusammensetzung verändert worden. Der folgenden Untersuchung liegen Geschäftsberichte des Jahres 1995 bzw. 1995/96 zugrunde. Sie betreffen die Bilanzstichtage 30. 9. und 31. 12. 1995, 31.3. und 30. 6. 1996. Dementsprechend werden diejenigen Gesellschaften betrachtet,

---

32 Vgl. *Baetge, J.*, Bilanzen, S. 644 und 647.
33 Vgl. *Baetge, J./Fischer, T. R./Paskert, D.*, Lagebericht, S. 49.

die in der Zeit vom 30. 9. 1995 bis 30. 6. 1996 zum DAX gehörten[34]. Aus Tabelle 1 ergeben sich die Firmen und deren Bilanzstichtage. Ausgewertet wurden die Lageberichte für Konzern und Mutterunternehmen.

32 Auswertung nach formalen Kriterien

321. Erkennbarkeit des Lageberichts und Übereinstimmung in Bundesanzeiger und Geschäftsbericht

In 28 von 30 Fällen war der Lagebericht im Geschäftsbericht der jeweiligen DAX-Gesellschaft als solcher gekennzeichnet und leicht identifizierbar. Die beiden Ausnahmen betreffen die Deutsche Bank und Daimler-Benz, die aufgrund ihrer internationalen Neuorientierung Hürden aufbauen. Die Deutsche Bank sendet ihren Aktionären seit 1995 einen IAS-Abschluß zu, der – weil nach IAS in dieser Form nicht gefordert – keinen Lagebericht nach § 289 HGB enthält. Der Konzernabschluß und Konzernlagebericht nach HGB müssen eigens angefordert werden und enthalten die gesuchten Informationen. Daimler-Benz publiziert einen Geschäftsbericht, in dessen Gliederung ein Lagebericht fehlt. Er entspricht dem Abschnitt „Überblick" im „Bericht des Vorstands". Darauf verweist eine Anmerkung bei diesem Überblick, nicht hingegen in der Gliederung. Beide Vorgehensweisen erhöhen die Suchkosten der Adressaten.

Frühere Untersuchungen haben bei einzelnen Unternehmen Unterschiede zwischen dem in einem Geschäftsbericht publizierten Lagebericht und der im Bundesanzeiger veröffentlichten Version erkannt[35]. Dieses Phänomen trifft auch bei einigen DAX-Gesellschaften zu. Beispielsweise enthält der Lagebericht der Commerzbank Darstellungen des Paketbesitzes (S. 16)[36], der Beteiligungen (S. 48–49) und diverse Grafiken (z. B. zum Wirtschaftswachstum, S. 12, oder zum Personalaufwand, S. 44), die im Bundesanzeiger kein Element

---

34 Ausgangspunkt der Auswertung waren grundsätzlich die Geschäftsberichte, wie sie die Firmen zuschicken, nicht die veröffentlichten Berichte im Bundesanzeiger. Die Identität wurde jedoch überprüft.
35 Vgl. *Meisinger, R./Wenzler, C.,* Diskrepanzen.
36 Seitenangaben im Text verweisen auf den Geschäftsbericht 1995 bzw. 1995/96 der jeweiligen Unternehmung bzw. des jeweiligen Konzerns.

des Lageberichtes sind. Darüber hinaus gibt es bei vielen Firmen in dem im Geschäftsbericht enthaltenen Lagebericht erkennbare Werbeelemente, z. B. ganzseitige Fotografien neuer Bürogebäude.

Die Differenzen zwischen dem im Bundesanzeiger und dem im Geschäftsbericht publizierten Lagebericht können grundsätzlich materieller statt formaler Natur sein. Dafür hat die Analyse aber keine Anhaltspunkte ergeben. Mit einer Ausnahme bei der Metallgesellschaft, die im Lagebericht des Geschäftsberichts drei Seiten über Mitarbeiter ausweist, die im Bundesanzeiger fehlen, gehen die Differenzen i. d. R. darauf zurück, daß im offiziellen Lagebericht genannte Zahlen im Geschäftsbericht grafisch aufbereitet werden. Das erklärt die Einordnung dieses Punktes hier.

322. Aggregation und Umfang

§ 315 Abs. 3 HGB erlaubt es, den Lagebericht des Konzerns mit dem Lagebericht für das Mutterunternehmen zusammenzufassen. Dies war bei 25 der 30 DAX-Gesellschaften gegeben. Von den verbleibenden fünf Gesellschaften legten drei die beiden Lageberichte zwar gliederungsmäßig getrennt, aber in ein und demselben Geschäftsbericht vor (Allianz, Linde und Viag); bei zwei Gesellschaften (Deutsche Bank und Lufthansa) sind die Lageberichte von Konzern und Mutter in getrennten Broschüren.

Der Lagebericht ist nur ein Bestandteil des von den DAX-Gesellschaften publizierten Geschäftsberichts. Er enthält weiterhin i. d. R. den Jahres- und Konzernabschluß, den Bericht des Aufsichtsrats und den sog. freien Teil. Einen ersten Hinweis auf den ihm von den Gesellschaften beigemessenen Stellenwert könnte der Umfang geben. Er wird hier nach Anzahl der Wörter (für Konzern- und Muttergesellschaftslagebericht zusammen)[37], Textseitenzahl (ohne ganzseitige Bilder) und relativem Umfang, d. h. Gesamtseiten für beide Lageberichte zu Gesamtseiten des Geschäftsberichts bzw. der Geschäftsberichte, gemessen. Tabelle 1 gibt die Auswertungsergebnisse wieder.

---

37 Für die Beteiligung an der unerquicklichen Tätigkeit des Wörterzählens danke ich *Robert Antonitsch*, *Christoph Gran*, *Martin Hebertinger*, *Claudia Müller*, *Subine Reng*, *Cornelia Stanke* und *Rosi Zwingler* sehr herzlich. *Martin Hebertinger* und *Cornelia Stanke* halfen mir zugleich, die Lageberichte im Geschäftsbericht und Bundesanzeiger abzugleichen.

Tab. 1: Lageberichtsumfang

Gesellschaft	Stichtag	Lageberichte zusammengefaßt	Lageberichte in einer Broschüre	Textseitenzahl	Relativer Umfang in Prozent	Wörter
Allianz	31. 12. 95	nein	ja	23	11	8 900
BASF	31. 12. 95	ja		12	21	3 716
Bayer	31. 12. 95	ja		8	10	4 068
Bay. Hypo-Bank	31. 12. 95	ja		6	5	2 990
Bay. Vereinsbank	31. 12. 95	ja		30	29	10 561
BMW	31. 12. 95	ja		7	5	2 281
Commerzbank	31. 12. 95	ja		31	39	10 046
Continental	31. 12. 95	ja		13	23	3 925
Daimler-Benz	31. 12. 95	ja		6	7	3 714
Degussa	30. 9. 95	ja		5	7	1 412
Deutsche Bank	31. 12. 95	nein	nein	9	22	1 786
Dresdner Bank	31. 12. 95	ja		10	7	2 731
Henkel	31. 12. 95	ja		6	10	2 283
Hoechst	31. 12. 95	ja		12	15	2 537
Karstadt	31. 12. 95	ja		31	31	9 126
Kaufhof	31. 12. 95	ja		5	14	1 527
Linde	31. 12. 95	nein	ja	12	18	4 006
Lufthansa	31. 12. 95	nein	nein	13	13	5 333
MAN	30. 6. 96	ja		6	7	3 076
Mannesmann	31. 12. 95	ja		3	4	1 768
Metallgesellschaft	30. 9. 95	ja		23	24	6 067
Preussag	30. 9. 95	ja		21	28	5 637
RWE	30. 6. 96	ja		14	14	4 060
SAP	31. 12. 95	ja		8	10	2 675
Schering	31. 12. 95	ja		7	13	1 977
Siemens	30. 9. 95	ja		5	10	1 638
Thyssen	30. 9. 95	ja		6	9	2 314
Veba	31. 12. 95	ja		10	9	3 481
Viag	31. 12. 95	nein	ja	16	18	4 386
VW	31. 12. 95	ja		11	13	3 944
Mittelwert				12	15	4 066
Standardabweichung				8	9	2 501

Danach schwanken die Umfänge des Lageberichtes stark. Bei den Textseiten liegt

- das Minimum mit 3 Seiten bei Mannesmann,
- das Maximum mit 31 Seiten bei Commerzbank und Karstadt,
- der Mittelwert bei 12 mit einer Standardabweichung von 8 Seiten.

Der relative Umfang beträgt

- im Minimum 4% bei Mannesmann,
- im Maximum 39% bei der Commerzbank,
- im Mittel 15% bei einer Standardabweichung von 9%.

Nach Wörterzahl ergibt sich

- das Minimum mit 1412 Wörtern bei Degussa,
- das Maximum mit 10561 Wörtern bei der Vereinsbank,
- ein Mittelwert von 4066 mit einer Standardabweichung von 2501 Wörtern.

Branchenspezifische Cluster werden nicht erkennbar. Während z. B. die Commerzbank, die Bayerische Vereinsbank und die Deutsche Bank mit 39% bzw. 29% und 22% jeweils einen hohen relativen Umfang für den Lagebericht aufweisen, sind die Dresdner Bank und die Hypo-Bank mit 7% bzw. 5% extreme Gegenbeispiele. Homogener sind zwar BASF, Hoechst und Bayer. Mit 21%, 15% und 10% liegen sie enger zusammen, weichen im einzelnen aber auch noch um den Faktor 2 (Bayer und BASF) und insofern beträchtlich voneinander ab.

323. Bezeichnung der Lageberichtselemente

Die literaturübliche[38], wenn auch nicht explizit im HGB enthaltene Einteilung des Lageberichts in Wirtschaftsbericht, Nachtragsbericht, Prognosebericht, Forschungs- und Entwicklungsbericht, Zweigniederlassungsbericht u. a. m. findet sich bei den DAX-Gesellschaften nicht.

---

38   Vgl. z. B. *Baetge, J.*, Bilanzen, S. 641.

In keinem Geschäftsbericht fand sich die Vokabel Wirtschaftsbericht. Ein Nachtragsbericht war nur bei Veba mit der Überschrift „Besondere Ereignisse nach Schluß des Geschäftsjahres" (S. 27) festzustellen; kein anderes Unternehmen hatte einen solchen Bericht – weder als Nachtragsbericht noch unter einem anderen Namen. Nichtsdestoweniger haben einige Unternehmen über Vorgänge berichtet, die nach Ende des Geschäftsjahrs eingetreten waren, z. B. BASF über die Gründung von Geschäften (S. 12), Daimler-Benz über die Einstellung der finanziellen Unterstützung von Fokker im Januar 1996 (S. 10) oder RWE über die Wiederinbetriebnahme eines Kernkraftwerkblockes (S. 20).

Der Prognosebericht hieß mit vier Ausnahmen „Ausblick". Während man bei Mannesmann („Entwicklung in den ersten Monaten 1996 und weitere Aussichten"), RWE („RWE-Konzern gut vorbereitet für die Zukunft") und SAP („Optimistische Erwartungen für die Zukunft") den Prognoseteil leicht fand, durfte man bei der Hypo-Bank rätseln. Sie benannte die beiden letzten Abschnitte ihres Lageberichtes „Für die Zukunft gerüstet" und „Unverändert qualitatives Wachstum".

Ohne in weitere Details bezüglich der Länge des Prognoseberichtes zu gehen, fiel dessen Umfang bei Degussa (S. 13) besonders auf. Mit zwei Sätzen war er am knappsten:

> „Ein guter Start ins neue Geschäftsjahr kann nicht darüber hinwegtäuschen, daß sich das konjunkturelle Umfeld 1995/96 schwieriger gestalten wird. Wir sind dennoch zuversichtlich, wieder einen guten Abschluß vorlegen zu können."

Soweit Forschung und Entwicklung für ein Unternehmen relevant waren, ließen sich die diesbezüglichen Ausführungen jeweils erkennen.

324. Von den Aufsichtsräten verwandte maximale Zeit zur Prüfung des Lageberichts

Die Abschlüsse und Lageberichte sind vom Aufsichtsrat zu prüfen. Über sein Ergebnis hat er schriftlich zu berichten. Nimmt man das Datum des Bestätigungsvermerks des Abschlußprüfers als frühesten Zeitpunkt des Beginns der Prüfung durch den Aufsichtsrat und das Datum seines Berichtes als spätesten Zeitpunkt, so erhält man die maximale Prüfungszeit[39]. Hierbei ergeben sich 21 exakt auswertbare Daten[40] und ein Mittelwert von 20 Tagen bei einer Standardabweichung von 14 Tagen[41]. Die Extremfälle sind RWE (1 Tag), Dresdner Bank (6 Tage), BASF und Siemens (jeweils 7 Tage) einerseits und SAP (56 Tage) andererseits. Tabelle 2 informiert über weitere Details, auch den Prüfer.

325. Implikationen für die Einhaltung der Grundsätze ordnungsmäßiger Lageberichterstattung

Die Auswertung der Lageberichte zeigt Verstöße gegen den (elementaren) Grundsatz der Klarheit des Lageberichts, wenn

- Abweichungen von dem im Bundesanzeiger publizierten Lagebericht gegenüber dem im Geschäftsbericht enthaltenen Lagebericht nicht kenntlich gemacht werden (z. B. Commerzbank),

- der Lagebericht im leicht zugänglichen Geschäftsbericht nicht ohne weiteres zu identifizieren ist (Daimler-Benz) und

- die einzelnen Berichtselemente in ihm nicht voneinander abgehoben sind und die Adressaten sie erst suchen müssen (Nachtragsbericht).

Ohne detaillierte Untersuchung der Größe und Produktpalette ergeben sich auch Zweifel daran, ob der *Baetge*sche Grundsatz der Informationsabstufung nach Art und Größe des Unternehmens von der Praxis eingehalten wird. BMW und VW dürften sich in Größe oder Produktpalette nicht so sehr voneinander unterscheiden, daß ein Umfang zwischen rd. 2300 Wörtern (BMW) und rd. 4000 Wörtern (VW) erklärbar ist. Das gilt auch für die Beziehung von Deutsche Bank (rd. 1800 Wörter) zu Vereinsbank (10561 Wörter).

---

39 Vgl. *Theisen, M. R./Salzberger, W.*, Berichterstattung, S. 107, zu einem identischen Vorgehen (bei den 50 umsatzstärksten Industrieunternehmen und fünf Banken) und seiner Begründung.

40 Bei der Deutschen Bank ist der Bericht des Aufsichtsrats im IAS-Abschluß enthalten, während der Lagebericht dort fehlt. Bei Thyssen fehlt ein Datum. Bei 9 Gesellschaften wird nur der Monat statt eines Tages angegeben.

41 *Theisen, M. R./Salzberger, W.*, Berichterstattung, S. 107, erhielten bei 35 auswertbaren Geschäftsberichten des Jahres 1994 einen Durchschnitt von 27 Tagen.

Tab. 2: Prüfungszeit des Aufsichtsrats

Gesellschaft	Stichtag	Prüfer	BV (Konzern)	Bericht des Aufsichtsrats	Max. Prüfungszeit	Tage bis zum BV
Allianz	31.12.95	KPMG DTG	5. 7. 96	26. 7. 96	21	187
BASF	31.12.95	Deloitte & Touche	5. 3. 96	12. 3. 96	7	65
Bayer	31.12.95	C & L Deutsche Revision	1. 3. 96	im März 1996		61
Bay. Hypo-Bank	31.12.95	Wedit	15. 3. 96	im März 1996		75
Bay. Vereinsbank	31.12.95	KPMG DTG	14. 3. 96	20. 3. 96	6	74
BMW	31.12.95	KPMG DTG	6. 3. 96	21. 3. 96	15	66
Commerzbank	31.12.95	C & L Deutsche Revision	6. 3. 96	25. 3. 96	19	66
Continental	31.12.95	KPMG DTG	25. 3. 96	22. 4. 96	28	85
Daimler-Benz	31.12.95	KPMG DTG	20. 3. 96	im April 1996		80
Degussa	30. 9. 95	KPMG DTG	12.12.95	25. 1. 96	44	73
Deutsche Bank	31.12.95	KPMG DTG	15. 3. 96	27. 3. 96	12	75
Dresdner Bank	31.12.95	C & L Deutsche Revision	22. 3. 96	28. 3. 96	6	82
Henkel	31.12.95	KPMG DTG	12. 3. 96	15. 4. 96	34	72
Hoechst	31.12.95	C & L Deutsche Revision	29. 2. 96	13. 3. 96	13	60
Karstadt	31.12.95	BDO DWT	14. 5. 96	im Mai 1996		135
Kaufhof	31.12.95	KPMG Harkopf + Rentrop	7. 3. 96	im März 1996		67
Linde	31.12.95	KPMG DTG	1. 3. 96	im März 1996		61
Lufthansa	31.12.95	C & L Deutsche Revision	23. 4. 96	20. 5. 96	27	114
MAN	30. 6. 96	BDO DWT	7.10.96	im Oktober 1996		99
Mannesmann	31.12.95	KPMG DTG	29. 3. 96	12. 4. 96	14	89
Metallgesellschaft	30. 9. 95	KPMG DTG + Warth & Klein	15. 1. 96	2. 2. 96	18	107

Gesellschaft	Stichtag	Prüfer	BV (Konzern)	Bericht des Aufsichtsrats	Max. Prüfungszeit	Tage bis zum BV
Preussag	30. 9. 95	C & L Deutsche Revision	8. 1. 96	im Februar 1996		100
RWE	30. 6. 96	C & L Deutsche Revision	19. 9./9. 10. 96	9. 10. 96	1	101
SAP	31. 12. 96	Arthur Andersen		6. 5. 96	56	71
Schering	31. 12. 95	BDO DWT	11. 3. 96	14. 3. 96	13	61
Siemens	30. 9. 95	KPMG DTG	1. 3. 96	13. 12. 95	7	74
Thyssen	30. 9. 95	KPMG DTG	6. 12. 95	k.A.		87
Veba	31. 12. 95	C & L Deutsche Revision	19. 12. 95	26. 3. 96	11	75
Viag	31. 12. 95	KPMG Hartkopf + Rentrop und C & L Dt. Rev.	15. 3. 96	9. 5. 96	41	89
VW	31. 12. 95	C & L Deutsche Revision	29. 3. 96	15. 3. 96	22	53
Mittelwert			22. 2. 96		20	83
Standardabweichung					14	26

BV: Bestätigungsvermerk

33 Auswertung nach inhaltlichen Kriterien

331. Bericht über die voraussichtliche Entwicklung

Bei dem Bericht über die voraussichtliche Entwicklung interessieren der Planungshorizont, die Quantifizierung von Umsatz- und Ergebniserwartungen als Punktprognose oder in Form von Intervallschätzungen und die Beschreibung der zugrundeliegenden Annahmen[42]. Das Ergebnis ist so ernüchternd, wie zu befürchten war[43].

Soweit der Planungshorizont überhaupt erkennbar wird, handelt es sich um das kommende Geschäftsjahr. Aspekte mit längerfristigen Zeiträumen (wie Strategieabsichten oder -einleitungen) werden in ihrem Zeitraum nicht quantifiziert.

Die Quantifizierung von Umsatz- und Ergebniserwartungen im Sinne von Punkt- oder Intervallaussagen erfolgt bei 5 Gesellschaften. Diese Prognosen waren zu finden:

„Im Ergebnis vor Steuern wird eine Steigerung um einen zweistelligen Prozentsatz erwartet, wenngleich dieser nicht so hoch wie 1995 ausfallen wird." . . . „Der Steueraufwand im Konzern wird sich nach der Nutzung des Verlustvortrages in 1995 . . . im laufenden Jahr deutlich erhöhen, so daß der Zuwachs des Jahresüberschusses geringer als beim Ergebnis vor Steuern ausfallen wird." (Allianz, S. 40)

Bayer berichtet als Umsatzplanziffer für 1996 47 Mrd. DM und erwartet eine Steigerung des Ergebnisses vor Ertragsteuern um rd. 10%. (S. 13)

Linde rechnet „mit einem Umsatzwachstum von über 5% und einer nochmaligen Ertragssteigerung." (S. 13)

Lufthansa berichtet für den Konzern: „Das Erreichen der erwarteten Umsatzsteigerung von vier bis fünf Prozent hängt davon ab, ob das jetzige Währungsumfeld stabil bleibt. Alle Anstrengungen sind darauf gerichtet, am Ende des Jahres wieder ein Ergebnis auf dem Niveau des Vorjahres zu erreichen." (S. 9)

Schering erwartet auf Basis der Wechselkursrelationen vom Januar 1996 ein Umsatzwachstum von 9%. (S. 12) Das Gewinnwachstum soll überproportional sein. (S. 13)

---

42 Vgl. oben Abschnitt 233.
43 Vgl. insb. *Baetge, J./Krumbholz, M.*, Prognosen; *Sorg, P.*, Prognosebericht.

Komparative Aussagen über Umsatz oder Ergebnisse finden sich bei 15 Gesellschaften:

BASF plant „eine leichte Umsatzsteigerung. Beim Ergebnis streben wir das Niveau des Jahres 1995 an." (S. 15)

Bei Hoechst liest man: „Die Nettoeigenkapitalrendite, die 1995 unsere mittlere Zielmarke von 15% erreichte, wird sich ... erneut erhöhen." (S. 15)

Henkel sieht bei Eintreffen seiner Annahmen zu den gesamtwirtschaftlichen Entwicklungen „gute Chancen, 1996 ein weiter verbessertes Ergebnis erwirtschaften zu können." (S. 13)

„Aufgrund der erläuterten Kostenmaßnahmen erwarten wir – selbst bei wieder schwierigem Marktumfeld – eine tendenzielle Ertragsverbesserung über das Erreichte hinaus." (Hypo-Bank, S. 14)

Die Vereinsbank berichtet ihre Erwartungen über die einzelnen Geschäftsfelder unter Verwendung der Vokabeln Steigerung des Ergebnisses, Verbesserung des Ergebnisses, Anknüpfung an das Ergebnis und bündelt die Gesamtaussage in: „Insgesamt erwarten wir für 1996 ein zufriedenstellendes Wachstum unseres Betriebsergebnisses." (S. 41)

Die Commerzbank berichtet: „Insgesamt gehen wir davon aus, 1996 einen weiteren Anstieg des operativen Ergebnisses erzielen zu können." (S. 50)

Die Deutsche Bank rechnet „bei der Mobilisierung vorhandener Ertragspotentiale und konsequentem Kostenmanagement mit einem erneut verbesserten Gesamtergebnis für das Jahr 1996." (S. 19)

„BMW geht davon aus, daß sich die Rahmenbedingungen nicht weiter verschlechtern und rechnet auch für 1996 mit einem Anstieg von Produktion und Absatz." (S. 15)

Daimler-Benz rechnet für 1996 wieder mit einem positiven Ergebnis. (S. 13) Das Ergebnis von 1995 war negativ.

VW erwartet insgesamt leicht steigende Absatz- und Produktionsmengen und ein etwas höheres Ergebnis. (S. 22)

MAN erwartet ein geringeres Ergebnis. (S. 15)

SAP erwartet, daß das operative Ergebnis wieder stärker als der Umsatz steigt und daß auch das 25. Geschäftsjahr erfolgreich verlaufen wird. (S. 21)

Siemens erwartet einen steigenden Jahresüberschuß. (S. 13)

Veba rechnet mit einem weiteren Gewinnanstieg und benennt als Ziel die Erwirtschaftung einer Eigenkapitalrendite nach Steuern in Höhe von 15%. (S. 28)

Für Viag bleibt die Ertragslage stabil. (S. 24)

Karstadt verweist auf außerordentliche Aufwendungen aufgrund der Integration von Hertie, „die sich aus dem operativen Geschäft – nach unseren Einschätzungen letztmalig – nicht werden ausgleichen lassen." (S. 51)

Recht sibyllinisch äußert sich Thyssen. Die Gesellschaft rechnet – aussagelos – mit einer zufriedenstellenden Ertragslage (S. 11), benennt aber für alle Geschäftsbereiche genaueres im Sinne von guten, zufriedenstellenden und deutlich positiven Ergebnissen.

Unklar sind die folgenden Aussagen:

> Bei der Dresdner Bank liest man: „Für das laufende Jahr gehen wir davon aus, das erreichte Ergebnisniveau fortschreiben zu können." (S. 17)
>
> Degussa ist „zuversichtlich, wieder einen guten Abschluß vorlegen zu können." (S. 13)
>
> RWE ist zuversichtlich, „auf dem hohen Ertragsniveau weiter aufbauen zu können." (S. 19)

Negativbeispiele betreffen Continental, Kaufhof, Mannesmann, Metallgesellschaft und Preussag:

> Der Prognosebericht von Continental verweist auf die Weiterführung der Investitionen auf dem bisherigen Niveau, die konsequente Durchsetzung von Kostensenkungen, den Abbau der Verschuldung und des Personals. Umsatz- oder Ergebnisprognosen fehlen. (S. 20)
>
> Kaufhof gibt Hinweise auf die beabsichtigte Verschmelzung auf Metro. Auf daraus resultierende Konsequenzen wird nicht weiter eingegangen. (S. 9)
>
> Mannesmann und die Metallgesellschaft äußern ebenfalls keine Umsatz- oder Ergebniserwartungen.
>
> Preussag sieht dem neuen Jahr zuversichtlich entgegen. (S. 47)

332. Bericht über Forschung und Entwicklung

Über Forschung und Entwicklung wird nur in den Gesellschaften nicht berichtet, für die diese Aktivitäten bedeutungslos sind. Das betrifft die Allianz, die fünf Banken, die beiden Einzelhandelskonzerne (Karstadt und Kaufhof) und die Lufthansa. Die verbleibenden 21 Gesellschaften haben eigene Abschnitte zu diesem Themenbereich.

Im einzelnen ergeben sich bei den 21 berichtenden Gesellschaften große Informationsunterschiede. Die Berichte enthalten insbesondere

- die absoluten Forschungs- und Entwicklungsausgaben des Berichtsjahres (BASF, Bayer, Daimler-Benz, Degussa, Henkel, Hoechst, Linde, MAN, Mannesmann, Preussag, RWE, SAP, Schering, Siemens, Thyssen, Veba, VW; = 17 Gesellschaften),

- Aufteilungen der genannten Absolutbeträge auf Geschäftsbereiche (BASF, Bayer, Daimler-Benz, Degussa, MAN, Preussag),

- Planzahlen für das kommende Geschäftsjahr (Bayer, Schering),

- nur den ungefähren Prozentanteil am Umsatz (Continental),

- Absolutbeträge und Umsatzprozente (Bayer, Henkel, SAP, Schering, Siemens, VW),

- die Anzahl der Erstanmeldungen von Patenten (BASF, Linde, Preussag),

- den Bestand der Patente (BASF),

- Lizenzerträge und -aufwendungen (Linde),

- inhaltliche Beschreibungen von Forschungsprogrammen (Continental, Metallgesellschaft, Preussag, RWE, Thyssen, Veba),

- die Anzahl der im FuE-Bereich tätigen Mitarbeiter (BMW, Degussa, RWE, Veba, VW).

Zum Teil werden die im Lagebericht fehlenden Informationen an anderer Stelle des Geschäftsberichtes nachgeholt. Z. B. berichtet Hoechst über die Struktur der Forschungsausgaben im freien Teil des Berichts, während dies bei BASF und Bayer im Lagebericht erfolgt.

Inwiefern die Angaben für die Adressaten wertvoll sind, hängt in starkem Maße von dem betrachteten Konzern und seiner Branchenzugehörigkeit ab. Ohne dies vertiefen zu wollen, fallen Negativbeispiele der Berichterstattung auf. Dies betrifft

- BMW, dessen einseitiger Forschungs- und Entwicklungsbericht überwiegend Standortinformationen enthält[44],

---

44 BMW nennt die Anzahl der Mitarbeiter (über 5000) und den Beginn der Vereinheitlichung von Teilen, Komponenten, Werkstoff- und Technologie-

- die Metallgesellschaft, die mit vier Seiten Umfang einen längeren, technisch gehaltenen Bericht liefert, der aber nicht eine Finanzkennzahl enthält, und

- die Viag, die einen wenig aussagekräftigen Bericht ohne irgendeine Zahl vorlegt.

Zwar gibt BMW einen weiteren achtseitigen Bericht über Forschung und Entwicklung im freien Teil, dieser ist aber ungeprüft. Dasselbe gilt für die zweiseitige Erweiterung der Berichterstattung über Technologie und Forschung bei Viag.

333. Freiwillige Informationen und deren Verteilung im Geschäftsbericht

Der Informationsumfang variiert bei den DAX-Gesellschaften sowohl im Hinblick auf gesetzlich explizit verlangte Angaben (wie zu Forschung und Entwicklung) als auch im Hinblick auf freiwillig unterbreitete Informationen (wie einer Wertschöpfungsrechnung, Bewegungsbilanz oder Kapitalflußrechnung). Einen Eindruck hierzu vermittelt Tabelle 3, in der auf freiwillige Elemente des Lage- bzw. Geschäftsberichtes eingegangen wird.

Die Auswertung zeigt, daß nur fünf DAX-Gesellschaften keine Kapitalflußrechnung vorlegen. Dies betrifft vier der fünf Banken (Commerzbank, Deutsche Bank, Dresdner Bank, Hypo-Bank; anders die Vereinsbank) und ein Versicherungsunternehmen (Allianz)[45]. Bei 6 der verbleibenden 25 Gesellschaften ist die Kapitalflußrechnung allein im Lagebericht, bei 16 allein an einem anderen Ort des Geschäftsberichts, während drei Gesellschaften sie doppelt – wenn auch z. T. unterschiedlich grob – im Lagebericht und an anderer Stelle behandeln.

---

konzepten für BMW und Rover, was „in den kommenden Jahren Einsparungen in dreistelliger Millionenhöhe erwarten" läßt. (Geschäftsbericht 1995, S. 14) Die letzte Information läßt es sowohl an einer Konkretisierung der Anzahl der Jahre als auch des Betrags vermissen.

45 Interessanterweise publiziert die Deutsche Bank eine Kapitalflußrechnung in ihrem Bericht nach IAS. Zur beschränkten Aussagefähigkeit der Rechnung für Versicherungsunternehmen vgl. *Geib, G.*, Cash flow-Rechnungen. *Geib* war 1995 Abschlußprüfer bei Allianz.

Nur bei Banken, und hier bei dreien, findet sich eine Bewegungsbilanz. Sie ist bei der Commerzbank im Lagebericht, bei der Dresdner Bank und der Hypo-Bank an anderem Ort.

12 Gesellschaften haben eine Wertschöpfungsrechnung. Sie ist bei fünf Gesellschaften im Lagebericht, bei 7 an anderem Ort.

14 Gesellschaften legen eine Segmentrechnung vor, die neben der Umsatzaufteilung wenigstens noch eine Ergebnisaufteilung – zum Teil aber deutlich mehr – enthält. Sie findet sich bei fünf Gesellschaften nur im Lagebericht, bei 6 Gesellschaften nur an einem anderen Ort; drei Gesellschaften (Bayer, Hoechst und Commerzbank) gehen im Lage- und dem sonstigen Geschäftsbericht auf sie ein.

Die Entwicklung der Kapitalgesellschaft wird häufig durch Angabe des Ergebnisses pro Aktie nach DVFA/SG und durch Kursentwicklungsvergleiche gegenüber dem DAX oder einem anderen Index gezeigt.

8 DAX-Gesellschaften geben kein Ergebnis pro Aktie nach DVFA/SG an. Es handelt sich um drei der fünf Banken (Hypo-Bank, Commerzbank, Deutsche Bank) sowie um BMW, Daimler-Benz, Lufthansa, Mannesmann und RWE. Nur bei 8 der 22 verbleibenden Gesellschaften, die das Ergebnis berichten, ist es (auch) Bestandteil des Lageberichts.

Kursentwicklungsvergleiche fehlen bei 7 DAX-Gesellschaften. Nur zwei der verbleibenden 23 Gesellschaften berichten über die Kursentwicklung im Lagebericht. Dies ist insofern verständlich, als die meisten Gesellschaften einen eigenen Abschnitt zur Berichterstattung über ihre Aktie haben.

334. Implikationen für die Einhaltung der Grundsätze ordnungsmäßiger Lageberichterstattung

Die Auswertungen ergeben Verstöße gegen fast jeden der *Baetge*-schen Grundsätze ordnungsmäßiger Lageberichterstattung:

Zu dem Grundsatz der Richtigkeit gehört die Offenlegung der Prämissen, auf denen Prognosen beruhen. Diese Offenlegung erfolgt bei einigen Gesellschaften ansatzweise (z. B. bei Schering mit der Annahme über Wechselkursrelationen), in der Mehrzahl aber nicht.

Tab. 3: *Freiwillige Information*

Gesellschaft	Kapitalfluß-rechnung		Bewegungsbilanz		Wertschöpfungs-rechnung		Segmentbericht		Ergebnis/Aktie		Kursentwicklungs-vergleich	
	im LB	im GB	im LB	im GB	im LB	im GB	im LB (Konzern)	im GB (Konzern)	im LB	im GB	im LB	im GB
Allianz	nein	nein	nein	nein	nein	nein	nein		ja	nein	nein	nein
BASF	ja	nein	nein	nein	nein	nein	ja	nein	nein	ja	nein	nein
Bayer	nein	ja	nein	nein	ja	nein	ja	ja	nein	ja	nein	ja
Bay. Hypo-Bank	nein	nein	nein	ja	nein	nein	nein	nein	nein	nein	nein	ja
Bay. Vereinsbank	ja	nein	nein	nein	nein	nein	nein	nein	nein	ja	ja	nein
BMW	nein	ja	nein	nein	nein	nein	ja	ja	nein	nein	nein	nein
Commerzbank	nein	nein	ja	nein	ja	nein	ja	nein	ja	nein	nein	ja
Continental	ja	ja	nein	nein	nein	nein	ja	ja	nein	nein	nein	ja
Daimler-Benz	nein	ja	nein	nein	nein	nein	nein	nein	ja	nein	nein	nein
Degussa	nein	ja	nein	nein	nein	nein	nein	nein	nein	nein	nein	nein
Deutsche Bank	nein	nein	nein	nein	nein	nein	nein	nein	nein	ja	nein	ja
Dresdner Bank	nein	nein	nein	ja	nein	nein	nein	nein	nein	ja	nein	ja
Henkel	nein	ja	nein	nein	nein	ja	nein	ja	nein	ja	nein	ja
Hoechst	ja	ja	nein	nein	nein	ja	ja	ja	nein	ja	nein	ja
Karstadt	nein	ja	nein	nein	nein	ja	nein	nein	ja	nein	ja	nein
Kaufhof	nein	ja	nein	nein	nein	ja	nein	nein	ja	ja	nein	ja
Linde	nein	ja	nein	nein	nein	nein	nein	nein	ja	ja	nein	nein
Lufthansa	ja	nein	nein	nein	nein	nein	ja	nein	nein	nein	nein	ja
MAN	nein	ja	nein	nein	nein	ja	nein	nein	ja	ja	nein	ja

Gesellschaft	Kapitalfluß- rechnung		Bewegungsbilanz		Wertschöpfungs- rechnung		Segmentbericht		Ergebnis/Aktie		Kursentwicklungs- vergleich	
	im LB	im GB	im LB	im GB	im LB	im GB	im LB (Konzern)	im GB (Konzern)	im LB	im GB	im LB	im GB
Mannesmann	nein	ja	nein	nein	nein	nein	ja	nein	nein	nein	nein	ja
Metallgesellschaft	ja	nein	nein	nein	ja	nein	nein	nein	nein	ja	nein	ja
Preussag	nein	ja	nein	nein	nein	ja	nein	ja	ja	ja	nein	ja
RWE	ja	nein	nein	nein	ja	nein	nein	nein	nein	nein	nein	ja
SAP	nein	ja	nein	nein	nein	nein	ja	nein	nein	ja	nein	ja
Schering	nein	ja	nein	nein	nein	nein	nein	ja	nein	ja	nein	ja
Siemens	nein	ja	nein	nein	nein	nein	nein	ja	nein	ja	nein	ja
Thyssen	nein	ja	nein	nein	nein	nein	nein	ja	nein	ja	nein	ja
Veba	ja	ja	nein	nein	nein	nein	nein	nein	ja	ja	nein	ja
Viag	ja	nein	nein	nein	ja	nein	nein	nein	nein	ja	nein	ja
VW	nein	ja	nein	nein	nein	ja	nein	nein	nein	ja	nein	ja
Summe „ja"	9	19	1	2	5	7	8	9	8	18	2	21

GB: Geschäftsbericht
LB: Lagebericht

Der Grundsatz der Vollständigkeit verlangt einen umfassenden Bericht. Er wird z. B. von Mannesmann und der Metallgesellschaft wie von allen Gesellschaften, die eine quantitative Umsatz- oder Ergebnisprognose unterlassen, nicht erfüllt.

Der Grundsatz der Klarheit verlangt die Nachvollziehbarkeit von Aussagen und ist insofern mit dem Grundsatz der Richtigkeit verwandt. Aussagen wie die, daß man zuversichtlich sei, wieder einen guten Abschluß vorlegen zu können (Degussa), werden dem Erfordernis der Nachvollziehbarkeit nicht gerecht. Dasselbe gilt für Aussagen, nach denen man an ein vergangenes Ergebnis anknüpft (Vereinsbank, S. 41; Daimler-Benz, S. 13).

Trivial und damit aussagelos sind Sätze wie „Der Energiebereich wird von weiteren Optimierungen der Kostenstruktur profitieren" (Veba, S. 24) oder Hinweise darauf, daß Finanzierungskosten für Akquisitionen die nächste GuV belasten werden (Henkel, S. 13). Seltsam ist die Betonung, daß man alle Kostensenkungen konsequent durchsetzen wolle (Continental, S. 20).

Schwer nachvollziehbar sind Charakterisierungen wie „Der Entsorgungsbereich wird den im abgelaufenen Geschäftsjahr erreichten Turnaround auch 1996/97 weiter ausbauen können" (RWE, S. 20). Was ist der Ausbau eines Turnaround?

Die zwischenbetriebliche Vergleichbarkeit wird stark erschwert, wenn z. B. Angaben zu Forschungs- und Entwicklungsaufwendungen unterschiedlich – als Absolutbetrag oder Prozentsatz des Umsatzes – gemacht werden und aus dem Lagebericht, wo sie verlangt werden, in den freien Teil verlagert werden. Zwar können einzelne Gesellschaften darauf verweisen, daß es nicht ihre gesetzlich verankerte Aufgabe sei, für eine ganze Branche ein vorbildliches Informationssystem zu entwickeln und für deren Durchsetzung zu sorgen. Es ist aber erkennbar, daß sich die Unternehmen in einer Branche durchaus „beäugen" und in ihren Informationen anpassen. Anders sind z. B. die freiwillige Angabe von Bewegungsbilanzen bei drei Banken, die Aufspaltung der Forschungsausgaben auf Geschäftsbereiche bei allen Chemieunternehmen und die Berichterstattung über Auftragsbestände bei Investitionsgüterherstellern (z. B. bei MAN und Preussag) nicht erklärbar. Es ist unklar, weshalb die Gesellschaften diese zwischenbetrieblichen Vergleiche und Anpassungen nicht auch für andere Berichtsinhalte vornehmen können sollten.

Nicht in den Lagebericht gehören Public Relations-Aussagen wie die folgende: „Gute Entwicklungschancen sehen wir für den Karstadt-Konzern im touristischen Bereich und im Versandhandel, zumal unsere Tochtergesellschaften ... für das günstige Preis-Leistungs-Verhältnis ihrer Angebote bekannt sind." (Karstadt, S. 51)

Nach dem Grundsatz der Vorsicht sind negative Angaben im Interesse der Adressaten stärker zu gewichten als positive, was bedeutet, daß auf sie besonders intensiv hinzuweisen ist. Auch wenn man die Erfüllung dieses Grundsatzes als Außenstehender nur sehr begrenzt nachvollziehen kann, fällt auf, daß auf denkbare negative Entwicklungen in den Lageberichten so gut wie nicht verwiesen wird.

335. Einige positive Erfahrungen

Die obigen Auswertungen führten zu negativen Erfahrungen mit der Ausgestaltung der Lageberichte. Ohne in deren Gesamtwürdigung eintreten zu wollen, was u. a. die Auseinandersetzung mit dem gesamten Geschäftsbericht verlangen würde[46], seien an dieser Stelle einige positive Erfahrungen nicht unterschlagen, wobei quantifizierte Informationen in den Vordergrund gestellt werden. Ich sehe sie z. B. in (präzisen) Lageberichtsangaben über

- vergangene Marktentwicklungen (VW, S. 13–16),

- Ergebnisfaktoren des letzten Jahres (Vereinsbank, S. 31–33),

- geplante Investitionen mit Betragsangabe (BASF, S. 11; Bayer, S. 12; Schering, S. 10; VW, S. 22),

- Akquisitionen mit Kaufpreisen (Bayer, S. 11[47]),

- das Marktrisikopotential bei Handelsaktivitäten, gemessen mit dem Value-at-risk (Vereinsbank, S. 23; Commerzbank, S. 22),

- Währungsrisiken und deren Sicherungsvolumen (Continental, S. 11),

---

46 Vgl. *Baetge, J.,* Geschäftsbericht; *Krumbholz, M.,* Qualität; *Baetge, J./Armeloh, K.-H./Schulze, D.,* Anforderungen.
47 Leider fehlen die Anteile, während BASF, S. 12, die Anteile, aber keine Preise nennt.

- Marktwerte für Devisen- und Zinssicherungsgeschäfte, für die bilanziell keine Bewertungseinheiten gebildet wurden (Veba, S. 25),

und in Ausblicken für jeden einzelnen Geschäftsbereich (Vereinsbank).

4 Folgerungen

Die schlechten Erfahrungen mit der Lageberichterstattung sind nicht neu[48]. Daß sie erneut auch und gerade mit den Berichten der DAX-Gesellschaften gemacht werden, läßt darauf schließen, daß weder die Lageberichtersteller noch deren Prüfer dem Lagebericht den Stellenwert einräumen, den er zumindest bei unverfänglicher Lektüre des Gesetzestextes und dessen Auslegung dem Sinnzusammenhang nach haben müßte. Die denkbaren Konsequenzen sind folgende:

1) Man findet sich als Adressat des Lageberichts und als Gesetzgeber mit dem unbefriedigenden Zustand ab. Begründet werden könnte dies u. a. mit der Überschätzung der im Lagebericht enthaltenen Information für die Kapitalgeber und andere Gruppen, mit der späten Übermittlung der Information, den Wettbewerbsgefahren für die rechnungslegenden Unternehmen und den hohen Kosten für einen guten Lagebericht.

2) Man schafft den Lagebericht ab und überläßt die Information den Unternehmen. Sie werden sich durch ihre Berichterstattung selbst einsortieren und hierbei die Bedürfnisse der Adressaten berücksichtigen.

3) Man behält die Gesetzesregelung bei, fordert aber die Abschlußprüfer auf, für eine stärkere Erfüllung des Gesetzesanspruchs zu sorgen.

4) Man verschärft die Gesetzesregelung und zwingt Berichtersteller und Abschlußprüfer, die neue Regelung stärker als bisher zu beachten.

Alternative 1) ist aus rechtspolitischen Erwägungen schlecht. Es gibt keinen Sinn, Unternehmen zu etwas zu verpflichten, aber auf die

---

48 Vgl. Fußnote 6 und Fußnote 43 sowie jüngst *Brotte, J.,* Geschäftsberichte, S. 369 f.; *Baetge, J./Armeloh, K-H./Schulze, D.,* Befunde.

Einhaltung der Pflichten zu verzichten. Zwar hat der Gesetzgeber dies u. a. bei der Publizität von Kapitalgesellschaften und den milden Sanktionen bei einem Verstoß gegen die Offenlegungspflichten getan und versuchte dies – durchaus nur vordergründig – mit dem Verweis auf eine ungewünschte EU-Norm zu begründen. Schiebt man beim Lagebericht denselben Grund vor, wird Deutschland in der EU und der deutsche Gesetzgeber bei seinen Bürgern nicht glaubwürdiger. Davon abgesehen trägt die Alternative 1) zur Erweiterung statt Verringerung der sog. Erwartungslücke bei.

Bei Alternative 2) verweist *Streim* darauf[49], daß Manager sich mit Berichten, die sie erstmals den Adressaten geben und die für diese nützlich sind, für die Folgezeit binden. Sie können das gute Berichtsniveau nicht mehr ohne Ansehensverlust mindern, weil selbst fehlende Informationen als schlechte Informationen gewertet werden. Das läßt ihn m. E. zurecht daran zweifeln, daß eine freiwillige Berichterstattung den Interessen der Adressaten hinreichend entgegenkommt.

Alternative 3) hat m. E. wenig Erfolgsaussichten, solange die Unabhängigkeit des Abschlußprüfers nicht durch verschiedene institutionelle Regelungen gestärkt oder seine Haftung drastisch verschärft wird. Letzteres ist bedenklich[50]; ersteres bisher weder ausdiskutiert noch in der Umsetzung zu erwarten. Der derzeitige Wettbewerbsdruck im Prüfungssektor verstärkt nicht die Vermutung, daß Abschlußprüfer ein Mandat bei einer DAX-Gesellschaft durch einen als aussichtslos erscheinenden Kampf mit dem Mandanten wegen des Lageberichts gefährden werden.

Alternative 4) scheint der Gesetzgeber zu favorisieren. Dies zeigt sich am Referentenentwurf des KonTraG, wonach § 289 HGB und die Prüfungsvorschriften geändert werden sollen[51]. Vor dem Hintergrund der Erwartungslücke sollen die Lageberichtersteller verpflichtet werden, zusätzlich auf die Risiken der künftigen Entwicklung einzugehen. Die Abschlußprüfer haben zu belegen, wie sie diese und die Berichterstattung über sie geprüft haben, und müssen – nach dem Entwurf – statt mit dem Formeltestat in einem freien Bericht über die

---

49 Vgl. *Streim, H.*, Stellenwert, S. 716.
50 Vgl. *Herrmann, E.*, Haftung.
51 Vgl. Referentenentwurf eines Gesetzes zur Kontrolle und Transparenz im Unternehmensbereich (KonTraG) v. 22. November 1996.

Ergebnisse ihrer Prüfung berichten. Der Ansatz ist nur dann vielversprechend, wenn der Gesetzgeber Maßnahmen ergreift, wonach Verstöße gegen die neue Gesetzesregelung – wenn sie denn eine wird – nicht erneut unter der Hand toleriert werden.

5 Thesen

1) *Jörg Baetge* hat ein überzeugendes System der Grundsätze ordnungsmäßiger Lageberichterstattung entwickelt, das – allein geboten – den Wortlaut des Gesetzes und dessen Zweck ernst nimmt und, soweit möglich, die GoB und die für den Geschäftsbericht nach § 160 AktG a. F. geltenden Grundsätze gewissenhafter und getreuer Rechenschaft analogisiert.

2) Die Prüfung der Geschäftsberichte der 30 DAX-Gesellschaften in den Jahren 1995 bzw. 1995/96 hat erhebliche Informationsunterschiede und z. T. gravierende Verstöße gegen die Grundsätze ordnungsmäßiger Lageberichterstattung ergeben. Die Verstöße betrafen elementare Regeln wie die Eindeutigkeit der Bezeichnung des Lageberichts im veröffentlichten Geschäftsbericht sowie die Klarheit und Verständlichkeit des Berichts. Da man davon ausgehen darf, daß die DAX-Gesellschaften gegenüber anderen Kapitalgesellschaften besonders im Licht der Öffentlichkeit stehen und eine hohe Berichtskultur aufweisen, ist dies ein bestürzender Befund.

3) Verstoßen wird ferner gegen die Grundsätze der Vollständigkeit und Wesentlichkeit. Nichtsdestoweniger hatten alle Lageberichte den uneingeschränkten Bestätigungsvermerk.

4) Diesen Negativbefunden steht entgegen, daß eine große Zahl von Gesellschaften im Lagebericht Rechnungen vorlegt, die vom Gesetzgeber nicht erzwungen sind, wie Kapitalfluß- und Wertschöpfungsrechnungen oder Segmentinformationen.

5) Die schlechten Befunde sind nicht neu. Der Entwurf des KonTraG ist ein Ansatzpunkt, den Mißständen entgegenzutreten. Der Ansatz ist nur dann vielversprechend, wenn der Gesetzgeber – sofern er den Entwurf umsetzt – die Einhaltung des Gesetzes stärker als bisher überwachen läßt.

Literaturverzeichnis

Baetge, Jörg, Rechnungslegungszwecke des aktienrechtlichen Jahresabschlusses, in: Bilanzfragen, Festschrift für Leffson, hrsg. v. Baetge, Jörg/Moxter, Adolf/Schneider, Dieter, Wiesbaden 1976, S. 11–30 (Rechnungslegungszwecke).

Baetge, Jörg, Früherkennung negativer Entwicklungen der zu prüfenden Unternehmung mit Kennzahlen, in: WPg 1980, S. 651–665 (Früherkennung).

Baetge, Jörg, Möglichkeiten der Früherkennung negativer Unternehmensentwicklungen mit Hilfe statistischer Jahresabschlußanalysen, in: ZfbF 1989, S. 792–811 (Möglichkeiten).

Baetge, Jörg, Der beste Geschäftsbericht, in: Rechnungslegung und Prüfung 1992, hrsg. v. Baetge, Jörg, Düsseldorf 1992, S. 201–230 (Geschäftsbericht).

Baetge, Jörg, Bilanzen, 4. Aufl., Düsseldorf 1996.

Baetge, Jörg/Armeloh, Karl-H./Schulze, Dennis, Anforderungen an die Geschäftsberichterstattung aus betriebswirtschaftlicher und handelsrechtlicher Sicht, in: DStR 1997, S. 176–180 (Anforderungen).

Baetge, Jörg/Armeloh, Karl.-H./Schulze, Dennis, Empirische Befunde über die Qualität der Geschäftsberichterstattung börsennotierter deutscher Kapitalgesellschaften, in: DStR 1997, S. 212–219 (Befunde).

Baetge, Jörg/Jerschensky, Andreas, Beurteilung der wirtschaftlichen Lage von Unternehmen mit Hilfe der Jahresabschlußanalyse – Bilanzbonitäts-Rating von Unternehmen mit Künstlichen Neuronalen Netzen, in: DB 1996, S. 1581–1591 (Beurteilung).

Baetge, Jörg/Kirsch, Hans-Jürgen, Grundsätze ordnungsmäßiger Buchführung, in: Handbuch der Rechnungslegung, Bd. Ia, hrsg. v. Küting, Karlheinz/Weber, Claus-Peter, 4. Aufl., Stuttgart 1995, S. 135–173 (Grundsätze).

Baetge, Jörg/Krumbholz, Marcus, Prognosen sind im Lagebericht meist unpräzise und vage – Über die Qualität der „Lageberichte", in: Blick durch die Wirtschaft v. 7. 9. 1994, S. 1 und S. 8 (Prognosen).

Baetge, Jörg/Krumbholz, Marcus, Grundsätze ordnungsmäßiger Lageberichterstattung, in: Handbuch der Rechnungslegung, Kommentierung zur Bilanzierung und Prüfung, hrsg. v. Küting, Karlheinz/Weber, Claus-Peter, Bd. Ia, 4. Aufl., Stuttgart 1995, S. 175–190 (Grundsätze).

Baetge, Jörg/Fischer, Thomas R./Paskert, Dierk, Der Lagebericht, Stuttgart 1989 (Lagebericht).

Baetge, Jörg/Huß, Michael/Niehaus, Hans-Jürgen, Die statistische Auswertung von Jahresabschlüssen zur Informationsgewinnung bei der Abschlußprüfung, in: WPg 1986, S. 605–613 (Auswertung).

Brotte, Jörg, US-amerikanische und deutsche Geschäftsberichte, Wiesbaden 1997 (Geschäftsberichte).

Dörner, Dietrich, Der Prognosebericht nach § 289 Abs. 2 Nr. 2 HGB, in: Rechnungslegung, Prüfung und Beratung, Festschrift für Ludewig, hrsg. v. Baetge, Jörg u. a., Düsseldorf 1996, S. 217–251 (Prognosebericht).

Geib, Gerd, Cash flow-Rechnungen von Versicherungsunternehmen – warum und wie?, in: Rechnungslegung – warum und wie, Festschrift für Clemm, hrsg. v. Ballwieser, Wolfgang/Moxter, Adolf/Nonnenmacher, Rolf, München 1996, S. 155–174 (Cash flow-Rechnungen).

Herrmann, Elisabeth, Ökonomische Analyse der Haftung des Wirtschaftsprüfers, Frankfurt am Main u.a. 1997 (Haftung).

Krumbholz, Marcus, Die Qualität publizierter Lageberichte, Düsseldorf 1994 (Qualität).

Kuhn, Wolfgang, Forschung und Entwicklung im Lagebericht, Hamburg 1992 (Forschung).

Leffson, Ulrich, Die Grundsätze ordnungsmäßiger Buchführung, 7. Aufl., Düsseldorf 1987 (Grundsätze).

Lück, Wolfgang, Der Lagebericht, Kommentierung zu § 289 HGB, in: Handbuch der Rechnungslegung, Kommentierung zur Bilanzierung und Prüfung, hrsg. v. Küting, Karlheinz/Weber, Claus-Peter, 2. Aufl., Stuttgart 1987, S. 1377–1397 (§ 289 HGB).

Meisinger, Reiner/Wenzler, Christian, Diskrepanzen bei der Lageberichtspublizität, in: WPg 1992, S. 445–451 (Diskrepanzen).

Moxter, Adolf, Fundamentalgrundsätze ordnungsmäßiger Rechenschaft, in: Bilanzfragen, Festschrift für Leffson, hrsg. v. Baetge, Jörg/Moxter, Adolf/Schneider, Dieter, Wiesbaden 1976, S. 87–100 (Fundamentalgrundsätze).

Paschen, Iris, Zur Publizitätspraxis der GmbH, in: DB 1992, S. 49–53 (Publizitätspraxis).

Referentenentwurf eines Gesetzes zur Kontrolle und Transparenz im Unternehmensbereich (RefE KonTraG) v. 22. November 1996, Bonn 1996.

Schildbach, Thomas/Beermann, Markus/Feldhoff, Michael, Lagebericht und Publizitätspraxis der GmbH, in: BB 1990, S. 2297–2301 (Lagebericht).

Sorg, Peter, Prognosebericht und Publizitätspraxis der AG, in: BB 1994, S. 1962–1969 (Prognosebericht).

Streim, Hannes, Zum Stellenwert des Lageberichts im System der handelsrechtlichen Rechnungslegung, in: Unternehmenstheorie und Besteuerung, Festschrift für Schneider, hrsg. v. Elschen, Rainer/Siegel, Theodor/Wagner, Franz W., Wiesbaden 1995, S. 703–721 (Stellenwert).

Theisen, Manuel R./Salzberger, Wolfgang, Die Berichterstattung des Aufsichtsrats, in: DB 1997, S. 105–115 (Berichterstattung).

Arnold Kawlath

Reichen Jahresabschluß und Lagebericht, um auf künftige Unternehmenserfolge zu schließen?

1 Einleitung

2 Determinanten des Unternehmenserfolges
   21 Systematisierung von Erfolgsfaktoren
   22 Erfolgsfaktoren aus der Unternehmensumwelt
   23 Erfolgsfaktor Unternehmensführung

3 Jahresabschluß und Lagebericht und die Erfolgsfaktoren des Unternehmens
   31 Informationsgehalt des Jahresabschlusses
   32 Informationsgehalt des Lageberichtes

4 Schlußfolgerung: Ein Performance-Audit als neue Informationshilfe?

Dr. Arnold Kawlath
Geschäftsführender Gesellschafter der
Schubert & Salzer Firmengruppe
Ingolstadt

1 Einleitung

Eine Beurteilung der zukünftigen Erfolgsaussichten eines Unternehmens ist in vielen Situationen erforderlich. So spielt die Erwartung des künftigen Erfolges eine wichtige Rolle bei der Bonitätsprüfung, die Banken im Rahmen einer Kreditvergabe vornehmen, bei Bewertungen anläßlich beabsichtigter Unternehmensbeteiligungen oder Unternehmenskäufe oder auch bei der Auswahl eines Alleinlieferanten. Auch die Belegschaft eines Unternehmens und das soziale Umfeld des Unternehmens benötigen Indikatoren über künftige Erfolge oder Mißerfolge.

Soll eine Prognose des Unternehmenserfolges abgegeben werden, muß das betreffende Unternehmen analysiert werden. In den meisten Fällen führt man quantitative Jahresabschlußanalysen durch, deren Methoden ständig weiterentwickelt und verbessert werden. Seit geraumer Zeit wird die konventionelle Bilanzanalyse anhand von Kennzahlen durch Verfahren der mathematisch-statistischen Jahresabschlußanalyse[1] und Methoden der künstlichen Intelligenz (Neuronale Netze)[2], der sogenannten modernen Bilanzanalyse, abgelöst.

Ein Grund für die hohe Einschätzung des Aussagewertes des Jahresabschlusses liegt möglicherweise in der zu beobachtenden Tendenz, auf quantitative, abgesicherte und damit möglichst unangreifbare Urteile anstelle auf qualitative Informationen zurückzugreifen.

Die Zahlen des Jahresabschlusses vermitteln den Eindruck, daß eindeutige durch jedermann nachprüfbare Ergebnisse vorliegen. Der Anschein absoluter Exaktheit und Richtigkeit wird durch den Prüfungsvorgang und das Testat noch verstärkt. Doch „der uneingeschränkte Bestätigungsvermerk besagt zunächst nur, (1) daß eine Prüfung stattgefunden hat und (2) daß der Jahresabschluß gesetzlichen Vorschriften entspricht"[3]. Der Bestätigungsvermerk „[. . .] beinhaltet nicht die Aussage, daß der Jahresabschluß betriebswirtschaftlich richtig oder wahrheitsgetreu ist, [. . .]"[4]. Bei jedem spektakulären Firmenzusammenbruch wird in der öffentlichen Diskussion dies betroffen zur

---

1 Vgl. *Stibi, B.*, Statistische Jahresabschlußanalyse.
2 Vgl. *Baetge, J./Huls, D./Uthoff, C.*, Früherkennung der Unternehmenskrise.
3 *Leffson, U.*, Erkenntniswert des Jahresabschlusses, S. 4.
4 *Elmendorff, W.*, Erkenntniswert, S. 74.

Kenntnis genommen und nach frühzeitiger qualitativer Bewertung der Unternehmensleistung gefragt.

Ob bei der Unternehmensbeurteilung eine ausschließliche Konzentration auf die quantitative Jahresabschlußanalyse gerechtfertigt ist, hängt davon ab, wieweit sie Aussagen über die wesentlichen Einflußfaktoren (kritische Erfolgsfaktoren) des Unternehmenserfolges bzw. -mißerfolges ermöglicht und ob die Objektivierbarkeit[5] einen übergeordneten Wert darstellt.

2 Determinanten des Unternehmenserfolges

21 Systematisierung von Erfolgsfaktoren

Wann wird ein Unternehmen als erfolgreich bezeichnet? Ganz allgemein kann Unternehmenserfolg als Erreichungsgrad der Unternehmensziele definiert werden[6]. Wie die Ergebnisse empirischer Untersuchungen zeigen, sind Unternehmensziele vielfältig und verändern sich im Laufe der Zeit[7]. Dominierten früher rein ertragswirtschaftliche Ziele, wie Gewinn, Größe, Wachstum oder Marktanteil, kommt heute der Sicherung der Wettbewerbsfähigkeit und des Unternehmensfortbestandes, der Erzielung von Kundenzufriedenheit oder auch humanitären oder umweltbezogenen Zielen eine größere Bedeutung zu[8].

Da der Unternehmenserfolg eine mehrdimensionale und multikausale Größe ist, setzen Aussagen über den voraussichtlichen Erfolg eines Unternehmens zunächst eine Identifikation derjenigen Faktoren voraus, die sich auf den Erfolg eines Unternehmens auswirken können, und im Anschluß daran eine Analyse ihrer jeweiligen Ausprägung. Erst durch die Interpretation der jeweiligen Ausprägungen der verschiedenen Erfolgsfaktoren, wird ein Urteil über den antizipierten Unternehmenserfolg möglich.

---

5 Zur Objektivierbarkeit des Jahresabschlusses vgl. *Baetge, J.,* Möglichkeiten der Objektivierung des Jahreserfolges.
6 Vgl. *Göttgens, O.,* Erfolgsfaktoren, S. 118.
7 Vgl. *Macharzina, K.,* Unternehmensführung, S. 174–178.
8 Vgl. *Macharzina, K.,* Unternehmensführung, S. 174–178.

Die Diskussion über Erfolgsfaktoren hat seit den 80er Jahren in der betriebswirtschaftlichen Praxis der strategischen Unternehmensführung einen breiten Raum eingenommen[9]. In der Literatur gibt es vielfältige Abhandlungen[10], angefangen bei der PIMS-Studie[11] bis hin zum 7S-Modell von *Peters und Watermann*[12].

Als Erfolgsfaktoren werden „diejenigen Faktoren [bezeichnet], die einen wesentlichen Einfluß auf das Erfolgspotential eines strategischen Geschäftsfeldes haben"[13]. Daneben stößt man auch häufig auf den Begriff kritische Erfolgsfaktoren, den *Leidecker und Bruno* definieren als:

„Critical Success Factors (CSF's) are those characteristics, conditions, or variables that when properly sustained, maintained, or managed can have a significant impact on the success of a firm competing in a particular industry"[14].

Aus den Definitionen geht hervor, daß die beiden Begriffe als äquivalent betrachtet werden können.

In Anbetracht der Fülle von Erfolgsfaktoren gibt es keine einheitliche Systematisierung und Klassifizierung. Eine mögliche Systematisierung ist die Unterscheidung in quantitative und qualitative oder in unternehmensinterne oder – externe Erfolgsfaktoren[15]. Für einen Überblick der verschiedenen Systematisierungsversuche in der Literatur siehe *Daschmann*[16].

Da der Unternehmenserfolg das Resultat aus den unendlich vielen Einflußfaktoren aus den Bereichen Umwelt, Unternehmen und Unter-

---

9   Vgl. *Göttgens, O.*, Erfolgsfaktoren, S. 29.
10 Vgl. *Nagel, K.*, Die 6 Erfolgsfaktoren des Unternehmens; *Göttgens, O.*, Erfolgsfaktoren; *Schefczyk, M.*, Kritische Erfolgsfaktoren; *Lehner, F. v.*, Die Erfolgsfaktoren-Analyse.
11 Vgl. *Buzzell, R. D./Gale, B. T.*, The PIMS Principles; *Göttgens, O.*, Erfolgsfaktoren, S. 68 ff.
12 Vgl. *Peters, T. J./Waterman, R. H.*, Auf der Suche nach Spitzenleistungen.
13 *Corsten, H.*, Lexikon der Betriebswirtschaft, 3. Aufl. S. 231 f.
14 *Leidecker, J. K./Bruno, A. V.*, Critical Success Factors, S. 24.
15 Vgl. *Göttgens, O.*, Erfolgsfaktoren, S. 33; *Fell, M.*, Kreditwürdigkeitsprüfung, S. 32; *Schefczyk, M.*, Kritische Erfolgsfaktoren, S. 28.
16 Vgl. *Daschmann, H.-A.*, Erfolgsfaktoren mittelständischer Unternehmen, S. 1 ff.

nehmensführung ist[17], wird hier von drei Erfolgsfaktorkategorien ausgegangen. Den unternehmensinternen Erfolgsfaktoren, die sich entweder der Unternehmensführung oder dem Leistungs-[18] und Versorgungsbereich[19] zuordnen lassen, und den unternehmensexternen Erfolgsfaktoren, die sich aus der globalen Umwelt des Unternehmens ergeben[20]. Die Erfolgsfaktoren des Leistungs- und Versorgungsbereichs werden im Anschluß nicht diskutiert, da der Fokus auf den Bereichen der Unternehmensumwelt und der Unternehmensführung liegen soll.

22 Erfolgsfaktoren aus der Unternehmensumwelt

Aufgrund einer zunehmenden Globalisierung der Märkte und des heute erreichten Interdependenzgrades zwischen Unternehmen und Umwelt[21], hat die Zahl umweltbedingter Einflußgrößen, die sich auf das Unternehmensgeschehen auswirken, Dimensionen angenommen, die eine Vernachlässigung dieser Faktoren nicht mehr zulassen. Die Berücksichtigung der Umwelt als Variable des Unternehmenserfolges ist daher unumgänglich.

Die Unternehmensumwelt kann in Abhängigkeit ihrer Beeinflußbarkeit durch das Unternehmen differenziert werden in die Aufgabenumwelt und die allgemeine Umwelt[22]. Zu den Faktoren, die der Aufgabenumwelt entstammen und die den Unternehmenserfolg unmittelbar determinieren, zählen die Struktur, das Verhalten und die Handlungsergebnisse von Unternehmen, Institutionen und Interessengruppen, mit denen das Unternehmen direkt interagiert. Zu nennen sind beispielsweise Lieferanten, Investoren, Banken, Kunden, Konkurren-

---

17 Vgl. *Adrian, W.*, Strategische Unternehmensführung, S. 20.
18 Der Leistungsbereich umfaßt die Faktoren Produkt- und Leistungsprogramm, Forschung und Entwicklung, Kundenbeziehungen, Marktbearbeitungsaktivitäten und Produktion.
19 Der Versorgungsbereich umfaßt die Beschaffung und das Personal.
20 Eine ähnliche Einteilung nimmt *Göttgens* vor, der zwischen Unternehmensführung, Unternehmensressourcen und Umwelt-Charakteristika differenziert (vgl. *Göttgens, O.*, Erfolgsfaktoren, S. 110).
21 Umwelt steht hier für das Umsystem, in dem das Unternehmen mit anderen interagiert und nicht für Natur.
22 Vgl. *Macharzina, K.*, Unternehmensführung, S. 18.

ten[23]. Die Handlungen des Unternehmens werden z. B. durch die Art und Weise wie externe Interessengruppen (Geschäfts- und Vertragspartner sowie Konkurrenten) agieren und durch Forderungen, die sie an das Unternehmen stellen (z. B. Verbraucherverbände) beeinflußt.

Als allgemeine Umwelt werden jene Variablen bezeichnet, die nur mittelbar auf den Unternehmenserfolg und die Unternehmensführung einwirken[24]. Es wird häufig eine Unterscheidung in Erfolgsfaktoren sozialer, ökonomischer, politisch-rechtlicher, technischer und ökologischer Art vorgenommen[25].

Einflüsse aus der ökonomischen Umwelt sind z. B. die Entwicklung des Bruttosozialproduktes, Branchenentwicklungen, Niveau der Arbeitslosigkeit oder die Finanzierungssituation. Die rechtliche Umwelt besteht z. B. aus dem bestehenden Steuer- und Patentrecht sowie deren Änderungen, der Neueinführung von Gesetzen, wie beispielsweise die Produzentenhaftung oder Investitionsvorschriften. Die politische Umwelt strahlt z. B. über die Subventionspolitik und die politische Stabilität auf den Unternehmenserfolg aus[26].

Charakteristisch für diese Klasse von umweltbedingten Erfolgsfaktoren ist, daß sie vom Unternehmen nur in sehr eingeschränktem Maße kontrollierbar und beeinflußbar sind. Dabei könnte die Aufgabenumwelt noch eher als die allgemeine Umwelt durch das Unternehmen beeinflußbar sein[27].

Um die Relevanz der Beachtung dieser Erfolgsfaktoren zu verdeutlichen, werden exemplarisch aus dieser Erfolgsfaktorenkategorie zwei zentrale Einflußfaktoren, die Branchenstruktur und die Branchenentwicklung herausgegriffen und kurz erläutert.

Die Wettbewerbsintensität innerhalb einer Branche legt die Branchenstruktur fest und ist ausschlaggebend für die durchschnittliche Branchenrentabilität[28], die sich wiederum auf das Gewinnpotential des Unternehmens auswirkt.

---

23 Vgl. *Macharzina, K.*, Unternehmensführung, S. 18; *Thomas, P. S.*, Environmental Analysis, S. 28; *Göttgens, O.*, Erfolgsfaktoren, S. 115.
24 Vgl. *Macharzina, K.*, Unternehmensführung, S. 18; *Göttgens, O.*, Erfolgsfaktoren, S. 116.
25 Vgl. *Macharzina, K.*, Unternehmensführung, S. 18.
26 Vgl. *Macharzina, K.*, Unternehmensführung, S. 18 ff. und S. 24.
27 Vgl. *Macharzina, K.*, Unternehmensführung, S. 18.
28 Vgl. *Fell, M.*, Kreditwürdigkeitsprüfung, S. 34.

Porter unterscheidet fünf „Wettbewerbskräfte", welche die Struktur einer Branche bestimmen[29]:

- Rivalität unter den bestehenden Unternehmen
- Bedrohung durch neue Anbieter (Markteintritt)
- Verhandlungsstärke der Abnehmer
- Verhandlungsstärke der Lieferanten sowie
- Bedrohung durch Ersatzprodukte und -dienstleistungen.

Da die Wettbewerbskräfte nicht statisch sind, sondern einem Entwicklungsprozeß unterliegen können, stellt die Branchenentwicklung eine weitere wichtige Determinante des Unternehmenserfolges dar[30]. Wie werden die Wachstums- und Gewinnperspektiven eines Wirtschaftszweiges und das künftige Marktvolumen prognostiziert? Entscheidend ist auch, ob und wie eine Branche mit dem Konjunkturverlauf korreliert ist[31].

23 Erfolgsfaktor Unternehmensführung

Unternehmensführung ist ein Begriffsäquivalent für den aus dem angelsächsischen Bereich stammenden Begriff „Management"[32]. Sowohl in der anglo-amerikanischen als auch in der deutschsprachigen Literatur hat der Begriff „Management" heute zwei Bedeutungen. Man unterscheidet zwischen Management im funktionalen Sinn (Management-Aufgaben) und im institutionalen Sinn (Management-Personen)[33]. Das Management im funktionalen Sinne beschreibt die Prozesse und Funktionen, die in arbeitsteiligen Organisationen erforderlich sind, wie z. B. Planung, Organisation, Führung, Kontrolle[34]. Dies trifft zu auf Unternehmer, Manager sowie leitende und sonstige Angestellte[35]. Wird hier der Begriff „Management" verwendet, so ist

---

29 Vgl. *Porter, M. E.*, Wettbewerbsstrategie, S. 27 ff.
30 Vgl. *Hertenstein, K.-H./Reuter A.*, Risikosteuerung im Kreditgeschäft, S. 362.
31 Vgl. *Krebs, M.*, UNEX, S. 210 f.
32 Vgl. *Macharzina, K.*, Unternehmensführung, S. 35.
33 Vgl. *Staehle, W. H.*, Management, S. 69; *Staehle, W. H.*, Funktionen des Managements, S. 66 f.
34 Vgl. *Staehle, W. H.*, Management, S. 69.
35 Vgl. *Staehle, W. H.*, Funktionen des Managements, S. 67.

Management im institutionalen Sinne gemeint. Im Mittelpunkt der Betrachtung steht nachfolgend die Person des Managers.

Eine der Hauptaufgaben der Unternehmensführung besteht darin die in Gliederungspunkt 21 beschriebenen Umwelteinflüsse und Umweltentwicklungen, die sich auf das Unternehmensgeschehen und den Unternehmenserfolg auswirken, aufzunehmen und die erforderlichen Anpassungsprozesse innerhalb des Unternehmens einzuleiten[36], um den Unternehmenserfolg sicherzustellen. Wie rasch und wie gut es gelingt, Veränderungen zu prognostizieren und sich darauf einzustellen sowie auf diese meist unvorhersehbaren Veränderungen der Umwelt zu reagieren, wie erfolgreich damit letztendlich ein Unternehmen ist, hängt entscheidend von der Qualität der Unternehmensführung ab.

Was macht nun aber die Qualität des Managements aus? Die Qualität der Unternehmensführung hängt zum einen davon ab, wie weitsichtig und wie schnell sie veränderte Rahmenbedingungen aus der Umwelt wahrnimmt, diese richtig als Chancen oder Risiken identifiziert und schließlich darauf reagiert. Dabei werden die Erfolgsaussichten der entwickelten Anpassungsmaßnahmen und Strategien von der Kreativität und Risikobereitschaft des Managements sowie der Aufgeschlossenheit gegenüber Neuerungen beeinflußt.

Zum anderen spiegelt sich die Qualität des Managements in den verfolgten Unternehmenszielen und den zu ihrer Erreichung ausgearbeiteten Strategien wider, die ebenfalls von der Kreativität, der Risikobereitschaft und nicht zuletzt vom Durchhaltevermögen des jeweiligen Managers mitbestimmt werden. Daneben spielen aber auch die Durchsetzungskraft und Motivation des Managements eine entscheidende Rolle. Die Leistungsfähigkeit der Unternehmensführung wird auch durch den Erfahrungsschatz und die formale Ausbildung bestimmt[37]. Branchenerfahrenheit, Fachwissen und Berufserfahrung bestimmen ebenfalls die Managementqualität.

Nach Auffassung des Verfassers und zahlreicher anderer Autoren[38] ist die Qualität der Unternehmensführung einer der entscheidenden Fak-

---

36 Vgl. *Göttgens, O.*, Erfolgsfaktoren, S. 112; *Adrian, W.*, Strategische Unternehmensführung, S. 19.
37 Vgl. *Daschmann, H.-A.*, Erfolgsfaktoren mittelständischer Unternehmen, S. 93 ff.
38 Vgl. *Schmoll, A.*, Praxis der Kreditüberwachung, S. 113; *Hahn, D./Gräb, U.*, Erfolgsfaktoren und Wachstumsstrategien, S. 217; *Daschmann, H.-A.*, Er-

toren, die über den Erfolg oder Mißerfolg eines Unternehmens entscheiden.

Dies wurde auch durch mehrere empirische Untersuchungen zur Erfolgsfaktorenforschung bestätigt. Danach liegen die Krisen- und Insolvenzursachen überwiegend (91,4%) im Management begründet[39]. Auch *Mischon* und *Mortsiefer* kommen zu dem Schluß, daß die Mehrzahl von Unternehmenszusammenbrüchen durch individuelles Fehlverhalten und qualifikationsbedingte Probleme des Managements verursacht werden[40].

Wenn Unternehmenszusammenbrüche auf die Qualität des Managements zurückgeführt werden können, so kann also auch die These aufgestellt werden, daß der Unternehmenserfolg im wesentlichen durch die Unternehmensstrategie und die Qualität des Managements im Hinblick auf die schnelle Durchsetzung von Veränderungen bestimmt wird. Schließlich wird diese Auffassung auch in immer stärkerem Maße durch die Kreditinstitute vertreten, die bei ihren Unternehmensbeurteilungen zunehmend Strategien und Managementqualität der Schuldner überprüfen. „Die Beurteilung bzw. Einschätzung des Unternehmers bzw. des Managements [erfolgt] [. . .] nicht „nebenbei" [. . .], sondern bildet im Rahmen der laufenden Kreditüberwachung einen eigenen Beobachtungsbereich"[41]. Auch bei der Unternehmensbewertung soll die Managementqualifikation beurteilt werden.

Die bisherigen Ausführungen machen deutlich, daß der Unternehmenserfolg großteils durch qualitative Faktoren beeinflußt wird. Ob anhand von Jahresabschlüssen inklusive Lageberichten auf den zukünftigen Unternehmenserfolg geschlossen werden kann, hängt davon ab, wieweit Jahresabschlüsse und Lageberichte Informationen über die oben beschriebenen Erfolgsfaktoren enthalten.

---

folgsfaktoren mittelständischer Unternehmen, S. 92 f.; *Fell, M.*, Kreditwürdigkeitsprüfung, S. 213 und die dort angegebene Literatur.

39 Vgl. *Keiser, H.*, Betriebswirtschaftliche Analyse von Insolvenzen, S. 102 f. und S. 114; *Fischer, J. H.*, Computergestützte Analyse der Kreditwürdigkeit, S. 163.

40 Vgl. *Mischon, C./Mortsiefer, H.-J.*, Zum Stand der Insolvenzprophylaxe, S. 13 und S. 72.

41 *Schmoll, A.*, Praxis der Kreditüberwachung, S. 114; Hervorhebungen im Original wurden nicht übernommen.

3 Jahresabschluß und Lagebericht und die Erfolgsfaktoren des Unternehmens

31 Informationsgehalt des Jahresabschlusses

Welche Angaben über die Erfolgsfaktoren eines Unternehmens finden wir im Jahresabschluß? Aus dem vom Gesetzgeber verfolgten Zweck des Jahresabschlusses resultiert, welche Informationen ausgewiesen werden.

Aus § 264 Abs. 2 Satz 1 HGB ergibt sich, daß der Jahresabschluß einer Kapitalgesellschaft Rechenschaft über die Vermögens-, Finanz- und Ertragslage des Unternehmens geben soll. Die Aussagen des Jahresabschlusses beschränken sich demnach auf die drei Bereiche Vermögens-, Finanz- und Ertragslage. Informationen bezüglich des zukünftigen Unternehmenserfolges liefern Vermögens-, Finanz- und Ertragslage allerdings nur insoweit, als Vermögenswerte, finanzielle Mittel und Ertrag die Voraussetzung unternehmerischer Handlungen sind. Ohne Grundstücke, Gebäude, Maschinen und Anlagen sowie ohne monetäre Mittel kann in der Regel keine Geschäftätigkeit aufgenommen werden und damit kein Erfolg erzielt werden. Doch wie diese Werte eingesetzt werden, das heißt, ob ein Wertzuwachs oder Wertverlust erzielt wird, hängt von den Entscheidungen und Handlungen des Managements sowie von den Umweltfaktoren ab.

Da die Darstellung der Vermögens-, Finanz- und Ertragslage lediglich den Ausweis monetär erfaßbarer Tatbestände erfordert[42], werden qualitative Aspekte, wie z. B. die Qualität der Unternehmensführung, technologisches Know-how, die Marktstellung des Unternehmens oder die Branchenstruktur und -konjunktur, bei der Erstellung des Jahresabschlusses nicht berücksichtigt[43]. Aufgrund der Bedeutung dieser Einflußgrößen für den Unternehmenserfolg (Vgl. 2), ist dieser Umstand als eine gravierende Schwäche der Jahresabschlußanalyse einzustufen. Ein umfassendes Bild der totalen wirtschaftlichen Lage eines Unternehmens, insbesondere für zukünftige Zeiten, kann somit

---

42 Vgl. *Coenenberg, A. G.*, Jahresabschluß und Jahresabschlußanalyse, S. 483.
43 Vgl. *Baetge, J.*, Rating von Unternehmen, S. 1; *Coenenberg, A. G.*, Jahresabschluß und Jahresabschlußanalyse, S. 483; *Krebs, M.*, UNEX, S. 22.

nicht vermittelt werden. Es werden vielmehr nur Teilaspekte der wirtschaftlichen Lage offengelegt[44].

Hinzukommt, daß im Jahresabschluß das Unternehmensgeschehen vergangenheitsorientiert und stichtagsbezogen abgebildet wird[45]. Damit fehlt es den Informationen aus dem Jahresabschluß an Aktualität. Dieser Effekt wird noch verstärkt durch den Umstand, daß die Veröffentlichung des Abschlusses häufig erst einige Monate nach dem Bilanzstichtag erfolgt[46].

Prognosen über den Erfolg eines Unternehmens sind daher problematisch und nur unter der unrealistischen Annahme einer stetigen Unternehmens- und Umweltentwicklung möglich. Denn nur so können Tendenzen in der Vergangenheit in die Zukunft extrapoliert werden[47]. Doch dies entspricht in keiner Weise der Realität, die von Diskontinuitäten geprägt ist und einer zunehmend dynamischen Marktentwicklung unterliegt. Totale Markteinbrüche von heute auf morgen sind keine Seltenheit.

Aussagen über den zukünftigen Unternehmenserfolg allein auf der Grundlage konventioneller Jahresabschlußanalysen, die die Vermögens-, Finanz- und Ertragslage eines Unternehmens anhand von Kennzahlen oder Kennzahlensystemen analysieren, erscheinen aufgrund der angeführten Kritikpunkte und Schwächen der Kennzahlenanalyse[48] problematisch. Der berechtigte Wunsch, für künftige Perioden Anhaltspunkte über die Solvenz oder gar den wahrscheinlichen Gesamterfolg zu erhalten, kann durch eine Jahresabschlußanalyse kaum befriedigt werden.

Zwar kann die fehlende Aussagefähigkeit bezüglich der künftigen wirtschaftlichen Lage eines Unternehmens durch die Anwendung mathematisch-statistischer Verfahren (sogenannte moderne Bilanzanalyse) weitgehend überwunden werden[49], doch die fehlende Berücksichtigung der erfolgsbestimmenden qualitativen Faktoren bleibt weiterhin, da nicht alle Erfolgsfaktoren des berichterstattenden Unter-

---

44 Vgl. *Baetge, J.*, Rating von Unternehmen, S. 1.
45 Vgl. *Baetge, J.*, Rating von Unternehmen, S. 1; *Krebs, M.*, UNEX, S. 21.
46 Vgl. §§ 325, 326 HGB.
47 Vgl. *Coenenberg, A. G.*, Jahresabschluß und Jahresabschlußanalyse, S. 482; *Krebs, M.*, UNEX, S. 21.
48 Vgl. hierzu *Baetge, J.*, Objektivierung der Redepflicht, S. 10 f.
49 Vgl. *Baetge, J.*, Objektivierung der Redepflicht, S. 11 f.

nehmens ausgewiesen werden können oder dürfen[50]. So z. B. Komponenten des Firmenwertes wie die Qualität der Unternehmensführung, Organisation und Marktstellung[51].

Die „moderne" Bilanzanalyse kann wohl die Folgen z. B. mangelnder Managementqualität in Form permanenten Werteverzehrs verdeutlichen, nicht aber dessen Ursache. Somit kann sie auch keine Erfolgsprognosen abgeben. Sie analysiert Folgen und extrapoliert diese, aber definiert keine Erfolgsfaktoren.

„Über die Erfolgsfaktoren darf und soll [aber] der Lagebericht informieren"[52]. Angaben zur künftigen Entwicklung des Unternehmens und des Unternehmenserfolges finden sich demzufolge allenfalls im Lagebericht des Geschäftsberichtes[53].

32 Informationsgehalt des Lageberichtes

Nach § 289 HGB müssen mittelgroße und große Kapitalgesellschaften ihren Jahresabschluß um einen Lagebericht ergänzen[54], indem ein den tatsächlichen Verhältnissen entsprechendes Bild über den Geschäftsverlauf und die Lage des berichterstattenden Unternehmens vermittelt werden soll[55].

Wie der Jahresabschluß dient auch der Lagebericht dem Rechenschaftszweck[56]. Aufgabe des Lageberichts ist es, zum einen die Jahresabschlußinformationen bezüglich Vermögens-, Finanz- und Ertragslage zur (Gesamt-)Lage des Unternehmens zusammenzufassen (Verdichtung der Jahresabschlußinformationen) und zum anderen den Jahresabschluß zeitlich und sachlich zu ergänzen (Ergänzung der Jahresabschlußinformationen)[57].

---

50 Vgl. *Krumbholz, M.*, Die Qualität publizierter Lageberichte, S. 18.
51 Vgl. *Krumbholz, M.*, Die Qualität publizierter Lageberichte, S. 18 f.
52 *Krumbholz, M.*, Die Qualität publizierter Lageberichte, S. 19.
53 Vgl. *Baetge, J.*, Rating von Unternehmen, S. 1.
54 Kleine Kapitalgesellschaften müssen keinen Lagebericht aufstellen (vgl. *Baetge, J.*, Bilanzen, S. 637).
55 Vgl. § 289 Abs. 1 HGB; *Krumbholz, M.*, Die Qualität publizierter Lageberichte, S. 18.
56 Vgl. *Baetge, J./Fischer, T. R./Paskert, D.*, Der Lagebericht, S. 8.
57 Vgl. *Baetge, J.*, Bilanzen, S. 637; *Baetge, J./Fischer, T. R./Paskert, D.*, Der Lagebericht, S. 9 f.

Durch den Ausweis von Prognosen im sogenannten Prognosebericht wird der Jahresabschluß zeitlich ergänzt[58], da hiermit auch Informationen, die in die Zukunft gerichtet sind, einbezogen werden. Das ist vor dem Hintergrund, daß die wirtschaftliche (Gesamt-)Lage eines Unternehmens entscheidend von der künftigen Geschäftsentwicklung geprägt wird[59], erforderlich. Der Jahresabschluß legt dagegen nur Rechenschaft über bereits vergangene Geschäftstransaktionen ab.

Da der Lagebericht eine wirtschaftliche Beurteilung der gesamten Lage eines Unternehmens und nicht nur der in § 264 Abs. 2 Satz 1 HGB aufgeführten Teillagen verlangt, sollen hier, den Jahresabschluß in sachlicher Hinsicht ergänzend, auch qualitative Informationen (Organisationsstruktur des Unternehmens, Absatzlage, Personallage) einbezogen werden[60].

Die unter 31 geäußerte Kritik am Jahresabschluß hinsichtlich seiner Aussagekraft über den zukünftigen Unternehmenserfolg, könnte durch die zeitlichen und sachlichen Ergänzungen im Lagebericht zumindest ansatzweise behoben werden.

Im Fokus einer Diskussion über die sachliche und zeitliche Ergänzung des Jahresabschlusses durch den Lagebericht steht im folgenden der Prognosebericht, der nach § 289 Abs. 2 Nr. 2 HGB die voraussichtliche Entwicklung der Kapitalgesellschaft darzustellen hat. Die anderen Komponenten des Lageberichtes[61] (Wirtschaftsbericht [§ 289 Abs. 1 HGB], Nachtragsbericht [§ 289 Abs. 2 Nr. 1 HGB], F&E-Bericht [§ 289 Abs. 2 Nr. 3 HGB] und Zweigniederlassungsbericht [§ 289 Abs. 2 Nr. 4 HGB]) beziehen sich teilweise auf vergangene Ereignisse und haben nicht die unter 2 identifizierten wesentlichen Erfolgsfaktoren zum Inhalt.

Um beurteilen zu können, wieweit über die in 21 und 22 als erfolgsrelevant bezeichneten Einflußfaktoren Informationen im Prognosebericht ausgewiesen werden, ist zunächst der vom Gesetzgeber vorgeschriebene Mindestinhalt eines Prognoseberichtes zu untersuchen.

---

58 Vgl. *Baetge, J.*, Bilanzen, S. 637.
59 Vgl. *Krumbholz, M.*, Die Qualität publizierter Lageberichte, S. 19.
60 Vgl. *Baetge, J.*, Bilanzen, S. 637.
61 Vgl. *Baetge, J.*, Bilanzen, S. 641.

Das Unternehmen soll in diesem Berichtsteil, in Fortsetzung des Berichts nach § 289 Abs. 1 HGB[62], seine Erwartungen bezüglich des zukünftigen Geschäftsverlaufs offenlegen[63]. Aus diesem Grund sind die Berichtsbereiche des Prognoseberichtes (§ 289 Abs. 2 Nr. 2 HGB) auch mit denen nach § 289 Abs. 1 HGB identisch[64]. Im einzelnen sollen Angaben über die zukünftigen Rahmenbedingungen (gesamtwirtschaftliche Situation und Branchensituation) sowie über die prognostizierte Unternehmenssituation (z. B. Investitionen, Beschaffung, Umsatz, Absatz, Organisation und Verwaltung)[65] gemacht werden[66].

Trotz der im Vergleich zu § 289 Abs. 1 HGB weniger verbindlichen Formulierung „soll auch eingehen auf" (Soll-Vorschrift) in § 289 Abs. 2 HGB, besteht in der Regel die Pflicht zur Berichterstattung über die dort genannten Punkte. Diese Angaben können nur ausnahmsweise unterbleiben, z. B. wenn keines der in § 289 Abs. 2 HGB aufgeführten Ereignisse vorkommt[67] oder wenn es nichts (wesentliches) zu berichten gibt[68].

Doch allein die gesetzliche Verpflichtung zur Information über die oben genannten Sachverhalte im Lagebericht ist kein Garant dafür, daß die Ist-Berichterstattung mit der Soll-Berichterstattung übereinstimmt.

Die Lageberichterstattung erfährt eine Begrenzung, da es dem berichterstattenden Unternehmen ermöglicht wird, den Ausweis von Informationen zu unterlassen. Sind die Belange der berichterstattenden Gesellschaft so stark gefährdet, daß die Angaben im Lagebericht nach vernünftiger kaufmännischer Beurteilung geeignet wären, der berichterstattenden Gesellschaft einen erheblichen Nachteil zuzufü-

---

62 Nach § 289 Abs. 1 HGB sind aus Sicht des abgelaufenen Geschäftsjahres Angaben zum Geschäftsverlauf und zur Lage der Gesellschaft zu machen.
63 Vgl. *Baetge, J.*, Bilanzen, S. 643.
64 Vgl. *Baetge, J./Fischer, T. R./Paskert, D.*, Der Lagebericht, S. 41.
65 Vgl. *Baetge, J.*, Bilanzen, S. 647; *Baetge, J./Fischer, T. R./Paskert, D.*, Der Lagebericht, S. 41; *Kommission Rechnungswesen im Verband der Hochschullehrer für Betriebswirtschaft e. V.*, Reformvorschläge, S. 38 f.
66 Vgl. *Baetge, J.*, Bilanzen, S. 647.
67 So kann z. B. wenn wie im Handel keine Forschung und Entwicklung betrieben wird, auf die betreffenden Angaben verzichtet werden. Vgl. *Baetge, J.*, Bilanzen, S. 641.
68 Vgl. *Ludewig, R.*, Der Bestätigungsvermerk, S. 378 und S. 380; *Biener, H./Berneke, W.*, Bilanzrichtlinien-Gesetz, S. 276.

gen, sind Einschränkungen bzw. der Verzicht der Berichterstattung im Interesse des Unternehmens möglich[69].

„Dieses sogenannte Selbstschutzinteresse begrenzt vor allem Angaben im Forschungs- und Entwicklungsbericht sowie im Prognosebericht, wenn die Angaben zu Wettbewerbsnachteilen für das berichterstattende Unternehmen führen würden; etwa weil Konkurrenten im Lagebericht dargelegte Ziele und Maßnahmen des berichterstattenden Unternehmens bei ihrer eigenen Strategie berücksichtigen können"[70].

Vor diesem Hintergrund verwundert das Ergebnis einer Untersuchung zur Qualität publizierter Lageberichte von *Krumbholz*[71] nicht. „[Über] grundsätzlich berichtspflichtige Sachverhalte [wird] nicht oder nur unzureichend berichtet, [. . .]"[72]. Zudem unterscheiden sich die Angaben und Prognosen hinsichtlich ihrer Genauigkeit[73]. Die Unternehmen praktizieren also eine sehr restriktive Informationspolitik in ihren Lageberichten, um den Konkurrenten keinen Einblick in wettbewerbsrelevante Sachverhalte zu ermöglichen.

Abschließend ist festzustellen, daß trotz der theoretischen Ausweispflicht der für eine fundierte Vorhersage des künftigen Unternehmenserfolges unerläßlichen qualitativen Informationen, diese in der Praxis nicht bzw. nicht in ausreichendem Umfang durch den Lagebericht übermittelt werden. Somit ist mit Hilfe des Jahresabschlusses mit seinen Anhängen eine qualifizierte Antizipation des künftigen Unternehmenserfolges unmöglich.

4 Schlußfolgerung: Ein Performance-Audit als neue Informationshilfe?

Es wurde gezeigt, daß der Unternehmenserfolg entscheidend von Einflüssen aus der Unternehmensumwelt und der Qualität des Managements determiniert wird. Informationen über diese qualitativen Er-

---

69 Vgl. *Lätsch, R.*, Die Rechnungslegung, S. 305.
70 *Krumbholz, M.*, Die Qualität publizierter Lageberichte, S. 28. Hervorhebungen im Original wurden nicht übernommen.
71 Vgl. *Krumbholz, M.*, Die Qualität publizierter Lageberichte.
72 *Krumbholz, M.*, Die Qualität publizierter Lageberichte, S. V des Vorwortes.
73 Vgl. *Krumbholz, M.*, Die Qualität publizierter Lageberichte, S. V des Vorwortes.

folgsfaktoren übermitteln der Jahresabschluß und Lagebericht jedoch nicht. Dies ist zum einen auf die mit dem Jahresabschluß verfolgte divergierende Zwecksetzung und zum anderen auf die mangelnde Bilanzierungsfähigkeit bzw. Bilanzierungsverbote dieser Sachverhalte zurückzuführen. Auch der Lagebericht, der nach der Intention des Gesetzgebers genau diese Angaben enthalten sollte, hilft aufgrund der schlechten Qualität publizierter Lageberichte in der Praxis nicht weiter. Da die Analyse des Jahresabschlusses und Lageberichtes also nur einen Ausschnitt der für den Unternehmenserfolg ausschlaggebenden Faktoren umfaßt, kann eine Unternehmensanalyse, die sich primär auf diese beiden Quellen stützt, kein alles umfassendes Bild der totalen wirtschaftlichen Lage des Unternehmens geben. Die wirtschaftliche Lage wird nur partiell ausgewiesen[74]. Einem interessierten externen Adressaten ist es also nicht oder nur unter großen Mühen möglich, sich Zugang zu den für eine umfassende Unternehmensbeurteilung erforderlichen Informationen zu verschaffen.

Schließlich kann auch die permanente Weiterentwicklung und Verbesserung der Methoden der Jahresabschlußanalyse nichts daran ändern, daß nur quantitative, vergangenheitsorientierte Informationen aus dem Jahresabschluß gewonnen und ggf. extrapoliert werden können[75].

Eine ausschließlich auf quantitativen Faktoren basierende Unternehmensanalyse kann den heutigen Anforderungen an eine allumfassende Unternehmensanalyse jedoch nicht vollkommen gerecht werden[76]. Deutlich wird dies am Beispiel der Überwachung eines bestehenden Kreditengagements, die sich nicht nur auf die Jahresabschlüsse der Kreditnehmer stützen kann, sondern zusätzlich auf eine Reihe von Frühwarnindikatoren, die nicht aus der Bilanz zu entnehmen sind, zurückgreifen sollte, um die Bonitätsrisiken frühzeitig zu erkennen[77].

Die nahezu ausschließliche Fokussierung auf quantitative Jahresabschlußanalysen zur Beurteilung des wahrscheinlichen künftigen Unternehmenserfolges oder -mißerfolges erscheint daher nicht gerechtfertigt und der falsche Ansatzpunkt zu sein.

---

74 Vgl. *Baetge, J.,* Rating von Unternehmen, S. 1.
75 Vgl. *Fell, M.,* Kreditwürdigkeitsprüfung, S. 198.
76 Vgl. *Krebs, M.,* UNEX, S. 23.
77 Vgl. *Schmoll, A.,* Praxis der Kreditüberwachung, S. 136.

Und trotzdem kommt den quantitativen Jahresabschlußanalysen nach wie vor eine Schlüsselrolle zu, insbesondere wenn statistisch gesicherte Aussagen zur Insolvenzwahrscheinlichkeit machbar sind. Es muß sich einem aber gerade der Verdacht aufdrängen, daß die übliche Bevorzugung der quantitativen Analyse auf Basis des Jahresabschlusses und des Lageberichtes, ähnlich wie eine Aktennotiz, eine Art Bedürfnis nach einem „Angstpapier" darstellt, da man sich ja bei der Analyse objektiver nach allgemeinen Regeln und Gesetzen aufgestellter Zahlen bedienen kann und kein subjektives Urteil fällen muß. Mit der Vorlage einer solchen Analyse erscheint man immer unangreifbar. Viel größer sind die Risiken, wenn ein Analyst auch die Persönlichkeit und die Qualität eines Managers beurteilen sollte und sie als eigentlich erfolgsbestimmende Größen bewerten müßte. So ist es verständlich, wenn der Analyst auf gesichertem Boden vermeintlich sicherer quantitativer Größen bleiben will.

Welche Konsequenzen können nun aus den gewonnenen Erkenntnissen abgeleitet werden? Geht man davon aus, daß Informationen über die Qualität des Managements und die Einflußfaktoren aus der Unternehmensumwelt den Unternehmenserfolg entscheidend mitbeeinflussen und deshalb bei einer Unternehmensanalyse nicht vernachlässigt werden dürfen, stehen verschiedene Alternativen zur Überwindung der Schwächen quantitativer Unternehmensanalysen zur Verfügung.

Zu denken wäre beispielsweise an eine Erweiterung des Jahresabschlusses um qualitative Aspekte. Dem könnte jedoch die Gefahr einer Überfrachtung des Jahresabschlusses entgegenstehen. Zu überprüfen ist weiterhin, ob eine Aufnahme zusätzlicher Informationen mit dem durch den Gesetzgeber intendierten Zweck des Jahresabschlusses in Einklang steht. Daneben besteht die Möglichkeit, sicherzustellen, daß die nach dem Gesetz im Lagebericht auszuweisenden qualitativen Informationen auch tatsächlich dort ausgewiesen werden.

Eine zeitgemäße Lösung könnte ein Performance-Audit darstellen, dem sich eine Unternehmung unterwerfen kann. So wie heute Qualitätsaudits (ISO 9000) oder Umweltaudits allgemein akzeptiert sind, könnte es auch ein Performance-Audit sein, das darauf abzielen sollte, die qualitativen Erfolgsfaktoren für ein Unternehmen zu definieren und den Grad ihrer Ausprägung im spezifischen Unternehmen zu testieren. Wichtig wäre, daß ein solches Performance-Audit nicht wie das Qualitätsaudit Schwerpunkte in formalen Regelungen und Vorgängen sucht. Es könnte eine reizvolle Aufgabe für die Wissenschaft sein, Kriterien für ein solches Audit zu entwickeln, Prüferqualifikationen zu definieren und formale Regelungen zu entwerfen, um eine allgemeine möglichst internationale Akzeptanz zu erhalten.

Der Vorteil eines solchen Audits wäre das Vermeiden einer weiteren Überfrachtung des Jahresabschlusses einerseits und die Minderung der Einseitigkeit in der Betrachtung rein quantitativer Daten andererseits. So wie ein Unternehmen mit der erfolgreichen Zertifizierung nach ISO 9000 für sich in Anspruch nehmen kann, als Hersteller zu gelten, der nach dem heute geltenden Produktions- und Qualitätsstandard produziert, so könnte das nach dem Performance-Audit zertifizierte Unternehmen das Ansehen genießen, die erfolgsrelevanten Einflußgrößen bestmöglich zu nutzen. Ähnlich kann auch das Bankenrating durch Rating-Agenturen wie Standard & Poor's oder Moody's gesehen werden. Wenn ein entsprechendes Testat global oder graduell erteilt wäre, würde auch vermieden werden, daß ein Unternehmen in einem freimütigen Lagebericht Informationen auch an Wettbewerber geben müßte.

Der steigende Bedarf der Interessenten nach einer möglichst sicheren Information über die Wahrscheinlichkeit des künftigen Bestehens, Wachsens und Verhaltens von Unternehmen ist verständlich. Moderne Jahresabschlußanalysen, insbesondere auf statistischer Basis, sind notwendig, sie ersetzen aber nie das eigene Urteil des Interessenten. Schnell können sie aber auch den guten Glauben an die Zukunft eines Unternehmens gefährden, allein weil der wissenschaftliche Hintergrund schnell vergessen lassen kann, daß die qualitativen Erfolgsfaktoren oft wirksamer sind als die Fortschreibung der Vergangenheit. Eine sinnvolle Ergänzung zur Beurteilung der Möglichkeiten des künftigen Erfolges einer Unternehmung könnte vielleicht das vorgeschlagene Performance-Audit mit einer Bewertung qualitativer Komponenten darstellen.

Auch ein weiteres Zertifikat wird uns nicht den Schleier der Zukunft lüften lassen können. Das Zertifikat wird auch nur so gut sein können wie die Prüfer und ihre Vorgaben. Es bleibt auch abzuwägen, ob die Vorteile eines neuen Audits tatsächlich die Nachteile der Beengung durch neue Bewertungsregeln für wirtschaftliches Handeln aufwiegen. Vielleicht sollten die an den Aussagen Interessierten ganz generell viel weniger auf ,,Angstpapiere" vertrauen, als auf eigene risikobehaftete also unternehmerische Wertungen[78].

---

[78] Der Autor dankt Frau Diplom-Kauffrau Petra Eichhorn für die Unterstützung bei der Literaturzusammenstellung, für die kritische Durchsicht und Diskussionsbereitschaft.

Literaturverzeichnis

Adrian, Wolfgang, Strategische Unternehmensführung und Informationssystemgestaltung auf der Grundlage kritischer Erfolgsfaktoren: ein anwendungsorientiertes Konzept für mittelständische Unternehmen, Bd. 22 der Schriftenreihe „Planung, Information und Unternehmungsführung", Bergisch Gladbach/Köln 1989 (Zugl. Diss., Universität Bern 1987) (Strategische Unternehmensführung).

Baetge, Jörg, Möglichkeiten der Objektivierung des Jahreserfolges, Bd. 2 der „Schriftenreihe des Instituts für Revisionswesen der Westfälischen Wilhelms-Universität Münster", Düsseldorf 1970 (Zugl. Diss., Universität Münster 1968).

Baetge, Jörg, Rating von Unternehmen anhand von Bilanzen, in: WPg 1994, S. 1–10 (Rating von Unternehmen).

Baetge, Jörg, Möglichkeiten der Objektivierung der Redepflicht nach § 321 Abs. 1 Satz 4 und Abs. 2 HGB, Sonderdruck aus „Internationale Wirtschaftsprüfung", Festschrift für Havermann, hrsg. v. Lanfermann, Josef, Düsseldorf 1995 (Objektivierung der Redepflicht).

Baetge, Jörg, Bilanzen, 4. Aufl., Düsseldorf 1996.

Baetge, Jörg/Fischer, Thomas R./ Paskert, Dierk, Der Lagebericht: Aufstellung, Prüfung und Offenlegung, Schriftenreihe der Betrieb, Stuttgart 1989 (Der Lagebericht).

Baetge, Jörg/Hüls, Dagmar/Uthoff, Carsten, Früherkennung der Unternehmenskrise, in: Forschungsjournal der Westfälischen Wilhelms-Universität, 4. Jg., Heft 2, 1995, S. 21–29.

Biener, Herbert/Berneke, Wilhelm, Bilanzrichtlinien-Gesetz, Textausgabe des Bilanzrichtlinien-Gesetzes vom 19.12.1985 (Bundesgesetzblatt I, S. 2355), mit Bericht des Rechtsausschusses des Deutschen Bundestages, Regierungsentwürfe mit Begründung, EG-Richtlinien mit Begründung, Entstehung und Erläuterung des Gesetzes, unter Mitwirkung v. Niggemann, Karl Heinz, Düsseldorf 1986 (Bilanzrichtlinien-Gesetz).

Buzzell, Robert D./Gale Bradley T., The PIMS Principles, Linking Strategy to Performance, New York 1987 (The PIMS Principles).

Coenenberg, Adolf Gerhard, Jahresabschluß und Jahresabschlußanalyse: betriebswirtschaftliche, handels- und steuerrechtliche Grundlagen, 15. Aufl., Landsberg am Lech 1994.

Corsten, Hans (Hrsg.), Lexikon der Betriebswirtschaftslehre, 3. Aufl., München/Wien 1995.

Daschmann, Hans-Achim, Erfolgsfaktoren mittelständischer Unternehmen: ein Beitrag zur Erfolgsfaktorenforschung, Stuttgart 1994 (Zugl. Diss., Universität München) (Erfolgsfaktoren mittelständischer Unternehmen).

Elmendorff, Wilhelm, Erkenntniswert des Jahresabschlusses und Aussagewert des Bestätigungsvermerkes, in: Wirtschaftsprüfung, Rechnungslegung und Besteuerung, Vorträge und Diskussionen der Münchner Fachtagung des Instituts der Wirtschaftsprüfer 1950, Schriftenreihe des Instituts der Wirtschaftsprüfer, Bd. 1, Düsseldorf 1950 (Erkenntniswert).

Fell, Markus, Kreditwürdigkeitsprüfung mittelständischer Unternehmen: Entwicklung eines neuen Ansatzes auf der Basis von Erfolgsfaktoren, Wiesbaden 1994 (Zugl. Diss., Universität Passau 1993) (Kreditwürdigkeitsprüfung).

Fischer, Jürgen H., Computergestützte Analyse der Kreditwürdigkeit auf Basis der Mustererkennung, Düsseldorf 1981 (Computergestützte Analyse der Kreditwürdigkeit).

Göttgens, Olaf, Erfolgsfaktoren in stagnierenden und schrumpfenden Märkten: Instrumente einer erfolgreichen Unternehmenspolitik, Bd. 169 der Schriftenreihe „Neue betriebswirtschaftliche Forschung", Wiesbaden 1996 (Zugl. Diss., Universität Saarbrücken 1995) (Erfolgsfaktoren).

Hahn, Dieter/Gräb, Ulrich, Erfolgsfaktoren und Wachstumsstrategien erfolgreicher mittelständischer Unternehmungen in der Bundesrepublik Deutschland und Großbritannien – Ergebnisbericht einer empirischen Studie, in: Führungsorganisation und Technologiemanagement, Festschrift für Hoffmann, hrsg. v. Bühner, Rolf, Berlin 1989 (Erfolgsfaktoren und Wachstumsstrategien).

Hertenstein, Karl-Heinz/Reuter, Arnold, Risikosteuerung im Kreditgeschäft mit Branchenprognosen, in: Betriebswirtschaftliche Blätter 1985, S. 361–368 (Risikosteuerung im Kreditgeschäft).

Keiser, Horst, Betriebswirtschaftliche Analyse von Insolvenzen bei mittelständischen Einzelhandlungen, Köln, Opladen 1966 (Betriebswirtschaftliche Analyse von Insolvenzen).

Kommission Rechnungswesen im Verband der Hochschullehrer für Betriebswirtschaft e. V., Reformvorschläge zur handelsrechtlichen Rechnungslegung, in: DBW 1979, S. 1–70 (Reformvorschläge).

Krebs, Mathias, UNEX: ein Expertensystem für quantitative und qualitative Unternehmensanalyse, Bd. 1199 der Schriftenreihe „Europäische Hochschulschriften: Reihe 5 Volks- und Betriebswirtschaft", Frankfurt am Main, Bern, New York, Paris 1991 (Zugl. Diss., Universität Mannheim 1991) (UNEX).

Krumbholz, Marcus, Die Qualität publizierter Lageberichte: ein empirischer Befund zur Unternehmenspublizität, Düsseldorf 1994 (Zugl. Diss., Universität Münster 1994) (Die Qualität publizierter Lageberichte).

Lätsch, Roland, Die Rechnungslegung nach dem neuen Bilanzrichtlinien-Gesetz: das Handbuch für die Praxis, 2. Aufl., Freiburg im Breisgau 1987 (Die Rechnungslegung).

Leffson, Ulrich, Erkenntniswert des Jahresabschlusses und Aussagewert des Bestätigungsvermerks, in: WPg 1976, S. 4–9 (Erkenntniswert des Jahresabschlusses).

Lehner, Franz von, Die Erfolgsfaktoren-Analyse in der betrieblichen Informationsverarbeitung, Anspruch und Wirklichkeit, in: ZfB 1995, S. 385–409 (Die Erfolgsfaktoren-Analyse).

Leidecker, Joel K./Bruno, Albert V., Identifying and Using Critical Success Factors, in: Long Range Planning, Vol. 17, No. 1, 1984, S. 23–32 (Critical Success Factors).

Ludewig, Rainer, Der Bestätigungsvermerk gemäß § 322 HGB im Hinblick auf den Lagebericht, in: WPg 1986, S. 377–380 (Der Bestätigungsvermerk).

Macharzina, Klaus, Unternehmensführung: das internationale Managementwissen; Konzepte – Methoden – Praxis, Wiesbaden 1993 (Unternehmensführung).

Mischon, Claudia/Mortsiefer, Hans-Jürgen, Zum Stand der Insolvenzprophylaxe in mittelständischen Betrieben: eine empirische Analyse, Göttingen 1981 (Zum Stand der Insolvenzprophylaxe).

Nagel, Kurt, Die 6 Erfolgsfaktoren des Unternehmens: Strategie, Organisation, Mitarbeiter, Führungssystem, Informationssystem, Kundennähe, 4. Aufl., Landsberg am Lech 1991 (Die 6 Erfolgsfaktoren des Unternehmens).

Peters, Thomas J./Waterman, Robert H., Auf der Suche nach Spitzenleistungen: Was man von den bestgeführten US-Unternehmen lernen kann, 15. Aufl., Landsberg am Lech 1993 (Auf der Suche nach Spitzenleistungen).

Porter, Michael E., Wettbewerbsstrategie: Methoden zur Analyse von Branchen und Konkurrenten, 6. Aufl., Frankfurt am Main/ New York 1990 (Wettbewerbsstrategie).

Schefczyk, Michael, Kritische Erfolgsfaktoren in schrumpfenden Branchen: dargestellt am Beispiel der Gießerei-Industrie, Stuttgart 1994 (Zugl. Diss., Technische Hochschule Aachen 1994) (Kritische Erfolgsfaktoren).

Schmoll, Anton, Praxis der Kreditüberwachung: Ertragssteigerung durch effiziente Risikoreduzierung, Wiesbaden 1991 (Praxis der Kreditüberwachung).

Staehle, Wolfgang H., Funktionen des Managements: eine Einführung in einzelwirtschaftliche und gesamtwirtschaftliche Probleme der Unternehmensführung, 3. Aufl., Bern/Stuttgart 1992 (Funktionen des Managements).

Staehle, Wolfgang H., Management: eine verhaltenswissenschaftliche Perspektive, 7. Aufl., München 1994 (Management).

Stibi, Bernd, Statistische Jahresabschlußanalyse als Instrument der steuerlichen Betriebsprüfung: Entwicklung eines Indikators für die Auswahl prüfungsbedürftiger Betriebe auf der Basis von Jahresabschlüssen, Düsseldorf 1994 (Zugl. Diss., Universität Münster 1994) (Statistische Jahresabschlußanalyse).

Thomas, Philip S., Environmental Analysis for Corporate Planning, in: Business Horizons, Vol. 17, No. 5, 1974, S. 27–38 (Environmental Analysis).

Helmut Koch

Lageberichterstattung und inflationäre Preissteigerungen

1 Einleitung

2 Die Konzeption der an der Substanzerhaltung orientierten Erfolgsrechnung und ihre Problematik

3 Die Konzeption der „realen Kapitalerhaltung" und ihre Problematik

4 Die Konzeption der synchronen Erfolgsrechnung

5 Schluß

em. Univ.-Prof. Dr. Dr. h.c. Helmut Koch
Westfälische Wilhelms-Universität Münster

1 Einleitung

(1) Dieser Beitrag knüpft an ein spezielles Interessengebiet des Jubilars an, auf dem er mit verdienstvollen Untersuchungen hervorgetreten ist: Den Grundsätzen ordnungsmäßiger „Lageberichterstattung"[1]. Im § 264 des HGB ist u. a. vorgeschrieben, daß die großen und mittelgroßen Kapitalgesellschaften zusätzlich zum Jahresabschluß einen „Lagebericht" aufzustellen haben. Diese Vorschrift geht auf den § 160 des Aktiengesetzes von 1965 zurück. Sie umfaßt teils eine Erläuterung bzw. Ergänzung des Jahresabschlusses, teils eine Vorausschau hinsichtlich der Entwicklung der Gesellschaft und sonstige für die Beurteilung der künftigen Entwicklung des Unternehmens wichtige Angaben (§ 289 HGB Abs. 2 Nr. 2), wie z. B. die organisatorische Struktur des Unternehmens, Absatzlage und Personalverhältnisse[2].

Die Untersuchung beschränkt sich auf jenen Teil, der die Verdichtung und Ergänzung des Jahresabschlusses darstellt. *Adolf Moxter* interpretiert ihn in dem Sinne, daß berichtende Unternehmen den Adressaten einen historischen Abriß über die Entwicklung der Gesellschaft in der vergangenen Periode und über die Ursachen, die zu ihrer Entwicklung geführt haben, geben[3]. Mit ihr stellt sich der Praxis und Wissenschaft die Herausforderung, analog zu den Grundsätzen ordnungsmäßiger Buchführung und Bilanzierung zusätzlich eigenständige Grundsätze ordnungsmäßiger Lageberichterstattung zu entwickeln. Durch diese sollen die Lageberichte normiert und (i. S. der Nachprüfbarkeit) objektiviert werden.

---

1 Vgl. *Baetge, J./Krumbholz, M.*, in HdR Ia, 4. Aufl., Grundsätze ordnungsmäßiger Lageberichterstattung, S. 175 ff.; *Baetge, J./Hüls, D./Uthoff, C.*, Früherkennung der Unternehmenskrise, S. 21 ff.; *Baetge, J./Jerschensky, A.*, Bilanzbonitäts-Rating von Unternehmen, S. 1581 ff.; *Baetge, J./Fischer, T. R./Paskert, D.*, Der Lagebericht, S. 16 ff.; siehe auch: *Ludewig, R.*, Gedanken zur Ausgestaltung des Prüfungsberichts, S. 337 ff., insb. S. 339 ff.

2 Vgl. *Clemm, H./Reittinger, W.*, Die Prüfung des Lageberichts, S. 493 ff.

3 Vgl. *Moxter, A.*, Bilanzlehre, S. 108 und S. 453 ff.; *Moxter, A.*, Fundamentalgrundsätze ordnungsmäßiger Rechenschaft, S. 87 ff.; *Adler, H./Düring, W./Schmaltz, K.*, 5. Aufl., § 289 HGB. Siehe u. a. *Streim, H.*, Zum Stellenwert des Lageberichts, S. 703 ff.; *Schildbach, T./Beermann, M./Feldhoff, M.*, Lagebericht und Publizitätspraxis der GmbH, S. 2297 ff.

Die Grundsätze ordnungsmäßiger Lageberichterstattung (GOL) tragen dazu bei, daß für die externen Bilanzinteressenten brauchbare und hinreichend zuverlässige Informationsunterlagen für eine zutreffende Beurteilung der Lage des Unternehmens bereitgestellt werden[4].

Daher ist es für ihre Bildung wichtig, auf die Erkenntnisse der betriebswirtschaftlichen Bilanztheorie zurückzugreifen. Demgemäß seien im folgenden bei der Bildung der Grundsätze ordnungsmäßiger Lageberichterstattung betriebswirtschaftliche Überlegungen in den Vordergrund gestellt.

Bisher sind an Grundsätzen ordnungsmäßiger Lageberichterstattung, soweit es der Verfasser übersieht, auf deduktivem Wege fast nur allgemeine Rahmengrundsätze aufgestellt worden. So finden sich in den Veröffentlichungen des Jubilars die zentralen Prinzipien der[5]

– Vollständigkeit: Es sollen sämtliche zur sachgerechten Lagebeurteilung erforderlichen Informationen, soweit sie sich aus dem Jahresabschluß herleiten lassen, bereitgestellt werden.

– Richtigkeit: Die für die Lagebeurteilung gemachten Angaben sollen eine wirklichkeitsgetreue Lagebeurteilung zulassen.

– Klarheit: Die zur Lagebeurteilung erforderlichen Informationen sollen eindeutig und klar strukturiert sein.

Krumbholz hat sie um weitere Rahmenprinzipien mit flankierender Bedeutung ergänzt[6].

Zur Umsetzung eines jeden dieser Rahmengrundsätze aber bedarf es zusätzlich konkreter, d. h. auf einzelne Punkte der Lageberichterstattung speziell zugeschnittener *„Einzelgrundsätze"* ordentlicher Lageberichterstattung. Den Hintergrund der folgenden Untersuchung bildet allein die Konkretisierung des *Rahmengrundsatzes der Richtigkeit* mit Hilfe von Einzelgrundsätzen.

(2) Das Anliegen dieser Untersuchung betrifft die Frage: Welcher Einzelgrundsatz ordnungsmäßiger Lageberichterstattung ist aus dem

---

4 Siehe u. a. *Streim, H.*, Zum Stellenwert des Lageberichts, S. 703 ff.; *Schildbach, T./Beermann, M./Feldhoff, M.*, Lagebericht und Publizitätspraxis der GmbH, S. 2297 ff.

5 Vgl. *Baetge, J./Fischer, T. R./Paskert, D.*, Der Lagebericht, S. 16 ff.

6 Vgl. *Krumbholz, M.*, Die Qualität publizierter Lageberichte, S. 19 ff.

Richtigkeitsprinzip hinsichtlich der Bewertung der zur Erfolgserzielung eingesetzten Faktor- und Materialmengen bei inflationären Preissteigerungen zu bilden?

Der offizielle Jahresabschluß führt hier bekanntlich nicht zur „richtigen", d. h. die Lage des Unternehmens tatsachengemäß wiedergebenden Erfolgsziffer. Denn er baut primär auf dem Realisationsprinzip auf[7]. Dieses aber ist ob seiner Orientierung an der Ausschüttungsbegrenzung bei fortgesetzten Preissteigerungen im Zeitablauf notwendig an das Nominalprinzip gebunden: Es schreibt stets den Ansatz historischer Anschaffungspreise vor. Denn der handelsrechtliche Gesetzgeber hat die Möglichkeit geschaffen, die in den Jahresabschlüssen ausgewiesenen Gewinnziffern durch Bildung und Auflösung von offenen oder stillen Rücklagen zeitlich zu verschieben. Diese Möglichkeit aber läßt sich im Einklang mit dem Realisationsprinzip nur dann ausschöpfen, wenn im Jahre der Bildung einer stillen Rücklage durch Unterbewertung eines Sachaktivums und im Jahre der vollen Auflösung dieser Rücklage von dem gleichen Anschaffungsausgabenbetrag des Aktivums ausgegangen wird.

Demgegenüber ist aus dem Rahmengrundsatz der Richtigkeit der Lageberichterstattung zu folgern, daß bei fortgesetzten Preissteigerungen in der Jahreserfolgsrechnung die aufgewendeten Güter mit fiktiven gegenwartsnahen Anschaffungspreisen angesetzt werden. Denn nach einhelliger Auffassung läßt sich die wirtschaftliche Lage des Unternehmens im abgelaufenen Geschäftsjahr bei Preissteigerungen nur durch eine auf gegenwartsbezogene Anschaffungspreise aufbauende Jahreserfolgsziffer wirklichkeitsgetreu wiedergeben. Es bedarf somit hinsichtlich der Berücksichtigung inflationärer Preissteigerungen eines gesonderten Grundsatzes ordnungsmäßiger Lageberichterstattung, der die Bewertung der Aufwandsgütermengen zu gegenwartsnahen Anschaffungspreisen vorschreibt.

Dies bedeutet: Der den Jahresabschluß erläuternde Teil des Lageberichts muß sich, soweit es die Bewertung des Umsatzaufwands betrifft, von der nominellen Bewertung im handelsrechtlichen Jahresabschluß lösen und mit fiktiven gegenwartsnahen Beschaffungspreisen arbeiten. Dies ist natürlich nur in Form einer Neben-Erfolgsrechnung

---

7 Siehe u. a. *Schneider, D.,* Realisationsprinzip und Einkommensbegriff, S. 101 ff.

außerhalb des offiziellen Jahresabschlusses möglich. Für die Lageberichterstattung gilt es also, aufgrund der Unterschiedlichkeit der Informationszwecke andere Bewertungsgrundsätze zu bilden als für die Aufstellung des Jahresabschlusses.

(3) Nun ist aber die Frage kontrovers, in welcher Höhe die dem Umsatzaufwand zugrunde zu legenden gegenwartsnahen Beschaffungspreise anzusetzen sind. Und zwar werden in der Literatur vorgeschlagen: Der Wiederbeschaffungspreis im künftigen Zeitpunkt der Wiederbeschaffung, der Wiederbeschaffungspreis am Bilanzstichtag, der Wiederbeschaffungspreis am Umsatztag sowie der Wiederbeschaffungspreis im Zeitpunkt des Verbrauchs. Zur Diskussion über diese Frage soll die vorliegende Arbeit beitragen. Unser Problem lautet also: Wie ist der Einzelgrundsatz des Ansatzes gegenwartsnaher Anschaffungspreise konkret zu interpretieren?

(4) Im folgenden seien lediglich drei konträre Auffassungen diskutiert: Die beiden weitverbreiteten Konzeptionen der substanzerhaltungsorientierten Erfolgsrechnung und der an der realen Kapitalerhaltung orientierten Erfolgsrechnung sowie die vom Verfasser entwickelte Theorie der synchronen Erfolgsrechnung. Es sei untersucht, welche von diesen drei Konzeptionen für die Formulierung des Einzelgrundsatzes der Bewertung zu gegenwartsnahen Anschaffungspreisen als Basis der Lageberichterstattung am brauchbarsten ist.

2 Die Konzeption der an der Substanzerhaltung orientierten Erfolgsrechnung und ihre Problematik

(1) Als erstes sei die Konzeption der an der Substanzerhaltung orientierten Erfolgsrechnung betrachtet. Sie weist verschiedene Versionen auf. Wir wollen uns auf die im In- und Ausland am weitesten verbreitete Version, nämlich auf die Theorie der reproduktiven „Netto-Substanzerhaltung" beschränken. Diese ist durch folgende Grundmerkmale gekennzeichnet[8]:

---

8 Übersichtsweise Darstellungen bieten u. a. *Hax, K.*, Die Substanzerhaltung der Betriebe; *Seicht, G.*, Die kapitaltheoretische Bilanz; *Schildbach, T.*, Geldentwertung und Bilanz; *Börner, D.*, Kapitalerhaltung und Substanzrechnung, Sp. 2096 ff.; *Moxter, A.*, Betriebswirtschaftliche Gewinnermittlung; *Coenenberg, A. G.*, Jahresabschluß und Jahresabschlußanalyse; *Schildbach, T.*, Substanz- und Kapitalerhaltung, Sp. 1888 ff.; *Zwehl, W. von*, Die Substanzerhal-

(a) Erstens: Den Ausgangspunkt bildet der Gedanke, daß es ein wichtiges Ziel der Unternehmensleitung sei, den zur Gewinnerzielung bereitgestellten Bestand an Produktionsgütern (das sind z. B. Grundstücke, Maschinen, Vorräte und dgl.) auch in Zukunft zu erhalten. Dafür dürften die jährlichen Ausschüttungen an die Anteilseigner auch bei Preissteigerungen der Einsatzgüter nicht zu Lasten der Unternehmenssubstanz gehen. Demgemäß wird der Jahreserfolg als jener Jahresertragsüberschuß definiert, der sich als Rest ergibt, nachdem die Erhaltung des am Anfang des Jahres vorhandenen Bestandes an Produktionsgütern sichergestellt ist. Erreicht werde die Erhaltung der Anfangssubstanz durch die Bewertung des im Rechnungsjahr erfolgten Faktoreinsatzes zu den Wiederbeschaffungspreisen im künftigen Wiederbeschaffungszeitpunkt. Dadurch fällt der Substanzerhaltungsgewinn bei Preissteigerungen niedriger aus als der nominelle Jahresgewinn.

Dieser an der reproduktiven Substanzerhaltung orientierte Jahreserfolgsbegriff setzt natürlich voraus, daß die künftig zu beschaffenden Ersatzanlagen mit den im Rechnungsjahr genutzten Altanlagen qualitativ und quantitativ identisch sind. Dies wiederum impliziert, daß das Produktprogramm des Unternehmens im Zeitablauf stets gleich bleibt. Auch darf das Fertigungsverfahren keinerlei technischen Fortschritt aufweisen. Insgesamt wird also in der Konzeption der reproduktiven Substanzerhaltung vorausgesetzt, daß das Unternehmen entlang der Zeitachse völlig stationär verläuft.

Man will dadurch die bei künftigen Ersatzbeschaffungen auftretende sog. ,,inflatorische Finanzlücke" schließen. Diese, so meinen die Vertreter der Substanzerhaltungstheorie, entsteht bei der nominellen Erfolgsrechnung. Denn hier stünde für die Ersatzbeschaffung der Anlagen von beispielsweise DM 10 Mio. bei voller Ausschüttung der Jahresgewinne nur die niedrigere Summe der nominellen Abschreibungen von z. B. DM 6 Mio. zur Verfügung. Diese reiche für die interne Finanzierung der Ersatzinvestitionen nicht aus.

---

tung als Minimalziel, S. 175 ff.; *Wenger, E.*, Unternehmenserhaltung und Gewinnbegriff. Zur Kontroverse zwischen Brutto- und Nettosubstanzerhaltung siehe u. a. *Sieben, G.*, Kritische Würdigung der externen Rechnungslegung, S. 153 ff. Aus der anschließenden Podiumsdiskussion siehe insb. die Beiträge von *Schwantag, K.*, S. 174 f.; *Sieben, G.*, S. 178 f.; *Forster, K.-H.*, S. 179 f.; *Hax, K.*, S. 182 f.; *Sieben, G.*, S. 183.

(b) Zweitens: In der Nebenerfolgsrechnung wird der Abschreibungsaufwand bei Preissteigerungen im Prinzip auf der Basis des Wiederbeschaffungspreises berechnet, der im Zeitpunkt der künftigen Ersatzinvestition mutmaßlich zu zahlen ist. Und auch der Verbrauch an Rohstoffen wird grundsätzlich zum höheren Wiederbeschaffungspreis angesetzt.

In der Praxis wird freilich einfachheitshalber anstelle der Wiederbeschaffungskosten auf die Beschaffungspreise des jeweiligen Bilanzstichtages zurückgegriffen. In diesem Falle aber sind bei den abnutzbaren Produktionsanlagen zusätzlich *Nachholabschreibungen* anzusetzen. Dadurch wird bewirkt, daß die in den vergangenen Perioden vorgenommenen Abschreibungen an die fortgesetzt steigenden Wiederbeschaffungspreise angepaßt werden. Damit soll erreicht werden, daß aus den insgesamt kumulierten Abschreibungen die Ersatzbeschaffung finanziert werden kann. Ohne die Nachholabschreibungen läßt sich bei fortgesetzten Preissteigerungen die inflationsbedingte Finanzlücke bei der Beschaffung der Ersatzanlage nicht schließen. Ein Beispiel hierzu:

Beispiel der Berechnung von Nachholabschreibungen

Ausgangsdaten:
Tatsächlicher Anschaffungspreis eines im
Rechnungsjahr genutzten Anlagenaggregates: DM 80 000
Nutzungsdauer: 4 Jahre
Jährliche Preissteigerung: DM 20 000
Wiederbeschaffungspreis nach 4 Jahren: DM 160 000
Abschreibungsmethode: linear

Die Anlage, so wird unterstellt, ist vollständig eigenfinanziert. Aus dem folgenden Abschreibungstableau ergibt sich die Höhe der Nachholabschreibungen von insgesamt DM 30 000:

Tableau zur Berechnung der Nachholabschreibungen

	Ende 1. Jahr	Ende 2. Jahr	Ende 3. Jahr	Ende 4. Jahr
Wiederbeschaffungspreis am Bilanzstichtag	100 000	120 000	140 000	160 000
Abschreibung auf den Bilanzstichtag	25 000	30 000	35 000	40 000
Nachholabschreibung		5 000	5 000 5 000	5 000 5 000 5 000
Jahresabschreibungsbetrag	25 000	35 000	45 000	55 000
Kumulierte Abschreibungen	25 000	60 000	105 000	160 000

(c) Drittens: Inflationäre Preissteigerungen wirken sich auch auf die Geldposten der Bilanz aus. Hier weisen bei permanenter Geldwertverschlechterung die Forderungen im Zeitpunkt ihrer Begleichung Inflationsverluste, die Verbindlichkeiten dagegen Inflationsgewinne auf. Man denke an den alten Grundsatz: In Inflationszeiten muß man Schulden machen, damit man sie in schlechterem Geld zurückzahlen kann. Geht man davon aus, daß Geschäftsforderungen und Geschäftsverbindlichkeiten in etwa gleich hoch sind, bleiben noch die Finanzverbindlichkeiten. Um die hierbei auftretenden Inflationsgewinne ist der Substanzerhaltungsgewinn zu kürzen. Würde man sich nämlich auf die Hinaufbewertung der Abschreibungen und des Rohstoffverbrauchs beschränken, so würde sich bei voller Gewinnausschüttung wegen der Schuldnergewinne keine Erhaltung, sondern eine Erhöhung der Unternehmenssubstanz ergeben.

(2) Aus diesem Grunde wird heutzutage durchweg die Konzeption der Netto-Substanzerhaltungs-Rechnung angewandt. Bei dieser werden die Schuldnergewinne eliminiert. Dies sucht man dadurch zu erreichen, daß zur Berechnung der Abschreibungen die abnutzbaren Anlagegüter nur insoweit zum höheren Wiederbeschaffungspreis angesetzt werden, als ihnen Eigenkapital gegenübersteht. Beträgt z. B. die Relation Eigenkapital zu Fremdkapital 1 : 1, so werden die Abschreibungen auf die Gebäude nur zu 50% der tatsächlichen Anschaffungsausgaben zu dem höheren Wiederbeschaffungspreis hinaufbewertet. Bei den restlichen 50% dagegen werden nominelle Abschreibungen vorgenommen. Hierzu ein Beispiel:

*Beispiel zur Berechnung der an
der Netto-Substanzerhaltung orientierten Abschreibungen*

Tatsächliche Anschaffungsausgaben eines Geschäftsgebäudes:	10 Mio. DM
Voraussichtliche Nutzungsdauer:	50 Jahre
Wiederbeschaffungskosten nach 50 Jahren:	40 Mio. DM

Bei 50%iger Eigenfinanzierung beträgt die Jahresabschreibung:

a) nominelle Abschreibung auf den fremdfinanzierten Anteil von DM 5 Mio.:	100 000 DM
b) Substanzerhaltungsabschreibung auf DM 5 Mio.: $\dfrac{20 \text{ Mio. DM}}{50 \text{ Jahre}} =$	400 000 DM
Gesamtabschreibung:	500 000 DM

Auf die Problematik dieses Vorgehens sei später eingegangen.

Soweit die Darstellung.

(3) Gegen die Konzeption der substanzerhaltungsorientierten Erfolgsrechnung aber sind gravierende Einwendungen zu erheben. Einige davon seien genannt:

(a) Erstens: Der Gesichtspunkt der Unternehmenserhaltung läßt sich als unternehmerisches Ziel bzw. als liquiditätsorientierte Nebenbedingung nicht rechtfertigen. Denn er ist mit dem Hauptziel des Einkommenserwerbs nicht vereinbar.

In einer Wettbewerbswirtschaft muß das Hauptziel der Unternehmensleitung im Gewinnstreben bestehen. Die jeweils gewinnbringendste Anpassung des Unternehmens an die fortgesetzt wechselnden Marktverhältnisse aber bedeutet in guten Absatzzeiten Wachstum, bei schlechter Wirtschaftslage u. U. Schrumpfung des Unternehmens. Dies kommt auch in einem alten Kaufmannsspruch zum Ausdruck: „Kaufmannsgut hat Ebb' und Flut". Gerade heute zeigt die Praxis deutlich, wie wichtig bei stagnierenden Absatzmärkten ein Gesundschrumpfen des Unternehmens sein kann. Man denke an das moderne Schlagwort der „Lean Production", herbeigeführt z. B. durch Verringerung der Produktionstiefe. Das Prinzip der Substanzerhaltung ist also mit dem Gewinnstreben als Hauptziel nicht vereinbar.

(b) Zweitens: In der Konzeption der reproduktiven Substanzerhaltung wird dem Jahresabschluß als Zweck die interne Bereitstellung von Finanzmitteln für zukünftige Ersatzbeschaffung von abnutzbaren Anlagen und von Vorräten zugeschrieben. Diese Funktion aber vermag der Jahresabschluß nicht zu erfüllen. Denn die Jahreserfolgsrechnung stellt nur eine Informationsaktivität dar. Daher kann sie sinnvoll lediglich der Erfüllung bestimmter, von der Unternehmensleitung zuvor festgelegter Informationszwecke dienen. Man denke z. B. an den Hauptzweck der Rechenschaftslegung – gemeint ist die an die Anteilseigner und externen Interessenten gerichtete Information über die Erfolgsträchtigkeit des Unternehmens im abgelaufenen Jahr. Demgemäß muß die Antwort auf die Frage, wie fortgesetzte Preissteigerungen in der Jahreserfolgsrechnung zu berücksichtigen sind, aus diesem Hauptzweck der Erfolgsrechnung abgeleitet werden.

Zwar findet sich in der Literatur vielfach die Ansicht vertreten, die im Jahresabschluß ausgewiesene Jahreserfolgsziffer zeige den maximal ausschüttbaren Betrag an – sie bestimme somit die Ausschüttungshöhe und zugleich den Umfang der internen Bereitstellung von Geldmitteln für Investitionen. Tatsächlich aber liegen die Verhältnisse in der Praxis meist ganz anders. Ausschüttungen und Investitionsvolumen werden im Rahmen der Unternehmensplanung bereits vor Aufstellung des Jahresabschlusses festgelegt. Demgemäß wird die im Jahresabschluß ausgewiesene Gewinnziffer in vielen Fällen durch die Höhe der zuvor geplanten Ausschüttung bestimmt. In der Regel wird sie so bemessen, daß sie nicht viel höher ist als der vorgesehene Ausschüttungsbetrag. Dies erreicht man z. B. durch die Bildung und Auflösung offener und stiller Rücklagen, soweit sie gesetzlich zulässig sind. Mit Hilfe solcher und anderer Manipulationen läßt sich der der Hauptversammlung vorgeschlagene Dividendensatz den Aktionären leichter „verkaufen".

(c) Drittens: Die substanzerhaltungsorientierte Erfolgsrechnung ist nicht mit dem Prinzip der Vergangenheitsbezogenheit des Jahresabschlusses, wie es teilweise im Realisationsprinzip zum Ausdruck kommt, vereinbar. Denn der bei den Finanzverbindlichkeiten entstehende Inflationsgewinn wird bereits in der alten Jahresrechnung erfaßt, obwohl er erst später bei der Rückzahlung realisiert wird. Obendrein werden die Abschreibungen auf die abnutzbaren Sachanlagen teilweise auf der Basis der mutmaßlichen Wiederbeschaffungspreise bei künftigen Ersatzbeschaffungen berechnet. Zukunftspreise aber haben in einer prinzipiell vergangenheitsbezogenen Erfolgsrechnung nichts zu suchen – vom Imparitätsprinzip sei hier einmal abgesehen.

(d) Viertens: Die Netto-Substanzerhaltung ist – darauf wurde bereits hingewiesen – lediglich bei stationär verlaufenden Unternehmen sinnvoll anwendbar. Diese aber gibt es auf Erden unter dem wechselnden Mond gar nicht. Wie rasch würden z. B. die Unternehmen der Automobilindustrie heute in Konkurs gehen, wenn sie nicht auf die Verschlechterung der Nachfrage- und Verschärfung der Konkurrenzbedingungen in Absatz und Herstellung flexibel reagierten?

(e) Fünftens: Die Aufteilung der nominellen Anschaffungsausgaben der Sachanlagen nach Eigen- und Fremdfinanzierung ist willkürlich und logisch nicht begründbar. Denn es lassen sich einzelne Passivposten nicht einzelnen Aktivposten zurechnen.

Soweit die Bedenken gegen die Theorie der reproduktiven Netto-Substanzerhaltung. Insgesamt zeigt sich: Diese Konzeption läßt sich zur exakten Fassung des Einzelgrundsatzes der Bewertung zum gegenwartsnahen Anschaffungspreis nicht anwenden.

3 Die Konzeption der „realen Kapitalerhaltung" und ihre Problematik

(1) Die Konzeption der „realen Kapitalerhaltung" findet sich in Literatur und Praxis ebenfalls recht verbreitet. Sie ist heute in der Bundesrepublik, in den USA, in Südamerika und Großbritannien durchaus gängig. Daher sei auf sie eingegangen.

In der deutschen betriebswirtschaftlichen Literatur findet sich die Konzeption erstmals bei *Eugen Schmalenbach* und *Walter Mahlberg* sowie *Ernst Walb* vertreten und begründet[9]. Ihr liegt der Gedanke zugrunde, daß es in Zeiten inflationärer Preissteigerungen die durch das Unternehmen verkörperte Kaufkraft zu erhalten gelte. Demgemäß müsse in der Erfolgsziffer dem Jahresertrag eine Jahresaufwandsziffer gegenübergestellt werden, die in der gleichen Kaufkraft des Gel-

---

9 Vgl. *Schmalenbach, E.*, Dynamische Bilanz; *Walb, E.*, Die Erfolgsrechnung; *Schneider, D.*, Geschichte betriebswirtschaftlicher Theorie, S. 433 ff.; *Moxter, A.*, Betriebswirtschaftliche Gewinnermittlung, S. 84 ff.

des ausgedrückt ist wie der Ertrag. Jahreserfolg ist demnach als der Überschuß des Jahreserlöses über den kaufkraftäquivalenten Aufwand, der mit dem Faktoreinsatz verbunden ist, definiert.

In der inflationsorientierten Jahreserfolgsrechnung sei daher so vorzugehen, daß z. B. die nominellen Abschreibungen mit der Steigerungsrate des jeweiligen (die Kaufkraft des Geldes ausdrückenden) allgemeinen Preisindexes multipliziert werden. Hat sich z. B. der allgemeine, d. h. sämtliche Güter umfassende Preisindex zwischen dem Zeitpunkt der Anlagenbeschaffung und dem Rechnungsjahr um 20% erhöht, so wird der nominelle Abschreibungsbetrag mit 1,2 multipliziert. Bei Preissteigerungen ist somit der „reale Jahreserfolg" niedriger als die nominelle Erfolgsziffer.

(2) Indessen sind auch der Theorie der realen Kapitalerhaltung gegenüber Bedenken angebracht: Sie bietet bei fortgesetzten Preisänderungen keine wirklichkeitstreue Information über die Lage des Unternehmens und ist damit als Instrument der Lageberichterstattung nicht geeignet.

(a) Einmal ist die Kaufkrafterhaltung in einer Wettbewerbswirtschaft kein sinnvolles unternehmerisches Ziel.

(b) Zum andern ist die reale Kapitalerhaltung gar nicht in der Lage, die Kaufkrafterhaltung des Unternehmens sicherzustellen. Denn die Umrechnung des Aufwands in kaufkraftäquivalente Beträge mit Hilfe des allgemeinen Preissteigerungsindexes stellt keineswegs sicher, daß die am Anfang des Rechnungsjahres vorhandene Kaufkraft im Unternehmen erhalten geblieben ist. Stellt doch der allgemeine Preisindex nur eine gesamtwirtschaftlich-statistische, d. h. die Preise sämtlicher Güter erfassende Durchschnittsgröße dar. Diese braucht mit der individuellen Entwicklung der unternehmensrelevanten Preise nichts zu tun zu haben. So gibt es Unternehmen, bei denen der Preis des eingesetzten Rohstoffes aufgrund von Wandlungen auf dem Weltmarkt permanent ansteigt, während der Geldwert in der Bundesrepublik gar nicht oder nur wenig abgenommen hat. Dieser Fall hat sich in der Bundesrepublik bei zahlreichen Unternehmen in den 50er Jahren aufgrund der Koreakrise ereignet. Umgekehrt lassen sich Unternehmen nachweisen, deren individuelle Faktor- und Produktpreise aufgrund verschärfter Konkurrenz relativ konstant geblieben sind, während der allgemeine Preisindex erheblich gestiegen ist.

4 Die Konzeption der synchronen Erfolgsrechnung

(1) Nunmehr sei die vom Verfasser entwickelte und befürwortete Konzeption der synchronen Erfolgsrechnung skizziert und daraufhin geprüft, ob sie dem Rahmengrundsatz der Richtigkeit der Lageberichterstattung als Einzelgrundsatz adäquat ist[10].

Ausgegangen wird davon, daß die dem Lagebericht zugrunde zu legende Jahreserfolgsrechnung der Information der Anteilseigner und der externen Interessenten über die Erfolgsträchtigkeit des Unternehmens im abgelaufenen Rechnungsjahr dient. Dieser Informationszweck wird nur dann erfüllt, wenn die Erfolgsziffer jeweils zweckgerecht ermittelt wird.

(2) Als erstes sei der synchrone Jahreserfolgsbegriff definiert. Hierunter wird der Überschuß der aus den Verkäufen im Rechnungsjahr erzielten Erträge über die mit den abgesetzten Produkten verbundenen Aufwendungen verstanden.

Diese Größe aber läßt sich als Maßstab und Indikator der Profitabilität des Unternehmens im Rechnungsjahr nur dann sinnvoll verwenden, wenn in ihr die Absatzpreise und Beschaffungspreise der verbrauchten Einsatzgüter zum gleichen Zeitpunkt bzw. in ein und derselben Periode gelten.

Denn die Preise und Transfermengen auf den verschiedenen Gütermärkten sind interdependent, d. h. gegenseitig voneinander abhängig. Man denke nur beispielsweise daran, wie sehr die gewaltigen OPEC-Ölpreiserhöhungen von 1973 und 1979 die Preise aller übrigen Güter verschoben haben. Umgekehrt sind aber auch die Nachfrage nach Rohöl und damit der Rohölpreis durch die Preisänderungen der übrigen Güter beeinflußt worden. Letztlich resultiert diese Interdependenz daraus, daß die Handlungen aller interagierenden Wirtschaftssubjekte jeweils in der Anpassung an ein und dieselben Rahmenbedingungen bestehen. Gemeint sind z. B. die Wirtschaftsgesetzgebung, der Stand des technischen Wissens, die Altersstruktur der Bevölkerung, die Bedarfsstruktur der Konsumenten, das Geldumlaufvermögen in der Volkswirtschaft usw.

---

10 Vgl. *Koch, H.*, Die Konzeption der synchronen Erfolgsrechnung, S. 824 ff.

Obendrein aber ist die Erfahrungstatsache zu berücksichtigen, daß der Produktionsprozeß zeitraubend ist. D. h.: die Faktoren (Gebäude, Maschinenaggregate und dgl.) sowie die Materialien werden auf ihren Märkten in der Regel bereits in früheren Rechnungsperioden beschafft als in der jeweiligen Absatzperiode (Rechnungsjahr).

Beide Tatsachen zugleich finden im Begriff des Jahresertragsüberschusses nur dann Berücksichtigung, wenn diesem die Prämisse der zeitlichen Konstanz der Absatz- und Faktorpreise auf dem Niveau der Preise des Absatzzeitpunktes zugrunde gelegt wird. Diese Größe wird hier als „synchroner Jahreserfolg" bezeichnet, weil in ihr die Produkt- und Faktorpreise auf ein und dasselbe Preissystem bezogen sind.

(3) Nunmehr sei die synchrone Erfolgsrechnung, d. h. die numerische Umsetzung des Begriffes „synchroner Jahreserfolg", beschrieben.

Aus dem vorstehend abgeleiteten Satz, daß der Allgemeinbegriff Jahresertragsüberschuß nur unter der Prämisse der zeitlichen Konstanz der unternehmensrelevanten Preise auf dem Niveau der Preise des Absatzzeitpunktes aussagekräftig ist, folgt für die individuelle Jahreserfolgsrechnung:

(a) Sind die Absatz- und Beschaffungspreise im Zeitablauf tatsächlich konstant, so läßt sich die synchrone Jahreserfolgsziffer ohne weiteres ermitteln. Sie ist mit der nominellen Jahreserfolgsziffer identisch.

(b) Bei fortgesetzten Preissteigerungen im Zeitablauf dagegen ist in die Jahreserfolgsrechnung die Hilfshypothese einzuführen, daß die Produkt- und Faktorpreise des Unternehmens im Zeitablauf konstant sind – und zwar auf dem Niveau der im jeweiligen Rechnungsjahr geltenden Marktpreise. Durch diese Hypothese – sie stellt jeweils individuell auf das betreffende Unternehmen in einem bestimmten Rechnungsjahr ab – wird die Aussagefähigkeit des Jahresertragsüberschusses auf künstlichem Wege hergestellt.

Diese Hypothese der zeitlichen Konstanz der Faktorpreise auf dem Niveau der im Rechnungsjahr geltenden Preise sei anhand der folgenden Abbildung veranschaulicht – der Einfachheit halber seien nur zwei Preise betrachtet: Der Produktpreis und der Preis des Hauptrohstoffes:

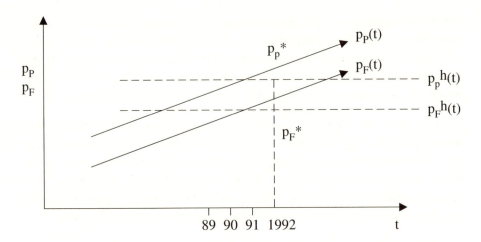

Abb.: Preisentwicklung im Zeitablauf

Es bedeuten:
$p_P(t)$: tatsächlicher Produktpreis
$p_F(t)$: tatsächlicher Faktorpreis
p_p^*: Produktpreis des Recnungsjahres
p_F^*: hypothetischer Faktorpreis des Rechnungsjahres
$p_p^h(t)$: hypothetischer Verlauf des Produktpreises
$p_F^h(t)$: hypothetischer Verlauf des Faktorpreises

Aufgrund dieser Hilfshypothese wird die synchrone Jahreserfolgsziffer ermittelt. Und zwar werden der mit den Verkäufen im Rechnungsjahr verbundene Verbrauch an Rohstoffen sowie die Nutzungen der Produktionsanlagen, soweit diese in früheren Perioden beschafft worden sind, mit den für das jeweilige Rechnungsjahr repräsentativen Faktorpreisen angesetzt.

Demgemäß besteht der Unterschied zwischen der Jahreserfolgsrechnung bei tatsächlich konstanten Preisen und der bei tatsächlich fortgesetzt steigenden Preisen lediglich darin, daß zur Ermittlung der synchronen Jahreserfolgsziffer im ersten Fall von den historischen Anschaffungspreisen ausgegangen wird. Im letzteren Fall dagegen wird die Jahreserfolgsziffer auf der hypothetischen Basis der im Rechnungsjahr gültigen Beschaffungspreise ermittelt. Dabei ist die „synchrone Jahreserfolgsziffer" bei fortgesetzten Preissteigerungen niedriger als die nominelle Jahreserfolgsziffer.

(4) Dem Leser seien im folgenden die Besonderheiten der synchronen Erfolgsrechnung dadurch recht deutlich gemacht, daß die Unterschiede zur Netto-Substanzerhaltungs-Rechnung, die in der Praxis am meisten durchgeführt wird, herausgearbeitet werden. Auf drei Abweichungen sei insbesondere hingewiesen.

(a) Was die Bewertung des Verbrauchs an Rohstoffen, Halb- und Fertigfabrikaten betrifft, so wird in der substanzerhaltungsorientierten Erfolgsrechnung der Aufwand im Prinzip nach Maßgabe der mutmaßlichen künftigen Wiederbeschaffungspreise angesetzt. Aus Gründen der Praktikabilität werden freilich meist ersatzweise die Beschaffungspreise des Bilanzstichtages herangezogen.

In der synchronen Erfolgsrechnung dagegen wird auf die für das abgelaufene Rechnungsjahr repräsentativen Beschaffungspreise abgestellt. Diese sind niedriger als die Bilanzstichtagspreise, wenn im Laufe des Jahres Preissteigerungen stattgefunden haben. Insoweit ist der synchrone Erfolg höher als der Substanzerhaltungserfolg.

(b) Zweitens: Was die Abschreibungen auf die abnutzbaren Sachanlagen betrifft, so stellt die Substanzerhaltungsrechnung im Prinzip auf die Wiederbeschaffungspreise im künftigen Zeitpunkt der Ersatzbeschaffung ab.

Werden jedoch zur Verfeinerung Wiederbeschaffungspreise des Bilanzstichtages angesetzt, so sind entsprechende Nachholabschreibungen vorzunehmen. In der synchronen Erfolgsrechnung dagegen werden die Jahresabschreibungen lediglich auf der Basis des jahresrepräsentativen Anschaffungspreises berechnet. Nachholabschreibungen gibt es hier nicht. Denn es wird lediglich eine Jahreserfolgsrechnung durchgeführt und keine interne Finanzierung der Wiederbeschaffung von Anlagen betrieben. Insoweit ist der synchrone Erfolg höher als der Substanzerhaltungserfolg.

(c) Drittens sei der Unterschied hinsichtlich des Umfangs der Berücksichtigung von Preissteigerungen hervorgehoben.

Nach der Version der reproduktiven Netto-Substanzerhaltung werden die Abschreibungen auf die abnutzbaren Anlagen lediglich insoweit auf der Basis des Wiederbeschaffungs- bzw. Stichtagsbeschaffungspreises angesetzt, als die Sachanlagen *„eigenfinanziert"* sind. Soweit sie dagegen *„fremdfinanziert"* sind, werden die Abschreibungen auf der Basis der historischen Anschaffungspreise berechnet. Hierbei tritt natürlich das logisch und praktisch unlösbare Problem auf, Eigenkapital und Fremdkapital einzelnen Sachaktiven anteilig zuzurechnen.

In der synchronen Erfolgsrechnung dagegen werden die Abschreibungen in voller Höhe nach Maßgabe des fiktiven, für das Rechnungsjahr repräsentativen synchronen Anschaffungspreises der Anlage berechnet. Der Kapitalstruktur wird also keinerlei Bedeutung beigemessen.

In diesem Punkt ist der synchrone Gewinn im Trend niedriger als der Substanzerhaltungsgewinn.

Soweit die einzelnen Unterschiede.

Ob insgesamt die synchrone Jahreserfolgsziffer höher oder niedriger ist als die Substanzerhaltungserfolgsziffer, läßt sich allgemein nicht sagen. Es kommt hier auf das Gewicht der einzelnen Unterschiede an. Insgesamt aber wird aus diesen Unterschieden ersichtlich, daß die Frage, ob die erhaltungsorientierte oder die synchrone Jahreserfolgsrechnung durchgeführt werden soll, durchaus von praktischer Bedeutung ist.

(5) In der Praxis läßt sich die Anwendung der Theorie der synchronen Erfolgsrechnung mit Hilfe von Preisindex-Rechnungen vereinfachen. Dies in dem Sinne, daß die gegenwartsnahen Anschaffungspreise nicht für jede Faktorart gesondert ermittelt, sondern pauschaliter mit Hilfe von fertigungsgruppen-bezogenen Preissteigerungsindices bestimmt werden. Die hierbei auftretende Ungenauigkeit der synchronen Jahreserfolgsziffer fällt um so weniger ins Gewicht, je ausgeprägter die inflatorische Preisentwicklung ist. Wegen ihrer Einfachheit dürfte die Anwendung von Preisindex-Rechnungen vor allem bei Konzernunternehmen mit internationalen Aktivitäten durchaus zweckmäßig sein. Aber dieser Fragenkomplex soll hier nicht weiter vertieft werden.

(6) Schließlich sei die Theorie der synchronen Erfolgsrechnung daraufhin beurteilt, ob sich der Einzelgrundsatz der Bewertung zu gegenwartsnahen Anschaffungspreisen durch den Ansatz synchroner Preise sinnfällig konkretisieren läßt.

Diese Prüfung führt zu einem positiven Urteil. Denn die Theorie der synchronen Erfolgsrechnung zeichnet sich dadurch aus, daß

– sie von der Gewinnerzielung als dem hauptsächlichen Unternehmenszweck in einer Marktwirtschaft ausgeht,

– sie im Prinzip auf die unternehmensrelevanten Preise abstellt,

– sie unabhängig davon Geltung besitzt, ob der Unternehmensablauf stationär oder evolutorisch ist,

– sie die den Jahresabschluß kennzeichnende Vergangenheitsbezogenheit der Erfolgsrechnung strikt berücksichtigt.

Daher läßt sich die Frage sinnvoll beantworten, welcher gegenwartsnahe Anschaffungspreis bei Preissteigerungen der Erfolgsrechnung zugrunde gelegt werden muß. Es sind die für das jeweilige Rechnungsjahr repräsentativen Anschaffungspreise. Mithin entspricht der Ansatz synchroner, d. h. repräsentativer Gegenwartspreise des Rechnungsjahres bei fortgesetzten Preissteigerungen dem Rahmengrundsatz der Richtigkeit der Lageberichterstattung. Er ist als Einzelgrundsatz zur Umsetzung des Rahmengrundsatzes der Richtigkeit geeignet.

5 Schluß

Die vorliegende Untersuchung sei durch zwei abschließende Bemerkungen ergänzt.

(1) In der Praxis suchen bereits manche deutsche Unternehmen, den inflationären Preissteigerungen in einer Neben-Erfolgsrechnung zum offiziellen Jahresabschluß Rechnung zu tragen. Sie tun dies in der Weise, daß sie in der Nebenrechnung für die im Rechnungsjahr eingesetzten Faktoren gegenwartsnahe Anschaffungspreise einsetzen – entweder fiktive repräsentative Preise des Rechnungsjahres oder Bilanzstichtagspreise.

Dieses Vorgehen aber wird als Anwendung der Theorie der reproduktiven Netto-Substanzerhaltung verstanden und bezeichnet.

Tatsächlich aber wird eine reproduktive Netto-Substanzerhaltungs-Rechnung im wahren Sinne dieser Konzeption überhaupt nicht durchgeführt. Weder werden Nachholabschreibungen angesetzt, noch wird die Voraussetzung des völlig stationären Unternehmensablaufs beachtet, obwohl die Substanzerhaltungs-Rechnung allein unter dieser Bedingung sinnvoll ist. Lediglich der Umstand, daß man die Höhe der Abschreibungen nach Eigen- und Fremdfinanzierung der Sachaktiva zu differenzieren sucht, deutet darauf hin, daß man auf die Substanzerhaltung abstellt.

Nun ist aber gerade dieses Splitting der Abschreibungen nach Eigen- und Fremdfinanzierung einer Anlage logisch und praktisch sehr problematisch. Daher erscheint es weit plausibler, die inflationsorientierte Lageberichterstattung als Anwendung der Konzeption der synchronen Erfolgsrechnung zu interpretieren und dementsprechend unter Verzicht auf das Abschreibungssplitting zu praktizieren.

(2) Der Bilanzpraktiker mag vielleicht gegen den Ansatz von fiktiven gegenwartsnahen Anschaffungspreisen, d. h. gegen die Einführung der Hypothese, die Einsatzgüter wären erst im Rechnungsjahr beschafft und mit den repräsentativen Jahrespreisen bezahlt worden, einwenden: Nur unter Ansatz historischer Anschaffungspreise ergebe sich eine Jahreserfolgsziffer, die eine „wirklichkeitsadäquate" Aussage über die Lage des Unternehmens ermögliche.

Diese These aber ist höchst problematisch. Ihr ist entgegenzuhalten: Nur dann, wenn der Zweck einer Rechnung in einer „Beobachtungsinformation", d. h. in einer Information über einen tatsächlichen Befund (Finanzbedarf, Warenlagerbestand u. a.) besteht, ist es sinnvoll, allein auf reale, d. h. beobachtbare Zahlungen abzustellen.

Im Lagebericht aber soll eine „Wirkungsinformation" bereitgestellt werden. Hier wird das Rechenergebnis lediglich als Indikator dafür verwandt, ob und inwieweit der Unternehmenszweck im Rechnungsjahr realisiert worden ist. Demnach bezieht sich die im Rahmengrundsatz der Richtigkeit enthaltene Forderung nach Wirklichkeitstreue des Lageberichts nicht auf die Erfolgsziffer selbst, sondern auf die (mit Hilfe der Erfolgsziffer zu gewinnende) Information über die Wirkung des Geschäftsablaufs hinsichtlich der Zielerreichung (z. B. Stärkung der Marktposition des Unternehmens, Steigerung des Ausschüttungspotentials, Erhöhung des Marktwerts des Unternehmens) im abgelaufenen Geschäftsjahr. In diesem Fall müssen bei fortgesetzten Preissteigerungen in die Erfolgsermittlung hypothetische gegenwartsnahe Anschaffungspreise eingeführt werden, weil sich allein dadurch mit Hilfe der Erfolgsziffer ein wirklichkeitsgetreues Urteil im Lagebericht herbeiführen läßt. Bei fortgesetzten Preissteigerungen ist somit allein der Ansatz hypothetischer Beschaffungspreise wirklichkeitsadäquat.

Literaturverzeichnis

Adler, Hans/Düring, Walther/Schmaltz, Kurt, Rechnungslegung und Prüfung der Unternehmen, Kommentar zum HGB, AktG, GmbHG, PublG nach den Vorschriften des Bilanzrichtlinien-Gesetzes, bearb. v. Forster, Karl-Heinz u. a., 5. Aufl., Stuttgart 1987 (§ 289 HGB).

Baetge, Jörg/Fischer, Thomas R./Paskert, Dierk, Der Lagebericht: Aufstellung, Prüfung und Offenlegung, Stuttgart 1989 (Der Lagebericht).

Baetge, Jörg/Hüls, Dagmar/Uthoff, Carsten, Früherkennung der Unternehmenskrise, in: Forschungsjournal der Westfälischen Wilhelms-Universität, Heft II 1995, S. 21–29.

Baetge, Jörg/Jerschensky, Andreas, Beurteilung der wirtschaftlichen Lage von Unternehmen mit Hilfe von modernen Verfahren der Jahresabschlußanalyse – Bilanzbonitäts-Rating von Unternehmen mit Künstlichen Neuronalen Netzen, in: DB 1996, S. 1581–1591 (Bilanzbonitäts-Rating von Unternehmen).

Baetge, Jörg/Krumbholz, Marcus, Grundsätze ordnungsmäßiger Lageberichterstattung, in: Handbuch der Rechnungslegung, Kommentar zur Bilanzierung und Prüfung, hrsg. v. Küting, Karlheinz/Weber, Claus-Peter, Bd. Ia, 4. Aufl., Stuttgart 1995, S. 175–190.

Börner, Dietrich, Kapitalerhaltung und Substanzrechnung, in: Handwörterbuch der Betriebswirtschaft, hrsg. v. Wittmann, Waldemar u. a., 4. Aufl., Stuttgart 1975, Sp. 2096 ff.

Clemm, Hermann/Reittinger, Wolfgang, Die Prüfung des Lageberichts im Rahmen der jährlichen Abschlußprüfung von Kapitalgesellschaften, in: BFuP 1980, S. 493–513 (Die Prüfung des Lageberichts).

Coenenberg, Adolf Gerhard, Jahresabschluß und Jahresabschlußanalyse, 15. Aufl., Landsberg/Lech 1994.

Hax, Karl, Die Substanzerhaltung der Betriebe, Köln und Opladen 1957.

Koch, Helmut, Zur Frage der Jahreserfolgsrechnung bei inflationären bzw. deflationären Preisänderungen – die Konzeption der synchronen Erfolgsrechnung, in: ZfB 1984, S. 824–841 (Die Konzeption der synchronen Erfolgsrechnung).

Krumbholz, Marcus, Die Qualität publizierter Lageberichte, Düsseldorf 1994.

Ludewig, Rainer, Gedanken zur Ausgestaltung des Prüfungsberichtes, in: WPg 1996, S. 337–357.

Moxter, Adolf, Fundamentalgrundsätze ordnungsmäßiger Rechenschaft, in: Bilanzfragen, Festschrift für Leffson, hrsg. v. Baetge, Jörg/Moxter, Adolf/Schneider, Dieter, Düsseldorf 1976, S. 87–100.

Moxter, Adolf, Betriebswirtschaftliche Gewinnermittlung, Tübingen 1982.

Moxter, Adolf, Bilanzlehre, Bd. II, 3. Aufl., Wiesbaden 1986.

Schildbach, Thomas, Geldentwertung und Bilanz, Düsseldorf 1979.

Schildbach, Thomas, Substanz- und Kapitalerhaltung, in: Handwörterbuch des Rechnungswesens, hrsg. v. Chmielewicz, Klaus/Schweitzer, Marcell, 3. Aufl., Stuttgart 1993, Sp. 1888–1901.

Schildbach, Thomas/Beermann, Markus/Feldhoff, Michael, Lagebericht und Publizitätspraxis der GmbH, in: BB 1990, S. 2297–2306.

Schmalenbach, Eugen, Dynamische Bilanz, 13. Aufl., bearb. v. Bauer, Richard, Köln und Opladen 1962.

Schneider, Dieter, Realisationsprinzip und Einkommensbegriff, in: Bilanzfragen, Festschrift für Leffson, hrsg. v. Baetge, Jörg/Moxter, Adolf/Schneider, Dieter, Düsseldorf 1976, S. 101 ff.

Schneider, Dieter, Geschichte betriebswirtschaftlicher Theorie, München 1981.

Seicht, Gerhard, Die kapitaltheoretische Bilanz und die Entwicklung der Bilanztheorien, Berlin 1970 (Die kapitaltheoretische Bilanz).

Sieben, Günter, Kritische Würdigung der externen Rechnungslegung unter besonderer Berücksichtigung von Scheingewinnen, in: ZfbF 1974, S. 153–168. Aus der anschließenden Podiumsdiskussion siehe insb. die Beiträge von Schwantag, Karl, S. 174 f.; Sieben, Günter, S. 178 f.; Forster, Karl Heinz, S. 179 f.; Hax, Karl, S. 182 f.; Sieben, Günter, S. 183 (Kritische Würdigung der externen Rechnungslegung).

Streim, Hannes, Zum Stellenwert des Lageberichts im System der handelsrechtlichen Rechnungslegung, in: Unternehmenstheorie und Besteuerung, Festschrift für Schneider, hrsg. v. Elschen, Rainer/Siegel, Theodor/Wagner, Franz W., Wiesbaden 1995, S. 703–721 (Zum Stellenwert des Lageberichts).

Walb, Ernst, Die Erfolgsrechnung privater und öffentlicher Betriebe, Berlin, Wien 1926 (Die Erfolgsrechnung).

Wenger, Ekkehard, Unternehmenserhaltung und Gewinnbegriff: Die Problematik des Nominalwertprinzips in handels- und steuerrechtlicher Sicht, Wiesbaden 1984 (Unternehmenserhaltung und Gewinnbegriff).

Zwehl, Wolfgang von, Die Substanzerhaltung als Minimalziel des Unternehmens in Zeiten steigender Preise, in: Unternehmensführung und Organisation, hrsg. v. Kirsch, Werner, Wiesbaden 1973, S. 175 ff. (Die Substanzerhaltung als Minimalziel).

Gerwald Mandl
Heinz Königsmaier

Kapitalkonsolidierung nach der Erwerbsmethode und die Behandlung von Minderheitsanteilen im mehrstufigen Konzern

1 Einleitung und Problemstellung

2 Vergleichende Darstellung der beiden Verfahren anhand eines Beispiels
   21 Vorbemerkungen
   22 Die Ausgangsdaten des Beispielfalles
   23 Anwendung der beiden Verfahren auf den Beispielfall
      231. Multiplikatives Verfahren der Kapitalkonsolidierung im mehrstufigen Konzern
      232. Additives Verfahren der Kapitalkonsolidierung im mehrstufigen Konzern
      233. Vergleichende Gegenüberstellung der betroffenen Konzernabschlußposten

3 Kritische Wertung der beiden Verfahren
   31 Einfache Erweiterung eines einstufigen Konzerns nach unten
   32 Einfache Erweiterung eines einstufigen Konzerns nach oben
   33 Gleichzeitige Entstehung eines zweistufigen Konzerns

4 Zusammenfassung

Univ.-Prof. Dr. Gerwald Mandl
Univ.-Ass. Dr. Heinz Königsmaier
Institut für Revisions-, Treuhand- und Rechnungswesen
Karl-Franzens-Universität Graz

1 Einleitung und Problemstellung

Die Regelungen der 7. EG-Richtlinie zur Kapitalkonsolidierung und zur Behandlung von Minderheitsgesellschaftern gehen ebenso wie die nationalen Transformationen im deutschen und österreichischen HGB vom Leitbild eines einstufigen Konzerns aus, bei welchem dem Mutterunternehmen lediglich Tochterunternehmen auf einer einzigen Ebene nachgeordnet sind. Auch in der einschlägigen Literatur wird vielfach aus didaktischen Gründen nur auf diese Fallgestaltung eingegangen. Viele Konzernstrukturen sind indes durch einen mehrstufigen Aufbau gekennzeichnet. Von Mehrstufigkeit spricht man dabei dann, wenn Tochterunternehmen ihrerselbst wiederum Mutterunternehmen eines Teilkonzerns sind[1]. So sind nach einer Untersuchung von *Görling* 43,02% aller deutschen Aktiengesellschaften Bestandteil eines derartigen mehrstufigen Konzerns. Bei börsenotierten Aktiengesellschaften beträgt der Anteil sogar 71,56%. Die wirtschaftliche Bedeutung mehrstufig aufgebauter Konzerne kommt noch deutlicher zur Geltung, wenn man das investierte Grundkapital betrachtet. Demnach sind 85,26% des Grundkapitals in Aktiengesellschaften, die zu einem mehrstufigen Konzern gehören, investiert. Bei börsenotierten Aktiengesellschaften steigt dieser Anteil sogar auf 91,99%[2].

Bei mehrstufigen Konzernen läßt sich in Abhängigkeit von der Komplexität der kapitalmäßigen Unternehmensverbindungen zwischen Konzernen mit einseitigen und mit wechselseitigen Kapitalverflechtungen unterscheiden[3]. Bei Konzernen mit lediglich einseitigen Kapitalverflechtungen bestehen ausschließlich Kapitalbeteiligungen von Unternehmen einer höheren Hierarchiestufe an Unternehmen niedrigerer Hierarchiestufen bzw. erfolgen Beteiligungen zwischen Unternehmen der selben Hierarchiestufe nur in einer Richtung. Bei Konzernen mit wechselseitigen Kapitalverflechtungen sind dagegen auch Kapitalbeteiligungen von Unternehmen einer niedrigeren Hierarchiestufe an Unternehmen höherer Hierarchiestufen möglich bzw. können Beteiligungen zwischen Unternehmen gleicher Hierarchiestufen in beiden Richtungen bestehen. In diesem Zusammenhang wird auch

---

1 Vgl. *Baetge, J.*, Kapitalkonsolidierung, S. 20.
2 Vgl. *Görling, H.*, Verbreitung, S. 542–546.
3 Vgl. *Scherrer, G.*, Konzernrechnungslegung, S. 293 ff.

von Rückbeteiligungen sowie von wechsel- bzw. gegenseitigen Beteiligungen gesprochen[4].

Auf wechselseitige Kapitalverflechtungen soll jedoch in weiterer Folge aus Platzgründen nicht näher eingegangen werden. Die nachstehenden Ausführungen konzentrieren sich somit ausschließlich auf mehrstufige Konzerne mit lediglich einseitigen Kapitalverflechtungen. Besondere Probleme bei der Kapitalkonsolidierung können sich dabei im Vergleich zum einstufigen Konzern indes auch nur dann ergeben, wenn auf den dem Mutterunternehmen nachgeordneten Hierarchiestufen andere Gesellschafter an den einzelnen Tochterunternehmen beteiligt sind. Die Beteiligung anderer Gesellschafter darf sich allerdings nicht auf die unterste Konzernebene beschränken. Sind nämlich andere Gesellschafter ausschließlich an Tochterunternehmen der untersten Hierarchiestufe beteiligt, so ergeben sich wiederum im Vergleich zum einstufigen Konzern keine nennenswerten Abweichungen[5].

Im Mittelpunkt der Betrachtung stehen daher mehrstufige Konzerne mit Beteiligung außenstehender Gesellschafter an Tochterunternehmen einer Zwischenebene. Bezogen auf den einfachsten Fall eines mehrstufigen Konzerns mit 3 Konzernebenen interessieren damit folgende exemplarisch dargestellte Konzernstrukturen:

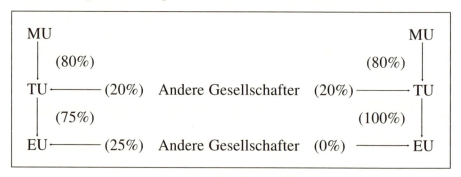

---

4 Vgl. *Busse von Colbe, W./Ordelheide, D.*, Konzernabschlüsse, S. 283 und S. 449; *Förschle, G.*, in: BeckBil-Komm., 3. Aufl., § 301 HGB, Rn. 175; *IDW*, WP-Handbuch 1996, Bd. I, Abschn. M, Rn. 399 und Rn. 405; *Weber, C.-P./Zündorf, H.*, in: HdKR, § 301 HGB, Rn. 256; *Wysocki, K. v./Wohlgemuth, M.*, Konzernrechnungslegung, S. 114.

5 Vgl. *Weber, C.-P./Zündorf, H.*, in: HdKR, § 301 HGB, Rn. 237.

Die bei derartigen Konzernstrukturen auftauchenden Probleme bei der Kapitalkonsolidierung sowie bei der Ermittlung und Bewertung des Ausgleichspostens für Anteile anderer Gesellschafter haben in letzter Zeit in der Literatur verstärkte Aufmerksamkeit erfahren. Dabei lassen sich im wesentlichen zwei unterschiedliche Ansätze für die Lösung der spezifischen Konsolidierungsprobleme im mehrstufigen Konzern identifizieren[6]. Diese sollen hier, in Abhängigkeit von der jeweiligen Berechnung der für die Kapitalkonsolidierung und der Abgrenzung der Anteile anderer Gesellschafter relevanten Beteiligungsquoten, als multiplikatives bzw. additives Verfahren der Kapitalkonsolidierung im mehrstufigen Konzern bezeichnet werden[7].

Diese beiden unterschiedlichen Verfahren sollen zunächst im ersten Teil dieses Beitrags anhand eines einfachen Beispiels vergleichend gegenübergestellt werden. Im Anschluß daran wird versucht, eine kritische Wertung der beiden Methoden vorzunehmen. Das Problem der Mehrstufigkeit soll dabei so weit wie möglich auf die Ebene der Einstufigkeit rückgeführt werden, für die der Gesetzgeber explizite gesetzliche Regelungen, über deren Auslegung auch weitgehend Einigkeit herrscht, geschaffen hat. Dazu wird es erforderlich sein, näher auf die Entstehungsgeschichte mehrstufiger Konzerne einzugehen, einen Aspekt, der in der bisherigen Diskussion u. E. noch nicht genügend Berücksichtigung gefunden hat.

2 Vergleichende Darstellung der beiden Verfahren anhand eines Beispiels

21 Vorbemerkungen

Aufgabe dieses Abschnitts ist es, die beiden in der Literatur diskutierten Verfahren für die Kapitalkonsolidierung im mehrstufigen Konzern anhand eines einfachen Beispiels vergleichend gegenüberzustel-

---

[6] Daneben werden in der Literatur noch weitere, nach dem hier verwendeten Schema nicht eindeutig klassifizierbare Lösungsansätze diskutiert, auf die jedoch nicht näher eingegangen werden soll. Vgl. etwa *Sahner, F./ Tapprich, J.*, Anteile anderer Gesellschafter, S. 2501 ff.

[7] Vgl. zu dieser Terminologie auch *Küting, K./Weber, C.-P./Dusemond, M.*, Kapitalkonsolidierung, S. 1085 ff; *Lührmann, V./Schruff, L.*, Negative Minderheitenanteile, S. 262.

len. Ehe aber auf dieses Beispiel näher eingegangen werden kann, gilt es vorab die zahlreichen Gestaltungsparameter, die im Zusammenhang mit einer Kapitalkonsolidierung nach dem HGB bestehen, näher zu spezifizieren. Zunächst ist dabei festzuhalten, daß nur auf die Kapitalkonsolidierung nach der Erwerbsmethode eingegangen wird. Auf die Methode der Interessenzusammenführung nach § 302 HGB wird im Beispiel nicht Bezug genommen. Nach § 301 HGB kann die Kapitalkonsolidierung nach der Erwerbsmethode in zwei unterschiedlichen Ausprägungsformen durchgeführt werden, nämlich der Buchwert- und der Neubewertungsmethode. In der Konsolidierungspraxis hat sich allerdings eine eindeutige Präferenz für die Buchwertmethode herauskristallisiert[8]. Aus diesem Grund wird im nachfolgenden Beispiel auch nur diese Methode dargestellt. Die Ausführungen erlauben es jedoch im allgemeinen ohne größere Probleme, entsprechende Schlußfolgerungen für die Neubewertungsmethode zu ziehen. Die Darstellung der Konsolidierungsschritte beschränkt sich auf die Erstkonsolidierung. Auf mögliche Probleme im Zusammenhang mit der Folgekonsolidierung wird im Beispiel nur am Rande eingegangen.

Für die konkrete Durchführung der Kapitalkonsolidierung im mehrstufigen Konzern sind nun bereits für die alte aktienrechtliche Rechtslage unterschiedliche konsolidierungstechnische Vorgehensweisen entwickelt worden. Dabei läßt sich zwischen der stufenweisen Konsolidierung, auch Ketten- oder Sukzessivkonsolidierung genannt, und der Simultankonsolidierung unterscheiden. Bei der stufenweisen Konsolidierung werden der Konzernhierarchie folgend, sukzessive umfassendere Teilkonzernabschlüsse, auch Stufenkonzern- oder Kettenzwischenabschlüsse genannt, erstellt, bis man beim endgültigen Konzernabschluß angelangt. Begonnen wird dabei auf der untersten Konzernstufe. In diesen ersten Teilkonzernabschluß werden all jene Tochterunternehmen mit ihren jeweiligen unmittelbaren Mutterunternehmen zusammengefaßt, die selbst keine Tochterunternehmen mehr aufweisen. Auf der nächsten Stufe werden dann diese Teilkonzerne mit ihren unmittelbaren Mutterunternehmen zu einem höherrangigen Teilkonzernabschluß konsolidiert. Am Ende dieses stufenförmigen

---

8 Dies wird durch mehrere empirische Untersuchungen eindeutig belegt. Vgl. etwa *Bühner, R.*, Management-Holding, S. 442 f.; *Ernsting, I.*, Bankkonzerne, S. 491; *Görges, T./Schulte, J.*, Publizitätspolitik, S. 569; *Rammert, S./ Wilhelm, H.*, Bilanzierungspraxis, S. 101.

Prozesses steht auf der höchsten Konzernebene der endgültige Konzernabschluß[9]. Nach h. M. wird dabei stets von unten nach oben vorgegangen. *Ebeling* weist allerdings darauf hin, daß eine stufenweise Konsolidierung auch von der Konzernspitze fortschreitend nach unten durchgeführt werden kann[10].

Bei der Simultankonsolidierung versucht man dagegen den Aufwand, der mit einer stufenweisen Konsolidierung verbunden sein kann, dadurch zu vermeiden, indem die Kapitalkonsolidierung für alle einbezogenen Unternehmen in einem Schritt durchgeführt wird. Der Konzernabschluß wird dabei unter Verwendung von Gleichungsverfahren oder der Matrizenrechnung in einem einzigen Konsolidierungs- und Buchungsvorgang aus dem Summenabschluß der einbezogenen Unternehmen ermittelt[11]. Bei der Simultankonsolidierung besteht allerdings die Gefahr der Verletzung des Anschaffungskostenprinzips auf einer untergeordneten Konzernstufe durch die dem Verfahren immanente Saldierung von aktivischen und passivischen Unterschiedsbeträgen[12]. Nach h. M. ist das Verfahren der Simultankonsolidierung daher nur dann zulässig, wenn durch eine Zerlegung des Gesamtunterschiedsbetrages aus der Kapitalkonsolidierung in die Unterschiedsbeträge der einzelnen Stufen sichergestellt ist, daß es zu keiner unbemerkten Saldierung von aktivischen und passivischen Unterschiedsbeträgen kommt, insbesondere daß nur stille Reserven bei Tochterunternehmen aufgedeckt werden, bei deren Kapitalkonsolidierung ein aktivischer Unterschiedsbetrag entsteht. Damit ist aber auch der Vorteil der Simultankonsolidierung gegenüber der stufenweisen Konsolidierung entsprechend relativiert. Gleichwohl kommt insbesondere der Matrizenrechnung gewisse Bedeutung im Rahmen der Kapitalkonsolidierung zu, weil es bei komplexen Konzernstrukturen praktisch nur

---

9   Vgl. *Busse von Colbe, W./Ordelheide, D.*, Konzernabschlüsse, S. 277; Egger, A./Samer, H., Konzernabschluß, S. 156; *Förschle, G.*, in: BeckBil-Komm., 3. Aufl., § 301 HGB, Rn. 220; *IDW*, WP-Handbuch 1996, Bd. I, Abschn. M, Rn. 408; *Janschek, O.*, Konzernrechnungslegung, S. 233.
10 Vgl. *Ebeling, R. M.*, Fallstudien, S. 335.
11 Vgl. *Lührmann, V./Schruff, L.*, Negative Minderheitenanteile, S. 262; *Weber, C.-P./Zündorf, H.*, in: HdKR, § 301 HGB, Rn. 239 ff.; *Küting, K./Weber, C.-P.*, Konzernabschluß, S. 194 ff.
12 Vgl. *Baetge, J.*, Kapitalkonsolidierung, S. 42; *Ewert, R./Schenk, G.*, Offene Probleme, S. 4; *Förschle, G.*, in: BeckBil-Komm., 3. Aufl., § 301 HGB, Rn. 220; *Lührmann, V./Schruff, L.*, Negative Minderheitenanteile, S. 262.

solcherart möglich ist, die effektiven, für die Durchführung der Konsolidierung erforderlichen Beteiligungsquoten zu ermitteln[13].

Aufgrund der Bedenken, die in der Literatur gegenüber der Simultankonsolidierung vorgebracht werden, wird allerdings im folgenden Beispiel nur das Verfahren der stufenweisen Konsolidierung verwendet.

22 Die Ausgangsdaten des Beispielfalles

In der bisherigen Diskussion um die Konsolidierungsprobleme in mehrstufigen Konzernen herrscht an erläuternden Beispielen wahrlich kein Mangel. Diese Tatsache stellt zugleich aber auch ein nicht unwesentliches Problem dar, weil angesichts der teilweise sehr unterschiedlichen Beispielfälle ein unmittelbarer Vergleich des materiellen Gehalts der einzelnen Problemlösungsvorschläge nicht unbedingt vereinfacht wird. Dies gilt umso mehr, als es sich bei sich bei allen Konsolidierungsvorgängen, selbst in vereinfachenden Beispielen, um relativ komplexe Vorgänge handelt, die gelegentlich auch schon als „hohe Schule der Rechnungslegung" bezeichnet worden sind[14]. Diese Umstände lassen es angezeigt scheinen, diesen einleitenden Methodenvergleich anhand eines einheitlichen, einfachen Beispiels durchzuführen.

Nun soll aber die Vielfalt der diesbezüglichen Konsolidierungsbeispiele mit diesem Beitrag nicht mutwillig vergrößert werden. Deshalb wird für den folgenden Vergleich auf einen bereits in der Literatur eingeführten Fall zurückgegriffen. Es handelt sich dabei um das Konsolidierungsbeispiel bei *Ewert/Schenk*[15]. In diesem Beispiel wird ein zweistufiger Konzern mit folgender Struktur betrachtet: Das Mutterunternehmen (M) ist zu 80% an einem Tochterunternehmen (T) beteiligt. Dieses wiederum hält eine Beteiligung in Höhe von 60% an einem Enkelunternehmen (E). Die direkten Anteile anderer Gesell-

---

13 Vgl. *Busse von Colbe, W./Ordelheide, D.*, Konzernabschlüsse, S. 284; *Ewert, R./Schenk, G.*, Offene Probleme, S. 10 f.; *Janschek, O.*, Konzernrechnungslegung; *Scherrer, G.*, Konzernrechnungslegung, S. 304 ff.; *Weber, C.-P./Zündorf, H.*, in: HdKR, § 301 HGB, Rn. 241.
14 Vgl. *Ordelheide, D.*, Konzernerfolg, S. 292.
15 Vgl. *Ewert, R./Schenk, G.*, Offene Probleme, S. 4 ff.

schafter betragen damit 20% am Tochterunternehmen (T) und 40% am Enkelunternehmen (E).

Die Bilanzen der einzelnen Konzerngesellschaften weisen zum Zeitpunkt der Erstkonsolidierung folgendes, stark vereinfachtes Aussehen auf:

	M	T	E
Verschiedene Aktiva	6 800	4 400	3 200
Anteile an verbundenen Unternehmen			
– M an T	3 200		
– T an E		1 600	
Summe Aktiva	**10 000**	**6 000**	**3 200**
Eigenkapital	7 000	2 000	1 000
Fremdkapital	3 000	4 000	2 200
Summe Passiva	**10 000**	**6 000**	**3 200**

Daneben ist noch zu berücksichtigen, daß die verschiedenen Aktiva von T und E jeweils stille Reserven in Höhe von 200 enthalten.

23 Anwendung der beiden Verfahren auf den Beispielfall

Einleitend wurde bereits ausgeführt, daß sich die beiden in der Literatur diskutierten Verfahren hinsichtlich der Berechnung der für die Durchführung der Kapitalkonsolidierung sowie der Bildung des Ausgleichspostens für andere Gesellschafter relevanten Beteiligungsquoten unterscheiden. Dafür wurden die Bezeichnungen multiplikatives bzw. additives Verfahren der Kapitalkonsolidierung im mehrstufigen Konzern eingeführt. Die Verwendung unterschiedlicher Beteiligungsquoten äußert sich bei der Konsolidierung in einer abweichenden Höhe konsolidierungstypischer Posten. Davon betroffen sind zum einen aktivische und passivische Unterschiedsbeträge aus der Kapitalkonsolidierung sowie der Ausgleichsposten für Anteile anderer Gesellschafter.

231. Multiplikatives Verfahren der Kapitalkonsolidierung im mehrstufigen Konzern

Das multiplikative Verfahren der Kapitalkonsolidierung im mehrstufigen Konzern ist durch eine explizite Berücksichtigung indirekter Beteiligungsverhältnisse gekennzeichnet. Das bedeutet zunächst einmal, daß die Kapitalkonsolidierung auf einer nachgeordneten Konsolidierungsstufe stets auf Basis der multiplikativ, vom obersten Mutterunternehmen nach unten durchgerechneten Beteiligungsquote zu erfolgen hat[16]. Angewendet auf das vorliegende Beispiel beträgt die multiplikativ errechnete Beteiligungsquote des Konzerns am Eigenkapital des Enkelunternehmens (E) 80% * 60% = 48%. Diese multiplikativ durchgerechnete Beteiligungsquote begrenzt bei der Buchwertmethode auch das Ausmaß, in dem stille Reserven und Lasten sowie ein allfälliger Geschäfts- oder Firmenwert oder ein verbleibender passivischer Unterschiedsbetrag in der Konzernbilanz angesetzt werden dürfen[17].

Ebenfalls multiplikativ wird die effektive Beteiligungsquote der anderen Gesellschafter am Eigenkapital des Enkelunternehmens (E) ermittelt. Diese beträgt insgesamt 52% und setzt sich zusammen aus dem direkten Anteil der anderen Gesellschafter des Enkelunternehmens (E) in Höhe von 40% sowie dem indirekten Anteil der anderen Gesellschafter des Tochterunternehmens (T) in Höhe von 20% * 60% = 12%.

Für die konkrete Durchführung einer Kapitalkonsolidierung im mehrstufigen Konzern unter Verwendung multiplikativ ermittelter Beteiligungsquoten werden in der Literatur unterschiedliche konsolidierungstechnische Vorgehensweisen vorgeschlagen:

---

16 Vgl. *Baetge, J.*, Kapitalkonsolidierung, S. 22; *Ewert, R./Schenk, G.*, Offene Probleme, S. 5; *Janschek, O.*, Konzernrechnungslegung, S. 246; *Küting, K./Weber, C.-P./Dusemond, M.*, Kapitalkonsolidierung, S. 1087; *Lührmann, V./Schruff, L.*, Negative Minderheitenanteile, S. 263; *Schenk, G.*, Diskussion, S. 442.

17 Vgl. *Adler, H./Düring, W./Schmaltz, K.*, 5. Aufl., § 301 HGB, Tz. 225; *Egger, A./Samer, H.*, Konzernabschluß, S. 158; *Förschle, G.*, in: BeckBilKomm., 3. Aufl., § 301 HGB, Rn. 222; *Janschek, O.*, Konzernrechnungslegung, S. 246; *Lührmann, V./Schruff, L.*, Negative Minderheitenanteile, S. 263; *Scherrer, G.*, Konzernrechnungslegung, S. 301.

- Die Konsolidierung auf der unteren Ebene wird zunächst wie bei einem einstufigen Konzern durchgeführt, also lediglich unter Verwendung der jeweiligen direkten Beteiligungsquoten. Ein dabei entstehender Unterschiedsbetrag aus der Kapitalkonsolidierung wird allerdings im Stufenkonzernabschluß nicht verteilt, sondern bei der Konsolidierung der nächsthöheren Hierarchiestufe mit dem konsolidierungspflichtigen Eigenkapital verrechnet[18]. *Baetge* merkt allerdings zu dieser Vorgehensweise kritisch an, daß die Saldierung des Unterschiedsbetrages mit dem konsolidierungspflichtigen Eigenkapital einer höheren Konzernstufe gegen den Vollständigkeitsgrundsatz und gegen das Saldierungsverbot des § 298 Abs. 1 HGB i. V. m. § 246 HGB verstößt[19].

- Die Kapitalkonsolidierung auf der unteren Ebene wird gleich unter Verwendung der multiplikativ durchgerechneten Beteiligungsquoten durchgeführt. Auf der nächsthöheren Konsolidierungsstufe erfolgt dann eine Aufrechnung des Buchwertes der Beteiligung an dem Tochterunternehmen der unteren Hierarchieebene sowohl mit dem Eigenkapital der aktuell zu konsolidierenden Zwischenholding als auch mit dem Ansatz der Beteiligung an dieser Zwischenholding bei dessen Mutterunternehmen[20]. Wie *Küting/Weber/Dusemond* gezeigt haben, kann es dabei bei Anwendung der Buchwertmethode dann zu problematischen Ergebnissen kommen, wenn auf einer Zwischenkonsolidierungsstufe die aufzudeckenden stillen Reserven, abzüglich allfälliger stiller Lasten, den aktivischen Unterschiedsbetrag aus der Aufrechnung der wie oben beschrieben angepaßten Werte übersteigen[21].

Aufgrund der Bedenken, die in der Literatur gegen die beiden angeführten Alternativen vorgebracht werden, soll auf sie hier nicht weiter eingegangen werden.

---

18 Vgl. für eine ausführlichere Darstellung dieser Vorgehensweise *Adler, H./ Düring, W./Schmaltz, K.*, 5. Aufl., § 301 HGB, Tz. 227; *Faß, J.*, Indirekte Beteiligungsverhältnisse, S. 1163; *Platzer, W.*, in: Straube, § 254 öHGB, Rn. 53.
19 Vgl. *Baetge, J.*, Kapitalkonsolidierung, S. 29.
20 Vgl. für eine ausführliche Darstellung dieser Vorgehensweise *Faß, J.*, Indirekte Beteiligungsverhältnisse, S. 1165; *Küting, K./Weber, C.-P./Dusemond, M.*, Kapitalkonsolidierung, S. 1089.
21 Vgl. *Küting, K./Weber, C.-P./Dusemond, M.*, Kapitalkonsolidierung, S. 1089 f.

Konkret demonstriert wird somit nur jene konsolidierungstechnische Vorgehensweise, die in der Literatur in diesem Zusammenhang am häufigsten genannt und verwendet wird. Dieses Verfahren ist dadurch gekennzeichnet, daß der Buchwert der Beteiligung beim jeweiligen Stufenmutterunternehmen in Abhängigkeit von den direkten Beteiligungsverhältnissen an diesem Unternehmen in einen Konzernanteil und in einen Anteil außenstehender Gesellschafter aufgespalten wird[22]. Diese beiden Beteiligungsanteile erleiden in weiterer Folge ein unterschiedliches Schicksal im Rahmen der Konsolidierung. Der Konzernanteil wird mit dem Eigenkapital des jeweiligen Tochterunternehmens in Höhe der multiplikativ durchgerechneten Konzernbeteiligungsquote aufgerechnet. Dies bedeutet im vorliegenden Beispiel für die Stufenkonsolidierung von E auf T konkret:

Konzernanteil Beteiligung T an E: 80% * 1 600 =	1 280
− Anteiliges Eigenkapital E: 48% * 1 000 =	− 480
= Unterschiedsbetrag aus der Kapitalkonsolidierung	800
− Anteilige stille Reserven: 48% * 200 =	− 96
= Geschäfts- oder Firmenwert	704

Daraus ergeben sich die folgenden Konsolidierungsbuchungen:

(1)	Eigenkapital (E)	480	
	Unterschiedsbetrag	800	
	an Anteile an verbundenen Unternehmen		1 280

(2)	Geschäfts- oder Firmenwert	704	
	Verschiedene Aktiva	96	
	an Unterschiedsbetrag		800

Der Ausgleichsposten für Anteile anderer Gesellschafter wird dabei in weiterer Folge zunächst in Höhe der effektiven Beteiligungsquote der anderen Gesellschafter, also unter Berücksichtigung der indirekten Anteile, gebildet.

(3)	Eigenkapital (E)	520	
	an Anteile anderer Gesellschafter		520

---

22 Vgl. *Janschek, O.*, Konzernrechnungslegung, S. 246; *Küting, K./Weber, C.-P./Dusemond, M.*, Kapitalkonsolidierung, S. 1087; *Leißing, T.*, Konzernbilanzpolitik, S. 225; *Lührmann, V./Schruff, L.*, Negative Minderheitenanteile, S. 263; *Schenk, G.*, Diskussion, S. 442.

Damit käme es aber nach den Befürwortern dieses Verfahrens in letzter Konsequenz im Ausgleichsposten für die Anteile anderer Gesellschafter zu einer Doppelerfassung. Denn zum einen partizipieren die anderen Gesellschafter des Tochterunternehmens (T) über ihren indirekten Anteil von 12% am Eigenkapital des Enkelunternehmens (E). Zum anderen halten sie auch eine rechnerische Quote von 20% am Buchwert der Beteiligung an eben jenem Enkelunternehmen (E). Diese potentielle Doppelerfassung träte zwar erst im Verlauf der weiteren Konsolidierung zu Tage, kann aber bereits auf Ebene des Stufenkonzernabschlusses T/E saniert werden, indem der Ausgleichsposten für die Anteile anderer Gesellschafter um deren direkten Anteil am Beteiligungsbuchwert T an E, das sind 20% oder, in Absolutwerten ausgedrückt, 320, gleichsam „wertberichtigt" wird[23].

(4) Anteile anderer Gesellschafter	320	
an Anteile an verbundenen Unternehmen		320

Nach diesen Konsolidierungsbuchungen ergibt sich die folgende Stufenkonzernbilanz:

Stufenkonzernbilanz T/E

Geschäfts- oder Firmenwert	704	Eigenkapital	2 000
Verschiedene Aktiva	7 696	Anteile anderer Gesellschafter	200
		Fremdkapital	6 200
	8 400		8 400

Aufgrund der Tatsache, daß sowohl bei der eigentlichen Kapitalkonsolidierung als auch bei der Bildung des Ausgleichspostens für die Anteile anderer Gesellschafter indirekte Beteiligungsverhältnisse berücksichtigt worden sind, handelt es sich dabei um keine echte Teilkonzernbilanz i. S. von § 291 Abs. 3 HGB. Die Bildung einer derartigen Teilkonzernbilanz läßt sich aber ohne weiteres in das Lösungsverfahren inkorporieren[24].

---

23 Vgl. *Adler, H./Düring, W./Schmaltz, K.*, 5. Aufl., § 307 HGB, Tz. 44; *Baetge, J.*, Kapitalkonsolidierung, S. 26; *Ewert, R./Schenk, G.* Offene Probleme, S. 5; *Küting, K./Weber, C.-P./Dusemond, M.*, Kapitalkonsolidierung, S. 1088; *Schenk, G.*, Diskussion, S. 442.

24 Vgl. dazu etwa *Ewert, R./Schenk, G.*, Offene Probleme, S. 6 f.; *Scherrer, G.*, Konzernrechnungslegung, S. 300 ff.

Die vorliegende Stufenkonzernbilanz muß nun in weiterer Folge mit dem Mutterunternehmen (M) konsolidiert werden. Da sich dabei gegenüber einem einstufigen Konzern keine besonderen Probleme ergeben, soll hier auf ein gesonderte Darstellung dieses Konsolidierungsvorganges verzichtet und lediglich die endgültige Konzernbilanz angegeben werden. Klarzustellen ist allerdings, daß der Ausgleichsposten für Anteile anderer Gesellschafter, obwohl gemäß § 307 Abs. 1 HGB innerhalb des Eigenkapitals ausgewiesen, nicht zum konsolidierungspflichtigen Kapital gehört. Dies ist aber ohne weiteres einsichtig, ist doch das nachgeordnete Mutterunternehmen nicht an diesem speziellen Eigenkapitalposten beteiligt[25].

Konzernbilanz M/T/E

Geschäfts- oder Firmenwert	2 144	Eigenkapital	7 000
Verschiedene Aktiva	14 656	Anteile anderer Gesellschafter	600
		Fremdkapital	9 200
	16 800		16 800

Zusammenfassend lassen sich somit die Charakteristika des multiplikativen Verfahrens der Kapitalkonsolidierung im mehrstufigen Konzern wie folgt festhalten:

- Indirekte Beteiligungsverhältnisse werden sowohl bei der eigentlichen Kapitalkonsolidierung als auch bei der Ermittlung des Ausgleichspostens für Anteile anderer Gesellschafter explizit berücksichtigt.

- Die anderen Gesellschafter partizipieren auf keiner Ebene an den aufgedeckten stillen Reserven (Lasten) sowie allfälligen Geschäfts- oder Firmenwerten bzw. verbleibenden passivischen Unterschiedsbeträgen.

- Die Beteiligung der anderen Gesellschafter beschränkt sich daher auf das sogenannte Nettokapital. Das Nettokapital stellt dabei eine Saldogröße dar, die sich aus der Kürzung des Eigenkapitals der betreffenden Tochterunternehmen um die Buchwerte von Beteiligungen an nachgeordneten Konzernunternehmen ergibt[26].

---

25 Vgl. *Baetge, J.*, Kapitalkonsolidierung, S. 31; *Janschek, O.*, Konzernrechnungslegung, S. 244; *Küting, K./Weber, C.-P./Dusemond, M.*, Kapitalkonsolidierung, S. 1085; *Weber, C.-P./Zündorf, H.*, in: HdKR, § 301 HGB, Rn. 246.

26 Vgl. *Ewert, R./Schenk, G.*, Offene Probleme, S. 3 f.; *Lührmann, V./Schruff, L.*, Negative Minderheitenanteile, S. 266.

232. Additives Verfahren der Kapitalkonsolidierung im mehrstufigen Konzern

Bei der additiven Methode der Kapitalkonsolidierung im mehrstufigen Konzern werden bei der Durchführung der Konsolidierung sowie der Berechnung des Ausgleichspostens für Anteile anderer Gesellschafter explizit nur die direkten Beteiligungsverhältnisse berücksichtigt. Das bedeutet konkret, daß für die Kapitalkonsolidierung jene Beteiligungsquoten heranzuziehen sind, die gem. § 290 Abs. 3 HGB auch für die Prüfung der Frage, ob ein verbundenes Unternehmen vorliegt, maßgeblich sind. Die Konsolidierung auf den einzelnen Stufen läuft damit grundsätzlich gleich ab wie im einstufigen Konzern. Insofern wäre eine Darstellung des konsolidierungstechnischen Ablaufs durchaus verzichtbar. Aus Gründen der einfachen Vergleichbarkeit mit der zuvor dargestellten Methode soll jedoch der Ablauf auf der ersten Konsolidierungsstufe ähnlich detailliert wie für die Vorvariante dargestellt werden.

Da bei der Kapitalkonsolidierung wie im einstufigen Konzern verfahren wird, erübrigt sich eine Aufteilung des Beteiligungsbuchwertes von T an E in einen Konzernanteil und in einen Anteil der anderen Gesellschafter. In die Kapitalkonsolidierung fließt vielmehr der gesamte Beteiligungsbuchwert beim Tochterunternehmen (T) ein. Auf das vorliegende Beispiel angewendet, bedeutet das konkret folgendes:

Beteiligung T an E	1 600
– Anteiliges Eigenkapital E: 60% * 1 000 =	– 600
= Unterschiedsbetrag aus der Kapitalkonsolidierung	1 000
– Anteilige stille Reserven: 60% * 200 =	– 120
= Geschäfts- oder Firmenwert	880

Daraus ergeben sich die folgenden Konsolidierungsbuchungen:

(1)	Eigenkapital (E)	600	
	Unterschiedsbetrag	1 000	
	an Anteile an verbundenen Unternehmen		1 600

(2)	Geschäfts- oder Firmenwert	880	
	Verschiedene Aktiva	120	
	an Unterschiedsbetrag		1 000

Der Ausgleichspostens für Anteile anderer Gesellschafter wird nunmehr in Höhe der direkten Beteiligung anderer Gesellschafter am Eigenkapital des Enkelunternehmens (E), das sind 40% oder in Absolutwerten 400, gebildet.

(3)	Eigenkapital (E)	400
	an Anteile anderer Gesellschafter	400

Indem bei der Variante unter Verwendung additiv ermittelter Beteiligungsquoten nur auf die direkten Beteiligungsverhältnisse abgestellt wird, erübrigt sich in weiterer Folge eine Wertkorrektur des solcherart gebildeten Postens.

Nach diesen Konsolidierungsbuchungen läßt sich die folgende Stufenkonzernbilanz aufstellen:

Stufenkonzernbilanz T/E

Geschäfts- oder Firmenwert	880	Eigenkapital	2 000
Verschiedene Aktiva	7 720	Anteile anderer Gesellschafter	400
		Fremdkapital	6 200
	8 600		8 600

Bei dieser Stufenkonzernbilanz handelt es sich im vorliegenden Beispiel grundsätzlich um eine echte Teilkonzernbilanz i. S. von § 291 Abs. 3 HGB.

Diese Teilkonzernbilanz muß nun in weiterer Folge mit der Bilanz des Mutterunternehmens (M) konsolidiert werden. Auf die gesonderte Darstellung dieses Konsolidierungsvorganges soll aber wie bei der vorangegangenen Variante verzichtet werden und wiederum nur das Endergebnis, die endgültige Konzernbilanz, angegeben werden. Ebenso wie bei dem zuvor dargestellten Verfahren gilt dabei, daß der Ausgleichsposten für Anteile anderer Gesellschafter nicht zum konsolidierungspflichtigen Kapital gehört.

Konzernbilanz M/T/E

Geschäfts- oder Firmenwert	2 320	Eigenkapital	7 000
Verschiedene Aktiva	14 680	Anteile anderer Gesellschafter	800
		Fremdkapital	9 200
	17 000		17 000

Zusammenfassend lassen sich daher die Charakteristika des additiven Verfahrens der Kapitalkonsolidierung im mehrstufigen Konzern wie folgt festhalten:

- Kapitalkonsolidierung und Bildung des Ausgleichspostens für Anteile anderer Gesellschafter erfolgen jeweils nur unter Verwendung direkter Beteiligungsquoten. Daraus aber nun den Schluß zu ziehen, indirekte Beteiligungsverhältnisse würden, speziell was den Ausgleichsposten für Anteile anderer Gesellschafter betrifft, bei diesem Verfahren nicht berücksichtigt, wäre verfehlt[27]. Implizit sind nämlich die indirekten Anteile der anderen Gesellschafter des Tochterunternehmens (T) am Eigenkapital des Enkelunternehmens (E) sehr wohl in ihrem direkten Anteil enthalten[28].

- Das additive Verfahren führt dazu, daß auf Ebene des Tochterunternehmens (T) die anderen Gesellschafter auch an den stillen Reserven und dem Geschäfts- oder Firmenwert aus der Konsolidierung des Enkelunternehmens (E) partizipieren.

- Die Vorgehensweise unter Verwendung additiv ermittelter Beteiligungsquoten wird aufgrund der einfachen Analogie zur Konsolidierung im einstufigen Konzern gelegentlich auch als die einfachere Methode bezeichnet[29]. Dieser Wertung kann allerdings nur vorbehaltlos bei isolierter Betrachtung der Erstkonsolidierung beigepflichtet werden. Bei den Folgekonsolidierungen ergibt sich jedoch insofern gegenüber der Vorvariante eine Verkomplizierung, als nunmehr auch der Ausgleichsposten für Anteile anderer Gesellschafter um anteilige Abschreibungen auf stille Reserven bzw. auf den Geschäfts- oder Firmenwert gekürzt werden muß[30].

---

27 So aber *Küting, K./Weber, C.-P./Dusemond, M.*, Kapitalkonsolidierung, S. 1086.
28 Vgl. *Ebeling, R. M.*, Fallstudien, S. 323.
29 Vgl. etwa *Ewert, R./Schenk, G.*, Offene Probleme, S. 14.
30 Vgl. *Weber, C.-P./Zündorf, H.*, in: HdKR, § 301 HGB, Rn. 246; *Schindler, J.*, Ausgleichsposten, S. 593.

233. Vergleichende Gegenüberstellung der betroffenen Konzernabschlußposten

Einleitend zu diesem Verfahrensvergleich wurde kurz festgehalten, daß sich die Anwendung der beiden unterschiedlichen Methoden bei der Konsolidierung in einer abweichenden Höhe bestimmter konsolidierungstypischer Posten bemerkbar macht. Diese Posten werden in der folgenden Tabelle zusammenfassend gegenübergestellt:

	Multiplikativ	Additiv
1. Geschäfts- oder Firmenwert	2 144	2 320
2. Verschiedene Aktiva	14 656	14 680
(davon aufgedeckte stille Reserven)	(256)	(280)
3. Ausgleichsposten für andere Gesellschafter	600	800

Aufgrund dieser Abweichungen ergibt sich bei der additiven Methode eine um 200 höhere Konzernbilanzsumme. Dieser Wert von 200 erklärt sich aus dem indirekten Anteil der anderen Gesellschafter des Tochterunternehmens (T) am Geschäfts- oder Firmenwert aus der Konsolidierung des Enkelunternehmens (E) in Höhe von 176 sowie an den dabei aufgedeckten stillen Reserven in Höhe von 24.

3 Kritische Wertung der beiden Verfahren

„Wird unterstellt, daß nur ein Ergebnis bei Durchführung der Kettenkonsolidierung richtig sein kann, so führen eine Reihe von Verfahren zu fehlerhaften Ergebnissen"[31]. Schließt man sich zunächst einmal dieser Aussage an, so stellt sich die Frage, welche Methode für die vorliegende Fallgestaltung denn nun die richtigen Ergebnisse erbringt[32]. Zur Beantwortung dieser Frage soll im folgenden versucht werden, das Problem der Mehrstufigkeit so weit wie möglich auf den Fall des einstufigen Konzerns rückzuführen. Für diese Vorgehensweise spricht, daß für die Durchführung der Kapitalkonsolidierung im einstufigen Konzern explizite gesetzliche Regelungen bestehen, über deren Auslegung in der Literatur auch weitgehend Einigkeit herrscht.

---

31 *Scherrer, G.*, Konzernrechnungslegung, S. 294.
32 Mitunter wird in diesem Zusammenhang allerdings auch ein grundsätzliches Wahlrecht mit entsprechender Erläuterungspflicht im Anhang angenommen. Vgl. etwa *Leißing, T.*, Konzernbilanzpolitik, S. 226.

Um dieses Vorhaben umsetzen zu können, ist es vorab erforderlich, näher auf die Entstehungsgeschichte von mehrstufigen Konzernen einzugehen. Denn mehrstufige Konzerne pflegen im allgemeinen nicht schlagartig zu einem einzigen Zeitpunkt zu entstehen, sondern sind zumeist das Ergebnis von zeitlich verteilten Wachstumsprozessen[33]. Diesem Aspekt ist in der bisherigen Darstellung indes überhaupt keine Beachtung geschenkt worden und auch in den Ausgangsdaten für das im vorangegangenen Abschnitt analysierte Musterbeispiel finden sich dazu keinerlei Aussagen. Dies steht freilich durchaus in Einklang mit der einschlägigen Literatur. In der Mehrzahl der darin verwendeten Konsolidierungsbeispiele erfolgt entweder überhaupt keine oder keine eindeutige Spezifizierung der Entstehungsgeschichte des betrachteten mehrstufigen Konzerns[34]. In den restlichen Fällen wird zumeist auf eine mehr oder weniger gleichzeitige Entstehung des mehrstufigen Konzerns abgestellt[35]. Die sukzessive Entstehung eines mehrstufigen Konzerns wird dagegen vergleichsweise selten in Konsolidierungsbeispielen behandelt[36].

Betrachtet man nun für den einfachsten denkbaren Fall, einen zweistufigen Konzern, die möglichen Entstehungsprozesse, so ergeben sich insgesamt 3 verschiedene Möglichkeiten:

1. Das Mutterunternehmen (M) und das Tochterunternehmen (T) bilden bereits einen einstufigen Konzern. Dieser einstufige Konzern wird durch den Erwerb einer Beteiligung durch das Tochterunternehmen (T) am Enkelunternehmen (E) zu einem zweistufigen Konzern erweitert. Diese Fallgestaltung soll mit der Kurzbezeichnung „Einfache Erweiterung eines einstufigen Konzerns nach unten" belegt werden.

2. Das Tochterunternehmen (T) und das Enkelunternehmen (E) bilden bereits einen einstufigen Konzern. Dieser einstufige Konzern wird durch den Erwerb einer Beteiligung durch das Mutterunternehmen (M) am Tochterunternehmen (T) zu einem zweistufigen

---

33 Vgl. *Förschle, G.*, in: BeckBil-Komm., 3. Aufl., § 301 HGB, Rn. 221.
34 *Ewert/Schenk* weisen auf diesen Umstand allerdings in einer Fußnote hin. Vgl. *Ewert, R./Schenk, G.*, Offene Probleme, S. 4, Fn. 24.
35 So bei *Baetge, J.*, Kapitalkonsolidierung, S. 20 f.; *Busse von Colbe, W./ Ordelheide, D.*, Konzernabschlüsse, S. 278; *Weber, C.-P./Zündorf, H.*, in: HdKR, § 301 HGB, Rn. 247.
36 Vgl. etwa *Ebeling, R. M.*, Fallstudien, S. 318 ff.

Konzern erweitert. Diese Variante soll als „Einfache Erweiterung eines einstufigen Konzerns nach oben" bezeichnet werden.

3. Der Erwerb der Beteiligung des Mutterunternehmens (M) am Tochterunternehmen (T) sowie der Erwerb der Beteiligung des Tochterunternehmens (T) am Enkelunternehmen (E) gehen gleichzeitig vonstatten. Diese Konstellation soll unter dem Titel „Gleichzeitige Entstehung eines zweistufigen Konzerns" behandelt werden.

Für diese drei Fallgestaltungen soll nun im folgenden versucht werden, die Frage nach dem richtigen Verfahren der Kapitalkonsolidierung zu beantworten. Zur Illustration wird dabei weiterhin das Musterbeispiel aus dem vorangegangenen Abschnitt herangezogen. Aufgrund der nunmehr in Form der Entstehungsgeschichte des mehrstufigen Konzerns zusätzlich zu beachtenden Dimension sind dazu aber gewisse Adaptierungen und Ergänzungen der Ausgangsdaten erforderlich. Diese werden bei den einzelnen Fallgestaltungen jeweils einleitend dargestellt.

31 Einfache Erweiterung eines einstufigen Konzerns nach unten

In Fortführung des Musterbeispiels aus Abschnitt 2 soll für diese Variante davon ausgegangen werden, daß die Beteiligung des Mutterunternehmens (M) am Tochterunternehmen (T) im Ausmaß von 80% am 1. 1. 01 um 3200 erworben worden ist. Zum Erwerbszeitpunkt liegen für M und T folgende Bilanzen vor:

	M	T
Verschiedene Aktiva	6 800	4 400
Anteile an verbundenen Unternehmen		
– M an T	3 200	
Bankguthaben		1 600
Summe Aktiva	**10 000**	**6 000**
Eigenkapital	7 000	2 000
Fremdkapital	3 000	4 000
Summe Passiva	**10 000**	**6 000**

Im Vergleich zu den Ausgangsdaten ist damit lediglich in der Bilanz des Tochterunternehmens (T) das Bankguthaben in Höhe von 1 600 an die Stelle der noch zu erwerbenden Anteile am Enkelunternehmen (E) getreten. In den verschiedenen Aktiva des Tochterunternehmens (T) liegen wie zuvor stille Reserven in Höhe von 200 vor. Diese sollen sich ausschließlich auf unbebaute Grundstücke beziehen und bei der Folgekonsolidierung in gleicher Höhe fortbestehen.

Zum 31. 12. 01 sollen weiterhin unveränderte Bilanzen bei M und T vorliegen. Für die Aktivseite der Bilanz kann man dazu etwa die Annahmen treffen, daß bei abnutzbarem Anlagevermögen genau in Höhe der Abschreibungen Zugänge erfolgt sind und beim restlichen Vermögen, insbesondere Umlaufvermögen, der Wert der abgegangenen Vermögensgegenstände dem Wert der Neuzugänge entspricht[37]. Für die Passivseite soll angenommen werden, daß das Tochterunternehmen (T) ein Jahresergebnis von 0 erwirtschaftet hat. Weiters sollen keinerlei konzerninterne Geschäfte und keine Dividendenausschüttungen stattgefunden haben. Die Konzernbilanz für M und T zum 31. 12. 01 weist dann unter diesen Annahmen folgendes Bild auf:

Konzernbilanz M/T zum 31. 12. 01

Geschäfts- oder Firmenwert	1 440	Eigenkapital	7 000
Verschiedene Aktiva	11 360	Anteile anderer Gesellschafter	400
Bankguthaben	1 600	Fremdkapital	7 000
	14 400		14 400

Für den Geschäfts- oder Firmenwert wird dabei die pauschale Abschreibung gem § 309 Abs. 1 Satz 1 HGB in Anspruch genommen. Demnach ist im Jahr der Erstkonsolidierung keine Abschreibung erforderlich.

Zum 1. 1. 02 erwirbt dann das Tochterunternehmen (T) 60% der Anteile am Enkelunternehmen (E) um 1600. In der Bilanz des Tochterunternehmens (T) wie auch in der obigen Konzernbilanz M/T findet dabei lediglich ein Aktivtausch statt, indem die Anteile am Enkelunternehmen (E) an die Stelle des Bankguthabens treten. Die Bilanz des Enkelunternehmens (E) zum Erwerbszeitpunkt entspricht jener, die im Rahmen der Ausgangsdaten für das Musterbeispiel unter Gliederungspunkt 22 dargestellt worden ist. Weiterhin soll auch gelten,

---

37 Vgl. *Baetge, J.*, Konzernbilanzen, S. 155.

daß sich die stillen Reserven in den verschiedenen Aktiva des Enkelunternehmens (E) zum Erwerbszeitpunkt auf 200 belaufen.

Abstrahiert man nun vom rechtlichen Erscheinungsbild des Beteiligungserwerbs am Enkelunternehmen (E) und legt eine wirtschaftliche Betrachtungsweise dieser Transaktion an den Tag, dann läßt sich der Erwerb der Beteiligung am Enkelunternehmen (E) durch das Tochterunternehmen (T) unschwer als Erwerb dieser Beteiligung durch den Teilkonzern M/T interpretieren. Bei dieser Sichtweise stellt somit der Konzern M/T das „Mutterunternehmen" für das erworbene Enkelunternehmen (E) dar. Die Kapitalkonsolidierung kann daher auf Erwerberseite auf Basis der Konzernbilanz M/T zum Erwerbszeitpunkt durchgeführt werden. Die bei diesen Überlegungen praktizierte Qualifikation des Konzernabschlusses als „äquivalentem" Einzelabschluß einer Unternehmensgruppe entspricht auch der gesetzlichen Einheitsfiktion des § 297 Abs. 3 HGB, der zufolge der Konzernabschluß so aufzustellen ist, als ob insgesamt ein einziges Unternehmen vorliegen würde.

Die Ableitung dieses „äquivalenten" Einzelabschlusses gestaltet sich bei der einfachen Erweiterung eines bereits bestehenden Konzerns nach unten auch deswegen so einfach, weil es im Wesen der gesetzlich kodifizierten Erwerbsmethode liegt, daß sich Änderungen der Wertkonzeptionen im Rahmen der Kapitalkonsolidierung auf die Bilanzen der erworbenen Unternehmen beschränken. Die Wertkonzeptionen der Bilanz des erwerbenden Unternehmens bleiben dagegen von der Erwerbskonsolidierung grundsätzlich unbeeinflußt[38]. Die Äquivalenzziehung zu einem Einzelabschluß findet freilich dort ihre Grenzen, wo konzernabschlußtypische Posten auftreten. Dies trifft etwa auf den Ausgleichsposten für andere Gesellschafter zu, der seiner Eigenart nach nur in konsolidierten Abschlüssen und nicht auch in Einzelabschlüssen auftauchen kann[39].

Zieht man nun die Konzernbilanz M/T zum 1. 1. 02 für die Durchführung der Erstkonsolidierung heran, so läßt sich diese nach den Regeln für den einstufigen Konzern wie folgt durchführen:

---

38 Dies wäre nur bei der *Neugründungsmethode* der Fall. Vgl. *Busse von Colbe, W./Ordelheide, D.,* Konzernabschlüsse, S. 192.

39 Vgl. *Mano, R. M.,* Minority Interests, S. 3.

Beteiligung M/T an E	1 600
– Anteiliges Eigenkapital E: 60% * 1 000 =	– 600
= Unterschiedsbetrag aus der Kapitalkonsolidierung	1 000
– Anteilige stille Reserven: 60% * 200 =	– 120
= Geschäfts- oder Firmenwert	880

Aus dieser Berechnung resultieren die folgenden Konsolidierungsbuchungen:

(1)	Eigenkapital (E)	600	
	Unterschiedsbetrag	1 000	
	an Anteile an verbundenen Unternehmen		1 600

(2)	Geschäfts- oder Firmenwert	880	
	Verschiedene Aktiva	120	
	an Unterschiedsbetrag		1 000

(3)	Eigenkapital (E)	400	
	an Anteile anderer Gesellschafter		400

Nach diesen Konsolidierungsbuchungen läßt sich die folgende Konzernbilanz für die gesamte Gruppe aufstellen:

Konzernbilanz M/T/E zum 1. 1. 02

Geschäfts- oder Firmenwert	2 320	Eigenkapital	7 000
Verschiedene Aktiva	14 680	Anteile anderer Gesellschafter	800
		Fremdkapital	9 200
	17 000		17 000

Dies entspricht der Konzernbilanz bei Verwendung des additiven Verfahrens der Kapitalkonsolidierung im mehrstufigen Konzern. Die außenstehenden Gesellschafter des Tochterunternehmens (T) partizipieren daher auch an den stillen Reserven und dem Geschäfts- oder Firmenwert aus der Konsolidierung des Enkelunternehmens (E).

Gegen diese Lösung wird indes in der Literatur in strikter grammatikalischer Interpretation von § 301 Abs. 1 und Abs. 3 HGB eingewendet, daß sich die Aufdeckung stiller Reserven sowie die Aktivierung eines Geschäfts- oder Firmenwerts auf den Anteil des Mutterunternehmens zu beschränken habe. Derartige Größen dürfen somit in keinem Fall im Ausgleichsposten für andere Gesellschafter wirksam werden[40]. Bei dieser Argumentation wird allerdings außer Acht gelassen, daß sich die genannten gesetzlichen Bestimmungen grundsätzlich nur am Fall des einstufigen Konzerns ausrichten[41]. Gewisse Phänomene, wie etwa das Vorhandensein von indirekten Beteiligungen anderer Gesellschafter an nachgelagerten Konzernunternehmen, können allerdings im einstufigen Konzern von vorneherein nicht auftreten. Die Interpretation des Gesetzestextes strikt nach dem Wortlaut kann damit für die Behandlung derartiger Phänomene zwangsläufig keine allzu große Hilfe darstellen[42].

Fraglich ist nämlich, ob nicht aufgedeckte stille Reserven und ein Firmenwert, soweit sie auf die indirekten Anteile anderer Gesellschafter entfallen, eine andere Qualität haben als im Falle der alleinig gesetzlich geregelten direkten Minderheitsgesellschafter[43]. Eine Antwort auf diese Frage findet man, indem man auf den Zweck der in Rede stehenden Vorschriften abstellt. Dieser liegt nach h. M. darin, den Ansatz pagatorisch nicht abgesicherter Posten im Konzernabschluß zu verhindern. Stille Reserven und ein allfälliger Firmenwert sollen nur in dem Ausmaß angesetzt werden dürfen, in dem sie durch den Kaufpreis für die Beteiligung abgegolten worden sind[44]. Da im Falle des einstufigen Konzerns der Kaufpreis nur seitens des Mutterunternehmens und nicht auch seitens der anderen Gesellschafter ge-

---

40 Vgl. *Adler, H./Düring, W./Schmaltz, K.*, 5. Aufl., § 307 HGB, Tz. 48 f.; *Faß, J.*, Indirekte Beteiligungsverhältnisse, S. 1166; *IDW*, WP-Handbuch 1996, Bd. I, Abschn. M, Rn. 408; *Förschle, G.*, in: BeckBil-Komm., 3. Aufl., § 301 HGB, Rn. 222; *Küting, K./Weber, C.-P./Dusemond, M.*, Kapitalkonsolidierung, S. 1087; *Platzer, W.*, in: Straube, § 254 öHGB, Rn. 54; *Scherrer, G.*, Konzernrechnungslegung, S. 294.

41 Vgl. *Baetge, J.*, Kapitalkonsolidierung, S. 20; *Egger, A./Samer, H.*, Konzernabschluß, S. 156; *Ewert, R./Schenk, G.*, Offene Probleme, S. 4; *Faß, J.*, Indirekte Beteiligungsverhältnisse, S. 1163; *Küting, K./Weber, C.-P./Dusemond, M.*, Kapitalkonsolidierung, S. 1082; *Scherrer, G.*, Konzernrechnungslegung, S. 292; *Weber, C.-P./Zündorf, H.*, in: HdKR, § 301 HGB, Rn. 237.

42 So auch *Ewert, R./Schenk, G.*, Offene Probleme, S. 8 zum vergleichbaren Fall des § 307 Abs. 1 HGB.

43 Vgl. *Leißing, T.*, Konzernbilanzpolitik, S. 226.

44 Vgl. *Baetge, J.*, Konzernbilanzen, S. 178 f.; *Egger, A./Samer, H.*, Konzernabschluß, S. 101; *Ordelheide, D.*, Anschaffungskostenprinzip, S. 494; *Ordelheide, D.*, Konzernerfolg, S. 298; *Otte, H.-H.*, Gestaltungsspielräume, S. 103; *Schildbach, T.*, Anmerkungen, S. 394; *Wysocki, K. v./Wohlgemuth, M.*, Konzernrechnungslegung, S. 114.

leistet werden kann, ist es dem Grundsatz der Pagatorik folgend konsequent, diese von der Aktivierung stiller Reserven und eines Firmenwerts auszuschließen.

Gänzlich anders gestaltet sich jedoch die Sachlage bei Vorliegen indirekter Anteile anderer Gesellschafter. Diese partizipieren nämlich bei der gegenständlichen Fallgestaltung über den Kauf der Beteiligung an einem nachgelagerten Tochterunternehmen auch am Erwerb der stillen Reserven und eines allfälligen Firmenwerts[45]. Aufgrund dieses Anteils am Kaufpreis wäre es nun nicht einzusehen, warum eine Aktivierung dieser Wertgrößen nicht möglich sein soll. Es handelt sich in diesem Fall nämlich sehr wohl um pagatorisch abgesicherte Werte, deren Nichtansatz in letzter Konsequenz nicht nur zu einer kaum zu rechtfertigenden Ungleichbehandlung der anderen Gesellschafter, sondern auch zu einer unzutreffenden Darstellung der Vermögens- und Ertragslage des Konzerns führen würde. Somit läßt sich für die einfache Erweiterung eines bestehenden Konzerns nach unten abschließend festhalten, daß die additive Methode der Kapitalkonsolidierung im mehrstufigen Konzern die richtige Vorgehensweise darstellt.

32 Einfache Erweiterung eines einstufigen Konzerns nach oben

Im Falle der einfachen Erweiterung eines einstufigen Konzerns nach oben soll für das Musterbeispiel gelten, daß zunächst das Tochterunternehmen (T) 60% der Anteile am Enkelunternehmen (E) zum 1. 1. 01 um 1600 erwirbt. Zum Erwerbszeitpunkt liegen für M und T genau jene Bilanzen vor, die bereits im Rahmen der Ausgangsdaten für das Musterbeispiel unter Gliederungspunkt 22 angegeben worden sind. Auf eine nochmalige Wiedergabe soll deswegen hier verzichtet werden. Weiterhin sollen in den verschiedenen Aktiva des Enkelunternehmens (E) stille Reserven in Höhe von 200 vorliegen. Diese sollen sich, ebenso wie bei der vorigen Fallgestaltung, ausschließlich

---

45 Vgl. *Busse von Colbe, W./Ordelheide, D.*, Konzernabschlüsse, S. 281; Ebeling, R. M., Zweckmäßige Abbildung, S. 335; *Förschle, G.*, in: BeckBil-Komm., 3. Aufl., § 307 HGB, Rn. 37; *Ordelheide, D.*, in: Beck'sches HdR, Erstkonsolidierung, Rn. 43; *Sahner, F./Tapprich, J.*, Anteile anderer Gesellschafter, S. 2503.

auf unbebaute Grundstücke beziehen und zum Zeitpunkt der Folgekonsolidierung unverändert fortbestehen. Daneben sollen keine neuen stillen Reserven entstehen.

Zum 31. 12. 01 liegen weiterhin unveränderte Bilanzen bei T und E vor. Dazu können wiederum die selben Annahmen getroffen werden wie im vorigen Unterpunkt. Weiters sollen keinerlei konzerninterne Geschäfte und keine Dividendenausschüttungen stattgefunden haben. Die Konzernbilanz für T und E zum 31. 12. 01 weist dann unter diesen Annahmen folgendes Bild auf:

Konzernbilanz T/E zum 31. 12. 01

Geschäfts- oder Firmenwert	880	Eigenkapital	2 000
Verschiedene Aktiva	7 720	Anteile anderer Gesellschafter	400
		Fremdkapital	6 200
	8 600		8 600

Für den Geschäfts- oder Firmenwert wird dabei wiederum die pauschale Abschreibung gem § 309 Abs. 1 Satz 1 HGB in Anspruch genommen. Damit ist im Jahr der Erstkonsolidierung keine Abschreibung erforderlich.

Zum 1. 1. 02 erwirbt dann das Mutterunternehmen (M) 80% der Anteile am Tochterunternehmen (T) um 3200. Die Bilanz des Mutterunternehmens (M) unmittelbar nach Erwerb entspricht jener unter Gliederungspunkt 22 dargestellten. Weiterhin soll auch gelten, daß sich die stillen Reserven in den verschiedenen Aktiva des Tochterunternehmens (T) zum Erwerbszeitpunkt auf 200 belaufen.

Abstrahiert man wiederum vom rechtlichen Erscheinungsbild des Beteiligungserwerbs und legt eine wirtschaftliche Betrachtungsweise an den Tag, dann läßt sich der Erwerb der Beteiligung am Tochterunternehmen (T) durch das Mutterunternehmen (M) als Erwerb einer Beteiligung am Teilkonzern T/E interpretieren. Dieser wirtschaftliche Gehalt des Beteiligungserwerbs käme noch wesentlich deutlicher zum Ausdruck, wenn es sich bei dem Tochterunternehmen (T) um eine reine Holdinggesellschaft handeln würde.

Damit stellt die Teilkonzernbilanz T/E grundsätzlich den für die Konsolidierung heranzuziehenden „äquivalenten" Einzelabschluß dar. Diese Teilkonzernbilanz kann indes nicht ohne weiteres für die Durchführung der Erstkonsolidierung herangezogen werden, weil sich in ihr Größen befinden, die auf dem für den Gesamtkonzern unbeachtlichen Anschaffungsvorgang der Beteiligung am Enkelunternehmen (E) durch das Tochterunternehmen (T) beruhen[46]. Im vorliegenden Fall sind dies die anteilig aufgedeckten stillen Reserven in den unbebauten Grundstücken und der aliquot angesetzte Geschäfts- oder Firmenwert. Diese Wertgrößen müssen vorab gegen das konsolidierungspflichtige Kapital des Teilkonzerns aufgerechnet werden[47].

Unbeachtlich ist dabei, daß etwa die stillen Reserven auf Ebene des Enkelunternehmens (E) überhaupt keine Änderung erfahren haben. Dies ist lediglich Ausfluß der im Beispiel getroffenen vereinfachenden Annahmen. Im Normalfall ist dagegen davon auszugehen, daß die stillen Reserven beim Enkelunternehmen (E) zum späteren Zeitpunkt des Erwerbs der Beteiligung am Tochterunternehmen (T) durch das Mutterunternehmen (M) anders aussehen als zum früheren Zeitpunkt des Erwerbs der Beteiligung am Enkelunternehmen (E) durch das Tochterunternehmen (T)[48].

Angesichts dieser Korrekturnotwendigkeiten, könnte nun allerdings leicht der Eindruck entstehen, daß es sich um konsolidierungstechnische Besonderheiten im mehrstufigen Konzern handelt. Bei näherer Betrachtung sind diese Maßnahmen indes lediglich Ausfluß der auch im Zuge einer Kapitalkonsolidierung im einstufigen Konzern häufig erforderlichen Vorbereitungs-, Anpassungs- und Eliminierungshandlungen in den zu konsolidierenden Abschlüssen. Denn für die Aufstellung von Konzernabschlüssen sind nicht in erster Linie die Einzelabschlüsse der Tochterunternehmen, auch als Handelsbilanzen I bezeichnet, maßgeblich, sondern die hinsichtlich Bilanzansatz und Bewertung vereinheitlichten Handelsbilanzen II. Im vorliegenden Fall wird die Handelsbilanz I durch den Teilkonzernabschluß T/E repräsentiert. Aus dieser Handelsbilanz I sind nun nach § 300 Abs. 2 HGB all jene Bilanzposten zu eliminieren, die nach dem Recht des Mutterunternehmens einem Bilanzierungsverbot unterliegen. Davon betroffen ist im gegenständlichen Fall der in der Teilkonzernbilanz T/E

---

46 Vgl. *Busse von Colbe, W./Müller, E./Reinhard, H.*, Aufstellung, S. 80; *Ebeling, R. M.*, Fallstudien, S. 334; *Ordelheide, D.*, in: Beck'sches HdR, Erstkonsolidierung, Rn. 118.
47 Vgl. *Adler, H./Düring, W./Schmaltz, K.*, 5. Aufl., § 301 HGB, Tz. 233; *Dodge, R.*, Group Financial Statements, S. 187.
48 Vgl. *Ebeling, R. M.*, Fallstudien, S. 335.

ausgewiesene Firmenwert aus der Erstkonsolidierung des Enkelunternehmens (E), weil er nicht auf tatsächlichen Anschaffungskosten beruht, sondern lediglich auf der aus Sicht des Gesamtkonzerns unbeachtlichen Erwerbsfiktion aufgrund der Kapitalkonsolidierung durch das Tochterunternehmen (T) zum 1. 1. 01. Ähnlich läßt sich für die aufgedeckten stillen Reserven argumentieren. Dabei handelt es sich aus Sicht des Mutterunternehmens um eine unzulässige Aufwertung über die historischen Anschaffungskosten hinaus, die nach § 308 Abs. 2 Satz 1 HGB in der Handelsbilanz II rückgängig gemacht werden muß. Derartige Korrekturmaßnahmen würden auch im Falle eines einstufigen Konzerns zu einer Kürzung des konsolidierungspflichtigen Eigenkapitals führen[49].

Der Ausgleichsposten für andere Gesellschafter in der Teilkonzernbilanz T/E ist von diesen Anpassungsmaßnahmen allerdings nicht unmittelbar betroffen. Dies ist allein schon deswegen unmittelbar einsichtig, weil dieser Posten bei der Buchwertmethode auch nicht vom Ansatz der genannten Größen berührt war. Daneben wurde bereits an anderer Stelle ausgeführt, daß der Ausgleichsposten für andere Gesellschafter auch grundsätzlich nicht zum konsolidierungspflichtigen Kapital gehört[50].

Somit ergibt sich folgende für die Erstkonsolidierung relevante Bilanz, die man, in Anlehnung an den Begriff der Handelsbilanz II, auch als „Teilkonzernbilanz II" bezeichnen könnte:

„Teilkonzernbilanz II" T/E zum 1. 1. 02

Verschiedene Aktiva		7 720		Eigenkapital		2 000	
– stille Reserven	(– 120)	7 600		– Firmenwert	(– 880)		
				– stille Reserven	(– 120)	1 000	
				Anteile anderer Gesellschafter		400	
				Fremdkapital		6 200	
		7 600				7 600	

---

49 Vgl. *Baetge, J.*, Konzernbilanzen, S. 477; *Busse von Colbe, W./Ordelheide, D.*, Konzernabschlüsse, S. 112; *IDW*, WP-Handbuch 1996, Bd. I, Abschn. M, Rn. 277; *Janschek, O.*, Konzernrechnungslegung, S. 78.

50 Vgl. die Ausführungen unter Gliederungspunkt 231. und die dort dazu angeführten Literaturverweise.

Nimmt man nun diese „Teilkonzernbilanz II" zum 1. 1. 02 als Basis für die Erstkonsolidierung durch das Mutterunternehmen (M), dann läßt sich nach den Regeln für den einstufigen Konzern die Konzernbilanz für die gesamte Gruppe wie folgt ableiten:

Beteiligung M an T/E	3 200
– Anteiliges Eigenkapital T/E: 80% * 1 000 =	– 800
= Unterschiedsbetrag aus der Kapitalkonsolidierung	2 400
– Anteilige stille Reserven (T): 80% * 200 =	– 160
– Anteilige stille Reserven (E): 48% * 200 =	– 96
= Geschäfts- oder Firmenwert	2 144

In diese Berechnung fließen selbstverständlich die gesamten stillen Reserven des gekauften Teilkonzerns ein. Die stillen Reserven auf Ebene des Enkelunternehmens (E) werden dabei nur in Höhe der multiplikativ durchgerechneten Beteiligungsquote des Mutterunternehmens angesetzt. Denn auch „wenn der Kaufpreis für die Beteiligung nicht unter Substanzwertgesichtspunkten festgelegt worden ist, muß davon ausgegangen werden, daß das MU nur diejenigen stillen Reserven bezahlt hat, die seinem Anteil an dem Unternehmen entsprechen"[51]. Dieser Anteil beträgt im vorliegenden Falle 48%.

Aus der obigen Berechnung ergeben sich nun die folgenden Konsolidierungsbuchungen:

(1)	Eigenkapital (E)	800	
	Unterschiedsbetrag	2 400	
	an Anteile an verbundenen Unternehmen		3 200

(2)	Geschäfts- oder Firmenwert	2 144	
	Verschiedene Aktiva	256	
	an Unterschiedsbetrag		2 400

| (3) | Eigenkapital (T/E) | 200 | |
| | an Anteile anderer Gesellschafter | | 200 |

Nach diesen Konsolidierungsbuchungen läßt sich die folgende Konzernbilanz für die gesamte Gruppe ableiten:

---

51 *IDW,* WP-Handbuch 1996, Bd. I, Abschn. M, Rn. 337.

Konzernbilanz M/T/E zum 1. 1. 02

Geschäfts- oder Firmenwert	2 144	Eigenkapital	7 000
Verschiedene Aktiva	14 656	Anteile anderer Gesellschafter	600
		Fremdkapital	9 200
	16 800		16 800

Dies entspricht der Konzernbilanz bei Verwendung des multiplikativen Verfahrens der Kapitalkonsolidierung im mehrstufigen Konzern. Die anderen Gesellschafter des Tochterunternehmens (T) partizipieren daher weder an stillen Reserven noch am Geschäfts- oder Firmenwert aus der Konsolidierung des Enkelunternehmens (E).

Gegen diese Lösung wird indes eingewandt, daß nach § 307 Abs. 1 HGB der Ausgleichsposten für die Anteile anderer Gesellschafter als Anteil am Eigenkapital und nicht an einem um anteilige stille Reserven und einem anteiligen Geschäftswert reduzierten Eigenkapital zu bestimmen ist[52]. Diesem Einwand läßt sich zunächst, ebenso wie beim vorigen Unterpunkt, entgegenhalten, daß es sich bei § 307 Abs. 1 HGB nach h. M. wiederum um eine Regelung handelt, die sich ausschließlich am Leitbild des einstufigen Konzerns orientiert[53]. Die wortwörtliche Auslegung einer derartigen Bestimmung, erweist sich daher generell wenig hilfreich, wenn es um die Lösung von Konsolidierungsproblemen geht, die typischerweise nur im mehrstufigen Konzern auftreten können. Darüberhinaus geht aber der Hinweis auf § 307 Abs. 1 HGB allein schon deswegen fehl, weil diese Bestimmung gar keine explizite Regel für die Bewertung der Anteile anderer Gesellschafter aufstellt. Aus dem Zusammenhang ergibt sich vielmehr, daß sich der Kapitalanteil außenstehender Gesellschafter an einer reinen Residualgröße, nämlich an dem auf bilanzieller Grundlage ermittelten Eigenkapital des zu konsolidierenden Tochterunternehmens bemißt[54]. Maßgebend ist dabei jedoch nicht jener Eigenkapitalbetrag, der sich unmittelbar aus dem Einzelabschluß des betreffenden Tochterunternehmens, der Handelsbilanz I, ergibt, sondern, analog zur Kapitalaufrechnung der Mehrheitsanteile, das nach Vereinheitlichung von Bilanzansatz und Bewertung ermittelte Eigenkapital laut

---

52 Vgl. *Busse von Colbe, W./Ordelheide, D.*, Konzernabschlüsse, S. 280.
53 Vgl. *Ebeling, R. M.*, Zweckmäßige Abbildung, S. 325 und die Nachweise in Fn. 41.
54 Vgl. *Ebeling, R. M.*, Zweckmäßige Abbildung, S. 330.

Handelsbilanz II[55]. In dieser Handelsbilanz II sind aber die weiter oben erörterten Korrekturen erforderlich, die im Ergebnis zu einer Kürzung des konsolidierungspflichtigen Eigenkapitals führen. Damit steht aber die dargestellte Lösung sehr wohl auch in Einklang mit der Bestimmung des § 307 Abs. 1 HGB.

Versucht man nun zu einer abschließenden Wertung zu kommen, so gilt es auch in diesem Fall wiederum auf den Grundsatz der Pagatorik abzustellen, der aufgrund des Verweises in § 297 Abs. 2 HGB grundsätzlich auch bei der Aufstellung von Konzernabschlüssen zu beachten ist[56]. Demnach dürfen bei der Kapitalkonsolidierung nach der Buchwertmethode eben nur jene Teile der stillen Reserven und eines allfälligen Geschäfts- oder Firmenwerts angesetzt werden, die durch den Kaufpreis für die Beteiligung abgegolten worden sind[57]. Aufgrund der oben getroffenen Annahme zur Bestimmung des Kaufpreises der Beteiligung, kann daher für die indirekte Beteiligung der anderen Gesellschafter des Tochterunternehmens (T) am Enkelunternehmen (E) kein Ansatz aliquoter stiller Reserven und keine Aktivierung eines anteiligen Firmenwerts durchgeführt werden. Im Ergebnis führt daher bei einer einfachen Erweiterung eines bestehenden Konzerns nach oben nur die multiplikative Methode der Kapitalkonsolidierung im mehrstufigen Konzern zu einer Darstellung der Vermögens- und Ertragslage des Konzerns, die den Anforderungen der Generalnorm des § 297 Abs. 2 HGB entspricht.

33 Gleichzeitige Entstehung eines zweistufigen Konzerns

Die gleichzeitige Entstehung eines zweistufigen Konzerns, verstanden als ein Vorgang zu exakt dem selben Stichtag, stellt sicherlich einen ausgesprochenen Grenzfall dar. Am ehesten kann es zu einem derartigen Vorgang wohl noch im Zusammenhang mit Vorgängen, die dem Umwandlungsgesetz unterliegen, kommen. Der Kategorie

---

55 Vgl. *Adler, H./Düring, W./Schmaltz, K.*, 5. Aufl., § 307 HGB, Tz. 23; *Egger, A./Samer, H.*, Konzernabschluß, S. 101; *Förschle, G.*, in: BeckBil-Komm., 3. Aufl., § 307 HGB, Rn. 17; *IDW*, WP-Handbuch 1996, Bd. I, Abschn. M, Rn. 373; *Schindler, J.*, Ausgleichsposten, S. 589; *Weber, C.-P./Zündorf, H.*, in: HdKR, § 307 HGB, Rn. 7.
56 Vgl. *Baetge, J.*, Konzernbilanzen, S. 67.
57 Vgl. die Nachweise in Fn. 44.

der gleichzeitigen Konzernentstehung kommt aber in erster Linie deswegen gewisse Bedeutung zu, weil nach § 301 Abs. 2 HGB die erstmalige Kapitalkonsolidierung nicht zwingend zum tatsächlichen Erwerbszeitpunkt vorgenommen werden muß. Daneben ist es auch möglich, auf den Zeitpunkt der erstmaligen Einbeziehung eines Tochterunternehmens in den Konzernabschluß oder, bei Erwerb der Anteile zu verschiedenen Zeitpunkten, auf den Zeitpunkt, zu dem das Unternehmen Tochterunternehmen geworden ist, abzustellen. Der gewählte Zeitpunkt ist dabei im Konzernanhang anzugeben.

Das Wahlrecht, die Erstkonsolidierung mit dem Zeitpunkt der erstmaligen Einbeziehung eines Tochterunternehmens in den Konzernabschluß vornehmen zu dürfen, dient der Vereinfachung, um so die Unternehmen der bindenden Notwendigkeit der Aufstellung von Zwischenabschlüssen zu entheben. Man spricht in diesem Zusammenhang auch von „verlängerter Erwerbsfiktion"[58]. Der Zeitpunkt der erstmaligen Einbeziehung ist dabei im Regelfall der Stichtag für die Aufstellung des ersten, auf den Beteiligungserwerb folgenden Konzernjahresabschlusses[59].

Wird nun von dieser Vereinfachungsmöglichkeit Gebrauch gemacht, und haben bis zum Konsolidierungszeitpunkt mehrere, aufeinanderfolgende Beteiligungserwerbe stattgefunden, die zur Begründung eines mehrstufigen Konzerns geführt haben, so sollte für die Auswahl der anzuwendenden Konsolidierungsmethode auf die Reihenfolge der tatsächlichen Erwerbszeitpunkte abgestellt werden. Denn nur so ist es möglich, den Umfang der im Kaufpreis für eine Beteiligung abgegoltenen stillen Reserven/Lasten sowie eines allfälligen Geschäfts- oder Firmenwerts festzustellen und, in Abhängigkeit davon, das richtige Konsolidierungsverfahren auszuwählen.

Diese Überlegungen sollen kurz anhand der beiden nachstehend skizzierten Fallgestaltungen verdeutlicht werden:

---

58 Vgl. *Busse von Colbe, W./Ordelheide, D.,* Konzernabschlüsse, S. 300.
59 Vgl. *Baetge, J.,* Konzernbilanzen, S. 185; *IDW,* WP-Handbuch 1996, Bd. I, Abschn. M, Rn. 358.

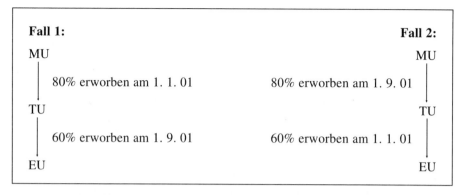

Bei Fall 1 stellt die additive Methode der Kapitalkonsolidierung im mehrstufigen Konzern die richtige Vorgehensweise dar, weil davon auszugehen ist, daß im Kaufpreis für die Beteiligung am Enkelunternehmen (E) insgesamt 60% der stillen Reserven/Lasten, eines allfälligen Geschäfts- oder Firmenwerts bzw. eines passivischen Unterschiedsbetrages Berücksichtigung gefunden haben.

Bei Fall 2 sollte dagegen die multiplikative Methode der Kapitalkonsolidierung im mehrstufigen Konzern zur Anwendung kommen. Denn bei dieser Konstellation ist anzunehmen, daß in die Bemessung des Kaufpreises durch das Mutterunternehmen (M) lediglich 48% der vorhandenen stillen Reserven/Lasten des Enkelunternehmens (E) sowie eines allfällig vorhandenen Geschäfts- oder Firmenwerts bzw. eines passivischen Unterschiedsbetrags Eingang gefunden haben.

4 Zusammenfassung

Für die Kapitalkonsolidierung im mehrstufigen Konzern mit Minderheitsgesellschaftern werden gegenwärtig im wesentlichen zwei alternative Vorgehensweisen diskutiert, die als multiplikatives und als additives Verfahren der Kapitalkonsolidierung im mehrstufigen Konzern bezeichnet werden können. Die beiden Verfahren unterscheiden sich hinsichtlich des Ausmaßes, in dem indirekte Minderheitsgesellschafter an der Aktivierung von stillen Reserven und einem allfälligen Geschäfts- oder Firmenwert partizipieren. Dies gilt gleichermaßen auch für den Ansatz eines passivischen Unterschiedsbetrags aus der Kapitalkonsolidierung. Demzufolge entstehen bei den beiden Methoden auch Ausgleichsposten für andere Gesellschafter in unterschiedlicher Höhe. Diese unterschiedlichen Wirkungen der beiden

Verfahren werden in Abschnitt 2 anhand eines einfachen Musterbeispiels vor Augen geführt und vergleichend gegenübergestellt.

In Abschnitt 3 wird dann der Frage nach dem richtigen Verfahren der Kapitalkonsolidierung im mehrstufigen Konzern mit Minderheitsbeteiligungen nachgegangen. Dabei wird versucht das Problem der Mehrstufigkeit so weit wie möglich auf den Fall des einstufigen Konzerns rückzuführen. Dafür spricht, daß für die Durchführung der Kapitalkonsolidierung im einstufigen Konzern explizite gesetzliche Regelungen bestehen, über deren Auslegung in der Literatur auch weitgehend Einigkeit herrscht. Diese Vorgehensweise darf jedoch nicht als eigenständige konsolidierungstechnische Methodik aufgefaßt werden, sondern stellt lediglich ein Hilfsmittel bei der Untersuchung eines einfachen Beispiels zur Entstehung eines zweistufigen Konzerns dar.

Dabei lassen sich im wesentlichen zwei unterschiedliche Entstehungsmöglichkeiten unterscheiden. Zum einen kann ein bestehender einstufiger Konzern durch Erwerb einer Beteiligung nach unten erweitert werden. Zum anderen kann ein einstufiger Konzern durch den Erwerb durch ein neues Mutterunternehmen nach oben hin erweitert werden. Daneben ist grundsätzlich noch die gleichzeitige Entstehung eines zweistufigen Konzerns denkbar. Diese Fallgestaltung läßt sich allerdings auf die beiden erstgenannten rückführen.

Für die einfache Erweiterung eines bestehenden einstufigen Konzerns nach unten ergibt sich, daß grundsätzlich nur die additive Methode der Kapitalkonsolidierung im mehrstufigen Konzern zu einer der Generalnorm des § 297 Abs. 2 HGB entsprechenden Darstellung der Vermögens- und Ertragslage des Konzerns führt. Für den anderen Fall, der einfachen Erweiterung eines einstufigen Konzerns nach oben, stellt dagegen das multiplikative Verfahren der Kapitalkonsolidierung im mehrstufigen Konzern die richtige Vorgehensweise dar.

Somit handelt es sich, in Abhängigkeit von der jeweiligen Fallgestaltung, sowohl bei der additiven als auch bei der multiplikativen Methode um zulässige Verfahren der Kapitalkonsolidierung im mehrstufigen Konzern. Dieses Fazit steht nun allerdings in Widerspruch zur bislang in der Literatur zumeist zum Ausdruck gebrachten Meinung, daß nur ein Verfahren zu richtigen Ergebnissen führen könne. Zu dieser Ansicht kann man indes nur dann gelangen, wenn man, wie in den dazu diskutierten Konsolidierungsbeispielen häufig praktiziert, den Werdungsprozeß eines mehrstufigen Konzerns weitestgehend ausklammert. Denn die im Rahmen dieses Beitrag unter den Bezeichnungen ,,Einfache Erweiterung eines einstufigen Konzerns nach unten" und ,,Einfache Erweiterung eines einstufigen Konzerns nach oben" betrachteten Entstehungsmöglichkeiten für einen zweistufigen Konzern stellen unzweifelhaft unterschiedliche ökonomische Vorgänge dar. Die Gleichheit der Ausgangsdaten im untersuchten Musterbeispiel ist daher nur eine scheinbare, und es ist nicht nur nicht verwunderlich, sondern scheint geradezu geboten, daß für die Abbildung dieser unterschiedlichen ökonomischen Prozesse im Konzernabschluß unterschiedliche Verfahren heranzuziehen sind, die im Endergebnis auch zu einer abweichenden Darstellung der Vermögens- und Ertragslage des mehrstufigen Konzerns führen.

Literaturverzeichnis

Adler, Hans/Düring, Walther/Schmaltz, Kurt, Rechnungslegung und Prüfung der Unternehmen, Kommentar zum HGB, AktG, GmbHG, PublG nach den Vorschriften des Bilanzrichtlinien-Gesetzes, bearb. v. Forster, Karl-Heinz u. a., 5. Aufl., Stuttgart 1987 (§ 301 HGB, § 307 HGB).

Baetge, Jörg, Kapitalkonsolidierung nach der Erwerbsmethode im mehrstufigen Konzern, in: Rechenschaftslegung im Wandel, Festschrift für Budde, hrsg. v. Förschle, Gerhart u. a., München 1995, S. 19–42 (Kapitalkonsolidierung).

Baetge, Jörg, Konzernbilanzen, 2. Aufl., Düsseldorf 1995.

Bühner, Rolf, Aussagefähigkeit des Konzernabschlusses in der Management-Holding, in: DB 1994, S. 437–444 (Management-Holding).

Busse von Colbe, Walther/Müller, Eberhard/Reinhard, Herbert (Hrsg.), Aufstellung von Konzernabschlüssen. Empfehlungen des Arbeitskreises „Externe Unternehmensrechnung" der Schmalenbach-Gesellschaft – Deutsche Gesellschaft für Betriebswirtschaft e.V., in: ZfbF Sonderheft 21/87 (Aufstellung).

Busse von Colbe, Walther/Ordelheide, Dieter, Konzernabschlüsse, 6. Aufl., Wiesbaden 1993.

Dodge, Roy, Group Financial Statements, London u. a. 1996.

Ebeling, Ralf Michael, Die zweckmäßige Abbildung der Anteile fremder Gesellschafter im Konzernabschluß nach deutschem HGB, in: DBW 1995, S. 323–345 (Zweckmäßige Abbildung).

Ebeling, Ralf Michael, Fallstudien zur Konzernrechnungslegung, Stuttgart 1996 (Fallstudien).

Egger, Anton/Samer, Helmut, Der Jahresabschluß nach dem Handelsgesetzbuch, Bd. II, Der Konzernabschluß, 2. Aufl., Wien 1996 (Konzernabschluß).

Ernsting, Ingo, Empirische Analyse der Kapitalkonsolidierungspraxis deutscher Bankkonzerne in den Geschäftsjahren 1993 und 1994, in: WPg 1996, S. 489–499 (Bankkonzerne).

Ewert, Ralf/Schenk, Gerald, Offene Probleme bei der Kapitalkonsolidierung im mehrstufigen Konzern, in: BB 1993, Beilage 14, S. 1–14 (Offene Probleme).

Faß, Joachim, Indirekte Beteiligungsverhältnisse bei der Kapitalkonsolidierung, in: BB 1989, S. 1161–1166 (Indirekte Beteiligungsverhältnisse).

Förschle, Gerhart, § 301 HGB, in: Beck'scher-Bilanzkommentar, Handels- und Steuerrecht, hrsg. v. Budde, Wolfgang Dieter u. a., 3. Aufl., München 1995 (§ 301 HGB).

Förschle, Gerhart, § 307 HGB, in: Beck'scher-Bilanzkommentar, Handels- und Steuerrecht, hrsg. v. Budde, Wolfgang Dieter u. a., 3. Aufl., München 1995 (§ 307 HGB).

Görges, Thomas/Schulte, Jörn, Publizitätspolitik börsenotierter Teilkonzerne, in: WPg 1994, S. 561–574 (Publizitätspolitik).

Görling, Helmut, Die Verbreitung zwei- und mehrstufiger Unternehmensverbindungen, in: AG 1993, S. 538–547 (Verbreitung).

IDW (Hrsg.), WP-Handbuch 1996, Handbuch für Rechnungslegung, Prüfung und Beratung, bearb. v. Budde, Wolf Dieter u. a., Bd. I, 11. Aufl., Düsseldorf 1996 (WP-Handbuch 1996).

Janschek, Otto, Konzernrechnungslegung, 2. Aufl., Wien 1996.

Küting, Karlheinz/Weber, Claus-Peter, Der Konzernabschluß, 3. Aufl., Stuttgart 1991.

Küting, Karlheinz/Weber, Claus-Peter/Dusemond, Michael, Kapitalkonsolidierung im mehrstufigen Konzern, in: BB 1991, S. 1082–1090 (Kapitalkonsolidierung).

Leißing, Thomas, Konzernbilanzpolitik im Rahmen der Kapitalkonsolidierung, Wien 1996 (Konzernbilanzpolitik).

Lührmann, Volker/Schruff, Lothar, Negative Minderheitenanteile im Konzernabschluß eines mehrstufigen Konzerns, in: WPg 1996, S. 261–269 (Negative Minderheitenanteile).

Mano, Ronald Makoto, Minority Interests in Consolidated Balance Sheets, Diss. University of Nebraska 1978 (Minority Interests).

Ordelheide, Dieter, Anschaffungskostenprinzip im Rahmen der Erstkonsolidierung gem. § 301 HGB, in: DB 1986, S. 493–499 (Anschaffungskostenprinzip).

Ordelheide, Dieter, Anwendungsbereich und Erstkonsolidierung, in: Beck'sches Handbuch der Rechnungslegung, hrsg. v. Castan, Edgar u. a., München 1987, Bd. I, C 401 (Erstkonsolidierung).

Ordelheide, Dieter, Kapitalkonsolidierung und Konzernerfolg, in: ZfbF 1987, S. 292–301 (Konzernerfolg).

Otte, Hans-Heinrich, Gestaltungsspielräume bei der Erwerbskonsolidierung nach § 301 HGB, in: BB 1988, S. 100–105 (Gestaltungsspielräume).

Platzer, Walter, § 254 öHGB, in: Kommentar zum Handelsgesetzbuch, hrsg. v. Straube, Manfred, Bd. 2: Rechnungslegung, Wien 1992 (§ 254 öHGB).

Rammert, Stefan/Wilhem, Harald, Die Kapitalkonsolidierung in der Bilanzierungspraxis deutscher Konzerne, in: WPg 1991, S. 98–104, 131–136 (Bilanzierungspraxis).

Sahner, Friedhelm/Tapprich, Johannes, Zur Ermittlung der Anteile anderer Gesellschafter bei Anwendung der Buchwertmethode gem. § 301 Abs. 1 Satz 2 Nr. 1 HGB 1985, in: DB 1986, S. 2501–2504 (Anteile anderer Gesellschafter).

Schenk, Gerald, Zur Diskussion um negative Minderheitenanteile im Konzernabschluß – Der Fall des mehrstufigen Konzerns, in: WPg 1994, S. 441–444 (Diskussion).

Scherrer, Gerhard, Konzernrechnungslegung, München 1994.

Schildbach, Thomas, Anmerkungen zu den neuen Konzernrechnungslegungsvorschriften, in: DBW 1987, S. 391–400 (Anmerkungen).

Schindler, Joachim, Der Ausgleichsposten für die Anteile anderer Gesellschafter nach § 307 HGB, in: WPg 1986, S. 588–596 (Ausgleichsposten).

Weber, Claus-Peter/Zündorf, Horst, § 301 HGB, in: Handbuch der Konzernrechnungslegung, hrsg. v. Küting, Karlheinz/Weber, Claus-Peter, Stuttgart 1989 (§ 301 HGB).

Weber, Claus-Peter/Zündorf, Horst, § 307 HGB, in: Handbuch der Konzernrechnungslegung, hrsg. v. Küting, Karlheinz/Weber, Claus-Peter, Stuttgart 1989 (§ 307 HGB).

Wysocki, Klaus v./Wohlgemuth, Michael, Konzernrechnungslegung, 2. Aufl., Düsseldorf 1984.

Dieter Rückle

Rechnungslegung der Versicherungen und Überschußbeteiligung der Versicherten

1 Überschußbeteiligung der Versicherten, Objektivierung der Rechnungslegung und Auslegung von Rechnungslegungsnormen im Systemzusammenhang

2 Eindeutigkeit von Begriff und Höhe des „Überschusses" in Versicherungsverträgen?
   21 Problematische Rechtsprechung zu Altverträgen
      211. Überblick
      212. Der Tatbestand des BGH-Urteils vom 23. 11. 1994
      213. Die Auffassungen des IV. Senats des BGH zu Begriff, Eindeutigkeit und Höhe des „Überschusses" in kritischer Beleuchtung
         213.1 Zum Begriff des Überschusses
         213.2 Zu Eindeutigkeit und Höhe des Überschusses
   22 Problematische neue Vertragsbedingungen

3 „Abfindung" von Versicherungsnehmern als systembedingt notwendige Ergänzung einer Überschußberechnung auf der Basis vorsichtig ermittelter und manipulationsoffener handelsrechtlicher Überschüsse
   31 Vorsichtsprinzip und Abfindung
   32 Wahlrechte, stille Reserven und Abfindung

4 Ausblick: Rechnungslegung und Überschußermittlung auf der Basis der Prämientrennungstheorie

Univ.-Prof. Dr. Dieter Rückle
Lehrstuhl für Betriebswirtschaftslehre,
insb. Wirtschaftsprüfung und Rechnungswesen
Universität Trier

1 Überschußbeteiligung der Versicherten, Objektivierung der Rechnungslegung und Auslegung von Rechnungslegungsnormen im Systemzusammenhang

Die Überschußbeteiligung der Versicherten, insbesondere in der Lebensversicherung, ist von erheblicher volkswirtschaftlicher Bedeutung; sie sollte nicht zuletzt wegen der zunehmenden Betonung der privaten Verantwortung für einen Teil der Altersvorsorge genau analysiert werden. In Deutschland bestehen über 80 Mio. Lebensversicherungsverträge, die im Durchschnitt Anfangslaufzeiten von rund 29 Jahren aufweisen[1].

Durch die Eigenart des Versicherungsgeschäfts bedingt und in Verbindung mit Vorgaben der Versicherungsaufsicht, die die Solvabilität sichern sollen, werden Prämien typischerweise – gemessen am durchschnittlichen Ex-post-Erfordernis – überhöht eingehoben, und den Versicherten werden zum Ausgleich Beteiligungen am Überschuß versprochen; hierdurch sollen Prämien rückerstattet werden, auch in der Form von Abkürzungen der Wartezeit bis zu einer Auszahlung bei Erleben oder durch Erhöhung der Versicherungsleistung. In Werbeaussagen finden sich – wenngleich nicht in verbindlicher Form – Angaben über eine 7- oder 8%ige Rendite für den (kapitalanlegenden) Versicherten. Berechnungen tatsächlich erreichter Renditen ergeben vielfach allerdings nur Werte bis 5%[2]. Die Differenz ist offenbar auf eine geringere Überschußbeteiligung als die in Aussicht gestellte zurückzuführen. Eine Abschätzung für die hier involvierten Beträge liefert folgende – grob vereinfachende – Überlegung:

Allein an Einzelverträgen über Kapitallebensversicherungen kamen 1993 rund 3,9 Mio. neue Verträge mit einer Vertragssumme von im Durchschnitt DM 54 285,– hinzu[3]. Dieses Endkapital würde in 29 Jahren mit einem Sparanteil der Prämie von jährlich DM 1200,49 erreicht, wenn man eine 3%ige Verzinsung unterstellt, wie sie lange Zeit den Prämienkalkulationen zugrunde lag. (Zusätzlich enthält die

---

1 Vgl. für Daten zum Bestand per Ende 1993 und zu Laufzeiten der 1992 neu abgeschlossenen Verträge *Verband der Lebensversicherungsunternehmen e.V.*, Jahrbuch 1994, S. 20 und 64.
2 Mit der Problematik der Überschußprognosen bei Lebensversicherungen hat sich die betriebswirtschaftliche Literatur bereits vor Jahren befaßt: Vgl. etwa *Schneider, D.*, Beispielsrechnung; *Lück, W.*, Gewinnbeteiligung.
3 Vgl. *Statistisches Bundesamt*, Statistisches Jahrbuch 1995, S. 362.

Prämie u. a. einen Anteil für das Risiko des vorzeitigen Todes, für Verwaltungskosten und Gewinn.) Werden höhere Überschüsse erreicht, so daß sich z. B. eine Rendite von 5% ergibt, und werden die Überschüsse ausschließlich zur Erhöhung der bei Vertragsablauf auszuzahlenden Summe verwendet, so erhält man ein Endkapital von DM 74 818; bei der vielfach in Aussicht gestellten Anlegerrendite von 7% hätte man ein Endkapital von DM 104 859. Die Differenz von DM 30 041 je Vertrag oder von DM 117 071 000 000, in Worten: rund 117 Mrd. DM, *allein für den Zugang an Versicherungen eines Jahres* zeigt die Diskrepanz zwischen den Überschüssen, mit welchen die Versicherten real rechnen können und jenen, welche ihnen in Aussicht gestellt werden. Wenngleich der Gesamtbestand an Kapitallebensversicherungen nur eine durchschnittliche Versicherungssumme von DM 27 767[4] aufweist, ergibt sich doch aus der Langfristigkeit der Verträge ein Potential von sicher mehr als einer Billion DM, das im Rahmen der Überschußproblematik zu diskutieren ist.

Die Überschußbeteiligung der Versicherten wird – insbesondere wegen Unklarheiten über Begriff und Höhe des Überschusses – seit langem kontrovers diskutiert und ist auch Gegenstand von Rechtsstreitigkeiten (s. u. Abschnitt 2.1). In diesem Zusammenhang treten insbesondere Probleme der Eindeutigkeit der Anspruchsgrundlage und methodische Fragen der Ermittlung von Rechenschaftsgrundsätzen auf. Zu beiden Bereichen können Arbeiten *Jörg Baetges* wegweisend sein. Aus der Sicht des „allgemeinen Rechnungswesens" mögen die im folgenden abgehandelten Fragen eher exotisch erscheinen. Gerade deshalb erweist sich aber die Übertragung allgemeiner Einsichten als notwendig und fruchtbar.

Rechnungslegung als Rechenschaft über anvertrautes Vermögen, als Informationsbasis für Dispositionen von Kapitalgebern und sonstigen am Unternehmen Interessierten, sowie nicht zuletzt als Grundlage für Ansprüche (insbesondere Zahlungen) darf nicht nach dem Belieben der Rechenschaftspflichtigen gestaltet werden. Die Objektivierung des Jahresabschlusses, insbesondere des Jahreserfolges, hat unser Jubilar bereits als Thema seiner aufsehenerregenden Dissertation gewählt und Notwendigkeit sowie geeignete Wege zur Erreichung die-

---

4 Ebenda.

ser Objektivierung aufgezeigt[5]. Dem subjektiv für richtig oder bilanzpolitisch für zweckmäßig gehaltenen Jahresabschluß[6] stellt er einen objektivierten gegenüber und definiert diesen durch folgende Postulate: „Wenn ein Jahresabschluß objektiv richtig sein soll, so bedeutet das offenbar, daß er willkürfrei und damit intersubjektiv nachprüfbar sein muß. Der Jahresabschluß muß damit nach Normen aufgestellt werden, die insbesondere auch eine Manipulation ausschließen"[7].

Inwieweit Jahresabschlüsse objektiviert sind, ist auch für das hier zu erörternde Thema essentiell. Dabei geht es im Zusammenhang mit den Überschußansprüchen von Versicherten zwar auch um Information, vorrangig aber um die Zahlungsbemessung. Ob die Höhe der Überschußbeteiligung des Versicherten einer richterlichen Nachprüfung zugänglich ist, hängt davon ab, ob bereits durch den Vertrag zwischen Versicherer und Versichertem die Höhe des Überschusses eindeutig bestimmt wird oder ob dieser Überschuß – durch Bilanzpolitik – so frei gestaltbar ist, daß eine einseitige Leistungsbestimmung im Sinne von § 315 BGB anzunehmen ist.

Immer mehr hat sich *Jörg Baetge* im Laufe seiner wissenschaftlichen Tätigkeit auch der Kommentierung des geltenden Rechnungslegungsrechts (einschließlich des Rechts der Abschlußprüfung) zugewandt. Im Zusammenhang des hier zu behandelnden Themas sind insbesondere *Baetges* grundsätzliche und methodische Arbeiten von Interesse. Bereits in einem relativ frühen Beitrag zu den Rechnungslegungszwecken des aktienrechtlichen Jahresabschlusses wird aus dem Gesamtzusammenhang der Rechtsnormen ein Kompromiß zur Regelung divergierender Interessen insbesondere der Gläubiger, der Anteilseigner, der Unternehmensleitungsorgane und der Öffentlichkeit abgeleitet[8]. Das Systemdenken gewinnt besondere Bedeutung in *Baetges* Untersuchungen über die Methoden zur Gewinnung von Grundsätzen ordnungsmäßiger Buchführung (GoB): Es sei hermeneutisch vorzugehen, und zwar sowohl (1) bei der Auslegung der im Gesetz genannten GoB-Normen als auch (2) bei der Ermittlung und Gestaltung

---

5 Vgl. *Baetge, J.*, Objektivierung.
6 Vgl. *Baetge, J.*, Objektivierung, S. 15.
7 *Baetge, J.*, Objektivierung, S. 17.
8 Vgl. *Baetge, J.*, Rechnungslegungszwecke, bes. S. 21–30, wobei auf S. 28–30 wiederum die Notwendigkeit der Objektivierung, speziell die Rechenschaft für die Interpretation von Spielräumen, betont wird.

nicht-kodifizierter GoB. Stets seien folgende Auslegungskriterien heranzuziehen:

„– die vom Gesetzgeber gesetzten Zwecke bzgl. des Jahresabschlusses,

– die objektiv-teleologischen Jahresabschlußzwecke,

– der Bedeutungszusammenhang und

– die Verfassungskonformität";

bei Gruppe (1) der GoB überdies

„– Wortlaut und Wortsinn des Gesetzes,

– i. d. R. Entstehungsgeschichte des Gesetzes und

– die vom Gesetzgeber gesetzten Zwecke bzgl. dieses GoB"[9].

Wie noch zu zeigen sein wird, handelt es sich auch beim Überschuß, der die Basis für die Beteiligung der Versicherten bildet, um einen unbestimmten Rechtsbegriff, zu dessen inhaltlicher Ausfüllung grundsätzlich die Methoden zur Gewinnung von GoB sinngemäß anzuwenden sind. Der Begriff „Überschuß" wird in einschlägigen Gesetzen – auch in Wortzusammensetzungen – gelegentlich benutzt, aber nicht erklärt[10]. Ferner findet sich der Begriff in Satzungen, in Allgemeinen Versicherungsbedingungen und in Geschäftsplänen, die dem Bundesaufsichtsamt für das Versicherungswesen (BAV) eingereicht werden und von diesem genehmigt werden müssen. (Seit der Umsetzung der EU-Deregulierung Mitte 1994[11] steht dem BAV eine vorherige Genehmigung von Vertragskonditionen aber nicht mehr zu.)

Auch soweit der „Überschuß" in den soeben genannten Quellen spezifiziert wird, handelt es sich um eine auslegungsbedürftige Größe

---

9   *Baetge, J./Kirsch, H.-J.,* in: HdR Ia, 4. Aufl., Grundsätze ordnungsmäßiger Buchführung, Rn. 254–263, die wörtlichen Zitate bei Rn. 257.

10 Z. B. sprechen § 56a VAG von der „Überschußbeteiligung der Versicherten", § 81c VAG von „überschußberechtigten Versicherungen", die §§ 11b und 81d VAG von „Überschußbeteiligung".

11 Richtlinie des Rates 92/96/EWG vom 10. 11. 1992 zur Koordinierung der Rechts- und Verwaltungsvorschriften für die Direktversicherung (Lebensversicherung) sowie zur Änderung der Richtlinien 79/267/EWG und 90/916/EWG, in: ABl.EG Nr. L 360 S. 1; Gesetz vom 21. 7. 1994, BGBl. I, S. 1630.

mit Geltung für einen großen Kreis Betroffener, weil im individuellen Versicherungsvertrag i. d. R. keine Beeinflussung durch den Versicherungsnehmer möglich ist. Es besteht damit analog zu den GoB ein Bedarf an Grundsätzen einer ordnungsmäßigen Überschußermittlung. Durch die spezielle Situation der Überschußbeteiligung sind als Adressaten der Versicherungsrechnungslegung die Versicherungsnehmer besonders hervorzuheben. Sie haben eine Doppelrolle: Einerseits sind sie Gläubiger von Dienstleistungen und von Zahlungen im Versicherungsfall, andererseits wegen ihres Anspruches auf Beteiligung an einer Erfolgsgröße Inhaber von Beteiligungstiteln und damit in ähnlicher Position wie die Anteilseigner.

2 Eindeutigkeit von Begriff und Höhe des „Überschusses" in Versicherungsverträgen?

21 Problematische Rechtsprechung zu Altverträgen

211. Überblick

Begriff und Höhe des „Überschusses", von dem den Versicherten bei Überschußberechtigung ein Anteil von mindestens 90%, nach manchen Verträgen aber auch bis zu 100%, zusteht, sind strittig. Bisherige höchstgerichtliche Urteile (teils des Bundesgerichtshofes, teils des Bundesverwaltungsgerichts) gingen dahin, daß den Versicherten kein Anspruch auf eine Beteiligung an stillen Reserven zustehe, auch nicht bei sog. „Bestandsübertragungen" (d. s. Übertragungen von Versicherungsverträgen auf andere Gesellschaften), bei welchen die Nicht-Mitübertragung des Vermögens, in dem stille Reserven enthalten sind, auch für alle Zukunft eine Beteiligung der Versicherten an Überschüssen aus diesen Quellen ausschließt[12]. Die Angelegenheiten sind allerdings noch nicht endgültig entschieden, weil zu allen neueren Urteilen Verfassungsbeschwerden anhängig sind.

---

12 Vgl. insbes. die neueren Urteile: BGH, Urteil vom 23. 11. 1994, IV ZR 124/93, S. 589–592; BVerwG, Urteil vom 11. 1. 1994, 1 A 72/89, S. 541–544; BVerwG, Urteil vom 12. 12. 1995, 1 A 2/92, S. 569–573.

212. Der Tatbestand des BGH-Urteils vom 23. 11. 1994

Nachstehend wird speziell auf das BGH-Urteil vom 23. 11. 1994, in dem die Überschußfrage unmittelbar angesprochen wird, eingegangen. Allerdings besitzen auch die Urteile zu den „Bestandsübertragungen" Relevanz für den Überschuß: Werden in einem faktischen Konzern Vermögensübertragungen vorgenommen, die aus der Sicht des übertragenden Unternehmens unvorteilhaft sind, so müßte eine Forderung auf entsprechenden Nachteilsausgleich grundsätzlich gemäß § 317 AktG aktiviert werden, wodurch der Überschuß erhöht würde. Unterbleibt die Aktivierung eines derartigen Ausgleichsanspruches, so ist der Jahresabschluß unrichtig und möglicherweise sogar nichtig; aus bilanzrechtlichen Gründen darf der Anspruch allerdings nur aktiviert werden, wenn er unstrittig oder vom Gericht bestätigt worden ist[13].

Dem BGH-Urteil vom 23. 11. 1994 lag folgender Tatbestand zugrunde: Für einen 1964 geschlossenen Lebensversicherungsvertrag mit einer Versicherungssumme von 50 000 DM wurde 1989 ein Betrag von 58 350 DM ausbezahlt, wobei die Überschußanteile auch zur Vorverlegung des ursprünglich für 2009 vereinbarten Versicherungsablaufs verwendet wurden. Eine Prüfung durch das Bundesaufsichtsamt für das Versicherungswesen ergab, daß die Überschußanteile insofern richtig berechnet waren, als sie mit dem Geschäftsplan des beklagten Versicherungsvereins auf Gegenseitigkeit sowie mit den in den Geschäftsberichten veröffentlichten Gewinnanteilssätzen übereinstimmten. Der klagende Versicherte beanspruchte darüber hinaus eine Auskehrung der stillen Reserven, weil nach der Satzung die Überschüsse vollständig den Mitgliedern gebührten; die aus dem Risiko- und Sparanteil der vom Kläger gezahlten Prämien entstandenen Überschüsse (einschließlich stiller Reserven) gebührten daher ihm. Der beklagte Versicherungsverein wandte ein, die Verwendung des Überschußanteils sei in den vereinbarten Allgemeinen Lebensversicherungsbedingungen ausdrücklich bestimmt. Daher greife § 315

---

13 Vgl. eingehend zur Frage der Nichtigkeit entsprechender Feststellungsbeschlüsse oder des Jahresabschlusses sowie zu Haftungsfragen *Kropff, B.*, Die Beschlüsse des Aufsichtsrats, bes. S. 633–643, unter Bezugnahme auf das Urteil des BGH vom 15. 11. 1993, II ZR 235/92, S. 1862–1867.

Abs. 3 BGB nicht. Die Verwendung des Gewinnüberschusses sei überdies vom Bundesaufsichtsamt genehmigt.

213. Die Auffassung des IV. Senats des BGH zu Begriff, Eindeutigkeit und Höhe des „Überschusses" in kritischer Beleuchtung

213.1 Zum Begriff des Überschusses

Der IV. Senat geht davon aus, daß der Begriff des Überschusses, wie er vertraglich – und zwar durch Rückgriff auf Allgemeine Lebensversicherungsbedingungen und auf die Satzung des Versicherers – vereinbart wurde, vorausgesetzt werden könne. In den genannten Regelungen wird der Begriff des „Überschusses" nämlich nicht erläutert. Der IV. Senat meint: „Ein durchschnittlicher Versicherungsnehmer, auf dessen Verständnis es bei der Auslegung Allgemeiner Versicherungsbedingungen nach der ständigen Rechtsprechung des Senats ankommt (BGHZ 123, 83, 85 m. w. N.), versteht unter dieser Regelung nicht, daß ein anderer als der sich aus dem Jahresabschluß ergebende Überschuß verteilt werden soll"[14].

Diese Grundthese des BGH ist höchst problematisch. Es wäre interessant zu erfahren, auf welche empirischen Untersuchungen sich der Senat bei dieser These stützt; sie ist nämlich – wie noch gezeigt wird – höchst unplausibel. Es steht zu vermuten, daß dem Senat keine empirische Untersuchung vorliegt und er nur floskelhaft die unzutreffende Meinung seiner Mitglieder über den „durchschnittlichen Versicherungsnehmer" ausdrückt. Eine empirische Erhebung stünde dem Problem indessen sehr gut an und wurde von Höchstgerichten zu durchaus vergleichbaren Problemen der (induktiven) Bestimmung von Grundsätzen ordnungsmäßiger Buchführung auch bereits veranlaßt und als Grundlage der jeweiligen Gerichtsentscheidung benutzt[15].

---

14 BGH, Urteil vom 23. 11. 1994, IV ZR 124/92, S. 589 ff.
15 Vgl. etwa die zahlreichen Gutachten, die bereits der Reichsfinanzhof in den zwanziger/dreißiger Jahren bei Kaufleuten oder kaufmännischen Organisationen zur Feststellung der tatsächlichen Übung einholen ließ (Nachweise bei *Leffson, U.,* GoB, S. 123) oder das vom OLG Frankfurt eingeholte und auch im Urteil des BGH vom 27. 2. 1961, II ZR 292/59, S. 324–337, benutzte Gutachten des Deutschen Industrie- und Handelstages über die Frage, ob es zu

Dem Wortsinne nach meint ein „Überschuß" zunächst ein Mehr an Geld, das aus einem Projekt gegenüber dem in dieses Projekt investierten Geldbetrag fließt. Problemlos und manipulationsfrei läßt sich dieser Überschuß ermitteln, wenn das Projekt tatsächlich liquidiert wird. Wird es aber fortgeführt, dann muß eine Liquidation fingiert werden; eine „Bewertung", d. h. eine Veranschlagung in Geld, ist erforderlich, wobei idealerweise die künftigen Erlöse aus dem Verkauf der Vermögenswerte (ggf. die Erlöse der mit Hilfe der Vermögenswerte mitbewirkten Sach- oder Dienstleistungen) zu antizipieren sind[16]. In Marktwirtschaften sind die jetzigen Marktpreise i. d. R. die besten Schätzwerte für künftige Marktpreise, wenn man von Sonderfällen (wie etwa verderblichen, künftig knappen Gütern) absieht.

Hieraus folgt, daß der Überschuß eines Projektes nach *landläufiger Auffassung* und *in Übereinstimmung mit der ökonomischen Theorie* in jedem Zeitpunkt am besten als Differenz von Bruttovermögen und Schulden zu jeweiligen Tageswerten ermittelt wird. (Um vorweg verrechnete Einlagen oder Entnahmen bzw. Ausschüttungen ist zu korrigieren.)

Von Personen, die nicht speziell im Recht der Rechnungslegung ausgebildet sind, wird regelmäßig eine Bewertung zu aktuellen Werten (Verkehrswerten) des Bilanzstichtags unterstellt. Der Bilanzrechts-Laie unterstellt auch regelmäßig, daß solche Werte gemeint sind, wenn in § 264 Abs. 2 Satz 2 HGB, der Generalnorm für die Rechnungslegung von Kapitalgesellschaften, verlangt wird: „Der Jahresabschluß der Kapitalgesellschaft hat unter Beachtung der Grundsätze ordnungsmäßiger Buchführung ein den tatsächlichen Verhältnissen entsprechendes Bild der Vermögens-, Finanz- und Ertragslage der Kapitalgesellschaft zu vermitteln"[17].

Entgegen der Auffassung des IV. Senats versteht der „durchschnittliche Versicherungsnehmer" – jedenfalls soweit es die private Kapitallebensversicherung betrifft und damit i. d. R. keine Kenntnisse des

---

den Grundsätzen ordnungsmäßiger Buchführung gehöre, Versorgungsanwartschaften in Höhe des versicherungsmathematisch errechneten Gegenwerts zu passivieren.
16 Vgl. *Rieger, W.*, Privatwirtschaftslehre, S. 212 ff.
17 Dies entspricht Erfahrungen des Verfassers in Praktikerseminaren für Führungskräfte mit technischer und juristischer Vorbildung. Vgl. auch *Forster, K.-H.*, Gedanken beim Unterzeichnen, bes. S. 958, 961 und 964 f.

Bilanzrechts vorhanden sind – unter „tatsächlichen" Werten aktuelle Verkehrswerte des Bilanzstichtages. Danach sind stille Reserven (soweit sie Differenzen zwischen Tageswerten und niedrigeren Buchwerten der Aktiva bzw. höheren Buchwerten der Passiva darstellen) für die Rechnungslegung als Basis einer Überschußbeteiligung Versicherter aufzulösen. Eine derartige Auffassung wird auch dadurch gestützt, daß für die Kapitalanlage in Kapitalanlagegesellschaften, also für ein der Erlebensversicherung funktionell weitgehend gleichartiges Geschäft, grundsätzlich eine Rechenschaft zu Tageswerten vorgeschrieben ist[18].

Selbst wenn aber der durchschnittliche Versicherte an handelsrechtliche Rechnungslegung denken sollte, so wird er mit „Überschuß" noch eher den – hier völlig unbrauchbaren – „Jahresüberschuß" meinen als den in der Praxis der Überschußbeteiligung üblichen und vom IV. Senat als selbstverständlich unterstellten „Rohüberschuß" aus den Vorschriften über die interne (also der Öffentlichkeit nicht bekanntgemachte) Rechnungslegung gegenüber dem BAV[19].

213.2 Zu Eindeutigkeit und Höhe des Überschusses

Der IV. Senat des BGH meint, daß durch die Bezugnahme des Versicherungsscheines auf Allgemeine Lebensversicherungsbedingungen (mit Weiterverweis auf den vom BAV genehmigten Geschäftsplan) und durch Bezugnahme auf die Satzung *konkret* festgelegt sei, welche Leistung der Versicherer zu erbringen habe[20]. (Die Verwendung der Überschußanteile zur Abkürzung der Versicherungsdauer im Anlaßfall ist dabei ein nebensächlicher Aspekt.) Es liege daher keine einseitige Leistungsbestimmung i. S. v. § 315 Abs. 1 BGB vor.

Selbst wenn man der – wie oben gezeigt, anfechtbaren – These folgt, der Überschuß sei aus dem handelsrechtlichen Jahresabschluß herzuleiten, und wenn man – was ebenfalls nicht problemlos ist – die genannten Verweise als gültig vereinbarten Vertragsinhalt akzeptiert, so kann der Kenner des deutschen Bilanzrechts dennoch keine konkrete Festlegung der Leistung feststellen: Handelsrechtliche Jahresab-

---

18 Vgl. § 21 KAGG.
19 Vgl. *Baumann, H.*, Kapitallebensversicherung, S. 5 f.; *Benkel, G. A.*, Verwendung, S. 510.
20 Vgl. Abschnitt A. II der Entscheidungsgründe.

schlüsse werden in Deutschland unter Nutzung zahlreicher vom Gesetzgeber ausdrücklich eingeräumter Wahlrechte erstellt, ferner besteht bei der Schätzung zukünftiger Entwicklungen (z. B. der erforderlichen Rückstellungen für künftige Zahlungen, der tatsächlichen Nutzungsdauern für Anlagevermögen) ein beträchtlicher Spielraum. Die handelsrechtlichen Gestaltungsmöglichkeiten (man kann auch sagen: Manipulationsmöglichkeiten) führen dazu, daß für dasselbe konkrete Versicherungsunternehmen eine ganze Palette von Jahresabschlüssen und entsprechenden Erfolgen (Überschüssen) möglich ist.

Unsere Jahresabschlüsse werden in Übereinstimmung mit den gesetzlichen Vorschriften nicht in objektivierter Weise aufgestellt. Die handelsrechtlichen Ansatz- und Bewertungsvorschriften eröffnen den Organen des Versicherers so große Spielräume, daß der hieraus abgeleitete Überschuß keineswegs als konkretisiert anzusehen ist; diese Mehrdeutigkeit (bzw. einseitige Leistungsbestimmung) hat nur teilweise mit der durch die Unsicherheit der Zukunft und der durch sie begründeten Unmöglichkeit, im vorhinein konkrete Zahlenwerte für Überschüsse zu nennen, zu tun. Die Bandbreiten bei einzelnen Bilanzposten können den ausgewiesenen Jahresüberschuß um ein Mehrfaches übertreffen; dadurch kann im Rahmen der gesetzlichen Möglichkeiten durch Bilanzgestaltung sogar ein Jahresüberschuß in einen Jahresfehlbetrag verwandelt werden.

Zur Bildung von stillen Rücklagen führt tendenziell das Niederstwertprinzip in Verbindung mit dem Beibehaltungswahlrecht: Nach dem strengem Niederstwertprinzip, das für das Umlaufvermögen gilt, ist zwingend der niedrigere Wert aus Anschaffungs- oder Herstellungskosten einerseits und Tageswert andererseits zu verwenden (§ 253 Abs. 3 HGB). Abweichend von den allgemeinen Bewertungsregeln für Kapitalgesellschaften haben Versicherungen gemäß § 341b Abs. 1 und 2 HGB ,,Kapitalanlagen, soweit es sich hierbei um Aktien einschließlich der eigenen Anteile, Investmentanteile sowie sonstige festverzinsliche und nicht festverzinsliche Wertpapiere handelt" nach den für das Umlaufvermögen geltenden Vorschriften, also insbesondere nach strengem Niederstwertprinzip, zu bewerten. Völlige Willkür des Bilanzierenden in der Gestaltung des ausgewiesenen Überschusses eröffnet das ,,Beibehaltungswahlrecht": Nach § 280 Abs. 1 HGB i. V. m. § 341b Abs. 2 HGB wäre zwar eine Abschreibung rückgängig zu machen, wenn in einem späteren Geschäftsjahr die

Gründe für die Vornahme der Abschreibung weggefallen sind, doch darf gemäß § 280 Abs. 2 HGB i. V. m. § 341b Abs. 2 HGB der niedrigere Wertansatz in der (Handels-)Bilanz beibehalten werden, wenn er auch bei der steuerrechtlichen Gewinnermittlung beibehalten werden kann und Voraussetzung hierfür die Beibehaltung des Wertes in der (Handels-)Bilanz ist. Aufgrund dessen besteht bei allen volatilen Kapitalanlagen ein beträchtlicher Spielraum für zulässige Wertansätze und damit eine weitgehend einseitige Gestaltbarkeit des Überschusses durch den Bilanzersteller.

Der Bewertungsspielraum sei anhand eines einfachen Beispiels demonstriert: Es möge eine langfristige zu 6% verzinsliche Anlage in Wertpapieren, Grundschulden oder dgl. bestehen. Zur Vereinfachung wird eine unendlich lange Laufzeit dieser Kapitalanlage angenommen; im wesentlichen gelten die im folgenden gezeigten Zusammenhänge aber auch für eine rückzahlbare Kapitalanlage. Falls im Veranlagungszeitpunkt (t_o) der Marktzins für Kapitalanlagen gleichen Risikos 6% beträgt, wird ein solches Wertpapier mit 100,- an der Börse notieren. Falls zu einem späteren Zeitpunkt (t_1) der Marktzins für gleichartige Anlagen etwa auf 8% steigt, so wird der Kurs 6%-iger Papiere auf 75,- fallen, denn auf einem effizienten Markt muß jedes Papier mit welcher Nominalverzinsung auch immer denselben Effektivzins ergeben.

In t_1 muß in der Bilanz 75,- angesetzt werden. (Man beachte: Die Abschreibung des Wertpapieres um 25,- mindert den Jahresüberschuß und auch bereits den Rohüberschuß.) Liegt nun aber in einem späteren Zeitpunkt (t_2) das Marktzinsniveau wieder bei 6% oder sogar darunter, so kann entweder wieder bis auf 100,- aufgewertet werden oder wegen des sog. Beibehaltungswahlrechtes[21] der Bilanzansatz bei 75,- bleiben. Es kann also nach Belieben der geschäftsführenden Organe für *alle* t_i (i>1) unabhängig vom aktuellen Kursniveau zu 75,- bewertet werden, so daß auf Dauer eine überschußmindernde „stille Reserve" gebildet wird. Zahlreiche weitere Beispiele für die Möglichkeiten der Beeinflussung des Überschusses durch Bilanzpolitik könnten angeführt werden[22].

---

21 Vgl. § 341b Abs. 1 und 2 i. V. m. § 280 Abs. 2 HGB.
22 Vgl. hierzu auch *Baetge, J./Ballwieser, W.*, Zum bilanzpolitischen Spielraum; *Börner, D./Krawitz, N.*, Steuerbilanzpolitik; *Rückle, D.*, Steuerbilanzpolitik; *Schulze-Osterloh, J.*, Aufstellung und Feststellung.

Insgesamt lassen die handelsrechtlichen Bewertungsvorschriften derart große Spielräume offen, daß der konkrete Jahresabschluß und insbesondere der sich aus ihm ergebende Jahresüberschuß bzw. Rohüberschuß weitgehend unbestimmt ist. Diese Auffassung wird teils durch Rechtsvorschriften, teils durch neuere BGH-Rechtsprechung (!) zur Bilanzaufstellung und -feststellung gestützt:

Bei der Aktiengesellschaft ist gem. §§ 242 und 264 HGB eine Bilanz (sowie der gesamte Jahresabschluß) vom Vorstand *auf*zustellen, jedoch wird der Jahresabschluß gem. §§ 172, 173 AktG erst durch Zustimmung des Aufsichtsrates oder ggf. der Hauptversammlung *fest*gestellt. Der Grund hierfür liegt darin, daß es eben *zahlreiche zulässige* Bilanzen gibt, die Entscheidung für eine bestimmte *Ausübung von Wahlrechten* und damit für eine *konkrete Bilanz* aber das Abwägen der Zweckmäßigkeit für das Unternehmen und der unterschiedlichen Interessen der am Erfolg Beteiligten erfordert.

Besonders deutlich werden die Interessenkonflikte bei der Bilanzaufstellung bzw. -feststellung in der neuesten BGH-Rechtsprechung zu den Bilanzen von Personengesellschaften herausgearbeitet: Diejenigen Gesellschafter, welche mit Wirkung für alle Gesellschafter Bilanzen anfertigen, haben bereits bei der Bilanzerstellung die Interessen aller Gesellschafter zu berücksichtigen; *einige Maßnahmen* (z. B. Vornahme von Sonderabschreibungen, auch solchen zum Zwecke der Steuereinsparung) stellen im materiellen Sinne *nicht Ergebnisermittlung, sondern Ergebnisverwendung* dar und sind daher auf jeden Fall zustimmungspflichtig[23].

Ein zusätzliches, wesentliches Element der Unbestimmtheit wird in die Überschußermittlung aufgrund von Handelsbilanzen durch die sog. „Maßgeblichkeit der Handelsbilanz für die Steuerbilanz" hineingetragen. Insbesondere aufgrund der „Umkehrmaßgeblichkeit", nach der steuerliche Vorteile nur durch Verzerrungen der Handelsbilanz erreicht werden können, bedeuten bücherliche Ergebnisminderungen oder Nichtvornahmen von Wertaufholungen in Wahrheit in beträchtlichem Ausmaß Erfolgsverwendung und nicht Erfolgsermittlung. Die

---

23 Vgl. BGH, Urteil vom 29. 3. 1996, II ZR 163/94, S. 856–860; im Vorfeld insbes. *Schulze-Osterloh, J.,* Aufstellung und Feststellung; weiterführend u. a. *Moxter, A.,* Anmerkung; *Rückle, D.,* Jahresabschlußaufstellung und -feststellung.

konkrete Handelsbilanz wird überdies durch laufende Änderungen des Steuerrechts beeinflußt; bei Vertragsabschluß kann kein Versicherungsnehmer wissen, wie sich das Steuerrecht und damit ein wesentlicher Einflußfaktor für die spätere handelsrechtliche Rechnungslegung entwickeln wird[24].

Die hermeneutische Auslegung eines Überschusses, an dem Versicherte beteiligt sind, hat deren Interessen zu berücksichtigen und zu beachten, daß die handelsrechtlichen Rechnungslegungsregeln, die nicht für Zwecke der Überschußbeteiligung entwickelt wurden, nicht schematisch, sondern nur im Gesamtzusammenhang der Vermögensrechte und deren Regelung im gesamten Rechtssystem auf dieses Spezialproblem angewandt werden dürfen. Hierauf wird in Abschnitt 3 noch zurückzukommen sein.

Nach alter Rechtslage wird auch argumentiert, die einzelnen Versicherten hätten nicht einmal einen Anspruch auf Auskunft über die Berechnungen zur Ermittlung ihres Überschußanteiles, auch dann nicht, wenn in den Allgemeinen Versicherungsbedingungen und in der Satzung keine Regelungen über die Feststellung des Überschusses vorhanden seien; vielmehr würden die Belange der Versicherten durch die Bindung des Versicherers an die gesetzlichen Vorschriften des § 55 Abs. 1 VAG, der auf die handelsrechtliche Rechnungslegung verweist, sowie durch Vorgaben der Versicherungsaufsicht (namentlich Genehmigung des Geschäftsplans) gewahrt[25].

Dazu ist zunächst zu bemerken, daß die Einwirkung der Versicherungsaufsicht auf die Überschußermittlung einschließlich der ihr vorgelagerten materiellen Maßnahmen zur Überschußgestaltung damit eklatant überschätzt wird: Die Interessen der Versicherten werden durch die Staatsaufsicht vorrangig dahingehend wahrgenommen, daß die Erfüllbarkeit der festen Verpflichtungen (Zahlungen im Versicherungsfall, Einhaltung verbindlich zugesagter – allerdings niedriger – Mindestüberschüsse) sichergestellt wird. Ein „vorsichtig" erstellter Geschäftsplan wurde selbst in der Zeit bis 21. 7. 1994 genehmigt,

---

24 Zu den steuerlichen Aspekten vgl. ausführlicher *Rückle, D.*, Überschußermittlung und -verwendung, Abschnitt 2.6.
25 Vgl. BGH, Urteil vom 23. 11. 1994, IV ZR 124/93, S. 589–592, Abschnitte B II. 2 und 3 sowie IV. der Entscheidungsgründe, unter Bezugnahme u. a. auf BGH, Urteil vom 8. 6. 1983, IVa ZR 150/81, S. 346–358.

auch wenn er im Hinblick auf die Überschußbeteiligung der Versicherten ungünstig war.

Die öffentlich-rechtliche Versicherungsaufsicht hat sich nämlich primär am volkswirtschaftlichen Ziel der Insolvenzprävention zu orientieren; dieses ist nicht identisch mit dem Maßstab für den zivilrechtlich gebotenen Interessenausgleich, mit der „Billigkeit" eines Überschusses im Verhältnis zwischen Versicherer und Versichertem.

Das Bundesaufsichtsamt versuchte, die Überschußgestaltung zugunsten der Versicherten dadurch zu beeinflussen, daß es die Realisierung stiller Reserven forderte. Schon 1960 hatte das BAV in einem Rundschreiben festgestellt, die stillen Reserven gehörten letztlich den Versicherten. Deshalb „sollten die Lebensversicherungsunternehmen in einer den gegebenen Möglichkeiten entsprechenden Höhe und Zeitfolge Wertsteigerungen der Vermögensanlagen zugunsten der Überschußbeteiligung der Versicherten realisieren"[26]. Auch nach dieser Auffassung des BAV bleibt es aber ins „pflichtgemäße Ermessen" der Organe der Versicherungen gestellt, ob sie realisieren. Das BAV konnte seine Forderung nicht durchsetzen[27].

Eine nähere Betrachtung zeigt also, daß selbst nach altem Recht, als das BAV noch größere Kompetenzen hatte, die Überschüsse, welche sich aus den genehmigten Geschäftsplänen ergeben, keineswegs den Vorstellungen des BAV entsprechen, und daß sie weit davon entfernt sind, willkürfrei ermittelt zu sein und die Belange der Versicherten angemessen zu berücksichtigen.

22 Problematische neue Vertragsbedingungen

Seit der EU-induzierten Deregulierung Mitte 1994[28] besitzt die staatliche Aufsicht noch weniger Möglichkeiten, durch Versagung der Genehmigung des Geschäftsplans auf die Überschußbeteiligung einzuwirken, weil nun die staatliche Aufsicht von einer vorherigen Ge-

---

26 Veröffentlichungen des Bundesaufsichtsamtes für das Versicherungswesen 1960, S. 259 (zitiert nach *Hippel, E. v.*, Rechtlose Versicherungsnehmer, S. 567).
27 Vgl. *Claus, G.*, Aktuelle Probleme, S. 24 f.; *Hippel, E. v.*, Gewinnbeteiligung und Verbraucherschutz, S. 665 f.
28 Vgl. für die Lebensversicherung oben Fn. 10.

nehmigung der Geschäfte auf eine nachträgliche Mißstandsaufsicht umgestellt wurde. Die (von der bisherigen Rechtsprechung behauptete) vertragsmäßige Bestimmung der Überschüsse durch die Versicherungsaufsicht wird daher weiter abgeschwächt. Um so mehr gewinnen für die Zukunft eindeutige Festlegungen in Verträgen an Bedeutung.

Die Forderung nach Transparenz und Eindeutigkeit des Berechnungsmodus für die Überschußermittlung wird jedoch auch in aktuellen Vertragsformularen, Verbraucherinformationen und Lebensversicherungsbedingungen nicht erfüllt[29]. Z. B. lauten die Bedingungen des Deutschen Ring in § 17: „. . . die Überschußermittlung erfolgt nach den Vorschriften des Versicherungsaufsichtsgesetzes (VAG) und des Handelsgesetzbuches (HGB) und den dazu erlassenen Rechtsverordnungen. . . . Die Überschußermittlung nehmen wir nach Grundsätzen vor, die § 81c VAG und der dazu erlassenen Rechtsverordnung entsprechen und deren Einhaltung die Aufsichtsbehörde überwacht." Ergänzend wird u. a. darauf hingewiesen, daß die Überschüsse davon abhängen, wie kostengünstig der Versicherer arbeitet und daß „für einzelne Versicherungsjahre, insbesondere etwa für das erste Versicherungsjahr . . . eine Zuteilung von Überschüssen entfallen (kann), sofern dies sachlich gerechtfertigt ist." Damit wird in sehr intransparenter Weise umschrieben, daß übermäßige Kosten (etwa für aggressive Akquisition) die Berechnungsgrundlage für Überschußanteile der Versicherten schmälern sollen und daß Abschlußprovisionen, selbst dann, wenn die Kunden wieder rasch kündigen, für die volle Vertragslaufzeit den Versicherungsvertretern gewährt und den Versicherten angelastet werden. Ähnliche, z. T. wortgleiche, Bedingungen finden sich bei anderen Versicherern, z. B. der Nürnberger und der Volksfürsorge.

§ 81c VAG n. F. bestimmt überdies für Neuverträge in Abs. 1 nur, daß eine bestimmte Mindestzuführung zur Rückstellung für Beitragsrückerstattungen in Abhängigkeit von den Kapitalerträgen zu erfolgen hat. Es wird aber keine Aussage darüber gemacht, wie die Kapitalerträge zu ermitteln sind; daher ist weiterhin von der weitgehend willkürlichen und einseitigen Ausübung der durch das Bilanzrecht eingeräumten Wahlrechte auszugehen. Eine Aufwertung der Kapital-

---

29 Zu den nachstehend zitierten und weiteren Formulierungen von Versicherern ab 1994 vgl. *Meyer, H. D.*, Verbraucherpolitische Informationen, S. 236–241.

anlagen über seinerzeitige Anschaffungskosten hinaus kommt keineswegs in Frage, weil in einer Rechnungslegung, die dem traditionellen deutschen Realisationsprinzip verhaftet ist, solche Wertsteigerungen gar nicht auftreten. Die Realisierung der Wertsteigerungen ist nach diesem Konzept die Voraussetzung für eine Partizipation der Versicherten an diesen Wertsteigerungen; die Realisierung ist aber in das Belieben des Management der Versicherungsunternehmen gestellt.

Insgesamt bleibt auch nach den neuen Vertragsbedingungen die durch das Bilanzrecht ermöglichte Unbestimmtheit der Überschußermittlung und die Nichtberücksichtigung von nicht realisierten Wertsteigerungen bei der Überschußermittlung weiterhin bestehen.

3 „Abfindung" von Versicherungsnehmern als systembedingt notwendige Ergänzung einer Überschußberechnung auf der Basis vorsichtig ermittelter und manipulationsoffener handelsrechtlicher Überschüsse

31 Vorsichtsprinzip und Abfindung

Die bilanzielle Wertermittlung basiert bei den meisten Positionen auf unsicheren Erwartungen[30]. Schätzungen zukünftiger Entwicklungen sind erforderlich, damit die jetzigen Werte der Aktiva und Passiva hieraus abgeleitet und auf dieser Basis das Eigenkapital und dessen Veränderung berechnet werden können; die „wahren" Werte der Aktiva und Passiva (z. B. der tatsächliche Bedarf für die Abwicklung bereits eingetretener Schäden) werden erst ex post bekannt. Die jetzige Wertermittlung muß nun gemäß dem Vorsichtsprinzip, das für Versicherungen besondere Bedeutung besitzt[31], so vorgenommen werden, daß mit großer Wahrscheinlichkeit die ex post festgestellten Werte (für Aktiva, Eigenkapital und Gewinn) nicht niedriger sind als die jetzt geschätzten Werte; für Schulden gilt das Umgekehrte. Es muß also ein „Wert vom unteren Ende der Bandbreite" bilanziert werden[32].

---

30 Vgl. u. a. *Moxter, A.*, Unsichere Erwartungen; *Hax, H.*, Der Bilanzgewinn; *Baetge, J.*, Objektivierung, S. 75 ff. und S. 136 ff.; *Leffson, U.*, GoB, S. 468 ff.
31 Vgl. *Meyer, L.*, Das Vorsichtsprinzip, S. 102 f.
32 *Baetge, J.*, Objektivierung, S. 137; vgl. auch *Rückle, D.*, in: HURB, Vorsicht, S. 412–414.

Das Ausmaß der Vorsicht kann – im Falle des Vorliegens von Wahrscheinlichkeitsverteilungen für die wertbestimmende Größe – dadurch angegeben werden, wie groß die Wahrscheinlichkeit p(EK) ist, daß das sich ex post ergebende Eigenkapital mindestens so hoch ist wie das zunächst bilanzierte. In der Literatur bestehen keine einheitlichen Vorstellungen darüber, welches p(EK) zu fordern ist; soweit numerische Spezifizierungen – z. T. indirekt – gegeben werden, findet man etwa Forderungen nach einem p(EK) von 0,95 oder 0,975[33].

Aus der vorsichtigen Bilanzierung folgt, daß aus der Abwicklung aller noch nicht abgeschlossenen Geschäfte in Zukunft in der Regel noch Gewinne anfallen. Würde man hingegen zu mittleren Werten bilanzieren (etwa zum Erwartungswert, zum Median udgl.), so wäre die Abwicklung noch nicht abgeschlossener Geschäfte im Schnitt erfolgsneutral.

Scheidet ein Gesellschafter aus einer Gesellschaft aus, so ist es angemessen und im Rahmen von Lehre und Rechtsprechung zur Unternehmensbewertung anerkannt, daß der Wert, an dem er einen entsprechenden Anteil erhält, aus den möglichst objektiv bestimmten zukünftigen Erträgen abzuleiten ist[34]. Das ist sinngemäß auch auf den ausscheidenden überschußberechtigten Versicherten anzuwenden. Eine objektiv-teleologische Ermittlung der Zwecke der Überschußermittlung ergibt, daß vorsichtsgeprägte Unterbewertungen (gegenüber den im Schnitt erwarteten Entwicklungen) nur so lange gerechtfertigt werden können, als jemand zu einer Gefahrengemeinschaft gehört. Daher sind dem Versicherten bei seinem Ausscheiden aus dieser Gefahrengemeinschaft Anteile an jenem Wertzuwachs (Überschuß) einzuräumen, der sich aus einer Bewertung zu mittleren Werten ergibt. Der Endabrechnung für den Versicherten ist daher eine Bilanzierung zu Mittelwerten zugrunde zu legen.

Nicht gerechtfertigt ist es, die Differenz zwischen einem Überschuß aufgrund einer Bilanzierung zu Mittelwerten und jenem aufgrund einer Bilanzierung zu Werten vom unteren Ende der Bandbreite unerfaßt zu lassen, wodurch sie im Ergebnis dem Versicherer bzw. dessen Anteilseignern zugute kommen. Hat man Bedenken, die Solvenz der

---

33 Vgl. *Baetge, J.*, Objektivierung, S. 113 ff.; *Albach, H.*, Rückstellungen in der Ertragsteuerbilanz, S. 337.
34 Vgl. *Moxter, A.*, Unternehmensbewertung, S. 166–119 m. w. N.

Versicherungsgesellschaft könnte durch Auszahlung von „Risikokomponenten" (im Sinne der soeben beschriebenen Differenzen) gefährdet sein, so könnte man erwägen, entsprechende Teile eines Endüberschusses den Versicherten erst nach Abwicklung noch offener Versicherungsfälle und damit zeitverzögert auszuzahlen.

Aus der Gesamtbetrachtung des geltenden Systems der Regelung von Vermögensansprüchen folgt, daß Überschußanteile, die aus der laufenden handelsrechtlichen Rechnungslegung abgeleitet sind, durch Überschüsse, die den Gedanken der Abfindung bei Unternehmensveräußerung oder Veräußerung eines Unternehmensanteils folgen, ergänzt werden müsssen. Die Gesellschafter (seien es Aktionäre oder Gesellschafter einer Personengesellschaft), die – wie die überschußberechtigten Versicherten – am Erfolg des Unternehmens beteiligt sind, erhalten ihre Vorteile nicht nur durch Anteile an den laufenden Gewinnen, sondern auch durch Wertsteigerungen ihrer Anteile. Diese Wertsteigerungen schlagen sich – soweit ein Handel von Anteilsrechten stattfindet – in einem Anstieg von (Börsen-)kursen der Anteile nieder oder werden anhand einer Unternehmensbewertung bei Ausscheiden aus dem Unternehmen festgestellt.

Wird der Überschußanteil eines Versicherten anhand der handelsrechtlichen Rechnungslegung bestimmt, so wird nur der eine Teil der in unserer Rechtsordnung vorgesehenen Grundlage für Ansprüche der am Erfolg Beteiligten auf das „Versicherungsgeschäft" mit Überschußbeteiligung übertragen. Hinzu kommen muß die Übertragung der Abfindungsregeln. Nur das Gesamtsystem der Rechtsbeziehungen zwischen Berechtigtem und Gesellschaft (oder Versicherungsverein) stellt eine adäquate Interessenregelung dar. Werden nicht auch die Abfindungsregeln auf das Rechtsverhältnis zwischen Versicherer und überschußberechtigtem Versicherten übertragen, so entsteht ein sinnwidriger Torso, der in grundgesetzwidriger Weise in das Eigentumsrecht der Versicherten eingreift.

32   Wahlrechte, stille Reserven und Abfindung

Unschärfen der Wertbestimmung sind wegen der Ungewißheit der Zukunft unvermeidbar. Zusätzlich räumen das Handelsrecht und das – wegen der Maßgeblichkeit – ebenfalls relevante Steuerrecht Wahlrechte bei der Festlegung von Bilanzwerten ein. Die Problematik der Legung stiller Reserven sowie der Einräumung von Wahlrechten wurde in der Literatur hinreichend dargestellt[35]. Der Gesetzgeber hat dennoch Wahlrechte und die mit ihnen verbundene Legung stiller Reserven gebilligt. Grundlage hierfür können Argumente sein, wie sie insbesondere in der älteren Betriebswirtschaftslehre vertreten wurden: So könne eine Politik der stillen Legung und Auflösung von Rücklagen ,,Mißdeutungen" des ausgewiesenen Gewinns verhindern; durch Vermeidung von ,,Trugschlüssen und verfehlten Dispositionen" sei diese Politik sogar im Interesse der Empfänger solcher manipulierter Informationen[36]. Diese bis heute weit verbreitete Argumentationsfigur ist allerdings gleichbedeutend mit der Unterstellung eines Intelligenzgefälles zwischen Verfassern und Lesern von Bilanzen[37]. Unzweifelhaft aber können stille Reserven dann, wenn mit ihnen – zumindest vorübergehend – Steuerminderungen verbunden sind, auf lange Sicht zum Vorteil der Aktionäre sowie der Gläubiger mit erfolgsunabhängigen Ansprüchen gereichen. Unterstellt man nämlich, daß eine Politik stiller Reserven keine ungünstigen Auswirkungen auf die Sorgfalt der Unternehmensleitung bei der Kapitaldisposition hat, dann erfolgt keine Schädigung, sondern z. T. sogar eine Förderung der genannten Interessenten.

Die Position der Gläubiger wird unter der genannten Prämisse tendenziell verbessert, weil die Ausschüttungen (sowohl in Form von Dividenden als auch in Form von Steuern) ceteris paribus niedriger ausfallen und damit der Wert der Haftungsmasse erhöht wird.

Den Aktionären gegenüber werden zwar die zunächst ausgewiesenen Gewinne geschmälert und damit Kompetenzen bezüglich der Gewinnverteilung zugunsten von Vorstand und Aufsichtsrat entzogen, tendenziell werden auch niedrigere Dividenden bezahlt. Typischerweise werden aber Informationen über stille Reserven am Kapitalmarkt bekannt. Dann wird der Börsenkurs der Aktien steigen[38], was

---

35 Vgl. u. a. *Leffson, U.*, GoB, S. 84–88; *Baetge, J.*, Objektivierung, bes. S. 42–48; *Seicht, G.*, in: HURB, Stille Rücklagen I, bes. S. 282 f.; *Siegel, T.*, in: HURB, Wahlrecht, bes. S. 421–423.
36 *Bouffier, W.*, Bilanzpolitik, in: Handwörterbuch der Betriebswirtschaft, Bd. I, 3. Aufl., Sp. 1147.
37 *Stützel, W.*, Bilanztheorie, S. 338.
38 Vgl. hierzu auch bereits *Schwark, E.*, Anlegerschutz, S. 327; *Basedow, J.*, Die Kapitallebensversicherung, S. 428.

wie eine Ausschüttung wirkt. Den Eigentümern wird durch die Bildung stiller Reserven aber auch dann nichts endgültig vorenthalten, wenn die Anteilswerte nicht an der Börse gehandelt werden; dies gilt insbesondere für Gesellschafter einer GmbH oder einer Personengesellschaft: Spätestens bei Ausscheiden aus der Gesellschaft kommt dem Gesellschafter ein Anteil am „vollen" („wahren") Wert zu. Bei der Auseinandersetzung bzw. Abfindung in solchen Fällen[39] sind Unternehmenswerte auf dieser Basis zu ermitteln.

Es will nicht einleuchten, weshalb die Regeln für eine Beteiligung am laufenden Überschuß samt ihren großen, z. T. sogar willkürlichen Möglichkeiten der Gestaltung durch das Management des Versicherungsunternehmens, auf die Überschußbeteiligung der Versicherten übertragen werden sollen, jedoch die in der Rechtsordnung ebenfalls vorgesehenen bzw. durch die Rechtsprechung entwickelten Regelungen über Abfindungen, Auseinandersetzungsguthaben udgl., die das Korrektiv zu den Manipulationsspielräumen der mit laufender handelsrechtlicher Rechnungslegung ermittelten Überschüsse darstellen, *nicht* angewendet werden sollen. Die Situation stellt sich nämlich ganz parallel dar: Spätestens bei Ausscheiden eines Gesellschafters aus einer Gesellschaft gehen diesem bei ausschließlicher Beteiligung an bücherlichen Gewinnen die späteren Vorteile aus stillen Reserven und darüber hinaus Anteile an bereits eingeleiteten, aber erst später realisierten Geschäften verloren; beides gehört jedoch zum „wahren" Wert und ist im Zweifel bei Ausscheiden mit abzugelten. Ebenso gebührt dem Versicherungsnehmer als partiarisch am Überschuß Beteiligtem spätestens bei Ausscheiden anteilig der spätere Vorteil aus den stillen Reserven.

Wird den überschußberechtigten Versicherten keine Zahlung nach den Regeln für ausscheidende Gesellschafter zugestanden, so werden die Versicherten faktisch enteignet, denn durch einseitige Bilanzpolitik können ihre Ansprüche endgültig reduziert oder auch in manchen Fällen auf Null gebracht werden.

---

39 Vgl. etwa §§ 304, 305 und 320b AktG sowie § 138 HGB.

4 Ausblick: Rechnungslegung und Überschußermittlung auf der Basis der Prämientrennungstheorie

Die bisherige Analyse folgte der herrschenden Praxis und der auch in der Literatur überwiegend vertretenen Auffassung, daß bei den Versicherungsunternehmen die Einzahlungen aus vereinnahmten Prämien „Entgelteinzahlungen" darstellen und die Prämien damit in voller Höhe in das Vermögen des Versicherers übergehen. Demgegenüber legt eine Analyse der ökonomischen Besonderheiten der Versicherungsbranche nahe, denjenigen Teil der Prämie, welcher der Schadensbegleichung und der Kapitalveranlagung dienen soll, als Schuld des Versicherers aufzufassen und daher erfolgsneutral zu verbuchen; lediglich das Entgelt für die Dienstleistung des Versicherers ist als Ertrag zu verbuchen. Zweckmäßigerweise – auch zur Förderung der Markttransparenz – sollte die geforderte Prämie vom Versicherer offen in die Bestandteile Dienstleistungsentgelt, Risikovorsorge und Sparanteil aufgeteilt werden. Selbst eine mit einem Gesamtbetrag geforderte Prämie müßte aber in der Buchhaltung des Versicherers in einen (kleinen) erfolgswirksamen Teil und in einen (großen) Schuldteil getrennt werden.

Der Sparanteil des Versicherungsgeschäfts – betragsmäßig von überragender Bedeutung in der gemischten Erlebens-/Ablebensversicherung – ist der ökonomischen Natur nach nichts anderes als etwa eine Kapitalanlage in einem Investmentfonds. Das Sparen für den Erlebensfall fällt gar nicht unter die üblichen Charakterisierungen von „Versicherung", so vielfältig diese sein mögen[40]. Daher müßten – wenn man den Schleier der Bezeichnung „Versicherung" wegzieht – eigentlich die Regeln für das Bankgeschäft, insbesondere die Rechnungslegungsregeln des Gesetzes über Kapitalanlagegesellschaften, greifen. Würde dieses Konzept verwirklicht, so wäre ein Treuhandvermögen der Versicherten grundsätzlich auf Basis von Tageswerten abzurechnen, wie dies an anderer Stelle näher ausgeführt wurde[41]. Die Überschüsse, an denen Versicherte beteiligt sind, wären auf dieser Basis im wesentlichen manipulationsfrei, also objektiviert ermittelbar.

---

40 Vgl. mit umfassenden Nachweisen *Schmidt, R.*, § 1 VAG, Rn. 10–23, 31.
41 Vgl. insb. *Lehmann, M.*, Der Versicherungsvertrag; *Rückle, D.*, Überschußermittlung und -verwendung, Kapitel II.2 und bes. Kapitel III.

Obwohl auch nach geltendem Recht einiges dafür spricht, das Rechnungswesen der Versicherungen und insbesondere der Überschußbeteiligung in der soeben beschriebenen Weise zu gestalten, ist doch wohl eine Maßnahme des Gesetzgebers erforderlich. Es steht zu hoffen, daß das in der letzten Zeit stark angewachsene Unbehagen über die bisherige Überschußermittlung den Weg zu Gesetzesreformen eröffnet. Zunächst sind aber für die geradezu gigantischen Summen an strittigen Überschußansprüchen, die nach der bisherigen (unklaren) Rechtslage begründet wurden, Lösungen zu finden, die dem Gesamtverständnis der Rechtsordnung entsprechen. In erster Linie hierzu sollte der vorliegende Artikel einen Beitrag leisten.

Literaturverzeichnis

Albach, Horst, Die Bilanzierung von Rückstellungen in der Ertragsteuerbilanz, in: StbJb 1967/68, Köln 1968, S. 305–358 (Rückstellungen in der Ertragsteuerbilanz).

Baetge, Jörg, Möglichkeiten der Objektivierung des Jahreserfolges, Düsseldorf 1970 (Objektivierung).

Baetge, Jörg, Rechnungslegungszwecke des aktienrechtlichen Jahresabschlusses, in: Bilanzfragen, Festschrift für Leffson, Düsseldorf 1976, hrsg. v. Baetge, Jörg u. a., S. 7–30 (Rechnungslegungszwecke).

Baetge, Jörg/Ballwieser, Wolfgang, Zum bilanzpolitischen Spielraum der Unternehmensleitung, in: BFuP 1977, S. 199–215 (Zum bilanzpolitischen Spielraum).

Baetge, Jörg/Kirsch, Hans-Jürgen, Grundsätze ordnungsmäßiger Buchführung, in: Handbuch der Rechnungslegung, Kommentar zur Rechnungslegung und Prüfung, hrsg. v. Küting, Karlheinz/Weber, Claus-Peter, Bd. Ia, 4. Aufl., Stuttgart 1995, S. 135–173.

Basedow, Jürgen, Die Kapitallebensversicherung als partiarisches Rechtsverhältnis – Eine zivilistische Konstruktion der Überschußbeteiligung, in: ZVersWiss 1992, S. 419–455 (Die Kapitallebensversicherung).

Baumann, Horst, Die Kapitallebensversicherung mit Überschußbeteiligung als partiarisches Versicherungsverhältnis und ihre Bedeutung für die Umstrukturierung von Versicherungsgruppen – Zivil-, aufsichts- und kartellrechtliche Studien, Karlsruhe 1993 (Kapitallebensversicherung).

Benkel, Gert A., Die Verwendung des Überschusses in der Lebensversicherung, in: VersR 1994, S. 509–517 (Verwendung).

Börner, Dietrich/Krawitz, Norbert, Steuerbilanzpolitik, Herne/Berlin 1977.

Bouffier, Willy, Bilanzpolitik, in: Handwörterbuch der Betriebswirtschaft, Bd. I, hrsg. v. Seischab, Hans/Schwantag, Karl, 3. Aufl., Stuttgart 1956, Sp. 1144–1153.

Claus, Gottfried, Aktuelle Probleme der Lebensversicherung, in: Veröffentlichungen des Bundesaufsichtsamtes für das Versicherungswesen, 1980, S. 22–30 (Aktuelle Probleme).

Forster, Karl-Heinz, Gedanken beim Unterzeichnen eines Bestätigungsvermerks, in: Bilanzrecht und Kapitalmarkt, Festschrift für Moxter, Düsseldorf 1994, hrsg. v. Ballwieser, Wolfgang u. a., S. 951–966 (Gedanken beim Unterzeichnen).

Hax, Herbert, Der Bilanzgewinn als Erfolgsmaßstab, in: ZfB 1964, S. 642–651 (Der Bilanzgewinn).

Hippel, Eike v., Gewinnbeteiligung und Verbraucherschutz in der Lebensversicherung, in: JZ 1989, S. 663–670 (Gewinnbeteiligung und Verbraucherschutz).

Hippel, Eike v., Rechtlose Versicherungsnehmer? Zur Überschußbeteiligung in der Lebensversicherung, in: NJW 1995, S. 566–568 (Rechtlose Versicherungsnehmer).

Kropff, Bruno, Die Beschlüsse des Aufsichtsrats zum Jahresabschluß und zum Abhängigkeitsbericht – zugleich Besprechung der Entscheidung des Bundesgerichtshofs (ZIP 1993, S. 1862), in: ZGR 1994, S. 628–643 (Die Beschlüsse des Aufsichtsrats).

Leffson, Ulrich, Die Grundsätze ordnungsmäßiger Buchführung, 7. Aufl., Düsseldorf 1987 (GoB).

Lehmann, Matthias, Der Versicherungsvertrag und die Versicherungstreuhand aus ökonomischer und ermittlungsrechtlicher Sicht, in: Lehmann, Matthias/Kirchgesser, Karl/Rückle, Dieter: Betriebswirtschaftliche Beiträge zum Versicherungsrecht: Versicherungsvertrag und Versicherungstreuhand, Ertragsbesteuerung, Überschußermittlung und -verwendung. Versicherungswissenschaftliche Studien, Bd. 5, Baden-Baden 1997, im Druck (Der Versicherungsvertrag).

Lück, Wolfgang, Gewinnbeteiligung in der Lebensversicherungswirtschaft, in: DB 1981, S. 1049–1059 (Gewinnbeteiligung).

Meyer, Hans Dieter, Verbraucherpolitische Informationen und Forderungen, in: Lebensversicherung, Internationale Versicherungsverträge und Verbraucherschutz, Versicherungsvertrieb. Versicherungswissenschaftliche Studien, Bd. 4, hrsg. v. Basedow, Jürgen

u. a., Baden-Baden 1996, S. 157–250 (Verbraucherpolitische Informationen).

Meyer, Lothar, Das Vorsichtsprinzip bei der Bilanzierung von Versicherungsunternehmen im Licht der Deregulierung, in: Festschrift für Farny, hrsg. v. Mehring, Hans-Peter, Karlsruhe 1994, S. 99–110 (Das Vorsichtsprinzip).

Moxter, Adolf, Bilanzierung und unsichere Erwartungen, in: ZfhF 1962, S. 607–632 (Unsichere Erwartungen).

Moxter, Adolf, Grundsätze ordnungsmäßiger Unternehmensbewertung, 2. Aufl., Wiesbaden 1983 (Unternehmensbewertung).

Moxter, Adolf, Anmerkung zu BGH v. 29. 3. 1996, in: JZ 1996, S. 860 f.

Rieger, Wilhelm, Einführung in die Privatwirtschaftslehre, Nürnberg 1928 (Privatwirtschaftslehre).

Rückle, Dieter, Normative Theorie der Steuerbilanzpolitik, Wien 1983 (Steuerbilanzpolitik).

Rückle, Dieter, Vorsicht, in: Handwörterbuch unbestimmter Rechtsbegriffe im Bilanzrecht des HGB, hrsg. v. Leffson, Ulrich/Rückle, Dieter/Großfeld, Bernhard, Köln 1986, S. 403–416.

Rückle, Dieter, Jahresabschlußaufstellung und -feststellung bei Personengesellschaften, in: Handelsbilanz und Steuerbilanz, Festschrift für Beisse, hrsg. v. Moxter, Adolf u. a., Düsseldorf 1997, im Druck (Jahresabschlußaufstellung und -feststellung).

Rückle, Dieter, Überschußermittlung und -verwendung in der kapitalbildenden Lebensversicherung aus der Sicht des Bilanz-, Abfindungs- und Kapitalanlagerechts, in: Lehmann, Matthias/Kirchgesser, Karl/Rückle, Dieter: Betriebswirtschaftliche Beiträge zum Versicherungsrecht: Versicherungsvertrag und Versicherungstreuhand, Ertragsbesteuerung, Überschußermittlung und -verwendung. Versicherungswissenschaftliche Studien, Bd. 5, Baden-Baden 1997, im Druck (Überschußermittlung und -verwendung).

Schneider, Dieter, Grundsätze ordnungsmäßiger Rechnungslegung über Prognosen, dargestellt am Problem der Beispielsrechnungen für Gewinnbeteiligungen in der Lebensversicherung, in: ZfbF 1980, S. 238–269 (Beispielsrechnung).

Schulze-Osterloh, Joachim, Aufstellung und Feststellung des handelsrechtlichen Jahresabschlusses der Kommanditgesellschaft, in: BB 1995, S. 2519–2525 (Aufstellung und Feststellung).

Schwark, Eberhard, Anlegerschutz durch Gesellschaftsrecht, München 1979 (Anlegerschutz).

Seicht, Gerhard, Stille Rücklagen I, in: Handwörterbuch unbestimmter Rechtsbegriffe im Bilanzrecht des HGB, hrsg. v. Leffson, Ulrich/Rückle, Dieter/Großfeld, Bernhard, Köln 1986, S. 281–286.

Siegel, Theodor, Wahlrecht, in: Handwörterbuch unbestimmter Rechtsbegriffe im Bilanzrecht des HGB, hrsg. v. Leffson, Ulrich/Rückle, Dieter/Großfeld, Bernhard, Köln 1986, S. 417–427.

Statistisches Bundesamt (Hrsg.), Statistisches Jahrbuch 1995 für die Bundesrepublik Deutschland, Wiesbaden 1995 (Statistisches Jahrbuch 1995).

Stützel, Wolfgang, Bemerkungen zur Bilanztheorie, in: ZfB 1967, S. 314–340 (Bilanztheorie).

Verband der Lebensversicherungsunternehmen e.V., Die deutsche Lebensversicherung. Jahrbuch 1994, Karlsruhe 1994.

Verzeichnis der Rechtsprechung

BGH, Urteil vom 27. 2. 1961, II ZR 292/59, BGHZ 34, S. 324–337.

BGH, Urteil vom 8. 6. 1983, IVa ZR 150/81, BGHZ 87, S. 346–358.

BGH, Urteil vom 15. 11. 1993, II ZR 235/92, in: ZIP 1993, S. 1862–1867.

BGH, Urteil vom 23. 11. 1994, IV ZR 124/92, in: NJW 1995, S. 589–592.

BGH, Urteil vom 29. 3. 1996, II ZR 163/94, in: JZ 1996, S. 856–860.

BVerwG, Urteil vom 11. 1. 1994, 1 A 72/89, in: VersR 1994, S. 541–544.

BVerwG, Urteil vom 12. 12. 1995, 1 A 2/92, in: VersR 1996, S. 569–573 (unter AZ 1 A 1/92).

III. Ergebnisermittlung

Helmut Brede

Der Erfolgsbegriff im Neuen Öffentlichen Rechnungswesen

1 Problemstellung

2 Die Haltung der Literatur zum Erfolgsausweis im Öffentlichen Rechnungswesen
   21 Die Erfolgsrechnung als Deckungsrechnung
      211. Darstellung
      212. Diskussion
   22 Die Erfolgsrechnung im Schweizer Rechnungsmodell
      221. Darstellung
      222. Diskussion
   23 Die Erfolgsrechnung im Neuen Kommunalen Rechnungswesen (Speyerer Verfahren)
      231. Darstellung
      232. Diskussion
   24 Zwischenergebnis

3 Neue Lösungsversuche
   31 Vorbemerkung
   32 Ein einfaches Kriterium für die Trennung von erfolgswirksamen und erfolgsunwirksamen Vorgängen
   33 Das Benennungsproblem
   34 Indikatoren des Verwaltungserfolgs

4 Schluß

Univ.-Prof. Dr. Helmut Brede
Institut für Rechnungs- und Prüfungswesen
privater und öffentlicher Betriebe
Georg-August-Universität Göttingen

1 Problemstellung

Das kameralistische Rechnungswesen verliert in Deutschland immer mehr an Boden. Einer der Gründe ist die Ansicht, ein doppisches Rechnungswesen sei leistungsfähiger als die als verstaubt geltende Kameralistik. Die Ansicht läßt sich durchaus angreifen. Aber dies mindert ihre Verbreitung und Wirksamkeit in der Praxis nicht. Man braucht also kein Prophet zu sein, um das Verschwinden der Kameralistik in Deutschland und den Ersatz durch das doppische Rechnungswesen in nicht allzu ferner Zukunft vorauszusagen. Wie die Grundzüge des Rechnungswesens für die öffentliche Verwaltung der Zukunft – das sogenannte Neue Öffentliche Rechnungswesen – aussehen sollten, ist geklärt[1]. Inzwischen gibt es in Deutschland schon einen Modellversuch[2].

Ein doppisches Rechnungswesen in der öffentlichen Verwaltung wirft eine Reihe von Fragen auf. Eine davon soll untersucht werden: Wie ist „Erfolg" im Neuen Öffentlichen Rechnungswesen zu interpretieren?

Baetge hat den Erfolg als das „wohl wichtigste Zielelement im erwerbswirtschaftlich orientierten Unternehmen" bezeichnet. Mit dem Rechnungswesen werde „versucht, den Erfolg des wirtschaftlichen Handelns zu messen"[3]. Diese Verweise auf das erwerbswirtschaftliche Unternehmen und das wirtschaftliche Handeln nähren Zweifel, ob eine identische Übertragung des Erfolgsbegriffs aus der Unternehmenssphäre auf die öffentliche Verwaltung in Frage kommt. Für eine öffentliche Verwaltung gilt nicht mehr, daß die doppische Rechnungslegung der Sicherung von Gläubigerinteressen und der Ermittlung des ausschüttungsfähigen Gewinns zu dienen hat. Es gibt auch Zweifel, ob ein Zusammenhang zwischen den Zielen einer öffentlichen Verwaltung und dem besteht, was als Erfolg im Neuen Öffentlichen Rechnungswesen ausgewiesen wird. Möglicherweise muß die Vorstellung, im Neuen Öffentlichen Rechnungswesen komme eine Aussage über den Verwaltungserfolg zum Vorschein, sogar gänzlich verabschiedet werden. Es sind also genau genommen drei Fragen, die wir verfolgen wollen:

---

1 Vgl. *Wissenschaftliche Kommission „Öffentliche Unternehmen und Verwaltungen"*, Empfehlungen, S. 287–294.
2 Vgl. *Lüder, K.*, Konzeptionelle Grundlagen.
3 *Baetge, J.*, Erfolgskontrolle, S. 376.

- Welche Beziehung herrscht zwischen der Ertrags-Aufwandsdifferenz im Neuen Öffentlichen Rechnungswesen und dem Verwaltungserfolg?
- Wie ist der Verwaltungserfolg zu interpretieren?
- Wie ist die Ertrags-Aufwandsdifferenz im Neuen Öffentlichen Rechnungswesen zu bezeichnen?

Abschließende Antworten sind erst im letzten, dem 3. Abschnitt, zu erwarten. Zuvor wollen wir uns im folgenden, dem 2. Abschnitt, mit Literatur zu diesem Thema auseinandersetzen – in der Erwartung, daraus Anregungen für eine eigene Begriffsbestimmung zu gewinnen. Dabei wird die traditionelle Interpretation des Erfolgsbegriffs[4] zunächst noch nicht in Frage gestellt. Erst nach Darstellung und Diskussion dreier Konzepte zur Reform des Öffentlichen Rechnungswesens kann die Problematik in letzter Konsequenz behandelt werden.

Aus Platzgründen müssen wir uns auf die Betrachtung öffentlicher Verwaltungen beschränken; öffentliche Unternehmen bleiben ausgeklammert, auch wenn dort eine sehr ähnliche Problemlage herrscht[5].

2 Die Haltung der Literatur zum Erfolgsausweis im Öffentlichen Rechnungswesen

21 Die Erfolgsrechnung als Deckungsrechnung

211. Darstellung

Die ältere Betriebswirtschaftslehre, soweit sie sich mit öffentlichen Verwaltungen oder öffentlichen Haushalten befaßt, versteht deren

---

4 Danach ist der Erfolg der „Oberbegriff für ... *Gewinn* und ... *Verlust,* die nach den Regeln der kaufmännischen ... *Buchhaltung* oder der ... *Kostenrechnung* ermittelt werden". Stichwort *„Erfolg",* in: Busse von Colbe, W., Lexikon, S. 178.

5 *Oettle* hat z. B. ein sehr ähnliches Problem behandelt, nämlich die Beurteilung der Leistungen öffentlicher Betriebe anhand von Erfolgsmaßstäben, „die nicht für sie, sondern nur für private kaufmännische Unternehmungen zutreffen." Oettle, K., Betriebserfolge, S. 37.

Erfolgsrechnung als Deckungsrechnung. Diese Interpretation gründet sich auf eine lange Verwaltungspraxis, insbesondere in Baden-Württemberg, hat aber auch ihre theoretische Durchdringung gefunden, vor allem in den Arbeiten von *Walb* und *Johns*[6]. Zuletzt ist das Konzept von *Mülhaupt* ausführlich beschrieben worden[7]. Wir folgen *Mülhaupts* Darstellung in der gebotenen Kürze.

Bei der Deckungsrechnung geht es um den Erfolg im Bemühen, Ausgaben durch Einnahmen zu decken, die der öffentlichen Verwaltung „endgültig" verbleiben, d. h. die nicht aus aufgenommenen Krediten stammen und spätere Tilgungsausgaben nach sich ziehen[8]. Allerdings führt die Verwendung der Doppik dazu, daß in der Deckungsrechnung primär Ertrag und Aufwand einander gegenübergestellt werden – freilich immer noch mit dem Ziel, daraus Schlüsse auf den Deckungserfolg zu ziehen. Der Deckungserfolg ist sowohl mit der Bilanz als auch mit der Gewinn- und Verlustrechnung darstellbar. Die Differenz zwischen dem Vermögen einerseits und den Schulden und Rücklagen andererseits wird als Deckungskapital bezeichnet[9]. Der Deckungserfolg liegt also in der Änderung des Deckungskapitals.

Bis hierher besteht mit der kaufmännischen Erfolgsrechnung mit ihrer Reinvermögensänderung als Erfolgsgröße Übereinstimmung. Der wesentliche Unterschied liegt im folgenden. Während bei kaufmännischer Erfolgsbeurteilung die Reinvermögensänderung vor allem in Relation zum Reinvermögen („Rentabilität") gesehen wird, gewinnt die Änderung des Deckungskapitals in der öffentlichen Verwaltung ihre volle Aussagekraft erst, wenn man sie vor dem Hintergrund des Deckungsbedarfs sieht. An einigen Zahlen, die einem Beispiel *Mülhaupts*[10] entnommen sind, läßt sich klarmachen, um was es geht.

---

6 Vgl. vor allem die folgenden Arbeiten: *Walb, E.*, Finanzwirtschaftliche Bilanz; *Johns, R.*, Kameralistik.
7 Vgl. *Mülhaupt, L.*, Probleme, S. 75–105.
8 Vgl. *Mülhaupt, L.*, Probleme, S. 94.
9 Vgl. *Mülhaupt, L.*, Probleme, S. 101.
10 Vgl. *Mülhaupt, L.*, Probleme, S. 96 f.

		Darin enthaltene Veränderungen im letzten Haushaltsjahr
Vermögen	247,50	+ 50,50
Schulden	74,50	+ 18,50
Rücklagen	16,50	+ 4,00
Deckungskapital	156,50	+ 28,00

Tab. 1: *Deckungserfolg und Deckungsbedarf*

Interessant ist zunächst – vgl. Tabelle 1 – der Deckungsgrad, die Tatsache, daß nur 63,2% des Vermögenswertes durch „endgültige" Einnahmen gedeckt sind (156,50 : 247,50 × 100). Außerdem erkennt man, daß der Vermögenszugang im zurückliegenden Jahr sogar nur zu 55,4% aus „endgültigen" Deckungsmitteln finanziert werden konnte (28,00 : 50,50 × 100). Vor dem Hintergrund des Deckungsbedarfs verblaßt also der Deckungserfolg. Dementsprechend bedenklich wäre es, analog kaufmännischer Übung eine Art Rentabilitätsaussage zu machen, sich also mit der Kennziffer 21,79% [= 28,00 : (156,50 − 28,00) × 100] zu rühmen.

212. Diskussion

Das Konzept hat einen gravierenden Haken. Wen interessiert noch der Deckungsgrad für öffentliches Vermögen bzw. ein Vermögenszuwachs? Für die Steuerung der öffentlichen Haushalte gibt es heute andere, wichtigere Steuerungsgrößen. Die wichtigsten sind die Maastricht-Kriterien Inflationsrate und Umfang der öffentlichen Verschuldung in Relation zum Bruttoinlandsprodukt.

Selbstverständlich muß man sich fragen, ob nicht der Deckungserfolg oder der Deckungsgrad den Maastricht-Kriterien zur Seite gestellt werden sollte. Aber selbst dies läßt sich nur schwer unterstützen. Zur Finanzpolitik der öffentlichen Hand gehört seit jeher ein gewisses Maß an Verschuldung. Zum Teil wird die Kreditaufnahme mit dem intergenerativen Ausgleich[11] gerechtfertigt, zum Teil mit dem Argu-

---

11 Die Nutzer der öffentlichen Einrichtung in späteren Jahren oder gar Jahrzehnten sollen über die Belastungen aus dem Schuldendienst an den Investitionskosten beteiligt werden.

ment, „rentierliche" öffentliche Investitionen könnten mit Kredit finanziert werden, weil die Gebühren, Beiträge oder sonstigen Entgelte es erlaubten, die Zinsbelastung an die Nutzer der öffentlichen Einrichtungen bzw. Nutzungsberechtigten weiterzugeben. Wenn also Schulden der öffentlichen Hand unter bestimmten Bedingungen gerechtfertigt werden können, setzt eine sinnvolle Steuerung der Schuldenpolitik der öffentlichen Hand voraus zu prüfen, inwieweit an der Finanzierung einer Investition eine spätere Generation beteiligt werden soll und ob die Einnahmen, die aus einer Investition erwachsen, die Kreditzinsen abdecken können. Damit wird deutlich, Deckungserfolg und Deckungsgrad sind weniger wichtig als die Zuordnung einer Finanzierungsform (Kreditfinanzierung oder Finanzierung aus „endgültig" verbleibenden Mitteln) zu einem bestimmten Investitionsvorhaben.

Deckungserfolg und Deckungsgrad als Steuerungsgröße zielen auf die Minimierung der öffentlichen Verschuldung. Dies steht im Gegensatz zu der Feststellung, daß öffentliche Verschuldung ihre Berechtigung hat, wenn bestimmte Bedingungen erfüllt werden. Außerdem kann die Beachtung von Deckungserfolg und Deckungsgrad zur Vernachlässigung der sonstigen Ziele führen, die normalerweise eine öffentliche Verwaltung zu verfolgen hat. Wäre es z. B. zu verantworten, wenn „laufende" Ausgaben im Kulturbereich gekürzt würden, nur um mehr „endgültig" verbleibende Mittel im Straßen- und Kanalbau einzusetzen? Im Sinn des finanzwirtschaftlichen Deckungsziels wäre die Umschichtung sicherlich zu begrüßen, nicht aber im Sinn der vielfältigen Sachziele, die die Politik normalerweise beherrschen.

Insgesamt muß man feststellen: Wird die Erfolgsrechnung als Deckungsrechnung verstanden, besteht Gefahr, ein nicht mehr zeitgemäßes Ziel zu verfolgen. Außerdem ist zu befürchten, daß Fehlsteuerungen auftreten. Es empfiehlt sich daher nicht, die Erfolgsrechnung im Neuen Öffentlichen Rechnungswesen als Deckungsrechnung zu interpretieren.

22 Die Erfolgsrechnung im Schweizer Rechnungsmodell

221. Darstellung

Das Schweizer Rechnungsmodell kann gänzlich weder dem doppischen noch dem kameralistischen Rechnungswesen zugeschlagen werden. Es enthält, wenn auch im wesentlichen kaufmännisch geprägt, Elemente beider Rechnungsstile[12]. Dennoch soll es im folgenden als Beispiel für die Anwendung der Doppik in der öffentlichen Verwaltung verwendet werden. Hier interessiert ja lediglich, was als Erfolg gilt bzw. wie die Erfolgsgröße des doppischen Rechnungswesens interpretiert wird.

Zunächst einige Angaben zur Struktur des Schweizer Rechnungsmodells.

- Die Bücher werden im doppischen Stil geführt. Es gibt Bestands-, Erfolgs- und Abschlußkonten.

- Die Bilanz wird als „Vollbilanz"[13] aufgemacht; sie umfaßt sämtliches Vermögen und das gesamte Kapital im Sinne kaufmännischer Rechnungslegung.

- Die erste Abweichung gegenüber dem kaufmännischen Rechnungswesen besteht in der Art und Weise, in der die nicht kreditbezogenen Einnahmen und Ausgaben in erfolgswirksame und investive Zahlungen getrennt werden. Die Aufspaltung der Einnahmen und Ausgaben geschieht durch den Einbau eines „Umwegs" für die zu aktivierenden Investitionsausgaben. Ausgaben z. B. für den Bau eines Parkhauses sowie Landeszuschüsse, die die Gemeinde für diesen Zweck erhält, werden nicht gleich dem Bestandskonto belastet bzw. gutgeschrieben, sondern werden erst noch über ein Konto der ausgegliederten „Investitionsrechnung" geführt. Dadurch wird – um die Terminologie des deutschen Gemeindehaushaltsrechts zu verwenden – zwischen dem Verwaltungs- und dem Vermögenshaushalt unterschieden.

- Zwei weitere Elemente des Schweizer Rechnungsmodells gehören ebenfalls nicht zum gewohnten Bild des doppischen Rechnungs-

---

12 Vgl. *Buschor, E.*, Haushaltsreform, S. 29–47.
13 Vgl. *Buschor, E.*, Haushaltsreform, S. 40 f.

wesens: die obligatorische Kapitalflußrechnung und der Überblick über die Finanzierung, eine Deckungsrechnung. Beide Elemente sind nicht in das Buchungssystem integriert.

- Das Schweizer Rechnungsmodell kennt ferner die Möglichkeit, die Bewirtschaftung zweckgebundener Einnahmen, aber auch ganzer öffentlicher Einrichtungen oder Betriebe, buchhalterisch zu isolieren. Nach dem Sprachgebrauch des Modells handelt es sich um den Ausweis von „Spezialfinanzierungen". Wird z. B. die separate buchhalterische Behandlung des Parkhauses einer Gemeinde gewünscht, erscheint dessen Eigenkapital auf einem eigenen Bestandskonto. Desgleichen wird für das Parkhaus eine eigene Erfolgsrechnung geführt. Und darauf kommt es bei „Spezialfinanzierungen" besonders an: Der Erfolg bei der Deckung des Aufwands durch den Ertrag soll sichtbar gemacht werden. Dementsprechend stecken hinter den „Spezialfinanzierungen" durchweg öffentliche Institutionen, die ihre Leistungen gegen Entgelt anbieten. Der Gewinn oder Verlust bleibt im Rechnungskreis der „Spezialfinanzierung", wird also dem entsprechenden Eigenkapitalkonto gutgeschrieben bzw. belastet.

Für den Erfolgsausweis der Trägerkörperschaft werden die Aufwendungen und Erträge (unter Ausschluß derjenigen der „Spezialfinanzierungen") einander gegenübergestellt. Der Erfolg spiegelt sich im Reinvermögenszugang wider.

222. Diskussion

(1) *Buschor,* dem die aufschlußreichsten Darstellungen des Schweizer Rechnungsmodells zu verdanken sind[14], schreibt: „Der Aufwands- oder Ertragsüberschuß der Laufenden Rechnung kann durchaus als Ergebnis der [bzw. einer, H. B.] finanzwirtschaftlichen Erfolgsrechnung interpretiert werden"[15]. Und wenig später heißt es: „Im Schweizer Rechnungswesen kommt ... dem Eigenkapital hauptsächlich die Funktion einer Reserve für künftige Ausgabenüberschüsse

---

14 Außer dem Beitrag in der bereits zitierten *Mülhaupt*-Festschrift (*Buschor, E.*, Haushaltsreform) ist der folgende Aufsatz zu nennen: *Buschor, E.*, Verwaltungswissenschaftliche Bilanz, S. 199–269. Siehe zu diesem Thema auch: Konferenz der Kantonalen Finanzdirektoren, Handbuch.
15 *Buschor, E.*, Haushaltsreform, S. 40.

zu ... Das Eigenkapital ... erhält damit eine Funktion, die mit derjenigen der Rücklagen des deutschen Haushaltsrechts vergleichbar ist"[16].

Damit ist klar, den Vertretern des Schweizer Rechnungsmodells geht es um (möglichst hohe) Reserven für schwierige Haushaltsjahre. Es muß jedoch bezweifelt werden, ob die Entscheidungsträger – in der Schweiz: die Stimmbürger als Teilnehmer am Finanzreferendum – „Erfolg" unbedingt so interpretieren. „Erfolg" ist ja ein mehrdeutiger Begriff. Wer weiß, möglicherweise sieht der Bürger im Ertragsüberschuß ein Zeichen guter Erfüllung allgemeiner Verwaltungsziele, nicht nur eine buchhalterische oder finanzwirtschaftliche Größe.

(2) Angesichts dessen ist es wichtig, daß es im Schweizer Rechnungsmodell neben der Erfolgsrechnung noch andere Rechnungen gibt, die zur Erfolgsbeurteilung herangezogen werden können, nämlich eine Kapitalflußrechnung und die Darstellung der Investitionsfinanzierung in der vorausgegangenen Periode[17]. „Erfolg" ist demnach für das Schweizer Rechnungsmodell eine komplexe Größe. Ob die Rechnungen hätten anders bezeichnet oder aufgemacht werden sollen, bleibe dahingestellt. Entscheidend ist allein, daß der Interessierte über die Mittelherkunft und die verschiedenen Zwecke, für die die Finanzmittel verwendet wurden, informiert wird. Voraussetzung ist allerdings, daß der Interessierte die Informationsangebote auch zutreffend zu interpretieren versteht. Abermals sind Zweifel angebracht. Wir werden im 3. Abschnitt darauf näher eingehen.

(3) Zustimmung verdienen ferner die Ansatz- und Bewertungsvorschriften des Schweizer Rechnungsmodells. Sie entsprechen – soweit ersichtlich – im großen und ganzen denen des deutschen Handelsrechts. Da Ansatz- und Bewertungsregeln den Erfolgsausweis beeinflussen, sind sie im Zusammenhang mit unserem Thema zu beachten. Aber wir verzichten auf nähere Einzelheiten. Hier geht es um das

---

16 *Buschor, E.,* Haushaltsreform, S. 41.
17 Es muß allerdings beachtet werden, daß die im Zusammenhang mit dem Schweizer Rechnungsmodell verwendeten Bezeichnungen vom Üblichen abweichen. Die „Kapitalflußrechnung" stellt in Wahrheit (nur) eine Basis-Nettobewegungsbilanz dar. Statt dessen wäre es besser gewesen, die Übersicht über die Investitionsfinanzierung als Kapitalflußrechnung zu bezeichnen; denn darum handelt es sich, und zwar um eine Kapitalflußrechnung, bei der der Investitions- oder Anlagenfonds im Mittelpunkt steht.

Grundsätzliche; die Erörterung von Einzelfragen würde nicht weiterführen.

(4) Zusammenfassend verdient die Erfolgsrechnung des Schweizer Rechnungsmodells eine positive Beurteilung. Es besteht keine nennenswerte Gefahr der Fehlsteuerung. Der sachkundige Bürger wird veranlaßt, den Erfolg der Verwaltungstätigkeit als komplexe Größe zu begreifen, die ihren Ausdruck in mehreren Zahlen des Jahresabschlusses findet. Außerdem schlägt der hohe Grad an Übereinstimmung mit dem Rechnungswesen der Unternehmung bei gleichzeitiger Nähe zur Haushaltsplanung und Haushaltsrechnung positiv zu Buche. Dementsprechend ist es denkbar, daß der Erfolgsbegriff im künftigen doppischen Rechnungswesen deutscher öffentlicher Verwaltungen dem Erfolgsbegriff des Schweizer Rechnungsmodells im wesentlichen nachgebildet wird.

23 Die Erfolgsrechnung im Neuen Kommunalen Rechnungswesen (Speyerer Verfahren)

231. Darstellung

Die folgende Beschreibung bezieht sich auf das Konzept eines neuen kommunalen Rechnungswesens, wie es z.Zt. unter *Lüders* Leitung in Wiesloch erprobt wird[18]. Im Mittelpunkt steht die Frage, wie sich die Doppik im gemeindlichen Rechnungswesen bewährt. In Verbindung damit muß natürlich auch der Inhalt des Erfolgsbegriffs geklärt werden. Einen ersten Anhaltspunkt dafür liefert *Lüders* Feststellung, zentraler „Ansatzpunkt bei der Neugestaltung des kommunalen Rechnungswesen" sei „der Umbau der Haushaltsrechnung für den Verwaltungshaushalt zu einer Ergebnisrechnung (Aufwands- und Ertragsrechnung)"[19]. Unter anderem liefere eine Ergebnisrechnung die für die Kostenrechnung nötigen Daten und informiere über Ressourcenaufkommen und -verbrauch. Der Saldo zwischen Aufkommen und Verbrauch an Ressourcen stelle die entscheidende Maßgröße des Neuen Kommunalen Rechnungswesens dar[20].

---

18 Vgl. *Lüder, K.*, Konzeptionelle Grundlagen.
19 *Lüder, K.*, Konzeptionelle Grundlagen, S. 2 f.
20 Vgl. *Lüder, K.*, Konzeptionelle Grundlagen, S. 3.

Die Struktur der Ergebnis- oder Erfolgsrechnung[21] – wir bleiben bei der zuletzt genannten Bezeichnung – entspricht der der kaufmännischen Gewinn- und Verlustrechnung[22]. Auch inhaltlich entspricht sie kaufmännischer Übung. Das zeigt sich selbst bei den Spezifika öffentlicher Verwaltungen, z.B. bei empfangenen Zuweisungen, bei Steuereinnahmen und bei geleisteten Transferzahlungen. Solche Zahlungen werden erfolgswirksam verbucht. (In der staatlichen Verwaltung wäre entsprechend zu verfahren: Unter anderem müßten die Zuweisungen an Investitionsmitteln als Zuführungen zum Eigenkapital, alle übrigen Haushaltsmittel als Ertrag und die konsumtiven Ausgaben als Aufwand begriffen werden.)

Lüder will mit der zeitlichen Abgrenzung der erfolgswirksamen Vorgänge die regelmäßigen („planbaren") von den unregelmäßig auftretenden Aufwendungen und Erträgen trennen[23]. Der Grund dafür liegt im Bestreben, in jedem Rechnungsjahr den ordentlichen Aufwand durch den ordentlichen Ertrag zu decken[24]. Dahinter verbirgt sich ein alter Verwaltungsgrundsatz. Allerdings war in der öffentlichen Verwaltung Periodenabgrenzung bislang praktisch unbekannt, so daß sich das Bestreben nur darauf richten konnte, die ordentlichen Ausgaben durch ordentliche Einnahmen zu decken. Mit dem in der älteren Literatur behandelten Ziel, vermögenswirksame Ausgaben durch „endgültig" verbleibende Einnahmen zu decken (s. Abschnitt 21) besteht keine unmittelbare Verbindung.

Der Erfolgsbegriff des Neuen Kommunalen Rechnungswesens ist also im wesentlichen mit dem der kaufmännischen Rechnungslegung identisch. Lediglich im Gefolge einiger Ansatz- und Bewertungsregeln sind Abweichungen vorgesehen. Wir brauchen darauf nicht einzugehen, weil daraus keine grundsätzlich neuen Erkenntnisse über den Erfolgsbegriff zu gewinnen wären.

---

21 *Lüder* bezeichnet sie stets als „Ergebnisrechnung". Die Bezeichnung hat vieles für sich; wir wollen jedoch bei dem weit verbreiteten Ausdruck „Erfolgsrechnung" bleiben.
22 Vgl. *Lüder, K.,* Konzeptionelle Grundlagen, S. 7.
23 Vgl. *Lüder, K.,* Konzeptionelle Grundlagen, S. 11, 60.
24 Vgl. *Lüder, K.,* Konzeptionelle Grundlagen, S. 33 f.

232. Diskussion

(1) Das hervorstechende Merkmal des Neuen Kommunalen Rechnungswesens nach dem Speyerer Verfahren ist – soweit es sich um die Erfolgsrechnung handelt – der monistische Erfolgsbegriff. Der Erfolg einer Kommune stellt sich nach diesem Konzept allein in der Beziehung des Ertrags zum Aufwand dar. Genauer, es kommt nur darauf an, ob und inwieweit das Ziel „Deckung des Aufwands durch den Ertrag" erreicht wird. Es braucht nicht wiederholt zu werden, weshalb eine solche monistische Erfolgsinterpretation nicht ausreicht. Das Thema wurde im Zusammenhang mit dem Schweizer Rechnungsmodell hinlänglich erörtert.

(2) Als positiv ist die Trennung in einen ordentlichen und einen außerordentlichen Erfolg zu werten. Diese Trennung beruht auf alter kaufmännischer Übung, hat aber gerade für öffentliche Verwaltungen in unserer Zeit große Bedeutung. Das wird besonders deutlich im Zusammenhang mit den ständig wiederkehrenden Versuchen, Haushalts„löcher" durch die Veräußerung öffentlichen Vermögens zu stopfen. An sich ist klar, daß einmalige Erträge nicht mit wiederkehrenden vermischt werden sollten. Doch erst entsprechende Vorkehrungen im Rechnungswesen schieben einen wirksamen Riegel vor. Auch in anderer Hinsicht sorgt die Trennung zwischen ordentlichen und außerordentlichen Erfolgsbeiträgen für einwandfreie Verhältnisse. Wir denken an die Grundlagen der Gebührenkalkulation. Hier sind es die außerordentlichen Aufwendungen, die stören können: Bei fehlender Trennung geraten Kommunen leicht in Versuchung, durch Einbeziehung außerordentlicher Aufwendungen in die durch Gebühren zu deckenden Kosten ihr Gebührenaufkommen aufzubessern und sich auf diese Weise an anderer Stelle – z. B. bei der Kreditaufnahme – Entlastung zu verschaffen.

(3) Bedenken erweckt die Tatsache, daß *Lüder* in der Trennung erfolgswirksamer von erfolgsunwirksamen Buchungsfällen anscheinend kein Problem sieht. Für den kaufmännisch Versierten stellt die Trennung tatsächlich kein Problem dar. Für ihn gibt es keine Frage, welcher Vorgang Aufwand oder Ertrag hervorruft und welcher (noch) nicht. Aber in Wirklichkeit verbirgt sich dahinter ein schwieriges Problem.

Die Schwierigkeiten werden in der Art und Weise erkennbar, in der Standardlehrbücher dem Nichtversierten, z.B. dem Studenten, klarzumachen versuchen, was Erfolgsbeiträge sind. *Schneider*, als einer der wenigen, die sich überhaupt des Problems annehmen[25], beschreibt, ,,wann Einnahmen/Ausgaben 'grundsätzlich nicht erfolgswirksam' sind", durch Enumeration[26]. ,,Erfolg" wird also negativ und durch Verzicht auf eine formelmäßige Definition abgegrenzt. In ähnlicher Weise geht *Buchner* vor. Nach seinen Worten handelt es sich bei ,,Aufwand" um periodisierte ,,Geldvermögensabflüsse", die weder einseitig geschehen, d. h. die Beziehung zwischen Unternehmung und Kapitaleigner betreffen, noch kompensatorischer Natur sind, d. h. im Rahmen eines Kreditgeschäfts in gleicher Höhe frühere ,,Geldvermögenszuflüsse" ausgleichen[27]. Für ,,Ertrag" gelte das Umgekehrte. Auch diese Beschreibung dürfte kaum geeignet sein, dem Nichtversierten das Wesen von ,,Erfolg" oder ,,Erfolglosigkeit" zu erschließen. Bei *Wedell* heißt es, der Periodenerfolg lasse sich unter der Annahme, ,,daß die Unternehmer im Laufe des Abrechnungszeitraums keine Beträge für private Zwecke entnommen haben und auch keine Zuführungen zum Vermögen aus der Privatsphäre erfolgten", als Differenzbetrag zwischen dem Schlußbestand und dem Anfangsbestand des Eigenkapitals ermitteln[28]. Wiederum fehlt es an der über das Formale hinausführenden Interpretation dessen, was ,,Erfolg" genannt wird.

Was ist es denn, was den Wesenskern des Erfolgsbegriffes ausmacht? ,,Erfolg" bezieht sich ja nicht nur auf eine buchhalterische oder finanzielle Größe: gemeint ist weit mehr. Das ergibt sich allein schon aus der umgangssprachlichen Bedeutung, die immer einen Bezug zur Annäherung oder Erreichung eines Zieles herstellt. Dem entspricht es durchaus, wenn der Erfolgsbegriff des Rechnungswesens allgemein von der Vorstellung verknüpft zu sein scheint, mit ,,Erfolg" solle jener (dauerhafte) Zuwachs an Reinvermögen, Konsumkraft, realisierbarem Konsum, Ausschüttungspotential u. ä.[29] bezeichnet werden, den ein Unternehmen oder eine Verwaltung unmittelbar *aus den*

---

25 Vgl. *Schneider, D.,* Betriebswirtschaftslehre, S. 49 f.
26 *Schneider, D.,* Betriebswirtschaftslehre, S. 49.
27 Vgl. *Buchner, R.,* Buchführung, S. 5 f.
28 *Wedell, H.,* Grundlagen, S. 27.
29 Vgl. die zahlreichen Möglichkeiten der Gewinnermittlung bei *Moxter, A.,* Gewinnermittlung.

Geschäften oder der Verwaltungstätigkeit erwirtschaftet. „Unmittelbar" bedeutet in diesem Zusammenhang, daß alle Zuweisungen und Abführungen auszugrenzen sind, die die Ausstattung des Unternehmens oder der Verwaltung mit Kapital durch den bzw. die Kapitaleigner oder Träger betreffen. Der Zusatz, der den Erfolg mit der eigenen Geschäfts- oder Verwaltungstätigkeit verknüpft, ist zwar ein unscharfes Abgrenzungskriterium gegenüber etwaigem Geld- und Gütertransfer zwischen Unternehmen und Unternehmer bzw. Verwaltung und Träger, hat aber in unserem Zusammenhang große Bedeutung. Er verweist auf die Notwendigkeit, „Erfolg" in der öffentlichen Verwaltung anders zu interpretieren als in der Unternehmung. In der öffentlichen Verwaltung erscheint es nötig, „Erfolg" als Zuwachs an Nutzen bzw. an Nutzenpotential für die Bürger zu verstehen, *den die Verwaltungstätigkeit* bewirkt hat.

Man könnte einwenden, bei ausreichender Schulung reiche für die Verwaltungspraxis aus, was die Literatur zum Erfolgsbegriff bietet. Die zum Teil schwierigen Formulierungen bzw. Kasuistiken bedeuteten letztlich auch in der öffentlichen Verwaltung kein unüberwindliches Hindernis für die taugliche Abgrenzung des erfolgswirksamen vom erfolgsneutralen Vorgang. Aber hier sind Zweifel angebracht. Erst wenn ein Begriff so gefaßt ist, daß er „verinnerlicht" werden kann, darf mit einwandfreier Anwendung gerechnet werden. Eine befriedigende Lösung dieses Problems muß also noch erarbeitet werden.

(4) Die übrigen Einzelheiten des Neuen Kommunalen Rechnungswesens erscheinen sinnvoll, auch wenn sie Abweichungen gegenüber dem Handelsrecht markieren. Die Abweichungen haben ihre Begründung in den Spezifika der öffentlichen Verwaltung.

(5) Zusammenfassend läßt sich feststellen, daß *Lüders* Konzept des Neuen Kommunalen Rechnungswesens in seiner formalen Ausprägung nur wenig zu wünschen übrig läßt. Die Erfolgsrechnung ist der der Unternehmung nachgebildet, so daß ein vollentwickeltes Regelwerk, die handelsrechtlichen Ansatz- und Bewertungsvorschriften, im wesentlichen übernommen werden kann. Die Ergänzung der Erfolgsrechnung durch eine Kapitalflußrechnung, wie sie das Schweizer Rechnungsmodell vorsieht, wäre ohne weiteres zu bewerkstelligen. Sie würde der einseitigen Ausrichtung auf den Reinvermögenszugang als Erfolgsgröße entgegenwirken. Schließlich ließe sich das Konzept auch mit dem oben genannten Trennkriterium für erfolgswirksame

und erfolgsunwirksame Vorgänge verbinden, was dem Erfolgsbegriff im Rechnungswesen der Verwaltung etwas mehr Inhalt und Schärfe verleihen würde.

24 Zwischenergebnis

Es ist sicherlich angebracht, kurz zusammenzustellen, welche positiven Ansätze die bisherige Untersuchung zum Vorschein gebracht hat bzw. welche Ansätze sich als wenig fruchtbar erwiesen haben:

- In der öffentlichen Verwaltung erscheint es wichtig, die im doppischen Rechnungswesen zu Tage tretende Beziehung zwischen Ertrag und Aufwand von vornherein als *einen unter mehreren* Erfolgsindikatoren auszugeben. Eine Fixierung auf den Deckungserfolg wäre schädlich.

- Im „Erfolgsausweis" der öffentlichen Verwaltung sollte sich die Erreichung der verschiedenen Ziele widerspiegeln. Falls dies im Rahmen der externen Rechnungslegung nicht möglich ist, wäre es nötig, die Erfolgsgröße des Rechnungswesens durch eine entsprechende Bezeichnung einschränkend als einen Teil des Erfolgs zu bezeichnen. Die Begriffe „Erfolg", „Ergebnis" oder „Deckungserfolg", bezogen auf die Differenz von Ertrag und Aufwand, sind unzureichend. Sie können in die Irre führen und Fehlsteuerungen auslösen.

- Erfolgsbeiträge bedürfen im Rechnungswesen der genauen Abgrenzung. Sie müssen mit der unmittelbaren Erfüllung der Verwaltungsaufgaben verknüpft werden. Aber wie dieses Kriterium gefaßt werden sollte, so daß es auch dem wenig Versierten die sichere Trennung erfolgswirksamer von erfolgsunwirksamen Vorgängen erlaubt, ist noch offen. Die Enumeration von Vorgängen, die erfolgsneutral zu behandeln sind, wäre nicht die beste Lösung. Sie würde Zweifel zurücklassen. Man denke z. B. an die Beitragszahlung der Bürger zu den Kanalbaukosten oder an die Zuweisungen im Rahmen des Finanzausgleichs.

- Wie auch immer der Erfolgsbegriff gefaßt wird, wichtig erscheint die Trennung von ordentlichen und außerordentlichen Erfolgsbeiträgen.

Insgesamt zeigt sich, daß vor allem noch zwei Probleme der Erfolgsdefinition im doppischen Rechnungswesen der öffentlichen Verwaltung einer Lösung harren. Das eine besteht in einem einfachen Kriterium für die Unterscheidung zwischen erfolgswirksamen und erfolgsunwirksamen Vorgängen. Das andere ist das Problem, für die Differenz zwischen Ertrag und Aufwand eine Bezeichnung zu finden, die keine Fehlsteuerung bewirkt. Die beiden Probleme sollen im weiteren verfolgt werden.

3 Neue Lösungsversuche

31 Vorbemerkung

Die beiden Probleme könnten mit einem Schlag gelöst werden. Man bräuchte in der öffentlichen Verwaltung nur auf den üblichen Jahresabschluß mit Bilanz und Gewinn- und Verlustrechnung zu verzichten. Man würde sich mit dem Abschluß der Konten begnügen und die Salden in einer für den internen Gebrauch erstellten Saldenbilanz festhalten. Öffentliche Verwaltungen könnten damit gut leben. Alle wesentlichen Zwecke, die dem kaufmännischen Jahresabschluß – genauer: Bilanz und Gewinn- und Verlustrechnung – zugeschrieben werden, haben für öffentliche Verwaltungen keine nennenswerte Bedeutung. Viel wichtiger ist beispielsweise eine Kapitalflußrechnung. Sie könnte aber ohne weiteres aus der Saldenbilanz entwickelt werden. Mit dem Wegfall von Bilanz und Gewinn- und Verlustrechnung entfiele die Sorge, das Jahresergebnis, der Gewinn oder Verlust, würden als Erfolgsgröße oder gar als einziger Erfolgsindikator der Verwaltungstätigkeit gedeutet, und es gäbe auch kein Benennungsproblem mehr.

Aber Patentrezepte dieser Art lassen sich nur selten oder nie verwirklichen. Dementsprechend werden wir im weiteren davon ausgehen, daß es auch im Neuen Öffentlichen Rechnungswesen eine Jahresbilanz und die Gewinn- und Verlustrechnung geben wird.

32 Ein einfaches Kriterium für die Trennung von erfolgswirksamen und erfolgsunwirksamen Vorgängen

Das vielleicht wichtigste Problem heißt, ein einfaches Kriterium zu finden, das dem Verwaltungsbediensteten anzeigt, welcher Vorgang erfolgswirksam ist, also zu Aufwand oder Ertrag führt, und welcher nicht.

Entsprechend allgemein verbreitetem Begriffsverständnis liegt Aufwand vor, wenn von einer Verwaltung Güter oder Dienstleistungen (einschließlich Geld) für den Verwaltungszweck eingesetzt werden. Aufwand ist also als monetärer Ausdruck des Ressourcenverbrauchs zu begreifen. Der Input wird jener Periode zugerechnet, in der

- der Güter- oder Dienstleistungseinsatz geschieht oder
- der Güter- oder Dienstleistungseinsatz aus einer vorausgegangenen Periode bekannt wird oder
- Ertrag auftritt, dessen Gegenstück, der Güter- oder Dienstleistungseinsatz, noch in der Zukunft liegt.

Die Bewertung des Ressourcenverbrauchs wird, sofern nicht vom Handelsrecht, von Erhaltungsstrategien (z. B. reale Kapitalerhaltung) bestimmt.

Für die begriffliche Festlegung des Ertrags gilt das Analoge.

Mit dieser Beschreibung von Aufwand und Ertrag ist aber noch nicht viel gewonnen. Sie „umkreist" lediglich den Kern der Sache. Der Kern wird erst sichtbar, wenn man den Zweck der Aufwands- und Erfolgserfassung anspricht, nämlich die Darstellung des *aus der Tätigkeit* der Verwaltung resultierenden Zuwachses oder Verzehrs an Sachgütern oder Finanzmitteln.

Jetzt erst ist die Grundlage für eine formelmäßige Festlegung von Ertrag und Aufwand in der öffentlichen Verwaltung gegeben. Danach bedeutet:

> Ertrag (Aufwand) = bewerteter, periodisierter und aus der unmittelbaren Tätigkeit der betreffenden Verwaltung resultierender Zuwachs (Verbrauch) an eigenen Ressourcen.

Die Formel beschreibt das auch von der Literatur Gemeinte. Zum Ertrag gehören danach z. B. die eigenen Einnahmen der Verwaltung aus der Erhebung von Abgaben. Aufwand sind alle periodisierten Ausgaben, die keine Abführungen an den Träger darstellen. Der Verweis auf die unmittelbare Tätigkeit der öffentlichen Verwaltung sollte dem kaufmännisch nicht versierten Verwaltungsangehörigen die Abgrenzungsarbeit wesentlich erleichtern.

33 Das Benennungsproblem

Was es mit dem Benennungsproblem auf sich hat, sei noch einmal kurz skizziert: Bezeichnungen können mitunter beträchtliche Wirkungen auslösen. Man denke z. B. an das Etikett „Öko-", das neuerdings Alltagsgütern so gern angeheftet wird. „Gewinn", „Verlust" und der beides zusammenfassende Begriff „Erfolg" haben ebenfalls diese Qualität. Als von vornherein mit positivem Inhalt besetzte Begriffe hat ihre Verwendung nur dort Berechtigung, wo sie wirklich positive Handlungsfolgen, d. h. positive Wirkungen im Sinne der Zielsetzung anzeigen. Das ist in öffentlichen Verwaltungen nicht der Fall. Gleichwohl existiert die Differenz zwischen Ertrag und Aufwand. Sie als „Reinvermögenszugang" oder als „Erfolg", „Ergebnis", „Gewinn" oder „Verlust" zu bezeichnen, scheidet also aus. Was bleibt, ist eine unverfängliche, rein technische Bezeichnung zu wählen. Wir plädieren für „Ertragsüberschuß" bzw. „Aufwandsüberschuß". Damit wird auf einen lediglich formalen Sachverhalt verwiesen, aber keine Basis für weiterreichende inhaltliche Interpretationen geboten.

Denkbar wären auch die Bezeichnungen „Ressourcenzunahme" bzw. „Ressourcenverbrauch". Aber dabei regen sich erneut Bedenken, ob der Name nicht Werturteile über die Qualität der Verwaltungstätigkeit auslösen könnte. Denn das sei noch einmal ausdrücklich klargestellt: Wir sind der festen Überzeugung, daß es nicht Ziel der öffentlichen Verwaltung sein kann, Ressourcenzuwächse oder Ertragsüberschüsse anzustreben. Dementsprechend sollte die Bezeichnung auch alles ausschließen, was eine Zielgerichtetheit solcher Zuwächse oder Überschüsse suggeriert.

3.4 Indikatoren des Verwaltungserfolgs

Wenn behauptet wird, daß die Ertrags-Aufwands-Differenz in öffentlichen Verwaltungen kein Ausdruck des Erfolgs der Verwaltungstätigkeit sein kann und soll, erhebt sich natürlich die Frage, worin der Verwaltungserfolg denn tatsächlich zu sehen ist.

Angesichts der mannigfaltigen Sach- und Formalziele, die öffentlichen Verwaltungen gesetzt sind, kann die Frage nur allgemein und mit Verweis auf die den einzelnen Zielen zugehörigen Indikatoren beantwortet werden. Eigentlich bedarf es zur Darstellung des Erfolgs einer umfassenden Berichterstattung über die mit der Verwaltungstätigkeit erreichten Wirkungen, den sogenannten *Outcome*. Eine solche Berichterstattung müßte über einen bloßen Tätigkeitsbericht oder den immer wieder propagierten Lagebericht[30] hinausgehen[31]. Aber eine solche die Wirkungen darstellende Berichterstattung ist heute noch – angesichts vieler Schwierigkeiten bei der Erfassung von Verwaltungs-Wirkungen – kaum möglich, und das sollte auch nicht verschleiert werden.

4 Schluß

Das Untersuchungsergebnis läßt sich in drei Feststellungen zusammenfassen:

Die begriffliche Festlegung für „Erfolg" im Neuen Öffentlichen Rechnungswesen bedarf gegenüber dem Stand der Literatur nur geringer Verbesserungen. Nach der jetzt gefundenen Interpretation stellen Aufwand und Ertrag in der öffentlichen Verwaltung keine Erfolgsbeiträge dar. Der Verwaltungserfolg steckt vielmehr im *Outcome* der Verwaltung, den letztlich erreichten Wirkungen der Verwaltungstätigkeit.

Was nach herkömmlicher Auffassung den Erfolg widerspiegelt, nämlich Ertrag und Aufwand, muß in öffentlichen Verwaltungen präziser formuliert werden, damit der kaufmännisch nicht Versierte eine korrekte Abgrenzung in sachlicher und zeitlicher Hinsicht vornimmt. Zu

---

30 Vgl. *Streim, H.*, Lagebericht, S. 308–327; *Zwehl, W. v./Zupancic, G. M.*, Lagebericht, S. 265–270.
31 Vgl. *Brede, H.*, Reform, S. 88 f.

diesem Zweck sollte der Zusammenhang von Aufwand und Ertrag mit der unmittelbaren Verwaltungstätigkeit betont werden.

Die begriffliche Fassung des Verwaltungserfolgs erlaubt normalerweise keine oder nur eine unzureichende Messung. Das könnte als Schwäche der begrifflichen Festlegung verstanden werden. Wir meinen jedoch, „Erfolg" sollte nur heißen, was diese Bezeichnung verdient. Läßt sich der Erfolg der öffentlichen Verwaltung nicht oder nicht zuverlässig genug messen, sind die Grenzen der Erfolgsmessung zu beklagen – nicht der Erfolgsbegriff selbst.

Literaturverzeichnis

Baetge, Jörg, Erfolgskontrolle mit Kennzahlen, in: Fortschrittliche Betriebsführung und Industrial Engineering 1979, S. 375–379 u. 1980, S. 13–17 (Erfolgskontrolle).

Brede, Helmut, Die Reform des Öffentlichen Rechnungswesens – eine Notwendigkeit, in: VOP, Fachzeitschrift für öffentliche Verwaltung 1994, S. 88–91 (Reform).

Buchner, Robert, Buchführung und Abschluß, 4., verb. u. wesentl. erw. Aufl., München 1993 (Buchführung).

Buschor, Ernst, Die Schweizer Haushaltsreform der Kantone und Gemeinden, in: Doppik und Kameralistik, Festschrift für Ludwig Mülhaupt zur Vollendung des 75. Lebensjahres, hrsg. v. Eichhorn, Peter, Baden-Baden 1987, S. 29–47 (Haushaltsreform).

Buschor, Ernst, Zwanzig Jahre Haushaltsreform – Eine Verwaltungswissenschaftliche Bilanz, in: Das neue Öffentliche Rechnungswesen, Betriebswirtschaftliche Beiträge zur Haushaltsreform in Deutschland, Österreich und der Schweiz, hrsg. v. Brede, Helmut/Buschor, Ernst, Baden-Baden 1993, S. 199–269 (Verwaltungswissenschaftliche Bilanz).

Busse von Colbe, Walther (Hrsg.), Lexikon des Rechnungswesens, 2., überarb. u. erw. Aufl., München, Wien 1991 (Lexikon).

Johns, Rudolf, Kameralistik, Grundlagen einer erwerbswirtschaftlichen Rechnung im Kameralstil, Wiesbaden 1951 (Kameralistik).

Konferenz der Kantonalen Finanzdirektoren (Hrsg.), Handbuch des Rechnungswesens der öffentlichen Haushalte, Bde. I u. II, Bern 1981 (Handbuch).

Lüder, Klaus, Konzeptionelle Grundlagen des Neuen Kommunalen Rechnungswesens (Speyerer Verfahren), Stuttgart 1996 (Konzeptionelle Grundlagen).

Moxter, Adolf, Betriebswirtschaftliche Gewinnermittlung, Tübingen 1982 (Gewinnermittlung).

Mülhaupt, Ludwig, Probleme der staatlichen Rechnungslegung und ihre Lösung, in: Das neue Öffentliche Rechnungswesen, Betriebswirtschaftliche Beiträge zur Haushaltsreform in Deutschland, Österreich und der Schweiz, hrsg. v. Brede, Helmut/Buschor, Ernst, Baden-Baden 1993, S. 75–105 (Probleme).

Oettle, Karl, Betriebserfolge in der privaten und in der öffentlichen Wirtschaft, hrsg. durch die Kommunale Gemeinschaftsstelle für Verwaltungsvereinfachung, Sonderdruck, Köln Oktober 1972, wieder abgedruckt in: Oettle, Karl, Grundfragen öffentlicher Betriebe I, Baden-Baden 1976, S. 37–54 (Betriebserfolge).

Schneider, Dieter, Betriebswirtschaftslehre, Band 2: Rechnungswesen, 2. vollst. überarb. u. erw. Aufl., München, Wien 1997 (Betriebswirtschaftslehre).

Streim, Hannes, Der kommunale Lagebericht als Ergänzung der Rechnungslegung von Gemeinden, in: Doppik und Kameralistik, Festschrift für Ludwig Mülhaupt zur Vollendung des 75. Lebensjahres, hrsg. v. Eichhorn, Peter, Baden-Baden 1987, S. 308–327 (Lagebericht).

Walb, Ernst, Finanzwirtschaftliche Bilanz, 3. Aufl., Wiesbaden 1966 [1. Aufl. 1942/43] (Finanzwirtschaftliche Bilanz).

Wedell, Harald, Grundlagen des betriebswirtschaftlichen Rechnungswesens, Aufgaben, Instrumente, Verrechnungstechnik, 6., neu bearb. Aufl., Herne/Berlin 1993 (Grundlagen).

Wissenschaftliche Kommission „Öffentliche Unternehmen und Verwaltungen", Empfehlungen für das öffentliche Rechnungswesen im Rahmen der Haushaltsreform, in: Das neue Öffentliche Rechnungswesen. Betriebswirtschaftliche Beiträge zur Haushaltsreform in Deutschland, Österreich und der Schweiz, hrsg. von Brede, Helmut/Buschor, Ernst, Baden-Baden 1993, S. 287–294 (Empfehlungen).

Zwehl, Wolfgang von/Zupancic, G. Michael, Der kommunale Lagebericht – ein Instrument zur Verbesserung der kommunalen Rechnungslegung, in: Die Öffentliche Verwaltung 1990, S. 265–270 (Lagebericht).

Thomas R. Fischer

Zur Diskussion um das Umsatzkostenverfahren – Grundsatzfragen und praktische Umsetzung

1 Einleitung

2 Einfluß der Bewertung selbsterstellter Leistungen auf die externe Analyse von Umsatzkosten-Gewinn- und Verlustrechnungen
  21 Zusammenhang zwischen dem Umfang der Herstellungskosten für die Bewertung selbsterstellter Leistungen und dem Erfolgsausweis
  22 Identische Herstellungskosten in der Bilanz und in der Gewinn- und Verlustrechnung
  23 Von den bilanziellen Herstellungskosten abweichende Herstellungskosten in der Gewinn- und Verlustrechnung
    231. Vorbemerkung
    232. Herstellungskosten i. S. von Teilkosten in der Gewinn- und Verlustrechnung
    233. Herstellungskosten i. S. von Vollkosten in der Gewinn- und Verlustrechnung
      233.1 Grundlagen
      233.2 Vollkosten und Bewertung selbsterstellter Leistungen zur handelsrechtlichen Wertuntergrenze
      233.3 Vollkosten und Bewertung selbsterstellter Leistungen zur steuerrechtlichen Wertuntergrenze
      233.4 Vollkosten und Bewertung selbsterstellter Leistungen zur handels- und steuerrechtlichen Wertobergrenze

Univ.-Prof. Dr. Thomas R. Fischer
Lehrstuhl für Betriebswirtschaftslehre, insb. Finanzierung
Westfälische Wilhelms-Universität Münster

3 Herstellungskostendefinitionen in der Praxis
   31 Vorbemerkung
   32 Angaben der Unternehmen zum Herstellungskostenumfang für die Zwecke der Bewertung selbsterstellter Leistungen
   33 Angaben der Unternehmen zum Umfang der „Herstellungskosten des Umsatzes" als Gliederungsposten der Gewinn- und Verlustrechnung

4 Beurteilung der im Umsatzkostenverfahren ausgewiesenen Ergebnisstruktur
   41 Probleme der externen Analyse der Aufwands- und Ertragsstruktur
   42 Spielräume für die Gestaltung der Aufwandsstruktur
   43 Ausweis eines ungegliederten Ergebnisses

5 Fazit

1 Einleitung

Durch das BiRiLiG 1985 wurde Kapitalgesellschaften das Wahlrecht eingeräumt, ihre Gewinn- und Verlustrechnung entweder nach dem bis dahin für Aktiengesellschaften allein zulässigen Gesamtkostenverfahren oder nach dem vor allem im angelsächsischen Bereich verbreiteten Umsatzkostenverfahren aufzustellen[1]. Damit stehen den Unternehmen nach § 275 Abs. 1 HGB[2] zwei Darstellungsformen der Gewinn- und Verlustrechnung zur Verfügung, die sich sowohl im Umfang der ausgewiesenen Aufwendungen und Erträge als auch hinsichtlich der Gliederung der Aufwandskomponenten im betrieblichen Bereich grundlegend unterscheiden[3].

Die Verbreitung des Umsatzkostenverfahrens als Darstellungsform für die Gewinn- und Verlustrechnung scheint zum einen von der Unternehmensgröße und zum anderen von der betrachteten Branche abhängig zu sein. So ergab eine Untersuchung von 100 Konzernabschlüssen großer Konzerne des Geschäftsjahres 1995, daß 16 Unternehmen ihre Gewinn- und Verlustrechnung nach dem Umsatzkostenverfahren aufstellten[4]. Von den zweiundzwanzig im Deutschen Aktienindex (DAX) vertretenen Industrie- und Handelsunternehmen wählten immerhin schon neun in ihren Konzernabschlüssen 1995 das Umsatzkostenverfahren[5]. Auffällig ist insbesondere die Verbreitung

---

1 Zu den begrifflichen Ungenauigkeiten der Bezeichnungen Umsatzkostenverfahren und Gesamtkostenverfahren vgl. *Baetge, J./Fischer, T. R.*, Aussagefähigkeit, Fn. 1, S. 196.
2 Die Angaben zu Paragraphen beziehen sich im folgenden, sofern nichts anderes angegeben ist, auf das Handelsgesetzbuch (HGB).
3 Zur Darstellung der konzeptionellen Unterschiede zwischen Gesamt- und Umsatzkostenverfahren vgl. z. B. *Baetge, J.*, Bilanzen, S. 534–536; *Baetge, J./Fischer, T. R.*, Aussagefähigkeit, S. 179; *Borchert, D.*, in: HdR Ia, 4. Aufl., § 275 HGB, Rn. 12–15; *Förschle, G.*, in: BeckBil-Komm., 3. Aufl., § 275 HGB, Rn. 26–33; *Rürup, L.*, in: HdJ, Die Erfolgsrechnung, Rn. 151. Die Bezeichnung „Aufwendungen" bzw. „Erträge" im Gesamtkostenverfahren für die den Bestandserhöhungen zurechenbaren Auszahlungen ist eigentlich nicht korrekt; da sie allgemein üblich ist, wird sie jedoch im folgenden beibehalten; vgl. *Baetge, J./Fischer, T. R.*, Aussagefähigkeit, Fn. 8, S. 196.
4 Vgl. *C & L Deutsche Revision*, Konzernabschlüsse 1995, Tz. 173 f.; vgl. auch die Bundesanzeiger-Untersuchungen von *Reige, J.*, Publizitätspraxis, S. 1652 f.; *Reige, J.*, Nutzung ausgewählter Wahlrechte, S. 665 f.
5 Vgl. *BASF*, Geschäftsbericht 1995, S. 35; *Bayer*, Geschäftsbericht 1995, S. 50; *Daimler-Benz*, Geschäftsbericht 1995, S. 51; *Henkel*, Geschäftsbericht

des Umsatzkostenverfahrens in der Chemiebranche sowie bei Unternehmen, die angaben, bei Aufstellung des Konzernabschlusses internationale Rechnungslegungsnormen [International Accounting Standards (IAS) bzw. United States Generally Accepted Accounting Principles (US-GAAP)] zu beachten[6].

Die Einführung des Verfahrenswahlrechts für die Gewinn- und Verlustrechnung wurde unterschiedlich beurteilt[7]. Einerseits wird betont, daß durch das Nebeneinander zweier verschiedener Darstellungsformen der Gewinn- und Verlustrechnung die Vergleichbarkeit eingeschränkt werde[8]. Andererseits sei die Inkaufnahme dieses Nachteils teilweise durch zusätzliche Vorteile des Umsatzkostenverfahrens gerechtfertigt, so daß von einer Gleichwertigkeit beider Verfahren oder sogar einer Vorteilhaftigkeit des Umsatzkostenverfahrens auszugehen sei[9].

In seinem Aufsatz zur Ergebnisrechnung sieht *Niehus* in Wahlrechten allgemein einen Vorteil, ,,ermöglichen sie doch den betroffenen Gesellschaften, die für sie sachgerechtere Lösung aus denen, die das Gesetz bietet, zu wählen"[10]. Zu fragen ist hierbei indes, aus wessen Perspektive zu beurteilen ist, ob eine Darstellungsform ,,sachgerecht"

   1995, S. 51; *Hoechst,* Geschäftsbericht 1995, S. 54; *Schering,* Geschäftsbericht 1995, S. 37; *Siemens,* Geschäftsbericht 1995; *Veba,* Geschäftsbericht 1995, S. 77; *Volkswagen,* Geschäftsbericht 1995, S. 79.

6 Vgl. *Bayer,* Geschäftsbericht 1995, S. 48; *Daimler-Benz,* Geschäftsbericht 1995, S. 48; *Hoechst,* Geschäftsbericht 1995, S. 52; *Schering,* Geschäftsbericht 1995, S. 38; *Veba,* Geschäftsbericht 1995, S. 81. Erwähnenswert ist in diesem Zusammenhang die Praxis der Deutschen Telekom, die angibt, bei der Bilanzierung und Bewertung US-GAAP zu beachten, und gleichzeitig im deutschen Geschäftsbericht das Gesamtkostenverfahren wählt; vgl. *Deutsche Telekom,* Geschäftsbericht 1995, S. 61.

7 Vgl. den Überblick bei *Rogler, S.,* Gewinn- und Verlustrechnung, S. 2 f.

8 Vgl. z. B. *Baetge, J./Fischer, T. R.,* Aussagefähigkeit, S. 181; *Borchert, D.,* in: HdR Ia, 4. Aufl., § 275 HGB, Rn. 3; *Chmielewicz, K.,* Gesamt- und Umsatzkostenverfahren, S. 39; *Fischer, J./Ringling, W.,* Grundsätze des Umsatzkostenverfahrens, S. 39; *Gatzen, M.,* Gewinn- und Verlustrechnung, S. 463.

9 Vgl. *Adler, H./Düring, W./Schmaltz, K.,* 6. Aufl., § 275 HGB, Tz. 4 und Tz. 27–34; *Borchert, D.,* in: HdR Ia, 4. Aufl., § 275 HGB, Rn. 27; *Förschle, G.,* in: BeckBil-Komm., 3. Aufl., § 275 HGB, Rn. 36; *Niehus, R. J.,* Ergebnisrechnung, S. 663; lediglich bei langfristiger Auftragsfertigung wird allgemein das Gesamtkostenverfahren als das aussagefähigere Verfahren angesehen.

10 *Niehus, R. J.,* Ergebnisrechnung, S. 657.

ist oder nicht. Die aus Unternehmenssicht vorteilhafte Darstellung stimmt nicht zwangsläufig mit den Informationsanforderungen externer Jahresabschlußadressaten überein. So kann aufgrund der unterschiedlichen Zwecksetzung und Informationslage[11] von der häufigen Verwendung des Umsatzkostenverfahrens im internen Rechnungswesen nicht zwingend auf eine Eignung des Verfahrens für die an den Informationsbedürfnissen externer Adressaten auszurichtende Gewinn- und Verlustrechnung geschlossen werden, zumal die beiden Verfahren im internen Rechnungswesen und in der Gewinn- und Verlustrechnung nicht viel mehr als den Namen gemein haben[12]. Unabhängig von der Verwendung des Umsatzkostenverfahrens im internen Rechnungswesen können Unternehmen durchaus ein Interesse daran haben, den Einblick in die Ertragslage für Unternehmensexterne zu erschweren. Eröffnet das Umsatzkostenverfahren hierzu mehr Möglichkeiten, wird aus einem Vorteil aus Unternehmenssicht ein Nachteil für die externen Jahresabschlußadressaten.

Ein weiterer wichtiger Vorteil des Umsatzkostenverfahrens wird aufgrund der internationalen Verbreitung vor allem für Unternehmen gesehen, die internationale Kapitalmärkte in Anspruch nehmen bzw. die in internationale Konzernabschlüsse einbezogen werden[13]. Das im angelsächsischen Bereich unbekannte Gesamtkostenverfahren könne auf seiten ausländischer Kapitalmarktinvestoren evtl. zu Fehlinterpretationen führen. Daher hätte eine alleinige Zulassung des Gesamtkostenverfahrens bei Umsetzung der 4. EG-Richtlinie für die betroffenen Unternehmen eine Benachteiligung dargestellt[14]. Internationale Vergleichbarkeit von Jahresabschlußinformationen erfordert jedoch neben der formalen Vereinheitlichung auch eine inhaltliche Vergleichbarkeit. Die in die Gewinn- und Verlustrechnung aufzunehmenden Aufwendungen und Erträge sind Ausfluß der für die Bilanz

---

11 Vgl. *Baetge, J./Uhlig, A.*, Ermittlung der handelsrechtlichen „Herstellungskosten", S. 277; *Fischer, J./Ringling, W.*, Grundsätze des Umsatzkostenverfahrens, S. 443; *Vellmann, K.*, Bilanzrichtliniengesetz, S. 107.
12 Vgl. *Baetge, J./Fischer, T. R.*, Externe Erfolgsanalyse, S. 4; a. A. *Borchert, D.*, in: HdR Ia, 4. Aufl., § 275 HGB, Rn. 27; *Niehus, R. J.*, Ergebnisrechnung, S. 663.
13 Vgl. *Borchert, D.*, in: HdR Ia, 4. Aufl., § 275 HGB, Rn. 25 f.; *Niehus, R. J.*, Ergebnisrechnung, S. 661–663; *Rürup, L.*, in: HdJ, Die Erfolgsrechnung, Rn. 148.
14 Vgl. *Niehus, R. J.*, Ergebnisrechnung, S. 663.

geltenden Ansatz- und Bewertungsgrundsätze, die das jeweilige Verständnis der Rechnungslegungszwecke widerspiegeln[15]. Diese wirken sich gleichermaßen auf den Erfolgsausweis des Gesamtkostenverfahrens wie des Umsatzkostenverfahrens aus. Das Umsatzkostenverfahren kann dann leicht zu Fehlinterpretationen führen, wenn aus der rein formalen Darstellungsidentität auf eine inhaltliche Identität geschlossen wird.

Mit den Argumenten für die Einführung des Umsatzkostenverfahrens als alternative Darstellungsform der Gewinn- und Verlustrechnung sind zugleich die wichtigsten Problembereiche angesprochen, die sich aus dem Wahlrecht für die externe Jahresabschlußanalyse ergeben. Diese resultieren vor allem daraus, daß der Gesetzgeber die inhaltliche Abgrenzung wichtiger Posten der Gewinn- und Verlustrechnung offengelassen und sich weitestgehend auf die Regelung formaler Gestaltungsfragen beschränkt hat. Den Unternehmen eröffnen sich hieraus Gestaltungsspielräume, die zum einen die Vergleichbarkeit einschränken und gleichzeitig auch die Interpretation der Aufwandsstruktur erschweren.

Die genannten Probleme werden durch das Wahlrecht des § 255 Abs. 2 und 3 zur Bewertung selbsterstellter Leistungen noch verstärkt. Dieses Wahlrecht wirkt sich nämlich auch auf die Darstellung der Ertragslage in der Gewinn- und Verlustrechnung aus und ist daher bei der externen Erfolgsanalyse zu berücksichtigen.

Wegen der internationalen Verbreitung des Umsatzkostenverfahrens wird sich dieses Verfahren vor allem bei größeren Unternehmen zunehmend durchsetzen. *Jörg Baetge* hat bereits bei Einführung des Gliederungswahlrechtes für die Gewinn- und Verlustrechnung auf die hiermit verbundene Beeinträchtigung sowohl der zwischenbetrieblichen als auch der zeitlichen Vergleichbarkeit aufmerksam gemacht[16]. Seine kritische Einschätzung des Umsatzkostenverfahrens ist jedoch unter Hinweis auf die internationale Übung auf zum Teil heftigen Widerstand gestoßen[17]. So äußert *Borchert* die Auffassung, ,,mit der

---

15 Zu den Ursachen verschiedener Rechnungslegungssysteme vgl. *Pellens, B.,* Internationale Rechnungslegung, S. 17–24.

16 Vgl. *Baetge, J./Fischer, T. R.,* Aussagefähigkeit, S. 175–201; *Baetge, J./Fischer, T. R.,* Externe Erfolgsanalyse, S. 1–21.

17 Vgl. insbesondere *Borchert, D.,* in: HdR Ia, 4. Aufl., § 275 HGB, sowie *Adler, H./Düring, W./Schmaltz, K.,* 6. Aufl., § 275 HGB.

Zulassung des Umsatzkostenverfahrens könnte es mittelfristig auch zu weiteren (vereinheitlichenden) Regelungen i. S. v. mehr Objektivität, Willkürfreiheit und Vergleichbarkeit kommen"[18].

Wegen dieser in der Literatur auch zwölf Jahre nach Veröffentlichung der ersten Gewinn- und Verlustrechnung nach dem Umsatzkostenverfahren[19] noch kontrovers diskutierten Fragen erscheint es zweckmäßig, die Probleme des Umsatzkostenverfahrens in diesem Beitrag erneut aufzugreifen. Einerseits wird untersucht, ob es mittlerweile gelungen ist, die von *Borchert* prognostizierten vereinheitlichenden Regelungen zu entwickeln (Abschnitt 2). Andererseits soll geprüft werden, wie die praktische Umsetzung des Umsatzkostenverfahrens durch die neun im DAX enthaltenen Unternehmen, welche ihre Konzern-Gewinn- und Verlustrechnung nach dem Umsatzkostenverfahren aufstellen, zu beurteilen ist (Abschnitt 3). Besondere Probleme der Ergebnisstrukturanalyse werden anschließend (Abschnitt 4) erörtert. Ein Fazit der Untersuchung beschließt den Aufsatz (Abschnitt 5).

2 Einfluß der Bewertung selbsterstellter Leistungen auf die externe Analyse von Umsatzkosten-Gewinn- und Verlustrechnungen

21 Zusammenhang zwischen dem Umfang der Herstellungskosten für die Bewertung selbsterstellter Leistungen und dem Erfolgsausweis

Über die Definitionsgrundsätze des Jahreserfolges, namentlich das Realisationsprinzip und die Grundsätze der Abgrenzung der Sache und der Zeit nach, wird bestimmt, wann Ein- und Auszahlungen erfolgswirksam in der Gewinn- und Verlustrechnung zu erfassen sind[20]. Grundsätzlich sind Beschaffungs- und Herstellungsvorgänge erfolgsneutral zu erfassen und Vermögensgegenstände so lange mit ihren Anschaffungs- bzw. Herstellungskosten anzusetzen, bis sie den Sprung zum Absatzmarkt geschafft haben[21].

---

18 *Borchert, D.*, in: HdR Ia, 4. Aufl., § 275 HGB, Rn. 24.
19 Vgl. *Schering*, Geschäftsbericht 1985.
20 Vgl. *Baetge, J.*, Bilanzen, S. 86–88.
21 Vgl. *Baetge, J.*, Bilanzen, S. 185.

Weichen produzierte und abgesetzte Leistungen[22] eines Geschäftsjahres nach Menge bzw. Wert voneinander ab, so sind die Umsatzerlöse mit den in der Periode angefallenen „Produktionsaufwendungen" nicht vergleichbar; bei Lagerzugängen sind die „Periodenaufwendungen" um die aktivierten Beträge zu hoch, bei Lagerabgängen um die in Vorperioden aktivierten Beträge zu niedrig. Für die Ermittlung des Jahresergebnisses sind die Größen einander anzupassen.

Die Berücksichtigung von Lagerveränderungen erfolgt im Gesamtkostenverfahren und im Umsatzkostenverfahren auf unterschiedliche Weise[23]. Das Gesamtkostenverfahren weist die in der Periode angefallenen „Aufwendungen" für die im Geschäftsjahr produzierten Leistungen aus und gleicht Lagerveränderungen durch die Posten „Bestandsveränderungen" (§ 275 Abs. 2 Nr. 2) und „andere aktivierte Eigenleistungen" (§ 275 Abs. 2 Nr. 3) aus. Beim Umsatzkostenverfahren werden hingegen den Umsatzerlösen die ihnen zugerechneten Aufwendungen gegenübergestellt. „Aufwendungen" für auf Lager produzierte Leistungen erscheinen nicht in der Gewinn- und Verlustrechnung, sondern gehen unmittelbar in die entsprechenden Bilanzposten ein. Festzuhalten bleibt, daß bei beiden Verfahren der Gewinn- und Verlustrechnung das ausgewiesene Jahresergebnis gleichermaßen vom Umfang der bei Lagerzugängen zu aktivierenden Beträge beeinflußt wird, wenn auch die Darstellung auf unterschiedliche Weise erfolgt.

Der Umfang der in die Bewertung selbsterstellter Leistungen einzubeziehenden Beträge wird über die Herstellungskostendefinition in § 255 Abs. 2 und 3 geregelt[24]:

(1) Einbeziehungspflichtig sind die Einzelkosten, d. h. die Materialeinzelkosten, die Fertigungseinzelkosten sowie die Sondereinzelkosten der Fertigung (§ 255 Abs. 2 Satz 2).

(2) Zusätzlich dürfen angemessene Teile der Materialgemeinkosten, der Fertigungsgemeinkosten und der planmäßigen Abschreibungen auf das Sachanlagevermögen, soweit durch die Fertigung veranlaßt, eingerechnet werden (§ 255 Abs. 2 Satz 3).

---

22 Der Begriff „Leistungen" umfaßt hier und im folgenden sowohl materielle als auch immaterielle Vermögensgegenstände.
23 Vgl. *Baetge, J./Fischer, T. R.,* Aussagefähigkeit, S. 179.
24 Vgl. *Baetge, J.,* Bilanzen, S. 220–223.

(3) Weitere Einbeziehungswahlrechte bestehen für die Kosten der allgemeinen Verwaltung sowie für Aufwendungen für soziale Einrichtungen des Betriebes, für freiwillige soziale Leistungen und für die betriebliche Altersversorgung (§ 255 Abs. 2 Satz 4).

(4) Gemäß § 255 Abs. 3 dürfen zusätzlich Fremdkapitalzinsen einbezogen werden, soweit sie auf den Zeitraum der Herstellung entfallen.

Neben den handelsrechtlichen Bewertungswahlrechten sind aufgrund der international unbekannten umgekehrten Maßgeblichkeit[25] auch die steuerrechtlichen Vorschriften für die Ermittlung der Herstellungskosten zu berücksichtigen. Gemäß R 33 EStR sind im Gegensatz zur handelsrechtlichen Regelung die Fertigungs- und Materialgemeinkosten sowie die Abschreibungen einbeziehungspflichtig.

Durch das Wahlrecht zur Abgrenzung der zu aktivierenden Herstellungskosten-Bestandteile ergeben sich insbesondere bei hohen Gemeinkostenanteilen erhebliche Auswirkungen auf die Darstellung der Ertragslage in der Gewinn- und Verlustrechnung. Werden lediglich die Einzelkosten aktiviert, wird das Jahresergebnis bei Lagerzugängen zusätzlich um die nicht aktivierten Gemeinkosten gemindert, während es bei Lagerabgängen zu hoch ausgewiesen wird[26]. Dieses schränkt zum einen die Vergleichbarkeit zwischen verschiedenen Unternehmen, gleichzeitig aber auch desselben Unternehmens im Zeitablauf ein. Aus Sicht des externen Analysten ist vor dem Hintergrund der Jahresabschlußzwecke Kapitalerhaltung und Rechenschaft daher eine Vollkostenbewertung vorzuziehen[27]. Dieses gilt ebenso im Hinblick auf die internationale Vergleichbarkeit, da nach US-GAAP und IAS lediglich eine Vollkostenbewertung ohne die Aktivierung allgemeiner Verwaltungskosten vorgesehen ist[28]; ein Verzicht auf die Aktivierung von Gemeinkosten der Produktion ist nach beiden Regelungswerken nicht zulässig.

---

25 Zum Zusammenhang zwischen handelsrechtlicher und steuerrechtlicher Gewinnermittlung in den USA vgl. z. B. *Schreiber, U.*, Bedeutung, S. 47–92.
26 Vgl. *Baetge, J.*, Vollaufwand versus Teilaufwand, S. 74–78.
27 Vgl. *Baetge, J.*, Vollaufwand versus Teilaufwand, S. 78; *Borchert, D.*, in: HdR Ia, 4. Aufl., § 275 HGB, Rn. 128; *Selchert, F. W.*, Herstellungskosten, S. 2399.
28 Vgl. *FASB*, ARB 43, Chapter 4, Statement 3; *IASC*, IAS 2, Par. 10.

Die aus dem Bewertungswahlrecht des § 255 Abs. 2 und 3 resultierende Beeinträchtigung der Vergleichbarkeit von Gewinn- und Verlustrechnungen ist kein spezielles Problem des Umsatzkostenverfahrens, sondern gilt im Prinzip auch für das Gesamtkostenverfahren[29]. Beim Gesamtkostenverfahren werden indes die Bestandsveränderungen gesondert ausgewiesen, wodurch sich im Zusammenhang mit den Erläuterungspflichten gemäß § 284 Abs. 2 Nr. 1 für den externen Jahresabschlußleser zumindest Hinweise auf die Ursachen stark schwankender Erfolge ergeben. Dem externen Analysten ist es allerdings auch beim Gesamtkostenverfahren nicht möglich, diesen Einfluß zu korrigieren.

Beim Umsatzkostenverfahren sind hingegen die Bestandsveränderungen und die anderen aktivierten Eigenleistungen extern nicht erkennbar. Lediglich bei Unternehmen, die ihre Gewinn- und Verlustrechnung nach dem Gesamtkostenverfahren aufstellen, lassen sich Hinweise auf die Bedeutung dieser Posten ableiten:

Unternehmen	Bestandsveränderungen in % vom Umsatz	andere aktivierte Eigenleistungen in % vom Umsatz	Summe
BMW	2,37	0,21	2,58
Degussa	0,17	0,57	0,74
Karstadt	–	–	–
Linde	0,69	1,09	1,78
Lufthansa	– 0,12	0,05	– 0,07
MAN	2,36	0,27	2,63
Mannesmann	2,04	0,55	2,59
Preussag	2,89	0,39	3,28
RWE	0,90	1,05	1,95
SAP	0,02	–	0,02
Telekom	0,06	4,95	5,01
Thyssen	0,63	0,44	1,07
VIAG	0,42	0,45	0,87

Tab. 1: *Bedeutung von Bestandsveränderungen und anderen aktivierten Eigenleistungen bei Gesamtkosten-Gewinn- und Verlustrechnungen im Geschäftsjahr 1994/95*

---

29 Vgl. *Borchert, D.*, in: HdR Ia, 4. Aufl., § 275 HGB, Rn. 128.

Die Untersuchung der Jahresabschlüsse der im DAX vertretenen Industrie- und Handelsunternehmen, die ihre Gewinn- und Verlustrechnung nach dem Gesamtkostenverfahren aufstellen, ergibt, daß keine allgemeingültige Aussage über die Bedeutung dieser Posten möglich ist. Lediglich bei Handelsunternehmen dürften Bestandsveränderungen und aktivierte Eigenleistungen regelmäßig eine untergeordnete Bedeutung haben[30].

Auch der in der Literatur vorgeschlagene Vergleich des Bilanzansatzes fertiger und unfertiger Erzeugnisse mit den Vorjahreszahlen[31] kann nicht herangezogen werden, da die Veränderungen der Bilanzposten ,,Unfertige Erzeugnisse, unfertige Leistungen" (§ 266 Abs. 2 B. I. Nr. 2) sowie ,,Fertige Erzeugnisse und Waren" (§ 266 Abs. 2 B. I. Nr. 3) nur zum Teil über die in der Gewinn- und Verlustrechnung zu erfassenden ,,Bestandsveränderungen an fertigen und unfertigen Erzeugnissen erklärt werden (§ 275 Abs. 2 Nr. 2):

- Die fertigen Erzeugnisse werden gemeinsam mit Waren in einem Posten (§ 266 Abs. 2 B. I. Nr. 3) ausgewiesen. Ein Vergleich der Bilanzposten würde nur dann die Bestandsveränderung an fertigen und unfertigen Erzeugnissen näherungsweise widerspiegeln, wenn die Warenbestände lediglich unbedeutenden Veränderungen unterlägen, was indes extern nicht erkennbar ist[32].

- Der Gliederungsposten der Gewinn- und Verlustrechnung ,,Bestandsveränderung an fertigen und unfertigen Erzeugnissen" (§ 275 Abs. 2 Nr. 2) kann neben den unter den Posten ,,Unfertige Erzeugnisse, unfertige Leistungen" und ,,Fertige Erzeugnisse und Waren" zu erfassenden Bestandsveränderungen auch Bestandsveränderungen an selbsterstellten Roh-, Hilfs- und Betriebsstoffen enthalten[33]; eine Trennung des Bilanzpostens ,,Roh-, Hilfs- und Betriebsstoffe" (§ 266 Abs. 2 B. I. Nr. 1) in selbsterstellte und bezogene Mengen ist extern indes nicht möglich.

---

30 Vgl. indes *Borchert, D.*, in: HdR Ia, 4. Aufl., § 275 HGB, Rn. 26, der die Posten ,,Bestandsveränderungen" und ,,andere aktivierte Eigenleistungen" als unbedeutend bezeichnet.
31 Vgl. *Adler, H./Düring, W./Schmaltz, K.*, 6. Aufl., § 275 HGB, Tz. 21; *Borchert, D.*, in: HdR Ia, 4. Aufl., § 275 HGB, Rn. 20.
32 Vgl. *Rogler, S.*, Gewinn- und Verlustrechnung, S. 233.
33 Vgl. *Baetge, J.*, Bilanzen, S. 556; *Förschle, G.*, in: BeckBil-Komm., 3. Aufl., § 275 HGB, Rn. 78.

- Über das Übliche hinausgehende Abschreibungen auf Vermögensgegenstände des Umlaufvermögens sind in der Gewinn- und Verlustrechnung nach dem Gesamtkostenverfahren nicht unter den „Bestandsveränderungen an fertigen und unfertigen Erzeugnissen" (§ 275 Abs. 2 Nr. 2) zu erfassen, sondern unter einem gesonderten Gliederungsposten „Abschreibungen auf Vermögensgegenstände des Umlaufvermögens, soweit diese die in der Kapitalgesellschaft üblichen Abschreibungen überschreiten" (§ 275 Abs. 2 Nr. 7b)[34]. Die Gewinn- und Verlustrechnung nach dem Umsatzkostenverfahren kennt diesen Posten indes nicht; aufgrund der fehlenden Verpflichtung zu entsprechenden Anhangangaben sind die über das Übliche hinausgehenden Abschreibungen auf Vermögensgegenstände des Umlaufvermögens extern nicht zu ermitteln.

Aufgrund dieser Unterschiede dürften die in der Gewinn- und Verlustrechnung auszuweisenden „Bestandsveränderungen an fertigen und unfertigen Erzeugnissen" allenfalls zufällig mit der Veränderung der Bilanzposten „Unfertige Erzeugnisse, unfertige Leistungen" sowie „Fertige Erzeugnisse und Waren" übereinstimmen. Die Untersuchung der Konzernabschlüsse mit einer Gewinn- und Verlustrechnung nach dem Gesamtkostenverfahren bestätigt diese Vermutung:

---

34 Vgl. *Förschle, G.*, in: BeckBil-Komm., 3. Aufl., § 275 HGB, Rn. 77.

Unternehmen	Veränderung des Bilanzpostens „Fertige Erzeugnisse und Waren" (§ 266 Abs. 2 Nr. B.I.3.) (Mio. DM)	Veränderung des Bilanzpostens „Unfertige Erzeugnisse, unfertige Leistungen" (§ 266 Abs. 2 Nr. B.I.2.) (Mio. DM)	Summe der Veränderungen der Bilanzposten (Mio. DM)	„Bestandsveränderung fertige und unfertige Erzeugnisse" (§ 275 Abs. 2 Nr. 2) (Mio. DM)
BMW	+ 303	– 16	+ 287	+ 1092
Degussa		+ 82¹	–	+ 23
Karstadt	– 78	–	– 78	–
Linde	+ 91	– 22	+ 69	+ 57
Lufthansa	– 8	– 23	– 31	– 23
MAN	+ 114	+ 243	+ 357	+ 439
Mannesmann	+ 26	+ 520	+ 546	+ 654
Preussag	+ 103	+ 820	+ 923	+ 762
RWE	+ 41	+ 427	+ 468	+ 474
SAP		+ 0,6²	–	+ 0,6
Telekom	– 22	+ 45	+ 23	+ 45
Thyssen		+ 790¹	–	+ 247
VIAG		+ 896¹	–	+ 174

1 Es wird lediglich ein zusammengefaßter Posten „Vorräte" ausgewiesen, der auch im Anhang nicht weiter in „Roh-, Hilfs- und Betriebsstoffe", „Unfertige Erzeugnisse, unfertige Leistungen" sowie „Fertige Erzeugnisse und Waren" aufgegliedert wird.
2 Es wird ein zusammengefaßter Posten „Vorräte" ausgewiesen, der laut Anhang im wesentlichen Büromaterialien und Dokumentationen sowie Anzahlungen umfaßt[35].

Tab. 2: *Vergleich der „Bestandsveränderungen an fertigen und unfertigen Erzeugnissen" mit den Veränderungen der Bilanzposten „Unfertige Erzeugnisse, unfertige Leistungen" sowie „Fertige Erzeugnisse und Waren"*

In den von uns untersuchten Jahresabschlüssen mit Gesamtkosten-Gewinn- und Verlustrechnung macht die „Bestandsveränderung an fertigen und unfertigen Erzeugnissen" teilweise das Vierfache der Veränderung der Bilanzposten „Unfertige Erzeugnisse, unfertige Leistungen" sowie „Fertige Erzeugnisse und Waren" aus. Die Ermittlung des Saldos dieser Bilanzposten wird darüber hinaus dadurch erschwert, daß teilweise lediglich ein ungegliedertes Vorratsvermögen ausgewiesen wird[36].

---

35 Vgl. *SAP*, Geschäftsbericht 1995, S. 84.
36 Vgl. *Degussa*, Geschäftsbericht 1994/95, S. 40; *SAP*, Geschäftsbericht 1995, S. 68; *Thyssen*, Geschäftsbericht 1994/95, S. 42; *VIAG*, Geschäftsbericht 1995; S. 62.

Festzustellen bleibt, daß bei Gewinn- und Verlustrechnungen nach dem Umsatzkostenverfahren eine externe Ermittlung der Bestandsveränderungen an fertigen und unfertigen Erzeugnissen nicht möglich ist. Damit fehlen der Gewinn- und Verlustrechnung nach dem Umsatzkostenverfahren für den externen Analysten wesentliche Informationen: die Ermittlung der Gesamtleistung ist extern nicht möglich und Aufwandsstrukturkennzahlen, die z. B. den Materialaufwand auf die Umsatzerlöse beziehen, beinhalten einen systematischen Fehler, solange Bestandsveränderungen an fertigen und unfertigen Erzeugnissen vorliegen[37].

22 Identische Herstellungskosten in der Bilanz und in der Gewinn- und Verlustrechnung

Für die Umsatzkosten-Gewinn- und Verlustrechnungen ergeben sich aus dem Herstellungskostenansatz in der Bilanz zusätzliche Probleme für die gesetzlich nicht geregelte Abgrenzung der ,,Herstellungskosten der zur Erzielung der Umsatzerlöse erbrachten Leistungen" (§ 275 Abs. 3 Nr. 2), im folgenden kurz als ,,Herstellungskosten des Umsatzes" bezeichnet. Die Abgrenzung dieses Postens wirkt sich unmittelbar auf die Höhe des im Umsatzkostenverfahren gesondert auszuweisenden Zwischenergebnisses ,,Bruttoergebnis vom Umsatz" (§ 275 Abs. 3 Nr. 3) aus und damit auf externe Analysen, die auf dieser Größe aufbauen[38].

In Teilen der Literatur wird die Ansicht vertreten, der Umfang der in der Bilanz aktivierten Herstellungskosten-Bestandteile determiniere gleichzeitig den Umfang des Postens 2 ,,Herstellungskosten des Umsatzes" in der Gewinn- und Verlustrechnung[39]. Dem hierbei zur Begründung herangezogenen Argument der Namensgleichheit[40] kann

---

37 Vgl. *Baetge, J./Fischer, T. R.*, Externe Erfolgsanalyse, S. 13.
38 Vgl. *Coenenberg, A. G.*, Jahresabschluß und Jahresabschlußanalyse, S. 608 f.; *Küting, K./Weber, C.-P.*, Die Bilanzanalyse, S. 271; *Rogler, S.*, Gewinn- und Verlustrechnung, S. 164–167.
39 Vgl. *Coenenberg, A. G.*, Gliederungs-, Bilanzierungs- und Bewertungsentscheidungen, S. 1584; *Emmerich, G.*, Fragen der Gestaltung, S. 705; *Selchert, F. W.*, Herstellungskosten, S. 2398–2400.
40 Vgl. *Selchert, F. W.*, Herstellungskosten, S. 2398.

jedoch nicht gefolgt werden. So verwendet der Gesetzgeber auch bei anderen Sachverhalten gleiche Begriffe für unterschiedliche Inhalte[41]. Die Verwendung des gleichen Begriffs „Herstellungskosten" ist darüber hinaus auf eine terminologische Nachlässigkeit des deutschen Gesetzgebers zurückzuführen, da der englische und französische Text der 4. EG-Richtlinie unterschiedliche Begriffe für den Zweck der Bestandsbewertung (production cost bzw. coûts de revient) und für den Gliederungsposten in der Gewinn- und Verlustrechnung (cost of sales bzw. coûts de production) vorsehen[42]. Auch die Argumente der Einheitlichkeit der Bewertung[43] und der Einheitlichkeit des Jahresabschlusses[44] sind nicht geeignet, einen identischen Herstellungskostenbegriff in der Bilanz und in der Gewinn- und Verlustrechnung zu begründen. Die Festlegung des Herstellungskostenbegriffs in der Gewinn- und Verlustrechnung ist kein Bewertungs-, sondern ein Ausweisproblem[45]; sie hat sich allein an der Aufgabe der Gewinn- und Verlustrechnung zu orientieren, ein vergleichbares und aussagekräftiges Bild der Ertragslage zu vermitteln[46].

Zieht man dennoch den Umfang der für die Bestandsbewertung aktivierten Herstellungskosten als Abgrenzungsmaßstab für die „Herstellungskosten des Umsatzes" heran, so setzt sich dieser Posten wie folgt zusammen[47]:

– bei innerhalb einer Periode erzeugten und abgesetzten Leistungen: die nach denselben Grundsätzen wie für die Bilanzierung ermittelten Herstellungskosten dieser Leistungen,

---

41 So z. B. bei den Posten „Sonstige betriebliche Aufwendungen" des Gesamtkostenverfahrens und des Umsatzkostenverfahrens; vgl. *Baetge, J.*, Bilanzen, S. 592.
42 Vgl. *Chmielewicz, K.*, Umsatzkostenverfahren, S. 168.
43 Vgl. *Förschle, G.*, in: BeckBil-Komm., 3. Aufl., § 275 HGB, Rn. 269, der diesen Zusammenhang jedoch nur bei enger Auslegung sieht; *Selchert, F. W.*, Herstellungskosten, S. 2398.
44 Vgl. *Selchert, F. W.*, Herstellungskosten, S. 2397.
45 Vgl. *Förschle, G.*, in: BeckBil-Komm., 3. Aufl., § 275 HGB, Rn. 270; *Gatzen, M.*, Gewinn- und Verlustrechnung, S. 466; *Reige, J.*, Herstellungskostenbegriff, S. 500; *Rogler, S.*, Gewinn- und Verlustrechnung, S. 48.
46 Vgl. auch *Baetge, J.*, Bilanzen, S. 592; *Emmerich, G.*, Fragen der Gestaltung, S. 705.
47 Vgl. *Förschle, G.*, in: BeckBil-Komm., 3. Aufl., § 275 HGB, Rn. 269.

– bei Bestandsminderungen von in Vorjahren produzierten Leistungen: die (bisher) aktivierten Herstellungskosten, ggf. zuzüglich im Geschäftsjahr angefallener Herstellungskosten.

Bei einer Bewertung von Beständen zu Teilherstellungskosten wird für sämtliche in der Periode hergestellte Leistungen, d. h. sowohl für abgesetzte Leistungen als auch für Lagerzugänge, der Unterschiedsbetrag zu den vollen Herstellungskosten in den Posten „Allgemeine Verwaltungskosten", „Zinsaufwand" und „Sonstige betriebliche Aufwendungen" ausgewiesen.

Der Posten „Herstellungskosten des Umsatzes" setzt sich bei dieser Abgrenzung unabhängig von Bestandsveränderungen immer aus den gleichen Kostenbestandteilen zusammen. Hierdurch wird eine uneingeschränkte Vergleichbarkeit des Postens „Bruttoergebnis vom Umsatz" im Zeitablauf erreicht[48]. Gleichzeitig ist das „Bruttoergebnis vom Umsatz" jedoch von Unternehmen zu Unternehmen unterschiedlich zu interpretieren, je nachdem, welche Herstellungskostenabgrenzung für Zwecke der Bilanzierung gewählt wurde.

Darüber hinaus führt diese Herstellungskostenabgrenzung bei einem Ansatz der handelsrechtlichen Wertuntergrenze in der Bilanz dazu, daß sämtliche Gemeinkosten sowohl der in der Periode hergestellten und abgesetzten Leistungen als auch der Lagerzugänge unter dem Posten „Sonstige betriebliche Aufwendungen" (§ 275 Abs. 3 Nr. 7) ausgewiesen werden. Die damit einhergehende Aufblähung des Postens 7 beeinträchtigt vor allem bei hohen Gemeinkostenanteilen die Aussagefähigkeit der Gewinn- und Verlustrechnung[49]; sie widerspricht zudem dem funktionsorientierten Gliederungskonzept des Umsatzkostenverfahrens[50].

Werden hingegen die Herstellungskosten in der Bilanz zu Vollkosten im Sinne der handelsrechtlichen Herstellungskostenobergrenze, d. h. unter Einbeziehung von allgemeinen Verwaltungskosten, sonstigen Steuern und Fremdkapitalzinsen, abgegrenzt, so führt eine identische Herstellungskostenabgrenzung dazu, daß dem Herstellungsbereich

---

48 Vgl. *Baetge, J.,* Bilanzen, S. 597; *Reige, J.,* Herstellungskostenbegriff, S. 501; *Selchert, F. W.,* Herstellungskosten, S. 2399 f.
49 Vgl. *Adler, H./Düring, W./Schmaltz, K.,* 6. Aufl., § 275 HGB, Tz. 21; *Baetge, J.,* Bilanzen, S. 597; *Rogler, S.,* Gewinn- und Verlustrechnung, S. 50.
50 Vgl. *Gatzen, M.,* Gewinn- und Verlustrechnung, S. 467.

Aufwendungen zugeordnet werden, für die das Gliederungsschema eigene Posten vorsieht[51].

Bei einer bilanziellen Herstellungskostenabgrenzung im Sinne der steuerrechtlichen Wertuntergrenze werden unter den Posten „Allgemeine Verwaltungskosten" (§ 275 Abs. 3 Nr. 4), „Zinsaufwendungen" (§ 275 Abs. 3 Nr. 12) und „Sonstige Steuern" (§ 275 Abs. 3 Nr. 18) die gesamten Periodenaufwendungen ausgewiesen, so daß hier die Vergleichbarkeit zum Gesamtkostenverfahren nicht eingeschränkt ist. Gleichzeitig verbleiben lediglich geringe Gemeinkostenbestandteile, die nicht dem Herstellungsbereich, sondern den „Sonstigen betrieblichen Aufwendungen" zugeordnet werden. Hierzu zählen vor allem nicht aktivierungsfähige Forschungs- und Entwicklungsaufwendungen, soweit sie nicht in einem gesonderten Posten ausgewiesen werden, und nicht aktivierungsfähige Gemeinkosten, die aus einer Unterbeschäftigung resultieren[52].

Insgesamt bleibt festzuhalten, daß eine identische Herstellungskostenabgrenzung in Bilanz und Gewinn- und Verlustrechnung aus Sicht der zeitlichen Vergleichbarkeit zu begrüßen ist; wegen des unternehmensindividuell auszuübenden Wahlrechts zur Bewertung selbsterstellter Leistungen ist sie jedoch im Hinblick auf die zwischenbetriebliche Vergleichbarkeit und die Aussagefähigkeit der Gewinn- und Verlustrechnung abzulehnen.

23 Von den bilanziellen Herstellungskosten abweichende Herstellungskosten in der Gewinn- und Verlustrechnung

231. Vorbemerkung

Ausgehend von der grundsätzlich unterschiedlichen Bedeutung der Herstellungskostenabgrenzung in Bilanz und Gewinn- und Verlustrechnung wird zunehmend eine von der Ausübung des Bewertungswahlrechtes in der Bilanz unabhängige Herstellungskostendefinition für die Gewinn- und Verlustrechnung gefordert[53]. Die Definition ei-

---

51 Vgl. *Chmielewicz, K.*, Umsatzkostenverfahren, S. 168; *Gatzen, M.*, Gewinn- und Verlustrechnung, S. 466; *Reige, J.*, Herstellungskostenbegriff, S. 503.
52 Vgl. *Reige, J.*, Herstellungskostenbegriff, S. 502.
53 Vgl. *Adler, H./Düring, W./Schmaltz, K.*, 6. Aufl., § 275 HGB, Tz. 220; *Baetge, J.*, Bilanzen, S. 592; *Borchert, D.*, in: HdR Ia, 4. Aufl., § 275 HGB,

nes allgemein anerkannten, von Bewertungswahlrechten losgelösten Herstellungskostenbegriffs könnte sich allein an den Zwecken der Gewinn- und Verlustrechnung orientieren und die zwischenbetriebliche Vergleichbarkeit erhöhen[54]. Grundsätzlich zu unterscheiden sind hierbei der von der Ausübung des Bilanzierungswahlrechts losgelöste Teilkostenausweis und der Vollkostenausweis unter den „Herstellungskosten des Umsatzes".

232. Herstellungskosten i. S. von Teilkosten in der Gewinn- und Verlustrechnung

Teilweise wird unter dem Hinweis auf die Eignung der Teilkostenrechnung für Planungs- und Kontrollzwecke im internen Rechnungswesen diskutiert, auch in der Gewinn- und Verlustrechnung lediglich Teilkosten als „Herstellungskosten des Umsatzes" auszuweisen[55]. Demnach wären unabhängig von der Abgrenzung der Herstellungskosten für den Bilanzansatz die fixen Kostenbestandteile grundsätzlich unter dem Posten „Sonstige betriebliche Aufwendungen" (§ 275 Abs. 3 Nr. 7) auszuweisen[56].

Für eine solche Herstellungskostendefinition wird angeführt, das „Bruttoergebnis vom Umsatz" liefere, wenn unter den „Herstellungskosten des Umsatzes" lediglich die direkt zurechenbaren Aufwendungen ausgewiesen würden, deckungsbeitragsähnliche Informationen und ermögliche so einen Einblick in die Kalkulationsstruktur des Unternehmens[57]. Durch die Ausgliederung der gesamten fixen Kostenbestandteile des Unternehmens in den Posten „Sonstige betriebliche Aufwendungen" ließen sich bei entsprechender Erläuterung Aussagen über wachsende oder sinkende Fixkostenblöcke treffen[58].

    Rn. 133; *Gatzen, M.*, Gewinn- und Verlustrechnung, S. 466; *Förschle, G.*, in: BeckBil-Komm., 3. Aufl., § 275 HGB, Rn. 270; *Rogler, S.*, Gewinn- und Verlustrechnung, S. 53.

54 Vgl. *Baetge, J./Fischer, T. R.*, Externe Erfolgsanalyse, S. 18; *Gatzen, M.*, Gewinn- und Verlustrechnung, S. 466; *Reige, J.*, Herstellungskostenbegriff, S. 500.

55 Vgl. *Harrmann, A.*, Gesamt- und Umsatzkostenverfahren, S. 1817.

56 Vgl. *Reige, J.*, Herstellungskostenbegriff, S. 503.

57 Vgl. *Coenenberg, A. G.*, Jahresabschluß und Jahresabschlußanalyse, S. 610; *Harrmann, A.*, Gesamt- und Umsatzkostenverfahren, S. 1817.

58 Vgl. *Mayer, A.*, Auswirkungen, S. 244; *Reige, J.*, Herstellungskostenbegriff, S. 504.

Gegen den Teilkostenausweis sind indes die Bedenken zu nennen, die auch bei einer identischen Herstellungskostenabgrenzung gegen die Aufblähung des Postens „Sonstige betriebliche Aufwendungen" sprechen[59]. Die hierin enthaltenen Aufwendungen sind nur z. T. erläuterungspflichtig, so daß die Aussagefähigkeit der Gewinn- und Verlustrechnung insgesamt leidet[60]. Darüber hinaus kann sich eine Preisgabe dieser Informationen negativ auf die gesamte Unternehmenslage auswirken, wenn sie z. B. in Preisverhandlungen die Stellung des Unternehmens schwächt[61].

Das Teilkostenkonzept ist daher zum einen wegen der damit verbundenen eingeschränkten Aussagefähigkeit abzulehnen; zum anderen dürfte es auch aus Unternehmenssicht kaum akzeptiert werden.

233. Herstellungskosten i. S. von Vollkosten in der Gewinn- und Verlustrechnung

233.1 Grundlagen

Die Vertreter einer von der Ausübung des Bewertungswahlrechtes losgelösten Abgrenzung der „Herstellungskosten des Umsatzes" zu Vollkosten gründen ihre Auffassung im allgemeinen auf die vom Sonderausschuß Bilanzrichtliniengesetz des IDW (SABI) vertretene Ansicht, die Herstellungskosten in der Gewinn- und Verlustrechnung seien umfassender abzugrenzen als für Zwecke der Bewertung[62]. Demnach seien grundsätzlich alle dem Herstellungsbereich zurechenbaren Aufwendungen unabhängig von ihrer Aktivierbarkeit unter den „Herstellungskosten des Umsatzes" auszuweisen[63].

Die „Herstellungskosten des Umsatzes" umfassen dann[64]:

---

59 Vgl. Gliederungspunkt 22.
60 Vgl. *Baetge, J./Fischer, T. R.*, Aussagefähigkeit, S. 194.
61 Vgl. *Reige, J.*, Herstellungskostenbegriff, S. 504.
62 Vgl. *SABI*, Probleme des Umsatzkostenverfahrens, S. 142.
63 Vgl. *Adler, H./Düring, W./Schmaltz, K.*, 6. Aufl., § 275 HGB, Tz. 220; *Borchert, D.*, in: HdR Ia, 4. Aufl., § 275 HGB, Rn. 126; *Förschle, G.*, in: Beck-Bil-Komm., 3. Aufl., § 275 HGB, Rn. 271; *Gatzen, M.*, Gewinn- und Verlustrechnung, S. 467–470; *Reige, J.*, Herstellungskostenbegriff, S. 504; *Rogler, S.*, Gewinn- und Verlustrechnung, S. 70.
64 Vgl. *Borchert, D.*, in: HdR Ia, 4. Aufl., § 275 HGB, Rn. 127.

– bei in dem Geschäftsjahr hergestellten und abgesetzten Leistungen die vollen Herstellungskosten,

– bei in Vorjahren hergestellten und im Geschäftsjahr abgesetzten Leistungen die Beträge, mit denen sie am Vorjahresende aktiviert waren,

– sämtliche Abschreibungen auf Vorräte des Geschäftsjahres,

– sämtliche nicht aktivierbaren Aufwendungen, die auf den Herstellungsbereich entfallen.

Strittig ist dabei zum einen, ob bei Teilkostenaktivierung in der Bilanz die auf die Bestandserhöhung entfallenden aktivierbaren, aber aufgrund des Wahlrechts gemäß § 255 Abs. 2 und 3 nicht aktivierten Gemeinkostenbestandteile in die „Herstellungskosten des Umsatzes" einzubeziehen[65] oder unter den „Sonstigen betrieblichen Aufwendungen" auszuweisen sind[66]. Die Auswirkungen der Behandlung nicht aktivierter Kostenbestandteile auf die Vergleichbarkeit im Zeitablauf werden im folgenden für die unterschiedlichen Abgrenzungsmöglichkeiten der bilanziellen Herstellungskosten gesondert untersucht.

Darüber hinaus wird diskutiert, ob und wieweit auch Verwaltungskosten, Zinsaufwendungen und sonstige Steuern in die „Herstellungskosten des Umsatzes" einbezogen werden dürfen. Grundsätzlich sollten Verwaltungskosten nur insoweit in die „Herstellungskosten des Umsatzes" einbezogen werden, als es sich um Verwaltungskosten des Herstellungsbereichs und somit um aktivierungsfähige Gemeinkosten gemäß § 255 Abs. 2 Satz 3 handelt. Für allgemeine Verwaltungskosten, die über § 255 Abs. 2 Satz 4 in die bilanziellen Herstellungskosten einbezogen werden dürfen, steht in der Gewinn- und Verlustrechnung ein gesonderter Posten zur Verfügung[67]. Auch für die Zins-

---

65 Vgl. *Adler, H./Düring, W./Schmaltz, K.*, 6. Aufl., § 275 HGB, Tz. 223; *Förschle, G.*, in: BeckBil-Komm., 3. Aufl., § 275 HGB, Rn. 276; *Gatzen, M.*, Gewinn- und Verlustrechnung, S. 469 f.

66 Vgl. *Baetge, J.*, Bilanzen, S. 589–599; *Baetge, J./Fischer, T. R.*, Aussagefähigkeit, S. 190–196; *Baetge, J./Fischer, T. R.*, Externe Erfolgsanalyse, S. 14–17; *Glade, A.*, Umsatzkostenverfahren, S. 29; *Reige, J.*, Herstellungskostenbegriff, S. 501; *Rogler, S.*, Gewinn- und Verlustrechnung, S. 64–67.

67 Vgl. *Adler, H./Düring, W./Schmaltz, K.*, 6. Aufl., § 275 HGB, Tz. 225; *Borchert, D.*, in: HdR Ia, 4. Aufl., § 275 HGB, Rn. 129; *Gatzen, M.*, Gewinn- und Verlustrechnung, S. 467; *Glade, A.*, Umsatzkostenverfahren, S. 27; *Förschle, G.*, in: BeckBil-Komm., 3. Aufl., Rn. 290; a. A. *Chmielewicz, K.*, Umsatz-

aufwendungen und die sonstigen Steuern ist der Ausweis unter den vorgesehenen Posten vorzuziehen, da ohne erläuternde Angaben im Anhang die zwischenbetriebliche Vergleichbarkeit des Ergebnisses der gewöhnlichen Geschäftstätigkeit und insbesondere des Finanzergebnisses verlorengeht[68].

233.2 Vollkosten und Bewertung selbsterstellter Leistungen zur handelsrechtlichen Wertuntergrenze

Werden im Rahmen des Wahlrechts gemäß § 255 Abs. 2 Satz 2 selbsterstellte Leistungen lediglich mit ihren Einzelkosten bewertet, so sind bei Lagerzugängen zusätzlich die auf diese entfallenden Gemeinkosten in der Gewinn- und Verlustrechnung auszuweisen. Lagerabgänge mindern das Jahresergebnis lediglich in Höhe ihrer in Vorjahren aktivierten Einzelkosten. Aufgrund von Bestandsveränderungen ergeben sich dann sowohl beim Gesamtkostenverfahren als auch beim Umsatzkostenverfahren Schwankungen des Erfolgsausweises, die keine Rückschlüsse auf evtl. veränderte Produktionsverhältnisse zulassen[69]. Im Rahmen des Vollkostenausweises in der Gewinn- und Verlustrechnung ist dabei insbesondere die Behandlung nicht aktivierter Gemeinkostenanteile, die auf Lagerzugänge entfallen, von Bedeutung.

Werden die nicht aktivierten Gemeinkosten in die „Herstellungskosten des Umsatzes" einbezogen, so umfassen diese:

– die vollen Herstellungskosten der in der Periode produzierten und abgesetzten Leistungen.

– bei in Vorjahren aktivierten und im Geschäftsjahr abgesetzten Leistungen lediglich die Einzelkosten.

– bei im Geschäftsjahr produzierten und aktivierten Leistungen die auf diese Leistungen entfallenden nicht aktivierten Gemeinkosten.

---

kostenverfahren, S. 68, der Verwaltungskosten grundsätzlich unter dem gesonderten Posten Nr. 5 ausgewiesen wissen will.
68 Vgl. *Baetge, J.*, Bilanzen, S. 589 und S. 602; *Borchert, D.*, in: HdR Ia, 4. Aufl., § 275 HGB, Rn. 116–118; *Chmielewicz, K.*, Umsatzkostenverfahren, S. 173 f.; *Glade, A.*, Umsatzkostenverfahren, S. 26; *Reige, J.*, Herstellungskostenbegriff, S. 505; a. A. *Forschle, G.*, in: BeckBil-Komm., 3. Aufl., § 275 HGB, Rn. 308 f.
69 Vgl. Gliederungspunkt 21.

Vor allem bei hohen Gemeinkostenanteilen unterliegen Kennzahlen, die auf dem „Bruttoergebnis des Umsatzes" aufbauen, bei dieser Ausweisvariante sowohl in Perioden des Lagerzugangs als auch in Perioden des Lagerabbaus erheblichen Schwankungen, auch wenn sich die Produktionsverhältnisse nicht geändert haben[70].

Werden hingegen die auf „Bestandserhöhungen" entfallenden nicht aktivierten Gemeinkosten unter dem Posten „Sonstige betriebliche Aufwendungen" erfaßt, kommt es lediglich in den Perioden des Lagerabbaus zu Beeinträchtigungen der zeitlichen Vergleichbarkeit[71]. Für die Interpretation eines im Zeitablauf schwankenden „Bruttoergebnisses vom Umsatz" ist daher zu fordern, die in Vorjahren nicht aktivierten Gemeinkostenbestandteile, die auf aktuelle Bestandsminderungen entfallen, als Vorspaltenausweis oder im Anhang anzugeben[72].

Gegen diese Argumentation wird angeführt, daß sich die Auswirkungen der nicht aktivierten Gemeinkosten ausgleichen, wenn innerhalb eines Geschäftsjahres sowohl Bestandserhöhungen als auch Bestandsminderungen auftreten[73]. Diese Argumentation ist gleichbedeutend mit der Annahme lediglich unbedeutender Bestandsveränderungen, die sich durch unsere Untersuchung der Gewinn- und Verlustrechnungen nach dem Gesamtkostenverfahren nicht stützen läßt[74].

Als weiteres Argument für den Ausweis nicht aktivierter Gemeinkostenanteile unter den „Herstellungskosten des Umsatzes" wird auf die internationale Vergleichbarkeit abgestellt, da international der Posten „Sonstige betriebliche Aufwendungen" nicht bekannt sei[75]. Zu berücksichtigen ist dabei jedoch, daß international auch das Wahlrecht,

---

70 Vgl. *Baetge, J.*, Bilanzen, S. 595; *Baetge, J./Fischer, T. R.*, Aussagefähigkeit, S. 191; *Rogler, S.*, Gewinn- und Verlustrechnung, S. 42 und S. 78–80.

71 Vgl. *Baetge, J.*, Bilanzen, S. 597 f.; *Baetge, J./Fischer, T. R.*, Aussagefähigkeit, S. 194 f.; *Rogler, S.*, Gewinn- und Verlustrechnung, S. 42 und S. 78.

72 Vgl. *Baetge, J.*, Bilanzen, S. 598; *Baetge, J./Fischer, T. R.*, Aussagefähigkeit, S. 185.

73 Vgl. *Adler, H./Düring, W./Schmaltz, K.*, 6. Aufl., § 275 HGB, Tz. 223; *Borchert, D.*, in: HdR Ia, 4. Aufl., Rn. 127; *Gatzen, M.*, Gewinn- und Verlustrechnung, S. 469.

74 Vgl. Gliederungspunkt 21.

75 Vgl. *Adler, H./Düring, W./Schmaltz, K.*, 6. Aufl., § 275 HGB, Tz. 223; *Borchert, D.*, in: HdR Ia, 4. Aufl., § 275 HGB, Rn. 128; *Gatzen, M.*, Gewinn- und Verlustrechnung, S. 470.

lediglich Einzelkosten zu aktivieren, nicht bekannt ist[76]. Im internationalen Vergleich stellt sich daher das Problem nicht aktivierter Gemeinkosten überhaupt nicht[77]. Gerade vor dem Hintergrund internationaler Vergleichbarkeit sind daher, wenn nicht die Bewertungswahlrechte in der Bilanz eingeschränkt werden sollen, zusätzliche Angaben im Anhang über die Behandlung nicht aktivierter Gemeinkosten zu fordern.

233.3 Vollkosten und Bewertung selbsterstellter Leistungen zur steuerrechtlichen Wertuntergrenze

Werden bei der bilanziellen Herstellungskostenabgrenzung selbsterstellte Leistungen mit der steuerrechtlichen Wertuntergrenze, d. h. unter Einbeziehung angemessener Teile der Material- und Fertigungsgemeinkosten sowie von Abschreibungen des Sachanlagevermögens, soweit den Herstellungsbereich betreffend, angesetzt, so entfällt für die „Herstellungskosten des Umsatzes" das Problem der Behandlung nicht aktivierter Gemeinkosten weitestgehend.

Sowohl im Geschäftsjahr produzierte und abgesetzte als auch Bestandsminderungen von in Vorjahren aktivierten Leistungen gehen mit ihren Einzel- und Gemeinkosten in die „Herstellungskosten des Umsatzes" ein. Da nach der hier vertretenen Auffassung aktivierungsfähige allgemeine Verwaltungskosten, Fremdkapitalzinsen und sonstige Steuern jeweils unter den hierfür vorgesehenen gesonderten Posten auszuweisen sind, verbleiben als weitere Herstellungskostenbestandteile lediglich nicht aktivierungsfähige Gemeinkosten sowie Aufwendungen für soziale Einrichtungen, für freiwillige soziale Leistungen und für die Altersversorgung, soweit sie dem Herstellungsbereich zurechenbar sind.

Unter Bezugnahme auf die Konzeption des Umsatzkostenverfahrens, lediglich die den Erträgen zurechenbaren Aufwendungen auszuweisen, vertritt *Rogler* die Auffassung, daß auch die Posten „Vertriebskosten" und „Allgemeine Verwaltungskosten" umsatzbezogen abzugrenzen seien[78]. Unter diesen Posten würden dann lediglich die Auf-

---

76 Vgl. *Pellens, B.*, Internationale Rechnungslegung, S. 205–208 und S. 436.
77 Vgl. *Rogler, S.*, Gewinn- und Verlustrechnung, S. 51.
78 Vgl. *Rogler, S.*, Gewinn- und Verlustrechnung, S. 81–84 und S. 90–92.

wendungen ausgewiesen, die sich auf die abgesetzte Menge bezögen; die sich auf Bestandserhöhungen beziehenden Aufwendungen würden unter den ,,Sonstigen betrieblichen Aufwendungen" erfaßt. Dieser Vorschlag ermöglichte zwar die Bildung sinnvoller Zwischensummen[79]; gleichzeitig würde jedoch der Posten ,,Sonstige betriebliche Aufwendungen" weiter aufgebläht und wäre ohne entsprechende Erläuterungen im Anhang extern noch weniger interpretierbar. Hierbei wird deutlich, daß die dem Umsatzkostenverfahren zugrundeliegende Konzeption, lediglich die auf die Absatzmenge bezogenen Aufwendungen auszuweisen, und die Aufgabe der Gewinn- und Verlustrechnung, gemäß § 246 Abs. 1 sämtliche Aufwendungen, d. h. auch nicht aktivierte Gemeinkosten, allgemeine Verwaltungskosten und Vertriebskosten, auszuweisen[80], für die Rechnungslegung zusätzliche Probleme mit sich bringt. Im internen Rechnungswesen stellen sich diese Probleme nicht, da hier die Unternehmen frei in der Abgrenzung der verrechneten Kosten und Leistungen sind.

233.4 Vollkosten und Bewertung selbsterstellter Leistungen zur handels- und steuerrechtlichen Wertobergrenze

Werden zusätzlich zu den unter Gliederungspunkt 233.3 genannten Herstellungskostenbestandteilen allgemeine Verwaltungskosten, Fremdkapitalzinsen und sonstige Steuern in die Bewertung selbsterstellter Leistungen einbezogen, so sind bei Bestandserhöhungen die ,,Periodenaufwendungen" um die aktivierten Beträge zu kürzen.

Damit unterschiede sich aber der Inhalt der Posten ,,Zinsaufwendungen" und ,,Sonstige Steuern" vom Inhalt der Posten, der nach dem Gesamtkostenverfahren auszuweisen wäre, und somit auch das Finanzergebnis[81]. Der Vorschlag, die aktivierten Beträge als Korrekturposten unter den ,,Herstellungskosten des Umsatzes" bzw. den ,,Sonstigen betrieblichen Erträgen" zu erfassen[82], ist jedoch abzulehnen, da die hiermit verbundene doppelte Erfassung dieser Beträge in zwei

---

79 Vgl. *Rogler, S.*, Gewinn- und Verlustrechnung, S. 82.
80 Vgl. *Baetge, J.*, Bilanzen, S. 524.
81 Vgl. *Borchert, D.*, in: HdR Ia, 4. Aufl., § 275 HGB, Rn. 116 f.; *Chmielewicz, K.*, Umsatzkostenverfahren, S. 174.
82 Vgl. *Adler, H./Düring, W./Schmaltz, K.*, 6. Aufl., § 275 HGB, Tz. 243; *SABI*, Probleme des Umsatzkostenverfahrens, S. 143.

sachlich nicht zusammengehörenden Posten sowohl gegen den Grundsatz der Klarheit (§ 243 Abs. 2) als auch gegen die Generalnorm des § 264 Abs. 2 Satz 1 verstoßen würde[83]. Vorzuziehen ist hier ein offenes Absetzen der aktivierten Beträge von den jeweiligen Aufwandsposten in der Gewinn- und Verlustrechnung bzw. erläuternde Angaben im Anhang[84].

Bei Bestandsminderungen ergibt sich die Frage, ob die in Vorjahren aktivierten Beträge gesamt in die „Herstellungskosten des Umsatzes" einfließen sollen oder ob sie auf die Funktionsbereiche aufzuteilen sind. Allgemein befürwortet wird eine Aufteilung auf die Aufwandskomponenten mit erläuternden Anhangangaben; bei unwesentlichen Beträgen wird aber auch eine Erfassung unter den „Herstellungskosten des Umsatzes" zugelassen[85].

3 Herstellungskostendefinitionen in der Praxis

31 Vorbemerkung

In Abhängigkeit von der gewählten Herstellungskostenabgrenzung in der Bilanz führen sämtliche Abgrenzungsvorschläge für die „Herstellungskosten des Umsatzes" zu mehr oder minder großen Problemen für die externe Analyse von Umsatzkosten-Gewinn- und Verlustrechnungen. Dieses gilt um so mehr, als es der Literatur bisher nicht gelungen ist, eine allgemein anerkannte Definition der „Herstellungskosten des Umsatzes" zu erreichen. Auch in der Stellungnahme der Chemischen Industrie zur Umsetzung des neuen Bilanzrechts in der Praxis werden grundsätzlich alle bisher erwähnten Abgrenzungsmöglichkeiten für zulässig erachtet[86].

Für die Unternehmen ergeben sich hieraus nicht unerhebliche Gestaltungsspielräume. Im folgenden soll daher untersucht werden, ob sich

---

83 Vgl. *Borchert, D.*, in: HdR Ia, 4. Aufl., § 275 HGB, Rn. 116–118.
84 Vgl. *Borchert, D.*, in: HdR Ia, 4. Aufl., § 275 HGB, Rn. 118.
85 Vgl. *Borchert, D.*, in: HdR Ia, 4. Aufl., § 275 HGB, Rn. 130; *Förschle, G.*, in: BeckBil-Komm., 3. Aufl., § 275 HGB, Rn. 275; *Gatzen, M.*, Gewinn- und Verlustrechnung, S. 468; *Glade, A.*, Umsatzkostenverfahren, S. 29, der dieses jedoch nicht für in Vorjahren aktivierte Zinsen sieht.
86 Vgl. *Verband der Chemischen Industrie e.V.*, Übertragung des neuen Bilanzrechts, S. 61.

anhand der im Geschäftsjahr 1995 von neun im DAX vertretenen Industrieunternehmen vorgelegten Konzern-Gewinn- und Verlustrechnungen nach dem Umsatzkostenverfahren Hinweise darauf ergeben, wie diese Spielräume in der Praxis genutzt werden.

32 Angaben der Unternehmen zum Herstellungskostenumfang für die Zwecke der Bewertung selbsterstellter Leistungen

Aufgrund der Auswirkungen der Herstellungskostenabgrenzung für die Zwecke der Bewertung auf das ausgewiesene Jahresergebnis werden zunächst die Angaben der Gesellschaften über die Nutzung des Bewertungswahlrechtes gemäß § 255 Abs. 2 und 3 überprüft. Gemäß § 284 Abs. 2 Nr. 1 sind Kapitalgesellschaften verpflichtet, im Anhang Angaben über die in der Bilanz und Gewinn- und Verlustrechnung angewandten Bewertungsmethoden zu machen. Alle neun von uns untersuchten Unternehmen machen im Anhang entsprechende Angaben zum Umfang der Herstellungskosten für die Zwecke der Bewertung:

Bewertung selbsterstellter Leistungen	Unternehmen
Fertigungsmaterial, Fertigungslöhne, angemessene Teile der anteiligen Material- und Fertigungsgemeinkosten und Abschreibungen = steuerrechtliche Wertuntergrenze	BASF[1] Daimler-Benz Henkel Hoechst Schering Siemens Veba[2] Volkswagen
zusätzl. anteilige Aufwendungen für betriebliche Altersversorgung und freiwillige soziale Leistungen	Bayer

1 Abschreibungen werden nicht genannt.
2 Im Sachanlagevermögen werden Fremdkapitalzinsen aktiviert.

Tab. 3: *Nutzung des Wahlrechts zur Bewertung selbsterstellter Leistungen durch die im DAX vertretenen Unternehmen mit Umsatzkosten-Gewinn- und Verlustrechnung*

Es kann festgestellt werden, daß sich die meisten Unternehmen an der steuerrechtlichen Wertuntergrenze orientieren. Alle neun Unternehmen geben an, neben den Einzelkosten auch anteilige Gemeinkosten in die Herstellungskosten einzurechnen.

Lediglich ein Unternehmen gibt an, sowohl bei selbsterstellten Anlagen als auch bei Vorräten neben Einzelkosten, angemessenen Teilen der Material- und Fertigungsgemeinkosten und fertigungsbedingten Abschreibungen auch anteilige Aufwendungen für die betriebliche Altersversorgung und für freiwillige soziale Leistungen zu aktivieren[87]. Hiermit wird ein Herstellungskostenumfang gewählt, der zwischen der steuerrechtlichen Wertuntergrenze und der handels- und steuerrechtlichen Wertobergrenze liegt. Zinsen werden lediglich von einem Unternehmen innerhalb des Sachanlagevermögens aktiviert[88].

Ein Unternehmen nennt lediglich anteilige Gemeinkosten des Produktionsbereichs ohne gesonderte Erwähnung der Abschreibungen[89]. Dies kann zum einen auf einen Wert unterhalb der steuerrechtlichen Wertuntergrenze hinweisen, andererseits jedoch auch eine sprachliche Nachlässigkeit sein.

Demnach dürften insgesamt der Umfang nicht aktivierter Gemeinkosten und die sich hieraus ergebenden Probleme für die zeitliche Vergleichbarkeit des Jahresergebnisses gering sein.

33 Angaben der Unternehmen zum Umfang der „Herstellungskosten des Umsatzes" als Gliederungsposten der Gewinn- und Verlustrechnung

Unabhängig von der Ausübung des Wahlrechts zur Bewertung selbsterstellter Leistungen in der Bilanz sind bei Anwendung des Umsatzkostenverfahrens die „Herstellungskosten des Umsatzes" zu definieren. Der Umfang der „Herstellungskosten des Umsatzes" wirkt sich unmittelbar auf die Höhe des im Gliederungsschema vorgesehenen Postens „Bruttoergebnis vom Umsatz" (§ 275 Abs. 3 Nr. 3) und damit auf die Qualität externer Erfolgsanalysen, die diesen Posten betrachten, aus. Aufgrund einer fehlenden gesetzlichen Regelung zum Inhalt der „Herstellungskosten des Umsatzes" ergeben sich für die externe Erfolgsanalyse folgende Fragen:

---

87 Vgl. *Bayer,* Geschäftsbericht 1995, S. 65 und S. 68.
88 Vgl. *Veba,* Geschäftsbericht 1995, S. 81.
89 Vgl. *BASF,* Geschäftsbericht 1995, S. 41 und S. 42.

- Wie ist der Herstellungsbereich im Verhältnis zu den anderen betrieblichen Funktionsbereichen Verwaltung, Vertrieb und evtl. Forschung und Entwicklung[90] abgegrenzt?
- Wie werden bei einer Bewertung zu Teilkosten nicht aktivierte Gemeinkosten, die auf Lagerzugänge entfallen, behandelt?

Diese Fragen lassen sich nur durch Angaben der Unternehmen im Anhang beantworten. Indes machen lediglich vier Unternehmen[91] Anhangangaben zu den unter den einzelnen Funktionsbereichen verrechneten Aufwendungen. Diese Angaben unterscheiden sich zudem in ihrer Aussagekraft. So gibt Bayer lediglich an, unter den Kosten der umgesetzten Leistungen die Herstellungs- bzw. die Anschaffungskosten der verkauften Erzeugnisse und Handelswaren auszuweisen[92]. Offen bleibt bei dieser an Aussagekraft kaum zu unterbietenden Formulierung, ob die Herstellungskosten analog zu den Herstellungskosten in der Bilanz abgegrenzt werden.

Zur Behandlung nicht aktivierter Gemeinkostenbestandteile ist lediglich dem Geschäftsbericht der Schering AG zu entnehmen, daß die „Herstellungskosten des Umsatzes" auch Kosten der nicht genutzten Kapazitäten sowie Aufwendungen für freiwillige soziale Leistungen und für Altersversorgung enthalten[93]. Bei Volkswagen kann allenfalls aus der Angabe, daß die „Herstellungskosten des Umsatzes" unter anderem sämtliche Aufwendungen des Herstellungsbereiches enthalten[94], auf eine Verrechnung nicht aktivierter Gemeinkosten im Herstellungsbereich geschlossen werden.

Acht Unternehmen geben unter Nennung des Gesamtbetrages an, die „Sonstigen Steuern" den Funktionsbereichen zuzuordnen. Die Veba AG, die die Verrechnung nicht explizit nennt, weist in der Gewinn- und Verlustrechnung keine sonstigen Steuern aus, sondern nennt den Gesamtbetrag lediglich im Anhang[95]. Die Verrechnung der „Sonsti-

---

90 In § 275 Abs. 3 ist der Forschungsbereich nicht explizit genannt.
91 Vgl. *Bayer,* Geschäftsbericht 1995, S. 60; *Henkel,* Geschäftsbericht 1995, S. 63; *Schering,* Geschäftsbericht 1995, S. 39 und S. 49; *Volkswagen,* Geschäftsbericht 1995, S. 82.
92 Vgl. *Bayer,* Geschäftsbericht 1995, S. 60.
93 Vgl. *Schering,* Geschäftsbericht 1995, S. 39.
94 Vgl. *Volkswagen,* Geschäftsbericht 1995, S. 82.
95 Vgl. *Veba,* Geschäftsbericht 1995, S. 101.

gen Steuern" im betrieblichen Bereich ist grundsätzlich abzulehnen, da hierdurch die Vergleichbarkeit zum Gesamtkostenverfahren weiter eingeschränkt wird[96]. Durch die Nennung des Gesamtbetrages im Anhang läßt sich jedoch die Auswirkung dieser Vorgehensweise auf das evtl. als Zwischensumme zu bildende Betriebsergebnis extern korrigieren.

Positiv auf die zeitliche und zwischenbetriebliche Vergleichbarkeit dürfte sich indes die verbreitete Praxis auswirken, Forschungs- und Entwicklungskosten gesondert auszuweisen. Lediglich drei Unternehmen verzichten auf den gesonderten Ausweis in der Konzern-Gewinn- und Verlustrechnung, wobei die Daimler-Benz AG jedoch im Einzelabschluß einen gesonderten Ausweis vornimmt[97]; die beiden übrigen Unternehmen verrechnen Forschungs- und Entwicklungsaufwendungen unter den „Sonstigen betrieblichen Aufwendungen"[98] bzw. unter den „Herstellungskosten des Umsatzes"[99].

Festzuhalten ist, daß aufgrund der mangelnden Angaben zur Abgrenzung der Funktionsbereiche die Ergebnisse der einzelnen Unternehmensbereiche schwierig zu interpretieren sind.

4 Beurteilung der im Umsatzkostenverfahren ausgewiesenen Ergebnisstruktur

41 Probleme der externen Analyse der Aufwands- und Ertragsstruktur

Bei der externen Erfolgsanalyse geht es vor allem darum, aus vergangenheitsbezogenen Daten auf die künftige Ertragskraft zu schließen[100]. Dabei kann zum einen versucht werden, durch die Eliminie-

---

96 Vgl. *Baetge, J.*, Bilanzen, S. 602; *Chmielewicz, K.*, Umsatzkostenverfahren, S. 173 f.
97 Vgl. *Daimler-Benz*, Geschäftsbericht 1995, S. 69.
98 Vgl. *Veba*, Geschäftsbericht 1995, S. 98; durch die gesonderte Betragsangabe auch für das Vorjahr ergibt sich hieraus kein Informationsnachteil im Vergleich zum Ausweis eines separaten Gliederungspostens.
99 Vgl. *Volkswagen*, Geschäftsbericht 1995, S. 82; durch die fehlende Betragsangabe ergibt sich bei nicht unwesentlichen Beträgen eine Beeinträchtigung der zwischenbetrieblichen Vergleichbarkeit.
100 Vgl. *Coenenberg, A. G.*, Jahresabschluß und Jahresabschlußanalyse, S. 575.

rung von außerordentlichen Erfolgsbeiträgen ein nachhaltiges Ergebnis zu ermitteln[101]. Das gesetzliche Gliederungsschema sieht sowohl für das Gesamtkostenverfahren als auch für das Umsatzkostenverfahren eine Trennung in ein „Ergebnis aus der gewöhnlichen Geschäftstätigkeit" (§ 275 Abs. 2 Nr. 14; § 275 Abs. 3 Nr. 13) und ein „Außerordentliches Ergebnis" (§ 275 Abs. 2 Nr. 17; § 275 Abs. 3 Nr. 16) vor. Hinsichtlich der Abgrenzung des außerordentlichen Ergebnisses gelten für beide Verfahren die gleichen Kriterien des § 274 Abs. 4[102].

Neben der Erfolgsspaltung kann durch eine vertiefende Analyse der Aufwands- und Ertragsstruktur der Anteil einzelner Teilergebnisse und einzelner Erfolgskomponenten an der Ergebnisentstehung untersucht werden[103]. Durch die grundlegend unterschiedliche Gliederungskonzeption unterscheiden sich Gesamtkosten- und Umsatzkostenverfahren dabei in ihren Aussagen. Die Gliederung des Gesamtkostenverfahrens nach Aufwandsarten informiert darüber, welchen Anteil die einzelnen Produktionsfaktoren mit ihrem Preis- und Mengengerüst an der Entstehung des Unternehmenserfolges haben[104]. Die funktionsorientierte Gliederung des Umsatzkostenverfahrens hingegen stellt auf den Anteil der einzelnen Funktionsbereiche an den Unternehmensaufwendungen ab. Diese Art der Gliederung erlaubt z. B. Aussagen über den relativen Anteil der Verwaltungskosten und entspricht dem Kalkulationsschema der Unternehmen[105]. Diese Informationen werden von Teilen der Literatur grundsätzlich als gleichwertig mit denen des Gesamtkostenverfahrens angesehen[106]. Aus den beim Umsatzkostenverfahren zusätzlich anzugebenden Material- und

---

101 Vgl. *Baetge, J.*, Bilanzen, S. 528–531; *Baetge, J./Bruns, C.*, Erfolgsquellenanalyse, S. 1003; *Coenenberg, A. G.*, Jahresabschluß und Jahresabschlußanalyse, S. 596.
102 Zu einer kritischen Analyse des handelsrechtlichen Erfolgsspaltungskonzeptes vgl. *Baetge, J.*, Bilanzen, S. 580–583; *Baetge, J./Fischer, T. R.*, Aussagefähigkeit, S. 181–187; *Coenenberg, A. G.*, Jahresabschluß und Jahresabschlußanalyse, S. 596; *Lachnit, L.*, Erfolgsspaltung, S. 774 f.
103 Vgl. *Coenenberg, A. G.*, Jahresabschluß und Jahresabschlußanalyse, S. 603.
104 Vgl. *Coenenberg, A. G.*, Jahresabschluß und Jahresabschlußanalyse, S. 605; *Förschle, G.*, in: BeckBil-Komm., 3. Aufl., Rn. 30.
105 Vgl. *Borchert, D.*, in: HdR Ia, 4. Aufl., § 275 HGB, Rn. 18.
106 Vgl. z. B. *Adler, H./Düring, W./Schmaltz, K.*, 6. Aufl., § 275 HGB, Tz. 22; *Borchert, D.*, in: HdR Ia, 4. Aufl., § 275 HGB, Rn. 18; *Förschle, G.*, in: BeckBil-Komm., 3. Aufl., § 275 HGB, Rn. 36; *Niehus, R. J.*, Ergebnisrechnung, S. 660.

Personalaufwendungen wird z. T. sogar ein höherer Informationswert des Umsatzkostenverfahrens gefolgert[107].

Fraglich ist jedoch, welche Gestaltungsspielräume sich für die Unternehmen aus der fehlenden gesetzlichen Abgrenzung der Aufwandskomponenten des Umsatzkostenverfahrens ergeben. Darüber hinaus ist nach dem Informationswert eines ungegliederten Jahresergebnisses zu fragen, da der Gesetzgeber von den Unternehmen lediglich die Aufgliederung der Umsatzerlöse nach Geschäftsbereichen und Regionen verlangt.

42 Spielräume für die Gestaltung der Aufwandsstruktur

Oft wird allein aus der häufigen Verwendung des Umsatzkostenverfahrens in der internen Ergebnisrechnung eine Aussagefähigkeit auch für externe Jahresabschlußadressaten abgeleitet[108]. Dabei ist allerdings zu berücksichtigen, daß die Abgrenzung von internen Funktionsbereichen vor allem die Identifikation von Verantwortungsbereichen bezweckt[109]. Im Rahmen der externen Unternehmensrechnung ist es jedoch denkbar, daß die Unternehmensleitung versucht, den Einblick in die Kalkulationsstruktur zu erschweren. So könnte z. B. unabhängig von der internen Betriebsabrechnung der Ausweis einer niedrigen Verwaltungskostenquote und einer hohen Herstellungskostenquote beabsichtigt werden[110]. Das Umsatzkostenverfahren bietet für eine solche Gestaltung der Aufwandsstruktur grundsätzlich mehr Möglichkeiten als das Gesamtkostenverfahren[111], da die Abgrenzung der Funktionsbereiche im Gegensatz zu den primären Aufwandsarten des Gesamtkostenverfahrens unternehmensindividuell erfolgt.

Eingeschränkt werden die Gestaltungsspielräume zum einen durch das gesetzliche Stetigkeitsgebot, das für aufeinanderfolgende Geschäftsjahre eine vergleichbare Abgrenzung der Funktionsbereiche

---

107 Vgl. *Adler, H./Düring, W./Schmaltz, K.*, 6. Aufl., § 275 HGB, Tz. 34; *Borchert, D.*, in: HdR Ia, 4. Aufl., § 275 HGB, Rn. 18.
108 Vgl. *Borchert, D.*, in: HdR Ia, 4. Aufl., § 275 HGB, Rn. 18; *Niehus, R. J.*, Ergebnisrechnung, S. 663.
109 Vgl. *Ziegler, H.*, Neuorientierung, S. 181.
110 Vgl. *Reige, J.*, Herstellungskostenbegriff, S. 504.
111 Vgl. auch *Dörner, D.*, Umsatzkostenverfahren, S. 231, der das Gesamtkostenverfahren als „wenig auslegungsfreundlich" bezeichnet.

fordert (§ 265 Abs. 1 und 2)[112]. Hiermit wird jedoch nicht der Abgrenzungsfreiraum bei der erstmaligen Anwendung des Umsatzkostenverfahrens eingeschränkt[113].

In Teilen der Literatur wird die Auffassung vertreten, daß sich allein schon durch die Anwendung kostenrechnerischer Grundsätze bei der Abgrenzung der Funktionsbereiche eine Einschränkung der Gestaltungsspielräume für die Unternehmen ergäbe[114]. Die Forderung nach Beachtung kostenrechnerischer Grundsätze besagt indes lediglich, daß sich die Herstellungs-, Verwaltungs- und Vertriebskosten der Gewinn- und Verlustrechnung willkürfrei aus der internen Kostenrechnung ableiten lassen; ein Einfluß des Abschlußprüfers auf die interne Kostenrechnung und -verteilung kann hieraus nicht gefolgert werden[115]. Darüber hinaus ergeben sich auch bei einer ausgebauten Kostenrechnung aufgrund der unterschiedlichen Zielsetzung der internen und externen Unternehmensrechnung Unterschiede in den zu verrechnenden Beträgen[116]. Aufgrund der unterschiedlichen Zielsetzung der Rechenwerke kann bei der Verrechnung dieser Unterschiedsbeträge ein Rückgriff auf die für die Kostenrechnung geltenden Verrechnungsschlüssel nicht gefordert werden[117].

Festzuhalten ist, auch bei Anwendung kostenrechnerischer Grundsätze bleiben Gestaltungsspielräume für die Verteilung der Aufwendungen auf die Funktionsbereiche[118]. Diese liegen auch in der Konzep-

---

112 Vgl. *Adler, H./Düring, W./Schmaltz, K.*, 6. Aufl., § 275 HGB, Tz. 34; *Borchert, D.*, in: HdR Ia, 4. Aufl., § 275 HGB, Rn. 24.
113 Vgl. *Chmielewicz, K.*, Umsatzkostenverfahren, S. 171.
114 Vgl. *Borchert, D.*, in: HdR Ia, 4. Aufl., § 275 HGB, Rn. 24; *SABI*, Probleme des Umsatzkostenverfahrens, S. 142.
115 Vgl. *Chmielewicz, K.*, Umsatzkostenverfahren, S. 171.
116 Diese Unterschiede können aus einem fehlenden Ausgabencharakter der Kosten, aus einem fehlenden zeitlichen Bezug zur Produktion der Periode und einem fehlenden sachlichen Bezug zur Produktion der Periode resultieren; vgl. *Baetge, J./Uhlig, A.*, Ermittlung der handelsrechtlichen „Herstellungskosten", S. 277; *Fischer, J./Ringling, W.*, Grundsätze des Umsatzkostenverfahrens, S. 444; *Vellmann, K.*, Bilanzrichtliniengesetz, S. 107–112.
117 Vgl. *Fischer, J./Ringling, W.*, Grundsätze des Umsatzkostenverfahrens, S. 447; *Vellmann, K.*, Bilanzrichtliniengesetz, S. 113.
118 Vgl. auch *Chmielewicz, K.*, Umsatzkostenverfahren, S. 171; *Gatzen, M.*, Gewinn- und Verlustrechnung, S. 467; *Glade, A.*, Umsatzkostenverfahren, S. 23 f.

tion des Umsatzkostenverfahrens begründet und sind immer unternehmensindividuell auszufüllen.

Aus externer Sicht sind daher Erläuterungen zur Abgrenzung der entsprechenden Posten zu fordern. So weist Schering unter dem Posten „Kosten für Technik und allgemeine Verwaltung" unter anderem auch Kosten der Produktionsleitung und -planung und Funktionen der Technik, wie Energieerzeugung, Werkstätten, Ver- und Entsorgung, aus[119]. Diese Aufwendungen könnten jedoch ebenso in den Herstellungsbereich eingerechnet werden. Hierin zeigt sich die Bedeutung, die diese Informationen für die externe Analyse der Aufwandsstruktur haben, da nur so eine Interpretation des vergleichsweise niedrigen Anteils der Herstellungskosten an der Summe der betrieblichen Aufwendungen von 26 % möglich ist. Die in der Praxis festzustellenden unzureichenden Erläuterungen zur Abgrenzung der Funktionsbereiche erlauben nur selten sinnvolle Interpretationen der ausgewiesenen Aufwandsstruktur. Angesichts dieser Fakten mutet es geradezu wie ein Rätsel an, daß die internationale Vergleichbarkeit von Erfolgsrechnungen durch das Umsatzkostenverfahren verbessert worden sein soll. Die genannten Ermessensspielräume machen bekanntlich vor Ländergrenzen nicht Halt. Infolgedessen wird die Ansicht von *Chmielewicz*, das Umsatzkostenverfahren liefere „diffuse, wenig trennscharfe und zwischenbetrieblich wenig vergleichbare Informationen"[120] leider bestätigt.

43 Ausweis eines ungegliederten Ergebnisses

Ein Vorteil des Umsatzkostenverfahrens in der internen Unternehmensrechnung liegt vor allem in der Möglichkeit, sowohl die Erlöse als auch die Selbstkosten der abgesetzten Produkte nach den verschiedenen Produkten und Produktgruppen zu untergliedern[121].

Insbesondere bei stark diversifizierten Unternehmen sind diese Informationen auch für den externen Jahresabschlußadressaten von Interesse. Eine alle Geschäftsbereiche aggregierende Gewinn- und Ver-

---

119 Vgl. *Schering*, Geschäftsbericht 1995, S. 49.
120 *Chmielewicz, K.*, Umsatzkostenverfahren, S. 171.
121 Vgl. *Kloock, J./Sieben, G./Schildbach, T.*, Kosten- und Leistungsrechnung, S. 166.

lustrechnung läßt durch die Saldierung von Gewinnen und Verlusten kaum mehr Rückschlüsse auf die Chancen und Risiken der einzelnen Geschäftsbereiche zu und erschwert somit eine für Anlageentscheidungen wichtige Abschätzung der hiermit verbundenen Rendite- und Risikostruktur[122]. Die oben beschriebenen Informationsnachteile des Umsatzkostenverfahrens ließen sich durch eine zusätzliche Aufgliederung von Ergebnisgrößen abschwächen.

Sowohl nach US-GAAP als auch nach IAS ist daher die Segmentierung einzelner Jahresabschlußdaten nach Tätigkeitsbereichen und Regionen vorgesehen[123]. Zu den Segmentinformationen gehört auch die Angabe des Betriebsergebnisses, welches neben den Herstellungskosten auch die den Produkten nicht direkt zurechenbaren periodenbezogenen Aufwendungen des betrieblichen Bereichs umfaßt[124].

Im internationalen Vergleich sind die in Deutschland geltenden gesetzlichen Anforderungen an segmentierte Unternehmensinformationen rudimentär. So verlangt § 285 Nr. 4 für große Kapitalgesellschaften bzw. § 314 Abs. 1 Nr. 4 für den Konzernanhang lediglich eine Aufgliederung der Umsatzerlöse nach Tätigkeitsbereichen und geographisch bestimmten Märkten. Die Aufgliederung einer Ergebnisgröße hingegen ist nicht vorgesehen. Diese Regelung schränkt zum einen die internationale Vergleichbarkeit von Jahresabschlüssen ein. Gleichzeitig zeigt sie auch, daß der Gesetzgeber bei der Umsetzung des Umsatzkostenverfahrens nicht konsequent vorgegangen ist.

Positiv ist jedoch zu bemerken, daß sich die von uns untersuchten im DAX vertretenen Unternehmen, die ihre Gewinn- und Verlustrechnung nach dem Umsatzkostenverfahren aufstellen, weitgehend an der internationalen Praxis zu orientieren scheinen. So weisen drei Unternehmen lediglich die Umsatzerlöse nach Produktgruppen bzw. Regionen aufgegliedert aus[125]. Die verbleibenden sechs Unternehmen geben neben segmentierten Angaben zu Innen- und Außenumsätzen,

---

122 Vgl. *Pellens, B.*, Internationale Rechnungslegung, S. 298 f.
123 Vgl. *FASB*, SFAS No. 14; *IASC*, IAS 14.
124 Vgl. *FASB*, SFAS No. 14, Par. 10d, *IASC*, IAS 14, Par. 16b.
125 Vgl. *BASF*, Geschäftsbericht 1995, S. 49; *Hoechst*, Geschäftsbericht 1995, S. 62; *Volkswagen*, Geschäftsbericht 1995, S. 89, die die Umsatzerlöse lediglich nach Regionen aufgliedern.

Aktiva, Abschreibungen und Investitionen auch eine segmentierte Ergebnisgröße für die Geschäftsbereiche bzw. Regionen an[126].

5 Fazit

Seit zwölf Jahren ist deutschen Unternehmen die Anwendung des Umsatzkostenverfahrens für die Darstellung ihrer Ertragslage in der Gewinn- und Verlustrechnung gestattet. Bisher wird von diesem Wahlrecht noch selten Gebrauch gemacht, wenn auch in einzelnen Branchen das Umsatzkostenverfahren für die Darstellung der Gewinn- und Verlustrechnung mittlerweile vorherrscht. Mit der zu erwartenden verstärkten Ausrichtung der externen Unternehmensrechnung auf internationale Rechnungslegungsstandards ist jedoch eine weitere Verbreitung des Umsatzkostenverfahrens zu erwarten.

Wie gezeigt wurde, hat der Gesetzgeber bei der Umsetzung des Umsatzkostenverfahrens seine Zielsetzung, eine verbesserte internationale Vergleichbarkeit zu erreichen, nicht konsequent verfolgt. Insbesondere das Bewertungswahlrecht für selbsterstellte Leistungen und die unzureichenden Anforderungen an die Segmentberichterstattung schränken sowohl die internationale Vergleichbarkeit als auch die Aussagefähigkeit des Umsatzkostenverfahrens erheblich ein.

Wie die Untersuchung jener Unternehmen, die im DAX vertreten sind und für ihre Konzern-Gewinn- und Verlustrechnung das Umsatzkostenverfahren verwenden, gezeigt hat, scheinen die hieraus resultierenden Probleme in der Praxis nicht so gravierend zu sein wie befürchtet. Dies mag zumindest für die großen Kapitalgesellschaften gelten, die internationale Kapitalmärkte in Anspruch nehmen. Diese können sich nicht nur formal an internationale Standards anpassen, sondern müssen auch in inhaltlichen Abgrenzungsfragen internatio-

---

126 Vgl. *Bayer*, Geschäftsbericht 1995, S. 58: Angabe eines nach Regionen und Arbeitsgebieten segmentierten operativen Ergebnisses; *Schering*, Geschäftsbericht 1995, S. 53: Angabe eines nach Regionen aufgegliederten Betriebsergebnisses, für Geschäftsfelder lediglich Angabe der Umsatzerlöse (S. 49); *Siemens*, Geschäftsbericht 1995: Angabe eines nach Arbeitsgebieten aufgegliederten Ergebnisses vor Ertragsteuern; *Daimler-Benz*, Geschäftsbericht 1995, S. 46; *Hoechst*, Geschäftsbericht 1995, S. 60; *Veba*, Geschäftsbericht 1995, S. 105: Angabe eines nach Geschäftsfeldern und Regionen aufgegliederten Betriebsergebnisses.

nalen Regeln folgen. Für die große Menge verbleibender Unternehmen, die sich bei Ihrer Rechnungslegung ausschließlich an nationalen Vorschriften orientieren, bestehen indes erhebliche Gestaltungsspielräume.

Außerdem ergeben sich weder aus dem Gesetz noch aus der Literatur bisher Hinweise auf eine einheitliche Abgrenzung der wichtigsten Posten des Umsatzkostenverfahrens. Aus Sicht der externen Adressaten sind daher für eine fundierte Erfolgsanalyse von den Unternehmen Erläuterungen über die unternehmensindividuelle Abgrenzung der wichtigsten Aufwandsposten zu fordern. Wie unsere Untersuchung von Gewinn- und Verlustrechnungen nach dem Umsatzkostenverfahren gezeigt hat, sind diese Erläuterungen in der Praxis indes in aller Regel unzureichend. Die von *Jörg Baetge* vor rund einer Dekade monierte Beeinträchtigung der externen Erfolgsanalyse, die durch die Zulassung des Umsatzkostenverfahrens hervorgerufen wurde, ist bis heute noch nicht behoben.

Literaturverzeichnis

Adler, Hans/Düring, Walther/Schmaltz, Kurt, Rechnungslegung und Prüfung der Unternehmen, Kommentar zum HGB, AktG, GmbHG, PublG nach den Vorschriften des Bilanzrichtlinien-Gesetzes, bearb. v. Forster, Karl-Heinz u. a., 6. Aufl., Stuttgart 1997 (§ 275 HGB).

Baetge, Jörg, Bilanzen, 4. Aufl., Düsseldorf 1996.

Baetge, Jörg, Herstellungskosten: Vollaufwand versus Teilaufwand, in: Rechnungslegung, Prüfung und Beratung, Festschrift für Ludewig, hrsg. v. Baetge, Jörg u. a., Düsseldorf 1996, S. 53–84 (Vollaufwand versus Teilaufwand).

Baetge, Jörg/Bruns, Carsten, Erfolgsquellenanalyse, in: BBK 1996, S. 1003–1018.

Baetge, Jörg/Fischer, Thomas R., Zur Aussagefähigkeit der Gewinn- und Verlustrechnung nach neuem Recht, in: ZfB 1987, Ergänzungsheft 1, S. 175–201 (Aussagefähigkeit).

Baetge, Jörg/Fischer, Thomas R., Externe Erfolgsanalyse auf der Grundlage des Umsatzkostenverfahrens, in: BFuP 1988, S. 1–21 (Externe Erfolgsanalyse).

Baetge, Jörg/Uhlig, Annegret, Zur Ermittlung der handelsrechtlichen „Herstellungskosten" unter Verwendung der Daten der Kostenrechnung, in: WiSt 1985, S. 274–280 (Ermittlung der handelsrechtlichen „Herstellungskosten").

Borchert, Dierk, § 275 HGB, in: Handbuch der Rechnungslegung, Kommentar zur Bilanzierung und Prüfung, hrsg. v. Küting, Karlheinz/Weber, Claus-Peter, Bd. Ia, 4. Aufl., Stuttgart 1995 (§ 275 HGB).

C & L Deutsche Revision (Hrsg.), Konzernabschlüsse 1995 – Ausweis, Gestaltung, Berichterstattung, Ergebnisse einer Untersuchung von 100 großen Konzernen, Düsseldorf 1997 (Konzernabschlüsse 1995).

Chmielewicz, Klaus, Anmerkungen zum Umsatzkostenverfahren, in: DBW 1987, S. 165–176 (Umsatzkostenverfahren).

Chmielewicz, Klaus, Gesamt- und Umsatzkostenverfahren der Gewinn- und Verlustrechnung im Vergleich, in: DBW 1990, S. 27–45 (Gesamt- und Umsatzkostenverfahren).

Coenenberg, Adolf G., Gliederungs-, Bilanzierungs- und Bewertungsentscheidungen bei der Anpassung des Einzelabschlusses nach dem Bilanzrichtlinien-Gesetz, in: DB 1986, S. 1581–1589 (Gliederungs-, Bilanzierungs- und Bewertungsentscheidungen).

Coenenberg, Adolf G., Jahresabschluß und Jahresabschlußanalyse, 15. Aufl., Landsberg am Lech 1994.

Dörner, Dietrich, Wann und für wen empfiehlt sich das Umsatzkostenverfahren?, in: ZfbF 1987, S. 228–235 (Umsatzkostenverfahren).

Emmerich, Gerhard, Fragen der Gestaltung des Jahresabschlusses nach neuem Recht, in: WPg 1986, S. 698–709 (Fragen der Gestaltung).

Financial Accounting Standards Board (Hrsg.), Original Pronouncements, Accounting Standards as of June 1, 1993, Vol. II, Norwalk 1993 (ARB 43, SFAS No. 14).

Fischer, Joachim/Ringling, Wilfried, Grundsätze des Umsatzkostenverfahrens, in: BB 1988, S. 442–449.

Förschle, Gerhart, § 275 HGB, in: Beck'scher Bilanz-Kommentar, Handels- und Steuerrecht, hrsg. v. Budde, Wolfgang Dieter u. a., 3. Aufl., München 1995 (§ 275 HGB).

Gatzen, Manfred, Die Gewinn- und Verlustrechnung nach dem Umsatzkostenverfahren – eine beliebig gestaltbare Rechnung?, in: WPg 1987, S. 461–470 (Gewinn- und Verlustrechnung).

Glade, Anton, Die Gewinn- und Verlustrechnung nach dem Umsatzkostenverfahren – Grundsatzfragen und Probleme, in: BFuP 1987, S. 16–32 (Umsatzkostenverfahren).

Harrmann, Alfred, Gesamt- und Umsatzkostenverfahren nach neuem Recht, in: BB 1986, S. 1813–1817 (Gesamt- und Umsatzkostenverfahren).

International Accounting Standards Committee (Hrsg.), International Accounting Standards 1996, London 1996 (IAS 2, IAS 14).

Kloock, Josef/Sieben, Günter/Schildbach, Thomas, Kosten- und Leistungsrechnung, 2. Aufl., Düsseldorf 1981.

Küting, Karlheinz/Weber, Claus-Peter, Die Bilanzanalyse, 3. Aufl., Stuttgart 1997.

Lachnit, Laurenz, Erfolgsspaltung auf der Grundlage der GuV nach Gesamt- und Umsatzkostenverfahren, in: WPg 1991, S. 773–783 (Erfolgsspaltung).

Mayer, Andreas, Auswirkungen des Bilanzrichtlinien-Gesetzes auf die externe Analyse der Einzelabschlüsse von Kapitalgesellschaften: eine theoretische Untersuchung, Frankfurt a. M. u. a. 1989 (Auswirkungen).

Niehus, Rudolf J., Die Gliederung der Ergebnisrechnung nach der 4. EG-Richtlinie bzw. nach dem Entwurf eines Bilanzrichtlinie-Gesetzes, in: DB 1982, S. 657–663 (Ergebnisrechnung).

Pellens, Bernhard, Internationale Rechnungslegung, Stuttgart 1997.

Reige, Jürgen, Der Herstellungskostenbegriff im Umsatzkostenverfahren, in: WPg 1987, S. 498–506 (Herstellungskostenbegriff).

Reige, Jürgen, Publizitätspraxis und Nutzung ausgewählter handelsrechtlicher Wahlrechte, in: BB 1989, S. 1648–1655 (Publizitätspraxis).

Reige, Jürgen, Zur Nutzung ausgewählter handelsrechtlicher Wahlrechte, in: BB 1990, S. 664–667 (Nutzung ausgewählter Wahlrechte).

Rogler, Silvia, Gewinn- und Verlustrechnung nach dem Umsatzkostenverfahren, Wiesbaden 1990 (Gewinn- und Verlustrechnung).

Rürup, Lebrecht, Die Erfolgsrechnung, in: Handbuch des Jahresabschlusses in Einzeldarstellungen, hrsg. v. Wysocki, Klaus v./Schulze-Osterloh, Joachim, Abt. IV/1, 2. Bearbeitung, Köln 1992.

Schreiber, Ulrich, Die Bedeutung der US-amerikanischen Rechnungslegung für die Besteuerung von Gewinnen und Ausschüttungen, in: US-amerikanische Rechnungslegung, 2. Aufl., hrsg. v. Ballwieser, Wolfgang, Stuttgart 1996, S. 47–92 (Bedeutung).

Selchert, Friedrich W., Herstellungskosten im Umsatzkostenverfahren, in: DB 1986, S. 2397–2400 (Herstellungskosten).

Sonderausschuß Bilanzrichtlinien-Gesetz (SABI), Stellungnahme 1/1987, Probleme des Umsatzkostenverfahrens, in: WPg 1987, S. 141–143.

Vellmann, Karlheinz, Das Bilanzrichtliniengesetz und die GuV-Rechnung nach dem Umsatzkostenverfahren, in: Controller-Magazin 1987, S. 105–114 (Bilanzrichtliniengesetz).

Verband der Chemischen Industrie e. V. (Hrsg.), Übertragung des neuen Bilanzrechts in die Unternehmenspraxis, Teil 1: Einzelabschluß, Frankfurt a. M. 1987 (Übertragung des neuen Bilanzrechts).

Ziegler, Hasso, Neuorientierung des internen Rechnungswesens für das Unternehmens-Controlling im Hause Siemens, in: ZfbF 1994, S. 174–188 (Neuorientierung).

Andreas Nordmeyer

Anschaffungsnaher Aufwand im Handelsrecht

1 Problemstellung

2 Der originäre Erwerb als Basis für anschaffungsnahen Aufwand

3 Aufwendungen in der Nähe des originären Erwerbs
   31 Aufwendungen vor dem originären Erwerb
   32 Aufwendungen nach dem originären Erwerb
      321. Aufwendungen zur Erlangung der Betriebsbereitschaft
      322. Aufwendungen nach der Erlangung der Betriebsbereitschaft
         322.1 Aufwendungen mit finalem Bezug zur Anschaffung
         322.2 Aufwendungen ohne finalen Bezug zur Anschaffung
   33 Abgrenzungsfragen zwischen Anschaffungs- und Herstellungskosten bei anschaffungsnahem Aufwand

4 Vereinbarkeit der steuerlichen Definition des ,,anschaffungsnahen Aufwandes" mit den handelsrechtlichen Anschaffungs- oder Herstellungskosten
   41 Der steuerliche Begriff des ,,anschaffungsnahen Aufwandes"
   42 ,,Anschaffungsnaher Aufwand" und handelsrechtliche Anschaffungskosten
   43 ,,Anschaffungsnaher Aufwand" und handelsrechtliche Herstellungskosten

5 Zusammenfassung

Prof. Dr. Andreas Nordmeyer
Mitglied des Vorstandes der Thyssen Stahl AG
Duisburg

1 Problemstellung

Der sogenannte „anschaffungsnahe Aufwand" ist eine Begriffsbildung des Steuerrechts, mit dem – vornehmlich für Gebäude – eine Abgrenzung des sofort abziehbaren Erhaltungsaufwandes von zu aktivierendem Aufwand vorgenommen werden soll. Nach R 157 Abs. 5 EStR liegt „anschaffungsnaher Aufwand" vor, wenn

(a) Aufwendungen im Zusammenhang mit der bereits erfolgten Anschaffung eines Vermögensgegenstandes stehen,

(b) im Verhältnis zum Kaufpreis hoch sind und

(c) im Vergleich zum Anschaffungszeitpunkt zu einer Wesensänderung, erheblichen Nutzungswerterhöhung oder einer erheblichen Nutzungsdauerverlängerung führen.

„Anschaffungsnahe Aufwendungen" im Sinne von R 157 Abs. 5 EStR können grundsätzlich bei allen Vermögensgegenständen vorkommen[1]. Die Einengung des Begriffs der „anschaffungsnahen Aufwendungen" in R 157 Abs. 5 EStR auf Gebäude ist darauf zurückzuführen, daß sich die BFH-Rechtsprechung in ihren einzelfallbezogenen Entscheidungen vorrangig mit „anschaffungsnahem Aufwand" im Zusammenhang mit Gebäuden zu beschäftigen hatte bzw. hat[2].

§ 255 HGB regelt, was im handelsrechtlichen Sinne unter Anschaffungs- und Herstellungskosten zu verstehen ist. Eine explizite Verankerung des „anschaffungsnahen Aufwandes" existiert dabei nicht. Im folgenden soll untersucht werden, was handelsrechtlich unter anschaffungsnahen Aufwendungen zu verstehen ist, und wie diese Aufwendungen zu behandeln sind, ehe auf die Vereinbarkeit des steuerrechtlichen Begriffs „anschaffungsnaher Aufwand" mit der handelsrechtlichen Definition der Anschaffungs- oder Herstellungskosten eingegangen wird.

Das Ergebnis der Untersuchung hat unmittelbar Auswirkungen auf den steuerrechtlichen Anschaffungs- und Herstellungskostenbegriff, denn nach ständiger Rechtsprechung und herrschender Literaturauf-

---

[1] Vgl. *Herrmann, C./Heuer, G./Raupach, A.*, 21. Aufl., § 6 EStG, Rn. 509 mit weiteren Hinweisen zur BFH-Rechtsprechung.
[2] Vgl. z. B. BFH, Urteil vom 9. 5. 1995, in: DStR 1995, S. 1377–1380 m. w. N.; BFH, Urteil vom 19. 9. 1995, BStBl. II 1996, S. 131 f.

fassung gilt die handelsrechtliche Abgrenzung der Anschaffungs- und Herstellungskosten auch für steuerrechtliche Zwecke[3]. Dies bedeutet im Sinne der Maßgeblichkeit der Handelsbilanz für die Steuerbilanz, daß „anschaffungsnaher Aufwand" steuerrechtlich im Grundsatz nur dann Anschaffungs- oder Herstellungskosten darstellen kann, wenn er auch unter den handelsrechtlichen Anschaffungs- oder Herstellungskostenbegriff fällt.

2 Der originäre Erwerb als Basis für anschaffungsnahen Aufwand

Ausgehend vom Wortlaut sind Grundvoraussetzungen für das Vorliegen von anschaffungsnahem Aufwand

(1) eine Anschaffung als solche,

(2) Aufwendungen in zeitlichem und/oder sachlichem Zusammenhang mit der Anschaffung.

Unter Anschaffung wird im allgemeinen der Erwerb eines bereits bestehenden Vermögensgegenstandes[4] verstanden, der aus fremder in die eigene wirtschaftliche Verfügungsmacht überführt wird[5]. Diese sowohl im handelsrechtlichen wie im steuerrechtlichen Schrifttum übliche Definition geht auf die Grundsatzentscheidung des BFH vom 22. 8. 66 zu den „anschaffungsnahen Aufwendungen" zurück[6]. Die Tatsache, daß der Gegenstand der Anschaffung ein bereits bestehender Vermögensgegenstand ist, grenzt die Anschaffung gleichzeitig

---

3 Anschaffungskosten: vgl. z. B. *Herrmann, C./Heuer, G./Raupach, A.*, 21. Aufl., § 6 EStG, Rn. 281; Herstellungskosten: BFH, Beschluß vom 4. 7. 1990, BStBl. II 1990, S. 833; vgl. auch *Pezzer, H. J.*, Instandsetzung, S. 849; *Herrmann, C./Heuer, G./Raupach, A.*, 21. Aufl., § 6 EStG, Rn. 473; BFH, Urteil vom 9. 5. 1995, in: DStR 1995, S. 1377; *Stobbe, T.*, Eingeschränkte Maßgeblichkeit, S. 105.

4 Der Gegenstand muß sich nicht notwendigerweise in einem fertigen Zustand befinden. Es genügt vielmehr, wenn der Vermögensgegenstand durch den Erwerbsvorgang entsteht (Beispiel: Lieferrecht) oder in der Hand des Erwerbers verschiedene von Dritten erworbene Teile zu einem Ganzen zusammengeführt werden. Vgl. dazu *Budde, W. D./Karig, K. P.*, in: BeckBil-Komm., 3. Aufl., § 248 HGB, Rn. 10.

5 Vgl. *Ellrott, H./Schmidt-Wendt, D.*, in: BeckBil-Komm., 3. Aufl., § 255 HGB, Rn. 21; *Knop, W./Küting, K.*, in: HdR Ia, 4. Aufl., § 255 HGB, Rn. 12.

6 Vgl. BFH, Beschluß vom 22. 8. 1966, BStBl. III 1966, S. 674.

von der Herstellung ab, bei der ein neuer, bisher in dieser Form nicht existierender Vermögensgegenstand geschaffen wird[7].

Ein Erwerb liegt vor, wenn das wirtschaftliche Eigentum an einem Vermögensgegenstand aus dem Vermögen eines Dritten in das Vermögen des Erwerbers übergeht[8]. Wirtschaftlicher Eigentümer eines Vermögensgegenstandes ist dabei derjenige, der die tatsächliche Sachherrschaft über den Vermögensgegenstand ausüben kann. Diese hat in der Regel derjenige, bei dem Besitz, Gefahr, Nutzen und Lasten der Sache liegen[9].

Der Erwerb kann entgeltlich oder unentgeltlich erfolgen[10]. Ein entgeltlicher Erwerb liegt immer dann vor, wenn der Erwerber eine Gegenleistung aus seinem Vermögen erbringt. Dabei braucht die Gegenleistung nicht in Geld oder Geldersatz zu bestehen. Entgelt kann auch eine im Gegenzug erbrachte Dienstleistung, die Hingabe eines anderen Vermögensgegenstandes (Tausch), sofern dieser einen objektiven, intersubjektiv nachprüfbaren Wert hat, die Gewährung von neuen Gesellschaftsrechten, die Aufgabe bisheriger Gesellschaftsrechte oder die Übernahme von Verbindlichkeiten eines Dritten sein. Unentgeltlich ist ein Erwerb entsprechend immer dann, wenn keine Gegenleistung erbracht wird. Typische Fälle eines unentgeltlichen Erwerbs sind die Schenkung, der Erbfall oder die Stiftung. Möglich ist darüber hinaus auch ein teilentgeltlicher Erwerb.

Begrenzt man den Anschaffungsvorgang auf den so umschriebenen originären Erwerb, so kann als Anschaffungskosten zunächst lediglich der Wert der Gegenleistung in Frage kommen. Beim originären Erwerb gegen Geld stellt der Anschaffungspreis – ggf. gemindert um Anschaffungspreisminderungen (z. B. Boni oder Skonti) – die Ausgangsgröße für die Anschaffungskosten dar[11]. Im folgenden sollen diese Aufwendungen als Anschaffungskosten im engeren Sinne be-

---

7 Vgl. *Nordmeyer, A.*, in: Beck'sches HdR, Sachanlagen, Rn. 123.
8 Vgl. *Budde, W. D./Karig, K. P.*, in: BeckBil-Komm., 3. Aufl., § 248 HGB, Rn. 10.
9 Vgl. *Budde, W. D./Karig, K. P.*, in: BeckBil-Komm., 3. Aufl., § 246 HGB, Rn. 6.
10 Vgl. hierzu *Budde, W. D./Karig, K. P.*, in: BeckBil-Komm., 3. Aufl., § 248 HGB, Rn. 12 f.
11 Vgl. *Baetge, J./Krause, C.*, Die Bilanzierung des Anlagevermögens in der Handelsbilanz, S. 209.

zeichnet werden. Würde man den Anschaffungsvorgang ausschließlich zeitpunktbezogen betrachten, so müßten die Anschaffungskosten auf die hier definierten Anschaffungskosten i. e. S. begrenzt werden.

§ 255 Abs. 1 HGB geht indes bei der Definition der Anschaffungskosten über die Anschaffungskosten i. e. S. hinaus: Danach sind Anschaffungskosten Aufwendungen, die geleistet werden, um einen Vermögensgegenstand zu erwerben und ihn in einen betriebsbereiten Zustand zu versetzen, soweit sie dem Vermögensgegenstand einzeln zugeordnet werden können. Explizit werden in § 255 Abs. 1 S. 2 HGB als weitere Bestandteile der Anschaffungskosten Anschaffungsnebenkosten und nachträgliche Anschaffungskosten genannt. Das bedeutet, daß der Anschaffungsvorgang nicht zeitpunktbezogen zu betrachten ist, sondern einen nicht näher definierten Zeitraum umfaßt. Damit stellt sich die Frage, welche Aufwendungen, die in zeitlicher Nähe zur Anschaffung anfallen, unter die handelsrechtlichen Anschaffungskosten im weitesten Sinne zu subsumieren sind.

3 Aufwendungen in der Nähe des originären Erwerbs

Da zu den Anschaffungskosten alle Aufwendungen gehören, die geleistet werden, um den Vermögensgegenstand zu erwerben, kann der Anschaffungsvorgang zum einen bereits vor dem originären Erwerb beginnen. Zum anderen macht die gesetzliche Ausdehnung des Anschaffungskostenbegriffs auf die Aufwendungen, die geleistet werden, um den Vermögensgegenstand in einen betriebsbereiten Zustand zu versetzen, deutlich, daß der Anschaffungsvorgang Aufwendungen einschließt, die zeitlich nach dem originären Erwerb anfallen. Daraus folgt, daß die Bezeichnung anschaffungsnaher Aufwand nicht – wie im Steuerrecht – ausschließlich Aufwendungen nach dem originären Erwerb betrifft, sondern Aufwendungen vor und nach dem originären Erwerb.

31 Aufwendungen vor dem originären Erwerb

Soweit vor dem originären Erwerb Aufwendungen anfallen, die dazu dienen, den gewünschten Vermögensgegenstand zu erwerben, und diese einzeln zuordenbar sind, stellen sie im handelsrechtlichen Sinne Anschaffungsnebenkosten dar.

Als klassisches Beispiel für Anschaffungsnebenkosten, die vor dem originären Erwerb anfallen, werden im Schrifttum i. d. R. die im Zusammenhang mit einem Grundstückserwerb anfallenden Notariats- und Gerichtskosten für die Eintragung einer Auflassungsvormerkung genannt[12]. Eine Aufzählung denkbarer Anschaffungsnebenkosten, die vor dem originären Erwerb anfallen, zeigt zwar die mögliche Existenz derartiger Aufwendungen, hilft jedoch bei der Abgrenzung von Anschaffungsnebenkosten nicht weiter.

Anschaffungsnahe Aufwendungen im Vorfeld des originären Erwerbs, die dem Erwerb eines Vermögensgegenstandes dienen, könnten grundsätzlich alle Aufwendungen zur Entscheidungsfindung bei verschiedenen Alternativen sein. Fraglich ist indes, ob diese anschaffungsnahen Aufwendungen auch Anschaffungsnebenkosten und damit aktivierungspflichtige Anschaffungskosten sind.

Der Beginn des Anschaffungszeitraums im handelsrechtlichen Sinne wird in der Literatur weitaus weniger diskutiert als dessen Ende. *Wohlgemuth* definiert den Beginn des Anschaffungszeitraums als die erste Handlung zum Erwerb eines bestimmten, konkreten Vermögensgegenstandes[13]. Der Bezug auf den konkreten Vermögensgegenstand grenzt dabei die Aufwendungen für die Bewertung von Entscheidungsalternativen im Vorfeld des Erwerbs eines Vermögensgegenstandes von den Planungsaufwendungen ab, die nach der Entscheidung für einen konkreten Vermögensgegenstand anfallen. Hieraus folgt, daß etwa Aufwendungen zur Besichtigung eines konkreten Vermögensgegenstandes oder zur Bewertung verschiedener Angebote für einen konkreten Vermögensgegenstand, so sie denn einzeln zuordenbar sind, handelsrechtliche Anschaffungsnebenkosten darstellen, während anschaffungsnahe Aufwendungen im Vorfeld der Entscheidung für den konkreten Vermögensgegenstand sofort abziehbare Aufwendungen sind[14]. Eine solche Abgrenzung erscheint durch-

---

12 Vgl. *Adler, H./Düring, W./Schmaltz, K.*, 6. Aufl., § 255 HGB, Rn. 11; *Ellrott, H./ Schmidt-Wendt, D.*, in: BeckBil-Komm., 3. Aufl., § 255 HGB, Rn. 34.
13 Vgl. *Wohlgemuth, M.*, in: HdJ, Anschaffungskosten, Rn. 5.
14 Vgl. *Knop, W./Küting, K.*, in: Küting/Weber, HdR Ia, 4. Aufl., § 255, Rn. 28; *Ellrott, H./Schmidt-Wendt, D.*, in: BeckBil-Komm., 3. Aufl., § 255 HGB, Rn. 71; a. A. wohl *Adler, H./Düring, W./Schmaltz, K.*, 6. Aufl., § 255, Rn. 22.

aus operational und trägt zur Objektivierung des Jahreserfolges im Sinne des Jubilars[15] bei, zumal die Aufwendungen im Vorfeld einer Entscheidung für einen konkreten Vermögensgegenstand nicht wertbestimmend in den neuen Vermögensgegenstand eingehen[16].

32 Aufwendungen nach dem originären Erwerb

321. Aufwendungen zur Erlangung der Betriebsbereitschaft

Sofern der originäre Erwerbsvorgang abgeschlossen ist, können anschaffungsnahe Aufwendungen anfallen, um den Vermögensgegenstand in einen betriebsbereiten Zustand zu versetzen. Eine Anlage wird im allgemeinen als betriebsbereit bezeichnet, wenn sie die Fähigkeit zur Leistungsabgabe für betriebliche Zwecke besitzt[17].

Die Aufwendungen zur Erlangung der Betriebsbereitschaft lassen sich – zumindest bei größeren Anlageinvestitionen – differenzieren in Aufwendungen im Rahmen der Anlagenerrichtung, Aufwendungen im Rahmen der Funktionsprüfung und Aufwendungen im Rahmen des Probebetriebs. Der jeweilige erfolgreiche Abschluß dieser Investitionsphasen löst in der Regel gleichzeitig die Fälligkeit von Teil- bzw. Schlußzahlungen aus. Weniger umfangreiche Erwerbsvorgänge unterscheiden sich von den hier zugrundegelegten Anlageinvestitionen lediglich dadurch, daß möglicherweise einzelne Phasen entfallen.

(1) Aufwendungen im Rahmen der Errichtung von Anlagen

Grundvoraussetzung für die Inbetriebnahme von Anlagen ist, daß die Anlage bzw. Anlagenteile an den Ort gebracht werden, an dem sie betrieblich genutzt werden sollen. Hierzu können z. B. Verlade-, Transport- und Entladekosten ebenso wie Wiegegelder etc. anfallen. Einzubeziehen sind auch Nebenkosten des Transports wie etwaige Transportversicherungsprämien.

---

15 Vgl. *Baetge, J.,* Objektivierung, S. 42–48.
16 Grundsätzlich gegen die Aktivierung von Aufwendungen der Entscheidungsfindung: *Ordelheide, D.,* in: Beck'sches HdR, Anschaffungskosten, Rn. 247.
17 Vgl. *Kupsch, P.,* Problematik, S. 115.

Insbesondere bei größeren Anlagen ist i. d. R. der geplante Einsatzort so vorzubereiten, daß eine Montage der Anlage erfolgen kann. Dazu gehören in erster Linie Fundamentierungsarbeiten oder das Errichten eines Versorgungssystems, an das die Anlage angeschlossen werden kann. Maßnahmen am Objekt selbst können Befestigungsmaßnahmen oder Verbindungen zu anderen Anlagen darstellen.

Die genannten Maßnahmen bereiten zweifelsohne die Betriebsbereitschaft des Vermögensgegenstandes vor. Sofern diese Leistungen von fremden Dritten erbracht werden, sind sie i. d. R. einzeln zuordenbar und stellen damit handelsrechtliche Anschaffungsnebenkosten dar. Werden diese Leistungen von Mitarbeitern des anschaffenden Unternehmens erbracht, kommt es auf die Ausgestaltung des betrieblichen Rechnungswesens an, ob die Aufwendungen einzeln zugeordnet werden können. Nur unter dieser Voraussetzung wären diese anschaffungsnahen Aufwendungen aktivierungspflichtige Anschaffungsnebenkosten.

(2) Aufwendungen im Rahmen der Funktionsprüfung

Bei der sich an die Errichtung der Anlage anschließenden Funktionsprüfung werden die vertraglich zugesicherten Funktionen und Leistungen überprüft. Diese Funktionsprüfung kann sich z. B. auf die Funktionsfähigkeit einzelner Anlagenteile und/oder auf das Zusammenspiel der Anlagenteile als Gesamtanlage beziehen. Sie soll die Nutzungsfähigkeit der Anlage bestätigen. Dazu gehört auch, daß eine für den ordnungsmäßigen Betrieb der Anlage notwendige Dokumentation erstellt und das für den Probebetrieb erforderliche Personal eingewiesen ist.

Das Ergebnis der Funktionsprüfung besteht i. d. R. in der Erzeugung eines ersten Musterstücks; hierüber wird ein Protokoll angefertigt. Am Ende der Funktionsprüfung sollte die Anlage in der Lage sein, im Rahmen des sich anschließenden Probebetriebes die zugesagten Eigenschaften unter Betriebsbedingungen zu verifizieren. Insofern hat die Anlage am Ende dieser zweiten Phase eine gewisse Betriebsbereitschaft erlangt. Da die Verifizierung der Einsatzfähigkeit unter Betriebsbedingungen zu diesem Zeitpunkt noch aussteht, sei der Zustand nach Funktionsprüfung als „prinzipielle Betriebsbereitschaft" bezeichnet. Alle bis zu diesem Zeitpunkt angefallenen Aufwendungen, die dem Erwerbszweck oder dem Zweck der Herstellung dieses Zustandes gedient haben und einzeln zuordenbar sind, sind von der

Definition des handelsrechtlichen Anschaffungskostenbegriffs gedeckt. Eine zeitliche Restriktion, bis wann die Betriebsbereitschaft hergestellt sein muß, um die Aufwendungen als Anschaffungskosten aktivieren zu können resp. zu müssen, existiert nicht[18].

Schließlich kann eine behördliche Abnahme und Genehmigung Voraussetzung für die Inbetriebnahme der Anlage sein. Auch die Aufwendungen zur Erlangung einer Betriebsgenehmigung zählen nach herrschender Meinung zu den Anschaffungsnebenkosten[19].

(3) Aufwendungen im Rahmen des Probebetriebs

Im Rahmen des Probebetriebs wird eine Anlage unter Betriebsbedingungen mit allmählicher Steigerung bis zur Erreichung der vorbestimmten Leistungsgrenzen unter Leitung des Personals des Erwerbers gefahren. Hierbei auftretende Mängel müssen beseitigt werden. Gegebenenfalls können Maßnahmen erforderlich werden, die das Erreichen der zugesicherten Leistungen erst ermöglichen. Erst wenn die Anlage den Nachweis erbracht hat, daß sie während einer bestimmten Periode mit den vertraglich zugesicherten Leistungsmerkmalen gefahren werden konnte, gilt der Leistungsnachweis als erbracht, und es kommt zur Abnahme der Anlage. Mit der Abnahme der Anlage wird bestätigt, daß die Anlage tatsächlich für den Dauerbetrieb mit den zugesicherten Eigenschaften bereit ist, d. h. für die betrieblichen Zwecke geeignet ist („tatsächliche Betriebsbereitschaft").

Sieht man den Anschaffungsvorgang mit dem Erreichen der prinzipiellen Betriebsbereitschaft als abgeschlossen an, hat dies zur Konsequenz, daß alle danach anfallenden Aufwendungen, d. h. die Kosten des Probebetriebs selbst wie auch die Kosten für ggf. erforderliche Nachrüstungen nicht mehr zu den Anschaffungskosten zu zählen sind. Diese Nachrüstungen dienen allerdings gerade dazu, den betriebsbereiten Zustand des Vermögensgegenstandes herzustellen. Diese Abgrenzungsprobleme können vermieden werden, wenn man die tatsächliche Betriebsbereitschaft als Ende des Anschaffungsvorgangs ansieht. Mit dieser Definition werden auch die Kosten der

---

18 Vgl. *Ellrott, H./Schmidt-Wendt, D.,* in: BeckBil-Komm., 3. Aufl., § 255 HGB, Rn. 33.
19 Vgl. *Wohlgemuth, M.,* in: HdJ, Anschaffungskosten, Rn. 23; *Streim, H.,* Betriebsbereiter Zustand, S. 85; a. A. wohl *Adler, H./Düring, W./Schmaltz, K.,* 6. Aufl., § 255 HGB, Rn. 26.

Probeläufe und sich daraus ergebender Umrüstungen in die aktivierungspflichtigen Anschaffungskosten einbezogen[20].

Ein weiteres Argument für die Einbeziehung der Aufwendungen zur Erlangung der tatsächlichen Betriebsbereitschaft in die handelsrechtlichen Anschaffungskosten ist die Tatsache, daß die Abnahme der Anlage i. d. R. eine Schlußrechnung für den Erwerb der Anlage auslöst, ein Indiz, daß damit aus Sicht des Erwerbers der Anschaffungsvorgang abgeschlossen ist.

322. Aufwendungen nach der Erlangung der Betriebsbereitschaft

322.1 Aufwendungen mit finalem Bezug zur Anschaffung

Erreicht ein neu erworbener Vermögensgegenstand erstmalig seinen betriebsbereiten Zustand, so ist das Ende des Anschaffungszeitraumes erreicht und der Anschaffungsvorgang grundsätzlich abgeschlossen. § 255 Abs. 2 HGB sagt jedoch ausdrücklich, daß zu den Anschaffungskosten auch nachträgliche Anschaffungskosten gehören. Auch diese nachträglichen Anschaffungskosten sollen im folgenden im Zusammenhang mit den anschaffungsnahen Aufwendungen beleuchtet werden, zumal in der Literatur z. T. für das Vorliegen nachträglicher Anschaffungskosten ein „gewisser zeitlicher Zusammenhang" der Aufwendungen mit dem originären Erwerbsvorgang gefordert wird[21]. Die zeitliche Nähe zum originären Erwerbsvorgang stellt jedoch lediglich eine widerlegbare Vermutung für das Vorliegen von Anschaffungskosten dar. Es kommt vielmehr darauf an, daß die betreffenden nachträglichen Aufwendungen begrifflich unter den Anschaffungskostenbegriff des § 255 Abs. 1 HGB gefaßt werden können.

Für das Vorliegen nachträglicher Anschaffungskosten ist in jedem Fall entscheidend, daß ein finaler Bezug zu den Anschaffungskosten

---

20 Vgl. *Streim, H.*, Betriebsbereiter Zustand, S. 85.
21 So noch *Adler, H./Düring, W./Schmaltz, K.*, 5. Aufl., § 255 HGB, Rn. 49, offenlassend *Adler, H./Düring, W./Schmaltz, K.*, 6. Aufl., § 255 HGB Rn. 42 f.; a. A.: *Ordelheide, D.*, in: Beck'sches HdR, Anschaffungskosten, Rn. 316; *Ellrott, H./Schmidt-Wendt, D.*, in: BeckBil-Komm., § 255 HGB, Rn. 110; *Knop, W./Küting, K.*, in: Küting/Weber, HdR Ia, 4. Aufl., § 255 HGB, Rn. 44.

innerhalb des oben beschriebenen Anschaffungszeitraums besteht[22]. Ausgehend hiervon können anschaffungsnahe Aufwendungen in folgenden Fällen als nachträgliche Anschaffungskosten im Sinne von § 255 Abs. 2 HGB gelten:

(a) nachträgliche Veränderungen des Anschaffungspreises und/oder der Anschaffungspreisminderungen,

(b) nachträgliche Veränderungen der Anschaffungsnebenkosten im Zusammenhang mit dem originären Erwerbsvorgang[23],

(c) Aufwendungen, die die ursprünglich beabsichtigte erstmalige Herstellung des betriebsbereiten Zustands betreffen.

Entscheidend bleibt darüber hinaus, daß die betreffenden Aufwendungen dem Erwerb eines Vermögensgegenstandes oder seiner erstmaligen Versetzung in einen betriebsbereiten Zustand dienen sowie Einzelkosten darstellen. Es ist daher für das Vorliegen nachträglicher Anschaffungskosten z. B. unerheblich, daß eine endgültige Änderung des Anschaffungspreises aufgrund rechtlicher Streitigkeiten zwischen den Vertragspartnern oder des Eintritts bestimmter Ereignisse, z. B. bestimmte Gewinnschwellen beim Kauf von Beteiligungen[24], unter Umständen erst sehr lange Zeit nach dem originären Erwerb des Vermögensgegenstandes erfolgt[25].

Fraglich ist in diesem Zusammenhang, ob wertsteigernde Sanierungszuschüsse, die eine Obergesellschaft nach Ende des Anschaffungsvorgangs, aber durchaus noch in zeitlicher Nähe zum originären Erwerb an ein Beteiligungsunternehmen gewährt, aus Sicht der Obergesellschaft als nachträgliche Anschaffungskosten der Beteiligung angesehen werden können[26]. Das erstmalige Erreichen des angestreb-

---

22 So auch *Knop, W./Küting, K.*, in: Küting/Weber, HdR Ia, 4. Aufl., § 255 HGB, Rn. 44.
23 Vgl. ebenda.
24 Vgl. *Baetge, J.*, Bilanzen, S. 216.
25 Vgl. *Herrmann, C./Heuer, G./Raupach, A.*, 21. Aufl., § 6 EStG, Rn. 297.
26 Die überwiegende Literaturmeinung und die BFH-Rechtsprechung bejahen diese Frage; vgl. hierzu *Adler, H./Düring, W./Schmaltz, K.*, 6. Aufl., § 255 HGB, Rn. 44; *Castan, E.*, in: HWRev, Anschaffungskosten, Sp. 56; *Glanegger, P.*, Anschaffungs- und Herstellungskosten, S. 2118; *Goerdeler, R./Müller, W.*, Behandlung, S. 318 f.; *Kücken, N.*, Herstellungkosten für Beteiligungen?, S. 582; BFH, Urteil vom 18. 12. 1990, in: BFH/NV 1992, S. 15 f.

ten betriebsbereiten Zustands stellt das Ende des Anschaffungsvorgangs dar. Der nachträglich gewährte Sanierungszuschuß kann demzufolge nur dann zu nachträglichen Anschaffungskosten bei der Obergesellschaft führen, wenn er einen konkreten Entscheidungsbezug zum originären Erwerbsvorgang aufweist. Ein solcher direkter Zusammenhang besteht aber nur, wenn der Sanierungszuschuß im Anschaffungszeitpunkt die Höhe des Anschaffungspreises entsprechend gemindert hat, weil der Erwerber dies als notwendig für die Realisierung des angestrebten betriebsbereiten Zustandes der Beteiligung angesehen hat. Ist diese Voraussetzung nicht erfüllt – dies dürfte in der Praxis der Regelfall sein –, so können Sanierungsaufwendungen nicht nachträgliche Anschaffungskosten im Sinne von § 255 Abs. 1 HGB sein[27].

322.2 Aufwendungen ohne finalen Bezug zur Anschaffung

Soweit anschaffungsnahe Aufwendungen nach Ende des Anschaffungszeitraumes, d. h. nach Bestehen der tatsächlichen Betriebsbereitschaft, anfallen, ohne daß sie einen finalen Bezug zum originären Erwerb oder zur Herstellung der Betriebsbereitschaft haben, können sie nicht als Anschaffungskosten im handelsrechtlichen Sinne klassifiziert werden.

Bei derartigen Aufwendungen ohne finalen Bezug zur Anschaffung kann es sich um Instandsetzungsaufwendungen oder um Veränderungen des Vermögensgegenstandes handeln, die dazu führen, daß ein neuer Vermögensgegenstand entsteht. Bemerkenswerterweise wird gerade diese Fallgestaltung im Steuerrecht im Zusammenhang mit „anschaffungsnahem Aufwand" diskutiert.

(1) Erhaltungsaufwendungen

Aufwendungen, die die Durchführung routinemäßiger Instandsetzungsarbeiten betreffen, sind als Erhaltungsaufwendungen in der Periode zu erfassen, in der sie anfallen. Diese Instandsetzungsaufwendungen sind durch die gewöhnliche Nutzung des Vermögensgegenstandes verursacht worden[28]. Sie dienen lediglich der Sicherung der

---

27 Vgl. *Nordmeyer, A.*, Anschaffungs- und Herstellungskosten, S. 234 f.
28 So auch die herrschende Literaturauffassung. Vgl. z. B. *Adler, H./Düring, W./Schmaltz, K.*, 6. Aufl., § 255 HGB, Rn. 125; *Knop, W./Küting K.*, in:

Nutzungs- oder Funktionsfähigkeit und damit der Substanzerhaltung eines objektiv betrachtet noch funktionsfähigen Vermögensgegenstandes.

(2) Herstellungskosten

Sofern die anschaffungsnahen Aufwendungen nach Ende des Anschaffungsvorganges ohne finalen Bezug zum originären Erwerb dazu dienen, daß ein neuer Vermögensgegenstand entsteht, erfüllen sie die Grundvoraussetzung gemäß § 255 Abs. 2 Satz 1 HGB für das Vorliegen von Herstellungskosten. Aufwendungen können aber nur dann Herstellungskosten sein, wenn der entsprechende „Verbrauch von Gütern und die Inanspruchnahme von Diensten" zweckgerichtet im Hinblick auf die Herstellung eines Vermögensgegenstandes erfolgt. Die Herstellungskosten sind damit wie die Anschaffungskosten final definiert[29]. Im Unterschied zur erstmaligen Anschaffung bedeutet erstmalige Herstellung die Neuschaffung eines bisher nicht existierenden Vermögensgegenstandes[30].

Herstellung liegt nach § 255 Abs. 2 Satz 1 2. Halbsatz HGB auch dann vor, wenn ein bereits vorhandener Vermögensgegenstand erweitert oder über seinen ursprünglichen Zustand hinaus wesentlich verbessert wird. Derartige Herstellungsvorgänge werden in der Literatur unter den Begriff der nachträglichen Herstellung zusammengefaßt, die entsprechenden Aufwendungen als nachträgliche Herstellungskosten bezeichnet[31].

Ein vorhandener Vermögensgegenstand erfährt eine Erweiterung, wenn durch das Hinzufügen neuer, bisher nicht vorhandener Bestandteile eine Substanzmehrung oder eine Erweiterung der Nutzungsmög-

---

Küting/Weber, HdR, Bd. Ia, 4. Aufl., § 255 HGB, Rn. 380; *Herrmann, C./Heuer, G./Raupach, A.*, 21. Aufl., § 6 EStG, Rn. 475; BFH, Urteil vom 19. 9. 1995, BStBl. II 1996, S. 132.

29 Vgl. *Wohlgemuth, M.*, Zeitraum der Herstellung, S. 470.
30 Vgl. *Adler, H./Düring, W./Schmaltz, K.*, 6. Aufl., § 255 HGB, Rn. 118; *Ellrott, H./Schmidt-Wendt, D.*, in: BeckBil-Komm., 3. Auf., § 255 HGB, Rn. 375; *Knop, W./Küting, K.*, in: Küting/Weber, HdR Ia, 4. Aufl., § 255 HGB, Rn. 13.
31 Vgl. *Baetge, J.*, Bilanzen, S. 225; *Ordelheide, D.*, in: Beck'sches HdR, Herstellungskosten, Rn. 225; *Knop, W./Küting, K.*, in: Küting/Weber, HdR, Bd. Ia, 4. Aufl., § 255 HGB, Rn. 139.

lichkeiten herbeigeführt wird[32]. Erweiterungen in diesem Sinne liegen beispielsweise in folgenden Fällen vor:

- erstmaliger Einbau einer Fahrstuhlanlage in ein vorhandenes Gebäude[33],

- Maßnahmen zur Kapazitätserweiterung, z. B. Verlängerung eines bestehenden Leitungsnetzes[34] oder eines bestehenden Förderbandes[35],

- Aufstockung eines Gebäudes[36].

Der Wortlaut des § 255 Abs. 2 HGB verlangt nicht eine „erhebliche" oder „wesentliche" Erweiterung. Dies bedeutet, daß grundsätzlich jede Erweiterung, auch wenn sie absolut und relativ betrachtet als geringfügig anzusehen ist, einen Herstellungsvorgang bildet und die damit verbundenen Aufwendungen entsprechend Herstellungskosten darstellen[37].

Steuerrechtlich wird der Begriff der Erweiterung restriktiver gefaßt. Aufwendungen für die Erweiterung eines Vermögensgegenstandes führen nur dann zu aktivierungspflichtigen Herstellungskosten, wenn die betreffenden Maßnahmen zu einer „wesentlichen Substanzmehrung" oder zu einer „erheblichen Wesensänderung" des Vermögensgegenstandes führen[38]. Damit wird die „Erweiterung" in die Nähe der „Neuherstellung" eines Vermögensgegenstandes gerückt. Für die hier interessierende Grundsatzfrage des Vorliegens handelsrechtlicher Herstellungskosten ist dieses Problem jedoch von untergeordne-

---

32 Vgl. *Adler, H./Düring, W./Schmaltz, K.*, 6. Aufl., § 255 HGB, Rn. 122; *Ellrott, H./Schmidt-Wendt, D.*, in: BeckBil-Komm., 3. Auf., § 255 HGB, Rn. 380; so bezogen auf Gebäude: BFH, Urteil vom 9. 5. 1995, in: DStR 1995, S. 1377; R 157 Abs. 3 EStR.

33 Vgl. *Adler, H./Düring, W./Schmaltz, K.*, 6. Aufl., § 255 HGB, Rn. 122.

34 Vgl. *Ellrott, H./Schmidt-Wendt, D.*, in: BeckBil-Komm., 3. Auf., § 255 HGB, Rn. 380; *Herrmann, C./Heuer, G./Raupach, A.*, 21. Aufl., § 6 EStG, Rn. 475; *Stuible-Treder, J.*, Abgrenzung, S. 1629; so auch BFH, Urteil vom 10. 6. 1992, BStBl. II 1993, S. 42.

35 Vgl. *Adler, H./Düring, W./Schmaltz, K.*, 6. Aufl., § 255 HGB, Rn. 122.

36 Vgl. ebenda.

37 Anders *Baetge, J.*, Bilanzen, S. 225, der auf eine „wesentliche" Erweiterung abstellt.

38 Vgl. R 157 Abs. 3 EStR.

ter Bedeutung, da in jedem Fall von Herstellungskosten auszugehen ist.

In der Praxis kommt es häufig vor, daß im Rahmen einer Erweiterung für ein Bündel von Einzelmaßnahmen Aufwendungen anfallen, die bei isolierter Betrachtung teils Herstellungskosten im Sinne von Erweiterungsaufwendungen darstellen, teils aber auch Erhaltungsaufwendungen enthalten können. Grundsätzlich sind nur die „echten" Erweiterungsaufwendungen als Herstellungskosten aktivierungspflichtig. Die strikte Trennung zwischen Herstellungs- und Erhaltungsaufwand im Falle eines Bündels von Einzelmaßnahmen deckt sich einerseits mit der ständigen BFH-Rechtsprechung, die eine Trennung von Herstellungs- und Erhaltungsaufwendungen gegebenenfalls durch Schätzung verlangt[39]. Andererseits erlaubt die BFH-Rechtsprechung aber auch eine undifferenzierte Betrachtung der betreffenden Aufwendungen als Herstellungskosten, wenn die Einzelmaßnahmen „in engem räumlichen, zeitlichen und sachlichen Zusammenhang stehen und in ihrer Gesamtheit eine einheitliche Baumaßnahme bilden"[40]. Abgesehen von den wenig trennscharfen Voraussetzungen ist letztere Vorgehensweise mit dem Herstellungskostenbegriff des § 255 Abs. 2 HGB unvereinbar. Sie kann allenfalls als Vereinfachungsregel zur Anwendung kommen, wenn eine Trennung der Erhaltungs- und Erweiterungsaufwendungen im Wege der Schätzung nicht oder nur mit unverhältnismäßig hohen Kosten möglich ist.

Die zweite Variante der handelsrechtlichen nachträglichen Herstellungskosten enthält zwei unbestimmte Rechtsbegriffe. Das Gesetz sagt ausdrücklich, daß nur „wesentliche Verbesserungen" eines vorhandenen Vermögensgegenstandes über seinen „ursprünglichen Zustand" hinaus zu Herstellungskosten führen können.

Unproblematisch ist der Inhalt des Begriffs „ursprünglicher Zustand". Der „ursprüngliche Zustand" bezieht sich auf den Zustand des Vermögensgegenstandes im Zeitpunkt der erstmaligen Herstellung bzw. Anschaffung[41].

---

39 Vgl. den Überblick über die ständige BFH-Rechtsprechung bei *Pezzer, H.-J.*, Instandsetzung, S. 851.
40 Vgl. BFH, Beschluß vom 31. 8. 1994, in: BFH/NV 1995, S. 293.
41 So auch *Ellrott, H./Schmidt-Wendt, D.*, in: BeckBil-Komm., 3. Auf., § 255 HGB, Rn. 384; *Ordelheide, D.*, in: Beck'sches HdR, Herstellungskosten, Rn. 236; BFH, Beschluß vom 22. 8. 1966, BStBl. III 1966, S. 674, der auf den

Eine allgemeingültige Definition des unbestimmten Rechtsbegriffes „wesentliche Verbesserung" ist naturgemäß nicht möglich. Eine erste grobe Annäherung an den Begriffsinhalt[42] ergibt sich daraus, daß die „wesentliche Verbesserung" eines Vermögensgegenstandes einerseits „mehr" darstellen muß als dessen Erhaltung, die im Ergebnis zu Erhaltungs- statt Herstellungsaufwand führt. Andererseits dürfen die Verbesserungsmaßnahmen nicht zur Herstellung eines neuen Vermögensgegenstandes führen, da in diesem Fall erstmalige statt nachträgliche Herstellungskosten entstehen. Materielle Auswirkungen hinsichtlich der Herstellungskosteneigenschaft als solche ergeben sich hieraus allerdings nicht. Bei näherer Betrachtung erscheint es nicht ausgeschlossen, daß das Kriterium „wesentliche Verbesserung" durch die Definition des erstmaligen Herstellungsvorgangs sowie das Kriterium „Erweiterung" bereits mit erfaßt wird. Dies bedeutet zugleich, daß die ausdrückliche Erwähnung der „wesentlichen Verbesserung" als Indikator für das Vorliegen von Herstellungskosten in § 255 Abs. 2 HGB grundsätzlich entbehrlich wäre.

33 Abgrenzungsfragen zwischen Anschaffungs- und Herstellungskosten bei anschaffungsnahem Aufwand

Die Abgrenzung von Anschaffungskosten und Herstellungskosten bei anschaffungsnahen Aufwendungen ist nicht in allen Fällen eindeutig. An zwei Beispielen soll im folgenden die Abgrenzungsproblematik verdeutlicht werden:

(1) Nachträgliche Änderung des betriebsbereiten Zustandes

Der Anschaffungsvorgang ist abgeschlossen, wenn der erworbene Vermögensgegenstand *erstmalig* in den Zustand der (prinzipiellen oder tatsächlichen) Betriebsbereitschaft versetzt ist[43]. Der Wortlaut des § 255 Abs. 1 HGB spricht zwar nicht ausdrücklich von der *erstmaligen* Versetzung in den betriebsbereiten Zustand. Dies läßt sich aber aus der Formulierung „um zu erwerben und ihn in einen betriebsbereiten Zustand zu versetzen" entnehmen.

Zeitpunkt der erstmaligen Bilanzierung abstellt. A. A. *Heuermann, B.*, Anschaffungsnaher Aufwand, S. 602; unklar *Adler, H./Düring, W./Schmaltz, K.*, 6. Aufl., § 255 HGB, Rn. 124 f.
42 Vgl. hierzu auch *Vodrazka, K.*, Wesentliche Verbesserung, S. 453 f.
43 Vgl. *Adler, H./Düring, W./Schmaltz, K.*, 6. Aufl., § 255 HGB, Rn. 12.

Entscheidend ist dabei, daß der Vermögensgegenstand in einen Zustand versetzt wird, der den Vorstellungen des Erwerbers im Zeitpunkt der Entscheidung über die Anschaffung entspricht. Diese Abgrenzung des betriebsbereiten Zustands beinhaltet zwar eine subjektive Komponente und führt daher im Einzelfall aufgrund bestehender Ermessensspielräume gegebenenfalls zu Abgrenzungsproblemen. Sie resultiert aber zwingend aus der finalen Interpretation des handelsrechtlichen Anschaffungskostenbegriffs[44]. Im Zweifel ist es die Aufgabe des Erwerbers, nachvollziehbar darzulegen, daß die Aufwendungen einen entsprechenden Entscheidungsbezug aufweisen.

Aufwendungen im Zusammenhang mit einer nachträglichen Zweckänderung fehlt es an einem originären Entscheidungsbezug, so daß sie in keinem Fall Anschaffungskosten darstellen können. Diese Aufwendungen können allenfalls entweder Herstellungskosten im Sinne von § 255 Abs. 2 HGB sein oder Erhaltungsaufwendungen, die in der Periode ihres Entstehens sofort ergebnismindernd berücksichtigt werden müssen[45]. Durch die hierin zum Ausdruck kommende enge Auslegung des Anschaffungskostenbegriffs erfolgt eine Objektivierung der subjektiven Komponente in der Definition des betriebsbereiten Zustands.

(2) Instandsetzung defekt erworbener Vermögensgegenstände

Ein weiteres in der Literatur kontrovers diskutiertes Problem betrifft die Instandsetzung defekt erworbener Vermögensgegenstände. Stellen die Instandsetzungsaufwendungen ebenfalls Anschaffungsnebenkosten dar oder handelt es sich vielmehr um Herstellungskosten[46]? *Streim* spricht sich aus Objektivierungsgründen grundsätzlich gegen die Qualifizierung von Reparaturaufwendungen als Anschaffungsko-

---

44 Vgl. *Heuermann, B.*, Anschaffungsnaher Aufwand, S. 600; *Wichmann, G.*, Anschaffung und Herstellung, S. 550; BFH, Beschluß vom 12. 6. 1978, BStBl. II 1978, S. 625; a. A. *Söffing, G.*, Anschaffungsnaher Aufwand, S. 169; *Streim, H.*, Betriebsbereiter Zustand, S. 83.

45 Vgl. *Knop, W./Küting, K.*, in: Küting/Weber, HdR Ia, 4. Aufl., § 255 HGB, Rn. 15, die jedoch als Alternative zur Behandlung als Erhaltungsaufwand (unzutreffenderweise) die Berücksichtigung nachträglicher Anschaffungskosten in Betracht ziehen; so wie hier im Ergebnis auch *Streim, H.*, Betriebsbereiter Zustand, S. 80.

46 Vgl. hierzu Abschnitt 322.2.

sten aus[47]. Entscheidend kann aber nur sein, ob durch die Reparatur ein neuer Vermögensgegenstand geschaffen wird oder ob die Identität des alten Vermögensgegenstandes erhalten bleibt[48]. Im letzten Fall liegen u. E. Anschaffungsnebenkosten vor[49].

4 Vereinbarkeit der steuerlichen Definition des „anschaffungsnahen Aufwandes" mit den handelsrechtlichen Anschaffungs- oder Herstellungskosten

41 Der steuerliche Begriff des „anschaffungsnahen Aufwandes"

Der steuerrechtliche Begriff des „anschaffungsnahen Aufwandes" ist durch die höchstrichterliche Rechtsprechung geprägt worden:

Bis zum Jahre 1937 galten die Kosten für erforderliche Ausbesserungen an Gebäuden stets als Werbungskosten. Mit dem Urteil des RFH vom 13. 4. 37[50] wurde erstmals die Frage aufgeworfen, ob nicht die Umbaukosten und der Erhaltungsaufwand eines Gebäudes Anschaffungs- oder Herstellungskosten darstellen. Dabei bewegte sich die Diskussion zunächst ausschließlich im Bereich des Betriebsvermögens. Ab 1943 wurde diese Beschränkung aufgegeben und die Grundsätze auch auf Grundstücke außerhalb des Betriebsvermögens übertragen.

Der BFH hat die Rechtsprechung des RFH in seinem Urteil vom 11. 12. 53 grundsätzlich übernommen[51]. Im Urteil vom 25. 10. 55 stellt der I. Senat des BFH dann fest, daß die gesamten Aufwendungen, die ein Steuerpflichtiger im Zusammenhang mit dem Erwerb eines Grundstücks zur gründlichen Überholung, zur Modernisierung oder zum Ausbau tätigt, gleichwohl ob sie beim bisherigen Besitzer als Reparatur- oder Herstellungsaufwand anzusehen gewesen wären, mit der Anschaffung zusammenhängen und deshalb bei wirtschaftlicher Betrachtung als Teil der Anschaffungskosten behandelt werden

---

47 Vgl. *Streim, H.,* Betriebsbereiter Zustand, S. 83.
48 Vgl. *Ordelheide, D.,* in: Beck'sches HdR, Anschaffungskosten, Rn. 262.
49 Im Ergebnis zustimmend: *Kupsch, P.,* Problematik, S. 117.
50 Vgl. RFH, Urteil vom 13. 4. 1937, RStBl. 1937, S. 681.
51 Vgl. BFH, Urteil vom 11. 12. 1953, BStBl. III 1954, S. 74.

müssen[52]. Dieser Auffassung sind alle Senate des BFH lange gefolgt. Zudem prägte sich dabei der 3-Jahreszeitraum für die Betrachtung als „anschaffungsnaher Aufwand" heraus. Im Urteil vom 26. 10. 62[53] machte der VI. Senat dann deutlich, daß es bei der Prüfung, ob „anschaffungsnaher Aufwand" vorliegt, ausschließlich auf das Verhältnis des Kaufpreises zu den zusätzlichen Anschaffungskosten ankommt.

Eine Wende trat mit der Grundsatzentscheidung des Großen Senats vom 22. 8. 66 ein, da dieser sich von der Klassifizierung des „anschaffungsnahen Aufwandes" als Anschaffungskosten abwandte und zur Klassifizierung als Herstellungskosten kam: „Herstellungsaufwand liegt in der Regel jedenfalls vor, wenn nach dem Erwerb eines Gebäudes im Verhältnis zum Kaufpreis hohe Aufwendungen gemacht werden, durch die das Wesen des Gebäudes verändert, der Nutzungswert erheblich erhöht oder die Nutzungsdauer erheblich verlängert wird"[54]. Dem liegt die Fiktion zugrunde, daß ein Erwerber eines Gebäudes, das in größerem Umfang instandgesetzt werden muß, einen entsprechend reduzierten Kaufpreis entrichtet. Daraus resultiert auch die differenzierte Handhabung je nachdem, ob offene oder verdeckte Mängel vorliegen. „Handelt es sich um verdeckte Mängel, die nicht zu einer Minderung des Kaufpreises geführt haben, so ist ihre Beseitigung Erhaltungsaufwand; denn die Aufwendungen dienen nur dazu, das Gebäude in den Zustand zu versetzen, nach dem die Anschaffungskosten bemessen sind"[55].

Gerade diese Grundsatzentscheidung prägt im wesentlichen die heutige Formulierung der Richtlinie 157 EStR. Darüber hinaus formuliert R 157 Abs. 5 Satz 5 EStR eine Wesentlichkeitsschwelle. Herstellungsaufwand im Sinne von „anschaffungsnahem Aufwand" soll ungeprüft immer dann vorliegen, wenn die Aufwendungen in den ersten drei Jahren nach der Anschaffung entstehen und sie 15%[56] der ursprünglichen Anschaffungskosten übersteigen. Nach dem Wortlaut

---

52 Vgl. BFH, Urteil vom 25. 10. 1955, BStBl. 1955 III, S. 388.
53 Vgl. BFH, Urteil vom 26. 10. 1962, BStBl. 1963 III, S. 39.
54 BFH, Beschluß vom 22. 8. 1966, BStBl. 1966 III, S. 674.
55 Ebenda.
56 Bei rechtswirksam abgeschlossener Anschaffung bis zum 31. 12. 1996 gilt ein Anteil der Aufwendungen an den ursprünglichen Anschaffungskosten in Höhe von 20%.

des Richtlinientextes sind damit grundsätzlich alle verhältnismäßig hohen Aufwendungen, auch wenn es sich im Einzelfall um Erhaltungsaufwendungen, z. B. routinemäßige Reparaturen, handelt, als aktivierungspflichtige Herstellungskosten anzusehen.

Trotz der Entscheidung des Großen Senats war damit die Diskussion, ob der ,,anschaffungsnahe Aufwand" Anschaffungs- oder Herstellungsaufwand darstellt, nicht endgültig beendet. In seinem Urteil vom 12. 2. 85 neigt der IX. Senat des BFH wieder zu der Auffassung, daß die ,,anschaffungsnahen Aufwendungen" – zumindest bei dem zugrundeliegenden Sachverhalt – eher als Anschaffungskosten, genauer als Anschaffungsnebenkosten, zu charakterisieren sind, da Anschaffung der Inbegriff der Maßnahmen sei, ,,die dazu bestimmt sind, die wirtschaftliche Verfügungsmacht über ein Wirtschaftsgut zu erlangen und es für die Erzielung von Einkünften nutzen zu können"[57]. Diese Abweichung von dem Grundsatzbeschluß des Großen Senats konnte sich der IX. Senat leisten, da sie nicht für die Entscheidung erheblich war. Trotz der Kritik, die diesem Urteil zuteil wurde[58], ist nicht auszuschließen, daß die Diskussion über die richtige Klassifizierung des ,,anschaffungsnahen Aufwandes" nicht für immer beendet ist.

42 ,,Anschaffungsnaher Aufwand" und handelsrechtliche Anschaffungskosten

Der Vergleich des steuerrechtlichen Begriffs ,,anschaffungsnaher Aufwand" mit der handelsrechtlichen Begriffsdefinition der Anschaffungskosten zeigt, daß die beiden Definitionen nicht deckungsgleich sind. Teils geht der handelsrechtliche Anschaffungskostenbegriff über den Umfang des ,,anschaffungsnahen Aufwandes" hinaus, teils bleibt er jedoch auch hinter dem Umfang des ,,anschaffungsnahen Aufwandes" zurück.

Aufwendungen, die zeitlich kurz vor dem originären Erwerb anfallen, werden von den steuerlichen ,,anschaffungsnahen Aufwendungen" nicht erfaßt. Darüber hinaus ist es für die Klassifizierung als handelsrechtliche Anschaffungskosten völlig unerheblich, in welcher Höhe und in welcher zeitlichen Distanz die Aufwendungen anfallen, so sie

---

57 BFH, Urteil vom 12. 2. 1985, BStBl. II 1985, S. 691.
58 Vgl. *Söffing, G.*, Der anschaffungsnahe Aufwand, S. 663.

denn den Kriterien für das Vorliegen von handelsrechtlichen Anschaffungskosten genügen, d. h. finaler Bezug zum Erwerb bzw. zur Herstellung der erstmaligen tatsächlichen Betriebsbereitschaft sowie Einzelkostencharakter.

Auch für das Vorliegen nachträglicher Anschaffungskosten i. S. des HGB ist es unerheblich, ob die betreffenden Aufwendungen zu einer Werterhöhung oder einer Erhöhung der Nutzbarkeit des betreffenden Vermögensgegenstandes führen[59] oder ob sie absolut oder relativ betrachtet hohe Wertbeträge darstellen[60]. Sofern „anschaffungsnahe Aufwendungen" die obigen Kriterien erfüllen, liegen handelsrechtliche Anschaffungskosten vor.

Soweit der steuerrechtliche Begriff der „anschaffungsnahen Aufwendungen" Aufwendungen erfaßt, die den Kriterien für das Vorliegen von Anschaffungskosten nach HGB nicht genügen, ist zu prüfen, ob es sich handelsrechtlich um Herstellungskosten oder sofort abziehbare Aufwendungen handelt.

43 „Anschaffungsnaher Aufwand" und handelsrechtliche Herstellungskosten

Da es sich bei „anschaffungsnahem Aufwand" im steuerrechtlichen Sinne nach überwiegender Auffassung um Herstellungskosten handelt, liegt die Vermutung nahe, daß die steuerrechtliche Definition des „anschaffungsnahen Aufwandes" von der handelsrechtlichen Definition der Herstellungskosten zumindest gedeckt wird.

Sofern die Aufwendungen in zeitlicher Nähe zur Anschaffung dazu führen, daß der erworbene Vermögensgegenstand so verändert wird, daß quasi ein neuer Vermögensgegenstand entsteht, liegen zweifelsohne handelsrechtliche Herstellungskosten vor. In diesem Fall erübrigt es sich indes auch aus steuerlicher Sicht, auf den „anschaffungsnahen Aufwand" zu reflektieren, da in diesem Fall auch im steuerrechtlichen Sinne stets Herstellungskosten vorliegen.

---

59 Vgl. *Knop, W./Küting, K.,* in: HdR Ia, 4. Aufl., § 255 HGB, Rn. 44; *Kupsch, P.,* Problematik, S. 98; a. A. *Kraft, C./Kraft, G.,* Verlustausgleichsverpflichtung, S. 2466.

60 Vgl. *Gail, W.,* Sanierungsmaßnahmen, S. 98 f.; *Herrmann, C./Heuer, G./Raupach, A.,* 21. Aufl., § 6 EStG, Rn. 519.

Wird ein erworbener Vermögensgegenstand in seiner Substanz erweitert oder werden dessen Nutzungsmöglichkeiten vielfältiger, d. h. liegen i. S. des HGB nachträgliche Herstellungskosten vor, so ist es aus handelsrechtlicher Sicht unerheblich, ob diese Erweiterungen in einem Zeitraum von drei Jahren nach dem Erwerb vorgenommen werden oder ob der Wert der Maßnahmen bestimmte Grenzen überschreitet. Die Vorgabe einer prozentualen Wesentlichkeitsgrenze bezogen auf den ursprünglichen Kaufpreis ist willkürlich und für die Entscheidung der Frage, ob Aufwendungen (nachträgliche) Herstellungskosten darstellen, grundsätzlich irrelevant[61]. Die Zweifelhaftigkeit der 15%-Wesentlichkeitsgrenze in R 157 Abs. 5 EStR wird besonders in Rahmen der Diskussion des „anschaffungsnahen Aufwandes" bei (teil-)unentgeltlichem Erwerb deutlich[62]. Wird ein Vermögensgegenstand unentgeltlich erworben, so erfüllt jede nachträgliche Aufwendung unabhängig von ihrer konkreten Werthöhe die Wesentlichkeitsschwelle. Zumindest wären alle Aufwendungen innerhalb der 3-Jahresfrist gemäß R 157 Abs. 5 EStR grundsätzlich immer als Herstellungsaufwendungen und damit als aktivierungspflichtig anzusehen. Der BFH hat das Problem jedoch erkannt und entschieden, daß die teilweise Unentgeltlichkeit der Anschaffung für die Frage, ob „anschaffungsnahe Aufwendungen" als Herstellungskosten aktiviert werden (müssen), unerheblich ist[63]. Der BFH weist vielmehr ausdrücklich darauf hin, daß Herstellungskosten vorliegen, wenn die Voraussetzungen des § 255 Abs. 2 HGB erfüllt sind[64]. Diese Aussage sollte grundsätzlich für sämtliche „anschaffungsnahen Aufwendungen" gelten, und zwar auch dann, wenn der Vermögensgegenstand völlig unentgeltlich erworben wurde[65]. Insofern geht der handelsrechtliche Herstellungskostenbegriff über die Definition der „an-

---

61 Vgl. hierzu auch *Herrmann, C./Heuer, G./Raupach, A.*, 21. Aufl., § 6 EStG, Rn. 513. Zu den Vorteilen einer prozentualen Wesentlichkeitsschwelle vgl. *Prinz, U.*, Anschaffungsnaher Aufwand, S. 633.
62 Vgl. den Überblick bei *Stephan, R.*, Aufwand, S. 2282 f.
63 Vgl. BFH, Urteil vom 9. 5. 1995, in: DStR 1995, S. 1709. Das FG Münster sieht in seinem Urteil vom 13. 12. 1994 (Revision eingelegt) auch den unentgeltlichen Erwerb als unerheblich für das Vorliegen nachträglicher Anschaffungskosten an, vgl. FG Münster, Urteil vom 13. 12. 1994, in: EFG 1995, S. 566 f.; zustimmend für den Herstellungskostenfall auch *Stephan, U.*, Aufwand, S. 2283.
64 Vgl. BFH, Urteil vom 19. 9. 1995, BStBl. II 1996, S. 131 f.
65 Vgl. *Drenseck, W.*, Anmerkung, S. 822.

schaffungsnahen Aufwendungen" hinaus, d. h. die „anschaffungsnahen Aufwendungen i. S. v. R 157 Abs. 5 EStR müßten eine Teilmenge der handelsrechtlichen Herstellungskosten darstellen.

5 Zusammenfassung

Anschaffungsnahe Aufwendungen im handelsrechtlichen Sinne sind Aufwendungen, die in zeitlichem und/oder sachlichem Zusammenhang mit einem originärem Erwerb eines Vermögensgegenstandes stehen. Dabei können die Aufwendungen sowohl vor als auch nach dem originären Erwerb anfallen.

Soweit die anschaffungsnahen Aufwendungen dem Erwerb des Vermögensgegenstandes oder der Herstellung dessen erstmaliger prinzipieller oder tatsächlicher Betriebsbereitschaft dienen und dem Vermögensgegenstand einzeln zuordenbar sind, handelt es sich um Anschaffungskosten, unabhängig von der Höhe oder vom zeitlichen Anfall der Aufwendungen.

Sofern anschaffungsnahe Aufwendungen keinen finalen Bezug zum originären Erwerb haben, stellen sie sofort abziehbare Aufwendungen oder Herstellungskosten dar. Um Herstellungskosten handelt es sich, wenn ein neuer Vermögensgegenstand geschaffen wird, oder ein bereits bestehender Vermögensgegenstand erweitert oder wesentlich verbessert wird. Dabei kommt es auch hier nicht auf die Höhe der Aufwendungen oder auf deren zeitlichen Anfall an.

Die Untersuchung hat gezeigt, daß die „anschaffungsnahen Aufwendungen" im steuerrechtlichen Sinne lediglich eine Teilmenge der handelsrechtlichen Anschaffungs- bzw. Herstellungskosten sein können. Insofern bedarf es einer speziellen Kategorie „anschaffungsnaher Aufwand" im Handelsrecht nicht. Dies gilt im Grundsatz auch für die steuerrechtlichen „anschaffungsnahen Aufwendungen", zumal BFH-Rechtsprechung und Literatur betonen, daß die handelsrechtliche Definition der Anschaffungs- und Herstellungskosten entsprechend auch für steuerrechtliche Zwecke maßgebend ist.

Literaturverzeichnis

Adler, Hans/Düring, Walther/Schmaltz, Kurt, Rechnungslegung und Prüfung der Unternehmen, Kommentar zum HGB, AktG, GmbHG, PublG nach den Vorschriften des Bilanzrichtlinien-Gesetzes, hrsg. v. Forster, Karl-Heinz u. a., 5. Aufl., Stuttgart 1987 (§ 255 HGB).

Adler, Hans/Düring, Walther/Schmaltz, Kurt, Rechnungslegung und Prüfung der Unternehmen, Kommentar zum HGB, AktG, GmbHG, PublG nach den Vorschriften des Bilanzrichtlinien-Gesetzes, hrsg. v. Forster, Karl-Heinz u. a., 6. Aufl., Stuttgart 1995 (§ 255 HGB).

Baetge, Jörg, Möglichkeiten der Objektivierung des Jahreserfolges, Düsseldorf 1970 (Objektivierung).

Baetge, Jörg, Bilanzen, 4. Aufl., Düsseldorf 1996.

Baetge, Jörg/Krause, Clemens, Die Bilanzierung des Anlagevermögens in der Handelsbilanz, in: BuW 1991, S. 209–214.

Budde, Wolfgang Dieter/Karig, Klaus Peter, § 246 HGB, in: Beck'scher Bilanzkommentar, Handels- und Steuerrecht, hrsg. v. Budde, Wolfgang Dieter u. a., 3. Aufl., München 1995 (§ 246 HGB).

Budde, Wolfgang Dieter/Karig, Klaus Peter, § 248 HGB, in: Beck'scher Bilanzkommentar, Handels- und Steuerrecht, hrsg. v. Budde, Wolfgang Dieter u. a., 3. Aufl., München 1995 (§ 248 HGB).

Castan, Edgar, Anschaffungskosten, Prüfung der, in: HWRev, hrsg. v. Coenenberg, Adolf Gerhard/Wysocki, Klaus v., 2. Aufl., Stuttgart 1992, Sp. 48–62 (Anschaffungskosten).

Drenseck, Walter, Anmerkung zu Bundesfinanzhof, Urteil vom 9. 5. 1995 – IX R 5/93, in: FR 1995, S. 822–823 (Anmerkung).

Ellrott, Helmut/Schmidt-Wendt, Dietrich, § 255 HGB, in: Beck'scher Bilanzkommentar, Handels- und Steuerrecht, hrsg. v. Budde, Wolfgang Dieter u. a., 3. Aufl., München 1995 (§ 255 HGB).

Gail, Winfried, Herstellungs- und Erhaltungsaufwand bei Sanierungsmaßnahmen, in: Bilanzierung von Umweltlasten und Umweltschutzverpflichtungen, hrsg. v. Herzig, Norbert, Köln 1994, S. 87–102 (Sanierungsmaßnahmen).

Glanegger, Peter, Anschaffungs- und Herstellungskosten bei Grundstücken und Gebäuden, in: DB 1987, S. 2115–2120, 2173–2176 (Anschaffungs- und Herstellungskosten).

Goerdeler, Reinhard/Müller, Welf, Die Behandlung von nichtigen oder schwebend unwirksamen Anschaffungsgeschäften, von Forderungsverzichten und Sanierungszuschüssen im Jahresabschluß, in: WPg 1980, S. 313–322 (Behandlung).

Herrmann, Carl/Heuer, Gerhard/Raupach, Arndt, Einkommensteuer- und Körperschaftsteuergesetz, Kommentar, 21. Aufl., Köln 1950/96.

Heuermann, Bernd, Anschaffungsnaher Aufwand – Überlegungen zur neuesten Rechtsprechung des BFH, in: DB 1992, S. 600–606 (Anschaffungsnaher Aufwand).

Knop, Wolfgang/Küting, Karlheinz, § 255 HGB, in: Handbuch der Rechnungslegung, Kommentar zur Bilanzierung und Prüfung, hrsg. v. Küting, Karlheinz/Weber, Claus-Peter, Bd. Ia, 4. Aufl., Stuttgart 1995 (§ 255 HGB).

Kraft, Cornelia/Kraft, Gerhard, Steuerliche Konsequenzen aus der Verlustausgleichsverpflichtung des beherrschenden GmbH-Gesellschafters, in: BB 1992, S. 2465–2470 (Verlustausgleichsverpflichtung).

Kücken, Norbert, Herstellungskosten für Beteiligungen?, in: WPg 1983, S. 579–583.

Kupsch, Peter, Zur Problematik der Ermittlung von Anschaffungskosten, in: StbJb 1990, S. 93–127 (Problematik).

Nordmeyer, Andreas, Anschaffungs- und Herstellungskosten nach neuem Recht, in: Bilanzanalyse und Bilanzpolitik, hrsg. v. Baetge, Jörg, Düsseldorf 1989, S. 215–241 (Anschaffungs- und Herstellungskosten).

Nordmeyer, Andreas, Sachanlagen, in: Beck'sches Handbuch der Rechnungslegung, hrsg. v. Castan, Edgar u. a., München 1989, Bd. I, B 212.

Ordelheide, Dieter, Anschaffungskosten, in: Beck'sches Handbuch der Rechnungslegung, hrsg. v. Castan, Edgar u. a., München 1989, Bd. I, B 162.

Ordelheide, Dieter, Herstellungskosten, in: Beck'sches Handbuch der Rechnungslegung, hrsg. v. Castan, Edgar u. a., München 1992, Bd. I, B 163.

Pezzer, Heinz-Jürgen, Die Instandsetzung und Modernisierung von Gebäuden nach der jüngsten Rechtsprechung des BFH, in: DB 1996, S. 849–856 (Instandsetzung).

Prinz, Ulrich, Anschaffungsnaher Aufwand – aktuelle beratungsrelevante Aspekte, in: FR 1990, S. 632–634 (Anschaffungsnaher Aufwand).

Söffing, Günter, Der anschaffungsnahe Aufwand, in: DB 1986, S. 662–664.

Söffing, Günter, Anschaffungsnaher Aufwand – Rechtsprechung im Wandel?, in: StVj 1989, S. 163–174 (Anschaffungsnaher Aufwand).

Stephan, Rudolf, Vom anschaffungs- zum erwerbsnahen Aufwand, in: DB 1995, S. 2282–2284 (Aufwand).

Stobbe, Thomas, Eingeschränkte Maßgeblichkeit bei den Herstellungskosten, in: FR 1994, S. 105–109 (Eingeschränkte Maßgeblichkeit).

Streim, Hannes, Betriebsbereiter Zustand, in: Handwörterbuch unbestimmter Rechtsbegriffe im Bilanzrecht des HGB, hrsg. v. Leffson, Ulrich u. a., Köln 1986, S. 78–86.

Stuible-Treder, Jutta, Zur Abgrenzung von Herstellungskosten und Erhaltungsaufwand bei Ortsnetzen der Versorgungswirtschaft, in: BB 1993, S. 1628–1630 (Abgrenzung).

Vodrazka, Karl, Wesentliche Verbesserung, in: Handwörterbuch unbestimmter Rechtsbegriffe im Bilanzrecht des HGB, hrsg. v. Leffson, Ulrich u. a., Köln 1986, S. 447–461.

Wichmann, Gerd, Anschaffung und Herstellung als Vorgänge im Wirtschaftsleben – und deren steuerrechtliche Beurteilung, in: DStR 1984, S. 547–556 (Anschaffung und Herstellung).

Wohlgemuth, Michael, Zeitraum der Herstellung, in: Handwörterbuch unbestimmter Rechtsbegriffe im Bilanzrecht des HGB, hrsg. v. Leffson, Ulrich u. a., Köln 1986, S. 470–480.

Wohlgemuth, Michael, Die Anschaffungskosten in der Handels- und Steuerbilanz, Handbuch des Jahresabschlusses in Einzeldarstellungen, hrsg. v. Wysocki, Klaus v., Bd. 1, Abt. I/9, 2. Aufl., Köln 1988 (Anschaffungskosten).

Verzeichnis der Rechtsprechung

BFH, Urteil vom 11. 12. 1953, IV 386/52 U, BStBl. III 1954, S. 74.

BFH, Urteil vom 25. 10. 1955, I 176/54 U, BStBl. III 1995, S. 388–389.

BFH, Urteil vom 26. 10. 1962, VI 212, 213/61 U, BStBl. III 1963, S. 39–40.

BFH, Beschluß vom 22. 8. 1966, GrS 2/66, BStBl. III 1966, S. 672–675.

BFH, Beschluß vom 12. 6. 1978, GrS 1/77, BStBl. II 1978, S. 620–626.

BFH, Urteil vom 12. 2. 1985, IX R 114/83, BStBl. II 1985, S. 690–692.

BFH, Beschluß vom 4. 7. 1990, GrS 1/89, BStBl. II 1990, S. 830–837.

BFH, Urteil vom 18. 12. 1990, VIII R 158/86, in: BFH/NV 1992; S. 15–16.

BFH, Urteil vom 10. 6. 1992, I R 9/91, BStBl. II 1993, S. 41–44.

BFH, Beschluß vom 31. 8. 1994, IX B 44/94, in: BFH/NV 1995, S. 293.

BFH, Urteil vom 9. 5. 1995, IX R 116/92, in: DStR 1995, S. 1377–1380.

BFH, Urteil vom 9. 5. 1995, IX R 5/93, in: DStR 1995, S. 1708–1709.

BFH, Urteil vom 19. 9. 1995, IX R 37/93, BStBl. II 1996, S. 131–132.

FG Münster, Urteil vom 13. 12. 1994, 15 K 6462/93 E, in: EFG 1995, S. 566–567.

RFH, Urteil vom 13. 4. 1937, IA 112/87, RStBl. 1937, S. 681–682.

Lothar Schruff*

Zum Ausweis des Zinsanteils bei der Zuführung zur Pensionsrückstellung

1 Problemstellung

2 Die Konzeption der Gewinn- und Verlustrechnung
   21 Überblick
   22 Konzept der Erfolgsspaltung

3 Darstellung und Analyse der Ausweisalternativen
   31 Zinsanteil des Zuführungsbetrages
   32 Ausweisalternativen

4 Juristische vs. betriebswirtschaftliche Auslegung
   41 Betriebswirtschaftliche Argumentation
   42 Juristische Auslegung
      421. Grammatische Auslegung
      422. Logisch-systematische Auslegung
      423. Historische Auslegung
      424. Teleologische Auslegung

5 Ausweis des Zuführungsbetrages in der Gewinn- und Verlustrechnung von Versicherungsunternehmen

6 Fazit

Univ.-Prof. Dr. Lothar Schruff
Institut für Rechnungs- und Prüfungswesen
privater und öffentlicher Betriebe
Georg-August-Universität Göttingen
Honorarprofessor der
Westfälischen Wilhelms-Universität Münster

---

* Herzlich danke ich meinem wissenschaftlichen Mitarbeiter, Herrn Dipl.-Kfm. Marc Kayser, für die Unterstützung beim Verfassen dieses Beitrages.

1 Problemstellung

Die Pensionsrückstellungen gehören seit jeher zu den besonders intensiv diskutierten Posten des handelsrechtlichen Jahresabschlusses. Jahrzehntelang stand dabei die Diskussion um Passivierungspflicht oder -wahlrecht im Mittelpunkt des Interesses[1]. Der Reichsfinanzhof hatte in seinem Urteil vom 3. 7. 1934[2] zunächst ein Passivierungswahlrecht in Anlehnung an die kaufmännische Übung angenommen. Dies wurde vom Bundesgerichtshof in seinem Urteil vom 27. 2. 1961[3] im Grundsatz bestätigt.

Auch das Aktiengesetz 1965 brachte trotz der vorangegangenen Diskussionen keine Änderung der Rechtslage. Begründet wurde das Fortbestehen des Wahlrechts u. a. mit der Unsicherheit über das Bestehen der Verpflichtung, der Überschuldungsgefahr und sozialpolitischen Erwägungen[4].

Im Rahmen der Umsetzung der 4. EG-Richtlinie durch das Bilanzrichtlinien-Gesetz ist schließlich ein entscheidender Schritt in Richtung Passivierungspflicht vollzogen worden. Demnach besteht eine Passivierungspflicht nach § 249 Abs. 1 HGB für unmittelbare Pensionszusagen, sofern sie nach dem 31. 12. 1986 erfolgt sind. Für Zusagen, die vor dem 1. 1. 1987 gemacht wurden, sowie für mittelbare Zusagen gewährt Art. 28 EGHGB ein Passivierungswahlrecht.

Nachdem die Problematik des Passivierungswahlrechts nun weitgehend entschärft ist, wird zunehmend der Ausweis der Zuführungsbeträge zu den Pensionsrückstellungen in der Gewinn- und Verlustrechnung diskutiert[5]. Die jährlichen Zuführungsbeträge werden seit langem als Personalaufwand in der Gewinn- und Verlustrechnung behandelt. In letzter Zeit sind jedoch bedeutende Unternehmen (z. B. Siemens, Mannesmann) dazu übergegangen, den Zinsanteil der Zuführungsbeträge vom Personalaufwand abzuspalten und als Zinsaufwand dem Finanzergebnis zuzuordnen. In der Literatur wird diese

---

1 Vgl. *IDW*, Pensionsverpflichtungen, S. 20 f.
2 Vgl. RFH, Urteil vom 3. 7. 1934, I A 247, 248/33, S. 1121.
3 Vgl. BGH, Urteil vom 27. 2. 1961, II ZR 292/59, S. 498.
4 Vgl. *Schülen, W.*, in: HdJ, Pensionsrückstellungen, Rn. 19.
5 Vgl. z. B. *Wimmer, K.*, Zuführungsbeträge, S. 1294–1298; *Scheffler, W.*, Altersversorgung, S. 461–472; *Weismüller, A./Kürten, S.*, Bilanzielle Behandlung, S. 721–732.

Vorgehensweise weitgehend für zulässig gehalten[6]. Es finden sich mittlerweile sogar Stimmen, die den Ausweis des Zinsanteils als Zinsaufwand für geboten oder zumindest für „sinnvoller"[7] halten. Begründet wird dies oftmals mit der großen Bedeutung der Pensionsrückstellungen und dem relativ hohen Zinsanteil an der Zuführung[8]. Auch der Jubilar kommt in seinem Standardwerk „Bilanzen" zu dem eher unbefriedigenden Ergebnis, daß die Zuführungsbeträge inklusive Zinsanteil grundsätzlich als Personalaufwand auszuweisen sind, ein Ausweis als Zinsaufwand aber auch „möglich erscheint"[9].

Aktuelle Bedeutung gewinnt die Problematik auch dadurch, daß in § 48 Satz 2 Nr. 3 RechVersV[10] im Rahmen der Umsetzung der Versicherungsbilanzrichtlinie bestimmt wird, daß der Zinsanteil der Zuführungsbeträge zu den Pensionsrückstellungen anstelle des bisherigen Ausweises als Personalaufwand unter den „sonstigen Aufwendungen" in der Gewinn- und Verlustrechnung auszuweisen ist[11].

Im folgenden werden nach einer allgemeinen Darstellung der Konzeption der Gewinn- und Verlustrechnung die verschiedenen Ausweisalternativen vorgestellt und diskutiert. Ein Schwerpunkt wird dabei auf die juristische Auslegung der betroffenen Vorschriften gelegt.

2 Die Konzeption der Gewinn- und Verlustrechnung

21 Überblick

Die Gewinn- und Verlustrechnung dient als Bestandteil des handelsrechtlichen Jahresabschlusses der Erfüllung der Jahresabschlußzwecke. Im Vordergrund steht hierbei das aus Gläubiger- und Gesell-

---

6   Vgl. *Rürüp, L.,* in: HdJ, Erfolgsrechnung, Rn. 234; *Förschle, G.,* in: BeckBilKomm., 3. Aufl., § 275 HGB, Rn. 138; *Adler, H./Düring, W./Schmaltz, K.,* 5. Aufl., § 275 HGB, Tz. 121; a. A. *Claussen, C. P./Korth, H.-M.,* in: Kölner Komm. AktG, 2. Aufl., § 158 AktG, Rn. 58.
7   *IDW,* WP-Handbuch 1996, S. 393.
8   Vgl. z. B. *Adler, H./Düring, W./Schmaltz, K.,* 5. Aufl., § 275 HGB, Tz. 121.
9   *Baetge, J.,* Bilanzen, S. 567.
10 Verordnung über die Rechnungslegung von Versicherungsunternehmen vom 8. 11. 1994, BGBl. I 1994, S. 3378.
11 Zustimmend: *Will, R./Weidenfeld, G.,* Erfolgswirtschaftliche Wirkungen, S. 431 ff.; ablehnend: *Hesberg, D.,* in: Beck'sches HdR, Bilanzierung von Versicherungsunternehmen, Rn. 82 ff.

schafterschutz abgeleitete Informationsbedürfnis hinsichtlich der Ertragslage der Gesellschaft[12]. Dieser Aufgabe soll bei Kapitalgesellschaften u. a. die Festlegung der Gliederungsschemata für die Gewinn- und Verlustrechnung in § 275 HGB dienen. Als alternative Gliederungsformen sind das Gesamtkostenverfahren und das Umsatzkostenverfahren vorgesehen. Das Gesamtkostenverfahren gliedert den Aufwand nach Aufwandsarten, unabhängig davon, ob die im Geschäftsjahr hergestellten Produkte oder erbrachten Leistungen am Markt abgesetzt wurden oder nicht. Beim Umsatzkostenverfahren werden den Umsatzerlösen die Herstellungskosten der im Geschäftsjahr erbrachten Leistungen bzw. abgesetzten Produkte gegenübergestellt[13].

Die hier zu untersuchende Ausweisproblematik stellt sich bei beiden Verfahren ähnlich dar: Beim Gesamtkostenverfahren nach § 275 Abs. 2 HGB ist die Entscheidung zu treffen, ob der gesamte Zuführungsbetrag im Personalaufwand (Posten 6b: soziale Abgaben und Aufwendungen für Altersversorgung und für Unterstützung, mit dem Vermerk „davon für Altersversorgung") ausgewiesen wird oder der Zinsanteil der Zuführung in den Posten 13 „Zinsen und ähnliche Aufwendungen" umgegliedert wird. Beim Umsatzkostenverfahren nach § 275 Abs. 3 HGB ist zu entscheiden, ob die Zuführungen (incl. Zinsanteil) je nach funktionaler Zugehörigkeit in den Posten 2 (Herstellungskosten der zur Erzielung der Umsatzerlöse erbrachten Leistungen), Posten 4 (Vertriebskosten) bzw. Posten 5 (allgemeine Verwaltungskosten) ausgewiesen werden oder ob eine Abspaltung des Zinsanteils vorgenommen wird und dieser in Posten 12 (Zinsen und ähnliche Aufwendungen) ausgewiesen wird. Außerdem ist bei Anwendung des Umsatzkostenverfahrens gemäß § 285 Nr. 8b HGB der Personalaufwand gegliedert nach § 275 Abs. 2 Nr. 6 HGB im Anhang anzugeben. Aufgrund der ähnlich gelagerten Problematik wird im folgenden vornehmlich auf das Gesamtkostenverfahren Bezug genommen.

Die Frage des Ausweises ist nicht nur formaler Art. Es ist für den gesetzlich geforderten Einblick in die Ertragslage von Bedeutung, ob der Zinsanteil, wie bei der herkömmlichen Handhabung, in das Betriebsergebnis[14] eingeht, beim Ausweis als Zinsaufwand jedoch ins

---

12 Vgl. z. B. *Adler, H./Düring, W./Schmaltz, K.*, 5. Aufl., § 275 HGB, Tz. 17 ff.
13 Vgl. z. B. *Adler, H./Düring, W./Schmaltz, K.*, 5. Aufl., § 275 HGB, Tz. 29 f.; *Förschle, G.*, in: BeckBil-Komm., 3. Aufl., § 275 HGB, Rn. 29.
14 Gesamtkostenverfahren: Posten 1–8; Umsatzkostenverfahren: Posten 1–7.

Finanzergebnis[15]. Daher soll zunächst untersucht werden, welche Bedeutung der Abgrenzung von Betriebs- und Finanzergebnis in der Gewinn- und Verlustrechnung zukommt.

22 Konzept der Erfolgsspaltung

Die Gliederung der Gewinn- und Verlustrechnung ist durch das betriebswirtschaftliche Konzept der Erfolgsspaltung gekennzeichnet[16]. Die Aufwendungen und Erträge sollen nach Art, Höhe und Quelle gegliedert aufgeführt werden. Aus Gründen der Systematisierung[17] sind daher auch bestimmte Zwischensummen verbindlich auszuweisen[18], so etwa das Ergebnis der gewöhnlichen Geschäftstätigkeit (Gesamtkostenverfahren Posten 14), das außerordentliche Ergebnis (Posten 17) und das Jahresergebnis als Jahresüberschuß oder -fehlbetrag (Posten 20). Nicht unmittelbar ausgewiesen werden hingegen das Betriebs- und das Finanzergebnis[19]. Im Regierungsentwurf zur Umsetzung der 4. EG-Richtlinie war ursprünglich eine weitere Zwischensumme als Saldo der Posten 1–8 nach dem Gesamtkostenverfahren bzw. der Posten 1–7 nach dem Umsatzkostenverfahren vorgesehen. Im Bericht des Rechtsausschusses heißt es schließlich, man habe auf die Kodifizierung dieser Zwischensumme verzichtet, da sie von der 4. EG-Richtlinie nicht vorgegeben und betriebswirtschaftlich auch nicht erforderlich sei[20]. Dennoch wird heute eine Trennung in Betriebs- und Finanzergebnis als wichtig angesehen, um die verschiedenartigen Erfolgseinflüsse transparent zu machen. Besonders auf dem Gebiet der Bilanzanalyse ist dies von großer Bedeutung[21,22].

---

15 Gesamtkostenverfahren: Posten 9–13; Umsatzkostenverfahren: Posten 8–12.
16 Vgl. *Förschle, G.*, in: BeckBil-Komm., 3. Aufl., § 275 HGB, Rn. 41; *Wehrheim, M.*, Erfolgsspaltung, S. 508.
17 Vgl. *Hauschildt, J./Grenz, T./Gemünden, H. G.*, Entschlüsselung von Unternehmenskrisen, S. 877: „[. . .] die unüberschaubare Vielfalt der Einzelpositionen auf wenige, besser erfaßbare Positionen zu verringern. Erfolgsspaltung steht damit im Dienste der Informationsverdichtung."
18 Vgl. Übersichten in *Gross, G./Schruff, L.*, Jahresabschluß, S. 181 und S. 185.
19 Vgl. auch *Rürup, L.*, in: HdJ, Erfolgsrechnung, Rn. 37 ff.
20 Vgl. *Wohlgemuth, M./Hofbauer, M. A.*, in: BoHR, § 253 HGB, S. 6.
21 Vgl. *Graumann, M.*, Bilanzanalyse, S. 724; *Coenenberg, A. G.*, Jahresabschluß und Jahresabschlußanalyse, S. 596 ff. Zur Aufwandsanalyse vgl. *Scheffler, W.*, Altersversorgung, S. 469.
22 Dabei werden insbesondere von Bilanzanalytikern die Betriebserfolge höher

Als zum Betriebsergebnis gehörend werden dabei Aufwendungen und Erträge angesehen, die unmittelbar mit der betrieblichen Leistungserstellung zusammenhängen. Dem Finanzergebnis hingegen werden Geschäftsvorfälle zugeordnet, die im Zusammenhang mit Finanzdispositionen oder Konzernbeziehungen stehen[23]. Einer solchen Erfolgsspaltung nach betriebswirtschaftlichen Gesichtspunkten sind jedoch Grenzen gesetzt. Aufgrund der Abgrenzungsproblematik muß die Unterteilung relativ grob bleiben, wobei das „Kriterium der überwiegenden Zugehörigkeit"[24] Anwendung findet. So werden die Gehälter von Mitarbeitern, die ausschließlich im Finanzbereich tätig sind, als Personalaufwendungen im Betriebsergebnis ausgewiesen und nicht im Finanzergebnis, dem sie nach rein betriebswirtschaftlicher Betrachtung zuzuordnen wären.

Ein weiterer Kritikpunkt an der Konzeption der Erfolgsspaltung der Gewinn- und Verlustrechnung in § 275 HGB ist, daß die betriebswirtschaftlichen Kriterien der Betriebsbezogenheit, Regelmäßigkeit und Periodenbezogenheit nicht ausreichend berücksichtigt werden[25]. Vor allem die zu enge Auslegung des außerordentlichen Ergebnisses findet in der Literatur[26] keine Zustimmung. *Wehrheim* schlägt daher in Anlehnung an die US-amerikanischen Vorschriften eine Unterteilung in „ordentlichen Betriebserfolg", „Finanzerfolg" sowie „ungewöhnlichen Erfolg" vor. Im Rahmen des ordentlichen Betriebserfolges sind dabei u. U. Teile der sonstigen Aufwendungen und der sonstigen Erträge in den ungewöhnlichen Erfolg umzugliedern[27].

Es bleibt schließlich festzuhalten, daß sich die Gliederung der Gewinn- und Verlustrechnung zwar an betriebswirtschaftlichen Gesichtspunkten orientiert, die Erfolgsspaltung aber zwangsläufig nicht

---

  eingeschätzt als Finanzerfolge, da erstere i. d. R. stetig und nachhaltig auftreten und zur Domäne des Unternehmens zählen. Außerdem gibt die Entwicklung des Betriebsergebnisses oft Aufschlüsse über eine sich anbahnende Krise, was beim Finanzergebnis nicht der Fall ist. Vgl. *Hauschildt, J./Grenz, T./Gemünden, H. G.*, Entschlüsselung von Unternehmenskrisen, S. 879 ff.
23 Vgl. *Lachnit, L.*, in: BoHR, § 275 HGB, S. 17.
24 *Förschle, G.*, in: BeckBil-Komm., 3. Aufl., § 275 HGB, Rn. 42.
25 Vgl. *Wehrheim, M.*, Erfolgsspaltung, S. 510.
26 Vgl. *Wehrheim, M.*, Erfolgsspaltung, S. 509; *Coenenberg, A. G.*, Jahresabschluß und Jahresabschlußanalyse, S. 278 f. und S. 595 ff.
27 Vgl. *Wehrheim, M.*, Erfolgsspaltung, S. 509.

so exakt erfolgen kann wie z. B. bei einer Kosten(stellen)rechnung[28, 29]. Das bedeutet auch, daß die Zuordnung von Beträgen zum Betriebs- oder Finanzergebnis oft nicht eindeutig sein kann.

3 Darstellung und Analyse der Ausweisalternativen

31 Zinsanteil des Zuführungsbetrages

Zunächst soll konkretisiert werden, welcher Betrag als Zinsanteil verstanden wird. Rentenverpflichtungen, für die eine Gegenleistung nicht mehr zu erwarten ist, sind gemäß § 253 Abs. 1 Satz 2 HGB mit dem Barwert anzusetzen. Hierbei handelt es sich um laufende Pensionen oder unverfallbare Anwartschaften von bereits ausgeschiedenen Mitarbeitern. Für die Bewertung von Anwartschaften im Unternehmen tätiger Mitarbeiter gilt der allgemeine Grundsatz der vernünftigen kaufmännischen Beurteilung (§ 253 Abs. 1 Satz 2 HGB).

Unter Berücksichtigung der GoB sind Pensionsrückstellungen nach den anerkannten Regeln der Versicherungsmathematik zu bewerten, wobei die Mittel während der Aktivitätsperiode des Arbeitnehmers im Unternehmen angesammelt werden[30]. Die Abzinsung von Pensionsrückstellungen ist aber nicht unwidersprochen geblieben[31]. Die Berechnung beruht auf dem Gedanken der Selbstversicherung. Das Unternehmen zahlt demnach jährlich eine fiktive Lebensversicherungsprämie für den Arbeitnehmer an sich selbst. Diese Prämie wird über die Jahre der Tätigkeit des Arbeitnehmers im Unternehmen angesammelt und verzinst. Da das zur Verfügung stehende Kapital nicht – wie bei Versicherungsunternehmen – am Kapitalmarkt angelegt wird, sondern eine Verzinsung durch die Unternehmenstätigkeit unterstellt wird, ist die Verzinsung „rein kalkulatorischer Natur"[32]. Ob die kalkulatorische Verzinsung im Unternehmen tatsächlich er-

---

28 Vgl. auch BFH, Urteil vom 17. 7. 1974, I R 195/72, S. 686: „Die Bilanz im Rechtssinne ist keine Kostenrechnung."
29 Vgl. auch kritisch zur Erfolgsspaltung: *Küting, K./Weber, C.-P.*, Bilanzanalyse, S. 243 ff.
30 Vgl. *HFA des IDW*, Stellungnahme 2/1988, S. 404.
31 Vgl. z. B. *Böcking, H.-J.*, Bilanzrechtstheorie und Verzinslichkeit, S. 272 ff.
32 *Schüten, W.*, in: HdJ, Pensionsrückstellungen, Rn. 31. Zur Wiederanlageprämisse vgl. auch *Hartung, W.*, Jubiläumsrückstellungen, S. 741.

zielt wird, ist ungewiß. Daraus läßt sich schließen, daß Unternehmen in Verlustphasen grundsätzlich keine Abzinsung vornehmen dürften[33]. Außerdem ist fraglich, ob eine rückstellungsmindernde Abzinsung nicht generell gegen das Realisationsprinzip verstößt, da unrealisierte Gewinne berücksichtigt werden[34].

Folgt man dem Gedanken der Selbstversicherung, so läßt sich die jährliche Zuführung in einen Betrag, der die konstante Nettoprämie[35] darstellt, und in einen Zinsanteil aufspalten[36]. Grundsätzlich wird bei der Berechnung dieser Zinsen der Bestand der Pensionsrückstellungen am Jahresanfang mit dem Kalkulationszinssatz verzinst[37]. Offen bleibt, ob dieser Zinsanteil dem Betriebs- oder dem Finanzergebnis zuzuordnen ist.

32 Ausweisalternativen

Von vielen Seiten wird ein Ausweis des Zinsanteils im Finanzergebnis mit „der gestiegenen Bedeutung der Pensionsrückstellungen"[38] und dem „relativ hohen"[39] Zinsanteil der Zuführung begründet. Neben diesen eher pragmatischen Gedanken werden auch handelsrechtliche Aspekte aufgezeigt.

Die Aussagefähigkeit des Jahresabschlusses werde durch eine Umgliederung des Zinsanteils vom Personal- in den Zinsaufwand erhöht, denn so werde in der Gewinn- und Verlustrechnung dem Fremdkapitalcharakter der Pensionsrückstellung Rechnung getragen[40]. Nur durch eine Gleichstellung mit Zinsen auf ein Darlehen, die als Zinsaufwendungen ausgewiesen werden, könne die Ertragslage zutreffend

---

33 So auch *Hardes, W.,* Bewertung, S. 1804.
34 Vgl. *Hardes, W.,* Bewertung, S. 1805; *Moxter, A.,* Einführung, S. 16.
35 Zu neueren Verfahren, bei denen sich der jährliche Grundbetrag im Zeitablauf ändert, vgl. *Thurmayr, G.,* Moderne Ansätze, S. 693 ff.
36 Vgl. *Weismüller, A./Kürten, S.,* Bilanzielle Behandlung, S. 722; *Rößler, N./Dernberger, M./Schmandt, E. M.,* Aufspaltung, S. 1786. *Scheffler* nimmt sogar eine Unterteilung in drei Komponenten vor: Jahresbetrag, Zinsanteil und Risikokomponente; vgl. *Scheffler, W.,* Altersversorgung, S. 462.
37 Zur Ermittlung der Zinskomponente vgl. *Weismüller, A./Kürten, S.,* Bilanzielle Behandlung, S. 726 ff.
38 *Adler, H./Düring, W./Schmaltz, K.,* 5. Aufl., § 275 HGB, Tz. 121.
39 *IDW,* WP-Handbuch 1996, S. 392 f.
40 Vgl. *Weismüller, A./Kürten, S.,* Bilanzielle Behandlung, S. 723.

ausgewiesen werden. Dabei wird verschiedentlich unterstellt, daß der Zinsanteil seitens des Arbeitgebers eine Vergütung für vom Arbeitnehmer gestundeten Arbeitslohn darstellt und somit wirtschaftlich mit einem Darlehen gleichzustellen sei[41].

Als weiteres Argument wird häufig die Analogie zu mittelbaren Versorgungszusagen angeführt. Wird im Falle einer mittelbaren Zusage, bspw. unter Einschaltung einer Unterstützungskasse, das Kassenvermögen dem Unternehmen – vergleichbar einer direkten Zusage – wieder durch ein Darlehen zur Verfügung gestellt, so wird das Entgelt für die Bereitstellung des Kapitals in der Gewinn- und Verlustrechnung des Trägerunternehmens als Zinsaufwand erfaßt. Für einen Ausweis des Zinsanteils im Finanzergebnis spreche daher die bessere Vergleichbarkeit mit Jahresabschlüssen von Unternehmen, die eine andere Form der Altersversorgung gewählt haben.

Eine ähnliche Argumentation ergibt sich aus der Forderung nach internationaler Vergleichbarkeit: Da in anderen Staaten, so z. B. in den USA, die mittelbaren Zusagen überwiegen[42], kann eine internationale Vergleichbarkeit der Jahresabschlüsse nur durch einen Ausweis des Zinsanteils im Finanzergebnis erreicht werden[43].

Gegen diese Sichtweise werden allerdings auch schwerwiegende Einwände erhoben. Zum einen wird der Unterschied zwischen der Finanzierung aus Pensionsrückstellungen und einer Darlehensaufnahme herausgestellt. Bei Mitteln aus einer Innenfinanzierung seien typischerweise gerade keine Zinszahlungen zu tätigen. Somit könne sich nur eine von der bilanziellen Behandlung eines Darlehens verschiedene Berücksichtigung dieser Tatsache zutreffend zeigen[44]. Die Abzinsung trage lediglich dem Umstand Rechnung, daß die zurückgestellten Beträge im Unternehmen bleiben und somit Erträge erwirtschaften. Es handle sich demnach um reine kalkulatorische Kosten und ein Ausweis als Zinsaufwand verstoße gegen den Grundsatz der Pagatorik[45].

---

41 Vgl. *Scheffler, W.,* Altersversorgung, S. 466.
42 Vgl. *Schruff, L.,* Pensionsverpflichtungen, S. 68 ff.
43 Vgl. *Weismüller, A./Kürten, S.,* Bilanzielle Behandlung, S. 726.
44 Vgl. *Wimmer, K.,* Zuführungsbeträge, S. 1297.
45 Vgl. *Wimmer, K.,* Zuführungsbeträge, S. 1297.

Eine Kreditbeziehung zwischen Arbeitnehmer und Arbeitgeber liegt nach dieser Ansicht nicht vor. Bei den Pensionen handelt es sich demnach auch nicht um einen gestundeten Betrag, sondern um ein zusätzliches Arbeitsentgelt, das lange Betriebstreue belohnt. Die Abspaltung des Zinsanteils, nicht dagegen der undifferenzierte Ausweis der Zuführungsbeträge als Personalaufwand, führe somit aufgrund der großen zahlenmäßigen Bedeutung des Zinsanteils zu einer Verzerrung der Ertragslage[46].

Bei der Beurteilung dieser Argumente ist die Konzeption des Jahresabschlusses zu berücksichtigen, wonach darin bestimmte Sachverhalte abgebildet werden und nicht unterschiedliche Sachverhalte gleichgemacht werden sollen. Welche der beiden Alternativen handelsrechtlich geboten ist, bzw. ob evtl. ein Wahlrecht gegeben ist, soll im folgenden untersucht werden.

4 Juristische vs. betriebswirtschaftliche Auslegung

41 Betriebswirtschaftliche Argumentation

Da die Befürworter einer Abspaltung des Zinsanteils überwiegend betriebswirtschaftlich argumentieren, soll an dieser Stelle der Frage nachgegangen werden, welche Bedeutung der betriebswirtschaftlichen Sichtweise bei der hier zu behandelnden Fragestellung zukommt. Grundsätzlich sind Gesetze anhand der juristischen Auslegung zu deuten[47]. Gleichwohl kommt im Handelsbilanzrecht aber auch der wirtschaftlichen Betrachtungsweise eine besondere Bedeutung zu[48]. Die im Jahresabschluß abzubildenden Geschäftsvorfälle sind nicht allein nach ihrem formalrechtlichen Gehalt, sondern auch unter wirtschaftlichen Gesichtspunkten zu beurteilen[49]. Dies bedeutet jedoch nicht, daß rein betriebswirtschaftliche Überlegungen die eine oder andere Bilanzierungsweise rechtfertigen können. Das ,,betriebs-

---

46 Vgl. *Wimmer, K.,* Zuführungsbeträge, S. 1297.
47 Vgl. z. B. *Larenz, K.,* Methodenlehre, S. 312 ff.
48 Der Jubilar dürfte mit seinem Konzept der hermeneutischen Auslegung zu ähnlichen Ergebnissen kommen. Vgl. *Baetge, J./Kirsch, H.-J.,* in: HdR Ia, 4. Aufl., Grundsätze ordnungsmäßiger Buchführung, S. 140 ff.
49 Vgl. *Gruber, T.,* Bilanzansatz, S. 18 ff.

wirtschaftlich Wünschenswerte"⁵⁰ entspricht nicht immer dem rechtlich Erforderlichen bzw. Zulässigen. Wirtschaftliche Gesichtspunkte sind lediglich als Hilfsmittel im Rahmen einer teleologischen Auslegung zu berücksichtigen⁵¹.

Übertragen auf die Bilanzierung der Zuführungsbeträge zu den Pensionsrückstellungen bedeutet dies, daß die gerade in der mit der Rechtsauslegung befaßten Kommentarliteratur immer wieder zu findenden Argumente der großen zahlenmäßigen Bedeutung⁵² und der Höhe des Zinsanteils keine Berücksichtigung bei der Beurteilung der Ausweisalternativen finden können. Die Abbildung von Geschäftsvorfällen im Jahresabschluß kann nicht von der relativen Bedeutung des Postens im Bilanzbild der Unternehmen abhängen. Vielmehr sind die in der juristischen Methodenlehre entwickelten Auslegungskriterien zugrunde zu legen, also die grammatische, logisch-systematische, historische und teleologische Auslegung.

42 Juristische Auslegung

421. Grammatische Auslegung

Im Rahmen einer Auslegung des Wortsinns ist zu untersuchen, was unter den Begriffen „Aufwendungen für Altersversorgung" und „Zinsen" in der Vorschrift des § 275 Abs. 2 HGB zu verstehen ist. Zuführungsbeträge zu den Pensionsrückstellungen stellen zweifellos Personalaufwand, genauer Aufwendungen für Altersversorgung, dar. Fraglich ist allerdings, ob der oben charakterisierte Zinsbestandteil dieser Position subsumiert werden kann oder ob dieser unter den Begriff der Zinsen oder der ähnlichen Aufwendungen zu fassen ist.

Als Zinsen werden grundsätzlich Aufwendungen für in Anspruch genommenes Fremdkapital ausgewiesen. Ähnliche Aufwendungen sind solche, die zumindest den Charakter einer Zinszahlung haben⁵³. Bei dem hier zu wertenden Sachverhalt kann eine eindeutige Entscheidung im Rahmen der grammatischen Auslegung nicht getroffen

---

50 *Kammann, E.,* Stichtagsprinzip, S. 10.
51 Vgl. *Beisse, H.,* Bilanzrecht und Betriebswirtschaftslehre, S. 12 f.
52 Vgl. Fn. 38 und Fn. 39.
53 Vgl. z. B. *Förschle, G.,* in: BeckBil-Komm., 3. Aufl., § 275 HGB, Rn. 204 ff.

werden. Einerseits handelt es sich bei dem Zinsanteil nicht unmittelbar um ein Entgelt für ein in Anspruch genommenes Darlehen, so daß ein Ausweis als Personalaufwand plausibel erscheint. Hinzu kommt, daß es sich bei der Abzinsung lediglich um einen Bewertungsvorgang handelt, nicht um eine tatsächliche Zahlung. Andererseits ist auch eine Rückstellung als Fremdkapital zu qualifizieren und der Zinsanteil könnte daher auch als eine Art Entgelt dafür angesehen werden. Vom Begriff her kann deswegen auch ein Ausweis als Zinsaufwand, zumindest aber als zinsähnlicher Aufwand nicht ausgeschlossen werden.

Der Wortsinn des § 275 Abs. 2 HGB schließt weder die eine noch die andere Art des Ausweises vollkommen aus, wobei die Abspaltung des Zinsanteils etwas größere Interpretationsschwierigkeiten mit sich bringt als die Zusammenfassung beider Bestandteile im Personalaufwand[54].

422. Logisch-systematische Auslegung

Bei der Berücksichtigung des Bedeutungszusammenhangs des Gesetzes ist zunächst auf die Vorschrift des § 253 HGB einzugehen. § 253 HGB ist nach der Überschrift zum dritten Titel des 1. Abschnitts des 3. Buches des HGB eine für alle Kaufleute geltende „Bewertungsvorschrift". Wenn § 253 Abs. 1 HGB, der u. a. bestimmt, daß Rentenverpflichtungen, für die eine Gegenleistung nicht mehr zu erwarten ist, mit dem Barwert anzusetzen sind, eine reine Bewertungsvorschrift ist, dann kann es sich bei dem Zinsanteil wohl nicht um ein Entgelt für eine Kreditvereinbarung handeln. Die Funktion der Abzinsung ist demnach nur die einer objektivierten Bewertung. Nicht gefolgt werden kann daher der Argumentation, die Pensionszusage stelle eine Darlehensaufnahme des Arbeitgebers beim Arbeitnehmer dar. Die Einordnung der Vorschrift als Bewertungsvorschrift scheint eindeutig auf einen Ausweis als Personalaufwand hinzudeuten.

Weiterhin muß jedoch der 2. Halbsatz des § 253 Abs. 1 Satz 2 HGB in Betracht gezogen werden. Danach sind Rückstellungen nur abzuzinsen, soweit die ihnen zugrundeliegenden Verbindlichkeiten einen

---

54 Außerdem kann auf das Kriterium der überwiegenden Zugehörigkeit verwiesen werden; vgl. Abschnitt 22.

Zinsanteil enthalten. Dieser Zusatz wurde ins HGB durch das Versicherungsbilanzrichtliniegesetz vom 24. 6. 1994[55] eingefügt. Nach h. M. galt dieser Grundsatz allerdings bereits vorher, die Kodifizierung hatte lediglich klarstellende Bedeutung[56]. Fraglich ist, ob diese Vorschrift auch für Pensionsrückstellungen gilt oder ob diese als Ausnahmefall anzusehen sind.

Für laufende Pensionen ist die Abzinsung in § 253 Abs. 1 Satz 2 HGB explizit vorgeschrieben, nicht dagegen für Anwartschaften, bei denen die Mitarbeiter noch im Unternehmen tätig sind. Anwartschaften sind deshalb nach der allgemeinen Bewertungsregel für Rückstellungen mit einem Betrag anzusetzen, der nach vernünftiger kaufmännischer Beurteilung notwendig ist. Eine Abzinsung der Rückstellung ist nach dem neueingefügten 2. Halbsatz des § 253 Abs. 1 Satz 2 HGB grundsätzlich nur zulässig, wenn die zugrundeliegende Verbindlichkeit, also die Rentenverpflichtung, einen Zinsanteil enthält. Die Tatsache, daß nach dem Grundsatz der vernünftigen kaufmännischen Beurteilung eine Abzinsung auch bei Anwartschaften vorgenommen wird, obwohl der Mitarbeiter noch im Unternehmen tätig ist, läßt darauf schließen, daß ein Zinsanteil vorhanden ist. Dies würde dafür sprechen, diesen Anteil im Finanzergebnis auszuweisen.

Um dieses Problem zu lösen, muß die Funktion der Abzinsung bei Pensionsrückstellungen untersucht werden. Soll die Abzinsung der Norm des § 253 Abs. 1 Satz 2 zweiter Halbsatz HGB gerecht werden, so muß eine offene oder verdeckte Zinsabrede vorliegen. Von den Befürwortern des getrennten Ausweises des Zinsanteils wird in der Pensionszusage dementsprechend auch eine Analogie zu einer Darlehensaufnahme gesehen und der Zinsanteil somit als Entgelt für bereitgestelltes Kapital interpretiert. Dieser Ansicht kann nicht gefolgt werden. Bei einer Pensionszusage handelt es sich nicht um eine Kreditvereinbarung. Der Arbeitnehmer stellt dem Unternehmen nicht einen Teil seines Arbeitslohnes zur Verfügung, auf den er bereits vorher hätte zurückgreifen können[57], sondern er erhält eine Zusage für ein zusätzliches Arbeitsentgelt mit späterer Fälligkeit als Aus-

---

55 BGBl. I 1994, S. 1377 ff.
56 Vgl. z. B. *Kaiser, K./Müller, M. A.*, Abzinsung, S. 1878, mit Verweis auf den Rechtsausschuß.
57 So auch *Hardes, W.*, Bewertung, S. 1804.

druck seiner Betriebstreue. Von einer Stundung seitens des Arbeitnehmers kann also keinesfalls gesprochen werden[58].

Weiterhin soll kurz auf die Behandlung von Abzinsungsbeträgen, die nicht aus Pensionsrückstellungen resultieren, eingegangen werden. Bei der Abzinsung von Forderungen etwa werden die Abzinsungsbeträge als sonstige betriebliche Aufwendungen oder als Abschreibungen ausgewiesen[59]. Diese Abzinsungsbeträge werden also nicht als Zinsaufwand verbucht. Gleiches muß demnach auch für den aus der Abzinsung resultierenden Zinsanteil an den Pensionsrückstellungen gelten.

Es bleibt festzuhalten, daß auch die logisch-systematische Auslegung zu keinem endgültigen Ergebnis geführt hat. Die Tatsache, daß § 253 HGB als Bewertungsvorschrift deklariert ist, scheint auf einen Ausweis als Personalaufwand hinzudeuten, ebenso wie die grundsätzliche Behandlung von Abzinsungsbeträgen bei anderen Sachverhalten. Andererseits impliziert der zweite Halbsatz des § 253 Abs. 1 Satz 2 HGB, daß auch Pensionsrückstellungen einen Zinsanteil enthalten müssen, um die Abzinsung zu rechtfertigen. Daraus könnte auf einen Ausweis im Finanzergebnis geschlossen werden.

423. Historische Auslegung

Im Rahmen der historischen Auslegung soll zunächst auf die Entwicklung der 4. EG-Richtlinie eingegangen werden. Im Vorentwurf zur 4. EG-Richtlinie war zunächst eine Aufspaltung der Gewinn- und Verlustrechnung in ein Betriebs- und ein Finanzergebnis ausdrücklich vorgesehen. In der Begründung heißt es, es sei eine der wesentlichen Aufgaben der Gewinn- und Verlustrechnung, die Erfolgsquellen deutlich zu machen[60]. Dazu ist u. a. auch eine Unterteilung in ein Ergebnis aus der betrieblichen Leistungserstellung sowie ein Ergeb-

---

58 Vgl. auch *Clemm, H./Nonnenmacher, R.,* in: BeckBil-Komm., 3. Aufl., § 253 HGB, Rn. 68: „Dagegen können bei erst nach geraumer Zeit zu erbringenden Zahlungen für Arbeitsleistungen [...] verdeckte Zinszahlungen in aller Regel nicht angenommen werden. In diesen Fällen gibt es regelmäßig keine Anhaltspunkte dafür, daß von den Beteiligten neben dem Arbeitsvertrag noch ein verdecktes Kreditgeschäft gewollt ist [...]."
59 Vgl. z. B. *Adler, H./Düring, W./Schmaltz, K.,* 5. Aufl., § 275 HGB, Tz. 171.
60 Vgl. *Schruff, L.,* Entwicklung, S. 98/99.

nis aus dem ,,finanziellen Prozeß des Geschäftsjahres"[61] nötig. Betriebs- und Finanzergebnis waren dementsprechend gesondert als Zwischensummen auszuweisen.

Von Bedeutung erscheint in diesem Zusammenhang der Klammerzusatz hinter der Überschrift ,,Betriebsergebnis" im Richtlinien-Vorschlag von 1971 und im geänderten Vorschlag von 1974. Dort heißt es: ,,mit Ausnahme der gegebenenfalls in II [Finanzergebnis] enthaltenen betrieblichen Aufwendungen und Erträge"[62]. Dies unterstützt die bereits oben gemachte Aussage[63], daß eine exakte Trennung der finanziellen und betrieblichen Tätigkeiten in der Gewinn- und Verlustrechnung nicht möglich und wohl auch nicht beabsichtigt ist. Andernfalls müßte man sich die Frage stellen, ob die Zinszahlung für einen Kredit, der der betrieblichen Leistungserstellung dient, nicht im Betriebsergebnis auszuweisen wäre.

Im geänderten Vorschlag der Richtlinie von 1974 wurde dann zum ersten Mal eine Unterteilung des Personalaufwands in Löhne/Gehälter, gesetzliche soziale Aufwendungen und Aufwendungen für Altersversorgung vorgenommen. In den Art. 23–26 der 4. EG-Richtlinie wurden schließlich die sozialen Aufwendungen mit den Aufwendungen für Altersversorgung zusammengefaßt. Besonders hervorzuheben ist der Tatbestand, daß auf einen gesonderten Ausweis des Betriebs- und Finanzergebnisses bereits in der 4. EG-Richtlinie verzichtet wurde.

Was die Bewertung von Pensionsverpflichtungen angeht, so ist zu beachten, daß bei der Umsetzung der 4. EG-Richtlinie zunächst grundsätzlich eine Bewertung mit dem Barwert vorgesehen war, unabhängig davon, ob eine Gegenleistung noch zu erwarten ist. Später wurde schließlich einem Vorschlag der Bundesregierung gefolgt, der einen Barwertansatz nur für laufende Pensionen vorsah. Es ist dennoch davon auszugehen, daß trotz der geänderten Formulierung eine Abzinsung aller Pensionsverpflichtungen beabsichtigt war. Laut Ausschußbericht war der Grund für die einschränkende Formulierung nur, daß bei laufenden Arbeitsverhältnissen wegen § 6a EStG keine Unsicherheit bestand[64].

---

61 *Schruff, L.*, Entwicklung, S. 98/99.
62 *Schruff, L.*, Entwicklung, S. 102/103.
63 Vgl. Abschnitt 22.
64 Vgl. *Wohlgemuth, M./Hofbauer, M. A.*, in: BoHR, § 253 HGB, S. 6.

Wichtig erscheint es weiterhin, auf die vom Gesetzgeber beabsichtigten Inhalte der Posten Personalaufwand (genauer: Aufwendungen für Altersversorgung) und Zinsen und ähnliche Aufwendungen einzugehen. In der Regierungsbegründung heißt es, daß zu den Aufwendungen für Altersversorgung in erster Linie die Zuführungen zu den Pensionsrückstellungen zählen[65]. Von einer eventuellen Abspaltung des Zinsanteils ist nichts gesagt. Auch findet sich bei den Erläuterungen in der Begründung des Regierungsentwurfs zum Posten Nr. 13 kein Hinweis darauf, daß hier der Zinsanteil der Zuführung zu den Pensionsrückstellungen auszuweisen ist. Unter Zinsen werden dagegen Aufwendungen für in Anspruch genommenes Fremdkapital verstanden. Als ähnliche Aufwendungen werden Aufwendungen mit Zinscharakter, wie z. B. Kreditgebühren, genannt. Diese Begründungen deuten eindeutig darauf hin, daß eine Abspaltung eines Zinsanteils aus dem Zuführungsbetrag gesetzlich nicht vorgeschrieben ist und wohl auch nicht beabsichtigt war.

Aus der Entstehungsgeschichte des Gesetzes, insbesondere der §§ 253 und 275 HGB, können also folgende Schlüsse gezogen werden: Zum einen ist die Unterteilung in Betriebs- und Finanzergebnis problematisch, denn in einem Industrieunternehmen sind ein Großteil der Zinszahlungen für Kredite zu leisten, die dem betrieblichen Prozeß dienen. Diese müßten folgerichtig im Betriebsergebnis ausgewiesen werden. Dies ist allerdings vom Gesetzgeber nicht beabsichtigt. Was die Bewertung angeht, so ist wohl eine Abzinsung von Pensionsrückstellungen grundsätzlich vorgesehen. Dies läßt aber keine unmittelbaren Schlüsse für einen vom Personalaufwand abgespalteten Zinsanteil zu. Insgesamt deutet die historische Auslegung eher auf einen Ausweis als Personalaufwand hin.

424. Teleologische Auslegung

Im Rahmen einer objektiv-teleologischen Auslegung stellt sich die Frage, ob der aus einer Abzinsung resultierende Zinsanteil einer Rückstellung dem Finanzergebnis zuzuordnen ist. Dazu muß die Funktion der Kapitalisierung untersucht werden. Aus finanzmathematischer Sicht bringt die Diskontierung zum Ausdruck, daß ein

---

65 Vgl. *Biener, H./Berneke, W.*, Bilanzrichtlinien-Gesetz, S. 212.

Unternehmen durch spätere Auszahlungen weniger belastet ist als durch heutige[66]. Zahlungen zu verschiedenen Zeitpunkten werden so vergleichbar gemacht. Die Abzinsung von Pensionsrückstellungen stellt einen reinen Bewertungsakt dar. Der Zinsanteil ist ein Betrag, der sich aus der Anwendung einer versicherungsmathematischen Berechnungsmethode ergibt und ist somit eine rein rechnerische Größe, nicht hingegen eine Verzinsung von Fremdkapital[67]. Es ist nicht mit den Zwecken des handelsrechtlichen Jahresabschlusses vereinbar, daß ein derartiger Bewertungsvorgang den Charakter eines Postens verändert. Grundsätzlich stellen Pensionen und damit auch Pensionsverpflichtungen Aufwendungen für Altersversorgung dar[68]. Dies kann nicht durch eine Abzinsung verändert werden.

Weiterhin ist der von den Vertretern des differenzierten Ausweises immer wieder erwähnte Vergleich mit einer Darlehensaufnahme zu würdigen. Der Arbeitnehmer stellt dem Unternehmen nicht bewußt einen Teil seines Arbeitsentgelts zur Verfügung und verlangt dafür ein Zinsentgelt. Er kann das Kapital nicht kündigen und Auszahlung verlangen und somit auch nicht verzinslich zur Verfügung stellen. Vor Eintritt des Versorgungsfalles erwirbt der Arbeitnehmer im Regelfall keinen Teilanspruch, ,,den er dem Arbeitgeber darlehensweise zur Verfügung stellen könnte"[69]. Der Arbeitgeber gibt seinerseits eine Zusage für einen zusätzlichen Arbeitslohn. Der Arbeitnehmer hat daher regelmäßig auch nur einen geringen Einfluß auf die Vertragsgestaltung[70]. Ein Vergleich mit einem Darlehen ist also nicht gerechtfertigt.

Ebenso kann keine Analogie zu mittelbaren Rentenverpflichtungen hergestellt werden. Die verschiedenen Arten der Altersversorgung sollten vielmehr auch bilanziell unterschiedlich behandelt werden. Dies ergibt sich aus dem Grundsatz der Bilanzwahrheit bzw. der Generalnorm des § 264 Abs. 2 Satz 1 HGB. Die Geschäftsvorfälle

---

66 Vgl. *Küting, K./Kessler, H.*, Rückstellungsbildung, S. 723.
67 *Thurmayr* sieht die Verzinsung als ,,rein arithmetisches Problem" an; vgl. *Thurmayr, G.*, Moderne Ansätze, S. 699.
68 Vgl. auch *Müller-Kemler, B.*, Behandlung des Arbeitsentgelts, S. 77 ff.
69 *Hartung, W.*, Abzinsung, S. 317.
70 Vgl. *Hartung, W.*, Jubiläumsrückstellungen, S. 741. *Hartung* setzt bei einem Darlehen einen Konsensualvertrag voraus, der bei den von ihm diskutierten Jubiläumszuwendungen ebensowenig vorliegt wie bei Pensionsvereinbarungen.

sind im Jahresabschluß „true and fair" abzubilden, d. h. sie sind nicht künstlich mit anderen Geschäftsvorfällen vergleichbar zu machen. Ein Vergleich mit mittelbaren Verpflichtungen kommt schon deshalb nicht in Betracht, weil diese lediglich einem Passivierungswahlrecht unterliegen, während die unmittelbaren Verpflichtungen passivierungspflichtig sind.

Die Gegner des aufgespaltenen Ausweises der Zuführung zur Pensionsrückstellung machen geltend, der differenzierte Ausweis sei mit dem die Gewinn- und Verlustrechnung dominierenden Grundsatz der Pagatorik nicht vereinbar. Der Grundsatz der Pagatorik ergibt sich aus § 252 Abs. 1 Nr. 5 HGB. Nach diesem Grundsatz sind nur solche Vorgänge zu bilanzieren, die zu tatsächlichen Zahlungen führen. Übertragen auf Rückstellungen bedeutet dies, daß nur erwartete künftige Auszahlungen passiviert werden dürfen[71]. Dementsprechend wendet *Wimmer* gegen eine Abspaltung des Zinsanteils ein, daß es sich lediglich um eine kalkulatorische Verzinsung handelt[72]. Dem ist zwar im Ergebnis zuzustimmen, allerdings muß bedacht werden, daß der Betrag, der dem Zinsanteil entspricht, in jedem Fall ausgewiesen wird, also auch bei Ausweis unter dem Personalaufwand. Somit erscheint es bedenklich, das Argument der Pagatorik im Rahmen einer Ausweisfrage zu bemühen.

Die teleologische Auslegung führt somit zu dem Ergebnis, daß ein Ausweis des gesamten Zuführungsbetrages als Personalaufwand geboten ist. Die Kapitalisierung der Rückstellung hat als Bewertungsmaßnahme lediglich die Funktion, die spätere Fälligkeit der Verpflichtung zu berücksichtigen. Von einer Analogie zu einer Darlehensaufnahme kann nicht gesprochen werden.

5 Ausweis des Zuführungsbetrages in der Gewinn- und Verlustrechnung von Versicherungsunternehmen

Für die Rechnungslegung von Versicherungsunternehmen gelten grundsätzlich die Vorschriften für alle Kaufleute (§§ 238–263 HGB) und die ergänzenden Vorschriften für große Kapitalgesellschaften (§§ 264–335 HGB). Ausnahmen und Erweiterungen gegenüber den

---

71 Vgl. *Baetge, J.*, Bilanzen, S. 180.
72 Vgl. *Wimmer, K.*, Zuführungsbeträge, S. 1297.

genannten Vorschriften ergeben sich aus den ergänzenden Vorschriften für Versicherungsunternehmen (§§ 341–341o HGB). Besonders hervorzuheben sind die Vorschriften zur Bewertung und Präzisierung von Aktiva (§§ 341–341d) sowie zu Ansatz und Bewertung versicherungstechnischer Rückstellungen (§§ 341e–341h). Ergänzt werden diese Normen durch die gem. § 330 Abs. 3 und 4 HGB erlassene Rechnungslegungsverordnung (RechVersV)[73].

Die RechVersV[74] vom 8. 11. 1994 ist Teil der Transformation der zur Harmonisierung der Rechnungslegungsnormen innerhalb der EU erlassenen Vorgaben. Die Verordnung enthält Vorschriften über Formblätter sowie Regelungen zu bestimmten Posten in Bilanz, Gewinn- und Verlustrechnung, Anhang und Lagebericht. Der Geltungsbereich erstreckt sich grundsätzlich auf alle Versicherungsunternehmen mit Ausnahme der sog. kleinen Versicherungsunternehmen. Damit ist klargestellt, daß eine unmittelbare Rückwirkung auf andere Unternehmen, die nicht Versicherungsunternehmen sind, nicht gegeben sein kann.

Es stellt sich dennoch die Frage, welche Bedeutung § 48 Satz 2 Nr. 3 RechVersV bei der hier zu untersuchenden Fragestellung zukommt. Wie bereits oben dargelegt[75], wird dort bestimmt, daß die „Zinszuführungen zur Pensionsrückstellung" nicht mehr zum Personalaufwand, sondern zu den sonstigen Aufwendungen gehören. Diese Vorschrift stellt eine Änderung der bisherigen Bilanzierungsweise dar, denn bisher wurden auch bei Versicherungsunternehmen die Zuführungsbeträge als Personalaufwand ausgewiesen[76]. Es stellt sich daher die Frage, inwiefern die RechVersV Auswirkung auf die Rechnungslegung anderer Unternehmen haben kann, bzw. ob diese Regelung der Vorschrift des § 330 Abs. 1 S. 2 HGB gerecht wird. Danach müssen die abweichenden Vorschriften den Anforderungen einer großen Kapitalgesellschaft gleichwertig sein.

---

73 Vgl. *Hesberg, D.*, in: Beck'sches HdR, Bilanzierung von Versicherungsunternehmen, Rn. 3.
74 BGBl. I 1994, S. 3378.
75 Vgl. Abschnitt 1.
76 Vgl. *Will, R./Weidenfeld, G.*, Erfolgswirtschaftliche Wirkungen, S. 431 ff.; *Hesberg, D.*, in: Beck'sches HdR, Bilanzierung von Versicherungsunternehmen, Rn. 82 ff.

Der Verordnungsgeber hat sich hier ausdrücklich für eine Abspaltung des Zinsanteils vom Personalaufwand ausgesprochen. Zu beachten ist allerdings, daß der Zinsanteil bei Versicherungsunternehmen weder in den Personal- noch in den Zinsaufwand eingeht. Er verschwindet in dem heterogenen Posten der sonstigen Aufwendungen. Dementsprechend wird die Regelung des § 48 Satz 2 Nr. 3 RechVersV auch als „Systembruch"[77] kritisiert. Ein Ausweis unter den sonstigen Aufwendungen widerspricht gerade dem mit einem gesonderten Ausweis verfolgten Ziel der „Klarheit des Ausweises"[78]. Gleichgültig, ob man sich im Grundsatz für einen Ausweis des Zinsanteils als Personal- oder Zinsaufwand im handelsrechtlichen Jahresabschluß entscheidet, die Regelung für Versicherungsunternehmen scheint beiden Konzepten zuwiderzulaufen. Es bleibt demnach umstritten, ob die Anforderungen des § 330 Abs. 1 Satz 2 HGB gewahrt sind. Dieser Frage soll an dieser Stelle aber nicht weiter nachgegangen werden.

6 Fazit

Die Untersuchung der Frage, ob die Zuführungsbeträge zu den Pensionsrückstellungen insgesamt als Personalaufwand auszuweisen sind oder der Zinsanteil gesondert als Zinsaufwand aufzuführen ist, hat zu folgenden Ergebnissen geführt:

1. Der Gliederung der handelsrechtlichen Gewinn- und Verlustrechnung liegt zwar das betriebswirtschaftliche Konzept der Erfolgsspaltung zugrunde, dieses ist aber nur eingeschränkt anwendbar. So werden beispielsweise Zinszahlungen auf Kredite, die der betrieblichen Leistungserstellung dienen, als Zinsaufwand im Finanzergebnis ausgewiesen, nicht im Betriebsergebnis. Dagegen werden Gehälter von Arbeitnehmern, die ausschließlich im Finanzbereich tätig sind, als Personalaufwand verbucht und gehen nicht in das Finanzergebnis ein. Daher erscheint eine Abspaltung des Zinsanteils zumindest nicht zwingend für eine verbesserte Aussagefähigkeit des Jahresabschlusses bzw. einen richtigen Ausweis der Ertragslage.

---

77 *Hesberg, D.*, in: Beck'sches HdR, Bilanzierung von Versicherungsunternehmen, Rn. 83.
78 *Hesberg, D.*, in: Beck'sches HdR, Bilanzierung von Versicherungsunternehmen, Rn. 83.

2. Eine Rückstellung besitzt grundsätzlich Fremdkapitalcharakter, so auch die Pensionsrückstellung. Dennoch kann eine Analogie zu einem Darlehen nicht hergestellt werden, da weder eine offene noch eine verdeckte Kreditvereinbarung zwischen Arbeitnehmer und Arbeitgeber vorliegt. Eine mit einem Darlehen vergleichbare Handhabung in der Gewinn- und Verlustrechnung erscheint daher nicht geboten.

3. Ebenso ist ein Ausweis, der der Behandlung mittelbarer Verpflichtungen entspricht, nicht geboten, da auch die Art der Verpflichtung nicht vergleichbar ist. Bei mittelbaren Verpflichtungen sind regelmäßig nur Unterdeckungen passivierungs**fähig,** während bei unmittelbaren Zusagen der gesamte Betrag passivierungs**pflichtig** ist.

4. Schließlich handelt es sich bei der Abzinsung der Rückstellung lediglich um eine Bewertungsmethode, die den unterschiedlichen Fälligkeiten von Zahlungen Rechnung trägt und nicht den Charakter einer Verpflichtung verändern kann. Daher sollte der gesamte Zuführungsbetrag als Personalaufwand ausgewiesen werden.

5. Die Regelung in § 48 Satz 2 Nr. 3 RechVersV ist vor dem Hintergrund der Gleichwertigkeit kritisch zu sehen. Außerdem bewirkt ein Ausweis unter den sonstigen Aufwendungen, daß der Zinsanteil in einem Sammelposten untergeht und dessen Bedeutung nicht aus dem Jahresabschluß hervorgeht[79].

Schließlich ist festzustellen, daß auch ein Ausweiswahlrecht, wie es von vielen Seiten gefordert wird[80], problematisch ist, da die Vergleichbarkeit von Jahresabschlüssen verschiedener Unternehmen eingeschränkt wird. Wird der dargestellten bilanzrechtlichen Auslegung nicht gefolgt und statt dessen ein Ausweis des Zinsanteils im Finanzergebnis gewählt, erscheint daher eine Betragsangabe im Anhang unverzichtbar.

---

79 Bei fehlenden Zusatzinformationen erschweren derartige Sammelposten auch die Bilanzanalyse. Vgl. *Graumann, M.,* Bilanzanalyse, S. 722.
80 Vgl. z. B. *Adler, H./Düring, W./Schmaltz, K.,* 5. Aufl., § 275 HGB, Tz. 121.

Literaturverzeichnis

Adler, Hans/Düring, Walther/Schmaltz, Kurt, Rechnungslegung und Prüfung der Unternehmen, Kommentar zum HGB, AktG, GmbHG, PublG nach den Vorschriften des Bilanzrichtlinien-Gesetzes, bearb. von Forster, Karl-Heinz u. a., 5. Aufl., Stuttgart 1987 (§ 275 HGB).

Baetge, Jörg, Bilanzen, 4. Aufl., Düsseldorf 1996.

Baetge, Jörg/Kirsch, Hans-Jürgen, Grundsätze ordnungsmäßiger Buchführung, in: Handbuch der Rechnungslegung, Kommentar zur Bilanzierung und Prüfung, hrsg. v. Küting, Karlheinz/Weber, Claus-Peter, Bd. Ia, 4. Aufl., Stuttgart 1995 (Grundsätze ordnungsmäßiger Buchführung).

Beisse, Heinrich, Zum Verhältnis Bilanzrecht und Betriebswirtschaftslehre, in: StuW 1984, S. 1–14 (Bilanzrecht und Betriebswirtschaftslehre).

Biener, Herbert/Berneke, Wilhelm, Bilanzrichtlinien-Gesetz, Textausgabe des Bilanzrichtlinien-Gesetzes vom 19.12.1985 (BGBl. I, S. 2355), mit Bericht des Rechtsausschusses des Deutschen Bundestages, Regierungsentwürfe mit Begründung, EG-Richtlinien mit Begründung, Entstehung und Erläuterung des Gesetzes, unter Mitwirkung v. Niggemann, Karl Heinz, Düsseldorf 1986 (Bilanzrichtlinien-Gesetz).

Böcking, Hans-Joachim, Bilanzrechtstheorie und Verzinslichkeit, Frankfurt am Main 1987.

Coenenberg, Adolf G., Jahresabschluß und Jahresabschlußanalyse: betriebswirtschaftliche, handels- und steuerrechtliche Grundlagen, 15. Aufl., Landsberg am Lech 1994 (Jahresabschluß und Jahresabschlußanalyse).

Claussen, Carsten P./Korth, Hans-Michael, § 158 AktG, in: Kölner Kommentar zum Aktiengesetz, Band 4, 2. Aufl., Köln u. a. 1991 (§ 158 AktG).

Clemm, Hermann/Nonnenmacher, Rolf, § 253 HGB, in: Beck'scher Bilanz-Kommentar, Handels- und Steuerrecht, hrsg. v. Budde, Wolfgang Dieter u. a., 3. Aufl., München 1995 (§ 253 HGB).

Förschle, Gerhardt, § 275 HGB, in: Beck'scher Bilanz-Kommentar, Handels- und Steuerrecht, hrsg. v. Budde, Wolfgang Dieter u. a., 3. Aufl., München 1995 (§ 275 HGB).

Graumann, Mathias, Grundlagen der Bilanzanalyse: Vermögens- und Erfolgsanalyse, in: WISU 1996, S. 722–726 (Bilanzanalyse).

Gross, Gerhard/Schruff, Lothar, Der Jahresabschluß nach neuem Recht: Aufstellung – Prüfung – Offenlegung, Düsseldorf 1986 (Jahresabschluß).

Gruber, Thomas, Der Bilanzansatz in der neueren BFH-Rechtsprechung, Stuttgart 1991 (Bilanzansatz).

Hardes, Wolfgang, Zur Bewertung von Pensionsrückstellungen, in: DB 1985, S. 1801–1806 (Bewertung).

Hartung, Werner, Zur Bewertung von Jubiläumsrückstellungen, in: BB 1989, S. 736–745 (Jubiläumsrückstellungen).

Hartung, Werner, Abzinsung von Verbindlichkeitsrückstellungen?, in: BB 1990, S. 313–317 (Abzinsung).

Hauschildt, Jürgen/Grenz, Thorsten/Gemünden, Hans Georg, Entschlüsselung von Unternehmenskrisen durch Erfolgsspaltung?, in: DB 1985, S. 877–885 (Entschlüsselung von Unternehmenskrisen).

Hesberg, Dieter, Bilanzierung von Versicherungsunternehmen, in: Beck'sches Handbuch der Rechnungslegung, hrsg. v. Castan, Edgar u. a., München 1996, Band I, B 910 (Bilanzierung von Versicherungsunternehmen).

HFA des IDW, Stellungnahme 2/1988: Pensionsverpflichtungen im Jahresabschluß, in: WPg 1988, S. 403–405 (Stellungnahme 2/1988).

IDW, Das Institut der Wirtschaftsprüfer zur Bilanzierung von Pensionsverpflichtungen, in: WPg 1983, S. 20–21 (Pensionsverpflichtungen).

IDW (Hrsg.), WP-Handbuch 1996, Handbuch für Rechnungslegung, Prüfung und Beratung, bearb. v. Budde, Wolfgang Dieter u. a., Bd. I, 11. Aufl., Düsseldorf 1996 (WP-Handbuch 1996).

Kaiser, Klaus/Müller, Michael A., Abzinsung von Rückstellungen am Beispiel der Erstattungspflicht nach § 128 AFG, in: BB 1996, S. 1877–1880 (Abzinsung).

Kammann, Evert, Stichtagsprinzip und zukunftsorientierte Bilanzierung, Köln 1988 (Stichtagsprinzip).

Küting, Karlheinz/Kessler, Harald, Handels- und steuerbilanzielle Rückstellungsbildung: Fragen zur Abzinsung von Rückstellungen, in: DStR 1989, S. 723–729 (Rückstellungsbildung).

Küting, Karlheinz/Weber, Claus-Peter, Die Bilanzanalyse: Lehrbuch zur Beurteilung von Einzel- und Konzernabschlüssen, 2. Aufl., Stuttgart 1994 (Bilanzanalyse).

Lachnit, Laurenz, § 275 HGB, in: Bonner Handbuch Rechnungslegung, hrsg. v. Hofbauer, Max A./Kupsch, Peter u. a., 2. Aufl., Bonn, Stand Dezember 1996 (§ 275 HGB).

Larenz, Karl, Methodenlehre der Rechtswissenschaft, 6. Aufl., Berlin/Heidelberg/New York 1991 (Methodenlehre).

Moxter, Adolf, Einführung, zu: Böcking, Hans-Joachim, Bilanzrechtstheorie und Verzinslichkeit, Frankfurt am Main 1987, S. 1–26 (Einführung).

Müller-Kemler, Birgit, Behandlung des Arbeitsentgelts im betriebswirtschaftlichen Rechnungswesen, Göttingen 1995 (Behandlung des Arbeitsentgelts).

Rößler, Norbert/Dernberger, Matthias/Schmandt, Ernst Martin, Aufspaltung des Versorgungsaufwands bei Pensionsrückstellungen – Informationsvorteile des versicherungsmathematischen Aufspaltungskonzepts, in: DB 1996, S. 1785–1790 (Aufspaltung).

Rürup, Lebrecht, Die Erfolgsrechnung, in: Handbuch des Jahresabschlusses in Einzeldarstellungen, hrsg. v. Wysocki, Klaus v./Schulze-Osterloh, Joachim, Abt. IV/1, 2. Bearbeitung, Köln 1995 (Erfolgsrechnung).

Scheffler, Wolfram, Einfluß der betrieblichen Altersversorgung auf die Jahresabschlußanalyse, in: WPg 1993, S. 461–472 (Altersversorgung).

Schruff, Lothar (Hrsg.), Entwicklung der 4. EG-Richtlinie, Synoptische Darstellung der Bilanzrichtlinie unter Berücksichtigung der Vorfassungen mit amtlichen Begründungen und weiteren Materialien, Düsseldorf 1986 (Entwicklung).

Schruff, Lothar, Bilanzierung von Pensionsverpflichtungen nach deutschem Recht und internationalen Standards, in: WPK-Mitteilungen, Sonderheft 1997, S. 68–81 (Pensionsverpflichtungen).

Schülen, Werner, Die Pensionsrückstellungen, in: Handbuch des Jahresabschlusses in Einzeldarstellungen, hrsg. v. Wysocki, Klaus v./ Schulze-Osterloh, Joachim, Abt. III/7, 2., neubearb. Auflage, Köln 1992 (Pensionsrückstellungen).

Thurmayr, Georg, Moderne Ansätze zur Bewertung von Pensionsrückstellungen, in: DB 1992, S. 693–699 (Moderne Ansätze).

Wehrheim, Michael, Die Erfolgsspaltung als Krisenindikator, in: DStR 1997, S. 508–513 (Erfolgsspaltung).

Weismüller, Albert/Kürten, Stefan, Bilanzielle Behandlung von Zinsen aus Pensionsverpflichtungen in der Praxis, in: WPg 1996, S. 721–732 (Bilanzielle Behandlung).

Will, Reiner/Weidenfeld, Gerd, Erfolgswirtschaftliche Wirkungen des geänderten Ausweises der Betriebsaufwendungen in der Gewinn- und Verlustrechnung von Schaden-/Unfallversicherungsunternehmen, in: WPg 1996, S. 431–439 (Erfolgswirtschaftliche Wirkungen).

Wimmer, Konrad, Zuführungsbeträge bei der Bildung von Pensionsrückstellungen – Personalaufwand und/oder Zinsaufwand?, in: DStR 1992, S. 1294–1298 (Zuführungsbeträge).

Wohlgemuth, Michael/Hofbauer, Max A., § 253 HGB, in: Bonner Handbuch Rechnungslegung, hrsg. v. Hofbauer, Max A./Kupsch, Peter u. a., 2. Aufl., Bonn, Stand Dezember 1996 (§ 253 HGB).

Verzeichnis der Rechtsprechung

BFH, Urteil vom 17. 7. 1974, I R 195/72, BStBl. II 1974, S. 684–686.

BGH, Urteil vom 27. 2. 1961, II ZR 292/59, in: DB 1961, S. 498–499.

RFH, Urteil vom 3. 7. 1934, I A 247, 248/33, RStBl. 1934, S. 1121–1124.

Wienand Schruff

Zur Bilanzierung von Beteiligungserträgen nach dem Urteil des EuGH vom 27. Juni 1996

1 Einleitung

2 Das EuGH-Urteil vom 27. Juni 1996 (Rs. C-234/94)
   21 Sachverhalt und Ausgangslage
   22 Die Schlußanträge des Generalanwalts beim EuGH
   23 Aussagen des Urteils
   24 Berichtigung des Urteils vom 10. Juli 1997

3 Bedeutung des Urteils
   31 Auslegung des Realisationsprinzips im Kontext der 4. EG-Richtlinie
   32 Konsequenzen für die Bilanzierungspraxis

4 Alternative Methoden der Bilanzierung von Beteiligungserträgen
   41 Zum Verhältnis von Objektivierung und Gestaltungsspielraum
   42 Anwendung der Equity-Methode im Einzelabschluß

5 Schlußbemerkung

WP Dr. Wienand Schruff
Berlin

1 Einleitung

Im Januar 1996 wurde die deutsche Bilanzierungs- und Wirtschaftsprüfungspraxis von einem Erdstoß erschüttert, dessen Epizentrum in Luxemburg lag: Der Generalanwalt beim EuGH, *Guiseppe Tesauro,* vertrat in seinen Schlußanträgen in der Sache „Tomberger gegen Gebrüder von der Wettern GmbH" Auffassungen[1], die, hätte sich der EuGH diesen angeschlossen, bei bedeutenden deutschen Aktiengesellschaften zum Ausfall bereits angekündigter Dividenden für 1995 geführt hätten. *Tesauro* vertrat die Auffassung, daß die phasengleiche Vereinnahmung von Dividendenansprüchen mit Art. 31 Abs. 1 lit. c) aa) der 4. EG-Richtlinie nicht vereinbar sei. Die durch diese Schlußanträge ausgelösten Unruhen dauerten bis zur Entscheidung des EuGH am 27. Juni 1996[2] (und dauern zum Teil bis heute noch) an. Der EuGH hatte auf Vorlage des BGH die erste Entscheidung zum europäischen Bilanzrecht zu treffen und bei dieser Gelegenheit mit dem Realisationsprinzip eine der zentralen Vorschriften der 4. EG-Richtlinie auszulegen, bei der außerdem erhebliche Divergenzen innerhalb der Europäischen Union bestehen.

Die Entscheidung des EuGH hat zwar die Befürchtungen, die nach den Schlußanträgen des Generalanwalts gehegt wurden, nicht bestätigt, jedoch mehr Fragen aufgeworfen als beantwortet und eine Flut von Veröffentlichungen ausgelöst[3]. Einigen dieser Fragen soll im folgenden nachgegangen werden. Im Vordergrund soll dabei die Frage stehen, ob die Entscheidung des EuGH und die zu erwartende Folgeentscheidung des BGH einen sinnvollen Beitrag zur Fortentwicklung der Grundsätze ordnungsmäßiger Buchführung (GoB) liefern oder ob andere Methoden der Bilanzierung von Beteiligungserträgen, wie z. B. die Equity-Methode[4] vorzuziehen wären.

---

1 Vgl. *Tesauro, G.,* Schlußanträge, S. 316–319.
2 Vgl. EuGH, Urteil v. 27. 6. 1996, Rs. C-234/94.
3 Vgl. *Schüppen, M.,* Zuweisung von Gewinnen, S. 1481–1484; *Thömmes, O.,* Anmerkung zum Urteil des EuGH vom 27. 6. 1997, S. 630–632; *Haselmann, D./Schick, R.,* Phasengleiche Aktivierung, S. 1529–1532; *Kraneis, K.,* Phasengleiche Aktivierung, S. 57–60; *Gelhausen, H. F./Gelhausen, W.,* „Zuweisung" des Gewinns, S. 573–580; *Weber-Grellet, H.,* Bilanzrecht im Lichte, S. 2089–2092; *Küting, K.,* Die phasengleiche Dividendenvereinnahmung, S. 1947–1952; *Küspert, K.,* Phasenkongruente Vereinnahmung, S. 877–885.
4 Vgl. die Vorschläge von *Forster, K.-H.,* Equity-Bewertung, S. 203–211; ferner *Küting, K.,* Die phasengleiche Dividendenvereinnahmung, S. 1947–1952.

Die Grundsätze ordnungsmäßiger Buchführung bilden einen bedeutenden Schwerpunkt in *Jörg Baetges* Forschung und Lehre. Auf der Grundlage des von *Ulrich Leffson* begründeten GoB-Systems hat *Baetge* mit seinen Schülern die im In- und Ausland anerkannte „Münsteraner GoB-Schule" etabliert[5]. *Jörg Baetge* als meinem akademischen Lehrer ist dieser Beitrag aus Anlaß der Vollendung seines 60. Lebensjahres in herzlicher Verbundenheit gewidmet.

2 Das EuGH-Urteil vom 27. Juni 1996 (Rs C-234/94)

21 Sachverhalt und Ausgangslage

Mit Beschluß vom 21. 7. 1994 hat der BGH[6] dem EuGH die Frage zur Vorabentscheidung vorgelegt, ob es gegen die in Art. 31 Abs. 1 lit. c) aa) der 4. EG-Richtlinie getroffene Regelung verstößt, „... wenn der Gewinnanspruch, der einem Unternehmen gegenüber einer GmbH zusteht, an der es allein beteiligt ist und für die die Vermutung der Abhängigkeit im Sinne des § 17 Abs. 2 AktG und der Konzernzugehörigkeit im Sinne des § 18 Abs. 1 Satz 3 AktG nicht widerlegt sind, unter der Voraussetzung bereits zum Stichtag des Jahresabschlusses der abhängigen Gesellschaft als zum Vermögen des allein oder mit Mehrheit beteiligten Unternehmens gehörig angesehen und damit „phasengleich" aktiviert wird, daß die Geschäftsjahre beider Unternehmen deckungsgleich sind und die Gesellschafterversammlung der abhängigen GmbH über die Feststellung des Jahresabschlusses und die Gewinnverwendung in einem Zeitpunkt beschließt, in dem die Prüfung des Jahresabschlusses des alleinbeteiligten Unternehmens noch nicht abgeschlossen ist".

Im Streitfall hatte das Mutterunternehmen die Dividendenansprüche gegenüber zwei 100-prozentigen Tochtergesellschaften in der Rechtsform der GmbH für das Geschäftsjahr 1989 nicht phasengleich vereinnahmt und aktiviert. Eine Minderheitsgesellschafterin des Mutterunternehmens machte demgegenüber geltend, das Mutterunternehmen sei bei dieser Konstellation verpflichtet, die für die Ausschüt-

---

5 Vgl. *Baetge, J.,* Grundsätze ordnungsmäßiger Buchführung, S. 1–15; *Baetge, J.,* Bilanzen, S. 65–94; sowie in neuerer Zeit *Baetge, J./Kirsch, H.-J.,* in: HdR Ia, 4. Aufl., Grundsätze ordnungsmäßiger Buchführung, S. 135–173.
6 Vgl. BGH, Beschluß v. 21. 7. 1994, II ZR 82/93, S. 1673–1675.

tung in 1990 vorgesehenen Dividenden der Tochtergesellschaften für das Jahr 1989 bereits in seinem Jahresabschluß zum 31. 12. 1989 – damit „phasengleich" – zu vereinnahmen.

Die Vereinnahmung von Dividendenansprüchen gegenüber Kapitalgesellschaften richtet sich nach dem Realisationsprinzip, das in § 252 Abs. 1 Nr. 4 letzter Halbsatz HGB kodifiziert ist. Da die Kodifizierung auf Art. 31 Abs. 1 lit. c) aa) zurückgeht, handelt es sich um harmonisiertes Gemeinschaftsrecht, für dessen Auslegung ausschließlich der EuGH zuständig ist. Anlaß für die Vorlage nach Art. 177 Abs. 3 des EWG-Vertrages war, daß der Senat zu der Auffassung neigte, daß in diesem Fall eine Verpflichtung zur phasengleichen Vereinnahmung bestehe[7].

In einem früheren Fall, in dem es sich allerdings nicht um eine 100-prozentige Tochtergesellschaft gehandelt hatte, sondern um eine Mehrheitsbeteiligung, und in dem die beiden verbundenen Unternehmen die Rechtsform der AG hatten, hatte der BGH zu den Bilanzierungsvorschriften des AktG 1965 entschieden, daß die phasengleiche Vereinnahmung zulässig sei, wenn der Jahresabschluß der Tochtergesellschaft noch vor Abschluß der Prüfung bei dem Mutterunternehmen festgestellt worden ist und mindestens ein Gewinnverwendungsvorschlag vorliegt[8]. Bei dieser Konstellation sei der Anspruch des mit Mehrheit beteiligten Unternehmens soweit konkretisiert und die rechtliche Entstehung des Anspruchs ausschließlich in der Hand des Mutterunternehmens, so daß die Forderung hinreichend gesichert erscheint[9]. Die Streitfrage war in diesem Fall jedoch umgekehrt: Die Kläger begehrten die Feststellung der Nichtigkeit des Abschlusses, weil die phasengleiche Aktivierung des Dividendenanspruchs gegen das Realisationsprinzip verstoße. Der BGH entschied, daß die phasengleiche Aktivierung zulässig sei und stellte in den Leitsätzen klar, daß die Holdinggesellschaft den erzielten und zur Ausschüttung vorgesehenen Gewinn der Tochtergesellschaft noch für dasselbe Geschäftsjahr vereinnahmen kann. Aus dieser Formulierung ist im Schrifttum vielfach der Schluß gezogen worden, daß insofern ein Wahlrecht bestehe, unter den genannten Voraussetzungen die Divi-

---

7 Vgl. BGH, Beschluß v. 21. 7. 1994, II ZR 82/93, S. 1675.
8 Vgl. BGH, Urteil vom 3. 11. 1975, II ZR 67/73, S. 9–11.
9 Vgl. BGH, Urteil vom 3. 11. 1975, II ZR 67/73, S. 10.

dendenansprüche phasengleich zu vereinnahmen oder die Beteiligungserträge erst im Zeitpunkt des Gewinnverwendungsbeschlusses zu erfassen[10]. In der Praxis wird seit Jahren – auch im Hinblick auf die steuerliche Behandlung[11] – ganz überwiegend von diesem Wahlrecht Gebrauch gemacht.

Im Fall Tomberger wollte der BGH noch einen Schritt weiter gehen als 1975 und neigte der Auffassung der Klägerin zu, daß die phasengleiche Aktivierung zwingend geboten sei, wenn die Gesellschaft – wie im vorliegenden Fall – allein oder mit Mehrheit an der Tochtergesellschaft beteiligt ist und der Beschluß über die Gewinnverwendung bei dem Tochterunternehmen noch vor Abschluß der Prüfung des Jahresabschlusses des Mutterunternehmens gefaßt worden sei. Im Fall der Allein- oder Mehrheitsbeteiligung trage die phasengleiche Aktivierung des Anspruchs auf Dividende der Tochtergesellschaften nämlich dazu bei, daß der Jahresabschluß des Mutterunternehmens ein den tatsächlichen Verhältnissen entsprechendes Bild der Vermögens-, Finanz- und Ertragslage vermittle, weil der Gewinnanspruch des Mutterunternehmens bereits zum Bilanzstichtag der beiden Gesellschaften soweit konkretisiert sei, daß er bereits zu diesem Zeitpunkt als zum Vermögen des Mutterunternehmens gehörig angesehen werden könne. Aus diesem Grund sei von dem sonst geltenden Grundsatz abzuweichen, wonach der von einer Gesellschaft in einem Geschäftsjahr erzielte Gewinn erst mit dem Ausschüttungsbeschluß – und damit frühestens im folgenden Jahr – dem Gesellschafter zugerechnet werden könne[12].

---

10 Vgl. z. B. *Adler, H./Düring, W./Schmaltz, K.*, 5. Aufl., § 275 HGB, Tz. 152; *Adler, H./Düring, W./Schmaltz, K.*, 6. Aufl., § 252 HGB, Tz. 82. Kritisch dazu *Kraneis, K.*, Phasengleiche Aktivierung, S. 57.

11 Nach der Rechtsprechung des BFH besteht im Hinblick auf die Entscheidung BFH, Beschluß v. 3. 2. 1969, GrS 2/68, in allen durch das BGH-Urteil v. 3. 11. 1975 erfaßten Fällen eine Pflicht zur phasengleichen Vereinnahmung; vgl. BFH, Urteil v. 2. 4. 1980, I R 75/76; BFH, Urteil v. 3. 12. 1980, I R 125/77. Der BFH hat die Verpflichtung zur phasengleichen Vereinnahmung darüber hinaus auf Unternehmen anderer Rechtsformen ausgedehnt und die Voraussetzungen für die phasengleiche Vereinnahmung weiter reduziert.

12 Vgl. BGH, Beschluß v. 21. 7. 1994, II ZR 82/93, S. 1675.

22 Die Schlußanträge des Generalanwalts beim EuGH

Der Generalanwalt beim EuGH mit dem programmatischen Namen *Guiseppe Tesauro* hatte in seinen Schlußanträgen vom 25. 1. 1996 erklärt[13], daß die phasengleiche Gewinnvereinnahmung mit dem Realisationsprinzip wie es in Art. 31 Abs. 1 lit. c) aa) der 4. EG-Richtlinie kodifiziert ist, nicht vereinbar sei. Für die Realisation komme es auf den Beschluß über die Gewinnverwendung an und der könne bei übereinstimmendem Geschäftsjahr von Mutter- und Tochterunternehmen erst im folgenden Geschäftsjahr gefaßt werden. Ungeachtet der Beteiligungsverhältnisse (im vorliegenden Fall 100%) sei zu berücksichtigen, daß es sich auch im Konzern bei Mutter- und Tochtergesellschaft um zwei gesonderte Rechtspersonen handele. Auch unter wirtschaftlicher Betrachtungsweise sei keine andere Beurteilung gerechtfertigt, da die Verwendung des Gewinns nicht vor dem Ende des Geschäftsjahres des Tochterunternehmens erfolgen könne.

Die Schlußanträge des Generalanwalts wurden in der deutschen Wirtschaft überwiegend mit Bestürzung und Kopfschütteln aufgenommen[14]. Vorsorglich hat der HFA des IDW untersucht, welche Konsequenzen sich für die Rechnungslegung und Prüfung von Kapitalgesellschaften ergäben, wenn der EuGH sich den Schlußanträgen des Generalanwalts anschließen würde[15]. Insbesondere wurde befürchtet, daß die Entscheidung fallen könnte, bevor die Prüfung der Jahresabschlüsse für das Geschäftsjahr 1995 beendet wäre, was die Erteilung eines uneingeschränkten Bestätigungsvermerks bei phasengleicher Vereinnahmung nicht mehr zugelassen hätte[16]. In zahlreichen Konzernen, bei denen die Dividende wegen der Holdingstruktur ohne Ergebnisabführungsvertrag im wesentlichen aus der phasengleichen Vereinnahmung stammt, wurden Krisenstäbe eingesetzt, die in einem Wettlauf gegen den EuGH die Endtermine für Aufstellung und Prüfung des Jahresabschlusses zum 31. 12. 1995 vorgezogen haben und für die Zukunft nach geeigneten Gestaltungen suchten.

---

13 Vgl. *Tesauro, G.*, Schlußanträge, S. 316 und S. 318.
14 Im Schrifttum hingegen findet sich auch Beifall für die Schlußanträge des Generalanwalts; vgl. z. B. *Hoffmann, W.-D.*, Das deutsche Bilanzrechtsverständnis, S. 1051–1056.
15 Vgl. *HFA des IDW*, Zur phasengleichen Vereinnahmung, S. 287–289.
16 Vgl. *HFA des IDW*, Zur phasengleichen Vereinnahmung, S. 288.

Inhaltlich folgen die Schlußanträge *Tesauro's* der strengen Auffassung vom Realisationsprinzip, wie sie insbesondere von *Leffson*[17] und *Weber*[18] vertreten wird. Danach kommt die Aktivierung einer Dividendenforderung erst dann in Betracht, wenn der Anspruch rechtlich entstanden ist. Bei Kapitalgesellschaften entsteht der Dividendenanspruch erst mit der Beschlußfassung über die entsprechende Gewinnverwendung.

Fraglich war allerdings, ob sich diese strenge Auffassung vom Realisationsprinzip mit Art. 31 Abs. 1 lit. c) aa) der 4. EG-Richtlinie vereinbaren ließe. Bekanntlich wird das Realisationsprinzip innerhalb der EU sehr unterschiedlich verstanden. Namentlich die Realisationsvoraussetzungen unterscheiden sich erheblich[19]. So kommt es nach der englischen Auffassung generell (nur) auf eine hinreichende – nicht die absolute – Sicherheit an, daß ein Vermögenszuwachs vor dem Bilanzstichtag entstanden ist[20]. Für die Vereinnahmung von Dividenden aus Tochtergesellschaften kommt es daher nicht darauf an, daß der Anspruch auch rechtlich vor dem Bilanzstichtag entstanden ist[21]. Vielmehr soll nach dem Entwurf eines englischen Accounting Standard's die phasengleiche Vereinnahmung der Dividenden von Tochtergesellschaften bereits dann zulässig sein, wenn der Gewinnverwendungsbeschluß bis zur Aufstellung des Abschlusses der Muttergesellschaft gefaßt wird[22]. Vor diesem Hintergrund wurde nach den Schlußerklärungen des Generalanwalts eine richtungweisende Entscheidung des EuGH zur Auslegung des in Art. 31 Abs. 1 lit. c) aa) der 4. EG-Richtlinie enthaltenen Realisationsprinzips erwartet.

---

17 Vgl. *Leffson, U.*, GoB, S. 269; nach dieser Auffassung ist für die Realisation von Forderungen, die nicht aus einem Umsatzakt entstehen erforderlich, daß eine rechtswirksame Vermögensmehrung eingetreten ist.

18 Vgl. *Weber, E.*, Grundsätze ordnungsmäßiger Bilanzierung für Beteiligungen, S. 116 f.

19 Vgl. z. B. die Untersuchungsergebnisse der *FEE*, Discussion Paper.

20 Vgl. *Accounting Standards Board*, Statement of Principles for Financial Reporting, 4.29 und 4.37–4.38.

21 Dasselbe gilt auch für die Bilanzierung nach International Accounting Standards (IAS). Vgl. hierzu *HFA des IDW*, Einzelfragen zur Anwendung von IAS, S. 77.

22 Vgl. *Accounting Standards Committee*, ED 55: Accounting for Investments, par. 41.

23 Aussagen des Urteils

Diejenigen, die eine Grundsatzentscheidung und ein obiter dictum des EuGH erwartet hatten, wurden durch das Urteil enttäuscht[23]. Der EuGH beschränkte sich in seinem Urteil strikt auf die Beantwortung der vom BGH vorgelegten Frage und damit auf den zu entscheidenden Fall. Der Urteilstenor lautet:

„Sofern

– eine Gesellschaft (Muttergesellschaft) Alleingesellschafterin einer anderen Gesellschaft (Tochtergesellschaft) ist und sie kontrolliert,

– die Mutter- und die Tochtergesellschaft nach nationalem Recht einen Konzern bilden,

– die Geschäftsjahre beider Gesellschaften deckungsgleich sind,

– der Jahresabschluß der Tochtergesellschaft für das fragliche Geschäftsjahr von ihrer Gesellschafterversammlung vor Abschluß der Prüfung des Jahresabschlusses der Muttergesellschaft für dieses Geschäftsjahr festgestellt wurde,

– aus dem Jahresabschluß der Tochtergesellschaft für das fragliche Geschäftsjahr, wie er von ihrer Gesellschafterversammlung festgestellt wurde, hervorgeht, daß die Tochtergesellschaft an ihrem Bilanzstichtag – d. h. am letzten Tag des Geschäftsjahres – der Muttergesellschaft einen Gewinn zugewiesen hat, und

– das nationale Gericht sich vergewissert hat, daß der Jahresabschluß der Tochtergesellschaft für das fragliche Geschäftsjahr ein den tatsächlichen Verhältnissen entsprechendes Bild der Vermögens-, Finanz- und Ertragslage vermittelt,

verstößt es nicht gegen Art. 31 Abs. 1 Bucht. c. Unterabs. aa der Vierten Richtlinie (. . .), wenn ein nationales Gericht befindet, daß die fraglichen Gewinne in der Bilanz der Muttergesellschaft für das Geschäftsjahr auszuweisen sind, in dem sie von der Tochtergesellschaft zugewiesen wurden."

---

23 Vgl. *Herzig, N.*, Anmerkung zum EuGH-Urteil v. 27. 6. 1996, Rs. C-234/94, S. 1401 f.; *Hoffmann, W.-D.*, Anmerkung zum EuGH-Urteil v. 27. 6. 1996, Rs. C-234/94, S. 1493 f.

Einige der Formulierungen sowie die knappe Begründung, die sich im wesentlichen auf eine Wiedergabe des Sachverhalts beschränkt und keine Auseinandersetzung mit den Argumenten des Generalanwalts erkennen läßt, haben für Verwirrung gesorgt:

Der Begriff der „Zuweisung" eines Gewinns war zunächst unverständlich und führte zu Spekulationen[24]. Wie der Begriff der „Zuweisung" zu verstehen ist, wird jedoch deutlich, wenn man sich vergegenwärtigt, wie die beabsichtigte Gewinnverwendung im Jahresabschluß der Tochtergesellschaften berücksichtigt wird: durch Aufstellung des Jahresabschlusses nach (teilweiser) Gewinnverwendung i. S. d. § 268 Abs. 1 HGB, weshalb anstelle des Jahresüberschusses/ -fehlbetrages und des Gewinn- bzw. Verlustvortrags ein Bilanzgewinn ausgewiesen wird. Diese Vorgehensweise ist innerhalb der EU keineswegs üblich. Vielmehr handelt es sich bei der Vorschrift des § 268 Abs. 1 HGB um ein Mitgliedstaatenwahlrecht des Art. 6 der 4. EG-Richtlinie. In der englischen Fassung der 4. EG-Richtlinie wird der Begriff der Verwendung der Ergebnisse mit „appropriation of profits" übersetzt. Um eine solche „appropriation" handelte es sich auch im Sachverhalt, den der EuGH zu entscheiden hatte[25]. In der englischen Fassung des EuGH-Urteils wird denn auch anstelle von „zugewiesenen" Gewinnen von „appropriated profits" gesprochen. Danach wird deutlich, daß der EuGH mit der „Zuweisung" keine neuen Kategorien oder Voraussetzungen schafft, sondern lediglich auf den nach (teilweiser) Verwendung des Gewinns aufgestellten Jahresabschluß und den danach ausgewiesenen Bilanzgewinn verweist[26]. Dabei bedeutet die Aufstellung des Jahresabschlusses nach (teilweiser) Gewinnverwendung nicht, daß die fraglichen Ausschüttungen bereits vor dem Bilanzstichtag beschlossen oder sogar vorgenommen worden sind, sondern vielmehr, daß der erzielte Jahresüberschuß/-fehlbetrag mit einem Gewinn- bzw. Verlustvortrag verrechnet worden ist oder daß eine Einstellung in bzw. Entnahme aus Gewinnrücklagen vorgenommen worden ist.

---

24 Vgl. *Hoffmann, W.-D.*, Anmerkung zum EuGH-Urteil v. 27. 6. 1996, Rs. C-234/94, S. 1493; *Schüppen, M.*, Zuweisung von Gewinnen, S. 1482 f.
25 Vgl. *Haselmann, D./Schick, R.*, Phasengleiche Aktivierung, S. 1531.
26 Vgl. eingehend auch *Gelhausen, H. F./Gelhausen, W.*, „Zuweisung" des Gewinns, S. 577.

Unverständlich ist jedoch auch die Erwähnung der Tatsache, daß der Jahresabschluß des Tochterunternehmens ein den tatsächlichen Verhältnissen entsprechendes Bild der Vermögens-, Finanz- und Ertragslage vermittle und sich das nationale Gericht davon überzeugt habe. Dies könnte zu der Frage führen, ob künftig vor einer phasengleichen Vereinnahmung bei der Muttergesellschaft zunächst eine gerichtliche Feststellung zu erfolgen habe, daß der Jahresabschluß der Tochtergesellschaft den Anforderungen des § 264 Abs. 2 HGB entspricht. Eine derartige Vorstellung ist jedoch so absurd, daß sich vielmehr die Frage stellt, ob die Formulierungen des Leitsatzes der Entscheidung als Bedingungen zu verstehen sind, die hinreichend und notwendig sind, um die phasengleiche Vereinnahmung zu rechtfertigen. Hierzu ist erneut darauf zu verweisen, daß sich der EuGH ausschließlich zu dem vorgelegten Fall geäußert hat[27]. Die Entscheidung des EuGH kann daher nicht in der Weise verstanden werden, daß hieraus allgemeine Bedingungen für die Vereinnahmung von Dividenden abgeleitet werden können. Vielmehr gilt bis zu einer Entscheidung des BGH, die für September 1997 erwartet wird[28], daß für andere als die im Fall „Tomberger" vorliegenden Sachverhalte keine Aussagen aus dem Urteil des EuGH abzuleiten sind. Ob der BGH in seiner Entscheidung über den zu entscheidenden Fall hinaus Bedingungen für die phasengleiche Vereinnahmung von Beteiligungserträgen festlegen wird, bleibt abzuwarten.

24 Berichtigung des Urteils vom 10. Juli 1997

Mit Beschluß vom 10. Juli 1997[29] hat der EuGH Richtigstellungen des im Urteil wiedergegebenen Sachverhalts und weitere Klarstellungen vorgenommen. Richtiggestellt wurde u. a., daß die Gesellschafterversammlung der Tochtergesellschaft „der Zuweisung bestimmter Gewinne an die Muttergesellschaft für das fragliche Geschäftsjahr zugestimmt hat" und daß diese Gesellschafterversammlung vor Abschluß der Prüfung des Jahresabschlusses der Muttergesellschaft für dasselbe Geschäftsjahr stattgefunden hat. Ferner wird in der Berichti-

---

27 Vgl. *Kraneis, K.,* Phasengleiche Aktivierung, S. 57.
28 Vgl. *Hofmeister, A.,* Anmerkung zum EuGH-Beschluß v. 10. 7. 1997, S. 1578.
29 Vgl. EuGH, Beschluß vom 10. 7. 1997, „Urteilsberichtigung" Rs. C-234/94, S. 1577–1579.

gung klargestellt, daß die Gewinne der Tochtergesellschaft im selben Geschäftsjahr realisiert und der Muttergesellschaft zugewiesen worden seien.

Danach wird deutlich, daß der EuGH die „Zuweisung" in der Art und Weise der Aufstellung des Jahresabschlusses der Tochtergesellschaft sieht. Wie oben ausgeführt handelt es sich dabei um die Aufstellung des Jahresabschlusses nach (teilweiser) Gewinnverwendung[30] und den Ausweis eines Bilanzgewinns. Entscheidungserheblich war ferner, daß die Gesellschafterversammlung der Tochtergesellschaft – vor Beendigung der Prüfung des Jahresabschlusses der Muttergesellschaft – der Zuweisung zugestimmt hatte.

Nach dieser Berichtigung kann dem Urteil nicht mehr entnommen werden, daß es auf den Gewinnverwendungsbeschluß nicht ankäme[31].

3 Bedeutung des Urteils

31 Auslegung des Realisationsprinzips im Kontext der 4. EG-Richtlinie

Mit seiner Entscheidung hat der EuGH der Auffassung des Generalanwalts zum Realisationszeitpunkt eine Absage erteilt. Der Generalanwalt hatte die Auffassung vertreten, daß die Realisation der Beteiligungserträge bei der Muttergesellschaft trotz des bestehenden Konzernverhältnisses die Entstehung eines Ausschüttungsanspruchs durch den Gewinnverwendungsbeschluß voraussetze, der bei gleichlautendem Geschäftsjahr selbstverständlich erst nach dem Bilanzstichtag der Muttergesellschaft gefaßt werden könne[32]. Vor diesem Zeitpunkt bestehe keinerlei Rechtssicherheit über das Bestehen und

---

30 Ob dies als generelle Voraussetzung angesehen werden muß, wie *Schüppen, M.,* Zuweisung von Gewinnen, S. 1483 f., meint, kann dem Urteil nicht entnommen werden. Denkbar wäre zumindest bei einer 100%-Tochtergesellschaft in der Rechtsform der GmbH, daß die Gesellschafterversammlung die Ausschüttung aus dem Jahresüberschuß und/oder dem Gewinnvortrag beschließt.

31 So aber *Gelhausen, H. F./Gelhausen, W.,* „Zuweisung" des Gewinns, S. 578, vor Berichtigung des Urteils.

32 Vgl. *Tesauro, G.,* Schlußanträge, S. 318.

den Umfang dieser Gewinne, die möglicherweise auch anders als zur Ausschüttung an die Muttergesellschaft verwendet werden könnten[33].

Die formale Entstehung eines Rechtsanspruchs ist nach Auffassung des EuGH für die Periodenzuordnung der Beteiligungserträge nicht entscheidend. Vielmehr hält es der EuGH für ausreichend, wenn durch entsprechende Bilanzierung bei der Tochtergesellschaft eine Zuweisung der Gewinne an die Muttergesellschaft für das fragliche Geschäftsjahr erfolgt, die bis zum Abschluß der Prüfung des Jahresabschlusses der Muttergesellschaft durch einen entsprechenden Gewinnverwendungsbeschluß bestätigt ist. Danach reicht es für die Realisation aus, daß der Beteiligungsertrag nach den Verhältnissen des Abschlußstichtags allein durch das Verhalten der Muttergesellschaft realisier*bar* ist und die Rechtssicherheit des Anspruchs bis zum Ende der Prüfung ihres Jahresabschlusses eingetreten ist.

Die von *Leffson*[34] und *Weber*[35] geforderte rechtswirksame Vermögensänderung als Realisationskriterium für Beteiligungserträge wird zu Gunsten einer Quasi-Sicherheit[36], bei der die Risiken der rechtlichen Verwirklichung des wirtschaftlichen Sachverhalts allein in der Sphäre des Bilanzierenden liegen, zurückgedrängt. Der Gewinnverwendungsbeschluß erfüllt hier lediglich die Funktion einer nachträglichen Objektivierung der am Stichtag bestehenden Absichten[37].

Hätte der EuGH sich dagegen der Auffassung des Generalanwalts angeschlossen und auf die formalrechtliche Entstehung der Dividendenforderung abgestellt, hätte dies für die Bilanzierungspraxis in der Europäischen Union weitreichende Folgen gehabt: Über die Frage des Realisationszeitpunktes von Beteiligungserträgen hinaus wäre zumindest fraglich geworden, ob die in anderen Ländern praktizierten Interpretationen des Realisationsprinzips, wie z. B. bezüglich der Gewinnrealisierung bei Auftragsfertigung[38] oder der Berücksichtigung

---

33 Vgl. *Tesauro, G.,* Schlußanträge, S. 318.
34 Vgl. *Leffson, U.,* GoB, S. 269.
35 Vgl. *Weber, E.,* Grundsätze ordnungsmäßiger Bilanzierung für Beteiligungen, S. 117.
36 Vgl. hierzu *Moxter, A.,* Zur wirtschaftlichen Betrachtungsweise, S. 232.
37 Vgl. *Küting, K.,* Die phasengleiche Dividendenvereinnahmung, S. 1950.
38 Hierzu hatte der Kontaktausschuß der EG bereits 1990 festgestellt, daß die Anwendung der „percentage of completion"-Methode unter bestimmten Voraussetzungen mit der 4. EG-Richtlinie vereinbar sei; vgl. *Kontaktausschuß der EG,* Angleichung des Bilanzrechts, S. 71.

von Kursgewinnen bei Fremdwährungsposten zulässig wären. Nach der jetzigen Entscheidung des EuGH sind Änderungen außerhalb Deutschlands nicht zu erwarten. Eine Vereinheitlichung der Auffassungen über den Inhalt des Realisationsprinzips wird auch weiterhin nicht erreicht.

32   Konsequenzen für die Bilanzierungspraxis

Wenn, wie zu erwarten ist, der BGH auf der Grundlage des EuGH-Urteils im Fall „Tomberger" zu der Entscheidung kommt, daß bei dieser Fallkonstellation eine Verpflichtung zur phasengleichen Aktivierung des Dividendenanspruchs bei der Muttergesellschaft bestehe, so wäre dies die notwendige Klarstellung, daß – entgegen der herrschenden Meinung – in derartigen Fällen kein Wahlrecht besteht.

Entschieden wäre damit allerdings nur der Fall einer Tochtergesellschaft in der Rechtsform der GmbH, weil bei ihr die Feststellung des Jahresabschlusses und die Gewinnverwendung im Normalfall vom selben Organ und in derselben Versammlung beschlossen werden. Für GmbH mit einer an die AG angeglichenen Organzuständigkeit sowie bei Tochtergesellschaften in der Rechtsform der AG wird in der Regel vor Beendigung der Abschlußprüfung bei der Muttergesellschaft noch kein Gewinnverwendungsbeschluß vorliegen, da hierfür die Hauptversammlung zuständig ist. Diese wird bei der Tochtergesellschaft aber regelmäßig nicht vor dem Ende der Abschlußprüfung bei der Muttergesellschaft stattfinden.

Vorbehaltlich des zu erwartenden Urteils bleibt es für die Fälle, in denen der Jahresabschluß der Tochtergesellschaft zwar festgestellt ist und ein entsprechender Gewinnverwendungsvorschlag – vor Beendigung der Abschlußprüfung bei der Muttergesellschaft – vorliegt, bei der Rechtslage, wie sie durch das BGH-Urteil vom 3. 11. 1975 festgestellt war: Die phasengleiche Vereinnahmung ist zulässig, nach h. M. aber nicht zwingend[39]. Die Zulässigkeit besteht auch bei Beteiligungen unter 100% und auch dann, wenn kein Konzernverhältnis i. S. d. § 18 AktG gegeben ist.

---

39   Vgl. z. B. *Adler, H./Düring, W./Schmaltz, K.*, 6. Aufl., § 252 HGB, Tz. 82; so auch *Weber, E.*, Grundsätze ordnungsmäßiger Bilanzierung für Beteiligungen, S. 130.

Damit verbleibt den Mutterunternehmen zweifelsfrei ein erheblicher Gestaltungsspielraum für Bilanzpolitik. Dieser würde jedoch durch die Pflicht zur phasengleichen Vereinnahmung in den Fällen, die dem Fall „Tomberger" entsprechen, nicht reduziert. Vielmehr hat es die Muttergesellschaft weitgehend in ihrer Hand, ob sie die Voraussetzung der Beschlußfassung über die Gewinnverwendung bei der Tochtergesellschaft rechtzeitig erfüllt. Insofern besteht auch weiterhin die Möglichkeit der Bilanzpolitik durch Sachverhaltsgestaltung – nach dem Bilanzstichtag(!)[40]. Selbst wenn sich eine Verpflichtung der Geschäftsführer bzw. des Vorstands des Mutterunternehmens konstruieren ließe, die Voraussetzungen für die phasengleiche Vereinnahmung zu schaffen[41], so würde ein Verstoß gegen diese Sorgfaltspflicht die Rechtswirksamkeit eines Jahresabschlusses, in dem die Dividende von Tochtergesellschaften nicht phasengleich vereinnahmt worden ist, nicht betreffen.

Während das Urteil zunächst geeignet erscheint, zur Objektivierung des Jahreserfolges[42] beizutragen, weil es die vom BGH angestrebte Pflicht zur phasengleichen Vereinnahmung stützt und außerdem auf einen Gewinnverwendungsbeschluß abstellt, zeigt sich bei näherer Betrachtung, daß der Zeitpunkt der Realisation von Beteiligungserträgen dennoch faktisch in das Ermessen des Bilanzierenden gestellt ist[43]. Insofern ändert sich auch nach dem zu erwartenden Urteil nichts am Gestaltungsspielraum des Bilanzierenden, der damit auch weiterhin ein faktisches Wahlrecht haben wird, die Dividendenansprüche aus Tochtergesellschaften phasengleich zu vereinnahmen.

---

40 Vgl. *Weber, E.*, Grundsätze ordnungsmäßiger Bilanzierung für Beteiligungen, S. 131.
41 Vgl. *Haselmann, D./Schick, R.*, Phasengleiche Aktivierung, S. 1532, die diese Möglichkeit nicht ausschließen. Ablehnend *Forster, K.-H.*, Anmerkung zum BGH-Urteil vom 3. 11. 1975 – II ZR 67/73, S. 42.
42 Hierzu grundlegend *Baetge, J.*, Möglichkeiten der Objektivierung des Jahreserfolges.
43 Vgl. *Weber, E.*, Grundsätze ordnungsmäßiger Bilanzierung von Beteiligungen, S. 131.

4 Alternative Methoden der Bilanzierung von Beteiligungserträgen

41 Zum Verhältnis von Objektivierung und Gestaltungsspielraum

Die dargestellten Konsequenzen für die Bilanzierungspraxis machen deutlich, daß die zur phasengleichen Gewinnvereinnahmung notwendigen Objektivierungstatbestände – der Gewinnverwendungsvorschlag nach der bisherigen Rechtsprechung des BGH bzw. der Gewinnverwendungsbeschluß nach dem EuGH-Urteil – Ansatzpunkte für eine Bilanzpolitik durch (nachträgliche) Sachverhaltsgestaltung bilden. Insofern ist die Situation nach wie vor unbefriedigend[44]. Die vordergründige Objektivierung erweist sich hier als Einfallstor für die subjektive Gestaltung des Gewinnausweises.

Vor diesem Hintergrund stellt sich die Frage nach alternativen Methoden, die die Periodisierung der Beteiligungserträge der Bilanzpolitik entziehen.

42 Anwendung der Equity-Methode im Einzelabschluß

Verschiedentlich ist – bereits zum AktG 1965 – vorgeschlagen worden, die Equity-Methode im Einzelabschluß anzuwenden[45]. Art. 59 der 4. EG-Richtlinie bietet hierfür in Form eines Mitgliedstaatenwahlrechts ausdrücklich Raum. Die Equity-Methode könnte danach für Beteiligungen an assoziierten Unternehmen vorgeschrieben werden, wobei die Definition des assoziierten Unternehmens nach Art. 59 der 4. EG-Richtlinie der des § 311 Abs. 1 HGB entspricht. Die durch die Rechtsprechung des EuGH und des BGH erfaßten Sachverhalte dürften die Definitionsmerkmale des Art. 59 der 4. EG-Richtlinie in aller Regel erfüllen.

---

44 Vgl. ebenso *Küting, K.*, Die phasengleiche Dividendenvereinnahmung, S. 1951.

45 Vgl. *Busse von Colbe, W.*, Zum Bilanzansatz von Beteiligungen, S. 145–157; *Havermann, H.*, Bilanzierung von Beteiligungen, S. 233–242; *Hartmann, E./Schuffenhauer, W.*, Bilanzansatz von Beteiligungen, S. 701–705; *Forster, K.-H.*, Rechnungslegung und Prüfung im Wandel, S. 111–119; sowie in jüngerer Zeit *Forster, K.-H.*, Equity-Bewertung, S. 203–211; *Küting, K.*, Die phasengleiche Dividendenvereinnahmung, S. 1951 f.

Grundsätzlich wird bei Anwendung der Equity-Methode der beteiligungsproportionale Anteil am Jahresergebnis des assoziierten Unternehmens phasengleich beim beteiligten Unternehmen vereinnahmt, ausgeschüttete Dividenden mindern (erfolgsneutral) den Beteiligungsbuchwert[46]. Die Periodisierung der Beteiligungserträge bei dem beteiligten Unternehmen ist damit von Gewinnverwendungsbeschlüssen und deren Zeitpunkt unabhängig. Insofern besteht grundsätzlich kein Gestaltungsspielraum bei der Bilanzierung des beteiligten Unternehmens. Die bei Anwendung der Equity-Methode im Konzernabschluß auftretenden Probleme der rechtzeitigen Vorlage des Jahresabschlusses (§ 312 Abs. 6 HB) bestehen allerdings bei Anwendung der Methode im Einzelabschluß gleichermaßen.

Im Hinblick auf die Kapitalerhaltungsfunktion des Jahresabschlusses ist zu beachten, daß Art. 59 lit. f) der 4. EG-Richtlinie vorsieht, daß diejenigen Teile des vereinnahmten anteiligen Jahresergebnisses, die noch nicht als Dividende eingegangen sind oder auf die noch kein Zahlungsanspruch besteht, in eine Rücklage einzustellen sind, die für Ausschüttungen gesperrt ist. Diese Ausschüttungssperre trägt der insbesondere aus deutscher Sicht wichtigen Funktion des Einzelabschlusses Rechnung, den unter Gläubigerschutzaspekten ausschüttbaren Gewinn zu ermitteln. In gleicher Weise wie nach dem EuGH-Urteil stehen damit auch bei der Equity-Methode nach Art. 59 der 4. EG-Richtlinie die Gewinne der Tochterunternehmen phasengleich beim Mutterunternehmen für Ausschüttungen nur zur Verfügung, sofern rechtzeitig ein Ausschüttungsbeschluß vorliegt. Die Umsetzung des Art. 59 der 4. EG-Richtlinie in deutsches Recht würde insofern nicht zu einer Beeinträchtigung der Kapitalerhaltungsfunktion des Jahresabschlusses führen[47].

Bezüglich der Ermittlung des ausschüttbaren Gewinns weist die Equity-Methode, wie sie in Art. 59 der 4. EG-Richtlinie geregelt ist, allerdings denselben Nachteil auf wie die phasengleiche Gewinnvereinnahmung nach der Rechtsprechung des EuGH: Der Zeitpunkt der Entstehung des Dividendenanspruchs kann durch das mit Mehrheit

---

46 Art. 59 lit. c), d) und e) der 4. EG-Richtlinie in der durch Art. 45 der 7. EG-Richtlinie geänderten Fassung.
47 Vgl. ebenso *Küting, K.,* Die phasengleiche Dividendenvereinnahmung, S. 1951.

beteiligte Unternehmen beeinflußt werden; die Gestaltungsspielräume bezüglich des ausschüttbaren Gewinns sind identisch.

Bezüglich des Ausweises erwirtschafteter Gewinne – und damit im Hinblick auf die Informationsfunktion – hätte die Anwendung der Equity-Methode den Vorteil, daß sie nur vergleichsweise geringen Gestaltungsspielraum enthält, weil das anteilige Jahresergebnis, auch im Fall eines Verlustes, unabhängig von Ergebnisverwendungsvorschlägen oder – beschlüssen in der Gewinn- und Verlustrechnung der Muttergesellschaft phasengleich auszuweisen ist. Dieselben Informationen lassen sich allerdings aus der nach § 285 Nr. 11 HGB im Anhang bzw. in einer gesonderten Beteiligungsliste enthaltenen Angabe der Jahresergebnisse der Beteiligungsgesellschaften entnehmen. Da die Angaben darüber hinaus für jede Beteiligung gesondert zu machen sind, ist der Informationswert dieser Liste höher als ein aggregierter Ausweis in einer Zeile der Gewinn- und Verlustrechnung[48]. Bei vollständiger Berichterstattung nach § 285 Nr. 11 HGB kann die Equity-Methode unter Informationsgesichtspunkten daher nicht als überlegen angesehen werden.

5   Schlußbemerkung

Weder die phasengleiche Gewinnvereinnahmung nach der Rechtsprechung des BGH und des EuGH noch die Equity-Methode fügen sich systematisch in die Gewinnermittlungskonzeption des Einzelabschlusses nach HGB ein. Zum einen ist es für die phasengleiche Vereinnahmung erforderlich, daß die am Bilanzstichtag bestehende Vermögensmehrung der Muttergesellschaft durch nachfolgende Rechtsakte objektiviert wird. Auf dieses Erfordernis kann wegen der Ausschüttbarkeit des Gewinns der Muttergesellschaft im Hinblick auf den Gläubigerschutz nicht verzichtet werden. Diese Objektivierung stellt gleichzeitig den Ansatzpunkt für Bilanzpolitik dar. Auch die Equity-Methode wie sie in Art. 59 der 4. EG-Richtlinie geregelt ist, kann auf die Objektivierung durch Zahlungseingang bzw. Gewinnverwendungsbeschluß nicht verzichten. Hinsichtlich der Ermittlung des ausschüttbaren Gewinns weist sie dieselben Nachteile auf wie die

---

48 Vgl. *Weber, E.,* Grundsätze ordnungsmäßiger Bilanzierung für Beteiligungen, S. 119 ff.

phasengleiche Gewinnvereinnahmung nach der Rechtsprechung des EuGH und des BGH.

Die Informationsfunktion wird von der Beteiligungsliste in mindestens gleicher Qualität erfüllt wie bei Anwendung der Equity-Methode. Die Tatsache, daß die Beteiligungsliste in den meisten Fällen nicht im Anhang abgedruckt wird, sondern aufgrund des Wahlrechts aus § 287 HGB nur zum Handelsregister eingereicht wird, erschwert zwar die Informationsbeschaffung für die Adressaten, rechtfertigt jedoch m. E. nicht die Einführung der Equity-Methode im Einzelabschluß. Im Vergleich zur Equity-Methode sowie zur phasengleichen Vereinnahmung nach Maßgabe der Rechtsprechung wäre die von *Leffson* und *Weber* sowie von *Tesauro* vertretene Lösung der Vereinnahmung von Beteiligungserträgen im Zeitpunkt der rechtlichen Entstehung der Ausschüttungsansprüche willkürfreier und würde konsequenter den auch sonst in Deutschland geltenden Realisationsvoraussetzungen entsprechen.

In der gegenwärtigen Diskussion um die weitere Entwicklung der Rechnungslegung, in der zunehmend internationale, angelsächsisch geprägte Regeln in die Diskussion von Bilanzierungsproblemen einfließen, gewöhnt man sich jedoch an Inkonsistenzen, die auf die unvermeidbare Kasuistik und Dynamik des Entwicklungsprozesses zurückzuführen sind.

Nach der Entscheidung des EuGH ist nicht mehr zu erwarten, daß sich eine konsistente Auslegung des Realisationsprinzips in Europa erreichen läßt. Gleichzeitig ist deutlich geworden, daß sich die Konventionen über die Realisationsvoraussetzungen von der rechtlichen zu einer wirtschaftlichen Verwirklichung von Sachverhalten (mit nachfolgender rechtlicher Bestätigung?) verschieben. In diesem Sinne liefert das Urteil des EuGH einen Beitrag zur Fortentwicklung der (in § 252 Abs. 1 HGB kodifizierten) GoB, was zwangsläufig zu Inkonsistenzen bei der Anwendung des Realisationsprinzips führen muß. Diese Entwicklung mag man bedauern, aufhalten läßt sie sich nicht. Jedenfalls wäre eine gegenteilige Entscheidung des EuGH wohl kaum in der Praxis durchsetzbar gewesen.

Literaturverzeichnis

Accounting Standards Board, Statement of Principles for Financial Reporting: exposure draft, London 1995.

Accounting Standards Committee, Exposure Draft 55: Accounting for Investments, in: Accountancy, October 1990, S. 134–142.

Adler, Hans/Düring, Walther/Schmaltz, Kurt, Rechnungslegung und Prüfung der Unternehmen, Kommentar zum HGB, AktG, GmbHG und PublG nach den Vorschriften des Bilanzrichtlinien-Gesetzes, bearb. v. Forster, Karl-Heinz u. a., 5. Aufl., Stuttgart 1987 (§ 275 HGB).

Adler, Hans/Düring, Walther/Schmaltz, Kurt, Rechnungslegung und Prüfung der Unternehmen, Kommentar zum HGB, AktG, GmbHG und PublG nach den Vorschriften des Bilanzrichtlinien-Gesetzes, bearb. v. Forster, Karl-Heinz u. a., 6. Aufl., Stuttgart 1995 (§ 252 HGB).

Baetge, Jörg, Möglichkeiten der Objektivierung des Jahreserfolges, Düsseldorf 1970.

Baetge, Jörg, Grundsätze ordnungsmäßiger Buchführung, in: DB 1986, Beilage Nr. 26, S. 1–15.

Baetge, Jörg, Bilanzen, 4. Aufl., Düsseldorf 1996.

Baetge, Jörg/Kirsch, Hans-Jürgen, Grundsätze ordnungsmäßiger Buchführung, in: Handbuch der Rechnungslegung, Kommentar zur Bilanzierung und Prüfung, hrsg. v. Küting, Karlheinz/Weber, Claus-Peter, Bd. Ia, 4. Aufl., Stuttgart 1995 (Grundsätze ordnungsmäßiger Buchführung).

Busse v. Colbe, Walther, Zum Bilanzansatz von Beteiligungen, ZfbF 1972, S. 145–157.

Fédération des Experts Comptables Européen (FEE), Discussion Paper on the Application of Prudence and Matching in selected European Countries, Brüssel 1994 (Discussion Paper).

Forster, Karl-Heinz, Anmerkung zum BGH-Urteil v. 3. 11. 1975 – II ZR 67/73, in: AG 1976, S. 42.

Forster, Karl-Heinz, Rechnungslegung und Prüfung im Wandel, in: Rechnungslegung und Wirtschaftsprüfung unter dem Einfluß handelsrechtlicher und steuerrechtlicher Entwicklungstendenzen, Bericht über die Fachtagung des Instituts der Wirtschaftsprüfer in Deutschland e. V. am 11. Oktober 1978 in Bonn, hrsg. v. IDW, Düsseldorf 1979, S. 111–119.

Forster, Karl-Heinz, Warum keine Equity-Bewertung im Jahresabschluß?, in: Rechenschaftslegung im Wandel, Festschrift für Budde, hrsg. v. Förschle, Gerhart/Kaiser, Klaus/Moxter, Adolf, München 1995, S. 203–211 (Equity-Bewertung).

Gelhausen, Hans Friedrich/Gelhausen, Wolf, Die „Zuweisung" des Gewinns – eine neue bilanzrechtliche Kategorie?, in: WPg 1996, S. 573–580 („Zuweisung" des Gewinns).

Hartmann, Edwin/Schuffenhauer, Wolfgang, Bilanzansatz von Beteiligungen nach der Equity-Methode, in: DB 1975, S. 701–705 (Bilanzansatz von Beteiligungen).

Haselmann, Detlev/Schick, Rainer, Phasengleiche Aktivierung von Dividendenansprüchen: Das Verwirrspiel im EuGH-Verfahren ist noch nicht beendet, in: DB 1996, S. 1529–1532 (Phasengleiche Aktivierung).

Havermann, Hans, Zur Bilanzierung von Beteiligungen im Einzel- und Konzernabschluß, in: WPg 1975, S. 233–242 (Bilanzierung von Beteiligungen).

Herzig, Norbert, Anmerkung zum EuGH-Urteil v. 27. 6. 1996, Rs. C-234/94, in: DB 1996, S. 1401–1402.

HFA des IDW, Zur phasengleichen Vereinnahmung von Dividendenerträgen, in: WPg 1996, S. 287–289 (Zur phasengleichen Vereinnahmung).

HFA des IDW, Entwurf einer Verlautbarung „Einzelfragen zur Anwendung von IAS" (Teil 1), in: WPg 1997, S. 76–77 (Einzelfragen zur Anwendung von IAS).

Hoffmann, Wolf-Dieter, Das deutsche Bilanzrechtsverständnis auf dem Prüfstand des EuGH, in: BB 1996, S. 1051–1056 (Das deutsche Bilanzrechtsverständnis).

Hoffmann, Wolf-Dieter, Anmerkung zum EuGH-Urteil v. 27. 6. 1996, Rs. C-234/94, in: BB 1996, S. 1493.

Hofmeister, Adelgund, Anmerkung zum EuGH-Beschluß v. 10. 7. 1997, in: BB 1997, S. 1578–1579.

Kontaktausschuß der EG, Die Angleichung des Bilanzrechts in der Europäischen Gemeinschaft, in: EWS 1991, S. 67–74 (Angleichung des Bilanzrechts).

Kraneis, Kristian, Phasengleiche Aktivierung von Dividendenansprüchen: Ein Verwirrspiel?, Erwiderung zu dem Beitrag von Haselmann, Dieter/Schick, Rainer, DB 1996, S. 1529, mit Replik von Haselmann, Dieter/Schick, Rainer, in: DB 1997, S. 57–60 (Phasengleiche Aktivierung).

Küspert, Klaus, Phasenkongruente Vereinnahmung von Dividenden, in: BB 1997, S. 877–885 (Phasenkongruente Vereinnahmung).

Küting, Karlheinz, Die phasengleiche Dividendenvereinnahmung nach der EuGH-Entscheidung „Tomberger", in: DStR 1996, S. 1947–1952 (Die phasengleiche Dividendenvereinnahmung).

Leffson, Ulrich, Grundsätze ordnungsmäßiger Buchführung, 7. Aufl., Düsseldorf 1987 (GoB).

Moxter, Adolf, Zur wirtschaftlichen Betrachtungsweise im Bilanzrecht, in: StuW 1989, S. 232 (Zur wirtschaftlichen Betrachtungsweise).

Schüppen, Matthias, Die „Zuweisung von Gewinnen im Jahresabschluß" – Delphisches Orakel oder Salomonische Lösung, in: DB 1996, S. 1481–1484 (Zuweisung von Gewinnen).

Tesauro, Guiseppe, Schlußanträge des Generalanwalts vom 25.01.1996 – EuGH Rs. C-234/94, in: DB 1996, S. 316–319 (Schlußanträge).

Thömmes, Otmar, Anmerkung zum Urteil des EuGH vom 27. 6. 1997, in: IWB Nr. 13 v. 10. 7. 1996, S. 630–632.

Weber, Eberhard, Grundsätze ordnungsmäßiger Bilanzierung für Beteiligungen, Düsseldorf 1980.

Weber-Grellet, Heinrich, Bilanzrecht im Lichte, Bilanzsteuerrecht im Schatten des EuGH, in: DB 1996, S. 2089–2092 (Bilanzrecht im Lichte).

Verzeichnis der Rechtsprechung

BFH, Urteil v. 2. 4. 1980, I R 75/76, BStBl. II 1980, S. 702, in: DB 1981, S. 298.

BFH, Urteil v. 3. 12. 1980, I R 125/77, BStBl. II 1981, S. 184, in: DB 1981, S. 615.

BFH, Beschluß v. 3. 2. 1969, GrS 2/68, BStBl. II 1969, S. 291–294, in: DB 1969, S. 730–732.

BGH, Urteil v. 3. 11. 1975, II ZR 67/73, in: BB 1976, S. 9–11.

BGH, Beschluß v. 21. 7. 1994, II ZR 82/93, in: BB 1994, S. 1673–1675.

EuGH, Urteil v. 27. 6. 1996, Rs. C-234/94, in: DB 1996, S. 1400–1401, sowie in: WPg 1996, S. 524.

EuGH, Beschluß v. 10. 7. 1997, „Urteilsberichtigung" Rs. C-234/94, in: BB 1997, S. 1577–1579.

Günter Siepe

Die Belastungen der Unternehmensergebnisse durch Pensionszusagen

1 Problemstellung

2 Unmittelbare Pensionszusagen und Unternehmensbewertung
  21 Grundlagen
  22 Unmittelbare Pensionszusagen ab Erreichen des Beharrungszustands
    221. Unternehmenslage
    222. Netto- versus Brutto-Kapitalisierung
    223. Kapitalisierung mit nominalen Fremdkapitalkosten
    224. Fazit
  23 Unmittelbare Pensionszusagen vor Erreichen des Beharrungszustands

3 Bilanzierung unmittelbarer Pensionszusagen
  31 Ansatz unmittelbarer Pensionszusagen im Jahresabschluß
  32 Bewertung unmittelbarer Pensionszusagen im Jahresabschluß
    321. Grundlagen
    322. Bewertungsverfahren
    323. Trends

4 Zusammenfassung

WP/StB Dipl.-Kfm. Günter Siepe
Mitglied des Vorstands der C&L Deutsche Revision AG
Düsseldorf

1 Problemstellung

Nach § 1 Abs. 1 des Gesetzes zur Verbesserung der betrieblichen Altersversorgung (BetrAVG) umfaßt die betriebliche Altersversorgung alle Leistungen der Alters-, Invaliditäts- und Hinterbliebenenversorgung, die ein Arbeitgeber seinen Arbeitnehmern aus Anlaß eines Arbeitsverhältnisses gewährt[1]. Daraus hat das Bundesarbeitsgericht (BAG) in ständiger Rechtsprechung die folgenden Merkmale der betrieblichen Altersversorgung abgeleitet[2]:

- das Versprechen des Arbeitgebers an einen Arbeitnehmer auf eine Leistung zum Zweck der Versorgung aus Anlaß des Arbeitsverhältnisses und
- ein den Versorgungsanspruch auslösendes biologisches Ereignis wie Alter, Invalidität oder Tod.

Eine unmittelbare Versorgungszusage (Pensions- oder Direktzusage) liegt vor, wenn der Arbeitgeber sich verpflichtet, die zugesagten Leistungen im Versorgungsfall ohne Einschaltung eines rechtlich selbständigen Versorgungsträgers zu erbringen (unmittelbare Pensionsverpflichtungen). Eine mittelbare Versorgungszusage liegt dagegen vor, wenn der Arbeitgeber die betriebliche Altersversorgung über einen rechtlich selbständigen Versorgungsträger (Unterstützungskasse, Pensionskasse, Direktversicherer), der die Versorgungsleistung übernimmt, gewährt (mittelbare Pensionsverpflichtungen, die durch Zuwendungen, Beiträge oder Prämien an den rechtlich selbständigen Versorgungsträger finanziert werden).

Da die Direktzusage die in Deutschland vorherrschende Form der betrieblichen Altersversorgung darstellt, befassen sich die folgenden Ausführungen nur mit der Frage, wie die Unternehmensergebnisse durch unmittelbare Pensionszusagen belastet werden und wie diese bei der Unternehmensbewertung sowie bei der Bilanzierung zu behandeln sind[3].

---

1   Nach Erhebungen des Ifo-Instituts München lag 1993 der Anteil der Beschäftigten mit betrieblicher Altersversorgungszusage bei 66%. Vgl. *Ahrend, P.*, Altersversorgung, S. 186.
2   Vgl. BAG, Urteil vom 8. 5. 1990, 3 AZR 121/89; BAG, Urteil vom 25. 10. 1994, 3 AZR 279/94.
3   Auch die über Unterstützungskassen gewährten Versorgungszusagen belasten die Unternehmensergebnisse infolge der Subsidiärhaftung des Trägerunter-

Leistungsorientierte Altersversorgungssysteme, bei denen der festgelegte Leistungsumfang den Versorgungsaufwand bestimmt, können als endgehaltsabhängige (dynamische) Systeme oder als (statische) Festbetragssysteme ausgestaltet sein. Bei Endgehaltszusagen baut sich die Versorgungsleistung durch einheitliche, gehaltsprozentuale Steigerungsbeträge pro Dienstjahr auf; die Anwartschaft entwickelt sich somit entsprechend dem Gehaltstrend. Bei Festbetragszusagen wird ein bestimmter, i. d. R. nach Dienstzeit und/oder -rang gestaffelter DM-Festbetrag zugesagt; die Anwartschaft entwickelt sich somit unabhängig vom Gehaltstrend. Karrieredurchschnittspläne, bei denen gehaltsprozentuale Anteile von dienstzeitbezogenen Entgelten zugesagt werden, stellen eine Mischform zwischen Endgehalts- und Festbetragszusagen dar. Beitragsorientierte Altersversorgungssysteme geben dagegen ein bestimmtes Beitragsvolumen vor, das sich i. d. R. an einem konstanten Verhältnis zum jeweiligen rentenfähigen Arbeitsverdienst orientiert[4]. Unabhängig von der vertraglich vereinbarten Dynamik besteht für laufende Renten aufgrund des § 16 BetrAVG und der nachfolgenden höchstrichterlichen Rechtsprechung des BAG ab Eintritt des Versorgungsfalls die Verpflichtung, den Kaufkraftverlust der Renten auszugleichen oder die Renten an den (geringeren) Anstieg der Nettoeinkommen eines „typischen Teils der Belegschaft" anzupassen[5].

Pensionszusagen sind Bestandteile der aus Anlaß des Arbeitsverhältnisses eingegangenen Entgeltverpflichtungen des Arbeitgebers. Aus dem Entgeltcharakter erwächst der Fremdkapitalcharakter der Pensionsverpflichtung. Mit der Erteilung einer Pensionszusage wird eine Zahlungsverpflichtung des Arbeitgebers begründet, die zwar erst nach Beendigung des Arbeitsverhältnisses zu erfüllen, gleichwohl aber während der gesamten Dienstzeit des Arbeitnehmers nur noch in Ausnahmefällen widerrufbar ist. Eine Minderung erdienter Anwartschaftswerte würde zudem die zugesagte Gegenleistung des Arbeitgebers nachträglich schmälern, für die der Arbeitnehmer die Vorlei-

---

nehmens letztlich ebenso stark wie Direktzusagen. Die Belastung wird jedoch in den Handels- und Steuerbilanzen anders periodisiert.

4 Vgl. *Förster, W.,* Möglichkeiten eines betrieblichen Altersversorgungssystems, S. 118 f.
5 Vgl. grundlegend BAG, Urteil vom 16. 12. 1976, 3 AZR 795/75; BAG, Urteil vom 11. 8. 1981, 3 AZR 395/80 sowie ergänzend *Bode, K.-J./Grabner, E.,* Teuerungsanpassung der Betriebsrenten in 1997, S. 274–277.

stung bereits erbracht hat. Nach der Rechtsprechung des BAG[6] erdient der Arbeitnehmer innerhalb einzelner Arbeitszeiträume nicht nur den dienstzeitanteiligen Teilbetrag einer Anwartschaft, sondern auch die darauf entfallende Dynamik (dienstzeitunabhängige Steigerung), in die nur aus triftigen Gründen eingegriffen werden darf.

Die Unternehmen dürfen bei der steuerlichen Gewinnermittlung den pensionsbezogenen Erfüllungsrückstand aus dem Arbeitsverhältnis zum jeweiligen Teilwert der Pensionsverpflichtung gemäß § 6a EStG zurückstellen. Der steuerliche Teilwert wird handelsrechtlich als Untergrenze[7] des Wertansatzes beurteilt, der nach vernünftiger kaufmännischer Beurteilung zu bilanzieren ist (§ 253 Abs. 1 Satz 2 HGB). Da Pensionsrückstellungen steuerlich eher niedriger angesetzt werden dürfen, als es ihrer tatsächlichen Verpflichtungshöhe entspricht, kann nicht von Steuervorteilen der Unternehmen gesprochen werden[8]. Daß sich die Steuerzahlungen der Unternehmen durch die Bildung von Pensionsrückstellungen mindern, bedeutet keinen Vorteil für die Unternehmen, sondern beruht allein auf der Tatsache, daß Verpflichtungen aus erdienten Arbeitsentgelten nicht bereits zum Zeitpunkt der Arbeitsleistung, sondern erst nach Pensionierung erfüllt werden (Pensions- statt Barzahlung). Betriebsausgaben sind bei der steuerlichen Gewinnermittlung aber grundsätzlich unabhängig davon abzugsfähig, in welchem Geschäftsjahr eine Auszahlung vorzunehmen ist. Den Unternehmen erwachsen dadurch keine Steuervorteile, wenn statt des Zahlungsbetrages der Barwert (Teilwert) der künftigen Ausgaben verursachungsgemäß als Aufwand verrechnet wird[9].

---

6 Vgl. BAG, Urteil vom 17. 4. 1985, 3 AZR 72/83.
7 Vgl. *HFA des IDW,* Stellungnahme 2/1988, S. 404.
8 Im Vergleich zu anderen verzinslichen Fremdmitteln lassen sich allerdings insoweit Steuerersparnisse erzielen, als die Zinsen und Teilwerte aus Versorgungslasten gewerbesteuerlich voll abzugsfähig sind, während die Bemessungsgrundlage der Gewerbekapitalsteuer nur zur Hälfte um die Dauerschulden (aus Krediten) und die Bemessungsgrundlage der Gewerbeertragsteuer nur zur Hälfte um die Zinsen auf Dauerschulden gekürzt werden darf (§§ 8 Nr. 1, 12 Abs. 2 Nr. 1 GewStG). Andererseits erwachsen Körperschaft- und Gewerbesteuerbelastungen aus den Teilen der Zuführungen zu den handelsrechtlichen Pensionsrückstellungen, die über den steuerrechtlich zulässigen Beträgen liegen.
9 Vgl. *Schneider, D.,* Steuerersparnisse bei Pensionsrückstellungen, S. 1885.

In Höhe der durch die jeweilige Arbeitsleistung erdienten Pensionsanwartschaft werden Teile des Arbeitsentgeltes gestundet, die vom Arbeitnehmer nach dem für Überschußeinkünfte geltenden Zuflußprinzip erst zum Zeitpunkt der Pensionszahlung zu versteuern sind. Somit kommen den Arbeitnehmern die Vorteile aus der während der Dienstzeit aufgeschobenen Einkommensbesteuerung (Steuerstundungseffekt) zugute[10].

Für die Unternehmen ist vorteilhaft, daß für die Schulden aus Pensionszusagen keine Sicherheiten zu stellen sind. Da die Pensionsberechtigten auch keine Auszahlungen vor der Beendigung des Arbeitsverhältnisses verlangen können, stehen den Unternehmen die Pensionsmittel normalerweise jahrzehntelang, wenn auch in unterschiedlichem Umfang, zur Verfügung (Finanzierungseffekt).

Mit der Zusage entsteht für das Unternehmen eine Bindung, die praktisch nicht mehr gelöst werden kann. Über die gesamte Dienstzeit des Pensionsberechtigten betrachtet werden die Unternehmensergebnisse mit dem Barwert der zukünftigen Pensionszahlungen (zuzüglich der Beiträge an den Pensions-Sicherungs-Verein (PSV) und der Verwaltungskosten) belastet. Fraglich ist, wie der Barwert dieser Belastung bei der Unternehmensbewertung zu veranschlagen und handelsbilanziell auf die Dienstzeit des Pensionsberechtigten zu verteilen ist.

2 Unmittelbare Pensionszusagen und Unternehmensbewertung

21 Grundlagen

Nach der Stellungnahme HFA 2/1983 ,,Grundsätze zur Durchführung von Unternehmensbewertungen" des Hauptfachausschusses (HFA) des Instituts der Wirtschaftsprüfer (IDW) bestimmt sich der Wert eines Unternehmens unter der Voraussetzung ausschließlich finanzieller Ziele grundsätzlich durch seine Eigenschaft, Einnahmenüberschüsse zu erwirtschaften. Somit bildet der Barwert der zukünftigen Überschüsse der Einnahmen über die Ausgaben den theoretisch rich-

---

10 Steuerbegünstigt wird das ,,Vorsorgesparen der Arbeitnehmer". Vgl. *Thelen, K.-P.*, Pensionsrückstellungen, S. 440 sowie *Engbroks, H./Urbitsch, C.*, Wirkungen unmittelbarer Pensionszusagen, S. 2456.

tigen Wert eines Unternehmens[11]. Da die theoretisch richtige totale Einnahmenüberschußrechnung in der Praxis in aller Regel nicht durchführbar ist, wird im Regelfall als praktisch durchführbare Näherungslösung eine modifizierte Ertragsüberschußrechnung angewendet:

Die Zukunftserfolge werden auf Basis der bei Erhaltung der erfolgbringenden Substanz möglichen Vollausschüttung veranschlagt und mit dem Kapitalisierungszinssatz auf den Bewertungsstichtag diskontiert. Soweit Ausgaben und Aufwand bzw. Einnahmen und Ertrag zeitlich weit auseinanderfallen, werden ergänzend die aus langfristigen Finanzbedarfs- und Finanzergebnisrechnungen resultierenden Zinswirkungen in die Aufwands- und Ertragsrechnung einbezogen[12].

Bei der Prognose des Zukunftserfolges kommt den Altersversorgungslasten eine besondere Bedeutung zu, weil die Pensionsaufwendungen und Pensionsausgaben zeitlich oft weit auseinanderfallen. Dies ist insbesondere bei deutlichen Veränderungen in der Größe und/oder der Struktur der Belegschaft sowie bei der Einführung oder Neugestaltung von Versorgungssystemen der Fall. Ist die handelsrechtliche Gewinn- und Verlustrechnung Ausgangspunkt der Ermittlung der Nettozahlungen an die Unternehmenseigner, müssen neben dem Pensionsaufwand (Pensionsausgaben plus Nettoveränderung der Pensionsrückstellungen) auch die Finanzierungseffekte und steuerlichen Folgen aus der Bildung von Pensionsrückstellungen prognostiziert werden.

Wie das Ertragswertverfahren bauen auch die international stärker verbreiteten Discounted-Cash-Flow-Verfahren (DCF-Verfahren) auf dem Kapitalwertkalkül auf. Das Ertragswert- und die DCF-Verfahren beinhalten prinzipiell Einnahmenüberschußrechnungen und beruhen auf dem gleichen investitionstheoretischen Fundament. Unterschiedliche Bewertungsergebnisse zwischen Ertragswert- und DCF-Verfahren resultieren allein aus voneinander abweichenden Bewertungsannahmen und -vereinfachungen[13] und nicht aus den Unterschieden in der Methodik, insbesondere nicht aus der Anwendung der Netto- oder der

---

11 Vgl. *HFA des IDW*, Stellungnahme 2/1983, Abschnitt B., Vorbemerkung.
12 Vgl. *HFA des IDW*, Stellungnahme 2/1983, Abschnitt B.1.; kritisch hierzu *Drukarczyk, J.*, Unternehmensbewertung, S. 213.
13 Vgl. u. a. *Sieben, G.*, Discounted Cash Flow-Verfahren, S. 736.

Brutto-Methode[14]: Nach der Netto-Methode (Ertragswert-Methodik) wird die Fremdfinanzierung in die zu kapitalisierenden Einnahmenüberschüsse einbezogen, nach der Brutto-Methode (gängige DCF-Methodik) wird sie mit ihrem Marktwert als Abzugsbetrag vom finanzierungsunabhängigen Unternehmensgesamtwert berücksichtigt.

Vereinheitlicht man die Bewertungsannahmen und schließt man Fehler bei der Bewertung aus, müssen Ertragswert- und DCF-Verfahren grundsätzlich zu den gleichen Unternehmenswerten führen[15]. Diese (theoretische) Anforderung gilt unabhängig davon, welches DCF-Verfahren angewendet wird: Entity-Ansatz entsprechend der US-amerikanischen Bewertungspraxis[16], Entity-Ansatz angepaßt an bundesdeutsche Verhältnisse[17], APV-Ansatz[18] oder Equity-Ansatz[19]. Den interna-

---

14 Vgl. *Wagner, W.,* Shareholder-Value, S. 49.
15 Vgl. *Richter, F.,* Bestimmung von Unternehmenswerten, S. 1076; *Sieben, G.,* Discounted Cash Flow-Verfahren, S. 732; *Hachmeister, D.,* Discounted Cash Flow-Verfahren, S. 261.
16 Beim in der US-amerikanischen Bewertungspraxis (und sich daran anlehnend auch in der deutschen Bewertungspraxis) üblichen *Entity-Ansatz* (Brutto-Methode) stellt der Cash-Flow jenen Zahlungsmittelüberschuß dar, der Eigenkapitalgebern und Fremdkapitalgebern (Kreditgebern) zur Verfügung steht und dessen Abzinsung mit einem gewichteten Kapitalkostensatz (WACC [Weighted Average Cost of Capital], gewichtete Kapitalkosten der Eigenkapitalgeber und Kreditgeber) den Unternehmensgesamtwert ergibt. Dieser ist um den Marktwert des Fremdkapitals (der Kredite) zu vermindern, um den Marktwert des Eigenkapitals zu erhalten. Vgl. *Drukarczyk, J.,* Unternehmensbewertung, S. 143–150.
17 Beim an deutsche Verhältnisse angepaßten *Entity-Ansatz* (Brutto-Methode) stellt der Cash-Flow jenen Zahlungsmittelüberschuß dar, der Eigenkapitalgebern, Kreditgebern und Versorgungsempfängern zur Verfügung steht und dessen Abzinsung mit einem gewichteten Kapitalkostensatz (gewichtete Kapitalkosten der Eigenkapitalgeber, Kreditgeber und Versorgungsempfänger) den Unternehmensgesamtwert ergibt. Dieser ist um den Marktwert der Kredite und um den Marktwert der Pensionszahlungen zu vermindern, um den Marktwert des Eigenkapitals zu erhalten. Vgl. dazu auch die Überlegungen bei *Drukarczyk, J.,* Unternehmensbewertung, S. 153–155.
18 Beim *APV-Ansatz* (Adjusted Present Value-Ansatz, Brutto-Methode) wird zunächst der Marktwert eines unverschuldeten Unternehmens ermittelt. Dieser wird um den Werteinfluß der anteiligen Finanzierung mit zinspflichtigem Fremdkapital und/oder Pensionsrückstellungen und um den Werteinfluß der Ausschüttungspolitik korrigiert, um den Unternehmensgesamtwert zu erhalten. Dieser ist um den Marktwert der Kredite und um den Marktwert der Pensionszahlungen zu vermindern, um den Marktwert des Eigenkapitals zu erhalten. Vgl. *Drukarczyk, J.,* Unternehmensbewertung, S. 156–176;

tional wenig verbreiteten Direktzusagen ist im Rahmen der Diskussion der DCF-Verfahren bislang wenig Beachtung geschenkt worden. In diesem Beitrag soll daher auch ein Anstoß gegeben werden, die Behandlung von Belastungen aus unmittelbaren Pensionszusagen bei der Unternehmensbewertung vertieft zu erörtern, indem die Unternehmenswerte und Versorgungslasten sowohl nach der Netto- als auch nach der Brutto-Methode berechnet werden, ohne auf Einzelheiten des Ertragswertverfahrens und der DCF-Verfahren einzugehen.

22 Unmittelbare Pensionszusagen ab Erreichen des Beharrungszustands

Zunächst wird anhand vereinfachender Beispiele gezeigt, wie die Belastungen aus unmittelbaren Pensionszusagen ab Erreichen des sogenannten Beharrungszustands zu veranschlagen sind. Vom Beharrungszustand eines Versorgungswerkes kann dann gesprochen werden, wenn sich der Aufbau der aktiven Belegschaft nach Alter und Dienstjahren und die Zusammensetzung des Rentnerbestandes in einem nachhaltigen Gleichgewichtsverhältnis befinden. Im Beharrungszustand steht der Rentnerbestand nach Zahl und Zusammensetzung in einem normalen Größenverhältnis zur aktiven Belegschaft, und es tritt keine Änderung der nachhaltigen Pensionsbelastung mehr ein[20].

221. Unternehmenslage

Betrachtet werden fünf Unternehmen in ihrem „Gleichgewichtszustand". Es wird angenommen, daß der Beharrungszustand erreicht ist und daß sowohl die Pensionszahlungen als auch das betriebsnotwendige Vermögen nominell um jährlich 2,5% anwachsen.

- Unternehmen A weist zum Bewertungszeitpunkt Eigenkapital (Reinvermögen) von 100 GE, Pensionsverpflichtungen von 0 GE

Richter, F., Bestimmung von Unternehmenswerten, S. 1076 ff.; *Drukarczyk, J./Richter, F.*, APV-Ansatz, S. 559–580.

19 Beim *Equity-Ansatz* (Netto-Methode) wird der Marktwert des Eigenkapitals direkt durch Abzinsung des um Zinsen und Fremdkapitaltilgungen verminderten Cash-Flow mit den (risikoadjustierten) Eigenkapitalkosten berechnet. Vgl. *Drukarczyk, J.*, Unternehmensbewertung, S. 176–178.
20 Vgl. *IDW*, WP-Handbuch 1992, Bd. II, Abschn. A, Rn. 168.

und Kredite von 0 GE auf. Das Eigenkapital wird vollständig zur Finanzierung betriebsnotwendigen Vermögens verwendet.

- Unternehmen B weist zum Bewertungszeitpunkt Eigenkapital von 100 GE, Pensionsverpflichtungen von 200 GE und Kredite von 0 GE auf. Das Eigenkapital wird vollständig zur Finanzierung betriebsnotwendigen Vermögens verwendet; in Höhe der Pensionsverpflichtungen sind Mittel angesammelt, die vollständig zur Finanzierung nicht betriebsnotwendigen Vermögens (Wertpapiere) verwendet werden.

- Unternehmen C weist zum Bewertungszeitpunkt Eigenkapital von 100 GE, Pensionsverpflichtungen von 200 GE und Kredite von 0 GE auf. Eigenkapital und Pensionsmittel werden vollständig zur Finanzierung betriebsnotwendigen Vermögens verwendet.

- Unternehmen D weist zum Bewertungszeitpunkt Eigenkapital von 100 GE, Pensionsverpflichtungen von 0 GE und Kredite von 200 GE auf. Eigenkapital und Kredite werden vollständig zur Finanzierung betriebsnotwendigen Vermögens verwendet.

- Unternehmen E weist zum Bewertungszeitpunkt Eigenkapital von 100 GE, Pensionsverpflichtungen von 80 GE und Kredite von 120 GE auf. Eigenkapital, Pensionsmittel und Kredite werden vollständig zur Finanzierung betriebsnotwendigen Vermögens verwendet.

	A	B	C	D	E
Betriebsnotwendiges Vermögen	100,00	100,00	300,00	300,00	300,00
Nicht betriebsnotwendiges Vermögen	0,00	200,00	0,00	0,00	0,00
Summe Aktiva	**100,00**	**300,00**	**300,00**	**300,00**	**300,00**
Eigenkapital (Reinvermögen)	100,00	100,00	100,00	100,00	100,00
Pensionsverpflichtungen	0,00	200,00	200,00	0,00	80,00
Kredite	0,00	0,00	0,00	200,00	120,00
Summe Passiva	**100,00**	**300,00**	**300,00**	**300,00**	**300,00**

Tab. 1: Vermögens- und Kapitalstruktur zum Bewertungszeitpunkt

Die Nutzungsdauer des betriebsnotwendigen Vermögens betrage ein Jahr. Pensionsverpflichtungen und Kredite werden zum Barwert[21] der

---

21 Die Höhe der Pensionsverpflichtungen als Barwert der künftigen Pensionszahlungen überschreitet auch im Beharrungszustand die (handels- und steuerrechtlich zulässige) Höhe der Pensionsverpflichtungen: Der Gesamtumfang der Pensionsverpflichtungen (Barwert aller künftigen Pensionszahlungen)

künftigen Pensionszahlungen bzw. Zinszahlungen bewertet. Die in den Zukunftserfolgsrechnungen veranschlagten Reinvestitionen für betriebsnotwendiges Vermögen entsprechen den auf Basis der Wiederbeschaffungspreise veranschlagten Abschreibungen auf das betriebsnotwendige Vermögen. Zinsen werden nominal mit 7,0% sowohl für Wertpapiere als auch für Kredite, Pensionszahlungen werden mit 4,5% der Pensionsverpflichtungen veranschlagt[22]. Besteuerungsfolgen bleiben außer Betracht:

	A	B	C	D	E
Rohergebnis	112,50	112,50	337,50	337,50	337,50
Abschreibungen	− 100,00	− 100,00	− 300,00	− 300,00	− 300,00
Betriebsergebnis[1]	**12,50**	**12,50**	**37,50**	**37,50**	**37,50**
Zinsen Wertpapiere		14,00			
Zinsen Kredite				− 14,00	− 8,40
Pensionszahlungen		− 9,00	− 9,00		− 3,60
Anstieg der Pensionsverpflichtungen[2]		− 5,00	− 5,00		− 2,00
Jahresüberschuß	**12,50**	**12,50**	**23,50**	**23,50**	**23,50**
Zuführung zur Substanzerhaltungsrücklage	− 2,50	− 2,50	− 2,50	− 2,50	− 2,50
Zukunftserfolg	**10,00**	**10,00**	**21,00**	**21,00**	**21,00**

[1] Für das betriebsnotwendige Vermögen wird eine Rendite (nach Abschreibungen auf Anschaffungskostenbasis) von 12,5% unterstellt.
[2] Der Anstieg der Pensionsverpflichtungen ergibt sich aufgrund der unterstellten Dynamik der Pensionszahlungen von 2,5% p.a.

Tab. 2: Ergebnisrechnungen für das erste Zukunftsjahr bei (Reinvermögens-)Substanzerhaltung

	A	B	C	D	E
Betriebsnotwendiges Vermögen	102,50	102,50	307,50	307,50	307,50
Nicht betriebsnotwendiges Vermögen	0,00	205,00	0,00	0,00	0,00
Summe Aktiva	**102,50**	**307,50**	**307,50**	**307,50**	**307,50**
Eigenkapital (Reinvermögen)	102,50	102,50	102,50	102,50	102,50
Pensionsverpflichtungen	0,00	205,00	205,00	0,00	82,00
Kredite	0,00	0,00	0,00	205,00	123,00
Summe Passiva	**102,50**	**307,50**	**307,50**	**307,50**	**307,50**

Tab. 3: Vermögens- und Kapitalstruktur am Ende des ersten Zukunftsjahres

---

  darf nicht passiviert werden, da Pensionsrückstellungen (handels- und steuerrechtlich) nur als Barwert für laufende Pensionen und unverfallbare Anwartschaften ausgeschiedener Betriebsangehöriger, nicht aber als Barwert für Anwartschaften der aktiven Belegschaft gebildet werden dürfen (§ 253 Abs. 1 Satz 2 HGB; § 6a Abs. 3 EStG).
22 Zur Begründung für die Anwendung unterschiedlicher Zinssätze siehe Abschnitt 223.

	A	B	C	D	E
Rohergebnis	112,50	112,50	337,50	337,50	337,50
Reinvestitionen betriebsnotwendiges Vermögen	– 102,50	– 102,50	– 307,50	– 307,50	– 307,50
Betriebserfolg	**10,00**	**10,00**	**30,00**	**30,00**	**30,00**
Zinsen Wertpapiere		14,00			
Zinsen Kredite				– 14,00	– 8,40
Pensionszahlungen		– 9,00	– 9,00		– 3,60
Gläubigerverlust[1]		– 5,00			
Schuldnergewinn[2]				5,00	3,00
Zukunftserfolg	**10,00**	**10,00**	**21,00**	**21,00**	**21,00**

[1] Der Gläubigerverlust entsteht durch die Entwertung der Wertpapiere bei einer unterstellten Inflationsrate von 2,5% p.a. Um diesen Betrag sind die Wertpapiere zu erhöhen, um im folgenden Jahr real die gleichen Erträge aus Wertpapieren wie im ersten Zukunftsjahr vereinnahmen zu können.

[2] Der Schuldnergewinn entsteht durch die Entwertung der Kredite bei einer unterstellten Inflationsrate von 2,5% p.a. Um diesen Betrag sind die Kredite zu erhöhen, um am Ende des ersten Zukunftsjahres die gleiche Kapitalstruktur wie zu Beginn des ersten Zukunftsjahres zu erhalten.

Tab. 4: Zukunftserfolgsrechnungen im ersten Zukunftsjahr bei (Reinvermögens-)Substanzerhaltung

222. Netto- versus Brutto-Kapitalisierung

Die Ermittlung der Unternehmenswerte kann grundsätzlich über eine Netto-Kapitalisierung (Ertragswert-Methodik), d. h. durch Kapitalisierung der jeweiligen (Netto-)Zukunftserfolge, aber auch über eine Brutto-Kapitalisierung (gängige DCF-Methodik), d. h. durch Kapitalisierung der (verschuldungsgradunabhängigen) Betriebserfolge und Abzug des Marktwertes der Verpflichtungen, ermittelt werden. Dabei kommt den für die Kapitalisierung verwendeten Zinssätzen erhebliche Bedeutung zu.

Geht man davon aus, daß es gelingen wird, die inflationsbedingten Kostensteigerungen insoweit durch entsprechende Erlösverbesserungen auszugleichen, daß ein jährliches nominelles Wachstum der Betriebserfolge von 1,0% erreicht wird, und berücksichtigt man ferner einen Zinszuschlag für das allgemeine Unternehmerrisiko, dem der Betriebserfolg ausgesetzt ist, von 1,5%, sind die Betriebserfolge des ersten Zukunftsjahres mit einem Kapitalisierungszinssatz von 7,5% zu kapitalisieren[23].

---

23 Verschuldungsgradunabhängiger Kapitalisierungszinssatz 7,5% = Basiszinssatz 7,0% + Risikozuschlag 1,5% – Wachstumsrate 1,0%.

Ermittelt man die Unternehmenswerte durch Brutto-Kapitalisierung, d. h. durch Kapitalisierung der Betriebserfolge und Abzug des Marktwerts der Verpflichtungen aus Pensionen und Krediten[24], ergeben sich für die Unternehmen A und B Unternehmenswerte von jeweils 133,33 GE und für die Unternehmen C bis E Unternehmenswerte von jeweils 200 GE:

	A	B	C	D	E
Betriebserfolg: 7,5%	133,33	133,33	400,00	400,00	400,00
Wertpapiere	0,00	200,00	0,00	0,00	0,00
Kredite	0,00	0,00	0,00	– 200,00	– 120,00
Pensionsverpflichtungen	0,00	– 200,00	– 200,00	0,00	– 80,00
Unternehmenswert	**133,33**	**133,33**	**200,00**	**200,00**	**200,00**

Tab. 5: Ermittlung der Unternehmenswerte durch Brutto-Kapitalisierung

Um die Unternehmenswerte durch Netto-Kapitalisierung der (Netto-) Zukunftserfolge bestimmen zu können, ist vorab zu prüfen, ob der für die Kapitalisierung der Betriebserfolge maßgebliche verschuldungsgradunabhängige Kapitalisierungszinssatz überhaupt für die Kapitalisierung der (Netto-)Zukunftserfolge herangezogen werden darf. Eine derartige Prüfung ist auf der Grundlage von Plausibilitätsrechnungen[25] möglich, in denen wesentliche Komponenten (Teilergebnisse) des Zukunftserfolges gesondert nach Maßgabe ihrer Risikobehaftung und Entwicklungstendenzen kapitalisiert werden.

Es ist davon auszugehen, daß von dem allgemeinen Unternehmerrisiko zwar die Betriebserfolge, nicht aber die Zinsen und Pensionszahlungen berührt werden[26]. Daher sind die Betriebserfolge mit dem verschuldungsgradunabhängigen risikobehafteten Kapitalisierungszinssatz von 7,5%, die Zinsen mit dem quasi-risikofreien Basiszinssatz von 7,0% und die Pensionszahlungen mit dem um die Inflationsrate geminderten Basiszinssatz von 4,5% zu kapitalisieren:

---

24 Bei Unternehmen B ist zusätzlich der Marktwert der Wertpapiere zu berücksichtigen.
25 Zu Einzelheiten vgl. *Siepe, G.,* Bemessung des Kapitalisierungszinsfußes, S. 1737 ff.
26 Vgl. dazu die Überlegungen in *IDW,* WP-Handbuch 1992, Bd. II, Abschn. A, Rn. 207 ff.

		A			B	
(1): Teilergebnisse des ersten Zukunftsjahres (2): Kapitalisierungszinssatz (3): Barwert der Teilergebnisse	(1) (2) 		 (3)	(1) (2) 		 (3)
Betriebserfolg zuzüglich	10,0	7,5%	133,3	10,0	7,5%	133,3
Wertpapiere abzüglich				14,0	7,0%	200,0
Pensionsverpflichtungen Kredite				− 9,0	4,5%	− 200,0
Unternehmenswert			133,3			133,3
Zukunftserfolg (lt. Tab. 4) Kapitalisierungszinssatz[1]			10,0 7,5%			10,0 7,5%

[1] Der Kapitalisierungszinssatz ergibt sich aus der Division Zukunftserfolg/Unternehmenswert.

		C			D			E	
(1): Teilergebnisse des ersten Zukunftsjahres (2): Kapitalisierungszinssatz (3): Barwert der Teilergebnisse	(1) (2) 		 (3)	(1) (2) 		 (3)	(1) (2) 		 (3)
Betriebserfolg abzüglich	30,0	7,5%	400,0	30,0	7,5%	400,0	30,0	7,5%	400,0
Pensionsverpflichtungen Kredite	− 9,0	4,5%	− 200,0	− 14,0	7,0%	− 200,0	− 3,6 − 8,4	4,5% 7,0%	− 80,0 − 120,0
Unternehmenswert			200,0			200,0			200,0
Zukunftserfolg (lt. Tab. 4) Kapitalisierungszinssatz[1]			21,0 10,5%			21,0 10,5%			21,0 10,5%

[1] Der Kapitalisierungszinssatz ergibt sich aus der Division Zukunftserfolg/Unternehmenswert.

Tab. 6: *Plausibilitätsrechnungen zur Ermittlung der Unternehmenswerte durch Netto-Kapitalisierung der Zukunftserfolge*

Aus den Plausibilitätsrechnungen zur Netto-Kapitalisierung ist abzuleiten, daß lediglich bei den Unternehmen A und B der gleiche Kapitalisierungszinssatz von 7,5% wie bei der Brutto-Kapitalisierung angewendet werden darf. Dagegen ist für die einen hohen Verschuldungsgrad aufweisenden Unternehmen C bis E auf der Grundlage des unter (Reinvermögens-)Substanzerhaltungsgesichtspunkten zu veranschlagenden (Netto-)Zukunftserfolges von jeweils 21 GE ein mit 10,5% deutlich höherer Kapitalisierungszinssatz zu verwenden, um die zutreffenden Unternehmenswerte von jeweils 200 GE zu ermitteln. Würde man dagegen bei der Netto-Kapitalisierung auch bei den Unternehmen C bis E mit 7,5% kapitalisieren, ergäben sich überhöhte Unternehmenswerte von jeweils 280 GE: Wären die Unternehmen C bis E nicht mit 200 GE verschuldet, dürften sie bei dreifacher Größe und Ertragskraft des Unternehmens A auch nur den dreifachen Wert (3 x 133,33) des unverschuldeten Unternehmens A haben, also jeweils 400 GE und nicht 480 GE.

Die unterschiedlichen Kapitalisierungszinssätze von 7,5% für die Betriebserfolge und von 10,5% für die Zukunftserfolge bei den Unternehmen C bis E lassen sich auch wie folgt erklären:

- Der Zukunftserfolg ist bei der Netto-Kapitalisierung mit einem Zinssatz zu kapitalisieren, der sich sowohl auf das operative als auch auf das finanzwirtschaftliche Ergebnis bezieht. Der Betriebserfolg ist dagegen mit einem Zinssatz zu kapitalisieren, der sich ausschließlich auf das operative Ergebnis bezieht[27].

- Der Zukunftserfolg steht allein den Eigenkapitalgebern (Unternehmenseignern) zur Verfügung und ist mit einer risikoadjustierten Renditeforderung der Eigenkapitalgeber zu kapitalisieren, die dem jeweiligen Verschuldungsgrad Rechnung trägt. Der Betriebserfolg steht dagegen sämtlichen Kapitalgebern (Eigentümern, Versorgungsberechtigten und Kreditgläubigern) zur Verfügung und ist mit einem verschuldungsgradunabhängigen Gesamtkapitalkostensatz (gewichteten Kapitalkostensatz) zu kapitalisieren[28]. Insofern sind die vorstehenden Bewertungsüberlegungen auch mit der gängigen DCF-Methodik kompatibel, einen finanzierungsunabhängigen Unternehmensgesamtwert zu ermitteln[29].

---

27 Vgl. dazu auch die Überlegungen bei *Kruschwitz, L./Milde, H.*, Geschäftsrisiko, S. 1115–1133; *Arbeitskreis „Finanzierung" der Schmalenbach-Gesellschaft/Deutsche Gesellschaft für Betriebswirtschaft e.V.*, Kapitalkosten, S. 543–578.

28 Für Unternehmen E errechnet sich beispielsweise der gewichtete Kapitalkostensatz (WACC = Kapitalisierungszinssatz für den Betriebserfolg bei der Brutto-Kapitalisierung) als (10,5% * 200 + 4,5% * 80 + 4,5% * 120) / 400 = 7,5%; dieser Gesamtkapitalkostensatz ist – abgesehen von steuerlichen Einflüssen – „unabhängig von der Kapitalstruktur und entspricht der geforderten Rendite der Eigentümer für den Fall der vollständigen Eigenfinanzierung." *Drukarczyk, J.*, Unternehmensbewertung, S. 130.

29 Zur Darstellung und Kritik an diesem auf *Modigliani/Miller* zurückgehenden Theorem von der Irrelevanz der Finanzierung vgl. *Franke, G./Hax, H.*, Finanzwirtschaft des Unternehmens, S. 332 ff.

223. Kapitalisierung mit nominalen Fremdkapitalkosten

Die Tatsache, daß der Barwert der Pensionszahlungen unter Zugrundelegung eines Real- bzw. Nettozinssatzes von 4,5% statt des für Kredite maßgeblichen Nominal- bzw. Bruttozinssatzes von 7,0% veranschlagt wurde, beruht allein auf der rechentechnischen Vereinfachung, die trendbedingten Wertänderungen der Pensionen nicht explizit durch Ansatz inflationär stetig ansteigender Pensionszahlungen, sondern implizit durch Kürzung des Rechnungszinssatzes zu berücksichtigen[30]. Bei expliziter Einbeziehung trendbedingter Wertänderungen müßte bei den Pensionsverpflichtungen ebenso wie bei den Krediten mit einem Nominalzinssatz diskontiert werden. Die infolge des trendbedingten Anstiegs der Pensionsverpflichtungen anzusammelnden Mittel sind erforderlich, um die späteren trendbedingten Mehrausgaben für Pensionen decken zu können.

Es wäre daher auch sachgerecht, im Rahmen einer Netto-Kapitalisierung alle verzinslichen Verpflichtungen, d. h. auch die Pensionsverpflichtungen, mit Nominalgrößen (Nominal- bzw. Bruttozinssätzen) zu veranschlagen. Bei dieser Vorgehensweise würden sich die Plausibilitätsrechnungen für die Unternehmen C bis E wie folgt ändern:

	C			D			E		
(1): Teilergebnisse des ersten Zukunftsjahres	(1)			(1)			(1)		
(2): Kapitalisierungszinssatz		(2)			(2)			(2)	
(3): Barwert der Teilergebnisse			(3)			(3)			(3)
Betriebserfolg abzüglich	30,0	7,5%	400,0	30,0	7,5%	400,0	30,0	7,5%	400,0
Pensionen							− 5,6	7,0%	− 80,0
Kredite	− 14,0	7,0%	− 200,0	− 14,0	7,0%	− 200,0	− 8,4	7,0%	− 120,0
Unternehmenswert	**16,0**		**200,0**	**16,0**		**200,0**	**16,0**		**200,0**
Zukunftserfolg			16,0			16,0			16,0
Kapitalisierungszinssatz[1]			8,0%			8,0%			8,0%

[1] Der Kapitalisierungszinssatz ergibt sich aus der Division Einnahmenüberschuß/Unternehmenswert.

Tab. 7: Plausibilitätsrechnungen zur Ermittlung der Unternehmenswerte durch Netto-Kapitalisierung mit nominalen Fremdkapitalkosten

---

30 Zur Kapitalisierung mit einem aus dem Nominalzinssatz abzüglich einer Wachstumsrate zusammengesetzten Nettozinssatz vgl. *Siepe, G.*, Unternehmerrisiko bei der Unternehmensbewertung, S. 707.

Für diesen Fall läßt sich aus den Plausibilitätsrechnungen ableiten, daß im Rahmen einer Netto-Kapitalisierung Einnahmenüberschüsse der Unternehmen C bis E von jeweils 16 GE mit einem Kapitalisierungszinssatz von 8,0% zu kapitalisieren sind, um zutreffende Unternehmenswerte von jeweils 200 GE zu erhalten[31].

Die Plausibilitätsrechnungen bestätigen auch die aus der Brutto-Kapitalisierung gewonnene Erkenntnis, daß es für die Bestimmung des Unternehmenswertes grundsätzlich nicht darauf ankommt, ob Verpflichtungen aus Pensionen oder aus Krediten bestehen. Entscheidend ist jeweils der Marktwert der jeweiligen Schulden[32].

224. Fazit

Der Abzug der – mit Zinssätzen ohne Risikozuschlag ermittelten – Marktwerte der Pensions- oder Kreditverpflichtungen vom finanzierungsunabhängigen Unternehmensgesamtwert setzt somit voraus, daß das allgemeine Unternehmerrisiko nur bei der Bemessung des Zinssatzes für die Kapitalisierung der Betriebserfolge zu berücksichtigen ist. I. d. R. deckt der Risikozuschlag nämlich nur das allgemeine (operative) Unternehmerrisiko ab. Dann erscheint es sachgerecht, entsprechend der Brutto-Kapitalisierung vorzugehen, d. h., nur den Betriebserfolg mit dem risikobehafteten, verschuldungsgradunabhängigen Kapitalisierungszinssatz zu diskontieren und von dem Unternehmensgesamtwert die mit risikofreien Zinssätzen ermittelten Marktwerte der Pensions- und Kreditverpflichtungen abzusetzen. Soll entsprechend der Netto-Kapitalisierung vorgegangen werden, bieten sich zwei Vorgehensweisen an:

- Entweder wird der Kapitalisierungszinssatz für die Kapitalisierung des Zukunftserfolges der Verschuldung des Unternehmens entsprechend erhöht, im Beispiel von 7,5% auf 10,5% (bzw. 8,0%),

---

31 Für Unternehmen E errechnet sich beispielsweise der gewichtete Kapitalkostensatz (WACC = Kapitalisierungszinssatz für den Betriebserfolg bei der Brutto-Kapitalisierung) als (8,0% * 200 + 7,0% * 80 + 7,0% * 120) / 400 = 7,5%; vgl. auch Fußnote 28.

32 Daß Pensionsverpflichtungen und Kreditverpflichtungen unterschiedliche Besteuerungsfolgen auslösen und damit zu unterschiedlichen Unternehmenswerten führen (können), ändert nichts an der grundsätzlichen Richtigkeit dieser Aussage.

- oder aus dem Marktwert der Pensions- und Kreditverpflichtungen wird mit dem verschuldungsgradunabhängigen Kapitalisierungszinssatz (im Beispiel von 7,5%) eine nachhaltige Annuität errechnet[33], die vom Betriebserfolg abgesetzt wird. Der verbleibende Zukunftserfolg ist dann mit dem Kapitalisierungszinssatz, im Beispiel von 7,5%, zu kapitalisieren[34].

Werden die hier unterstellten vereinfachenden Prämissen aufgehoben, behalten die vorstehenden Überlegungen zwar grundsätzlich ihre Gültigkeit; die zutreffende Veranschlagung der Altersversorgungslasten (einschließlich der Besteuerungsfolgen) führt jedoch zu sehr komplexen Ansätzen, die detaillierte Prognoserechnungen unter Zuhilfenahme plausibler Annahmen voraussetzen.

23 Unmittelbare Pensionszusagen vor Erreichen des Beharrungszustands

In den Fällen, in denen der „Beharrungszustand" noch nicht erreicht ist, sind gesonderte Prognoserechnungen hinsichtlich der künftigen Pensionsaufwendungen und Pensionsausgaben (unter Beachtung der Finanzierungseffekte) notwendig[35]. Für den Prognosezeitraum ist das Kollektiv der Versorgungsberechtigten von Jahr zu Jahr unter Beachtung der versorgungsrelevanten Merkmale fortzuentwickeln[36].

---

33 Vgl. *IDW*, WP-Handbuch 1992, Bd. II, Abschn. A, Rn. 168.
34 Für Unternehmen E ergibt sich folgende Rechnung: [30 − ((80 + 120) * 7,5%)] / 7,5% = 200 GE. Zur empirischen Berechnung der Kapitalkosten vgl. *Richter, F./Simon-Keuenhof, K.*, Kapitalkostensätze deutscher Industrieunternehmen, S. 698–708 sowie *Baetge, J./Krause, C.*, Unternehmensbewertung, S. 433–456.
35 Vgl. *IDW*, WP-Handbuch 1992, Bd. II, Abschn. A, Rn. 166; vgl. auch *Rhiel, R.*, Prognoserechnungen, S. 573–583 und S. 605–612.
36 Zu Einzelheiten siehe den Überblick bei *Richter, G.*, Prognoserechnungen, S. 1476–1479. U. a. sind für die Entwicklung des Personenbestands (Mengengerüst) Annahmen über den Aktivenbestand zu treffen sowie biometrische, Fluktuations- und Pensionierungswahrscheinlichkeiten zu veranschlagen, für die Entwicklung der jährlichen Versorgungslasten (Wertgerüst) Annahmen hinsichtlich Gehalts- und Karrieretrends sowie der Inflationsrate (und der Anpassung laufender Renten aufgrund des § 16 BetrAVG) zu treffen.

Als Zeitraum für die Prognoserechnungen dürften normalerweise mindestens 50 Jahre zu veranschlagen sein[37]. Da der sachgerechten Wahl der in die Prognoserechnungen eingehenden Annahmen in der Praxis eine erhebliche Bedeutung zukommt[38], sind derartige Prognoserechnungen oft nur in Zusammenarbeit mit versicherungsmathematischen Sachverständigen möglich. Neben den Rentenzahlungen gehören auch die an den PSV zu entrichtenden Beiträge (Insolvenzsicherungsprämien) zu den Versorgungslasten. Auch diese Beiträge sind nach der nach § 6a EStG bewerteten Pensionsrückstellung zu bemessen (§ 10 Abs. 3 Ziffer 1 BetrAVG), so daß Prognoserechnungen nicht nur aus steuerlichen Gründen die Entwicklung der Pensionsrückstellung nach § 6a EStG für laufende Versorgungsleistungen und unverfallbare Anwartschaften umfassen müssen.

Die bis zum Erreichen des Beharrungszustands aus den Prognoserechnungen resultierenden Zahlungen sind, sofern sie nominal veranschlagt sind, mit dem quasi-risikofreien Basiszinssatz, sofern sie real veranschlagt sind, mit dem inflationsbereinigten Realzinssatz auf den Bewertungszeitpunkt zu diskontieren. Vom Beharrungszustand an werden die (real gleichbleibenden) Zahlungen als ewige Rente kapitalisiert und um die vom Bewertungszeitpunkt entfernte Anzahl von Jahren abgezinst[39]. Der sich aus beiden Teilbeträgen ergebende Barwert der Pensionsverpflichtungen ist dann vom kapitalisierten Ergebnis vor Altersversorgungslasten abzusetzen, sofern die in das Ergebnis eingeflossenen Finanzierungseffekte aus gebildeten Pensionsrückstellungen nicht eliminiert worden sind (Brutto-Kapitalisierung). Alternativ ist der Barwert der Pensionsverpflichtungen mit dem verschuldungsgradunabhängigen Kapitalisierungszinssatz in eine Annui-

---

37 Bei einer extrem jungen aktiven Belegschaft sind ggf. auch längere Prognosezeiträume notwendig, um den Beharrungszustand des Versorgungswerks mit hinreichender Genauigkeit erfassen zu können.

38 Vgl. dazu die bei *Richter, G.*, Prognoserechnungen, S. 1479 f., für eine Prognoserechnung dargestellten Auswirkungen unterschiedlicher Modellannahmen: Die langfristigen Ergebnisse von Prognoserechnungen für betriebliche Pensionspläne reagieren relativ sensibel auf größere Differenzen zwischen den angenommenen Gehalts- und Rententrends sowie auf stark vereinfachende Modifikationen des Erneuerungsvorgangs.

39 Vgl. *IDW*, WP-Handbuch 1992, Bd. II, Abschn. A, Rn. 168.

tät umzurechnen, die vom Ergebnis vor Altersversorgungslasten abgesetzt wird (Netto-Kapitalisierung)[40].

Werden die bis zum Erreichen des Beharrungszustands zu prognostizierenden Pensionszahlungen real veranschlagt, ist der unter Zugrundelegung eines Nominalzinssatzes von 7,0% und einer Inflationsrate von 2,5% zu verwendende inflationsbereinigte Realzinssatz bei mathematisch genauer Rechnung mit (1,070 / 1,025 − 1 =) 4,39% zu bemessen. Geht man in den Beispielen des Abschnitts 22 davon aus, daß der Beharrungszustand erst nach 50 Jahren erreicht ist und daß bis zu diesem Zeitpunkt die Pensionszahlungen real um jährlich 1,5% ansteigen, so können der Barwert und die Annuität der Pensionszahlungen für das Unternehmen C wie folgt ermittelt werden:

Pensionszahlungen ab Jahr 51 (auf der Preisbasis des ersten Zukunftsjahres):	9,000
Pensionszahlungen im ersten Zukunftsjahr: 9,0 / $1,015^{50}$	4,275
Barwert der Pensionszahlungen der Jahre 1 bis 50 (Barwert wachsender Renten[1]):	
4,275 * [(1 − (1,025 * 1,015 / 1,070)^{50}) / (1,070 − 1,025 * 1,015)]	108 858
Barwert der Pensionszahlungen der Jahre 51 ff. (ewige Rente):	
9,000 / 0,045 / (1,070 / 1,025)^{50}	+ 23 336
Barwert der gesamten Pensionszahlungen	**132 194**
Annuität der Pensionszahlungen: 132.194 * 0,075 (Kapitalisierungszinssatz)	9 915
[1] Zur Berechnung vgl. *Siepe, G.*, Unternehmerrisiko bei der Unternehmensbewertung, S. 707.	

Tab. 8: Ermittlung von Barwert und Annuität der Pensionszahlungen

3 Bilanzierung unmittelbarer Pensionszusagen

Neben der Frage, wie Belastungen aus unmittelbaren Pensionszusagen dem Grunde und der Höhe nach handelsbilanziell abzubilden sind, steht auch die in diesem Beitrag nicht zu behandelnde Frage nach dem Ausweis der mit unmittelbaren Pensionszusagen verbundenen Aufwendungen in der Gewinn- und Verlustrechnung[41].

---

40 Vgl. *IDW*, WP-Handbuch 1992, Bd. II, Abschn. A, Rn. 168. Vgl. dazu auch die Bewertungsüberlegungen für den Beharrungszustand in Abschnitt 22.

41 Vgl. hierzu *Adler, H./Düring, W./Schmaltz, K.*, 6. Aufl., § 275 HGB, Tz. 119–121; *IDW*, WP-Handbuch 1996, Bd. I, Abschn. F, Rn. 316–318 und Rn. 352; vgl. auch *Weißmüller, A./Kürten, S.*, Zinsen aus Pensionsverpflichtungen, S. 721 ff.; *Rößler, N./Dernberger, M./Schmandt, E. M.*, Aufspaltung des Versorgungsaufwands, S. 1785 ff.

31 Ansatz unmittelbarer Pensionszusagen im Jahresabschluß

Unmittelbare Pensionszusagen erfüllen die drei Kriterien des Passivierungsgrundsatzes (1) Verpflichtung, (2) wirtschaftliche Belastung und (3) Quantifizierbarkeit[42]. Da sie gegenüber Dritten bestehen und sowohl dem Grunde als auch der Höhe nach unsicher sind, gehören sie zu den ungewissen Verbindlichkeiten, die vorbehaltlich konkreter gesetzlicher Regelungen in der Bilanz als Rückstellungen zu passivieren sind[43].

Unmittelbare Pensionszusagen unterliegen nach § 249 Abs. 1 Satz 1 HGB einer Passivierungspflicht, wenn sie nach dem 31. 12. 1986 erteilt worden sind (sogenannte Neuzusagen), und nach Art. 28 Abs. 1 EGHGB einem Passivierungswahlrecht, wenn sie vor dem 1. 1. 1987 erteilt worden sind (sogenannte Altzusagen)[44]. Allerdings müssen Kapitalgesellschaften, soweit sie unmittelbare Pensionsverpflichtungen aus Altzusagen nicht passivieren, diese nach Art. 28 Abs. 2 EGHGB im Anhang angeben (sogenannte Fehlbetragsangabe). Unabhängig davon, ob eine Pensionsrückstellung aufgrund einer Passivierungspflicht oder eines Passivierungswahlrechts gebildet worden ist, darf sie nach § 249 Abs. 3 Satz 2 HGB nur aufgelöst werden, soweit der Grund dafür entfallen ist[45].

---

42 Vgl. *Baetge, J.*, Bilanzen, S. 327 und ausführlich S. 161 ff.
43 Vgl. ausführlich m. w. N. *Thoms-Meyer, D.*, Pensionsrückstellungen, S. 13–24.
44 Für Altzusagen (mit Rechtsanspruch) gilt wie vor Inkrafttreten des Bilanzrichtlinien-Gesetzes, daß Pensionsrückstellungen steuerrechtlich nur anerkannt werden, wenn sie auch in der Handelsbilanz gebildet worden sind (§ 6a EStG, R 41 Abs. 1 EStR). Für Neuzusagen besteht aufgrund des Maßgeblichkeitsprinzips im Rahmen des § 6a EStG nunmehr auch steuerrechtlich eine Passivierungspflicht (R 41 Abs. 1 Satz 2 EStR). Nach § 6a EStG, R 41 EStR darf eine Pensionsrückstellung steuerrechtlich nur gebildet werden, wenn und soweit der Pensionsberechtigte einen Rechtsanspruch auf einmalige oder laufende Pensionsleistungen hat, die Pensionszusage keinen steuerschädlichen Vorbehalt enthält und die Pensionszusage schriftlich erteilt ist. Steuerrechtlich können somit für mündliche Pensionszusagen oder für Pensionsverpflichtungen aufgrund betrieblicher Übung oder des Gleichbehandlungsgrundsatzes keine Pensionsrückstellungen gebildet werden. Vgl. *KPMG*, Altersversorgung und Jahresabschluß, S. 39; *IDW*, WP-Handbuch 1996, Bd. I, Abschn. E, Rn. 155 f.
45 Vgl. *IDW*, WP-Handbuch 1996, Bd. I, Abschn. E, Rn. 149.

32 Bewertung unmittelbarer Pensionszusagen im Jahresabschluß

321. Grundlagen

Für die Bewertung unmittelbarer Pensionsverpflichtungen ist § 253 Abs. 1 Satz 2 HGB maßgebend. Danach sind Rentenverpflichtungen, für die eine Gegenleistung nicht mehr zu erwarten ist (Verpflichtungen aus laufenden Pensionen und unverfallbare Anwartschaften ausgeschiedener Betriebsangehöriger), mit ihrem (vollen) Barwert und alle anderen Pensionsverpflichtungen (Pensionsanwartschaften der aktiven Belegschaft) nur in Höhe des Betrages anzusetzen, der nach vernünftiger kaufmännischer Beurteilung notwendig ist[46]. Diese gesetzliche Bewertungsvorschrift ist nach den Grundsätzen ordnungsmäßiger Buchführung auszulegen.

Nach Auffassung des HFA des IDW sind für die Bewertung von Pensionsverpflichtungen die anerkannten Regeln der Versicherungsmathematik anzuwenden. „Bei Pensionsanwartschaften der im Unternehmen tätigen Anwärter soll die Mittelansammlung grundsätzlich über die Aktivitätsperiode des einzelnen Versorgungsanwärters erfolgen. Für die Verteilung der Mittelansammlung kommen verschiedene versicherungsmathematische Verfahren in Betracht. Es sollte dem Verfahren der Vorzug gegeben werden, bei dem im gegebenen Fall die Belastung des Unternehmens betriebswirtschaftlich angemessen ausgewiesen wird. Grundsätzlich wird dieser Anforderung insbesondere das Teilwertverfahren, nicht aber das Barwertverfahren, gerecht"[47].

Für die Bewertung der Pensionsrückstellungen sind neben den vom Arbeitgeber zugesagten Leistungen und den persönlichen Daten der Versorgungsberechtigten (1) biometrische Wahrscheinlichkeiten, (2) künftige Steigerungssätze für Gehälter und Renten (Trends), (3) Rechnungszins, (4) Fluktuation und (5) Altersgrenze als Rechnungsgrundlagen zu berücksichtigen[48]. Der HFA hat seinerzeit (nach den Verhältnissen in 1988) einen Rechnungszins von 3 bis 6% p. a. in Betracht gezogen. Die Verwendung von Zinssätzen, die höher als 6%

---

46 Vgl. *Adler, H./Düring, W./Schmaltz, K.*, 6. Aufl., § 253 HGB, Tz. 300.
47 *HFA des IDW*, Stellungnahme 2/1988, S. 404.
48 Vgl. *Thoms-Meyer, D.*, Pensionsrückstellungen, S. 61 m. w. N.

sind, ist i. d. R. nur in Verbindung mit einer gesonderten Berücksichtigung trendbedingter Wertänderungen denkbar. „Die künftigen trendbedingten Wertänderungen (z. B. Gehaltssteigerungen, Geldentwertung) können, wenn sie nicht bereits im Rechnungszins berücksichtigt sind, gesondert in Ansatz gebracht werden"[49].

Daraus leitet der HFA ab, daß die nach dem Teilwertverfahren gemäß § 6a EStG mit einem Rechnungszins von 6% ermittelten Werte für voll- bzw. teildynamische Verpflichtungen als Minimalwerte anzusehen sind[50]. Auch wenn sich die Ermittlung und die Passivierung von Pensionsverpflichtungen in der Praxis im allgemeinen an die Erfordernisse für die Steuerbilanz anlehnen, ist es handelsrechtlich zulässig, die Pensionsrückstellungen im Rahmen vernünftiger kaufmännischer Beurteilung höher als in der Steuerbilanz zu bewerten[51].

322. Bewertungsverfahren

Da für die Pensionsleistung des Arbeitgebers während der Dienstzeit des Arbeitnehmers noch eine Gegenleistung zu erwarten ist (Entgeltcharakter der Versorgungszusage), werden die Rückstellungen für Pensionsanwartschaften auf der Grundlage versicherungsmathematischer Jahresprämien bewertet. Der in der Gewinn- und Verlustrechnung auszuweisende Aufwand setzt sich in den Jahren der Dienstzeit des Arbeitnehmers aus der Jahresprämie und der Verzinsung der angesammelten Mittel aus der Pensionsrückstellung zusammen. Dadurch wird grundsätzlich eine verursachungsgerechte Aufwandsverteilung erreicht.

Für die ratierliche Ansammlung der Deckungsmittel während der Anwartschaftszeit sind in der Versicherungsmathematik verschiedene Verfahren entwickelt worden, die sich durch die Höhe der in den einzelnen Jahren verrechneten Prämien unterscheiden und grob zwei Gruppen zuordnen lassen:

---

49 *HFA des IDW*, Stellungnahme 2/1988, S. 404.
50 Vgl. *HFA des IDW*, Stellungnahme 2/1988, S. 404. Dynamische Versorgungszusagen können als endgehalts- oder als durchschnittsgehaltsabhängige Zusagen entweder bis zum Eintritt des Versorgungsfalls (Halbdynamik) oder auch noch darüber hinaus (Volldynamik) vereinbart sein.
51 Vgl. statt vieler *Höfer, R.*, in: HdR Ia, 4. Aufl., § 249 HGB, Rn. 368.

Beim Ansammlungsverfahren in der Form des Anwartschaftsbarwertverfahrens[52] wird der Barwert des jeweils erreichten Anspruchs bilanziert[53]. Der sich aus dem Leistungsplan ergebende jahresbezogene Teilanspruch wird voll als Prämie verrechnet und beeinflußt den Aufwand späterer Perioden im Grundsatz nicht mehr (Aufwandsverteilung nach Maßgabe der Entwicklung einer Anwartschaft).

Bei den Gleichverteilungsverfahren wird entsprechend dem versicherungsmathematischen Äquivalenzprinzip der Betrag bilanziert, der sich auf der Basis jährlich gleichbleibender Prämien ergibt (Gleichverteilung des Aufwands). Dabei geht das Teilwertverfahren von einer Aufwandsverteilung über die gesamte Dienstzeit des Versorgungsberechtigten, das Gegenwartsverfahren dagegen von einer Aufwandsverteilung vom Zeitpunkt der (Erhöhung einer) Zusage bis zum planmäßigen Eintritt des Versorgungsfalls aus. Teilwert- und Gegenwartsverfahren führen somit nur dann zu gleichen Ergebnissen, wenn die Pensionszusage bei Diensteintritt erteilt wird und während der gesamten Dienstzeit unverändert bleibt.

- Beim Teilwertverfahren sind sowohl die allgemeinen als auch die karrierebedingten Anpassungen nach Maßgabe der gesamten Dienstzeit bei der Rückstellungsberechnung zu berücksichtigen, da die versicherungsmathematische Gleichverteilung nicht erst mit dem Zeitpunkt der (Erhöhung einer) Pensionszusage, sondern bereits mit dem Zeitpunkt des Diensteintritts beginnt. Steuerrechtlich (§ 6a EStG) gilt allerdings zur pauschalen Berücksichtigung der Fluktuation die Einschränkung, daß als Diensteintrittsalter frühestens das vollendete 30. Lebensjahr maßgeblich ist.

- Beim Gegenwartsverfahren erfolgt die versicherungsmathematische Gleichverteilung abschnittsweise für die jeweiligen Zeiträume ab Pensionszusage und ab jeder späteren Erhöhung der Pensionszusage. Das Gegenwartsverfahren führt daher nur dann zu einem sachgerechten Ergebnis, wenn davon auszugehen ist, daß neue

---

52 Die Begriffe werden in der Literatur nicht einheitlich verwendet. So benutzt *Thoms-Meyer, D.*, Pensionsrückstellungen, S. 137 f. als Oberbegriff Anwartschaftsdeckungsverfahren und differenziert in Anwartschaftsbarwertverfahren und Gleichverteilungsverfahren. So schon *Budde, W. D.*, Bilanzierung der betrieblichen Altersversorgung, S. 370.

53 Dies entspricht dem versicherungsmathematischen Verfahren der laufenden Einmalprämien.

Rentenbausteine ausschließlich zukünftige Leistungen des Versorgungsberechtigten abdecken[54].

Das Teilwertverfahren ist im allgemeinen besser als das Gegenwartsverfahren geeignet, den Umfang der Verpflichtungen aus Pensionsanwartschaften mit hinlänglicher Genauigkeit abzubilden. Sowohl im Zusagejahr als auch bei Leistungserhöhungen ergeben sich allerdings – bezogen auf einzelne Anwartschaften – systembedingte Aufwandssprünge, die um so höher sind, je größer der Zeitraum zwischen dem Zeitpunkt des Diensteintritts und dem Zeitpunkt der Pensionszusage bzw. der Pensionserhöhung ist. Insoweit werden beim Teilwertverfahren die jährlichen Unternehmensergebnisse aus einzelnen Anwartschaften nicht gleichmäßig, sondern unterschiedlich (anfänglich höher) belastet. Den anfänglichen Mehrbelastungen können aber auch anfängliche Minderbelastungen gegenüberstehen, wenn das steuerrechtlich allein zulässige (eingeschränkte) Teilwertverfahren angewandt wird.

Dem in der deutschen Praxis bislang regelmäßig angewandten Teilwertverfahren steht das international gebräuchlichere Anwartschaftsbarwertverfahren gegenüber. Die Unterschiede zwischen dem Anwartschaftsbarwertverfahren und dem Teilwertverfahren bei der Periodisierung des Pensionsaufwands werden an dem folgenden Beispiel gezeigt, bei dem aus Vereinfachungsgründen unterstellt wird, daß der (einzige) Pensionsberechtigte am Ende seiner Dienstzeit keine Rente, sondern eine Einmalzahlung erhält:

- Der Arbeitnehmer erwirbt pro Dienstjahr einen Anspruch von 10% seines letzten Gehalts.

- Der Rechnungszins betrage 6%. Ausscheidewahrscheinlichkeiten wegen Tod, Invalidität und Fluktuation bleiben unberücksichtigt.

- Der Zinsanteil wird jeweils auf Basis der im Vorjahr bilanzierten Pensionsrückstellung (Rückstellungsvortrag) berechnet.

---

54 Vgl. *Adler, H./Düring, W./Schmaltz, K.*, 6. Aufl., § 253 HGB, Tz. 331; weniger einschränkend *IDW*, WP-Handbuch 1996, Bd. I, Abschn. E, Rn. 152. Grundsätzlich a. A. jüngst *Thoms-Meyer, D.*, Pensionsrückstellungen, S. 155, der die Auffassung vertritt, ,,daß das Gegenwartswertverfahren für die handelsrechtliche Bewertung von Pensionsrückstellungen nicht in Betracht kommt, da es nicht mit der vom Gesetzgeber vorgegebenen Sichtweise vom Entgeltcharakter einer Pensionszusage vereinbar ist und gegen das Gebot des vollständigen Schuldenausweises verstößt."

Anwartschaftsbarwertverfahren					
Jahr	Gehalt	Pensionsaufwand	Zinsaufwand	Gesamtaufwand	Pensionsrückstellung
1	100 000	7 921	0	7 921	7 921
2	100 000	8 396	475	8 871	16 792
3	100 000	8 900	1 008	9 908	26 700
4	100 000	9 434	1 602	11 036	37 736
5	100 000	10 000	2 264	12 264	50 000
Summe		44 651	5 349	50 000	

Teilwertverfahren					
Jahr	Gehalt	Pensionsaufwand	Zinsaufwand	Gesamtaufwand	Pensionsrückstellung
1	100 000	8 870	0	8 870	8 870
2	100 000	8 870	532	9 402	18 272
3	100 000	8 870	1 096	9 966	28 238
4	100 000	8 870	1 694	10 564	38 802
5	100 000	8 870	2 328	11 198	50 000
Summe[1]		44 349	5 651	50 000	

[1] Geringfügige Differenzen beruhen auf Rundungen.

Tab. 9: Anwartschaftsbarwert- und Teilwertverfahren (ohne Gehaltssteigerungen, 6% Rechnungszins)

Beim Anwartschaftsbarwertverfahren wird der Gesamtaufwand – bezogen auf eine einzelne Rentenanwartschaft – im Vergleich zum Teilwertverfahren stärker auf die späteren Dienstjahre verteilt, d. h., die Pensionsrückstellung ist beim Teilwertverfahren während der gesamten Dienstzeit höher als beim Anwartschaftsbarwertverfahren. Gleichwohl wird auch mit dem Anwartschaftsbarwertverfahren die Belastung des Unternehmens betriebswirtschaftlich angemessen ausgewiesen, da grundsätzlich der Barwert des jährlich erdienten Anspruchs sowie die Zinsanteile der Pensionsrückstellung zugeführt werden. Das Anwartschaftsbarwertverfahren berücksichtigt in angemessener Weise den Verpflichtungsumfang (Erfüllungsrückstand) aus den (ungewissen) Altersversorgungslasten.

Damit Schwankungen der Verpflichtungshöhe, die auf nachträglichen Änderungen der versicherungsmathematischen Berechnungsparameter o. ä. beruhen, nicht zu einer betriebswirtschaftlich unbegründeten Schwankung der jährlichen Aufwandsbelastung führen, werden die Auswirkungen solcher Effekte nach internationalen Grundsätzen nicht sofort in voller Höhe berücksichtigt, sondern über die Restdienstzeit verteilt.

Insgesamt bleibt festzuhalten, daß sowohl das Teilwertverfahren als auch das Anwartschaftsbarwertverfahren als handelsrechtlich zulässig angesehen werden können. Einzuräumen ist, daß den leistungsorientierten Versorgungszusagen eher das Teilwertverfahren und den beitragsorientierten Versorgungszusagen eher das Anwartschaftsbarwertverfahren Rechnung trägt[55].

323. Trends

Typische Formen der in Deutschland vorherrschenden leistungsorientierten Versorgungszusagen sind lohn- oder gehaltsabhängige Zusagen (dynamische Zusagen) und Festbetragszusagen (statische Zusagen)[56]. Im Gegensatz zu dynamischen Zusagen besteht für statische Zusagen zwar kein unmittelbares, wohl aber ein mittelbares Dynamisierungsrisiko. Denn auch für laufende Renten aus Festbetragszusagen besteht nach § 16 BetrAVG ab Eintritt des Versorgungsfalls die Verpflichtung, den Kaufkraftverlust der Renten auszugleichen oder die Renten an die Entwicklung der Nettoeinkommen der Belegschaft anzupassen[57]. Diesen trendbedingten Wertänderungen kann explizit oder implizit entsprochen werden[58].

Der Dynamisierung wird explizit Rechnung getragen, wenn die zukünftigen preis- sowie lohn- und gehaltsabhängigen Trends bei der Schätzung der zukünftigen Pensionszahlungen berücksichtigt werden. Dies sei anhand des leicht modifizierten Ausgangsbeispiels sowohl für das Anwartschaftsbarwert- als auch für das Teilwertverfahren gezeigt[59]:

---

55 Vgl. *Thoms-Meyer, D.*, Pensionsrückstellungen, S. 164 f.
56 Zu einem Überblick m. w. N. vgl. *Thoms-Meyer, D.*, Pensionsrückstellungen, S. 79–81.
57 Vgl. dazu Abschnitt 1.
58 Vgl. *Budde, W. D.*, Bilanzierung der betrieblichen Altersversorgung, S. 375 f.
59 Das Beispiel entspricht dem Beispiel in *C&L Deutsche Revision,* Internationale Rechnungslegung, S. 87–89 mit den Ausnahmen, daß geringere Gehaltssteigerungen von 5% (statt 18%) unterstellt werden und ein Zinssatz von 6% (statt 7%) zur Anwendung kommt.

Anwartschaftsbarwertverfahren (ohne explizite Trendannahmen)					
Jahr	Gehalt	Pensionsaufwand	Zinsaufwand	Gesamtaufwand	Pensionsrückstellung
1	100 000	7 921	0	7 921	7 921
2	105 000	9 236	475	9 711	17 632
3	110 250	10 747	1 058	11 805	29 437
4	115 762	12 481	1 766	14 247	43 684
5	121 551	14 470	2 621	17 091	60 775
Summe		54 855	5 920	60 775	

Anwartschaftsbarwertverfahren (mit expliziten Trendannahmen, internationale Praxis)					
Jahr	Gehalt	Pensionsaufwand	Zinsaufwand	Gesamtaufwand	Pensionsrückstellung
1	100 000	9 628	0	9 628	9 628
2	105 000	10 206	578	10 783	20 411
3	110 250	10 818	1 225	12 043	32 454
4	115 762	11 467	1 947	13 414	45 868
5	121 551	12 155	2 752	14 907	60 775
Summe		54 274	6 502	60 775	

Teilwertverfahren (ohne explizite Trendannahmen, nationale Praxis)					
Jahr	Gehalt	Pensionsaufwand	Zinsaufwand	Gesamtaufwand	Pensionsrückstellung
1	100 000	8 870	0	8 870	8 870
2	105 000	9 783	532	10 316	19 185
3	110 250	10 796	1 151	11 947	31 132
4	115 762	11 918	1 868	13 786	44 918
5	121 551	13 162	2 695	15 857	60 775
Summe[1]		54 529	6 246	60 775	

Teilwertverfahren (mit expliziten Trendannahmen)					
Jahr	Gehalt	Pensionsaufwand	Zinsaufwand	Gesamtaufwand	Pensionsrückstellung
1	100 000	10 781	0	10 781	10 781
2	105 000	10 781	647	11 428	22 210
3	110 250	10 781	1 333	12 114	34 323
4	115 762	10 781	2 059	12 841	47 164
5	121 551	10 781	2 830	13 611	60 775
Summe[1]		53 907	6 869	60 775	

[1] Geringfügige Differenzen beruhen auf Rundungen.

Tab. 10: Anwartschaftsbarwert- und Teilwertverfahren (bei 5% Gehaltssteigerungen, 6% Rechnungszins)

Der Verfahrensvergleich zeigt, daß unabhängig davon, ob Trends explizit einbezogen werden oder nicht, die Pensionsrückstellung während der gesamten Dienstzeit beim Teilwertverfahren höher als beim Anwartschaftsbarwertverfahren ist. Stellt man allerdings die Ergebnisse bei Berechnung der Pensionsrückstellungen ohne explizite Berücksichtigung von Trendannahmen beim Teilwertverfahren (nationale Praxis) den Ergebnissen bei Berechnung der Pensionsrückstellungen mit expliziter Berücksichtigung von Trendannahmen beim Anwartschaftsbarwertverfahren (internationale Praxis) gegenüber, kehrt sich diese Grundaussage um. In der deutschen Bilanzierungspraxis wird dieser Teilwertansatz (ohne explizite Trendannahmen) meist deswegen gewählt, weil auch steuerrechtlich nur eine Aufwandsverrechnung ohne explizite Trendannahmen über die zukünftige Gehaltsentwicklung zulässig ist[60].

Der Dynamisierung wird daher in Deutschland handelsrechtlich teilweise dadurch stärker implizit Rechnung getragen, daß ein Abschlag von dem steuerrechtlich vorgeschriebenen Rechnungszins von 6% vorgenommen wird. Dies sei anhand des vorangegangenen Beispiels für einen Rechnungszins von 3% gezeigt:

Teilwertverfahren (ohne explizite Trendannahmen)					
Jahr	Gehalt	Pensionsaufwand	Zinsaufwand	Gesamtaufwand	Pensionsrückstellung
1	100 000	9 418	0	9 418	9 418
2	105 000	10 374	283	10 656	20 074
3	110 250	11 417	602	12 019	32 093
4	115 762	12 555	963	13 518	45 611
5	121 551	13 796	1 368	15 165	60 775
Summe[1]		57 559	3 216	60 775	

[1] Geringfügige Differenzen beruhen auf Rundungen.

Tab. 11: Teilwertverfahren (bei 5% Gehaltssteigerungen, 3% Rechnungszins)

Durch Wahl eines niedrigen Rechnungszinses kann auch beim Teilwertverfahren ohne explizite Trendannahmen eine Pensionsrückstellung ausgewiesen werden, die größenmäßig einem Betrag nach dem Anwartschaftsbarwertverfahren mit expliziter Berücksichtigung von Trendannahmen entspricht.

Gegen die explizite Einbeziehung noch nicht konkretisierter Preissteigerungen sowie Lohn- und Gehaltsentwicklungen könnte eingewandt werden, der handelsrechtliche Jahresabschluß basiere auf dem Nominalwertprinzip[61]. Der deutsche Gesetzgeber hat auch bewußt auf

---

60 Vgl. *Weißmüller, A./Kürten, S.*, Zinsen aus Pensionsverpflichtungen, S. 722.
61 *Höfer, R.*, Pensionsverpflichtungen, S. 556, vertritt die wohl unzutreffende Auffassung, daß sich der HFA „jedoch sicher nicht für eine generelle Berücksichtigung trendbedingter Wertänderungen aussprechen (wollte, d. V.) . . . Der HFA wollte lediglich zulassen, daß trendabhängige Rechenergebnisse –

das in Art. 33 der 4. EG-Richtlinie gewährte nationale Wahlrecht verzichtet, eine Bewertung bestimmter Bilanzpositionen auf der Grundlage des Wiederbeschaffungswertes zu ermöglichen. Darüber hinaus könnte eingewandt werden, eine Berücksichtigung zukünftiger Preissteigerungen sowie Lohn- und Gehaltsentwicklungen verstoße gegen das Stichtagsprinzip, nach dem die Preisverhältnisse am Bilanzstichtag maßgeblich seien[62].

Diese Einwände sind aber nicht überzeugend. Rückstellungen sind mit dem Betrag anzusetzen, mit dem das Unternehmen zukünftig durch Ausgaben belastet sein wird (Erfüllungsbetrag). Daher sind auch Preis- und Kostensteigerungen in die Bewertung einzubeziehen, die am Abschlußstichtag üblicherweise zu erwarten sind; soweit sie auf Ereignisse des neuen Geschäftsjahres zurückzuführen sind, bleiben sie unberücksichtigt[63]. Damit wird dem Vorsichtsprinzip und dem Grundsatz der Periodenabgrenzung Rechnung getragen, die insoweit in einem Spannungsverhältnis zu dem Nominalwert- und dem Stichtagsprinzip stehen[64].

Werden Preissteigerungen sowie Lohn- und Gehaltsentwicklungen nicht berücksichtigt, werden zukünftige Ergebnisse mit Aufwendungen belastet, die bereits bis zum Abschlußstichtag verursacht sind. Die in einem Geschäftsjahr erdienten Pensionsansprüche müssen jedoch von den Erträgen des jeweiligen Geschäftsjahres gedeckt werden. Da der Pensionsberechtigte die Dynamik seines Anspruchs bereits im jeweiligen Geschäftsjahr erdient hat, sind auch die zu erwartenden dienstzeitunabhängigen Steigerungen in die Bemessung der Pensionsrückstellungen einzubeziehen.

Dieses Ergebnis wird auch durch eine andere Überlegung gestützt: Pensionsverpflichtungen sind zum Barwert zu passivieren und enthalten demzufolge einen Zinsanteil. Bei der Bewertung ist derjenige Zins zu verwenden, zu dem die Rentenverpflichtung abgestoßen wer-

---

so z. B. bei US-amerikanischen Tochterunternehmen – in die deutsche Bilanz dann übernommen werden können, wenn sie insgesamt mindestens den Teilwert im Sinne von § 6a EStG erreichen oder übersteigen."

62 Indirekt mit dieser Begründung wohl auch *IDW*, International Accounting Standards, S. 186.
63 Vgl. *Adler, H./Düring, W./Schmaltz, K.*, 6. Aufl., § 253 HGB, Tz. 196.
64 Vgl. *Weißmüller, A./Kürten, S.*, Zinsen aus Pensionsverpflichtungen, S. 729.

den könnte[65]. Dies erfordert bei wertgesicherten (inflationsgeschützten) Renten grundsätzlich eine explizite Berücksichtigung der zu erwartenden Wertänderungen, wenn der Rechnungszins an den Kapitalkosten ausgerichtet wird.

Die Entscheidung über eine explizite oder implizite Berücksichtigung von Trends darf letztendlich nicht ohne die Kenntnis der Begebenheiten des jeweiligen Einzelfalles getroffen werden. Der Auffassung, ausschließlich eine der beiden Vorgehensweisen als allein betriebswirtschaftlich angemessen und handelsrechtlich zulässig anzusehen[66], kann nicht gefolgt werden. Alle Verfahren zur Bewertung von Pensionsrückstellungen sind schließlich untrennbar mit Unsicherheiten verbunden.

4 Zusammenfassung

Unmittelbare Pensionszusagen belasten die Unternehmensergebnisse in Höhe des Barwerts der Pensionszahlungen (zuzüglich der PSV-Beiträge und der Verwaltungskosten). Den erst nach Pensionierung gegenüber den Arbeitnehmern zu erfüllenden Zahlungsverpflichtungen der Unternehmen stehen zuvor erbrachte Leistungen der Arbeitnehmer innerhalb der Gesamtdauer des Arbeitsverhältnisses gegenüber. Die mit zunehmender Dienstzeit anwachsenden Erfüllungsrückstände der Unternehmen sind nach vernünftiger kaufmännischer Beurteilung zu bewerten und als Pensionsrückstellungen zu passivieren. Ab dem Zeitpunkt der Pensionierung sind die Pensionsverpflichtungen mit dem (vollen) Barwert zurückzustellen.

Der Barwert sämtlicher zukünftiger Überschüsse der Einnahmen über die Ausgaben bildet den theoretisch richtigen Unternehmenswert. Infolgedessen sind die Barwerte sämtlicher zukünftiger Pensionszahlungen in eine Unternehmensbewertung einzubeziehen. Aufgrund der Tatsache, daß nach den Grundsätzen ordnungsmäßiger Buchführung die innerhalb einzelner Arbeitszeiträume erdienten Teile einer Pensionsanwartschaft der Pensionsrückstellung zuzuführen sind, müssen

---

65 Vgl. auch *Moxter, A.,* Fremdkapitalbewertung, S. 403.
66 In diese Richtung zumindest hinsichtlich der betriebswirtschaftlichen Angemessenheit gehen wohl die Überlegungen bei *Weißmüller, A./Kürten, S.,* Zinsen aus Pensionsverpflichtungen, S. 729.

aber auch die Finanzierungseffekte aus der Bildung und Auflösung von Pensionsrückstellungen und ihre Auswirkungen auf den Zukunftserfolg und auf den Kapitalisierungszinssatz berücksichtigt werden. Soll der Unternehmenswert durch Netto-Kapitalisierung (Equity-Ansatz nach der Ertragswert-Methodik) bestimmt werden, kann der anzuwendende Kapitalisierungszinssatz aus Plausibilitätsrechnungen abgeleitet werden, in denen Teilergebnisse des Zukunftserfolgs gesondert kapitalisiert werden. Wird der Unternehmenswert durch Brutto-Kapitalisierung (Entity-Ansatz nach gängiger DCF-Methodik) ermittelt, sollten auch die Pensionsverpflichtungen entsprechend ihrem Fremdkapitalcharakter wie andere verzinsliche Fremdmittel als Abzugsposten behandelt werden.

Die während der Aktivitätszeit der Arbeitnehmer erforderlichen Zuführungen zur Pensionsrückstellung sind nach Bewertungsverfahren vorzunehmen, bei denen die Belastung des Unternehmens bis zum Erreichen des Barwerts der Pensionsverpflichtung im Zeitpunkt der Pensionierung betriebswirtschaftlich angemessen ausgewiesen wird. Sowohl das in Deutschland in Anlehnung an steuerrechtliche Vorschriften übliche Teilwertverfahren als auch das international gebräuchlichere Anwartschaftsbarwertverfahren erfüllen diese Voraussetzungen. Obgleich das Teilwertverfahren an und für sich zu höheren Wertansätzen als das Anwartschaftsbarwertverfahren führt, unterschreiten die steuerrechtlich zulässigen Wertansätze normalerweise die unter expliziter Einbeziehung trendbedingter Wertänderungen errechneten Anwartschaftsbarwerte, da die steuerlichen Teilwerte nur auf der Preisbasis des Bilanzstichtages und unter Anwendung eines insoweit hohen Rechnungszinses von 6% ermittelt werden dürfen.

Literaturverzeichnis

Adler, Hans/Düring, Walther/Schmaltz, Kurt, Rechnungslegung und Prüfung der Unternehmen, Kommentar zum HGB, AktG, GmbHG, PublG nach den Vorschriften des Bilanzrichtlinien-Gesetzes, bearb. v. Forster, Karl-Heinz u. a., 6. Aufl., Stuttgart 1995 ff. (§ 253 HGB, § 275 HGB).

Ahrend, Peter, Die betriebliche Altersversorgung und ihr Stellenwert in einer Sozialen Marktwirtschaft, in: Betriebliche Altersversorgung 1994, S. 186–191 (Altersversorgung).

Arbeitskreis „Finanzierung" der Schmalenbach-Gesellschaft/Deutsche Gesellschaft für Betriebswirtschaft e.V., Wertorientierte Unternehmenssteuerung mit differenzierten Kapitalkosten, in: ZfbF 1996, S. 543–578 (Kapitalkosten).

Baetge, Jörg, Bilanzen, 4. Aufl., Düsseldorf 1996.

Baetge, Jörg/Krause, Clemens, Die Berücksichtigung des Risikos bei der Unternehmensbewertung, in: BFuP 1994, S. 433–456 (Unternehmensbewertung).

Bode, Karl-Josef/Grabner, Edwin, Teuerungsanpassung der Betriebsrenten in 1997, in: DB 1997, S. 274–277.

Budde, Wolfgang Dieter, Bilanzierung der betrieblichen Altersversorgung in Deutschland – Ein Vergleich mit internationalen Bewertungs- und Ausweisgrundsätzen, in: Betriebliche Altersversorgung in der Diskussion zwischen Praxis und Wissenschaft, Festschrift für Ahrend, hrsg. v. Förster, Wolfgang/Rößler, Norbert, Köln 1992, S. 363–376 (Bilanzierung der betrieblichen Altersversorgung).

C&L Deutsche Revision (Hrsg.), Internationale Rechnungslegung: US-GAAP, HGB und IAS, Bonn 1994 (Internationale Rechnungslegung).

Drukarczyk, Jochen, Unternehmensbewertung, München 1996.

Drukarczyk, Jochen/Richter, Frank, Unternehmensgesamtwert, anteilseignerorientierte Finanzentscheidungen und APV-Ansatz, in: DBW 1995, S. 559–580 (APV-Ansatz).

Engbroks, Hartmut/Urbitsch, Christian, Betriebswirtschaftliche und steuerliche Wirkungen unmittelbarer Pensionszusagen, in: DB 1992, S. 2454–2456 (Wirkungen unmittelbarer Pensionszusagen).

Förster, Wolfgang, Möglichkeiten eines betrieblichen Altersversorgungssystems, in: Betriebliche Altersversorgung in der Diskussion zwischen Praxis und Wissenschaft, Festschrift für Ahrend, hrsg. v. Förster, Wolfgang/Rößler, Norbert, Köln 1992, S. 116–119 (Möglichkeiten eines betrieblichen Altersversorgungssystems).

Franke, Günter/Hax, Herbert, Finanzwirtschaft des Unternehmens und Kapitalmarkt, 3. Aufl., Berlin u.a. 1995 (Finanzwirtschaft des Unternehmens).

Hachmeister, Dirk, Die Abbildung der Finanzierung im Rahmen verschiedener Discounted Cash Flow-Verfahren, in: ZfbF 1996, S. 251–277 (Discounted Cash Flow-Verfahren).

HFA des IDW, Stellungnahme HFA 2/1983, Grundsätze zur Durchführung von Unternehmensbewertungen, Düsseldorf 1983 (Stellungnahme 2/1983).

HFA des IDW, Stellungnahme HFA 2/1988, Pensionsverpflichtungen im Jahresabschluß, in: WPg 1988, S. 403–405 (Stellungnahme 2/1988).

Höfer, Reinhold, Pensionsverpflichtungen im Jahresabschluß, in: WPg 1988, S. 549–558 (Pensionsverpflichtungen).

Höfer, Reinhold, § 249 HGB, in: Handbuch der Rechnungslegung, Kommentar zur Bilanzierung und Prüfung, hrsg. v. Küting, Karlheinz/Weber, Claus-Peter, Bd. Ia, 4. Aufl., Stuttgart 1995 (§ 249 HGB).

IDW (Hrsg.), WP-Handbuch 1992, Handbuch für Rechnungslegung, Prüfung und Beratung, bearb. von Budde, Wolfgang Dieter u. a., Band II, 10. Aufl., Düsseldorf 1992 (WP-Handbuch 1992).

IDW (Hrsg.), Rechnungslegung nach International Accounting Standards, Düsseldorf 1995 (International Accounting Standards).

IDW (Hrsg.), WP-Handbuch 1996, Handbuch für Rechnungslegung, Prüfung und Beratung, bearb. von Budde, Wolfgang Dieter u. a., Band I, 11. Aufl., Düsseldorf 1996 (WP-Handbuch 1996).

KPMG (Hrsg.), Betriebliche Altersversorgung und Jahresabschluß, 2. Aufl., Düsseldorf 1991 (Altersversorgung und Jahresabschluß).

Kruschwitz, Lutz/Milde, Hellmuth, Geschäftsrisiko, Finanzierungsrisiko und Kapitalkosten, in: ZfbF 1996, S. 1115–1133 (Geschäftsrisiko).

Moxter, Adolf, Fremdkapitalbewertung nach neuem Bilanzrecht, in: WPg 1984, S. 397–408 (Fremdkapitalbewertung).

Rhiel, Raimund, Betriebswirtschaftlich-versicherungsmathematische Prognoserechnungen für Planungen und Unternehmensbewertungen, in: WPg 1987, S. 573–583 und S. 605–612 (Prognoserechnungen).

Richter, Frank, Die Finanzierungsprämissen des Entity-Ansatzes vor dem Hintergrund des APV-Ansatzes zur Bestimmung von Unternehmenswerten, in: ZfbF 1996, S. 1076–1097 (Bestimmung von Unternehmenswerten).

Richter, Frank/Simon-Keuenhof, Kai, Bestimmung durchschnittlicher Kapitalkostensätze deutscher Industrieunternehmen – Eine empirische Untersuchung –, in: BFuP 1996, S. 698–708 (Kapitalkostensätze deutscher Industrieunternehmen).

Richter, Gerd, Die Veranschaulichung betrieblicher Pensionslasten durch Prognoserechnungen, in: BB 1995, S. 1476–1480 (Prognoserechnungen).

Rößler, Norbert/Dernberger, Matthias/Schmandt, Ernst Martin, Aufspaltung des Versorgungsaufwands bei Pensionsrückstellungen, in: DB 1996, S. 1785–1790 (Aufspaltung des Versorgungsaufwands).

Schneider, Dieter, Steuerersparnisse bei Pensionsrückstellungen allein durch die Aufwandsvorwegnahme?, in: DB 1989, S. 1883–1887 (Steuerersparnisse bei Pensionsrückstellungen).

Sieben, Günter, Unternehmensbewertung: Discounted Cash Flow-Verfahren und Ertragswertverfahren – Zwei völlig unterschiedliche Ansätze?, in: Internationale Wirtschaftsprüfung, Festschrift für Havermann, hrsg. v. Lanfermann, Josef, Düsseldorf 1995, S. 713–737 (Discounted Cash Flow-Verfahren).

Siepe, Günter, Die Bemessung des Kapitalisierungszinsfußes bei der Unternehmensbewertung in Zeiten fortschreitender Geldentwertung, in: DB 1984, S. 1689–1695 und S. 1737–1741 (Bemessung des Kapitalisierungszinsfußes).

Siepe, Günter, Das allgemeine Unternehmerrisiko bei der Unternehmensbewertung (Ertragswertermittlung), in: DB 1986, S. 705–708 (Unternehmerrisiko bei der Unternehmensbewertung).

Thelen, Karl-Peter, Pensionsrückstellungen: Zur Diskussion um eine steuerliche Vergünstigung des Arbeitgebers, in: DB 1990, S. 437–440 (Pensionsrückstellungen).

Thoms-Meyer, Dirk, Grundsätze ordnungsmäßiger Bilanzierung für Pensionsrückstellungen, Düsseldorf 1996 (Pensionsrückstellungen).

Wagner, Wolfgang, Shareholder-Value als Management-Instrument, in: Standpunkte Nr. 1, hrsg. von der C&L Deutsche Revision, Frankfurt a. M. 1996 (Shareholder-Value).

Weißmüller, Albert/Kürten, Stefan, Bilanzielle Behandlung von Zinsen aus Pensionsverpflichtungen in der Praxis, in: WPg 1996, S. 721–732 (Zinsen aus Pensionsverpflichtungen).

Verzeichnis der Rechtsprechung

BAG, Urteil vom 16. 12. 1976, 3 AZR 795/75, in: DB 1976, S. 115–119.

BAG, Urteil vom 11. 8. 1981, 3 AZR 395/80, in: DB 1981, S. 2331–2333.

BAG, Urteil vom 17. 4. 1985, 3 AZR 72/83, in: DB 1986, S. 228–230.

BAG, Urteil vom 8. 5. 1990, 3 AZR 121/89, in: DB 1990, S. 2375.

BAG, Urteil vom 25. 10. 1994, 3 AZR 279/94, in: DB 1995, S. 573 f.

Carl Zimmerer

Betrachtungen zu „Aufwendungen als Folge von Kriminalität"

1 Einleitung

2 Zum Wesen kriminell veranlaßter Aufwendungen

3 Ursachen der Zunahme kriminalitätsbedingter Aufwendungen

4 Die Erfassung von Aufwendungen als Folge von Kriminalität im betrieblichen Rechnungswesen
   41 Grundlegende Probleme
   42 Qualifizierung der Aufwendungen durch Kriminalität und Abgrenzung von den übrigen Aufwendungen
   43 Quantifizierung der Aufwendungen durch Kriminalität

5 Schlußbetrachtung

Prof. Dr. Dr. h.c. Carl Zimmerer
Geschäftsführender Gesellschafter der Interfinanz GmbH
Düsseldorf

1 Einleitung

Als systematische Zusammenfassung betriebswirtschaftlicher Rechnungsgrößen liefert das betriebliche Rechnungswesen entscheidende Informationen zur Planung, Kontrolle und Steuerung des betrieblichen Geschehens. Der Geschäftserfolg und die Geschäftsentwicklung lassen sich dabei anhand einer Gegenüberstellung der Rechnungskategorien „Aufwendungen" und „Erträge" abbilden und analysieren. Es ergeben sich jedoch unweigerlich Verzerrungen, wenn eine Erfassung bestimmter Aufwendungs- und Ertragsarten unterbleibt.

Im traditionellen betrieblichen Rechnungswesen werden durch Kriminalität veranlaßte Aufwendungen nicht als solche ausgewiesen, während kriminalitätsbedingte Erträge regelmäßig nicht einmal erfaßt werden. Angesichts der zunehmenden Verbreitung des Phänomens „Kriminalität" im Unternehmensalltag darf die Bedeutung derartiger Aufwendungen und Erträge jedoch nicht unterschätzt werden. Daher ist es an der Zeit, einige grundsätzliche Betrachtungen zum Thema „Aufwendungen als Folge von Kriminalität" anzustellen.

2 Zum Wesen kriminell veranlaßter Aufwendungen

Aufwendungen als Folge von Kriminalität entstehen letztlich durch den unzureichenden Schutz des Staates für Leben, Eigentum und gewerbliche Tätigkeit privater Bürger. Sie entstehen größtenteils zwangsläufig; sie können aber im Einzelfall – z. B. durch den Abschluß entsprechender Versicherungen – auch ganz oder teilweise vermieden werden. Je nachdem, ob die Aufwendungen einer gewissen Regelmäßigkeit unterliegen (z. B. Schutzgeldzahlungen ausländischer Wirte an bestimmte Organisationen ihrer Landsleute) oder fallweise entstehen (z. B. Lösegeldzahlungen), lassen sie einen eher ordentlichen bzw. außerordentlichen Charakter erkennen. Im Gegensatz zu den übrigen Aufwendungen schwebt über diesen Zahlungen infolge der Illegalität eine „dunkle Wolke".

Nicht zuletzt läßt sich eine gewisse Ambivalenz der Aufwendungen als Folge von Kriminalität feststellen, da Unternehmen nicht nur Objekt krimineller Handlung werden können, sondern auch ihrerseits im Rahmen ihrer Geschäftstätigkeit Aufwendungen krimineller Prägung tätigen können.

3 Ursachen der Zunahme kriminalitätsbedingter Aufwendungen

Die Ursachen der zunehmenden Verbreitung von Kriminalität sind vielschichtig. Zum einen ist unser Rechtsstaat brüchig geworden: Erst durch die unvollständige Überwachungstätigkeit der staatlichen Organe können Aufwendungen als Folge von Kriminalität entstehen. Hierbei sind nicht nur die exekutiven Schutzorgane des Staates überfordert, denen die Verfolgung der Straßenverkehrs- und der Steuerkriminalität augenscheinlich mehr am Herzen liegt, als der Kampf gegen die organisierte Kriminalität; Entsprechendes läßt sich bisweilen auch für die Gerichte feststellen. Die Probleme liegen sowohl in der schlechten Ausstattung des Staates an Überwachungsorganen als auch in den wesensbedingten Schwierigkeiten bei der Verfolgung polymorpher und subtiler Arten der Kriminalität begründet. Stellt z. B. ein Zulieferunternehmen die Tochter eines Konzerneinkäufers zu favorablen Bedingungen als Mitarbeiterin ein, so wird eine beabsichtigte Bevorzugung des Zulieferbetriebes bei der Auftragsvergabe durch den Konzerneinkäufer nur schwer zu beweisen sein. Ebensowenig wird sich aufgrund der statistisch nachweisbaren Feststellung „kleinere und mittlere Industriefirmen erreichen einen höheren Gewinn vom Umsatz als Großunternehmen" zwingend ableiten lassen, daß Großunternehmen einen Teil ihrer ausgewiesenen Gewinne für Schmiergeldzahlungen verwenden. Schwierigkeiten bereitet der Nachweis von Kriminalität auch in den Fällen der Verwertung von „Insiderwissen" bei Börsentransaktionen. Die Erfahrungen der letzten Jahre haben gezeigt, daß ein Börsenspekulant, der die Informationskanäle und Mechanismen der Börse zur Erlangung von Insiderwissen nutzen kann, in der Regel auch über das entsprechende Wissen verfügt, um einen Ermittlungserfolg der Überwachungsorgane auszuschließen.

Zum anderen folgt die Geschäftsmoral offensichtlich vielfach den tatsächlichen Verhältnissen: Falls der Unternehmensbestand nur durch illegale Handlungen gesichert werden kann, rückt das Recht oftmals an die zweite Stelle des Werte-Katalogs. Ein Beispiel hierfür stellen Provisionszahlungen auf Geheimkonten von Einkäufern der Kunden dar.

4 Die Erfassung von Aufwendungen als Folge von Kriminalität im betrieblichen Rechnungswesen

41 Grundlegende Probleme

Im Rahmen des betrieblichen Rechnungswesens werden Aufwendungen als Folge von Kriminalität regelmäßig nicht erfaßt oder gehen, nicht explizit als solche ausgewiesen, im allgemeinen Rechnungswesen unter. Als Ausnahme sei die (separate) buchhalterische Erfassung derartiger Aufwendungen und Erträge in einer verbrecherischen Organisation erwähnt, wobei die Erfassung eigenen Kontrollzwecken dient, diese jedoch naheliegenderweise nicht durch einen Wirtschaftsprüfer oder das Finanzamt geprüft wird.

Aufwendungen durch Kriminalität bilden somit eine Grauzone, die eine breite Spekulation über deren Verbreitung und Umfang ermöglicht. Die gelegentlich publizierten Zahlen über den Umfang der Wirtschaftskriminalität – wie z. B. die oft gehörte Behauptung, daß der Kaufhausdiebstahl durch Kunden und Angestellte 5% des Umsatzes entspricht – sind dementsprechend als rein subjektive Schätzungen anzusehen. Eine private Umfrage bei großen deutschen Gesellschaften hat ergeben, daß die Schätzungen diesbezüglich weit auseinander liegen und der Umfang wirtschaftskrimineller Handlungen erheblich mit der Qualität und Quantität der eingesetzten Kontrollmaßnahmen schwanken kann. Die Vermutung der Versicherungsgesellschaften, daß Brandstiftungen in krisengeschüttelten Branchen häufiger sind als Brandstiftungen in haussierenden Branchen, dürfte ebenso (nur) dem Bereich der allgemeinen Lebenserfahrung zuzuordnen sein. Fundierte Wahrscheinlichkeitsziffern zu derartigen Brandstiftungen abzuleiten, wird selbst erfahrenen Versicherungsmathematikern schwerfallen, zumal es schon an operationalen Kriterien zur Unterscheidung zwischen „krisengeschüttelten" bzw. „haussierenden" Branchen mangelt. Folglich sind auch über Einzelvermutungen hinausgehende allgemeine statistische Aussagen über die Gesamtheit aller kriminellen Handlungen und den daraus resultierenden Aufwendungen aus Kriminalität im Rahmen einer Branche bzw. einer Volkswirtschaft gegenwärtig nicht möglich.

Einer exakten buchhalterischen Erfassung der Aufwendungen aus Kriminalität als eigenständiger Aufwandsart im Rahmen des betrieblichen Rechnungswesens mit dem Ziel einer effektiven Betriebskontrolle und der Übernahme der Aufwendungen in seriöse Kalkulationen stehen zwei bisher ungelöste Probleme entgegen. Zum einen fehlt es an einer eindeutigen Abgrenzung der Kriminalitätsaufwendungen von den übrigen Aufwendungen. Ein Konto „Aufwendungen durch Kriminalität" kann schließlich nur solche Aufwendungen aufnehmen, die eindeutig als kriminell verursacht erkannt und entsprechend gebucht worden sind. Unsicherheiten bei der Qualifizierung der Aufwendung führen somit zwangsläufig zur Unvollständigkeit der Erfassung. Zum anderen ist die Quantifizierung als kriminell qualifizierter Aufwendungen im Einzelfall mit erheblichen Ermittlungsschwierigkeiten verbunden.

Beispielsweise illustriert folgende Anekdote, daß man sich bei der Erfassung nicht auf die Mitarbeit aller Beteiligten verlassen kann: In einem vor vielen Jahren geführten Gespräch, in dessen Verlauf mir ein Börsenteilnehmer von seinem geglückten, allerdings nicht ganz legalen Coup berichtete, entfuhr mir die Bemerkung: „damned crook". Entgegen meiner Intention fühlte sich der Börsenteilnehmer geschmeichelt, und die umstehenden Kollegen blickten sogar voller Respekt zu ihm auf.

42 Qualifizierung der Aufwendungen durch Kriminalität und Abgrenzung von den übrigen Aufwendungen

Wenn der verbreitete Mißstand der Gewöhnung an kriminelle Handlungen und deren Verschleierung bereits eingetreten ist, erscheint eine Zuordnung bestimmter Aufwendungen zur Kategorie der Aufwendungen aus Kriminalität als nicht unproblematisch. Korruption beginnt schließlich – ungeachtet der nahezu unlösbaren Schwierigkeiten bei der Aufdeckung derartiger Fälle – schon in den Fällen, in denen der Werkmeister der Kundenfirma eine Flasche Sekt erhält oder der Direktor und seine Frau Gemahlin eine Einladung in die Oper erhalten.

Zuordnungsschwierigkeiten der Aufwendungen dürften ferner auch bestehen, wenn ein Unternehmer oder einer seiner Angehörigen Opfer einer Entführung wird und durch Lösegeld freigekauft werden muß. Unabhängig von der Höhe der Lösegeldzahlung wird die Fiskaljustiz dazu neigen, diesen Betrag den Privatentnahmen zuzurechnen – schließlich gehören vergleichbare Aufwendungen, wie z. B. für die private Lebensversicherung, eindeutig in die Privatsphäre. Trotzdem ist aus der Perspektive der wirtschaftlichen Betrachtungsweise nachvollziehbar, daß die Lösegeldzahlung letztlich einen betriebsbedingten Aufwand darstellt, weil die Zahlung ursächlich mit den im Rahmen des Unternehmens erwirtschafteten Erträgen zusammenhängt.

Aufwendungen zur Verhinderung von Schäden durch Kriminalität haftet bezüglich ihrer Zuordnung ein weniger problematischer Charakter an. Zum Beispiel sind Prämien zur Diebstahlversicherung oder Aufwendungen für private Wach- und Schließgesellschaften ebenso unproblematisch den Kriminalitätsaufwendungen zuzurechnen wie Aufwendungen für Alarmvorrichtungen. Bei bestimmten kriminalitätsbedingten Aufwendungen, wie z. B. für Sicherungen der Datenverarbeitungseinrichtungen, ist aufgrund der mehrjährigen Nutzungsdauer der Aufwand gegebenenfalls in Form von Abschreibungen zu berücksichtigen. Schwierigkeiten kann die Zuordnung lediglich bei Verbundeinrichtungen für Sicherung und Kontrolle bereiten, denn Schäden können auch andere als kriminelle Ursachen besitzen. So dienen Aufwendungen für die „innere" und „äußere" Revision zwar auch der Kriminalitätsvorsorge, sind aber überwiegend allgemein betriebsorientiert.

Abgesehen von den bisher betrachteten Aufwendungen aufgrund von Kriminalität sollten auch kriminalitätsbedingte Erstattungen (z. B. Versicherungsleistungen aufgrund von Diebstahlschäden) im Rechnungswesen als solche berücksichtigt werden. Sie wären im Hinblick auf eine ordnungsgemäße Erfassung letztlich von den entstandenen Aufwendungen abzusetzen.

43 Quantifizierung der Aufwendungen durch Kriminalität

Bei der Ermittlung der Höhe bestimmter Kriminalitätsaufwendungen erwachsen den Unternehmen ähnliche Probleme wie den Versicherungsgesellschaften bei der Bearbeitung von Schadensregulierungen. Dabei sind Sachschäden, die z. B. bei einem Einbruch in Form von eingeworfenen Fensterscheiben oder aufgebrochenem Mobiliar entstehen, noch verhältnismäßig leicht zu beziffern. Ebenso unproblematisch sind im Rahmen der Aufwendungen zur Vermeidung von Schäden z. B. die Bezüge eines Kaufhausdetektivs aus der Gesamtsumme der Personalaufwendungen auszusondern. Die aufwandseitigen Wirkungen einer Rückholaktion von – von Erpressern manipulierter – Waren aus den Verkaufsregalen einzelner Geschäfte sind bereits weitaus diffiziler zu kalkulieren. Geradezu unmöglich erscheint es schließlich, die finanziellen Folgen einer diskriminierenden Fernsehberichterstattung zu ermitteln. Fraglich ist zum Beispiel, ob in diesem Zusammenhang z. B. auch der Aufwand der eigenen PR-Abteilung miteinbezogen werden muß. Wenn man bedenkt, daß Unternehmen mit guten PR-Abteilungen weitaus seltener Opfer von „Hinrichtungsjournalismus" werden dürften als Unternehmen ohne derartige Abteilungen, erscheint zumindest eine anteilige Berücksichtigung des PR-Aufwands durchaus als sachlich gerechtfertigt.

Ein weiteres Problem besteht darin, daß bestimmte Schäden (z. B. als Folge von Werksspionage, Sabotage oder kriminellen Störungen des betrieblichen Informationssystems) in der Regel nicht in der entsprechenden Referenzperiode in ihrem ganzen Ausmaß erfaßbar sind. Sie sind es erst recht dann nicht, wenn es – wie im Fall eines von einem Konkurrenten abgeworbenen Angestellten einer Forschungsabteilung – dazu noch im Interesse der Verantwortlichen liegt, die Höhe des Schadens zu verschleiern.

Neben den bisher aufgeführten Formen der Kriminalität, die regelmäßig auch zur offiziellen Anzeige kommen, können den Unternehmen auch Aufwendungen aufgrund sogenannter „Pseudokriminalität" entstehen, z. B. durch die „innere Kündigung" leitender Mitarbeiter oder durch den „Dienst nach Vorschrift", der auch von den Gewerkschaften als Mittel des Arbeitskampfes eingesetzt wird. Die Möglichkeiten, das Ausmaß derartiger Kriminalitätsaufwendungen zu ermitteln, sind stark beschränkt. Wird einem Arbeitnehmer gekündigt, so steht ein Unternehmen vor der Entscheidung, entweder eine sofortige Leistungsbefreiung zu vereinbaren oder aber Aufwendungen in Kauf zu nehmen, die der Angestellte aus „Rache" z. B. durch Diebstähle oder Sachbeschädigung, zumindest aber durch mangelnde Arbeitslust, verursacht. Das Ausmaß dieser Aufwendungen kann nur durch eine entsprechende Überwachung (z. B. der Betriebsnotwendigkeit erhöhter Fernsprechgebühren) festgestellt werden, wobei die

Überwachung sinnvollerweise nicht teurer sein darf als der verhinderte Aufwand. Ein einfacher Vergleich der Leistung eines gekündigten Arbeitnehmers mit der Leistung eines ungekündigten Arbeitnehmers um festzustellen, ob eine Leistungsminderung des gekündigten Arbeitnehmers ggf. krimineller Natur ist, erscheint als wenig sachgerecht.

Erwachsen einem Unternehmen Aufwendungen, weil z. B. der Zugang zu einem Werk von umweltpolitischen Aktivisten verhindert wird, unterbleibt deren Ausweis aber nicht nur aufgrund technischer Erfassungsprobleme; vielmehr werden bestimmte Aufwendungen, die z. B. durch Streik bzw. Demonstrationen der eigenen Belegschaft entstehen, von den Unternehmen oftmals aus Opportunitätsgründen nicht festgehalten.

5 Schlußbetrachtung

Eine explizite Berücksichtigung von durch Kriminalität verursachten Aufwendungen und Erträgen innerhalb des betrieblichen Rechnungswesens kann die Informationsbasis zur Kontrolle, Planung und Steuerung des betrieblichen Geschehens angesichts gegenwärtiger Entwicklungen sinnvoll ergänzen. Einer exakten buchhalterischen Erfassung stehen jedoch – wie zuvor erörtert – bisher ungelöste wesensbedingte Qualifizierungs- und Quantifizierungsprobleme entgegen. Der Ausweis der Aufwendungen und Erträge durch Kriminalität wird folglich immer ein hohes Maß an Subjektivität enthalten und u. U. zweifelhafte Posten zutage treten lassen.

Wie am Beispiel der schweizerischen Holding SMH (u. a. Hersteller von Uhren der Marke „Swatch") im ausführlichen Bericht der schweizerischen Zeitschrift Cash (Ausgabe vom 20. Mai 1994) dargelegt wurde, verschärfen sich die im Rahmen der vorstehenden Betrachtungen vorgestellten Erfassungsprobleme mit zunehmender Komplexität der Unternehmensstrukturen. Eine vollständige Erfassung der Aufwendungen durch Kriminalität ist z. B. in einem Konzern, zumal wenn dieser sich durch hohe Personalfluktuation auszeichnet, eine gegenwärtig nur theoretisch lösbare Aufgabe.

Der explizite Ausweis von Aufwendungen und Erträgen durch Kriminalität sollte dem Unternehmer ohnehin nur als Zusatzinformation zur

Eindämmung krimineller Handlungen dienen – denn die Erfahrung lehrt, daß Kriminalität als Geschäftsgrundlage keine dauerhaften Erträge sichert.

IV. Internationalisierung der Rechnungslegung

Gerhart Förschle

Earnings Per Share

1 Einführung

2 Das Grundkonzept der Earnings Per Share nach IAS 33
   21 Anwendungsbereich
   22 Basic Earnings Per Share
   23 Diluted Earnings Per Share

3 Unterschiede zwischen Earnings Per Share nach IAS 33 und SFAS No. 128 sowie der DVFA/SG Stellungnahme

4 Zusammenfassung

WP/StB Dr. Gerhart Förschle
Frankfurt/M.

1 Einführung

Der Gang der Daimler Benz AG an die New Yorker Börse im Jahr 1993 führte einer breiten Öffentlichkeit in Deutschland erstmals vor Augen, wie weit die Integration der Kapitalmärkte bereits vorangeschritten ist. Die Entscheidung von Daimler Benz verdeutlichte, daß deutsche Großkonzerne nicht nur auf ihren Absatzmärkten internationaler Konkurrenz ausgesetzt sind, sondern daß auch der Wettbewerb um kostengünstiges Kapital nicht länger auf den deutschen Kapitalmarkt beschränkt ist. Die Tatsache, daß institutionelle und private Investoren ihr Geld inzwischen ohne größere Schwierigkeiten in fast jedem Land der Erde anlegen können, hat zur Konsequenz, daß sich die deutschen Konzerne zunehmend an den auf den internationalen Kapitalmärkten geltenden Spielregeln orientieren müssen[1]. Dies betrifft insbesondere die externe Berichterstattung, die, um international konkurrenzfähig zu sein, wesentlich stärker an den Informationsbedürfnissen der Kapitalmarktteilnehmer ausgerichtet werden muß und damit zum Teil deutlich über die nach deutschem Handelsrecht geforderten Informationen hinausgeht. Denn internationale, zunehmend aber auch deutsche Kapitalanleger sind zu einem Investment nur bereit, wenn sie den Eindruck haben, über die Leistungsfähigkeit und die voraussichtliche künftige Entwicklung einer Gesellschaft zuverlässig und aussagefähig informiert zu werden.

Demzufolge steigt die Zahl der deutschen Konzerne, die nicht länger nur nach handelsrechtlichen Vorschriften Rechnung legen, sondern freiwillig einen (Konzern-)Abschluß nach US-GAAP[2] oder nach IAS[3] aufstellen. Unabhängig davon, ob mit diesem Schritt bereits eine spätere Notierung an der New Yorker Börse vorbereitet werden soll oder nicht, gilt die Umstellung auf internationale Bilanzierungsgrundsätze als deutliches Bekenntnis zu einer investororientierten Unternehmens- und Informationspolitik. Dabei wird implizit unterstellt, daß gerade die Unternehmen auf eine kapitalmarktorientierte

---

1 Zur Globalisierung der Kapitalmärkte und deren Bedeutung für deutsche Konzerne vgl. z. B. *Glaum, M./Mandler, U.*, Globale Kapitalmärkte, S. 45–61.

2 Vgl. etwa Daimler Benz AG, SGL Carbon AG, VEBA AG und Deutsche Telekom AG.

3 So z. B. adidas AG, Alsen Breitenburg GmbH, Bayer AG, Deutsche Bank AG, Dyckerhoff AG, Heidelberger Zement AG, Hoechst AG, Puma AG, Merck AG, Schering AG.

externe Berichterstattung umschwenken, die auch tatsächlich die Steigerung des Shareholder Values als vorrangiges Ziel verfolgen und diese Geschäftspolitik den Kapitalanlegern vermitteln möchten[4].

Prominentes Beispiel und unmittelbare Konsequenz einer an den Informationsbedürfnissen der (potentiellen) Kapitalanleger orientierten Berichterstattung nach internationalen Standards ist die Kennzahl Earnings Per Share, die eine Beurteilung der „Ertrags-" und „Ausschüttungskraft" eines Unternehmens im Vergleich zu den Vorjahren sowie in Relation zu anderen Unternehmen ermöglichen soll[5]. So zählt die Kennzahl Earnings Per Share beispielsweise in den USA schon lange zu den wichtigsten Informationen zur Beurteilung der Performance eines Unternehmens[6] und dementsprechend zu den Pflichtangaben börsennotierter Kapitalgesellschaften[7]. In Deutschland besteht dagegen keine handelsrechtliche Publizitätspflicht des Gewinns pro Aktie, weshalb diese Kennziffer auch noch keine vergleichbare Bedeutung erlangt hat[8]. Allerdings wirbt die DVFA/SG bereits seit Jahren für die freiwillige Veröffentlichung des um außerordentliche Ergebniskomponenten bereinigten Jahresergebnisses nach DVFA/SG und des Ergebnisses nach DVFA/SG pro Aktie.

Besondere Aktualität erfährt die Kennzahl Earnings Per Share zur Zeit durch den Umstand, daß ihre Ermittlung und Publizität Gegenstand mehrerer Verlautbarungen ist. So hat das IASC jüngst den IAS 33 „Earnings Per Share" verabschiedet, dessen Regelungsgehalt die Anforderungen der IOSCO erfüllen soll. Erarbeitet wurde dieser Standard in enger Kooperation mit dem FASB, das im Februar 1997

---

4 Vgl. hierzu die Darstellung der Unternehmenssteuerung nach dem Shareholder Value-Ansatz bei der VEBA AG von *Lauk, K. J.,* Steuerung, S. 163–180.
5 Vgl. IAS 33, „Objective".
6 Vgl. *Blasch, D. M./Kelliher, J./Read, W. J.,* Redeliberate EPS, S. 43; *Kieso, D. E./Weygandt, J. J.,* Intermediate Accounting, S. 858.
7 Vgl. APB Opinion No. 15 „Earnings Per Share" aus dem Jahre 1969 sowie SFAS No. 128.2 „Earnings Per Share", Financial Accounting Standards Board of the Financial Accounting Foundation, Norwalk (USA) 1997 (SFAS No. 128).
8 Lediglich die Börsenzulassungs-Verordnung schreibt für die Zulassung von Aktien in § 21 Abs. 2 die Angabe des Ergebnisses je Aktie für die letzten drei Geschäftsjahre vor; aber auch sie enthält mit den Regelungen des § 25 Börs-ZulV nur sehr rudimentäre inhaltliche Anforderungen an die zu veröffentlichende Kennzahl.

einen eigenen SFAS No. 128 veröffentlicht hat, der die APB Opinion No. 15 ablöst und sich inhaltlich nur in wenigen Punkten vom IAS 33 unterscheidet. Bemerkenswert ist insbesondere, daß im Falle der Earnings Per Share nicht das IASC die US-amerikanische Regelung mehr oder weniger adaptiert, sondern daß (erstmals) das FASB das gemeinsame Projekt mit dem IASC zum Anlaß nahm, die bestehenden und zum Teil heftig kritisierten Regelungen[9] der APB Opinion No. 15 zu überarbeiten und an die zusammen mit dem IASC entwikkelten Grundsätze anzugleichen.

Parallel, wenn auch unabhängig von diesem Projekt, hat auch die DVFA/SG ihre Empfehlung zur Ermittlung des Ergebnisses nach DVFA/SG pro Aktie aus dem Jahr 1991 überarbeitet[10], wobei insbesondere die zu bereinigenden Ergebniskomponenten neu definiert wurden. Der Jubilar war als Mitglied des Arbeitskreises „Externe Unternehmensrechnung" der Schmalenbach-Gesellschaft an dieser Überarbeitung maßgeblich beteiligt[11] und konnte aufgrund seiner Kompetenz und seiner Verdienste auf dem Gebiet der Jahresabschlußanalyse mit Hilfe von Kennzahlensystemen und statistischen Kennzahlenauswertungen sicherlich wertvolle Impulse geben.

Im Lichte der aktuellen Diskussion um die Kennzahl Earnings Per Share und der Vielzahl von Empfehlungen zu ihrer Ermittlung sollen im folgenden das Grundkonzept dieser Kennziffer vorgestellt und eventuelle Unterschiede, die nach den genannten Verlautbarungen existieren, herausgearbeitet werden. Dies erscheint notwendig, um die Vor- und Nachteile der jeweiligen Ableitungsgrundsätze erkennen und gegebenenfalls eine weitere Vereinheitlichung der Ansätze verfolgen zu können. Beurteilungsmaßstab soll hierbei sein, inwieweit die gewählte Darstellungsform dem Informationsadressaten eine geeignete Grundlage für ökonomische Entscheidungen bietet.

---

9 Vgl. hierzu etwa *Blasch, D. M./Kelliher, J./Read, W. J.*, Redeliberate EPS, S. 43–44.
10 Vgl. *Busse von Colbe, W., u. a. (Hrsg.)*, Ergebnis nach DVFA/SG.
11 Vgl. *Busse von Colbe, W., u. a. (Hrsg.)*, Ergebnis nach DVFA/SG, S. V.

2 Das Grundkonzept der Earnings Per Share nach IAS 33

21 Anwendungsbereich

Entsprechend der vorrangigen Zielsetzung der Earnings Per Share, den Aktionären und potentiellen Investoren die Beurteilung der „Performance" und Profitabilität eines Unternehmens in der Berichtsperiode zu erleichtern[12], ist ihre Angabe nur für Unternehmen verpflichtend, deren im Umlauf befindlichen bzw. potentiellen ordentlichen Anteile öffentlich gehandelt werden[13]. Allerdings müssen Unternehmen, die freiwillig Earnings Per Share veröffentlichen, ebenfalls die Vorgaben des Standards beachten.

IAS 33 unterstellt grundsätzlich, daß für Kapitalmarktteilnehmer in erster Linie das Ergebnis des Konzerns von Interesse ist; dementsprechend müssen die Earnings Per Share lediglich für den veröffentlichten Konzernabschluß, nicht für den (veröffentlichten) Einzelabschluß der Konzernobergesellschaft angegeben werden[14]. Aus deutscher Sicht ist diese Regelung insofern unproblematisch, als die IAS nach bisheriger Praxis weitgehend nur auf den Konzernabschluß Anwendung finden. Zu berücksichtigen ist aber, daß in Deutschland – anders als etwa in den USA, in denen dem Konzernabschluß die überragende Informationsfunktion zukommt und dieser auch für die Dividendenpolitik maßgeblich ist[15] – im Konzernabschluß und dem für die Ausschüttung maßgeblichen Einzelabschluß aufgrund unterschiedlich ausgeübter Ansatz- und Bewertungswahlrechte stark abweichende Ergebnisse ausgewiesen werden könnten, die ggf. eine separate Ermittlung der Earnings Per Share für Konzern- und Einzelabschluß durchaus sinnvoll erscheinen lassen.

Bei der Kennzahl Earnings Per Share handelt es sich um eine Rentabilitätsbetrachtung, bei der eine Ergebnisgröße, hier der den Aktionären zuzurechnende Gewinn oder Verlust, zu einer für dieses Ergebnis

---

12 Vgl. *Kieso, D. E./Weygandt, J. J.*, Intermediate Accounting, S. 858.
13 Vgl. IAS 33.1. Im SFAS No. 128 wird unter Rn. 6 klargestellt, daß Unternehmen, deren Anteile zu 100% von der Muttergesellschaft bzw. einer Investmentgesellschaft gehalten werden, keine Earnings Per Share veröffentlichen müssen, da ihre Anteile nicht öffentlich gehandelt werden.
14 Vgl. IAS 33.2.
15 Vgl. *Eisolt, D.*, Konzernrechnungslegung, S. 119–121 m. w. N.

maßgeblichen Einflußgröße, hier dem gewichteten Durchschnitt der im Geschäftsjahr im Umlauf befindlichen ordentlichen Aktien (Stammaktien), in Relation gesetzt wird[16]. Nach IAS 33 und dem SFAS No. 128 wird diese Größe als „Basic Earnings Per Share" bezeichnet[17], was zum Ausdruck bringen soll, daß diese Kennziffer auf Basis der historischen Daten des (Konzern-)Jahresabschlusses ermittelt wurde und das tatsächliche Verhältnis von ausgewiesenem Jahresergebnis und (im Jahresdurchschnitt)[18] ausstehenden Aktien zeigt. Daneben müssen Unternehmen, die in ordentliches Aktienkapital wandelbare Anleihen oder Optionen im Umlauf haben, ergänzend auch eine „potentielle" Earnings Per Share-Kennzahl ermitteln, bei der im Sinne einer „als-ob-Rechnung" unterstellt wird, daß sämtliche Wandlungs- und Optionsrechte ausgeübt werden, d. h. das (im Jahresdurchschnitt im Umlauf befindliche) ordentliche Aktienkapital der Gesellschaft um das maximale gegenwärtig auf dem Kapitalmarkt befindliche Umwandlungspotential erweitert worden wäre. Sinn und Zweck dieser hypothetischen „Diluted Earnings Per Share"-Berechnung ist, dem (potentiellen) Anleger das „Verwässerungspotential" der Unternehmensanteile aufzuzeigen, das darin besteht, daß das erzielte Jahresergebnis nach Ausübung sämtlicher Umwandlungsrechte auf eine entsprechend größere Aktienanzahl verteilt werden muß.

22 Basic Earnings Per Share

Basic Earnings Per Share werden ermittelt, indem das den ordentlichen Aktien zurechenbare Jahresergebnis der Periode dem gewichteten Durchschnitt der während des Geschäftsjahres im Umlauf befindlichen ordentlichen Aktien gegenübergestellt wird.

Als Jahresergebnis geht das „net income" in die Ermittlung der Earnings Per Share ein, d. h. das ausgewiesene Jahresergebnis nach

---

16 Vgl. z. B. *Coenenberg, A. G.*, Jahresabschluß, S. 610–613.
17 In APB Opinion No. 15 „Earnings Per Share" wurde statt dessen die Kennziffer „Pimary Earnings Per Share" gefordert, bei der neben den ordentlichen Aktien auch aktiengleiche Rechte in die Betrachtung einbezogen wurden, was die Ermittlung und Nachvollziehbarkeit der Kennzahl erschwerte.
18 Die Ermittlung der Anzahl der im Jahresdurchschnitt im Umlauf befindlichen Aktien hat taggenau zu erfolgen, vgl. IAS 33.15.

Steuern[19] und außerordentlichen Ergebniskomponenten. Das den „ordentlichen Aktien" zurechenbare Jahresergebnis wird ermittelt, indem der Jahresüberschuß um den auf die Vorzugsaktien entfallenden Gewinnanteil gekürzt bzw. der Jahresfehlbetrag um die gegebenenfalls an die Vorzugsaktionäre ausgeschütteten (Garantie-)Dividenden erhöht wird[20]. IAS 33 erläutert nicht, wie ein ggf. im Konzernabschluß ausgewiesener Ergebnisanteil von Minderheiten zu behandeln ist; sinnvoll – und so im Ergebnis auch in den Stellungnahmen der DVFA/SG[21] sowie des FASB[22] vorgesehen – erscheint es, das Jahresergebnis um die Anteile Dritter zu bereinigen, d. h. Gewinnanteile Dritter vom Konzernergebnis abzusetzen und Verlustanteile Dritter dem Konzernergebnis zuzurechnen.

IAS 33.6 definiert eine „ordentliche Aktie" als ein Eigenkapitalinstrument, das gegenüber allen anderen Eigenkapitalinstrumenten nachrangig ist. Hat ein Unternehmen unterschiedliche Klassen ordentlicher Aktien, ist für jede Klasse eine gesonderte Earnings Per Share-Angabe erforderlich, wobei das Jahresergebnis entsprechend der tatsächlichen Gewinnansprüche bzw. Verlustteilnahme auf die verschiedenen Aktiengattungen aufgeteilt werden muß[23]. Vorzugsaktien („preference shares") gelten nach IAS 33 nicht als „ordentliche" Aktien und werden dementsprechend in die Earnings Per Share-Betrachtung nicht einbezogen. Allerdings ist bei der Abgrenzung der zu berücksichtigenden Aktien weniger auf deren Bezeichnung als „or-

---

19 Der Nachteil des Jahresergebnisses *nach* ertragsabhängigen Steuern besteht in dessen eingeschränkter (internationalen) Vergleichbarkeit aufgrund unterschiedlich hoher Steuerbelastungen der Ergebnisse, der zum Teil unterschiedlichen Besteuerung von ausgeschütteten und thesaurierten Gewinnen sowie der unterschiedlichen Anrechnungsfähigkeit der Ertragsteuern. Vgl. ausführlich zu der geäußerten Kritik *Bender, J.*, Ergebnisbereinigung nach DVFA/SG, S. 127–132.

20 Unerheblich ist, ob ein den ordentlichen Aktien zurechenbarer („attributable") Jahresüberschuß im Sinne des IAS 33.10 auch tatsächlich ausschüttungsfähig ist, oder ob Verlustvorträge, aktivierte Bilanzierungshilfen o. ä. einer Ausschüttung entgegenstehen.

21 Vgl. *Busse von Colbe, W., u. a. (Hrsg.)*, Ergebnis nach DVFA/SG, S. 9.

22 Vgl. SFAS No. 128, Apendix B, Rn. 140–141.

23 Vgl. IAS 33.47.
 Da, wie oben dargestellt, das Konzernergebnis um Ergebnisanteile Dritter bereinigt wird, dürfen konsequenterweise auch Kapitalanteile Dritter am Konzern nicht in die Betrachtung einbezogen werden.

dentliche Aktie" oder als „Vorzugsaktie" als auf deren rechtliche Ausgestaltung abzustellen. So legt die Definition der „ordentlichen Aktie" m. E. nahe, auch sogenannte Vorzugsaktien bei der Earnings Per Share-Ermittlung zu berücksichtigen, wenn sie sich bezüglich der Nachrangigkeit der Gewinnansprüche und der Verlustbeteiligung von den ordentlichen Aktien nicht unterscheiden und lediglich ohne bzw. mit eingeschränkten Stimmrechten ausgestattet sind[24].

Hat sich die Anzahl der ordentlichen Aktien während des Geschäftsjahres durch die Ausgabe neuer Aktien, eine Kapitalrückzahlung oder den Rückkauf von Aktien geändert, ist der Berechnung der Earnings Per Share die im Jahresdurchschnitt im Umlauf befindliche Anzahl von Aktien zugrunde zu legen[25]. Ermittelt wird dieser Durchschnitt, indem der Aktienbestand zu Beginn des Geschäftsjahres um die mit einem Zeitfaktor gewichtete Anzahl der zusätzlich ausgegebenen bzw. der eingezogenen Aktien angepaßt wird. Der Zeitfaktor gibt dabei an, wieviele Tage des Geschäftsjahres die neuen Aktien im Umlauf bzw. die eingezogenen Aktien nicht mehr im Umlauf waren, wobei im Regelfall[26] der Tag der Ausgabe bzw. des Einzugs der Aktien maßgeblich ist.

Sinn und Zweck der dargestellten Gewichtung der im Umlauf befindlichen Aktienanzahl mit einem Zeitfaktor besteht darin, dem Periodenergebnis das zu seiner Erwirtschaftung im Jahresdurchschnitt effektiv eingesetzte Aktienkapital gegenüberzustellen. Aus dieser Überlegung folgt zwingend, daß eine Gewichtung nur bei solchen Veränderungen des Aktienbestandes erforderlich ist, die zu einem Mittelzufluß bzw. einem Mittelabfluß bei der Gesellschaft geführt haben. Zu Veränderungen des Aktienbestandes, die keinen Einfluß auf die Höhe des eingesetzten Kapitals haben, zählen z. B. (bestandserhöhend) die Ausgabe von Gratisaktien, die Umwandlung von Rücklagen in Aktien, die Aktienteilung sowie (bestandsmindernd) die Ka-

---

24 Nach DVFA/SG sind bei der Ermittlung des „Ergebnisses pro Aktie" sämtliche dividendenberechtigte Aktien zu berücksichtigen, vgl. *Busse von Colbe, W., u. a. (Hrsg.),* Ergebnis nach DVFA/SG, S. 115. Da nicht die Ausschüttungsfähigkeit, sondern die Zurechenbarkeit der in die Betrachtung einfließenden Ergebnisse entscheidend ist, muß m. E. neben die Dividendenberechtigung auch die Verlustteilnahme treten.
25 Vgl. IAS 33.14-15
26 Vgl. IAS 33.16-19.

pitalherabsetzung ohne Kapitalrückzahlung. Um zu vermeiden, daß derartige Kapitalmaßnahmen, die lediglich die Anzahl der Aktien, nicht aber die Höhe des eingesetzten Kapitals beeinflußt haben, die Vergleichbarkeit der ermittelten Earnings Per Share-Kennzahlen mit der Vorperiode beeinträchtigen, sieht IAS 33.22 eine entsprechende Anpassung der Vorjahreszahlen vor. Dabei ist zum Zwecke der Anpassung zu unterstellen, daß die Veränderung der Aktienanzahl bereits in der Vorperiode (bzw. der frühesten Berichtsperiode) erfolgt ist. Somit wird das Vorjahresergebnis der aufgrund der Kapitalmaßnahme im Berichtsjahr geänderten Aktienanzahl gegenübergestellt, was, gemessen an den ursprünglichen Vorjahreswerten, im Falle der Erhöhung der Aktienanzahl zu einem niedrigeren, im Falle der Verringerung der Aktienanzahl zu einem höheren Gewinn pro Aktie führt.

Eine Kombination der skizzierten Vorgehensweisen findet Anwendung, wenn der Ausgabepreis neuer Aktien unter dem Fair Value der bereits in Umlauf befindlichen Aktien liegt. In Höhe des Bezugspreises führt die Aktienausgabe zwar zu einem Mittelzufluß und ist dementsprechend, mit dem Zeitfaktor gewichtet, bestandserhöhend zu berücksichtigen. In Höhe der Differenz zwischen Fair Value und Bezugspreis der Aktie handelt es sich aber um die Ausgabe von Bonusaktien, mit der keine Erhöhung des eingesetzten Kapitals verbunden ist und um die folglich auch die Vorjahreszahlen zu bereinigen sind.

IAS 33 sieht folgende Berücksichtigung dieser unterschiedlichen Effekte vor: Zunächst ist festzustellen, inwieweit der „Bonuseffekt" in Form des niedrigeren Bezugspreises den Fair Value der Aktien beeinflußt. Hierzu wird der Fair Value pro Aktie *vor* Ausgabe der neuen Aktien in Relation gesetzt zu dem Fair Value pro Aktie, der sich theoretisch *nach* Ausgabe der Aktien zum niedrigeren Bezugspreis ergibt. Ermittelt wird dieser theoretische Fair Value pro (neuer) Aktie, indem der Fair Value des ursprünglichen Aktienpakets zuzüglich des Gesamterlöses aus der Ausgabe der neuen Aktien (Anzahl × Ausgabepreis) durch die (neue) Gesamtanzahl der Aktien dividiert wird. Die Relation zwischen (höherem) alten Fair Value pro Aktie und (niedrigerem) neuen Fair Value pro Aktie bringt zum Ausdruck, inwieweit eine Erhöhung der Aktienanzahl ohne entsprechenden Mittelzufluß erfolgte. Dementsprechend wird die ursprüngliche Anzahl der Aktien um den ermittelten Faktor erhöht, um eine Vergleichbarkeit der Earnings Per Share-Kennzahlen herzustellen.

Das folgende Beispiel soll die Bereinigung der Vorjahreszahlen sowie die Ermittlung der Geschäftsjahres-Earnings Per Share im Falle der Bonusaktien verdeutlichen.

Jahresüberschuß 01: 2 500
Aktienanzahl 31. 12. 01, Nennwert 5,– DM: 1 000
Veröffentlichte Earnings Per Share 01: $\frac{2\ 500\ DM}{1\ 000\ Stück} = 2{,}50\ DM$
Fair Value der Aktien: 12,50 DM

Am 30. 6. 02 werden 500 Bonusaktien zu einem Bezugspreis von 5,– DM ausgegeben. Als theoretischer Fair Value einer Aktie nach Ausgabe der neuen Aktien ergeben sich

$$\frac{(1\ 000\ Stück \cdot 12{,}50\ DM) + (500\ Stück \cdot 5\ DM)}{1\ 500\ Stück} = 10\ DM.$$

Der „Bonuseffekt" in Form des unter dem Fair Value der Aktien liegenden Ausgabepreises führt zu einem um 2,50 DM gesunkenen Fair Value pro Aktie. Um die Earnings Per Share mit der Kennziffer des Vorjahres vergleichbar zu machen, wird unterstellt, daß die Kapitalmaßnahme, soweit sie als Ausgabe von Gratisaktien zu interpretieren ist, bereits zu Beginn des Vorjahres erfolgt ist. Dementsprechend wird die Aktienanzahl von 1 000 Stück um den Anpassungsfaktor 1,25, der sich aus dem Verhältnis des ursprünglichen Fair Value zum neuen Fair Value ergibt $\left(\frac{12{,}50\ DM}{10\ DM} = 1{,}25\right)$, auf 1250 Aktien erhöht. Als Earnings Per Share des Vorjahres ergeben sich so modifiziert $\frac{2\ 500\ DM}{1\ 250\ Stück} = 2\ DM$ pro Aktie.

Die verbleibenden Aktien als Differenz zwischen den als „reine Bonusaktien" behandelten Aktien (250 Stück), um die die Vorjahres Earnings Per Share angepaßt wurden, und den tatsächlich ausgegebenen Aktien (500 Stück), werden so behandelt, als wären sie zum (neuen) Fair Value ausgegeben worden. Im Beispiel wurden die Bonusaktien zum 30. 6. 02 bezogen, so daß die Anzahl der im Jahresdurchschnitt im Umlauf befindlichen Aktien ermittelt werden muß. Hierzu wird zu dem (korrigierten) Anfangsbestand der mit dem Zeitfaktor gewichtete Zugang ermittelt, also

$1\ 250\ Stück + \frac{250\ Stück \cdot 180\ Tage}{360\ Tage} = 1\ 375\ Stück.$ Zur Ermittlung der Earnings Per Share für das Geschäftsjahr 02 wird diesem im Jahresdurchschnitt umlaufenden Aktienbestand das Jahresergebnis gegenübergestellt. Bei einer im Vergleich zum Vorjahr unveränderten Eigenkapitalrendite von 50%[27] ergibt sich ein Jahresüberschuß von 3 125 DM[28] und ein Gewinn pro Aktie von $\frac{3\,125\,\text{DM}}{1\,375\,\text{Stück}} = 2{,}27\,\text{DM}$.

23 Diluted Earnings Per Share

Die Kennzahl Basic Earnings Per Share zeigt, welcher Anteil des erzielten Ergebnisses auf jede der in der Berichtsperiode im Umlauf befindlichen ordentlichen Aktien entfällt. Hat ein Unternehmen Rechte und/oder Optionen auf die Umwandlung von Schuldverschreibungen in bzw. den Kauf von ordentlichen Aktien ausgegeben, ist das Jahresergebnis nach Ausübung dieser Optionen künftig auf eine entsprechend größere Aktienanzahl zu verteilen. Um dem (potentiellen) Anleger die Auswirkungen solcher möglichen Umwandlungen auf die Ergebnis-Kapital-Relation zu zeigen, muß ein Unternehmen neben den Basic Earnings Per Share auch eine Kennzahl „Diluted Earnings Per Share" veröffentlichen, mit deren Hilfe das maximale „Verwässerungspotential" der Kapitalrentabilität aufgrund von Optionsausübungen und Wandlungen dargestellt werden soll.

Entsprechend der Zielsetzung, das „maximale Verwässerungspotential" offenzulegen, dürfen gemäß IAS 33 „anti-dilutive" Effekte, d. h. wandlungsbedingte *Erhöhungen* der Earnings Per Share, bei dieser Betrachtung nicht berücksichtigt werden[29]. Diese „imparitätische" Vorgehensweise trägt dem Umstand Rechnung, daß bei einer derartigen Konstellation, die im Ergebnis eine Besserstellung der Altaktio-

---

27 $\frac{\text{Jahresüberschuß}\ 2\,500\,\text{DM}}{\text{Eigenkapital}\ \ 5\,000\,\text{DM}} = 50\%$.

28 (5 000 DM + 0,5 · 2 500 DM) · 0,5 = 3 125 DM.

29 Befinden sich unterschiedliche Wandlungsrechte und Optionen im Umlauf, sind diese grundsätzlich einzeln hinsichtlich ihres Verwässerungspotentials zu überprüfen. Da die Reihenfolge, in der eine Wandlung der Papiere unterstellt wird, darüber entscheiden kann, ob ein Wandlungsrecht „dilutive" wirkt oder nicht, ist gemäß IAS 33.41 zu unterstellen, daß die Papiere mit dem größten Verwässerungseffekt zuerst umgewandelt werden. Diese Reihenfolge stellt die Ermittlung des maximalen Verwässerungspotentials sicher (vgl. IAS 33.41).

näre zu Lasten der Neuaktionäre bedeuten würde, eine tatsächliche Optionsausübung realistischerweise nicht zu erwarten ist[30].

Im Grundsatz entspricht die Ermittlung der Dilutive Earnings Per Share der für die Basic Earnings Per Share beschriebenen Vorgehensweise, nur daß zusätzlich sämtliche ,,Verwässerungseffekte" der im Umlauf befindlichen Optionen und Wandlungsrechte berücksichtigt werden. Das Jahresergebnis wird erhöht um die Nachsteuereffekte sämtlicher Zins- und Dividendenzahlungen auf die wandelbaren Papiere, die in der Gewinn- und Verlustrechnung ergebnismindernd erfaßt wurden und bei einer Umwandlung der Papiere in ordentliche Aktien entfallen würden[31]. Außerdem werden alle übrigen ergebniswirksamen Effekte, die sich aus niedrigeren Zins- und Dividendenaufwendungen bzw. einem höheren Jahresergebnis ergeben, berücksichtigt, z. B. ergebnisabhängige Vergütungen und Tantiemen. Entsprechend wird die Anzahl der ordentlichen Aktien erhöht um die Anzahl der zusätzlichen ordentlichen Aktien, die bei einer Ausübung sämtlicher Optionen und Wandlungsrechte mit ,,verwässernder" Wirkung ausgegeben würden. Dabei wird grundsätzlich unterstellt, daß die Umwandlung zu Beginn des Jahres erfolgt; dies gilt nur dann nicht, wenn eine Umwandlung faktisch erst zu einem späteren Zeitpunkt möglich ist bzw. bei der Ermittlung der Dilutive Earnings Per Share bereits bekannt ist, daß tatsächlich zu einem späteren Termin umgewandelt wurde.

Sind Optionen oder Wandlungsrechte im Umlauf, die einen Bezug von Aktien zu einem unter dem Fair Value der am Bilanzstichtag im Umlauf befindlichen ordentlichen Aktien ermöglichen (beispielsweise Kaufoptionen mit einem festgeschriebenen Kaufpreis), muß die Gesamtanzahl der potentiell auszugebenden Aktien gemäß IAS 33.33 ff. gedanklich aufgeteilt werden in zum Fair Value ausgegebene Aktien und in Gratisaktien. Betrug beispielsweise der Fair Value der alten Aktien im Jahresdurchschnitt 200 DM und existieren 60 Optionen, die einen Bezug junger Aktien zu 150 DM ermöglichen, läßt sich der Ausgabegegenwert von insgesamt 9 000 DM gedanklich aufteilen in die Ausgabe von 45 jungen Aktien zum Fair

---

30 Vgl. *Busse von Colbe, W., u. a. (Hrsg.)*, Ergebnis nach DVFA/SG, S. 123.
31 Da eine explizite Regelung fehlt, ist m. E. bei der Bemessung der Nachsteuereffekte von der voraussichtlichen Ausschüttungspolitik und der sich hieraus tatsächlich zu erwartenden Steuerbelastung des Unternehmens auszugehen.

Value von 200 DM und 15 jungen Gratisaktien. IAS 33.35 unterstellt nun, daß die (hypothetisch) zum Fair Value ausgegebenen Aktien weder dilutive noch anti-dilutive wirken und dementsprechend bei der Ermittlung des Verwässerungspotentials vernachlässigt werden können[32]. Dagegen werden die hypothetisch als Gratisaktien auszugebenden ordentlichen Aktien, da ohne entsprechenden Mittelzufluß des Unternehmens, keinen Einfluß auf die künftig zu erwartenden Jahresergebnisse haben, so daß sie in vollem Umfang ergebnisverwässernd wirken. Dieser Verwässerungseffekt stellt sich bei der Ermittlung der Dilutive Earnings Per Share dergestalt dar, daß die (rechnerisch ermittelte) Anzahl der Gratisaktien, im Beispiel 15 Stück, den in Umlauf befindlichen Aktien zuzurechnen ist, ohne daß daraus eine Erhöhung des im Zähler der Kennzahl ausgewiesenen Jahresergebnisses resultiert.

3 Unterschiede zwischen „Earnings Per Share" nach IAS 33 und SFAS No. 128 sowie der DVFA/SG Stellungnahme

Ein Vergleich der vorliegenden Konzeptionen des IASC, des FASB sowie der DVFA/SG zur Ermittlung des „Gewinns pro Aktie" zeigt, daß weitgehend einheitliche Vorstellungen existieren hinsichtlich der *rechnerischen* Ermittlung der Basic und der Dilutive Earnings Per Share. Alle drei Organisationen halten die Offenlegung beider Kennzahlen für erforderlich, um dem (potentiellen) Investor die vergleichende Beurteilung verschiedener Gesellschaften bzw. der Ergebnisentwicklung einer Gesellschaft im Zeitablauf zu ermöglichen. Erfreulich ist, daß im Interesse dieser Zielsetzung auch in einigen Detailfragen eine weitgehende Übereinstimmung der Stellungnahmen angestrebt und erreicht wurde. War beispielsweise noch im Exposure Draft 52 (zu IAS 33) vorgesehen, daß Änderungen der Anzahl der ordentlichen Aktien bzw. der in ordentliche Aktien wandelbare Rechte, die sich zwischen Bilanzstichtag und Feststellung des Jahresabschlusses ergeben haben, lediglich offengelegt werden müssen[33], folgt der nun verabschiedete Standard der vom FASB favorisierten

---

32 Diese Annahme setzt implizit voraus, daß das Unternehmen mit den ihm aus der Ausgabe junger Aktien zufließenden Mitteln in Höhe des Fair Value der alten Aktien dieselbe Rendite bei gleichbleibendem Investitionsrisiko erzielt wie bisher.
33 Vgl. IAS ED 52.46.

Regelung, nach der die zum Bilanzstichtag offenzulegenden Kennziffern bereits unter Berücksichtigung der nach dem Stichtag erfolgten Kapitalveränderungen zu ermitteln sind[34]. Durch diese Handhabung soll vermieden werden, daß im folgenden Jahresabschluß die Earnings Per Share des Vorjahres korrigiert werden müssen.

Auch in der Frage, an welcher Größe der potentielle ,,Verwässerungseffekt" einer künftigen Umwandlung von Optionen und Wandlungsrechten bei der Ermittlung der Dilutive Earnings Per Share gemessen werden soll, ist das IASC in dem letztlich verabschiedeten Standard auf die Linie des FASB und der DVFA/SG eingeschwenkt: Während nämlich noch im Exposure Draft 52 auf das ausgewiesene Jahresergebnis (nach Steuern) als Maßgröße abgestellt wurde, ist nun gemäß IAS 33.38 eine potentielle Aktie dann als ,,dilutive" einzuschätzen, wenn sie das Ergebnis der ordentlichen Geschäftstätigkeit (income from continuing operations) verwässert. Auch das FASB und die DVFA/SG legen der Berechnung des Verwässerungspotentials das ordentliche Ergebnis bzw. das DVFA/SG-Ergebnis zugrunde, so daß auch in diesem Punkt eine Vergleichbarkeit der Stellungnahmen hergestellt ist.

Umso überraschender ist es, daß sich die drei Konzeptionen bei der eigentlichen Ermittlung der Earnings Per Share bzw. der Dilutive Earnings Per Share bezüglich der Ergebnisgröße, die den ordentlichen Aktien gegenübergestellt werden soll, nicht unwesentlich unterscheiden[35].

IAS 33 geht – unverändert – von dem Jahresüberschuß bzw. -fehlbetrag des Geschäftsjahres aus, der mit den im Jahresdurchschnitt eingesetzten (ordentlichen) Aktien tatsächlich erwirtschaftet wurde und diesen dementsprechend zurechenbar ist. Eine Bereinigung dieses zurechenbaren Ergebnisanteils um außerordentliche Ergebniskomponenten erfolgt nicht[36]. Demgegenüber empfiehlt die DVFA/SG eine Ermittlung des Gewinns pro Aktie auf Basis eines um im betriebs-

---

34 Vgl. IAS 33.43; SFAS No. 128.48.
35 Diesbezüglich betont das FASB in SFAS No. 128.4, daß die Vereinheitlichung der Ermittlung der Nennergröße im Vordergrund der Bemühungen stand.
36 Allerdings werden die Anwender ermutigt, freiwillig zusätzliche Earnings Per Share-Kennziffern auf der Basis einzelner Ergebniskomponenten zu veröffentlichen, vgl. IAS 33.51.

wirtschaftlichen Sinne „ungewöhnliche und dispositionsbedingte"[37] Ergebniseinflüsse korrigierten Jahresergebnisses. Beispielsweise sollen Aufwendungen in Verbindung mit der Aufgabe von Geschäftsbereichen oder der Stillegung einzelner Werke, Erträge aus der Veräußerung wesentlicher Teile des Sachanlagevermögens oder von Beteiligungen, Erträge aus Sanierungsmaßnahmen oder Aufwendungen der erstmaligen Börseneinführung unberücksichtigt bleiben[38]. Zielsetzung dieser Vorgehensweise ist es, dem Jahresabschlußadressaten ein „nachhaltig" erzielbares Ergebnis pro Aktie zu präsentieren, das ein besserer Indikator für die künftige Ergebnisentwicklung des Unternehmens sein soll als ein möglicherweise durch unregelmäßige Ergebniseinflüsse verzerrtes Ergebnis des Geschäftsjahres.

Der SFAS No. 128 schließlich vereinigt beide Ansätze, indem dem Jahresabschlußadressaten in einem ersten Schritt das ordentliche Jahresergebnis pro Aktie präsentiert wird, das dann in Höhe der außerordentlichen Ergebniskomponenten (pro Aktie) zu den Earnings Per Share auf Basis des tatsächlich ausgewiesenen Jahresergebnisses weiterentwickelt wird[39]. Zwar erhöht diese Handhabung die Anzahl der offenzulegenden Kennziffern; eine „Informationsüberfrachtung" des Jahresabschlußadressaten[40], die u. U. eine Beschränkung der Offenlegungspflichten auf das bereinigte (DVFA/SG) bzw. das unbereinigte (IAS 33) Jahresergebnis pro Aktie rechtfertigen könnte, droht m. E. aber nicht. Vielmehr korrespondiert diese differenzierte Form der Ableitung des Ergebnisses pro Aktie mit der Ergebnisdarstellung in der Gewinn- und Verlustrechnung[41] und erleichtert dem Analysten seine Beurteilung sowie die Prognose der künftigen Entwicklung. Der Regelung des FASB gelingt es, die in den beiden anderen Stel-

---

37 Vgl. *Busse von Colbe, W., u. a. (Hrsg.)*, Ergebnis nach DVFA/SG, S. 115–123 i. V. m. S. 17–19.

38 Vgl. *Busse von Colbe, W., u. a. (Hrsg.)*, Ergebnis nach DVFA/SG, S. 17.

39 Dabei sind nach SFAS No. 128.37 für die außerordentlichen Ergebniskomponenten „discontinued operations", „extraordinary items" und Effekte aus „accounting changes" separate Earnings Per Share-Kennziffern anzugeben.

40 Vgl. *Reuter, E.*, Publizität, S. 431.

41 Allerdings gehen die Vorschläge der DVFA/SG hinsichtlich der zu bereinigenden Ergebniskomponenten weit über das hinaus, was nach handelsrechtlichen Grundsätzen als außerordentlicher Ertrag bzw. außerordentlicher Aufwand zu klassifizieren ist, vgl. hierzu *Busse von Colbe, W., u. a. (Hrsg.)*, Ergebnis nach DVFA/SG, S. 3–5 sowie *Förschle, G.*, in: BeckBil-Komm., 3. Aufl., § 275 HGB, Rn. 215–230.

lungnahmen verfolgten, graduell divergierenden Zielsetzungen (sinnvoll) zu integrieren.

Schließlich ist zu den drei Stellungnahmen m. E. kritisch anzumerken, daß die angestrebte Vergleichbarkeit von Ergebnissen mehrerer Unternehmen und der Einschätzung ihrer Ertragskraft allein durch die zu veröffentlichenden Earnings Per Share-Kennziffern nicht gewährleistet werden kann. Vielmehr müßte das Ergebnis pro Aktie ergänzt werden um die Eigenkapitalrentabilität bzw. mit Hilfe einer Kennziffer, die das Verhältnis zwischen dem „ordentlichen" Grundkapital und dem gesamten (den Aktionären zurechenbaren) Eigenkapital widerspiegelt[42], zur Eigenkapitalrentabilität übergeleitet werden[43]. Denn nur vor dem Hintergrund der Eigenkapitalrentabilität kann beurteilt werden, inwieweit ein unterschiedlicher Ergebnisausweis pro Aktie tatsächlich auf eine unterschiedliche Ertragskraft hindeutet und inwieweit er lediglich (bei gleicher Eigenkapitalrentabilität) auf ein unterschiedliches Verhältnis von Grundkapital zu Kapital- und Gewinnrücklagen zurückzuführen ist[44].

4 Zusammenfassung

Mit dem Zusammenwachsen der Kapitalmärkte steigt der Bedarf, international agierende Konzerne hinsichtlich ihrer Ertragskraft und ihrer Zukunftschancen zu vergleichen und zu beurteilen. Die im anglo-amerikanischen Raum bereits seit Jahren weit verbreitete Kennzahl Earnings Per Share gewinnt vor diesem Hintergrund zunehmend an Bedeutung, da sie eine zumindest in der Praxis allgemein akzep-

---

42 Für die Ermittlung der Höhe des der Eigenkapitalrentabilität zugrunde zu legenden Eigenkapitals müßten m. E. die oben angestellten Überlegungen entsprechend gelten: Nach IAS 33 wäre wohl auch eine Rücklage aus der Neubewertung des Sachanlagevermögens im Sinne des IAS 16.30 zu berücksichtigen, während nach DVFA/SG eine Veränderung der Neubewertungsrücklage wohl als „außerordentlicher" und „ungewöhnlicher" Effekt auszuklammern wäre.

43 Für eine Ergänzung des Gewinns pro Aktie um weitere Kennzahlen wie etwa die Eigenkapitalrentabilität plädiert auch der *Arbeitskreis „Externe Unternehmensrechnung"*, Ergebnis je Aktie, S. 139; ebenso *Busse von Colbe, W.*, Ergebnis je Aktie, S. 212; *Schulte, J.*, Gewinn je Aktie, S. 251.

44 Vgl. hierzu auch *Coenenberg, A. G.*, Jahresabschluß, S. 613; *Bender, J.*, Ergebnisbereinigung nach DVFA/SG, S. 10–13.

tierte Größe zur Messung des Erfolges und – in Relation zum Aktienkurs zum sogenannten Kurs-Gewinn-Verhältnis weiterentwickelt[45] – zur Beurteilung des Kurs- bzw. Marktwertes eines Unternehmens darstellt.

Es kommt dem Informationsbedürfnis von Kapitalmarktteilnehmern sicherlich entgegen, daß die von den verschiedenen Organisationen befürworteten Schemata zur rechnerischen Ermittlung des Ergebnisses je Aktie sich einander angenähert haben. Gerade die formale Entsprechung der Kennzahlen birgt aber die Gefahr, daß der Jahresabschlußadressat den nach wie vor bestehenden Unterschied hinsichtlich der in die Betrachtung einzubeziehenden Ergebnisgröße nicht erkennt und somit inhaltlich nicht vergleichbare Kennziffern einander gegenüberstellt.

Es bleibt den Unternehmen jedoch unbenommen, über die jeweiligen Offenlegungspflichten hinauszugehen, indem sie nicht nur eine Überleitung der Zählergröße zu dem in der Gewinn- und Verlustrechnung ausgewiesenen „net profit" anbieten[46], sondern durch entsprechende Informationen über außergewöhnliche Ergebniseinflüsse dem Jahresabschlußadressaten eine fundiertere Beurteilung und eine bessere Vergleichbarkeit der Kennziffern ermöglichen. Um die Earnings Per Share in einen inhaltlichen Zusammenhang zu stellen, bietet es sich darüber hinaus an, zusätzlich korrespondierende Kennzahlen wie die Eigenkapitalquote und das Kurs-Gewinn-Verhältnis zu veröffentlichen.

---

45 Vgl. *Kieso, D. E./Weygandt, J. J.*, Intermediate Accounting, S. 1352–1353; *Coenenberg, A. G.*, Jahresabschluß, S. 613; *Schulte, J.*, Gewinn je Aktie, S. 251.
46 Vgl. IAS 33.49 (a); SFAS No. 128.40a.

Literaturverzeichnis

Arbeitskreis "Externe Unternehmensrechnung", Ergebnis je Aktie – Empfehlung des Arbeitskreises „Externe Unternehmensrechnung" der Schmalenbach-Gesellschaft – Deutsche Gesellschaft für Betriebswirtschaft e. V., in: ZfbF 1988, S. 138–148 (Ergebnis je Aktie).

Bender, Jürgen, Grundsatzfragen der Ergebnisbereinigung nach DVFA/SG – Möglichkeiten und Grenzen der Ermittlung einer aktienrechtlichen Erfolgsgröße, Stuttgart 1996 (Ergebnisbereinigung nach DVFA/SG).

Blasch, Doris M./Kelliher, Jerome/Read, William J., The FASB and the IASC Redeliberate EPS, in: Journal of Accountancy 2/1996, S. 43 (Redeliberate EPS).

Busse von Colbe, Walther, Ergebnis je Aktie – Zu den Empfehlungen eines Arbeitskreises der Schmalenbach-Gesellschaft – Deutsche Gesellschaft für Betriebswirtschaft e. V., in: Bilanzanalyse nach neuem Recht, hrsg. v. Coenenberg, A. G., Landsberg am Lech 1989, S. 209–221 (Ergebnis je Aktie).

Busse von Colbe, Walther/Becker, Winfried/Berndt, Helmut/Geiger, Klaus M./Haase, Heidrun/Schmitt, Günter/Seeberg, Thomas (Hrsg.), Ergebnis nach DVFA/SG, Gemeinsame Empfehlung, 2., erweiterte Auflage, Stuttgart 1996 (Ergebnis nach DVFA/SG).

Coenenberg, Adolf G., Jahresabschluß und Jahresabschlußanalyse, 15. Aufl., Landsberg am Lech 1994 (Jahresabschluß).

Eisolt, Dirk, US-amerikanische und deutsche Konzernrechnungslegung – Untersuchung amerikanischer Vorschriften über den Konzernabschluß und systematischer Vergleich mit ausgewählten Vorschriften des HGB, Hamburg 1992 (Konzernrechnungslegung).

Financial Accounting Standards Board, APB Opinion No. 15 „Earnings Per Share", in:, Original Pronouncements, Financial Accounting Standards Board, Accounting Standards as of June 1, 1995, Vol. II, Norwalk (USA) 1995, S. 175–200 (APB Opinion No. 15 „Earnings Per Share").

Förschle, Gerhart, § 275 HGB, in: Beck'scher Bilanzkommentar, hrsg. v. Budde, Wolfgang Dieter u. a., 3. Aufl., München 1995 (§ 275 HGB).

Glaum, Martin/Mandler, Udo, Rechnungslegung auf globalen Kapitalmärkten, Wiesbaden 1996 (Globale Kapitalmärkte).

IASC, IAS Exposure Draft E 52, Earnings Per Share, in: International Accounting Standards 1996, London 1996, S. 843–865 (IAS ED 52). IAS 33, Earnings Per Share, in: International Accounting Standards 1997, London 1997, S. 601–624 (IAS 33).

Kieso, Donald E./Weygandt, Jerry J., Intermediate Accounting, 7. Aufl., New York 1992.

Lauk, Kurt J., Steuerung des Unternehmens nach Kapitalrentabilität und Cash Flows, in: Globale Finanzmärkte – Konsequenzen für Finanzierung und Unternehmensrechnung, hrsg. v. d. Schmalenbach Gesellschaft – Deutsche Gesellschaft für Betriebswirtschaft e. V., Stuttgart 1995 (Steuerung).

Reuter, Edzard, Die Publizität der Kapitalgesellschaft nach neuem Bilanzrecht, in: Bilanz- und Konzernrecht, Festschrift für Goerdeler, hrsg. v. Havermann, Hans, Düsseldorf 1987, S. 427–443 (Publizität).

Schulte, Jörn, Gewinn je Aktie, in: Lexikon des Rechnungswesens. Handbuch der Bilanzierung und Prüfung, der Erlös-, Finanz-, Investitions- und Kostenrechnung, hrsg. v. Busse von Colbe, Walther, 3. Aufl., München/Wien 1994, S. 251–255 (Gewinn je Aktie).

Hans Havermann

Tendenzen zur Internationalisierung der deutschen Konzernrechnungslegung

1 Einführung

2 Internationalisierung der deutschen Konzernrechnungslegung
   21 Motivation für internationale Konzernabschlüsse
   22 Möglichkeiten der internationalen Bilanzierung
      221. IAS versus US-GAAP
      222. Alternative Darstellungsformen
      223. Befreiende Abschlüsse gemäß Kapitalaufnahmeerleichterungsgesetz (KapAEG)
   23 Problembereiche

3 IAS auf dem Weg zum Weltstandard?
   31 Harmonisierungsbestrebungen
   32 Voraussetzungen
   33 Wesentliche Beteiligte
      331. Börsenaufsichtsorgane
      332. Rechnungslegungsgremien
      333. Berufsstand der Wirtschaftsprüfer
   34 Zwischenergebnis

4 Implikationen für die Rechnungslegung in Deutschland

5 Ausblick

WP Prof. Dr. Dr. h.c. Hans Havermann
Vorsitzender des Vorstandes der KPMG
Deutsche Treuhand-Gesellschaft AG
Düsseldorf

1 Einführung

Mit der fortschreitenden Globalisierung der Märkte und dem Wandel zur Informationsgesellschaft haben sich die Anforderungen an Publizität und Rechnungslegung insbesondere global operierender deutscher Konzerne gewandelt. Dies gilt in erster Linie für die Transparenz der Ergebnisdarstellung, aber auch für eine stärkere Investorenorientierung in den Konzernabschlüssen.

Im Rahmen dieser Entwicklung wird der interessierte Leser seit einigen Jahren mit einer steigenden Flut von Veröffentlichungen zum Themenkomplex „Internationale Bilanzierung" konfrontiert. Während in den Anfängen das Hauptaugenmerk der Autoren auf die Analyse „fremder" Rechnungslegungsgrundsätze und die Darstellung der wesentlichen Unterschiede zu den deutschen *Grundsätzen ordnungsmäßiger Buchführung* (GoB) gerichtet war[1], steht seit Mitte 1995 die mögliche Öffnung des Handelsrechts gegenüber internationalen Bilanzierungsregeln für die Konzernrechnungslegung im Zentrum der Diskussion[2]. Neben der grundsätzlichen Frage, ob andere als die handelsrechtlichen Vorschriften für deutsche Unternehmen akzeptiert werden könnten, wird insbesondere diskutiert, welchem international anerkannten Regelwerk[3] der Vorzug bei einer Umstellung der externen Rechnungslegung gegeben werden sollte und wie die internationalen Standards in deutschen Abschlüssen anzuwenden seien[4].

---

1 Vgl. u. a. *Haller, A.*, Grundlagen; *Gräfer, H./Demming, C.*, Internationale Rechnungslegung; *Küting, K./Weber, C.-P.*, Internationale Bilanzierung; *Ordelheide, D./KPMG*, TRANSACC; *Wollmert, P.*, IASC-Rechnungslegung; *Ballwieser, W.*, US-amerikanische Rechnungslegung.

2 Vgl. stellvertretend für die Diskussion bis zur Beschlußfassung bezüglich des Entwurfs eines Kapitalaufnahmeerleichterungsgesetzes (KapAEG) durch das Bundeskabinett: *o. V.*, Neue Regelungen für Konzernabschlüsse; *Eisolt, D.*, Aktuelle Überlegungen; *Ordelheide, D.*, Internationalisierung; *o. V.*, Wahlrecht bei Abschlüssen; *o. V.*, Erleichterungen für Konzernabschlüsse.

3 „International akzeptiert" bedeutet in diesem Zusammenhang insbesondere von den mehrheitlich angelsächsisch geprägten Finanzanalysten favorisiert und als Zulassungsvoraussetzung für grenzüberschreitende Börsennotierungen anerkannt.

4 Vgl. u. a. *IDW*, Rechnungslegung nach International Accounting Standards; *Cairns, D.*, Applying IAS; *KPMG*, Die International Accounting Standards; *Risse, A.*, International Accounting Standards; *KPMG*, Rechnungslegung

In der deutschen Bilanzpraxis haben sich seit 1993 zwei Strömungen herausgebildet: Unternehmen, die kurzfristig eine Notierung an der Wall Street anstreben, bleibt zur Zeit keine andere Wahl, als nach den von der US-amerikanischen Börsenaufsichtsbehörde (SEC) als Zulassungsvoraussetzung geforderten *Generally Accepted Accounting Principles* (US-GAAP) zu bilanzieren – oder zumindest eine entsprechende Überleitungsrechnung vorzulegen[5] – und damit den nationalen Rechnungslegungsvorschriften der USA zu genügen. Diejenigen Unternehmen, die in erster Linie ihrer multinationalen Dimension sowie den Informationsbedürfnissen ihrer internationalen Eigen- und Fremdkapitalgeber auf freiwilliger Basis Rechnung tragen wollen, scheinen hingegen die vom *International Accounting Standards Committee* (IASC) in London entwickelten *International Accounting Standards* (IAS) zu bevorzugen. Wenn auch die wesentlichen Grundlagen dieser beiden Bilanzregelwerke in weiten Teilen kompatibel sind, so ist die politische Tragweite einer Entscheidung für die eine oder andere Richtung von nicht zu unterschätzender Bedeutung. Bezüglich der US-GAAP geht es nämlich auch um die Frage, ob das nationale Rechnungslegungssystem eines anderen Staates, auf dessen Entwicklung aus deutscher Sicht kaum Einfluß zu nehmen sein wird, zum Standard für inländische Konzerne erhoben werden soll oder ob man sich ein – wenn auch geringes – Mitspracherecht bei der Erarbeitung und Weiterentwicklung eines Weltstandards bewahrt, wie bei den IAS.

Eine wesentliche Rolle auf dem Weg zu einem weltweit anerkannten Regelwerk spielt die *International Organisation of Securities Commissions* (IOSCO). Sie strebt in Zusammenarbeit mit dem IASC die Anerkennung der IAS als weltweit gültige Zulassungsvoraussetzung für grenzüberschreitende Börsennotierungen an[6]. Kann dieses Ziel

---

nach US-amerikanischen Grundsätzen; *Pellens, B.*, Internationale Rechnungslegung; *Bellavite-Hövermann, Y./Prahl, R.*, Bankbilanzierung nach IAS; *Küting, K./Hayn, S.*, Internationalisierte Konzernrechnungslegung.
Mit speziellen Bilanzierungsfragen beschäftigen sich u. a.: *Wollmert, P.*, Übergang auf IAS; *Goebel, A./Heinrich, C.*, Behandlung immaterieller Vermögenswerte; *Mellwig, W./Weinstock, M.*, Zurechnung von mobilen Leasingobjekten; *Mujkanovic, R./Hehn, B.*, Währungsumrechnung u. *Coenenberg, A. G./Hille, K.*, Latente Steuern.

5 So die Daimler Benz AG, die als Voraussetzung für ihre Börsenzulassung in New York im Oktober 1993 ihren Konzernabschluß seither auf die von der SEC geforderte Form 20-F überleitet.
6 Vgl. *Pellens, B.*, Internationale Rechnungslegung, S. 396 ff.

erreicht werden, dann würde auch die SEC, die als einflußreiches Mitglied der IOSCO diesem Vorgehen zugestimmt hat, IAS-Abschlüsse für eine Notierung an der *New York Stock Exchange* (NYSE) akzeptieren. Zu diesem Zweck sind vom IASC im Rahmen des Comparability/Improvements-Projektes zwischen 1987 und 1993 bereits zehn IAS revidiert worden. Nach dem aktuellen Arbeitsplan des IASC[7] sollen bis März 1998 alle weiteren Änderungen vorgenommen und noch fehlende Standards erarbeitet werden. So könnten möglicherweise noch vor Ende des Jahrtausends auch deutsche Unternehmen mit IAS-konformen Konzernabschlüssen den amerikanischen Eigenkapitalmarkt in Anspruch nehmen.

Darüber hinaus ist die Kommission der Europäischen Union von ihrer Strategie abgerückt, eine bilaterale Vereinbarung über die gegenseitige Anerkennung der jeweiligen Abschlüsse mit der SEC anzustreben. Diese Zielsetzung hat sich insbesondere aufgrund der Vielzahl der Wahlrechte in den EG-Richtlinien als unrealistisch herausgestellt. Vielmehr wird nun auch die EU-Kommission die Entwicklung eines einheitlichen Konzernabschlusses durch internationale Organisationen unterstützen[8].

Mit der Vorlage der ersten international orientierten Abschlüsse in Deutschland sowie dem im Dezember 1996 vorgelegten Regierungsentwurf eines *Kapitalaufnahmeerleichterungsgesetzes* (KapAEG)[9] und der damit angestrebten befreienden Wirkung internationaler Konzernabschlüsse scheint die erste Einführungsphase internationaler Bilanzierung in Deutschland abgeschlossen zu sein. Diese Zäsur nimmt der vorliegende Beitrag zum Anlaß, ausgehend von den gewonnenen Erfahrungen, jedoch losgelöst von Detailfragen einen Blick in die Zukunft zu wagen. Dabei soll der Frage nachgegangen werden, ob und unter welchen Voraussetzungen sich schon Anfang des nächsten Jahrtausends ein Rahmenwerk als Weltstandard etablieren könnte, durch das weltweit weitgehend vergleichbare Rechenwerke darstellbar wären. In einem zweiten Schritt werden darüber hinaus mögliche Implikationen für die Weiterentwicklung der nationalen Rechnungslegung in Deutschland näher beleuchtet.

---

7 Vgl. *IASC,* Insight, September 1996, S. 12.
8 Vgl. *EU-Kommission,* Harmonisierung, S. 2 ff.
9 Vgl. *Deutscher Bundesrat,* BR-Drucks. 967/96.

2 Internationalisierung der deutschen Konzernrechnungslegung

Seit 1994 veröffentlichen immer mehr deutsche Unternehmen ihre Konzernabschlüsse unter Beachtung internationaler Rechnungslegungsstandards. Sie versprechen sich davon unabhängig von einem konkret geplanten Börsengang im Ausland vor allem eine allgemein höhere Akzeptanz an den internationalen Eigen- und Fremdkapitalmärkten. Denn nicht nur der Wettbewerb auf den Produkt- und Faktormärkten hat in den letzten Jahren eine globale Dimension angenommen, sondern ebenso der Wettbewerb um die Ressourcen zur Deckung des nicht zuletzt auch dadurch gestiegenen Kapitalbedarfs.

Die Form der Darstellung ist dabei jedoch bis heute keineswegs homogen. Im Gegenteil, neben den unterschiedlichen Regelwerken (US-GAAP oder IAS), die den Abschlüssen zugrunde liegen, unterscheiden sich die Abschlüsse weiterhin danach, ob die jeweiligen Normen auch in vollem Umfange angewandt werden[10] oder ob unter Ausnutzung der im HGB vorgesehenen Wahlrechte lediglich eine weitgehende Annäherung an internationale Normen erfolgt. Für das Geschäftsjahr 1995 stellt sich die Situation in Deutschland wie folgt dar:

	US-GAAP	IAS
Parallelabschluß	Daimler Benz (Überleitung auf Form 20-F)	Adidas Deutsche Bank
Dualer Abschluß	Veba (allerdings nur HGB-Testat)	Alsen-Breitenburg Zement- und Kalkwerke Bayer Dyckerhoff Heidelberger Zement Hoechst Merck Schering

Darüber hinaus haben im Jahre 1996 neben der Telekom AG weitere Unternehmen ihre Aktien an der NYSE registrieren lassen und ent-

---

10 Hierzu ist bis zur endgültigen Verabschiedung des KapAEG ein paralleles Rechenwerk neben der Rechnungslegung nach HGB erforderlich (sog. Parallelabschluß).

sprechend ihre Rechnungslegung anpassen müssen[11]. Die Hoechst AG und die Veba AG haben angekündigt, daß sie ihren Börsengang in New York für Oktober 1997 planen[12].

Mit dem Start des Neuen Marktes im März 1997 als zusätzlichem Börsensegment für Wachstumswerte in Frankfurt hat die Internationalisierung deutscher Abschlüsse weiter an Dynamik gewonnen. Die Zulassung zum Handel im Neuen Markt ist an die Voraussetzung geknüpft, Unternehmensdaten vorzulegen, die entweder nach IAS oder US-GAAP oder aber durch eine entsprechende Überleitungsrechnung ermittelt wurden[13].

21 Motivation für internationale Konzernabschlüsse

Die Gründe der Unternehmen für eine Umstellung ihrer Rechnungslegung auf internationale Standards mögen im Einzelfall unterschiedlich sein. Alle Unternehmen beabsichtigen aber, ihren Kapitalgebern, von denen immer häufiger ein großer Teil im Ausland ansässig ist, transparentere und besser vergleichbare Unternehmensdaten zu präsentieren. Damit begegnen sie nicht zuletzt auch dem zunehmenden Druck der internationalen Kapitalmärkte, die überwiegend von den angelsächsischen Finanzanalysten und Investmentgesellschaften bestimmt werden. Entgegen der verbreiteten Einschätzung von Vertretern aus Unternehmenspraxis und Wissenschaft, ausländische Kapitalanleger würden die Unterschiede zum deutschen HGB kennen, haben Untersuchungen zu diesem Thema ergeben, daß ein großer Teil der international tätigen US-Investoren und Investmentberater sich nicht in der Lage sieht, handelsrechtliche Jahresabschlüsse sachgerecht zu interpretieren[14]. Deutsche Unternehmen, die sich dadurch aus

---

11 Vgl. *Küting, K./Hayn, S.*, Globalisierung, S. 11. Hierzu gehören die Hoechst-Tochter SGL Carbon AG, die Pfeiffer Vacuum Technology AG und die Fresenius Medical Care AG. Von den genannten stellt allerdings nur die Pfeiffer Vacuum Technology AG einen vollständigen Parallelabschluß auf. Alle anderen beschränken sich auf die Erstellung einer Überleitungsrechnung (vgl. *Pellens, B.*, Internationale Rechnungslegung, S. 489).
12 Vgl. *o. V.*, Das Geschäft von Hoechst läuft nicht so glatt wie erwartet, S. 21; *o. V.*, Veba steigert Ergebnis, S. 1.
13 Vgl. *Francioni, R.*, Der Betreuer im Neuen Markt, S. 70, „der Weg in den Neuen Markt".
14 Vgl. *Förschle, G./Glaum, M./Mandler, U.*, Umfrage, S. 396.

Analystensicht einer fundamentalanalytischen Betrachtung entziehen, müssen folglich mit tendenziell höheren Kapitalkosten rechnen. Dieser Nachteil wiegt um so schwerer, als deutsche Unternehmen den im Zuge fortschreitender Globalisierungstendenzen im operativen Bereich gestiegenen Kapitalbedarf nicht mehr ausschließlich im Inland decken können. Sie stehen somit auch bezüglich der Mittel auf der Passivseite ihrer Bilanzen im Wettbewerb mit den internationalen Konkurrenten.

Ein weiteres Motiv für die stärkere Berücksichtigung internationaler Rechnungslegungsgrundsätze ist die von vielen Unternehmen angestrebte Vereinheitlichung der Ergebnisrechnung. Konkret bedeutet dies die Minimierung von parallelen Rechenwerken mit unterschiedlichen Ergebnissen innerhalb des Konzerns. Hierbei geht es unter dem Stichwort des „Lean Accounting" nicht nur um die Reduzierung von Arbeitsaufwand, der mit der Führung paralleler Rechenwerke verbunden ist, sondern auch um die Vermeidung von Reibungsverlusten durch lange Debatten über die „Richtigkeit" der Ergebnisse sowie die Ursachen für Abweichungen[15]. Die stärker auf die Beurteilung der Leistungsfähigkeit der Unternehmen ausgerichteten internationalen Standards bieten eine bessere Grundlage für betriebswirtschaftliche Führungsdaten als die durch den Gläubigerschutzgedanken geprägten GoB. Hinzu kommt für den internationalen Konzernverbund ferner der positive Effekt einer effizienteren Kommunikation mit Tochtergesellschaften sowie Geschäftspartnern im Ausland aufgrund einer gemeinsamen Sprache.

Viele Unternehmen sehen die Veröffentlichung internationalisierter Jahresabschlüsse auch als integralen Bestandteil einer am Shareholder Value orientierten Unternehmensstrategie an. „Gläserne Bilanzen" reichen zwar zu einer vollständigen Umsetzung einer an zukünftigen Renditemöglichkeiten ausgerichteten Kapitalallokationspolitik allein nicht aus, schaffen aber die Grundlage dafür. Ferner wird die Anwendung internationaler Rechnungslegungsgrundsätze als Chance gesehen, einem insbesondere durch die Unternehmenskrisen der vergangenen Jahre feststellbaren Glaubwürdigkeitsverlust der Rech-

---

15 Als unterschiedliche Ergebnisse in einem internationalen Konzern wären zum Beispiel zu nennen: unterschiedliche Ergebnisse nach jeweiligem Landesrecht und Handelsrecht (jeweils vor und nach Währungsumrechnung), das Steuerbilanzergebnis sowie das Ergebnis der internen Erfolgsrechnung.

nungslegung nach handelsrechtlichen Grundsätzen im In- und Ausland zu begegnen. Darüber hinaus ist in Deutschland eine gewisse Sogwirkung festzustellen, die von der Veröffentlichung internationaler Abschlüsse durch einen Meinungsführer innerhalb einer Branche ausgeht[16].

Ein weiterer Beweggrund für die Anwendung internationaler Normen im Konzernabschluß kann ein kurz- oder mittelfristig geplanter Börsengang an die NYSE sein. Für ein *Full Listing* in New York wird von der *Securities and Exchange Commission* (SEC) nach wie vor eine Bilanzierung bzw. Ergebnis- und Eigenkapitalüberleitung nach US-amerikanischen Grundsätzen gefordert. Allerdings besteht die Chance, daß infolge einer erfolgreichen Zusammenarbeit von IASC und IOSCO noch vor Ende dieses Jahrtausends auch deutsche Unternehmen mit IAS-Abschlüssen an der Wall Street zugelassen werden könnten[17].

22 Möglichkeiten der internationalen Bilanzierung

221. IAS versus US-GAAP

Unternehmen, die ihre Konzernrechnungslegung internationalen Gepflogenheiten anpassen wollen, stehen dafür mit IAS und US-GAAP grundsätzlich zwei Möglichkeiten zur Verfügung. Während zur Jahreswende 1994/1995 eine Mehrheit deutscher Unternehmen den US-GAAP eher skeptisch gegenüberstand, sie aber dennoch als internationalen Rechnungslegungsstandard der Zukunft ansah[18], scheint die Eröffnung der Diskussion um befreiende internationale Konzernabschlüsse im Rahmen des KapAEG die IAS wieder stärker in den Mittelpunkt des Interesses gerückt zu haben[19]. Diese Entwicklung wird dadurch begünstigt, daß infolge der im Rahmen des Comparabi-

---

16 In diesem Zusammenhang ist vor allem die Chemie- und Pharmaindustrie zu nennen, die bereits überwiegend ihre Konzernabschlüsse nach IAS aufstellt.
17 Dies könnte bereits ab 1998 nach Erfüllung des vom IASC in Abstimmung mit der IOSCO erstellten Arbeitsplanes der Fall sein.
18 Vgl. *Förschle, G./Glaum, M./Mandler, U.,* Umfrage, S. 411.
19 Es ist zu vermuten, daß mit der endgültigen Verabschiedung des KapAEG weitere Unternehmen IAS-konforme Konzernabschlüsse vorlegen werden. Entsprechende Maßnahmen werden derzeit vielerorts diskutiert bzw. sind bei einigen Unternehmen bereits vorbereitet worden.

lity/Improvements-Projektes vorgenommenen Eliminierung von Wahlrechten die Unterschiede zwischen Abschlüssen auf Basis der revidierten IAS und US-GAAP-Abschlüssen aus Sicht der Anleger nur noch unwesentlich sind. Darüber hinaus hat die von der IOSCO in Aussicht gestellte mögliche Anerkennung von IAS-konformen Abschlüssen als Zulassungsvoraussetzung zu den internationalen Wertpapiermärkten bei Unternehmen, für die eine Notierung ihrer Aktien an der Wall Street nicht unmittelbar bevorsteht, das Interesse für die IAS gestärkt.

Für eine Bevorzugung der IAS gegenüber den US-GAAP gibt es aus nationaler Sicht sowohl sachliche als auch psychologische Gründe. Während sich das IASC zum Ziel gesetzt hat, internationale Standards zu erarbeiten sowie deren weltweite Akzeptanz und Einhaltung zu fördern[20], handelt es sich bei den US-GAAP um nationale Rechnungslegungsgrundsätze eines anderen Landes, denen man sich zwar anschließen kann, auf deren Fortentwicklung man jedoch keinen entscheidenden Einfluß ausüben kann[21]. Ferner zeichnen sich die US-GAAP durch eine im Vergleich zu den IAS wesentlich höhere, auf die Besonderheiten des US-amerikanischen Umfeldes zugeschnittene Regelungsdichte aus. Hingegen sind die IAS von vornherein als universeller Rahmen konzipiert, der hinsichtlich seiner Komplexität und Detailliertheit auch tatsächlich weltweit sinnvoll anwendbar ist. Mit den IAS wird auch nicht das Ziel verfolgt, nationales Recht zu verdrängen oder gar außer Kraft zu setzen. Vielmehr wird es als Aufgabe der jeweiligen Vertreter des IASC angesehen, bei Abweichungen nationaler Regelungen von dem Rahmen der IAS in den lokalen Gremien und berufsständischen Organisationen auf eine Weiterentwicklung des nationalen Rechnungslegungsrechts im Sinne einer weltweiten Harmonisierung hinzuwirken[22].

In der beschriebenen Universalität der IAS und der damit einhergehenden Offenheit gegenüber nationalen Besonderheiten liegt aber gleichzeitig auch eine bedeutende Schwäche. So besteht die Gefahr, daß IAS zusammen mit nationalen Grundsätzen im Sinne einer „Ro-

---

20 Vgl. *IASC*, International Accounting Standards 1996, S. 7 u. S. 29.
21 Die Möglichkeit der Einflußnahme auf den Standard-Setting-Process des FASB beschränkt sich von deutscher Seite auf die Einsendung von Comment Letters (vgl. *Pellens, B.*, Internationale Rechnungslegung, S. 524).
22 Vgl. *IASC*, International Accounting Standards 1996, S. 31.

sinentheorie" angewendet bzw. im Sinne der nationalen Rechnungslegungsgepflogenheiten ausgelegt werden, so daß die beabsichtigten positiven Effekte für die Vergleichbarkeit ausbleiben. Hinzu kommen eine zur Zeit eingeschränkte Durchsetzbarkeit der IAS und eine damit verbundene fehlende Sanktionsmöglichkeit bei Verstößen gegen IAS. Die US-GAAP sind das dichtere Regelwerk. Sie lassen im Gegensatz zu den IAS aufgrund fehlender Wahlrechte kaum Raum für mögliche nationale Interpretationen.

Bezüglich der Vergleichbarkeit von IAS und US-GAAP sei schließlich auf die Ergebnisse einer jüngst vom *Financial Accounting Standards Board* (FASB) veröffentlichten Studie hingewiesen. Hiernach konnten aus Sicht des US-amerikanischen Rechnungslegungsgremiums 255 Abweichungen zwischen den beiden Regelwerken identifiziert werden[23]. Es ist allerdings zu vermuten, daß die Anzahl der Unterschiede, beurteilt nach ihrer Wesentlichkeit, deutlich geringer ausfallen würde[24].

222. Alternative Darstellungsformen

Neben der Aufbereitung und Darstellung kapitalmarktorientierter Informationen im Anhang wurden bisher in Deutschland zwei Konzeptionen für die Internationalisierung der Rechnungslegung diskutiert und praktiziert[25]: Mit einem *dualen Abschluß* wird versucht, gleichermaßen internationalen und handelsrechtlichen Grundsätzen gerecht zu werden, während der *Parallelabschluß* als eigenständiger internationaler Abschluß neben den HGB-Konzernabschluß tritt.

Beide Vorgehensweisen sind jedoch, wie die Diskussion gezeigt hat, nicht problemfrei. Dies gilt insbesondere für den dualen Abschluß, der im Ansatz ein HGB-Abschluß ist, der im Rahmen der vom HGB vorgesehenen Wahlrechte auch internationale Grundsätze beachtet[26].

---

23 Vgl. *FASB*, Comparison Projekt, S. 15 ff., hier: S. 20.
24 Vgl. *Cairns, D.*, IASs and US GAAP, S. 60 f.
25 Vgl. stellvertretend *Küting, K./Hayn, S.*, Globalisierung, S. 11 und *Bellavite-Hövermann, Y./Prahl, R.*, Bankbilanzierung nach IAS, S. 2 f.
26 Vgl. *Niehus, R. J.*, Bestätigungsvermerk von „dualen" Konzernabschlüssen, S. 894, der an dieser Stelle von einer lediglich partiellen Konformität der dualen Konzernabschlüsse mit den IAS spricht. An anderer Stelle ist von „IAS-Light" die Rede. Besonders konsequent ist in diesem Zusammenhang

Die Heterogenität der Auslegung internationaler Normen auf nationaler Ebene wirkt sich zudem negativ auf die angestrebte bessere Vergleichbarkeit der Abschlüsse aus[27]. Dennoch enthalten die vorgelegten dualen Konzernabschlüsse, die neben dem Handelsrecht die Normen des IASC berücksichtigen, über den Bestätigungsvermerk gem. § 322 HGB hinaus eine – in einigen Fällen jedoch eingeschränkte – Bestätigung der Übereinstimmung mit den IAS, wobei diese dem Vorbild der *International Federation of Accountants* (IFAC) folgt[28]. Die Erstellung solcher dualer Abschlüsse, die sowohl den handelsrechtlichen Vorschriften als auch den Normen des IASC uneingeschränkt genügen, wird infolge der weiteren Eliminierung von Wahlrechten in den IAS schon in naher Zukunft für die meisten Unternehmen unmöglich werden. Somit können duale IAS-Abschlüsse deutscher Unternehmen allenfalls im Sinne einer Übergangslösung als erster Schritt auf dem Weg zu einer international akzeptierten Rechnungslegung betrachtet werden.

Das Hauptproblem der Parallelabschlüsse ist neben den Kosten, die ein zusätzlicher Abschluß verursacht, die Verunsicherung der Investoren und der anderen Interessierten durch den Ausweis – z. T. er-

---

    das Vorgehen der Veba AG, die ihren Konzernabschluß für das Geschäftsjahr 1995 als HGB-Abschluß aufgestellt und den Wirtschaftsprüfern zur Bestätigung vorgelegt hat. Soweit dies im Rahmen der Ausübung von Bilanzierungswahlrechten nach deutschem Handelsrecht zulässig ist, wurden darüber hinaus bei der Bilanzierung und Bewertung die US-GAAP angewandt. Zu Bilanzierungssachverhalten, die aufgrund zwingender handelsrechtlicher Vorschriften eine US-GAAP-konforme Bilanzierung nicht zulassen, werden im Anhang entsprechende Zusatzangaben gemacht (vgl. Geschäftsbericht 1995 der VEBA, S. 11).

27 Vgl. zur Heterogenität der bisher veröffentlichten dualen IAS-Abschlüsse *Küting, K./Hayn, S.*, Internationalisierte Konzernrechnungslegung, S. 250 ff. sowie die Kritik von Cairns bezüglich der Anwendung der IAS in den ersten dualen Abschlüssen für das Geschäftsjahr 1994 (*Cairns, D.*, Imperfect Harmony, S. 76 f.). Es ist allerdings zu vermuten, daß das Problem der tendenziell heterogenen Auslegung der IAS nicht auf duale Abschlüsse beschränkt ist. So wurde bereits infolge der Harmonisierung der Rechnungslegung innerhalb der Europäischen Union festgestellt, daß durch die in den EG-Richtlinien enthaltenen Wahlrechte durchaus eine Verringerung der Vergleichbarkeit der Abschlüsse auf nationaler Ebene eintreten kann.

28 Für die Vorgaben bzgl. der Formulierung des Bestätigungsberichts gem. IFAC siehe ausführlich *IFAC*, IFAC Handbook, insb. S. 223 ff. Zum deutschen Text vgl. die Empfehlung des *HFA des IDW*, Bestätigungsbericht, S. 73.

heblich – voneinander abweichender Ergebnisse. So hat z. B. der Abschluß von Daimler-Benz für das Geschäftsjahr 1993, der nach handelsrechtlichen Grundsätzen für den Konzern einen Jahresüberschuß von DM 615 Mio. auswies und nach Überleitung auf US-GAAP einen Jahresfehlbetrag von DM 1839 Mio. trotz der bilanztechnischen Erklärbarkeit der Differenz beachtliches Aufsehen ausgelöst[29]. Bei Bilanzlesern und -analytikern, die mit den unterschiedlichen Systemen nicht vertraut sind, können solche Abweichungen eine Glaubwürdigkeitskrise für die Rechnungslegung schlechthin auslösen. Mit der Öffnung des Handelsrechts gegenüber internationalen Normen im Rahmen des KapAEG würde dieser Problembereich in Zukunft entfallen.

223. Befreiende Abschlüsse gemäß Kapitalaufnahmeerleichterungsgesetz (KapAEG)

Bereits im Sommer 1995 wurde eine Ergänzung der Konzernbefreiungsverordnung zu § 292 HGB vom Bundesjustizministerium in Aussicht gestellt[30]. Während sich dieser Vorstoß zunächst nur auf die Befreiung von Konzernabschlüssen nach US-GAAP im Zusammenhang mit einem Börsengang in den Vereinigten Staaten beschränkte[31], so wurde er in der nachfolgenden Diskussion auf Konzernabschlüsse nach IAS in Verbindung mit grenzüberschreitender Inanspruchnahme der internationalen Kapitalmärkte ausgedehnt.

Mit dem KapAEG liegt seit Ende Dezember 1996 ein Gesetzentwurf der Bundesregierung vor[32], der eine Befreiung von der Aufstellung eines Konzernabschlusses nach handelsrechtlichen Grundsätzen vorsieht, sofern das bilanzierende Unternehmen oder eines seiner Tochterunternehmen einen ausländischen Kapitalmarkt in Anspruch nimmt oder eine entsprechende Zulassung beantragt hat und einen dem Handelsrecht gleichwertigen Abschluß vorlegt (§ 292a HGB-E).

---

29 Vgl. Geschäftsbericht der Daimler Benz AG für das Geschäftsjahr 1993, S. 73. Zur näheren Erläuterung siehe *Ballwieser, W.*, Umstellung der Rechnungslegung, S. 276 ff.
30 Vgl. *o. V.*, Neue Regelungen für Konzernabschlüsse, S. 51.
31 Dies führte dazu, daß im Hinblick auf den damals als Folge der Privatisierung bevorstehenden Börsengang zunächst von einer „lex Telekom" die Rede war.
32 Vgl. *Deutscher Bundesrat*, BR-Drucks. 967/96.

Das HGB würde somit eine Öffnungsklausel enthalten, die die Anwendung anderer Rechnungslegungssysteme erlaubt, jedoch keine Annäherung des Handelsrechts an internationale Normen (IAS oder US-GAAP) bedeutet[33].

Für inländische Konzerne, die eine stärker kapitalmarktorientierte Bilanzierung anstreben, wäre dies eine deutliche Erleichterung. Die bisher häufig bemängelte Inländerdiskriminierung hätte damit ein Ende. Die Notwendigkeit einer Parallelrechnung würde entfallen. Dies gilt auch für Unternehmen, die an einem ausländischen Kapitalmarkt auftreten, der zwar handelsrechtliche Abschlüsse akzeptieren würde, aber ebenso internationale Standards als Zulassungsvoraussetzung vorsieht[34]. Somit ist der Befreiungstatbestand auch dann erfüllt, wenn ein Unternehmen nicht den US-amerikanischen sondern beispielsweise einen anderen europäischen Kapitalmarkt in Anspruch nimmt. Entgegen dem ursprünglichen Entwurf gilt die Befreiung jedoch nicht für Privatplazierungen.

Erwähnenswert ist weiterhin, daß in Frankreich der Assemblée Nationale ein ähnlicher Gesetzentwurf vorliegt, der im Gegensatz zu der deutschen Vorlage allerdings zwischen einer Befreiung für IAS-konforme Abschlüsse und für Abschlüsse, die nach international anerkannten Grundsätzen erstellt werden, differenziert. Für Abschlüsse dieser zweiten Kategorie, in die auch die US-GAAP-Abschlüsse fallen, ist eine Befreiung lediglich bis zum 1. Januar 1999, dem Datum der vorgesehenen Anerkennung der IAS durch die IOSCO, befristet. Diese Vorgehensweise scheint im Hinblick auf die aus kontinentaleuropäischer Sicht sinnvolle Förderung der Zusammenarbeit von IASC und IOSCO konsequenter, bedeutet sie doch ein deutliches Signal an die SEC, daß mittelfristig eine Öffnung nur gegenüber „echten" internationalen Normen, nicht aber gegenüber den nationalen Normen eines anderen Staates angestrebt wird.

---

33 Vgl. *Pellens, B.*, Internationale Rechnungslegung, S. 520.
34 Dies ist zum Beispiel in bezug auf den Börsenplatz London der Fall, an dem aufgrund der gegenseitigen Anerkennung der Rechnungslegungssysteme innerhalb der EU deutsche Unternehmen auch mit handelsrechtlichen Abschlüssen zugelassen werden können.

23 Problembereiche

Wie die Erfahrungen mit den Abschlüssen zweier Geschäftsjahre gezeigt haben, ist man von einer einheitlichen Auslegung und Anwendung der IAS in deutschen Konzernabschlüssen noch relativ weit entfernt[35]. Gleiches gilt für eine vollständige Umsetzung[36]. Die Folgen für die internationale Vergleichbarkeit der Abschlüsse sowie die Gefahr für die Akzeptanz der IAS ist auch beim IASC nicht unbeachtet geblieben[37]. Es ist damit zu rechnen, daß infolge der Weiterentwicklung der IAS im Sinne des von IASC und IOSCO entwickelten Arbeitsplanes sowie mit der geplanten Erarbeitung von Interpretationshilfen durch ein *Standing Interpretations Committee* (SIC) beim IASC[38] in Zukunft die nationalen Auslegungsmöglichkeiten weiter eingeschränkt werden.

Für die US-GAAP-Abschlüsse kann aufgrund des engeren Normengefüges der SEC im Bereich der Überleitungsrechnungen ein zwangsläufig einheitliches Vorgehen konstatiert werden. Probleme bereitet hauptsächlich die sich aus der noch bestehenden Pflicht der Parallelrechnungslegung ergebende Notwendigkeit zur Veröffentlichung zweier Ergebnisse. Aus Sicht der Unternehmen wiegt die damit einhergehende Verunsicherung der Märkte schwerer als die Kosten, die durch die parallele Rechnungslegung im Rechnungswesen verursacht werden.

3 IAS auf dem Weg zum Weltstandard?

Da es zur Gewährleistung einer effizienten Kommunikation unter den Marktteilnehmern am Weltkapitalmarkt einer einheitlichen Sprache bedarf, ist es für die Beurteilung der kapitalnachfragenden Unternehmen unerläßlich, die dem Jahresabschluß zugrunde liegenden Bilanzierungs- und Bewertungsmethoden nachvollziehen zu können. Die

---

35 Vgl. *Küting, K./Hayn, S.,* Internationalisierte Konzernrechnungslegung, S. 250 ff.; *Kirsch, H.-J.,* Anwendung von International Accounting Standards, S. 1773.
36 Vgl. *Pellens, B.,* Internationale Rechnungslegung, S. 479 ff.
37 Vgl. *Cairns, D.,* Imperfect Harmony, S. 77.
38 Vgl. *IASC,* Update, January 1997, S. 1 f.

Rechnungslegung der Unternehmen wird zwar nach wie vor als „the language of business"[39] angesehen, jedoch gilt dafür ebenso wie für die gesprochene Sprache, daß formelle Gleichförmigkeit nicht notwendigerweise Inhaltsgleichheit bedeutet[40].

Dieses grundsätzliche Kommunikationsproblem wird sich indes auch durch einen Übergang auf IAS als weltweit gültiges Rechnungslegungssystem nicht vollständig lösen lassen, doch können die IAS einen bedeutenden Beitrag zu einer Lösung leisten. Hierfür spricht die zunehmende Akzeptanz bei den Unternehmen weltweit. So sind dem IASC nach Informationen des IASC-Sekretariats bis September 1996 zweihundertundzwanzig Jahresabschlüsse vorgelegt worden, die auf Grundlage der Normen des IASC erstellt wurden[41]. Hinzu kommt, daß die IAS bereits von mehreren Entwicklungs- und Schwellenländern, für die die Entwicklung eines eigenen Rechnungslegungssystems mit erheblichem Aufwand verbunden wäre, pauschal als nationales Rechnungslegungsrecht übernommen worden sind[42].

Es ist nicht zu übersehen, daß im IASC von Beginn an angelsächsische Auffassungen dominieren. Grund hierfür ist allerdings nicht eine mangelnde Einflußnahme von Vertretern der kontinentaleuropäischen Bilanztradition, sondern vielmehr die weltweite Verbreitung der angelsächsischen Rechnungslegungsphilosophie[43]. Mit der Eliminierung von Wahlrechten im Rahmen des Comparability/Improvements-Projektes bis 1993, haben sich die IAS weiter an die US-amerikanischen Grundsätze angenähert. Dieser Trend wird sich mit der Komplettierung des von IASC und IOSCO beschlossenen Arbeitsplanes zur Entwicklung eines „Core Set of Standards" noch weiter fortsetzen. Auf der anderen Seite hat auch das FASB seine Koopera-

---

39 Vgl. *Mueller, G. G./Gernon, H./Meek, G. K.*, Accounting, S. 1.
40 Vgl. *Havermann, H.*, Internationale Entwicklungen, S. 657.
41 Von diesen 220 IAS-Abschlüssen wurden 40 von kanadischen und immerhin 4 von US-amerikanischen Unternehmen, darunter General Electric und Johnson & Johnson, vorgelegt.
42 Vgl. *Nobes, C.*, International Accounting Standards, S. 27. Erwähnenswert ist in diesem Zusammenhang ferner, daß Hongkong die Absicht geäußert hat, die IAS als Grundlage für das nationale Rechnungslegungssystem anzuwenden. Hieraus könnte sich eine Anwendung der IAS auch in China ergeben.
43 Vgl. *Schruff, W.*, Internationale Vereinheitlichung, S. 405 f.

tionsbereitschaft bei der Angleichung der Systeme signalisiert[44]. Der Weg zu einem einheitlichen Weltstandard ist allerdings noch weit.

31 Harmonisierungsbestrebungen

Wesentliche Antriebskraft der Harmonisierungsbestrebungen der jüngsten Zeit ist die steigende Zahl der grenzüberschreitenden Kapitalmarkttransaktionen. Bestrebungen zur internationalen Harmonisierung der Rechnungslegung sind jedoch nicht erst infolge der zunehmenden Integration der Kapitalmärkte der achtziger und neunziger Jahre ausgelöst worden. Bereits seit mehr als drei Jahrzehnten arbeiten verschiedene Institutionen mit unterschiedlichem Geltungsanspruch und Erfolg an diesem Thema. Dabei haben aus deutscher Sicht vor allem die Aktivitäten innerhalb der Europäischen Union und die Arbeit des IASC Bedeutung erlangt[45]. Darüber hinaus beschäftigen sich auch die *United Nations Conference on Trade and Development* (UNCTAD) und die OECD mit der internationalen Harmonisierung der Rechnungslegung[46]. Dabei bedeutet Harmonisierung für keine dieser Organisationen eine Identität der Vorschriften oder gar eine Uniformität der Rechnungslegungssysteme. Ihnen allen geht es vordringlich um die Gleichwertigkeit der Abschlüsse sowie die Verbesserung ihrer internationalen Vergleichbarkeit.

In der Literatur wird die Harmonisierung der Rechnungslegung zwar rege diskutiert, jedoch i. d. R. ohne weiter zu untersuchen, was darunter zu verstehen ist[47]. Allen Definitionsversuchen gemeinsam ist die Interpretation von Rechnungslegungsharmonisierung im Sinne eines dynamischen Prozesses[48]. Dieser Harmonisierungsprozeß führt zu einer Reduzierung der bestehenden Unterschiede zwischen den verschiedenen nationalen Rechnungslegungssystemen, was wiederum

---

44 Vgl. *FASB*, Comparison Project, S. 6. So arbeiten FASB und IASC bereits bei der Entwicklung einiger Standards zusammen. Hierzu gehören u. a. die Projekte „Earnings per Share" und „Segment Reporting".
45 Vgl. *Schruff, W.*, Internationale Vereinheitlichung, S. 400.
46 Vgl. zu den Aktivitäten dieser Organisationen im einzelnen *Havermann, H.*, Internationale Entwicklungen, S. 666 ff.
47 Vgl. *Pellens, B.*, Internationale Rechnungslegung, S. 349. *Pellens* gibt an dieser Stelle ferner einen guten Überblick über die bisherigen Definitionsversuche.
48 Vgl. *Pellens, B.*, Internationale Rechnungslegung, S. 350.

zu einer Erhöhung der internationalen Vergleichbarkeit von Rechnungslegungsinformationen beiträgt[49].

Auch wenn die Harmonisierung auf europäischer Ebene formal als abgeschlossen betrachtet werden kann, bestehen die unterschiedlichen Denkgewohnheiten trotz eines übereinstimmenden Wortlautes weiter. Hinzu kommen die Vielzahl der im Rahmen der Konsensfindung übrig gebliebenen Wahlrechte sowie diverse Regelungslücken in den EU-Richtlinien, die dazu führen, daß die nach europäischem Recht in Verbindung mit dem jeweiligen Landesrecht aufgestellten Abschlüsse von der SEC nicht anerkannt werden. Da derzeit keine weiteren Harmonisierungsmaßnahmen auf europäischer Ebene zu erwarten sind und somit die Gefahr besteht, daß europäische Unternehmen ihre Rechnungslegung immer mehr an den US-amerikanischen Grundsätzen ausrichten werden, hat die EU-Kommission von ihrem Ziel einer gegenseitigen Anerkennung europäischer und US-amerikanischer Abschlüsse für Kapitalmarktzwecke Abstand genommen. Als Folge eines Strategiewechsels will sie nun die Arbeit des IASC unterstützen, um damit gleichzeitig ihre Position im internationalen Harmonisierungsprozeß zu stärken[50]. Der entscheidende Impuls hierfür ist sicherlich von dem Angebot der IOSCO ausgegangen, ab 1. Januar 1999 den Börsenaufsichtsbehörden der Mitgliedsstaaten zu empfehlen, IAS-konforme Konzernabschlüsse ohne zusätzliche Anforderungen für die Zwecke der Börsenzulassung zu akzeptieren. Dies gilt allerdings nur für den Fall, daß das IASC bis zu diesem Zeitpunkt den mit der IOSCO abgestimmten Arbeitsplan erfüllt, d. h. die IAS zu einem geschlossenen System vervollständigt und die auch nach dem Comparability/Improvements-Projekt noch bestehenden Wahlrechte einschränkt[51].

Harmonisierungsbestrebungen sind aber auch jenseits des Atlantiks erkennbar. So hat der Kongreß der Vereinigten Staaten die SEC aufgefordert, die Zulassungsvoraussetzungen für ausländische Unternehmen zum US-amerikanischen Kapitalmarkt dahingehend zu erleichtern, international anerkannte Regelwerke auch ohne zusätzliche Überleitungsrechnung zu akzeptieren. Allerdings wurde von Seiten der SEC dazu bereits signalisiert, daß für sie eine Aushöhlung der

---

49 Vgl. *Rost, P.,* Der internationale Harmonisierungsprozeß, S. 20.
50 Vgl. *EU-Kommission,* Harmonisierung, S. 2 ff.
51 Vgl. *Deutscher Bundesrat,* BR-Drucks. 967/96, Begr. RegE., S. 10.

GAAP nicht zur Debatte steht[52]. Sie wird sich daher sicherlich nicht scheuen, ihren Einfluß in der IOSCO, die ihre Beschlüsse einstimmig zu fassen hat, geltend zu machen.

Alle diese Entwicklungen führen letztlich zu einer Zweiklassengesellschaft in der Rechnungslegung. Dabei sind verschiedene Klassenmerkmale denkbar: national/international; Inanspruchnahme des Kapitalmarktes/keine Inanspruchnahme des Kapitalmarktes; kleine/große Unternehmen etc. Wo letztendlich die Schnittstellen liegen werden, hängt davon ab, auf welche Unterscheidungskriterien man sich national und international einigt. Es wäre auch keine Überraschung, wenn von der „ersten Klasse" eine gewisse Sogwirkung auf andere Unternehmen ausgeht und folglich auch Unternehmen, die weder international tätig sind noch den Kapitalmarkt in Anspruch nehmen, freiwillig die Rechnungslegungsregeln der „ersten Klasse" anwenden, wenn es ihnen gestattet wird. Gegen eine solche Entwicklung mögen Bedenken bestehen, im Interesse einer auch nationalen Vergleichbarkeit von Konzernabschlüssen wäre sie zu begrüßen.

32 Voraussetzungen

Sofern die IAS nicht als integraler Bestandteil in nationales Rechnungslegungsrecht übernommen worden sind, haben sie keine rechtsverbindliche Wirkung. Dies ist derzeit in allen Industrieländern der westlichen Welt noch der Fall. Daraus können sich Gefahren für die Qualität der erstellten Abschlüsse in Gestalt von Prüfungs- und Sanktionslücken ergeben[53]. Den IAS fehlt zur Zeit in diesen Ländern ein wirkungsvoller Sanktionsmechanismus zur Ahndung von Verstößen gegen Normen. Dies hat zu der bereits angesprochenen heterogenen Anwendung der IAS in nationalen Abschlüssen geführt, weswegen viele Verantwortliche auf nationaler Ebene den IAS eher skeptisch gegenüber stehen bzw. an ihrer Überlegenheit zweifeln[54].

---

52 Vgl. *Levitt, A.,* US SEC makes no promises, S. 67.
53 Vgl. *Ordelheide, D.,* Internationalisierung, S. 548 ff. Für den Fall des Handelsrechts ergeben sich diese Prüfungs- und Sanktionslücken aus der Klassifizierung befreiender Abschlüsse im Sinne des KapAEG als „ausländisch", dem eine Anwendung deutscher Sanktionsmöglichkeiten bei Verstößen entgegensteht.
54 Vgl. z. B. *Moxter, A.,* Standort Deutschland, S. 31 ff.

Voraussetzung für die erfolgreiche Etablierung der IAS als weltweit akzeptiertes Rechnungslegungssystem ist eine weitgehend einheitliche Umsetzung der Standards in den Abschlüssen der Unternehmen. Hierzu ist es jedoch zunächst erforderlich, die Grundlage für eine verbindliche Auslegung der IAS zu schaffen. Denn schon die Erfahrungen mit den Harmonisierungsbemühungen auf europäischer Ebene haben gezeigt, daß eine fehlende einheitliche Interpretation der internationalen Vorschriften bei der Anwendung in nationalen Rechnungslegungssystemen Probleme bereitet und ggf. zu einer Verringerung der Vergleichbarkeit der Abschlüsse führen kann.

Obwohl die Politik des IASC bis 1996 die Erarbeitung von offiziellen Interpretationshilfen nicht vorsieht und es Mitarbeitern sogar untersagt ist, zu Auslegungsfragen Stellung zu nehmen[55], hat das IASC als Antwort auf das wachsende Interesse an den Standards und die beschriebenen Probleme bei der Umsetzung im September 1996 die Bildung eines *Standing Interpretations Committee* (SIC) als Plattform für die verbindliche Auslegung der IAS beschlossen[56]. Dieser Ausschuß wird im zweiten Quartal 1997 seine Arbeit aufnehmen[57]. Er besteht aus dreizehn Mitgliedern, die sich aus Vertretern des Berufsstandes der Wirtschaftsprüfer, Unternehmensvertretern und Finanzanalysten zusammensetzen. Darüber hinaus werden je ein Vertreter der IOSCO und der EU-Kommission ohne Stimmrecht an den Sitzungen teilnehmen.

Die Aufgabe des SIC wird in erster Linie darin bestehen, mittels klarer Interpretationen den nationalen Auslegungsspielraum zu beschränken und damit die Grundlage für wirklich vergleichbare IAS-Abschlüsse zu schaffen. Schließlich liefert die Arbeit des SIC für den Fall des erfolgreichen Abschlusses der Zusammenarbeit zwischen IASC und IOSCO eine wesentliche Entscheidungsgrundlage für die Überprüfung der normgerechten IAS-Anwendung als Zulassungsvoraussetzung zu den internationalen Wertpapiermärkten. Die Konstituierung eines Interpretationsausschusses stellt somit einen bedeutenden Schritt auf dem Weg dar, auch die SEC von der nachhaltig gewährleisteten Qualität der IAS zu überzeugen.

---

55 Vgl. *IASC,* International Accounting Standards 1996, S. 10.
56 Vgl. *IASC,* Insight, December 1996, S. 1.
57 Vgl. *IASC,* Update, January 1997, S. 1 f.

33 Wesentliche Beteiligte

Da bisher für die Anwendung der IAS kein allgemein anerkanntes Gremium existiert, das in der Lage wäre, Verstöße gegen eine normgerechte Anwendung der Grundsätze mit angemessenen Sanktionen zu belegen, dominieren nach wie vor die jeweiligen nationalen Rechtssysteme[58]. Die Anwendung und Einhaltung der Standards geschieht somit freiwillig – sieht man einmal von den faktischen Zwängen der Kapitalmärkte ab.

Andererseits ist die konsequente Umsetzung der Standards von entscheidender Bedeutung für ihre Glaubwürdigkeit und damit auch für ihre Zukunft. Hierzu ist es zunächst erforderlich, eine gleichwertige Auslegung der IAS bei den Anwendern zu fördern. Der Berufsstand der Wirtschaftsprüfer ist gefordert, die Einhaltung der Normen zu gewährleisten. Das *Institut der Wirtschaftsprüfer in Deutschland e. V.* (IDW) hat dazu einen Arbeitskreis eingerichtet, der dem *Hauptfachausschuß des IDW* (HFA) die entsprechenden Verlautbarungsentwürfe vorschlägt. Nur durch ein einheitliches Verständnis und eine gewisse Sicherheit bezüglich dessen, was als IAS-konform zu gelten hat und was nicht, wird es möglich sein, die IAS als international akzeptierte und auch praktizierte „Geschäftssprache" zu etablieren.

331. Börsenaufsichtsorgane

Die Börsenaufsichtsorgane sind bisher die einzige Instanz, die dem IASC einen konkreten Durchsetzungsmechanismus in Aussicht gestellt hat. Somit erlangt die Zusammenarbeit zwischen IOSCO und IASC eine besondere Bedeutung.

Den Börsenaufsichtsorganen obliegt es, durch eine strikte Anwendung der IAS und angemessenes Vorgehen bei Regelverstößen dazu beizutragen, zu demonstrieren, daß die IAS als international akzeptiertes Regelwerk nicht nur in der Theorie den gewünschten Beitrag zur weltweiten Vergleichbarkeit von Unternehmensdaten leisten können.

---

58 Wie bereits oben erwähnt gilt dies nicht nur für die duale Rechnungslegung, sondern ebenso für Parallelabschlüsse.

332. Rechnungslegungsgremien

Neben dem IASC liegt es in der Verantwortung der für die Entwicklung von Rechnungslegungsnormen jeweils zuständigen Instanzen, die notwendigen Anpassungen im nationalen Rechnungslegungsrecht vorzunehmen oder je nach Rechtslage vorzubereiten. In den angelsächsischen Ländern wird diese Aufgabe von den entsprechenden *Standard Setting Bodies* übernommen werden können. Auch in einigen kontinentaleuropäischen Ländern sind Tendenzen festzustellen, die Entwicklung von einzelnen Rechnungslegungsgrundsätzen sowie die Bearbeitung von Spezialfragen an einschlägige Gremien zu übertragen[59]. Zu Problemen bezüglich der Übernahme und Auslegung der IAS kann es jedoch in den Ländern kommen, die wie die Bundesrepublik Deutschland nicht über private Gremien verfügen, die zur Formulierung von rechtsverbindlichen Rechnungslegungsgrundsätzen berechtigt sind. Dieser Mangel wird sich in Zukunft möglicherweise noch verschärfen, sollte das IASC dazu übergehen, für die Entwicklung neuer bzw. die Bearbeitung bereits bestehender internationaler Standards die Rolle eines Koordinators in dem Sinne zu übernehmen, daß es einzelne Projekte als Alternative zu einer zentralen Lösung in London an die nationalen Rechnungslegungsgremien überträgt[60]. Vor diesem Hintergrund scheint es angebracht, auch in Deutschland noch einmal über die Einrichtung eines derartigen Gremiums nachzudenken[61].

333. Berufsstand der Wirtschaftsprüfer

Der Berufsstand der Wirtschaftsprüfer ist zur Zeit die einzige Instanz, die Verstöße gegen die Normen des IASC durch entsprechende Einschränkungen im Bestätigungsbericht ahnden kann. Die Mitglieder des IDW sind dazu sogar angehalten, da sich das IDW als Mitglied

---

59 So z. B. in Frankreich (Vgl. *o. V.*, France – towards a genuine standard setting body, S. 9 f.).
60 Vgl. *Kelly, J.*, Bumpy ride to harmonisation, S. I.
61 Die Diskussion über die Notwendigkeit eines deutschen Rechnungslegungsgremiums ist dabei keineswegs neu. So liegen bereits seit einigen Jahren konkrete Organisationsvorschläge vor (vgl. u. a. *Biener, H.*, Berufsständische Empfehlungen, S. 52 ff.; *Biener, H.*, Die Erwartungslücke, S. 56 f.; *Langenbucher, G./Blaum, U.*, Rechnungslegungsgremium, S. 2325 ff.).

des IASC zur Überwachung der ordnungsmäßigen Anwendung der IAS verpflichtet hat.

Der Abschlußprüfer sieht sich jedoch häufig mit dem Problem konfrontiert, Sachverhalte als IAS-konform testieren zu sollen, die von den Unternehmen vor dem Hintergrund nationaler Bilanzierungsgepflogenheiten bilanziert und bewertet werden und dadurch aus seiner Sicht nicht oder nicht vollständig den IAS entsprechen[62]. Die mangelnde Rechtssicherheit sowie die derzeit noch fehlenden verbindlichen Interpretation machen eindeutige Lösungen sehr schwer.

Gerade hieraus ergibt sich aber eine große Gefahr für die Akzeptanz der IAS im allgemeinen und durch die SEC im speziellen – und damit letztlich für die Chance der Etablierung dieses Regelwerks als Weltstandard. Der Prüfer sollte dem durch Zusätze und Einschränkungen in seiner Berichterstattung so weit wie möglich entgegenwirken. Angesichts unsicherer Rechtsverhältnisse sollte er im Interesse eines *true and fair view* die Unternehmen dazu drängen, ihrerseits im Anhang ausführlich über die angewendeten Rechtsnormen und Rechnungslegungsgrundsätze zu berichten und dabei auch auf mögliche Unsicherheiten und Abweichungen hinzuweisen.

34 Zwischenergebnis

Der zukünftige Erfolg der IAS als möglichem Weltstandard hängt letztlich von der Zusammenarbeit von SEC und IOSCO ab. Nur wenn sich diese Verbindung als langfristig stabil erweist, besteht die reelle Chance, ein Regelwerk zu entwickeln, das als weltweiter Standard die Abschlüsse der am Kapitalmarkt auftretenden Unternehmen bestimmen könnte. Dabei wirken aus heutiger Sicht zwei Entwicklungen stabilisierend auf diese Verbindung: Mit den IAS soll als Ergebnis eines internationalen Konsenses ein gemeinsamer Nenner für die Bilanzierung gefunden werden, der vom internationalen Kapitalmarkt akzeptiert wird und als allgemein gültige Zulassungsvoraussetzung zu den Weltbörsen dienen kann. Auf US-amerikanischer Seite zeichnet sich eine Notwendigkeit zur Kompromißbereitschaft insofern ab, als daß der zur Zeit noch bedeutendste Eigenkapitalmarkt aufgrund

---

[62] Diese Feststellung gilt dabei wiederum für duale Abschlüsse ebenso wie für Parallelabschlüsse.

des Zusammenwachsens der Märkte zunehmender Konkurrenz ausländischer Börsenplätze, insbesondere aus dem asiatischen Raum, ausgesetzt ist. Aus dieser Konstellation ergibt sich für die Weltgeltung von IAS eine zwingend notwendige Angleichung an US-GAAP. Es ist unwahrscheinlich, daß sich die SEC ihrerseits der Kompromißbereitschaft entziehen können wird, wenn dies ein Abwandern von Unternehmen an andere Börsenplätze zur Folge hätte.

4 Implikationen für die Rechnungslegung in Deutschland

Wenn auch die Zahl der deutschen Unternehmen, die ihre Konzernabschlüsse unter Berücksichtigung internationaler Normen erstellen, noch überschaubar ist, so ist dennoch eine zunehmende Kapitalmarktorientierung der Bilanzierung in Deutschland unverkennbar. Sie äußert sich in der wachsenden Bereitschaft der Unternehmen, intensiver als noch vor einigen Jahren auch bei reinen HGB-Abschlüssen in ihrer Berichterstattung auf die Ergebnisse einzelner Geschäftsbereiche einzugehen, Kapitalflußrechnungen zu veröffentlichen und den Anhang stärker für Zusatzinformationen zu Bilanzierungs- und Bewertungsmethoden zu nutzen. Vor dem Hintergrund dieser Entwicklung stellt sich die Frage nach den möglichen bzw. mittelfristig sogar notwendigen Implikationen für die Weiterentwicklung der Rechnungslegung in Deutschland.

Ausgangspunkt für die Untersuchung möglicher Einflüsse auf die handelsrechtliche Rechnungslegung sind die bekannten konzeptionellen Unterschiede zwischen den deutschen, von der kontinentaleuropäischen Bilanztradition geprägten Grundsätzen, und den internationalen, überwiegend angelsächsischen Bilanzierungsgepflogenheiten[63]. Während die deutschen Grundsätze vorwiegend auf Kapitalerhaltung im Sinne des Gläubigerschutzes ausgerichtet sind und der Bemessung des ausschüttbaren Gewinns dienen, herrscht im angelsächsischen Raum die Information über den periodengerechten Gewinn und die Beurteilung der Managementleistung. Dieser Systemunterschied wird durch die in Deutschland besonders stark ausgeprägte Verknüpfung von Handels- und Steuerbilanz verstärkt.

---

63 Vgl. zu den viel diskutierten Unterschieden zwischen kontinentaleuropäischer und angelsächsischer Rechnungslegung statt vieler: *Risse, A.*, International Accounting Standards, S. 19 ff.

Der zunehmende Einfluß internationaler Normen und Bilanzierungsgepflogenheiten in den Konzernabschlüssen deutscher Unternehmen führt derzeit zu einer weiteren Entfernung der Konzernrechnungslegung von den Einzelabschlüssen. Die Einzelabschlüsse bleiben von der internationalen Entwicklung unberührt und müssen, soll das Maßgeblichkeitsprinzip erhalten bleiben, auch in Zukunft davon unberührt bleiben. Wie die Entwicklung voraussichtlich im Ausland verläuft, läßt sich mit hinreichender Sicherheit nicht sagen. Es ist jedoch durchaus vorstellbar, daß, insbesondere in denjenigen Ländern, in denen der Einzelabschluß allenfalls noch eine untergeordnete Rolle spielt, die internationalen Regeln nicht auf den Konzernabschluß beschränkt bleiben, sondern auch auf die zugrundeliegenden Einzelabschlüsse anzuwenden sind. Es wäre dann nur konsequent, wenn international tätige deutsche Konzerne, deren wesentliche operative Tätigkeiten außerhalb der deutschen Grenzen liegen, ihr gesamtes Rechnungswesen auf internationale Grundsätze ausrichten und lediglich ihre Einzelbilanz(en) in Deutschland sozusagen als umgekehrte HB II nach deutschen HGB-Vorschriften entwickeln. Eine solche Situation besteht im übrigen bereits heute, wenn deutsche Konzerne ihr Rechnungswesen weltweit (auch in Deutschland) auf US-GAAP umstellen und daraus in Deutschland für nationale Zwecke HGB-Abschlüsse ableiten. Es ist unwahrscheinlich, daß sich angesichts der fortschreitenden Globalisierung der deutschen Wirtschaft diese Entwicklung noch stoppen oder gar zurückdrehen läßt.

Vor diesem Hintergrund scheint eine stärkere Tolerierung – wenn nicht sogar Integration – internationaler Bilanzierungsregeln durch das Handelsrecht unabdingbar. Dabei sollte diese Entwicklung weniger als Gefahr denn als Chance und Motor für die Fortentwicklung der deutschen Rechnungslegung aufgefaßt werden.

5 Ausblick

Angesichts dieser Entwicklung stellt sich die Frage, ob die im KapAEG vorgesehene Öffnung des HGB gegenüber internationalen Normen für Konzerne, die organisierte Kapitalmärkte im Ausland in Anspruch nehmen, ausreicht, um den weltweiten Veränderungen Rechnung zu tragen.

Hier ist zunächst die Frage aufzuwerfen, warum der Gesetzgeber internationale Normen nur bei grenzüberschreitenden Kapitalmarktnotierungen zulassen will und damit zur Bildung einer Zweiklassengesellschaft am inländischen Kapitalmarkt beiträgt. Dies ist insbesondere deswegen fragwürdig, weil auch bei einer Notierung im Ausland die Kursbildung im wesentlichen auf dem „Heimatmarkt" erfolgt. Darüber hinaus wird von deutschen Wachstumsunternehmen, die ihre Aktien am Neuen Markt in Frankfurt emittieren wollen, bereits eine Bilanzierung nach internationalen Grundsätzen gefordert.

Dies führt zu der weiteren Frage, ob die Internationalisierung der Rechnungslegung tatsächlich nur ein Thema für die multinationalen Konzernunternehmen, die sog. „Global Players" ist, oder aber ob die Bilanzierung nach internationalen Normen nicht auch für Unternehmen des industriellen Mittelstandes relevant ist[64].

Die sich daraus ableitende Forderung einer generellen Akzeptanz internationaler Konzernrechnungslegungsvorschriften für die Abschlüsse von Kapitalmarktteilnehmern durch das deutsche Recht sollte emotionslos und als Chance zur Steigerung der Attraktivität des deutschen Kapitalmarktes für ausländische Investoren betrachtet werden. Während die dreißig DAX-Werte auch im Ausland große Beachtung finden, gilt dies nicht für das Gros der deutschen Börsenwerte. Gerade für diese Werte könnte ein verstärktes Engagement ausländischer institutioneller Anleger, vor allem der Pensionsfonds, die nötige Liquidität bedeuten, die einen attraktiven Kapitalmarkt ausmacht.

Mit der wachsenden Zahl transparenter sowie für internationale Anleger und die interessierte Öffentlichkeit informativer Abschlüsse deutscher Unternehmen besteht schließlich die Aussicht, die Glaubwürdigkeit der Rechnungslegung in Deutschland, deren Ansehen in den vergangenen Jahren im Inland wie im Ausland Schaden genommen hat, auch in Zukunft zu sichern.

---

64 So auch *Ordelheide, D.*, Internationalisierung, S. 545.

Literaturverzeichnis

Ballwieser, Wolfgang (Hrsg.), US-amerikanische Rechnungslegung, 2. Aufl., Stuttgart 1996.

Ballwieser, Wolfgang, Was bewirkt eine Umstellung der Rechnungslegung vom HGB auf US-GAAP?, in: US-amerikanische Rechnungslegung, hrsg. v. Ballwieser, Wolfgang, 2. Aufl. Stuttgart 1996, S. 265–283 (Umstellung der Rechnungslegung).

Bellavite-Hövermann, Yvette/Prahl, Reinhard, Bankbilanzierung nach IAS – Ein Leitfaden für eine internationale Konzernrechnungslegung, Stuttgart 1997 (Bankbilanzierung nach IAS).

Biener, Herbert, Die Möglichkeiten und Grenzen berufsständischer Empfehlungen zur Rechnungslegung, in: Bilanz- und Konzernrecht, Festschrift für Goerdeler, hrsg. v. Havermann, Hans, Düsseldorf 1987, S. 45–60 (Berufsständische Empfehlungen).

Biener, Herbert, Die Erwartungslücke – eine endlose Geschichte, in: Internationale Wirtschaftsprüfung, Festschrift für Havermann, hrsg. v. Lanfermann, Josef, Düsseldorf 1995, S. 37–63 (Die Erwartungslücke).

Cairns, David, A Guide to Applying International Accounting Standards, Filey 1995 (Applying IAS).

Cairns, David, Imperfect Harmony – Four German companies that adopted International Accounting Standards in 1994 should be congratulated for their achievement, but the differences in application give cause for concern, in: Accountancy, May 1996, S. 76–77 (Imperfect Harmony).

Cairns, David, Are IASs and US GAAP Comparable? – A FASB study reveals 255 variations between IASs and US GAAP. What are the implications?, in: Accountancy, February 1997, S. 60–61 (IASs and US GAAP).

Coenenberg, Adolf G./Hille, Klaus, Latente Steuern nach der neu gefaßten Richtlinie IAS 12, in: DB 1997, S. 537–544 (Latente Steuern).

Deutscher Bundesrat (Hrsg.), Entwurf eines Gesetzes zur Verbesserung der Wettbewerbsfähigkeit deutscher Konzerne an internationalen Kapitalmärkten und zur Erleichterung der Aufnahme von Gesellschafterdarlehen (KapAEG), in: BR-Drucksache 967/96 v. 20. 12. 1996 (BR-Drucks. 967/96).

Eisolt, Dirk, Aktuelle Überlegungen zu befreienden Konzernabschlüssen nach § 292 HGB, in: BB 1995, S. 1127–1132 (Aktuelle Überlegungen).

EU-Kommission (Hrsg.), Harmonisierung auf dem Gebiet der Rechnungslegung: Eine neue Strategie im Hinblick auf die internationale Harmonisierung, KOM (95) 508 v. 14. 11. 1995 (Harmonisierung).

FASB (Hrsg.), The IASC – U.S. Comparison Project – A Report on the Similarities and Differences between IASC Standards and U.S. GAAP, Norwalk, Ct. 1996 (Comparison Project).

Förschle, Gerhart/Glaum, Martin/Mandler, Udo, US-GAAP, IAS und HGB: Ergebnisse einer Umfrage unter deutschen Rechnungslegungsexperten, in: BFuP 1995, S. 392–413 (Umfrage).

Francioni, Reto, Der Betreuer im Neuen Markt, in: Die Bank 1997, S. 68–71.

Goebel, Andrea/Heinrich, Christoph, Die bilanzielle Behandlung immaterieller Vermögenswerte nach den IAS – Die Inhalte des Exposure Draft E 50 „Intangible Assets" vor dem Hintergrund des deutschen Rechnungslegungsrechts, in: DStR 1995, S. 1484–1488 (Behandlung immaterieller Vermögenswerte).

Gräfer, Horst/Demming, Claudia (Hrsg.), Internationale Rechnungslegung, Stuttgart 1994.

Haller, Axel, Die Grundlagen der externen Rechnungslegung in den USA, 4. Aufl., Stuttgart 1994 (Grundlagen).

Havermann, Hans, Internationale Entwicklungen in der Rechnungslegung, in: Bilanzrecht und Kapitalmarkt, Festschrift für Moxter, hrsg. v. Ballwieser, Wolfgang u. a., Düsseldorf 1994, S. 655–677 (Internationale Entwicklungen).

HFA des IDW, Bestätigungsbericht zur Übereinstimmung eines handelsrechtlichen Konzernabschlusses mit den Standards des IASC, in: WPg 1996, S. 73 (Bestätigungsbericht).

IASC, IASC Insight, September 1996, London 1996.

IASC, IASC Insight, December 1996, London 1996.

IASC, IASC Update, January 1997, London 1997.

IASC (Hrsg.), International Accounting Standards 1996, London 1996.

IDW Institut der Wirtschaftsprüfer in Deutschland e.V. (Hrsg.), Rechnungslegung nach International Accounting Standards – Praktischer Leitfaden für die Aufstellung IAS-konformer Jahres- und Konzernabschlüsse in Deutschland, Düsseldorf 1995 (Rechnungslegung nach International Accounting Standards).

IFAC (Hrsg.), IFAC Handbook – Technical Pronouncements, New York 1996 (IFAC Handbook).

Kelly, J., Bumpy ride to harmonisation – Discord in the US should not deter progress on global accounting standards, in: Financial Times v. 24. 1. 1997, S. I (Bumpy ride to harmonisation).

Kirsch, Hans-Jürgen, Die „Anwendung" von International Accounting Standards in Konzernabschlüssen deutscher Mutterunternehmen, in: DB 1995, S. 1773–1778 (Anwendung von International Accounting Standards).

KPMG (Hrsg.), Die International Accounting Standards – Eine Einführung in die Rechnungslegung nach den Grundsätzen des IASC, 2. Aufl., Düsseldorf 1996 (Die International Accounting Standards).

KPMG (Hrsg.), Rechnungslegung nach US-amerikanischen Grundsätzen – Eine Einführung in die US-GAAP und die SEC-Vorschriften, Düsseldorf 1997 (Rechnungslegung nach US-amerikanischen Grundsätzen).

Küting, Karlheinz/Hayn, Sven, Übergang auf die internationalisierte Konzernrechnungslegung – Technik und wesentliche Auswirkungen, in: WPK-Mitteilungen 1996, S. 250–263 (Internationalisierte Konzernrechnungslegung).

Küting, Karlheinz/Hayn, Sven, Globalisierung der Bilanzregeln – Zehn Grundsatzfragen zum Handlungsbedarf und der Gestaltung des Übergangs auf die Konzernrechnungslegung nach IAS oder

US-GAAP, in: Blick durch die Wirtschaft v. 17. 1. 1997, S. 11 (Globalisierung).

Küting, Karlheinz/Weber, Claus-Peter (Hrsg.), Internationale Bilanzierung, Rechnungslegung in USA, Japan und Europa, Herne/Berlin, 1994 (Internationale Bilanzierung).

Langenbucher, Günther/Blaum, Ulf, Ist ein deutsches Rechnungslegungsgremium notwendig? – Ein Organisationsvorschlag auf der Grundlage einer Analyse ausländischer Bodies, in: DB 1995, S. 2325–2335 (Rechnungslegungsgremium).

Levitt, A., US SEC makes no promises, in: Accountancy, February 1997, S. 67.

Mellwig, Winfried/Weinstock, Marc, Die Zurechnung von mobilen Leasingobjekten nach deutschem Handelsrecht und nach den Vorschriften des IASC, in: DB 1996, S. 2345–2352 (Zurechnung von mobilen Leasingobjekten).

Moxter, Adolf, Standort Deutschland: Zur Überlegenheit des deutschen Rechnungslegungsrechts, in: Standort Deutschland: Grundsatzfragen und aktuelle Perspektiven für die Besteuerung, die Prüfung und das Controlling, Festschrift für Heigel, hrsg. v. Peemöller, Volker H. u. a., Berlin 1995, S. 31–41 (Standort Deutschland).

Mueller, Gerhard G./Gernon, Helen/Meek, Gary K., Accounting: An International Perspective, Homewood, Ill. 1987 (Accounting).

Mujkanovic, Robin/Hehn, Bettina, Währungsumrechnung im Konzern nach International Accounting Standards, in: WPg 1996, S. 605–616 (Währungsumrechnung).

Niehus, Rudolf J., Bestätigungsvermerk von „dualen" Konzernabschlüssen, in: DB 1996, S. 893–898.

Nobes, Christopher, International Accounting Standards – Strategy, Analysis and Practice, London 1996 (International Accounting Standards).

o.V., Neue Regelungen für Konzernabschlüsse – Justizministerium will Erleichterungen schaffen, in: FAZ v. 16.06.1995, S. 51 (Neue Regelungen für Konzernabschlüsse).

o.V., Wahlrecht bei Abschlüssen, in: Handelsblatt v. 11. 12. 1996, S. 1.

o.V., Erleichterungen für Konzernabschlüsse, in: Handelsblatt v. 11. 12. 1996, S. 23.

o.V., Das Geschäft von Hoechst läuft nicht so glatt wie erwartet, in: FAZ v. 13. 3. 1997, S. 21.

o.V., Veba steigert Ergebnis auf neuen Rekord, in: Handelsblatt v. 27. 3. 1997, S. 1 (Veba steigert Ergebnis).

o.V., France – towards a genuine standard setting body, in: FT World Accounting Report, January 1997, S. 9–10.

Ordelheide, Dieter, Internationalisierung der Rechnungslegung deutscher Unternehmen – Anmerkungen zum Entwurf eines Kapitalaufnahmeerleichterungsgesetzes, in: WPg 1996, S. 545–552 (Internationalisierung).

Ordelheide, Dieter/KPMG (Hrsg.), TRANSACC Transnational Accounting, London u. a. 1995 (TRANSACC).

Pellens, Bernhard, Internationale Rechnungslegung, Stuttgart 1997.

Risse, Axel, International Accounting Standards für den deutschen Konzernabschluß, Wiesbaden 1996 (International Accounting Standards).

Rost, Peter, Der internationale Harmonisierungsprozeß der Rechnungslegung, Frankfurt a. M. u. a. 1991 (Der internationale Harmonisierungsprozeß).

Schruff, Wienand, Die internationale Vereinheitlichung der Rechnungslegung nach den Vorschlägen des IASC – Gefahr oder Chance für die deutsche Bilanzierung?, in: BFuP 1993, S. 400–426 (Internationale Vereinheitlichung).

Wollmert, Peter, IASC-Rechnungslegung – Synopse zu den handelsrechtlichen Vorschriften, Stuttgart 1995 (IASC-Rechnungslegung).

Wollmert, Peter, Übergang auf IAS – Plädoyer für eine rückwirkende Umbewertung mit erfolgsneutraler Verrechnung der Umbewertungseffekte, in: DB 1995, S. 990 (Übergang auf IAS).

Norbert Krawitz

Zur Erweiterung der deutschen Segmentberichterstattung unter Berücksichtigung internationaler Entwicklungen

1 Einleitung

2 Theoretische Grundkonzeption der Segmentberichterstattung
  21 Aussagebeschränkungen der externen Rechnungslegung diversifizierter Unternehmen
  22 Anforderungen und Möglichkeiten der Segmentierung von Jahresabschlußinformationen

3 Der Umfang der „Segmentberichterstattung" gemäß Handelsgesetzbuch
  31 Gegenstand und Kriterien der segmentbezogenen Berichterstattung
  32 Art und Verpflichtungsgrad der Berichterstattung

4 Derzeitige Praxis der Segmentberichterstattung deutscher Konzerne

5 Aktuelle internationale Ansätze der Segmentberichterstattung
  51 Stellenwert des Segment-Reporting im System der angelsächsischen Rechnungslegung
  52 Segmentierung gemäß Standard des FASB
    521. Derzeitige Berichterstattungsgrundsätze der SFAS
    522. Erweiterung der Berichterstattung durch den Neuentwurf des FASB
  53 Segmentierung gemäß Standard des IASC
    531. Berichterstattungsempfehlungen gemäß IAS 14
    532. Der Neuentwurf des IASC in Abgrenzung zu den Vorschlägen des FASB

6 Die Übernahme internationaler Segment-Reporting-Anforderungen in das deutsche Rechnungslegungsrecht
  61 Erfüllung konzeptioneller Ansprüche
  62 Mögliche Erweiterung des deutschen Rechts

7 Schlußbetrachtung

Univ.-Prof. Dr. Norbert Krawitz
Lehrstuhl für Betriebswirtschaftslehre mit den Schwerpunkten
Betriebswirtschaftliche Steuerlehre und Prüfungswesen
Universität-GH Siegen

1 Einleitung

Wenn man das umfangreiche wissenschaftliche Werk des zu Ehrenden betrachtet, kann man Inhalt und Aussagefähigkeit von Einzel- und Konzernabschluß als einen der Schwerpunkte seiner Forschungen und Veröffentlichungen bezeichnen. Deshalb widmet der Verfasser diesen Beitrag der Segmentierung – einer Möglichkeit, den Aussagewert der handelsrechtlichen Rechnungslegung zu erweitern und zu verbessern. Auch wenn dieses Thema schon vor zwanzig Jahren in der Festschrift des verehrten Lehrers unseres heutigen Jubilars behandelt wurde[1], kommt ihm vor allem aufgrund der internationalen Entwicklung und Diskussion sowie der Neuausrichtung der deutschen Rechnungslegungspraxis besondere Aktualität zu.

Diese Neuausrichtung geht einher mit z. T. dramatischen Markt- und Strukturveränderungen in Deutschland, die u. a. durch den verstärkten Beteiligungserwerb, den Ausbau von Holdingstrukturen und durch zunehmende Abwanderung operativer Unternehmensteile ins Ausland gekennzeichnet sind. Diese Vorgänge führen zu einem Anstieg international tätiger sowie diversifizierter Unternehmen in Deutschland und damit auch zu weiteren Problemen der Rechnungslegung[2]. Die Integration von Unternehmen hat dabei insofern eine neue Qualität bekommen, als neben vertikalen auch horizontale Verbundstrukturen geschaffen werden und zudem vielfach eine Mischung beider Konzeptionen vorliegt.

Aufgrund der zunehmenden Verflechtungen von Unternehmen verliert der Einzelabschluß gegenüber dem Konzernabschluß an Bedeutung, so daß Fragen der Rechnungslegung verbundener und diversifizierter Einheiten in den Vordergrund treten[3]. Auch die Jahresabschlußanalyse wendet sich mittlerweile stärker dem Konzernabschluß zu[4]. Die faktische Notwendigkeit deutscher Großunternehmen, für Zwecke der Kapitalakquisition an ausländischen, insbesondere amerikanischen Börsen neben den deutschen Rechnungslegungsvorschrif-

---

1 Vgl. *Schulte, E. B./Krüger, R.*, Spartenerfolg, S. 179 ff. Daneben sei vor allem auch auf den weiterführenden Beitrag in der Festschrift für Goerdeler verwiesen; vgl. *Baumann, K.-H.*, Segment-Berichterstattung, S. 1 ff.
2 Vgl. hierzu *Risse, A.*, Segmentberichterstattung, S. 737.
3 Vgl. *Baetge, J.*, Konzernbilanzen, S. VII ff.
4 Vgl. *Goebel, A.*, Entschlüsselung, S. 1; *Bernards, O.*, Bilanzanalyse, S. 1283.

ten internationale Rechnungslegungsstandards anzuwenden, birgt vor dem Hintergrund der gleichzeitigen Berücksichtigung verschiedener Standards Akzeptanzprobleme auf der einen wie auf der anderen Seite. Eine zunehmend engere Anlehnung an amerikanische Rechnungslegungstraditionen wird von Teilen der Literatur u. a. mit Blick auf Kapitalmarktbedürfnisse für erwägenswert gehalten[5].

Die wachsende Bedeutung der Segmentberichterstattung kommt auch in der steigenden Anzahl gesetzlicher Regelungen und Rechnungslegungsstandards zum Ausdruck. Auf internationaler Ebene spielen insbesondere die USA mit den wohl detailliertesten Vorschriften eine Vorreiterrolle; für die weltweiten Annäherungsbemühungen ist insbesondere das „International Accounting Standards Committee" (IASC) zu nennen[6].

2 Theoretische Grundkonzeption der Segmentberichterstattung

21 Aussagebeschränkungen der externen Rechnungslegung diversifizierter Unternehmen

Mit Diversifikation bezeichnet man Produkt-Markt-Strategien, die zu einer erheblichen Veränderung und Neuorientierung der Geschäftsgrundlage eines Unternehmens führen[7]. Ziel kann einerseits die Schaffung von Synergiepotentialen, andererseits eine Risikominderung durch Kombination heterogener Risikobereiche mit möglichst geringen wechselseitigen Abhängigkeiten sein[8]. Der Begriff umfaßt sowohl die horizontale Verbreiterung des Leistungsprogramms auf einer Verarbeitungsstufe durch Produktvariation, Neuaufnahme von Produktgruppen oder geographische Ausdehnung der Absatzmärkte

---

5 Vgl. u. a. *Kleber, H.,* Unterschiede, S. 88; *Risse, A.,* IAS, S. 281; *Goebel, A.,* Konzernrechnungslegung, S. 2457.

6 Die Empfehlungen der OECD und der UNO für multinationale Unternehmen sollen im weiteren wegen ihrer relativ geringeren Bedeutung vernachlässigt werden.

7 Vgl. *Bühner, R.,* Diversifikation, Sp. 807.

8 Vgl. *Haase, K. D.,* Segment-Bilanzen, S. 17 u. S. 24. Kritisch *Bühner, R./ Walter, H.,* Divisionalisierung, S. 1205 ff. Aufgrund notwendiger Umverteilungen von Ressourcen im Unternehmen stellen Diversifikationsvorgänge nicht immer Wachstumsvorgänge dar.

als auch die vertikale Integration durch Eindringen in vor- oder nachgelagerte Markt- bzw. Verarbeitungsstufen[9]. In der Praxis dominierten in den letzten Jahren Diversifikationsstrategien auf der Basis von Zukäufen oder Kooperationen mit bereits eingeführten Unternehmungen bzw. Produkt-Markt-Bereichen gegenüber Eigenentwicklungen[10].

Die Ausrichtung der deutschen Rechnungslegungsvorschriften auf den Grundfall einer hinsichtlich ihres Tätigkeitsfeldes homogenen Wirtschaftseinheit[11] (Einbereichs-Unternehmung) führt bei einem diversifizierten Unternehmen oder Konzern zur Beeinträchtigung der Zweckerfüllung der handelsrechtlichen Rechnungslegung.

Im Gegensatz zum Einzelabschluß stellt der Konzernabschluß ausschließlich auf die Informationsfunktion ab[12]. Dabei wird angestrebt, die infolge der engen Verflechtungen auftretenden Einschränkungen der Aussagefähigkeit der Einzelabschlüsse von Konzernunternehmen durch Eliminierung konzerninterner Beziehungen zu verbessern[13]. Mehr noch als der Einzelabschluß soll der Konzernabschluß die jeweiligen Adressaten mit den von ihnen zur Entscheidungsfindung benötigten Informationen versorgen und dem kundigen Bilanzleser eine eigenständige Urteilsbildung ermöglichen[14].

Die Informationsvermittlung im Sinne des „true and fair view"-Gedankens der Generalnorm des § 264 Abs. 2 bzw. § 297 Abs. 2 HGB wird jedoch erschwert, wenn die Rechnungslegungseinheit in sich sehr heterogen strukturiert ist und insofern ausgewiesene Ergebnis- und Vermögenspositionen durch die bloße Abbildung eines Konglomerates unterschiedlicher Betätigungsfelder lediglich Durchschnitts-

---

9 Vgl. *Woll, A.,* Wirtschaftslexikon, Stichwort: Diversifikation, S. 135.
10 Vgl. zur aktuellen Entwicklung *Bernards, O.,* Segmentberichterstattung, S. 31 ff.
11 Vgl. u. a. §§ 265 Abs. 4, 298 Abs. 1 HGB, §§ 5 Abs. 1, 13 Abs. 2 PublG. Vgl. ferner *Veit, K.-R./Bernards, O.,* Anforderungen, S. 493.
12 Vgl. *Coenenberg, A. G.,* Jahresabschluß, S. 12; *Pellens, B.,* Funktionen, S. 320 f.; *Busse von Colbe, W./Ordelheide, D.,* Konzernabschlüsse, S. 15 f., 19 f. Obwohl formal keine Basis für Gewinnausschüttungen, erfolgt faktisch häufig ein gleichgerichteter Ergebnisausweis von Konzernabschluß und Mutterunternehmen bzw. bedeutenden Tochtergesellschaften.
13 Zum sog. Kompensationszweck vgl. *Baetge, J.,* Konzernbilanzen, S. 28.
14 Vgl. *Baetge, J.,* Konzernbilanzen, S. 24 u. S. 33 ff.; *Kuting, K.,* Konzernrechnungslegung, S. 1086; zur spezifischen Interessenlage im Konzern vgl. *Selchert, F. W.,* Aufgliederung, S. 2033.

werte oder Saldogrößen darstellen[15]. Als Folge der Unkenntnis der Relationen[16] bleiben die spezifischen Vermögens- und Ergebnisstrukturen der einzelnen Unternehmensbereiche unbekannt oder undeutlich. Das Informationsdefizit steigt an, wenn ein intensiver interner Leistungsaustausch im Unternehmen stattfindet und große Überschneidungen im Vermögens-, Finanz- und Ertragsbereich vorliegen.

Auch freiwillig oder aufgrund gesetzlicher Verpflichtung aufgestellte Teilkonzernabschlüsse bieten nur begrenzt Abhilfe[17], da nicht immer eine Identität zwischen den zur eigenständigen Rechnungslegung verpflichteten gesellschaftsrechtlichen und den wirtschaftlichen Untereinheiten besteht. Hinzu kommen prinzipielle Zweifel an der Aussagefähigkeit von Teilkonzernabschlüssen für Unternehmensexterne, sofern der Teilkonzern stark in ein Netzwerk von Lieferungen und Leistungen integriert ist[18].

Ausnahmen hiervon kann es im Rahmen der sog. Profit Center- oder Spartenorganisation geben[19], wenn die einzelnen – z. B. nach Geschäftsbereichen oder geographisch abgegrenzten – Sparten darin als rechtlich selbständige Einheiten geführt werden[20].

Zwar besitzen Adressaten der Rechnungslegung spezifische und z. T. divergierende Informationsinteressen, jedoch wird allgemein ein größerer Detaillierungsgrad von Informationen positiv bewertet, da die Aufgliederung von Jahresabschlußinformationen eine Zunahme der Prognosesicherheit bezüglich der jeweiligen Zielgrößen (Umsatz, Bilanzgewinn u. ä.) ermöglicht[21].

---

15 Vgl. *Veit, K.-R.*, Segmentierungspflichten, S. 1887; *APB*, Disclosure, S. 51 f.
16 Zur Bedeutung derartiger Relationen für die Aussagefähigkeit des Jahresabschlusses vgl. *Bernards, O.*, Segmentberichterstattung, S. 40 u. S. 44.
17 Vgl. *Kohlmann, U.*, Möglichkeiten, S. 68 ff., insb. S. 148.
18 Vgl. m. w. N. *Goebel, A.*, Entschlüsselung, S. 165.
19 Vgl. *Bühner, R.*, Spartenorganisation, Sp. 2282.
20 Für Versicherungsunternehmen gilt nach dem VAG von vornherein der Grundsatz der (Sparten-)Trennung. Vgl. *IDW*, WP-Handbuch 1996, Bd. I, Abschn. K, Rn. 644.
21 Vgl. zu Ergebnissen aus den USA *Ballwieser, W.*, Informationsökonomie, S. 52 u. S. 60.

22 Anforderungen und Möglichkeiten der Segmentierung von Jahresabschlußinformationen

Ziel der Segmentberichterstattung im Rahmen der Informationsfunktion der externen Rechnungslegung ist der Ausweis und die Erläuterung von Jahresabschlußdaten, die für einzelne Unternehmensbereiche nach wirtschaftlichen Kriterien aufbereitet sind[22]. Der Begriff Segment bezeichnet dabei jede isolierte bzw. isolierbare Untereinheit innerhalb einer zusammengefaßten Wirtschaftseinheit[23].

Gewonnene Segmentdaten sollen als Zusatzinformationen dem externen Interessenten eine differenzierte Analyse der Lage und Entwicklung des Unternehmens sowie eine Einschätzung der Stellung des Unternehmens im Markt erleichtern und dazu beitragen, Unsicherheiten und Risiken, die mit einzelnen Unternehmenssegmenten verbunden sind, aufzudecken[24]. Die Daten müssen insofern Rückschlüsse über Segmentgrößen und deren Bedeutung für das Gesamtunternehmen ermöglichen, indem sie geeignete bereichsbezogene Angaben zu Geschäftsvolumen, Segmentvermögen, Investitionstätigkeit bzw. Kapitaleinsatz oder Rentabilitäten liefern[25].

Überleitungsrechnungen aus aggregierten Jahresabschlußgrößen sollen zudem die Nachprüfbarkeit und Objektivierung der Daten gewährleisten. Dies setzt jedoch voraus, daß sich die Segmentierung der Daten und deren Veröffentlichung dabei wie das Grundrechenwerk an den handelsrechtlichen Vorschriften orientiert[26]. Das Ziel stellt somit nicht die bloße Ausweitung von Publizitätspflichten dar, sondern umfaßt vielmehr die Angleichung der Aussagefähigkeit des Jahresabschlusses diversifizierter an denjenigen undiversifizierter Unternehmen.

---

22 Vgl. *Haase, K. D.*, Segment-Bilanzen, S. 30 f.
23 Vgl. *Haase, K. D.*, Segmentbilanz, Sp. 1782. Teilweise wird der Begriff fälschlich mit dem Begriff „Sparte" gleichgesetzt. So *Schulte, E. B./Krüger, R.*, Spartenerfolg, S. 182.
24 Vgl. *Siebert, H.*, Grundlagen, S. 312.
25 Vgl. *Baumann, K.-H.*, Segment-Berichterstattung, S. 4.
26 Vgl. zu Grundsätzen ordnungsmäßiger Segmentberichterstattung *Haller, A./Park, P.*, Grundsätze, S. 499 ff.; *Westphal, H.-V.*, Segmentberichterstattung, S. 1422.

Die einer Segmenteinteilung zugrundeliegenden Kriterien können unternehmensspezifisch vielfältig sein[27]. Das Ziel besteht in der Schaffung in sich homogener und untereinander heterogener Risikobereiche[28]. Durch Übereinstimmung z. B. von interner Organisationsstruktur und juristischen Unternehmenseinheiten werden u. U. schwierig zu handhabende und zudem verzerrende intersegmentäre Leistungsbeziehungen von vornherein minimiert. Segmenteinteilungen nach variablen Kriterien sind dabei zu vermeiden, um zwischenbetriebliche oder mehrperiodige Vergleiche nicht zu erschweren[29].

Die Segmentierung differenziert zwischen zwei grundsätzlichen Konzepten: Es erfolgt entweder eine Disaggregation der Jahresabschlußdaten („disaggregation approach") oder aber eine spezifische Bildung von Unternehmensbereichen im Sinne von autonomen Einheiten („autonomous entity approach")[30].

Beiden Ansätzen liegt die Fiktion der Unabhängigkeit der Segmente zugrunde, allerdings in unterschiedlicher Ausprägung. Nach dem „autonomous entity approach" sind die Segmente so darzustellen, als ob sie rechtlich selbständige, unabhängig operierende und nicht diversifizierte Unternehmen seien. Synergieeffekte und andere Interdependenzen zwischen den Segmenten sind vollständig zu eliminieren. In letzter Konsequenz bedeutet dies, daß die tatsächlich anfallenden Beträge zum Teil durch geschätzte, hypothetische Beträge zu ersetzen sind, die bei vollständiger Selbständigkeit der Segmente anfallen würden. Der „disaggregation approach" geht hingegen von den aggregierten Größen des Jahresabschlusses aus und nimmt eine Aufgliederung und segmentweise Zusammenfassung der Abschlußdaten vor[31]. Der „autonomous entity approach" führt zu Informationen, die

---

27 Die Literatur unterscheidet hier u. a. rechtliche, organisatorische, güter- bzw. produktgruppenbezogene, räumliche oder zeitliche Kriterien. Siehe dazu ausführlich *Haase, K. D.*, Segment-Bilanzen, S. 74 ff. u. S. 82; *Baumann, K.-H.*, Segment-Berichterstattung, S. 10 ff.
28 Vgl. *Bernards, O.*, Segmentberichterstattung, S. 96.
29 So *Mautz, R. K.*, More Detailed Reporting, S. 58 ff.
30 Vgl. zur Differenzierung zwischen „disaggregation approach" und „autonomous entity approach" sowie den weiteren Ausführungen *Haller, A./Park, P.*, Grundsätze, S. 511 ff.
31 Es handelt sich somit um eine nicht vollkommen stringente Umsetzung der Selbständigkeitsfiktion.

eine größere Aussagekraft hinsichtlich der Beurteilung des einzelnen Segmentes besitzen. Die Segmentdaten, die auf Grundlage des „disaggregation approach" ermittelt werden, sind für die Beurteilung der Bedeutung der einzelnen Segmente für das Gesamtunternehmen von größerer Aussagefähigkeit und führen folglich zu Informationen, die der Zielsetzung der Segmentberichterstattung im Kontext des Gesamtunternehmens bzw. des Konzerns eher entsprechen[32].

Die Disaggregation kann durch eine einfache, rein quotale Aufgliederung, die u. U. intersegmentäre Leistungen berücksichtigt, oder durch eine zur Konsolidierung entgegengesetzte Konzeption[33], auch „Dekonsolidierung" genannt, erfolgen, wobei alle nicht eindeutig zurechenbaren Größen, insbesondere die nicht betriebsnotwendigen („neutralen")[34] Beträge einem „Allgemeinen Teil" zugeordnet werden. Bei der „Dekonsolidierung" fungiert dieser „Allgemeine Teil" zudem als fiktive Holding der Segmente, dessen Beteiligungen an den Segmenten deren Eigenkapitalanteilen entsprechen[35]. Im Rahmen der Erfolgssegmentierung erhöhen sich die Segmentbestände, -aufwendungen und -erträge um die entsprechenden Beträge aus den intersegmentären Umsätzen[36]. Durch die Verwendung marktorientierter Verrechnungspreise[37] sind hier auch Zwischengewinne oder -verluste enthalten, die aus Sicht des Segmentes als realisiert zu gelten haben und so zu Eigenkapitalveränderungen im Segment führen[38]. Ähnlich

---

32 Zudem führt die Notwendigkeit des Zugrundelegens von geschätzten Werten beim „autonomous entity approach" zu Problemen bei der Ermittlung dieser Werte und der Überleitung der Segmentdaten auf die aggregierten Größen des Gesamtunternehmens.
33 Vgl. *Haase, K. D.*, Segmentbilanz, Sp. 1786.
34 Zu dieser Differenzierung vgl. *Schierenbeck, H.*, Innerbetriebliche Leistungen, Sp. 911.
35 Siehe hierzu *Haase, K. D.*, Segment-Bilanzen, S. 84.
36 Vgl. *Haase, K. D.*, Segmentbilanz, Sp. 1786 f.
37 Ausführlich zu Konzernverrechnungspreisen *Klein, W./Klein, K.-G.*, in: HdKR, Konzernverrechnungspreise, S. 391 ff. m. w. N.; *IDW*, WP-Handbuch 1996, Bd. I, Abschn. F, Rn. 744 ff. Zu Angaben der Grundlagen der Verrechnungspreisbildung vgl. *Haller, A./Park, P.*, Grundsätze, S. 504 u. S. 517. Soweit marktorientierte Verrechnungspreise angesetzt werden, stellt dies eine partielle Hinwendung zum „anonomous entity approach" dar.
38 Eine derartige Erfolgswirksamkeit ergibt sich bei Abweichungen von Verrechnungspreisen und Anschaffungs- bzw. Herstellungskosten der Unternehmung. Der Zwischengewinnausweis wird dabei vor dem Hintergrund des Realisationsprinzips gem. § 252 Abs. 1 Nr. 4 HGB aus deutscher Sicht kriti-

wird im Zuge der Schuldensegmentierung mit intersegmentären Forderungen und Verbindlichkeiten des Bilanzstichtages sowie entsprechenden Zinszahlungen verfahren. In der Kapitalsegmentierung wird eine einstufige und u. U. fremdkapitalfreie[39] Kapitalverflechtung zwischen „Allgemeinem Bereich" und untergeordneten Segmenten fingiert[40]. Für den Konzernabschluß kann die Ermittlung der Segmentinformationen durch „Dekonsolidierung" einfacher sein, wenn im Rahmen einer Spartenorganisation die Segmentierung bereits durch die Einzelabschlüsse der Konzerngesellschaften bzw. durch spartenorientierte Teilkonzernabschlüsse abgedeckt wird.

Güte und Detaillierungsgrad der Segmentberichterstattung eines Konzerns haben sich im Idealfall zur Vermeidung von Wettbewerbsnachteilen an der Berichterstattung eines entsprechenden unverbundenen Unternehmens vergleichbarer Größe und ähnlichen Tätigkeitsbereichs zu orientieren[41]. Innerhalb der Segmentierungskonzepte sind jedoch verschiedene Stufen zu unterscheiden, wobei geschlossene Segmentrechnungen lediglich im (unwahrscheinlichen) Fall einer „totalen" Segmentierung entstehen[42]. Zwischenformen berücksichtigen nur einzelne Positionen, generieren nur einseitige Rechnungen durch Ungleichbehandlung korrespondierender Größen oder sparen Gemeingrößen aus, bei denen infolge von Zurechnungsproblemen eine segmentweise Zurechnung nur mit unverhältnismäßigem Aufwand oder gar nicht möglich ist[43].

Grundsätzlich bestimmt die Verbundstruktur im Unternehmen die Art und den Umfang der vorzunehmenden Segmentierungsvorgänge, da sich hieraus Unterschiede in der Qualität und Quantität intersegmentärer Leistungsbeziehungen ergeben. Während man auf übergeordneter Ebene zwischen verbundenen und unverbundenen Unternehmen

---

siert. Der Vorwurf ist jedoch in Anbetracht des reinen Informationszwecks einer Segmentrechnung zu relativieren.

39 Dies gilt für Segmente, die nach einer evtl. Anschubfinanzierung durch eine übergeordnete Einheit eigenständige Finanzierungsverantwortung besitzen.

40 Vgl. hierzu *Haase, K. D.*, Segmentbilanz, Sp. 1787. Die Eigenkapitaländerungen auf Segmentebene fließen korrespondierend als Beteiligungsergebnisse der Quasi-Holding zu.

41 Vgl. *Müller, K.*, Earnings per Share, S. 450.

42 Siehe *Chmielewicz, K.*, Erfolgsrechnung, Sp. 1791.

43 Vgl. dazu *Chmielewicz, K.*, Erfolgsrechnung, Sp. 1792, der dies als selektive, asymmetrische bzw. lückenhafte Segmentierung bezeichnet.

differenziert, kennzeichnen vertikale und horizontale Unternehmensintegrationen Bereiche mit tendenziell höheren bzw. niedrigeren intersegmentären Verbindungen. Die spezifische Problematik einer Segmentierung im Konzern ergibt sich einerseits aus der Häufigkeit von Verwerfungen zwischen Segmenteinteilung und juristisch abgegrenzten Unternehmenseinheiten und der daraus resultierenden komplizierten Kapitalverflechtungsstruktur, andererseits aus der vielfachen Verknüpfung horizontaler und vertikaler Integration.

Insbesondere bei Unternehmen mit horizontaler Diversifikation und fehlender rechtlicher Trennung unterschiedlicher Sparten reicht mit Blick auf die Publizitätszielsetzung eine einfache quotale Aufgliederung der Jahresabschlußpositionen auf einzelne Bereiche nicht aus. Eine zumindest näherungsweise „Dekonsolidierung" wäre in einem kombiniert horizontal und vertikal integrierten Konzern anzustreben. Der Segmentierungs- bzw. Disaggregationsgrad von Jahresabschlußdaten ist jedoch generell nach informationsökonomischen Grundsätzen abzustufen[44].

3 Der Umfang der „Segmentberichterstattung" gemäß Handelsgesetzbuch

31 Gegenstand und Kriterien der segmentbezogenen Berichterstattung

Der deutsche Gesetzgeber hat durch das Bilanzrichtlinien-Gesetz rudimentäre Ansätze einer segmentbezogenen Berichterstattung in das Rechnungslegungsrecht aufgenommen[45]. Das HGB verlangt im Anhang die Angabe von „Segment"-Umsatzerlösen, wobei es mit einer Aufgliederung nach Tätigkeitsbereichen und nach geographischen Märkten zwei z. T. unbestimmte Segmentierungskriterien vorgibt und dem einfachen Disaggregationsansatz folgt. Die Vorschriften für Einzel- und Konzernabschluß (§§ 285 Nr. 4 und 314 Abs. 1 Nr. 3 HGB) sind dabei – abgesehen vom Subjektbezug – wortgleich, so daß von einer inhaltlichen Übereinstimmung ausgegangen werden

---

44 Vgl. hierzu *Chmielewicz, K.*, Erfolgsrechnung, Sp. 1791.
45 Vgl. zur Umsetzung *Dörner, D./Wirth, M.*, in: HdR Ia, 4. Aufl., §§ 284–288 HGB, Rn. 167.

kann[46]. Die Segmentberichterstattung gemäß HGB ist als zusätzliche Erläuterung der Ertragslage zu verstehen, da sie durch die Dekomposition einer wesentlichen Ergebniskomponente eine Analyse aktueller und potentieller Ergebnisrisiken ermöglicht[47].

Der Begriff der Umsatzerlöse als gesetzliches Segmentierungsobjekt entspricht der auch für die GuV des Jahresabschlusses verwandten Definition, wonach es sich um den Nettoerlös[48] aller in einer Periode abgesetzten und für die Geschäftstätigkeit typischen Erzeugnisse oder Dienstleistungen eines Unternehmens handelt[49]. Andere Verkaufs- bzw. Nebenerlöse, sonstige betriebliche oder außerordentliche Erträge sind nicht aufzugliedern. Analog zum Einzelabschluß muß das Mutterunternehmen im Rahmen des Konzernabschlusses die konsolidierten Umsätze der voll- und quotal einbezogenen Unternehmen aufspalten[50].

Unter dem Aufspaltungskriterium Tätigkeitsbereich kann man eine nach einem oder mehreren Merkmalen sektoral abgegrenzte Einheit der Leistungserstellung der Unternehmung verstehen, die sich auch aufbauorganisatorisch – u. a. in Form einer Sparte, Abteilung oder eines Profit Centers – als unter Risikogesichtspunkten homogener Bereich deutlich abhebt[51]. Das Gesetz stellt bei der Auswahl des Abgrenzungsmerkmals explizit die Verkaufsorganisation in den Vordergrund[52], die Literatur läßt in einer recht weiten Auslegung aber auch betriebsorganisatorische[53], fertigungs- oder produktorientierte Kriterien sowie den Abnehmerkreis[54] zu[55].

---

46 Vgl. *Selchert, F. W.*, Aufgliederung, S. 2032. Im folgenden werden deshalb beide Regelungen gemeinsam unter Hinweis auf konzernspezifische Besonderheiten behandelt.
47 Vgl. hierzu *Selchert, F. W.*, Aufgliederung der Umsatzerlöse, S. 561.
48 Nach Abzug von Erlösschmälerungen und Umsatzsteuer.
49 Siehe § 275 Abs. 2 Nr. 1 bzw. § 275 Abs. 3 Nr. 1 i. V. m. § 277 Abs. 1 HGB. Vgl. *Krawitz, N.*, in: BoHR, § 285 HGB, Rn. 53; zur Struktur und Abgrenzung der Umsatzerlöse siehe ausführlich *Sigle, H./Isele, H.*, in: HdR Ia, 4. Aufl., § 277 HGB, Rn. 22 ff.
50 Vgl. *Csik, A.*, in: HdKR, §§ 313, 314 HGB, Rn. 343.
51 Siehe hierzu *Krawitz, N.*, in: BoHR, § 285 HGB, Rn. 54.
52 Vgl. im einzelnen *Forster, K.-H.*, Bilanzrichtlinie-Gesetz, S. 1631.
53 Z. B. eine Differenzierung in Eigen- oder Fremdvertrieb.
54 Eine Gliederung nach geographischen Merkmalen ist hier zu vermeiden; gegen eine Abnehmerorientierung argumentiert *Veit, K.-R.*, Segmentierungspflichten, S. 1890.

Auch die Aufspaltung nach geographischen Märkten hat sich hinsichtlich ihrer Tiefe bzw. Ausgestaltung grundsätzlich an betriebsindividuellen Gegebenheiten der Absatzmarktseite, also im wesentlichen der räumlichen Kundenstruktur, zu orientieren. Im Falle des Konzernabschlusses kann man alternativ auch eine Gliederung nach dem Ort der jeweiligen Betriebstätigkeit der Gesellschaften (Umsatzherkunft) erwägen[56]. Ziel ist es, Gebiete mit homogener marktbezogener Risikostruktur, z. B. im Währungssektor oder aufgrund eines gemeinsamen Vertriebswegenetzes, zu regionalen Einheiten zusammenzufassen[57]. Hinsichtlich der Größe oder Grenzziehung dieser Regionen[58] bestehen keine Beschränkungen oder Vorgaben. Eine einfache Aufgliederung in In- und Ausland reicht nur dann aus, wenn die Auslandsumsätze gegenüber den inländischen eine geringe Bedeutung aufweisen[59]. Eine Differenzierung nach Gebietsteilen eines Staates dürfte nur für den Fall in Betracht kommen, daß ein Unternehmen ausschließlich oder vorwiegend in einem Staat tätig und eine diesbezügliche Differenzierung demnach zweckmäßig und aussagefähig ist[60].

32 Art und Verpflichtungsgrad der Berichterstattung

Die gesetzliche Aufgliederung der Umsatzerlöse im Anhang[61] muß generell wertmäßig geschehen; die Angabe und Aufspaltung von Absatzmengen kann zusätzlich erfolgen. Dabei läßt das HGB sowohl absolute als auch relative Zahlenangaben zu; eine Überleitung aus den aggregierten Daten des Einzel- oder Konzernabschlusses muß

---

55 Vgl. *Ellrott, H.*, in: BeckBil-Komm., 3. Aufl., § 285 HGB, Rn. 71; *Adler, H./Düring, W./Schmaltz, K.*, 6. Aufl., § 285 HGB, Rn. 88; *Westphal, H.-V.*, Spartenberichterstattung, S. 1422; *Veit, K.-R./Bernards, O.*, Anforderungen, S. 494.
56 Siehe hierzu *Baumann, K.-H.*, Segment-Berichterstattung, S. 22; *IDW*, WP-Handbuch 1996, Bd. I, Abschn. M, Rn. 704.
57 Vgl. *Veit, K.-R./Bernards, O.*, Anforderungen, S. 494.
58 Z. B. Kontinente, Wirtschaftsgemeinschaften, Einzelstaaten, Landschaften oder Gemeinden.
59 So *Baumann, K.-H.*, Segment-Berichterstattung, S. 21.
60 Vgl. *Krawitz, N.*, in: BoHR, § 285 HGB, Rn. 56 m. w. N.
61 Daneben sind freiwillige Angaben im Geschäftsbericht und pflichtgemäße oder freiwillige Ausführungen im Lagebericht möglich. Vgl. hierzu *Baumann, K.-H.*, Geschäftsbericht, S. 100.

durchführbar sein[62]. Der Gesetzeswortlaut fordert nur eine einstufige Aufgliederung nach einem Kriterium, verpflichtet somit nicht zu einer kombinierten Segmentierung nach Tätigkeitsbereichen und Märkten[63]. Da die Umsatzerlöse nur Geschäftsvorfälle mit Dritten umfassen, ist eine Angabe intersegmentärer Umsätze nach dem Gesetz nicht erforderlich[64]. Im Bereich des Konzernabschlusses ergibt sich dies auch aus der zugrundeliegenden Einheitstheorie[65]. Entsprechende Zusatzangaben sind jedoch erlaubt[66].

Der Gesetzgeber räumt den Unternehmen bei der Wahl der Intensität der Aufgliederung bzw. der Ausgestaltung der Angaben einen beträchtlichen Ermessensspielraum ein, der mit Blick auf den Gesetzeszweck i. S. d. § 264 Abs. 2 HGB jedoch nicht willkürlich ausgeschöpft werden darf[67]. Vor dem Hintergrund der Gewährleistung einer interperiodischen Vergleichbarkeit kommt dabei vor allem der Beachtung des Stetigkeitsprinzips bei der Kriterienauswahl und der Form der Darstellung i. S. d. § 265 Abs. 1 HGB erhebliche Bedeutung zu[68].

Der Gesetzeswortlaut macht eine Angabepflicht segmentbezogener Daten vom Vorliegen erheblicher Unterschiede zwischen den Tätigkeitsbereichen bzw. zwischen den geographischen Märkten abhängig. Eine Konkretisierung des Merkmales „erheblich" wird in der Literatur dahingehend versucht, daß eine Kombination von quantitativen

---

62 Die Summe der sich bei der Aufgliederung ergebenden Teilbeträge muß dem in der GuV ausgewiesenen Betrag entsprechen. Die Darstellung kann auch graphisch erfolgen. Vgl. *Ellrott, H.*, in: BeckBil-Komm., 3. Aufl., § 285 HGB, Rn. 70.
63 Vgl. hierzu *Veit, K.-R.*, Segmentierungspflichten, S. 1893; abweichende Interpretation von *Niethammer, D.*, Aufgliederung, S. 436.
64 Siehe *Krawitz, N.*, in: BoHR, § 285 HGB, Rn. 63.
65 Vgl. hierzu *Ellrott, H.*, in: BeckBil-Komm., 3. Aufl., § 314 HGB, Rn. 25. Alternativ kann auch der Gesamtumsatz unter anschließender Eliminierung der Innenumsatzerlöse zugrundegelegt werden. Siehe hierzu *Arbeitskreis „Externe Unternehmensrechnung"*, Aufstellung, S. 162.
66 So *Selchert, F. W.*, Aufgliederung, S. 2035.
67 Vgl. *Selchert, F. W.*, Aufgliederung der Umsatzerlöse, S. 563; *Westphal, H.-V.*, Segmentberichterstattung, S. 1422.
68 Vgl. *IDW*, WP-Handbuch 1996, Bd. I, Abschn. F, Rn. 553; *Adler, H./Düring, W./Schmaltz, K.*, 6. Aufl., § 85 HGB, Rn. 85. Abweichungen sind im Anhang anzugeben und zu begründen.

und qualitativen Kriterien erfolgt[69]. Aus der Aufgliederung des Gesamtumsatzerlöses sollten nach Möglichkeit jeweils größere Teilbeträge in jedem Segment resultieren, die demgemäß merkliche und nachhaltige Bedeutung für die Erlös- bzw. Gewinnsituation der Gesamtunternehmung besitzen[70]. Dem Zusatzkriterium, daß sich die Unterschiede „unter Berücksichtigung der Organisation des Verkaufs" ergeben müssen, kommt in diesem Zusammenhang lediglich eine Indiz- oder Hilfsfunktion zu[71]; eine einheitliche Verkaufsorganisation bei ansonsten vorliegenden erheblichen Unterschieden entbindet nicht von einer Aufgliederungspflicht[72].

Infolge der Befreiungsvorschrift des § 288 HGB für kleine und mittelgroße Kapitalgesellschaften trifft die Angabepflicht große Kapitalgesellschaften i. S. d. § 267 Abs. 3 HGB sowie rechnungslegungspflichtige Konzerne nach HGB. Für Unternehmen und Konzerne, die nach PublG einen Abschluß zu erstellen haben, existieren rechtsformspezifische Erleichterungen[73]. Unabhängig davon können Anteilseigner einer Aktiengesellschaft gem. § 131 Abs. 1 AktG auf der Hauptversammlung weitere Informationen verlangen, zu denen ggf. auch Segmentangaben gehören[74].

Eine Befreiung von einer segmentbezogenen Berichterstattung kann sich aus der Anwendung der sog. Schutzklausel des § 286 Abs. 1 sowie der §§ 286 Abs. 2 und 314 Abs. 2 HGB ergeben[75]. In Ermangelung einer expliziten Vorschrift ist die Regelung des § 286 Abs. 1

---

69 Für eine Literaturübersicht vgl. *Ossadnik, W.*, Wesentlichkeit, S. 1764.
70 Siehe hierzu *Krawitz, N.*, in: BoHR, § 285 HGB, Rn. 57; *Ellrott, H.*, in: BeckBil-Komm., 3. Aufl., § 85 HGB, Rn. 72.
71 So wegen der schwachen Formulierung („unter Berücksichtigung", „soweit") *Dörner, D./Wirth, M.*, in: HdR Ia, 4. Aufl., §§ 284–288 HGB, Rn. 172.
72 Vgl. *Krawitz, N.*, in: BoHR, § 285 HGB Rn. 57; a. A. wohl *Ellrott, H.*, in: BeckBil-Komm., 3. Aufl., § 285 HGB, Rn. 73, der aber auf Spezialfälle verweist.
73 Die Vorschriften für Großunternehmen bezüglich Anhang und Lagebericht gelten gem. § 5 Abs. 2 PublG nicht für Personenhandelsgesellschaften und Einzelunternehmen.
74 Vgl. ausführlich *Franken, P./Heinsius, T.*, Spannungsverhältnis, S. 224 ff.
75 Vgl. *Bleckmann, A.*, in: HURB, Wohl der Bundesrepublik, S. 461; *Adler, H./ Düring, W./Schmaltz, K.*, 6. Aufl., § 286 HGB, Rn. 10; *Krawitz, N.*, in: BoHR, § 286 HGB, Rn. 4 ff.

nach h. M. auf den Konzernabschluß analog anzuwenden[76]. Aus den Ausnahmevorschriften der §§ 264 Abs. 2 Satz 2 bzw. 297 Abs. 2 Satz 3 HGB resultiert nach h. M. mit Verweis auf eine enge Interpretation des enthaltenen Begriffs der „besonderen Umstände"[77] keine Verpflichtung zu einer zusätzlichen Segmentberichterstattung. Der außergewöhnliche Charakter einer weitgehenden Diversifikation oder stark voneinander abweichender Entwicklungen in den einzelnen Bereichen wird verneint[78].

4 Derzeitige Praxis der Segmentberichterstattung deutscher Konzerne

Als Grundlage der empirischen Untersuchung[79] dienten die Geschäftsberichte deutscher Konzerne mit börsennotierten Mutterunternehmen für die Geschäftsjahre 1994/95 bzw. 1995. Zur Vermeidung von Doppelerfassungen wurden Teilkonzerne nur berücksichtigt, wenn sie nicht in übergeordneten Konzernabschlüssen der Grundgesamtheit enthalten waren[80]. Hieraus erfolgte eine Auswahl der Konzerne mit einem konsolidierten Umsatz von mehr als einer Milliarde Mark ohne Banken und Versicherungen[81], so daß sich ein Kreis von 109 Konzernen mit Tätigkeitsschwerpunkten im Bereich von Industrie, Handel und sonstigen Dienstleistungen ergab.

---

76 So *Ellrott, H.*, in: BeckBil-Komm., 3. Aufl., § 313 HGB, Rn. 5; a. A. *Bernards, O.*, Segmentberichterstattung, S. 134.

77 Vgl. *Baetge, J./Commandeur, D.*, in: HdR Ia, 4. Aufl., § 264 HGB, Rn. 37; *Baetge, J./Kirsch, H.-J.*, in: HdKR, § 297 HGB, Rn. 28 f.; *IDW*, WP-Handbuch 1996, Bd. I, Abschn. F, Rn. 651.

78 Ausführlich *Bernards, O.*, Segmentberichterstattung, S. 130; *Rohardt, M.*, Publizität, S. 221.

79 Es sei auch auf frühere Untersuchungen bei *Haase, K. D.*, Segment-Bilanzen, S. 37 ff.; *Schulte, E. B./Krüger, R.*, Spartenerfolg, S. 187 ff.; *Baumann, K.-H.*, Segment-Berichterstattung, S. 19 ff.; *Bernards, O.*, Segmentberichterstattung, S. 141 ff.; *Küting, K./Hayn, S.*, Übergang, S. 262 sowie auf die aktuelle Untersuchung bei *Pellens, B.*, Internationale Rechnungslegung, S. 477 verwiesen.

80 Von der Otto Reichelt AG wurde der Jahresabschluß verwendet, da sie aufgrund der Einbeziehung in den Konzernabschluß der EDEKA Minden-Hannover eG keinen Konzernabschluß aufstellte, diese jedoch nicht börsennotiert ist. Vgl. *Otto Reichelt AG*, Geschäftsbericht 1995, S. 40.

81 Banken und Versicherungen wurden aufgrund der spezifischen Rechnungslegungsvorschriften und Geschäftsstrukturen ausgegrenzt.

Neben Anhang und Lagebericht als prüfungspflichtigen Teilen des Geschäftsberichtes erstreckte sich die Untersuchung auch auf die übrige freiwillige Berichterstattung. Außer den unmittelbaren wurden auch die mittelbaren segmentbezogenen Informationen der freiwilligen Angaben berücksichtigt. Im Anhang ergab sich ein durchweg hohes Berichterstattungsniveau. Von den 109 untersuchten Unternehmen nahmen 108 eine Aufgliederung der Umsatzerlöse gem. § 314 Abs. 1 Nr. 3 HGB vor, davon allerdings 15 Unternehmen nach nur einem Kriterium[82].

Über die Umsätze, gegliedert nach geographischen Märkten, informierten 96 Unternehmen. Sie unterschieden im Durchschnitt 4,61 geographische Segmente. Lediglich nach In- und Ausland differenzierten 19 Unternehmen. Am häufigsten erfolgte eine Segmentierung in 2 oder 5 geographische Bereiche[83]. Eine weitergehende Aufgliederung der Inlandsumsätze fand sich bei 6 Unternehmen, insbesondere der Einzel- und Großhandelsbranche. 5 Unternehmen bezogen das Inland in einen übergeordneten Wirtschaftsraum ein. Dominierendes Aufspaltungskriterium der Auslandsumsätze stellte die Einteilung nach Kontinenten dar[84].

Eine Trennung verschiedener Tätigkeitsbereiche wurde von 105 Unternehmen durchgeführt. Hier ergab sich ein Mittelwert von 4,64; häufigster Wert war 3[85]. Als Einteilungskriterium verwendeten die Konzerne Produktgruppen (34 Fälle), Arbeitsgebiete (60), ein gemischtes Kriterium (6) oder eine rechtliche Abgrenzung (5).

Eine kombinierte Aufgliederung der Umsatzerlöse nach Tätigkeitsbereichen und geographischen Märkten fand sich bei 9 Unternehmen; weitere 14 Unternehmen gaben zumindest eine Exportquote je Tätigkeitsbereich an bzw. diese war aus den Angaben der Geschäftsberichte ermittelbar.

---

82 Die Otto Reichelt AG nahm keine Aufgliederung der Umsatzerlöse vor. Die übrigen Gesellschaften verwiesen bei Unterlassung der Aufgliederung nach einem Kriterium i. a. auf die fehlende Wesentlichkeit.
83 Maximal wurden 15 geographische Segmente unterschieden. Vgl. *Karstadt AG*, Geschäftsbericht 1995, S. 80.
84 Eine derartige Einteilung nahmen 38 Unternehmen vor.
85 Bei 12 Unternehmen fand sich die minimale Anzahl von 2 Tätigkeitsbereichen; der maximale Wert betrug 15. Vgl. *Glunz AG*, Geschäftsbericht 1995, S. 42.

Auffällig war, daß bei insgesamt 94 Konzernen (86% der Stichprobe) in weiten Teilen des Geschäftsberichtes eine den Kriterien der Umsatzaufgliederung ähnelnde Berichterstattung erfolgte[86]. Dies muß als eindeutiger Beleg dafür gelten, daß die Unternehmen die Bedeutung einer aufgegliederten Berichterstattung erkennen, wobei die Qualität und Quantität der publizierten segmentbezogenen Daten in Lagebericht und freiem Teil des Geschäftsberichtes zwischen den einzelnen Unternehmen stark variieren. In 20 Fällen wich zudem die geographische und/oder tätigkeitsorientierte Segmenteinteilung im Anhang entscheidend von der im Lagebericht oder freien Teil ab, was einerseits als ergänzende bereichsbezogene Information zu verstehen ist, andererseits aber Interpretationsprobleme aufgrund fehlender Überleitungsmöglichkeiten mit sich bringt.

Kriterium / Gegenstand	Geographische Märkte		Tätigkeitsbereiche	
	quantitativ	verbal[87]	quantitativ	verbal[87]
intersegmentäre Umsätze	5	0	9	5
Ergebnis	9	4	29	15
Investitionen	13	3	39	3
Mitarbeiterzahl	41	0	56	0
Vermögen	7	0	7	0
FuE-Aufwand	4	0	12	0
Abschreibungen	3	0	13	0
Cash-Flow	3	0	10	0

Tabelle: Häufigkeiten wesentlicher segmentbezogener Daten in den ausgewählten Geschäftsberichten[88]

---

86 Die Berichterstattung erfolgte bei 6 Unternehmen nur geographisch, bei 53 nur tätigkeitsbezogen, beide Aspekte bezogen 35 Unternehmen ein.
87 Aufgrund des niedrigeren Informationswertes verbaler Aussagen erfolgte bei gleichzeitigem Vorliegen quantitativer Daten keine Aufnahme in diese Spalten.
88 Die Segmentidentifikation des Anhangs anhand der Umsatzerlöse wurde als im wesentlichen maßgeblich für die Erhebung angesehen. Weitere segmentbezogene Angaben wurden nur erfaßt, wenn eine Identität der Einteilung vorlag bzw. eine Überleitung möglich war. Zu ähnlichen Ergebnissen bei einer geringeren Stichprobe kommt *Pellens, B.,* Internationale Rechnungslegung, S. 477.

Anstelle der Nennung intersegmentärer Umsätze je Unternehmensbereich griffen 17 Unternehmen auf die Angabe einer Gesamtsumme zurück. Über die Grundlage der Verrechnungspreise wurde lediglich in 4 Geschäftsberichten informiert[89]. Die diesbezügliche Informationspraxis muß daher als sehr restriktiv gewertet werden.

Insgesamt 9 der untersuchten Unternehmen orientierten sich generell an internationalen Rechnungslegungsstandards (IAS/US-GAAP) und gingen damit bzgl. der Segmentberichterstattung über den nach deutschem Recht geforderten Standard hinaus. Diesbezüglich bestand aufgrund ihrer Börsennotierung in den USA lediglich für die Deutsche Telekom AG sowie die Daimler Benz AG eine Notwendigkeit[90], während die Angaben der übrigen Unternehmen[91] auf freiwilliger Basis erfolgten. Unabhängig davon verdient insbesondere die Siemens AG aufgrund ihrer informativen und übersichtlichen Darstellung besondere Erwähnung[92].

Die Darstellung der Konzernstruktur wies in vielen Fällen eine deutlich tätigkeitsbezogene Bereichsabgrenzung auf (51 Fälle)[93]. Eine Identität von Teilkonzernabschluß und Segment war jedoch nur in seltenen Fällen eindeutig feststellbar (9 Fälle), was zum einen darauf zurückzuführen ist, daß aus den Pflichtangaben des § 313 Abs. 2 HGB keine eindeutige Konzernstruktur ermittelt werden kann, zum anderen darauf, daß regelmäßig nur eine unvollständige Veröffentlichung der Beteiligungsliste im Geschäftsbericht erfolgt.

---

89 Als Grundlage der Verrechnungspreise wurde in allen Fällen das arm's length Prinzip genannt.
90 Vgl. *Deutsche Telekom AG*, Geschäftsbericht 1995, S. 61; *Daimler Benz AG*, Geschäftsbericht 1995, S. 45 f. Für im Rahmen des ADR-Progamms nach Rule 144a bzw. Level-One-ADR-Progamms gelistete Unternehmen der Untersuchung ergibt sich keine diesbezügliche Notwendigkeit. Vgl. *Küting, K./Hayn, S.*, Börseneinführungsmodalitäten, S. 410.
91 Dies sind die Heidelberger Zement AG, Schering AG, Veba AG, Bayer AG, Hoechst AG, Dyckerhoff AG sowie die Merck KGaA.
92 Vgl. *Siemens AG*, Geschäftsbericht 1995, S. 60 f.
93 Eine geographische Aufteilung ist nach den Angaben gem. § 313 Abs. 2 HGB jederzeit möglich.

5 Aktuelle internationale Ansätze der Segmentberichterstattung

51 Stellenwert des Segment-Reporting im System der angelsächsischen Rechnungslegung

In den USA stellt die Segmentberichterstattung einen für börsennotierte Gesellschaften obligatorischen und uneingeschränkt prüfungspflichtigen Teil des veröffentlichten Jahresabschlusses dar[94]. Die lange Tradition und große Bedeutung dieses Informationsinstrumentes beruht auf der abweichenden Grundorientierung der angelsächsischen Rechnungslegung. Im Gegensatz zu Deutschland steht nicht der Gläubiger-, sondern in Anbetracht der bei weitem größeren Bedeutung des Kapitalmarktes bzw. des privaten Risikokapitals für die Unternehmensfinanzierung vielmehr der Anlegerschutzgedanke im Vordergrund[95]. Ausschüttungsüberlegungen spielen aufgrund fehlender rechtlicher Verknüpfung mit dem Gewinnausweis eine eher nachrangige Rolle[96]. Des weiteren liegt der Schwerpunkt der Publizität auf dem Konzern-, weniger auf dem Einzelabschluß; damit ist das Bedürfnis nach einer Segmentierung per se größer als in Kontinentaleuropa[97]. Nach Empfehlungen des IASC haben segmentbezogene Angaben in einem konsolidierten Abschluß zudem im allgemeinen befreiende Wirkung für mitveröffentlichte Einzelabschlüsse[98].

Die „Securities and Exchange Commission" (SEC) als Börsenaufsichtsbehörde ist u. a. mit weitreichenden Befugnissen hinsichtlich der Festsetzung von Rechnungslegungsnormen für börsennotierte Gesellschaften ausgestattet. Die Ausarbeitung detaillierter Rechnungslegungsvorgaben übertrug sie jedoch weitgehend an das 1973 gegründete „Financial Accounting Standards Board" (FASB)[99]. Vor-

---

94 Vgl. *Baumann, K.-H.*, Geschäftsbericht, S. 102.
95 Vgl. *Kleber, H.*, Unterschiede, S. 70 ff.; *Francfort, A. J./Rudolph, B.*, Kapitalstrukturen, S. 1059 ff.; *Busse v. Colbe, W.*, Rechnungswesen, S. 22. Kritisch *Biener, H.*, Rechnungslegungsempfehlungen, S. 350.
96 Eine Regelung wie z. B. § 58 AktG in Deutschland fehlt.
97 Siehe *Gräfer, H.*, Annual report, S. 4; *Biener, H.*, OECD, S. 33.
98 Dies gilt nicht mehr für Unternehmen, deren Papiere öffentlich gehandelt werden, vgl. *IASC*, E 51, Tz. 7.
99 Das FASB setzt sich aus Vertretern verschiedener mit Rechnungslegung befaßter Berufsgruppen zusammen.

schläge in Richtung einer Segmentberichterstattung erfolgten 1969 und 1970 („lines of business") noch durch die SEC, 1976 lag erstmals ein Standard des FASB vor[100]. Zu einem „Generally Accepted Accounting Principle" (GAAP) wird ein solcher Standard jedoch erst dann, wenn er von der allgemeinen Rechnungslegungspraxis angewendet wird[101]. Das „Conceptual Framework" des FASB dient als Rahmen bestehender Normen und soll als Deduktionsbasis künftiger Standards fungieren[102]. Im Vordergrund steht hierbei innerhalb des „decisional usefulness"-Gedankens die „relevance" und „reliability" von Informationen über die Unternehmenssituation, insbesondere über Entwicklung und Zusammensetzung des Unternehmensergebnisses[103].

Vor dem Hintergrund der Probleme des bestehenden Dualismus der Rechnungslegungssysteme strebt das 1973 gegründete „International Accounting Standards Committee" (IASC)[104] die Harmonisierung internationaler Rechnungslegungsgrundsätze an[105]. Bisher wurden ein Rahmenkonzept sowie ca. 30 gültige Standards mit Empfehlungscharakter entwickelt und erst vor kurzem teilweise neu überarbeitet[106]. Die IAS-Gesamtkonzeption ist dabei in wesentlichen Inhalten an angelsächsische Rechnungslegungsstandards angelehnt, was sich hauptsächlich aus der Entwicklungsgeschichte und dem starken Einfluß amerikanischer Fachvertreter erklärt[107]. Ihre Bedeutung auch für

---

100 Vgl. *Baumann, K.-H.*, Segment-Berichterstattung, S. 5 m. w. N. Erste Empfehlungen eines Vorläufers des FASB, des „Accounting Principles Board" (APB), zur Segmentberichterstattung erschienen bereits 1967.
101 Siehe auch *Haller, A.*, GAAP, S. 760 ff.
102 Im „Conceptual Framework" sind Ziele US-amerikanischer Rechnungslegung niedergelegt, vgl. ausführlich *Haller, A.*, US-amerikanische Rechnungslegung, S. 7 ff.
103 Bedeutendes Element ist z. B. eine konsequente Erfolgsspaltung im Rahmen der GuV. Zu den Informationsbedürfnissen des Kapitalmarktes vgl. *Rimerman, T. W.*, Changing, S. 79; zur zunehmenden Bilanzorientierung des FASB *Frankenberg, P.*, Jahresabschlüsse, S. 125 m. w. N.
104 Zur Struktur und Entstehungsgeschichte der Institution vgl. *Förschle, G./ Kroner, M./Mandler, U.*, S. 94 f.
105 Vgl. *Kleekämper, H.*, IASC, S. 287 f.
106 Zum Entwicklungsprozeß eines IAS-Standards vgl. *Risse, A.*, Standard-Setting, S. 833.
107 So *Kleekämper, H.*, Rechnungslegung, S. 45 ff., der hinsichtlich der Entstehungsgeschichte auf die Furcht Großbritanniens vor einer Einflußnahme der z. T. kontinentaleuropäisch geprägten EU-Richtlinien auf die eigene Rechnungslegung verweist.

deutsche Unternehmen erlangen die IAS u. a. in Anbetracht des Vorhabens der – von der SEC dominierten – „International Organisation of Securities Commissions" (IOSCO)[108], diese Grundsätze spätestens ab 1999 weltweit als Voraussetzung einer Börsenzulassung einzuführen[109].

52 Segmentierung gemäß Standard des FASB

521. Derzeitige Berichterstattungsgrundsätze der SFAS

Die prinzipiell bedeutsamen Aussagen des FASB zur Segmentberichterstattung finden sich im SFAS 14[110]. Einzelne Aspekte der Segmentberichterstattung ergeben sich jedoch erst im Zusammenhang mit anderen Standards[111].

Die Segmentierung folgt generell dem Muster einer einfachen Disaggregation der Abschlußdaten[112] unter Berücksichtigung intersegmentärer Beziehungen[113]. Die Segmentberichterstattung als Bestandteil der Jahresabschlußerläuterungen („disclosures") erfolgt zumeist i. R. d. sogenannten „notes", vergleichbar dem deutschen Anhang[114].

---

108 Internationaler Verband der Börsenaufsichtsbehörden.
109 Vgl. *Biener, H.*, Rechnungslegungsempfehlungen, S. 352 ff., der ferner auf die Einflußnahme des IASC auf EU-Ebene hinweist.
110 „Statement of Financial Accounting Standards No. 14 – Financial Reporting for Segments of a Business Enterprise". Vgl. *FASB,* SFAS 14, S. 99 ff.
111 Aussagen zur Segmentberichterstattung finden sich auch in SFAS 18 (Freistellung von Segmentangaben bei der Zwischenberichterstattung), 21 (keine Pflicht zur Segmentierung für nicht börsennotierte Gesellschaften), 24 (befreiende Segmentberichterstattung) und 30 (Angaben in bezug auf Großkunden).
112 Die Angaben der Segmentberichterstattung sind grundsätzlich aus dem Abschluß herzuleiten, d. h. die Bilanzierungs- und Bewertungsgrundsätze, die für den Abschluß gelten, bilden auch die Basis der Segmentberichterstattung. Abweichungen von diesen Grundsätzen sind nach *FASB,* SFAS 14, Tz. 22 zu erläutern.
113 Als Basis für intersegmentäre Beziehungen gilt der Betrag, mit dem das Unternehmen solche Leistungen bewertet (Verrechnungspreis).
114 Vgl. zur Erläuterungsfunktion der „notes" *Haller, A.,* Grundlagen, S. 365 ff. Als weitere Alternative sind die Erstellung spezieller Tabellen mit eindeutiger Kennzeichnung als Bestandteil des Jahresabschlusses bzw. die Integration in die Bilanz zu nennen. Freiwillige Zusatzangaben sind gestattet.

Überleitungsrechnungen zu aggregierten Daten sowie Angleichungen von Vorjahresdaten bei Ausweisänderungen sind obligatorisch[115].

Berichtspflichtige Segmente stellen grundsätzlich „industry segments" (Tätigkeitsbereiche)[116] und „geographic areas" (Märkte) dar. Ebenfalls noch in SFAS 14 enthalten sind Berichtspflichten zu „major customers" (Großkunden), die Ausführungen hierzu wurden aber durch SFAS 30 ersetzt[117].

Zur Bestimmung tätigkeitsbezogener Segmente muß zunächst eine Abgrenzung einzelner Produkte und Dienstleistungen und ihre anschließende Zuordnung zu verschiedenen Industriezweigen erfolgen. Hinsichtlich der genaueren Segmentabgrenzung existieren keine standardisierten Vorgaben; vielmehr bleibt diese weitgehend dem Ermessen des bilanzierenden Unternehmens überlassen[118]. Die Art der Produkte im Segment ist zu veröffentlichen.

Der Kreis der Segmentierungsobjekte ist nach amerikanischem Recht wesentlich weiter gefaßt als nach deutschem. Die Segmentierung erfaßt Umsatz („revenue"), Ergebnis („operating profit") und die Höhe des Buchwerts aller materiellen und immateriellen Vermögensgegenstände („identifiable assets"); des weiteren sind Angaben über Sachinvestitionen („capital expenditures") sowie ordentliche und außerordentliche Abschreibungen bzw. Substanzverluste („depreciation", „depletion", „amortization expense") zu machen[119]. Abweichungen ergeben sich auch hinsichtlich der materiellen Inhalte der zu segmentierenden Positionen. So kann „revenue" zusätzlich zum Um-

---

115 Siehe *FASB*, SFAS 14, Tz. 30. Dies dient dem Schutz Dritter vor nicht aufklärbaren Differenzen.
116 Als Tätigkeitsbereiche gelten dabei grundsätzlich nur solche, die überwiegend Außenumsätze tätigen; siehe *FASB*, SFAS 14, Tz. 10a.
117 Ursprünglich ebenfalls in SFAS 14 geregelt, aber inzwischen von SFAS 30 erfaßt, vgl. *FASB*, SFAS 30, Tz. 6.
118 Vgl. *FASB*, SFAS 14, Tz. 11 ff.; das FASB führt aus, daß von den beispielhaft angeführten Klassifikationssystemen letztendlich keines geeignet sei, den individuellen konzern- bzw. unternehmensbezogenen Erfordernissen einer Segmentberichterstattung zu genügen. Als Charakteristika für die Abgrenzung einzelner Segmente können bspw. Eigenschaften der Produkte bzw. Dienstleistungen, unterschiedliche Herstellungsverfahren oder Absatzmärkte und Marketingmethoden fungieren; vgl. *Pellens, B.*, Internationale Rechnungslegung, S. 303.
119 Vgl. *FASB*, SFAS 14, Tz. 22 ff.

satz nach deutschem Verständnis weitere Ertragskomponenten enthalten[120]. Der Begriff des „operating profit" ist ebenfalls nicht deckungsgleich mit einer Erfolgsgröße des deutschen Rechnungslegungsrechts[121]. Nach SFAS 14 erfolgt die Berechnung dieser Erfolgsgröße unter Einbeziehung von Aufwendungen, die intersegmentären Umsätzen zuzurechnen sind. Ferner sind neben den Herstellungskosten auch nicht direkt zurechenbare betriebliche Aufwendungen enthalten[122]; ihre Verteilung erfolgt auf der Basis eines geeigneten und durchgängig angewandten Maßstabes[123].

Umsätze mit außenstehenden Abnehmern und zwischen den Bereichen („intersegment sales") sind voneinander abzugrenzen und gesondert anzugeben[124]. Die Unternehmung hat für intersegmentäre Transaktionen die zugehörigen Verrechnungspreise sowie evtl. Veränderungen zu nennen und in ihren Auswirkungen auf Segmentumsätze und -ergebnisse darzustellen. Gleiches gilt bezüglich des „operating profit" im Falle einer Änderung der Bilanzierungsmethoden[125].

Für jeden berichtspflichtigen Tätigkeitsbereich ist darüber hinaus auch über nicht im Konsolidierungskreis enthaltene (z. B. assoziierte) und gleichzeitig vertikal integrierte Unternehmen hinsichtlich des Unternehmensanteils an dessen Jahresüberschuß („net income"), des Eigenkapitalanteils sowie des zugehörigen Standortes der Gesellschaft zu berichten[126].

Generell ist nur über signifikante Segmente („reportable segments")[127] zu berichten, wobei das zugrundeliegende „relevance"-

---

120 „Revenue" wird vom FASB in recht allgemeiner Form definiert, wobei aber davon auszugehen ist, daß die Umsätze wohl den Hauptbestandteil ausmachen. Vgl. *Bernards, O.*, Segmentberichterstattung, S. 270.
121 Eine detaillierte Beschreibung der unterschiedlichen Ausgestaltung findet sich bei *Frankenberg, P.*, Jahresabschlüsse, S. 136 ff.
122 Vgl. *Pellens, B.*, Internationale Rechnungslegung, S. 306.
123 Erlöse des allgemeinen Bereichs, Verwaltungsaufwendungen, Zinsaufwendungen oder Gewinn- und Verlustanteile nichtkonsolidierter Unternehmen sind nicht in die Berechnung des „operating profit or loss" einzubeziehen. Vgl. *FASB*, SFAS 14, Tz. 10d.
124 Die Umsätze unterscheiden sich in bezug auf Bewertungsansätze und Risiko.
125 Die Methoden, nach denen betriebliche Aufwendungen zwischen Industriesegmenten verteilt wurden, sind ebenfalls offenzulegen.
126 Vgl. *FASB*, SFAS 14, Tz. 27c.
127 Siehe im folgenden *FASB*, SFAS 14, Tz. 15–30.

Prinzip weitaus mehr Konkretisierung erfährt als das Wesentlichkeitskriterium nach HGB. Die Prüfung hat für alle Segmentierungskriterien getrennt zu erfolgen. Eine Berichtspflicht besteht nur dann, wenn nach mindestens einem der Segmentierungsobjekte „revenue"[128], „operating profit"[129] und „assets"[130] 10% oder mehr der jeweiligen Bezugsgröße[131] auf ein Segment entfallen[132]. Im Bereich der Abgrenzung berichtspflichtiger Segmente betont das FASB den Stetigkeitsgrundsatz, so daß eher Zusatzinformationen über die Umstände ungewöhnlicher Datenrelationen zu geben sind als auf die Darstellung eines üblicherweise berichtspflichtigen Segmentes zu verzichten[133]. Um eine unnötige Detailflut zu vermeiden, gilt eine Richtgrenze von 10 Segmenten. Zur Gewährleistung des angestrebten Informationsstandards muß die Summe der Außenumsätze der als berichtspflichtig identifizierten Segmente 75% des Gesamtaußenumsatzes übersteigen. Erfüllen die aufgrund der obigen Kriterien abgegrenzten Segmente die letzte Bedingung nicht, sind weitere Segmente in die Berichterstattung einzubeziehen[134].

---

128   Hier ist der Gesamtumsatz zzgl. der intersegmentären Umsätze als Vergleichswert heranzuziehen.
129   Als Vergleichswert im Gewinnfall ist der absolute Betrag des „operating profit" aller Segmente heranzuziehen. Im Verlustfall entsprechend der absolute Betrag des „operating loss" aller Segmente. Treten in einem Segment sowohl positive als auch negative Ergebnisse auf, ist der größere Betrag dem Vergleich zugrunde zu legen.
130   Als (fortgeführter) Wert des mehrheitlich von einem Segment genutzten Vermögens. Vergleichswert ist die Summe des Vermögens aller Segmente.
131   In die Berechnung des jeweiligen Gesamtbetrages sind auch nicht disaggregierbare Daten (Gemeingrößen) einzubeziehen.
132   Es handelt sich bei der „10%-Grenze" um eine generelle Signifikanzschwelle. Im Falle eines dominanten Segments mit einem Anteil von mehr als 90% bzgl. jedes Signifikanzkriteriums braucht lediglich der Industriezweig angegeben zu werden, in dem die Gesellschaft tätig ist, eine Verpflichtung zu gesonderter Segmentierung besteht nicht mehr. Vgl. *FASB,* SFAS 14, Tz. 20.
133   Vgl. *FASB,* SFAS 14, Tz. 16; entsprechendes gilt auch für den Fall, daß ein sonst unbedeutendes Segment einmalig ein quantitatives Kriterium für die Berichterstattung erfüllt.
134   Bei Überschreiten der Richtgrenze ist genau zu prüfen, ob eine Zusammenfassung der am engsten verwandten Segmente angebracht erscheint. Eine Kombination darf nur erfolgen, soweit dies zur Überschaubarkeit der Segmentanzahl erforderlich ist.

Unabhängig von den Angaben zu Tätigkeitsbereichen verlangt das FASB eine geographische Unterteilung der Informationen über Umsatz[135], Betriebsergebnis und Vermögensgegenstände[136]. Als Mindestmaß einer geographischen Aufgliederung gilt die Einteilung nach In- und Ausland. Soweit sich die ausländischen Aktivitäten weiter in signifikante Bereiche unterteilen lassen[137], sind Angaben auch für diese Bereiche einzeln vorzunehmen[138]. Bis auf wenige Ausnahmen gelten die gleichen Berichterstattungsgrundsätze wie für Tätigkeitsbereiche. So kann die Nennung des „operating profit" auch durch die Angabe des Jahresüberschusses oder einer anderen Erfolgsgröße ersetzt bzw. ergänzt werden[139].

Inländische Aktivitäten können Umsätze mit Kunden im Heimatland und Exportgeschäfte enthalten. Die Summe der Verkaufserlöse („amount of sales") an Dritte ins Ausland stellt eine von der oben beschriebenen Segmentierung unabhängige Angabepflicht dar, sofern sie 10% des Gesamtumsatzes aus Verkäufen übersteigt. Sie ist als Gesamtbetrag anzugeben, des weiteren für jeden geographischen Wirtschaftsraum, soweit dies angemessen erscheint[140].

Abweichend vom deutschen Recht kommt es zudem zur Segmentierung in bezug auf Großkunden. Werden mindestens 10% der Gesamtumsatzerlöse mit einem einzelnen Kunden getätigt[141], muß über diese

---

135 Anzugeben sind die Erlöse, die mit fremden Dritten einer Region erzielt werden und Umsätze zwischen den geographischen Segmenten.
136 Angaben über Investitionen und Abschreibungen sind bei geographischer Aufgliederung nicht verlangt.
137 Als Kriterien für den 10%-Test dienen der Anteil des Umsatzes mit fremden Dritten in der Region am Gesamtumsatz und die Höhe der Vermögensgegenstände, vgl. *FASB*, SFAS 14, Tz. 32. Die nicht signifikanten Gebiete gelten als ein Segment.
138 Das FASB strebt eine Aufteilung nach Ländern oder Ländergruppen an, siehe SFAS 14, Tz. 34. Für die Zusammenfassung zu Segmenten sind Gesichtspunkte der geographischen Lage, der wirtschaftlichen Affinität, der Ähnlichkeit des wirtschaftlichen Umfeldes sowie die Intensität der Geschäftsbeziehungen zwischen den Ländern zu beachten. Vgl. *Bernards, O.*, Segmentberichterstattung, S. 269.
139 Die Verwendung einer anderen Größe wird auf den Bereich zwischen Betriebsergebnis und Jahresüberschuß begrenzt.
140 Vgl. *Siebert, H.*, Grundlagen, S. 320.
141 Für diese Regelung gelten auch ein einheitlich geführter Konzern, eine Gebietskörperschaft oder eine Regierung als Einzelkunden.

Tatsache und die Höhe der Umsätze mit diesem Kunden gesondert berichtet werden. Das betroffene Segment ist anzugeben, eine explizite Nennung des Kunden nicht erforderlich[142].

522. Erweiterung der Berichterstattung durch den Neuentwurf des FASB

In Reaktion auf Ergebnisse eigener Untersuchungen sowie die Forderung von Finanzanalysten nach zusätzlichen und häufigeren Segmentinformationen wurde im Rahmen eines gemeinsamen Projektes von FASB und „Accounting Standards Board" des kanadischen Instituts der Wirtschaftsprüfer (AcSB) zu Beginn 1996 ein Neuentwurf der SFAS 14 und 30, E 136: „Reporting Disaggregated Information about a Business Enterprise" veröffentlicht[143]. Dieser Exposure Draft ersetzt die bisherige Segmentabgrenzung durch den Begriff des „operating segment". Hierunter ist ein Teil des Unternehmens zu verstehen, der durch die Teilnahme am allgemeinen Wirtschaftsleben Aufwendungen verursacht und Erträge erwirtschaftet, dessen operative Ergebnisse regelmäßig von den obersten operativen Entscheidungsträgern beurteilt und für den Investitionsentscheidungen getroffen werden. Die Bereitstellung eigenständiger Finanzinformationen durch ein internes Berichtswesen muß gewährleistet sein[144]. Die Abgrenzung der Segmente basiert demnach auf der internen Organisations- und Entscheidungsstruktur des Unternehmens[145]. Als Maßstab für Segmentierungsobjekte dient entsprechend der Detaillierungsgrad und Berechnungsmodus von Kennzahlen im Rahmen der internen Berichterstattung. Gleichzeitig wurde die Zahl der berichtspflichtigen

---

142 Vgl. *FASB*, SFAS 30, Tz. 6.
143 Vgl. generell *FASB*, E 136, S. 1 ff. Im folgenden werden vor allem Änderungen gegenüber SFAS 14 dargestellt.
144 Vgl. *FASB*, E 136, Tz. 11. Die für die Abgrenzung der Segmente signifikanten Faktoren und die in den Segmenten erfaßten Produkte und Dienstleistungen sind anzugeben, *FASB*, E 136, Tz. 21.
145 Die Begrenzung der Segmentzahl sowie die prinzipielle Einschränkung der Segmentierungskriterien auf geographische oder produktorientierte Kriterien wird somit aufgehoben. Bei nicht eindeutiger Abgrenzung wird hilfsweise auf die Existenz von Bereichsmanagern sowie die Eigenart der Unternehmensbereiche abgestellt. Weisen Segmente dennoch nahezu identische Charakteristika im Produktions- und Absatzbereich auf, sind diese zusammenzufassen. Vgl. *FASB*, E 136, Tz. 18.

Objekte erhöht. So müssen neben Vermögensgegenständen[146] nun auch Segmentverbindlichkeiten angegeben werden. Soweit der intern ermittelte Gewinn oder Verlust pro Segment[147] diese Größen enthält, sind segmentbezogene Ausführungen zu Umsätzen mit anderen Segmenten und externen Abnehmern, Zinsaufwand/-ertrag, Steueraufwand/-erstattung, planmäßigen und außerplanmäßigen Abschreibungen, außergewöhnlichen Aufwands- oder Ertragsgrößen („extraordinary/unusual items") sowie Forschungs- und Entwicklungsaufwand zu veröffentlichen[148].

Soweit sich die Organisationsstruktur einer Unternehmung nicht nach Produkten richtet, hat diese zumindest die Umsatzerlöse für alle Kunden nach Produkten bzw. Produktgruppen getrennt anzugeben. Bei fehlender Ausrichtung an geographischen Kriterien sind ebenfalls Mindestangaben z. B. über Umsätze, die langlebigen Vermögensgegenstände (außer „financial instruments") und Rechte, aktive latente Steuern sowie die zugehörigen Aufwendungen in jedem Land offenzulegen[149]. Die Informationspflichten über Hauptkunden bleiben unverändert.

Ferner soll durch E 136 allgemein eine größere Konsistenz von Segment- und aggregierten Daten des Jahresabschlusses, u. a. durch Überleitungsrechnungen, gesonderte Angaben zu den nicht in die Segmentierung einbezogenen Größen sowie zu den Bilanzierungs- und Verrechnungspreisgrundsätzen erreicht werden[150]. Auswirkungen von Änderungen sind generell anzugeben. Zudem hat bereits in Zwischenabschlüssen die Veröffentlichung einer Auswahl segmentbezogener Daten zu erfolgen[151].

---

146 Bei den entsprechenden Vermögensgegenständen sind at equity bewertete gesondert anzugeben, vgl. *FASB,* E 136, Tz. 29.
147 Vgl. auch zur Angabe der Berechnungsgrundlagen *FASB,* E 136, Tz. 22, 26. Vorgegebene Definitionen z. B. des „operating profit" entfallen somit. Dies gilt auch, wenn seine Ermittlung ansonsten gegen Anforderungen der GAAP verstößt.
148 Zu diesen und weiteren Angabepflichten siehe *FASB,* E 136, Tz. 24 f.
149 Sofern einzelnen ausländischen Angaben keine wesentliche Bedeutung zukommt, ist eine Zusammenfassung nach Wesentlichkeitsgesichtspunkten zulässig. Vgl. *FASB,* E 136, Tz. 35.
150 Vgl. zu detaillierten Überleitungsrechnungen *FASB,* E 136, Tz. 25, 31. Ziel ist u. a. die Eliminierung jahresabschlußpolitischer Einflüsse.
151 Zu den Angabepflichten im einzelnen vgl. *FASB,* E 136, Tz. 38.

53 Segmentierung gemäß Standard des IASC

531. Berichterstattungsempfehlungen gemäß IAS 14

Der noch gültige Standard des IAS 14[152] zur Segmentberichterstattung weist eine relativ enge konzeptionelle Verwandtschaft zum amerikanischen Rechnungslegungsrecht auf. Sie wendet sich an volkswirtschaftlich bedeutende Wirtschaftseinheiten (inklusive Tochtergesellschaften) sowie Unternehmen, deren Wertpapiere öffentlich gehandelt werden[153].

Als Segmentierungskriterien dienen wie in SFAS 14 abgrenzbare Tätigkeitsbereiche („industry segments") sowie geographische Märkte („geographical segments"). Die weitergehende Einteilung der Tätigkeitsbereiche kann nach Produktgruppen oder wesentlichen Abnehmerkreisen, die des geographischen Bereiches[154] – u. U. auch kombiniert – nach Produktionsstätten oder Absatzmärkten erfolgen[155]. Eine durchgängige Absatzmarktorientierung besteht insofern nicht[156]. Allgemeine Orientierungshilfen für die Geschäftsleitung bei der Detailabgrenzung der Segmente bilden nach Ansicht des IASC Produkte und insbesondere Abweichungen zwischen Produkten hinsichtlich Qualität, Rentabilität, Risiko und Expansionserwartungen sowie die besondere Bedeutung einzelner Produktions- und Vertriebsbereiche für die Gesamtunternehmung[157]. Auf mögliche Übereinstimmungen zwischen interner Organisationsstruktur und Segmenten einer Unternehmung wird hingewiesen. Anders als SFAS 14 sieht IAS 14 keine starren quantitativen Signifikanzkriterien vor[158]. Der

---

152 „Reporting Financial Information by Segment"; vgl. *IASC*, IAS 14, S. 235 ff.
153 Soweit ein Konzernabschluß aufgestellt wird, besteht keine Verpflichtung zur Veröffentlichung von Segmentangaben in den Einzelabschlüssen.
154 Die Einteilung in In- und Ausland stellt dabei eine Mindestanforderung dar.
155 Vgl. *IASC*, IAS 14, Tz. 11.
156 Hinsichtlich der Veröffentlichung einer Exportquote wird lediglich auf entsprechende einzelstaatliche Vorschriften verwiesen.
157 Vgl. *IASC*, IAS 14, Tz. 12.
158 Als mögliche Signifikanzgrenze wird ein Wert von 10% des konsolidierten Umsatzes, Betriebsergebnisses oder der gesamten Vermögenswerte für ein Segment genannt. Eine Segmentobergrenze existiert nicht.

Segmentierungsansatz stellt eher auf eine an den Risiken und Chancen der einzelnen Bereiche orientierte Abgrenzung ab[159].

Hinsichtlich des Katalogs der für verbindlich erachteten Segmentierungsobjekte nimmt IAS 14 eine Zwischenposition zwischen den deutschen Vorschriften und dem FASB-Standard ein. Für jedes berichtpflichtige Segment sind gemäß IAS 14, Tz. 16 vier Größen anzugeben: die „sales or other operating revenues"[160], extern und intern aufgegliedert, die Grundlagen der angewandten Verrechnungspreise (z. B. „cost", „fair market value"), das Segmentergebnis und das Segmentvermögen[161]. Soweit angemessen möglich, erfolgt die Aufspaltung der nicht direkt einem Segment zurechenbaren Größen anhand einer Schlüsselung[162]. Auch hier ist der Begriff der Umsätze weiter gefaßt als nach dem Verständnis des HGB[163]. Die Saldogröße „Segmentergebnis" ergibt sich nach Herausrechnen nicht originär betrieblicher („non operating") und außergewöhnlicher Ergebniskomponenten[164]. Zusätzlich enthält IAS 14 eine Reihe fakultativer Berichtselemente[165], die z. T. mit berichtspflichtigen Größen nach SFAS 14 übereinstimmen.

---

159 Vgl. *IASC*, IAS 14, Objektive; *Risse, A.*, Segmentberichterstattung, S. 740.
160 Die Formulierung in Tz. 16a („sales or other operating revenues") ist wohl in Richtung eines umfassenderen Umsatzerlösbegriffes, weniger als explizites Wahlrecht der Angabe von „sales revenues" oder „other operating revenues" zu verstehen.
161 Wahlweise kann bzgl. des Vermögens eine absolute oder relative Zahlenangabe in Prozent des konsolidierten Gesamtbetrages erfolgen. Das Vermögen umfaßt dabei materielle und immaterielle Bestandteile. Vgl. *IASC*, IAS 14, Tz. 16 und 19. Eine Segmentierung der Verbindlichkeiten hat demgegenüber nicht zu erfolgen. Diese weisen annahmegemäß entweder nur Bezug zum Gesamtunternehmen auf oder tragen eher zum Finanz- als zum operativen Ergebnis bei. Vgl. *IASC*, IAS 14, Tz. 19.
162 Eine Unterlassung der Zurechnung aufgrund fehlender Aussagefähigkeit der Ergebnisse wird offensichtlich akzeptiert. Vgl. *IASC*, IAS 14, Tz. 18 und 19.
163 Es handelt sich hier um eine Brutto-Umsatzgröße, die wohl eher im Sinne einer Summe der Erträge aus gewöhnlicher Geschäftstätigkeit („ordinary activities") zu verstehen ist. Vgl. *IASC*, Framework, Tz. 74.
164 Dies betrifft Zinserträge und -aufwendungen, Steuern vom Einkommen sowie sonstige außergewöhnliche Positionen.
165 So z. B. Erträge aus at equity bewerteten Investitionen, Minderheitsanteile, außerordentliche Positionen, Abschreibungsaufwand, Entwicklungskosten und Investitionen, vgl. *IASC*, IAS 14, Tz. 23.

Die IASC-Empfehlung sieht jeweils Überleitungsrechnungen von der Summe segmentierter Daten zum aggregierten Gesamtbetrag nebst zugehörigen Erläuterungen vor. Dies betrifft auch Arten, Ursachen und materielle Auswirkungen von Änderungen der Segmentabgrenzung sowie der angewandten Bilanzierungsgrundsätze.

Insgesamt enthält IAS 14 zwingende Regelungen in deutlich geringerem Umfang als nach FASB-Standard, ergänzt durch Elemente freiwilliger Berichterstattung.

532. Der Neuentwurf des IASC in Abgrenzung zu den Vorschlägen des FASB

Ziele der Überarbeitung des IAS 14 durch ein „Draft Statement of Principles" (DSoP)[166] und einen anschließenden Vorentwurf (Exposure Draft E 51)[167] waren neben der Erweiterung der Berichtspflichten und einer deutlicheren begrifflichen Fassung die Verringerung vorhandener Wahlrechte, um insbesondere den Anforderungen der IOSCO zu genügen[168]. Aufgrund der engen Zusammenarbeit von IASC, FASB und dem kanadischen AcSB besteht zwischen den jeweiligen Neuentwürfen zur Segmentberichterstattung in weiten Teilen eine enge Verwandtschaft[169]. So wurde u. a. der Kreis der nach IAS berichtspflichtigen Unternehmen eingegrenzt[170].

Während das DSoP noch eine Ausrichtung der Segmenteinteilung nach Risiken und Chancen von Geschäftsfeldern (sog. „risk and reward approach") fordert, ersetzt E 51 diesen Gedanken durch eine – allerdings nicht streng durchgehaltene – Ausrichtung an der internen

---

166 Vgl. *IASC*, Reporting, als Vorstufe eines Exposure Draft, des eigentlichen Vorentwurfs. Vgl. *Bolin, M.*, IASC, S. 484. Kritik zum DSoP siehe *Dangerfield, A.*, Rechnungslegung, S. 28 f.
167 Vgl. *IASC*, E 51, S. 811 ff.
168 Zur Notwendigkeit der Überarbeitung *Risse, A.*, Segmentberichterstattung, S. 738. Im Juli 1997 soll über die endgültige Annahme und den Zeitpunkt der Veröffentlichung des revidierten IAS 14 entschieden werden. Das IASC beabsichtigt seine Anwendung für Berichtsperioden, die ab dem 1. 1. 1998 beginnen. Vgl. *IASC*, Update, S. 1.
169 Vgl. *Risse, A.*, Standardentwurf, S. 748; *Pacter, P.*, Segment Reporting, S. 16 f.
170 Begrenzung auf Unternehmen mit öffentlich gehandelten Eigentums- oder Schuldtiteln, z. B. Gesellschaften i. S. d. § 267 Abs. 3 Satz 2 HGB.

Organisation und Berichterstattung des Unternehmens/Konzerns[171]. Diese gilt als maßgeblich dafür, ob im Hinblick auf bestehende Geschäftsrisiken und Chancen eine produktorientierte („business segments") oder geographische Ausrichtung („geographical segments") der Segmente als vorrangig anzusehen ist[172] und wie die Segmenteinteilung im Detail auszusehen hat. E 51 spricht auch von primärem und sekundärem Segmentierungskriterium, die Orientierung an einem abweichenden internen Kriterium ist nicht vorgesehen[173]. Zusätzlich greift IAS 14 für „reportable segments" zwei Bedingungen aus SFAS 14 auf[174], den 10%-Signifikanztest und die Forderung nach überwiegender Umsatzerzielung mit externen Kunden[175].

Besonders deutlich wird die Durchbrechung des internen Prinzips hinsichtlich der Ermittlung der Segmentierungsobjekte. So hält das IASC im Gegensatz zum FASB am Prinzip der einheitlichen Vorgabe der jeweiligen Berechnungsmethode für alle Segmente fest. Abweichend voneinander erklären das FASB interne bzw. das IASC externe Rechnungslegungsgrundsätze für dominant. Im Zentrum des E 51 stehen in Anbetracht der Bereinigung um außerordentliche und betriebsfremde Elemente weiterhin rein betriebliche („operating") Ergebnisgrößen[176]. Bezüglich der Abgrenzung der Segmentgrößen ist nach dem Verständnis des IASC eine möglichst verursachungsgerechte, objektivierte und symmetrische Zuordnung von Vermögensgegenständen sowie zugehöriger Aufwendungen und Erlöse unerläßlich[177], was aufgrund der strengen Maßgeblichkeit des internen Be-

---

171 Als Argumente hierfür werden Kostengründe sowie der ohnehin bei der internen Struktur berücksichtigte Risikoaspekt genannt. Vgl. *Risse, A.,* Standardentwurf, S. 747.
172 Bei nicht eindeutiger Orientierung ist ein Kriterium auszuwählen bzw. es sind beide als primäre Kriterien zu behandeln. Vgl. *IASC,* E 51, Tz. 22 ff., 27. Zu den Anforderungen an ein Segment vgl. *IASC,* E 51, Tz. 9.
173 Hier weicht E 51, Tz. 27, 60 von den Vorstellungen des *FASB,* E 136, Tz. 11 ab.
174 Diese Voraussetzungen gelten in *FASB,* E 136 nicht mehr.
175 Vgl. *IASC,* E 51, Tz. 29, 61, 72. Die Umsatzbezugsgröße des Relevanzkriteriums schließt dabei intersegmentäre Umsätze ein. Zusatzangaben zu intensivem (vertikalem) intersegmentären Leistungsaustausch sind explizit erwähnt. Vgl. dagegen *FASB,* E 136, Tz. 77.
176 Vgl. *IASC,* E 51, Tz. 13.
177 Vgl. *Risse, A.,* Standardentwurf, S. 748; *Pacter, P.,* Segment Reporting, S. 17.

richtssystems nach FASB-Grundsätzen nicht zwingend gegeben sein muß.

Bedeutung erlangt die Einteilung in primäres und sekundäres Segmentierungskriterium für den Umfang der Berichterstattungspflichten. Auf der Ebene des primären Segmentierungskriteriums weichen sie insgesamt nur geringfügig von den Pflichten für „operating segments" in E 136 ab[178]. Unterschiede gegenüber den Mindestanforderungen an eine geographische bzw. tätigkeitsbezogene Berichterstattung im FASB-Entwurf ergeben sich auf Ebene des sekundären Segmentierungskriteriums. Hier verlangt die IASC-Empfehlung nur Ausführungen zu Erlösen aus Geschäften mit Dritten, zum Gesamtbuchwert der Segmentaktiva sowie den zugehörigen Investitionsaufwendungen in Gegenstände des Anlagevermögens[179]. Soweit nicht bereits ersichtlich, haben Angaben zur Höhe der Erlöse mit Dritten in bezug auf eine geographische Abgrenzung nach Kunden zu erfolgen[180]. Nahezu identische Anforderungen bestehen auch bezüglich der sonstigen Berichterstattung, insbesondere im Bereich der Überleitungsrechnungen („reconciliation")[181].

6 Die Übernahme internationaler Segment-Reporting-Anforderungen in das deutsche Rechnungslegungsrecht

61 Erfüllung konzeptioneller Ansprüche

Folgt man der einfachen These, daß ein Mehr an segmentbezogenen Daten auch ein Mehr an Informationsbefriedigung bedeutet[182], dann ist die Segmentberichterstattung nach FASB- und IASC-Standards aufgrund des größeren Kreises der Segmentierungsobjekte sowie u. U. zusätzlicher Segmentierungskriterien deutlich höher zu bewerten als die bisherige deutsche Variante. Gemessen am theoretischen

---

178 Vgl. *IASC*, E 51, Tz. 40–56; *FASB*, E 136, Tz. 24–31.
179 Vgl. *IASC*, E 51, Tz. 57 f.
180 Vgl. *IASC*, E 51, Tz. 59.
181 Vgl. *FASB*, E 136, Tz. 25 sowie *IASC*, E 51, Tz. 56. Die im Entwurf des IASC fehlende Angabe der keinem Segment zurechenbaren Beträge ist dabei implizit in der Forderung nach einer Überleitung zu den aggregierten Daten enthalten.
182 Kritisch *Beermann, K./Fülling, F./Sperl, A.*, Zusatzinformationen, S. 199.

Grundanspruch einer möglichst totalen Segmentierung stellen jedoch auch die angelsächsischen Standards nur einen relativ geringen Fortschritt gegenüber dem rudimentären Ansatz des HGB dar. Eine konzeptionell zur Konsolidierung konträre Segmentierungstheorie zwecks Erstellung vollständiger Segmentabschlüsse ist zwar in Ansätzen in der Literatur vorhanden[183], hängt in ihren Ergebnissen jedoch von den getroffenen Basisentscheidungen ab und steht im Rahmen der derzeit geführten Grundlagendiskussion erst an nachrangiger Stelle. Hier wie dort erfolgt überdies eine Kosten-/Nutzen-Analyse segmentbezogener Daten, die die Umsetzung des Konzepts einer totalen Segmentierung höchst unwahrscheinlich erscheinen läßt.

Die derzeitige Diskussion um eine Neuorientierung der externen Segmentberichterstattung läßt sich auf übergeordneter Ebene zum Widerstreit zweier Grundkonzeptionen verdichten:

1. des vom FASB verfolgten Konzeptes der durchgängigen Anwendung interner Organisations- und Berichterstattungsgrundsätze, in dessen Rahmen der potentielle Investor zumindest tendenziell mit denselben Informationen versorgt wird wie die Unternehmensleitung („management approach") und

2. des Konzeptes der Abkoppelung externer und interner Rechnungslegung mit einer eng an vermuteten Kapitalmarktbedürfnissen orientierten Informationspolitik externer Adressaten, die in Grenzen einen zwischenbetrieblichen Vergleich ermöglichen soll.

Eine Entscheidung für den einen oder anderen Ausgangspunkt hat unmittelbare Konsequenzen für die Ausgestaltung der Vorschriften zur Segmentberichterstattung. So kann im Falle des „management approach" im Gegensatz zum Abkoppelungsansatz auf Detailvorschriften zur Segmentidentifikation und Abgrenzung der Segmentierungsobjekte nahezu gänzlich verzichtet werden.

Einen Kompromiß stellt der Vorentwurf E 51 des IASC dar, der im Bereich der Segmentidentifikation im allgemeinen eine Maßgeblichkeit interner Kriterien formuliert, hinsichtlich der Berechnung der Segmentierungsobjekte jedoch Vorgaben macht. So manifestiert sich ein recht enger Kapitalmarktbezug darin, daß u. a. durch Angabe

---

183 Vgl. grundlegend *Haase, K. D.*, Segment-Bilanzen, S. 83 ff.; *Bernards, O.*, Segmentberichterstattung, S. 280 ff.

segmentbezogener Abschreibungs- und Investitionsbeträge dem Investor ansatzweise auf Basis einer Cash-Flow-Ermittlung eine segmentbezogene Shareholder-Value-Analyse ermöglicht wird[184].

Solange bereits die Segmentidentifikation – auch bei eingrenzender Vorgabe von Kriterien – in entscheidenden Fragen ohnehin im Ermessen der Geschäftsleitung liegt, sind die Möglichkeiten einer zwischenbetrieblichen Vergleichbarkeit von vornherein eingeschränkt[185]. Ein gesetzliches Postulat der Vergleichbarkeit besteht – zumindest nach HGB – jedoch nur im Sinne eines betrieblichen Zeitvergleichs[186]. Überdies ist fraglich, ob die Segmentberichterstattung als ein auf unternehmensspezifische Abläufe ausgerichtetes Informationsinstrument hinsichtlich der zwischenbetrieblichen Vergleichbarkeit nicht generell hinter allgemeinere und einheitlich definierte Daten des Konzernabschlusses zurücktritt. Eine Orientierung an internen Kriterien scheint daher möglich.

Die detaillierteren Standards des IASC und FASB setzen die Fiktion der rechtlichen Selbständigkeit der Segmente in stärkerem Maße als die entsprechende deutsche Regelung um; dies zeigt z. B. die Einbeziehung intersegmentärer Umsätze. Obwohl diese Fiktion prinzipiell positiv zu beurteilen ist, muß sie teilweise differenziert betrachtet werden.

Konflikte im Zusammenhang mit der Informationsfunktion entstehen dann, wenn ein vermeintlich eigenständiges Segment in seiner Geschäfts- und Finanzpolitik vollkommen fremdbestimmt ist, z. B. im Rahmen eines Vertragskonzerns[187]. Hierbei stehen sich Einheitstheorie und Selbständigkeitsfiktion gegenüber[188]. Ihre Verknüpfung kann zu einem unübersichtlichen Informationskonglomerat führen, bei der

---

184 Vgl. *Müller, K.*, Earnings per Share, S. 451. Die geplante Veröffentlichung eines Segment-Cash-Flow wurde gestrichen, dabei jedoch auf eine freiwillige Erweiterung des Cash-Flow-Statement nach IAS 7 verwiesen. Vgl. *Risse, A.*, Standardentwurf, S. 748.
185 Ähnlich *Bernards, O.*, Bilanzanalyse, S. 1285.
186 Soweit keine Änderungen der Segmentidentifikation erfolgen, bestehen diesbezüglich keine Bedenken.
187 Zum Typus des Vertrags- oder faktischen Konzerns vgl. *Baetge, J.*, Konzernbilanzen, S. 4 ff.
188 Vgl. *Busse v. Colbe, W./Ordelheide, D.*, Konzernabschlüsse, S. 18.

Interpretation der Informationen sollte die Problematik einer u. U. eingeschränkten Aussagefähigkeit Berücksichtigung finden.

Darüber hinaus lassen sich die Kosten und Leistungen – unabhängig von der vorgenommenen Segmenteinteilung – desto schwieriger in Teilkomponenten zerlegen, die verursachungsgerecht der Zentrale oder einem Bereich zugeordnet werden können, je zentraler die Konzernorganisation und je enger die Zusammenarbeit der einzelnen Konzernunternehmen ist (Liefer- oder Abnahmezwänge)[189]. Im Fall einer ausgeprägten vertikalen Integration stellt ein ausgewiesener Segmenterfolg selbst bei entsprechenden freiwilligen Zusatzinformationen eine nur schwer zu interpretierende Größe dar[190]. Konzernumlagen und Verrechnungspreise sind aufgrund der Koordinationsbestrebungen der Konzernzentrale häufig lediglich Hilfslösungen; selbst durch Nachteilsausgleichsbeträge i. S. d. § 311 AktG im faktischen Konzern können z. B. nicht alle Konzernwirkungen eliminiert werden[191].

Die konsequente Umsetzung der Selbständigkeitsfiktion verlangt den Ansatz marktgerechter Verrechnungspreise. Nach den Vorstellungen des FASB erfolgt die Bewertung intersegmentärer Lieferungs- und Leistungsbeziehungen dagegen aufgrund der im Unternehmen tatsächlich angesetzten Werte. IAS 14 läßt den Bewertungsmaßstab grundsätzlich offen, verlangt jedoch Angaben über die Basis der Ermittlung.

Die Selbständigkeitsfiktion darf nicht zu einer Aufspaltung der wirtschaftlichen Einheit des Konzerns in Segmente führen, die lediglich fiktiv einen eigenständigen Zugang zu Beschaffungs- und Absatzmärkten aufweisen. Dies trägt der Informationsfunktion des Jahres- und Konzernabschlusses nur unzureichend Rechnung. Aufgrund der restriktiven Anforderungen an einen segmentbezogenen Ergebnisausweis ist daher zu überlegen, den Unternehmensbereichen nur insoweit Erfolgsbestandteile zuzurechnen, wie sie sich auch im Gesamtkonzern gegenüber Dritten erfolgswirksam ausgewirkt haben. Synergieeffekte des Konzernverbundes u. a. in Gestalt marktabweichender

---

189 Vgl. *Kellers, R./Ordelheide, D.*, Interne Bereichsergebnisrechnung, S. 108.
190 Vgl. zu Verrechnungspreisen *Hellwig, K.*, Verrechnungspreise, Sp. 2062 m. w. N.
191 Vgl. *Busse v. Colbe, W./Ordelheide, D.*, Konzernabschlüsse, S. 18.

Verrechnungspreise für Dienstleistungen müssen vielmehr deutlich zutage treten, da sie Informationen über die Sonderstellung eines konzernverbundenen Unternehmens im Markt vermitteln. Eine Abweichung von der strikten Selbständigkeitsfiktion in diesem Punkt ist zu begrüßen.

Vermögenspositionen werden den Segmenten ihrer dauerhaften Nutzung zugerechnet, die korrespondierende Behandlung zu den Ergebnisgrößen soll gewährleistet sein. Ein Ausweis ist fragwürdig, wenn die Investitionen zu wesentlichen Teilen aus Mitteln eines Konzernfonds finanziert wurden oder die Güter angesichts ihrer nur quotalen Zuordnung kaum abschätzbaren Verfügungsbeschränkungen unterliegen. Der Ausweis segmentbezogener Ergebnisgrößen trägt so nur in dem recht seltenen Fall der tatsächlichen Lage Rechnung, wenn der jeweilige Bereich eigene Ergebnisverantwortlichkeit (Profit-Center-Organisation) aufweist und zugrundeliegende Größen außerhalb üblicher Marktfaktoren tatsächlich nur sehr wenigen fremdbestimmten und konzernabschlußpolitisch determinierten Schwankungen unterliegen.

62 Mögliche Erweiterung des deutschen Rechts

Das deutsche Rechnungslegungsrecht hat im Bereich der Segmentberichterstattung mit Blick auf seine Generalnormen (§ 264 Abs. 2 und § 297 Abs. 2 HGB) vorrangig für die Darlegung einer neutralen i. S. einer objektivierten und willkürfreien Informationsbasis zu sorgen und weicht damit vom primären „relevance"-Gedanken des „fair presentation"-Prinzips der US-amerikanischen Rechnungslegung ab[192]. Eine konsequente Umsetzung von „management approach" oder Abkoppelungsansatz ist nachrangig. Abgesehen davon, daß eine Verweigerungshaltung gegenüber den Vorschlägen des IASC ohnehin kaum durchsetzbar und geraten erscheint[193], besteht mit E 51 des IASC eine Kompromißlösung, die in weiten Teilen mit unserem Rechnungslegungsverständnis durchaus zu vereinbaren ist. Dies gilt insbesondere für den Konzernabschluß[194]. Mit einigen Modifikatio-

---

192 Vgl. hierzu *Baetge, J./Roß, H.-P.*, fair presentation, S. 33, S. 37 u. S. 45.
193 Vgl. *Schruff, W.*, Internationale Vereinheitlichung, S. 400; *Hulle, K. v.*, Tendenzen, S. 54; *Gidlewitz, H.-J.*, Harmonisierung, S. 289.
194 Vgl. *GEFIU*, Möglichkeiten, S. 1139; a. A. *Biener, H.*, Rechnungslegungsempfehlungen, S. 354 f.

nen könnte daher – auch vor dem Hintergrund einer weiteren EU-Harmonisierung[195] – eine Übernahme in das HGB erfolgen.

Im Bereich der Segmentidentifikation wirkt die Vorgabe zweier Segmentierungskriterien einschränkend und führt u. U. durch die Notwendigkeit einer Umorientierung für die externe Berichterstattung zu unnötigen Zuordnungsproblemen. In Anlehnung an das FASB-Konzept sollte daher die strenge Maßgeblichkeit interner Segmentierungskriterien übernommen werden. Da eine Aufspaltung nach spezifischen internen Kriterien häufig keine regionale oder tätigkeitsbezogene Segmentierung unter Berücksichtigung von Risikoaspekten ersetzt, muß ein Nebeneinander bestehen. Wegen möglicher Schwierigkeiten im Rahmen der Überleitungsrechnungen ist eine Begrenzung auf Segmente mit überwiegenden Außenumsätzen abzulehnen.

Die Vorgabe der Segmentierungsobjekte müßte dabei in der Weise geschehen, daß bei der Berechnung von Segmentergebnis- und Segmentvermögensgrößen[196] Gemeinkosten bzw. Gemeinvermögen lediglich bis zu einer Stufe einbezogen werden, bei der eine verläßliche Zuordnung gewährleistet ist[197]. Trotz des zu erwartenden Widerstandes der Rechnungslegungspraxis sollten intersegmentäre Vorgänge enthalten sein. Ohne Angabe des Anteils intersegmentärer Umsätze am Gesamtumsatz kann eine Einordnung des Grades vertikaler oder horizontaler Integration im Regelfall nicht erfolgen. Die Schutzvorschriften der §§ 286 und 288 HGB sollten zur Vermeidung von Wettbewerbsnachteilen auf eine ausgebaute Segmentberichterstattung abgestimmt werden, klare Kriterien für eine abgestufte Berichterstattung sollten deutliche Priorität vor einem generellen Verzicht auf Segmentberichterstattung erhalten.

---

195 Zur Bedeutung der IAS für die Harmonisierung vgl. *Pohle, K./Schwitters, J.*, Meinungsspiegel, S. 432 ff.

196 Es sollte dabei die Angabe des Anteils nur quotal zugerechneter Vermögensgrößen erfolgen, um die Eignung für eine Segmentrenditeberechnung festzustellen.

197 Vgl. zu den Vor- und Nachteilen *Haller, A./Park, P.*, Grundsätze, S. 518 f. Das IASC legt hier nach eigenen Aussagen durchaus strenge Maßstäbe zugrunde.

7 Schlußbetrachtung

Die Segmentberichterstattung stellt aus materieller Sicht zwar nur einen Randbereich der Rechnungslegung dar, erfährt jedoch in Anbetracht der steigenden Bedeutung des Konzernabschlusses wachsende Relevanz für die Anlageentscheidung und zählt bereits jetzt zu den herausragenden Instrumenten der Investor Relations[198]. Sie nimmt dabei im Rahmen der Internationalisierung der Rechnungslegung quasi eine Vorreiterrolle ein und stellt infolge ihres formalen Charakters einen Testfall für die Flexibilität der deutschen Rechnungslegung dar. Eine Transformation internationaler Standards in das deutsche Rechnungslegungsrecht hat zu berücksichtigen, daß ein größerer Detaillierungsgrad segmentierter Daten häufig zu Lasten der Übersichtlichkeit geht und der Informationswert zudem oft überschätzt wird[199]. Eine Übernahme hätte insofern selektiv zu geschehen. Dagegen abzuwägen ist, daß der Jahresabschluß auf den kundigen Bilanzleser abstellt; eine an möglichst leichter Verständlichkeit orientierte und auf zwangsläufig undifferenzierte und nicht nachvollziehbarer Kernaussagen reduzierte Segmentberichterstattung greift zu kurz. Ein Einstieg in eine zweidimensionale Segmentierung, zumindest aber einer Exportquote je Tätigkeitsbereich, wäre wünschenswert. Ebenfalls erstrebenswert und eher umzusetzen sein dürfte die deutlichere Ausgestaltung des derzeit noch undeutlichen Verpflichtungsgrades für deutsche Unternehmen, z. B. bedingt durch eine Vielzahl auslegungsbedürftiger Rechtsbegriffe.

---

198 Siehe *Goebel, A./Ley, T.*, Investor Relations, S. 1681 f. u. S. 1683.
199 Vgl. hierzu differenziert *Ballwieser, W.*, Informationsökonomie, S. 65 f.; vgl. ferner *Haase, K. D.*, Segmentpublizität, S. 467.

Literaturverzeichnis

Adler, Hans/Düring, Walter/Schmaltz, Kurt, Rechnungslegung und Prüfung der Unternehmen. Kommentar zum HGB, AktG, GmbHG, PublG nach den Vorschriften des Bilanzrichtlinien-Gesetzes, neu bearb. v. Forster, Karl-Heinz u. a., 6. Aufl., Teilband 2, Stuttgart 1995 (§ 285 HGB, § 286 HGB).

APB of the AICPA, Disclosure of Supplemental Financial Information by Diversified Companies, in: Journal of Accountancy, October 1967, S. 51–52 (Disclosure).

Arbeitskreis „Externe Unternehmensrechnung", Aufstellung von Konzernabschlüssen. Empfehlungen des Arbeitskreises „Externe Unternehmensrechnung" der Schmalenbachgesellschaft – Deutsche Gesellschaft für Betriebswirtschaft e. V., hrsg. v. Busse von Colbe, Walther u. a., in: ZfbF-Sonderheft Nr. 21/1987 (Aufstellung).

Baetge, Jörg, Konzernbilanzen, 2., überarb. und akt. Aufl., Düsseldorf 1995 (Konzernbilanzen).

Baetge, Jörg/Commandeur, Dirk, § 264 HGB, in: Handbuch der Rechnungslegung. Kommentar zur Bilanzierung und Prüfung, hrsg. v. Küting, Karlheinz/Weber, Claus-Peter, Bd. Ia, 4., grundlegend überarb. und wesentl. erw. Aufl., Stuttgart 1995 (§ 264 HGB).

Baetge, Jörg/Kirsch, Hans-Jürgen, § 297 HGB, in: Handbuch der Konzernrechnungslegung. Kommentar zur Bilanzierung und Prüfung, hrsg. v. Küting, Karlheinz/Weber, Claus-Peter, Stuttgart 1989 (§ 297 HGB).

Baetge, Jörg/Roß, Heinz-Peter, Was bedeutet fair presentation?, in: US-amerikanische Rechnungslegung. Grundlagen und Vergleiche mit dem deutschen Recht, hrsg. v. Ballwieser, Wolfgang, 2., überarb. und erw. Aufl., Stuttgart 1996, S. 29–45 (fair presentation).

Ballwieser, Wolfgang, Informationsökonomie, Rechnungslegungstheorie und Bilanzrichtlinie-Gesetz, in: ZfbF 1985, S. 47–66 (Informationsökonomie).

Baumann, Karl-Hermann, Der Geschäftsbericht nach dem Bilanzrichtlinien-Gesetz, in: Rechnungslegung und Prüfung nach neuem

Recht, hrsg. v. Baetge, Jörg, Düsseldorf 1987, S. 91–106 (Geschäftsbericht).

Baumann, Karl-Hermann, Die Segment-Berichterstattung im Rahmen der externen Finanzpublizität, in: Bilanz- und Konzernrecht. Festschrift zum 65. Geburtstag von Reinhard Goerdeler, hrsg. v. Havermann, Hans, Düsseldorf 1987, S. 1–23 (Segment-Berichterstattung).

Beermann, Klaus/Fülling, Friedhelm/Sperl, Andreas, Zusatzinformationen zum Jahresabschluß, in: Bilanzfragen. Festschrift für Ulrich Leffson, hrsg. v. Baetge, Jörg u. a., Düsseldorf 1976, S. 191–203 (Zusatzinformationen).

Bernards, Oliver, Segmentberichterstattung diversifizierter Unternehmen. Theoretische und empirische Analyse, Bergisch Gladbach/Köln 1994 (Segmentberichterstattung).

Bernards, Oliver, Zur Bilanzanalyse diversifizierter Unternehmen, in: BB 1995, S. 1283–1287 (Bilanzanalyse).

Biener, Herbert, Der Beitrag der OECD zur Entwicklung und Harmonisierung der Rechnungslegung, in: Unternehmenserfolg. Planung, Ermittlung, Kontrolle, Festschrift zum 60. Geburtstag von Walther Busse von Colbe, hrsg. v. Domsch, Michael u. a., Wiesbaden 1988, S. 19–42 (OECD).

Biener, Herbert, Die Rechnungslegungsempfehlungen des IASC und deren Auswirkungen auf die Rechnungslegung in Deutschland, in: BFuP 1993, S. 345–357 (Rechnungslegungsempfehlungen).

Bleckmann, Albert, Wohl der Bundesrepublik Deutschland oder eines ihrer Länder, in: Handwörterbuch unbestimmter Rechtsbegriffe im Bilanzrecht des HGB, hrsg. v. Leffson, Ulrich u. a., Köln 1986, S. 461–469 (Wohl der Bundesrepublik).

Bolin, Manfred, Das International Accounting Standards Committee. Aufgaben, Organisation und Perspektiven, in: WPg 1990, S. 482–486 (IASC).

Bühner, Rolf, Diversifikation, in: Handwörterbuch der Betriebswirtschaft, hrsg. v. Wittmann, Waldemar u. a., Teilband I, 5., völlig neu gestalt. Aufl., Stuttgart 1993, Sp. 806–820.

Bühner, Rolf, Spartenorganisation, in: Handwörterbuch der Organisation, hrsg. v. Frese, Erich, 3., völlig neu gestalt. Aufl., Stuttgart 1992, Sp. 2274–2286.

Bühner, Rolf/Walter, Hans, Divisionalisierung in der Bundesrepublik Deutschland, in: DB 1977, S. 1205–1207 (Divisionalisierung).

Busse von Colbe, Walther, Das Rechnungswesen im Dienste einer kapitalmarktorientierten Unternehmensführung, in: Globale Finanzmärkte. Konsequenzen für Finanzierung und Unternehmensrechnung, hrsg. v. der Schmalenbachgesellschaft – Deutsche Gesellschaft für Betriebswirtschaft e. V., Stuttgart 1995, S. 15–34 (Rechnungswesen).

Busse von Colbe, Walther/Ordelheide, Dieter, Konzernabschlüsse. Rechnungslegung für Konzerne nach betriebswirtschaftlichen Grundsätzen und gesetzlichen Vorschriften, 6., vollst. neubearb. Aufl., Wiesbaden 1993.

Chmielewicz, Klaus, Segmentierte Erfolgsrechnung, in: Handwörterbuch des Rechnungswesens, hrsg. v. Chmielewicz, Klaus/Schweitzer, Marcell, 3., völlig neu gestalt. und erg. Aufl., Stuttgart 1993, Sp. 1790–1801 (Erfolgsrechnung).

Coenenberg, Adolf G., Jahresabschluß und Jahresabschlußanalyse. Betriebswirtschaftliche, handels- und steuerrechtliche Grundlagen, 15., überarb. Aufl., Landsberg/Lech 1994 (Jahresabschluß).

Csik, Andreas, §§ 313, 314 HGB, in: Handbuch der Konzernrechnungslegung. Kommentar zur Bilanzierung und Prüfung, hrsg. v. Küting, Karlheinz/Weber, Claus-Peter, Stuttgart 1989 (§§ 313, 314 HGB).

Dangerfield, Alan, Rechnungslegung nach IAS. Ende der Flitterwochen?, in: INDEX 1995, S. 26–30 (Rechnungslegung).

Dörner, Dietrich/Wirth, Michael, §§ 284–288 HGB, in: Handbuch der Rechnungslegung. Kommentar zur Bilanzierung und Prüfung, hrsg. v. Küting, Karlheinz/Weber, Claus-Peter, Bd. Ia, 4., grundlegend überarb. und wesentl. erw. Aufl., Stuttgart 1995 (§§ 284–288 HGB).

Ellrott, Helmut, §§ 285, 313, 314 HGB, in: Beck'scher Bilanzkommentar. Handels- und Steuerrecht, bearb. v. Budde, Wolfgang Dieter u. a., 3., neubearb. Aufl., München 1995 (§ 285 HGB, § 313 HGB, § 314 HGB).

FASB, Statement of Financial Accounting Standards No. 14 – Financial Reporting for Segments of a Business Enterprise, in: Journal of Accountancy, February 1977, S. 99–104 (SFAS 14).

FASB, Statement of Financial Accounting Standards No. 30 – Disclosure of Information About Major Customers, in: Journal of Accountancy, November 1979, S. 118 (SFAS 30).

FASB, Exposure Draft (E 136). Proposed Statement of Financial Accounting Standards, Reporting Disaggregated Information about a Business Enterprise, in: Financial Accounting Series, January 1996 (E 136).

Förschle, Gerhart/Kroner, Matthias/Mandler, Udo, Internationale Rechnungslegung: US-GAAP, HGB und IAS, hrsg. v. C&L Deutsche Revision, Bonn 1994.

Forster, Karl-Heinz, Anhang, Lagebericht, Prüfung und Publizität im Regierungsentwurf eines Bilanzrichtlinie-Gesetzes (Teil I), in: DB 1982, S. 1631–1635 (Bilanzrichtlinie-Gesetz).

Francfort, Alfred J./Rudolph, Bernd, Zur Entwicklung der Kapitalstrukturen in Deutschland und in den Vereinigten Staaten von Amerika, in: ZfbF 1992, S. 1059–1079 (Kapitalstrukturen).

Franken, Paul/Heinsius, Theodor, Das Spannungsverhältnis der allgemeinen Publizität zum Auskunftsrecht des Aktionärs, in: Rechenschaftslegung im Wandel. Festschrift für Wolfgang Dieter Budde, hrsg. v. Förschle, Gerhart u. a., München 1995, S. 214–242 (Spannungsverhältnis).

Frankenberg, Peter, Jahresabschlüsse im internationalen Vergleich. Analyse US-amerikanischer und deutscher Unternehmen, Wiesbaden 1993 (Jahresabschlüsse).

GEFIU, Möglichkeiten und Grenzen der Anpassung deutscher Konzernabschlüsse an die Rechnungslegungsgrundsätze des International Accounting Standards Committee (IASC) (Teil I) – Stellungnahme des Arbeitskreises „Rechnungslegungsvorschriften der EG-Kommission" der Gesellschaft für Finanzwirtschaft in der Unternehmensführung e. V. (GEFIU), in: DB 1995, S. 1137–1143 (Möglichkeiten).

Gidlewitz, Hans-Jörg, Internationale Harmonisierung der Konzernrechnungslegung: unter besonderer Berücksichtigung der Vereinbarkeit der Bestimmungen des IASC und des HGB, Frankfurt a. M. u. a. 1996 (Harmonisierung).

Goebel, Andrea, Konzernrechnungslegung nach International Accounting Standards. Konzeption, Inhalte und Möglichkeiten einer Annäherung durch deutsche Muttergesellschaften, in: DB 1994, S. 2457–2464 (Konzernrechnungslegung).

Goebel, Andrea, Möglichkeiten der Entschlüsselung von Konzernkrisen mit der Methodik der integrativen Konzernabschlußanalyse. Dargestellt unter Berücksichtigung der Aussagefähigkeit der externen Rechnungslegung von Konzernen mit deutschen Muttergesellschaften und Börsennotierung an der NYSE, Bergisch Gladbach/Köln 1995 (Entschlüsselung).

Goebel, Andrea/Ley, Thomas, Die Auswirkungen der Investor Relations auf die Gestaltung des handelsrechtlichen Jahresabschlusses, in: DStR 1993, S. 1679–1684 (Investor Relations).

Gräfer, Horst, Annual report – der US-amerikanische Jahresabschluß. Ein praktischer Leitfaden zum Verständnis und zur Analyse US-amerikanischer Geschäftsberichte, Stuttgart 1992 (Annual report).

Haase, Klaus Dittmar, Segment-Bilanzen. Rechnungslegung diversifizierter Industrieunternehmen, Wiesbaden 1974 (Segment-Bilanzen).

Haase, Klaus Dittmar, Segmentpublizität, in: BFuP 1979, S. 455–468.

Haase, Klaus Dittmar, Segmentbilanz, in: Handwörterbuch des Rechnungswesens, hrsg. v. Chmielewicz, Klaus/Schweitzer, Marcell, 3., völlig neu gestalt. und erg. Aufl., Stuttgart 1993, Sp. 1782–1789.

Haller, Axel/Park, Peter, Grundsätze ordnungsmäßiger Segmentberichterstattung, in: ZfbF 1994, S. 499–524 (Grundsätze).

Haller, Axel, Die „Generally Accepted Accounting Principles". Die Normen der externen Rechnungslegung in den USA, in: ZfbF 1990, S. 751–777 (GAAP).

Haller, Axel, Die Grundlagen der externen Rechnungslegung in den USA. Unter besonderer Berücksichtigung der rechtlichen, institutionellen und theoretischen Rahmenbedingungen, 4., unveränd. Aufl., Stuttgart 1994 (Grundlagen).

Haller, Axel, Wesentliche Ziele und Merkmale US-amerikanischer Rechnungslegung, in: US-amerikanische Rechnungslegung. Grundlagen und Vergleiche mit dem deutschen Recht, hrsg. v. Ballwieser, Wolfgang, 2., überarb. und erw. Aufl., Stuttgart 1996, S. 1–26 (US-amerikanische Rechnungslegung).

Hellwig, Klaus, Verrechnungspreise, in: Handwörterbuch des Rechnungswesens, hrsg. v. Chmielewicz, Klaus/Schweitzer, Marcell, 3., völlig neu gestalt. und erg. Aufl., Stuttgart 1993, Sp. 2055–2063.

Hulle, Karel van, Tendenzen bei der Koordinierung der Rechnungslegung in der EU, in: Neuorientierung der Rechenschaftslegung. Bericht über die Fachtagung des IDW vom 27.–28. 10. 1994 in Stuttgart, hrsg. v. IDW, Düsseldorf 1995, S. 39–54 (Tendenzen).

IASC, Reporting Financial Information by Segment. A Draft Statement of Principles issued for comment by the Steering Committee on Segment Reporting, London 1994 (Reporting).

IASC, International Accounting Standards 1996. The full text of all International Accounting Standards extant at 1 January 1996 and current Exposure Drafts, London 1996 (Framework, IAS 14, E 51).

IASC, Update, January 1997.

IDW (Hrsg.), WP-Handbuch 1996. Handbuch für Rechnungslegung, Prüfung und Beratung, bearb. von Budde, Wolfgang Dieter u. a., Bd. I, 11. Aufl., Düsseldorf 1996 (WP-Handbuch 1996).

Kellers, Rolf/Ordelheide, Dieter, Interne Bereichsergebnisrechnung, in: Planungs- und Kontrollrechnung im internationalen Konzern, hrsg. v. Busse von Colbe, Walther/Müller, Eberhard, in: ZfbF-Sonderheft Nr. 17/1984, S. 103–114.

Kleber, Herbert, Unterschiede und Annäherungsmöglichkeiten deutscher und amerikanischer/internationaler Rechnungslegung, in: Die deutsche Rechnungslegung vor dem Hintergrund internationaler Entwicklungen, hrsg. v. Baetge, Jörg, Düsseldorf 1994, S. 67–89 (Unterschiede).

Kleekämper, Heinz, Rechnungslegung aus Sicht des IASC, in: Die deutsche Rechnungslegung vor dem Hintergrund internationaler Entwicklungen, hrsg. v. Baetge, Jörg, Düsseldorf 1994, S. 41–65 (Rechnungslegung).

Kleekämper, Heinz, IASC – Das Trojanische Pferd der SEC?, in: US-amerikanische Rechnungslegung. Grundlagen und Vergleiche mit dem deutschen Recht, hrsg. v. Ballwieser, Wolfgang, 2., überarb. und erw. Aufl., Stuttgart 1996, S. 285–299 (IASC).

Klein, Werner/Klein, Klaus-Günter, Konzernverrechnungspreise in handels- und steuerrechtlicher Sicht, in: Handbuch der Konzernrechnungslegung. Kommentar zur Bilanzierung und Prüfung, hrsg. v. Küting, Karlheinz/Weber, Claus-Peter, Stuttgart 1989, S. 391–412 (Konzernverrechnungspreise).

Kohlmann, Ulrike, Möglichkeiten und Grenzen der Aussagefähigkeit von Teilkonzernabschlüssen, München 1986 (Möglichkeiten).

Krawitz, Nobert, §§ 285, 286 HGB, in: Bonner Handbuch Rechnungslegung. Aufstellung, Prüfung und Offenlegung des Jahresabschlusses, hrsg. v. Hofbauer, Max u. a., Bd. 2, 2. Aufl., Bonn 1996 (§ 285 HGB, § 286 HGB).

Küting, Karlheinz, Konzernrechnungslegung in Deutschland. Eine erste Wertung der Konsolidierungspraxis auf der Grundlage des neuen Bilanzrechts, in: BB 1989, S. 1084–1093 (Konzernrechnungslegung).

Küting, Karlheinz/Hayn, Sven, Börseneinführungsmodalitäten in den USA, in: WPg 1993, S. 401–411 (Börseneinführungsmodalitäten).

Küting, Karlheinz/Hayn, Sven, Übergang auf die internationalisierte Rechnungslegung. Technik und wesentliche Auswirkungen, in: WPK-Mitteilungen 1996, S. 250–263 (Übergang).

Mautz, Robert K., Bases for More Detailed Reporting by diversified Companies, in: Financial Executive, No. 11 1967, S. 52–63 (More Detailed Reporting).

Müller, Kaspar, Earnings per Share, Shareholder Value und Segmentberichterstattung. Erhöhte Ansprüche der Aktionäre an die Konzernrechnungslegung, in: Der Schweizer Treuhänder 1994, S. 445–451 (Earnings per Share).

Niethammer, Dieter, Die Aufgliederung der Umsatzerlöse nach § 285 Ziffer 4 HGB, in: WPg 1986, S. 436 (Aufgliederung).

Ossadnik, Wolfgang, Wesentlichkeit als Bestimmungsfaktor für Angabepflichten in Jahresabschluß und Lagebericht, in: BB 1993, S. 1763–1767 (Wesentlichkeit).

Pacter, Paul, Segment Reporting Exposure Draft Approved, in: IASC Insight, December 1995, S. 16–17 (Segment Reporting).

Pellens, Bernhard, Jahresabschluß (Funktionen), in: Lexikon des Rechnungswesens. Handbuch der Bilanzierung und Prüfung, der Erlös-, Finanz-, Investitions- und Kostenrechnung, hrsg. v. Busse von Colbe, Walther, 3., überarb. und erw. Aufl., München/Wien 1994, S. 320–323 (Funktionen).

Pellens, Bernhard, Internationale Rechnungslegung, Stuttgart 1997.

Pohle, Klaus/Schwitters, Jürgen, Beitrag zum Meinungsspiegel: IASC-Standards – ein Weg zur Harmonisierung der Rechnungslegung in Europa, in: BFuP 1995, S. 437–438 (Meinungsspiegel).

Rimerman, Thomas W., The Changing Significance of Financial Statements, in: Journal of Accountancy, April 1990, S. 79–83 (Changing).

Risse, Axel, Segmentberichterstattung: Neue Entwicklungen beim IASC und mögliche Auswirkungen auf Deutschland, in: DB 1995, S. 737–742 (Segmentberichterstattung).

Risse, Axel, Standard-Setting beim IASC. Mitwirkungsmöglichkeiten aus deutscher Sicht, in: RIW 1995, S. 830–834 (Standard-Setting).

Risse, Axel, International Accounting Standards für den deutschen Konzernabschluß, Wiesbaden 1996 (IAS).

Risse, Axel, International Accounting Standards Committee. Standardentwurf zur Segmentberichterstattung, in: DB 1996, S. 747–748 (Standardentwurf).

Rohardt, Michael, Publizität von zusätzlichen Angaben im Jahresabschluß von Kreditinstituten vor dem Hintergrund einer Internationalisierung der Rechnungslegung, in: WPg 1996, S. 213–225 (Publizität).

Schierenbeck, Henner, Innerbetriebliche Leistungen, in: Handwörterbuch des Rechnungswesens, hrsg. v. Chmielewicz, Klaus/Schweitzer, Marcell, 3., völlig neu gestalt. und erg. Aufl., Stuttgart 1993, Sp. 910–920.

Schruff, Wienand, Die internationale Vereinheitlichung der Rechnungslegung nach den Vorschlägen des IASC – Gefahr oder Chance für die deutsche Bilanzierung? –, in: BFuP 1993, S. 400–426 (Internationale Vereinheitlichung).

Schulte, Elmar B./Krüger, Ralf, Zur Problematik des Ausweises eines Spartenerfolges (Segment of the Business) im Jahresabschluß, in: Bilanzfragen. Festschrift für Ulrich Leffson, hrsg. v. Baetge, Jörg u. a., Düsseldorf 1976, S. 179–190 (Spartenerfolg).

Selchert, Friedrich W., Die Aufgliederung der Umsatzerlöse gem. § 285 Nr. 4 HGB, in: BB 1986, S. 560–565 (Aufgliederung der Umsatzerlöse).

Selchert, Friedrich W., Die Aufgliederung der Umsatzerlöse im Konzernanhang, in: BB 1992, S. 2032–2038 (Aufgliederung).

Siebert, Henning, Grundlagen der US-amerikanischen Rechnungslegung. Ziele und Inhalte der Verlautbarungen der SEC und des FASB sowie ihre Unterschiede zum deutschen Bilanzrecht, Köln 1996 (Grundlagen).

Sigle, Hermann/Isele, Horst, § 277 HGB, in: Handbuch der Rechnungslegung. Kommentar zur Bilanzierung und Prüfung, hrsg. v. Küting, Karlheinz/Weber, Claus-Peter, Bd. Ia, 4., grundlegend überarb. und wesentl. erw. Aufl., Stuttgart 1995 (§ 277 HGB).

Veit, Klaus-Rüdiger, Der Umfang von Segmentierungspflichten bei der Rechnungslegung, in: BBK 1994, Fach 12, S. 1887–1892 (Segmentierungspflichten).

Veit, Klaus-Rüdiger/Bernards, Oliver, Anforderungen an die Segmentberichterstattung im internationalen Vergleich, in: WPg 1995, S. 493–498 (Anforderungen).

Westphal, Hans-Vollmar, Segmentberichterstattung im Rahmen der 4. EG-(Bilanz)Richtlinie, in: DB 1981, S. 1421–1425 (Segmentberichterstattung).

Woll, Arthur (Hrsg.), Wirtschaftslexikon, 8., überarb. Aufl., München 1996.

Jacques Richard
Wilfried Bechtel

Jahresabschlußinformationen für globale Märkte und die aktuelle Krise des französischen Rechnungswesens

1 Der Bedarf an marktkonformen Jahresabschlußinformationen
  11 Probleme der Marktinformation bei globalisierter Marktstrategie
  12 Problem der Marktkonformität herrschender nationaler Jahresabschluß-
     normen
  13 Einführung in die aktuelle französische Problematik

2 Die Hintergründe der Krise des französischen Rechnungswesens
  21 Der Einfluß der weltwirtschaftlichen Entwicklung
  22 Die Unfähigkeit der Behörden zur Behebung der Krise
    221. Das Grundproblem
    222. Konzernverlautbarung
    223. Die Konsequenzen
    224. Die Zielerreichung

3 Auffassungen und Lösungen zur Krise des französischen Rechnungswesens
  31 Überblick
  32 Die Erhaltung herkömmlicher Vorschriften
  33 Unternehmenstypspezifische Vorschriften
  34 Die komplette Angleichung an das IASC
  35 Sofortige Gesamtreform

Prof. Dr. Jacques Richard
Universität Paris IX Dauphine
Expert-comptable und Mitglied des Conseil national
de la comptabilité, Paris.

Dr. Wilfried Bechtel
Studiendirektor im Hochschuldienst
Institut für Revisionswesen
Westfälische Wilhelms-Universität Münster

4 Der Lösungsvorschlag
  41 Thesenüberblick
  42 Der dynamische Charakter der IASC-Normen
  43 Das Fehlen des dynamischen Konzepts in Frankreich
  44 Generelle Rechnungslegungsvorschriften nach dynamischem Konzept
  45 Die Bewahrung französischer Eigenheiten
  46 Die Verantwortlichkeit der Normierungsgremien
  47 Die Notwendigkeit einer Globalreform

5 Der derzeitige Standpunkt des französischen Gesetzgebers

6 Schlußfolgerungen

1 Der Bedarf an marktkonformen Jahresabschlußinformationen

11 Probleme der Marktinformation bei globalisierter Marktstrategie

Die räumliche Abgrenzung von Märkten war lange Zeit durch Ländergrenzen vorgegeben und die Mehrzahl der Unternehmen operierte nur auf nationalen Märkten. Durch eine Reihe von Entwicklungen (Verkehrsinfrastruktur, Kommunikationsmöglichkeiten, internationale politische Organisationen) spielen die Ländergrenzen als Marktgrenzen immer weniger eine Rolle. Immer häufiger werden Unternehmen „internationalisiert"[1], d. h. sie operieren in mehreren Ländern oder gar weltweit. Dabei wird seit mehr als einem Jahrzehnt häufig eine Globalstrategie verfolgt, d. h. man verfolgt die Unternehmensziele aus der Sicht des Gesamtmarktes und beachtet weniger die nationalen Marktbedingungen[2].

Die Globalisierung impliziert, daß die Unternehmen weltweit als Nachfrager und Anbieter für Güter, Arbeitskraft, Kapital und auch Unternehmensanteile auftreten. Um bei weltweit gespannten Aktionen zielgerechte Entscheidungen treffen zu können, benötigt man weltweit zuverlässige und aktuelle Marktinformationen, d. h. Daten, die bestimmte Aussagen über Märkte, also Güter, Preise, Marktpartner, Marktbedingungen u. ä. machen. Die Beschaffung dieser Informationen ist recht aufwendig. In einigen Ländern werden hierfür Exportförderungen aus staatlichen Mitteln gewährt, damit die Unternehmen sich besser über das Risiko ihres Engagements im Ausland informieren können[3].

Durch die Entwicklung der Kommunikationstechniken ist der schnelle Transport von Daten heute nicht mehr problematisch. Aber diese ausländischen Daten lassen sich viel schwerer interpretieren als nationale Daten.

Als erste Schwierigkeit sind die Fremdsprachen zu nennen, die übersetzt werden müssen. Allerdings könnte man Übersetzungsschwierig-

---

1 Vgl. *Baetge, J.,* Die deutsche Rechnungslegung, S. 6; *Meffert, H.,* Marketing-Management, S. 264.
2 Vgl. *Nieschlag, R./Dichtl, E./Hörschgen, H.,* Marketing, S. 842 f.
3 Vgl. *Nieschlag, R./Dichtl, E./Hörschgen, H.,* Marketing, S. 842.

keiten vermeiden, wenn es gelänge, sich weltweit auf eine Sprache zu einigen. Rudimentäre Ansätze zu dieser Lösung sind mehr durch Marktfakten erzwungen als durch geplantes Handeln herbeigeführt. Englisch dient bereits seit Jahren in vielen Bereichen der Wissenschaft, der Wirtschaft und der Politik als gemeinsame Sprache.

Aber neben dem allseits bekannten Fremdsprachenproblem stehen dem Interpretieren von globalen Daten oft noch andere Schwierigkeiten im Wege. Kulturelle und religiöse Hintergründe von Verhaltensweisen im Ausland werden häufig nicht verstanden. Insbesondere erschweren auch die Unterschiede im Recht der verschiedenen Länder dem jeweiligen Ausländer, Informationen richtig zu verstehen. Ein Beispiel bieten die verschiedenen Regelungen zu den Jahresabschlüssen in Deutschland und anderen Ländern der Europäischen Union (EU).

Das Rechtssystem und damit auch die Jahresabschlußnormen eines Landes sind in der Regel historisch gewachsen, das heißt durch Ereignisse der Vergangenheit geprägt, und sie sind ferner eng mit Kultur, Religion, Tradition und auch den natürlichen Umweltbedingungen und den wirtschaftlichen Aktivitäten im Lande verquickt. Man kann im Rechtssystem nicht ohne weiteres grundlegende Elemente kurzfristig ändern, ohne die Funktionsfähigkeit von Wirtschaft, Administration und Justiz zu gefährden. Insbesondere wäre der Versuch, weltweit bestimmte Rechtsgebiete vereinheitlichen zu wollen, wie dies ansatzweise zur Lösung des globalen Fremdsprachenproblems über die englische Sprache geschieht, derzeit nicht denkbar.

Gleichwohl vereinbaren Staaten bilateral oder als Gruppen durch übernationale Organisationen wie die UN oder die EU rechtliche Regelungen, die sogar Gesetzeskraft erlangen können. Als Beispiel seien die 4. und 7. EG-Richtlinien genannt. Solche Vereinbarungen können zur Harmonisierung beitragen, und sie können vor allem auch dazu beitragen, daß international wichtige Marktdaten so standardisiert werden, daß die Interpretationen solcher Daten vergleichbare Aussagen ergeben[4].

Nicht in jedem Rechtsbereich ist es offensichtlich, daß bei der Globalisierung von Unternehmen internationale rechtliche Standards benö-

---

4 Vgl. *Hulle, K. v.*, Fortentwicklung, S. 9.

tigt werden, um eine sinnvolle Kommunikation zu ermöglichen. So wird derzeit in Deutschland ein neues Konkursrecht implementiert, das mit den Konkursrechten anderer Länder der EU nicht abgestimmt ist[5]. Ein Konkurs nach französischem Recht wird möglicherweise unter anderen Bedingungen herbeigeführt als nach deutschem Recht. Diese Unterschiede erschweren oft internationale Vertragsbeziehungen von Unternehmen, die zum Beispiel gegenseitige Ansprüche sichern möchten. Ferner verteuern diese Unterschiede die notwendigen Informationen für den Auslandsmarkt. Im Rahmen der Globalisierungsstrategie hat man es aber nicht nur mit einem sondern mit einer Fülle von fremden Ländern zu tun, so daß die Informationskosten exponentiell steigen können.

Die hier allgemein beschriebenen Schwierigkeiten konkretisieren sich auf dem Markt für Unternehmensanteile im Zusammenhang mit den Rechnungslegungsnormen in besonderer Art und Weise.

12 Problem der Marktkonformität herrschender nationaler Jahresabschlußnormen

In den Fällen, in denen Unternehmen oder Anteile an Unternehmen nachgefragt bzw. angeboten werden, benötigen die Marktpartner u. a. Informationen über diese Unternehmen. Bestimmte Daten erhält der Markt durch veröffentlichte Jahresabschlüsse. Fraglich ist, ob diese Daten Marktinformationen darstellen, also Kenntnisse vermitteln, die die Kauf- bzw. Verkaufsentscheidung ermöglichen.

Die Jahresabschlußnormen, die zwar in der Buchungstechnik eine gemeinsame historische Wurzel[6] haben, sind schon in dem verhältnismäßig kleinen europäischen Raum recht unterschiedlich. Noch gravierender sind die Unterschiede, wenn man weltweit vergleicht[7]. Bei solchen Unterschieden ist es nicht verwunderlich, daß in vielen Län-

---

5 Weder die Gründe noch die Ziele der neuen Insolvenzordnung (BGBl. 1994 I, S. 2866 f.) beruhen auf Harmonisierungsbestrebungen. Vgl. *Groß, P. J.,* Insolvenzordnung, S. 2.
6 Letztlich gehen die modernen Rechnungslegungen der Unternehmen alle nach dem Prinzip der doppelten Buchführung vor, über die *Luca Pacioli* die erste heute bekannte Veröffentlichung vor über 500 Jahren geschrieben hat: *Pacioli, L.,* Summa.
7 Vgl. *Havermann, H.,* Internationale Entwicklungen, S. 657 f.

dern nicht die Abschlußinformationen gegeben werden, die die Marktteilnehmer mit globaler Unternehmensstrategie für ihre Entscheidungen benötigen.

Die nationalen Jahresabschlußnormen sind ursprünglich entweder als Gesetze (z. B. Frankreich) oder als unternehmerische Grundsätze ohne formelles Gesetz (z. B. Großbritannien) für Märkte entworfen worden, deren Grenzen weitgehend mit den nationalen Grenzen übereinstimmten und haben in diesem Rahmen mehr oder minder gute Dienste geleistet. Selbst wenn diese Normen inzwischen durch die Gesetzesharmonisierung der EU geändert wurden, ist aber fraglich, ob sie an die Jahresabschlüsse die Anforderungen stellen, die von globalisierten Märkten benötigt werden.

Gerade auf solchen Märkten, auf denen die Unternehmen und die Unternehmensanteile als Güter zu betrachten sind, werden aufgrund der betriebswirtschaftlich rationalen Entscheidungsprozesse vor allem die Informationen gebraucht, die für die Entscheidungskalküle von Angebots- bzw. Nachfragepreis notwendig sind. Diese Informationen sind in der Regel Unternehmenswerte, die oft aus Rentabilitätsgrößen der Unternehmen deduziert werden. Ein solches Berechnungsverfahren für den Wert des Eigenkapitals oder der Eigenkapitalanteile ist das derzeit weit verbreitete Shareholder Value-Konzept[8]. Die Entscheidungen für den Anteilserwerb an Unternehmen können nur dann einwandfrei getroffen werden, wenn die vom Rechnungswesen der Unternehmen gelieferten Daten zuverlässige, wohldefinierte Rentabilitätsgrößen sind.

Wenn die den Inhalt der Abschlüsse definierenden Normen andere als marktkonforme Daten erzwingen, werden von den Unternehmen entweder zusätzlich zum nationalen Jahresabschluß noch weitere Abschlüsse veröffentlicht[9] oder die vorgeschriebenen Abschlüsse werden durch die Ausnutzung von Wahlrechten derart gestaltet, daß sie auch gleichzeitig die den Markterfordernissen konformen Daten be-

---

8 Wir diskutieren hier nicht die betriebswirtschaftliche, rechtliche oder kulturelle Rechtfertigung dieses Konzeptes, sondern akzeptieren, daß dieses Konzept derzeit auf dem Markt eine bedeutende Rolle spielt. Vgl. z. B. *Ballwieser, W.*, Shareholder Value-Ansatz, S. 1379 f.; *Grünewälder, O.*, Shareholder-Value-Konzept, S. 447 f.; *Vettiger, T./Volkart, R.*, Shareholder Value-Orientierung, S. 25.

9 Vgl. *Liener, G.*, Accounting Standards, S. 749.

reitstellen[10]. Im erst genannten Fall könnte im Laufe der Zeit der gesetzlich vorgeschriebene Abschluß bedeutungslos werden. Im zweiten Fall besteht die Gefahr, daß gesetzlich geforderte und marktkonforme Daten miteinander konkurrieren und dabei das Bestreben, dem Markt gerecht zu werden, im Lauf der Zeit den Respekt vor der gesetzlichen Vorschrift dominieren könnte.

Um den Unternehmen eines Landes die Möglichkeit zu geben, im Jahresabschluß nicht nur die national als wichtig angesehenen, sondern auch die international als relevant erachteten Daten legal darzustellen und nicht gleichzeitig zwei unterschiedliche Jahresabschlüsse erstellen zu müssen, sollte der jeweils nationale Gesetzgeber oder, im Falle der EU, die für die Harmonisierung der nationalen Gesetzgebungen zuständige Instanz, sich verantwortlich fühlen. In hochindustrialisierten Ländern muß über Marktbedingungen, die die wirtschaftliche Entwicklung fördern sollen, durch die Politik entschieden werden. Wenn die Kapitalflüsse nicht einwandfrei anhand der Marktbedingungen gesteuert werden, beginnen die wirtschaftlichen Aktivitäten zu stagnieren.

Wir sind uns bewußt, daß auch andere Daten als die der Jahresabschlüsse für die Entwicklung von regionalen und gesamtwirtschaftlichen Größen bedeutsam sind. Wir sehen aber die Rechnungslegungsdaten als ein Element eines Systems an[11]. Jedes System kann nur dann zielgerechte Abläufe garantieren, wenn alle Elemente des Systems zielkonform aufeinander abgestimmt sind[12]. Am Beispiel von Frankreich, einem Land, in dem die Rechnungslegung für den Einzelabschluß per Gesetz sehr detailliert geregelt ist, wollen wir zeigen, daß einerseits die Fachleute und andererseits die politischen Entscheidungsträger nicht immer die notwendige Einsicht besitzen, um die Wirkungen des als offenbar relativ wenig wichtig erachteten Instrumentes „Jahresabschluß" im gesamtwirtschaftlichen Marktgeschehen gebührend zu würdigen. Auch in Deutschland beeinflussen Experten und Nicht-Experten die Gesetzgebung, so daß gewollte, aber nicht

---

10 Vgl. *Bechtel, W./Kirsch, H.-J.,* L'établissement des comptes consolidés, S. 8 f.
11 Vgl. *Baetge, J.,* Betriebswirtschaftliche Systemtheorie, S. 11; *Havermann, H.,* Internationale Entwicklungen, S. 661.
12 Vgl. *Baetge, J.,* Betriebswirtschaftliche Systemtheorie, S. 12 f.

offengelegte Wirkungen genauso auftreten können wie unvorhergesehene Effekte[13].

13 Einführung in die aktuelle französische Problematik

Etwa ein Jahrzehnt nach dem das Gesetz zur Anpassung der Bilanzierung der Kapitalgesellschaften (1982) und der Konzernabschlüsse (1985) an die Vorschriften der Europäischen Union in Kraft getreten ist, beschäftigt sich die französische Fachwelt – aber nicht nur die französische – erneut mit Fragen der Bilanzrechtsgestaltung. Auf einer Fachtagung von französischen Experten des Rechnungswesens und von Wirtschaftsprüfern diskutierte man über die zukünftigen Regelungen zum französischen Rechnungswesen[14] und die einschlägige Fachzeitschrift stellt fest, daß ein „krankhafter Zustand herrscht: die Unternehmensabschlüsse laufen Gefahr, jede Glaubwürdigkeit zu verlieren"[15]. Dies sind nach unserer Ansicht Zeichen für eine ernsthafte Identitätskrise im französischen Rechnungswesen.

In einem ersten Schritt versuchen wir, die Hintergründe für diese Krise aufzudecken. In einem zweiten Schritt zeigen wir, daß die Lösungsversuche, die bis Ende 1996 unternommen wurden, unwirksam geblieben sind. Schließlich prüfen wir verschiedene Lösungsvorschläge, die die aktuellen Schwierigkeiten in Frankreich beenden könnten.

2 Die Hintergründe der Krise des französischen Rechnungswesens

21 Der Einfluß der weltwirtschaftlichen Entwicklung

Die Krise des französischen Rechnungswesens ist durch weltwirtschaftliche Entwicklungen heraufbeschworen worden, denen der französische Gesetzgeber nach unserer Ansicht aufgrund des Druckes bestimmter Interessenten nicht adäquat entgegengetreten ist.

---

13 Die Vielschichtigkeit der Probleme kann hier nicht behandelt werden. Sie sei durch den Hinweis auf zwei Publikationen angedeutet: *Finger, M.*, Die Rolle des Parlamentes; *Ordelheide, D.*, Internationalisierung.
14 Vgl. *Table ronde,* Normalisation.
15 Revue Française de Comptabilité, Nr. 271, Octobre 1995, S. 9.

Nach den Normen von 1982 bestehen die charakteristischen Züge des französischen Rechnungswesens für die Kapitalgesellschaften auf den ersten Blick (1) in Regelungen nach dem statischen Bilanzkonzept[16] und (2) in steuerrechtlichen Regelungen[17]. Das statische Rechnungswesen stellt Vermögensrechte in den Vordergrund, indem es ganz bestimmte Konzepte für die Bilanzierung von Aktiven und Passiven verwendet (Leasing-Gegenstände aktiviert nicht der Leasing-Nehmer, starke Einschränkungen bei der Aktivierung von immateriellen Vermögensgegenständen, Passivierung des gezeichneten Kapitals, auch wenn es nicht eingezahlt ist). Die steuerrechtlichen Regelungen wirken sich – ähnlich wie in Deutschland – wenigstens teilweise in der französischen Handelsbilanz aus[18] und verpflichten über die umgekehrte Maßgeblichkeit die Kapitalgesellschaften zu bestimmten, typischerweise steuerrechtlichen Bewertungen, vor allem bei den Abschreibungen.

Auch gewisse als dynamisch[19] zu bezeichnende Elemente sind 1982 mit in das Rechnungswesen aufgenommen worden. Zum Beispiel können bestimmte Ausgaben für rechtlich nicht geschützte immaterielle Vermögensgegenstände unter bestimmten Bedingungen aktiviert werden. Aber diese Entwicklung, die immerhin ein Zögern des Gesetzgebers bei der Verwendung des traditionellen Vermögensbegriffs erkennen läßt, war sehr bescheiden. Einerseits hat der Gesetzgeber die Aktivierung dieser Vermögensgegenstände nicht zur Pflicht gemacht, andererseits hat er strenge Einschränkungen für die Aktivierbarkeit vorgeschrieben. Offensichtlich verdanken wir dieses neue Element in der französischen Bilanzreform von 1982 nicht so sehr dynamischen Bestrebungen als vielmehr Finanzanalysten, die die französische volkswirtschaftliche Gesamtrechnung statistisch auswerten. Hier handelt es sich um ein „makroökonomisches" Konzept

---

16 Als „statisch" bezeichnen wir eine Bilanzierung, die primär Informationen über den Schuldendeckungsgrad des Vermögens gibt, um den Gläubigerschutz zu gewährleisten; vgl. *Richard, J.,* Comptabilité, S. 31–50.
17 Vgl. *Frydlender, A./Pham, D.,* Relationship, S. 846–849.
18 Die französische Handelsbilanz ist keine reine Steuerbilanz, sondern nur bestimmte steuerrechtliche Vorschriften schlagen auf die Handelsbilanz durch.
19 Unter „dynamisch" verstehen wir ein Bilanzkonzept, das dem Bilanzleser ermöglicht, die Wirtschaftlichkeit des Unternehmens insbesondere in Form der Rentabilität zu berechnen. Damit sehen wir uns in Übereinstimmung mit *Schmalenbach, E.,* Bilanzlehre. Vgl. *Richard, J.,* Comptabilité, S. 51–70.

für den Aufbau der Gewinn- und Verlustrechnung (GuV), bei dem das Produktionsergebnis, unabhängig von seiner Lagerung (Bestandsänderungen) oder seinem Verkauf (Umsatzerlöse), aus der GuV ersichtlich ist und zur gesamtwirtschaftlichen Produktion aggregiert werden kann[20]. Entsprechend den Anforderungen der Volkswirtschaftlichen Gesamtrechnung werden die Aufwendungen in der GuV nach primären Aufwandsarten dargestellt, so daß die Lohnsumme, der Materialaufwand und die Abschreibungen aggregiert werden können. Auch die Zwischensumme „Mehrwert" (valeur ajoutée) in der französischen GuV ist eine Information für die Volkswirtschaftliche Gesamtrechnung[21].

Aber dieser makroökonomische Einfluß hat in keiner Weise das Übergewicht des statischen und des steuerrechtlichen Einflusses verhindert. Die hier eingegangene Ehe zwischen makroökonomischer und fiskalischer Ideologie verlief je harmonischer je deutlicher die Finanzbehörden einsahen, daß der Aufbau der GuV für den Staat Rationalisierungsmomente bot.

Aus dieser Vorherrschaft des statischen und des steuerrechtlichen Einflusses hat sich notwendigerweise ein „Dualismus" im französischen Rechnungswesen ergeben, die Trennung in das hier behandelte „Allgemeine Rechnungswesen", und in das „Analytische Rechnungswesen"[22]. Das Allgemeine Rechnungswesen ist mit Hilfe eines

---

20 Dies entspricht formell der deutschen GuV nach Gesamtkostenverfahren. Die GuV nach Umsatzkostenverfahren kann nach französischem Recht nur im Konzernabschluß verwendet werden.

21 Obwohl auch die deutsche GuV primäre Aufwandsarten zeigen kann (Gesamtkostenverfahren), wäre es falsch anzunehmen, daß sich die beiden Darstellungen in ihrem Konzept nur wenig voneinander unterscheiden. Die französische GuV ist nach den Bedürfnissen der Volkswirtschaftlichen Gesamtrechnung aufgebaut, mit dem ausdrücklichen Ziel, den in dem Unternehmen geschaffenen Mehrwert und alle seine Komponenten so auszuweisen, daß durch Aggregation die entsprechenden Größen der Volkswirtschaftlichen Gesamtrechnung, d. h. Faktorentlohnungen berechnet werden können. Dies entspricht nicht dem deutschen Konzept der Erfassung der primären Aufwandsarten als betriebliche Faktorverbräuche, die letztlich auf *E. Schmalenbach* zurückgeht.

22 Wir haben die französischen Ausdrücke an dieser Stelle möglichst wörtlich ins Deutsche übertragen, weil wir den Unterschied in der jeweils nationalen Begriffsbildung für symptomatisch halten. In den Ländern, in denen die Börse eine größere Rolle spielt als in Frankreich, spricht man von „Finanz"rechnungswesen anstelle von Allgemeinem Rechnungswesen. Das Analytische

obligatorischen, sehr detaillierten Kontenplans, streng normiert, d. h. der Kontenplan ist ein formelles Gesetz. Das analytische Rechnungswesen ist demgegenüber rein freiwillig, nicht für Außenstehende bestimmt und nicht durch irgendwelche Vorschriften eingeengt. Zweifellos ist Frankreich eines der Länder, das den Dualismus im Rechnungswesen, den es in anderen Ländern auch gibt, so weit wie nur irgend möglich treibt und damit einen ausgeprägten Zwiespalt hervorruft zwischen dem Allgemeinen Rechnungswesen, das sich der Statik und der Steuer widmet, und dem Analytischen Rechnungswesen, das vor allem dem dynamischen Konzept gehorcht, aber als Betriebsgeheimnis behandelt wird.

Dieser Aufbau des Rechnungswesens geht letztlich auf die Zeit der vierziger Jahre dieses Jahrhunderts zurück[23]. Mehr als dreißig Jahre hat dieses Rechnungswesen in Frankreich in dieser Form verhältnismäßig[24] gute Dienste geleistet, weil es für eine relativ wenig internationalisierte Wirtschaft geeignet ist. Das Allgemeine Rechnungswesen konzentrierte sich weitgehend darauf, die Zahlen für die Steuererklärungen und die Volkswirtschaftliche Gesamtrechnung zu liefern und ferner hatte man Interesse, jedes Unternehmen nach außen so wenig wie möglich transparent zu machen, weil – vor allem in den Jahren unmittelbar nach dem Krieg – eine harte soziale Auseinandersetzung zwischen Arbeitgebern und Arbeitnehmern herrschte. Aber in letzter Zeit haben sich die wirtschaftlichen Verhältnisse gewandelt und das Rechnungswesen hat sich dieser Entwicklung nicht angeglichen.

Derzeit befindet sich die französische Wirtschaft in einer Situation, die derjenigen nach dem Krieg gerade entgegengesetzt ist. Die Außenwirtschaftsbeziehungen sind durch verschiedene Ursachen hervorragend entwickelt worden. Zunächst trug die Gründung der Euro-

---

Rechnungswesen wird in Deutschland Kosten- und Leistungsrechnung und im angelsächsischen Sprachraum Management Accounting genannt. Die Unterschiede in den Bezeichnungen sind durch die Unterschiede der Inhalte weitgehend gerechtfertigt.

23   Die deutschen und schweizerischen Einflüsse auf die französischen Kontenpläne sind ursprünglich von großer Bedeutung gewesen. Vgl. *Richard, J.*, Origines.

24   Wir sagen hier „verhältnismäßig", weil *Jacques Richard* bei einer früheren Veröffentlichung (*Richard, J.,* Plan comptable) in diesem Zusammenhang kritisiert wurde.

päischen Gemeinschaft hierzu bei, aber dazu kommt auch die überaus liberale Politik der Brüsseler Behörden und letztlich das Entstehen einer weltweiten wirtschaftlichen Vernetzung, wie sie bislang noch unbekannt war.

In dieser neuen wirtschaftlichen und gesellschaftlichen Situation müssen die Investoren und die Anteilseigner die Unternehmen miteinander vergleichen können: wir sind jetzt in einer globalen Wirtschaft, in der die Unternehmensleistungen in Form der Unternehmensrenditen mit den Renditen aller anderen Unternehmen in der Welt verglichen werden müssen. Die „alte" französische Buchführung läßt solche Vergleiche für Außenstehende nicht zu. Derzeit wird nur der der Statik und dem Steuerrecht gehorchende Jahresabschluß veröffentlicht, während die dynamische Darstellung des Ergebnisses betriebsintern bleibt. Unter den jetzt herrschenden wirtschaftlichen Bedingungen sollte es eigentlich umgekehrt sein. Wir sollten die dynamische Rechnung veröffentlichen und die steuerrechtlichen Abschlüsse nur den Finanzbehörden vorlegen.

Eine echte Reform des französischen Rechnungswesens würde somit eine totale Umkehr der bisherigen Verhältnisse erfordern. Das Ausmaß dieser Aufgabe läßt derzeit die französische Regierung in Schwierigkeiten kommen.

22 Die Unfähigkeit der Behörden zur Behebung der Krise

221. Das Grundproblem

Anstatt alle Vorschriften des Rechnungswesens anhand des dynamischen Konzepts konsequent zu überarbeiten, hat die französische Regierung aufgrund von Druck multinationaler Gesellschaften in den achtziger Jahren Einzelmaßnahmen ergriffen, die die Einheitlichkeit des Rechnungswesens weitgehend vernichten, da die Konzerne jetzt entscheiden können, welches Bilanzierungskonzept sie in den Konzernbilanzen anwenden wollen. Wir beschreiben diese Einzelmaßnahmen, prüfen ihre Folgen und werden zeigen, daß sie die gegenwärtige Krise nicht bewältigen können.

222. Konzernverlautbarung

Die Hauptmaßnahme, die die Probleme lösen sollte, war das von der Regierung erlassene Konsolidierungsgesetz aus dem Jahre 1985[25]:

- Die bisherige Form der Einzelabschlüsse bleibt unangetastet. Die Abschlüsse bleiben somit weiterhin in statischer und steuerrechtlicher Form erhalten, auch für die Einzelabschlüsse der Konzernunternehmen.
- Im Konzernabschluß können alle Wahlrechte genutzt werden, die auch durch die 7. EG-Richtlinie gewährt werden.

Wir wollen hier keine Einzelheiten diskutieren, aber wir erwähnen:

- Die Form der Gewinn- und Verlustrechnung der Konzerne kann entweder nach dem angelsächsischen Modell (Umsatzkosten-GuV) oder nach traditioneller französischer Weise (Gesamtkosten-GuV) erstellt werden.
- Bei der Bewertung können sowohl historische Ausgaben als auch fiktive Ausgaben zu Wiederbeschaffungspreisen angesetzt werden.
- Bei den Aktiva kann man unter bestimmten Voraussetzungen auch die gemieteten Güter ansetzen.

Um es klar und französisch auszudrücken, der französische Gesetzgeber hat die Konzerne dazu angeregt, selbst die Sauce auszuwählen, die sie gerne mögen: sei es statische Tunke oder dynamische Tunke. Immerhin, bei diesem Auswahlpaket ist eine Art von Interessenpolitik auf der Strecke geblieben: Die Konsolidierungsvorschriften untersagen den Ansatz von steuerrechtlichen Bewertungen, so daß die steuerrechtliche Bilanz auf Konzernebene nicht existiert. Dies ist der einzige Lichtblick dieser Gesetzesmaßnahme.

223. Die Konsequenzen

Die hauptsächlichen Folgen der Konzernrechtsregelung fassen wir kurz zusammen:

---

25 Hierbei handelt es sich um la Loi du 3 Janvier 1985 sur les comptes consolidés. In Frankreich können bestimmte Gesetze von der Regierung erlassen werden, so daß das Parlament am Gesetzgebungsakt nicht beteiligt ist. Vgl. *Sonnenberger, H. J./Schweinberger, E.,* Das französische Recht, S. 22 f.

(1) Es gibt keine Konsistenz zwischen den GuV-Konten der einzelnen Konzerngesellschaften und dem GuV-Konto des Konzerns[26] und zwar weder buchungstechnisch noch bei der Bewertung.

(2) Auch die Konsistenz zwischen den Einzelbilanzen der Konzernglieder mit der Konzernbilanz besteht nicht. Man muß hierbei zwei Varianten unterscheiden:

> (a) Es gibt Konzerne, die die statische Bewertung und die formelle Darstellung nach dem herkömmlichen französischen Verfahren verwenden, um in der Tradition zu bleiben. Dies sind in der Regel die nationalen Konzerne.
>
> (b) Andere Konzerne entscheiden sich für die dynamische Bewertung und stellen die Bilanz und die GuV nach angelsächsischem Vorbild dar.

Die Verhältnisse wären einfach, wenn es bei diesen beiden Darstellungen bliebe. Die unter (b) genannten Konzerne komplizieren die Situation, in dem sie von ihren Wahlrechten ausgiebig Gebrauch machen und beispielsweise „überwiegend" die IASC-Normen anwenden oder mehr dazu neigen, die US-amerikanischen Vorschriften zu benutzen. Es ist zulässig, nur einen Teil der IASC-Normen oder nur einen Teil der US-Vorschriften heranzuziehen und ansonsten nach den anderen Vorschriften zu verfahren[27].

224. Die Zielerreichung

Mit diesen ausgesprochen großzügigen Wahlrechten zugunsten der Konzerne hat der Gesetzgeber weder die Probleme der multinationalen Konzerne noch die des französischen Rechnungswesens gelöst. Zumindest sind die Konzernprobleme nicht völlig gelöst, denn diese können sowohl die IASC-Normen als auch die US-Normen nach eigenem Ermessen anwenden und sind damit nicht untereinander vergleichbar. Und zudem verstößt die französische Regelung, obwohl sie zwar großzügig aber doch auch an die europäischen Vorgaben

---

26 In diesem Zusammenhang muß man sich verdeutlichen, daß auch die Konzern-GuV nach Gesamtkostenverfahren nicht konsistent aus den GuV-Konten der Konzerngesellschaften entwickelt werden kann, weil sich in der Konzern-GuV der in der Einzel-GuV ausgewiesene Mehrwert nicht darstellen läßt.
27 Im internationalen Sprachgebrauch wird dies als „shopping" bezeichnet.

gebunden ist, in bestimmten Punkten gegen die amerikanischen Vorschriften und auch gegen die IASC-Normen, weil diese immer strenger werden und Wahlrechte gerade verhindern wollen.

In den Veröffentlichungen einiger französischer Konzerne wird eine umfassende Anwendung der IASC-Normen oder der amerikanischen Normen behauptet. Aber durch diese Zusicherung darf man sich nicht täuschen lassen. Diese Zusicherungen betreffen Fälle, in denen aufgrund der konkreten Gegebenheiten rein zufällig kein Verstoß vorliegt, weil jeweils eine der beiden folgenden Situationen gegeben ist:

- Der fragliche Konzern verstößt deshalb nicht gegen bestimmte internationale Normen, weil der Fall, den die Norm regelt, bei diesem Konzern irrelevant ist.

- Aber häufiger liegt die zweite Situation zugrunde, bei der die Auswirkungen der internationalen Normen – würde man sie auf den aktuellen Abschluß nach französischem Recht anwenden – als unwesentlich *beurteilt* wird.

Generell läßt sich feststellen, daß damit die Problematik zwischen den französischen und den internationalen Normen nicht gelöst ist. Dies ist auch der Grund, warum die betroffenen Konzerne den französischen Gesetzgeber drängen, ein neues Gesetz zu verabschieden, worauf wir unten noch eingehen werden.

Der französische Gesetzgeber hat bisher auf die Erwartungen der Anwender in der Praxis in bezug auf eine Reform nicht reagiert. Vielmehr ist er durch den eingeschlagenen Weg den multinationalen Konzernen entgegengekommen, und hat sie wenigstens teilweise begünstigt. Aber er hat die Einheitlichkeit der Abschlüsse geopfert und damit ihre Vergleichbarkeit vermindert. Darüber hinaus hat er viele Adressaten des Abschlusses vor den Kopf gestoßen, insbesondere die Wirtschaftsanalysten und die Finanzierungsbranche, in dem er den multinationalen Konzernen einige Pflichtinformationen erlassen hat, die man im französischen Rechnungswesen gewöhnt war[28].

Teilweise befürchtet die Praxis, insbesondere die Wirtschaftsprüfer, mit Nervosität, daß ein Zwei-Klassen-Rechnungswesen entsteht, das

---

28 Dies gilt insbesondere für den von den Konzernen nicht auszuweisenden Mehrwert.

möglicherweise unangenehme Konsequenzen mit sich bringen könnte, auf die wir unten noch eingehen werden.

Und schließlich hat der Gesetzgeber auf die Erwartungen derer nicht reagiert, die meinen, die Zeit sei gekommen, um in Frankreich für alle Unternehmen das dynamische Konzept im Allgemeinen Rechnungswesen so zu entwickeln, daß es dem Jahresabschluß zugrunde liegen kann. Diese Unterschiede in den Auffassungen lassen die Vielfalt der Lösungsmöglichkeiten ahnen.

3 Auffassungen und Lösungen zur Krise des französischen Rechnungswesens

31 Überblick

Obwohl viele Fachleute die Meinung teilen, daß eine Krise des französischen Rechnungswesens existiert, sind ihre Auffassungen über deren Gründe und ihre Lösungsvorschläge doch recht unterschiedlich. Unter der großen Zahl von Standpunkten scheinen sich vier Gruppen bilden zu lassen. Eine Gruppe möchte das Maximum an französischen traditionellen Regeln erhalten sehen. Eine zweite Gruppe möchte die Vorschriften je nach Unternehmenstyp zweiteilen. Eine dritte Gruppe befürwortet, daß die französischen Vorschriften an die Normen des IASC angeglichen werden. Die vierte Gruppe möchte sofort und umfassend eine Reform der französischen Abschlüsse nach dem dynamischem Konzept. Wir werden diese vier Gruppen besprechen, die derzeitige Position des französischen Gesetzgebers hierzu analysieren und unsere persönliche Meinung zur beobachteten Entwicklung äußern.

32 Die Erhaltung herkömmlicher Vorschriften

Die Meinung, ein Höchstmaß an herkömmlichen Vorschriften müßte beibehalten werden, stützt sich bei ihren Befürwortern[29] – etwas ver-

---

[29] Zu ihnen zählen wir *Hoarau, C.*, Harmonization, dessen Thesen wir unten darstellen und *Prost, A.*, der schreibt: „... le referentiel comptable français est adapté aussi bien aux entreprises qu'aux ensembles consolidés hexagonaux" (*Prost, A.*, Distinction, S. 54). Obwohl *Delesalle, E.*, PCG, zum Ausdruck bringt, daß der Plan Comptable Général weiterentwickelt werden muß,

einfacht ausgedrückt – auf die Überlegung, daß die Gesetze, die sich auf die Abschlüsse der Kapitalgesellschaften beziehen, in ihrer Gesamtheit der wirtschaftlichen und gesellschaftlichen Lage Frankreichs gut angepaßt sind. Man betont, daß insbesondere die Berechnung und der Ausweis des Mehrwertes in der GuV ein charakteristisches und grundlegendes und daher erhaltenswertes Element französischer Rechnungslegungskultur darstelle.

Aus diesem Grundsatz heraus sehen diese Autoren einen dringenden Regelungsbedarf für die Konzernabschlüsse. Wenn für diese andere als die französischen Regelungen für Kapitalgesellschaften gelten, bedeute dies einen Bruch im System, der nicht nur bezüglich der Homogenität des französischen Rechnungswesens Schaden anrichten kann (Mangel an Vergleichbarkeit), sondern und vor allem auch dadurch verwerflich ist, daß einer neuen Art von Information der Vorzug gegeben wird, die die nationalen französischen Gegebenheiten nicht beachtet.

Die Einführung internationaler Regelungen für die Konzernabschlüsse erscheint *Hoarau* als „Fremdkörper", der dazu diene, eine einzige Gruppe von Anwendern mit Information zu versorgen[30]. Fremdkörper sei dies deshalb, weil die Regelung aus der angelsächsischen Welt stammt. Die IAS erscheinen ihm als ein Spiegelbild amerikanischer Vorschriften. Wenn man diese Normen per Gesetz zu französischen Konzernrechnungslegungsvorschriften macht, hat man einen Fremdkörper in das französische Recht eingeführt. Diese Vorschriften dienen nur den Bedürfnissen der Leute, die an der Börse investieren. *Hoarau* betont speziell diesen Punkt und bedauert, daß die Bedürfnisse der Gläubiger und insbesondere der Mitarbeiter nicht berücksichtigt werden.

Für eine solche Situation betrachten die Autoren dieser Strömung offenbar nicht diejenigen als verantwortlich, die die französischen Normen erlassen. Diese haben nach der Meinung von *Hoarau* den Schaden regelrecht begrenzt, in dem sie den angelsächsischen Einfluß auf die Konzernabschlüsse beschränkt haben und indem sie die fran-

---

zählen wir ihn zu dieser Gruppe, weil er mit Nachdruck die Notwendigkeit einfordert, das Zweikreissystem aufrecht zu erhalten, also die Trennung des Allgemeinen Rechnungswesens von dem Analytischen Rechnungswesen.

30 Vgl. *Hoarau, C.,* Harmonization, S. 224.

zösischen Traditionen des Rechnungswesens der Kapitalgesellschaften bewahrt haben. *Hoarau* scheint dem IASC vorwerfen zu wollen, daß es einseitig die Sicht des Rechnungswesens der internationalen Börsianer bevorzugt und die nationale Rechnungswesenkultur vernachlässigt[31].

Für diese Autorengruppe bestünde die ideale Lösung darin, die gegenseitigen nationalen Gesetze anzuerkennen. Man geht davon aus, daß die nationalen Gesetzgebungen die jeweilige Kultur spiegeln. Da jede Kultur gleichermaßen respektiert werden sollte, müßte die Grundidee eines internationalen Maßstabes im Rechnungswesen die gegenseitige Anerkennung der nationalen Gesetze sein. Die nationalen Gesetzgebungen müßten demnach bei der Errichtung einer neuen internationalen Rechnungswesenabsprache vorrangig behandelt werden.

Diese Autoren sind sich allerdings der Tatsache bewußt, daß die multinationalen und die börsenzugelassenen Unternehmen immer dringender die Vergleichsmöglichkeiten aufgrund einer einheitlichen Leistungsbeurteilung nötig haben. Um dieser Notwendigkeit Rechnung zu tragen, ohne dabei die nationalen Vorschriften zu beeinflussen, schlägt *Hoarau* beispielsweise vor, daß die betroffenen Unternehmen in den verschiedenen Ländern ein Informationssystem errichten, in dem über die Annäherung der Unternehmen an Sollvorgaben berichtet wird (Benchmarking). Da *Hoarau,* wie es scheint, kaum Vertrauen in das IASC besitzt, sollen die Vorgaben nicht von diesem Gremium erarbeitet werden. Sondern er schlägt vor, daß sich Normalisierungsgremien der verschiedenen Staaten auf internationaler Ebene zusammenfinden, um ihre Vorstellungen zu präsentieren[32].

33 Unternehmenstypspezifische Vorschriften

Es ist interessant festzustellen, daß die Vertreter der im vorigen Abschnitt besprochenen Richtung unterschiedliche Vorschriften im französischen Rechnungswesen wünschen. Sie empfinden diese Zweiteilung aber als ein notwendiges Übel, das man eigentlich vermeiden müßte. Demgegenüber sehen die Vertreter der zweiten Rich-

---

31 Vgl. *Hoarau, C.,* Harmonization, S. 220–222.
32 Vgl. *Hoarau, C.,* Harmonization, S. 229–231.

tung in unterschiedlichen Rechtsvorschriften den Normalfall oder sogar einen Fortschritt für das französische Rechnungswesen[33].

Die Grundidee beruht darauf, daß man die Unternehmen in Frankreich in zwei Typen unterteilen kann, deren Interessen und deren Charakteristika sehr unterschiedlich sind.

- Zum einen gibt es die multinationalen Gruppen, oder wenn man den Kreis noch etwas erweitert, die börsennotierten Kapitalgesellschaften, die ein „internationales" Rechnungswesen benötigen, weil sie an Plätzen in verschiedenen Ländern an den Kapitalmarkt gehen wollen und sich auch mit ihren Konkurrenten an diesen Finanzierungsplätzen vergleichen müssen.

- Zum anderen existieren in Frankreich die Unternehmen und nationalen Konzerne, deren Papiere nicht an der Börse zum Handel zugelassen sind und für die die traditionellen französischen Rechnungswesenvorschriften ausreichen[34].

Unter diesen Bedingungen scheint es völlig normal zu sein, daß man für die Konzernabschlüsse ein gesetzliches Wahlrecht einräumt, nach dem die Konzernleitung entscheiden kann, welche Vorschriften sie anwenden will. Der Wunsch der Mehrheit der Vertreter dieser Zweiteilung der Vorschriften geht dahin, daß eine noch größere Entscheidungsfreiheit erzielt wird, um sich völlig von der Fessel der europäischen Richtlinien befreien zu können. Ihr Ideal wäre, Spezialvorschriften für börsennotierte Unternehmen, die sich an die internationalen Normen anlehnen, im wesentlichen an die Normen des IASC[35]. Aber man würde auch die amerikanischen Vorschriften akzeptieren, wenn das IASC seine Ziele nicht erreichen wird.

Um die aktuelle Krise zu beheben, schlagen diese Autoren vor, generell den Einfluß des IASC weltweit zu verstärken und damit auch die

---

33 Zu dieser Gruppe zählen wir *Jaudeau, B.*, Global Information; *d'Illiers, B.*, Comptes consolidés und *Gélard, G.*, Réforme.

34 *D'Illiers* betrachtet es als „Hirngespinst" der Forschung, eine Lösung finden zu wollen, die für alle Gültigkeit haben soll. Vgl. *d'Illiers, B.*, Comptes consolidés, S. 36.

35 *Gélard* möchte gerne für die börsennotierten Gesellschaften ein Sonderrecht erreichen, damit diese sowohl dem Recht der Europäischen Gemeinschaft als auch dem nationalen französischen Gesetzgeber entzogen sind. Vgl. *Gélard, G.*, Réforme, S. 85.

nationalen Gesetzgeber sensibler für die Publikationen des IASC zu machen. Unter diesem Aspekt schlagen bestimmte Fachleute auch vor, den Einfluß der „Praktiker" – gemeint sind die Vertreter der börsennotierten Gesellschaften – in den für die französische Gesetzgebung maßgebenden Instanzen[36] zu erhöhen. Zum Beispiel schlägt *Jaudeau*[37] vor, eine etwa zwanzigköpfige Studienkommission des Rechnungswesens einzusetzen, die beauftragt wird, Gesetzesvorschläge für den Conseil National de la Comptabilité zu erarbeiten und die aus Vertretern folgender Organisationen besteht: OECCE, Ordre des Experts Comptables et Comptables Agrées (Vereinigung der Rechnungswesenexperten), CNCC, Compagnie Nationale des Commissaires aux Comptes (Vereinigung der Wirtschaftsprüfer). Dieses Gremium wäre dann ausschließlich aus Experten zusammengesetzt, deren hauptsächliche Tätigkeiten sich im Rahmen des offiziellen Rechnungswesens börsennotierter Unternehmen abspielt.

34 Die komplette Angleichung an das IASC

Eine Gruppe von Autoren möchte die französische Gesetzgebung immer mehr den IASC-Normen annähern. Man kann sich vorstellen, daß die im vorangegangenen Abschnitt behandelte Gruppe, die die Vorschriften zweiteilen will, dazu beiträgt, die IASC-Normen auf die Gesamtheit der französischen Kapitalgesellschaften und auch auf andere Unternehmen auszudehnen, wenn sie ihr Ziel erreicht. Dieses Übergreifen der IASC-Normen auf mehr oder minder alle französischen Unternehmen wird aus folgenden Gründen unvermeidlich sein: (1) Immer mehr französische Unternehmen müssen sich, um überleben zu können, dem Weltmarkt stellen und werden dementsprechend auch Rechnungswesenvorschriften benötigen, die diesem Erfordernis gerecht werden. (2) Da es im Modell der Zweiteilung der Bilanzierungsvorschriften keine französischen Normen gibt, die die internationalen Anforderungen erfüllen können, müssen diese Unternehmen

---

36 In Frankreich gibt es den Conseil National de Comptabilité (CNC), der etwa 100 Mitglieder aus Verwaltung, Wirtschaft und Hochschulen hat und der Vorschläge für die Gesetzgebung zum Allgemeinen Rechnungswesen erarbeitet. Diese Vorschläge werden an das Finanzministerium weitergeleitet, das letztlich das Gesetz beschließt. Unter der Federführung des Finanzministeriums wird das Gesetz durch die Regierung erlassen.

37 Vgl. *Jaudeau, B.,* Global Information, S. 7.

die dann bestehenden international gebräuchlichen Vorschriften irgendwann einführen.

Aber die Vertreter dieser Zweiteilungsrichtung sind aus offensichtlich taktischen Gründen nicht darauf erpicht, diese vermutliche Entwicklung bekannt werden zu lassen. Sie sind daran interessiert, ihren Vorschlag als eine auf bestimmte Unternehmen begrenzte Maßnahme darzustellen.

Andere, insbesondere ausländische Vorschläge nehmen weniger Rücksicht auf nationale Empfindlichkeiten und können daher rein logisch und ohne eine Begrenzung des Zeithorizontes argumentieren. *Juan Herrera*, Präsident des IFAC nimmt an, daß die von seiner Organisation empfohlenen Lösungen, für die sich IFAC und IASC eingesetzt haben, sich durchsetzen werden, daß die Länder ihre nationalen Vorschriften diesen internationalen Vorgaben anpassen und somit *alle* Kapitalgesellschaften den angepaßten nationalen Vorschriften folgen können[38]. Obwohl der Begriff „anpassen" nicht eindeutig ist und mehrere Auslegungen zuläßt, bleibt kaum ein Zweifel, daß der Sinn dieser Überlegungen darin besteht, daß die internationalen Vorgaben die Hauptsache darstellen und nicht die nationalen Restregelungen.

Diese Richtung ist logisch einwandfrei und ohne Widersprüche. Obwohl diese Position in Frankreich, sichtlich aus psychologischen Gründen, kaum offen vorgetragen wird, ist sie in den Köpfen der Fachleute überaus häufig vertreten[39].

35 Sofortige Gesamtreform

Die Vertreter der Zweiteilung der Bilanzierungsvorschriften haben nicht nur Anhänger. Wir finden es sehr interessant, daß viele Fachleute, die die kleinen und mittelgroßen Unternehmen in Frankreich repräsentieren, hervorheben, daß auch diese Unternehmen ein „betriebswirtschaftliches" Rechnungswesen brauchen, das sich von der herkömmlichen Buchführung unterscheidet. Folglich muß das Rech-

---

38 Vgl. *Herrera, J.,* Diskussionsbeitrag, in: *Table Ronde,* Normalisation, S. 6.
39 Dies gilt z. B. für *Mullenbach, J. L.,* Comptes consolidés, S. 33: „... man muß sich der konsolidierten Konten als Lokomotive für die Konten des Einzelabschlusses bedienen."

nungswesen nicht nur für einige Konzernbuchführungen erneuert werden, sondern das französische Rechnungswesen ist in seiner Gesamtheit reformbedürftig. Dieser Schritt hätte den nicht zu unterschätzenden Vorteil, daß die Einheitlichkeit des Rechnungswesens gewahrt werden könnte. Dies war der hauptsächliche Wunsch, so scheint uns, der im Laufe der Generalversammlung geäußert wurde, die von den Präsidenten der französischen Vereinigungen der Rechnungswesenfachleute *Michel Leclercq, Bernard Lelarge* und *William Nahum* am 7. Juli 1995 organisiert worden war. Immerhin repräsentieren diese Referenten den gesamten Berufsstand der Rechnungswesenfachleute in Frankreich.

Ferner scheint klar zu sein, daß eine große Anzahl der Teilnehmer dieser Versammlung die französische Bilanzierung an die weltweit herrschenden Bedingungen anpassen möchte und dies nicht durch den Druck der internationalen Vorschriften sondern durch eigene Gestaltung. Der Titel der beiden Diskussionsrunden, die am 7. Juli 1995 stattgefunden haben, lautete „Die Rechnungswesenvorschriften ertragen oder beherrschen". Spricht diese Themenformulierung nicht Bände?

Obwohl gerade *Milot* ganz besonders die Schwierigkeiten betont, die sich aus einer kompletten Reform des französischen Rechnungswesensystems ergeben, ist er gleichwohl auch sehr dafür, das Rechnungswesen der Kapitalgesellschaften handelsrechtlich weiter zu entwickeln, die Darstellung der Abschlüsse nicht den fiskalischen Einflüssen zu überlassen und zu vermeiden, daß die Einzelabschlüsse nicht mit den konsolidierten Konten abgestimmt sind[40].

Somit scheint eine weitere Gruppe zu bestehen, die weder den status quo noch eine Zweiteilung des Rechnungswesens wünscht, sondern die sowohl das Rechnungswesen an die moderne Welt anpassen möchte, als auch die Einheitlichkeit des Rechnungswesens und den nationalen Einfluß auf das Rechnungswesen bewahren will. Auch wir stehen dieser Richtung sehr nahe. Da wir jedoch nicht die Einzelmeinungen der Verfechter dieser Richtung genau genug darlegen können, vertreten wir im folgenden unsere eigene persönliche Meinung.

---

40 Vgl. *Milot, J. P.,* Comptes consolidés, S. 32.

4 Der Lösungsvorschlag

41 Thesenüberblick

Unsere Argumentationskette beruht auf sechs Thesen:

(1) Die IASC-Normen dürfen nicht als angelsächsische Normen betrachtet werden, sondern sie sind im dynamischen Bilanzierungskonzept begründet.

(2) Frankreich hat keine Bilanzierung nach dem dynamischen Konzept.

(3) Alle französischen Unternehmen und auch die französischen Sozialpartner haben Interesse an einer Bilanzierung nach dem dynamischen Konzept.

(4) Technisch ist es möglich, einen großen Teil der typisch französischen Eigenheiten des Rechnungswesens in das dynamische Konzept mit aufzunehmen und an die internationalen IASC-Normen anzupassen.

(5) Diese Integration liegt völlig in Händen Frankreichs und erfordert „nur" den befürwortenden politischen Willen.

(6) Die Realisierung der vorgeschlagenen Reformen wäre für die Gesamtheit des französischen Rechnungswesens ein dynamisierender Faktor und würde dazu führen, daß Frankreich in der internationalen Wirtschaftswelt eine bedeutendere Rolle spielen könnte als bisher.

42 Der dynamische Charakter der IASC-Normen

Nobes[41] hat in einer Antwort auf die Thesen von *Hoarau* gezeigt, daß die IASC-Normen nicht als eine Kopie der amerikanischen Vorschriften betrachtet werden können. Wir teilen zunächst[42] seinen Stand-

---

41 Vgl. *Nobes, C.,* Accounting Harmonization.
42 Die Einschränkung „zunächst" ist deshalb gerechtfertigt, weil man abwarten muß, welches Resultat der Überarbeitungsprozeß der IAS aus der Sicht der amerikanischen Bilanzierungs-Statik ergibt. Das Problem der Aktivierung von Forschungs- und Entwicklungsaufwand wird die schöne dynamische Konstruktion, die derzeit die IAS enthalten, möglicherweise wieder komplizieren. Die Zukunft wird zeigen müssen, ob das IASC mit oder ohne Unterstützung gewisser europäischer Staaten dem kaudinischen Joch der USA entkommt.

punkt. Was jedoch wichtiger ist, wir denken, daß die IAS nur aufgrund ihres Namens, der in englischer Sprache formuliert ist, als angelsächsisch bezeichnet werden können. Das Wesentliche dieser Vorschriften besteht darin, daß diese Normen eine dynamische Konzeption des Rechnungswesens ausdrücken mit dem Hauptziel, ein in ganz bestimmter Art definiertes wirtschaftliches Periodenergebnis zu erhalten. Dies erfordert beispielsweise, daß man den steuerrechtlichen Einfluß vermeidet, daß man auf der Aktivseite der Bilanz die immateriellen Vermögensgegenstände ansetzt, daß man ein Kontensystem führt, in dem die Finanzbuchführung und die Kostenrechnung nach gleichartigen Grundsätzen integriert sind. Dabei ist die GuV nach Umsatzkostenverfahren mit der Gliederung der Aufwendungen nach Aufgabenbereichen der Gesamtkosten-GuV vorzuziehen. Wenn diese IASC-Normen oft mit den in den angelsächsischen Ländern geltenden Vorschriften verwechselt werden, so hängt dies ganz einfach damit zusammen, daß diese angelsächsischen Länder generell die dynamischen Aspekte des Rechnungswesens vorziehen. Aber sie sind damit nicht allein. Wenn man alle Länder betrachtet, die die IASC-Normen bei der Bilanzierung verwenden, kann man in keiner Weise eine Deckungsgleichheit zwischen diesen Ländern und den angelsächsischen Bilanzierungsvorschriften[43] erkennen, denn z. B. in der Konzernrechnungslegung verwendet man auch in Frankreich die IASC-Normen. Nach unserer Meinung besteht vielmehr eine Deckungsgleichheit zwischen IASC-Normen und Bilanzierung nach dem dynamischen Konzept.

43 Das Fehlen des dynamischen Konzepts in Frankreich

Aufgrund einer Vielzahl von historischen Hintergründen, die wir oben ausgeführt haben, begünstigen die französischen Rechnungswesenregeln im Bereich der Kapitalgesellschaften steuerrechtliche Bewertungen und/oder Liquidationswerte (Konzeption der fiktiven Aktiva). Wie wir oben ebenfalls bereits besprochen haben, beschränkt sich das dynamische Konzept auf die Kosten- und Leistungsrechnung, die intern ist und ohne gesetzliche Vorschriften auskommt. Sieht man von der Konzernrechnungslegung ab, hat man in Frankreich im Bereich des offiziellen Rechnungswesens grundsätzlich kei-

---

43 Vgl. *Niehus, R. J.,* Zur Entwicklung von GoB, S. 629.

nerlei dynamisches Konzept, obwohl das französische Recht zu einem betriebswirtschaftlich orientierten Recht finden will und auch das französische Rechnungswesen ein betriebswirtschaftlich orientiertes Rechnungswesen sein müßte.

44 Generelle Rechnungslegungsvorschriften nach dynamischem Konzept

Gilnicki betont[44], daß die kleinen und mittelgroßen französischen Unternehmen die gleichen Instrumente zur Verfügung haben sollten, wie alle anderen, um sich bei ihrer Selbstdarstellung gegen die Konkurrenz behaupten zu können. Diese Aussage sollte man noch erweitern: gerade für die kleinen und mittelgroßen Unternehmen, die nur eine rudimentäre Kosten- und Leistungsrechnung haben, wäre es wichtig, einen Abschluß nach dynamischem Konzept zu erstellen.

Die These von *Hoarau,* die internationalen Normen des IASC dienten nur den Börsenanlegern, ist angreifbar. Bereits *Eugen Schmalenbach* hat betont, daß der beste Schutz des Gläubigers darin besteht, daß er den tatsächlichen Zustand des Geschäftsablaufs durch eine „gute Darstellung des Erfolges" kontrollieren kann und damit auch allen anderen Interessenten am besten gedient ist[45]. Unter „gute Darstellung des Erfolges" versteht *Schmalenbach* einen Abschluß nach dynamischem Konzept. Auch für die Mitarbeiter des Unternehmens sind diese Informationen sehr interessant. In Frankreich haben die Mitarbeiter seit langer Zeit ihr stetiges Interesse an den Zahlen der Kosten- und Leistungsrechnung bekundet, das heißt, sie möchten die betriebswirtschaftlichen anstatt der finanzbuchhalterischen Daten erfahren. Der Vorschlag, das dynamische Konzept der Bilanzierung gesetzlich einzuführen, widerspricht somit nicht den Interessen der Mitarbeiter, zumal wir eine Zusammenführung von internem und externem Rechnungswesens in ein Einkreissystem befürworten.

---

44 Vgl. *Gilnicki, P.,* Diskussionsbeitrag, in: *Table Ronde,* Normalisation, S. 52.
45 Vgl. *Schmalenbach, E.,* Dynamische Bilanz, S. 35.

45 Die Bewahrung französischer Eigenheiten

Hoarau besteht mit Recht darauf, bestimmte Eigenheiten des französischen Rechnungswesens zu bewahren, die sich aus der wirtschaftlichen und gesellschaftlichen Situation in Frankreich ergeben. Insbesondere möchte er die Gliederung des Aufwands nach Aufwandsarten und die Offenlegung von bestimmten wirtschaftlichen Größen, wie den Mehrwert, erhalten wissen. Aber wir haben bereits früher gezeigt, daß es technisch möglich ist, die französische Buchführung nach dem Muster des dynamischen Konzepts einzurichten und sie um die typisch französischen Bestandteile zu erweitern[46]. Man hat keine Schwierigkeiten, eine GuV nach Umsatzkostenverfahren zu erstellen, die auch den Mehrwert ausweist, in dem man den Aufwand sowohl nach Funktionsbereichen als auch nach Aufwandsarten darstellt[47].

46 Die Verantwortlichkeit der Normierungsgremien

Wir haben schon erwähnt, daß *Hoarau* die Verantwortung für die Krise im französischen Rechnungswesen gewissermaßen den internationalen Normierungsgremien des IASC zuschiebt. Wir sind gegensätzlicher Auffassung und meinen, daß zumindest ein wesentlicher Teil[48] der Verantwortung bei den französischen Normierungsgremien liegt, die nicht in der Lage waren, rechtzeitig zu einer französischen Bilanzierung nach dem dynamischen Konzept überzuleiten. Sie haben somit das Feld dem internationalen Einfluß überlassen, der von Frankreich aus nicht gesteuert werden kann. Bei den französischen Instanzen liegt auch die Verantwortung dafür, daß sie es nicht verstanden haben, den multinationalen französischen Konzernen eine Informationspflicht aufzuerlegen, die sowohl die für den internationalen Bereich nützlichen als auch die herkömmlichen französischen Daten fordert. Weder die Amerikaner noch die Mitglieder des IASC

---

46 Vgl. *Richard, J.,* Plan comptable, S. 78–83.
47 Ein wirklicher Fortschritt der internationalen Harmonisierung bestünde darin, beide Aufwandsgliederungen so gut wie möglich in der GuV zu zeigen, d. h. jeder Bereichsaufwand wird nochmals nach Aufwandsarten unterteilt oder die Aufwandsarten werden nach Bereichen untergliedert.
48 Ein weiterer Teil der Verantwortung liegt auch bei den europäischen Normierungsgremien. Wir kommen unten darauf zurück.

sind verantwortlich für die Schwäche der französischen Gesetzgebungsgremien und sie sind dies auch nicht für den Mangel an politischem Willen bei der Wahrung der französischen kulturellen Identität.

47 Die Notwendigkeit einer Globalreform

André Gide hat den Franzosen geraten, in ihren Meinungsverschiedenheiten eine kulturelle Bereicherung zu sehen. Unter diesem Blickwinkel hat Frankreich viel zu gewinnen, wenn es bereit ist, im IASC mitzuarbeiten. Dies ist nach unserer Auffassung derzeit die einzige Organisation, die weltweit und mit Erfolgsaussichten Normierungsvorschläge macht. Allerdings lassen das langsame Arbeiten der Repräsentanten der einzelnen Staaten und deren Widersprüche den Vorschlag einer internationalen einheitlichen Normierung für absehbare Zeit nach unserer Meinung wenig wahrscheinlich erscheinen.

Die Übernahme der IASC-Normen durch Frankreich, für den Fall, daß diese mit den europäischen Vorschriften abgestimmt wären, hätte nichts Schockierendes an sich. Allerdings müßte diese Übernahme dann einerseits für alle französischen Unternehmen verbindlich sein und andererseits müßte abgesichert sein, daß auch die herkömmlichen nationalen Bestandteile im Rahmen einer betriebswirtschaftlichen Darstellung erkennbar sind.

Mit anderen Worten, eine interessante und nützliche Reform des französischen Rechnungswesens müßte versuchen, eine betriebswirtschaftlich orientierte Bilanzierung nach dynamischem Konzept[49] darzustellen, in der die IASC-Vorschläge mit den herkömmlichen Daten kombiniert werden. Selbstverständlich sollten die multinationalen französischen Konzerne im Ausland die nur spezifisch französischen Datenbestandteile nicht veröffentlichen müssen.

Wenn man diesen Weg einschlagen würde, öffnete sich ein sehr weites Feld für weitergehende Überlegungen zu Rechnungswesensystemen, die genau definierten Informationszwecken dienen könnten,

---

49 Für *Eugen Schmalenbach* wäre es posthum eine große Genugtuung zu sehen, daß seine Ideen, wenn schon nicht so sehr in Deutschland, dann doch wenigstens in Frankreich auf fruchtbaren Boden gefallen sind.

wobei man die fiskalischen Zwecke davon jeweils abkoppeln sollte[50]. Ferner könnte man noch eine Reihe weiterer Informationen für alle möglichen Informationsadressaten versuchen einzubauen, aber ein einheitliches dynamisches Rechnungswesen müßte garantiert sein.

5 Der derzeitige Standpunkt des französischen Gesetzgebers

Ende August 1996 hat die französische Regierung einen Gesetzesentwurf vorgelegt, der Spezialvorschriften für ganz bestimmte Konzerne vorsieht. Im Entwurfstext steht folgende Passage: „Die französischen Kapitalgesellschaften, deren Anteile zum Handel auf einem offiziellen Kapitalmarkt der Europäischen Gemeinschaft zugelassen sind und die an einer ausländischen Börse notiert werden, und die für die Errichtung und Veröffentlichung ihrer konsolidierten Abschlüsse international anerkannte Regeln benutzen, die für diese Bereiche vom Comité de Réglementation Comptable[51] anerkannt und durch interministeriellen Erlaß genehmigt sind, müssen die Buchführungsvorschriften der Artikel 357-3 bis 357-8[52] für die Errichtung und Veröffentlichung ihrer konsolidierten Abschlüsse nicht beachten"[53].

Wir wollen hier die Betrachtung nicht auf den außerordentlich unklaren Charakter dieses Textes ausdehnen, der weder definiert, was unter „diese Bereiche" zu verstehen ist noch welche „international anerkannte Regeln" gemeint sind. Allerdings scheint es offensichtlich zu sein, daß die nationalen amerikanischen Regeln unter diese international anerkannte Regeln fallen.

Ganz besonders interessant sind in diesem Zusammenhang zwei Fakten:

(1) Der französische Gesetzgeber möchte eine Art Exterritorialität für bestimmte multinationale Konzerne schaffen.

---

50 Der oft mißverstandene illustre *Jacques Savary* war einer der ersten Gesetzesschöpfer, der die Trennung in zwei Bilanzen und die gleichzeitige Erstellung von zwei Bilanzen, einer statischen und einer dynamischen, gefordert hat. Vgl. *Richard, J.*, Comptabilité, S. 53 f.
51 Dies ist die neue offizielle Behörde, die für die Gesetzgebung auf dem Gebiet des Rechnungswesens in Frankreich zuständig ist.
52 Dies sind gesetzliche Vorschriften zu den konsolidierten Abschlüssen.
53 Der französische Wortlaut ist von den Verfassern ins Deutsche übersetzt.

(2) Er erwartet dafür den Segen der Behörden[54] aus Brüssel, die nach den Ausführungen eines kompetenten Autors, sich dafür verwenden, eine gleichartige Exterritorialität für diese multinationalen Konzerne im Gebiet der Europäischen Union zu schaffen[55].

6 Schlußfolgerungen

Die von der französischen Regierung vorgesehenen Regelungen erlauben es, daß die multinationalen Konzerne französischen Ursprungs eigenständige, vom französischen Recht abgekoppelte Konzernabschlüssen nach nichtfranzösischen Regeln erstellen. Dabei ist es nicht notwendig, daß alle französischen Konzerne die gleichen Regeln anwenden. Somit kann der heikle Fall eintreten, daß die französischen Konzerne Abschlüsse vorlegen, die untereinander nicht vergleichbar sind. Ihre Vergleichbarkeit zu den nationalen Abschlüssen von Kapitalgesellschaften ist von vornherein schon nicht gegeben.

Viele französische Interessenten würden es aber vorziehen, die nationale französische Rechnungslegung so zu gestalten, daß die Unternehmen von dem Zwang zur statisch-fiskalischen Bilanzierung befreit würden. Deshalb wäre ein französischer Jahresabschluß ohne steuerrechtlichen Einfluß, nach dem dynamischen Modell, der möglichst gut mit den IASC-Abschlüssen vergleichbar ist, ein Harmonisierungsbeitrag, der wahrscheinlich breite Zustimmung finden könnte.

Auf kurze Sicht wird die im Gesetzentwurf vom August 1996 enthaltene Strategie des französischen Gesetzgebers vielleicht bestimmte Probleme der multinationalen Unternehmen französischen Ursprungs lösen, aber sie wird wahrscheinlich mittelfristig wieder neue schaffen[56]. Durch diese Strategie begünstigt der französische

---

54 Die behördliche Bestätigung durch interministeriellen Erlaß ist ausgefertigt und man wartet auf die Zustimmung.
55 Vgl. *Hulle, K. v.,* Nouvelle stratégie, S. 36 f.
56 Für uns ist es offensichtlich, daß alle Unternehmen nach und nach einen Abschluß nach dynamischem Konzept brauchen und daß die Finanzanalysten ohne sie nicht erfolgreich sein können. Somit werden neue Reformen nötig werden oder die nationalen französischen Unternehmen werden sich bemühen, die Bedingungen zu erfüllen, die es erlauben nach den internationalen Normen Konzernabschlüsse zu veröffentlichen und damit den nationalen Abschluß überflüssig machen. Vgl. *Pellens, B.,* Internationale Rechnungslegung, S. 531 f.

Staat⁵⁷ die globalen wirtschaftlichen Supermächte und kümmert sich nicht um die Probleme der nationalen Unternehmen⁵⁸.

Wie die indogermanischen und griechischen Wurzeln des Wortes es vermuten lassen, ist eine Krise nicht so sehr eine sachliche Schwierigkeit als eher die Entlarvung einer politisch verfahrenen Situation⁵⁹. Wir erleben hier derzeit eine solche Situation, in der die französischen und die europäischen politischen Entscheidungsträger bedeutende Entscheidungen fällen müssen. Wir sind uns nicht sicher, ob sie Willens sind, die Entscheidungen so zu treffen, daß nicht nur die Interessen einer kleinen, wirtschaftlich starken Gruppe berücksichtigt werden.

Das Schreiben dieser Zeilen dient dem Versuch, eine politische Gefahr durch die Analyse wirtschaftlicher Zusammenhänge aufzudecken⁶⁰. Wir versuchen hier verständlich zu machen, daß international

---

57   Auch die Europäische Union muß sich in diesem Zusammenhang Vorhaltungen machen lassen. Nicht nur, daß die Europäische Union nicht mit den USA über eine gegenseitige Anerkennung der europäischen und der amerikanischen Abschlüsse verhandeln wollte. Es scheint, sie wird den Weg einschlagen, ihre Normen teilweise aufzugeben, um sie durch IASC-Normen zu ersetzen, die möglicherweise amerikanische Normen sein werden. Die Strategie der Europäischen Union beschränkt sich auf die Strategie der Staaten, aus denen sie sich zusammensetzt, d. h. man plant unter der Fuchtel der großen Privatkonzerne, die auf Globalisierung ausgerichtet sind.

58   Der von der deutschen Bundesregierung geplante, neu einzuführende § 292a HGB scheint dem französischen Gesetzentwurf vom August 1996 inhaltlich recht nahe zu kommen. Zum Regierungsentwurf vom 7. 6. 1996 vgl. *Pellens, B.,* Internationale Rechnungslegung, S. 517–522. Im Gegensatz zu den französischen Unternehmen fürchten die nationalen deutschen Unternehmen, irgendwann gezwungen zu sein, auch im Einzelabschluß internationale Regeln anwenden zu müssen und damit der Begehrlichkeit der Aktionäre und des Fiskus ausgesetzt zu werden. Vgl. *Kleber, H.,* Diskussionsbeitrag, in: *Baetge, J.,* Die deutsche Rechnungslegung, S. 163 f.

59   Das Wort Krise, griechisch κρινειν, bedeutet aussuchen, sortieren; ferner heißt es auch durchsieben und urteilen, also entscheiden. Davon abgeleitet sind auch Kriterium, Diskriminieren, und Kritik. Wie die alten Griechen den Sachverhalt begriffen und in ihrer Sprache richtig ausgedrückt hatten, besteht das wichtigste Kennzeichen der Krise nicht darin, *daß* zweifelhafte oder spektakuläre Ereignisse auftreten, sondern in der *Art und Weise,* wie den Ereignissen durch Entscheidungen begegnet wird.

60   Aufdecken oder offenlegen ist das ureigenste Kennzeichen des Menschen, den die griechische Sprache als Wesen definiert, das die Dinge offenbart, die es

funktionsfähige Märkte auf Dauer nur dann überall entstehen können, wenn in allen Ländern – Frankreich als pars pro toto – die notwendige Markttransparenz durch marktkonforme Jahresabschlüsse der Unternehmen geschaffen wird. Wir zeigen auch, daß diese Normen, die zu Transparenz führen sollen, mehr bewirken könnten und eher akzeptiert wären, wenn die nationalen Eigenheiten bei der multinationalen Vereinheitlichung der Jahresabschlüsse etwas mehr Überlebenschancen hätten.

---

gesehen hat oder als Wesen, das Transparenz schafft. Diese Definition steckt in dem griechischen Wort für Mensch: ανθροποσ bedeutet: derjenige, der betrachtet (ανα ατρειυ) Dinge, die er gesehen hat (τα οποπα).

Literaturverzeichnis

Baetge, Jörg, Betriebswirtschaftliche Systemtheorie, Regelungstheoretische Planungs-Überwachungsmodelle für Produktion, Lagerung und Absatz, Opladen 1974 (Betriebswirtschaftliche Systemtheorie).

Baetge, Jörg (Hrsg.), Die deutsche Rechnungslegung vor dem Hintergrund internationaler Entwicklungen, Vorträge und Diskussionen aus nationaler und internationaler Sicht zum 10. Münsterischen Tagesgespräch „Haben die deutschen Rechnungslegungsvorschriften noch eine Chance?", Düsseldorf 1994 (Die deutsche Rechnungslegung).

Ballwieser, Wolfgang, Adolf Moxter und der Shareholder Value-Ansatz, in: Bilanzrecht und Kapitalmarkt, Festschrift für Moxter, hrsg. v. Ballwieser, Wolfgang/Böcking, Hans-Joachim/Drukarczyk, Jochen/Schmidt, Reinhard H., Düsseldorf 1994, S. 1377–1405 (Shareholder Value-Ansatz).

Bechtel, Wilfried/Kirsch, Hans-Jürgen, L'établissement des comptes consolidés selon les normes IASC en Allemagne, Working Paper, Université de Nancy 2, ICN, 1996 (L'établissement des comptes consolidés).

Colasse, Bernard, Où il est question d'un cadre conceptuel français, in: Revue de Droit Comptable, Nr. 3/1991, S. 3–20 (Cadre conceptuel).

Delesalle, E., Faire évoluer le PCG ou le PCG face aux douze travaux d'Hercule, in: Revue Française de Comptabilité, Nr. 257/1994, S. 51–60 (PCG).

Finger, Matthias, Die Rolle des Parlamentes beim New Public Management, in: Der Schweizer Treuhänder 1997, S. 47–51, (Die Rolle des Parlamentes).

Frydlender, A./Pham, D., Relationship between accounting and taxation in France, in: The European Accounting Review, Vol. 5, Supplement 1996, S. 845–857 (Relationship).

Gelard, G., Une réforme nécessaire de la normalisation comptable française: quelques préalables, in: Revue Française de Comptabilité, Nr. 274/1996, S. 83–87 (Réforme).

Groß, Paul J., Schwerpunkte der neuen Insolvenzordnung, in: WPK-Mitteilungen 1997, S. 2–14 (Insolvenzordnung).

Grünewälder, Otto, Shareholder-Value-Konzept/International Accounting Standards: Auswirkungen auf die deutsche Unternehmenskultur, in: AG 1996, S. 447–449 (Shareholder-Value-Konzept).

Havermann, Hans, Internationale Entwicklungen in der Rechnungslegung, in: Bilanzrecht und Kapitalmarkt, Festschrift für Moxter, hrsg. v. Ballwieser, Wolfgang/Böcking, Hans-Joachim/Drukarczyk, Jochen/Schmidt, Reinhard H., Düsseldorf 1994, S. 655–677 (Internationale Entwicklungen).

Hoarau, Christian, International Accounting Harmonization: American Hegemony or Mutual Recognition with Benchmarks?, in: The European Accounting Review 1995, S. 217–233 (Harmonization).

Hulle, Karel van, Fortentwicklung des Europäischen Bilanzrechts aus Sicht der EU, in: Bilanzrecht unter dem Einfluß internationaler Reformzwänge, Bericht über die Göttinger Bilanztage ,,10 Jahre BiRiLiG Bilanzrecht vor neuen Reformzwängen am 7. und 8. Dezember 1995, hrsg. v. Schruff, Lothar, Düsseldorf 1996, S. 7–25 (Fortentwicklung).

Hulle, Karel van, L'harmonisation comptable européenne. Une nouvelle stratégie au regard de l'harmonisation internationale, in: Revue Française de Comptabilité, Nr. 275/1996, S. 29–38 (Nouvelle stratégie).

d'Illier, B., Diskussionsbeitrag in: Les comptes consolidés préfigurent-ils la comptabilité française de l'avenir?, in: Revue de Droit Comptable, Nr. 95/1995, S. 5–39 (Comptes consolidés).

Jaudeau Bernard, Problématique de normalisation comptable en France. Management Global Information, Paris 1995 (Global Information).

Liener, Gerhard, Accounting Standards Required of Global Corporations by the International Capital Markets, Consequences for the German Consolidated Financial Statements, in: ZfB 1995, S. 741–751 (Accounting Standards).

Meffert, Heribert, Marketing-Management, Analyse-Strategie-Implementierung, Wiesbaden 1994 (Marketing-Management).

Milot, J. P., Diskussionsbeitrag, in: Les comptes consolidés préfigurent-ils la comptabilité française de l'avenir?, in: Revue de Droit Comptable, Nr. 95/1995, S. 5–39 (Comptes consolidés).

Mullenbach, J. L., Diskussionsbeitrag, in: Les comptes consolidés préfigurent-ils la comptabilité française de l'avenir?, in: Revue de Droit Comptable, Nr. 95/1995, S. 5–39 (Comptes consolidés).

Niehus, Rudolf J., Zur Entwicklung von „konzernarteigenen" GoB durch Paradigmawechsel – Auch ein Beitrag zur Diskussion über die Internationalisierung der deutschen Konzernrechnungslegung, in: Bilanzrecht und Kapitalmarkt, Festschrift für Moxter, hrsg. v. Ballwieser, Wolfgang/Böcking, Hans-Joachim/Drukarczyk, Jochen/Schmidt, Reinhard H., Düsseldorf 1964, S. 621–652 (Zur Entwicklung von GoB).

Nieschlag, Robert/Dichtl, Erwin/Hörschgen, Hans, Marketing, 16. Auflage, Berlin 1991 (Marketing).

Nobes, C., International Accounting Harmonization: a commentary, in: The European Accounting Review 1995, S. 249–254 (Accounting Harmonization).

Ordelheide, Dieter, Internationalisierung der Rechnungslegung deutscher Unternehmen, Anmerkungen zum Entwurf eines Kapitalaufnahmeerleichterungsgesetzes, in: WPg 1996, S. 545–552 (Internationalisierung).

Pacioli, Luca, Summa de Arithmetica Geometria Proportioni et Proportionalita, Venedig 1494 (Summa).

Pellens, Bernhard, Internationale Rechnungslegung, Stuttgart 1997 (Internationale Rechnungslegung).

Prost, A., A propos de la distinction entre les comptes personnels et les comptes consolidés, en matière de normalisation, in: Revue de Droit Comptable, Nr. 95-1/1995, S. 51–55 (Distinction).

Richard, Jacques, Pour un plan comptable moniste français, in: Revue de Droit Comptable, Nr. 88-1/1988, S. 41 (Plan comptable).

Richard, Jacques, Compte de résultat: classement par nature ou classement par fonctions, in: Revue Fiduciaire comptable, Nr. 132/1988, S. 20–34 (Compte de résultat).

Richard, Jacques, Les origines du plan comptable français de 1947: les influences de la doctrine comptable allemande, Cahier de recherche Nr. 9302, CEREG Université de Paris Dauphine, 1993 (Origines).

Richard, Jacques, Comptabilité et pratiques comptables, Paris 1996 (Comptabilité).

Sonnenberger, Hans Jürgen/Schweinberger, Eugen, Einführung in das französische Recht, 2. Auflage, Darmstadt 1986 (Das französische Recht).

Table Ronde, La Normalisation comptable; subir ou maîtriser, mit Diskussionsbeiträgen von Juan Herrera et Philippe Gilnicki, Compagnie régionale des Commissaires aux Comptes de Versailles, 1995 (Normalisation).

Schmalenbach, Eugen, Grundlagen dynamischer Bilanzlehre, in: ZfhF 1919, S. 1–60 und S. 65–101 (Bilanzlehre).

Schmalenbach, Eugen, Dynamische Bilanz, 11. Auflage, Köln und Opladen 1953 (Dynamische Bilanz).

Vettiger, Thomas/Volkart, Rudolf, Zur Shareholder Value-Orientierung schweizerischer Grossunternehmen, in: Schweizer Treuhänder 1997 S. 25–34 (Shareholder Value-Orientierung).

V. Prüfungsgrundsätze und Prüfungstheorie

Herbert Biener

Wäre die Übernahme der Prüfungsgrundsätze der IFAC oder anderer Berufsorganisationen geeignet, die Qualität der Abschlußprüfung in Deutschland zu verbessern?

1 Einleitung

2 Stand des Prüfungsrechts in Deutschland
   21 Gesetzgebung
      211. Geltendes Recht
      212. Reformüberlegungen
   22 Rechtsprechung
   23 Berufsständische und andere Regelwerke
      231. Die Rolle der WPK
      232. Die Rolle des IDW
   24 Die Rolle der Europäischen Union

3 Die Standardisierung der Prüfungsgrundsätze in den USA und im Vereinigten Königreich
   31 Prüfungsanforderungen in den USA
   32 Prüfungsanforderungen im Vereinigten Königreich

4 Die internationale Harmonisierung der Prüfungsgrundsätze durch das IAPC von IFAC
   41 Zur Organisation
   42 Zusammenarbeit mit IOSCO
   43 Die ISA
      431. Übersicht
      432. Künftige Entwicklung

5 Schlußfolgerungen

Dr. h.c. Herbert Biener
Ministerialrat a. D. im Bundesministerium der Justiz
Bonn

1 Einleitung

Die seit vielen Jahren in den Industriestaaten weltweit behauptete Erwartungslücke hinsichtlich der Qualität der Jahres- und Konzernabschlüsse von Kapitalgesellschaften, die den Kapitalmarkt in Anspruch nehmen, ihrer Prüfung und der damit betrauten Abschlußprüfer wird nunmehr auch in Deutschland mit dem Ziel diskutiert, wie die Lücke durch gesetzgeberische oder berufsständische Maßnahmen möglichst geschlossen werden kann[1]. Mit dem folgenden Beitrag soll allein die Frage untersucht werden, wie die Qualität der Abschlußprüfung stärker an den Interessen derjenigen orientiert werden kann, die auf der Basis der veröffentlichten Jahres- und Konzernabschlüsse vermögenswirksame Entscheidungen treffen müssen; dies sind in erster Linie die Personen, die Aktien an Kapitalmärkten erwerben oder solche Aktien halten. In der Koalitionsvereinbarung für die laufende 13. Legislaturperiode des Deutschen Bundestages heißt es unter dem Thema „Kontrolle und Transparenz im Unternehmensbereich", daß in diesem Zusammenhang auch das Recht der Wirtschaftsprüfer u. a. mit dem Ziel einer wirksamen Haftung und qualifizierter Prüfertestate zu überprüfen ist[2].

Das Bundesministerium der Justiz hat im Jahre 1995 zwecks Untersuchung der möglichen Maßnahmen zur Schließung der Erwartungslücke eine interministerielle Arbeitsgruppe unter Zuziehung von Sachverständigen aus dem Berufsstand der Wirtschaftsprüfer und der Wirtschaft eingesetzt[3]. Die in der Arbeitsgruppe erörterten Vorschläge für gesetzgeberische Maßnahmen wurden nach vorhergehender Erörterung in einer Koalitionsarbeitsgruppe, die auch mit Abgeordneten des Deutschen Bundestages besetzt war, teilweise in den Referentenentwurf eines Gesetzes zur Kontrolle und Transparenz im Unter-

---

1 Vgl. *Biener, H.*, Erwartungslücke; *Dörner, D.*, Eröffnungsansprache; *Forster, K.-H.*, Erwartungslücke.
2 Vgl. *Deutscher Bundestag*, Presseerklärung über die Koalitionsvereinbarung für die 13. Legislaturperiode des Deutschen Bundestages v. 14. November 1994, Abschnitt III Nr. 2.
3 Vgl. *BMJ*, Presseerklärung des Bundesministeriums der Justiz v. 19. April 1995. Zum Thema „Verbesserung der Qualität der Abschlußprüfung" hatte die Arbeitsgruppe u. a. zu untersuchen: Qualität der Prüfer, Qualität der Prüfung, Erweiterung des gesetzlichen Prüfungsauftrags, Bestätigungsvermerk und Prüfungsbericht sowie Verantwortlichkeit der Prüfer.

nehmensbereich (RefE KonTraG) aufgenommen[4]. Die Änderungen beziehen sich insbesondere auf § 317 HGB (Gegenstand und Umfang der Prüfung), § 318 HGB (Bestellung und Abberufung des Abschlußprüfers), § 319 HGB (Auswahl der Abschlußprüfer), § 321 HGB (Prüfungsbericht), § 322 HGB (Bestätigungsvermerk) und § 323 HGB (Verantwortlichkeit des Abschlußprüfers). Diese und eventuell weitere Änderungen, die voraussichtlich zu einem späteren Zeitpunkt mit den beteiligten Kreisen erörtert werden sollen, werden indessen ohne Maßnahmen der Selbstverwaltung, insbesondere eine berufsständische Normung der Prüfung, nicht ausreichend sein. Insbesondere die IFAC[5] und die Berufsorganisationen im sog. angelsächsischen Bereich, wie z. B. in den USA das AICPA[6], standardisieren die Prüfung für alle denkbaren Fälle mit dem Ziel, dem Abschlußprüfer für die Erfüllung seiner Aufgaben klare Handlungsanweisungen zu geben. Auf diese Weise wird eine einheitliche Qualität der Prüfung sichergestellt. Der einzelne Abschlußprüfer braucht außerdem Schadensersatzansprüche trotz häufig unbeschränkter Haftung im allgemeinen nicht zu fürchten, wenn er die Prüfungsstandards bei der Ausführung im Einzelfall beachtet hat.

---

4 Vgl. *BMJ*, Referentenentwurf eines Gesetzes zur Kontrolle und Transparenz im Unternehmensbereich (RefE KonTraG) v. 22. November 1996.

5 International Federation of Accountants. Es handelt sich um den weltweiten Zusammenschluß der Berufsorganisationen der Accountants. Die Empfehlungen der verschiedenen Committees von IFAC werden jährlich im IFAC-Handbook, Technical Pronouncements, veröffentlicht. Die Anschrift von IFAC lautet: 114 West 47th Street, Suite 2410, New York, NY 10036.

6 The American Institute of Certified Public Accountants, Inc. (AICPA) unterhält ein Auditing Standards Board mit der Aufgabe, die für die Durchführung von Abschlußprüfungen erforderlichen Maßnahmen zu normieren. Die Codification of Statements on Auditing Standards werden vom AICPA jährlich veröffentlicht, zuletzt mit Stand 1. Januar 1996, die Auditing Standards Nr. 1–79. Die Anschrift lautet: American Institute of Certified Public Accountants, Inc., New York, NY 10036–8775.

2 Stand des Prüfungsrechts in Deutschland

21 Gesetzgebung

211. Geltendes Recht

Die Pflichtprüfung von Jahres- und Konzernabschlüssen ist nach § 319 Abs. 1 HGB Wirtschaftsprüfern und Wirtschaftsprüfungsgesellschaften vorbehalten; die Jahresabschlüsse und Lageberichte mittelgroßer GmbH können auch von Vereidigten Buchprüfern und Buchprüfungsgesellschaften geprüft werden. Die Pflicht zur Prüfung ergibt sich aus § 316 HGB.

Zum Gegenstand und Umfang der Prüfung enthält § 317 HGB die Anforderung, daß sich die Prüfung des Jahresabschlusses und des Konzernabschlusses darauf zu erstrecken hat, ob die gesetzlichen Vorschriften und sie ergänzende Bestimmungen des Gesellschaftsvertrags oder der Satzung beachtet sind. Das Gesetz verpflichtet den Abschlußprüfer nicht, die Grundsätze ordnungsmäßiger Prüfung (GoP) zu beachten oder die Prüfung entsprechend dem Stand der Prüfungstechnik durchzuführen[7]. Nach § 323 Abs. 1 Satz 1 HGB ist der Abschlußprüfer zur gewissenhaften Prüfung verpflichtet. Im Schrifttum wird hierzu die Auffassung vertreten, daß in Zweifelsfällen die nähere Konkretisierung anhand der Berufsauffassung unter Berücksichtigung von Sinn und Zweck der Abschlußprüfung erfolgen muß[8]. Zu den gesetzlichen Vorschriften, die der Abschlußprüfer zu beachten hat, gehören die Regelungen der aufgrund von § 57 Abs. 4 WPO erlassenen Berufssatzung, die in § 4 Abs. 1 die gewissenhafte Berufsausübung dahingehend interpretiert, daß außer den gesetzli-

---

7 Das BMJ empfiehlt bei der Verweisung auf private Regelwerke die folgenden Generalklauseln zu verwenden: Allgemein anerkannte Regeln der Technik, Stand der Technik oder Stand von Wissenschaft und Technik, wobei die letztere Klausel das höchste Anforderungsniveau umschreibt. Vgl. *BMJ*, Handbuch der Rechtsförmlichkeit, Rn. 164, 165. Gemäß Randnote 171 umschreibt die Generalklausel „Stand der Technik" den Entwicklungsstand fortschrittlicher Verfahren, Einrichtungen und Betriebsweisen, wie er nach herrschender Auffassung führender Fachleute die Erreichung des gesetzlich vorgegebenen Zieles gesichert erscheinen läßt.

8 Vgl. *Adler, H./Düring, W./Schmaltz, K.*, 5. Auflage, § 323 HGB, Rn. 10.

chen Vorschriften die für die Berufsausübung geltenden Bestimmungen und „fachliche Regeln" zu beachten sind[9].

Der Hinweis, daß fachliche Regeln in gleicher Weise wie Rechtsvorschriften beachtet werden sollen, dürfte als eine Generalklausel zu verstehen sein, mit der auf prüfungstechnische Regeln privater Regelsetzer verwiesen wird. Legt man die bereits erwähnten Maßstäbe des BMJ zugrunde, so dürfte diese Verweisung als eine Verweisung auf die „allgemein anerkannten Regeln der Technik" i. S. der Empfehlungen des BMJ zu verstehen sein. Danach sind solche Regeln schriftlich fixierte und mündlich überlieferte technische Festlegungen für Verfahren, Einrichtungen und Betriebsweisen, die nach herrschender Auffassung der beteiligten Kreise (Fachleute, Anwender, Verbraucher und öffentliche Hand) zur Erreichung des gesetzlich vorgegebenen Zieles geeignet sind und sich in der Praxis allgemein bewährt haben oder deren Bewährung nach herrschender Auffassung in überschaubarer Zeit bevorsteht. Solche Verweisungen sind allerdings verfassungskonform auszulegen, nachdem das Bundesverfassungsgericht entschieden hat, daß die Freiheit der Berufsausübung nach Art. 12 Abs. 1 Satz 2 GG nur durch oder aufgrund eines Gesetzes eingeschränkt werden kann[10]. Einschränkungen der Berufsausübungsfreiheit sind daher dem Gesetzgeber vorbehalten, soweit sie „statusbildend" sind, d. h. von der Intensität her besonders intensiv in die Freiheit der Berufsausübung eingreifen. Soweit die Berufsausübungsfreiheit betreffende Regelungen hingegen nur „ statusausfüllenden" Charakter haben, können diese durch berufliche Selbstverwaltungsorgane aufgrund einer gesetzlichen Ermächtigung, wie dies im Falle der Berufssatzung der Wirtschaftsprüferkammer geschehen ist, getroffen werden. Standards über die Art und Weise der Durchführung von Pflichtprüfungen dürften grundsätzlich statusausfüllend und nicht statusbildend sein. Solche Standards oder Normierungen füllen lediglich die gesetzlichen Pflichten, die bei der Pflichtprüfung zu beachten sind, wie Gewissenhaftigkeit, Unabhängigkeit, Verschwiegenheit, Eigenverantwortlichkeit usw. aus. Es ist bisher allerdings nicht entschieden, ob eine öffentlich-rechtliche Körperschaft aufgrund einer Ermächtigung zum Erlaß statusausfüllender Berufsre-

---

9 Vgl. § 4 Abs. 1 Berufssatzung der Wirtschaftsprüferkammer v. 11. Juni 1996.
10 Vgl. BVerfGE 76, 171 ff. und 196 ff.

geln ihrerseits in Form einer Generalklausel auf private Regelsetzer verweisen kann.

Die gesetzlichen Regelungen in Deutschland über die Durchführung von Abschlußprüfungen, die gleichzeitig den Mindestregelungen der Achten Richtlinie der EU entsprechen[11], sind somit rudimentär. Wie die privaten Regelwerke internationaler und nationaler Berufsorganisationen zeigen, bedarf es einer Vielzahl von Detailregelungen, wenn eine durchgehend gleichwertige Prüfung auf hohem Niveau gewährleistet werden soll. Die Bundesregierung und der Gesetzgeber wären überfordert, wenn sie zwecks Schließung der Erwartungslücke gezwungen wären, diese Selbstverwaltungsaufgabe der Berufsstände der Wirtschaftsprüfer und Vereidigten Buchprüfer sowie der beteiligten Kreise zu übernehmen. Es sollten daher private Regelwerke geschaffen werden, die dieses Problem nach anglo-amerikanischem Vorbild lösen.

212. Reformüberlegungen

Wie sich aus dem bereits erwähnten Referentenentwurf eines Gesetzes zur Kontrolle und Transparenz im Unternehmensbereich des BMJ ergibt, haben die Erörterungen mit den beteiligten Kreisen zu dem Ergebnis geführt, daß die Abschlußprüfung künftig problemorientierter durchgeführt werden soll. Insbesondere soll in § 317 HGB aufgenommen werden, daß die Prüfung so anzulegen ist, daß Unrichtigkeiten und Verstöße gegen gesetzliche Vorschriften und sie ergänzende Bestimmungen des Gesellschaftsvertrags oder der Satzung, die sich auf die Darstellung des sich nach § 264 Abs. 2 HGB ergebenden Bildes der Vermögens-, Finanz- und Ertragslage des Unternehmens wesentlich auswirken, bei gewissenhafter Berufsausübung erkannt werden. Mit der Neufassung des § 321 HGB über den Prüfungsbericht soll erreicht werden, daß der Aufsichtsrat, der künftig den Prüfungsauftrag erteilen soll, stärker als bisher über die Beurteilung des Fortbestandes und der künftigen Entwicklung des Unternehmens durch den Abschlußprüfer unterrichtet wird. Eine wichtige Maßnahme zur Schließung der Erwartungslücke dürfte mit der Neufassung

---

11 Vgl. Achte Richtlinie des Rates vom 10. April 1984 (84/253/EG) aufgrund von Artikel 54 Absatz 3 Buchstabe g des Vertrages über die Zulassung der mit der Pflichtprüfung der Rechnungslegungsunterlagen beauftragten Personen, ABl. Nr. L 126 v. 12. 5. 1984, S. 20–26.

des § 322 HGB über den Bestätigungsvermerk erreicht werden. Unter weitgehendem Verzicht auf das bisherige Formeltestat soll es dem Abschlußprüfer ermöglicht werden, über Art und Umfang und das Ergebnis der Prüfung freier zu berichten. In diesem Zusammenhang sollen auch die Vorschriften über die Umsatzabhängigkeit und die Haftung in den §§ 319, 323 HGB verschärft werden.

22   Rechtsprechung

Während die höchstrichterliche Rechtsprechung, insbesondere der BFH, in großem Umfang zu der Entwicklung von Grundsätzen ordnungsmäßiger Buchführung beiträgt, sind vergleichbare Grundsätze für die Durchführung von Pflichtprüfungen in der Vergangenheit nicht entwickelt worden. Dies ist darauf zurückzuführen, daß der Gesetzgeber das Rechtsinstitut der Grundsätze ordnungsmäßiger Pflichtprüfung (GoP) bisher nicht eingeführt hat. Die Frage der Prüfungsdurchführung ist daher eine Sachverständigenfrage und keine Rechtsfrage, so daß die Obersten Gerichte als Revisionsgerichte hierüber nicht zu entscheiden haben. Es sollte daher intensiv geprüft werden, ob es nicht zweckmäßig wäre, nach dem Vorbild der Verpflichtung der Kaufleute auf die Grundsätze ordnungsmäßiger Buchführung die Abschlußprüfer bei der Durchführung von Abschlußprüfungen darauf zu verpflichten, die Grundsätze ordnungsmäßiger Pflichtprüfung zu beachten. Zumindest über die Revisionsgerichte könnte sich auf diese Weise in überschaubarer Zeit ein System ordnungsmäßiger Pflichtprüfungsgrundsätze entwickeln[12]. Diese Entwicklung könnte außerdem durch eine gesetzlich gestützte Standardisierung gefördert werden.

23   Berufsständische und andere Regelwerke

231.   Die Rolle der WPK

Die Wirtschaftsprüferkammer ist durch das Dritte Gesetz zur Änderung der Wirtschaftsprüferordnung vom 15. Juli 1994[13] ermächtigt

---

12 Vgl. *Döllerer, G.*, Grundsätze ordnungsmäßiger Bilanzierung, S. 653, 655; BFH, Urteil v. 31. Mai 1967, I 208/63, BFHE 89, 191, 194, BStBl. III 1967, 607–609, abgedruckt in: DB 1967, S. 1614–1615.
13 Vgl. BGBl I 1994, S. 1569.

worden, eine Berufssatzung zu erlassen und in dieser zur Ausführung der gesetzlichen Bestimmungen der Wirtschaftsprüferordnung die in § 57 Abs. 4 WPO bezeichneten Berufspflichten näher zu regeln (§ 57 Abs. 3 WPO); dazu gehört auch die Regelung der besonderen Berufspflichten zur Sicherung der Qualität der Berufsarbeit in den Aufgaben nach § 2 Abs. 1 WPO (§ 57 Abs. 5 Nr. 5 WPO). Diese Ermächtigung war im Hinblick auf die bereits zitierten berufsrechtlichen Entscheidungen des Bundesverfassungsgerichts vom 14. Juli 1987 notwendig geworden, wonach statusbildende Berufspflichten unter dem Gesetzgebungsvorbehalt nach Artikel 12 GG stehen[14]. Die Berufssatzung führt die Berufsrichtlinien, Stand 12. März 1987, die mit dem Inkrafttreten der Berufssatzung außer Kraft getreten sind, in aktualisierter und teilweise erweiterter Form fort. Die Satzung folgt der kontinentaleuropäischen Gesetzgebungstradition, die Regelungen so allgemein zu formulieren, daß im Wege der Auslegung alle in der Praxis vorkommenden Fälle subsumiert werden können, d. h. es werden zahlreiche unbestimmte Rechtsbegriffe verwendet, die der Auslegung bedürfen. Der Vorteil gegenüber den bisherigen Richtlinien ist darin zu sehen, daß es sich nunmehr aufgrund gesetzlicher Ermächtigung um Rechtsnormen handelt, die für die Mitglieder der Wirtschaftsprüferkammer nach § 58 Abs. 1 Satz 1, § 128 Abs. 3, § 131b Abs. 2 und § 131f Abs. 2 WPO verbindlich sind (§ 40 Berufssatzung). Aus diesem Grunde und weil ihre Beachtung gleichzeitig Voraussetzung für die nach § 323 Abs. 1 Satz 1 HGB geforderte gewissenhafte Prüfung ist, haben die Gerichte künftig im Streitfall unbestimmte Rechtsbegriffe verbindlich auszulegen und sind die Entscheidungen hier zu revisibel, so daß die Obersten Gerichte künftig, wie bei den GoB, über den Inhalt der Berufspflichten, soweit sie durch Gesetz oder Satzung vorgeschrieben sind, entscheiden können. Gegenüber dem bisherigen Recht ist dies ein wesentlicher Fortschritt, weil alle Berufspflichten, die in der Satzung angesprochen sind, nicht mehr bloße Sachverständigenfragen sind. Es ist daher zu hoffen, daß über die höchstrichterliche Rechtsprechung ausreichend Einzelfälle allgemeinverbindlich entschieden und über diese Art von „Case-Law" die Berufspflichten im einzelnen festgelegt werden. Dennoch wäre es wünschenswert, wenn diese Entwicklung durch eine ausdrückliche Verweisung auf die GoP zusätzliche Impulse erhalten würde. Wie die

---

14 Vgl. BVerfGE 76, 171 ff. und 196 ff.

Erfahrung mit den GoB zeigt, würden sich die Praxis und die beteiligten Kreise, insbesondere die Wissenschaft, sehr viel stärker als bisher mit der Frage befassen, wie die Berufspflichten bei der Ausübung von Pflichtprüfungen ausgestaltet sein sollten.

232. Die Rolle des IDW

Das Institut der Wirtschaftsprüfer bemüht sich seit Jahrzehnten in vorbildlicher Weise nicht nur um die Entwicklung der Grundsätze ordnungsmäßiger Buchführung, sondern auch um Grundsätze ordnungsmäßiger Pflichtprüfung. Richtungweisende Bedeutung haben vor allen Dingen die Fachgutachten Nr. 1 bis 3 aus dem Jahre 1988 erlangt[15]. Nach Auffassung des IDW geben seine Fachgutachten und Stellungnahmen die Fachmeinung von dem Vertrauen des Berufs getragener, besonders erfahrener und sachverständiger Berufsangehöriger wieder[16]. Das IDW erhebt nicht den Anspruch, ein Normungsgremium mit der Aufgabe zu sein, die Berufspflichten bei der Durchführung von Pflichtprüfungen zu standardisieren. Es trägt damit dem Umstand Rechnung, daß es weder von der Bundesregierung noch von der Wirtschaftsprüferkammer als Normungsgremium anerkannt ist[17]. Auch wenn mit der herrschenden Meinung davon auszugehen ist, daß den Fachgutachten und Stellungnahmen des IDW eine besondere Gewichtung zukommt und deshalb ein Abschlußprüfer bei der Ausübung von Pflichtprüfungen nicht ohne gewichtige Gründe von diesen Empfehlungen abweichen wird[18], und sicherlich auch die Gerichte diese Empfehlungen als Maßstab für die Beurteilung des berufsgerechten Verhaltens von Abschlußprüfern im Streitfall zugrunde legen werden[19], so dürfte das Fehlen eines Normierungsgremiums schon deshalb als Nachteil anzusehen sein, weil ein solches Gremium zum einen die öffentlich-rechtliche Verpflichtung hätte, Maßstäbe für die Berufspflichten zu setzen und deren Entwicklung fortlaufend zu beobachten, und zum anderen solche Empfehlungen von den Berufsangehörigen und den Beteiligten, wie die Erfahrungen mit der Standar-

---

15 Vgl. *IDW*, Fachgutachten 1/1988, 2/1988, 3/1988, 1/1937 i. d. F. 1990, 1/1953 i. d. F. 1990.
16 Vgl. *IDW*, WP-Handbuch 1996, Bd. I, Teil A, Rn. 247.
17 Vgl. hierzu *Biener, H.*, Berufsständische Empfehlungen.
18 Vgl. *IDW*, WP-Handbuch 1996, Bd. I, Teil A, Rn. 247.
19 Vgl. *Adler, H./Düring, W./Schmaltz, K.*, 5. Auflage, § 323 HGB, Rn. 8.

disierung in anderen Staaten zeigen, sehr viel ernster genommen werden würden. Die in § 43 Abs. 1 WPO begründete Verpflichtung zur eigenverantwortlichen Berufsausübung verbietet die ungeprüfte Befolgung von Einzelweisungen, nicht aber die grundsätzliche Bindung an Standards über Berufspflichten, auch wenn diese keinen Normcharakter haben. Es wäre daher wünschenswert, wenn das Institut der Wirtschaftsprüfer die Rolle als Normungsgremium für die Standardisierung der Berufspflichten anstreben und anerkannt werden würde. Es würde den Rahmen dieses Beitrages sprengen, die dafür erforderlichen Maßnahmen im einzelnen darzustellen. Nach der Beurteilung des Verfassers wäre diese Entwicklung aber ohne größere Umstellungen durchführbar, zumal das IDW schon heute zumindest seine Mitglieder durch vorhergehende Veröffentlichung der Entwürfe und die Aufforderung zur Stellungnahme in die Meinungsbildung einbezieht[20].

Der Hauptfachausschuß hat im letzten Jahr den Entwurf einer Verlautbarung: Zur Aufdeckung von Fehlern, Täuschungen, Vermögensschädigungen und sonstigen Gesetzesverstößen im Rahmen der Abschlußprüfung veröffentlicht[21]. Er möchte damit gleichzeitig der Verpflichtung des IDW als Mitglied von IFAC nachkommen, die von IFAC entwickelten Standards, in diesem Falle die International Standards on Auditing (ISA) des International Auditing Practices Committee (IAPC) in die jeweiligen nationalen Prüfungsstandards einzuarbeiten. Nach Auffassung des HFA entspricht der Entwurf in vollem Umfang sowohl ISA 240 ,,Fraud and Error" als auch ISA 250 ,,Concideration of Laws and Regulations in an Audit of Financial Statements" und geht in Teilbereichen über diese Standards hinaus. Ob dies in dieser Form gelungen ist, kann in diesem Zusammenhang nicht untersucht werden, zumal an keiner Stelle auf die ISA verwiesen wird, so daß nicht ohne weiteres beurteilt werden kann, an welchen Stellen bewußt oder unbewußt wegen Mißverstehens der ISA

---

20 Vgl. *Biener, H.,* Fachnormen statt Rechtsnormen. Der Verfasser, der sich in diesem Beitrag für die Schaffung eines Normungsgremiums für die Entwicklung allgemeiner Rechnungslegungsstandards ausspricht, kommt zu dem Ergebnis, daß das IDW die Voraussetzungen hierfür nur erfüllen könnte, wenn alle Rechnungsleger einbezogen werden würden. Diese Überlegungen gelten jedoch nicht für den Bereich der Pflichtprüfung, weil zu deren Entwicklung in erster Linie Abschlußprüfer berufen sind.
21 Vgl. *HFA des IDW,* Verlautbarung.

weitergehende Anforderungen gestellt werden. In jedem Falle ist aber zu begrüßen, daß sich das IDW dafür entschieden hat, seine Empfehlungen an die internationale Entwicklung anzupassen[22]. Hinsichtlich der rechtlichen Einordnung gilt, daß es sich hierbei lediglich um eine fachliche Meinungsäußerung des HFA des IDW handelt.

In diesem Zusammenhang ist auch die Gemeinsame Stellungnahme der WPK und des IDW, VO 1/1995, „Zur Qualitätssicherung in der Wirtschaftsprüferpraxis" zu erwähnen[23], weil sie für die künftige Entwicklung der Berufspflichten große Bedeutung haben wird. Die Mitwirkung der Wirtschaftsprüferkammer macht die Stellungnahme mit Sicherheit für die Praxis gewichtiger, sie ändert aber nicht die rechtliche Qualität als Meinungsäußerung berufsständischer Organisationen. Die Ermächtigung nach § 57 Abs. 3 WPO kann nicht herangezogen werden, weil die WPK diese nur durch den Erlaß von Regelungen ausüben kann, die in die Berufssatzung aufgenommen werden. Auch wird nicht behauptet, daß es sich um fachliche Regeln im Sinne des § 4 Abs. 1 Satz 1 der Berufssatzung handelt, die zur Erfüllung des Merkmals der Gewissenhaftigkeit wie eine Satzungsbestimmung beachtet werden müßten. Auch wenn diese Form der Zusammenarbeit von IDW und WPK zu begrüßen und die Stellungnahme sicherlich für die Praxis und die Gerichte sehr hilfreich sein wird, so wäre es doch im Interesse der Rechtssicherheit wünschenswert, wenn diese und künftige Stellungnahmen in Form von Empfehlungen eines anerkannten Normungsgremiums erlassen werden würden.

24 Die Rolle der Europäischen Union

Das Recht der Abschlußprüfung und der hiermit beauftragten Personen unterliegt dem Harmonisierungsgebot nach Art. 54 Abs. 3 Buchstabe g EGV. Der Rat der EU ist dieser Verpflichtung mit der Verabschiedung der Achten Richtlinie nachgekommen. Die Anpassung des deutschen Rechts ist mit dem Bilanzrichtlinien-Gesetz im Jahre 1985 erfolgt. Die Regelungen sind noch rudimentärer als nach deutschem Recht, weil sich die Mitgliedstaaten seinerzeit nur auf Mindestregelungen einigen konnten.

---

22 Wegen der bisher bestehenden Abweichungen zu ISA 240, 250 vgl. *Kaminski, H./Marks, P.*, Qualität der Abschlußprüfung, S. 258, 263.
23 Vgl. *WPK/IDW*, Qualitätssicherung.

Die Kommission möchte offenbar die Harmonisierung in diesem Bereich fortführen oder zumindest dazu beitragen, die weltweit diskutierte Erwartungslücke bei der Abschlußprüfung zu schließen. Sie hat im letzten Jahr dem Rat der EU, dem Europäischen Parlament und dem Wirtschafts- und Sozialausschuß das Grünbuch über die Rolle, Stellung und Haftung des Abschlußprüfers in der Europäischen Union vom 24. 7. 1996 zugeleitet[24] und dazu am 5./6. Dezember 1996 eine Konferenz in Brüssel abgehalten, zu der außer den Mitgliedstaaten europäische Spitzenverbände der beteiligten Kreise und die nationalen Berufsorganisationen der Abschlußprüfer eingeladen waren. Der Verfasser hat sich in anderem Zusammenhang mit dem Grünbuch und den darin enthaltenen Vorschlägen auseinandergesetzt[25]. In diesem Zusammenhang soll daher nur erwähnt werden, daß das Grünbuch alle Fragen aufwirft, die derzeit auch in Deutschland erörtert werden und teilweise Gegenstand des bereits erwähnten Entwurfs KonTraG sind. Gemeinsam mit dem Kontaktausschuß wird beabsichtigt, Lösungsmöglichkeiten zu suchen. Diese Entwicklung sollte jedoch nicht dazu führen, die aktuellen Reformbemühungen in Deutschland zurückzustellen, weil die Gesetzgebung in diesem Bereich der EU langwierig sein wird und wegen ihrer Bindungswirkung aber auch nicht wünschenswert ist. Da sich die Kommission indessen künftig an der internationalen Entwicklung orientieren möchte und auch bereit zu sein scheint, private Regelungswerke zu unterstützen, sollten die nationalen Reformen sowohl im Gesetzgebungsbereich als auch im Bereich der Normierung die internationale Entwicklung berücksichtigen. Die internationale Harmonisierung wird auf diese Weise am besten gefördert.

3 Die Standardisierung der Prüfungsgrundsätze in den USA und im Vereinigten Königreich

Die internationale Entwicklung der Harmonisierung der Vorschriften über die Rechnungslegung und deren Prüfung wird sehr stark von den Berufsständen der sog. angelsächsischen Länder beeinflußt, insbesondere der USA und dem Vereinigten Königreich. Bevor auf die

---

24 Vgl. Dok. KOM (96) 398 endg. v. 24. 7. 1996, Dok. Rat v. 19. 8. 1996 Nr. 9566/96, ABl. C 321 v. 28. 10. 1996, S. 1, Korrigendum KOM (96) 338 endg./2, Dok. Rat 9566/96 CR 1 (D).
25 Vgl. *Biener, H.*, Harmonisierung der Vorschriften über die Rechnungslegung.

Empfehlungen der IFAC eingegangen wird, dürfte es daher zweckmäßig sein, einmal darzustellen, wie sich die Rechtslage in diesen Ländern darstellt, und auf welche Weise die Standardisierung der Prüfungsgrundsätze erfolgt.

31 Prüfungsanforderungen in den USA

Für die Rechtslage in den USA ist bezeichnend, daß die Zuständigkeit für das Gesellschaftsrecht, die Rechnungslegung und deren Prüfung bei den Staaten liegt. In diesem Bereich hat der Bund eine Gesetzgebungskompetenz lediglich zum Zwecke der Regulierung staatenübergreifender Kapitalmärkte. Zu den Zulassungsbedingungen gehört, daß die Unternehmen zu Beginn und in den folgenden Jahren unter anderem einen geprüften Konzernabschluß bei der SEC zur Einsicht für jedermann einreichen. Zur Qualifikation des Abschlußprüfers heißt es in Artikel 2 der Regulation S–X, daß die SEC einen Abschlußprüfer (Certified Public Accountant) nur akzeptiert, wenn er nach dem für ihn maßgeblichen Recht seines Sitzes ordnungsgemäß zugelassen und anerkannt ist[26]. Im Grundsatz akzeptiert die SEC auch im Ausland zugelassene Abschlußprüfer. In diesem Falle verlangt die SEC aber, daß der Abschlußprüfer seine Qualifikation und seine Unabhängigkeit nach den Vorschriften der SEC nachweist. Im allgemeinen geschieht der Nachweis durch Zuziehung eines von der SEC anerkannten Abschlußprüfers. Für alle Prüfer gilt, daß sie die allgemein anerkannten Grundsätze der Abschlußprüfung (Generally Accepted Auditing Standards-GAAS) beachten. Sind Prüfungshandlungen, die der Abschlußprüfer für notwendig gehalten hat, unterblieben, ist hierüber zu berichten; die Gründe hierfür sind darzustellen[27]. Kommt die SEC zu dem Ergebnis, daß der Abschlußprüfer die US-GAAS nicht angewendet hat, so kann die Kommission gegen den Abschlußprüfer vorgehen und ihn unter Umständen von weiteren Prüfungen ausschließen[28]. Die SEC definierte unmittelbar nach Ein-

---

26 Vgl. *United States Securities and Exchange Commission,* Art. 2 – Qualifications and Reports of Accounts, Reg. § 210.2-01.

27 Vgl. *United States Securities and Exchange Commission,* Art. 2 – Qualifications and Reports of Accounts, Reg. § 210.2-02.

28 Vgl. *SEC,* Financial Reporting Releases (FRRs) 602.02a i. V. m. Rule 102 (e) der Rules of Practice der SEC, die als Accounting and Auditing Enforcement Release veröffentlicht wurde und eingesehen werden kann.

führung der Bestimmung, daß der Prüfer die GAAS beachten muß, durch Erlaß im Jahre 1941, daß sie hierunter die allgemein anerkannten Prüfungstechniken versteht, wie sie üblicherweise von erfahrenen Rechnungslegern angewendet und von autorisierten Gremien, die sich mit Prüfungsfragen befassen, umschrieben werden[29]. Bereits im Jahre 1948 verabschiedete das damals für den Berufsstand handelnde Institut 10 GAAS, die bei der Prüfung von Unternehmen zu beachten waren, die ihre Konzernabschlüsse bei der SEC einzureichen hatten.

Die Auditing Standards werden heute vom Auditing Standards Board erlassen, das als „Senior Technical Body" des American Institute of Certified Public Accountants (AICPA) die Aufgabe hat, Empfehlungen zu Fragen der Abschlußprüfung zu veröffentlichen. Rule 202 des vom Institut erlassenen Code of Professional Conduct verlangt die Beachtung der vom Institut unterstützten GAAS. Die Auditing Standards werden vom Institut als Interpretationen der GAAS eingeordnet; es verlangt, daß die Mitglieder des Instituts Abweichungen von den Auditing Standards rechtfertigen[30]. Über die Unterstellung, daß die Auditing Standards Interpretationen der GAAS sind, denen rechtlich die gleiche Bedeutung wie in Deutschland den GoB zukommt, wird in Verbindung mit der bereits zitierten Regelung in der Regulation S–X erreicht, daß die Empfehlungen des AICPA wie Rechtsnormen behandelt werden und für die Abschlußprüfer daher verbindlich sind.

Das AICPA Inc. vertritt die Interessen der Certified Public Accountants (CPA) in den USA. Es hat ca. 350 000 Mitglieder, die als Rechnungsleger nicht nur freiberuflich, sondern als Angestellte auch für Unternehmen und die öffentliche Hand tätig sind. Anders als in Kontinentaleuropa gibt es keinen speziellen Prüferberuf. Die Abschlußprüfer sind vielmehr in den Berufsstand der Rechnungsleger (Accountants) einbezogen. Auf eine Umschreibung der Auditing Standards muß in diesem Zusammenhang verzichtet werden. Sie sind weitgehend von der IFAC als internationale Standards übernommen worden.

---

29 *SEC,* Accounting Series Release v. 5. Februar 1941, No. ASR 21.
30 Die Auditing Standards werden jährlich veröffentlicht. Vgl. *AICPA,* Codification of Statements on Auditing Standards. Der 1996 veröffentlichte Band enthält die Standards Nr. 1 bis 79.

32 Prüfungsanforderungen im Vereinigten Königreich

Die Pflichtprüfung der Kapitalgesellschaften (Companies) hat im Vereinigten Königreich eine lange Tradition. Sie wurde erstmals mit dem Joint Stock Companies Act 1844 eingeführt, jedoch nicht in den Joint Stock Companies Act von 1856 übernommen. Sie wurde sodann erneut mit dem Companies Act 1900 eingeführt, blieb aber auf die Bilanz beschränkt. Die uneingeschränkte Prüfung auch der Gewinn- und Verlustrechnung wurde mit dem Companies Act 1948 vorgeschrieben. Aufgrund der Vierten Richtlinie wurden im Jahre 1994 bestimmte kleine Kapitalgesellschaften von der Prüfung ausgenommen. Seit dem Jahre 1948 dürfen nur beruflich qualifizierte Personen als Abschlußprüfer berufen werden. Mit dem Companies Act 1989 wurden besondere Vorschriften eingeführt, um sicherzustellen, daß nur solche Personen als Abschlußprüfer bestellt werden, die ordnungsgemäß überwacht und angemessen qualifiziert sind. Nach § 25 Companies Act 1989 dürfen als Abschlußprüfer nur Personen bestellt werden, die Mitglied einer anerkannten Aufsichtsorganisation sind und die nach den Regeln dieser Organisation wählbar sind. Vom Ministerium für Trade and Industry sind die folgenden Organisationen als Berufsorganisation anerkannt, deren Mitglieder als Abschlußprüfer bestellt werden dürfen:

- The Institute of Chartered Accountants in England and Wales,
- The Institute of Chartered Accountants in Scotland,
- The Chartered Association Accountants,
- The Institute of Chartered Accountants in Ireland.

Auditing Standards werden seit dem Jahre 1971 entwickelt. Während zunächst das Auditing Practices Committee (APC) des Consultative Committee of Accounting Bodies (CCAB) hierfür verantwortlich war, ist heute das Auditing Practices Board (APB) zuständig. Die Beachtung der Standards und Guidelines, die in diesem Zusammenhang nicht dargestellt werden können, wird jeweils von der Berufsorganisation überwacht, deren Mitglied der Auditor ist[31].

---

31 Vgl. *Cooke, T. E./Wallace, R. S. Olusegum*, United Kingdom, S. 2786; *Taylor, P. A.*, United Kingdom, S. 2949 f.

Für die Prüfung des Konzernabschlusses gelten dieselben Grundsätze wie für den Einzelabschluß.

Zusammenfassend ist festzustellen, daß die gesetzlichen Vorschriften über die Durchführung von Abschlußprüfungen außerordentlich bescheiden sind. Über die dargestellten Regelungen wird aber erreicht, daß die Berufsorganisationen, deren Mitglieder als Abschlußprüfer bestellt werden können, die Rechnungslegungsstandards in einem gemeinsamen Komitee entwickeln und deren Beachtung bei ihren Mitgliedern, die sie zu beaufsichtigen haben, durchsetzen.

4 Die internationale Harmonisierung der Prüfungsgrundsätze durch das IAPC von IFAC

41 Zur Organisation

Die International Federation of Accountants hat 119 Berufsorganisationen als Mitglieder und sechs als assoziierte Mitglieder aus 88 Ländern. Die Mitgliedschaft ist identisch mit der beim International Accounting Standards Committee (IASC). Die Organisation hat sich zur Aufgabe gesetzt, den Berufsstand so zu entwickeln, daß er in der Lage ist, seine Dienstleistungen, insbesondere Abschlußprüfungen, auf hohem Niveau im öffentlichen Interesse zu erbringen. Es handelt sich um eine private Organisation ohne Regierungsbeteiligung und ohne politische Interessen. Die IFAC entwickelt in Zusammenarbeit mit ihren Mitgliedsorganisationen, regionalen Rechnungslegungsorganisationen und anderen Weltorganisationen internationale Empfehlungen für den Berufsstand der Abschlußprüfer im technischen, ethischen und dem berufsbildenden Bereich. Die Empfehlungen werden von ,,Standing Technical Committees" entwickelt und zwar den Committees für ,,Education", ,,Ethics", ,,Financial and Management-Accounting", ,,Information Technology", ,,International Auditing Practices", ,,Membership" und den ,,Public-Sector". In diesem Zusammenhang interessiert vor allem die ,,Codification of International Standards on Auditing and International Auditing Practice Statements", die vom IAPC (International Auditing Practices Committee), einem ständigen Ausschuß des ,,Council" der IFAC, herausgebracht werden.

Das International Auditing Practices Committee (IAPC) hat den Auftrag, die Standards auf dem Gebiet der Abschlußprüfung und vergleichbarer Dienstleistungen weltweit durch Veröffentlichung von Stellungnahmen zu verbessern und die freiwillige Beachtung dieser Empfehlungen mit Unterstützung des Council, das ist der für das Arbeitsprogramm verantwortliche Beirat, zu erreichen. Jedes im Committee vertretene Land hat eine Stimme. Die Empfehlungen bedürfen für ihre Verabschiedung einer Mehrheit von drei Viertel der vertretenen Länder, wobei in der Sitzung mindestens zehn Länder vertreten sein müssen[32]. Die Empfehlungen, die vom IAPC in eigener Verantwortung beschlossen und im Namen der IFAC unter der Bezeichnung International Standards on Auditing (ISA) veröffentlicht werden, sollen bei der Ausführung von Abschlußprüfungen und ähnlichen Dienstleistungen angewendet werden. Die ISA enthalten die wesentlichen Grundsätze und wesentlichen Verfahrensweisen, die durch Fettdruck gekennzeichnet sind, sowie weiterführende Erläuterungen und Beispiele. Falls ein Abschlußprüfer es für gerechtfertigt hält, von einem ISA abzuweichen, um ein besseres Prüfungsergebnis zu erzielen, soll er diese Abweichung rechtfertigen. Die IFAC akzeptiert, daß Vorschriften des nationalen Rechts und dazu gehörende Standards vorrangig zu beachten sind. Die Satzung der IFAC schreibt vor, daß die Mitgliedsorganisationen ihre Mitglieder über die IFAC-Empfehlungen unterrichten, und daß sie sich in vollem Umfang dafür einsetzen, daß

(1) die Empfehlungen in das nationale Recht unter Berücksichtigung der bestehenden Möglichkeiten übernommen werden und

(2) die ISA in die nationalen Standards eingearbeitet werden[33].

Zur Erleichterung der Anwendung der ISA werden außerdem International Auditing Practice Statements veröffentlicht, die jedoch nicht die Qualität von Standards haben. Die ISA werden in englischer Sprache veröffentlicht und sind nur in dieser Sprache verbindlich. Die Wunschvorstellung der IFAC ist, daß die Mitgliedsorganisationen die ISA als eigene nationale Standards in unveränderter Form übernehmen, wie sich aus der Empfehlung für ein entsprechendes Vorwort bei nationaler Einführung ergibt[34].

---

32 Vgl. *IFAC*, IFAC-Handbook 1995, S. 3.
33 Vgl. *IFAC*, IFAC-Handbook 1995, S. 30.
34 Vgl. *IFAC*, IFAC-Handbook 1995, S. 32.

Das IAPC hat, Stand 1. Juli 1995, außer einem Framework zu den ISA insgesamt 32 Standards und 10 International Auditing Practice Statements zur Erläuterung der Statements veröffentlicht. Seit der Überarbeitung der Standards im Jahre 1994 werden diese in Form einer einheitlichen Kodifikation unter Hervorhebung der wichtigen Grundsätze durch Fettdruck veröffentlicht.

42 Zusammenarbeit mit IOSCO

IOSCO, das ist der weltweite Zusammenschluß der Börsenaufsichtsstellen, hat im Jahre 1992 anläßlich der 17. Jahreskonferenz in London beschlossen, den Mitgliedsorganisationen zu empfehlen, die ISA zu unterstützen. Dabei wurde lediglich die Einschränkung gemacht, daß innerhalb der IOSCO kein Konsens bezüglich der Qualifikations- und Unabhängigkeitsanforderungen, die an Abschlußprüfer zu stellen sind, besteht, und daß sich hierauf beziehende Empfehlungen der IFAC noch nicht unterstützt werden können. Das Technische Komitee der IOSCO befaßt sich seit 1987 mit der Frage, wie der grenzüberschreitende Kapitalverkehr durch Verbesserung der Zulassungsbedingungen für Unternehmen an ausländischen Börsen verbessert werden kann. Es hat zu diesem Zweck eine Arbeitsgruppe (WP 1) mit folgendem Auftrag eingesetzt:

(1) Entwicklung von Standards für einen für Börsenzwecke international verwendbaren Konzernabschluß in Zusammenarbeit mit dem IASC,

(2) Entwicklung von Prüfungsgrundsätzen zwecks Anerkennung der Abschlußprüfer durch die Börsenaufsichtsbehörden bei Prüfung der internationalen Konzernabschlüsse in Zusammenarbeit mit der IFAC und

(3) Vereinheitlichung und Vereinfachung der Börsenprospekte.

Mit dem IOSCO-Beschluß sollte erreicht werden, daß die nationalen Prüfertestate für den internationalen Konzernabschluß von den Börsenaufsichtsbehörden bei Beachtung der ISA auch dann anerkannt werden, wenn der Abschlußprüfer nicht nach dem Recht des ausländischen Kapitalmarktes als Abschlußprüfer zugelassen ist. Dieser Beschluß ist mit der im Jahre 1994 erfolgten Kodifizierung hinfällig geworden, weil bei der Überarbeitung nach Auffassung einiger Mitglieder der IOSCO die ISA nicht nur äußerlich, sondern auch materiell so stark verändert wurden, daß sie nach dieser Auffassung mit den unterstützten ISA nicht mehr identisch sind. Die WP 1 bemüht sich in Zusammenarbeit mit der IFAC intensiv die Meinungsverschiedenheiten zu klären, um möglichst bis 1998 zu erreichen, wenn es voraussichtlich zu einer Unterstützung der IAS des IASC kommt, daß auch die ISA von der IOSCO empfohlen werden können. Dieses Ziel liegt insbesondere im Interesse der europäischen Abschlußprüfer, weil sie sonst nicht erwarten können, daß von ihnen durchgeführte Prüfungen des für Börsenzwecke erstellten internationalen Konzernabschlusses von ausländischen Börsenaufsichtsbehörden, insbesondere der SEC, anerkannt werden.

43   Die ISA

431.   Übersicht

Die ISA orientieren sich in großem Umfang an den amerikanischen Auditing Standards. Sie sind breit angelegt und decken alle Sachverhalte ab, die im Zusammenhang mit Abschlußprüfungen und vergleichbaren Dienstleistungen vorkommen. Teilweise bleiben sie, wohl unter dem Einfluß der europäischen Mitglieder des IAPC, hinter den amerikanischen Standards zurück, wie z. B. beim sog. Peer Review. Die SEC zögert daher, die ISA in ihrer heutigen Form voll zu unterstützen, so daß es voraussichtlich notwendig werden wird, die Anforderungen noch stärker an die des Berufsstandes in den USA anzupassen.

Die ISA decken die folgenden Bereiche ab:

– Responsibilities (u. a. Objective and General Principles, Quality Control for Audit Work, Fraud and Error, Consideration of Laws and Regulations),

– Planning (u. a. Audit Materiality),

– Audit Evidence (u. a. Audit Accounting Estimates, Related Parties, Subsequent Events),

– Using Work of Others,

- Audit Conclusions and Reporting,
- Specialized Areas,
- Related Services.

Leider ist es im Rahmen dieses Beitrags nicht möglich, auch nur die wichtigsten Grundsätze näher darzustellen und diese mit den in Deutschland bestehenden Prüfungsempfehlungen zu vergleichen.

432. Künftige Entwicklung

Ebenso wie die IAS des IASC dürften die ISA der IFAC die größten Chancen haben, sich als internationale Standards durchzusetzen und national übernommen zu werden. Dies ist zum einen darauf zurückzuführen, daß IASC und IFAC über die größte Sachkompetenz weltweit verfügen und alle Berufsorganisationen einbeziehen, die Verantwortung für den Berufsstand der Rechnungsleger und im Fall der IFAC der Abschlußprüfer tragen. Zum anderen wird diese Entwicklung durch die IOSCO im Interesse der Kapitalmärkte gefördert. An der internationalen Harmonisierung dieser Bereiche sind aber nicht nur die Börsenaufsichtsbehörden, sondern auch die Regierungen weltweit interessiert, wie die seit Jahren laufenden Bemühungen internationaler Organisationen zeigen, wie z. B. der Vereinten Nationen/UNCTAD, der OECD und regional der EU[35]. Unter diesen Umständen besteht ein dringendes Bedürfnis, daß sich die beteiligten Kreise in Deutschland intensiv mit den ISA auseinandersetzen. Die Diskussion würde vermutlich belebt und verbreitet werden, wenn IDW und WPK als Mitglieder der IFAC, die auch Sitz und Stimme

---

35 United Nations. Im Jahre 1979 wurde von der unter ECOSOC arbeitenden Kommission für Transnationale Unternehmen eine Arbeitsgruppe für Fragen der Rechnungslegungspublizität (The Intergovernmental Working Group of Experts on International Accounting Standards of Accounting and Reporting – ISAR) eingesetzt; sie arbeitet nunmehr in Genf und wird von UNCTAD betreut. *UNCTAD*, Transnational Corporations.
Organisation for Economic Cooperation and Development. Die Organisation für wirtschaftliche Zusammenarbeit und Entwicklung wurde durch Übereinkommen vom 14. Dezember 1960 gegründet, das am 30. September 1961 in Kraft getreten ist (Gesetz v. 16. 8. 1961, BGBl. II 1150, II 1663). Vgl. *Biener, H.*, Beitrag der OECD; *OECD*, Publizitätspflicht.

im IAPC haben, alsbald autorisierte Übersetzungen zumindest der ISA vorlegen würden.

5 Schlußfolgerungen

Der Verfasser hofft, mit seinen Ausführungen deutlich gemacht zu haben, daß im angelsächsischen Bereich die Entwicklung von Berufsgrundsätzen für die Durchführung von Abschlußprüfungen und die Festlegung der Qualitätsanforderungen, die Voraussetzung für die Anerkennung als Abschlußprüfer sind, nahezu ausschließlich als Selbstverwaltungsaufgabe gesehen werden, die von überwiegend berufsständisch besetzten Gremien im Wege der Standardisierung entwickelt werden. Die Gesetzgeber und die zuständigen Aufsichtsbehörden greifen nur ein, soweit im Wege der Selbstverwaltung die öffentlichen Interessen nicht ausreichend berücksichtigt werden. So hat die SEC zum Beispiel Regelungen über die Unabhängigkeit der Prüfer bei der Durchführung von Abschlußprüfungen erlassen[36], die den GAAS vorgehen.

In Deutschland sind die gesetzlichen Regelungen rudimentär und sollen teilweise reformiert werden, um die Schließung der Erwartungslücke zumindest zu erleichtern. Die weltweite Diskussion zur Frage der Qualitätsverbesserung von Abschlußprüfern und deren Prüfung hat auch die Kommission veranlaßt, über die Fortführung der Harmonisierung nachzudenken, nachdem deutlich geworden ist, daß die Achte Richtlinie über die Abschlußprüfung weit hinter den Anforderungen zurückbleibt, die von nationalen Gesetzgebern und Normierungsgremien (Standard Settern) gestellt werden. Wie das Grünbuch zeigt, wird sich die Kommission der EU bei den zu erwartenden Vorschlägen an den im Wege der Selbstverwaltung in angelsächsischen Ländern und von der IFAC entwickelten Standards orientieren. Damit droht Gesetzgebung in der EU und in Deutschland in einem Bereich, der eigentlich der Selbstverwaltung vorbehalten sein sollte und über diese, wie die angelsächsischen Beispiele zeigen, auch besser geregelt werden kann.

Die Darstellung dürfte trotz ihrer Oberflächlichkeit zeigen und würde dies im Falle einer Vertiefung noch stärker verdeutlichen, daß

---

36 *SEC,* Regulation S–X, Art. 2, Reg. § 210.2-01, letter d.

Deutschland den Anschluß an die internationale Entwicklung im Bereich der Gesetzgebung und Normierung von Regeln über die Qualität der Prüfung und ihrer Prüfer in den letzten 30 Jahren verloren hat. Dies führt mehr und mehr dazu, daß im Ausland nicht nur die Qualität deutscher Konzernabschlüsse, sondern auch die Zuverlässigkeit ihrer Prüfung in Zweifel gezogen wird. Diese Entwicklung kann dazu führen, daß ausländische Börsen nach Schaffung des internationalen Konzernabschlusses deutsche Abschlußprüfer nicht akzeptieren. Diese Entwicklung wäre bedauerlich, weil deutsche Abschlußprüfer von ihrer Ausbildung und den Examensanforderungen her hoch qualifiziert sind und sie auch bei der Durchführung von Prüfungen internationalen Anforderungen in der Praxis voll genügen. Der Grund für die drohende Diskriminierung ist vielmehr darin zu sehen, daß die Gesetzeslage in Deutschland rudimentär ist und diese Lücke nicht durch eine internationalen Vorstellungen entsprechende Standardisierung geschlossen wird. Auch wenn anzuerkennen ist, daß sich das IDW und die WPK hierum bemühen, so reicht dies solange nicht aus, als sie als Normierungsgremien nicht anerkannt sind und sich auch hierum nicht bemühen. Die der WPK in § 57 Abs. 3 eingeräumte Satzungsermächtigung ist Gesetzgebung, die nicht nur zurückhaltend ausgeübt werden sollte, sondern auch die Standardisierung nicht ersetzen kann. Es kommt nachteilig hinzu, daß die dargestellten Empfehlungen im Bereich der Berufsausübung nach dem Vorbild der kontinentaleuropäischen Gesetzgebung mit vielen Generalklauseln und unbestimmten Rechtsbegriffen arbeiten, so daß sie dem einzelnen Abschlußprüfer bei der praktischen Anwendung keine ausreichende Hilfe geben, sondern ihn mit Auslegungsfragen belasten, deren Lösung meist juristische Fachkenntnisse voraussetzt.

Bei dieser Sachlage muß man im Interesse des Berufsstandes an deren Berufsorganisationen den dringenden Appell richten, von der Bundesregierung oder anderen Stellen anerkannte Normungsgremien mit der Aufgabe der Standardisierung der Prüfungstätigkeit zu schaffen. Dabei sollte in erster Linie dafür gesorgt werden, daß die Empfehlungen der IFAC, insbesondere die ISA, in die deutsche Sprache übersetzt werden und jeweils entschieden wird, ob oder in welchem Umfang diese Empfehlungen als nationale Standards eingeführt werden können, wie es den Vorstellungen der IFAC entspricht. Die bloße Einarbeitung in eigene Standards, wie dies mit dem Entwurf einer

Verlautbarung zur Aufdeckung von Fehlern, Täuschungen, Vermögensschädigungen und sonstigen Gesetzesverstößen im Rahmen der Abschlußprüfung beabsichtigt ist[37], dürfte nicht ausreichen, um das Vertrauen in die deutsche Abschlußprüfung international zu stabilisieren, auch wenn dieser Schritt außerordentlich zu begrüßen ist. Außerdem sollte erreicht werden, daß diese Empfehlungen im Rahmen der verfassungsrechtlichen Möglichkeiten gesetzgeberisch so unterstützt werden, daß ihnen trotz Freiwilligkeit der Beachtung eine vergleichbare Verbindlichkeit zukommt, wie dies für die USA und das Vereinigte Königreich dargestellt worden ist.

---

37 Vgl. *HFA des IDW,* Verlautbarung.

Literaturverzeichnis

Adler, Hans/Düring, Walther/Schmaltz, Kurt, Rechnungslegung und Prüfung der Unternehmen, Kommentar zum HGB, AktG, GmbHG, PublG nach den Vorschriften des Bilanzrichtlinien-Gesetzes, bearb. v. Forster, Karl-Heinz u. a., 5. Aufl., Stuttgart 1987 (§ 323 HGB).

AICPA, Codification of Statements on Auditing Standards, jährl. aktualisiert.

Berufssatzung der Wirtschaftsprüferkammer v. 11. Juni 1996, abgedruckt in: BAnz 1996, S. 1177.

Biener, Herbert, Die Möglichkeiten und Grenzen berufsständischer Empfehlungen zur Rechnungslegung, in: Bilanz- und Konzernrecht, Festschrift für Goerdeler, hrsg. v. Havermann, Hans, Düsseldorf 1987, S. 45–60 (Berufsständische Empfehlungen).

Biener, Herbert, Der Beitrag der OECD zur Entwicklung und Harmonisierung der Rechnungslegung, in: Unternehmenserfolg: Planung, Ermittlung, Kontrolle, Festschrift für Busse von Colbe, hrsg. v. Domsch, Michael/Eisenführ, Franz, Wiesbaden 1988, S. 19–42 (Beitrag der OECD).

Biener, Herbert, Die Erwartungslücke – Eine endlose Geschichte, in: Internationale Wirtschaftsprüfung, Festschrift für Havermann, hrsg. v. Lanfermann, Josef, Düsseldorf 1995, S. 39–63 (Erwartungslücke).

Biener, Herbert, Fachnormen statt Rechtsnormen – Ein Beitrag zur Deregulierung der Rechnungslegung, in: Rechnungslegung – Warum und Wie?, Festschrift für Clemm, hrsg. v. Ballwieser, Wolfgang/Moxter, Adolf/Nonnenmacher, Rolf, München 1996, S. 59–79 (Fachnormen statt Rechtsnormen).

Biener, Herbert, Stand und künftige Entwicklung der Harmonisierung der Vorschriften über die Rechnungslegung und deren Prüfung in der Europäischen Union, Festschrift für Kropff, Düsseldorf 1997 (Harmonisierung der Vorschriften über die Rechnungslegung).

BMJ, Handbuch der Rechtsförmlichkeit, Köln 1991.

BMJ, Referentenentwurf eines Gesetzes zur Kontrolle und Transparenz im Unternehmensbereich (RefE KonTraG) v. 22. November 1996, Bonn 1996.

Cooke, T. E./Wallace, R. S. Olusegum, United Kingdom-Individual Accounts, in: Transnational Accounting (TRANSACC), hrsg. v. Ordelheide, Dieter/ KPMG, Vol. 2, London/Basingstoke 1995, S. 2627–2800 (United Kingdom).

Döllerer, Georg, Grundsätze ordnungsmäßiger Bilanzierung, deren Entstehung und Ermittlung, in: WPg 1959, S. 653–658 (Grundsätze ordnungsmäßiger Bilanzierung).

Dörner, Dietrich, Eröffnungsansprache, in: Bericht über die Fachtagung 1994 des IDW, hrsg. v. IDW, Düsseldorf 1995, S. 9–18 (Eröffnungsansprache).

Forster, Karl-Heinz, Zur „Erwartungslücke" bei der Abschlußprüfung, in: WPg 1994, S. 789–795 (Erwartungslücke).

HFA des IDW, Entwurf einer Verlautbarung: Zur Aufdeckung von Fehlern, Täuschungen, Vermögensschädigungen und sonstigen Gesetzesverstößen im Rahmen der Abschlußprüfung, in: IDW-Fachnachrichten 1996, S. 269–275 (Verlautbarung).

IDW, Fachgutachten 1/1988, Grundsätze ordnungsmäßiger Durchführung von Abschlußprüfungen, in: Die Fachgutachten und Stellungnahmen des Instituts der Wirtschaftsprüfer auf dem Gebiete der Rechnungslegung und Prüfung, Düsseldorf 1996 (Fachgutachten 1/1988).

IDW, Fachgutachten 2/1988, Grundsätze ordnungsmäßiger Berichterstattung bei Abschlußprüfungen, in: Die Fachgutachten und Stellungnahmen des Instituts der Wirtschaftsprüfer auf dem Gebiete der Rechnungslegung und Prüfung, Düsseldorf 1996 (Fachgutachten 2/1988).

IDW, Fachgutachten 3/1988, Grundsätze für die Erteilung von Bestätigungsvermerken bei Abschlußprüfungen, in: Die Fachgutachten und Stellungnahmen des Instituts der Wirtschaftsprüfer auf dem Gebiete der Rechnungslegung und Prüfung, Düsseldorf 1996 (Fachgutachten 3/1988).

IDW, Fachgutachten 1/1937 i. d. F. 1990, Pflichtprüfung und Unterschlagungsprüfung, in: Die Fachgutachten und Stellungnahmen des Instituts der Wirtschaftsprüfer auf dem Gebiete der Rechnungslegung und Prüfung, Düsseldorf 1996 (Fachgutachten 1/1937 i. d. F. 1990).

IDW, Fachgutachten 1/1953 i. d. F. 1990, Veröffentlichung der geprüften Jahresabschlüsse und Geschäftsberichte, in: Die Fachgutachten und Stellungnahmen des Instituts der Wirtschaftsprüfer auf dem Gebiete der Rechnungslegung und Prüfung, Düsseldorf 1996 (Fachgutachten 1/1953 i. d. F. 1990).

IDW (Hrsg.), WP-Handbuch 1996, Handbuch für Rechnungslegung, Prüfung und Beratung, bearb. v. Budde, Wolfgang Dieter u. a., Band. I, 11. Aufl., Düsseldorf 1996 (WP-Handbuch 1996).

IFAC, IFAC-Handbook 1995, Technical Pronouncements, New York 1995 (IFAC-Handbook 1995).

Kaminski, Horst/Marks, Peter, Die Qualität der Abschlußprüfung in der internationalen Diskussion, in: Internationale Wirtschaftsprüfung, Festschrift für Havermann, hrsg. v. Lanfermann, Josef, Düsseldorf 1995, S. 247–282 (Qualität der Abschlußprüfung).

OECD, Die Publizitätspflicht multinationaler Unternehmen, Köln 1991 (Publizitätspflicht).

Taylor, P. A., United Kingdom, Group Accounts in: Transnational Accounting (TRANSACC), hrsg. v. Ordelheide, Dieter/KPMG, Vol. 2, London/Basingstoke 1995, S. 2801–2956 (United Kingdom).

UNCTAD, Conclusions on Accounting and Reporting by Transnational Corporations, The Intergovernmental Working Group of Experts on International Standards of Accounting and Reporting, United Nations, New York/Genf 1994 (Transnational Corporations).

WPK/IDW, Gemeinsame Stellungnahme des WPK und des IDW, VO 1/1995, Zur Qualitätssicherung in der Wirtschaftsprüferpraxis, in: IDW-Fachnachrichten, Beilage zu Heft 12/1995, S. 530 a bis 530 x (Qualitätssicherung).

Verzeichnis der Rechtsprechung

BFH, Urteil vom 31. Mai 1967, I 208/63, BFHE 89, 191, 194, BStBl. III 1967, S. 607–609, abgedruckt in: DB 1967, S. 1614–1615.

BVerfGE 76, 171 ff. und 196 ff.

Verzeichnis der Rechtsquellen

Achte Richtlinie des Rates v. 10. April 1984 (84/253/EG) aufgrund von Artikel 54 Abs. 3 Buchstabe g des Vertrages über die Zulassung der mit der Pflichtprüfung der Rechnungslegungsunterlagen beauftragten Personen (ABl. Nr. L 126 v. 12. 5. 1984, S. 20–26).

Drittes Gesetz zur Änderung der Wirtschaftsprüferordnung v. 15. Juli 1994, BGBl. I 1994, S. 1569.

Erich Loitlsberger

Paradigmenwechsel in der Prüfungstheorie

1 Das Problem

2 Zu den Begriffen

3 Der beobachtbare Sachverhalt

4 Der erste grundlegende Paradigmenwechsel

5 Der Vertrauensgrundsatz als erstes (= ältestes) Grundparadigma der Prüfungstheorie
  51 Darstellung des Grundparadigmas
  52 Die Auswirkungen des Vertrauensparadigmas auf die Prüfungspflicht
  53 Die wissenschaftlichen Auswirkungen des Vertrauensparadigmas
  54 Die Auswirkungen auf die Praxis

6 Das Mißtrauensparadigma als zweites Grundparadigma der Prüfungstheorie
  61 Das „gespaltene Mißtrauensparadigma" als erstes Subparadigma des Mißtrauensparadigmas
    611. Die Ursache des neuen Paradigmas
    612. Der Gültigkeitszeitraum des neuen Paradigmas
    613. Charakterisierung des neuen Paradigmas
  62 Das „Fehleraufdeckungsparadigma" als zweites Subparadigma des Mißtrauensparadigmas und seine Sub-Subparadigmen
    621. Die Ursache des Fehleraufdeckungsparadigmas
    622. Das prozeßorientierte Paradigma als erstes Subparadigma des Fehleraufdeckungsparadigmas
    623. Die verhaltensorientierte Lösung als (potentielles) zweites Subparadigma des Fehleraufdeckungsparadigmas
      623.1 Die Ausgangssituation
      623.2 Die Weiterentwicklung

em. Univ.-Prof. Dr. Dr. h.c. Erich Loitlsberger
Institut für Betriebswirtschaftslehre
Universität Wien

624. Der kombinations- und netzwerkorientierte Ansatz als (potentielles) drittes und viertes Subparadigma des Fehleraufdeckungsparadigmas
625. Das Zufallsstichprobenparadigma als fünftes Subparadigma des Fehleraufdeckungsparadigmas
 625.1 Darstellung des Subparadigmas
 625.2 Die in der Prüfungstheorie entwickelten Subrichtungen des Zufallsstichprobenparadigmas
626. Der spieltheoretische Ansatz als sechstes Subparadigma des Fehleraufdeckungsparadigmas
 626.1 Die Ausgangssituation
 626.2 Kurze Charakteristik der bisherigen spieltheoretischen Lösungen
627. Der systemtheoretische Ansatz als siebtes (potentielles) Subparadigma des Fehleraufdeckungsparadigmas
 627.1 Darstellung des Ansatzes
 627.2 Die Überleitung zu einem neuen Grundparadigma

7 Das Fehlerverhinderungsparadigma als derzeit letztes Grundparadigma der Prüfungstheorie
 71 Die Ursache des Paradigmas
 72 Geschichtlicher Rückblick
 73 Charakteristik des Paradigmas
 74 Die Auswirkungen auf die Buchprüfung

1 Das Problem

In der Literatur wird die These vertreten, daß sich die Wissenschaft *nicht kontinuierlich* nach dem System der kleinen Schritte, sondern durch *Paradigmenwechsel* fortentwickelt[1]. Das wirft zunächst die Frage auf, ob diese These auch für die Wissenschaft vom Revisionswesen gilt. Wenn dies der Fall sein sollte, dann ist auch noch zu untersuchen, wie sich die einzelnen Paradigmenwechsel in der Wissenschaft vom Revisionswesen ausgewirkt und ihr Theoriegebäude verändert haben.

2 Zu den Begriffen

Wenn man unter einem *Paradigma* ein in Wissenschaftskreisen von der *überwiegenden Mehrheit der Wissenschaftler akzeptiertes System von Aussagesätzen* versteht[2], dann zeigt schon ein kurzer Überblick über die Entwicklung der Wissenschaft vom Revisionswesen, daß es in dieser Wissenschaft zur Entwicklung *mehrerer unterschiedlicher Paradigmen* gekommen ist.

Allerdings haben sich diese Paradigmen nicht scharf abgegrenzt, sondern *allmählich* und *überlappend* entwickelt. Die neuen Paradigmen bildeten sich jeweils durch *Wechsel der Grundansichten,* von denen aus die Ableitung der einzelnen Aussagesysteme vorgenommen wurde[3]. Statt von einer neuen Grundansicht kann auch von einem neuen *Standpunkt* gesprochen werden. Diese neuen Grundansichten, die im Folgenden als *„Grund- oder Hauptparadigmen"* bezeichnet werden sollen, manifestierten (und manifestieren) sich aber nicht vom Anfang an in einem einzigen System von Aussagesätzen, sondern lagen (und liegen) verschiedenen Aussagesystemen (= Theorien) zugrunde.

Diese einzelnen Aussagesysteme, die von einer gemeinsamen Grundansicht – also einem Grundparadigma – abgeleitet wurden bzw. werden, können daher als „Subparadigmen" angesehen und bezeichnet werden. Bei einzelnen dieser Subparadigmen erfuhren einzelne Aus-

---
1 Vgl. *Kuhn, Th. S.,* Struktur wissenschaftlicher Revolutionen.
2 Vgl. *Duden,* Fremdwörterbuch, S. 571; *Majer, U.,* Paradigma, S. 468 f.; *Mastermann, M.,* Natur eines Paradigmas, S. 59–88, *Lakatos, I.,* Falsifikation und Methodologie, S. 89–189.
3 Vgl. *Kuhn, Th. S.,* Struktur wissenschaftlicher Revolutionen.

sagesysteme (= Theorien) eine so allgemeine Verbreitung, daß sie als selbständige *Subparadigmen* bezeichnet werden können bzw. wegen ihrer großen Verbreitung sogar als solche bezeichnet werden müssen. Es muß daher eine *dreistufige Begriffsverwendung* vorgenommen werden: *Grund- oder Hauptparadigma, Subparadigma* und *Sub-Subparadigma*. Allerdings wird der zuletzt genannte Terminus, der ein von einem bestimmten Subparadigma abgeleitetes Aussagesystem bezeichnet, das noch keine so allgemeine Anerkennung gefunden hat, daß es als eigenes Subparadigma angesehen wird, im Text dieser Studie nicht mehr verwendet. Er ergibt sich nur aus dem Kontext.

3 Der beobachtbare Sachverhalt

Wenn man die Entwicklung der Wissenschaft vom Revisionswesen überblickt, kann man feststellen, daß es im Laufe der Entwicklung dieser Wissenschaft tatsächlich *mehrfach zu einem Wechsel der Grundansichten,* von denen aus die Ableitung der Aussagesätze vorgenommen wurde, und damit zu mehreren *unterschiedlichen Paradigmen* gekommen ist. Es hat, wie noch zu zeigen sein wird, auch in der Wissenschaft vom Revisionswesen ein *mehrfacher Paradigmenwechsel* mit allen seinen Folgen stattgefunden.

4 Der erste grundlegende Paradigmenwechsel

Von diesen Paradigmenwechseln war wohl der *grundlegendste* der, daß man von der *Beschreibung* der bei einer Buchprüfung (insbesondere Abschlußprüfung) durchzuführenden Prüfungshandlungen ab-[4] und dazu überging, nach den *Gesetzmäßigkeiten zu forschen, die bei Buchprüfungen mit niedrigst möglichen Kosten ein möglichst richtiges Urteil bewirken,* man also statt einer nur deskriptiven Beschreibung von Prüfungshandlungen eine „*Prüfungstheorie*" zu entwickeln versuchte[5].

---

4 Vgl. *Berg, K.,* Praktische Anleitung; *Gerstner, P.,* Revisionstechnik; *Nertinger, J.,* Jahresabschluß; *Lasser, J. K.,* Handbook for Accountants; *Montgomery, R. H./Lenhart, N. J./Jennings,* Auditing.

5 Vgl. *Loitlsberger, E.,* Theorie der Prüfung; *Zimmermann, E.,* Prüfungen.

Dieser grundlegende Paradigmenwechsel, der *nicht* der einzige ist, der sich in der Wissenschaft vom Revisionswesen beobachten läßt, soll aber in dieser Studie *nicht* weiter untersucht werden, da er zur Zeit wegen des *Vorherrschens des prüfungstheoretischen Paradigmas* nur dogmengeschichtliche Bedeutung besitzt und ein Überblick über die Entwicklung der „Prüfungstheorie" zeigt, daß es auch in ihr zu *mehreren Paradigmenwechseln* gekommen ist.

Nur auf die *in der Prüfungstheorie* stattgefundenen Paradigmenwechsel wird wegen ihrer Bedeutung im folgenden näher eingegangen. Da nur die Paradigmenwechsel innerhalb der Prüfungstheorie untersucht werden sollen, wird bei der Nummerierung der Paradigmenwechsel wieder mit Eins begonnen, obwohl der grundlegende Paradigmenwechsel als erste Paradigmaänderung schon vorausgegangen ist.

5 Der Vertrauensgrundsatz als erstes (= ältestes) Grundparadigma der Prüfungstheorie

51 Darstellung des Grundparadigmas

Untersucht man, welche Grundparadigmen die Prüfungstheorie geprägt haben, dann stößt man als erstes auf ein Grundparadigma, das man als *„Vertrauensparadigma"* bezeichnen kann. Man übertrug den in den zwischenmenschlichen Beziehungen im allgemeinen und im Rechtswesen im besonderen gültigen Grundsatz, daß jemand solange als *unschuldig zu gelten habe, bis sein Verschulden in ordnungsmäßiger Weise bewiesen* ist, auch auf das wirtschaftliche Prüfungswesen. Man ging von der Annahme aus, daß zwischen Bilanzersteller und Prüfer ein *„besonderes Vertrauensverhältnis"* bestehe[6], das sich vor allem darin äußere, daß der Prüfer davon ausgehen könne, daß der Bilanzersteller nicht nur den *festen Willen* hat, sondern sich auch *bemüht*, die Bücher nach den Grundsätzen ordnungsmäßiger Buchführung zu führen und auch bei der Bilanzierung die *Grundsätze ordnungsmäßiger Bilanzierung einzuhalten*.

Umgekehrt konnte der Bilanzersteller wegen des Vertrauensgrundsatzes damit rechnen, daß der *Prüfer von der Ordnungsmäßigkeit des*

---

6 Vgl. *Lutz, H.,* Prozeßunabhängigkeit, S. 201 ff; *Biener, H.,* Erwartungslücke, S. 39 ff.; *Clemm, H.,* Abschlußprüfer als Krisenwarner, S. 65–78.

Abschlusses ausgeht und nicht mit penibler Akribie nach Fehlern sucht, sondern bei der Erstellung eines ordnungsmäßigen Abschlusses *helfen* wird und daher auch die *Prüfungskosten* in einem dem *Vertrauensgrundsatz entsprechenden Rahmen* bleiben werden.

Der Prüfer wird in diesem Paradigma nicht so sehr als „Prüfer", sondern vielmehr als *„Freund und Helfer"* empfunden, der durch die intime Kenntnis, die er über die Fakten des Unternehmens besitzt, dem Bilanzersteller hilft, eine ordnungsmäßige Bilanz zu erstellen[7].

52 Die Auswirkungen des Vertrauensparadigmas auf die Prüfungspflicht

Die Ansicht, daß man den Bilanzerstellern dahingehend vertrauen könne, daß sie sich *bemühen, richtige Bilanzen zu erstellen*, führte zunächst dazu, daß man *keine Prüfungspflicht* einführte, sondern es den Unternehmen überließ, ob sie ihre Abschlüsse prüfen lassen wollten oder nicht. Es gab daher in dieser Periode, die in einzelnen Ländern allerdings unterschiedlich lange dauerte, *keine „Pflichtprüfungen"*, sondern nur *freiwillige Prüfungen*.

In *England,* in dem dieses Paradigma zum ersten Mal realisiert wurde, dauerte es vom ersten Drittel des 18. Jahrhunderts[8] bis zum Jahr 1900. In diesem Jahr wurde anläßlich einer Neufassung des Companies Act für *Aktiengesellschaften* die *Prüfungspflicht* eingeführt und damit, wie noch zu zeigen sein wird, eine *neue Ära* mit einem *neuen Paradigma* begonnen. In Deutschland *wurde 1884 die Gründungsprüfung* und *1889 die jährliche Pflichtprüfung der Genossenschaften* eingeführt, für die Aktiengesellschaften blieb es hingegen *bis 1934 bei freiwilligen Prüfungen*. In den USA dauerte diese Periode bis 1933. In diesem Jahr wurde durch den *Security Exchange Act* die regelmäßige Abschlußprüfung für die Gesellschaften verpflichtend, deren Aktien zum Börsenhandel an der New Yorker Börse zugelassen wurden[9]. In Österreich kam es erst 1938 zu einer Einführung der Pflichtprüfung für Aktiengesellschaften[10]. In der Schweiz gab es für Aktiengesellschaften sogar noch in der Zeit nach dem Zweiten Weltkrieg keine allgemeine Prüfungspflicht durch externe Prüfer. Dabei muß allerdings berücksichtigt werden, daß in der Schweiz die Rechtsform der GmbH eher

---

7 Vgl. *Schneider, K.,* Wirtschaftsprüfer, S. 9 ff.; *Biener, H,* Erwartungslücke, S. 39 ff.; *Clemm, H.,* Abschlußprüfer als Krisenwarnfunktion; u. a.
8 Vgl. *Brown, R.,* History of Accounting; *Loitlsberger, E.,* Revisionswesen, S. 14.
9 Vgl. *Loitlsberger, E.,* Revisionswesen, S. 12–14.
10 Vgl. *Mayer, L.,* Wirtschaftsprüfung, Österreich, Sp. 2289–2295.

ungebräuchlich ist und sich Unternehmen, die sich in andern Ländern dieser Rechtsform bedienen, in der Schweiz Aktiengesellschaften sind und wegen der oft nur lokalen Bedeutung dieser Aktiengesellschaften kein so großes Bedürfnis nach Prüfungen durch externe Prüfer besteht wie in den Ländern, in denen die Aktiengesellschaften meist große Betriebe mit überregionaler Bedeutung sind[11].

53 Die wissenschaftlichen Auswirkungen des Vertrauensparadigmas

Überblickt man die Literatur dieses Zeitraumes, dann stellt man fest, daß es insofern schon eine „Prüfungstheorie" (im weiteren Sinne) gab, als nicht mehr bloß die Prüfungshandlungen beschrieben wurden, sondern man auch untersuchte, von welchen persönlichen Eigenschaften die Qualität des Buchprüfungsurteils abhängt. Als besonders bedeutsam wurden dabei insbesondere die *Ausbildung* und die *Unabhängigkeit* sowie das Vorhandensein einer *Disziplinargerichtsbarkeit* herausgearbeitet. Die Ausbildung wurde als notwendig erachtet, weil das Vergleichsobjekt bei der Buchprüfung realiter nicht vorhanden ist, sondern erst in einem geistigen Prozeß gebildet werden muß. Die Unabhängigkeit ist Voraussetzung dafür, daß der Prüfer von Weisungen Dritter frei ist und ihm weder die durchzuführenden Prüfungshandlungen noch das Urteil vorgeschrieben werden können. Da der Aufbau einer *„persönlichen Vertrauenswürdigkeit"* nicht nur ein langwieriger Prozeß ist und auch nur einem kleinen lokal begrenztem Personenkreis bekannt ist, das Urteil der Buchprüfung sich aber an einen großen überregionalen Personenkreis richtet, muß für die Buchprüfung durch geeignete Maßnahmen eine *„offiziöse Vertrauenswürdigkeit"*, die nicht primär aus der Person, sondern aus dem „Amt" (präziser: aus dem Beruf) folgt, geschaffen werden. Als Instrument dafür wurde die *Disziplinargerichtsbarkeit* erkannt, die dafür sorgt (bzw. mindestens sorgen soll), daß die Berufsgrundsätze eingehalten werden. Um diese Sachverhalte sicherzustellen, gründete man frühzeitig Vereinigungen, die nur qualifizierte Personen als Mitglieder aufnahmen und sie einer Disziplinaraufsicht unterwarfen[12].

---

11 Vgl. *Helbling, C.,* Wirtschaftsprüfung, Schweiz, Sp. 2304–2312.
12 Vgl. *Brown, R.,* History of Accoutig; *Raschenberger, M.,* Treuhandwesen; *Brönner, H.,* Geschichte der Revision, Sp. 663–670.

54 Die Auswirkungen auf die Praxis

Da dieses Prüfungskonzept den Prüfer als *„Freund und Helfer"* ansah, der bei der Erstellung einer ordnungsmäßigen Bilanz mithelfen sollte, und vom Prüfer erwartet wurde, daß er nach dem Vertrauensgrundsatz handeln würde, brauchte auf eine *„Repräsentanz der Prüfungshandlungen"* kein großes Gewicht gelegt werden. Da der Prüfer bei diesem Paradigma davon ausging, daß der Bilanzersteller den Willen hat, eine ordnungsmäßige Bilanz zu erstellen, genügte es, wenn er sich durch einige wenige solcher Prüfungshandlungen vom diesbezüglichen Willen des Bilanzerstellers überzeugte, die seiner Meinung nach für einen solchen Nachweis geeignet waren. Die *Auswahl der zu prüfenden Bereiche* (= Prüfungsobjekte)[13] war daher ebenso *subjektiv* wie die *Zahl der Elemente,* die in die (Ermessens-)Stichprobe genommen wurde. Daher führte das Vertrauensparadigma in aller Regel zu einer *viel kleineren Zahl* von Stichprobenelementen als die später noch zu besprechenden Zufallsstichproben.

6 Das Mißtrauensparadigma als zweites Grundparadigma der Prüfungstheorie

61 Das „gespaltene Mißtrauensparadigma" als erstes Subparadigma des Mißtrauensparadigmas

611. Die Ursache des neuen Paradigmas

Anfang der dreißiger Jahre unseres Jahrhunderts kam es zu einigen *spektakulären Firmenzusammenbrüchen*[14]. Bei diesen zeigte sich, daß die zusammengebrochenen Firmen ihre Bilanzen *nicht* den Grundsätzen ordnungsmäßiger Bilanzierung entsprechend aufgestellt hatten. Das hatte zur Folge, daß die *Gesetzgeber* mehrerer Staaten vom *Vertrauensgrundsatz abrückten.* Man überließ es in diesen Ländern *nicht* mehr dem freien Willen der Unternehmen, die bestimmte Kriterien erfüllten (und erfüllen), ob sie ihre Bilanzen prüfen ließen oder nicht. Es wurde ihnen das vielmehr *verpflichtend* vorgeschrieben. Damit begann die Ära der *„Pflichtprüfungen",* die für die Entwick-

---

13 Vgl. *Buchner, R.,* Rechnungslegung und Prüfung, S. 49 ff.
14 Vgl. *Treue, W.,* Wirtschaftsgeschichte, S. 657 ff., S. 683 f.; u. a.

lung nicht nur der Prüfungstheorie, sondern auch des Berufsstandes der Wirtschaftsprüfer sehr entscheidend wurde[15].

612. Der Gültigkeitszeitraum des neuen Paradigmas

Damit wurde ein neues Paradigma, das nicht mehr auf Vertrauen, sondern eher auf *„Mißtrauen"* gründete, eingeleitet. Dieses Paradigma war von 1889 (Einführung der genossenschaftlichen Pflichtprüfung in Deutschland) und 1900 (Einführung der aktienrechtlichen Abschlußprüfung in England) bis etwa zum Ende des zweiten Drittels unseres Jahrhunderts in Geltung[16].

613. Charakterisierung des neuen Paradigmas

Durch die Ursachen, die zur Einführung der Pflichtprüfung führten, war offenbar geworden, daß man *nicht* davon ausgehen konnte, daß alle Unternehmen freiwillig ordnungsmäßige Bilanzen erstellen würden. Sie sollten daher durch die Pflichtprüfung ihrer Jahresabschlüsse dazu veranlaßt werden. Es wurde damit deutlich vom *Vertrauensgrundsatz abgerückt.* Trotzdem hielt aber der Berufsstand der Wirtschaftsprüfer noch an diesem *Grundsatz fest.* Es kam daher zunächst zu einem *„gespaltenen" Mißtrauensparadigma.*

In der Theorie wurden nunmehr die *Gesetzmäßigkeiten,* die die Qualität des Urteils der „Pflichtprüfung" bestimmen, überwiegender Forschungsgegenstand[17]. Dabei wurden aber zunächst noch weiterhin die *persönlichen Eigenschaften* des Prüfers – insbesondere seine *Unabhängigkeit* und seine *Ausbildung* – als die wichtigsten Faktoren angesehen, die die Qualität des Buchprüfungsurteils bestimmen. Die Wirkungen, die von nicht in der Person des Prüfers begründeten Faktoren (wie z. B. von einzelnen Prüfungsinstrumenten) ausgehen, wurden auch in dieser Periode noch wenig untersucht[18].

---

15 Vgl. *Loitlsberger, E.,* Dogmengeschichtlicher Abriß, S. 42 ff.
16 Vgl. *Brown, R.,* History of Accountig; *Raschenberger, M.,* Treuhandwesen; *Brönner, H.,* Geschichte der Revision, Sp. 663–670.
17 Vgl. *Hintner, O.,* Wirtschaftsprüfung.
18 Vgl. *Hintner, O.,* Wirtschaftsprüfung; u. a.

In der Praxis planten die Prüfer jedoch auch in dieser Periode ihre Prüfungshandlungen noch vom *Vertrauensgrundsatz* aus. Dieses Festhalten der Prüfer am Vertrauensgrundsatz führte auch in der Theorie dazu, daß noch *nicht* mit derjenigen Intensität als dies notwendig gewesen wäre, nach *anderen als in der Person des Prüfers begründeten Gesetzmäßigkeiten, die auf die Qualität des Prüfungsurteils einen Einfluß haben,* geforscht wurde. Man konnte daher zunächst noch *nicht* von einem einheitlichen Paradigma sprechen.

Das Paradigma, das etwa für das zweite Drittel unseres Jahrhunderts die Prüfungstheorie beherrschte, ist daher durch den *oben dargestellten Widerspruch* geprägt. Der Gesetzgeber war bereits vom *Vertrauensgrundsatz* abgerückt, der Berufsstand hielt dagegen noch an ihm fest.

62 Das „Fehleraufdeckungsparadigma" als zweites Subparadigma des Mißtrauensparadigmas und seine Sub-Subparadigmen

621. Die Ursache des Fehleraufdeckungsparadigmas

Kurz nach Beginn der zweiten Hälfte des 20. Jahrhunderts trat in der Forschung, die sich mit dem Prüfungswesen beschäftigte, ein *Umschwung* ein. Man begann nunmehr auch *diejenigen Gesetzmäßigkeiten zu erforschen,* die *nicht* in der Person des Prüfers begründet sind, und die es bei Buchprüfungen erlauben, ein *qualitätsmäßig ausreichendes Urteil mit möglichst niedrigen Kosten* zu realisieren. Es begann das Zeitalter der *„Prüfungstheorie im engeren Sinne",* wie sie heute unter dem Terminus *„Prüfungstheorie"* überwiegend und auch im folgenden in dieser Studie verstanden wird.

Mit solchen Forschungen hatte zwar schon 1911/12 *Schmalenbach* in seiner Studie „Über Einrichtungen gegen Unterschlagungen und über Unterschlagungsrevision"[19] und besonders *Klein* „Über die Wahrscheinlichkeit der Entdeckung von Fehlern bei Revisionen"[20] sowie *Carman* in einer Studie über „Efficacy of Tests"[21] begonnen. Diese

---

19 Vgl. *Schmalenbach, E.,* Unterschlagungen, S. 321 ff.
20 Vgl. *Klein, A.,* Entdeckung von Fehlern, S. 580 ff.
21 Vgl. *Carman, L. A.,* Efficacy of Tests, S. 360 ff.

Ansätze waren aber nicht weitergeführt worden und ergaben damals noch kein Paradigma. Das änderte sich nun. Die *Fehleraufdeckung* wurde zum *neuen Paradigma,* das sich allerdings zunächst in einzelnen ,,Subparadigmen" nur indirekt zeigte, weil es zwar als gemeinsame Grundansicht schon zu erkennen war, aber noch nicht expressis verbis formuliert wurde. Auf die ,,Subparadigmen", die auf der Fehleraufdeckung als gemeinsamer Grundansicht aufbauten, ist daher in der Folge näher einzugehen.

622. Das prozeßorientierte Paradigma als erstes Subparadigma des Fehleraufdeckungsparadigmas

Die Prüfungstheorie begann damit, die Prüfungshandlungen nicht mehr isoliert und nicht mehr nur personenbezogen, sondern im *Rahmen der in einer Prüfung ablaufenden Prozesse* zu untersuchen. Der *Prüfungsprozeß* wurde als *Beurteilungsprozeß* gesehen, der zunächst aus einem *Planungs-* und dann aus *dem Istobjekt-* und dem *Sollobjektermittlungsprozeß* und dem *Vergleichs- oder Fehlerfeststellungsprozeß* besteht. In dem anschließenden *Beurteilungsprozeß* wird dann an Hand der festgestellten Fehler das Urteil gebildet und im *Urteilsmitteilungsprozeß* denjenigen mitgeteilt, für die es bestimmt ist. Um die Qualität des Urteils zu sichern, müssen diese Prozesse von einem *Kontrollprozeß* begleitet werden[22].

Auf diese Prozesse, die ihrerseits wieder aus weiteren Subprozessen bestehen, soll aber im Rahmen dieser Studie nicht weiter eingegangen werden. Es ist nur noch darauf zu verweisen, daß sie zu *optimieren* sind, da es sich bei der Buchprüfung um eine wirtschaftliche Veranstaltung handelt[23].

Dieser Lösungsversuch, der in der Literatur auch als *,,divisionistischer Ansatz"* bezeichnet wird[24], erlangte insofern große Bedeutung, als er Grundlage weiterer Präzisierungen wurde. *Otte* rechnet auch den noch zu besprechenden ,,Meßtheoretischen Ansatz" zu diesem Lösungsversuch[25]. Nach Meinung des Verfassers ist dieser aber eher

---

22 Vgl. *Loitlsberger, E.,* Revisionswesen, S. 68 ff.
23 Vgl. *Loitlsberger, E.,* Revisionswesen, S. 84 ff.; *Drexl, A.,* Unternehmensprüfungen, mit zahlreichen weiteren Literaturangaben.
24 Vgl. *Otte, A.,* Prüfungstheorie, S. 70 ff.
25 Vgl. *Otte, A.,* Prüfungstheorie, S. 76 ff.

den zufallsstichprobenorientierten Lösungsversuchen zuzuordnen, weil er sich, wie noch zu zeigen sein wird, auf Zufallsstichprobenverfahren stützt und diese auch als „Meßinstrumente" heranzieht.

623. Die verhaltensorientierte Lösung als (potentielles) zweites Subparadigma des Fehleraufdeckungsparadigmas

623.1 Die Ausgangssituation

Schon gegen die ersten Formulierungen der (neueren) Prüfungstheorie wurde eingewendet, sie seien nicht nur essentialistisch, sondern auch wirklichkeitsfremd, weil sie einen *sich immer ordnungsmäßig verhaltenden Prüfer* unterstellen[26]. In der Realität sei es aber so, daß es auch Prüfer gäbe, die sich aus vielerlei Gründen *nicht* ordnungsmäßig verhalten. Ob sich der Prüfer ordnungsmäßig verhält (d. h. die Grundsätze ordnungsmäßiger Abschlußprüfung beachtet oder nicht), sei daher ein Sachverhalt, der seinerseits wieder das Ergebnis verschiedener Ursachen ist. Diese müßten daher untersucht werden, wenn man eine realistische Prüfungstheorie entwickeln wolle[27].

623.2 Die Weiterentwicklung

In der weiteren Entwicklung wurde versucht, diese Kritik unter der Bezeichnung „verhaltensorientierte Prüfungstheorie" oder „syllogistischer Ansatz der Prüfungstheorie" auszubauen[28]. Der Ansatz ist aber über eine Auflistung der möglichen Forschungsgebiete einer verhaltensorientierten Prüfungstheorie nur in einigen wenigen Gebieten (z. B. der Bedeutung des Syllogismus für die Urteilsbildung bei Buchprüfungen) hinausgekommen bzw. bleibt in den anderen Bereichen im Rahmen der bisherigen Aussagen der Prüfungstheorie. Er ist daher zwar als potentielles, aber noch nicht als tatsächliches Paradigma der Prüfungstheorie anzusehen.

---

26 Vgl. *Fischer-Winkelmann, W. F.*, Prüfungslehre.
27 Vgl. *Fischer-Winkelmann, W. F.*, Prüfungslehre.
28 Vgl. *Egner, H.*, Prüfungslehre; *Egner, H.*, Prüfungstheorie, S. 1230 ff.

624. Der kombinations- und der netzwerkorientierte Ansatz als (potentielles) drittes und viertes Subparadigma des Fehleraufdeckungsparadigmas

Von diesen o. a. weiteren Präzisierungsversuchen sind zunächst der *faktorkombinationstheoretische* und der *netzwerkorientierte* Lösungsversuch zu erwähnen, da sich diese Ansätze ebenfalls zu Subparadigmen hätten entwickeln können.

Das *faktorkombinationstheoretische Subparadigma* versuchte die in der Nationalökonomie entwickelte und von *Gutenberg* in die Betriebswirtschaftslehre übernommene und weiterentwickelte *Faktorkombinationstheorie*[29] für die Buchprüfung nutzbar zu machen und die *Buchprüfung als Kombinationsprozeß* zu erklären[30]. Allerdings eignen sich die „Faktoren", die von den diesen Lösungsansatz vertretenden Autoren herangezogen wurden, für die Darstellung der die Prüfung bestimmenden Gesetzmäßigkeiten nur wenig[31]. Eine Präzisierung der einzelnen zu kombinierenden Prüfungsinstrumente und eine Untersuchung ihrer (in der Realität tatsächlich gegebenen) Substituierbarkeit wurden bisher aber wohl deshalb nicht vorgenommen, weil das Zufallsstichprobenparadigma zwischenzeitlich die Weiterentwicklung der übrigen Subparadigmen verdrängt hat.

In der Folge wurde der *kombinationstheoretische Ansatz* zu einer Theorie weiterentwickelt, die statt von Faktoren von *Determinanten* spricht[32]. Diese in der Literatur auch als *„Integrativer Ansatz"* bezeichnete Lösung[33] könnte jedoch auch als eine Weiterentwicklung des prozeßorientierten Ansatzes angesehen werden, weil als Determinanten diejenigen „Faktoren" angesehen werden, die jene Prozesse bestimmen, die den Ablauf der Prüfung und das Prüfungsurteil gestalten. Auf Details soll hier nicht eingegangen werden. Es darf auf die in den Fußnoten 30 und 31 angegebene Literatur verwiesen wer-

---

29 Vgl. *Gutenberg, E.,* Grundlagen.
30 Vgl. *Moyer, C. A.,* Audit Programms, S. 687–691; *Wulf K.,* Planung und Prüfung, S. 509 ff.; *Schulte, E. B.,* Urteilsgewinnung bei Unternehmensprüfungen; *Schettler K.,* Planung der Jahresabschlußprüfung; u. a.
31 Vgl. auch *Otte, A.,* Prüfungstheorie, S. 55–62, der auch noch den Ansatz von *Altenburger* in seine Überlegungen einbezieht.
32 Vgl. *Selchert, F. W.,* Abschlußprüfung; *Egner, H.,* Prüfungslehre; *Löw, H.,* Informationsprozesse.
33 Vgl. *Otte, A.,* Prüfungstheorie, S. 110 ff.

den. Wichtig ist hier nur, daß es sich auch bei diesem Ansatz um einen *Fehleraufdeckungsansatz* handelt.

Im *netzwerkorientierten Lösungsversuch,* dem insbesondere auch der als *„Stufengesetz der Prüfung"* bezeichnete Lösungsversuch von *Zimmermann*[34] zuzurechnen ist, wurde vor allem die Reihenfolge, in der die einzelnen Prüfungshandlungen durchzuführen sind, sowie die Fragen der Verschiebbarkeit und der Verlangsamung und Beschleunigung von Prüfungshandlungen zum Erreichen einer optimalen Ressourcenausnutzung untersucht[35]. Als wichtigstes Ergebnis wurde das schon erwähnte *Stufengesetz der Prüfung* formuliert[36], während die übrigen Erkenntnisse dieses Ansatzes noch zu wenig genutzt werden.

625. Das Zufallsstichprobenparadigma als fünftes Subparadigma des Fehleraufdeckungsparadigmas

625.1 Darstellung des Subparadigmas

Schon bald nach dem Aufkommen des prozeßorientierten Subparadigmas konzentrierte sich die Forschung so stark auf die *Anwendung der Zufallsstichproben bei Buchprüfungen,* daß die bisher entwickelten Subparadigmen des Fehleraufdeckungsparadigmas zunächst nicht weiterentwickelt wurden. Es kann daher wegen der Intensität dieser Forschungen sogar von einem eigenen *„Zufallsstichprobenparadigma"* gesprochen werden.

Dabei wurde zuerst die Anwendung der *klassischen Schätzstichproben* (= Zufallsstichproben mit im voraus berechnetem Stichprobenumfang) und hier wiederum die *homograden Schätzstichproben* untersucht[37], ehe auf *heterograde* Verfahren übergegangen wurde.

Als Vorteil der *homograden Variante* (von den Vertretern der heterograden Verfahren als Nachteil) wurde angeführt, daß der Prüfer hier nicht schematisch vorgehen könne, weil er zwar durch die Stichprobe

---

34 Vgl. *Zimmermann, E.,* Prüfungen.
35 Vgl. *Drexl, A.,* Unternehmensprüfungen, S. 59–211 mit weiteren Literaturangaben; *Loitlsberger, E.,* Revisionswesen, S. 59 f. und die dort angegebene Literatur.
36 Vgl. *Zimmermann, E.,* Prüfungen, S. 40.
37 Vgl. *Rackles, R.,* Repräsentative Auswahl, S. 97 ff.

eine repräsentative Aussage über die Zahl der in der Grundgesamtheit enthaltenen Fehler, aber keine Information über Art und Schwere dieser Fehler bekomme. Art und Schwere der Fehler müsse er erst durch eine Analyse der Stichprobenelemente ermitteln. Das bewirke – noch in Anlehnung an das vorangegangene Vertrauensparadigma –, daß es vor allem auf den Prüfer ankomme, was er unter Würdigung aller Umstände als schweren Fehler ansieht. Auch könne er außerdem nach seinem besten Wissen und Gewissen entscheiden und damit auch alle Umstände, die auf das Urteil einen Einfluß haben, entsprechend würdigen[38].

Für die *heterograden Stichprobenverfahren* wurde angeführt, daß diese eine *betragsmäßige Abweichung* ergeben. Erst eine solche erlaube eine *fundierte und zugleich repräsentative Aussage* über die Qualität der Bilanzierung[39].

Neben den Schätzstichproben wurden auch *Annahme-* und *Entdeckungsstichproben* auf ihre Anwendbarkeit untersucht. Bei der *Annahmestichprobe* wird eine Nullhypothese und eine Gegenhypothese aufgestellt. Die Nullhypothese gibt den Fehleranteil an, bei dem das Urteil über das Prüffeld noch positiv ausfällt. Die Gegenhypothese bezeichnet den Fehleranteil, bei dem das Prüfungsfeld als nicht ordnungsmäßig zu verwerfen ist. Der Vorteil der Annahmestichprobe liegt darin, daß sie das *Auftraggeberrisiko* (ein ordnungsmäßiges Prüffeld wird als nicht ordnungsmäßig verworfen; = Alpha-Risko) und das *Prüferrisiko* (ein nicht ordnungsmäßiges Prüffeld wird als ordnungsmäßig angenommen; = Beta-Risko) zu berücksichtigen erlaubt. Dabei wurden bei den Annahmestichproben *zwei Verfahren* entwickelt: die *Annahmestichprobenverfahren mit vorberechnetem Stichprobenumfang,* bei denen insbesondere die Poissonverteilung zu Grunde gelegt wurde[40], und die *Sequentialstichprobenverfahren.* Diese letzteren führen in der Regel bei gleichem Auftraggeber- und Prüferrisiko zu einem kleineren Stichprobenumfang als Verfahren mit vorausberechnetem Stichprobenumfang[41].

---

38 Vgl. *Rackles, R.,* Repräsentative Auswahl, S. 97 ff.; *Kempf, D.,* Stichprobenverfahren.
39 Vgl. *Mandl, G.,* Stichprobenverfahren im heterograden Fall, S. 173–196; *Elmendorff, K.,* Zufallsstichproben.
40 Vgl. *Mandl, G.,* Stichprobenverfahren in der Buchprüfung.
41 Vgl. *Mandl, G.,* Stichprobenverfahren in der Buchprüfung.

Die *Entdeckungsstichprobenverfahren* sind diejenigen Verfahren, die unter allen Stichprobenverfahren dem Fehleraufdeckungsparadigma definitionsgemäß am besten entsprechen würden. Denn es geht bei ihnen darum, mittels einer Stichprobe mit einer bestimmten Wahrscheinlichkeit die in einem Prüffeld enthaltenen Fehler aufzudecken. Für eine genaue Aussage wäre für die Berechnungen die hypergeometrische Verteilung zu Grunde zu legen. Diese verursacht aber in der Regel einen großen Auswertungsaufwand[42]. Deshalb wird die hypergeometrische Verteilung meist durch die Binomialverteilung oder die Poissonverteilung ersetzt. Eine weitere Möglichkeit für den praktischen Einsatz ist die Verwendung von *Likelihoods*. Dieses Verfahren berechnet die Entdeckungswahrscheinlichkeit fehlerhafter Elemente in einer Stichprobe unter der Voraussetzung, daß die Grundgesamtheit eine bestimmte Anzahl von Fehlern enthält[43]. Da die Likelihoods vertafelt sind, ist ihre Anwendung ohne größeren Rechenaufwand möglich. Auf Details soll hier nicht weiter eingegangen werden. Es darf auf die Literatur verwiesen werden[44]. Um die Effizienz der Entdeckungsstichprobe zu steigern, wurde versucht, das *Bayes'sche Theorem* für die Buchprüfung nutzbar zu machen[45]. Da der Prüfer bei einer durchzuführenden Prüfung meist schon gewisse Vorinformationen besitzt, kann er bei Bayes'schen Stichproben diese Vorinformationen zur Berechnung des Stichprobenumfangs heranziehen und dadurch in den meisten Fällen zu niedrigeren Stichprobenumfängen kommen als ohne Berücksichtigung dieser Vorinformationen[46].

Da in aller Regel die Grundgesamtheiten, die bei Buchprüfungen überprüft werden müssen, betragsmäßig sehr *inhomogen* sind und eine *starke Streuung* dergestalt aufweisen, daß neben einigen großen Beträgen eine Vielzahl von kleineren Beträgen vorhanden sind und

---

42 Vgl. *Mandl, G.*, Stichprobenverfahren in der Buchprüfung.
43 Vgl. *Wysocki, K. v.*, Prüfungswesens, S. 217 ff.
44 Vgl. außer der bisher angegebenen Literatur auch *Kempf, D.*, Stichprobenverfahren, S. 237 ff.
45 Vgl. *Kraft, W. H. Jr.*, Statistical Sampling, S. 49–56; *Tracy, J. A.*, Bayesian Statistical Methodes, S. 90–98; *Buchner, R./Krane, H. G./Reuter, H. H.*, Bayes'sches Theorem, S. 1–26; *Leffson, U.*, Wirtschaftsprüfung, S. 257 ff.; u. a.
46 Vgl. *Buchner, R./Krane, H. G./Reuter, H. H.*, Bayes'sches Theorem, S. 24 f.; *Leffson, U.*, Wirtschaftsprüfung, S. 262.

sich diese betragsmäßige Streuung in einer „Lorenzkurve" darstellen läßt, wurden nicht nur schon bald die *geschichteten Stichprobenverfahren* in die Untersuchung einbezogen[47], sondern auch die schon erwähnten *Sequentialstichprobenverfahren* weiterentwickelt[48]. Bei diesen wurde in der Folge getrachtet, nicht nur den einzelnen (betragsmäßig sehr unterschiedlichen) Belegen (= Geschäftsfällen) die gleiche Chance zu geben, in die Stichprobe zu kommen, sondern die Chancengleichheit auf die *einzelnen Geldeinheiten* auszuweiten. Das hatte zur Folge, daß Belege (= Geschäftsfälle) mit einem großen Betrag auch eine größere Chance haben, in die Stichprobe zu kommen als Belege (= Geschäftsfälle) mit einem kleinen Betrag. Für die Zwecke der Buchprüfung hat man ein Spezialverfahren dieser „wertproportionalen Stichprobenverfahren"[49] entwickelt: das „*Dollar-Unit-Sampling*" (= DUS), das bei gleichem Auftraggeber- und Prüferrisiko in der Regel zu kleineren Stichproben führt als bei den herkömmlichen Verfahren der vorberechneten Stichprobenumfänge und derjenigen Sequentialstichproben, die nicht der einzelnen Geldeinheit, sondern dem einzelnen Geschäftsfall die Chancengleichheit einräumen[50].

625.2 Die in der Prüfungstheorie entwickelten Subrichtungen des Zufallsstichprobenparadigmas

Dieses zweite Subparadigma des Mißtrauensparadigmas hat in der Literatur *zwei* verschiedene Ausprägungen erfahren, die beide auf der Verwendung von Zufallsstichproben beruhen: den *„meßtheoretischen Ansatz"* und den *„Risikoansatz"*.

Der *meßtheoretische Ansatz* will nicht nur die – nach Möglichkeit mit Zufallsstichproben ermittelten – Abweichungen zwischen den (Einzel-)Istobjekten und den (Einzel-)Sollobjekten der Buchprüfung anhand der Einzelabweichungen (= Einzelurteile) ermitteln. Er will über die Gesetzmäßigkeiten, die die Ermittlung der Einzelurteile be-

---

47 Vgl. *Leffson, U.*, Wirtschaftsprüfung, S. 182 ff.
48 Vgl. *Leffson, U./Lippmann, K./Baetge, J.*, Urteilsbildung bei Prüfungen, S. 119–133; u. a.
49 Vgl. *Bleymüller, J./Gehlert, G.*, Stichprobenprüfung, Sp. 1882–1895.
50 Vgl. *Mandl, G.*, Stichprobenverfahren in der Buchprüfung; *Hömberg, R.*, Prüfungsmethoden.

stimmen, hinaus auch noch die Gesetzmäßigkeiten, die eine Bildung des Gesamturteils aus den Einzelurteilen prägen, erforschen. Dabei spielen nicht nur das Fehlerfortpflanzungsgesetz, sondern auch die Gesetzmäßigkeiten der Verknüpfung der unverbundenen und der verbunden Einzelurteile zum „Prüfungsurteil" eine Rolle[51].

Der *Risikoansatz* als die zweite Subrichtung dieses Subparadigmas nimmt die Risikosituation, die sich bei der Buchprüfung für den Prüfer ergibt, als Ausgangspunkt ihrer Aussagenableitung. Sie geht davon aus, daß sich die Risikosituation für den Prüfer *negativ* auswirken kann und dann gegen ihn *Schadenersatzansprüche* erhoben werden können. In den USA habe dies teilweise schon für die Prüfer existenzbedrohende Ausmaße angenommen[52]. Es gehe daher darum, das *Prüfungsrisiko unter der Bedingung zu minimieren,* daß die Richtigkeit des Prüfungsurteils noch innerhalb mathematisch berechenbarer Grenzen vertreten werden kann. Diese Überlegung gewinnt in Anbetracht der Tatsache, daß immer mehr Prüfer in Schadenersatzprozesse mit hohem Streitwert verwickelt werden, zunehmend an Bedeutung[53].

Dieser Ansatz kann auch als Variante des spieltheoretischen Ansatzes aufgefaßt werden, weil er eine Überlegung über die Prüfungsfelder voraussetzt, die die größten Fehler und damit das größte Risiko für den Prüfer beinhalten. Wegen Details und der diesbezüglichen „Audit Risk Modelle"[54] darf auf die Literatur verwiesen werden[55].

---

51 Vgl. *Wysocki, K. v.,* Prüfungswesens; *Leffson, U./Lippmann, K./Baetge, J.,* Urteilsbildung bei Prüfungen.
52 Vgl. *Lück, W./Holzer, P.,* Krise des wirtschaftsprüfenden Berufsstandes, S. 237–242; *Fliess, W.,* Haftung des Wirtschaftsprüfers, S. 163.
53 Vgl. *Wiedmann, H.,* Risikoorientierter Prüfungsansatz, S. 14–16; *Diehl, C.-U.,* Strukturiertes Prüfungsvorgehen, S. 187 ff.; *Nagel, Th.,* Risikoorientierte Abschlußprüfung.
54 Vgl. *AICPA,* Auditing Standards No. 39, A sec 35.048; u. a.
55 Vgl. *Diehl, C.-U.,* Risikoorientierte Abschlußprüfung, S. 3–4; *Nagel, Th.,* Risikoorientierte Abschlußprüfung, S. 187 ff.; u. a.

626. Der spieltheoretische Ansatz als sechstes Subparadigma des Fehleraufdeckungsparadigmas

626.1 Die Ausgangssituation

Es ist immer wieder zu beobachten, daß viele Bilanzersteller Bilanzen erstellen wollen, bei denen die Grundsätze ordnungsmäßiger Buchführung nicht eingehalten werden, weil die Bilanzersteller mit diesen Bilanzen bestimmte nicht mit der Realität voll übereinstimmende Aussagen erreichen wollen. Die Bilanzersteller stellen dazu einzelne Positionen nicht so dar, wie sie nach den Grundsätzen ordnungsmäßiger Buchführung und Bilanzierung dargestellt werden sollten. Dabei bemühen sie sich in aller Regel, diese Abweichungen zu „verstekken" und sie nicht ohne weiteres erkenn- und auffindbar zu machen. Vielfach kommt es aber auch durch Irrtümer oder andere (insbesondere betrügerische) Maßnahmen der an der Bilanzerstellung beteiligten Mitarbeiter zu solchen Abweichungen. Alle diese Abweichungen, mit denen Abschlußpositionen von dem Ausweis abweichen, den sie nach den Grundsätzen ordnungsmäßiger Buchführung und Bilanzierung aufweisen sollten, können als „Fehler" angesehen werden.

Die Prüfer müssen aus ihrer Aufgabe heraus bestrebt sein, mindestens so viele Fehler aufzudecken, daß sie beurteilen können, ob Buchführung und Abschluß den Grundsätzen ordnungsmäßiger Buchführung und Bilanzierung entsprechen oder nicht. Um den Bilanzerstellern das „Fehlerverstecken" zu *erschweren,* dürfen die Prüfer die Prüfungshandlungen, die sie durchzuführen gedenken, den Bilanzerstellern gegenüber *nicht* im voraus offen legen. Beide Parteien des Buchprüfungsspiels halten daher ihre Maßnahmen voreinander *geheim.* Diese Situation stellt daher die typische Situation eines *strategischen Spieles* dar.

Eine genaue Analyse ergibt daher auch, daß die Buchprüfung tatsächlich als ein strategisches Spiel im Sinne der Spieltheorie – und zwar als ein „Nullsummenspiel" – angesehen werden kann, bei dem um die *Aufdeckung der Fehler gespielt* wird. Der Bilanzaufsteller legt die Fehler so, daß sie nach Möglichkeit nicht ohne weiteres erkennbar sind. Der Prüfer bemüht sich, diese Fehler zu finden, um die Richtigkeit der Bilanz beurteilen zu können. Realistisch wäre die Buchprüfung nicht ein Zwei-, sondern ein Mehrpersonenspiel, weil auch das

Personal und andere Umstände noch bewirken können, daß einzelne Bilanzpositionen nicht so dargestellt werden, wie das den Grundsätzen ordnungsmäßiger Buchführung entspricht. Auch sind bei der Buchprüfung Koalitionen möglich, bei denen mehrere Personen zusammen gegen eine oder mehrere andere Personen spielen.

626.2 Kurze Charakteristik der bisherigen spieltheoretischen Lösungen

Überblickt man die Lösungen, die die Spieltheorie bisher in der Prüfungstheorie gefunden hat, dann lassen sich vier große Lösungsversuche feststellen. Dabei stellt der *erste Lösungsversuch* eigentlich noch kein Fehleraufdeckungsspiel dar. Er ist vielmehr dem Risikoansatz der Prüfungstheorie verwandt, weil bei diesem Ansatz der Prüfer um seine *Wiederwahl* spielt. Prüft er nämlich einen ordnungsmäßigen Abschluß zu streng, riskiert er ebenso seine Wiederwahl, wie wenn er einen nicht ordnungsmäßigen Abschluß zu lax prüft. Der Prüfer muß daher die richtige Prüfungsschärfe treffen und diejenige Prüfungsstrategie auswählen, die im konkreten Fall die richtige Prüfschärfe realisiert[56].

Einen *zweiten Lösungsansatz* stellt das *Inspectors Game* dar. Dieser Ansatz will die Tatsache berücksichtigen, daß bei der Buchprüfung meist „*Zwischenprüfungen*" gemacht werden. Diese schränken einerseits die bilanzpolitischen Möglichkeiten des Bilanzerstellers auf immer weniger und kürzere Zeiträume ein, wodurch sie auch für den Prüfer leichter überprüfbar werden[57]. Aber andererseits wird auch die Prüfungszeit, die dem Prüfer für den letzten Zeitraum zur Verfügung steht, knapper. Er kann diesen letzten Zeitraum, in dem der Bilanzersteller zwar zeitraummäßig, aber nicht hinsichtlich der Positionen, in die er Fehler legen will, eingeschränkt ist, daher nicht mehr so intensiv prüfen, als dies vielleicht nötig wäre. Aus diesem Grunde überzeugt der Ansatz nicht.

Der *dritte Lösungsansatz* stellt ein *Zwei-Personen-Fehleraufdeckungs-Nullsummenspiel* dar, bei dem die vom Prüfer *gefundenen Fehler* der Gewinn des Prüfers und der Verlust des Bilanzerstellers und

---

56 Vgl. *Mertz, H. P. J.*, Prüfschärfe, S. 315–319.
57 Vgl. *Maschler, M.*, Inspectors Non-Constant-Sum-Game, S. 275–290.

die *nicht aufgedeckten Fehler* der Gewinn des Bilanzerstellers und der Verlust des Prüfers sind. Um seine Prüfungsstrategie festlegen zu können, muß der Prüfer zunächst eine *Matrix* erstellen, deren *Zeilen* von den einzelnen Bilanzpositionen und deren *Spalten* von den einzelnen bilanzpolitischen Strategien, die der Bilanzersteller spielen kann, gebildet werden. In die Felder (Skalare) dieser Matrix werden die bei den einzelnen Positionen, bei den einzelnen bilanzpolitischen Strategien *erwarteten Fehler* eingetragen. Im weiteren Verlauf des Spiels untersucht der Prüfer, wie die einzelnen Felder von den verschiedenen Prüfungsstrategien durchforscht werden und welche Fehleraufdeckungswahrscheinlichkeit daher die einzelnen Prüfungsstrategien bei den einzelnen Prüfungspositionen haben. Die Ergebnisse dieser Analyse werden in der Matrix der Prüfungsstrategien festgehalten. Die Zusammenfassung der Ergebnisse derjenigen Prüfungsstrategien, die die größte Fehleraufdeckungswahrscheinlichkeit haben, ergibt dann die *Auszahlungsmatrix des Prüfungsspiels*[58].

Dieser Lösungsansatz kann in konkreter wie in abstrakter Form dargestellt werden. Die abstrakte Form hat den Vorteil der kürzeren Formulierung, aber den Nachteil der geringeren Anschaulichkeit und praktischen Verwendbarkeit[59].

In der Realität ist es offensichtlich nicht so, daß schon von Anfang an alle Prüfungshandlungen feststehen. Zum einen muß der Bilanzersteller den Prüfer auswählen. Bei dieser Auswahl wird der Bilanzersteller davon ausgehen, daß es Prüfer gibt, die die Prüfung ordnungsmäßig durchführen, aber auch solche, die zur Erlangung von Vorteilen Nichtordnungsmäßigkeiten des Rechnungswesens tolerieren. Die Überlegungen des Bilanzerstellers für die Prüferauswahl haben daher die Struktur einer Matrix (= Prüferauswahlmatrix) in deren Zeilen der Prüfer nach der erwarteten Strenge gereiht und in den Spalten die Nettovorteile (= Vorteile abzüglich der Kosten) eingetragen werden, die dem Prüfer für eine nicht ordnungsmäßige Durchführung der Prüfung angeboten werden müssen. Es wird derjenige Prüfer ausgewählt, der nach den Erwartungen des Bilanzaufstellers die maximale Vorteilsdifferenz aufweist. Auf der anderen Seite wird der Prüfer ebenfalls eine Matrix aufstellen, aus der die bei den einzelnen Verhaltens-

---

58 Vgl. *Loitlsberger, E.,* Buchprüfung als spieltheoretisches Problem, S. 137–179.
59 Vgl. *Klages, A.,* Spieltheorie.

weisen erlangbaren Vorteile ersichtlich werden. Bei Prüfern, die die Grundsätze ordnungsmäßiger Abschlußprüfungen streng einhalten, wird diese Matrix nur eine einzige Zeile und eine einzige Spalte haben, in der das nach den Honorarrichtlinien zustehende Honorar aufscheint.

Hat der Prüfer sein Verhalten festgelegt, würde er aufgrund der Auszahlungsmatrix der Prüfung seine Prüfungshandlungen planen und dann mit ihrer Durchführung beginnen. Dabei kommt es aber immer wieder zu Änderungen im Prüfungsplan und damit zu Änderungen der einzusetzenden Prüfungshandlungen, weil der Prüfer bei der Durchführung der Prüfung vielfach auf neue Situationen stößt, denen er sich anpassen muß. Die Buchprüfung stellt daher ein *dynamisches Suchspiel* dar. Bei diesem *vierten Lösungsansatz* wird berücksichtigt, daß der Prüfer im Laufe der Prüfung „*lernt*" und seine Prüfungshandlungen diesem Lernprozeß anpaßt, indem er immer wieder aufs Neue analysiert, welche Prüfungshandlungen bei der jeweils neuen Situation die beste Fehleraufdeckungswahrscheinlichkeit haben[60].

627. Der systemtheoretische Ansatz als siebtes (potentielles) Subparadigma des Fehleraufdeckungsparadigmas

627.1 Darstellung des Ansatzes

Einen Ansatz, der bereits zu einem neuen Grundparadigma überleitet, stellt *der systemtheoretische Ansatz* von *Baetge* dar[61]. Dieser Ansatz geht davon aus, daß sich betriebliche Prozesse in die drei Phasen *Planung, Realisation und Überwachung* gliedern. Als Überwachung bezeichnet man dabei den Vergleich von Objekten mit dem Ziel, Abweichungen bzw. Übereinstimmungen zwischen den Objekten festzustellen. Durch die Überwachung soll die Wahrscheinlichkeit der *Fehlerfreiheit der Arbeitsergebnisse* festgestellt und gegebenenfalls verbessert werden[62].

---

60 Vgl. *Mochty, L.*, Automatisierung der Buchprüfung; *Gans, Ch.*, Heuristische Suchprozesse.
61 Vgl. *Baetge, J.*, Überwachungstheorie, Sp. 2038–2054.
62 Vgl. *Baetge, J.*, Überwachungstheorie, Sp. 2038.

Bei den Überwachungsmaßnahmen lassen sich *Kontrollen* und *Prüfungen* unterscheiden. Dabei sind „Kontrollen" alle Überwachungsvorgänge, die *fester Bestandteil* der geplanten betrieblichen Abläufe sind und /oder bei denen der Überwachende für die Ergebnisse des überwachten Prozesses *selbst verantwortlich* ist[63]. Dieser zuletzt angeführte Definitionsbestandteil ist für das hier zu untersuchende Paradigma aber nur von sekundärer Bedeutung, weil er das Moment der *Synchronität* zu wenig zum Ausdruck bringt. Gerade die *Synchronität* zwischen Ablauf und Kontrolle ist für das IKS entscheidend, weil nur dadurch verhindert werden kann, daß ein fehlerhafter Ablauf zu Ende geführt wird.

Mit diesen Überwachungsmaßnahmen können *vier Wirkungen* erzielt werden: Die *Korrekturwirkung,* durch die Abweichungen des Istobjektes vom Sollobjekt beseitigt werden, die *Lernwirkung,* durch die Fehlerursachen abgestellt werden können, die *Präventivwirkung,* weil den Mitarbeitern durch die Kontrolle bewußt gemacht wird, daß ihre Tätigkeit überwacht wird und sie daher erfahrungsgemäß ihre Arbeiten sorgfältiger erfüllen, als wenn es keine Überwachung gibt, und schließlich die *Sicherheitswirkung,* die darin besteht, daß sich sowohl der Überwachende wie der Überwachte der festgestellten Bearbeitungsqualität sicher sein können[64].

627.2 Die Überleitung zu einem neuen Grundparadigma

Diese Überwachungsmaßnahmen ergeben in der Realität *kybernetische Regelkreise*[65]. Darauf soll aber hier nicht mehr eingegangen werden. Es darf auf die diesbezügliche Literatur verwiesen werden[66]. Hier soll nur darauf verwiesen werden, daß das eigentliche Ziel dieser „kybernetischen Überwachungsvorgänge" nicht mehr die Fehleraufdeckung, sondern schon die *Fehlerverhinderung* ist: Denn es wird angestrebt, nur fehlerfreie Arbeitsvorgänge weiter zu verarbeiten und dadurch fehlerfreie „Endprodukte" (die auch Halbfabrikate und/oder

---

63 Vgl. *Baetge, J.,* Überwachungstheorie, Sp. 2038.
64 Vgl. *Baetge, J.,* Überwachungstheorie, Sp. 2038.
65 Vgl. *Baetge, J.,* Überwachung; *Baetge, J./ Sanders, M./Schuppert, A.,* Analyse von Überwachungsvorgängen, S. 451–480; u. a.
66 Vgl. *Baetge, J.,* Überwachungstheorie, Sp. 2038.

Dienstleistungen sein können) herzustellen, womit der Ansatz aber bereits zu einem neuen, im folgenden darzustellenden Grundparadigma überleitet, wenn er nicht überhaupt schon diesem zuzurechnen ist.

7 Das Fehlerverhinderungsparadigma als derzeit letztes Grundparadigma der Prüfungstheorie

71 Die Ursache des Paradigmas

Die Erfahrung hat gezeigt, daß auch die auf dem Mißtrauensparadigma aufbauenden Fehleraufdeckungslösungen der Prüfungstheorie de facto *nicht* befriedigen. Bei den auf den Zufallsstichproben aufbauenden Verfahren sind die Stichprobenumfänge in aller Regel *zu groß*, um in der Praxis realisiert werden zu können. Der spieltheoretische Ansatz, der trotz negativer Beurteilung in der Literatur[67] nach Meinung des Verfassers noch am besten von allen Ansätzen der Problemsituation der Buchprüfung entspricht[68], ist zwar sowohl in konkreter wie auch abstrakter Form formulierbar, in der Praxis sind aber die Abschätzung der bilanzpolitischen Strategien des Bilanzaufstellers und die Fehleraufdeckungsfähigkeit der einzelnen Prüfungsstrategien (noch) zu wenig erforscht, damit der Ansatz in der Praxis voll befriedigen könnte.

Diese unbefriedigende Situation hat dazu geführt, vom *Fehleraufdeckungsparadigma abzugehen* und zu versuchen, schon die *Fehlerentstehung zu verhindern*. Wenn es schon (praktisch) unmöglich ist, bei Buchprüfungen in befriedigendem Umfang nachträglich Fehler aufzudecken, dann muß getrachtet werden, die *Entstehung von Fehlern von vornherein* zu verhindern. Diese Erkenntnis wurde in der Prüfungstheorie in der Zwischenzeit so allgemein, daß sie zu einem neuen Paradigma – dem *Fehlerverhinderungsparadigma* – geworden ist.

---

67 Vgl. *Otte, A.*, Prüfungstheorie, S. 68 f.; *Fischer-Winkelmann, W. F.*, Prüfungslehre, S. 206 ff.
68 Vgl. auch *Drexl, A.*, Unternehmensprüfungen, S. 34.

72 Geschichtlicher Rückblick

Das neue Paradigma wurde erstmals in den USA literarisch behandelt[69] und schließlich nach längerer Diskussion für die Abschlußprüfung verpflichtend vorgeschrieben[70]. *Wanik* verweist darauf, daß in der deutschen Revisionspraxis die Überlegung und die Übung, die Prüfungshandlungen an das „Gefüge der Regelungen" der geprüften Unternehmung anzulehnen, älter sind als die Übernahme und Übersetzung der Vokabel „Internal Control" aus der amerikanischen Fachdiskussion[71]. Allerdings sei die Berücksichtigung in den Grundsätzen ordnungsmäßiger Abschlußprüfung nur zögernd erfolgt. Im Fachgutachten (FG) 1/1967 des IDW sei sie noch *empfohlen* worden. Im FG 1/1977 des IDW sei schon eine deutliche *Akzentverlagerung* hin zu einer *Mußvorschrift* festzustellen und im FG 1/1988 des IDW sei diese schließlich *eindeutig formuliert* worden[72].

73 Charakteristik des Paradigmas

Es ist eine Erfahrungstatsache, daß Menschen dann *genauer* arbeiten, wenn sie wissen, daß *ihre Tätigkeit kontrolliert* wird. Diese Erfahrung kann man sich zunutze machen, um auch in Buchführung und Bilanz Fehler zu verhindern. Es muß nur dafür gesorgt werden, daß diese Tätigkeiten schon im Zug ihrer Ausführung so auf ihre Ordnungsmäßigkeit kontrolliert werden, daß *nicht ordnungsmäßige Ausführungen aus dem weiteren Ablauf eliminiert bzw. in den weiteren Ablauf erst übernommen* werden, wenn sie *verbessert* worden sind. Man hat dazu in den Betrieben ein Kontrollsystem eingerichtet, das man „*Internes Kontrollsystem*" nennt[73] und das auf zwei Säulen ruht: auf einer entsprechenden *Arbeitsteilung* und einer *Innenrevision*. Auf die Innenrevision soll hier – (obwohl auch ihr eine Präventivwirkung zukommt) – nicht weiter eingegangen werden, weil sie auf dem Feh-

---

69 Vgl. *AICPA*, Internal Control 1949.
70 Vgl. *AICPA*, Statement of Auditing Standards No. 1.
71 Vgl. *Wanik, O.*, Internes Kontrollsystem, Prüfung, Sp. 896–908.
72 Vgl. *Wanik, O.*, Internes Kontrollsystem, Prüfung, Sp. 898 f. mit wörtlicher Wiedergabe der entsprechenden Gutachtensstellen.
73 Vgl. *Neubert, H.*, Internal Control; *Pougin, E.*, Berücksichtigung des Internen Kontrollsystems; *AICA*, Internal Control 1959; u. a.

leraufdeckungsprinzip beruht. Hingegen ist auf die Arbeitsteilung, die der Fehlerverhinderung dient, näher einzugehen.

Die der Internen Kontrolle dienende Arbeitsteilung ist so aufgebaut, daß die einzelnen Abläufe auf mehrere Personen aufgeteilt werden und jede nachfolgende Person die Weiterverarbeitung des Ablaufes nur dann übernimmt, wenn dieser bisher ordnungsmäßig abgelaufen ist. Diese *kontrollierende Arbeitsteilung* wird in der Literatur als *Internes Kontrollsystem im engeren Sinne* bezeichnet. Sie wird ergänzt durch die Innenrevision, die die einzelnen Abläufe nachträglich auf ihre Ordnungsmäßigkeit prüft und vor allem dafür sorgt, daß die einzelnen Stellen während des Ablaufes ihre kontrollierende Tätigkeit genau ausführen.

Dieses Interne Kontrollsystem kann auch für die Buchführung und die Bilanzierung nutzbar gemacht werden. Es muß so aufgebaut werden, daß *nicht ordnungsmäßige Belege nicht bis zur Verbuchung bzw. zur Bilanzierung kommen.* Sie müssen vielmehr zurückgewiesen und verbessert werden, wenn sie konten- und abschlußwirksam werden sollen. Bei der Zurückweisung muß es bleiben, wenn eine Verbesserung nicht möglich ist. Wenn dieses interne Kontrollsystem ordnungsmäßig funktioniert, können nennenswerte Fehler in Buchführung und Abschluß nicht mehr entstehen und in Buchführung und Bilanz nicht mehr enthalten sein.

74 Die Auswirkung auf die Buchprüfung

Das neue Paradigma führt daher zu einer *Umgestaltung der Buchprüfung*. Es werden primär nicht mehr die einzelnen Bilanzpositionen auf die darin enthaltenen Fehler untersucht, sondern es muß überprüft werden, ob das Interne Kontrollsystem so funktioniert, daß *Fehler nicht mehr buchungs- bzw. abschlußwirksam* werden können[74]. Nur dort, wo sich zeigt, daß diese Kontrollen nicht befriedigend funktionieren, muß mit bisherigen Prüfungshandlungen „nachgeprüft" werden, um auch für diese Bereiche die Fehlerbeschaffenheit feststellen zu können[75].

---

74 Vgl. *Wanik, O.,* Internes Kontrollsystem, Prüfung, Sp. 896–908 mit weiteren Literaturangaben.

75 Vgl. *Pougin, E.,* Berücksichtigung des Internen Kontrollsystems; *IFAC,* Auditing Guideline; *Wiedmann, H.,* Prüfung des Internen Kontrollsystems, S. 705–711.

Im Rahmen dieses Beitrages soll aber nicht mehr darauf eingegangen werden, wie dieses neue Paradigma die Durchführung der Buchprüfung verändert. Es muß diesbezüglich auf die Literatur verwiesen werden[76]. Dabei ist allerdings zu bemerken, daß sich die Literatur bisher zwar sehr intensiv mit der Notwendigkeit der Überprüfung des Internen Kontrollsystems und dem Vorgehen bei dieser Überprüfung befaßt hat, aber die Auswirkungen des neuen Paradigmas auf die Durchführung der Buchprüfung selbst noch relativ wenig erforscht hat. Um zu aussagefähigen Ergebnissen zu kommen, ist noch viel Forschungsarbeit zu leisten.

---

76 Vgl. *Wanik, O.*, Internes Kontrollsystem, Prüfung, Sp. 896–908 und die dort angegebene Literatur.

Literaturverzeichnis

AICPA, Committee on Auditing Procedure (Hrsg.), Internal Control: Elements of a Coordinated System and its Importance to Management and the Independent Public Accountant, New York 1949 (Internal Control 1949).

AICPA, Committee on Auditing Procedure (Hrsg.) Internal Control: Elements of a Coordinated System and its Importance to Management and the Independent Public Accountant, New York 1959 (Internal Control 1959).

AICPA, Committee on Auditing Standards (Hrsg.) Codification of Auditing Standards and Procedures, Statement of Auditing Standards No. 1., New York 1979 (Statement of Auditing Standards No. 1).

AICPA, Statement of Auditing Standards No. 39: Audit Sampling, in: AICPA Professional Standards, Vol. 1., hrsg. v. AICPA, Chicago 1995 (Auditing Standards No. 39).

Baetge, Jörg, Überwachung, in: Vahlens Kompendium der Betriebswirtschaftslehre, Bd. 2, 2. Aufl., München 1990.

Baetge, Jörg, Überwachungstheorie, kybernetische, in: HWRev, hrsg. v. Coenenberg, Adolf G./Wysocki, Klaus v., 2. Aufl., Stuttgart 1992, Sp. 2038–2054 (Überwachungstheorie).

Baetge, Jörg/Sanders, Michael/Schuppert, Arno, Zur theoretischen und empirischen Analyse von Überwachungsvorgängen betrieblicher Routinetätigkeiten, in: Information und Wirtschaftlichkeit, hrsg. v. Ballwieser, Wolfgang/Berger, Karl-Heinz, Wiesbaden 1985, S. 451–480 (Analyse von Überwachungsvorgängen).

Berg, Karl, Wie wird geprüft?, Praktische Anleitung zur Durchführung kaufmännischer Buch-, Betriebs- und Bilanzprüfungen, 5. Aufl., Bonn 1948 (Praktische Anleitung).

Biener, Herbert, Die Erwartungslücke – eine endlose Geschichte, in: Internationale Wirtschaftsprüfung: Festschrift zum 65. Geburtstag von Prof. Dr. Dr. h.c. Hans Havermann, hrsg. v. Lanfermann, Josef, Düsseldorf 1995 (Erwartungslücke).

Bleymüller, Josef/Gehlert, Günther, Stichprobenprüfung, wertproportionale Auswahl, in: HWRev, hrsg. v. Coenenberg, Adolf G./ Wysocki, Klaus v., 2. Aufl., Stuttgart 1992, Sp. 1882–1895 (Stichprobenprüfung).

Brönner, Herbert, Geschichte der Revision, in: HWRev, hrsg. v. Coenenberg, Adolf G./Wysocki, Klaus v., 2. Aufl., Stuttgart 1992, Sp. 663–670.

Brown, Richard, A History of Accounting and Accountants, London 1905, Neuaufl. 1968 (History of Accounting).

Buchner, Robert, Rechnungslegung und Prüfung der Kapitalgesellschaft, 3. Aufl., Stuttgart 1996 (Rechnungslegung und Prüfung).

Buchner, Robert/Krane, H.-G./Reuter, H. H., Zur Anwendung des Bayes'schen Theorems bei Buchprüfungen auf Stichprobenbasis, in: ZfB 1971, S. 1–26 (Bayes'sches Theorem).

Carman, L. A., The Efficacy of Tests, in: The American Accountant 1933, S. 360 ff. (Efficacy of Tests).

Clemm, Hermann, Der Abschlußprüfer als Krisenwarner, in: WPK-Mitteilungen, Düsseldorf 1955, S. 65–108 (Abschlußprüfer als Krisenwarner).

Diehl, Carl-Ulrich, Strukturiertes Prüfungsvorgehen durch risikoorientierte Abschlußprüfung, in: Aktuelle Beiträge aus Wirtschaftsprüfung und Beratung : Festschrift zum 65. Geburtstag von Professor Dr. Hans Luik, hrsg. v. der Schitag Ernst & Young Gruppe, Stuttgart 1991, S. 187–215 (Strukturiertes Prüfungsvorgehen).

Diehl, Carl-Ulrich, Risikoorientierte Abschlußprüfung – Gedanken zur Umsetzung in der Praxis – in: Rechnungslegung und -prüfung: Vorträge der Jahre 1991–1993 vor dem Münsteraner Gesprächskreis Rechnungslegung und Prüfung e.V., hrsg. v. Baetge, Jörg, Düsseldorf 1994, S. 1–30 (Risikoorientierte Abschlußprüfung).

Drexl, Andreas, Planung des Ablaufs von Unternehmensprüfungen, Stuttgart 1990 (Unternehmensprüfungen).

Duden, Das Fremdwörterbuch, 5. Aufl., Mannheim et al. 1990 (Fremdwörterbuch).

Egner, Henning, Betriebswirtschaftliche Prüfungslehre, Berlin/New York 1980 (Prüfungslehre).

Egner, Henning, Prüfungstheorie, verhaltensorientierter Ansatz (Syllogistischer Ansatz), in: HWRev, hrsg. v. Coenenberg, Adolf G./Wysocki, Klaus v., 2. Aufl., Stuttgart 1992, Sp. 1566–1578 (Prüfungstheorie).

Elmendorff, Karl, Anwendbarkeit von Zufallsstichproben bei der Abschlußprüfung, Düsseldorf 1963 (Zufallsstichproben).

Fischer-Winkelmann, Wolf F., Entscheidungsorientierte Prüfungslehre, Berlin 1975 (Prüfungslehre).

Fliess, W., Die Haftung des Wirtschaftsprüfers unter Berücksichtigung internationaler Entwicklungen, in: Rechnungslegung und Prüfung, 1994, Vorträge der Jahre 1991–1993 vor dem Münsteraner Gesprächskreis Rechnungslegung und Prüfung, hrsg. v. Baetge, Jörg, Düsseldorf 1994 (Haftung des Wirtschaftsprüfers).

Gans, Christian, Betriebswirtschaftliche Prüfungen als heuristische Suchprozesse, Bd. 26 der Reihe Steuer, Wirtschaft und Recht, hrsg. v. Bischoff, J. G./Kellermann, A., Bergisch Gladbach/Köln 1986 (Heuristische Suchprozesse).

Gerstner, Paul, Revisionstechnik: Handbuch für kaufmännische und behördliche Buch-, Betriebs- und Bilanzprüfung, 6. Aufl., Berlin/Leipzig 1940 (Revisionstechnik).

Gutenberg, Erich, Grundlagen der Betriebswirtschaftslehre, Bd. 1: Die Produktion, 18. Aufl., Heidelberg et al 1994 (Grundlagen).

Handwörterbuch der Revision [HWRev], hrsg. v. Coenenberg, Adolf G./Wysocki, Klaus v., 2. Aufl., Stuttgart 1992.

Helbling, Carl, Wirtschaftsprüfung, Schweiz, in: HWRev, hrsg. v. Coenenberg, Adolf G./Wysocki, Klaus v., 2. Aufl., Stuttgart 1992, Sp. 2304–2312.

Hintner, Otto, Praxis der Wirtschaftsprüfung, Einführung in Wesen und Technik der kaufmännischen Revision, 3. Aufl., Stuttgart 1949 (Wirtschaftsprüfung).

Hömberg, Reinhold, Einführung in die Prüfungsmethoden, 3. Aufl., Köln 1989 (Prüfungsmethoden).

IFAC, International Auditing Guideline, Study and Evaluation of the Accounting System and Internal Control in Connection with an Audit, London 1981 (Auditing Guideline).

Kempf, D., Einsatz mathematisch-statistischer Stichprobenverfahren im Hinblick auf einen risikoorientierten Prüfungsansatz, in: Aktuelle Fachbeiträge aus Wirtschaftsprüfung und Beratung. Festschrift zum 65. Geburtstag von Professor Dr. Hans Luik, hrsg. v. der Schitag Ernst & Young Gruppe, Stuttgart 1991, S. 237–262 (Stichprobenverfahren).

Klages, Albrecht, Spieltheorie und Wirtschaftsprüfung – Anwendung spieltheoretischer Modelle in der Wirtschaftsprüfung, Hamburg 1968 (Spieltheorie).

Klein, A., Über die Wahrscheinlichkeit der Entdeckung von Fehlern bei Revisionen, in: ZfhF 1911/12, S. 580 ff. (Entdeckung von Fehlern).

Kraft, William H. Jr., Statistical Sampling for Auditors: A New Look, in: The Journal of Accountancy [JoA] Aug. 1969, S. 49–56 (Statistical Sampling).

Kuhn, Thomas S., Die Struktur wissenschaftlicher Revolutionen, Frankfurt a. M. 1973 (Struktur wissenschaftlicher Revolutionen).

Lakatos, Imre, Falsifikation und Methodologie wissenschaftlicher Forschungsprogramme, in: Kritik und Erkenntnisfortschritt, hrsg. v. Lakatos, Imre/Musgrave A., Braunschweig 1974 (Falsifikation und Methodologie).

Lasser, J. K., Standard Handbook for Accountants, New York/Toronto/London 1956 (Handbook for Accountants).

Leffson, Ulrich, Wirtschaftsprüfung, 4. Aufl., Wiesbaden 1988 (Wirtschaftsprüfung).

Leffson, Ulrich/Lippmann, Klaus/Baetge, Jörg, Zur Sicherheit und Wirtschaftlichkeit der Urteilsbildung bei Prüfungen, Band I der Schriftenreihe des Institutes für Revisionswesen der Westfälischen Wilhelms-Universität Münster, hrsg. v. Leffson, Ulrich, Düsseldorf 1969 (Urteilsbildung bei Prüfungen).

Loitlsberger, Erich, Zur Theorie der Prüfung, in: Grundlagen der Buchprüfung, Bd. 1 der Veröffentlichungen des Institutes für Organisation und Revisionswesen an der Hochschule für Welthandel, Wien, hrsg. v. Illetschko, L. L., Wien 1953 (Theorie der Prüfung).

Loitlsberger, Erich, Treuhand- und Revisionswesen, 2. Auflage, Stuttgart 1966 (Revisionswesen).

Loitlsberger, Erich, Die Buchprüfung als spieltheoretisches Problem, in: Der österreichische Betriebswirt 1968, S. 137–179 (Buchprüfung als spieltheoretisches Problem).

Loitlsberger, Erich, Dogmengeschichtlicher Abriß des Treuhandwesens, in: Treuhandwesen, Prüfung, Begutachtung, Beratung, hrsg. v. Lechner, Karl, Wien 1978 (Dogmengeschichtlicher Abriß).

Löw, Herbert, Informationsprozesse bei betriebswirtschaftlichen Prüfungen – unter besonderer Beachtung der aktienrechtlichen Jahresabschlußprüfung, Saarbrücken 1982 (Informationsprozesse).

Lück, Wolfgang/Holzer, Peter, Die Krise des wirtschaftsprüfenden Berufsstandes in den USA, in: DB 1993, S. 237–242 (Krise des wirtschaftsprüfenden Berufsstandes).

Lutz, Harald, Der Grundsatz der Prozeßunabhängigkeit des Abschlußprüfers – Soll und Ist, in: Der Wirtschaftsprüfer im Schnittpunkt nationaler und internationaler Entwicklungen, Festschrift zum 60. Geburtstag von Prof. Dr. Klaus von Wysocki, hrsg. v. Gross, Gerhard, Düsseldorf 1985 (Prozeßunabhängigkeit).

Majer, U., Paradigma, in: Handbuch wissenschaftstheoretischer Begriffe, Bd. 2, hrsg. v. Speck, Josef, Göttingen 1980 (Paradigma).

Mandl, Gerwald, Zur Auswahl statistischer Stichprobenverfahren im heterograden Fall der Buchprüfung, in: Management und Kontrolle, Festgabe für Erich Loitlsberger zum 60. Geburtstag, hrsg. v. Seicht, Gerhard, Berlin 1981 (Stichprobenverfahren im heterograden Fall).

Mandl, Gerwald, Untersuchungen über Anwendungsvoraussetzungen und Effizienz statistischer Stichprobenverfahren in der Buchprüfung, Wien 1984 (Stichprobenverfahren in der Buchprüfung).

Maschler, M., The Inspectors Non-Constant-Sum-Game: it Dependence on a System of Detectors, in: Naval Research Logistics Quarterly (NRLQ) 1967, S. 275–290 (Inspectors Non-Constant-Sum-Game).

Mastermann, M., Die Natur eines Paradigmas, in: Kritik und Erkenntnisfortschritt, hrsg. v. Lakatos, Imre/Musgrave A., Braunschweig 1974 (Natur eines Paradigmas).

Mayer, Leopold, Wirtschaftsprüfung, Österreich, in: HWRev, hrsg. v. Coenenberg, Adolf G./Wysocki, Klaus v., 2. Aufl., Stuttgart, 1992, Sp. 2289–2295.

Mertz, H. P. J., Prüfschärfe bei Revisionen – Ein Beispiel zur Entscheidungstheorie, in: Ablauf- und Planungsforschung 1963, S. 315–319 (Prüfschärfe).

Mochty, Ludwig, Zur Automatisierung der Buchprüfung: ein Bayes'sches Suchspiel – theoretisches Konzept, Diss., TU Wien 1986 (Automatisierung der Buchprüfung).

Montgomery, Robert H./Lenhart/Jennings, Montgomery's Auditing, 7. Aufl., New York 1949 (Auditing).

Moyer, C. A., Relationship of Audit Programs to Audit Standards, Principles and Procedures, in: The Journal of Accountancy [JoA] 1952, S. 687–691 (Audit Programms).

Nagel, Th., Risikoorientierte Abschlußprüfung. Grundsätze für die Bewältigung des Prüfungsrisikos des Abschlußprüfers, Sternenfels/Berlin 1997 (Risikoorientierte Abschlußprüfung).

Nertinger, Josef, Wie prüft man einen Jahresabschluß? Mit besonderer Berücksichtigung der Berichtstechnik, Stuttgart 1949 (Jahresabschluß).

Neubert, Helmut, Internal Control – Kontrollinstrument der Unternehmensführung, Düsseldorf 1959 (Internal Control).

Otte, Axel, Prüfungstheorie und Grundsätze ordnungsmäßiger Abschlußprüfung, Aachen 1996 (Prüfungstheorie).

Pougin, E., Die Berücksichtigung des Internen Kontrollsystems als Grundlage ordnungsmäßiger Abschlußprüfung, Düsseldorf 1959 (Berücksichtigung des Internen Kontrollsystems).

Rackles, Rolf, Das Problem der repräsentativen Auswahl bei der aktienrechtlichen Abschlußprüfung, Frankfurt am Main 1961 (Repräsentative Auswahl).

Raschenberger, M., Internationales Revisions- und Treuhandwesen, Wien 1929 (Treuhandwesen).

Schettler, Klaus, Planung der Jahresabschlußprüfung – Ein Beitrag zur Theorie der Prüfung, Wiesbaden 1971 (Planung der Jahresabschlußprüfung).

Schmalenbach, Eugen, Über Einrichtungen gegen Unterschlagungen und über Unterschlagungsrevision, in: ZfhF 1911/12, S. 321 ff. (Unterschlagungen).

Schneider, K., Der Wirtschaftsprüfer nach dem neuen Aktienrecht, in: Wirtschaftsprüfung im neuen Aktienrecht, hrsg. v. IDW, Düsseldorf 1966 (Wirtschaftsprüfer).

Schulte, Elmar B., Quantitative Methoden der Urteilsgewinnung bei Unternehmensprüfungen, Schriftenreihe des Instituts für Revisionswesen der Westfälischen Wilhelms-Universität Münster, hrsg. v. Leffson, Ulrich, Düsseldorf 1970 (Urteilsgewinnung bei Unternehmensprüfungen).

Selchert, Friedrich W., Aktienrechtliche Abschlußprüfung, Wiesbaden 1979 (Abschlußprüfung).

Tracy, John A., Bayesian Statistical Methodes in Auditing, in: The Accounting Review 1969, S. 90–98 (Bayesian Statistical Methodes).

Treue, Wilhelm, Wirtschaftsgeschichte der Neuzeit – Das Zeitalter der technisch-industriellen Revolution 1700 bis 1966, 2. erw. Aufl., Stuttgart 1966 (Wirtschaftsgeschichte).

Wanik, Otto, Internes Kontrollsystem, Prüfung, in: HWRev, hrsg. v. Coenenberg, Adolf G./Wysocki, Klaus v., 2. Aufl., Stuttgart 1992, Sp. 896–908 (Internes Kontrollsystem, Prüfung).

Wiedmann, Harald, Die Prüfung des Internen Kontrollsystems, in: WPg, 1981, S. 705–711 (Prüfung des Internen Kontrollsystems).

Wiedmann, Harald, Der risikoorientierte Prüfungsansatz, in: WPg 1993, S. 13–25 (Risikoorientierter Prüfungsansatz).

Wulf, K., Die Planung und Prüfung des Jahresabschlusses, in: WPg 1959, S. 509 ff. (Planung und Prüfung).

Wysocki, Klaus v., Grundlagen des betriebswirtschaftlichen Prüfungswesens, 3. Aufl., München 1988 (Prüfungswesen).

Zimmermann, Erhard, Theorie und Praxis der Prüfungen im Betriebe, Essen 1954 (Prüfungen).

Rainer Ludewig

Unternehmensethik und Unternehmenskultur in der Wirtschaftsprüferpraxis

1 Einleitung

2 Begriffsbestimmung
   21 Vorbemerkungen
   22 Unternehmensethik
   23 Unternehmenskultur

3 Unternehmensethik in der Wirtschaftsprüferpraxis
   31 Vorbemerkungen
   32 Allgemeine Unternehmensethik
   33 Spezielle Unternehmensethik
   34 Zusammenfassung

4 Unternehmenskultur in der Wirtschaftsprüferpraxis
   41 Vorbemerkungen
   42 Inhalte der Unternehmenskultur
   43 Bedeutung der Unternehmenskultur in der Praxis
   44 Zusammenfassung

5 Umsetzung der Unternehmensethik in der Wirtschaftsprüferpraxis
   51 Vorbemerkungen
   52 Umsetzung des ethischen Grundsatzes der Gerechtigkeit
      521. Marktgerechtigkeit
      522. Vertrags- und Beteiligungsgerechtigkeit
   53 Umsetzung des ethischen Grundsatzes der Fairness
   54 Umsetzung des ethischen Grundsatzes des Umweltbewußtseins
   55 Umsetzung des ethischen Grundsatzes der Menschlichkeit
   56 Umsetzung der speziellen ethischen Grundsätze

6 Resümee

WP/StB Prof. Dr. Rainer Ludewig
Kassel

1 Einleitung

In der letzten Zeit haben sich in der Wirtschaft eine Reihe von Sachverhalten[1] ergeben, die die Frage berechtigt erscheinen lassen, ob solches mit Unternehmensethik und Unternehmenskultur zu vereinbaren ist. Damit drängt sich auch die Frage auf, welchen Stellenwert denn heute Ethik und Kultur in den einzelnen Unternehmen und damit im gesamten Wirtschaftsleben haben.

Zweck der nachfolgenden Ausführungen soll es sein, darzustellen, welche Grundsätze denn im Bereich der Ethik und Kultur bei solchen Unternehmen gelten, die der Wirtschaftsprüferordnung (WPO)[2] unterworfen sind. Dabei soll generell der Begriff „Wirtschaftsprüferpraxis" für jede Form der beruflichen Betätigung stehen, um sich der Begriffsbildung in der VO 1/95[3] anzuschließen.

Die nachfolgenden Ausführungen sollen keine Interpretation bzw. Kommentierung der WPO, insbesondere der §§ 43, 44 und 49 sein, obwohl es schon verwundert, daß keine in sich geschlossene Kommentierung der WPO vorliegt. Sie sollen nur allgemeine und besondere Gedanken zu der gestellten Thematik sein, die dazu anregen sollen, über diese Problematik nachzudenken. Dies um so mehr, als der Wirtschaftsprüferberuf sich mit den Ergebnissen seiner Tätigkeit an die Öffentlichkeit wendet und somit sein Handeln – zumindest teilweise – öffentlich ist. Man wird somit dem Berufsstand auch eine gewisse Vorbildfunktion im Wirtschaftsleben zuordnen können oder sogar müssen.

Es soll auch klargestellt sein, daß die nachfolgenden Ausführungen keinesfalls belehrenden Charakter haben sollen, sondern nur dazu dienen, anzuregen, über das Thema und seine Problematik nachzudenken. Die heutige Zeit scheint dafür bereit zu sein.

---

1 Es sei beispielsweise hingewiesen auf die Fälle Vulkan, KHD, Thyssen, VW-Opel und Balsam-Procedo.
2 Vgl. § 1 Gesetz über eine Berufsordnung der Wirtschaftsprüfer (Wirtschaftsprüferordnung).
3 Vgl. *IDW/WPK,* VO 1/1995.

2 Begriffsbestimmung

21 Vorbemerkungen

Wenn man sich nun dem Thema zuwendet, so ist es erst einmal notwendig, die im Thema verwendeten Begriffe zu klären. Es ist sicherlich in Anbetracht des Themas nicht erforderlich, umfangreiche philosophische Ausführungen zu machen, aber dennoch wird darzulegen sein, was im Rahmen dieses Beitrages unter den genannten Begriffen verstanden werden soll.

Es ist noch auf ein weiteres aufmerksam zu machen. Der Begriff der Wirtschaftsethik und damit der Unternehmensethik ist sehr schwer zu definieren. *Luhmann*[4] führte deshalb zu Anfang eines über die Wirtschaftsethik gehaltenen Vortrages einmal aus: „Es ist mir nicht gelungen, herauszubekommen, worüber ich eigentlich reden soll. Die Sache hat einen Namen: Wirtschaftsethik. Und ein Geheimnis, nämlich ihre Regeln. Aber meine Vermutung ist, daß sie zu der Sorte von Erscheinungen gehört wie auch die Staatsräson oder die englische Küche, die in der Form eines Geheimnisses auftreten, weil sie geheimhalten müssen, daß sie gar nicht existieren."

Dennoch soll im Nachfolgenden der Versuch unternommen werden, sich mit den Begriffen Unternehmensethik und Unternehmenskultur und ihrer Bedeutung für die Wirtschaftsprüferpraxis auseinanderzusetzen.

22 Unternehmensethik

„Ethik [. . .] ist die ‚praktische' Philosophie, denn sie sucht nach einer Antwort auf die Frage: was sollen wir tun? [. . .] Die Ethik untersucht, was im Leben und in der Welt wertvoll [. . .] ist, denn das ethische Verhalten besteht in der Verwirklichung ethischer Werte. Diese Werte sind sowohl in der jeweiligen Situation als auch in der Person zu finden. Die Ethik dient der Erweckung des Wertbewußtseins"[5]. Es wird dann weiter ausgeführt: „In dem Leben, das der moderne Mensch zu führen gezwungen ist, findet ethische Betrach-

---

4 *Luhmann, N.,* Wirtschaftsethik, S. 134.
5 *O. V.,* Philosophisches Wörterbuch, S. 161 f.

tung und Besinnung schwer Platz. Der moderne Mensch ist abgestumpft und in hastender Bewegung. Dagegen ist der ethische Mensch der Wertsichtige, der Weise, der [...] das feine Organ für die Wertfülle des Lebens besitzt [...]. Jeder Mensch hat die ihm eigentümliche Wertpyramide [...]. Die Wertverwirklichung besteht darin, daß der von einem Wert ausgehenden Forderung nachgegeben und daß das alltägliche Leben dieser Forderung angepaßt wird, daß z. B. die Ehrlichkeit als Tugend nicht nur anerkannt, sondern konsequent geübt wird." Die vorstehenden Ausführungen wird man im Rahmen dieses Themas nicht nur auf einen einzelnen Menschen, sondern auch auf eine Gruppe – nämlich die Führung eines Unternehmens oder die in einem Unternehmen tätigen Menschen – übertragen können.

Lay[6] stellt fest, daß in der gegenwärtigen Zeit dem Wunsch nach rational begründeter Normensicherung und der damit vermehrten Normensicherheit (als Wertepyramide oder Wertefixierung) einige Erfahrungen entgegenstehen. So können nach seiner Auffassung die Lehre des Christentums, die Kant'sche Lehre und der Marxismus, also die alten Wertbesetzungen, nicht mehr tragen. *Clemm*[7] dagegen hält es trotz einiger Vorbehalte weiterhin für geboten und sinnvoll, sich auch bei der Suche nach allgemein anwendbaren Verhaltensleitlinien und ethischen Grundwerten an den abendländischen Traditionen zu orientieren.

In dieser Abhandlung soll – wie bereits erwähnt – versucht werden, einige Thesen zu erarbeiten, die zumindest aus heutiger Sicht für die Wirtschaftsprüferpraxis Gültigkeit haben könnten.

Als Unternehmensethik kann also eine auf das Unternehmen bezogene Wertepyramide verstanden werden, deren hierarchisch geordnete Inhalte sich als Grundsätze (sittlich-moralischen) Handels nach innen und außen darstellen.

23 Unternehmenskultur

„Im umfassendsten Sinne ist Kultur die Gesamtheit der Lebensbekundungen, die Leistungen und Werke eines Volkes oder einer Gruppe von Völkern. [...] Sicher ist, daß die Kultur einen tiefgreifenden und

---

6   Vgl. *Lay, R.,* Ethik für Wirtschaft und Politik, S. 25 ff.
7   Vgl. *Clemm, H.,* Ethik und Verantwortung, S. 173.

nachhaltigen Eindruck auf den Menschen und sein Verhalten hat, – ebenso sicher, daß die Unternehmenskultur prägenden Einfluß auf die Mitarbeiter und ihre Einstellung zur Arbeit hat"[8]. Simon[9] führt dazu folgendes aus: „[. . .] Unternehmenskultur [. . .] [ist ein] von allen Mitarbeitern anerkanntes und als Verpflichtung angenommenes Werte- und Zielsystem eines Unternehmens. Unternehmenskultur setzt sich somit zusammen aus Antworten auf Fragen der folgenden Art:

– Wofür stehen wir?
– Wo wollen wir hin?
– Wie sehen unsere Prioritäten aus?
– Was ist unser Geschäft?
– Wer sind unsere Kunden/Zielgruppe?"

Diese Definition läßt erkennen, daß zumindest teilweise die Unternehmenskultur die Umsetzung der Unternehmensethik (durch alle Mitarbeiter) des Unternehmens in die Realität ist. So sehen es auch *Barben/Dierkes*[10], die folgendes ausführen: „Unternehmenskultur läßt sich [. . .] als diejenige Instanz begreifen, in der institutionelle und individuelle Ethiken miteinander vermittelt werden [. . .] und in der gleichzeitig auch die Individuen ihre Ansinnen und ihr Verständnis von einem moralisch vertretbaren Unternehmenshandeln in den kollektiven Zusammenhang einbringen."

Die Unternehmenskultur ist also, so läßt sich feststellen, auch die Umsetzung der Unternehmensethik durch die Führungskräfte und alle Mitarbeiter eines Unternehmens in die Realität.

3   Unternehmensethik in der Wirtschaftsprüferpraxis

31   Vorbemerkungen

Nachdem in dem Vorangegangenen der Versuch unternommen wurde, die Begriffe „Unternehmensethik" und „Unternehmenskultur" für

---

8   *Zürn, P.,* Vom Geist und Stil des Hauses, S. 15.
9   *Simon, H.,* Unternehmenskultur, S. 3.
10 *Barben, D./Dierkes, M.,* Wirtschaftsethik, Unternehmenskultur und Technikfolgenabschätzung, S. 222.

Zwecke dieser Abhandlung zu definieren, sollen im Nachfolgenden einige generelle Anmerkungen zu dem Inhalt dieser Begriffe gemacht werden.

Die Unternehmensethik wird sowohl bestimmt von den allgemeinen ethischen Grundsätzen als auch von denjenigen, die sich durch die spezielle Aufgabenstellung des Unternehmens ergeben. So haben die Wirtschaftsprüfer in der WPO besondere Regeln für ihr berufliches Verhalten[11]. Aber auch in anderen Gesetzen, Verordnungen und Verlautbarungen[12] finden sich Regeln für berufliches Verhalten, die zumindest teilweise ihre Grundlage in ethischen Gedanken haben.

Man wird daher wohl zwischen der „Allgemeinen Unternehmensethik" (die letztlich für alle Unternehmen gelten sollte) und der „Speziellen Unternehmensethik" (die sich aus den unternehmensindividuellen Aufgaben ergibt) zu differenzieren haben. Dabei ist natürlich nicht ausgeschlossen, daß sich beide überschneiden oder sich gegenseitig ergänzen.

32   Allgemeine Unternehmensethik

In den vorstehenden Ausführungen war dargelegt worden, daß eine Differenzierung zwischen „allgemeiner" und „spezieller" Unternehmensethik angebracht ist. In den nachfolgenden Ausführungen soll zunächst die „allgemeine" Unternehmensethik näher dargestellt werden.

Über die allgemeine Unternehmensethik ist in der letzten Zeit sehr viel geschrieben worden. *Löhr*[13] führt diese „Konjunktur" auf die in der Wirtschaft immer häufiger auftretenden Skandale und Affären zurück. Es sei hier angemerkt, daß diese Sicht aufgrund der Darstellung in den Medien auch für den Bereich der am Markt tätigen Wirtschaftsprüferpraxen gilt. Infolgedessen erscheint es sinnvoll, die Frage zu untersuchen, ob und in welchem Maße ethische Grundsätze denn auch für Wirtschaftsprüferpraxen generell gelten.

---

11   Insbesondere in den §§ 43, 44 und 49 WPO
12   Vgl. z. B. § 319 HGB; *IDW,* Fachgutachten 1/1988, 2/1988 und 3/1988.
13   Vgl. *Löhr, A.,* Die Marktwirtschaft, S. 49.

Friedman[14] hat die Diskussion um ethische Werte in der Wirtschaft dadurch relativiert, daß er die Auffassung vertrat, daß es in einer Wettbewerbswirtschaft für den Unternehmensleiter nur das Ziel gäbe, die Unternehmensgewinne zu maximieren: ,,The social responsibility of business is to increase the profits." In der heutigen Zeit ist eine solche einseitige Betrachtung nicht angebracht. Die in der Bundesrepublik Deutschland präferierte Soziale Marktwirtschaft und die gegebene Verantwortung für die Umwelt erfordern anstelle einer rigorosen Gewinnmaximierung ein maßvolles Handeln. *Löhr*[15] faßt seine Grundüberlegungen in einem Begriffsvorschlag zusammen, der sich an sieben Merkmalen festmacht, die ein ,,Leitbild für die Unternehmenspraxis" sein sollen. Diese sind:

1. Die Unternehmensethik befaßt sich mit der Fundierung von Normen, d. h. von Handlungsaufforderungen, die als ,,Kriterien einer gelungenen Lebensführung" gelten können.

2. Normative Geltung sollen nur solche Handlungsaufforderungen beanspruchen können, die mit guten Gründen versehen oder doch zumindest versehbar sind.

3. Als ethische Normen sollen nur Handlungsaufforderungen gelten, die in argumentativer Verständigung mit den Betroffenen – also im unvoreingenommenen, nicht-persuasiven, zwanglosen und sachkundig geführten Dialog – begründet wurden bzw. begründbar wären.

4. Unternehmensethik soll die konfliktträchtigen Wirkungen und Nebenwirkungen des – im Grundsatz schon legitimierten – Gewinnstrebens in marktwirtschaftlichen Wettbewerbssystemen begrenzen helfen. Sie stellt das allgemeine marktwirtschaftliche Gewinnstreben unter den Vorbehalt der konkreten Einzelfallbetrachtung.

5. Unternehmensethische Normen sollen von einem Unternehmen in einem Akt der Selbstverpflichtung verbindlich in Kraft gesetzt werden, und zwar insbesondere dann, wenn die Steuerungskraft rechtlicher Normen versagt.

6. Unternehmensethische Normen zielen zum einen konkret auf die Verfolgung eines konsensfähigen Unternehmenszweckes in Form der jeweils festzulegenden Produkt-Markt-Strategie ab.

---

14 *Friedman, M.*, The Social Responsibility, S. 49.
15 Vgl. *Löhr, A.*, Die Marktwirtschaft, S. 71 f.

7. Zum anderen müssen sich unternehmensethische Bemühungen auf die konkreten Mittel zur Realisierung einer bestimmten Unternehmensstrategie richten (z. B. den Führungsstil oder die Ausgestaltung der Organisation).

Wenn man einmal diese Merkmale näher betrachtet, so wird man feststellen, daß auch hier keine ethischen Grundsätze entwickelt werden, sondern nur dargelegt wird, wie sie zu entwickeln sind und welche Kriterien sie enthalten sollten. In der Literatur werden an verschiedenen Stellen Begriffe erwähnt, die Inhalt einer Unternehmensethik sein können. Diese sollen im folgenden dargestellt werden:

1) Gerechtigkeit = gerechtes Handeln

Hengsbach[16] setzt sich mit der Gerechtigkeit in der Marktwirtschaft auseinander und differenziert dabei in

1. Marktgerechtigkeit

2. Vertragsgerechtigkeit

3. Beteiligungsgerechtigkeit

Die Marktwirtschaft erfordere dies bzw. reguliert sich selbst.

2) Fairneß = faires Handeln

Hier wird zwar Fairneß auch „als ein Leitbild [. . .] der wirtschaftlichen Konkurrenz [dargestellt], die aus übergeordneter Sicht am Markt grundsätzlich gleiche Erfolgschancen sicherstellen soll [. . .]"[17], jedoch führen die Autoren auch eine Reihe von Beispielen an, in denen die Fairneß infolge fehlender staatlicher Regelungen durch maßloses Gewinnstreben überlagert wird.

3) Umweltbewußtsein = umweltgerechtes Handeln

„Die in den vergangenen Jahrzehnten angewachsene Kritik an der modernen technisch-wirtschaftlichen Entwicklung und deren z. T. katastrophalen Entwicklungen für die natürlichen Lebensgrundlagen haben der Ökologie eine zentrale Rolle beschert"[18].

---

16 Vgl. *Hengsbach, F.,* Gerechtigkeit in der Marktwirtschaft, S. 23 ff.
17 *Lenk, H./Maring, M.,* Wirtschaftsethik, S. 15 ff.
18 *Kreikebaum, H.,* Umwelttechnik, S. 115 ff.

Aus dieser Sicht fordert *Kreikebaum* die Implementierung umweltethischer Leitlinien, um so u. a. zu einer langfristigen Schonung der Grundreserven zu gelangen und zur Vermeidung einer Übernutzung der natürlichen Reserven beizutragen[19].

4) Menschlichkeit = menschenbezogenes Handeln

„Den Menschen in den Mittelpunkt zu stellen, ihn nicht zu Zwecken zu mißbrauchen, sondern als Subjekt ernst zu nehmen, ist [. . .] ein zutiefst ethischer Anspruch"[20].

Hier wurden nur einige Bestandteile einer allgemeinen Unternehmensethik aufgeführt. Dies hat seine Ursache darin, daß in der Literatur offensichtlich konkrete Inhalte nicht dargestellt werden, sondern zumindest der Eindruck erweckt wird, daß sich generelle Aussagen nicht machen lassen. Die Unternehmen müssen danach ihre ethischen Normen selbst setzen. Diese Auffassung scheint mir nur begrenzt richtig, weil sich *allgemeine* Verhaltensregeln, wie die vorstehenden Ausführungen gezeigt haben, finden lassen. Verantwortlich für die Einhaltung dieser „für ein rechtmäßiges und anerkannten Grundsätzen der Geschäftsmoral entsprechendes Verhalten der Gesellschaft" ist die Unternehmensleitung[21].

Der Vollständigkeit halber soll auch darauf hingewiesen werden, daß die dargestellten Inhalte einer allgemeinen Unternehmensethik zum einen in ihrer (gegenseitigen) Wertigkeit einem (ständigen) Wandel unterliegen, zum anderen aber auch durch weitere „Grundsätze" ergänzt werden (können). Bei der Ermittlung der allgemeinen Unternehmensethik müssen insbesondere auch die sich aus dem Grundgesetz ergebenden allgemeingültigen ethischen Werte berücksichtigt werden.

Auch sollte darauf hingewiesen werden, daß diese natürlich nicht zur Selbstlosigkeit oder zur Aufgabe des Gewinnstrebens führen dürfen. Im Gegenteil: Sie sollen im Zusammenwirken mit anderen Zielen der Unternehmensführung dazu dienen, den Fortbestand des Unternehmens dauerhaft zu sichern.

---

19 Vgl. *Kreikebaum, H.*, Umwelttechnik, S. 133.
20 *Martini, E.*, Fragen und Anmerkungen zur Ethik, S. 560.
21 Vgl. *Mertens, H.-J.*, in: Kölner Komm. AktG, 2. Aufl., § 93 AktG, Rn. 34.

Die vier vorstehend aufgeführten Eigenschaften unternehmensethischen Verhaltens sind recht unbestimmte Begriffe. Es ist also noch zu klären, in welcher Weise z. B. Gerechtigkeit, Fairneß, Umweltbewußtsein und Menschlichkeit „gemessen" werden können, d. h. welche Maßstäbe hier anzuwenden sind. In der Wahl des Maßstabes liegen beachtliche Probleme, weil es objektive Maßstäbe in diesem Bereich nicht gibt, es sei denn, daß die Verhaltensweisen gegen gesetzliche Regeln verstoßen. Ist dies nicht der Fall, so wird man das (ethische) Verhalten nur daran messen können, wie die Mehrheit der betroffenen Kreise dies einschätzt.

Es sei an dieser Stelle noch nicht darauf eingegangen, welche Wirkungen die vorstehend angeführten Grundsätze auf das Verhalten der Wirtschaftsprüferpraxis haben oder haben sollten. Dies deshalb, weil – leicht erkennbar – die beschriebenen Grundsätze sich mit den Grundsätzen der speziellen Unternehmensethik überschneiden. Daher beschäftigt sich der nachfolgende Abschnitt mit der speziellen Unternehmensethik.

33 Spezielle Unternehmensethik

Wie bereits erwähnt, sind Regeln über das Verhalten von Wirtschaftsprüfern in der Wirtschaftsprüferordnung enthalten. So sind als Bestandteil der speziellen Berufsethik, also derjenigen der Wirtschaftsprüfer, folgende Grundsätze gegeben:

1. Unabhängigkeit

2. Gewissenhaftigkeit

3. Verschwiegenheit

4. Eigenverantwortlichkeit

5. Unparteilichkeit

Diese sich aus § 43 WPO ergebenden Grundsätze werden durch die in der in § 17 WPO aufgeführten Eidesformel enthaltene Verpflichtung ergänzt, die Pflichten des Wirtschaftsprüfers „verantwortungsbewußt und sorgfältig" zu erfüllen. Man wird aber wohl diese beiden geforderten Eigenschaften unter die in § 43 WPO aufgeführten Grundsätze „Gewissenhaftigkeit" und „Eigenverantwortlichkeit" subsumieren können, so daß sie weiterer Erwähnung nicht mehr bedürfen.

Darüber hinaus hat er sich jeder Tätigkeit zu enthalten, die mit dem Ansehen des Berufes unvereinbar ist. Er hat sich berufswürdig zu verhalten und sich fortzubilden[22]. Außerdem hat er die Besorgnis der Befangenheit zu vermeiden[23].

Neben diesen grundlegenden (ethischen) Regelungen sind in der WPO eine Reihe weiterer Verhaltensregeln oder deren Interpretation enthalten, wie z. B.

§ 51   Mitteilung über die Ablehnung eines Auftrages
§ 51b Verpflichtung zur Führung von Handakten
§ 52   Berufswürdiges Verhalten bei Kundmachung und Auftragsannahme
§ 55   Verbot der Vereinbarung von Erfolgshonoraren.

Die Interpretation dieser Grundsätze ist in Kommentarform nicht vorhanden, jedoch hatten die bis vor kurzem gültigen Richtlinien für die Berufsausübung der Wirtschaftsprüfer und vereidigten Buchprüfer[24] einen gewissen Interpretationscharakter.

Potthoff hat die Neufassung der Berufsrichtlinien im Jahre 1987 zum Anlaß genommen, die Frage zu stellen, ob denn nicht dieser eine Präambel vorausgestellt werden sollte, in der auf die allgemeinen ethischen Grundlagen, insbesondere ihre Verankerung im Grundgesetz hingewiesen wird. Dieser Vorschlag wurde aus juristischen Gründen nicht realisiert, zeigt aber deutlich die Verknüpfung der speziellen Ethik mit allgemeinen ethischen Grundsätzen, die für den Beruf des Wirtschaftsprüfers wegen seiner Verpflichtung gegenüber der Öffentlichkeit (durch Erteilung des Bestätigungsvermerkes) unerläßlich ist.

Diese Berufsregeln, die vor Erlaß der WPO in Gestalt von Verlautbarungen und Stellungnahmen des IDW schon vor der Existenz der

---

22 § 43 Abs. 2 WPO.
23 § 49 WPO.
24 An die Stelle der Berufsrichtlinien ist mit Wirkung vom 15. 9. 1996 die Berufssatzung der Wirtschaftsprüferkammer vom 11. 6. 1996 getreten. Vgl. *WPK*, Berufssatzung der Wirtschaftsprüferkammer.

WPK vorhanden waren[25], wurden u. a. im Rahmen der Ehrengerichtsbarkeit interpretiert und beachtet[26]. So umfaßt die Rechtsprechung der Ehrengerichte für Wirtschaftsprüfer und vereidigte Buchprüfer eine Vielzahl von Urteilen der Ehrengerichte und des Ehrengerichtshofes der Hauptkammer (britische Zone), der Disziplinarausschüsse (amerikanische Zone), der Industrie- und Handelskammer (Rheinland-Pfalz) sowie der Berufskammer in Süd-Baden und Süd-Württemberg und des IDW Berlin[27].

Die Berufsgerichtsbarkeit, die in den §§ 67 ff. WPO geregelt ist, hat sich in ,,Berufsgerichtliche Entscheidungen sowie Rügen in Wirtschaftsprüfersachen", Band I (November 1961 bis Februar 1978) und Band II (März 1978 bis Juni 1992), niedergeschlagen[28].

Die dort wiedergegebenen Urteile etc. stellen in gewissem Maße eine Interpretation der Berufsgrundsätze dar, wie sich auch durch die Ordnung der Wiedergabe der Entscheidungen und Rügen erkennen läßt[29].

Dies alles darf aber nicht darüber hinwegtäuschen, daß es sich bei den in der WPO niedergelegten Berufsgrundsätzen auch um Formulierungen handelt, die keinen eindeutigen Maßstab zur Grundlage haben. Ein Beispiel mag aber dies verdeutlichen: Der Grundsatz der Unabhängigkeit wird u. a. in der Weise interpretiert, daß bei einem Abschlußprüfer dann die Unabhängigkeit nicht mehr gegeben ist, wenn er in den letzten fünf Jahren ,,mehr als die Hälfte der Gesamteinnahmen aus seiner beruflichen Tätigkeit aus der Prüfung und Beratung der zu prüfenden Kapitalgesellschaft"[30] bezogen hat.

---

25 Vgl. *Koch, W.,* Der Beruf des Wirtschaftsprüfers, S. 158 ff.
26 Vgl. *Hauptkammer für das wirtschaftliche Prüfungs-und Treuhandwesen,* Die Rechtsprechung der Ehrengerichte.
27 Es sei angemerkt, daß durch Urteil des Ehrengerichtshofes der britischen Zone vom 8. 7. 1950 festgestellt wurde, daß ,,Wirtschaftsprüfer und Wirtschaftsprüfungsgesellschaften" als Berufsangehörige grundsätzlich gleich sind (Urteil A I 6), so daß auch eine Wirtschaftsprüfungsgesellschaft verurteilt werden kann.
28 Vgl. *WPK,* Berufsgerichtliche Entscheidungen.
29 Die Urteile und Entscheidungen des Vorstandes der WPK sind sachlich nach den in § 43 WPO aufgeführten Grundsätzen geordnet.
30 § 319 Abs. 2 Nr. 8 HGB. Es ist darauf hinzuweisen, daß der Referenten-Entwurf des Gesetzes zur Kontrolle und Transparenz im Unternehmensbereich (KonTraG) vom 22. 11. 1996 die Reduzierung der Grenze von 50% auf 30% vorsieht.

Es ist einleuchtend, daß aus der ethischen Perspektive dieses Kriterium alleine nicht geeignet ist, über das Vorliegen der Abhängigkeit einer Person zu entscheiden. Entsprechendes gilt für das Vorliegen persönlicher Beziehungen. Auch diese sind nur „Hilfsgrößen", niemals aber ein eindeutiger Maßstab, um die Frage der Einhaltung eines ethischen Berufsgrundsatzes entscheiden zu können. Entsprechendes gilt natürlich auch für die anderen erwähnten, insbesondere in den §§ 43, 44 und 49 WPO enthaltenen, speziellen ethischen Grundsätze.

Es soll nicht unerwähnt bleiben, daß sich das IDW, welches etwa 85% aller Wirtschaftsprüfer zu seinen Mitgliedern zählt, ebenfalls mit der Interpretation der vorgenannten Grundsätze in Form von Verlautbarungen beschäftigt. Das IDW hat es sich u. a. zur Aufgabe gemacht, „für einheitliche Grundsätze der unabhängigen, eigenverantwortlichen und gewissenhaften Berufsausübung einzutreten [. . .]"[31].

Die Mitglieder des IDW sind verpflichtet, die Verlautbarungen des Institutes, die ja u. a. der Interpretation der Grundsätze des § 43 WPO dienen, im Rahmen ihrer Eigenverantwortlichkeit zu beachten. Bei Verstößen sind Sanktionen vorgesehen.

Die WPK hat u. a. die Aufgabe, „die Erfüllung der beruflichen Pflichten zu überwachen"[32]. Das bedeutet, daß sie die Einhaltung der speziellen ethischen Grundsätze in der Wirtschaftsprüferpraxis zu überwachen hat. Für die Überwachung der allgemeinen ethischen Grundsätze in der Wirtschaftsprüferpraxis gibt es somit keine Überwachungsinstanz, solange es sich nicht um Gesetzesverstöße handelt.

An dieser Stelle sei statt vieler anderer auch auf die Ausführungen von *Potthoff* anläßlich der Fachtagung des IDW im Jahre 1971 verwiesen[33]. Dort wird mit besonderer Eindringlichkeit darauf hingewiesen, daß der Wirtschaftsprüfer im Dienste der Wirtschaft steht und somit auch eine „öffentliche Funktion von großer Tragweite" ausübt. Auch dies verpflichtet zur ständigen Einhaltung allgemeiner und spezieller ethischer Grundsätze.

Es war in der bisherigen Abhandlung nur von allgemeiner und (branchenbezogener) spezieller Unternehmensethik die Rede. Die in der

---

31 § 2 Abs. 2 lit. b der Satzung des IDW in der Fassung vom 9. 11. 1993.
32 § 57 Abs. 1, 2. Halbsatz WPO.
33 Vgl. *Potthoff, E.,* Der Standort des Wirtschaftsprüfers, S. 11 ff.

Literatur dargestellten Auffassungen lassen aber erkennen, daß es im wesentlichen auf die – sich aus allgemeiner und spezieller Ethik zusammensetzende – *individuelle* Unternehmensethik ankommt[34].

34 Zusammenfassung

Abschließend sei zu dem Problem der Unternehmensethik in der Wirtschaftsprüferpraxis folgendes festgestellt:

1. Es gibt allgemeine Grundsätze der Unternehmensethik und spezielle Grundsätze der Unternehmensethik.
2. Bestandteile der allgemeinen Grundsätze sind u. a.
   2.1 Gerechtigkeit
   2.2 Fairneß
   2.3 Menschlichkeit.
3. Bestandteile der speziellen Grundsätze sind u. a.
   3.1 Unabhängigkeit
   3.2 Gewissenhaftigkeit
   3.3 Verschwiegenheit
   3.4 Eigenverantwortlichkeit
   3.5 Unparteilichkeit.
4. Den unter 2 und 3 genannten Grundsätzen fehlt ein leicht anzuwendender Maßstab, so daß das Urteil der betroffenen Kreise den Maßstab bilden muß.
5. Die Einhaltung der speziellen Grundsätze der Unternehmensethik in der Wirtschaftsprüferpraxis wird von der WPK überwacht. Das IDW hat seine Mitglieder zur Einhaltung der Grundsätze verpflichtet.
6. Allgemeine und spezielle Unternehmensethik sind Bestandteil der individuellen Unternehmensethik, die das Fundament des Unternehmens ausmacht.

Nachdem im Vorstehenden dargestellt wurde, was der Inhalt der Unternehmensethik in der Wirtschaftsprüferpraxis ist, beschäftigen sich die nachfolgenden Ausführungen mit der Umsetzung dieser Ethik in die (tägliche) Praxis.

---

34 Vgl. u. a. *Küppers, H.-U.,* Unternehmensethik, S. 498 ff.; *Löhr, A.,* Die Marktwirtschaft, S. 72 ff.

4 Unternehmenskultur in der Wirtschaftsprüferpraxis

41 Vorbemerkungen

Was die Unternehmenskultur anbetrifft, so ist darauf hinzuweisen, daß diese in besonderem Maße in bezug auf ihre Umsetzung von den Persönlichkeiten abhängig ist, die diese zu bestimmen haben. Hier wird insbesondere von *Wever* darauf hingewiesen, daß die Kriegsgeneration, die ,,Not, Elend, Entbehrungen, Reduzierung der Bedürfnisse auf die nackte Existenzsicherung, Kameradschaft und Gemeinschaft in Todesgefahr"[35] erfahren hat, nun abtritt und sich damit auch ein gewisser Wandel in der Sicht der Dinge vollzieht. *Clemm*[36] spricht in diesem Zusammenhang von sich opportunistisch verhaltenden jüngeren Führungskräften, bei denen die Moral zu einer reinen Gefühlssache verkomme und das Ich dabei zum alleinigen Maßstab werde. Allgemeingültige Maßstäbe hätten in dieser Gesellschaftsgruppe keine Bedeutung mehr. Der Wertewandel, der dadurch entsteht, wird von *Wever* wie folgt beschrieben[37]:

traditionelle Werte:	**neue Werte:**
Disziplin	Selbstbestimmung
Gehorsam	Partizipation
Hierarchie	Team
Leistung	Bedürfnisorientierung
Karriere	Persönlichkeitsentfaltung
Effizienz	Kreativität
Macht	Kompromißfähigkeit
Zentralisierung	Dezentralisierung

Wie bereits ausgeführt wurde, stellt sich die Unternehmenskultur als Umsetzung der (individuellen) Unternehmensethik in die Realität dar. Dies geschieht durch diejenigen Führungskräfte des Unternehmens, die die Unternehmensethik mündlich oder schriftlich formuliert und fixiert haben. Um die Unternehmensethik in die Unternehmenskultur umzusetzen, bedarf es natürlich der Durchdringung der gesamten Belegschaft mit (den Thesen) der Berufsethik. Das bedeutet natürlich

---

35 *Wever, U. A.,* Unternehmenskultur in der Praxis, S. 25.
36 Vgl. *Clemm, H.,* Ethik und Verantwortung, S. 173.
37 Vgl. *Wever, U. A.,* Unternehmenskultur in der Praxis, S. 25.

auch für die Führungsschicht des Unternehmens ein tägliches Vorleben der ethischen Grundzüge in Blickrichtung auf die gesamten Mitarbeiter, Mandanten, Lieferanten und die Öffentlichkeit. Damit erlangen die charakterlichen Eigenschaften der Führung bzw. Führungsebene einer Wirtschaftsprüferpraxis eine ganz besondere Bedeutung[38]. Auch soll erwähnt werden, daß sich die Umsetzung der Unternehmensethik in die Unternehmenskultur einem (ständigen) Wandel unterziehen muß, da ja auch die Ethikwerte einem Wandel unterliegen. So ist die Herausbildung einer individuellen Unternehmenskultur eine besonders wichtige Aufgabe der Unternehmensführung.

42   Inhalte der Unternehmenskultur

Zürn[39] führt als Inhalte sieben K's zur „Konsensorientierten Unternehmenskultur" an:

1. Konzeption
   Erarbeitung der Konzeption für zukünftiges und zielorientiertes Handeln und Zusammenwirken auf der Grundlage der Unternehmensethik

2. Kommunikation
   Informationsaustausch im weitesten Sinne zur Vermeidung von Mißverständnissen und Konsensherstellung

3. Koordination
   Zuordnung und Abstimmung verschiedener Begriffe, Vorgänge oder Tätigkeitsgebiete

4. Kooperation
   Zusammenarbeit zur Erreichung des gemeinsamen Ziels der erfolgreichen Unternehmenskultur

5. Kontrolle
   Kontrolle im Sinne der Messung des Erfolges der Bemühungen um eine erfolgreiche Unternehmenskultur

---

38   Auf die Zulassungsvoraussetzungen – §§ 8–10 WPO – wird in diesem Zusammenhang besonders hingewiesen.
39   *Zürn, P.*, Vom Geist und Stil des Hauses, S. 103 ff.

6. Konzentration
Konzentration auf die eigenen Stärken und Fähigkeiten zur Erreichung einer optimalen Unternehmenskultur

7. Konstitution
Gesamtheit aller individuellen Eigenschaften/Persönlichkeitsstärken bei der Realisation der Unternehmenskultur.

Man muß sich darüber im Klaren sein, daß die Inhalte der Unternehmenskultur und ihre Umsetzung in allen Bereichen des Unternehmens und seiner Umwelt ausschließlich von den Persönlichkeiten abhängen, die das Unternehmen leiten. Also ist die Anerkennung, die die Wirtschaftsprüferpraxis in der Belegschaft, bei den Mandanten und in der Öffentlichkeit im allgemeinen findet, eine Auswirkung des Verhaltens der leitenden Persönlichkeiten. Das führt auch zu der Erkenntnis, daß die Unternehmenskultur nicht ausschließlich unternehmensgebunden ist, sondern wesentlich von den Eigenschaften der Persönlichkeiten abhängt, die das Unternehmen leiten. Hierauf weist auch ganz besonders *Wever*[40] hin.

43 Bedeutung der Unternehmenskultur in der Praxis

Nach diesen ja weitgehend theoretischen Ausführungen ist zu fragen, welche Bedeutung denn die Unternehmenskultur, also auch die Realisation allgemeiner und spezieller ethischer Grundsätze in der Praxis hat. Eine Untersuchung, die speziell auf Wirtschaftsprüferpraxen abzielt, liegt nicht vor, so daß nur auf eine allgemeine Untersuchung aus 1990[41] verwiesen werden kann. Danach ist bei 61,5% der befragten Dienstleistungsunternehmen eine sehr stark oder zumindest ziemlich stark ausgeprägte Unternehmenskultur anzutreffen. Inhalt der Unternehmenskultur sind nach dieser Untersuchung neben der Existenz von Führungsgrundsätzen auch einheitliche Handlungsvorgaben, vor allen Dingen Markt- und Konkurrenzorientierung, aber auch leistungs- und mitarbeiterorientierte Inhalte. Die Einflußbereiche der Unternehmenskultur liegen in erster Linie im Führungsstil des Managements und in der Identifikation der Mitarbeiter mit dem Unternehmen.

---

40 Vgl. *Wever, U. A.*, Unternehmenskultur in der Praxis, S. 26.
41 Vgl. *Meffert, H./Hafner, K./Poggenpohl, M.*, Unternehmenskultur und Unternehmensführung, S. 47 ff.

Besondere Probleme bei der Schaffung einer einheitlichen Unternehmensethik und Unternehmenskultur ergeben sich offensichtlich bei multinationalen Unternehmen, wie sie auch im Bereich der Wirtschaftsprüferpraxis vorkommen. Eine von *Hofstede* in den Jahren 1967–1973 vorgenommene Untersuchung[42] zeigt nämlich, daß die Unternehmenskultur multinationaler Unternehmen im Bezug auf die Wertigkeit der einzelnen Elemente der Unternehmenskultur von den Eigenheiten der Kulturkreise, in denen die einzelnen Unternehmensteile angesiedelt sind, sehr stark beeinflußt wird. Zu dem gleichen Ergebnis kommt auch eine weitere Untersuchung aus dem Jahre 1983[43]. Auch ein von *Hoffmann*[44] angestellter Vergleich des Inhaltes von Unternehmenskulturen von Unternehmen in Deutschland und USA läßt gravierende Unterschiede erkennen, was sicherlich ein nicht zu unterschätzendes Problem für multinationale Wirtschaftsprüferpraxen sein könnte.

44 Zusammenfassung

Zusammengefaßt kann in bezug auf die Unternehmenskultur folgendes festgestellt werden:

1. Unternehmenskultur ist die Umsetzung der durch die Unternehmensethik festgelegten Wertevorstellungen (Denkweisen und Normen).

2. Die Realisation der Unternehmenskultur geschieht durch die Führungskräfte des Unternehmens.

3. Die Unternehmenskultur sollte jeden Mitarbeiter eines Unternehmens mit einbeziehen.

4. Die Unternehmenskultur multinationaler Unternehmen wird durch die Kulturkreise beeinflußt, in denen die Unternehmensteile angesiedelt sind.

---

42 Vgl. *Hofstede, G.,* Culture's Consequences, zitiert bei *Zempelin, H.-G.,* Unternehmenskultur, S. 151.
43 Vgl. *Laurent, A.,* The Cultural Diversity of Western Conceptions of Management, zitiert bei *Zempelin, H.-G.,* Unternehmenskultur, S. 152.
44 Vgl. *Hoffmann, F.,* Unternehmenskultur in Amerika und Deutschland, S. 164 ff.

5 Umsetzung der Unternehmensethik in der Wirtschaftsprüferpraxis

51 Vorbemerkungen

Nachdem im Vorstehenden gezeigt wurde, welche Beziehungen zwischen Unternehmensethik und Unternehmenskultur bestehen, in welcher Weise die Unternehmensethik durch die Unternehmenskultur realisiert wird, soll im Nachfolgenden untersucht werden, wie denn die Realisation der allgemeinen und speziellen ethischen Grundsätze in der Wirtschaftsprüferpraxis zu sehen ist. Dabei sei besonders darauf hingewiesen, daß sich allgemeine und spezielle Grundsätze ergänzen oder auch überschneiden können.

52 Umsetzung des ethischen Grundsatzes der Gerechtigkeit

521. Marktgerechtigkeit

Der ethische Grundsatz der Gerechtigkeit wurde von *Hengsbach*[45] unterteilt in Marktgerechtigkeit, Vertragsgerechtigkeit und Beteiligungsgerechtigkeit. Was die Marktgerechtigkeit anbetrifft, so wird diese durch Angebot und Nachfrage sowie durch den Wettbewerb geschaffen. Das bedeutet aber auch, daß Marktgerechtigkeit nur da entstehen kann, wo ein faires und anderen ethischen Grundsätzen entsprechendes Angebot gegeben ist; d. h., auch im Wettbewerb sind die berufsethischen Grundsätze zu beachten.

Es ist in Teilbereichen des sicherlich auf der Angebotsseite übersättigten Marktes[46] zu beobachten, daß die Nachfragenden die verlangten Leistungen ausschreiben. Das ist nicht zu beanstanden. Dabei ist aber zu fragen, ob es mit den Berufsgrundsätzen zu vereinbaren ist, daß der Berufsangehörige sich an einer solchen Ausschreibung beteiligt. Wenn aber die Angebote Honorarunterschiede von mehr als 250% aufweisen (bisher Leistender 100%, neu Anbietender zwischen

---

45 Siehe Gliederungspunkt 32.
46 Diese Übersättigung dürfte durch die Situation Anfang der 90er Jahre entstanden sein, als die Nachfrage nach Wirtschaftsprüferleistungen durch die mit der Wiedervereinigung entstandenen Probleme stark anstieg und ein entsprechender Abbau danach ausblieb.

95 und 37%), dann dürfte doch wohl kaum noch von Marktgerechtigkeit gesprochen werden können. Daneben liegt auch noch eine Verletzung der speziellen ethischen Grundsätze vor. Wenn bisher ein Marktteilnehmer 100% für eine Leistung erhalten hat und nun ein anderer Marktteilnehmer die gleiche Leistung zu fast einem Drittel des bisher vereinbarten Honorars anbietet, dann dürfte es zumindest zweifelhaft sein, ob dieser Marktteilnehmer marktgerecht und verantwortungsbewußt (= gewissenhaft) im Hinblick auf die durchzuführende Aufgabe gehandelt hat.

In einem solchen Fall könnte – in Verletzung der speziellen Grundsätze der Unternehmensethik – eine wesentliche Beeinträchtigung der Prüfungsqualität entstehen oder aber eine Existenzgefährdung der Wirtschaftsprüferpraxis, da sie bei ordnungsgemäßer Durchführung des Auftrages mit an Sicherheit grenzender Wahrscheinlichkeit Verluste erleidet. Ein solches Marktverhalten verstößt somit nicht nur gegen allgemeine, sondern auch gegen spezielle ethische Grundsätze der Wirtschaftsprüferpraxis.

Auch kann nicht unerwähnt bleiben, daß infolge der vermehrten Praxis der Nachfragenden, Leistungen auszuschreiben (also nicht nur Konkurrenzangebote einzuholen, über die dann mit dem bisherigen Auftraggeber zu diskutieren ist), sich auf dem Markt eine Entwicklung zeigt, die zu einer Absenkung der Leistungsqualität führen kann. Dies deshalb, weil im Rahmen einer Ausschreibung derjenige Anbieter den Auftrag erhält, der das honorargünstigste Angebot abgibt. Das führt aber möglicherweise dazu, daß sich die Leistungsqualität an der unteren Grenze der sowieso nicht exakt meßbaren Normen bewegt.

Hinzu kommt, daß auf dem Markt Entwicklungen zu beobachten sind, wonach wesentlich reduzierte Honorare für Abschlußprüfungen angeboten werden, um in das Beratungsgeschäft „einsteigen" zu können.

Es ist in diesem Zusammenhang zu fragen, ob solche Entwicklungen auf dem Markt zum Zwecke der Aufrechterhaltung der Qualität im Interesse der Öffentlichkeit zu einer Gebührenordnung führen müssen, wie dies in § 55 WPO vorgesehen ist. Auch könnte dies dazu führen, die alte unsägliche Diskussion über ein Aktienamt und die damit verbundene Verstaatlichung der Prüfung wieder zu beleben.

Der Berufsstand kann solcher Entwicklung in Richtung auf Qualitätsminimierung, Gebührenordnung und Aktienamt nur begegnen, indem die allgemeinen und speziellen Grundsätze der Unternehmensethik strikt beachtet werden und deren Einhaltung kontrolliert wird. Es ist zu hoffen und zu wünschen, daß die Realisation des Gesetzes zur Kontrolle und Transparenz im Unternehmensbereich (KonTraG)[47] mit seinen neuen Aufgaben für den Berufsstand hier einen Wandel im Hinblick auf die hohe Verantwortung des Berufsstandes schafft.

522. Vertrags- und Beteiligungsgerechtigkeit

Gerechtigkeit bedeutet auch Vertragsgerechtigkeit. Das bedeutet letztendlich die Einhaltung aller vertraglichen Bindungen, die das Unternehmen in seinem Beziehungsgeflecht, also auch mit seinen Mandanten und mit seinen Mitarbeitern eingegangen ist. Das bedeutet aber auch die beratende Mitwirkung bei der Gestaltung und dem Abschluß von Verträgen in der Weise, daß nur gerechte Vereinbarungen getroffen werden, man also nicht dabei mitwirkt, wenn der Vertragspartner „über den Tisch gezogen" werden soll. Für die Beteiligungsgerechtigkeit gilt entsprechendes.

53   Umsetzung des ethischen Grundsatzes der Fairness

Als weiterer allgemeiner ethischer Grundsatz war faires Handeln[48] genannt. Das gilt für die Wirtschaftsprüferpraxis in allen Bereichen ihrer Tätigkeit. Es gilt auch für die Angehörigen des Berufsstandes außerhalb beruflichen Tuns. Dies deshalb, weil der Begriff des berufswürdigen Verhaltens auch faires Handeln einschließt, wie u. a. auch manche berufsgerichtliche Entscheidung erkennen läßt[49].

54   Umsetzung des ethischen Grundsatzes des Umweltbewußtseins

Zu dem ethischen Grundsatz umweltbewußten Handelns ist in Anschauung der umfangreichen Literatur[50] zu dieser Problematik nichts

---

47   Vgl. den Referentenentwurf des BMJ vom 22. 11. 1996.
48   Siehe Gliederungspunkt 32.
49   Vgl. *Hauptkammer für das wirtschaftliche Prüfungs- und Treuhandwesen,* Die Rechtsprechung der Ehrengerichte.
50   Vgl. für viele *o. V.,* Lexikon des Umweltmanagements, S. 403 ff.

weiter auszuführen. Hier sei nur angemerkt, daß die Wirtschaftsprüferpraxis gut daran tut, beratend im betriebswirtschaftlichen Sektor die Mandanten bei der Bewältigung ihrer ökologischen Probleme zu unterstützen. Hier ist, bei entsprechender Sachkenntnis und Kooperation, ein sinnvolles neues Geschäftsfeld zu entwickeln.

55 Umsetzung des ethischen Grundsatzes der Menschlichkeit

Schließlich wurde als weitere allgemein ethische Maxime „menschliches Handeln" genannt[51]. Allen bisher benutzten Begriffen ist gemein, daß sie sich, wie bereits dargestellt, als einer exakten Messung nicht zugänglich erweisen. Dies gilt insbesondere für die Maxime „menschliches Handeln". Das bezieht sich sowohl auf die Mitarbeiter, aber auch auf die Mandanten. Krisensituationen bei Mandanten verlangen in besonderer Weise menschliches Handeln. Dies in bezug auf engagierten Einsatz zur Bewältigung der Krise als auch in bezug auf die finanzielle Situation der in der Krise befindlichen Mandanten.

56 Umsetzung der speziellen ethischen Grundsätze

Nachdem nun im Vorstehenden einiges zur Realisation der allgemeinen ethischen Grundsätze gesagt worden ist, soll im Nachfolgenden noch etwas zu der Realisation der speziellen Grundsätze ausgeführt werden.

Die Einhaltung der speziellen ethischen Grundsätze wird in vielfältiger Weise überwacht. Einmal durch die WPK, zum anderen aber auch und insbesondere durch die Selbstverpflichtung der Mitglieder des IDW, die, wie bereits erwähnt, etwa 85% aller Wirtschaftsprüfer darstellen. Nun sind aber in den letzten Jahren mehrere Sachverhalte in den Medien dargestellt worden, die eine Verletzung der Berufsgrundsätze durch Berufsangehörige vermuten lassen[52].

Solche Vermutungen entstehen dadurch, daß sich zwar die Schuldigen selbst oder Dritte zum Sachverhalt äußern können, nicht aber der Berufsangehörige, der durch seine Verschwiegenheitsverpflichtung daran gehindert ist. Ursachen solcher Sachverhalte sind aber vielfach

---
51 Vgl. Gliederungspunkt 32.
52 Vgl. u. a. Balsam, Schneider, Vulkan, Südmilch.

Mängel in der Führungs- oder Kontrollebene der betroffenen Unternehmungen, sei es in Form von dolosen Handlungen, sei es durch Verletzung von Aufsichtspflichten, sei es durch Negierung der warnenden Stimme des Abschlußprüfers.

Darüber hinaus muß aber auch darauf hingewiesen werden, daß die in § 317 Abs. 1 Satz 2 HGB formulierte Aufgabenstellung der Abschlußprüfung im Gegensatz zu den – nicht erfüllbaren, jedoch verringerbaren – Erwartungen der Öffentlichkeit unberechtigterweise zu einer Schuldzuweisung in Richtung auf die Berufsangehörigen führt. Andererseits werden aber einzelne Bestimmungen des Referentenentwurfes des KonTraG zu einer erweiterten Aufgabenstellung des Abschlußprüfers und damit zu einer Verringerung der Erwartungslücke führen.

Bei dieser Sicht der Dinge darf jedoch nicht übersehen werden, daß an der Realisation der speziellen ethischen Grundsätze in der täglichen Praxis ständig gearbeitet werden muß. Dies allein schon deshalb, weil sich auf dem Gebiet der Rechnungslegung und Prüfung ständig neue Erkenntnisse ergeben und diese in die Praxis einfließen müssen.

Dies hat ja auch zu zahlreichen Verlautbarungen des IDW und/oder der WPK geführt. Sie sind Ausfluß der speziellen ethischen Grundsätze. Dazu gehört insbesondere auch die Verlautbarung 1/95 „Zur Qualitätsicherung in der Wirtschaftsprüferpraxis"[53], die in ganz besonderem Maße und erkennbar Ausfluß der ethischen Grundsätze des Berufsstandes ist.

6 Resümee

In der durchgängigen Realisation der in dieser Abhandlung dargestellten allgemeinen und speziellen Grundsätze der Unternehmensethik durch eine umfassende Fixierung der Unternehmenskultur, die dann auch von allen Mitarbeitern der Unternehmung gelebt wird, ist die Garantie für den Unternehmensfortbestand zu sehen. Allerdings ist hierfür Voraussetzung, daß die beschriebenen Abweichungen von ethischen Grundsätzen – insbesondere auf dem Markt – in Zukunft unterbleiben.

---

53 Vgl. *IDW/WPK*, VO 1/1995.

Hier sei auf die Ausführungen von *Forster* im Münsteraner Gesprächskreis verwiesen, der schon damals darauf hinwies, daß gesetzliche Vorschriften allein die Qualität der Wirtschaftsprüfer nicht gewährleisten, sondern daß der ethischen Berufsauffassung hier großes Gewicht zukommt.

Es sei abschließend *Prof. Dr. Dr. h.c. Erich Potthoff* für seine wertvollen Anregungen und Gedanken zu diesem Thema, die in mehreren Gesprächen und Briefwechseln ihren Niederschlag gefunden haben, in besonderem Maße gedankt. Er hat sich bereits seit vielen Jahren mit dieser Thematik beschäftigt und die vorstehenden Ausführungen mögen ihn anregen, sich ihr weiterhin zu widmen.

Denn es erscheint sinnvoll, daß sich Berufsstand und Wissenschaft mit dem ,,Problemkreis" Berufsethik, -ethos, Unternehmensethik und -kultur über diesen nur als Anregung zum Nachdenken gedachten Festschriftbeitrag hinaus vertiefend beschäftigen. Zur Mitwirkung an einer solchen Aufgabe sollte sich sicherlich auch der Jubilar zur Verfügung stellen, dem mit besonderer Herzlichkeit diese Abhandlung gewidmet ist.

Literaturverzeichnis

Barben, Daniel/Dierkes, Meinolf, Wirtschaftsethik, Unternehmenskultur und Technikfolgenabschätzung – Orientierungsgrundlagen für die tägliche Praxis?, in: Ethik und Geschäft, hrsg. v. Dierkes, Meinolf/Zimmermann, Klaus, Frankfurt 1991, S. 205–240 (Wirtschaftsethik, Unternehmenskultur und Technikfolgenabschätzung).

Clemm, Hermann, Ethik und Verantwortung in den Freien Berufen, in: Anwaltsblatt, 4/1991, S. 169–175 (Ethik und Verantwortung).

Friedmann, Milton, The Social Responsibility of Business Is to Increase Its Profits, in: New York Times Magazine, 13.09.1970, zitiert bei Löhr, Albert, Die Marktwirtschaft braucht Unternehmensethik, in: Ethik in der Wirtschaft, hrsg. v. Becker, Jörg u. a., Stuttgart, Berlin und Köln 1996, S. 48–83 (The Social Responsibility).

Hauptkammer für das wirtschaftliche Prüfungs- und Treuhandwesen (Hrsg.), Die Rechtsprechung der Ehrengerichte für Wirtschaftsprüfer und vereidigte Buchprüfer, Düsseldorf 1950 (Die Rechtsprechung der Ehrengerichte).

Hengsbach, Friedhelm, Gerechtigkeit in der Marktwirtschaft, in: Ethik in der Wirtschaft, hrsg. v. Becker, Jörg u. a., Stuttgart, Berlin und Köln 1996, S. 23–47 (Gerechtigkeit in der Marktwirtschaft).

Hoffmann, Friedrich, Unternehmenskultur in Amerika und Deutschland, in: Herausforderung Unternehmenskultur, hrsg. v. Simon, Hermann, Stuttgart 1990, S. 164–188 (Unternehmenskultur in Amerika und Deutschland).

Hofstede, Geert, Culture's Consequences. International Differences in Workrelated Values, zitiert bei: Zempelin, Hans Günther, Gibt es eine multinationale Unternehmenskultur? – Erfahrungen bei Akzo/Enka, in: Herausforderung Unternehmenskultur, hrsg. v. Simon, Hermann, Stuttgart 1990, S. 151–163 (Culture's Consequences).

IDW, Fachgutachten 1/1988, Grundsätze ordnungsmäßiger Durchführung von Abschlußprüfungen, in: Die Fachgutachten und Stellungnahmen des Instituts der Wirtschaftsprüfer auf dem Gebiet der

Rechnungslegung und Prüfung, Düsseldorf 1995 (Fachgutachten 1/1988).

IDW, Fachgutachten 2/1988, Grundsätze ordnungsmäßiger Berichterstattung bei Abschlußprüfungen, in: Die Fachgutachten und Stellungnahmen des Instituts der Wirtschaftsprüfer auf dem Gebiet der Rechnungslegung und Prüfung, Düsseldorf 1995 (Fachgutachten 2/1988).

IDW, Fachgutachten 3/1988, Grundsätze für die Erteilung von Bestätigungsvermerken bei Abschlußprüfungen, in: Die Fachgutachten und Stellungnahmen des Instituts der Wirtschaftsprüfer auf dem Gebiet der Rechnungslegung und Prüfung, Düsseldorf 1995 (Fachgutachten 3/1988).

IDW/WPK, VO 1/1995, Gemeinsame Stellungnahme zur Qualitätssicherung in der Wirtschaftsprüferpraxis, in: Beilage zu den IDW-FN 12/1995, S. 530a–530j (VO 1/1995).

Koch, Waldemar, Der Beruf des Wirtschaftsprüfers, Berlin 1957 (Der Beruf des Wirtschaftsprüfers).

Kreikebaum, Hartmut, Umwelttechnik im Spannungsfeld zwischen Ökonomie und Ökologie, in: Ethik in der Wirtschaft, hrsg. v. Becker, Jörg u. a., Stuttgart, Berlin und Köln 1996, S. 115–140 (Umwelttechnik).

Küppers, Hans-Ulrich, Unternehmensethik – ein Gegenstand betriebswirtschaftlicher Forschung und Lehre?, in: BFuP 1992, S. 498–518 (Unternehmensethik).

Laurent, Andre, The Cultural Diversity of Western Conceptions of Management, zitiert bei: Zempelin, Hans Günther, Gibt es eine multinationale Unternehmenskultur? – Erfahrungen bei Akzo/Enka, in: Herausforderung Unternehmenskultur, hrsg. v. Simon, Hermann, Stuttgart 1990, S. 151–163 (The Cultural Diversity of Western Conceptions of Management).

Lay, Rupert, Ethik für Wirtschaft und Politik, Frankfurt/Main und Berlin 1991 (Ethik für Wirtschaft und Politik).

Lenk, Hans/Maring, Matthias, Wirtschaftsethik – ein Widerspruch in sich selbst?, in: Ethik in der Wirtschaft, hrsg. v. Becker, Jörg u. a., Stuttgart, Berlin und Köln 1996 S. 1–22 (Wirtschaftsethik).

Löhr, Albert, Die Marktwirtschaft braucht Unternehmensethik, in: Ethik in der Wirtschaft, hrsg. v. Becker, Jörg u. a., Stuttgart, Berlin und Köln 1996, S. 48–83 (Die Marktwirtschaft).

Luhmann, Niklas, Wirtschaftsethik – als Ethik?, in: Wirtschaftsethik und Theorie der Gesellschaft, hrsg. v. Wieland, Josef, Frankfurt am Main 1993 (Wirtschaftsethik).

Martini, Eberhard, Fragen und Anmerkungen zur Ethik in der Wirtschaft, in: BFuP 1992, S. 548–567 (Fragen und Anmerkungen zur Ethik).

Meffert, Heribert/Hafner, Kay/Poggenpohl, Marcus, Unternehmenskultur und Unternehmensführung – Ergebnisse einer empirischen Untersuchung, in: Herausforderung Unternehmenskultur, hrsg. v. Simon, Hermann, Stuttgart 1990, S. 47–63 (Unternehmenskultur und Unternehmensführung).

Mertens, Hans-Joachim, § 93 AktG, in: Kölner Kommentar zum Aktiengesetz, hrsg. v. Zöllner, Wolfgang, 2. Aufl., Köln u. a. 1989 (§ 93 AktG).

o.V., Umweltbewußtsein, in: Lexikon des Umweltmanagements, hrsg. v. Hopfenbeck, Waldemar/Jasch, Christine/Jasch, Andreas, München und Wien 1996, S. 403–405 (Lexikon des Umweltmanagements).

o.V., Philosophisches Wörterbuch, begründet von Schmidt, Heinrich, Kröners Taschenbuchausgabe, Band 13, 19. Auflage, Stuttgart 1974 (Philosophisches Wörterbuch).

Potthoff, Erich, Der Standort des Wirtschaftsprüfers, in: Bericht über die Fachtagung des IDW 1971, Düsseldorf 1971 (Der Standort des Wirtschaftsprüfers).

Simon, Hermann, Unternehmenskultur – Modeerscheinung oder mehr?, in: Herausforderung Unternehmenskultur, hrsg. v. Simon, Hermann, Stuttgart 1990, S. 1–11 (Unternehmenskultur).

Wever, Ulrich A., Unternehmenskultur in der Praxis, 2. Auflage, Frankfurt/Main und New York 1990 (Unternehmenskultur in der Praxis).

WPK, Satzung über die Rechte und Pflichten bei der Ausübung der Berufe des Wirtschaftsprüfers und des vereidigten Buchprüfers vom 11. 6. 1996, in: BAnz. 1996, S. 11077 (Berufssatzung der Wirtschaftsprüferkammer).

WPK (Hrsg.), Berufsgerichtliche Entscheidungen sowie Rügen in Wirtschaftsprüfersachen, 2 Bände, Düsseldorf 1978 und 1993 (Berufsgerichtliche Entscheidungen).

Zempelin, Hans-Günther, Gibt es eine multinationale Unternehmenskultur?, in: Herausforderung Unternehmenskultur, hrsg. v. Simon, Hermann, Stuttgart 1990, S. 151–163 (Unternehmenskultur).

Zürn, Peter, Vom Geist und Stil des Hauses – Unternehmenskultur in Deutschland, 2. Auflage, Landsberg am Lech 1986 (Vom Geist und Stil des Hauses).

Ludwig Mochty

Zur theoretischen Fundierung des risikoorientierten Prüfungsansatzes

1 Problemstellung

2 Der risikoorientierte Prüfungsansatz
   21 Zur Zielsetzung des risikoorientierten Prüfungsansatzes
   22 Das zur Zielerreichung vorgeschlagene Instrumentarium
   23 Zur Kritik am Risikomodell
      231. Das Risikomodell ist in modelltheoretischer Hinsicht kein Optimierungsmodell
      232. Das Risikomodell enthält weder Kosten noch Zeit
      233. Im Risikomodell sind die Entscheidungsparameter zur Verfahrenswahl nicht vollständig erfaßt
      234. Das Risikomodell ist statischer Natur
   24 Zwischenergebnis

3 Das Auswahlproblem als zentrales Problem der risikoorientierten Prüfung
   31 Motivation
   32 Zu den theoretischen Grundlagen der Stichprobenprüfung
   33 Das Survey Sampling als mögliches theoretisches Fundament für stichprobengestützte Analysen im Rahmen der Prüfung

4 Die Rolle der stichprobengestützten Analyse im Rahmen des risikoorientierten Prüfungsansatzes

5 Lösungsstrategien für das durch den risikoorientierten Prüfungsansatz induzierte Optimierungsproblem
   51 Allgemeiner Überblick über Optimierungsverfahren
   52 Überblick über heuristische Such- und Optimierungsverfahren
   53 Das Grundmodell des allgemeinen genetischen Algorithmus

Univ. Prof. Dr. Ludwig Mochty
Lehrstuhl für Unternehmensrechnung
Universität-GH Essen

6 Modellierungsvorschlag für den risikoorientierten Prüfungsansatz
   61 Überlegungen zur Implementierung des allgemeinen genetischen Algorithmus in der Prüfungspraxis
   62 Lösung der anstehenden Optimierungsprobleme mit Hilfe Genetischer Algorithmen
   63 Die wertproportionale Hochrechnung als Prognosemodell der weiteren Projektentwicklung
7 Zusammenfassung und Ausblick

1 Problemstellung

Die Grundkonzeption zum risikoorientierten Prüfungsansatz stammt aus der US-amerikanischen Prüfungspraxis[1] und trägt insbesondere den dort anzutreffenden Gegebenheiten Rechnung. In den USA ist der Wirtschaftsprüfer auf Grund einer anderen Haftungssituation i. a. einem ungleich größeren beruflichen und finanziellen Risiko ausgesetzt als seine Standeskollegen in Deutschland (und anderen europäischen Ländern)[2]. Deshalb ist das besondere Interesse des amerikanischen Wirtschaftsprüfers an der Entwicklung risikogerechter Prüfungsansätze verständlich.

Die Zielsetzung, das Haftungsrisiko aus der Abgabe eines unzutreffenden Prüfungsurteils zu begrenzen, betrifft nur einen Aspekt aus dem Interessenfeld des Prüfers. Andere Aspekte erklären sich mehr aus den praktischen Gegebenheiten der Prüfungsdurchführung. Wegen ihres beträchtlichen Umfangs müssen Prüfungsaufträge meist arbeitsteilig ausgeführt werden – mit Mitarbeitern unterschiedlicher Ausbildung und Erfahrung. So besteht die Gefahr, daß im konkreten Fall ein Prüfungsvorgehen zur Anwendung kommt, das man – im Unterschied zum *risikoorientierten* Vorgehen – als *„prüfungshandlungsorientiert"*[3] bezeichnen kann, weil die Ausführung eines Standardprogramms[4] von Prüfungshandlungen im Vordergrund steht und nicht die spezifischen Erfordernisse des Einzelfalls. Neben der Gefahr, daß Prüfungshandlungen nicht ausgeführt werden, die zur Gewährleistung einer ausreichenden Urteilsqualität erforderlich wären (sog. „under-auditing"), ist dann ebenso der Fall denkbar, daß aufwendige Prüfungshandlungen durchgeführt werden, die nur einen unwesentlichen Beitrag zum Prüfungsurteil liefern (sog. „over-auditing").

---

1 Vgl. *Cohen, G. D./Pearson, D. B.*, Auditing the Clients' Judgements; *Alderman, C. W./Tabor, R. H.*, Risk-driven Audits.
2 Vgl. *Quick, R./Baker, C. R.*, Die zivilrechtliche Haftung des Abschlußprüfers in den USA; *Quick, R.*, Die Haftung des handelsrechtlichen Abschlußprüfers.
3 *Alderman, C. W./Tabor, R. H.*, Risk-driven Audits, S. 55 sprechen vom „procedure-driven audit approach".
4 Zur grundsätzlichen Charakterisierung eines Prüfungsprogramms vgl. *Baetge, J./Fischer, T. R.*, in: HdR, 3. Aufl., § 317 HGB; *Zimmermann, E.*, Theorie und Praxis, S. 55–186; *Wulf, K.*, Die Planung der Prüfung; *Cushing, B. E./Loebbecke, J. K.*, Comparison of Audit Methodologies; *Bähr, G./Fischer-Winkelmann, W. F./Kugler, L./Munkert, M.*, Beck'sches Prüfungshandbuch.

Unter dem Einfluß des Wettbewerbs unter Wirtschaftsprüfern, der sowohl international als auch in Deutschland eine stete Steigerung erfährt[5], und der zunehmenden Internationalisierung der Prüfungstätigkeit wird im deutschen Schrifttum immer häufiger der „risikoorientierte Prüfungsansatz" diskutiert[6]. Durch dessen Einführung in die deutsche Prüfungspraxis verspricht man sich eine Steigerung der Qualität, insbesondere aber der Wirtschaftlichkeit der Abschlußprüfung. Schließlich ist in letzter Zeit ein deutlicher Rückgang der Deckungsbeiträge von Abschlußprüfungsmandaten zu verzeichnen.

Da sich der risikoorientierte Prüfungsansatz aus der Prüfungspraxis entwickelt hat[7], stellt sich die Frage nach seinem theoretischen Fundament. Daß diese Frage von großer Bedeutung ist, zeigt sich regelmäßig dann, wenn das Konzept herangezogen wird, um Streitfragen über das konkrete Prüfungsvorgehen zu klären. Solche Auffassungsunterschiede können sich ergeben im Zuge des Peer Review, des Quality Control, bei gutachterlichen Sonderprüfungen anläßlich eines gerichtlichen oder außergerichtlichen Streitverfahrens, im weitesten Sinne aber auch bei der Beurteilung von Inventuren, die gemäß § 241 Abs. 1 HGB mit mathematisch-statistischen Stichprobenverfahren durchgeführt wurden. Wenn das theoretische Fundament des risikoorientierten Prüfungsansatzes geklärt ist, wird es darüber hinaus auch möglich, systematisch Modellansätze zu seiner Ausgestaltung und Verbesserung zu entwickeln. Daher sind folgende Fragen zu beantworten:

- Worin besteht die Zielsetzung des risikoorientierten Prüfungsansatzes?

- Kann diese Zielsetzung mit Hilfe des bisher vorgeschlagenen Instrumentariums erreicht werden? – und wenn nicht:

- Über welche modelltheoretischen Eigenschaften müßte ein Ansatz verfügen, der dieser Zielsetzung Rechnung trägt?

---

5 Vgl. *Lenz, H.*, Die Struktur des Marktes; *Lenz, H.*, Der Low-balling-Effekt; *Palmrose, Z.-V.*, Audit Contract Type; *Francis, J. R./Stokes, D. J.*, Audit Prices; *Rhode, J. G./Whitsell, G. M./Kelsey, R. L.*, Client-Industry Concentration.

6 Vgl. *Diehl, C.-U.*, Risikoorientierte Abschlußprüfung; *Diehl, C.-U.*, Strukturiertes Prüfungsvorgehen; *Dörner, D.*, Audit Risk; *Wiedmann, H.*, Der risikoorientierte Prüfungsansatz; *Quick, R.*, Die Risiken der Jahresabschlußprüfung.

7 Vgl. *Wiedmann, H.*, Der risikoorientierte Prüfungsansatz, S. 25, Fn. 56.

Im folgenden wird untersucht, welche Detailfragen der risikoorientierte Prüfungsansatz aufwirft und welche Lösungsansätze zur Erreichung seiner konkreten Zielsetzung entwickelt worden sind. Es wird gezeigt, daß der bestehende Modellansatz, das sog. Risikomodell, der Zielsetzung des risikoorientierten Prüfungsansatzes nicht entsprechen kann. In einem weiteren Schritt wird begründet, warum im Zentrum des risikoorientierten Prüfungsansatzes das Auswahlproblem von zu prüfenden Kontensalden oder Geschäftsvorfällen steht und daß selbst für dieses Kernproblem vorerst kein klarer und einheitlicher theoretischer Bezugsrahmen besteht. Die weiteren Kapitel befassen sich deshalb mit der Entwicklung eines Rahmenkonzepts zur Modellierung der risikoorientierten Prüfung.

2 Der risikoorientierte Prüfungsansatz

21 Zur Zielsetzung des risikoorientierten Prüfungsansatzes

Will man untersuchen, worin die konkrete Zielsetzung des risikoorientierten Prüfungsansatzes besteht, so muß man feststellen, daß der Begriff in den einschlägigen US-amerikanischen Prüfungsstandards genau genommen nicht ausdrücklich vorkommt. Wohl aber geben die US-amerikanischen Prüfungsstandards Auskunft über die Zielsetzung der Prüfung: „Sufficient competent evidential matter is to be obtained through inspection, observation, inquiries, and confirmations to afford a reasonable basis for an opinion regarding the financial statements under audit"[8]. Der Prüfer sollte seine Prüfungshandlungen daher nach Art, Zeitpunkt[9] und Umfang („nature, timing and extend"[10]) so wählen, daß das resultierende Prüfungsrisiko nach oben begrenzt bleibt. Deshalb plant er üblicherweise „the audit primarily to detect errors that he believes could be large enough, individually or in the aggregate, to be quantitatively material to the financial statements"[11]. Diese Aussage ist in Verbindung zu sehen mit AU § 326.21: „An auditor typically works within economic limits; his opinion, to be economically useful, must be formed

---
8 *AICPA*, Statements on Auditing Standards, AU § 326.01.
9 „Timing" ist auch als Reihenfolge zu interpretieren; vgl. *AICPA*, Statements on Auditing Standards, AU § 313.10: „The timing of auditing procedures also involves consideration of whether auditing procedures are properly coordinated . . .".
10 *AICPA*, Statements on Auditing Standards, AU § 312.01.
11 *AICPA*, Statements on Auditing Standards, AU § 312.13.

within a reasonable length of time and at reasonable cost. The auditor must decide, again exercising professional judgement, whether the evidential matter available to him within the limits of time and cost is sufficient to justify expression of an opinion" und AU § 326.22: „As a guiding rule, there should be a rational relationship between the cost of obtaining evidence and the usefulness of the information obtained. The matter of difficulty and expense involved in testing a particular item is not in itself a valid basis for omitting the test."

Ebenso finden sich im deutschen Fachgutachten 1/1988 zwar eindeutige Hinweise auf das Ziel von Abschlußprüfungen: „In diesem Rahmen sind vom Abschlußprüfer die Prüfungshandlungen mit dem erforderlichen Maß an Sorgfalt so zu bestimmen, daß unter Beachtung der Grundsätze der Wesentlichkeit und der Wirtschaftlichkeit der Abschlußprüfung die geforderte Beurteilung der Rechnungslegung möglich wird."[12], aber auch hier wird der Begriff des „risikoorientierten Prüfungsansatzes" nicht erwähnt.

Genau genommen entsteht der risikoorientierte Prüfungsansatz erst, wenn die risikoorientierten Prüfungsstandards (insbesondere SAS No. 47) bzw. Fachgutachten und Stellungnahmen[13] in die Revisionspraxis umgesetzt und damit in ihrer Gesamtheit zur „wirtschaftlichen Veranstaltung"[14] werden. Erst die Erfüllung des Prüfungsauftrags in Form eines Dienstleistungsprojekts führt zu einem Ressourcenverzehr, und erst durch den Ressourcenverzehr fallen Kosten an. Das Projektergebnis (i. S. des durchzuführenden Werkauftrags) hat auf Grund der Berufsgrundsätze bestimmten Qualitätsanforderungen zu genügen. Das Prüfungsprojekt (als Abfolge von Prüfungsteilprozessen) sollte aus kaufmännischer Sicht dem Wirtschaftlichkeitsprinzip entsprechend geplant und durchgeführt werden.

Der risikoorientierte Prüfungsansatz induziert daher ein Optimierungsproblem, das grundsätzlich zwei zueinander duale Zielsetzungen verfolgen kann:

(1) die Minimierung der Kosten unter Einhaltung einer vorgegebenen Urteilsqualität und Fertigstellungsfrist oder

---

12 Vgl. *HFA des IDW*, Fachgutachten 1/1988, S. 10.
13 Vgl. *HFA des IDW*, Fachgutachten 1/1988; *HFA des IDW*, Stellungnahme 1/1988.
14 Vgl. *Loitlsberger, E.*, Treuhand- und Revisionswesen, S. 84; *Wysocki, K. v.*, Wirtschaftlichkeit.

(2) die Maximierung der Urteilsqualität bei einer vorgegebenen Kostenobergrenze und Fertigstellungsfrist.

Bei der Abschlußprüfung dürfte in der Prüfungspraxis die erstgenannte Zielsetzung die größere Bedeutung haben: „Es kann dagegen nicht Ziel einer auf Risikobeurteilungen aufbauenden Prüfung sein, die Irrtumswahrscheinlichkeit bei der Erteilung des Bestätigungsvermerks zu minimieren. – Der Sicherheitsgrad des ‚möglichst sicheren Urteils' ist vorgegeben; anzupassen ist der Mitteleinsatz"[15]. Zur Reduktion der Prüfungskosten werden im Schrifttum zwei Maßnahmen erörtert: zum einen die Rationalisierung des Prüfungsablaufs und zum anderen die Reduzierung des Prüfungsumfangs[16].

Obzwar es für den Prüfungspraktiker auch interessant ist, die geplanten Kosten betragsmäßig festzustellen, so sollte der risikoorientierte Prüfungsansatz doch primär dazu dienen, die Kombination jener prüffeldbezogenen Prüfungshandlungen gemäß ihrer Art, ihrer Reihenfolge und ihrem Umfang zu bestimmen, die zu einem über alle Prüffelder aggregierten globalen Kostenminimum führt und die vorgegebenen Nebenbedingungen einhält.

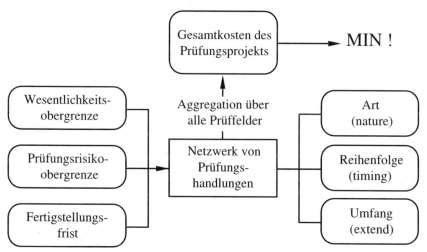

Abb. 1: Zum Zielsystem des risikoorientierten Prüfungsansatzes

---

15 *Wiedmann, H.,* Der risikoorientierte Prüfungsansatz, S. 16.
16 *Buchner, R./Weinreich, J.,* Optimierungsproblem, zeigen, daß unter bestimmten Voraussetzungen beide Zielsetzungen zum gleichen Ergebnis hinsichtlich der Gestaltung von Stichproben führen.

Bei genauerer Betrachtung wird man feststellen, daß oft mehrere Zielkriterien gleichzeitig zu erfüllen sind. Es gilt nicht nur, die Gesamtbearbeitungszeit zu minimieren, sondern auch dafür zu sorgen, daß die Kapazitäten möglichst gleichmäßig ausgelastet sind, der Fertigstellungstermin eingehalten wird und die Umrüstkosten gering bleiben. So gesehen liegt in formaler Hinsicht eine gewisse Verwandtschaft zu jenen Problemen vor, die in der Produktionstheorie als Produktionsplanungs- und -steuerungs-Systeme (PPS[17]) diskutiert werden.

22 Das zur Zielerreichung vorgeschlagene Instrumentarium

Um diese Zielsetzung zu erreichen, wird in SAS No. 47, aufbauend auf SAS No. 39, ein Modell zur numerischen Planung des Prüfungsrisikos empfohlen. Dieses Modell – im folgenden als „Risikomodell" bezeichnet – besteht im wesentlichen aus einer Defintionsgleichung, die das Prüfungsrisiko multiplikativ aus einzelnen Risikokomponenten herleitet. Die theoretische Grundlage dieser Herleitung stammt aus der mathematischen Zuverlässigkeitstheorie, die im Rahmen der Wahrscheinlichkeitstheorie speziell für die Risikoanalyse komplexer technischer Systeme entwickelt worden ist. Auf Grund seiner einfachen Konstruktionsweise ist es jedoch bereits mit Grundkenntnissen der Wahrscheinlichkeitstheorie herzuleiten.

Die Grundgleichung des Risikomodells

$$AR = IR \times CR \times AP \times TD$$

enthält folgende Parameter[18]:

IR als Maß zur Quantifizierung des inhärenten Risikos,

CR als Maß zur Quantifizierung des internen Kontrollrisikos,

AP als Maß zur Quantifizierung des analytischen Prüfungsrisikos,

TD als Maß zur Quantifizierung des Risikos stichprobengestützter Einzelfallprüfungen,

---

17 Vgl. *Glaser, H./Petersen, L.,* PPS-Systeme.
18 Zur Definition der einzelnen Risiken vgl. *AICPA,* Statements on Auditing Standards, SAS No. 47, AU § 313.20-313.22; *Quick, R.,* Die Risiken der Jahresabschlußprüfung, S. 33–63.

AR als Maß zur Quantifizierung des Prüfungsrisikos; da dieses nur Ergebnis eines Optimierungsprozesses höherer Ordnung sein kann, ist es aus der Sicht eines individuellen Prüfungsauftrags ein Datum.

Aus dieser Übersicht wird deutlich, daß die relevanten Entscheidungen hinsichtlich der zu wählenden Aktionen, nämlich (1) die Art der zu prüfenden Geschäftsvorfälle und (2) die Auswahl, der Umfang und die Kombination von Prüfungshandlungen, im Vorfeld des Risikomodells entschieden werden müssen, um überhaupt zu einer quantitativen Beurteilung zu gelangen – selbst wenn diese Beurteilung nur vorläufigen Charakter hat. Diese Entscheidungen müssen also vom Prüfer auf Grund seines pflichtgemäßen Ermessens ohne konkrete Unterstützung durch einen entsprechenden Modellansatz getroffen werden.

23 Zur Kritik am Risikomodell

Das Risikomodell wurde im Schrifttum bereits sehr ausführlich diskutiert und kritisiert, u. a. von: *Cushing/Loebbecke*[19] und *Quick*[20]. Die wesentlichsten Kritikpunkte sind:

- Das Allokations-/Aggregationsproblem. Da es nicht möglich ist, den Jahresabschluß als Ganzes zu prüfen, muß das Risikomodell auf die Ebene einzelner prüffeldspezifischer Fehlerarten zerlegt werden.

- Die Unvollständigkeit der Risikoerfassung. Beispielsweise wird das Nichtstichprobenrisiko vernachlässigt.

- Die Unabhängigkeit der (Risiko-)Komponenten. Die einzelnen Risikokomponenten werden zur Vereinfachung der Risikoberechnung als paarweise stochastisch unabhängig unterstellt, obwohl zwischen ihnen vielfältige Abhängigkeiten bestehen.

- Gleichgewichtung der Teilrisiken. Für die Zusammenfassung der Teilrisiken eignet sich aus experimentalpsychologischen Gründen eine gewichtete additive Verknüpfungsvorschrift besser.

- Die Verwendung subjektiver Wahrscheinlichkeiten. Mangels Quantifizierbarkeit müssen die einzelnen Risikokomponenten vom Prüfer nach pflichtgemäßem Ermessen und unter Berücksichtigung

---

19 Vgl. *Cushing, B. E./Loebbecke, J. K.*, Analytical Approaches to Audit Risk.
20 Vgl. *Quick, R.*, Die Risiken der Jahresabschlußprüfung, S. 65–148.

seiner Erfahrungen subjektiv geschätzt werden. Dies steht im Widerspruch zur geforderten intersubjektiven Nachprüfbarkeit.

- Das Risikomodell berücksichtigt nur Plan-Größen und läßt die Ist-Größen außer Acht.
- Für die Festlegung der Risikoobergrenze existieren keine geeigneten Richtlinien.

Man erkennt, daß sich diese Kritikpunkte überwiegend auf die Bestimmungsgleichung des Risikomodells und deren Komponenten konzentrieren. Unberücksichtigt bleiben in der bisherigen Kritik indes die methodologischen Aspekte. Deshalb sollen die bisher am Risikomodell aufgezeigten Schwächen im folgenden um Aspekte ergänzt werden, die den Modelltyp und seine Konstruktionsweise betreffen.

231. Das Risikomodell ist in modelltheoretischer Hinsicht kein Optimierungsmodell

Das Risikomodell ist vom modelltheoretischen Standpunkt aus betrachtet eine Definitionsgleichung für das prüffeldbezogene Prüfungsrisiko. In formaler Hinsicht enthält es weder Zielvorschrift noch Nebenbedingungen. Schon aus diesem Grunde kann es kein Optimierungsmodell sein, obwohl dies die oben abgeleitete Zielsetzung fordern würde.

Invers interpretiert kann das Modell als Risikoallokationsmodell angesehen werden, wie dies aus einer Darstellung der Definitionsgleichung als Baumdiagramm hervorgeht.

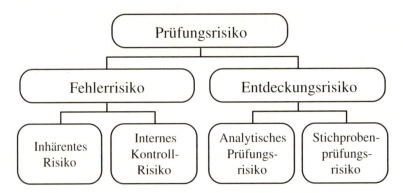

Abb. 2: *Risikodefinition nach SAS No. 39 und SAS No. 47*

Aus diesem Baumdiagramm ist zu erkennen, daß ausgehend von dem als Obergrenze vorgegebenen Prüfungsrisiko die vier Risikokomponenten inhärentes Risiko, internes Kontrollrisiko, analytisches Prüfungsrisiko und Stichprobenprüfungsrisiko abzuleiten wären. Aus einem Parameter wären also vier Parameter zu bestimmen. Dies kann nur gelingen, wenn weitere drei Parameter bekannt sind. Das Fehlerrisiko – als multiplikative Verknüpfung von inhärentem und internem Kontrollrisiko – kann vom Prüfer nicht beeinflußt werden. Somit verbleibt als die aus dem vorgegebenen Prüfungsrisiko ableitbare Größe das Entdeckungsrisiko, das sich aus der Durchführung von analytischen und stichprobengestützten Prüfungshandlungen höchstens ergeben soll.

Von den – im Schrifttum[21] als analytische Prüfungshandlungen bezeichneten – Analysen, beispielsweise Kennzahlenanalysen, ist unklar, wie man ihren Beitrag zum Risikoabbau quantifizieren soll, wenn sie ohne statistisches Instrumentarium durchgeführt werden. Schon gar nicht kann es unter diesen Umständen möglich sein, aus einem Wertansatz für das analytische Entdeckungsrisiko auf konkrete analytische Prüfungshandlungen in Art, Reihenfolge und Umfang zu schließen. Daher muß auch das analytische Prüfungsrisiko nach prüferischem Ermessen vorgegeben werden. Somit verbleibt das stichprobenbezogene Risiko als resultierender Risikoparameter. Nur bei diesem Typ von Prüfungshandlungen ist es grundsätzlich möglich, aus den Parametern Sicherheit und Genauigkeit (abgeleitet aus der prüffeldbezogenen Materiality) den erforderlichen Stichprobenumfang zu errechnen. Somit stellt sich das Risikomodell als ein Modell zur Ableitung des Stichprobenumfangs von Stichprobenprüfungen dar. Es stellt sich dann allerdings die Frage, worin der entscheidende Vorteil des Risikomodells gegenüber der direkten Planung des Stichprobenumfangs in einem ausgewählten Prüffeld besteht.

232. Das Risikomodell enthält weder Kosten noch Zeit

In sachlogischer Hinsicht enthält das Risikomodell weder Kosten- noch Zeitkomponenten. Die Gesamtkosten der Prüfung ergeben sich aus einer Linearkombination der Kosten einzelner Prüfungshandlungen. Diese können erst dann bestimmt bzw. geplant werden, wenn

---

21 Vgl. *Blocher, E. J./Cooper, J. C.*, Analytical Review Performance.

zumindest ein rudimentäres Kostenmodell für die einzelnen Prüfungshandlungen vorliegt. Die Kosten der einzelnen Prüfungshandlungen sind u. a. abhängig von:

- der Art des Prüffelds,
- der Art der Prüfungsverfahren,
- dem Datenumfang,
- technischen Rahmenbedingungen,
- personellen Rahmenbedingungen,
- zeitlichen Rahmenbedingungen.

Ein solches Kostenmodell ist nur auf der Basis einer integrierten Projektkosten- und Leistungsrechnung vorstellbar, die auch die Zeit[22] berücksichtigt.

233. Im Risikomodell sind die Entscheidungsparameter zur Verfahrenswahl nicht vollständig erfaßt

Unklar ist, wie die Prüfungshandlungen zur Prüfung des internen Kontrollsystems im risikoorientierten Prüfungsansatz berücksichtigt werden sollen. Das interne Kontrollrisiko bezieht sich auf das vorhandene interne Kontrollsystem, nicht aber auf Prüfungshandlungen des Prüfers. Nach allgemeiner Auffassung haben kontrollsystembezogene Prüfungshandlungen eine wesentliche Bedeutung für die Prüfungsplanung[23]. Da es sich hierbei um formelle und nicht um materielle Prüfungshandlungen handelt, sind sie im Risikomodell nicht erfaßt. Es kann nur spekuliert werden, wie der Prüfer das interne Kontrollrisiko schätzen soll, ohne systembezogene Prüfungshandlungen vorzunehmen. Da die systembezogenen Prüfungshandlungen durchaus geeignet sind, Fehlerfeldteilungen vorzunehmen, Beziehungen zwischen einzelnen Prüffeldern herzustellen oder Fehlerhypothesen zu entwickeln, müßten sie eigentlich im Rahmen des Risikomodells zu den analytischen Prüfungshandlungen gezählt werden – mit

---

22 Vgl. *Baetge, J.*, Stichwort „Netzplantechnik, Anwendbarkeit der"; *Baetge, J./Mochty, L.*, Stichwort „Netzplantechnik".
23 Vgl. *Abdel-khalik, A. R./Snowball, D. A./Wragge, J. H.*, Planning of External Audit Programs.

der Konsequenz, daß die Abgrenzung zwischen formeller und materieller Prüfung verschwimmt.

Abgrenzungsprobleme gibt es allerdings auch innerhalb der materiellen Prüfung, zwischen analytischen und stichprobenorientierten Prüfungshandlungen. So werden multivariate Analysen im Schrifttum üblicherweise zu den analytischen Prüfungshandlungen gezählt, obwohl zumindest die Regressions- und die mit ihr verwandte Diskriminanzanalyse[24] auch als komplexe Stichprobentechniken aufgefaßt werden könnten. Schließlich lassen sich auch für sie Mindeststichprobenumfänge in Abhängigkeit von Sicherheits- und Genauigkeitsanforderungen angeben[25]. Da bei den analytischen Prüfungsverfahren vor allem aber semantische Probleme im Vordergrund stehen – Welche Kennzahlen sollen auf Grund welcher Quellen analysiert werden? –, ist nicht zu erkennen, wie die diesbezügliche Verfahrenswahl aus dem Risikomodell abgeleitet werden könnte.

Hinzu kommt, daß sich einzelne Prüfungsverfahren nicht beliebig untereinander kombinieren lassen. Im allgemeinen muß eine bestimmte Kopplungslogik[26] zwischen einzelnen Verfahren zur Systemprüfung, zur analytischen und zur Einzelfallprüfung beachtet werden. Im Sinne der Produktionstheorie liegt vielfach eine limitationale Verfahrenskombination vor, während das Risikomodell eine substitutionale[27] Verfahrenskombination unterstellt.

234. Das Risikomodell ist statischer Natur

Ein weiteres Problem stellt die Reihenfolge der auszuführenden Prüfungshandlungen dar. Man kann nun versuchen, das Auswahlproblem vom Reihenfolgeproblem abzukoppeln, indem man in einem ersten Schritt versucht, mit Hilfe des Risikomodells (unter Beachtung der Kopplungslogik) den optimalen Mix von einzusetzenden Prüfungsverfahren zu bestimmen und erst in einem zweiten Schritt die Reihen-

---

24 Vgl. *Baetge, J./Beuter, H. B./Feidicker, M.*, Kreditwürdigkeitsprüfung mit Diskriminanzanalyse; *Baetge, J.*, Früherkennung negativer Unternehmensentwicklungen; *Roberts, D. M./Wedemeyer, P. D.*, Discriminant Model.
25 Vgl. *Bortz, J.*, Statistik für Sozialwissenschaftler, S. 200 f. und S. 429 f.
26 Nicht zu verwechseln mit dem sog. „Stufengesetz der Prüfung" nach *Zimmermann, E.*, Theorie und Praxis, S. 124–130.
27 Vgl. *AICPA*, Statements on Auditing Standards, AU § 312.21.

folge der Durchführung zu optimieren sucht. In diesem Fall ist das Auswahlproblem losgelöst vom Reihenfolgeproblem. Dies hätte zur Konsequenz, daß der Prüfer von einem unspezifischen, starren Planungskonzept ausginge. Ein unspezifisches, starres Planungskonzept kann indes nicht im Sinne des risikoorientierten Prüfungsansatzes sein. Da davon auszugehen ist, daß die Reihenfolge der Durchführung von Prüfungshandlungen Auswirkungen auf die Kosten und die Dauer der Prüfungsdurchführung hat und auch das Prüfungsrisiko beeinflußt, müßte das Reihenfolgeproblem bereits im Vorfeld zum Risikomodell vom Prüfer entschieden worden sein.

24 Zwischenergebnis

Das bisher vorgeschlagene Instrumentarium kann aus sachlogischen und modelltheoretischen Gründen der Zielsetzung des risikoorientierten Prüfungsansatzes nicht gerecht werden. In sachlogischer Hinsicht fehlen die betriebswirtschaftlich relevanten Parameter, wie Zeit und Kosten. In modelltheoretischer Hinsicht fehlen die Komponenten für die Konstruktion eines Optimierungsmodells, die Zielfunktion, die Nebenbedingungen und die Kopplungslogik zwischen den einzelnen Entscheidungsparametern. Es fehlt darüber hinaus an einer prüffeldübergreifenden Aggregations- und Zerlegungslogik in statischer und in dynamischer Hinsicht.

Demnach stellt sich der risikoorientierte Prüfungsansatz so dar, daß alle wesentlichen Auswahlentscheidungen und Optimierungsschritte hinsichtlich Art, Umfang und Reihenfolge der Prüfungshandlungen vom Prüfer nach pflichtgemäßem Ermessen, d. h. ohne die Unterstützung durch ein Entscheidungsmodell, vorgenommen werden müssen. Allein der Kernbereich der stichprobengestützten Einzelfallprüfung läßt sich modellgestützt vornehmen, wenn die benötigten Parameter (Sicherheit, Genauigkeit, prüffeldbezogene Untersuchungsmerkmale und die zu analysierenden Schätz- oder Testvariablen) bereitgestellt werden. Anhand dieser Parameter kann der resultierende Stichprobenumfang ermittelt werden. Als Parameter in eine geeignete Kostenfunktion eingesetzt, läßt sich dann das optimale statistische Analyseverfahren bestimmen. Der Kern des risikoorientierten Prüfungsansatzes ist also in der Auswahl und Ausgestaltung von stichprobengestützten Analysemethoden zu sehen.

3 Das Auswahlproblem als zentrales Problem der risikoorientierten Prüfung

31 Motivation

Die bisherige Diskussion hat deutlich gemacht, daß im Zentrum des risikoorientierten Prüfungsansatzes die stichprobengestützte Einzelfallprüfung steht. Auch *Kempf*[28] vertritt diesen Standpunkt, indem er die besondere Bedeutung der Stichprobenprüfung im Rahmen des risikoorientierten Prüfungsansatzes hervorhebt. Da die Stichprobenprüfung auch in historischer Hinsicht den ältesten modellgestützten Ansatz zur Prüfung[29] darstellt, ist im folgenden zu untersuchen, in welcher Weise zumindest dieses Kerngebiet des risikoorientierten Prüfungsansatzes theoretisch fundiert ist.

Ausgangspunkt der folgenden Überlegungen ist der in Prüfung und Rechnungslegung oft anzutreffende Verweis auf anerkannte mathematisch-statistische Verfahren. So legt die Stellungnahme HFA 1/1988 für die Verwendung stichprobengestützter Verfahren in der Prüfung fest: „Grundsätzlich dürfen ausschließlich anerkannte mathematisch-statistische Verfahren angewandt werden, deren Anwendungsvoraussetzungen und Grundlagen in der mathematisch-statistischen Literatur dargestellt sind"[30].

Dieser Verweis auf die mathematisch-statistische Literatur wäre dann unproblematisch, wenn die Expertenmeinung der Statistiker bezüglich der Auffassung von Repräsentativität einer Stichprobe und der Wahl von Schätzverfahren nicht gespalten wäre. Schließlich wurden einzelne Erhebungs- und Schätzverfahren aus unterschiedlichen – z. T. gegensätzlichen – statistischen Auffassungen heraus entwickelt. Diesen Umstand berücksichtigt die Stellungnahme HFA 1/1988 nicht, was durch die dort getroffene Auswahl aus dem Theoriegebäude der mathematischen Statistik deutlich wird: Zum einen werden Verfahren aus der klassischen Stichprobentheorie, wie freie und gebundene Hochrechnung, vorgeschlagen, zum anderen Dollar-Unit-

---

28 Vgl. *Kempf, D.*, Einsatz mathematisch-statistischer Verfahren.
29 Die ältesten deutschsprachigen Forschungsbeiträge zur Stichprobenprüfung dürften von *Schmalenbach* und *Klein-Cöln* stammen: *Schmalenbach, E.*, Unterschlagungsrevision, S. 337; *Klein-Cöln, A.*, Wahrscheinlichkeit der Entdeckung. Zur Entwicklung der Stichprobenprüfung in den USA vgl. *Kinney, W. R., Jr.*, Fifty Years of Statistical Auditing.
30 Vgl. *HFA des IDW*, Stellungnahme 1/1988, S. 243.

Sampling-Verfahren, die aus der angewandten statistischen Stichprobentheorie, dem sog. Survey Sampling, stammen[31].

32 Zu den theoretischen Grundlagen der Stichprobenprüfung

Innerhalb der mathematischen Statistik sind zwei Forschungsrichtungen zu unterscheiden: zum einen die als „klassische Statistik" bezeichnete Richtung, die seit *Neyman*[32] insbesondere die Lehrbücher dominiert; zum anderen die angewandte Richtung, die sich besonders der Entwicklung solcher Methoden widmet, die zur statistisch fundierten empirischen Forschung benötigt werden. Diese Richtung wird als „Survey Sampling" bezeichnet. Beide Forschungsrichtungen lassen sich am besten charakterisieren, indem man ihre wichtigsten Prämissen einander gegenüberstellt.

	Klassische Stichprobentheorie	**Survey Sampling**
Grundgesamtheit	hypothetisch	reale Population
Umfang der Grundgesamtheit	unendlich	endlich
Wahrscheinlichkeitsverteilung der Grundgesamtheit	durch wenige Parameter bestimmte theoretische Wahrscheinlichkeitsverteilung	empirische Verteilung
Datenzugriff	alle benötigten Daten sind ohne Beschränkungen oder Behinderungen beschaffbar	Beschränkungen oder Behinderungen beim Zugriff auf Daten
Daten-Zuverlässigkeit	keine Erhebungsfehler	bei der Datenerhebung können Fehler auftreten
Kosten	Datenerhebung und -auswertung sind kostenlos	Erhebungs- und sonstige Kosten

Tab. 1: *Gegenüberstellung der Grundlagen und Anwendungsvoraussetzungen von klassischer Stichprobentheorie und Survey Sampling*

---

31 Vgl. *Särndal, C.-E./Swensson, B./Wretman, J.*, Model Assisted Survey Sampling, S. 97.
32 Vgl. *Neyman, J.*, On the Two Different Aspects.

Aus der Gegenüberstellung wird deutlich, daß ein allgemein gehaltener Verweis auf das statistische Schrifttum nicht genügen kann, um zu entscheiden, ob ein statistisches Verfahren für Prüfungszwecke zulässig ist oder nicht. Vielmehr ist in jeder konkreten Prüfungssituation zu beurteilen, ob die Anwendungsvoraussetzungen eines bestimmten Verfahrens auch praktisch erfüllt werden können. Denn nur dann sind seine theoretisch abgeleiteten Eigenschaften, wie Erwartungstreue, Effizienz, Konsistenz und Suffizienz, zu gewährleisten. Diese Eigenschaften sind es schließlich, die zur Auswahl eines bestimmten Verfahrens führen.

Um eine dieser beiden Forschungsrichtungen als theoretische Bezugsbasis für die Stichprobenprüfung zu wählen, ist zu untersuchen, welche Gegebenheiten bei einer real durchzuführenden Stichprobenprüfung vorliegen. Diese realen Gegebenheiten sind sodann jenen Prämissen gegenüberzustellen, von denen die beiden Forschungsrichtungen zur Theorie der Stichproben ausgehen. Die typische Prüfungssituation läßt sich aus statistischer Sicht wie folgt charakterisieren:

- Der Umfang der zu prüfenden Grundgesamtheit ist endlich.

- Die Elemente dieser Grundgesamtheit sind reale Sachverhalte, Vermögensgegenstände, Geschäftsvorfälle, Buchungssätze, Kontensalden etc. Sie folgen einer empirischen Verteilung, die vor allem dann, wenn die Grundgesamtheit lediglich einige wenige Fehler enthält, nur schlecht durch eine theoretische Verteilung approximiert werden kann[33].

- Der Zugriff auf die benötigten (Vergleichs-)Daten kann beschränkt oder behindert sein. Insbesondere bei Saldenbestätigungen kann der Prozentsatz nicht beantworteter Aussendungen beachtlich sein[34].

- Zwischen den Daten bestehen vielfältige Korrelationen und sonstige Abhängigkeiten (die u. a. mit analytischen Prüfungshandlungen untersucht werden).

---

33 Vgl. *Buchner, R.,* Stichwort „Nichtnormalverteilte Merkmalsausprägungen in Stichprobenverteilungen".
34 Vgl. *Caster, P.,* Accounts Receivable Confirmations; *Sauls, E.,* Accounts Receivable Confirmation, *Davis, G./Neter, J./Palmer, R.,* Audit Confirmations.

- Bei der Erhebung und Erfassung der Daten können Fehler auftreten.
- Die Erhebung und Auswertung der Daten verursacht Kosten.
- Es liegen Informationen aus Vorperioden sowie Informationen der laufenden Periode aus anderen Prüffeldern und Prüfungshandlungen (Systemprüfung, analytische Prüfung) vor, die zur Effizienzsteigerung der Stichprobenuntersuchung herangezogen werden könnten.

Aus dieser Bestandsaufnahme wird deutlich, daß das Survey Sampling eine gute Übereinstimmung mit den real anzutreffenden Bedingungen einer Stichprobenprüfung hat und daß die Prämissen der klassischen Stichprobentheorie, (1) identische Verteilung, (2) Zugehörigkeit zu einer bestimmten Klasse theoretischer Verteilungsfunktionen und (3) paarweise Unabhängigkeit, vom realen Prüfungsgeschehen nicht erfüllt werden[35]. Analysiert man die Apperzeption der mathematischen Statistik im Prüfungswesen anhand der einschlägigen Literatur, so stellt man fest, daß die Kalkültechnik im Vordergrund steht. Die Behandlung der zugrundeliegenden Prämissen, die vor allem im Konfliktfall eine besondere Bedeutung für die Anwendbarkeit, die Aussagekraft und die Interpretation eines bestimmten Verfahrens haben können, bleibt weitgehend ausgespart. Bei näherer Beschäftigung mit dem Problem der Robustheit von statistischen Schätzern (z. B. mit dem Mittelwert-Schätzer[36]) gegenüber Verletzungen der klassischen Inferenzprämissen wird deutlich, daß man im Revisionswesen bisher der Erfüllbarkeit der den Stichprobenverfahren zugrundeliegenden Prämissen nicht die gebührende Beachtung geschenkt hat.

---

35 Vgl. hierzu auch den Hinweis in: *Wilburn, A. J.*, Practical Statistical Sampling for Auditors, S. 292: „Many researchers including Stringer, Stephan, Meikle, Anderson and Teitlebaum, Kaplan, Neter and Loebbecke, Jones and Cox and Snell have recognized that classical statistical sampling procedures are inadequate for applying statistical sampling to auditing, since they do not provide for the special structure of accounting universes nor the unique environment in which auditing sampling occurs."

36 Vgl. *Bosbach, G.*, Robuste Mittelwert-Schätzer bei Verletzung der Unabhängigkeitsannahme.

33 Das Survey Sampling als mögliches theoretisches Fundament für stichprobengestützte Analysen im Rahmen der Prüfung

Das Hauptcharakteristikum des Survey Samplings besteht darin, daß es sich mit endlichen realen Populationen beschäftigt, während die klassische Statistik von einer unendlichen hypothetischen Grundgesamtheit ausgeht. Dies hat zur Folge, daß mathematische Theoreme, die für unendliche hypothetische Grundgesamtheiten bewiesen werden können, für endliche reale Populationen nicht gelten[37].

Innerhalb der mathematischen Statistik besteht seit der Jahrhundertwende eine uneinheitliche Auffassung darüber, was unter der Repräsentativität einer Stichprobe verstanden werden soll. Ausgehend von *Kiaer*, der 1897 als Erster die Verwendung der „repräsentativen Methode"[38] bei empirischen Untersuchungen („surveys") vorschlug, gibt es bis heute eine Parallelentwicklung von der Vorstellung, was unter einer repräsentativen Stichprobe zu verstehen sei. Die eine Vorstellung beruht auf der bewußten Auswahl, die andere auf der Zufallsauswahl.

Neyman, der mit seinem klassisch gewordenen Beitrag die weitere Entwicklung zugunsten der reinen gleichwahrscheinlichen Zufallsauswahl nachhaltig beeinflußt hat, kommt zugleich das Verdienst zu, beide Vorstellungen von „Repräsentativität" präzisiert zu haben[39]. Als Kriterium für die Repräsentativität einer bewußt ausgewählten Stichprobe gilt das Ausmaß, in dem die Stichprobe die Eigenschaften der gesamten Population widerspiegelt. *Neyman* verknüpft explizit die bewußte Auswahl einer Stichprobe mit einer speziellen Hypothese über die Natur der Grundgesamtheit: „The basic hypothesis of the method of purposive selection is that the numbers y_i [der Mittelwert der zu untersuchenden Eigenschaft y im i-ten Untersuchungsbezirk] are correlated with the control x_i [die Vergleichs- oder Hilfsvariable] and that the regression y_i on x_i is linear"[40]. Parallel hierzu definierte

---

37 Vgl. *Godambe, V. P.*, Foundations of Survey Sampling.
38 *Kiaer, A. N.*, The representative method of statistical surveys.
39 *Neyman, J.*, On the Two Different Aspects.
40 *Neyman, J.*, On the Two Different Aspects, S. 571, diese Annahme wurde später zur zentralen Prämisse der wertproportionalen Hochrechnung, vgl. *Royall, R. M.*, On finite population sampling theory.

Neyman eine repräsentative Erhebungsmethode und eine dazu konsistente Schätzmethode als Methoden, die es gemeinsam ermöglichen, eine Schätzung für die Genauigkeit der Ergebnisse zu gewinnen, ohne Rücksichtnahme auf die unbekannten Eigenschaften der zu untersuchenden Population[41]. *Neyman* wollte auf dieser Grundlage das Problem der stichprobengestützten Schätzung von Eigenschaften endlicher Populationen in das Theoriegebäude einbringen, das in der klassischen Statistik für die Schätzung eines Parameters einer hypothetischen Grundgesamtheit entwickelt worden ist. Die Grenzen der Neyman'schen Konstruktion wurden insbesondere durch die Arbeiten von *Brewer*[42], *Cochran*[43], *Godambe*[44], *Horvitz/Thompson*[45], *Kish*[46] und *Smith*[47] aufgezeigt. Diese Autoren waren es auch, die – zusammen mit anderen – zum Aufbau eines eigenständigen theoretischen Fundaments des Survey Samplings beigetragen haben.

Insgesamt wurde im Rahmen des Survey Samplings ein reiches Spektrum zwischen deterministischen und zufallsgesteuerten Erhebungsmethoden sowie darauf aufbauender Schätzverfahren entwickelt. Insbesondere findet man hier eine solide theoretische Grundlage für die verschiedensten Verfahren zur wertproportionalen Stichprobenschätzung – nicht nur zum Dollar-Unit-Sampling. Das Spannungsfeld zwischen bewußter und zufallsgesteuerter Auswahl lebt in den Forschungsbeiträgen zum model-based-sampling[48], design-based-sampling und zu Kombinationen aus beiden weiter[49]. Darüber hinaus wurden viele Anstrengungen unternommen, diverse Erhebungsfehler in den Schätzverfahren zu berücksichtigen[50]. Um in Konfliktfällen eine verläßliche Entscheidungsgrundlage zur Beurteilung konkreter Prüfungshandlungen zu haben, wäre es wünschenswert, wenn eine Stellungnahme zur stichprobengestützten Prüfung konkrete Hand-

---

41 *Neyman, J.*, On the Two Different Aspects, S. 585.
42 *Brewer, K. R. W.*, Survey Sampling Inference.
43 *Cochran, W. G.*, Sampling Techniques.
44 *Godambe, V. P.*, Foundations of Survey Sampling.
45 *Horvitz, D. G./Thompson, D. J.*, A generalization of sampling.
46 *Kish, L.*, Survey Sampling.
47 *Smith, T. M. F.*, Foundations of Survey Sampling.
48 Vgl. *Ko, C./Nachtsheim, C. J./Duke, G. L./Bailey, A. D., Jr.*, On the Robustness of Model-Based Sampling.
49 *Särndal, C.-E.*, Inference in Survey Sampling; *Cassel, C.-M./Särndal, C.-E./Wretman, J. H.*, Prediction Theory.
50 *Forsman, G.*, Early Survey Models.

lungsempfehlungen zur Methodenwahl auf der Basis praxisrelevanter Szenarien geben würde – nicht zuletzt auch deshalb, weil dem Prüfungspraktiker diese subtile Methodenkenntnis nicht zugemutet werden kann.

4 Die Rolle der stichprobengestützten Analyse im Rahmen des risikoorientierten Prüfungsansatzes

Neben der theoretischen Fundierung der Verfahrenswahl ist die Frage zu untersuchen, inwieweit im Rahmen des risikoorientierten Prüfungsansatzes der Verwendungszweck der stichprobengestützten Analyse geklärt ist. Der Anwendungsbezug beeinflußt nicht nur die Verfahrenswahl, sondern ggf. auch die Sicherheits- und Genauigkeitsanforderungen an die Analyse. Wird die Analyse zum Zwecke der Prüfungsplanung durchgeführt, dürfte ein Sicherheits- und Genauigkeitsniveau genügen, das jenem der übrigen Planungsgrößen entspricht. Wird die Analyse zum Zwecke der Urteilsbildung durchgeführt, so sind die Sicherheits- und Genauigkeitsanforderungen an den Qualitätsanforderungen des Prüfungsurteils auszurichten.

Es ist evident, daß die Zielsetzung einer Prüfung von der Art des Prüfungsauftrags abhängt. Im Schrifttum werden die unterschiedlichen Prüfungsziele in Abhängigkeit vom Prüfungsauftrag untersucht. So unterscheidet *Loitlsberger*[51] beispielsweise Verhütungs-, Beglaubigungs- und Quantifizierungsprüfungen. *Ijiri/Kaplan*[52] haben speziell für die Stichprobenprüfung vier unterschiedliche Zielsetzungen diskutiert und in Form einer Mehrzieloptimierung modelliert. Neben der repräsentativen („representative") unterscheiden sie korrektive („corrective"), beglaubigende („protective") und verhütende („preventive") Stichprobenerhebungen. Mit korrektiven Erhebungen möchte der Prüfer möglichst viele Fehler finden (um sie zu korrigieren), mit beglaubigenden will er den Wert der überprüften Beträge maximieren (um deren Fehlerfreiheit zu bestätigen), mit präventiven schließlich versucht er, seine Erhebungsstrategie zu maskieren, um Gegenstrategien des Geprüften zu verhindern (Verhütungswirkung). *Ijiri/Kaplan* weisen ausdrücklich darauf hin, daß sie mit ihrem Mo-

---

51 *Loitlsberger, F.*, Treuhand- und Revisionswesen, S. 30–32.
52 *Ijiri, Y./Kaplan, R. S.*, A Model for Integrating Sampling Objectives in Auditing.

dellansatz ein breiteres Spektrum des „pflichtgemäßen Ermessens" abdecken möchten, als dies durch den Einsatz der statistischen Stichproben möglich ist: „We do not believe that what is expected to auditor's ‚due professional care' in sampling should be identical to that expected of statisticians, insofar as the purpose of auditing is broader than the objectives of statistical sampling"[53]. Offensichtlich wird diese Meinung von vielen Wirtschaftsprüfern geteilt, denn weder in der Stellungnahme HFA 1/1988 noch in SAS No. 39 oder SAS No. 47 wird eine definitive Entscheidung zwischen bewußter Auswahl und zufallsgesteuerter Auswahl getroffen[54]. Dies kann als Indiz dafür gewertet werden, daß die Entscheidung für oder gegen die Einbeziehung der bewußten Auswahl weniger eine Methodenfrage darstellt, sondern die Frage nach dem Zweck der Stichprobenerhebung berührt – und daß dieser Zweck nicht allgemein, sondern nur unter Berücksichtigung des Einzelfalls angegeben werden kann. Die konkrete Zwecksetzung der Stichprobenerhebung überlagert selbstverständlich die Methodenauswahl.

Im folgenden soll – über die bereits genannten Zielsetzungen hinaus – untersucht werden, ob Stichprobenerhebungen im Rahmen der Abschlußprüfung zum Zwecke der Prüfungsplanung oder zum Zwecke der Urteilsbildung vorgenommen werden[55]. Da sich diese Frage nicht anhand von empirischen Erhebungen[56] beantworten läßt, muß der Versuch unternommen werden, eine entsprechende Antwort durch logische Analyse zu finden. Ausgangspunkt dieser Analyse ist die in der nachfolgenden Abbildung dargestellte Fallunterscheidung. Konkret werde davon ausgegangen, daß die gegenständliche Stichprobenerhebung zur Prüfung des Lagerbestands eingesetzt worden sei.

---

53 *Ijiri, Y./Kaplan, R. S.,* The Auditor's Sampling Objectives: Four or Two? A Reply, S. 416; *Kinney, W. R., Jr.,* The Auditor's Sampling Objectives: Four or Two?.

54 Vgl. *HFA des IDW,* Stellungnahme 1/1988, S. 246: „Zusammenfassend ist festzustellen, daß sowohl die bewußte als auch die zufällige Auswahl im Prüfungswesen sinnvoll eingesetzt werden können."; *AICPA,* Statements on Auditing Standards, AU § 350.04: „Either approach to audit sampling, when properly applied, can provide sufficient evidential matter."

55 Vgl. *HFA des IDW,* Stellungnahme 1/1988, S. 241: „Schließlich können die Ergebnisse der stichprobengestützten Prüfung selbst dazu benutzt werden, nach der Auswertung der Stichprobenelemente zu entscheiden, welche Prüfurteile auf der Grundlage der Stichprobenergebnisse möglich sind.".

56 Vgl. *Bedingfield, J. P.,* The Current State of Statistical Sampling.

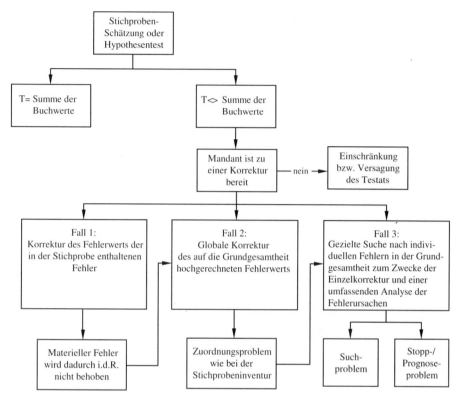

Abb. 3: Fallunterscheidung zur Untersuchung des Verwendungszwecks der Stichprobenanalyse im Rahmen der Abschlußprüfung

Das Resultat einer Hochrechnung kann zwei grundsätzliche Ausprägungen annehmen: Im Null-Fehler-Fall entspricht der Schätzwert des Prüfers T (unter den üblichen Prämissen) der Summe der Buchwerte. Der Prüfer darf die Ordnungsmäßigkeitshypothese nicht ablehnen und kann daher das Prüffeld ohne weitere Maßnahmen als ordnungsmäßig beurteilen. Im Fehler-Fall hingegen ist die Abweichung zwischen dem Schätzwert des Prüfers und dem Buchwert wesentlich, so daß eine Korrektur des Buchwertes erforderlich wird. Verweigert der Mandant die Korrektur, so hat der Prüfer sein Testat einzuschränken bzw. zu untersagen.

Ist der Mandant grundsätzlich zur Korrektur bereit – dies ist der Normalfall –, so lassen sich drei Fälle unterscheiden: Fall 1, der in der Praxis häufig anzutreffen ist, nimmt an, daß der Mandant nur bereit ist, die in der Stichprobe festgestellten Fehler zu korrigieren[57]. Die Gründe hierfür sind vielfältiger Natur. Häufig fehlt schlicht die nötige Methodenkenntnis. Die fehlende Einsicht in die Hochrechnungsmethodik kann jedoch auch vorgeschoben sein, um eine geringere Wertberichtigung zu erreichen. In jedem Fall ist leicht einzusehen, daß die wenigen Fehler, die üblicherweise in der Stichprobe festgestellt werden, nicht ausreichen, um den auf die Grundgesamtheit bezogenen materiellen Fehler zu kompensieren. Der Jahresabschluß bliebe also wesentlich verzerrt. Hinzu kommt, daß die in der Stichprobe festgestellten Fehler häufig auch nicht ausreichen, um durch eine Analyse der Fehlerursachen Vorschläge für eine umfassende Verbesserung des betroffenen internen Kontrollsystems zu erarbeiten. Daher kann der Prüfer in diesem Fall nur bedingt seiner Beratungsfunktion nachkommen[58]. Vor allem das erste Argument – daß das Wertvolumen der in der Stichprobe enthaltenen Fehler nicht ausreicht, um den durch Hochrechnung festgestellten materiellen Fehler zu korrigieren – führt auf den Fall 2. Obwohl auch hier nur die wenigen in der Stichprobe gefundenen Fehler bekannt sind, liegt der unbestreitbare Vorteil dieser Variante darin, daß der mit ausreichender Sicherheit und Genauigkeit geschätzte Gesamtfehlerwert wertberichtigt wird. Der so korrigierte Jahresabschluß vermittelt daher in seiner Gesamtheit ein zutreffenderes Bild von der wirtschaftlichen Lage des geprüften Unternehmens als im Fall 1. Obwohl hier zweifellos eine wesentliche Verbesserung gegenüber dem Fall 1 vorliegt, ist auch Fall 2 nicht ohne Schwierigkeiten.

Zum einen wird durch die globale Wertkorrektur das Prinzip der Einzelbewertung durchbrochen. Wenn – wie in dem betrachteten Beispiel unterstellt – die Voraussetzungen des § 241 Abs. 1 HGB erfüllt sind, darf die Lagerbuchführung auf der Basis von ,,anerkannten statistischen Verfahren" korrigiert werden. Dies führt auf ein Problem, das im Zusammenhang mit der Stichprobeninventur bereits intensiv diskutiert worden ist: die Zurechnung des hochgerechneten

---

57 Vgl. *Wiedmann, H.,* Der risikoorientierte Prüfungsansatz, S. 21.
58 Hierzu stellt bereits *Zimmermann, E.,* Theorie und Praxis, S. 100, fest: ,,Wir möchten sogar sagen, daß es die eigentliche höhere Aufgabe des Prüfers ist, die sofortige Aufdeckung etwaiger Mängel durch entsprechende Verbesserung der internen Überwachungsmaßnahmen zu ermöglichen. Damit ist dem Betrieb mehr gedient, als durch die Besprechung dieser Mängel in dem – weit nach Ablauf des Geschäftsjahrs – erstatteten Revisionsbericht."

Fehlers auf einzelne Lagerpositionen[59]. Welche Maßnahmen sind nun aber zu setzen, wenn es sich – im Unterschied zu dem hier diskutierten Beispiel – um ein Prüffeld handelt, für das § 241 Abs. 1 HGB nicht anwendbar ist? Reicht es aus, wenn der Mandant eine Pauschalwertberichtigung vornimmt, oder muß der Mandant die individuellen Fehler einzeln korrigieren? Nimmt der Mandant eine Pauschalwertberichtigung in der vom Prüfer durch statistische Schätzung ermittelten Höhe vor, so hat der Prüfer indirekt eine wesentliche Veränderung eines von ihm geprüften Jahresabschlusses vorgenommen. Daher könnte hier auch die Frage der Unabhängigkeit des Wirtschaftsprüfers berührt sein. Hinzu kommt, daß in diesem Fall die nicht in der Stichprobe enthaltenen Fehler unkorrigiert bleiben – mit allen Konsequenzen für das laufende Geschäft und die Wertansätze in den Folgeperioden.

Zum anderen erhebt sich im Fall 2 die Frage, ob die Hochrechnung des Fehlerwerts von der Stichprobe auf die Grundgesamtheit (z. B. auf die Bilanzposition) tatsächlich zum Zwecke der Urteilsbildung erfolgt ist. Nimmt der Mandant die Suche nach individuellen, bisher noch nicht identifizierten Fehlern auf, so hatte die Hochrechnung des Prüfers tatsächlich nur den Charakter der Planung, nicht aber der Urteilsbildung. An die für Planungszwecke eingesetzte Hochrechnung wären ggf. geringere Anforderungen an die statistische Qualität der Schätzung zu stellen, als dies für die Urteilsbildung gefordert wird.

Aus diesen Überlegungen muß geschlossen werden, daß die Stichprobenprüfung nur im Null-Fehler-Fall[60] zur Urteilsbildung eingesetzt wird. Hier dient sie zur vorläufigen Komplexitätsreduktion, indem sie die Anzahl der gezielt nach individuellen Fehlern zu untersuchenden Prüffelder reduzieren hilft. Urteilsbildung und Planung sind überlagert. Demgegenüber steht im Fehler-Fall (Fall 3) die Identifikation individueller Fehler und ihrer Ursachen im Vordergrund. Die Stichprobenschätzung wird hier benötigt, um die Prüfungsplanung auf eine objektivierbare Grundlage zu stellen und um eine vorsichtige Ermittlung eines Abbruchkriteriums für die Fehlersuche zu ermöglichen. Offen bleibt die Frage, ob die gleichen Sicherheits- und Genauig-

---

59 Vgl. *Hömberg, R.,* Ordnungsmäßigkeit von Wertkorrekturen, und die dort angegebene Literatur.
60 Unter Berücksichtigung der Wesentlichkeit.

keitsanforderungen an Schätzverfahren zu stellen sind, wenn sie zur Urteilsbildung oder bloß zu Planungszwecken eingesetzt werden.

5 Lösungsstrategien für das durch den risikoorientierten Prüfungsansatz induzierte Optimierungsproblem

Das durch den risikoorientierten Prüfungsansatz aufgeworfene Problem der optimalen Kombination von Prüfungshandlungen stellt sich als umfangreiches kombinatorisches Optimierungsproblem dar. Probleme dieses Typs gelten im Operations Research als besonders schwierig. Erschwerend kommt im gegenständlichen Fall hinzu, daß die vom risikoorientierten Prüfungsansatz benötigten Modellparameter, wie Risiko, Bearbeitungszeit und Kosten, a priori nicht ausreichend spezifiziert werden können. Zum einen wären hierzu Daten erforderlich, die erst im Zuge von Erhebungen gewonnen werden können, zum anderen können für diese Parameter oftmals nur einzelne Werte und keine Funktionen angegeben werden. Es handelt sich also um eine wirkungsdefekte Problemsituation[61]. Da hier vor allem die praxisrelevante Umsetzbarkeit des risikoorientierten Prüfungsansatzes interessiert, muß überlegt werden, welche Klasse von Lösungsmethoden grundsätzlich in der Lage ist, solche Problemtypen zu lösen.

51 Allgemeiner Überblick über Optimierungsverfahren

Die Literatur unterscheidet drei Haupttypen von Suchmethoden: (1) differentialgeometrische, (2) enumerative und (3) zufällige. Differentialgeometrische Suchmethoden wurden intensiv diskutiert. Sie zählen zu den klassischen Optimierungsmethoden des Operations Research. Hierbei lassen sich indirekte und direkte Methoden unterscheiden. Indirekte Methoden suchen ein lokales Extremum, indem i. a. ein System von nichtlinearen Gleichungen dadurch gelöst wird, daß der Gradient der Zielfunktion Null gesetzt wird. Es handelt sich um die multidimensionale Verallgemeinerung der elementaren Anwendung der Differentialrechnung zur Bestimmung von Extremwerten einer Funktion. Die direkten Methoden suchen nach einem loka-

---

61 Vgl. *Adam, D.*, Planungsüberlegungen; *Adam, D.*, Planung; *Loitlsberger, E.*, Prüfungsordnungen.

len Optimum, indem sie sich entlang der Zielfunktion in der Richtung des steilsten Abstiegs oder Anstiegs bewegen. Dies ist die Verallgemeinerung des bekannten Newton-Verfahrens. Obwohl die genannten Methoden laufend verbessert und erweitert worden sind – sie wurden sogar in Tabellenkalkulationsprogrammme integriert – weisen sie zwei entscheidende Nachteile auf: Zum einen können mit ihnen nur lokale Optima aufgefunden werden, d. h. sie konvergieren zum „besten" Punkt in der näheren Nachbarschaft des jeweiligen Standorts; zum anderen ist die Anwendbarkeit der differentialgeometrischen Suchmethoden abhängig von der Existenz von Ableitungen. Wenn es auch in Einzelfällen durch spezielle numerische Methoden gelingen mag, nicht-differenzierbare Bereiche zu beheben, handelt es sich doch um einen ganz entscheidenden Nachteil, denn die in der Realität anzutreffenden Suchprobleme sind charakterisiert durch Diskontinuitäten, Mehrgipflichkeit, Rauschen, Lücken im Suchraum und viele andere, der Anwendung der Differentialrechnung entgegenstehende Merkmale.

Demgegenüber sind die enumerativen Methoden robust, was ihre Anwendungsvoraussetzungen betrifft. Innerhalb eines endlichen (oder durch Diskretisierung auf eine endliche Zahl von Stützstellen reduzierten unendlichen) Suchraums wird schrittweise der Wert der Zielfunktion an jedem Punkt des Suchraums bestimmt und daraus das Optimum ermittelt. Der Nachteil dieser Vorgehensweise liegt auf der Hand: Viele praktische Probleme sind schlicht zu umfangreich, um unter Zeit- und Kostenrestriktionen alle Möglichkeiten abzusuchen. Selbst das bekannte Verfahren der Dynamischen Programmierung scheitert aus diesem Grund bereits an Suchproblemen von bescheidener Größenordnung.

Während also die differentialgeometrischen Methoden an praktischen Problemen vor allem daran scheitern, daß sie zu hohe Anforderungen stellen, müssen die enumerativen Methoden aus Effizienzgründen ausgeschieden werden. Schließlich machte es auch keinen Sinn, die Effizienz eines Prüfungsprozesses mit Hilfe eines ineffizienten Suchverfahrens optimieren zu wollen. Die Hoffnungen, praxisgerechte Lösungen zu finden, wurden deshalb auf heuristische Methoden und speziell auf die zufallsgesteuerte Suche gerichtet. Oberflächlich betrachtet müssen auch diese ausgeschieden werden, können sie doch auf lange Sicht nicht besser sein als die enumerativen Suchmethoden.

Allerdings sollte man hier nicht vorschnell entscheiden. Denn innerhalb der zufallsgesteuerten Suchmethoden gibt es eine Klasse von Verfahren, die durchaus effizient und zielgerichtet auf ein Optimum zusteuern können, indem sie beispielsweise auf Prinzipien der Evolution zurückgreifen. Es mag sonderbar erscheinen, daß zufallsgesteuerte Suchprozesse nicht notwendigerweise ziellos sein müssen. Diese Erkenntnis war grundlegend für die Weiterentwicklung der stochastischen heuristischen Suchverfahren.

52 Überblick über heuristische Such- und Optimierungsverfahren

Heuristische Suchverfahren lassen sich nach vielen Kategorien[62] einteilen. U. a. können sie danach unterschieden werden, ob sie dazu dienen, eine erste zulässige Lösung zu generieren (Eröffnungsverfahren), oder eine zulässige Startlösung zu verbessern (Verbesserungsverfahren). Suchverfahren können darüber hinaus in deterministische und stochastische eingeteilt werden. Die in der Stellungnahme HFA 1/1988 genannten Verfahren der bewußten Auswahl sind auch als deterministische Suchverfahren anzusehen. Die Auswahl aufs Geratewohl wäre als Auswahl ohne offengelegte Auswahlregel anzusprechen. Daher läßt sich auch von keinem Element die Auswahlwahrscheinlichkeit angeben. Demgegenüber besteht bei einem stochastischen oder zufallsgesteuerten Suchverfahren die Auswahlregel in der ausdrücklichen Anwendung eines nach einer bestimmten Wahrscheinlichkeitsverteilung operierenden Zufallsmechanismus. Unter Zugrundelegung dieser Wahrscheinlichkeitsverteilung läßt sich unter Berücksichtigung des Auswahlmechanismus von jedem Element die Auswahlwahrscheinlichkeit bestimmen.

Nachdem die Euphorie etwas abgeebbt ist, mit den traditionellen Methoden des Operations Research praxisgerechte Optimierungsprobleme lösen zu können, werden in jüngster Zeit im Schrifttum vor allem Optimierungsmethoden diskutiert, die in Analogie zu biologischen und physikalischen Gesetzmäßigkeiten oder aus anderen Überlegungen entwickelt worden sind. Zu den bekanntesten derartigen Methoden zählen: Genetische Algorithmen, Simulierte Abkühlung

---

62 Vgl. *Müller-Merbach, H.*, Heuristics.

(Simulated Annealing), Tabu Search, Target Analysis und Neuronale Netze[63]. Gemeinsame Absicht dieser Methoden ist es, der „kombinatorischen Explosion"[64] zu begegnen, die u. a. in der betriebswirtschaftlichen Praxis, beispielsweise in der Finanzwirtschaft, Produktion, Lagerhaltung und Budgetierung, zu lösen ist. Im folgenden soll am Beispiel des genetischen Algorithmus gezeigt werden, wie durch diese neuen Methoden auch das durch den risikoorientierten Prüfungsansatz aufgeworfene Optimierungsproblem einer Lösung zugeführt werden könnte.

53 Das Grundmodell des allgemeinen genetischen Algorithmus

Die Theorie der Genetischen Algorithmen bedient sich einer besonderen Terminologie. Um einen knappen Überblick über die einzelnen Begriffe zu geben, sei der weiteren Darstellung die folgende Tabelle[65] vorangestellt.

Biologie	Genetische Algorithmen
Chromosom	String
Gen	Merkmal (feature), Buchstabe (character)
Allel	Merkmalsausprägung, Wert
Locus	Position im String
Genotyp	Struktur
Phänotyp	Parametermenge, Lösungsalternative
Epistasis	Nichtlinearität
Fitneß	Qualität relativ zur übrigen Population

Tab. 2: *Übersicht über wichtige Begriffe der Genetischen Algorithmen*

Innerhalb der Genetischen Algorithmen werden zwei Implementierungsstrategien unterschieden: die auf *Rechenberg*[66] und *Schwe-*

---
63 Vgl. *Baetge, J./Krause, C.,* The Classification of Companies.
64 Vgl. *Glover, F./Greenberg, H. J.,* New approaches.
65 Vgl. *Goldberg, D.,* Genetic Algorithms, S. 22.
66 Vgl. *Rechenberg, I.,* Evolutionsstrategie.

fel[67] zurückgehenden „Evolutionsstrategien" und die von *Holland*[68] und *Goldberg*[69] entwickelten „Genetic Algorithms". Ein abstrakter Algorithmus, der die praktisch verwendbaren Genetischen Algorithmen als Spezialfall enthält, läßt sich in Anlehnung an *Heistermann*[70] durch folgenden Pseudocode beschreiben:

1. [Zielfunktion festlegen]. Vorgabe einer beliebigen, problemangepaßten Zielfunktion $\mu()$. (Diese Zielfunktion kann z. B. sein: eine Ermittlungsvorschrift für die zu maximierende Fehlerschwere bzw. „Urteilsmateriality"[71] oder die zu minimierenden Gesamtprüfungskosten).

2. [Abbruchkriterien festlegen]. Es muß ein Kriterium μ^* festgelegt werden, dessen Erreichen zur Beendigung des Verfahrens führt.

3. [Genetische Codierung vornehmen]. Die (lern-)relevanten Parameter des Systems sind durch Gene eindeutig zu kodieren. Jedes Gen hat (innerhalb des ein Individuum bestimmenden Chromosoms) eine festgelegte Wertemenge. Eine konkrete Ausprägung wird als Allel bezeichnet und als Bitstring (z. B. „01010000...011") dargestellt.

4. [Festlegen der genetischen Operatoren]. Eine Menge genetischer Operatoren Ω (meist: Rekombination, Mutation, Selektion u. a.) wird festgelegt.

5. [Anfangsbelegung vornehmen]. Erzeugen einer Anfangspopulation $P_1=(\nabla 1, \nabla 2, ... \nabla n,)$ von Individuen. Dabei werden die einzelnen Bitpositionen eines Individuums per Zufall bestimmt. Alle Individuen der Anfangspopulation erhalten einen Wert, der ihre Qualität (Fitneß) bestimmt.

---

67 Vgl. *Schwefel, H.-P.*, Numerische Optimierung.
68 Vgl. *Holland, J. H.*, Adaption.
69 Vgl. *Goldberg, D.*, Genetic Algorithms.
70 Vgl. *Heistermann, J.*, Genetische Algorithmen, S. 23–24.
71 Vgl. *AICPA*, Statements on Auditing Standards, AU § 312.08: „The auditor should consider risk and materiality both in (a) planning the audit procedures and (b) evaluating whether the financial statements taken as a whole are presented fairly, in all material respects, in conformity with generally accepted accounting principles."

6. [Rekombination]. Erzeugen einer Menge {∇n+1, ∇n+2, ... ∇n+k,} von Individuen durch sukzessive Anwendung genetischer Operatoren $\omega \in \Omega$.

7. [Qualität bestimmen]. Von jedem Individuum wird der Wert der Zielfunktion $\mu()$ bestimmt oder berechnet.

8. [Selektion]. Bilden einer neuen Population durch Selektion von Individuen in Abhängigkeit von deren Qualität. (Jedes Individuum erzeugt Kopien seiner selbst, wobei die Anzahl dieser Kopien von seiner Qualität abhängt.)

9. [Abbruchkriterium testen]. Falls das in 2. bestimmte Abbruchkriterium μ^* nicht erfüllt ist, gehe zu 6.

10. [Terminierung]. Ausgabe des Chromosom des/der besten Individuen.

Die prinzipielle Funktionsweise eines Genetischen Algorithmus soll an folgendem stark vereinfachten Beispiel[72] illustriert werden: Ausgangspunkt eines hier nicht näher spezifizierten Optimierungsprozesses – man stelle sich beispielsweise die Suche nach der größten Abweichung einer rudimentären Lagerbuchführung vor – wäre eine Population von vier Individuen (Abweichungen) {∇1, ..., ∇4}. Diese Individuen sind in der zweiten Spalte der nachfolgenden Tabelle als binär codierter String dargestellt. Jedes Individuum würde an einem oder mehreren Zielkriterien gemessen und nach vorab festgelegten Regeln bewertet. Die Ergebnisse dieses Bewertungsprozesses sind in der dritten Spalte aufgelistet. Die Gesamtpopulation hat einen Gesamtwert von 1170, der herangezogen werden kann, um die Fitneß jedes Individuums in bezug auf die Population zu bestimmen (vierte Spalte).

Individuum	String	Wert in bezug auf das Zielkriterium	Fitneß
∇1	01101	169	0.144
∇2	11000	576	0.492
∇3	01000	64	0.055
∇4	10011	361	0.309
Summe		1170	1.000

---

72 Vgl. *Goldberg, D.*, Genetic Algorithms, S. 10–11.

Um nun die Reproduktion dieser Ausgangspopulation i. S. des Genetischen Algorithmus zu modellieren, kann man sich einer fitneß-proportional unterteilten Roulette-Scheibe bedienen:

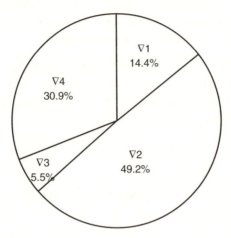

Abb. 4: Beispiel für einen fitneß-proportionalen Zufallsmechanismus

Die Nachfolge-Population entsteht durch Auslese. Hierzu wird die eben konstruierte Roulette-Scheibe viermal angestoßen. Als Nachkomme wird ein Individuum gewählt, das jenen Chromosomensatz (String) aufweist, bei dem die Scheibe stehenbleibt. Auf Grund der Konstruktion hat ein fitteres Individuum der Ausgangspopulation eine höhere Chance auf Nachkommen, d. h. die Chance, mehr Nachkommen zu erhalten als ein weniger fittes. (Man beachte hier die deutliche Verwandtschaft zu der in der Stichprobenprüfung verwendeten wertproportionalen Dollar-Unit-Auswahl!) Dieser Mechanismus führt dazu, daß – im Unterschied zur blinden Suche (mittels Monte-Carlo-Simulation) – erfolgreiche Merkmalsanlagen über Generationen fortbestehen.

Nach der Reproduktion können verschiedene Operatoren zur Anwendung kommen. Hier sollen nur zwei, die Rekombination (Kreuzung) und die Mutation, gezeigt werden. Bei der Rekombination werden zwei Strings zufällig zur Paarung ausgewählt (hier: $\nabla 1$ und $\nabla 2$). Anschließend wird eine gleichverteilte Zufallszahl (zwischen 1 und der Anzahl der Zwischenräume; hier: 4) verwendet, um eine Trennstelle auf dem String zu bestimmen. Diese Zufallszahl wäre beispielsweise 4. Die beiden Strings werden nun nach der vierten Stelle im

String aufgetrennt („|") und gekreuzt. Die Vertreter der neuen Generation sind mit (') gekennzeichnet:

<table>
<tr><td>Eltern-Generation</td><td></td><td>Kinder-Generation</td></tr>
<tr><td>$\nabla 1$=„0110| 1"</td><td></td><td>$\nabla 1$'=„0110| 0"</td></tr>
<tr><td></td><td>Kreuzung</td><td></td></tr>
<tr><td>$\nabla 2$=„1100| 0"</td><td></td><td>$\nabla 2$'=„1100| 1"</td></tr>
</table>

Der Rekombinationsoperator hat zwei wichtige Eigenschaften: Seine erste wichtige Eigenschaft liegt darin, daß Kinder stark verschieden von ihren Eltern sein können und daher für eine große Varietät, d. h. eine weite Verbreitung innerhalb des Suchraums, gesorgt wird. Die zweite wichtige Eigenschaft der Kreuzung besteht darin, daß sich eine Position im String, an der beide Eltern dasselbe bit $\in \{0, 1\}$ aufweisen, auch in der Kindergeneration erhalten bleibt. Im Extremfall haben zwei Elternteile mit dem identischen String wieder identische Kinder.

Um auch Neuerungen zuzulassen, wird (üblicherweise mit einer sehr geringen Wahrscheinlichkeit) der Mutationsoperator zur Anwendung gebracht. Hierbei wird wiederum zufällig eine Stelle im String bestimmt. Diese wird dann durch ihr binäres Komplement ersetzt, also „0" durch „1" bzw. „1" durch „0". Die Mutation gewährleistet innerhalb des Genetischen Algorithmus, daß sich der Suchprozeß von einem lokalen Optimum auch wieder wegentwickeln kann und dadurch die Chance hat, ein noch besseres lokales bzw. das globale Optimum zu finden.

Die hier dargestellten Operatoren wurden nur in ihrer elementarsten Ausformung beschrieben. Für komplexere Varianten muß auf die einschlägige Literatur[73] verwiesen werden. Genetische Algorithmen (GA) unterscheiden sich von traditionellen Such- und Optimierungsmethoden vor allem durch folgende vier Eigenschaften[74]:

- GA arbeiten mit einer codierten Parametermenge, nicht mit den Parametern selbst.

- GA verwenden zur Suche nicht bloß einen Punkt des Suchraums, sondern eine Population von Punkten.

---

73 *Holland, J. H.*, Adaption; *Goldberg, D.*, Genetic Algorithms; *Whitley, D.*, Tutorial.
74 Vgl. *Goldberg, D.*, Genetic Algorithms, S. 7.

- GA verwenden Zielfunktionswerte oder Zielfunktionen, aber keine Ableitungen von Funktionen.

- GA setzen keine deterministischen, sondern stochastische Auswahl- und Transformationsregeln (Operatoren) ein.

6 Modellierungsvorschlag für den risikoorientierten Prüfungsansatz

Wichtiger als die detaillierte Darstellung der im Schrifttum behandelten Verfahrensvarianten von heuristischen Suchverfahren ist für die vorliegende Untersuchung sicherlich die Frage, wie ein heuristisches Suchverfahren grundsätzlich zur Lösung des durch den risikoorientierten Prüfungsansatz induzierten Optimierungsproblems herangezogen werden kann. Dies soll wieder am Beispiel des (allgemeinen) Genetischen Algorithmus (GA) diskutiert werden. In einem ersten Schritt wird aufgezeigt, wie eine Implementierung des Grundmodells in der Prüfungspraxis vorstellbar wäre. In einem weiteren Schritt wird eine Modellerweiterung vorgenommen, um dem praktischen Sachverhalt besser zu entsprechen. In einem dritten Schritt schließlich wird dieses erweiterte Modell um einen Modellansatz zur Einbeziehung der betriebswirtschaftlich relevanten Aspekte ergänzt.

61 Überlegungen zur Implementierung des allgemeinen Genetischen Algorithmus in der Prüfungspraxis

Ausgangspunkt der folgenden Überlegungen sind die Rahmenbedingungen des realen Prüfungsgeschehens in vereinfachter Form. Der Suchraum des Prüfers (Prüfgebiet[75]) besteht aus dem vollständigen Journal (Ist-Objekt des Prüfungsurteils), erweitert um alle qualitativen Merkmale, die den gebuchten Sachverhalt charakterisieren und aus dem verfügbaren Datenbestand bereitgestellt werden können. Zudem besteht der Suchraum des Prüfers auch noch aus der Gesamtheit aller Urbelege, die von den aufzeichnungspflichtigen Geschäftsvorfällen und Sachverhalten angefertigt worden seien, ergänzt um Informationen über ihre Verarbeitung im Rechnungswesen und im internen Kontrollsystem. Es werde unterstellt, daß diese Informationen

---

75 Vgl. *Zimmermann, E.*, Theorie und Praxis, S. 26–29.

u. a. auch die wechselseitige Zuordnung zwischen den Buchungssätzen im Journal und den Urbelegen ermöglichen. Als Ziel des hier darzustellenden Suchprozesses sei vereinbart, daß der schwerwiegendste Fehler gefunden werden soll. Wie das Urteil über die Fehlerschwere (Materiality) gebildet wird, werde hier nicht betrachtet.

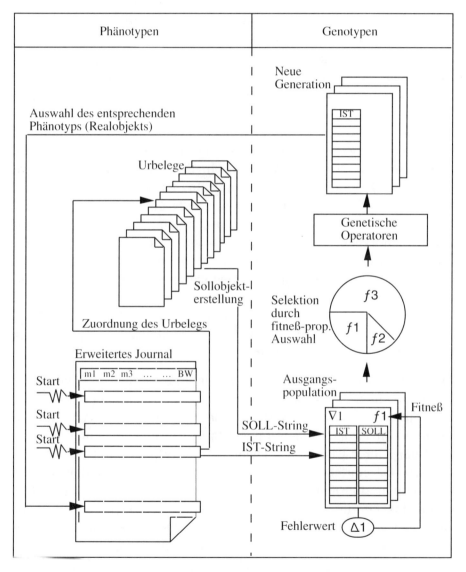

Abb. 5: Die risikoorientierte Prüfung als stochastisches heuristisches Suchproblem nach dem schwerwiegendsten Fehler

Ausgangspunkt des genetischen Suchverfahrens ist die zufällige Auswahl einer Ausgangspopulation von n Buchungszeilen. Diese Auswahl erfolge mit gleichen Auswahlwahrscheinlichkeiten. Sie könnte ggf. auch risikoproportional – unter Berücksichtigung von Vorinformationen – erfolgen. In der Abbildung sind die ausgewählten Buchungszeilen des Journals durch geschwungene Pfeile gekennzeichnet. Zu jedem Buchungssatz ist es aufgrund der gesetzten Prämissen möglich, die korrespondierenden Urbelege aufzufinden und ein fallspezifisches Soll-Objekt abzuleiten. Alle suchrelevanten Merkmale des Ist-Objekts bilden nun zusammen mit den korrespondierenden Merkmalen des Soll-Objekts den Genotyp eines Individuums der Ausgangspopulation. Von jedem dieser Chromosomenpaare ∇i wird in einem weiteren Schritt der Fehlerwert Δi festgestellt und daraus die Fitneß f_i (in Prozent) ermittelt. Nachdem einem Chromosomenpaar seine Fitneß zugeordnet worden ist, unterliegt es der Selektion durch eine fitneß-proportionale Auswahl. In der Folge kommen weitere genetische Operatoren, wie Kreuzung, Inversion und Mutation, zum Einsatz, so daß eine erste Generation von Nachkommen entsteht, die zumindest durch ihr Ist-Chromosom charakterisiert sind. Für jeden dieser Genotypen muß nun im Ist-Objekt (i. d. R. im Journal) ein realer Repräsentant (Phänotyp) gefunden werden. Bezüglich des Problems, daß bei der Fortpflanzung Genotypen entstanden sein können, denen kein realer Phänotyp zuzuordnen ist, wird auf das einschlägige Schrifttum[76] verwiesen. Die Reihenfolge zwischen Journal und Urbelegen könnte – bei Verdacht auf Unvollständigkeit – gegebenenfalls vertauscht oder durch eine Parallelauswahl ersetzt werden.

Die eben dargestellte Prozeßskizze – in eine geeignete Simulationsanordnung übersetzt – läßt erwarten, daß der Gesamtfehlerwert in den folgenden Generationen zunimmt und zu den größten vorhandenen Fehlern konvergiert. Würden die gefundenen Fehler – unter Berücksichtigung ihrer Ursachen – jeweils korrigiert, ist damit zu rechnen, daß das Gesamtfehlerpotential des prüfungsgegenständlichen Falls (diskontinuierlich) monoton abnimmt. Es versteht sich von selbst, daß die skizzierte prototypische Anwendung des Genetischen Algorithmus auf die Problemstellung einer Abschlußprüfung nach den verschiedensten Richtungen ausgestaltet und ergänzt werden kann.

---

76 Vgl. *Goldberg, D.*, Genetic Algorithms, S. 148–184.

Insbesondere fällt auf, daß der skizzierte evolutionäre Suchprozeß erst dann stoppt, wenn das globale Fehlermaximum gefunden ist. Dies dürfte den ökonomischen Rahmenbedingungen der Prüfungsrealität entgegenstehen, so daß ein realitätsgerechteres Modell eine weitere Komponente enthalten muß, die die Ableitung eines betriebswirtschaftlich fundierten Abbruchkriteriums ermöglicht. Darüber hinaus ist zu erwarten, daß die Konvergenzgeschwindigkeit des eben skizzierten Suchprozesses durch geeignete Maßnahmen verbessert werden muß. Schließlich verursacht jedes neue Individuum in der Population der Suchobjekte durch seine Auswahl und die erforderliche Auswertung Personalkosten. Denn im Unterschied zu vielen in der Literatur beschriebenen Anwendungen heuristischer Suchverfahren kann das hier dargestellte Szenario nicht vollständig automatisiert ablaufen.

62 Lösung der anstehenden Optimierungsprobleme mit Hilfe Genetischer Algorithmen

Um den praktischen Gegebenheiten einer Prüfung zumindest annähernd gerecht zu werden, erfordert das oben dargestellte Grundmodell noch einige Erweiterungen und Ergänzungen. Aus Vereinfachungsgründen wurde bisher implizit unterstellt, daß die Verfahrenswahl kein zu modellierendes Problem darstellt. Bei detaillierter Betrachtung muß man allerdings erkennen, daß die Verfahrenswahl nicht nur einen entscheidenden Einfluß auf die Konvergenzgeschwindigkeit des Suchprozesses haben kann, sondern ihrerseits ein Optimierungsproblem darstellt. Dieses Optimierungsproblem soll an einem speziellen Teilproblem illustriert werden, das in der Literatur gut dokumentiert ist.

Neter/Loebbecke[77], *Sturm*[78] und *Mandl*[79] haben Entscheidungsnetzwerke zur Auswahl von Stichprobenverfahren in Abhängigkeit von der Beschaffenheit der Grundgesamtheit erarbeitet. Dabei hat sich gezeigt, daß die Auswahl des jeweils besten Stichprobenverfahrens

---

77 *Neter, J./Loebbecke, J. K.*, Considerations in Choosing.
78 *Sturm, L.*, Vorratsinventuren mit Stichprobenverfahren, S. 169.
79 *Mandl, G.*, Anwendungsvoraussetzungen und Effizienz, S. 176–179 und S. 184.

nur anhand von charakteristischen Eigenschaften der zu prüfenden Grundgesamtheit, beispielsweise anhand des Korrelationskoeffizienten zwischen Ist- und Sollwerten, entschieden werden kann. Dies ist indes nur dann möglich, wenn diese, die Grundgesamtheit charakterisierenden Größen a priori – also bereits vor Einsatz des Stichprobenverfahrens – bekannt sind. Da die benötigten Informationen im realen Prüfungsgeschehen unbekannt sind und de facto auch nicht aus Vorperioden übernommen werden können, müssen sie mit Hilfe von Stichprobenuntersuchungen geschätzt werden. Damit schließt sich der Kreis zu einem logischen Zirkel. Um diesen logischen Zirkel aufzulösen, wurde von *Mochty*[80] vorgeschlagen, über die Auswahl des besten Hochrechnungsverfahrens erst nach der Erhebung und Auswertung von Prüfelementen zu entscheiden. Die moderne Prüfungstechnik läßt es ohne nennenswerten Zusatzaufwand zu, alle in Frage kommenden Hochrechnungsverfahren auf die Stichprobendaten parallel anzuwenden. Auf Grund des mit steigendem Stichprobenumfang laufend errechneten Konfidenzintervalls und eventuell weiterer Eigenschaften kann situationsabhängig entschieden werden, welches Hochrechnungsverfahren das vorteilhafteste ist. Um ein solches Vorgehen auch statistisch zulässig zu gestalten, genügt es, wenn die Grundgesamtheit vorab vollständig mit gleichverteilten Zufallszahlen für die potentielle Auswahl „durchnumeriert" wird, ein Vorgang, der sich mit dem zufälligen Mischen von Spielkarten vergleichen läßt.

An dem eben dargestellten Teilproblem erkennt man, daß die Verfahrensauswahl im allgemeinen nur anhand der konkreten Population optimiert werden kann, auf die das Verfahren angewandt werden soll. Insofern dürfte der oben geschilderte logische Zirkel nicht bloß bei Stichprobenverfahren, sondern allgemein gelten. Die bisher angestellten Vorüberlegungen legen es nahe, zwischen dem Suchproblem nach dem schwerwiegendsten Fehler und dem Suchproblem nach dem kostengünstigsten Verfahren zu differenzieren. Die folgende Tabelle gibt eine Gegenüberstellung.

---

[80] *Mochty, L.,* Die Abschlußprüfung, S. 334.

	Suchproblem 1	Suchproblem 2
Suchobjekt	Fehler	Verfahren
Grundlage	alle Elemente des Prüfgebiets (= Gesamtheit aller Prüffelder)	Gesamtheit aller bisher gefundenen Fehler und deren Ursachen
Zielfunktion	Fehlerschwere	Verfahrenskosten
Optimierungsrichtung	Maximum	Minimum

Tab. 3: Zerlegung der risikoorientierten Prüfung in zwei ineinander geschachtelte Suchprobleme

Da – wie bereits erläutert – das beste Verfahren nur anhand der konkreten Population ausgewählt werden kann, auf die es zur Anwendung kommen soll, muß das Suchproblem nach dem kostengünstigsten Verfahren in das Suchproblem nach dem schwerwiegendsten Fehler integriert werden. Nun kann es zur Optimierung des gesamten Prüfungsprojekts jedoch nicht ausreichen, für isolierte Teilprobleme das jeweils kostengünstigste Verfahren zu kennen. Deshalb stellen sich noch weitere Suchprobleme, ein Zuordnungsproblem (Suchproblem 3: Suche nach der optimalen Kombination von Prüfungshandlungen – statische Betrachtung) und ein Reihenfolgeproblem (Suchproblem 4: Suche nach der optimalen Abfolge von Prüfungshandlungen – dynamische Betrachtung). Das Ergebnis ist ein hierarchisches Optimierungsproblem, das zu einem System in sich geschachtelter heuristischer Suchprozesse führt.

63 Die wertproportionale Hochrechnung als Prognosemodell der weiteren Projektentwicklung

Anhand des Grundmodells wurde bereits festgestellt, daß es aus ökonomischen Gründen nicht genügen kann, so lange abzuwarten, bis der jeweilige Suchprozeß zu seinem Optimum gefunden hat und deshalb von sich aus abbricht. Es muß also ein Abbruchkriterium gefunden werden, das sich aus den wirtschaftlichen Zielen und Nebenbedingungen herleitet. Deshalb ist es notwendig, das System von aufeinander aufbauenden Suchprozessen, die zur Modellierung des risikoorientierten Prüfungsansatzes aus formalen Gründen erforderlich sind, um ein Prüfungsplanungs- und Steuerungsmodul zu ergänzen.

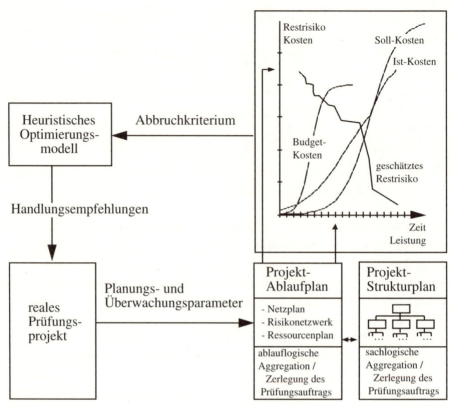

Abb. 6: Ergänzung des risikoorientierten Suchprozesses um ein Projekt-Controlling-Modul

Wegen der engen Problemverwandtschaft zwischen Prüfungs- und F&E-Projekten liegt es nahe, ein Prüfungs-Controlling nach der Art der Projektkosten- und Leistungsrechnung für F&E-Projekte[81] zu konzipieren. Auf Grund der Vorüberlegungen müßte ein solches Controlling-Konzept zumindest auf drei Ebenen aufbauen: einer Ebene für die Zeitplanung, einer Ebene für die Risikoplanung und einer Ebene für die Kostenplanung.

Nun ist zu berücksichtigen, daß die Planungsparameter – sollen sie nicht bloße Hausnummern sein – nur iterativ durch statistische Hochrechnung auf der Basis objektiv festgestellter Ist-Daten gefunden werden können. Dies heißt nicht, daß das Prüfungs-Controlling eine bloße Prognose-Kosten- und Leistungsrechnung ohne explizite Soll-

---

81 Vgl. *Coenenberg, A. G./Raffel, A.*, Integrierte Kosten- und Leistungsanalyse.

Vorgaben darstellen kann. Wenn im Controlling-Modul nun aber auch das Abbruchkriterium für das gesamte Prüfungsprojekt ermittelt werden soll, so ist es gerechtfertigt zu fordern, daß ein Rechenkreis innerhalb dieses Moduls eine möglichst willkürfreie Schätzung des verbleibenden Restrisikos zuläßt und dieses Restrisiko möglichst realistisch geschätzten Restkosten gegenübergestellt werden kann. Da bei Projekten das bekannte „90%-Syndrom" auftritt, sollten diese Restkosten auf der Basis der bisherigen Projekterfahrung mit Hilfe von Stichprobenschätzungen ermittelt werden.

Die Natur der fitneß-proportionalen Auswahl innerhalb der einzelnen Suchprozesse erfordert es, für die Schätzung der Planungsparameter ein wertproportionales Auswahlverfahren heranzuziehen. Da sich die Datenbasis mit fortschreitender Projektdauer vergrößert, ist eine zunehmend sichere und genaue Ermittlung des Abbruchkriteriums zu erwarten. Die hierfür in Frage kommenden Schätzverfahren sollten in der vom Survey Sampling erarbeiteten Methodenbasis zu finden sein.

7 Zusammenfassung und Ausblick

Der risikoorientierte Prüfungsansatz ist ein in der Praxis entwickeltes Konzept, das nur dann detaillierter ausgestaltet und verbessert werden kann, wenn sein theoretisches Fundament geklärt ist. Die Analyse ergab, daß die Risikogleichung des SAS No. 39 nicht ausreicht, um einen Modellansatz zu konstruieren, der der Zielsetzung des risikoorientierten Prüfungsansatzes gerecht wird. Diese Zielsetzung besteht darin, unter Beachtung der Berufsgrundsätze eine wirksame und wirtschaftliche Auswahl von Prüfungshandlungen nach Art, Reihenfolge und Umfang zu ermöglichen, so daß das Prüfungsrisiko nach oben begrenzt ist und die vorgegebene Fertigstellungsfrist eingehalten wird. Es konnte gezeigt werden, daß die Modellierung des risikoorientierten Prüfungsansatzes ein komplexes kombinatorisches Optimierungsmodell erfordert. Ein solches Optimierungsmodell kann mit konventionellen Optimierungstechniken nicht gelöst werden, so daß vorgeschlagen wurde, evolutionäre heuristische Suchverfahren einzusetzen – Verfahren, die sich im Bereich der Produktionsplanung und -steuerung (PPS) bereits bewährt haben. Im Bereich der Stichprobenprüfung war eine Abklärung des theoretischen Bezugsrahmens vorzunehmen. Hierzu wurde vorgeschlagen, die theoretischen Grundlagen des Survey Samplings heranzuziehen, weil dieses den praktischen Gegebenheiten, unter denen stichprobengestützte Analysen im Prüfungswesen erfolgen, besser gerecht wird als die in den meisten Lehrbüchern behandelten Schätz- und Testverfahren der klassischen Statistik. Hinsichtlich des Verwendungszwecks von Stichproben im Rahmen der Jahresabschlußprüfung wurde aufgezeigt, daß sich Stichprobenanalysen nur im Null-Fehler-Fall zur Urteilsbildung eignen. Sobald Fehler festgestellt worden sind, die auch korrigiert werden sollen, ist die klassische Zufallsauswahl ineffizient. Sie entspricht einer blinden Suche nach Art der Monte-Carlo-Simulation. Risikoproportionale Zufallssuche nach Art der Genetischen Algorithmen bewahrt über Vererbungsmechanismen nicht nur das Wissen über die Merkmalsausprägung bereits gefundener Fehler, sie verbessert dieses Wissen zielgerichtet mittels genetischer Operatoren, wie Auslese, Rekombination und Mutation. Die mit der wertproportionalen Auswahl verträglichen Schätzmethoden des Survey Samplings können eingesetzt werden, um die Planungs- und Steuerungsproblematik von Prüfungsprojekten auf eine objektivierbare Grundlage zu stellen. Auf dieser Grundlage kann es gelingen, ein betriebswirtschaftlich relevantes Abbruchkriterium für die gezielte Suche nach individuellen Fehlern in der Rechnungslegung zu bestimmen.

Literaturverzeichnis

Abdel-khalik, A. Rashad/Snowball, Doug A./Wragge, John H., The Effects of Certain Internal Audit Variables on the Planning of External Audit Programs, in: The Accounting Review, Vol. 58, 1983, S. 215–227 (Planning of External Audit Programs).

Adam, Dietrich, Planungsüberlegungen in wirkungsdefekten Problemsituationen, in: WISU 1980, S. 382–386 (Planungsüberlegungen).

Adam, Dietrich, Planung in schlechtstrukturierten Entscheidungssituationen mit Hilfe heuristischer Vorgehensweisen, in: BFuP 1983, S. 484–494 (Planung).

AICPA, Codification of Statements on Auditing Standards, New York 1991 (Statements on Auditing Standards).

Alderman, C. Wayne/Tabor, Richard H., The Case for Risk-driven Audits: The Audit Risk Approach is Now a Must to Ensure an Audit is Effective and Efficient, in: Journal of Accountancy, March 1989, S. 55–61 (Risk-driven Audits).

Bähr, Gottfried/Fischer-Winkelmann, Wolf F./Kugler, Lothar/Munkert, Michael, Beck'sches Prüfungshandbuch, München 1989.

Baetge, Jörg, Möglichkeiten der Früherkennung negativer Unternehmensentwicklungen mit Hilfe statistischer Jahresabschlußanalysen, in: ZfbF 1989, S. 792–810 (Früherkennung negativer Unternehmensentwicklungen).

Baetge, Jörg, Stichwort „Netzplantechnik, Anwendbarkeit der", in: Lexikon der Rechnungslegung und Abschlußprüfung, hrsg. v. Lück, W., 3. Aufl., München/Wien 1997.

Baetge, Jörg/Fischer, Thomas R., §317 HGB, Gegenstand und Umfang der Prüfung, in: Handbuch der Rechnungslegung, Kommentar zur Bilanzierung und Prüfung, hrsg. v. Küting, Karlheinz/Weber, Claus-Peter, 3. Aufl., Stuttgart 1990 (§ 317 HGB).

Baetge, Jörg/Krause, Clemens, The Classification of Companies by Means of Neural Networks, in: Journal of Information Science and Technology, Vol. 3, 1993, No. 1, S. 96–112 (The Classification of Companies).

Baetge, Jörg/Mochty, Ludwig, Stichwort „Netzplantechnik", in: Lexikon der Rechnungslegung und Abschlußprüfung, hrsg. v. Lück, Wolfgang, 3. Aufl., München/Wien 1997.

Baetge, Jörg/Beuter, Hubert B./Feidicker, Markus, Kreditwürdigkeitsprüfung mit Diskriminanzanalyse, in: WPg 1992, S. 749–761.

Bedingfield, James P., The Current State of Statistical Sampling and Auditing, in: Journal of Accountancy, December 1975, S. 48–55 (The Current State of Statistical Sampling).

Blocher, Edward J./Cooper, Jean C., A Study of Auditors' Analytical Review Performance, in: Auditing: A Journal of Practice & Theory, Vol. 7, 1988, No. 2, S. 1–28 (Analytical Review Performance).

Bortz, Jürgen, Statistik für Sozialwissenschaftler, 4. Aufl., Berlin u. a. 1993.

Bosbach, Gerd, Robuste Mittelwert-Schätzer bei Verletzung der Unabhängigkeitsannahme, Bergisch Gladbach/Köln 1988.

Brewer, K. R. W., Survey Sampling Inference: Some Past Perspectives and Present Prospects, in: Pak. J. Statist., Vol. 10, 1994, No. 1, S. 213–233 (Survey Sampling Inference).

Buchner, Robert, Stichwort „Nichtnormalverteilte Merkmalsausprägungen in Stichprobenverteilungen", in: Lexikon der Rechnungslegung und Abschlußprüfung, hrsg. v. Lück, Wolfgang, 3. Aufl., München/Wien 1997.

Buchner, Robert/Weinreich, Jürgen, Zum Optimierungsproblem Urteilsbildung und Prüfungskosten im Rahmen einer stichprobenweisen Buchprüfung, in: ZfbF 1979, S. 829–837 (Optimierungsproblem).

Cassel, Claes-Magnus/Särndal, Carl-Eric/Wretman, Jan H., Prediction Theory for Finite Populations when Model-based and Design-based Principles Are Combined, in: Scandinavian Journal of Statistics, Vol. 6, 1979, S. 97–106 (Prediction Theory).

Caster, Paul, An Empirical Study of Accounts Receivable Confirmations as Audit Evidence, in: Auditing: A Journal of Practice & Theory, Vol. 9, 1990, No. 3, S. 75–91 (Accounts Receivable Confirmations).

Cochran, William G., Sampling Techniques, 3rd Ed., New York 1977.

Coenenberg, Adolf G./Raffel, Andreas, Integrierte Kosten- und Leistungsanalyse für das Controlling von Forschungs- und Entwicklungsprojekten, in: Kostenrechnungspraxis 1988, S. 199–207 (Integrierte Kosten- und Leistungsanalyse).

Cohen, Gerald D./Pearson, David B., Auditing the Clients' Judgements: An Approach to Minimize Undetected Material Errors in Audited Financial Statements, in: Journal of Accountancy, May 1981, S. 58–64 (Auditing the Clients' Judgements).

Cushing, Barry E./Loebbecke, James K., Analytical Approaches to Audit Risk: A Survey and Analysis, in: Auditing: A Journal of Practice & Theory, Vol. 3, 1983, No. 1, S. 23–41 (Analytical Approaches to Audit Risk).

Cushing, Barry E./Loebbecke, James K., Comparison of Audit Methodologies of Large Accounting Firms, Studies in Accounting Research #26, American Accounting Association, Sarasota (FL) 1986 (Comparison of Audit Methodologies).

Davis, Gordon/Neter, John/Palmer, Roger, An Experimental Study of Audit Confirmations, in: Journal of Accountancy, June 1967, S. 36–44 (Audit Confirmations).

Diehl, Carl-Ulrich, Strukturiertes Prüfungsvorgehen durch risikoorientierte Abschlußprüfung, in: Aktuelle Fachbeiträge aus Wirtschaftsprüfung und Beratung, Festschrift für Luik, hrsg. v. Schitag Ernst & Young-Gruppe, Stuttgart 1991, S. 187–215 (Strukturiertes Prüfungsvorgehen).

Diehl, Carl-Ulrich, Risikoorientierte Abschlußprüfung – Gedanken zur Umsetzung in der Praxis, in: DStR 1993, S. 1114–1121 (Risikoorientierte Abschlußprüfung).

Dörner, Dietrich, Audit Risk, in: Handwörterbuch der Revision, hrsg. v. Coenenberg, Adolf G./Wysocki, Klaus v., 2. Aufl., Stuttgart 1992, Sp. 82–95.

Francis, Jere R./Stokes, Donald J., Audit Prices, Product Differentiation, and Scale Economies: Further Evidence from the Australian Market, in: Journal of Accounting Research, Vol. 24, 1986, S. 383–393 (Audit Prices).

Forsman, G., Early Survey Models and Their Use in Survey Quality Work, in: Journal of Official Statistics, Vol. 5, 1989, No. 1, S. 41–55 (Early Survey Models).

Glaser, Horst/Petersen, Lars, PPS (Produktionsplanungs- und Steuerungs)-Systeme, in: Handwörterbuch der Produktionswirtschaft, hrsg. v. Kern, Werner/Schröder, Hans-H./Weber, Jürgen, 2. Aufl., Stuttgart 1996, Sp. 1405–1418.

Glover, Fred/Greenberg, Harvey J., New approaches for heuristic search: A bilateral linkage with artificial intelligence, in: European Journal of Operational Research, Vol. 39, 1989, S. 119–130 (New approaches).

Godambe, V. P., Foundations of Survey Sampling, in: The American Statistician, Vol. 24, No. 1, 1970, S. 33–38.

Goldberg, David, Genetic Algorithms in Search, Optimization, and Machine Learning, Reading (MA) u. a. 1989 (Genetic Algorithms).

Heistermann, Jochen, Genetische Algorithmen, Stuttgart/Leipzig 1994.

HFA des IDW, Stellungnahme 1/1988, Zur Anwendung stichprobengestützter Prüfungsmethoden bei der Jahresabschlußprüfung, in: WPg 1988, S. 240–247 (Stellungnahme 1/1988).

HFA des IDW, Fachgutachten 1/1988, Grundsätze ordnungsmäßiger Durchführung von Abschlußprüfungen, in: WPg 1989, S. 9–19 (Fachgutachten 1/1988).

Hömberg, Reinhold, Methoden und Probleme der Urteilsbildung bei Unternehmensprüfungen, Habilitationsschrift, Universität Wien 1981.

Hömberg, Reinhold, Zur Ordnungsmäßigkeit von Wertkorrekturen bei Stichprobeninventuren, in: ZfbF 1985, S. 67–78 (Ordnungsmäßigkeit von Wertkorrekturen).

Holland, John H., Adaption in Natural and Artificial Systems, Ann Arbor 1975 (Adaption).

Horvitz, D. G./Thompson, D. J., A generalization of sampling without replacement from a finite universe, in: Journal of the American Statistical Association, Vol. 47, 1952, S. 663–685 (A generalization of sampling).

Ijiri, Yuji/Kaplan Robert S., A Model for Integrating Sampling Objectives in Auditing, in: Journal of Accounting Research, Vol. 9, 1971, S. 73–87.

Ijiri, Yuji/Kaplan Robert S., The Auditor's Sampling Objectives: Four or Two? A Reply, in: Journal of Accounting Research, Vol. 10, 1972, S. 413–416.

Kempf, Dieter, Einsatz mathematisch-statistischer Verfahren im Hinblick auf einen risikoorientierten Prüfungsansatz, in: Aktuelle Fachbeiträge aus Wirtschaftsprüfung und Beratung, Festschrift für Luik, hrsg. v. Schitag Ernst & Young-Gruppe, Stuttgart 1991, S. 237–262 (Einsatz mathematisch-statistischer Verfahren).

Kiaer, A. N., The representative method of statistical surveys, Central Bureau of Statistics of Norway, Oslo 1976 (engl. Übersetzung des Originals „Den repræsentative Undersøgelsesmethode" von 1897).

Kinney, William R., Jr., The Auditor's Sampling Objectives: Four or Two?, in: Journal of Accounting Research, Vol. 10, 1972, S. 407–412.

Kinney, William R., Jr., Fifty Years of Statistical Auditing, New York/London 1986.

Kish, Leslie, Survey Sampling, New York 1965.

Klein-Cöln, Adolf, Über die Wahrscheinlichkeit der Entdeckung von Fehlern bei Revisionen, in: ZfhF, 6. Jg., 1911/12, S. 580–585 (Wahrscheinlichkeit der Entdeckung).

Ko, Chen-en/Nachtsheim, Christopher J./Duke, Gordon L./Bailey, Andrew D., Jr., On the Robustness of Model-Based Sampling, in: Auditing: A Journal of Practice and Theory, Vol. 7, 1988, No. 2, S. 119–136.

Lenz, Hansrudi, Der Low-balling-Effekt und die Unabhängigkeit des handelsrechtlichen Abschlußprüfers, in: WiSt 1991, S. 181–184 (Der Low-balling-Effekt).

Lenz, Hansrudi, Die Struktur des Marktes für Abschlußprüfungsmandate bei deutschen Aktiengesellschaften, in: WPg 1996, S. 269–279 (Teil I) und S. 313–318 (Teil II) (Die Struktur des Marktes).

Loitlsberger, Erich, Treuhand- und Revisionswesen, 2. Aufl., Stuttgart 1966.

Loitlsberger, Erich, Prüfungsordnungen, in: Handwörterbuch der Revision, hrsg. v. Coenenberg, Adolf G./Wysocki, Klaus v., 2. Aufl., Stuttgart 1992, Sp. 1513–1519.

Mandl, Gerwald, Untersuchungen über Anwendungsvoraussetzungen und Effizienz statistischer Stichprobenverfahren in der Buchprüfung, Wien 1984 (Anwendungsvoraussetzungen und Effizienz).

Mochty, Ludwig, Die Abschlußpüfung als Problem des Information Engineering, Habilitationsschrift, Universität Wien 1992 (Die Abschlußprüfung).

Müller-Merbach, Heiner, Heuristics and their design: a survey, in: European Journal of Operational Research, Vol. 8, 1981, S. 1–23 (Heuristics).

Neter, John/Loebbecke, James K., Considerations in Choosing Statistical Sampling Procedures in Auditing, in: Journal of Accounting Research, Vol. 13, 1975, Supplement, S. 38–52 (Considerations in Choosing).

Neyman, Jerzy, On the Two Different Aspects of the Representative Method: The Method of Stratified Sampling and the Method of Purposive Selection, in: Journal of the Royal Statistical Society, Vol. 97, 1934, S. 558–625 (On the Two Different Aspects).

Palmrose, Zoe-Vonna, The Relation of Audit Contract Type to Audit Fees and Hours, in: The Accounting Review, Vol. 64, 1989, S. 488–499 (Audit Contract Type).

Quick, Reiner, Die Haftung des handelsrechtlichen Abschlußprüfers, in: BB 1992, S. 1675–1685.

Quick, Reiner, Die Risiken der Jahresabschlußprüfung, Düsseldorf 1996.

Quick, Reiner/Baker, C. Richard, Die zivilrechtliche Haftung des Abschlußprüfers in den USA, in: Recht der internationalen Wirtschaft 1995, S. 474–485.

Rechenberg, Ingo, Evolutionsstrategie, Stuttgart/Bad Cannstadt 1973.

Rhode, John G./Whitsell, Gary M./Kelsey, Richard L., An Analysis of Client-Industry Concentration for Large Public Accounting Firms, in: The Accounting Review, Vol. 49, 1974, S. 772–788 (Client-Industry Concentration).

Roberts, Donald M./Wedemeyer, Phil D., Assessing the Likelihood of Financial Statement Errors Using a Discriminant Model, in: Journal of Accounting Literature, Vol. 7, 1988, S. 133–146 (Discriminant Model).

Royall, Richard M., On finite population sampling theory under certain linear regression models, in: Biometrika, Vol. 57, 1970, S. 377–387 (On finite population sampling theory).

Särndal, Carl-Eric, Design-based and Model-based Inference in Survey Sampling, in: Scandinavian Journal of Statistics, Vol. 5, 1978, S. 27–52 (Inference in Survey Sampling).

Särndal, Carl-Eric/Swensson, Bengt/Wretman, Jan, Model Assisted Survey Sampling, New York u. a. 1992.

Sauls, Eugene, Nonsampling Errors in Accounts Receivable Confirmation, in: The Accounting Review, Vol. 47, 1972, S. 109–115 (Accounts Receivable Confirmation).

Schmalenbach, Eugen, Über Einrichtungen gegen Unterschlagung und über Unterschlagungsrevision, in: ZfhF, 6. Jg., 1911/12, S. 322–341 (Unterschlagungsrevision).

Schwefel, Hans-Paul, Numerische Optimierung von Computer-Modellen mittels der Evolutionsstrategie, Basel/Stuttgart 1976 (Numerische Optimierung).

Smith, T. M. F., The Foundations of Survey Sampling: a Review, in: Journal of the Royal Statistical Society, Vol. 139, 1976, S. 183–204 (Foundations of Survey Sampling).

Sturm, Lucie, Vorratsinventuren mit Stichprobenverfahren, Frankfurt a. M. 1983.

Whitley, Darrell, A Genetic Algorithm Tutorial, Computer Science Department, Colorado State University, Technical Report CS-93-103, November 1993 (Tutorial).

Wiedmann, Harald, Der risikoorientierte Prüfungsansatz, in: WPg 1993, S. 13–25.

Wilburn, Arthur J., Practical Statistical Sampling for Auditors, New York 1984.

Wysocki, Klaus v., Wirtschaftlichkeit von Prüfungen, in: Handwörterbuch der Revision, hrsg. v. Coenenberg, Adolf G./Wysocki, Klaus v., 2. Aufl., Stuttgart 1992, Sp. 2171–2180 (Wirtschaftlichkeit).

Wulf, Karl, Die Planung der Prüfung des Jahresabschlusses, in: WPg 1959, S. 509–530 (Die Planung der Prüfung).

Zimmermann, Erhard, Theorie und Praxis der Prüfungen im Betriebe, Essen 1954 (Theorie und Praxis).

Claus-Peter Weber

Überlegungen zu einer Erweiterung der Ziele der Jahresabschlußprüfung

1 Einführung

2 Die heutige Rechtslage

3 Die Entwicklung in der Praxis

4 Das „Expectation Gap"

5 Das Gesetz zur Kontrolle und Transparenz im Unternehmensbereich (KonTraG)

6 Zukünftige Entwicklungen der Jahresabschlußprüfung

WP/StB/RA Prof. Dr. Claus-Peter Weber
Geschäftsführer der Arthur Andersen WPG/StBG mbH
Eschborn/Frankfurt/M.

1 Einführung

Verschiedene Unternehmenskrisen der neueren Vergangenheit warfen wieder einmal in den Medien und bei politischen Institutionen die Frage nach dem Zweck und der Qualität der Jahresabschlußprüfung auf[1]. Die Bundesregierung legte als Reaktion am 22. 11. 1996 einen Referentenentwurf eines „Gesetzes zur Kontrolle und Transparenz im Unternehmensbereich" (KonTraG)[2] vor, in dem neben Regelungen zu Verantwortlichkeit und Berichtspflichten von Vorstand und Aufsichtsrat insbesondere auch die „Qualität der Abschlußprüfung" mit Regelungen zum Prüfungsinhalt, zum Prüfungsbericht und Bestätigungsvermerk sowie zur Zusammenarbeit zwischen Aufsichtsrat und Abschlußprüfer adressiert wird: die „Prüfung soll stärker risikoorientiert werden ... und den Interessen von Gesellschaftern, Anlegern und Gläubigern Rechnung tragen und die sog. Erwartungslücke verringert werden"[3]. Der Beitrag soll im folgenden die heutige Rechtslage, die Entwicklung in der Prüfungspraxis, das „expectation gap", den für die Zukunft der Jahresabschlußprüfung wesentlichen Regelungsinhalt des KonTraG und darüber hinaus die erkennbaren weiteren Entwicklungstrends aufzeigen. Die Vorschläge und die Meinungsäußerungen in der Literatur sowie insbesondere vom Berufsstand[4] können hier nur kurz kritisch untersucht werden.

Der Jubilar befaßt sich sowohl in zahlreichen Veröffentlichungen als auch Vorträgen und Lehrveranstaltungen mit Fragen der Rechnungslegung und der Jahresabschlußprüfung und wirkt damit für den Berufsnachwuchs, aber auch die erfahrenen Berufsangehörigen prägend. Im Zusammenhang mit diesem Beitrag soll insbesondere auf die Arbeiten des Jubilars zur Bilanzbonitätsanalyse mittels künstlicher neuronaler Netze[5] und seine Beiträge zur Objektivierung der sog.

---

1 Vgl. dazu näher *Clemm, H.*, Abschlußprüfer als Krisenwarner, S. 65–78, hier insbesondere S. 65 f.
2 Vgl. *BMJ*, Referentenentwurf eines Gesetzes zur Kontrolle und Transparenz im Unternehmensbereich (KonTraG).
3 *BMJ*, Referentenentwurf eines Gesetzes zur Kontrolle und Transparenz im Unternehmensbereich (KonTraG), S. 24.
4 Vgl. *IDW*, Stellungnahme 29. 1. 1997, S. 1–4; *IDW*, Stellungnahme 17. 1. 1997, S. 4–12.
5 Vgl. dazu etwa *Baetge, J./Jerschensky, A.*, Bilanzbonitäts-Rating, S. 1581–1591.

Redepflicht des Abschlußprüfers, die als Teil der „Krisenwarnfunktion" zu verstehen ist[6], hingewiesen werden.

2 Die heutige Rechtslage

Die wesentlichen gesetzlichen Bestimmungen zur Jahresabschlußprüfung finden sich in §§ 316 ff. HGB. Dort ist neben der allgemeinen Prüfungspflicht für Jahresabschlüsse und Konzernabschlüsse von Kapitalgesellschaften (§ 316 HGB), die nicht kleine Kapitalgesellschaften i. S. v. § 267 Abs. 1 HGB sind, der Gegenstand und der Umfang der Prüfung (§ 317 HGB)[7], die Bestellung und die Abberufung (§ 318 HGB), die erforderliche Qualifikation (§ 319 HGB), die Auskunfts- und Vorlagerechte (§ 320 HGB) und die Haftung (§ 323 HGB) der Abschlußprüfer sowie die Berichterstattung über das Ergebnis der Abschlußprüfung in Form des Prüfungsberichts (§ 321 HGB)[8] und des Bestätigungsvermerks (§ 322 HGB)[9] geregelt; auf die zum Teil ergänzenden Regelungen in der Wirtschaftsprüferordnung (WPO) sei hier nur hingewiesen. Weitere Bestimmungen finden sich im PublG (§§ 6 und 14 PublG), die hier allerdings keine besondere Relevanz haben, sowie im AktG (§§ 171 Abs. 1 Satz 2 und 176 Abs. 2 AktG) und GmbHG (§ 42a Abs. 3 GmbHG).

Die folgenden Ziele der Jahres- bzw. Konzernabschlußprüfung lassen sich aus diesen Vorschriften de lege lata ableiten:

a. Festzustellen, ob die Buchführung und der Jahresabschluß bzw. der Konzernabschluß den gesetzlichen Bestimmungen, ggf. auch den ergänzenden Bestimmungen der Satzung bzw. des Gesellschaftsvertrags der Kapitalgesellschaft entsprechen (§§ 317 Abs. 1 Satz 2, 321 Abs. 1 Satz 2, 322 Abs. 1 HGB).

Diese Feststellung der Ordnungs- und Gesetzmäßigkeit der (externen) Rechnungslegung stellt nicht nur nach der Zahl der Nennungen im Gesetz, sondern auch nach den in der Prüfungsliteratur dargestellten Funktionen der Jahresabschlußprüfung[10] und wohl

---
6 Vgl. *Baetge, J.,* Objektivierung der Redepflicht, S. 1–35.
7 Vgl. dazu *HFA des IDW,* Fachgutachten 1/1988, S. 9–19.
8 Vgl. dazu *HFA des IDW,* Fachgutachten 2/1988, S. 20–27.
9 Vgl. dazu *HFA des IDW,* Fachgutachten 3/1988, S. 27–36.
10 Vgl. etwa *IDW,* WP-Handbuch 1996, Bd. I, S. 1301.

der überwiegenden Prüfungspraxis bisher das Zentralziel der Jahresabschlußprüfung dar; dies gilt zumindest gegenüber den externen Empfängern des im Bestätigungsvermerk zusammengefaßten Prüfungsergebnisses[11].

b. Festzustellen, ob der Jahresabschluß bzw. der Konzernabschluß unter Beachtung der Grundsätze ordnungsmäßiger Buchführung ein den tatsächlichen Verhältnissen entsprechendes Bild der Vermögens-, Finanz- und Ertragslage der Gesellschaft bzw. des Konzerns vermittelt (vgl. § 322 Abs. 1 HGB).

Diese Regelung schließt an § 264 Abs. 2 HGB zum Einzelabschluß bzw. § 297 Abs. 2 Satz 2 HGB zum Konzernabschluß an und ist damit auch mit den Auslegungsfragen zur Bedeutung dieser Vorschriften im System des gesamten deutschen Bilanzrechts belastet[12].

c. Festzustellen, ob der Lagebericht bzw. der Konzernlagebericht mit dem Jahresabschluß bzw. dem Konzernabschluß in Einklang steht (§ 322 Abs. 1 HGB); in § 317 Abs. 1 Satz 3 HGB zu Gegenstand und Umfang der Prüfung findet sich ergänzend der Hinweis, daß zu prüfen ist, ob die sonstigen Angaben im Lagebericht bzw. Konzernlagebericht nicht eine falsche Vorstellung von der Lage der Gesellschaft bzw. des Konzerns erwecken[13]. Diese Regelung ist mit den Diskussionen zum notwendigen Inhalt des Lageberichts, nicht zuletzt dem sog. Prognosegehalt[14] und auch um die Prüfung des Lageberichts bzw. Konzernlageberichts und der Darstellung der wirtschaftlichen Lage[15] belastet.

Diese im Wortlaut des Bestätigungsvermerk zum Ausdruck kommenden Ziele bestehen allgemein gegenüber allen Empfängern des Testats, d. h. sowohl gegenüber den Organen und den Gesellschaf-

---

11 So auch *Clemm, H.*, Abschlußprüfer als Krisenwarner, S. 68.
12 Vgl. dazu im einzelnen *Baetge, J./Commandeur, D.*, in: HdR Ia, 4. Aufl., § 264 HGB, Rn. 9 ff.
13 Vgl. dazu *Baetge, J./Fischer, T. R.*, in: HdR, 3. Aufl., § 317 HGB, Rn. 6 und *Breycha, O./Schäfer, W.*, in: HdR, 3. Aufl., § 322 HGB, Rn. 8.
14 Vgl. dazu etwa *Dörner, D.*, Prognosebericht, S. 217–251.
15 Vgl. *Clemm, H.*, Abschlußprüfer als Krisenwarner, S. 69, m. w. N. und auch *Forster, K.-H.*, Runderneuerung des Bestätigungsvermerks, S. 254–273, hier insbesondere S. 259, der auf die nach seiner Meinung nur „eingeschränkte Prüfungsmöglichkeit des Lageberichts durch den Abschlußprüfer" verweist.

tern der Kapitalgesellschaft als auch gegenüber der breiten Öffentlichkeit, die nach den Offenlegungspflichten (§ 325 HGB) über das Ergebnis der Jahres- bzw. Konzernabschlußprüfung in zusammengefaßter Form mittels des Testats informiert werden[16]. Die Jahresabschlußprüfung ist damit gegenüber diesem Empfängerkreis als Gesetz-, ggf. auch Satzungs- und als Ordnungsmäßigkeitsprüfung ausgestaltet[17]. Die Ordnungsmäßigkeit oder gar die Recht- oder Gesetzmäßigkeit der Geschäftsführungsmaßnahmen[18], noch weniger ihre Zweckmäßigkeit, und die wirtschaftlichen Verhältnisse wie bei Genossenschaften (vgl. § 53 Abs. 1 GenG) oder Unternehmen der öffentlichen Hand (vgl. § 53 HGrG) sind nicht unmittelbar Prüfungsgegenstand, wenn sie auch zum Teil in die Prüfungsüberlegungen einfließen können oder müssen, etwa bei der Frage von einzelnen Wertberichtigungen und/oder allgemein im Zusammenhang mit der Grundannahme der Unternehmensfortführung für die Bewertung gem. § 252 Abs. 1 Nr. 2 HGB. Ausführungen oder Beurteilungen dazu können also derzeit weder ausdrücklich noch stillschweigend dem Bestätigungsvermerk entnommen werden; das gilt auch für Ausführungen zu einer evtl. bestehenden besonderen Risikostruktur bzw. Angemessenheit der Verfahren und Kontrollmechanismen der Gesellschaft sowie Abschätzung seiner Fortbestandsmöglichkeiten oder -chancen im Wettbewerb[19]. Diese Begrenztheit des Testatsgehalts scheint in der Öffentlichkeit nicht hinreichend bekannt. Sie sollte allerdings auch von den Abschlußprüfern weder als ausschließliche Ursache des „expectation gap" noch als Begründung dafür genutzt werden, daß damit weitere Überlegungen zu einer wesentlichen Ausweitung der erforderlichen Prüferperspektive und Aufwertung der Prüfungsaussage entfallen können[20].

---

16 Vgl. *IDW,* WP-Handbuch 1996, Bd. I, S. 1075.
17 Vgl. *Baetge, J./Fischer, T. R.,* in: HdR, 3. Aufl., § 317 HGB, Rn. 6.
18 Vgl. dazu *HFA des IDW,* Fachgutachten 1/1988, unter C.1. und vgl. dazu auch dort unter Anm. 1.
19 Vgl. zur Going-Concern Problematik *Weber, C.-P.,* Jahresabschlußprüfung, S. 729–740.
20 Vgl. dazu mit ähnlichen Gedanken *Clemm, H,* Abschlußprüfer als Krisenwarner, S. 66.

In Teilbereichen unterscheidet sich diese Situation von der nach den internationalen Grundsätzen ordnungsmäßiger Abschlußprüfung[21].

d. Die Organe der Gesellschaft bei der Wahrnehmung ihrer Verantwortung für den Jahresabschluß bzw. den Konzernabschluß, zum Teil auch für die Belange der Gesellschaft in ihrer Gesamtheit, durch zusätzliche über das Testat hinausgehende Informationen zu unterstützen; dies läßt sich aus den folgenden Bestimmungen ableiten:

– gegenüber dem Vorstand bzw. der Geschäftsführung aus §§ 321 Abs. 1 Satz 3 und 4, Abs. 2 i. V. m. Abs. 3 HGB durch Angaben bzw. Erläuterungen zu den einzelnen Posten des Jahresabschlusses bzw. Konzernabschlusses und Hinweise gemäß der sog. kleinen und der großen Redepflicht im Prüfungsbericht, der den gesetzlichen Vertretern zu übergeben ist und auch sie bei ihren Aufgaben und Pflichten unterstützen soll;

– gegenüber dem Aufsichtsrat aus §§ 321 Abs. 1 Satz 3 und 4, Abs. 2 und Abs. 3 HGB i. V. m. § 170 Abs. 1 Satz 2 AktG und § 52 Abs. 1 GmbHG, indem die gesetzlichen Vertreter der AG bzw. GmbH als gesetzliche Empfänger den Prüfungsbericht an den Aufsichtsrat weiterzuleiten haben. Nach dem Zweck des Prüfungsberichts ist der Aufsichtsrat – bei der GmbH auch die Gesellschafter – als eigentlicher Adressat des Prüfungsberichts anzusehen, so daß sich der Bericht in seiner Struktur und seinen Angaben insbesondere an ihren Interessen und Aufgaben zu orientieren hat[22].

Unterstützt wird dies durch die Maßgabe, daß der Abschlußprüfer auf Verlangen des Aufsichtsrats an dessen Verhandlung über den Jahresabschluß teilzunehmen hat. Aus dem fehlenden Hinweis auf eine Einschränkung seiner Auskunftspflicht – wie in § 176 Abs. 2 Satz 2 AktG – wird man schließen müssen, daß der Abschlußprüfer dem Aufsichtsrat gegenüber uneingeschränkt, begrenzt nur durch den Gegenstand und den Umfang

---

21 Vgl. dazu etwa *Schülen W.*, Die neuen Fachgutachten, S. 1–9, hier S. 2 und S. 4, und vgl. dazu im einzelnen auch weiter unten.
22 Vgl. dazu *IDW*, WP-Handbuch 1996, Bd. I, S. 1077 ff.

des Prüfungsauftrags[23], zur Auskunft verpflichtet ist. Eine Verschwiegenheitspflicht, aber auch ein Schweigerecht des Abschlußprüfers gegenüber dem Aufsichtsrat besteht im Rahmen dieser Verhandlung über den Jahresabschluß nicht. Nur diese Interpretation entspricht der umfassenden Aufsichtsfunktion des Aufsichtsrates über die Geschäftsführung durch den Vorstand (§ 111 Abs. 1 und 2 Satz 1 AktG). Ferner sei auf die ergänzende Regelung zur Teilnahme des Abschlußprüfers bei der Prüfung des sog. Abhängigkeitsberichts durch den Aufsichtsrat gemäß § 314 Abs. 4 AktG hingewiesen. Bezüglich des Konzernabschlusses fehlt es an einer entsprechenden Regelung und damit sowohl an einem Auskunftsrecht, aber auch einer Auskunftspflicht des Konzernabschlußprüfers an den Aufsichtsrat des Mutterunternehmens, wenn die Auskunft nicht durch den Vorstand der Muttergesellschaft im Rahmen seiner Berichtspflicht gemäß § 90 Abs. 1 Satz 2 oder Abs. 3 AktG erbracht wird;

– gegenüber dem Aufsichtsrat der GmbH gilt in dem vom Gesetzgeber angenommenen Normalfall (vgl. § 52 Abs. 1 GmbHG), der freilich gesellschaftsvertraglich abbedungen werden kann, entsprechendes, so daß der Abschlußprüfer gegenüber beiden Organen, der Gesellschafterversammlung und dem Aufsichtsrat, auskunftsberechtigt und -verpflichtet ist;

– gegenüber der Gesellschafterversammlung bzw. der Hauptversammlung, aber nur wenn und soweit diese den Jahresabschluß festzustellen hat (§§ 176 Abs. 2 Satz 2 AktG und 42a Abs. 3 GmbHG)[24]. Dabei entspricht es der Gesamtheit der gesetzlichen Regelungen zur GmbH, daß bei dieser der Abschlußprüfer nicht nur zur Teilnahme an der Sitzung verpflichtet ist, sondern gegenüber den Gesellschaftern – wie gegenüber dem Aufsichtsrat – uneingeschränkt, begrenzt nur durch den Gegenstand und Umfang der Jahresabschlußprüfung, zur Auskunft verpflichtet ist[25]. Bei der AG ist dagegen die Auskunft des Abschlußprüfers der Hauptversammlung gegenüber in sein pflichtgemäßes Er-

---

23 Vgl. dazu *Adler, H./Düring, W./Schmaltz, K.*, 6. Aufl., § 171 AktG, Tz. 45.
24 Vgl. dazu *Hüffer, U.*, Aktiengesetz, § 176, Rn. 7 und zur Lage bei der GmbH *Mertens, H.-J.*, in: Hachenburg/Ulmer, 8. Aufl., § 42a GmbHG, Rn. 12.
25 Vgl. auch § 46 Nr. 1 und 6 GmbHG; *Bohl, W.*, in: HdR, 3. Aufl., § 42a GmbHG, Rn. 83–85.

messen gestellt. Er wird sich dabei hinsichtlich der Frage, ob und ggf. inwieweit er ausnahmsweise Auskünfte erteilt, daran zu orientieren haben, was evtl. für die Feststellungsentscheidung durch die Hauptversammlung unentbehrlich bzw. bei evtl. Änderungen des Jahresabschlusses im Rahmen der Nachtragprüfung zu beachten ist. Eine Redepflicht im eigentlichen Sinn ist aus der Pflicht zur Teilnahme an den Verhandlungen über die Feststellung des Jahresabschlusses nicht abzuleiten. Nur wenn der Vorstand der Gesellschaft den Abschlußprüfer zu Auskünften bzw. Erläuterungen auffordert, kann er dazu aus dem Inhalt seines Prüfungsvertrags heraus und wiederum beschränkt auf den Prüfungsgegenstand und -umfang verpflichtet sein[26]. Der Aktionär hat grundsätzlich nur gegenüber dem Vorstand ein eingeschränktes Auskunftsrecht (vgl. § 131 AktG), nicht dagegen gegenüber dem Abschlußprüfer, so daß aus der Anwesenheitspflicht des Abschlußprüfers auf der den Jahresabschluß feststellenden Hauptversammlung gem. § 176 Abs. 2 Satz 2 AktG nicht etwa eine Auskunftspflicht oder auch ein „Rede"-recht des Abschlußprüfers abzuleiten ist.

Neben die „Kontrollfunktion" gegenüber den Empfängern des Testats treten also die „Informationsfunktion" und die „Unterstützungsfunktion", sowohl gegenüber den gesetzlichen Vertretern und dem Aufsichtsrat als auch gegenüber der Gesellschafterversammlung der GmbH, die zuerst mittels des Prüfungsberichts, aber dann auch mittels Anwesenheit sowie ggf. Erläuterung und Auskunft bei den Verhandlungen zur Feststellung des Jahresabschlusses erfüllt werden[27].

Die Informationspflicht mittels des Prüfungsberichts erstreckt sich im einzelnen auf folgende Sachverhalte:

– die Vermögens-, Finanz- und Ertragslage der Gesellschaft bzw. des Konzerns entsprechend ihrer Detaildarstellung im Jahresabschluß (vgl. § 321 Abs. 1 Satz 3 HGB)

– nachteilige Veränderungen der Vermögens-, Finanz- und Ertragslage gegenüber dem Vorjahr und

---

26 Vgl. *Adler, H./Düring, W./Schmaltz, K.*, 6. Aufl., § 176 AktG, Tz. 39.
27 Vgl. *IDW*, WP-Handbuch 1996, Bd. I, S. 1080.

- Verluste, die das Jahresergebnis nicht unwesentlich beeinflußt haben (§ 321 Abs. 1 Satz 4). Diese Funktion wird in der Literatur auch als sog. kleine Redepflicht umschrieben, um zu verdeutlichen, daß mittels dieser Darstellung den gesetzlichen Vertretern und dem Aufsichtsorgan frühzeitig Hinweise auf mögliche Fehlentwicklungen in der Zukunft gegeben werden sollen, bevor diese eingetreten sind. Aus der Vorschrift ist keine Erweiterung oder Änderung des Prüfungsumfangs abzuleiten, sondern nur eine Präzisierung dahingehend, daß der Prüfer bei der Durchführung der Jahresabschlußprüfung die wirtschaftlichen Rahmenbedingungen und die wirtschaftliche Entwicklung des geprüften Unternehmens zu beachten hat und sich nicht ausschließlich auf die belegmäßige Prüfung des Buchungsstoffes beschränken darf[28].

- Tatsachen, die den Bestand des geprüften Unternehmens oder des Konzerns gefährden oder seine Entwicklung wesentlich beeinträchtigen können, und

- Tatsachen, die schwerwiegende Verstöße der gesetzlichen Vertreter gegen Gesetz, Gesellschaftsvertrag oder Satzung erkennen lassen, soweit sie der Abschlußprüfer bei Wahrnehmung seiner Aufgaben, d. h. der pflichtgemäßen Durchführung der Prüfung des Jahresabschlusses und Lageberichts bzw. Konzernabschlusses und Lageberichts, feststellt (§ 321 Abs. 2 HGB). Diese sog. große Redepflicht beschränkt sich auf Feststellungen im Rahmen der pflichtgemäßen Durchführung der Jahresabschlußprüfung, sie ist nicht auf eine Ausdehnung der Jahresabschlußprüfung gerichtet[29].

Zusammenfassend läßt sich also feststellen, daß nach der heutigen Rechtslage die Jahresabschlußprüfung bzw. Konzernabschlußprüfung zuallererst eine Ordnungs- und Gesetzmäßigkeitsprüfung ist, über die im schriftlichen Verfahren berichtet wird. Weitere Informationsfunktionen gegenüber den gesetzlichen Vertretern und den Aufsichtsorganen ergeben sich aus den Bestimmungen zum Prüfungsbericht, die allerdings im wesentlichen nur die Kontrollfunktion ergänzen und keine, zumindest keine wesentliche, Erweiterung des Prüfungsgegenstandes oder -umfangs über den für die Feststellung der Ordnungsmäßigkeit und Gesetzmäßigkeit des Jahres- und ggf. Konzernabschlus-

---

28 Vgl. *IDW,* WP-Handbuch 1996, Bd. I, S. 1110.
29 Vgl. dazu im einzelnen *IDW,* WP-Handbuch 1996, Bd. I, S. 1122 f.

ses erforderlichen Umfang hinaus bewirken. Auch diese Informationspflicht ist regelmäßig schriftlich zu erfüllen; sie wird ggf. durch die mündlichen Ausführungen des Abschlußprüfers anläßlich der Verhandlungen des Aufsichtsrats bzw. der Gesellschafterversammlung der GmbH über den Jahresabschluß ergänzt.

Wie bereits oben zum Bestätigungsvermerk angeführt, unterscheiden sich die deutsche Gesetzeslage und die berufsständischen Grundsätze zur ordnungsmäßigen Durchführung von sowie Berichterstattung über Jahres- und Konzernabschlußprüfungen in Einzelbereichen, die nach dem Urteil des Verfassers jedenfalls in der Prüfungspraxis nicht als nur unwesentlich eingestuft werden können, von den international erarbeiteten Verlautbarungen der International Federation of Accountants (IFAC), ein internationaler Zusammenschluß von nationalen Berufsorganisationen der Wirtschaftsprüfer/Accountants, oder auch den Verlautbarungen des amerikanischen Berufsstands durch das American Institute of Certified Public Accountants (AICPA). So sehen etwa die Verlautbarungen des IFAC folgendes vor:

– zur Aufdeckung von dolosen Handlungen, insbesondere Bilanzmanipulationen: „Based on the risk assessment the auditor should design audit procedures to obtain reasonable assurance that misstatements arising from fraud and error that are material to the financial statements taken as a whole are detected"[30]. Zwar kann auch aus den deutschen Grundsätzen abgeleitet werden, daß die Möglichkeit und das Risiko der Jahresabschlußverfälschung durch dolose Bilanzmanipulation und dolose Handlungen oder andere Gesetzesverstöße in der Prüfungsplanung und -durchführung zu berücksichtigen ist. Es fehlt aber bisher an einer entsprechenden ausdrücklichen Regelung; allerdings liegt mittlerweile auch in Deutschland der Entwurf einer Verlautbarung[31] vor, der in dieser Hinsicht die deutschen Grundsätze den internationalen weitgehend anpaßt[32].

---

30 *IFAC,* IFAC Handbook 1994, S. 80–85 mit einer Prüfungshilfe und S. 86–95; ähnlich auch das *AICPA,* Statements on Auditing Standards, S. 55–71, wo insbesondere der gesunde „professional skepticism" betont wird.
31 Vgl. *HFA des IDW,* Entwurf, S. 269–275.
32 Vgl. dazu insbesondere den Beitrag von *Langenbucher, G./Blaum, U.,* Aufdeckung von Fehlern, S. 437–443.

– zur Prüfung der Grundannahme der Unternehmensfortführung: „When planning and performing audit procedures and in evaluating the results thereof, the auditor should consider the appropriateness of the going concern assumption underlying the preparation of the financial statements"[33]. Im Vergleich dazu ergibt sich für Deutschland eher mittelbar durch die Regelung in § 252 Abs. 1 Nr. 2 HGB eine Pflicht des Abschlußprüfers, sich der Haltbarkeit der Fortführungsannahme zu vergewissern, wenn sich nach den Ergebnissen der anderen Prüfungsarbeiten Zweifel daran aufdrängen. Da in einigen spektakulären Fällen in Deutschland die geprüfte Gesellschaft kurz nach Erteilung des Bestätigungsvermerks Konkurs anmelden mußte oder zumindest in eine schwerwiegende Krise geriet, ohne daß dem Testat oder dem Lagebericht der betreffenden Gesellschaft ein Hinweis darauf zu entnehmen war, ist die Frage verständlich, ob sich der Abschlußprüfer in diesen Fällen mit der Fortführungsfrage und, wenn zutreffend, mit welchem Ergebnis auch hinsichtlich der Berichterstattung befaßt hat. Aus der deutschen Prüfungsliteratur ergibt sich allerdings ähnliches wie nach dem aufgeführten Grundsatz des IFAC, so daß sich danach auch der deutsche Abschlußprüfer im Rahmen seines Gesamtüberblicks bei der Planung und Durchführung der Prüfung proaktiv und nicht nur reaktiv mit dieser Frage auseinanderzusetzen haben würde[34].

Die Grundsätze des AICPA sehen darüber hinaus ausdrücklich und ausführlich Regelungen zur Bedeutung und Prüfung des internen Kontrollsystems[35] vor, die weit und deutlich über die Ausführungen des deutschen Berufsstands in dem genannten Fachgutachten 1/1988 hinausgehen. Dies gilt auch für die Bedeutung der Aussage „fairly

---

33 *IFAC*, IFAC Handbook 1994, S. 184–189 mit wiederum einer Anleitung zu Fragen, die sich der Abschlußprüfer in diesem Zusammenhang stellen müßte; ähnlich auch die Grundsätze des *AICPA*, wo es sogar noch deutlicher heißt: „The auditor has a responsibility to evaluate whether there is substantial doubt about the entity's ability to continue as a going concern for a reasonable period of time, not to exceed one year beyond the date of the financial statements being audited"; *AICPA*, Statements on Auditing Standards, S. 197–202.

34 Vgl. *IDW*, WP-Handbuch 1996, Bd. I, S. 1374.

35 Vgl. *AICPA*, Statements on Auditing Standards, S. 73–91.

presents in conformity with generally accepted accounting principles"[36] im amerikanischen Testat.

3 Die Entwicklung in der Praxis

Den Informationsbedürfnissen gerade der Aufsichtsorgane, aber auch den Erwartungen der gesetzlichen Vertreter der geprüften Unternehmen an die Leistungen der Abschlußprüfer wird durch eine ausschließlich an der heutigen Rechtslage orientierte Vorgehensweise in der Praxis schon seit längerem nicht mehr entsprochen, wenn man von wenigen Ausnahmefällen absieht, in denen offenbar nicht mehr als ein Testat des Abschlußprüfers unter den Jahresabschluß bzw. Konzernabschluß gewünscht und erwartet wird; allerdings beschränken sich diese Ausnahmefälle nicht nur auf mittelständische Unternehmen, sondern sie können durchaus auch bei einigen größeren Publikumsgesellschaften angetroffen werden. Neben dem Testat mit dem zugrundeliegenden Prüfungsbericht zum Jahresabschluß und Lagebericht bzw. Konzernabschluß und -lagebericht als Feststellung der „historischen" Tatsache, daß die gesetzlichen Vertreter bei ihrer Aufstellung den gesetzlichen Vorschriften und ggf. der Satzung bzw. dem Gesellschaftsvertrag entsprochen haben, werden zunehmend relevante Ausführungen des Abschlußprüfers für die Beurteilung der Management-Leistung und der Zukunft des Unternehmens, zur Risikostruktur und den ihr entsprechenden Verfahrens- und Kontrollmaßnahmen ebenso wie zu Tatsachen und Entwicklungen, die zu einer Bestandsgefährdung des Unternehmens führen können, allerdings nicht notwendigerweise als Teil des Prüfungsberichts, erwartet. Die Jahresabschlußprüfung entwickelt sich unter dem Einfluß dieser Erwartungen von einem ausschließlichen „financial audit" zunehmend zu einem erheblich umfassenderen und anspruchsvolleren „business audit". Dieses externe Controlling der Unternehmen im Rahmen der Abschlußprüfung ergänzt und erweitert insoweit das interne Controlling[37].

Während die Berichterstattung des Abschlußprüfers über den Einzelabschluß schon wegen dessen rechtlicher Bedeutung eine zentrale

---
36 *AICPA,* Statements on Auditing Standards, S. 235–238.
37 Vgl. zu dieser Thematik auch den Beitrag von *Steiner, B.,* Der Abschlußprüfer als externer Controller, S. 470–482.

Rolle in der Gesetzessystematik spielt, richten sich die Interessen der Vorstände bzw. Geschäftsführer und des Aufsichtsrats sowie der Gesellschafter zunehmend auf die Lage des Konzerns. Die Ersetzung des Einzelabschlusses als Medium der Berichterstattung zur Vermögens-, Finanz- und Ertragslage durch den Konzernabschluß in der Geschäftsberichtspraxis findet hier ihre begründete und den wirtschaftlichen Gegebenheiten entsprechende Ergänzung in der Praxis der Berichterstattung zur Jahresabschlußprüfung.

In der Praxis erreichen die mündlichen Berichterstattungen im Rahmen der „Schlußbesprechung" mit dem Vorstand bzw. der Geschäftsführung und der „Abschlußbesprechung" mit dem Aufsichtsrat bzw. dem Bilanzausschuß des Aufsichtsrats („Audit Committee") inzwischen ein mindestens gleich hohes Gewicht wie die schriftliche Berichterstattung mittels des Prüfungsberichts. Gerade die Erörterung schwieriger Themen oder kritische Ausführungen fallen mündlich häufig leichter als eine schriftliche Darstellung im Prüfungsbericht, dessen Verteilung nicht hinreichend kontrollierbar ist. Der Prüfungsbericht wird durch diese Entwicklung schnell auf die formale Erfüllung entsprechender gesetzlicher und berufsständischer[38] Verpflichtungen reduziert, indem die durchgeführte Prüfung und ihr Ergebnis nur noch nach den notwendigsten Minimalanforderungen dokumentiert werden. Zu dieser wachsenden Bedeutung der mündlichen Berichterstattung in der Praxis trägt auch die Erweiterung der Jahresabschlußprüfung zu einer Art externem Controlling bei. Dies gilt insbesondere, aber nicht nur bei Konzernprüfungen hinsichtlich der Informationen zu Tochterunternehmen, die sich gerade für Mitglieder des Aufsichtsrates wegen der Distanz und/oder auch zum Teil der Besonderheiten ihres Geschäftszwecks im Vergleich zu dem des Mutterunternehmens schwer erschließen; ähnliches gilt für sich neu entwickelnde Geschäftsvorfälle und -bereiche wie etwa im Bereich der Finanzderivate. Die zunehmenden Veränderungen der externen Rechnungslegung unter dem Einfluß der Globalisierung/Internationalisierung wirken sich hier ebenfalls aus[39]. Die sich im „Frage-Antwort-Spiel" der Abschlußbesprechung ergebenden Auskünfte und Erläuterungen des Abschlußprüfers zur Vermögens-, Finanz- und Ertragsla-

---

38 Vgl. *HFA des IDW,* Fachgutachten 2/1988, S. 20–27.
39 Vgl. dazu auch den Beitrag o. *V.,* Controlling steht auf dem internationalen Prüfstand, S. 12.

ge, zur Risikostruktur und zu entsprechenden Gegenmaßnahmen sowie zur Kompetenz der leitenden Mitarbeiter eignen sich für eine rechtlich relevante Dokumentation in Form eines Prüfungsberichts nur sehr begrenzt. Für die Vollständigkeit und Einheitlichkeit der Berichterstattung über die eigentliche Jahres- und Konzernabschlußprüfung ist es aber weiterhin erforderlich, daß sich die für das Verständnis des Umfangs, der Tiefe und des Ergebnisses der Prüfung wesentlichen Feststellungen aus dem Prüfungsbericht ergeben; der mündlichen Berichterstattung bleiben insoweit nur ergänzende, d. h., nicht den Kernbereich der Prüfung betreffende Ausführungen vorbehalten.

Anläßlich der Jahresabschlußprüfung tritt neben den Prüfungsbericht vielfach ergänzend der sog. ,,Management-Letter", mit dem der Abschlußprüfer auf evtl. aufgedeckte Schwachstellen der Verfahren und Kontrollen, andere Verbesserungsmöglichkeiten und auch nicht für die Aufnahme in den Prüfungsbericht aus Sicht des Prüfers geeignete andere Problembereiche hinweist. Wegen der geforderten ,,Einheitlichkeit der Berichterstattung", d. h., daß aus dem Prüfungsbericht heraus vollständig über die durchgeführte Prüfung und das Ergebnis der Prüfung berichtet wird und keine für das Verständnis des Ergebnisses der Prüfung wesentlichen Prüfungsnebenberichte existieren, scheint ein solches Vorgehen nur zulässig, wenn der Inhalt eines solchen Management-Letters für das Prüfungsergebnis und seine Wertung durch die Empfänger des Prüfungsberichts nicht wesentlich ist. Wenn der Inhalt des Management-Letters für die Wertung des Prüfungsergebnisses ein gewisses Gewicht hat, ist auf jeden Fall ein Hinweis im Prüfungsbericht auf die Darstellung im Management-Letter zu fordern.

Es muß verständlich erscheinen, daß gerade in Krisensituationen für nicht in diese Informationen eingebundene Interessierte, seien es die Mitglieder des Aufsichtsrats, die Gesellschafter oder die breite Öffentlichkeit, die Frage auftaucht, ob der Abschlußprüfer im Rahmen dieser Berichterstattung möglicherweise auf die Zeichen einer Krisenentwicklung oder eines Krisenpotentials hingewiesen hat. Letztlich werden diese Zweifel nicht ganz behebbar sein, da sowohl der Verteilerkreis für den Prüfungsbericht als auch die Teilnahme an der Schlußbesprechung oder an dem Abschlußgespräch mit dem Aufsichtsrat bzw. mit dem Bilanzausschuß des Aufsichtsrats beschränkt ist und auch die ggf. erstellten Protokolle der Verhandlung nicht breit in Umlauf gebracht werden können. Die Betonung der Einheitlichkeit und Vollständigkeit der Berichterstattung mittels des schriftlichen Prüfungsberichts im obigen Sinn sollte aber für hinreichendes Vertrauen in einen ordentlichen Ablauf der Berichterstattung des Abschlußprüfers auch in Krisenzeiten sorgen.

Die international weitgehend unbekannte „Zweigleisigkeit" der Berichterstattung durch den Abschlußprüfer einerseits in Form des zusammengefaßten Ergebnisses der Prüfung im Bestätigungsvermerk für die breite Öffentlichkeit und im Fall der Aktiengesellschaft auch für die Aktionäre sowie andererseits der ausführlicheren Darstellung für die geschäftsführenden und die Aufsichtsorgane einschließlich der Gesellschafterversammlung der GmbH ergänzt durch die mündlichen Ausführungen der Abschlußprüfer bei der Schluß- und Abschlußbesprechung mit Vorstand bzw. Geschäftsführung und Aufsichtsrat bzw. Ausschuß des Aufsichtsrats erlaubt es dem Abschlußprüfer, Krisenhinweise in einer frühen Phase zu geben, bevor möglicherweise nicht mehr korrigierbare Fehlentwicklungen eingetreten sind. Durch die Öffentlichkeitswirkung ihrer Bekanntmachung etwa durch Testatseinschränkung oder -hinweis könnten gerade die Entwicklungen, die vermieden werden sollen, eintreten (Effekt der „self fulfilling prophecy"). So sehr also aus Sicht Unternehmensexterner das deutsche Verfahren der Berichterstattung manchmal „verdächtig" erscheinen mag, wogegen sich insbesondere die Abschlußprüfer schon aus Gründen der notwendigen und gesetzlich gebotenen Verschwiegenheit gar nicht wehren können, so ist sein Nutzen und Wert gerade für die Krisenwarnfunktion des Abschlußprüfers deutlich erkennbar. In seiner Untersuchung „The Audit Agenda" des Auditing Practices Board (APB) des englischen Berufsstands aus 1994 wird genau diese Unterscheidung des externen und des internen Berichts der Abschlußprüfer für die Zukunft in England mit ähnlichen Überlegungen vorgeschlagen[40].

---

40 Vgl. *APB,* The Audit Agenda, S. 7.

4 Das „Expectation Gap"

Im Zusammenhang mit den in gewissen zeitlichen Abständen immer wieder auftretenden Unternehmenskrisen und -zusammenbrüchen[41], häufig verbunden mit Bilanzmanipulationen oder betrügerischen Machenschaften der Geschäftsführer oder Vorstände, kommt es zu der Frage, ob die Abschlußprüfer die Krise hätten verhindern oder auf die Gefahr einer Krise früher hinweisen können oder müssen; das Testat wird offenbar nicht „nur" als Ordnungs- und Gesetzmäßigkeitstestat für Jahres- und Konzernabschluß, sondern als dessen „Gütesiegel" und sogar als Gütesiegel der Geschäftsführung, ja des Unternehmens an sich verstanden. Dieses Thema wird in Deutschland unter dem Stichwort der „Erwartungslücke"[42] bzw. auch des „expectation gap" diskutiert. Wie schon aus der englischen Bezeichnung ersichtlich, ist dies ein Thema, das nicht nur die Diskussion in Deutschland zum Zweck und zur Funktion der Jahresabschlußprüfung, sondern zum Teil sehr viel früher und umfassender in anderen Ländern, insbesondere in den USA und auch in England, ganz wesentlich bestimmt[43].

Eine nähere Analyse dieses „expectation gap" ergibt keine einzelne, allgemein gültige Erwartungslücke, sondern es ergeben sich zum Teil recht unterschiedliche Erwartungslücken bei den verschiedenen tatsächlichen oder vermeintlichen zumindest mittelbar „Begünstigten" der Jahresabschlußprüfung[44]. Dies kann vom (direkten) Kontakt mit dem Abschlußprüfer, von der Nähe oder der Distanz zum Unternehmen (etwa als Organmitglied, Anteilseigner und potentieller Kapitalanleger) sowie generell vom Verständnis für wirtschaftliche Belange (etwa für die Lage von Unternehmen und deren kurzfristige Entwick-

---

41 Vgl. dazu auch unter Gliederungspunkt 1.
42 Vgl. dazu *Forster, K.-H.,* Erwartungslücke, S. 789–795.
43 Vgl. dazu etwa die Darstellungen bei *APB,* The Audit Agenda oder bei *Public Oversight Board of the SEC Practice Section/AICPA,* In the Public Interest.
44 Vgl. etwa die Darstellung bei *APB,* The Audit Agenda, S. 63 ff. zu den Erwartungen in der „Öffentlichkeit": 1. Der Jahresabschluß ist richtig; 2. Das Unternehmen hat Bestand; 3. Das Unternehmen wird kompetent geführt; 4. Im Unternehmen werden die gesetzlichen Auflagen und Vorgaben beachtet; 5. Im Unternehmen erfolgen keine Betrügereien und Unterschlagungen; 6. Das Unternehmen verhält sich verantwortungsbewußt gegenüber Umwelt- und Gesellschaftsfragen; 7. Der Jahresabschluß ist für alle Empfänger ein verläßliches Informationsinstrument über das Unternehmen und wurde angemessen geprüft; 8. die Jahresabschlußprüfer sind sachkundig und unabhängig.

lungsmöglichkeiten) abhängen. Als „Erwartungslücke" bezeichnet man allgemein den Unterschied zwischen vermeintlichem Gehalt und tatsächlicher Aussage bzw. Bedeutung der Aussagen zum Ergebnis der Jahresabschlußprüfung, insbesondere mittels des Testats, zum Teil auch des Prüfungsberichts. Hinsichtlich des Verständnisses und der Erwartungen an den Testatsgehalt externer Adressaten des Bestätigungsvermerks, kann auf die Ausführungen zur heutigen Rechtslage verwiesen werden; zu konstatieren ist allerdings, daß die Erwartungslücke nicht nur die externen Adressaten, wie man aus den Veröffentlichungen zu diesem Thema überwiegend herauslesen könnte, sondern zum Teil durchaus Aufsichtsräte und GmbH-Gesellschafter selbst betraf. Die internen Adressaten reagieren, nicht zuletzt auch unter dem Eindruck der aufkommenden Kritik an den Leistungen der Aufsichtsräte, inzwischen meist deutlich, indem sie ihre Erwartungen an die Prüfungsdurchführung und die Berichterstattung gegenüber den Abschlußprüfern deutlich machen, so daß mittlerweile Abschlußgespräche zwischen dem Aufsichtsrat bzw. Bilanzausschuß des Aufsichtsrats und dem Abschlußprüfer weit verbreitet, ja üblich sind; auch die Abschlußprüfer haben meist durch die Ausrichtung ihrer Prüfung und Berichterstattung darauf reagiert[45].

Dem Berufsstand der Wirtschaftsprüfer in Deutschland ist diese „Erwartungslücke" seit langem bewußt[46], ohne daß dem nach den berufsständischen Verlautbarungen deutlich erkennbar im wesentlichen anders begegnet werden soll, als durch verstärkte Information über das, was die Jahresabschlußprüfung, de lege lata und nach den bestehenden berufsständischen Verlautbarungen (!), nur zu leisten in der Lage ist, und durch verstärkte Zusammenarbeit mit dem Aufsichtsrat. Die Probleme der Abschlußprüfer, nicht zuletzt auch haftungsrechtlicher Art, einer weiter nach außen gekehrten Berichterstattung zur „wahren" wirtschaftlichen Lage und Krisenwarnung wurden wegen der oben aufgeführten Gefahr der „self fulfilling prophecy" deutlich gemacht. Allerdings sollte auch nicht verkannt werden, daß die Erwartungen der Öffentlichkeit, insbesondere die der Aktionäre, weder unbegründet noch unerwartet sind und andere ausländische Berufsstände diese Erwartungen zum Teil positiv aufgegriffen haben. Der deutsche Berufsstand kann in Anbetracht seines Ausbildungsstandes

---

45 Vgl. dazu weiter oben unter Gliederungspunkt 3.
46 Vgl. *Forster, K.-H.,* Erwartungslücke, S. 789.

und seiner qualitativen Strukturen durchaus mehr leisten, als nur die „Ordnungsmäßigkeit" des Jahresabschlusses bzw. Konzernabschlusses i. S. der Übereinstimmung mit gesetzlichen Bestimmungen bestätigen; die Arbeiten bei Unternehmensbewertungen, sog. „due diligences" bei Finanztransaktionen für Investoren und auch die gutachterlichen Stellungnahmen zu Sanierungsplänen machen dies mehr als deutlich. *Clemm* weist zu Recht darauf hin, daß sich mit einer sachgerechten und an den Möglichkeiten der Abschlußprüfer orientierten Reaktion auf die diskutierte Erwartungslücke, selbst wenn dies einen noch höheren Ausbildungsstand als derzeit erfordern könnte oder sollte, auch die nachhaltige Zukunft des Berufs der Wirtschaftsprüfer entscheidet[47].

5 Das Gesetz zur Kontrolle und Transparenz im Unternehmensbereich (KonTraG)

Am 22. November 1996 wurde ein Referentenentwurf eines Gesetzes zur Kontrolle und Transparenz im Unternehmensbereich mit Begründung vorgelegt, in dem zu einer Reihe von Fragen der Kontrolle und Aufsicht in und über Unternehmen als Reaktion auf die öffentliche Diskussion im Zusammenhang mit Unternehmenszusammenbrüchen der jüngeren Vergangenheit Stellung genommen wird und einige auch für die Durchführung und die Berichterstattung von bzw. über Jahresabschlußprüfungen erhebliche Änderungen vorgeschlagen werden. Die hier zu nennenden Änderungen betreffen insbesondere:

- § 317 HGB zu Gegenstand und Umfang der Prüfung:

    - in Abs. 1 wird klargestellt, daß die Prüfung so anzulegen ist, daß wesentliche Unrichtigkeiten und Verstöße gegen die den Jahresabschluß bzw. Konzernabschluß betreffenden gesetzlichen Vorschriften oder sie ergänzende Bestimmungen der Satzung oder des Gesellschaftsvertrags erkannt werden;

    - in Abs. 2 wird ergänzt, daß die Prüfung des Lageberichts und Konzernlageberichts auch dahin gehen muß, ob sie mit den Erkenntnissen des Abschlußprüfers aus der Abschlußprüfung in Einklang stehen, ob sie insgesamt eine zutreffende Darstellung

---

47 Vgl. *Clemm, H.,* Abschlußprüfer als Krisenwarner, S. 66.

von der Lage der Gesellschaft bzw. des Konzerns geben und ob die Risiken der künftigen Entwicklung zutreffend dargestellt sind[48];

– in Abs. 3 wird hinsichtlich der Prüfung des Konzernabschlusses ausdrücklich auf die Pflicht zur Einbeziehung der „konsolidierungsbedingten Anpassungen" in die Konzernabschlußprüfung hingewiesen;

– in einem neuen Abs. 4 wird für die Prüfung von Jahresabschlüssen von Aktiengesellschaften, die ihre Aktien an einer Börse amtlich notieren, die Prüfungspflicht auf die vom Vorstand nach der Fassung des Referentenentwurfs gem. § 93 Abs. 1 Satz 2 und 3 AktG zu treffenden Maßnahmen, die gewährleisten sollen, daß den Fortbestand der Gesellschaft gefährdende Entwicklungen, insbesondere risikobehaftete Geschäfte, Unrichtigkeiten der Rechnungslegung und Verstöße gegen gesetzliche Vorschriften, die sich auf die Vermögens-, Finanz- und Ertragslage der Gesellschaft oder des Konzerns wesentlich auswirken, früh erkannt werden, und das für die Überwachung der Einhaltung der getroffenen Maßnahmen eingerichtete System ausgedehnt.

– § 321 HGB zum Prüfungsbericht:

– in Abs. 1 wird die Beurteilung aus der Sicht des Abschlußprüfers zur Lage der Gesellschaft, insbesondere ihres Fortbestands und ihrer künftigen Entwicklung unter Berücksichtigung des Lageberichts der Gesellschaft, und bei der Prüfung von Mutterunternehmen auch zur Lage des Konzerns unter Berücksichtigung des Konzernlageberichts vorgeschrieben[49]. Darzustellen ist auch, ob bei der Prüfung Unrichtigkeiten und Verstöße gegen gesetzliche Vorschriften festgestellt worden sind, die den Bestand des Unternehmens oder des Konzerns gefährden oder seine Entwicklung wesentlich beeinträchtigen können oder die schwerwiegende Verstöße der gesetzlichen Vertreter oder von Arbeitnehmern gegen Gesetz, Gesellschaftsvertrag oder die Satzung darstellen; diese Regelung tritt an die Stelle der bisherigen

---

48 Vgl. dazu auch den Entwurf zu §§ 289 Abs. 1 und 315 Abs. 1 HGB.
49 Vgl. auch den Referentenentwurf zur Ergänzung von §§ 289 und 315 HGB, wonach im Lagebericht bzw. Konzernlagebericht „auch auf die Risiken der künftigen Entwicklung einzugehen ist".

sog. großen Redepflicht gem. Abs. 2 in der heute geltenden Fassung. Die wesentliche Änderung gegenüber der heutigen Regelung ist, daß sich nunmehr in jedem Prüfungsbericht dahingehende ausdrückliche Feststellungen finden müssen;

- neu ist auch die Vorschrift gem. Abs. 3, daß in einem besonderen Abschnitt des Prüfungsberichts ein Überblick über Gegenstand, Art und Umfang der Prüfung zu geben ist;

- gemäß dem neuen Abs. 4 ist in einem besonderen Abschnitt des Prüfungsberichts oder in einem besonderen Bericht auf die gemäß dem neuen § 317 Abs. 4 HGB[50] erforderliche Systemprüfung einzugehen.

- § 322 HGB zum Bestätigungsvermerk:

  - neu ist insbesondere, daß ein gesetzlich vorformulierter Bestätigungsvermerk nicht mehr vorgesehen ist, so daß sich die Praxis im Zusammenwirken mit den berufsständischen Gremien (Wirtschaftsprüferkammer oder Institut der Wirtschaftsprüfer) zukünftig verstärkt auch international üblichen Formulierungen der ,,Auditors' Opinion" anschließen kann. Darauf zielt wohl auch der Referentenvorschlag, wenn in § 322 Abs. 1 Satz 2 der geänderten Fassung ein Hinweis auf Gegenstand, Art und Umfang der Prüfung, im angelsächsischen Sprachgebrauch der sog. ,,Scope Paragraph", und auf die Vermittlung eines nach der Beurteilung des Abschlußprüfers den tatsächlichen Verhältnissen entsprechenden Bildes der Vermögens-, Finanz- und Ertragslage, wie im angelsächsischen mit dem ,,Fairness of Presentation"- oder ,,True and Fair View"-Hinweis im sog. ,,Opinion Paragraph" üblich, gefordert wird;

  - ergänzt bzw. verstärkt werden diese Anforderungen an den ,,Gehalt" des Bestätigungsvermerks durch die Regelungen in § 322 Abs. 2 und Abs. 3 HGB in der vorgeschlagenen Neufassung. Der Abschlußprüfer hat danach ggf. ausdrücklich im Testat darauf hinzuweisen, wenn die Darstellung im Jahresabschluß zu einer falschen Einschätzung der Lage der Gesellschaft führen kann, z. B. wenn wegen der Änderung von Bilanzierungs- oder Bewertungsmaßnahmen die wirkliche Entwicklung der Ertrags-

---

50 Siehe dazu oben.

lage nicht erkennbar ist. Besondere Bedeutung aus Sicht der Leser des Testats dürfte neben diesen Feststellungen auch dem Hinweis auf evtl. im Rahmen der Prüfung festgestellte den Fortbestand des Unternehmens gefährdende Risiken und den Angaben des Prüfers zu seiner Beurteilung zur Darstellung der Risiken der zukünftigen Entwicklung im Lagebericht bzw. Konzernlagebericht zukommen.

So sehr auch in Einzelfragen noch Änderungen bzw. Klärungen zu einzelnen Regelungen des Referentenentwurfs erforderlich sind[51], muß doch anerkannt werden, daß der Entwurf zu zahlreichen Kritikpunkten aus der Diskussion der „Erwartungslücke" konstruktive und geeignete Maßnahmen zur Verbesserung sowohl der zukünftigen Ausrichtung der Jahresabschlußprüfung als auch der Vermittlung der erforderlichen Angaben zum Verständnis dessen, was die Prüfung für den Jahresabschlußleser leisten kann und soll, aus der Sicht der Testatsempfänger vorsieht. Die Anpassung an die international anerkannten Grundsätze ordnungsmäßiger Jahresabschlußprüfung, die im einzelnen Regelungen vorsehen, die sich so in den deutschen Grundsätzen nicht finden[52], und die nach An- und Einsicht des Verfassers auch so in Deutschland bisher weitgehend nicht angewendet werden, wird so ein gutes Stück vorangebracht; dies begleitet sozusagen die Entwicklungen auf dem Gebiet der Rechnungslegung und kann für den Berufsstand der deutschen Wirtschaftsprüfer in ihrem internationalen, aber auch nationalen Ansehen nur positive Folgen haben, wenn die Erweiterung der Anforderungen an die Berufsarbeit auch nicht zu übersehen ist.

6 Zukünftige Entwicklungen der Jahresabschlußprüfung

So sehr auch mit den Vorschlägen des KonTraG für den Berufsstand der Wirtschaftsprüfer in Deutschland zum Teil schwerwiegende Änderungen der Ausrichtung seiner Prüfungsarbeit verbunden sein mögen, darf doch nicht verkannt werden, daß die Entwicklungen auf den Kapitalmärkten und bei den zugrundeliegenden allgemeinen Rahmenbedingungen weiter erhebliche Änderungen für die Wirtschafts-

---

51 Vgl. dazu *IDW*, Stellungnahme 29.01.1997, S. 1–4; *IDW*, Stellungnahme 17. 1. 1997, S. 4–12.
52 Vgl. dazu weiter oben unter Gliederungspunkt 2 und auch die Angaben bei *Forster, K.-H.*, Runderneuerung des Bestätigungsvermerks, S. 262.

prüfung mit sich bringen; mit Bedacht wird hier vom Begriff der Jahresabschlußprüfung abgewichen und auf den Begriff der „Wirtschaftsprüfung" gewechselt. Es erscheint zukünftig für die Kapitalmärkte und die Anforderungen ihrer Schnellebigkeit nicht vorstellbar, daß „der Jahresabschluß" in der jetzigen Form und nach dem derzeit in Deutschland geltenden Regelwerk mit der starken Betonung des Vorsichts- und Gläubigerschutzprinzips seine aus ganz anderen Zeiten überkommene Bedeutung als Informationsmedium über die Lage der Gesellschaft behält; weder ist die Vergangenheitsorientierung, bis zur Abgabe mit Abschluß der Prüfung und Offenlegung immer noch mehrere Monate nach Abschluß des Geschäftsjahrs, noch die breite, wenig entscheidungsorientierte Prägung des deutschen Jahresabschlusses bzw. Konzernabschlusses besonders geeignet, Entscheidungen von Kapitalmarktteilnehmern zu beeinflussen. Der Trend zur Vorlage von Zwischenberichten, der auch in Deutschland zunehmend zur Veröffentlichung von Quartalsberichten statt von Halbjahresberichten führt, und die Pflicht zur Ad-hoc-Mitteilung von kursrelevanten Informationen nach dem Wertpapierhandelsgesetz deuten in diese Richtung. Die erhebliche Beschleunigung allen wirtschaftlichen Lebens, nicht zuletzt unter dem Einfluß der neuen Möglichkeiten in der Telekommunikation, treiben diese Entwicklung des weiteren voran. Die inzwischen bei vielen Konzernen weitgehende Abkoppelung des Konzernabschlusses von der Bilanzierung in den Einzelabschlüssen, die damit nur noch für die Ermittlung des ausschüttungsfähigen Ergebnisses Bedeutung haben, und die damit einhergehende Anpassung an internationale Bilanzierungspraktiken zur Vermittlung eines besseren Einblicks in die wirtschaftliche Entwicklung des Konzerns sind ein Indiz für die zunehmende Kapitalmarktorientierung der Rechnungslegung auch in Deutschland.

Begleitet werden diese Entwicklungen von einer erheblich größeren Transparenz der Marktgeschehnisse und Marktbewertungen, die nicht zuletzt auch durch wesentlich größere in die Betrachtung eingehende Märkte an „statistischer" Relevanz gewinnen. An die Stelle der Bewertung von Vermögensgegenständen oder -gesamtheiten nach bestimmten traditionell vorgegebenen Regeln wie den Grundsätzen ordnungsmäßiger Buchführung treten zunehmend meist von Investment-Bankern und Analysten entwickelte andere kapitalmarktorientierte Bewertungsmaßstäbe, die für die Kapitalmarktteilnehmer größere Relevanz und Entscheidungsbedeutung haben. Zwar war in der Vergangenheit weder der Jahres- noch der Konzernabschluß mit dem Bestätigungsvermerk des Abschlußprüfers das alleinige Informations- und Beurteilungsmedium für Kapitalmarkttransaktionen, wie der Hinweis auf die Geschichte der Unternehmensbewertungen deutlich macht, aber die zunehmende „Entwertung" des Jahresabschlusses und Konzernabschlusses auf der Grundlage der überkommenen Regelungen in diesem Zusammenhang kann für die „Jahresabschlußprüfung" nicht ohne Folgen bleiben. Die internationale Entwicklung der Rechnungslegung etwa zu Ansatz und Bewertung von immateriellen Vermögensgegenständen oder -posten, von Finanzinstrumenten oder die feststellbare Tendenz zur Bewertung nicht nach dem normierten Anschaffungswertgrundsatz, sondern in Einzelbereichen zu Marktwerten auch über die Anschaffungskosten hinaus, und zur Bildung von Bewertungseinheiten sind ein Hinweis auf die sich abzeichnende zukünftige „Bewertungswelt", die für die Marktteilnehmer zwar den Nachteil größerer Unsicherheit, aber den Vorteil besserer, wenn nicht richtigerer Entscheidungsdaten hat.

Betrachtet man die objektiv feststellbaren Erwartungen sowohl der zu prüfenden Unternehmen als auch der „Adressaten" der Abschlußprüferleistungen, so lassen sich über die bereits dargestellten Entwicklungen hinaus die folgenden zukünftigen Anforderungen an die „Prüfung der Unternehmen" feststellen:

— Aussagen zur Angemessenheit der Verfahren und Kontrollen im Unternehmen, unter Einschluß seiner Planungs- und Planumsetzungsverfahren. Die zunehmende Bedeutung von Prognoseaussagen in der Beurteilung durch die Kapitalmärkte mit den sich daran knüpfenden Anforderungen an die Geschäftsführung und an die Aufsicht im Unternehmen wird die Wirtschaftsprüfer zunehmend auch zwingen, sich mit diesem Bereich ihrer Prüfungsmandate zu befassen; die oben angesprochenen Vorschläge zum KonTraG weisen in diese Richtung. Neben das interne Kontrollsystem zur Steuerung und Kontrolle der internen Abläufe tritt so zunehmend das Planungssystem, die Planqualität und die Reaktionsfähigkeit der Unternehmen auf Planabweichungen in den Blick der „Abschluß"-prüfer.

— Aussagen zu wesentlichen „Wert"-komponenten des Unternehmens im Sinne einer Marktrealisierbarkeit und zu seiner wirtschaftlichen Lage und Entwicklung werden wichtiger und auch komplexer, da der Wert von Unternehmen zunehmend nicht von den „klassischen" Vermögensgegenständen in Form von Anlagegütern und Beteiligungen sowie Vorräten und Forderungen geprägt wird, sondern von immateriellen Faktoren wie Know-how, Kompetenz, Kreativität und Einsatzwillen der Mitarbeiter. Wegen der geringeren Objektivierbarkeit der möglichen Bewertungen dieser Faktoren, gewinnt der „Unternehmensvergleich" mit einem „Performance-Benchmarking" zunehmend an Bedeutung. Auch die Arbeiten des Jubilars zur Entwicklung eines N-Wertes mittels neuronaler Netze weisen mit ihrem „Benchmark"-Effekt in diese Richtung. Vom Abschlußprüfer wird dies zukünftig zunehmend erfordern, sich mit den Fragen der Marktbewertung auch außerhalb der Bewertung nach Gesetz und GoB zu befassen.

– Die zukünftige „Wirtschaftsprüfung" wird wesentlich mehr als heute darauf gerichtet sein müssen, nicht nur einmal anläßlich des Jahresabschlusses oder vielleicht auch noch zusätzlich anläßlich von Zwischenberichten Beurteilungen in Form eines Bestätigungsvermerks oder einer „Bescheinigung" abzugeben, sondern fast ständig bereit zu sein, entscheidungsrelevante Daten oder finanzielle Informationen von Unternehmen zu überprüfen und zu bestätigen. Die Zeit- und Entscheidungsnähe der Wirtschaftsprüferleistungen werden danach erheblich zunehmen müssen.

Mit der Ausrichtung der „Aussage" des Wirtschaftsprüfer-Testats an der jeweiligen Entscheidungssituation des Unternehmens und seiner betreffenden Kapitalmarktteilnehmer müssen auch die Anforderungen an die Beurteilungsmaßstäbe des „Abschluß"-Prüfers wesentlich breiter als die bisherige bilanzrechtliche Grundlage werden.

Der Abschlußprüfer wird sich darauf mit einer zum Teil erheblichen Neuorientierung seiner Arbeiten und seiner Organisation auszurichten haben. Von dem heute noch üblichen Vorgehen mit einer Vor- und Hauptprüfung wird sich die Prüfung zunehmend zu einem den Geschäftsgang des Mandanten begleitenden Vorgang entwickeln müssen; möglich wird dies durch die Entwicklungen auf dem Gebiet der Telekommunikation und neue Prüfungssoftware. Die Prüfungsaussage wird sich verstärkt an der betreffenden Entscheidungssituation derjenigen, die sich auf die Aussage verlassen wollen, ausrichten müssen. Dies wird nur der Abschlußprüfer leisten können, der für seine Mandanten eine gründliche umfassende Risikoanalyse erstellt, die sich nicht auf mögliche Falschbilanzierungen beschränkt, der die Stärken und Schwächen der Verfahren und Prozesse versteht und über geeignete „Frühwarnsysteme" in seinem Prüfungsinstrumentarium verfügt, um in Zusammenarbeit mit der Geschäftsführung des Mandanten mögliche Fehlentwicklungen nicht nur zu erkennen, wenn sie manifest wurden, sondern so frühzeitig aufzuzeigen, daß sie für die wirtschaftliche Lage und Entwicklung keine wesentlichen Wirkungen entfalten können: die Entwicklungen im Bereich der Technik, man denke etwa an die Entwicklung der Triebwerkswartung bei Flugzeugen oder auch im Bereich der Kernkraftwerke ebenso wie inzwischen schon im täglich genutzten PKW zeigen die Möglichkeiten auf. Der Jubilar leistet dazu mit seinen Arbeiten zur Entwicklung von Frühwarnsystemen durch Einsatz von künstlichen neuronalen Netzen einen erheblichen Beitrag.

Literaturverzeichnis

Adler, Hans/Düring, Walther/Schmaltz, Kurt, Rechnungslegung und Prüfung der Unternehmen, Kommentar zum HGB, AktG, GmbHG, PublG nach den Vorschriften des Bilanzrichtliniengesetzes, bearb. v. Forster, Karl-Heinz u. a., 6. Aufl., Stuttgart 1995 ff. (§ 171 AktG, § 176 AktG).

American Institute of Certified Public Accountants (AICPA), Codification of Statements on Auditing Standards, New York 1995 (Statements on Auditing Standards).

Auditing Practices Board (APB), The Audit Agenda, London 1994 (The Audit Agenda).

Baetge, Jörg, Möglichkeiten der Objektivierung der Redepflicht nach § 321 Abs. 1 Satz 4 und Abs. 2 HGB, in: Internationale Wirtschaftsprüfung, Festschrift für Havermann, hrsg. v. Lanfermann, Josef, Düsseldorf 1995, S. 1–35 (Objektivierung der Redepflicht).

Baetge, Jörg/Commandeur, Dirk, § 264 HGB, in: Handbuch der Rechnungslegung, Kommentar zur Bilanzierung und Prüfung, hrsg. v. Küting, Karlheinz/Weber, Claus-Peter, Bd. Ia, 4. Aufl., Stuttgart 1995 (§ 264 HGB).

Baetge, Jörg/Fischer, Thomas R., § 317 HGB, in: Handbuch der Rechnungslegung, Kommentar zur Bilanzierung und Prüfung, hrsg. v. Küting, Karlheinz/Weber, Claus-Peter, 3. Aufl., Stuttgart 1990 (§ 317 HGB).

Baetge, Jörg/Jerschensky, Andreas, Beurteilung der wirtschaftlichen Lage von Unternehmen mit Hilfe von modernen Verfahren der Jahresabschlußanalyse – Bilanzbonitäts-Rating von Unternehmen mit Künstlichen Neuronalen Netzen, in: DB 1996, S. 1581–1591 (Bilanzbonitäts-Rating).

Bohl, Werner, § 42a GmbHG, in: Handbuch der Rechnungslegung, Kommentar zur Bilanzierung und Prüfung, hrsg. v. Küting, Karlheinz/Weber, Claus-Peter, 3. Aufl., Stuttgart 1990 (§ 42a GmbHG).

Breycha, Ottokar/Schäfer, Wolf, § 322 HGB, in: Handbuch der Rechnungslegung, Kommentar zur Bilanzierung und Prüfung, hrsg. v.

Küting, Karlheinz/Weber, Claus-Peter, 3. Aufl., Stuttgart 1990 (§ 322 HGB).

Bundesministerium der Justiz, Referentenentwurf eines Gesetzes zur Kontrolle und Transparenz im Unternehmensbereich (KonTraG) v. 22. November 1996, Bonn 1996.

Clemm, Hermann, Der Abschlußprüfer als Krisenwarner, in: WPK-Mitteilungen 1995, S. 65–78 (Abschlußprüfer als Krisenwarner).

Dörner, Dietrich, Der Prognosebericht nach § 289 Abs. 2 Nr. 2 HGB – Überlegungen zur Verminderung der Diskrepanz zwischen Publizitätsanforderungen und Publizitätspraxis –, in: Rechnungslegung, Prüfung und Beratung – Herausforderungen für den Wirtschaftsprüfer –, Festschrift für Ludewig, hrsg. v. Baetge, Jörg u. a., Düsseldorf 1996, S. 217–251 (Prognosebericht).

Forster, Karl-Heinz, Zur „Erwartungslücke" bei der Abschlußprüfung, in: WPg 1994, S. 789–795 (Erwartungslücke).

Forster, Karl-Heinz, Gedanken zu einer Runderneuerung des Bestätigungsvermerks – Nationale oder internationale Grundsätze ? –, in: Rechnungslegung, Prüfung und Beratung – Herausforderungen für den Wirtschaftsprüfer –, Festschrift für Ludewig, hrsg. v. Baetge, Jörg u. a., Düsseldorf 1996, S. 254–273 (Runderneuerung des Bestätigungsvermerks).

HFA des IDW, Fachgutachten 1/1988, Grundsätze ordnungsmäßiger Durchführung von Abschlußprüfungen, in: WPg 1989, S. 9–19 (Fachgutachten 1/1988).

HFA des IDW, Fachgutachten 2/1988, Grundsätze ordnungsmäßiger Berichterstattung bei Abschlußprüfungen, in: WPg 1989, S. 20–27 (Fachgutachten 2/1988).

HFA des IDW, Fachgutachten 3/1988, Grundsätze für die Erteilung von Bestätigungsvermerken bei Abschlußprüfungen, in: WPg 1989, S. 27–36 (Fachgutachten 3/1988).

HFA des IDW, Entwurf einer Verlautbarung: Zur Aufdeckung von Fehlern, Täuschungen, Vermögensschädigungen und sonstigen Gesetzesverstößen im Rahmen der Abschlußprüfung, in: IDW-Fachnachrichten 1996, S. 269–275 (Entwurf).

Hüffer, Uwe, Aktiengesetz, München 1993.

IDW (Hrsg.), WP-Handbuch 1996, Handbuch für Rechnungslegung, Prüfung und Beratung, bearb. von Budde, Wolfgang Dieter u. a., Bd. I, 11. Aufl., Düsseldorf 1996 (WP-Handbuch 1996).

IDW, Stellungnahme zum Entwurf eines Gesetzes zur Verbesserung von Transparenz und Beschränkung von Machtkonzentration in der deutschen Wirtschaft und zum Referentenentwurf eines Gesetzes zur Kontrolle und Transparenz im Unternehmensbereich (KonTraG), abgegeben zu der öffentlichen Anhörung am 29. 1. 1997, in: IDW-Fachnachrichten 1997, S. 1–4 (Stellungnahme 29. 1. 1997).

IDW, Stellungnahme zum Referentenentwurf eines KonTraG, abgegeben mit Schreiben vom 17. 1. 1997, in: IDW-Fachnachrichten 1997, S. 4–12 (Stellungnahme 17. 1. 1997).

International Federation of Accountants (IFAC), IFAC Handbook 1994, Technical Pronouncements, New York 1994.

Langenbucher, Günther/Blaum, Ulf, Die Aufdeckung von Fehlern, dolosen Handlungen und sonstigen Gesetzesverstößen im Rahmen der Abschlußprüfung, in: DB 1997, S. 437–443 (Aufdeckung von Fehlern).

Mertens, Hans-Joachim, § 42a GmbHG, in: Gesetz betreffend die Gesellschaften mit beschränkter Haftung (GmbHG), Großkommentar, begr. v. Hachenburg, Max, hrsg. v. Ulmer, Peter, 8. Aufl., Berlin/New York 1997.

o. V., Controlling steht auf dem internationalen Prüfstand, Gespräch mit Dr. Klaus Esser, Mitglied des Vorstandes des Mannesmann AG und Präsident der Schmalenbach-Gesellschaft – Deutsche Gesellschaft für Betriebswirtschaft e. V. sowie Prof. Clemens Börsig, Mitglied des Vorstandes der RWE AG und Mitglied des Vorstandes der Schmalenbach Gesellschaft, in: Handelsblatt vom 29. Juli 1997, S. 12.

Public Oversight Board of the SEC Practice Section/AICPA, In the Public Interest – A Special Report, Issues Confronting the Accounting Profession, Stamford 1993 (In the Public Interest).

Schülen, Werner, Die neuen Fachgutachten und weitere Themen aus der Facharbeit des IDW, in: WPg 1989, S. 1–9 (Die neuen Fachgutachten).

Steiner, Bertram, Der Abschlußprüfer als externer Controller, in: WPg 1991, S. 470–482.

Weber, Claus-Peter, Jahresabschlußprüfung im Zeichen rückläufiger Konjunktur, in: WPg 1993, S. 729–740 (Jahresabschlußprüfung).

VI. Prüfung und Informationsgewinnung

Anton Egger

Bewertung und Prüfung der fertigen und unfertigen Erzeugnisse unter besonderer Berücksichtigung der Unterbeschäftigung

1 Einleitung
  11 Umfang der Herstellungskosten
  12 Die grundsätzliche Pflicht zur Prüfung der Kostenrechnung im Rahmen der Jahresabschlußprüfung

2 Die Prüfung der Bewertung der unfertigen und fertigen Erzeugnisse sowie der selbsterstellten Anlagen durch den Jahresabschlußprüfer
  21 Systemprüfung
  22 Materielle Prüfung (Einzelfallprüfung)
  23 Die Berücksichtigung der Unterbeschäftigung bei der Bewertung und ihre Prüfung
    231. Vorschriften und Richtlinien über die Behandlung der Unterbeschäftigung bei der Bewertung der unfertigen und fertigen Erzeugnisse
    232. Die Behandlung der Unterbeschäftigung in der Literatur und Praxis
      232.1 Basisbeschäftigung und Beschäftigungsgrad
      232.2 Auswirkung der Unterbeschäftigung auf die Bewertung der unfertigen und fertigen Erzeugnisse und Leistungen
    233. Prüfung der Unterbeschäftigung

Univ.-Prof. Dr. Anton Egger
Institut für Revisions-, Treuhand und Rechnungswesen
Wirtschaftsuniversität Wien

1 Einleitung

11 Umfang der Herstellungskosten

Gemäß § 321 HGB hat der Abschlußprüfer festzustellen, ob die Buchführung, der Jahresabschluß, der Lagebericht ... den gesetzlichen Vorschriften entspricht. In dem gemäß § 322 zu erteilenden Bestätigungsvermerk hat der Prüfer unter anderem zu bestätigen, daß der Jahresabschluß unter Beachtung der Grundsätze ordnungsmäßiger Buchführung ein den tatsächlichen Verhältnissen entsprechendes Bild der Vermögens-, Finanz- und Ertragslage der Kapitalgesellschaft vermittelt.

Für die Feststellung der Vermögens- und damit der Ertragslage spielen im Industriebetrieb die Vorräte eine wesentliche Rolle, da sie in der Regel einen erheblichen Teil des Eigenkapitals ausmachen (so betrug der Buchwert der in den Bilanzen der größten deutschen Industrieunternehmen ausgewiesenen Vorräte im Jahre 1995 im Durchschnitt über 75% des Eigenkapitals) und im Falle einer sich verschlechternden Ertragslage unter allen Vermögensposten am ehesten die Möglichkeit von Bewertungsmanipulationen bieten. Dies gilt vor allem für Gegenstände, die vom Unternehmen selbst hergestellt wurden, also für unfertige und fertige Erzeugnisse und sonstige aktivierte Eigenleistungen.

Während die Bewertungsgrundlage für erworbene Gegenstände die Anschaffungskosten sind, die sich in der Regel als eine klar abzugrenzende Größe zeigen, bilden die Herstellungskosten eher eine etwas schwammige Größe, deren Umfang durch viele Wahlmöglichkeiten aber auch durch mehr oder weniger genaue Zurechnungs- und Aufteilungskriterien der der Bewertung zugrundeliegenden Aufwendungen bestimmt wird.

Diese Tatsache kommt auch in der gesetzlichen Definition (§ 255 Abs. 2 HGB) zum Ausdruck: Zu den Herstellungskosten „... gehören die Materialkosten, die Fertigungskosten und die Sonderkosten der Fertigung. Bei der Berechnung der Herstellungskosten dürfen auch angemessene Teile der notwendigen Materialgemeinkosten, der notwendigen Fertigungsgemeinkosten und des Wertverzehrs des Anlagevermögens, soweit er durch die Fertigung veranlaßt ist, eingerechnet werden. Kosten der allgemeinen Verwaltung sowie Aufwendungen für soziale Einrichtungen des Betriebes, für freiwillige soziale Leistungen und für betriebliche Altersversorgung brauchen nicht eingerechnet werden. Aufwendungen im Sinne der Sätze 3 und 4 (gemeint sind die beiden vorhergehenden Sätze; Anm. d. Verf.) dürfen nur insoweit berücksichtigt werden, als sie auf den Zeitraum der Herstellung entfallen".

Diese gesetzliche Definition der Herstellungskosten erlaubt einen weiten Bewertungsspielraum, der nach herrschender Auffassung von den Kostenträgereinzelkosten bis hinauf zu den Kosten der allgemeinen Verwaltung reicht. Hinzu kommt die Tatsache, die allerdings auch für erworbene Gegenstände gilt, daß aus verschiedenen Gründen außerplanmäßige Abschreibungen vorzunehmen sind, deren Umfang in vielen Fällen nur mehr oder weniger grob festgestellt werden kann.

In der Literatur wurde und wird eine teilweise heftige Diskussion um den Mindestansatz der unfertigen und fertigen Erzeugnisse und Leistungen geführt. Diese Diskussion erscheint deswegen eher rein akademisch zu sein, weil nur ein verschwindender Prozentsatz der Unternehmen seine Vorräte handelsrechtlich zu Einzelkosten bewertet, dies auch deswegen, weil das Steuerrecht jedenfalls einen Ansatz angemessener Material- und Fertigungsgemeinkosten verlangt.

Damit verbleibt ein einziger Grund, Vorräte mit den Einzelkosten zu bilanzieren, nämlich Gewinne vor der Ausschüttung zu bewahren bzw. Bilanzpolitik zur Glättung der Ergebnisse mehrerer Jahre zu betreiben. Letzteres ist aber durch das in § 252 Abs. 1 Nr. 6 normierte Stetigkeitsgebot ohnehin nur beschränkt möglich, da eine einmal gewählte Bewertungsmethode zumindest formal beibehalten werden muß.

Eine Untersuchung acht willkürlich ausgesuchter großer Unternehmen (*Bayer, Siemens, Daimler Benz, BMW, Mannesmann, VEBA, Hoechst, VW*) ergab, daß sämtliche Unternehmen in den Jahreabschlüssen 1995 (und, soweit zum Zeitpunkt der Abfassung dieses Artikels bereits verfügbar, 1996) in die Herstellungskosten angemessene Teile der Material- und Fertigungsgemeinkosten eingerechnet haben.

Das Problem für den Jahresabschlußprüfer besteht auf Grund der vorigen Ausführungen daher kaum in der Prüfung der Unterschreitung des Mindestansatzes der unfertigen und fertigen Erzeugnisse und sonstigen Leistungen. Er kommt viel eher in die Lage, feststellen zu müssen, ob die Bestimmungen über den Höchstansatz eingehalten wurden, umsomehr, als der Höchstansatz durch eine Reihe nicht exakt bestimmbarer Größen begrenzt ist. Hierzu gehören vor allem die Fragen der „angemessenen Teile der notwendigen" Material- und Fertigungsgemeinkosten sowie des Wertverzehrs des Anlagevermögens, der Abgrenzung jenes Teiles der Gemeinkosten, der auf den Zeitraum der Herstellung entfällt, der Bestimmung der angemessenen Teile der Kosten der allgemeinen Verwaltung und der freiwilligen sozialen Leistungen.

Bei der Feststellung der angemessenen Teile der notwendigen Material-, Fertigungs- und Verwaltungsgemeinkosten spielt die Auslastung des gesamten Unternehmens bzw. einzelner Unternehmensbereiche insoweit eine wesentliche Rolle, als sich bei Unterbeschäftigung der in den Gesamtkosten enthaltene Anteil der fixen Gemeinkosten nicht der Beschäftigung anpaßt, womit Leerkosten entstehen, die zu einer Erhöhung der Bilanzansätze der unfertigen und fertigen Erzeugnisse führen.

In den nachfolgenden Ausführungen soll nach der Darstellung der allgemeinen Prüfungshandlungen des Jahresabschlußprüfers, soweit diese die Bewertung betreffen, die Prüfung der Berücksichtigung der Unterbeschäftigung bei der Vorratsbewertung untersucht werden.

12 Die grundsätzliche Pflicht zur Prüfung der Kostenrechnung im Rahmen der Jahresabschlußprüfung

Der in der Fachliteratur vertretenen Meinung, daß Kostenrechnungen weder obligatorisch seien, noch einer Prüfungspflicht unterliegen würden[1], kann, soweit es die Jahresabschlußprüfung von Erzeugungsbetrieben betrifft, nicht zugestimmt werden. Die Kostenrechnung bildet die Grundlage für die Bewertung der fertigen und unfertigen Erzeugnisse. Aus der Gefahr heraus, daß eine gewollte oder ungewollte unrichtige Bewertung der unfertigen und fertigen Erzeugnisse eine erhebliche Verzerrung des Bildes der Vermögens- und Ertragsla-

---

1 Vgl. hierzu etwa *Seicht, G.,* Prüfung der Kostenrechnung, S. 715 ff.

ge eines Unternehmens mit sich bringen kann, lassen sich zwei Grundsätze ableiten:

1. Zur Bewertung der unfertigen und fertigen Erzeugnisse in einem Industriebetrieb bedarf es im Interesse einer ordnungsmäßigen Bilanzierung einer zuverlässigen Kostenrechnung. Jede andere Ermittlung der Bilanzwerte, sei es retrograd von den Verkaufspreisen, sei es durch Vergleich mit den Einstandspreisen gleicher oder ähnlicher Gegenstände, entspricht nicht den Grundsätzen ordnungsmäßiger Buchführung.

2. Die Kostenrechnung als Grundlage für die Bewertungsansätze der unfertigen und fertigen Erzeugnisse in der Bilanz ist zwingend zu prüfen. Der den Jahresabschluß prüfende Wirtschaftsprüfer muß die Kostenrechnungssysteme beherrschen und den Zusammenhang mit der Finanzbuchhaltung erkennen, da er ohne diese Kenntnis eine Prüfung der Vorräte nicht vornehmen kann.

2 Die Prüfung der Bewertung der unfertigen und fertigen Erzeugnisse sowie der selbst erstellten Anlagen durch den Jahresabschlußprüfer[2]

21 Systemprüfung

Wie auch bei der Prüfung anderer Bereiche ist zunächst eine Systemprüfung vorzunehmen. Der Prüfer hat im Rahmen derselben den organisatorischen Aufbau und die Eignung der angewendeten Methoden der Kostenrechnung zu prüfen.

Die Prüfung des organisatorischen Aufbaus bezieht sich vor allem darauf, ob ein durch entsprechende Richtlinien gestütztes zusammenhängendes System aus Kostenartenrechnung, Kostenstellenrechnung und Kostenträgerrechnung vorliegt. Weitere Systemelemente, zu denen *Seicht*[3] richtigerweise auch die Kostenträgererfolgsrechnung und die Periodenerfolgsrechnung zählt, stellen im Zusammenhang mit der Jahresabschlußprüfung nur periphere Prüfungsfelder dar.

---

2 In der nachfolgenden Darstellung wird nicht auf die Feststellung und Prüfung des mengenmäßigen Bestandes, sondern ausschließlich auf die Bewertung desselben eingegangen.

3 Vgl. *Seicht, G.*, Prüfung der Kostenrechnung, S. 716.

Eine nicht mindere Bedeutung kommt der Prüfung des Zusammenhanges von Kostenrechnung und Finanzbuchhaltung zu. Die Bewertung der unfertigen und fertigen Erzeugnisse im Jahresabschluß erfolgt nach den Grundsätzen der Kostenrechnung, aber auf Basis der in der Abrechnungsperiode angefallenen Aufwendungen. Im Rahmen der Kostenrechnungsorganisation muß daher für einen funktionierenden jederzeit nachvollziehbaren Übergang von der (kalkulatorischen) Kostenrechnung in die (pagatorische) Aufwandsrechnung gesorgt sein. Allerdings wird gerade dieser Zusammenhang häufig vernachlässigt. Der Prüfer hat sich daher zu überzeugen, ob und in welcher Form die geordnete Überleitung der Daten der Kostenrechnung in jene der Finanzbuchhaltung und umgekehrt gewährleistet ist. Er hat festzustellen, ob entsprechende Anweisungen bestehen, die gewährleisten, daß bei Erstellung des der handelsrechtlichen Bewertung dienenden Betriebsabrechnungsbogens alle kalkulatorischen Größen durch pagatorische Größen ersetzt werden, und ob ausreichende Vorschriften für die Ausschaltung aller über die kalkulatorischen Werte hinausgehenden pagatorischen Aufwendungen mit außerordentlichem, aperiodischem und betriebsfremdem Charakter bestehen. Dazu gehört auch die Vorsorge, daß nichtaktivierungsfähige Aufwendungen tatsächlich aus den Aufwendungen ausgeschieden werden.

Vor der Prüfung der Angemessenheit der Methoden, mit denen die für die Bewertung erforderlichen Aufwandssätze gebildet werden, hat sich der Prüfer davon zu überzeugen, daß für eine im Sinne der handelsrechtlichen Herstellungskosten ordnungsmäßige Aufteilung der Gemeinkosten auf die einzelnen Bereiche gesorgt ist, und daß die Aufwandssätze nach den gleichen Grundsätzen wie in der Kostenrechnung gebildet werden.

Ein wesentlicher, allerdings nicht aus der Kostenrechnung abgeleiteter Grundsatz für die Bewertung der Vorräte ist die Einhaltung der Bewertungsstetigkeit. Diese Forderung bezieht sich darauf, in aufeinanderfolgenden Jahren gleichbleibend entweder nur die Einzel- und Sonderkosten, die variablen Kosten, anteilige fixe Material- und Fertigungsgemeinkosten oder auch aktivierungsfähige aber nicht aktivierungspflichtige Kosten zu aktivieren. Zur Überprüfung dieses Grundsatzes hat der Prüfer festzustellen, in welcher Form gesichert ist, daß der Umfang der zu aktivierenden Herstellungskosten grundsätzlich beibehalten wird.

Die Bewertungsstetigkeit ist gerade im Bereich der unfertigen und fertigen Erzeugnisse von erheblicher Bedeutung, weil diese insbesondere wegen der vielen Wahl- und der nicht immer eindeutigen Abgrenzungsmöglichkeiten der Herstellungskosten besonders für Bewertungsmanipulationen und damit für die Erfolgsbeeinflussung geeignet sind.

Neben der Bewertungsstetigkeit hat der Prüfer im Rahmen der Systemprüfung auch die bestehenden Vorschriften, die eine Überbewertung der Vorräte verhindern sollen, zu prüfen.

Abgesehen von der Unterbeschäftigung können sich Überbewertungen aus verschiedenen Anlässen ergeben, sei es beispielsweise, daß die Herstellungskosten in den erzielbaren Erlösen nicht gedeckt sind, oder daß ein Gegenstand wegen zu langer Lagerdauer nicht mehr oder nur noch mit einem erheblich geringeren Verkaufspreis abgesetzt werden kann.

Der Prüfer hat festzustellen, ob ausreichende Anweisungen zur Durchführung der vom möglichen Verkaufserlös ausgehenden retrograden Kontrollrechnung existieren, vor allem, in welchen Fällen die Rückrechnung zu Teilkosten und in welchen Fällen diese zu Vollkosten zu erfolgen hat.

Für den Fall überalteter Vorräte sind die Vorschriften hinsichtlich notwendiger Abschreibungen, beispielsweise in Form von Reichweitenabschlägen, auf ihre Angemessenheit zu prüfen.

22 Materielle Prüfung (Einzelfallprüfung)

Im Rahmen der materiellen Prüfung ist die konkrete Bewertung der unfertigen und fertigen Erzeugnisse im Jahresabschluß zu prüfen. Grundsätzlich hängt das Ausmaß der materiellen Prüfung vom Ergebnis der Systemprüfung ab.

Im Rahmen der materiellen Prüfung kann der Prüfer progressiv, ausgehend von den Kosten der Kostenrechnung über die Betriebsüberleitung bis zur Bewertung des einzelnen unfertigen bzw. fertigen Erzeugnisses, oder retrograd, ausgehend vom bewerteten Gegenstand bis auf die der Bewertung zugrundeliegenden Kosten, vorgehen[4].

---

4 Vgl. *Selchert, F. W.*, Prüfung, S. 107.

Eine häufige Vorgehensweise bei der materiellen Prüfung besteht in einem Vergleich der Wertansätze der einzelnen Gegenstände mit dem Vorjahr. Treten nur geringe oder gar keine Abweichungen auf, wird, abgesehen von einigen Stichproben, in der Regel auf eine Bewertungsprüfung verzichtet. Erst bei Auftreten von Abweichungen, die über das geringfügige Ausmaß hinausgehen, wird der Bewertungsvorgang nachvollzogen. Dieser Weg kann allerdings nur dann beschritten werden, wenn der Prüfer selbst die Kostenrechnung im Vorjahr geprüft hat und das Kostenrechnungssystem des Unternehmens kennt.

23 Die Berücksichtigung der Unterbeschäftigung bei der Bewertung und ihre Prüfung

231. Vorschriften und Richtlinien über die Behandlung der Unterbeschäftigung bei der Bewertung der unfertigen und fertigen Erzeugnisse

In Deutschland gibt es keine handelsrechtliche Bestimmung im Zusammenhang mit der Berücksichtigung der Unterbeschäftigung. Das Verbot der Aktivierung von Leerkosten ist aber aus dem Gesetzeswortlaut des § 255, wonach nur angemessene Gemeinkosten aktiviert werden dürfen, abzuleiten oder aber dem Fachgutachten HFA 5/1991 des *IDW* zu entnehmen, welches alle nicht einer normalen Auslastung der technischen und personellen Fertigungskapazitäten entsprechenden Gemeinkosten von der Einrechnung in die Herstellungskosten ausschließt. Ähnlich drücken sich auch die Einkommensteuerrichtlinien 1996 in Anlehnung an die Rechtsprechung des RFH bzw. BFH aus, wonach bei nicht voller Ausnutzung eines Betriebes infolge teilweiser Stillegung oder mangelnder Aufträge die dadurch verursachten Kosten bei der Berechnung der Herstellungskosten nicht zu berücksichtigen sind. Sie weisen allerdings auch darauf hin, daß Schwankungen in der Kapazitätsausnutzung, die sich durch die Art der Produktion oder durch saisonale Schwankungen ergeben, zu keiner Eliminierung von Gemeinkosten führen[5].

---

5 Vgl. R 33 Abs. 8 EStR.

Hinweise, wie die zu eliminierenden Gemeinkosten zu ermitteln sind, finden sich allerdings nirgends.

Ausdrückliche Vorschriften zum Aktivierungsverbot von Kosten der Unterbeschäftigung finden sich im öHGB und in den IAS.

In Österreich ist die Frage des Aktivierungsverbotes der Kosten der Unterbeschäftigung seit dem Aktiengesetz 1965 geregelt. § 133 Nr. 1 AktG bestimmte für den Fall, daß die Betriebs- und Verwaltungskosten durch offenbare Unterbeschäftigung überhöht sind, nur die einer durchschnittlichen Beschäftigung entsprechenden Teile dieser Kosten eingerechnet werden dürfen.

Mit der Angleichung der österreichischen Rechnungslegungsvorschriften an die 4. Richtlinie (1990) bzw. mit der Resttransformation der 4. Richtlinie in österreichisches Recht (1996) wurden die Herstellungskosten unter Beibehaltung der Bestimmung über das Verbot der überhöhten Kosten der Unterbeschäftigung jeweils gesetzlich neu definiert:

„Sind die Gemeinkosten durch offenbare Unterbeschäftigung überhöht, so dürfen nur die einer durchschnittlichen Beschäftigung entsprechenden Teile dieser Kosten eingerechnet werden."

Am ausführlichsten nimmt das *International Accounting Standard Committee (IASC)* im IAS 2, Inventories (revised 1993), zur Bewertung der Vorräte Stellung; IAS 2 tritt grundsätzlich für eine (zwingende) Aktivierung angemessener Fixkosten, basierend auf der üblichen Kapazitätsausnutzung, ein. Die entsprechende Bestimmung lautet (Abschnitt 7):

. . . „The allocation of fixed production overheads to the costs of conversion is based on the normal capacity of the production facilities. Normal capacity is the production expected to be achieved on average over a number of periods or seasons under normal circumstances, taking into account the loss of capacity resulting from planned maintenance. The actual level of production may be used if it approximates normal capacity. The amount of fixed overhead allocated to each unit of production is not increased as a consequence of low production or idle plant. Unallocated overheads are recognized as an expense in the period in which they are incurred. In periods of abnormally high production, the amount of fixed overhead allocated to each unit of production is decreased so that inventories are not measured above cost. Variable production overheads are allocated to each unit of production on the basis of the actual use of production facilities."

Mit dieser Bestimmung geht das *IASC* sowohl im Hinblick auf die Bemessungsbasis für die Unterbeschäftigung als auch auf die Schwierigkeit der Feststellung der Unterbeschäftigung ähnliche Wege wie der österreichische Gesetzgeber. Während allerdings in Österreich die durchschnittliche Beschäftigung Bemessungsgrundlage ist, gilt bei den IAS als Bemessungsgrundlage die normale Kapazität als jene Produktionsmenge, von der erwartet werden kann, daß sie im Durchschnitt über eine Anzahl von Perioden unter normalen Umständen unter Berücksichtigung geplanter Reparaturzeiten erreicht werden kann. Die im österreichischen Recht zum Ausdruck gebrachte „offenbare" Unterbeschäftigung kommt im IAS 2 dadurch zum Ausdruck, daß gemäß dieser Richtlinie das tatsächliche Produktionsniveau dann herangezogen werden kann, wenn es sich der normalen Kapazität nähert.

232. Die Behandlung der Unterbeschäftigung in der Literatur und Praxis

232.1 Basisbeschäftigung und Beschäftigungsgrad

Obwohl die Literatur einhellig auf dem Standpunkt steht, daß die Leerkosten, die sich aus der Unterbeschäftigung ergeben, zwingend zu eliminieren sind, gibt es doch Meinungsdifferenzen darüber, auf Basis welcher Beschäftigung der tatsächliche Beschäftigungsgrad zu messen ist. Von den möglichen Beschäftigungsgrößen, gegenüber denen eine Beschäftigung als Unterbeschäftigung zu klassifizieren ist, kommen im wesentlichen die Normalbeschäftigung und die Durchschnittsbeschäftigung in Frage.

Wenn man auch davon ausgehen kann, daß eine über einen Zeitraum von mehreren Jahren festgestellte Durchschnittsbeschäftigung letztlich der Normalbeschäftigung entspricht, gibt es doch Unterschiede, die bei der Berechnung der Unterbeschäftigung ein voneinander abweichendes Ergebnis verursachen.

Unter Normalbeschäftigung wird entsprechend dem Fachgutachten des *IDW* die einer normalen Auslastung der technischen und personellen Fertigungskapazitäten unter Berücksichtigung der branchentypischen Beschäftigungsschwankungen entsprechende Beschäftigung verstanden.

Wegen der nicht vermeidbaren Kapazitätsdifferenzen einzelner Abteilungen zueinander, die sich aus unterschiedlichen nicht exakt abstimmbaren Anlagegrößen, aus sich wandelnden bzw. verändernden Produktionsprogrammen und Produktionsmengen einzelner Produkte und aus Veränderungen im Fertigungsablauf ergeben, ist die Normalbeschäftigung allerdings eine variierende Größe. Wie groß diese angesetzt werden kann, ist nicht exakt bestimmbar. Allgemein sieht man ein Schwankungsintervall von etwa 10 bis 30%[6] als normal an, wobei allerdings, wie *Freidank*[7] richtig hinweist, die Schwankungsbreite, innerhalb derer eine Beschäftigung noch in den Normal- bzw. Durchschnittsbereich einzurechnen ist, individuell für jedes Unternehmen bestimmt werden muß.

In die Kosten der Normalbeschäftigung einzurechnen sind nach *Küting*[8] auch die Kosten technisch notwendiger Reserveanlagen, saisonbedingte Leerkosten sowie Leerkosten, die aus wirtschaftlichen Gründen bewußt in Kauf genommen werden.

Im Gegensatz zur Normalbeschäftigung handelt es sich bei der Durchschnittsbeschäftigung um die im Beobachtungszeitraum (die letzten drei bis vier Jahre vor dem Abschlußjahr) unabhängig von der Kapazität tatsächlich erreichte Beschäftigung. Gemessen wird diese in der einfachsten Form durch Zählung der mengenmäßigen Ausbringung. Dies ist allerdings nur dann möglich, wenn nur ein einziges Produkt erzeugt wird, oder die Ausbringung im Fall mehrerer Produkte auf einen mengenmäßig gemeinsamen Nenner gebracht werden könnte und überdies im Produktionsbereich keine Lager an unfertigen und fertigen Erzeugnissen in unterschiedlicher Höhe gebildet werden. Da die mengenmäßige Messung des Ausstoßes bei einer Mehrzahl unterschiedlicher Produkte in der Regel nicht möglich ist, und die

---

6 Vgl. *Knop, W./Küting, K.*, in: HdR Ia, 4. Aufl., § 255 HGB, Rn. 321; *Christiansen, A.*, Herstellungskosten, S. 177; *Erhard, F.*, Unterbeschäftigung, S. 103.

7 Vgl. *Freidank, C.*, Bilanzierungsprobleme, S. 29 ff.

8 Vgl. *Küting, K.*, Handelsrechtliche Herstellungskosten, S. 595.

Bildung von Zwischenlagern innerhalb der Fertigung zum üblichen Produktionsablauf gehört, sind in der Regel andere Maßgrößen als die mengenmäßige Ausbringung heranzuziehen.

Eine alternative Maßgröße könnte die Beschäftigtenanzahl sein. Diese wird allerdings selbst dann nur bedingt aussagekräftig sein können, wenn die Arbeitszeit der einzelnen Belegschaftsmitglieder in die Rechnung einbezogen wird.

Eine weitere häufig genutzte Möglichkeit der Beschäftigungsmessung ist die Heranziehung von Fertigungsstunden (die dem Kostenträger direkt zurechenbaren menschlichen Arbeitsstunden) oder Maschinenstunden (die zur Fertigung verwendeten Einsatzzeiten der Maschinen).

Die Literatur steht relativ geschlossen auf dem Standpunkt, daß wegen der nicht immer eindeutig zu messenden Normalbeschäftigung die Unterbeschäftigung nur dann zu berücksichtigen ist, wenn sie eindeutig feststellbar ist. So verweist etwa *Freidank*[9] im Hinblick auf die betriebswirtschaftliche Interpretation des Angemessenheitsprinzips und der Rechtssprechung des BFH darauf, daß eine offenbare Unterbeschäftigung, die eine Eliminierung der Leerkosten aus den kalkulierten Vollherstellkosten erforderlich macht, erst dann vorliegt, wenn die Istbeschäftigung einen unvermeidbaren technischen, saisonalen oder branchenüblichen Variationsbereich unterschreitet.

Auch das *Institut österreichischer Wirtschaftsprüfer* bringt in seinem Gutachten aus dem Jahre 1968[10] im Hinblick auf die aktienrechtliche Regelung der Unterbeschäftigung zum Ausdruck, daß als offenbare Unterbeschäftigung nur eine solche Beschäftigung anzusehen sein wird, die ohne eingehende Untersuchung augenfällig ist, also eine wesentliche Unterbeschäftigung (sowohl hinsichtlich des Prozentsatzes als auch hinsichtlich der von der Unterbeschäftigung betroffenen Betriebsteile).

Mit der Feststellung, daß Unterbeschäftigung gegeben ist, ist für die Bewertung der unfertigen und fertigen Erzeugnisse allerdings noch nichts gewonnen, da der Bilanzierende vor dem Problem steht, die

---
9 Vgl. *Freidank, C.,* Bilanzierungsprobleme, S. 35.
10 Vgl. Gutachten des *Instituts österreichischer Wirtschaftsprüfer,* Herstellungskosten, S. 8.

nicht durch die Beschäftigung gedeckten Leerkosten, deren Umfang aber von der Höhe des Beschäftigungsgrades abhängt, ausscheiden zu müssen. Er ist daher gezwungen, die (schwankende) Basisbeschäftigung als eine relativ einwertige Größe festzulegen und daraus durch Vergleich mit der tatsächlichen Beschäftigung den Beschäftigungsgrad abzuleiten, der in der Folge das Maß für die auszuscheidenden Leerkosten darstellt.

Wird der Beschäftigungsgrad aus dem Vergleich einer anderen Größe als der Ausbringung ermittelt, ist darauf zu achten, daß in beiden Fällen gleiche Größen herangezogen werden. So wäre es möglich, daß die Istarbeitszeit zur Vermeidung eines Personalabbaus eine wesentlich geringere Leistungsintensität aufweist, als die Basiszeit. Im Hinblick auf die Berücksichtigung der Leistungsintensität kann man aber im allgemeinen davon ausgehen, daß im Erzeugungsbetrieb in der Regel eine Trennung von Fertigungs- und Nichtfertigungsstunden erfolgt und Intensitätsschwankungen auf die Nichtfertigungsstunden verlagert werden. Dies gilt vor allem in Unternehmen mit Leistungsentlohnung.

232.2 Auswirkung der Unterbeschäftigung auf die Bewertung der unfertigen und fertigen Erzeugnisse und Leistungen

Die Auswirkung der Unterbeschäftigung ergibt sich grundsätzlich dadurch, daß einem verringerten Ausstoß bzw. einer verringerten Leistung gleichbleibende oder in geringerem Ausmaß gesunkene Kosten gegenüberstehen, und die Kosten je Einheit, die sich unabhängig vom angewendeten Kalkulationsverfahren letztlich aus der Division der Gesamtkosten durch die ausgebrachten Einheiten ergeben, dadurch steigen. Diese Tatsache läßt sich aus dem unterschiedlichen Verhalten der Kosten bei wechselndem Beschäftigungsgrad erklären. Die Kosten können grundsätzlich zwei Kategorien, den variablen und fixen Kosten, zugeordnet werden. Während sich die variablen Kosten, abgesehen von zeitlichen Verzögerungen insbesondere bei Rückgang der Beschäftigung, grundsätzlich dem geänderten Beschäftigungsgrad anpassen, bleiben die fixen Kosten mit dem Ergebnis gleich, daß sie sich bei zurückgehender Beschäftigung auf immer weniger Einheiten verteilen und damit zu einer Erhöhung der Einheitskosten führen. Aus diesem Grunde ergibt sich in jenen Fällen, in denen die unfertigen und fertigen Erzeugnisse nur mit den variablen Kosten bewertet werden, selten ein Bewertungsproblem aus der Unterbeschäftigung. Das Bewertungsproblem bei Unterbeschäftigung ist somit in der Regel ein Problem des Aktivierungsausmaßes der Fixkosten. Es tritt nur dann auf, wenn die unfertigen und fertigen Erzeugnisse inclusive aller oder nur eines Teils der fixen Material-, Fertigungs- und Verwaltungsgemeinkosten aktiviert werden[11].

Um die Höhe der auszuscheidenden Leerkosten feststellen zu können, muß das Unternehmen zumindest im BAB zur Bewertung der unfertigen und fertigen Erzeugnisse eine Trennung der Kosten (Aufwendungen) in variable und fixe vornehmen. Wegen des komplexen und vielschichtigen Verhaltens der Kosten ist jedoch die Trennung der Kosten in fixe und variable in der Praxis relativ schwierig. Hinzu kommt, daß die variablen Kosten nicht nur proportional (linear), sondern häufig progressiv oder degressiv verlaufen.

Allerdings weisen Aussagen der Literatur[12] darauf hin, daß empirische Untersuchungen ergeben haben, daß sich die Kosten industrieller Betriebe in den üblichen Beschäftigungsintervallen tendenziell linear verhalten. Obwohl diese Aussage grundsätzlich für den Verlauf der Gesamtkosten, nicht aber der einzelnen Kostenarten gilt, werden aus Praktikabilitätsgründen in der Regel die einzelnen Kostenarten mehr oder weniger grob nach fixen und proportionalen Kosten eingeteilt. Beachtet man, daß es in besonderen Fällen, wie beispielsweise bei Annäherung an die Vollbeschäftigung, zu Abweichungen vom angenommenen Verlauf kommen kann, wird diese grobe Aufteilung in der Regel genügen.

Die Ausschaltung der Leerkosten erfolgt in der Regel in folgenden Schritten:

1. Feststellung der fixen und variablen Gemeinkosten in den in Frage kommenden Kostenstellen,

2. Feststellung des Prozentsatzes der Unterbeschäftigung im Vergleich zur Basisbeschäftigung in den einzelnen Bereichen,

---

11 In diesem Aufsatz wird nicht auf die grundsätzliche Problematik der variablen und fixen Gemeinkosten eingegangen.
12 Vgl. *Gutenberg, E.*, Grundlagen, S. 390 ff.; *Seicht, G.*, Kosten- und Leistungsrechnung, S. 54.

3. Ausscheidung jenes prozentuellen Anteiles der Fixkosten, der sich auf den nicht genutzten Teil der Basisbeschäftigung bezieht,

4. Ermittlung der Kostensätze auf Basis der bereinigten Fixkosten,

5. Anwendung dieser Kostensätze auf die Bilanzbewertung.

Beispiel:

Gesamtkosten bei Normalbeschäftigung	10 Mio. S
davon: – Fixkosten	4 Mio. S
– Variable Kosten	6 Mio. S
Hergestellte Produkte	5000 Stück
Kosten/Stück	2000,– S

Der Ausstoß des Unternehmens geht infolge gesunkener Aufträge auf 3500 Stück (70% von 5000 Stück) zurück. Die tatsächlichen Kosten betragen 8,3 Mio. S wovon 3,9 Mio. S fix und 4,4 Mio. S variabel sind.

Die Ermittlung der Stückkosten (ohne Berücksichtigung der Unterbeschäftigung) zeigt folgendes Bild:

Gesamtkosten	8,3 Mio. S
Hergestellte Produkte	3500 Stück
Kosten pro Stück	2371,– S

Unter Berücksichtigung der Leerkosten zeigt sich folgende Kostenentwicklung:

Fixkosten 70% von 3,9 Mio. S	2,73 Mio. S
Variable Kosten	4,4 Mio. S
Errechnete Kosten	7,13 Mio. S
Hergestellte Produkte	3500 Stück
Kosten pro Stück	2037,– S

Unter idealen Bedingungen müßten die Kosten pro Stück 2000,– S betragen. Die Kostensteigerung von 37,– S ist auf Preis- oder Verbrauchsabweichungen zurückzuführen.

233. Prüfung der Unterbeschäftigung

Die Prüfung der Unterbeschäftigung mit den sich daraus ergebenden Konsequenzen in der Bewertung der unfertigen und fertigen Produkte gehört zu den schwierigsten Teilen der Prüfung der Kostenrechnung. Der Prüfer kann nicht davon ausgehen, daß durch eine vom Verkaufspreis abgeleitete retrograde Rechnung ohnehin der Höchstansatz der zu bewertenden Gegenstände bestimmt werden kann, und er sich dadurch die Ermittlung der Unterbeschäftigung erspart. Die retrograde Rechnung dient ausschließlich der Feststellung jenes Bewertungsansatzes, über den die Bewertung nicht hinausgehen darf; sie ist keine eigenständige Kalkulations- bzw. Bewertungsform[13].

Eine weitere unzulässige Vorgangsweise der Berücksichtigung der Unterbeschäftigung wäre, gestiegene Bewertungsansätze mit der Begründung in Kauf zu nehmen, daß ohnehin ein Teil der Gemeinkosten nicht in die Bewertung einbezogen sei und dadurch ein entsprechendes Bewertungspolster nach oben gegeben wäre. Durch diese Vorgangsweise würde unabhängig von der Verletzung der Forderung nach Einzelbewertung eine Durchbrechung der Bewertungsstetigkeit erfolgen.

Indizien für das Vorliegen einer Unterbeschäftigung kann der Jahresabschlußprüfer aus der mengen- oder wertmäßigen Umsatzentwicklung, aus der Erzeugungsmenge und anderen Leistungsdaten, wie sie bei der Ermittlung der durchschnittlichen bzw. normalen Beschäftigung herangezogen werden, ersehen. Hinweise auf eine Unterbeschäftigung ergeben sich auch aus erlittenen Verlusten.

Das wohl das wichtigste Indiz für das Vorliegen einer Unterbeschäftigung sind aber höhere Bilanzansätze der hergestellten Produkte. Sind die Herstellungskosten gleich geblieben und auch sonst keine wesentlichen Veränderungen in der Kostenstruktur ersichtlich, wird der Abschlußprüfer in der Regel keine weiteren Untersuchungen im Hinblick auf das Vorliegen einer Unterbeschäftigung durchführen, da selbst für den Fall, daß die Beschäftigung zurückgegangen ist, der Betrieb die damit verbundenen Kostensteigerungen der einzelnen Produkte durch Rationalisierung oder rasche Anpassung der Kosten kompensieren konnte, womit vom handelsrechtlichen Standpunkt kein Grund für eine Bewertungsanpassung gegeben ist.

---

13 Sie darf allerdings nicht mit der retrograden Ermittlung des Einstandspreises von Handelswaren, die manchmal in Handelsbetrieben zur Anwendung kommt, verwechselt werden.

Liegen Kostensteigerungen vor, sind diese vom Prüfer zunächst zu analysieren, da sie auf viele Ursachen zurückgeführt werden können. Stellt der Prüfer fest, daß die Ursache im Beschäftigungsrückgang liegt, hat er zunächst zu prüfen, welche Erwägungen und Grundlagen der Bilanzierende der Berechnung der Unterbeschäftigung zugrundegelegt hat.

Liegen seitens des Unternehmens derartige Berechnungen nicht vor, weil die Geschäftsführung auf dem Standpunkt steht, daß sich das Unternehmen noch im Rahmen der Durchschnitts- bzw. Normalbeschäftigung befindet, hat der Prüfer diese bei Vorliegen entsprechender Indizien im Zuge der Prüfung der Vorratsbewertung nachzuholen.

Erschwert wird die Prüfung dann, wenn es zu partiellen Beschäftigungsschwankungen in einzelnen Abteilungen oder auf einzelnen Arbeitsplätzen gekommen ist, da für jeden Bereich, in dem Kostensätze zur Bewertung der unfertigen und fertigen Erzeugnisse gebildet werden, der Beschäftigungsgrad zur Ausscheidung der Leerkosten ermittelt werden muß.

Unterschiedliche Beschäftigungsgrade in einzelnen Abteilungen können etwa dadurch entstehen, daß die Fertigung durch Verfahrensänderungen in andere Bereiche verlagert wurde, und die Abteilung damit nur mehr teilweise genutzt wird. Auch die Inanspruchnahme größerer Vorleistungen durch Lieferanten kann zu mehr oder weniger starkem Beschäftigungsrückgang einer Abteilung führen. Obwohl der Beschäftigungsrückgang in den genannten Fällen nicht auf mangelnde Aufträge zurückzuführen ist, hat der Prüfer dafür zu sorgen, daß die dadurch entstehenden Leerkosten ausgeschieden werden.

Hat der Prüfer das Ausmaß der Unterbeschäftigung festgestellt bzw. geprüft, hat er als nächste Stufe die Ermittlung und Behandlung der Leerkosten zu prüfen.

Er hat im wesentlichen die richtige Einschätzung bzw. Feststellung des Verhaltens der Kosten in Bezug auf die wechselnde Beschäftigung durch das Unternehmen und die daraus folgende Ausschaltung der Leerkosten zu prüfen. Anschließend hat er die sich aus der Eliminierung der rechnerischen Leerkosten ergebenden Kostensätze festzustellen und mit den tatsächlich zur Bewertung herangezogenen Kostensätzen zu vergleichen. Da durch die Ausschaltung der Leerkosten eine fiktive Proportionalisierung der Fixkosten stattgefunden hat, dürfte sich danach im Idealfall gegenüber der durchschnittlichen bzw. Normalbeschäftigung keine Veränderung der Kostensätze und damit in der Bewertung der unfertigen und fertigen Erzeugnisse ergeben. Da aber ein Unternehmen ein lebender Organismus ist, wird ein völliges Gleichbleiben der Sätze gegenüber der Vorperiode kaum zutreffen. Der Prüfer hat allerdings bei auch nach Eliminierung der Leerkosten verbleibenden wesentlichen Abweichungen der Ursache nachzugehen und notfalls weitere Korrekturen in der Bewertung vorzunehmen.

Literaturverzeichnis

Christiansen, Alfred, Herstellungskosten bei nicht ausgenutzten Produktionskapazitäten, in: Die steuerliche Betriebsprüfung 1986, S. 177 ff. (Herstellungskosten).

Erhard, F., Herstellungskosten bei Unterbeschäftigung, in: Die steuerliche Betriebsprüfung 1966, S. 103 ff. (Unterbeschäftigung).

Freidank, Carl-Christian, Bilanzierungsprobleme bei unterausgelasteten Kapazitäten im handels- und steuerrechtlichen Jahresabschluß der Aktiengesellschaft, in: BB 1984, S. 29 ff. (Bilanzierungsprobleme).

Gutenberg, Erich, Grundlagen der Betriebswirtschaftslehre, Band I, Die Produktion, 20. Aufl., Wien/Berlin/New York 1973 (Grundlagen).

Institut österreichischer Wirtschaftsprüfer, Die Herstellungskosten im Steuerrecht, zitiert nach Hassler, P., in: Österreichische Steuerzeitung 1969, S. 8 ff. (Herstellungskosten).

Küting, Karlheinz, Aktuelle Probleme bei der Ermittlung der handelsrechtlichen Herstellungskosten, in: Der Betriebsberater 1989, S. 595 ff. (Handelsrechtliche Herstellungskosten).

Knop, Wolfgang/Küting, Karlheinz, Kommentierung des § 255 HGB, in: Handbuch der Rechnungslegung, Band Ia, hrsg. v. Küting, Karlheinz/Weber, Claus-Peter, 4. Aufl., Stuttgart 1995 (§ 255).

Seicht, Gerhard, Moderne Kosten- und Leistungsrechnung, 8. Aufl., Wien 1995 (Kosten- und Leistungsrechnung).

Seicht, Gerhard, Prüfung der Kostenrechnung, in: Betriebswirtschaftliches Prüfungswesen in Österreich, Festschrift für Vodrazka, hrsg. v. Kofler, Herbert/Nadvornik, Wolfgang/Pernsteiner, Helmut, Wien 1996.

Selchert, Friedrich Wilhelm, Prüfung der Kostenrechnung (Teil I), in: KRP 1982, S. 107 ff. (Prüfung).

Reinhold Hömberg

Prospektprüfung –
Grundsätze, praktische Anwendung, Empfehlungen

1 Die Stellungnahme WFA 1/1987 des Instituts der Wirtschaftsprüfer zur Prospektprüfung

2 Diskussion einzelner Bereiche der Prospektprüfung
   21 Marktprognosen und Standortanalysen
      211. Anforderungen der Stellungnahme
      212. Feststellungen
      213. Empfehlungen
   22 Kapitalverflechtungen, personelle Verflechtungen und wesentliche Vertragspartner
      221. Anforderungen der Stellungnahme
      222. Feststellungen
      223. Empfehlungen
   23 Leistungsfähigkeit der Vertragspartner
      231. Anforderungen der Stellungnahme
      232. Feststellungen
      233. Empfehlungen
   24 Beurteilung der Angemessenheit von Entgelten
      241. Anforderungen der Stellungnahme
      242. Feststellungen
      243. Empfehlungen

3 Zur praktischen Bedeutung des Prospektprüfungsberichts

4 Thesenförmige Zusammenfassung

Univ.-Prof. Dr. Reinhold Hömberg
Lehrstuhl für Betriebswirtschaftslehre,
insb. Betriebswirtschaftliche Steuerlehre
und Wirtschaftsprüfung
Rheinisch-Westfälische Technische Hochschule Aachen

1 Die Stellungnahme WFA 1/1987 des Instituts der Wirtschaftsprüfer zur Prospektprüfung

Kapitalanlageprospekte offerieren der interessierten Öffentlichkeit den Beitritt zu einer Kapitalanlage. Nachfolgend werden speziell Emissionsprospekte zum Beitritt zu einer Publikumspersonengesellschaft betrachtet. Ein typisches Beispiel stellt der Prospekt eines Immobilienfonds mit einer oder mehreren (Groß-)Immobilien als Investitionsobjekt dar, der bei Vollzeichnung geschlossen wird. Üblicherweise werden die Prospekte von Vermittlern der Kapitalanlagemöglichkeit (z. B. Banken oder freien Finanzanlagevermittlern) den potentiellen Anlegern übergeben. Die Prospekte beschreiben durch Wort, tabellarische Darstellung und Bild die Anlagemöglichkeit, geben über die erwartete Rentabilität des Fonds unter Berücksichtigung steuerlicher Gesichtspunkte Auskunft und enthalten die für das Kapitalanlageobjekt wesentlichen Verträge.

Gesetzliche Vorschriften über eine Prüfung derartiger Prospekte existieren in Deutschland nicht[1, 2]. Ein Teil der Prospektherausgeber beauftragt jedoch Wirtschaftsprüfer mit einer freiwilligen Prüfung. Diese ist – trotz der vom Prospektherausgeber zu tragenden Prüfungskosten – für den Herausgeber insbesondere attraktiv, um seinem Angebot Seriosität zu verleihen und um Haftungsrisiken aus dem Prospekt zu reduzieren[3, 4].

Für freiwillige Prüfungen enthält die Stellungnahme 1/1987 „Grundsätze ordnungsmäßiger Durchführung von Prospektprüfungen" des Wohnungswirtschaftlichen Fachausschusses (WFA) des Instituts der

---

1 Eine Pflichtprüfung war in dem Regierungsentwurf eines Gesetzes über den Vertrieb von Anteilen an Vermögensanlagen aus dem Jahre 1977 vorgesehen; vgl. *Biener, H.,* Regierungsentwurf, S. 262–265. Der Entwurf erlangte jedoch keine Gesetzeskraft.
2 Gesetzliche Vorschriften zur Prospektprüfung bestehen jedoch bei der Zulassung von Wertpapieren zum Börsenhandel. Vgl. zu den Vorschriften *IDW,* WP-Handbuch 1996, Bd. I, Abschn. O, Rn. 885.
3 Vgl. *Hammer, D.,* Überlegungen, S. 652.
4 Zu einem Überblick über die Prospekthaftung vgl. z. B. *Assmann, H.-D.,* in: Handbuch des Kapitalanlagerechts, § 7 Prospekthaftung, insb. Rn. 27–95; *Buck, H./Heinemann, J.,* Prospekthaftung, S. 468–470, und *Heymann, E. v.,* Haftung. Zum Kapitalanlagebetrug vgl. *Schmid, W.,* § 23 Kapitalbeschaffung, Rn. 62–89; zu Straftaten bei Verlustzuweisungsmodellen vgl. *Schmid, W.,* § 24 Verlustzuweisung, Rn. 26–62.

Wirtschaftsprüfer (IDW) die Prüfungsgrundsätze[5]. Die Stellungnahme 1/1987 modifiziert die frühere Stellungnahme 1/1983 mit gleichem Titel[6]. Die Stellungnahme 1/1987 schließt die potentielle Notwendigkeit der Weiterentwicklung ihrer Grundsätze nicht aus[7]. Der Weiterentwicklung dient die nachfolgende Diskussion von Aussagen der Stellungnahme sowie einiger Beispiele, wie die Grundsätze in der Praxis der Prospektprüfung angewendet werden. Nicht beabsichtigt ist eine Diskussion sämtlicher in der Stellungnahme dargelegter Grundsätze und aller daraus folgenden Prüfungsempfehlungen. Das Ziel ist ferner nicht, eine repräsentative Stichprobenuntersuchung von Praxisbeispielen vorzulegen: Auf eine solche kommt es nachfolgend nicht an, weil IDW-Stellungnahmen Minimumstandards vorschlagen, die im Einzelfall der Prüfung und nicht nur im Durchschnitt zu befolgen sind.

Aufgrund von Haftungsrisiken des Wirtschaftsprüfers[8] ist die Prospektprüfung eine von manchen Wirtschaftsprüfern ungeliebte Prüfungsart, so daß sie sich einer Auftragsannahme versagen. Die nachfolgenden Vorschläge zur Prospektprüfung erhöhen die Haftungsrisiken, die derzeit bei Befolgung der WFA-Stellungnahme 1/1987 nach deren Wortlaut und Sinn bestehen, allenfalls unwesentlich. Aus der Sicht eines Verbraucherschutzes zugunsten des Kapitalanlegers sind indes – bei generell erhöhtem Haftungsrisiko – weitreichendere Änderungsvorschläge denkbar und wünschenswert als die nachfolgend ausdrücklich angeführten[9].

Aus der Sicht des Kapitalanlegers ist etwa eine Klassifikation der Kapitalanlageangebote nach Güte bzw. Risiko wünschenswert, analog dem Vorgehen, das *Jörg Baetge* zur wirtschaftlichen Lagebeurteilung von Unternehmen und zur Früherkennung von Gefahren für den Bestand der Unternehmenstätigkeit auf der Grundlage der Auswer-

---

5   Vgl. *WFA*, Stellungnahme 1/1987, und als Überblick *IDW*, WP-Handbuch 1996, Bd. I, Abschn. O, Rn. 885–900.
6   Vgl. *WFA*, Stellungnahme 1/1983. Zu den Modifikationen vgl. *Hammer, D.*, Grundsätze.
7   Vgl. *WFA*, Stellungnahme 1/1987, Abschn. A.
8   Vgl. z. B. *Hartmann, E./ Schwope, S.*, Prospekthaftung, S. 46–48; *Hopt, K. J.*, Haftungsrechtliche Fragen, S. 43–50; *Hopt, K. J.*, in: HWRev, 2. Auflage, Haftung, Sp. 796–797; *Pohl, U.*, Risikoeinschätzung, S. 14; *Werner, H. S./Machunsky, J.*, Immobilienfonds, S. 99–110.
9   Vgl. z. B. *Grotherr, S.*, Anlegerschutzmöglichkeiten, insb. S. 1001–1003.

tung von Jahresabschlußzahlen vorschlägt und das er mit Hilfe der Methoden der multivariaten Diskriminanzanalyse und der neuronalen Netze in der praktischen Anwendung perfektioniert hat[10]. Eine methodisch unterstützte, intersubjektiv nachvollziehbare Fondsklassifikation würde auch die Haftungsrisiken des Wirtschaftsprüfers aus der Prospektprüfung mindern. Um den für die Unternehmensbeurteilung bewährten Ansatz *Baetges* auf die Prüfung von Prospekten zu übertragen, bedarf es weiterer empirischer und theoretischer Arbeiten, insbesondere, weil Jahresabschlüsse bestehender Fonds derzeit weit weniger häufig als Unternehmensabschlüsse publiziert werden und weil die Beurteilung von Chancen und Risiken eines neu aufgelegten Fonds zukunftsorientierter erfolgen muß und weniger vergangenheitsbasiert stattfinden kann als eine aktuelle Lagebeurteilung eines bereits – potentiell seit vielen Jahren – bestehenden Unternehmens.

Die WFA-Stellungnahme enthält die eigentlichen Grundsätze der Prospektprüfung sowie eine Anlage mit allgemeinen Anforderungen an den Inhalt von Prospekten und mit Zusatzanforderungen zu Anlageangeboten für Immobilien, für Erdöl-/Erdgasexplorationen und für Schiffsbeteiligungen. Da gesetzliche Vorschriften über den Inhalt von Prospekten zum Beitritt zu Publikumspersonengesellschaften nicht bestehen, definiert die Anlage der Stellungnahme den – aus WFA-Sicht – notwendigen Prospektinhalt. Die Prospektprüfung soll folglich feststellen, ob die inhaltlichen Anforderungen der Anlage der Stellungnahme vom vorgelegten Prospekt erfüllt werden.

Nachfolgend gilt das Interesse wichtigen Grundsätzen der Prospektprüfung primär von geschlossenen Immobilienfonds[11] und von Fonds über Schiffsbeteiligungen. Immobilienfonds und Schiffsbeteiligungsfonds sind derzeit gegenüber anderen Arten von Fonds (z. B. Leasing-Fonds) auf dem nachfolgend zu betrachtenden Markt geschlossener Fonds vorherrschend. Die Gesamthöhe der gezeichneten geschlossenen Immobilien- und Schiffsbeteiligungsfonds ist beträchtlich: Nach Angaben der Deutschen Börse AG werden durchschnitt-

---

10 Vgl. *Baetge, J.*, Rating, insb. S. 1 f., sowie die zahlreichen am Ende dieser Festschrift im Schriftenverzeichnis *Baetges* angegebenen Veröffentlichungen zu diesem Thema.
11 Für eine Übersicht über die Merkmale alternativer Immobilienanlagemöglichkeiten vgl. *Bone-Winkel, S.*, Immobilienanlageprodukte, insb. S. 675–677.

lich jährlich von privaten Haushalten (nur) netto 600 Mio. DM in Aktien investiert; demgegenüber fließen 9,3 Mrd. DM in geschlossene Immobilienfonds und 2,3 Mrd. DM in Schiffsbeteilungen[12].

Die Prospektprüfung hat festzustellen, „. . . ob der Prospekt die für eine Entscheidung des Kapitalanlegers wesentlichen prüfbaren Angaben vollständig und richtig enthält"[13]. Somit ist der Inhalt des Prospektes im Hinblick auf die Entscheidung des Anlegers maßgeblich. Die Prospektprüfung nach der WFA-Stellungnahme stellt sich jedoch mehrere Beschränkungen[14]: Sie will den Anleger von einer eigenen Risiken-/Chancen-Beurteilung nicht entbinden; zudem übernimmt die Prüfung für den Eintritt des wirtschaftlichen Erfolges und der steuerlichen Auswirkungen keine Gewähr. Geprüft wird der Prospekt nur auf Vollständigkeit und Richtigkeit; die Angemessenheit von Entgelten wird nach der Stellungnahme nicht beurteilt. Die Prospektprüfung ist ferner kein Rechtsgutachten und kein technisches Gutachten.

Falls der Anleger durch einen Prospekt und den Prüfungsbericht die entscheidungsnotwendigen Informationen erhält[15], ist die Prospektprüfung für ihn von beträchtlichem Nutzen, zumal sich der Prospektherausgeber gegenüber dem Prüfer bei einem Prospekthinweis auf die bereits vorgenommene oder in Auftrag gegebene Prüfung verpflichtet, den Bericht jedem ernsthaften Interessenten auf Anfrage zur Verfügung zu stellen. Der Prospektprüfungsbericht stellt derzeit die einzige Möglichkeit dar, von einem strengen Berufsgrundsätzen unterliegenden Prüfer zugleich detaillierte und kostenfreie Informationen über das Anlageobjekt zu erhalten[16].

---

12 Vgl. Artikel *o. V.*, „Mängel in der Kapitalverteilung verringern das Bruttosozialprodukt", Frankfurter Allgemeine Zeitung vom 24. 4. 1997, S. 27; die Angabe für die Aktien gilt dabei ohne Berücksichtigung der Emission der Deutschen Telekom. In einem weiteren Artikel dieser Zeitung vom gleichen Tag wird von rund 3 Mrd. DM im Jahr 1996 für Schiffsbeteilungen eingesammeltes Kapital gesprochen; vgl. *o. V.*, „Für Schiffsbeteilungen wird die See zunehmend rauher", Frankfurter Allgemeine Zeitung vom 24. 4. 1997, S. 27.

13 *WFA*, Stellungnahme 1/1987, Abschn. B.

14 Vgl. *WFA*, Stellungnahme 1/1987, Abschn. B. und E., Anm. 6.

15 Vgl. *Krüger, K.*, in: HWRev, 2. Auflage, Prospektprüfung, Sp. 1475.

16 Neben den Prospektprüfungen durch Wirtschaftsprüfer gibt es u. a. auch Bewertungsagenturen, die den potentiellen Anlegern konkrete Empfehlungen

Prospektprüfungen und Prospektprüfungsberichte sind auch im Sinne des „Verbraucherschutzes" wünschenswert. Kapitalanleger haben oftmals nicht die Sachkenntnisse zur Beurteilung der wirtschaftlichen und rechtlichen Verhältnisse der Anlage. Ihnen fehlt ferner häufig die Zeit zum Detailstudium der umfangreichen Prospekte. Zudem sind die Kapitalanlageangebote häufig in dem Sinne als „Steuersparmodelle" angelegt, daß sie hohe steuerliche Anfangsverluste ausweisen, die das zu versteuernde Einkommen des Anlegers im Jahr der Fondszeichnung, ggf. zusätzlich in einigen Folgejahren, mindern. Deshalb besteht die Gefahr, daß Kapitalanleger derartige Fonds primär unter dem Gesichtspunkt der steuerlichen Anfangswirkung betrachten und folglich – insgesamt gesehen – Fonds unkritisch gegenüberstehen.

2 Diskussion einzelner Bereiche der Prospektprüfung

21 Marktprognosen und Standortanalysen

211. Anforderungen der Stellungnahme

Zur Beurteilung eines Anlageobjektes sind dessen Einnahmen/Erträge von zentraler Bedeutung. Zur Einnahmenschätzung sind zumeist Marktprognosen, bei Immobilienobjekten speziell Standortbeurteilungen, notwendig und dementsprechend auch in unterschiedlichem Umfang und unterschiedlicher Qualität Bestandteil der Prospekte.

Die Stellungnahme führt beim Abschnitt „Prüfungsdurchführung" unter dem Unterabschnitt „Verwertung von Untersuchungen Dritter" aus, daß der Prüfer, soweit er für die Prüfung wesentliche Sachverhalte, z. B. Marktprognosen oder Standortanalysen, nicht selbst beurteilen kann, bei wesentlicher wirtschaftlicher Bedeutung der zu prüfenden Angaben Sachverständige hinzuzuziehen oder vorliegende Gutachten oder Prüfungsergebnisse Dritter zu verwerten hat[17]. Die Stellungnahme fordert demnach unter den angeführten Restriktionen, daß

---

geben. Für die Verwertung der Bewertungsempfehlungen zahlen die Prospektherausgeber allerdings hohe Summen, ohne daß – mangels gesetzlicher Regelungen – gewährleistet ist, daß eine berufliche Unabhängigkeit vom Mandanten besteht.

17 Vgl. *WFA*, Stellungnahme 1/1987, Abschn. D. IV.

der Prüfer entweder Marktprognosen und Standortanalysen selbst würdigt oder Untersuchungen Dritter verwertet.

Relevante Qualifikationsanforderungen an den Prüfer sind: Sachkunde zur Prüfung der speziellen Kapitalanlage, z. B. des Schiffsfonds. Fehlt diese, hat er die Auftragsannahme zu versagen[18]. Die Möglichkeit der Verwertung von Untersuchungen Dritter hängt entsprechend von der Kompetenz und beruflichen Qualifikation der Dritten ab; die Stellungnahme fordert auch für die Dritten Unabhängigkeit, Gewissenhaftigkeit, Unparteilichkeit, Unbefangenheit und Eigenverantwortlichkeit[19].

Marktprognosen und Standortanalysen stellen grundsätzlich Annahmen über die Zukunft dar. Nach der WFA-Stellungnahme sind Annahmen „. . . kritisch zu würdigen, insbesondere daraufhin, ob sie plausibel sind und nicht in erkennbarem Widerspruch, nicht nur zu vorgelegten Unterlagen und erteilten Auskünften und sonstigen Angaben im Prospekt, sondern auch zu allgemein bekannten wirtschaftlichen Tatsachen stehen, also glaubhaft sind . . ."[20]. Da der Prüfer „. . . Art und Umfang der Prüfungshandlungen so planen und bemessen [muß], daß er ein sicheres Urteil darüber abgeben kann, ob der Prospekt vollständig und richtig ist"[21] und die „. . . Prüfungshandlungen im einzelnen gewissenhaft .. und mit berufsüblicher Sorgfalt . . ."[22] festzulegen sind, stellt die Stellungnahme somit auch an die Plausibilitätsprüfung hohe Anforderungen.

Über das Ergebnis der Prüfung ist im Prospektprüfungsbericht zu berichten. Wenn Annahmen zu prüfen sind, kommt dabei laut WFA der Darstellung der Prüfungsmethoden eine besondere Bedeutung zu.

Nach alledem sollten in einem Prüfungsbericht qualifizierte Ausführungen darüber zu erwarten sein, ob, wie und mit Hilfe welcher

---

18 Die Stellungnahme verweist auf die richtungsweisenden Feststellungen der Wirtschaftsprüferkammer zur Unabhängigkeit und Gewissenhaftigkeit, insbesondere zur Sachkunde. Vgl. *WFA*, Stellungnahme 1/1987, Abschn. C. Vgl. ferner *Hammer, D.,* Grundsätze, S. 676.
19 Vgl. *WFA,* Stellungnahme 1/1987, Abschn. D. IV.
20 *WFA,* Stellungnahme 1/1987, Abschn. D. II.
21 *WFA,* Stellungnahme 1/1987, Abschn. D. III.
22 *WFA,* Stellungnahme 1/1987, Abschn. D. III.

Prüfungsmethoden (z. B. Verprobungstechniken) die angegebene zukünftige Einnahmeentwicklung des Fonds geprüft wurde.

212. Feststellungen

Wenn der Prospektherausgeber nicht selbst z. B. bei einem Grundstücks- oder Schiffssachverständigen Gutachten in Auftrag gegeben hat, deren Ergebnisse (auch) dem Prüfer vorliegen und die dieser folglich zu kommentieren vermag, nehmen in praxi eigenständige Prüfungshandlungen über die Marktverhältnisse oder die Standortgüte in Prüfungsberichten einen nur nachgeordneten Rang ein.

In einem Prüfungsbericht heißt es[23]:

„Die prospektierten Umsatzerlöse erscheinen auf der Grundlage der zur Zeit vorliegenden Marktverhältnisse realistisch. Die Annahme einer regelmäßigen jährlichen Steigerung der Chartererlöse um 2% ist auf eine künftig wachsende Nachfrage nach Containerschiffen dieser Ausstattung und Geschwindigkeit ausgerichtet. Die Marktentwicklungen in der Vergangenheit führten aber auch zu Erlösminderungen. Das Befrachtungsunternehmen ist im Prospekt dargestellt, eine Prüfung der Leistungsfähigkeit ist nicht Gegenstand des Auftrages."

Nicht analysiert wird hier, ob und inwieweit die zur Zeit vorliegenden Marktverhältnisse auch für die Zukunft relevant sind oder sein können. Der knappe Bezug auf die zur Zeit geltenden Marktverhältnisse ist im übrigen für den Prospektleser insofern nur bedingt nachvollziehbar, als sich die im Prospekt dargestellten Raten auf Schiffe einer *anderen* Größenklasse (also eines anderen Marktsegmentes) als das angebotene Objekt beziehen und der Prospektprüfer eigene Angaben vermissen läßt. Die Annahme über eine künftig wachsende Nachfrage nach Containerschiffen als Voraussetzung für erhöhte Erlöse wird als solche nicht überprüft. Die Erlösminderungen der Vergangenheit werden nicht näher erläutert und quantifiziert und vor allem nicht auf das konkrete Fondsobjekt bezogen. Insofern wird die im Prospekt angegebene Charterrate für den Prospektleser nicht nachvollziehbar auf Plausibilität überprüft. Auf Prüfungsmethoden findet sich kein Hinweis[24].

---

23 Prospektprüfungsbericht MS „Orion", S. 19.
24 Zur Leistungsfähigkeitsbeurteilung vgl. die Ausführungen zum nachfolgenden Gliederungspunkt 231.

Wie wenig Bedeutung speziell bei Immobilienanlagen der Standortanalyse beigemessen wird, lassen die Vermerke in den Prüfungsberichten erkennen, daß die Prospektprüfung in den Büroräumen des Wirtschaftsprüfers oder des Prospektherausgebers stattgefunden hat[25]. Häufiger fehlt aber auch der Vermerk über den Ort der Prüfung[26], oder es findet sich der explizite Hinweis, daß das Immobilienobjekt vom Prüfer nicht besichtigt wurde[27]. Fehlende positive Angaben zur Inaugenscheinnahme von Immobilienstandorten sind ein Indikator dafür, daß der Prospektprüfer den Standort nicht persönlich in Augenschein genommen hat. Eine Büroprüfung als „Standortanalyse" erfüllt nicht die Anforderungen der WFA-Stellungnahme, da diese für die Prüfung von Tatsachen im wesentlichen ähnliche Prüfungshandlungen fordert wie bei einer Jahresabschlußprüfung und neben der vergleichenden Prüfung und der Heranziehung von Dokumenten auch die persönliche Inaugenscheinnahme nennt[28]. Da die Anwesenheit des Prüfers bei Inventuren ein Grundsatz ordnungsmäßiger Durchführung von Abschlußprüfungen ist, sofern die Vorräte des Unternehmens von absoluter oder relativer Bedeutung sind[29], gehört folglich auch die Inaugenscheinnahme bebauter oder noch zu bebauender Standorte von (Groß-)Immobilien zu den notwendigen Pflichten des Prospektprüfers, soweit nicht qualifizierte neutrale Gutachten Dritter die Inaugenscheinnahme im Einzelfall überflüssig machen. *Ulrich* fordert für die Prüfung der Lage von Grundstücken immer eine Ortsbesichtigung[30].

213. Empfehlungen

Bei einer Überarbeitung der WFA-Stellungnahme sollte der Berichterstattung über die zukünftige Marktentwicklung und über Standortanalysen in der Stellungnahme größeres Gewicht beigemessen werden. Möglicherweise sind die oben aufgezeigten Schwächen darauf

---

25 Vgl. z. B. Prospektprüfungsbericht *Objekte Halle, Essen und Magdeburg,* S. 1.
26 Vgl. z. B. Prospektprüfungsbericht *Fundus 29.*
27 Vgl. z. B. Prospektprüfungsbericht *Allianz Immobilienfonds 1,* S. 1.
28 Vgl. *WFA,* Stellungnahme 1/1987, Abschn. D. III., Anm. 2.
29 Vgl. *IDW,* Fachgutachten 1/1988, Abschn. D. II. 4. b.
30 Vgl. *Ulrich, D.,* Prüferische und steuerliche Aspekte, S. 29, wobei die Prüfung (auch) der Richtigkeit von Werturteilen dient.

zurückzuführen, daß die Prüfung von Marktprognose und Standort derzeit nur unter der für diese Sachverhalte nicht einschlägigen Überschrift ,,Verwertung von Untersuchungen Dritter" angesprochen wird[31]. Die Stellungnahme sollte zukünftig explizit vorgeben, wie im Regelfall die Einnahmen bzw. Erträge nach branchenüblichen Regeln (bei Einzelhandelsimmobilien z. B. aufgrund eines Schlusses von der Passantenfrequenz des Standortes auf erzielbare Umsätze) auf Plausibilität geprüft werden.

Im Prüfungsbericht sollte außerdem ausdrücklich vermerkt werden, ob eine Begehung des Standortes oder, soweit sinnvoll, ob eine Besichtigung des Investitionsobjektes stattgefunden hat.

22 Kapitalverflechtungen, personelle Verflechtungen und wesentliche Vertragspartner

221. Anforderungen der Stellungnahme

Mindestbestandteil von Prospekten nach der Stellungnahme WFA 1/1987 sind u. a. Angaben über die wesentlichen Vertragspartner des Prospektherausgebers und über Kapitalverflechtungen und/oder personelle Verflechtungen. Zu den wesentlichen Vertragspartnern gehören neben Vertriebsgesellschaften u. a. auch Sachverständige und Gutachter[32].

Gemäß der Muster-Vollständigkeitserklärung des Prospektherausgebers ist entsprechend von diesem zu bestätigen, daß wirtschaftliche und personelle Verflechtungen zwischen dem Initiator/Herausgeber und den sonstigen für Durchführung und Abwicklung der Kapitalan-

---

31 Diese Plazierung folgt daraus, daß zu bestimmten Sachverhalten, wie Marktprognosen und Standortanalysen, des öfteren Untersuchungen Dritter verwertet werden. Laut *Hammer* hat es sich ,,. . . gezeigt, daß rechtliche Fragen einerseits sowie Marktprognosen und Standortanalysen andererseits oft große Bedeutung hinsichtlich des Erfolges oder Mißerfolges einer Kapitalanlage haben. Diese Bereiche können von dem Berufsangehörigen in der Regel nicht aufgrund eigener Sachkunde beurteilt werden." *Hammer, D.,* Grundsätze, S. 677. Folgt man dieser Einschätzung, ist allerdings zu fragen, ob der Wirtschaftsprüfer, der so zentrale Sachverhalte wie die vorgenannten nicht aufgrund eigener Sachkunde zu beurteilen vermag, die Voraussetzungen zur Auftragsannahme überhaupt erfüllt.

32 Vgl. *WFA,* Stellungnahme 1/1987, Anl. 1, A. V. und A. VI.

lage beauftragten oder vorgesehenen Personen und Gesellschaften nicht bzw. nur in dem in einer Anlage zur Vollständigkeitserklärung aufgeführten Umfang bestehen[33].

222. Feststellungen

Ein Beispiel für wesentliche Vertragspartner und Kapitalverflechtungen und personelle Verflechtungen ist folgender Sachverhalt[34]:

Ein Fonds in der Rechtsform einer Kommanditgesellschaft dient der Errichtung und dem Betrieb einer Großimmobilie. Der Fonds verfügt über zwei persönlich haftende Gesellschafter, X und Y, ohne Einlage sowie vier Kommanditisten. Kommanditisten sind eine Treuhandgesellschaft/Steuerberatungsgesellschaft mbH, eine Fonds-Verwaltungs-GmbH sowie zwei weitere GmbH, die in der Gründungsphase des Fonds eine Rolle gespielt haben. Die Kapitalanteile der vier Kommanditisten sind im Verhältnis zu dem bei den Anlegern einzuwerbenden Beteiligungskapital nicht hoch. Der Bau der Immobilie wird (erst) durch eine Kapitalerhöhung aufgrund des Beitritts von Fondszeichnern bewerkstelligt. Die Fondszeichner sind entweder als Direktkommanditisten oder treuhänderisch über die Treuhandkommanditistin (die Treuhandgesellschaft/Steuerberatungsgesellschaft) beteiligt.

Die Treuhandgesellschaft/Steuerberatungsgesellschaft ist auch zuständig für Steuerberatung, Buchführung und Erstellung des Jahresabschlusses und hat ein steuerliches Gutachten über die Kapitalanlage erstellt. Die Fonds-Verwaltungs-GmbH ist Prospektherausgeberin und insbesondere zuständig für Projektierung, Eigen- und Fremdkapitalbeschaffung und – auf 20 Jahre – Geschäftsbesorgung des Fonds. Der Fonds hat einen Generalübernehmer zur schlüsselfertigen Errichtung der Immobilie zu einem Pauschalfestpreis beauftragt. Der Generalübernehmer gibt seinerseits Teilaufträge an andere Unternehmen (z. B. Bauunternehmen) weiter.

---

33 Das Muster einer Vollständigkeitserklärung ist der Stellungnahme WFA 1/1987 als Anlage 2 beigefügt. Vgl. *WFA*, Stellungnahme 1/1987.
34 Vgl. Prospektprüfungsbericht *Fundus 28,* insb. S. 38 f., sowie Prospekt, insb. S. 44.

Kapitalverflechtungen und personelle Verflechtungen bestehen im beschriebenen Fall wie folgt: Die gleiche Person Z hält das gesamte Stammkapital sowohl an der Verwaltungs-GmbH als auch an einer der beiden weiteren GmbH und indirekt auch das Kapital an der Treuhandgesellschaft/Steuerberatungsgesellschaft. Zusammen mit nahen Angehörigen gehört ihm ferner der Generalübernehmer.

Z ist alleinvertretungsberechtigter Geschäftsführer der Verwaltungs-GmbH, des Generalübernehmers und einer der beiden zur Fondsgründung benötigten GmbH. Der Komplementär X des Fonds ist zugleich leitender Angestellter der Verwaltungs-GmbH, der Komplementär Y des Fonds zugleich leitender Angestellter des Generalübernehmers. Bei einem Ausscheiden der leitenden Angestellten aus ihrem Beschäftigungsverhältnis folgt üblicherweise auch ein Komplementärwechsel im Fonds, d. h., die bisherigen Komplementäre werden durch weitere Angestellte der Firmen des Z ersetzt.

Prospektprüfungsberichte gehen bei vollständigen und richtigen Prospektangaben auf die Verflechtungen in unterschiedlichem Ausmaß ein: Teils werden die wesentlichen Vertragspartner und Verflechtungen – den Prospektangaben entsprechend – aufgeführt[35], teils wird nur auf die im Sinne der WFA-Stellungnahme zutreffenden Prospektangaben hingewiesen[36]. Die Verflechtungen werden mitunter im Prospekt – ohne erhellende Kommentierung im Prospektprüfungsbericht – in einer für den nicht juristisch geschulten Leser unverständlichen oder nur schwer verständlichen Weise aufgeführt[37].

223. Empfehlungen

Der Plazierung in der Anlage 1 der Stellungnahme WFA 1/1987 gemäß gehören die Angaben über wesentliche Vertragspartner/Ver-

---

35 Vgl. Prospektprüfungsbericht *Fundus 28,* S. 38 f.
36 Vgl. Prospektprüfungsbericht *MS „Cape Horn",* S. 10, im Umfang von zwei Textzeilen.
37 Zu den Eigentumsrechten des Z an der zuvor im Beispiel genannten Treuhandgesellschaft/Steuerberatungsgesellschaft und an der Verwaltungs-GmbH heißt es z. B. im Prospekt und im Prüfungsbericht ohne namentliche Nennung des Z, daß sich das Stammkapital des Gesellschafters der Treuhandkommanditistin und der Verwaltungs-GmbH in einer Hand befinden. Vgl. Prospekt *Fundus 28,* S. 44, und zugehöriger Prospektprüfungsbericht S. 39.

flechtungen zumeist zu den letzten in einem Prospektprüfungsbericht abgehandelten Punkten; somit besteht die Gefahr, daß der Adressat des Berichts die Wichtigkeit der Informationen „Wesentliche Vertragspartner/Verflechtungen" zur Einschätzung des Risikos der Kapitalanlage und der Leistungsfähigkeit der Vertragspartner, zur Einschätzung der Angemessenheit der Entgelte für die abgeschlossenen Grundstücks- und Leistungsverträge und zur faktischen Stellung des Fondszeichners insbesondere in der Gesellschafterversammlung und gegenüber dem Prospektherausgeber und der Treuhandgesellschaft unterschätzt.

Da in der Regel nur wenige Personen die für die Kapitalanlage maßgeblichen Entscheidungen treffen, des öfteren auch nur eine Person entscheidet, sollten die zwischen den Partnern bestehenden Verflechtungen ausdrücklich und an exponierter Stelle im Prüfungsbericht in verständlicher Form vermerkt sein, so daß die für den Fonds maßgeblichen rechtlichen und wirtschaftlichen Verhältnisse auch für einen in gesellschaftsrechtlichen Konstruktionen nicht versierten Leser deutlich werden.

Ein positives Beispiel für eine offene und verständliche Verflechtungsinformation stellt etwa eine Verflechtungstabelle dar, der relevante Angaben (wie Geschäftsführer oder Gesellschafter) über die wesentlichen Vertragspartner zu entnehmen sind. Derartige Tabellen werden mitunter bereits im Prospekt veröffentlicht[38].

23 Leistungsfähigkeit der Vertragspartner

231. Anforderungen der Stellungnahme

Nach der WFA-Stellungnahme hat der Prospektprüfer über Vertragspartner mit besonderer wirtschaftlicher Bedeutung für das Gesamtobjekt diejenigen Unterlagen heranzuziehen, die ein ordentlicher Geschäftsleiter bei der Aufnahme einer neuen Geschäftsverbindung einholen würde; über nicht erhältliche Informationen hat der Prüfer zu berichten[39]. Somit ist eine Leistungsfähigkeitsprüfung notwendig. Für

---

38 Vgl. Prospekt *MS „Paradip"*, S. 68 f.
39 Vgl. *WFA*, Stellungnahme 1/1987, Abschn. D. III., Anm. 7.

diese können z. B. Auskünfte von Banken, Auskunfteien, Vertragspartnern oder die Auswertung von Jahresabschlüssen, notfalls auch Selbstauskünfte, Grundlage sein[40].

232. Feststellungen

Der Forderung der Stellungnahme wird in der Regel in praxi *nicht* Rechnung getragen. Vielmehr wird in den Prospektprüfungsberichten oft ausdrücklich vermerkt, daß eine Beurteilung der Leistungsfähigkeit oder der Bonität nicht Gegenstand der Prüfung sei[41]. Gelegentlich finden sich jedoch partielle Angaben zur Leistungsfähigkeit, wie diejenige, daß die (u. a.) für die Prospektherausgabe zuständige Gesellschaft bei der Abwicklung früherer Fonds stets alle Garantieverpflichtungen erfüllt hat[42]. Derartige Angaben sind für den Leser wenig entscheidungsrelevant, wenn weitere – nicht näher kommentierte – maßgebliche Vertragspartner bestehen. Solche sind z. B. Generalübernehmer und (weitere) Garantiegeber oder Bürgen[43].

Wenn im Schrifttum kritisiert wird, daß die Intensität, mit der die Leistungsfähigkeit von Vertragspartnern geprüft wurde, unbekannt ist, und der potentielle Kapitalanleger deshalb aufgrund der Prospektprüfung nicht einschätzen kann, inwieweit das wirtschaftliche Risiko des Mißlingens des Projektes durch die Vertragsgestaltung (z. B. durch Garantien) tatsächlich abgedeckt ist[44], ist diese Kritik m. E. für die Praxis der Prospektprüfung gerechtfertigt. Die WFA-Stellungnahme gibt jedoch eine eindeutige Leitlinie für die notwendige Prüfungsintensität vor, nämlich die des ordentlichen Geschäftsleiters. Dessen

---

40 Vgl. *Ulrich, D.*, Prüferische und steuerliche Aspekte, S. 33.
41 Vgl. z. B. Prospektprüfungsberichte *MS „Orion"*, S. 12, oder *Kläranlage Zwickau*, S. 2; wobei die Formulierung in letzterer Quelle den Eindruck zu erzeugen vermag, die Leistungsfähigkeitsprüfung sei *nicht* Teil einer Prospektprüfung nach der WFA-Stellungnahme.
42 Vgl. Prospektprüfungsbericht *Fundus 29*, S. 42. Selbst diese partielle Angabe ist beim derzeit angebotenen Fonds entfallen, da die Prospektprüfer vermerken, daß die Gesellschaft nach den den Prüfern erteilten, von diesen aber *nicht* geprüften Auskünften alle Garantieverpflichtungen in der Vergangenheit erfüllt habe. Vgl. Prospektprüfungsbericht *Fundus 32*, S. 41.
43 Vgl. *Grotherr, S.*, Prospektprüfung, S. 744.
44 Vgl. *Grotherr, S.*, Prospektprüfung, S. 744 f.

Verpflichtungen sind notwendigerweise an der Größe des Projektes zu messen. Da es bereits zur Obliegenheit eines ordentlichen Geschäftsleiters gehört, bei Verkäufen an Neukunden Bonitätsauskünfte einzuholen, es sei denn, es handelt sich um Verkäufe gegen Vorauszahlung oder um Kleinbetragsrechnungen, folgen aus der Stellungnahme – angesichts der bei den Fonds üblicherweise bewegten zwei- oder dreistelligen Millionenbeträgen – strenge Anforderungen an die Leistungsfähigkeitsprüfung.

233. Empfehlungen

Die Stellungnahme WFA 1/1987 stellt keine speziellen Anforderungen an die Berichterstattung zur Leistungsfähigkeitsprüfung. Um Fehlinterpretationen von seiten des potentiellen Kapitalanlegers zu vermeiden, sollte bei einer Änderung der WFA-Stellungnahme die Verpflichtung aufgenommen werden, explizit zu berichten, welche Vertragspartner einer Leistungsfähigkeitsprüfung unterzogen wurden.

Zudem sollte die Stellungnahme die Voraussetzungen für die Leistungsfähigkeitsbeurteilung, die „besondere wirtschaftliche Bedeutung" der Vertragspartner, konkretisieren, damit nicht weiterhin etwa ein Generalübernehmer, an den der Großteil der gesamten Fondsmittel fließt, vom Prospektprüfer im Sinne von „ohne besondere wirtschaftliche Bedeutung" behandelt wird.

Die maßgeblichen Vertragspartner eines Fonds sind in der Regel Kapitalgesellschaften. Als solche haben sie nach § 325 Abs. 1 HGB ihren Jahresabschluß zusammen mit weiteren Unterlagen zum Handelsregister des Sitzes der Kapitalgesellschaft einzureichen, wobei §§ 326, 327 HGB Erleichterungen für kleine und mittlere Kapitalgesellschaften ermöglichen. Gleichwohl erfährt heute der Prospektleser über Vertragspartner in der Regel nur die gemäß der Stellungnahme explizit zu nennenden (Mindest-)Angaben. Der Leser erfährt somit nicht die der Pflichtpublizität unterliegenden und zur Beurteilung der Vermögens-, Finanz- und Ertragslage der Kapitalgesellschaften der Vertragspartner aussagefähigeren Jahresabschlußdaten.

Über die *wesentlichen Vertragspartner* sind derzeit im Prospekt nur Name/Firma, Sitz und Anschrift sowie Rechtsform zu nennen; einige weitere Angaben, die aber auch die konkrete Leistungsfähigkeit der Vertragspartner nicht grundlegend erhellen – wie das Datum der Aufnahme der Geschäftstätigkeit oder bei Kapitalgesellschaften, Genossenschaften und Kommanditgesellschaften die Höhe des haftenden Kapitals sowie die Höhe der geleisteten Einlagen oder der Name und der Wohnort persönlich haftender Gesellschafter und Gesellschafter mit Anteilen oder Stimmrechten von mehr als 25% – sind (nur) anzuführen, soweit sie *von Bedeutung* sind[45]. Selbst über den *Prospektherausgeber* sind im übrigen nur wenige Informationen zu geben, nämlich diejenigen Informationen, die auch über wesentliche Vertragspartner zu machen sind, allerdings stets unter Einschluß der zuvor erwähnten Angaben *von Bedeutung*[46].

Heute, mehr als ein Jahrzehnt nach der Verabschiedung des Bilanzrichtliniengesetzes ist nicht nachvollziehbar, warum ohnehin offenlegungspflichtige Daten, sofern sie zur Beurteilung der Vertragspartner geeignet sind, nicht auch in den Prospekten oder in den Prospektprüfungsberichten stehen.

---

45 Vgl. *WFA*, Stellungnahme 1/1987, Anl. 1, A. V. in Verbindung mit A. I.
46 Vgl. *WFA*, Stellungnahme 1/1987, Anl. 1, A. I. – Wie wenig derzeit Jahresabschlußangaben relevant sind und geprüft werden, läßt sich daran erkennen, daß die Prüfungsberichte in den Zusammenstellungen der Prüfungsunterlagen Jahresabschlüsse des Prospektherausgebers und maßgeblicher Vertragspartner selbst in den Fällen häufig nicht aufführen, in denen diese Unternehmen nach § 325 HGB offenlegungspflichtig sind. So vermißt man z. B. in der Zusammenstellung der geprüften Unterlagen des Prüfungsberichts für den derzeit plazierten Fonds *Fundus 32* die Jahresabschlüsse des Herausgebers und wesentlicher Vertragspartner, so z. B. den Abschluß des Generalübernehmers, als Prüfungsbestandteile, ungeachtet des hohen Fondsinvestitionsvolumens von rund 450 Mio. DM; vgl. Prospektprüfungsbericht *Fundus 32*, Anlage B, S. 1–4. Nach Auskunft des zuständigen Amtsgerichts Köln vom 12. 8. 1997 haben überdies die vorgenannten Gesellschaften, beide Gesellschaften mit beschränkter Haftung, für die angefragten Geschäftsjahre ab 1993 ihre Jahresabschlüsse dem Gericht nicht eingereicht. Somit erfüllen die Gesellschaften die ihnen obliegenden handelsrechtlichen Verpflichtungen nicht. Dessen ungeachtet wird dem Prospekt zusammenfassend die Vollständigkeit und Richtigkeit der Prospektangaben bestätigt; vgl. Prospektprüfungsbericht, S. 44. Diese Bestätigung erfolgt m. E. aber durchaus im Einklang mit dem Wortlaut der WFA-Stellungnahme. – Der vorstehend geschilderte Sachverhalt zeigt deutlich die Reformbedürftigkeit von Prospektprüfung und Prospektlegung, sofern man fordert, daß diese für die Entscheidung des Anlegers von Nutzen sein sollen.

24 Beurteilung der Angemessenheit von Entgelten

241. Anforderungen der Stellungnahme

Die Stellungnahme empfiehlt, in die Zusammenfassung des Prospektprüfungsberichts den Hinweis aufzunehmen, daß ausschließlich die Prüfung der Vollständigkeit und Richtigkeit der Prospektangaben Gegenstand der Prospektprüfung sei, nicht aber auch die – nachfolgend zu besprechende – Beurteilung der Angemessenheit von Entgelten sowie der Eintritt des wirtschaftlichen Erfolges und der steuerlichen Auswirkungen[47].

242. Feststellungen

Der Empfehlung folgen die Prospektprüfungsberichte; gleichwohl finden sich in Ausnahmefällen Feststellungen zur Angemessenheit von Entgelten, etwa wenn die Höhe der Verwaltungskosten als „sachgerecht kalkuliert"[48] bezeichnet wird.

Wenn der Prospektprüfer die Entgeltbeurteilung als Prüfungsausschluß ansieht, kann es zu einem Konflikt mit der Aufgabe kommen, die Prospektangaben auf Richtigkeit zu prüfen. Dieser Konfliktfall wird von der WFA-Stellungnahme nicht erörtert, im Schrifttum aber angesprochen[49]. Der Konflikt entsteht, wenn der Prospektherausgeber – in Erwartung der verbreiteten und vielfach berechtigten Furcht potentieller Kapitalanleger vor überteuerten Fonds – in den Prospekt Hinweise zur Angemessenheit seiner Entgeltforderungen aufnimmt. Die Hinweise sind entweder Feststellungen dritter Personen, z. B. das Urteil eines Schiffssachverständigen über die (günstige) Höhe der Baukosten des Schiffes, oder Feststellungen des Herausgebers selbst (oder zu diesem in naher Beziehung stehender Personen oder Gesellschaften). Beispielsweise zieht ein Herausgeber einen Kostenvergleich des Fonds mit den „objektbedingten" „Gestehungskosten" eines Einzelinvestors und rechnet unter Angabe eines Mittelverwendungsplans vor, welchen Prozentsatz und welchen Betrag der Ge-

---

47 Vgl. *WFA*, Stellungnahme 1/1987, Abschn. E, Anm. 6.
48 Vgl. Prospektprüfungsbericht MS *„Santa Maddalena"*, S. 10, trotz eines auf S. 1 des Berichts vermerkten Prüfungsausschlusses.
49 Vgl. *Ulrich, D.*, Prüferische und steuerliche Aspekte, S. 34.

samtmittelverwendung des Fonds seines Erachtens auch ein Einzelinvestor hätte aufwenden müssen, so daß nur die – nach Ansicht des Herausgebers wohl moderate – Differenz zu 100% der Gesamtmittelverwendung plus das Agio als „fondsbedingte Kosten" dargestellt werden[50]. Für letztere Kosten erhalte der Anleger mehrere umfangreiche Dienstleistungspakete[51].

Angaben im Prospekt zur Angemessenheit der Entgelte stellen für den potentiellen Kapitalanleger eine zentrale Prospektinformation dar, da dieser darauf bedacht ist, daß die als „fondsbedingt" bezeichneten Beträge durch tatsächliche und marktüblich kalkulierte (Dienst-) Leistungen unterlegt sind und auch die „objektbezogen" genannten Beträge nach Art und Höhe den Beträgen vergleichbar sind, die ein Einzelinvestor hätte aufwenden müssen.

Nach der Stellungnahme besteht die Aufgabe der Prospektprüfung in der Prüfung auf Vollständigkeit und auf Richtigkeit; richtig sind Angaben, „. . . wenn angegebene Tatsachen zutreffen, Annahmen als solche gekennzeichnet und glaubhaft und Folgerungen schlüssig sind"[52]. Insofern ist ein Prospekthinweis zur Angemessenheit der Fondskalkulation, wie ein „objektbedingter" Mittelverwendungsprozentsatz und -betrag, als eine für den Kapitalanleger maßgebliche Prospektinformation auf die zugrunde liegenden Werttatsachen bzw. die Plausibilität der Wertannahmen zu prüfen[53]. Wenn maßgebliche Kapitalverflechtungen und/oder personelle Verflechtungen zwischen dem Herausgeber des Prospektes und Vertragspartnern des Fonds bestehen – wenn z. B. die *Funktion* des Prospektherausgebers und die des Generalübernehmers durch die gleiche Person wahrgenommen wird, diese somit mit sich selbst die zentralen Grundstücks-, Leistungs- und Garantieverträge schließt –, wird hierdurch in der Regel die Prüfung auf Angemessenheit im Vergleich zu einer Prüfung von Verträgen erschwert, die mit fremden Dritten abgeschlossen werden. Da jedoch ein sicheres Urteil über die Richtigkeit abzugeben ist[54],

---

50 Vgl. Prospekt *Fundus 28,* S. 34 f.
51 Vgl. Prospekt *Fundus 28,* S. 35.
52 *WFA,* Stellungnahme 1/1987, Abschn. B.
53 *Ulrich* fordert die Prüfungspflicht weniger deutlich, wenn er formuliert, daß die Prospektbehauptung eines besonders günstigen Grundstückspreises zur Angemessenheitsprüfung dieser Behauptung führen *kann.* Vgl. *Ulrich, D.,* Prüferische und steuerliche Aspekte, S. 34.
54 Vgl. *WFA,* Stellungnahme 1/1987, Abschn. D. III.

sind die Prüfungshandlungen im Hinblick auf ein derartiges Urteil auszuwählen.

Zusammenfassend ist festzustellen: Werden die Grundsätze ordnungsmäßiger Prospektprüfung ernstgenommen, muß im zuvor aufgezeigten Konfliktfall das grundlegende Ziel der Prüfung auf Richtigkeit dem ansonsten im Sinne der Stellungnahme geltenden Prüfungsausschluß für die Entgeltbeurteilung vorgehen[55].

243. Empfehlungen

Dadurch, daß die Angemessenheitsbeurteilung *nicht* zum Ziel der Prospektprüfung erklärt wird – wie dies die WFA-Stellungnahme vorsieht –, muß eine erhebliche Erwartungslücke in Kauf genommen werden: Für den potentiellen Kapitalanleger ist die Angemessenheit der Entgelte eine zentrale Entscheidungsgrundlage; vom Prospektherausgeber kann er keine expliziten und intersubjektiv richtigen Angaben zur Angemessenheit erhoffen. Der der WFA-Stellungnahme (noch) unkundige Kapitalanleger erwartet deshalb, daß ein Wirtschaftsprüfer als ein in wirtschaftlichen Fragen Sachverständiger, der sich – zumal in einem umfangreichen Schriftsatz – über zahlreiche Aspekte einer Kapitalanlage äußert, auch zur Entgeltangemessenheit Stellung nimmt[56]. Im Schrifttum wird folglich gefordert, daß der Anleger sich „... darauf verlassen können [muß], daß auch der Punkt der Angemessenheit von Entgelten bei einer sachgerechten Prospektprüfung abgehandelt worden ist, sofern er [der Anleger] darauf vertraut"[57].

Geht man von der eingangs genannten Restriktion aus, daß sich das Haftungsrisiko für den Prüfer nicht wesentlich erhöhen soll, hätte eine Überarbeitung der WFA-Stellungnahme zumindest den Prüfer zu verpflichten, dem Prospektleser die Informationen zu geben, die *dieser* zur überschlägigen Beurteilung der Angemessenheit benötigt.

---

55 Gleichwohl findet – soweit wir sehen – in dem hier aufgezeigten Konfliktfall in praxi eine Entgeltbeurteilung nicht statt.
56 Werden Kapitalanlagefonds in der Wirtschaftspresse vorgestellt, finden sich dort in der Regel analog (Pauschal-)Angaben zur Angemessenheit.
57 *Grotherr, S.,* Prospektprüfung, S. 744, unter Bezug auf überhöhte Herstellungskosten bei früheren Bauherrenmodellen und unter Verweis auf Literaturangaben.

Hierzu sind die branchenüblichen Kenngrößen im Prospektprüfungsbericht zu veröffentlichen, aufgrund derer das Investitionsobjekt und sonstige wichtige Leistungen im Rahmen einer (überschlägigen) Nachkalkulation beurteilt werden. Derartige Angaben im Bericht werden zur Folge haben, daß der Prospektherausgeber – in Erwartung der Information im Prüfungsbericht – dem Leser bereits im Prospekt unüblich (hohe) Werte plausibel zu machen versucht. Sie werden ferner zur Folge haben, daß der potentielle Anleger Fonds auch nach Angemessenheitskriterien beurteilen wird, während bisher die steuerlich relevante Verlustzuweisung und die erwartete Rendite[58] des Fonds im Vordergrund stehen.

Kenngrößen (einfacher Art) sind etwa bei einer Immobilie als Investitionsobjekt die Kosten pro Quadratmeter oder das Verhältnis von Gesamtmittelverwendung zu anfänglichen Mieteinnahmen; in der Frachtschiffahrt sind es z. B. die Kosten pro Standard-Container. Derzeit fordert die Stellungnahme für Immobilienfonds nur, daß sich der Gesamtbetrag der Investition und die Kosten pro Quadratmeter Wohn- und Nutzfläche berechnen lassen, sofern diese Daten im Prospekt nicht bereits ausdrücklich angegeben sind[59]. Der Prüfer erfüllt somit im Sinne der Stellungnahme (aber kaum im Sinne des Informationsinteresses eines typischen Auswerters des Berichts) seine Aufgabe, wenn er die „Berechenbarkeit" als solche prüft und bestätigt. Die so geforderte Berechenbarkeit impliziert jedoch bei Mehrzweck-Investitionsobjekten nicht, daß das vollzogene Rechenergebnis auch ökonomisch sinnvoll interpretierbar ist[60]. Zudem ist ein Laie vielfach überfordert, Berechnungen in fachmännischer Weise auszuführen; bei einem Immobilienfonds müßte er z. B. wissen, welche genauen Flächenangaben bei der Kenngröße „Kosten pro Quadratmeter" relevant sind.

---

58 Die erwartete Rendite wird bei geschlossenen Fonds üblicherweise mit Hilfe der internen Zinsfußmethode gemessen; zum Problem ihrer Anwendung bei Fonds mit hoher anfänglicher Verlustzuweisung vgl. etwa *Hügel, R.,* Interne Zinsfußmethode.
59 Vgl. *WFA,* Stellungnahme 1/1987, Anl. 1, B. III. 1.
60 Eine Bestätigung der Berechenbarkeit findet sich z. B. im Prüfungsbericht des Fonds *Fundus 28,* S. 11. Tatsächlich lassen sich angesichts der *gemischt* genutzten Immobilie aus dem vermerkten Gesamtbetrag und den Flächenangaben ökonomisch sinnvoll interpretierbare Kosten pro Quadratmeter Wohn- und Nutzfläche nicht berechnen.

3 Zur praktischen Bedeutung des Prospektprüfungsberichts

Nach der Stellungnahme ist es – wie zuvor angeführt – Aufgabe der Prospektprüfung festzustellen, ob der Prospekt die für eine Entscheidung des Kapitalanlegers wesentlichen prüfbaren Angaben vollständig und richtig enthält. Die aus Sicht des WFA relevanten Angaben sind in der Anlage zur Stellungnahme konkretisiert. Vom Prüfer wird grundsätzlich nicht erwartet, daß er selbst dem Kapitalanleger zusätzliche, in der Anlage nicht genannte Angaben unterbreitet. Dieses Konzept der Stellungnahme unterstellt, daß (a) die Stellungnahme die Anforderungen an den Prospektinhalt für den Kapitalanleger entscheidungsrelevant abgegrenzt hat, und daß (b) eine Prüfung des Prospektinhalts im Hinblick auf die für den Anleger wichtigen Ziele stattfindet.

Zu (a): Prospektherausgeber als Anbieter und Kapitalanleger als Nachfrager von Informationen haben unterschiedliche Interessen[61]. Der WFA-Anforderungskatalog an den Prospektinhalt stellt einen Kompromiß dieser Interessen dar und ist kein Anforderungskatalog speziell aus der Interessenlage der Anleger. Ein Anleger würde z. B. auch die wichtige Angabe fordern, ob die von dem Herausgeber in der Vergangenheit angebotenen Kapitalanlagen nach den damaligen Prospektversprechen abgewickelt wurden[62].

Zu (b): Die Wahl der Prüfungsziele wird in der WFA-Stellungnahme ebenfalls nicht speziell aus der Interessenlage des Kapitalanlegers entschieden; vielmehr liegt auch hier ein Kompromiß zwischen den Interessen des Anlegers und denen des Herausgebers vor: Der schwerwiegende Prüfungsausschluß für die Entgeltangemessenheit zeigt dies deutlich; geprüft wird nur im Hinblick auf die Ziele Vollständigkeit und Richtigkeit. Ferner erläutert die Stellungnahme zwar grundsätzlich, was unter einer Prüfung der Richtigkeit und der Vollständigkeit zu verstehen ist und wie Art und Umfang der Prüfungshandlungen zu planen und zu bemessen sind. Die Stellungnahme definiert aber nur wenige konkrete Prüfungsanforderungen im Hinblick auf die Ziele Richtigkeit und Vollständigkeit. Selbst die bereits recht konkrete Anforderung, daß bei besonderer wirtschaftlicher Bedeutung eines Vertragspartners der ordentliche Geschäftsleiter Maß-

---

61 Weitere Interessenten, so die Wirtschaftsprüfer selbst, seien vernachlässigt.
62 Vgl. *Ziegeler, W.*, Leistungsbilanzen, insb. S. 421 f.

stab des Prüfers für die Frage ist, welche Unterlagen zu prüfen sind, läßt deutliche Interpretationsspielräume. Offen bleibt auch, unter welchen Voraussetzungen, in welcher Weise und in welchem Umfang gegebene Garantien zu prüfen sind.

Die von der WFA-Stellungnahme aufgeführten Anforderungen an den Prospektinhalt und die Prüfung von Prospekten werden derzeit von den meisten Kapitalanlegern offensichtlich nicht als wesentliche Entscheidungshilfe betrachtet, da sich regelmäßig nur eine Minderheit von potentiellen Anlegern den Bericht aushändigen läßt. Auch mit dem Vertrieb von Kapitalanlageobjekten befaßte Vertragspartner beurteilen nach meiner Erfahrung das Vorliegen eines Prospektprüfungsberichts sehr unterschiedlich. Die Verfügbarkeit des Berichts gilt teilweise als ein Qualitätsindikator für den betreffenden Fonds. Teilweise wird das Vorliegen eines Berichtes lediglich als neutrale Information betrachtet, weil der Prüfungsbericht nur als eine in geänderter Gliederung und geänderten Worten gekleidete Wiedergabe oder Bestätigung speziell derjenigen Prospektangaben gesehen wird, die in der Stellungnahme WFA 1/1987 explizit als notwendiger Prospektinhalt genannt werden, und die deshalb ohnehin als (Minimum-) Standards gelten[63], wobei aber Prüfungsfeststellungen zur „wirtschaftlichen Substanz" zu kurz kommen[64]. Teilweise wird das Vorliegen eines Prüfungsberichts, wie auch die Verfügbarkeit weiterer (nicht auf positive oder negative Anlageempfehlung abzielender) gutachterlicher Stellungnahmen, etwa über die Bauqualität von Immobilienobjekten, als Indikator dafür betrachtet, daß sich der Prospektherausgeber eines potentiell „überteuerten" Fonds gegen spätere Ansprüche seiner Zeichner absichern will.

Um eine höhere Akzeptanz der Prospektprüfungsberichte und eine größere Entscheidungsunterstützung für den Anleger zu erreichen, ist somit auf eine Überarbeitung der WFA-Stellungnahme zu hoffen. Die zuvor gegebenen Empfehlungen können hierfür nur ein erster Schritt sein. Dem *einzelnen* Wirtschaftsprüfer ist es ohne die Gefahr des Mandatsverlusts in der Regel nicht möglich, weitere, nicht im Pro-

---

[63] Die Einhaltung der geltenden Standards in praxi, vielfach auch durch die Herausgeber *nicht* geprüfter Prospekte, stellt jedoch eine erhebliche positive Wirkung der WFA-Stellungnahme dar.

[64] Vgl. analog die bei *Ziegeler, W.*, Leistungsbilanzen, S. 418 f., erwähnte frühere Kritik an der Prospektprüfung.

spekt abgedruckte, für den Investor aber entscheidungsrelevante Informationen in seine Prüfung und seinen Bericht einzubeziehen oder Prospektangaben systematisch und kritisch auf die Angemessenheit der Entgelte hin zu prüfen.

4 Thesenförmige Zusammenfassung

1. Sucht ein Kapitalanleger zugleich detaillierte, kostenfreie und unabhängig geprüfte Informationen über geschlossene Fonds, so steht ihm hierzu regelmäßig nur der Prospektprüfungsbericht des Wirtschaftsprüfers zur Verfügung, soweit eine Prospektprüfung durchgeführt wurde.

2. Vorgelegte Prospektprüfungsberichte lassen erkennen, daß Grundsätze ordnungsmäßiger Durchführung von Prospektprüfungen der WFA-Stellungnahme nicht stets erfüllt werden.

3. Obwohl der Darstellung der Prüfungsmethoden bei der Prüfung von Annahmen und Folgerungen eine besondere Bedeutung zukommt, ist eine derartige Darstellung für den Bereich der Marktprognosen und Standortgutachten in praxi nicht zu erkennen. Vielmehr sind eigenständige Prüfungshandlungen (z. B. Verprobungen) des Wirtschaftsprüfers zu Marktprognosen und Standortanalysen kaum anzutreffen. Die Prospektprüfung ist zudem heute meist eine reine Büroprüfung; vor Ort macht sich der Wirtschaftsprüfer in der Regel nicht kundig.

4. Wesentliche personelle Verflechtungen oder Kapitalverflechtungen sollten an exponierter Stelle im Prüfungsbericht so vermerkt sein, daß sie auch einem in gesellschaftsrechtlichen Konstruktionen nicht versierten Anleger deutlich werden. Die Kenntnis der Verflechtungen ist für den Anleger ein wichtiger Indikator u. a. zur Beurteilung der Angemessenheit der Entgeltforderungen und der Leistungsfähigkeit der Vertragspartner.

5. Nach der WFA-Stellungnahme haben Prospektprüfer über Vertragspartner mit wesentlicher wirtschaftlicher Bedeutung für das Gesamtprojekt Informationen einzuholen. Maßstab für den Prospektprüfer ist der ordentliche Geschäftsleiter im Falle der Aufnahme neuer Geschäftsverbindungen. Gleichwohl findet eine nach-

weisbare Prüfung der Leistungsfähigkeit der Vertragspartner regelmäßig nicht statt; vielmehr schließt der Großteil der derzeitigen Prüfungsberichte die Leistungsfähigkeits-/Bonitätsprüfung ausdrücklich aus.

6. Nach der WFA-Stellungnahme ist die Angemessenheit von Entgelten *nicht* zu prüfen. Wie dargelegt, kann es jedoch zu einem Konflikt zwischen dem Grundsatz der Richtigkeit kommen, aufgrund dessen die Prüfung notwendig ist, und dem von der Stellungnahme unterstellten Prüfungsausschluß für die Entgeltangemessenheit. Im Konfliktfall muß der zentrale Grundsatz der Richtigkeit vorgehen, so daß insofern auch Aussagen des Herausgebers zur Angemessenheit seiner Entgelte zu prüfen sind.

Aus der Interessenlage des Kapitalanlegers ist der rigorose Prüfungsausschluß für die Entgeltangemessenheit zu kritisieren. Die Stellungnahme ist zwar insofern nachvollziehbar, als der Anleger die Entscheidung über Chancen und Risiken des Objektes und die dafür zu zahlenden Entgelte letztlich selbst treffen muß. Gleichwohl sollte der Anleger in die Lage versetzt werden einzuschätzen, ob Leistungen und geforderte Entgelte in einem branchenüblichen Verhältnis zueinander stehen oder ob der Fonds überteuert ist. Die hierzu notwendige Vergleichsinformation (z. B. branchenübliche Kostenkennziffern) für den Anleger sollte der Prüfungsbericht veröffentlichen.

7. Wünschenswert ist eine Überarbeitung der Stellungnahme mit dem Ziel, die bereits bestehenden WFA-Prüfungsanforderungen deutlicher herauszustellen, um so ihre Einhaltung zu verbessern, und darüber hinaus die derzeit nur begrenzte Akzeptanz von Prospektprüfungsberichten von seiten der Kapitalanleger zu erhöhen.

Literaturverzeichnis

Assmann, Heinz-Dieter, § 7 Prospekthaftung, in: Handbuch des Kapitalanlagerechts, hrsg. v. Assmann, Heinz-Dieter/Schütze, Rolf A., München 1990 (§ 7 Prospekthaftung).

Baetge, Jörg, Rating von Unternehmen anhand von Bilanzen, in: WPg 1994, S. 1–10 (Rating).

Biener, Herbert, Der Regierungsentwurf eines Gesetzes über den Vertrieb von Anteilen an Vermögensanlagen, in: WPg 1978, S. 257–267 (Regierungsentwurf).

Bone-Winkel, Stephan, Immobilienanlageprodukte in Deutschland, in: Die Bank 1996, S. 670–677 (Immobilienanlageprodukte).

Buck, Holger/Heinemann, Jochen, Der Schutz von Kapitalanlegern durch die Prospekthaftung, in: INF 1994, S. 466–470 (Prospekthaftung).

Grotherr, Siegfried, Die Bedeutung der Prospektprüfung als Instrument des Anlegerschutzes, in: DB 1988, S. 741–746 (Prospektprüfung).

Grotherr, Siegfried, Alternative Anlegerschutzmöglichkeiten zur Prospektprüfung auf dem freien Kapitalmarkt, in: DB 1988, S. 1001–1005 (Anlegerschutzmöglichkeiten).

Hammer, Dieter, Überlegungen zur Prüfung von Prospekten, in: WPg 1982, S. 651–659 (Überlegungen).

Hammer, Dieter, Grundsätze ordnungsmäßiger Durchführung von Prospektprüfungen – Zur Stellungnahme WFA 1/1987 –, in: WPg 1987, S. 676–678 (Grundsätze).

Hartmann, Erich/Schwope, Stefan, Prospekthaftung – ein typisches Berufsrisiko des Wirtschaftsprüfers?, in: WPK-Mitteilungen 1993, S. 46–51 (Prospekthaftung).

Heymann, Ekkehardt v., Haftung für unrichtige Prospektangaben, in: DStR 1993, S. 840–843 (Haftung).

Hopt, Klaus J., Haftungsrechtliche Fragen der Prospektprüfung, in: Prospektprüfung, Vorträge und Podiumsdiskussion beim IdW-Seminar am 6. Juni 1983 in Frankfurt, Düsseldorf o. J., S. 39–54 (Haftungsrechtliche Fragen).

Hopt, Klaus J., Haftung des externen Prüfers, in: Handwörterbuch der Revision, hrsg. v. Coenenberg, Adolf G./Wysocki, Klaus v., 2., neugest. u. erg. Aufl., Stuttgart 1992, Sp. 791–802 (Haftung).

Hügel, Reinhold, Geschlossene Immobilienfonds: Interne Zinsfußmethode und Steuerpotential, in: Die Bank 1996, S. 362–367 (Interne Zinsfußmethode).

IDW, Fachgutachten 1/1988, Grundsätze ordnungsmäßiger Durchführung von Abschlußprüfungen, in: Die Fachgutachten und Stellungnahmen des Instituts der Wirtschaftsprüfer auf dem Gebiete der Rechnungslegung und Prüfung, hrsg. v. IDW, Düsseldorf 1996 (Fachgutachten 1/1988).

IDW (Hrsg.), WP-Handbuch 1996, Handbuch für Rechnungslegung, Prüfung und Beratung, bearb. v. Budde, Wolfgang Dieter u. a., Band I, 11. Aufl., Düsseldorf 1996 (WP-Handbuch 1996).

Krüger, Klaus, Prospektprüfung, in: Handwörterbuch der Revision, hrsg. v. Coenenberg, Adolf G./Wysocki, Klaus v., 2., neugest. u. erg. Aufl., Stuttgart 1992, Sp. 1468–1476 (Prospektprüfung).

o. V., „Für Schiffsbeteiligungen wird die See zunehmend rauher", in: Frankfurter Allgemeine Zeitung vom 24. 4. 1997, S. 27.

o. V., „Mängel in der Kapitalverteilung verringern das Bruttosozialprodukt", in: Frankfurter Allgemeine Zeitung vom 24. 4. 1997, S. 27.

Pohl, Ulf, Risikoeinschätzung und Haftung des Wirtschaftsprüfers und vereidigten Buchprüfers – national –, in: WPK-Mitteilungen 1996, Sonderheft, S. 2–16 (Risikoeinschätzung).

Prospekt Allianz Immobilienfonds 1 KG vom September 1994 – *Prospektprüfungsbericht* vom 15. 10. 1994 (Allianz Immobilienfonds 1).

Prospekt Alpha Ship GmbH & Co. KG MS „Orion" vom 12. 11. 1996 – *Prospektprüfungsbericht* vom 20. 2. 1997 (MS „Orion").

Prospekt DS-Rendite-Fonds Nr. 39 MS „Cape Horn" GmbH & Co. Containerschiff KG, Dortmund, vom 10. 7. 1994 – *Prospektprüfungsbericht* vom 29. 8. 1994 (MS „Cape Horn").

Prospekt Fundus Baubetreuung Immobilien-Anlagen Nr. 28 KG, Disternich, vom August 1993 – *Prospektprüfungsbericht* vom 26. 8. 1993 (Fundus 28).

Prospekt Fundus Baubetreuung Immobilien-Anlagen Nr. 29 KG, Disternich, vom Mai 1994 – *Prospektprüfungsbericht* vom 20. 5. 1994 (Fundus 29).

Prospekt fundus-Baubetreuung Forum Köpenick Immobilien-Anlagen 32, Disternich, vom April 1997 – *Prospektprüfungsbericht* vom 23. 4. 1997 (Fundus 32).

Prospekt Immobiliengesellschaft Objekte Halle, Essen und Magdeburg Karlheinz Sternkopf KG vom 31. 5. 1994 – *Prospektprüfungsbericht* vom 21. 6. 1994 (Objekte Halle, Essen und Magdeburg).

Prospekt Kläranlage Zwickau GmbH & Co. KG, Zwickau, vom Dezember 1995 – *Prospektprüfungsbericht* vom 21. 12. 1995 (Kläranlage Zwickau).

Prospekt MS „Paradip" GmbH & Co. KG vom 30. 1. 1997 – *Prospektprüfungsbericht* vom 24. 2. 1997 (MS „Paradip").

Prospekt MS „Santa Maddalena", Offen Reederei GmbH & Co., Ahrensburg, vom März 1994 – *Prospektprüfungsbericht* vom 25. 5. 1994 (MS „Santa Maddalena").

Schmid, Wolfgang, § 23 Kapitalbeschaffung, in: Wirtschaftsstrafrecht, Eine Gesamtdarstellung des deutschen Wirtschaftsstraf- und -ordnungswidrigkeitenrechts, hrsg. v. Müller-Gugenberger, Christian/Bieneck, Klaus, Münster 1992 (§ 23 Kapitalbeschaffung).

Schmid, Wolfgang, § 24 Kapitalbeschaffung unter Verlustzuweisung, in: Wirtschaftsstrafrecht, Eine Gesamtdarstellung des deutschen Wirtschaftsstraf- und -ordnungswidrigkeitenrechts, hrsg. v. Müller-Gugenberger, Christian/Bieneck, Klaus, Münster 1992 (§ 24 Verlustzuweisung).

Ulrich, Dieter, Prüferische und steuerliche Aspekte bei der Prüfung von Bauherrenmodellen, in: Prospektprüfung, Vorträge und Podiumsdiskussion beim IdW-Seminar am 6. Juni 1983 in Frankfurt, Düsseldorf o. J., S. 25–37 (Prüferische und steuerliche Aspekte).

Werner, Horst S./Machunsky, Jürgen, Immobilienfonds und Erwerbermodelle, 2., neubearb. Aufl., Neuwied u. a. 1993 (Immobilienfonds).

WFA des IDW, Stellungnahme 1/1983, Grundsätze ordnungsmäßiger Durchführung von Prospektprüfungen, in: WPg 1983, S. 124–126 (Stellungnahme 1/1983).

WFA des IDW, Stellungnahme 1/1987, Grundsätze ordnungsmäßiger Durchführung von Prospektprüfungen (mit Anlage 1: Anforderungen an den Inhalt von Prospekten zu Angeboten über Kapitalanlagen, Anlage 2: Beispiel einer Vollständigkeitserklärung), in: Die Fachgutachten und Stellungnahmen des Instituts der Wirtschaftsprüfer auf dem Gebiete der Rechnungslegung und Prüfung, hrsg. v. IDW, Düsseldorf 1996. Ferner, allerdings ohne Prospektinhaltskatalog und Muster einer Vollständigkeitserklärung, erschienen in: WPg 1987, S. 325–328 (Stellungnahme 1/1987).

Ziegeler, Werner, Leistungsbilanzen als Gegenstand ordnungsmäßiger Prospekterstellung und -prüfung, in: WPg 1985, S. 418–425 (Leistungsbilanzen).

Gerhard Knolmayer
Thomas Myrach

Die Berücksichtigung fehlerhafter Daten durch historisierende Datenhaltung

1 Einführung

2 Fehler und Fehlerkorrekturen in der Datenbasis betrieblicher Informationssysteme
   21 Fehlerhafte Daten in konventionellen Datenbanksystemen
   22 Beispiele
      221. Auftragsabwicklung
      222. Finanzbuchhaltung

3 Ansätze temporaler Datenhaltung
   31 Grundlagen zeitorientierter Datenhaltung
   32 Die temporale Datenbanksprache TSQL2

4 Fehlerkorrekturen in Transaktionszeit-Datenbanken
   41 Eigenschaften
   42 Beispiele
      421. Auftragsabwicklung
      422. Finanzbuchhaltung

5 Fehlerkorrekturen in bitemporalen Datenbanken
   51 Das Bitemporal Conceptual Data Model
      511. Eigenschaften
      512. Beispiele
         512.1 Auftragsabwicklung
         512.2 Finanzbuchhaltung
   52 Fehlerkorrekturen in logischen Modellen
      521. Eigenschaften
      522. Beispiele für logische Datenmodelle
         522.1 Fehlerkorrekturen im Modell von Snodgrass/Ahn
         522.2 Fehlerkorrekturen im Modell von Ben-Zvi

6 Zusammenfassung und Ausblick

Univ.-Prof. Dr. Gerhard Knolmayer
Wiss. Ass. Dr. Thomas Myrach
Institut für Wirtschaftsinformatik
Universität Bern

1 Einführung

Fehler sind ein zwar unerwünschter, aber doch unvermeidlicher Bestandteil menschlichen Handelns. Da fehlerhafte Arbeitsergebnisse Folgekosten verursachen können, sollten sie möglichst ausgeschlossen bzw. begrenzt werden. Mit den dazu erforderlichen Überwachungsprozessen und deren Wirtschaftlichkeit hat sich der verehrte Jubilar intensiv auseinandergesetzt[1]; unter anderem führt er aus: „Die Kosten der Überwachung entstehen vor allem durch die Suche und Beseitigung von Fehlern. Die Leistungen der Überwachungen bestehen in dem Beseitigen von Fehlern und dadurch in der Reduzierung der Folgekosten von verbleibenden Fehlern."[2]

Im folgenden betrachten wir Fehler, die innerhalb computergestützter Informationssysteme auftreten können. Ein betriebliches Informationssystem ist ein Teilsystem innerhalb eines Unternehmens, das Daten über betriebliche oder betriebsrelevante Sachverhalte bereitstellt. Diese Daten sollen Entscheidungsträgern zu einem für die Lösung betrieblicher Problemstellungen notwendigen Informationsstand verhelfen. Die Folgekosten fehlerhafter Daten bestehen in der Vermittlung fehlerhafter Informationen, die wiederum fehlerhafte Entscheidungen nach sich ziehen können.

Der Ausweis fehlerhafter Werte durch Informationssysteme kann auf Fehlfunktionen von Systemkomponenten oder eine fehlerhafte Datenbasis zurückzuführen sein. Fehlfunktionen werden oft durch fehlerhafte Programmierung in Betriebssystem- oder Anwendungs-Software verursacht. Das Erstellen von Software mit hoher Qualität und damit auch weitgehender Fehlerfreiheit ist Ziel der Disziplin des Software Engineerings. Die Komplexität großer Software-Systeme macht es sehr schwer, wenn nicht gar unmöglich, Fehler vollständig zu vermeiden. Soft- und hardwarebasierte Fehlfunktionen werden im folgenden nicht betrachtet. Wir konzentrieren uns vielmehr auf Fehler, die in der Datenbasis von Informationssystemen auftreten.

---

1 Vgl. z. B. *Baetge, J./Steenken, H.-U.*, Grundlagen eines Regelungsmodells; *Baetge, J./Schuppert, A.*, Überwachung von Routinetätigkeiten; *Baetge, J.*, Überwachung.
2 *Baetge, J./Schuppert, A.*, Überwachung von Routinetätigkeiten, S. 1047 (im Original z. T. Hervorhebungen).

In einer fehlerhaften Datenbasis sind Daten gespeichert, die den tatsächlichen Zustand der realen Welt (in der Sprache der Datenbanktheorie: der Diskurswelt) nicht korrekt wiedergeben. In vielen Situationen ist es für den Nachvollzug und damit die Kontrolle bzw. Rechtfertigung bestimmter Entscheidungen wesentlich, daß der zu jedem Zeitpunkt objektiv gegebene Informationsstand erkennbar bleibt[3]. Für bestimmte Anwendungen schreibt der Gesetzgeber zwingend vor, daß die vorgenommenen Datenmodifikationen über einen gewissen Zeitraum ersichtlich bleiben müssen. In diesen Fällen ist eine überschreibende Fehlerkorrektur, wie sie bei Datenmodifikationen in Datenbanksystemen üblicherweise vorgenommen wird, nicht akzeptabel.

Seit Beginn der 80er Jahre wurden mehr als 1100 Arbeiten veröffentlicht, die sich mit temporal ausgerichteten Datenbanksprachen und Datenmodellen beschäftigen[4]. In diesen werden Werteevolutionen zeitveränderlicher Daten systematisch berücksichtigt. Aus Sicht der Wirtschaftsinformatik stellt sich angesichts dieser Entwicklung die Frage, wie diese Ansätze sinnvoll für die Lösung betrieblicher Problemstellungen nutzbar gemacht werden können. Dieser Frage wird hier unter besonderer Berücksichtigung der Eignung historisierender Datenhaltung zur Vornahme von Fehlerkorrekturen nachgegangen.

Im folgenden Abschnitt 2 wird zunächst auf Fehler und ihre Korrekturmöglichkeiten bei Einsatz herkömmlicher Datenbanksysteme eingegangen. Zur Veranschaulichung führen wir zwei Beispiele aus der Auftragsabwicklung und der Finanzbuchhaltung ein. Abschnitt 3 vermittelt einen Überblick über Ansätze zur temporalen Datenhaltung. Im nachfolgenden Abschnitt 4 wird erläutert, wie durch die Speicherung von Transaktionszeiten eine automatische Dokumentation von Fehlerkorrekturen erreicht wird. Abschnitt 5 beschäftigt sich mit der zusätzlichen Berücksichtigung von Gültigkeitszeiten in bitemporalen Modellen und ihren Auswirkungen auf Fehler und Fehlerkorrekturen.

---

3 Vgl. *Knolmayer, G.,* Beurteilung von Leistungen, S. 384 f.
4 Vgl. z. B. die im Internet verfügbaren Literaturübersichten *ftp://ftp.cs.arizona.edu/bib/*.

2 Fehler und Fehlerkorrekturen in der Datenbasis betrieblicher Informationssysteme

21 Fehlerhafte Daten in konventionellen Datenbanksystemen

In einer fehlerhaften Datenbasis sind Daten gespeichert, die den tatsächlichen Zustand der Diskurswelt nicht korrekt wiedergeben. Dabei können drei Fälle unterschieden werden:

- Ein in der Diskurswelt bestehender Sachverhalt wird in der Datenbank falsch wiedergegeben.

- Ein in der Diskurswelt gegebener, betrieblich relevanter Sachverhalt wird in der Datenbank nicht berücksichtigt.

- Ein in der Diskurswelt nicht existierender Sachverhalt wird in der Datenbank fälschlicherweise ausgewiesen.

Das Auftreten fehlerhafter Daten kann verschiedene Gründe haben. Werden technische Fehlfunktionen und fehlerhafte Bedienung ausgeschlossen, dann basieren Fehler vor allem auf Irrtümern und Täuschungen bei Vornahme von Datenmodifikationen. Irrtümer lassen sich danach unterscheiden, ob die Umwelt falsch perzipiert worden ist oder die Daten versehentlich fehlerhaft eingegeben wurden; Täuschungen liegen vor, wenn Mitarbeiter durch fehlerhafte Eingaben Sachverhalte der Diskurswelt verschleiern oder vorspiegeln wollen.

Fehlerhafte Daten können gegen modellinhärente Integritätsbedingungen verstoßen bzw. einander widersprechen. In diesem Fall liegen Datenbankinkonsistenzen vor. Durch Plausibilitäts- und Integritätsprüfungen kann man versuchen, die Eingabe von falschen Daten zu verhindern. So läßt sich bei der Eingabe eines Datenwertes seine Übereinstimmung mit einem unterliegenden Wertebereich prüfen. Bei Festlegung von Nummerungssystemen ist das Ergänzen von Prüfziffern eine bekannte Technik, mit der sich fehlerhafte Eingaben mit hoher Wahrscheinlichkeit entdecken lassen[5]. Für Datenelemente, die der Identifikation von Objekten dienen (Schlüssel), muß ausgeschlossen werden, daß sie in der Menge der Objekte eines Typs mehrmals vorkommen. Solche Integritätsfehler können bei der Eingabe über-

---

5 Vgl. z. B. *Grupp, B.*, Optimale Verschlüsselung, S. 44 ff.; *Kunerth, W./Werner, G.*, EDV-gerechte Verschlüsselung, S. 28 ff.

prüft und abgefangen werden. Obwohl sich durch Plausibilitäts- und Integritätsprüfungen das Risiko fehlerhafter Eingaben verringern läßt, sind diese damit nicht völlig auszuschließen, weil auch falsche Daten sehr wohl alle definierten Bedingungen einhalten können.

In den hier betrachteten relationalen Datenbanksystemen werden Daten in Form von Relationen strukturiert. Diese lassen sich anschaulich als Tabellen beschreiben, deren Spalten Attribute symbolisieren und deren Zeilen Tupel zusammengehöriger Datenwerte ausdrücken. Datenmanipulationen erfolgen über Operationen zum Einfügen *(INSERT)*, Ändern *(UPDATE)* und Löschen *(DELETE)* von Daten. Die Syntax dieser Befehle wurde in der Datenbanksprache SQL2 standardisiert[6].

Fehlerhafte Daten lassen sich über Änderungsoperationen oder über ihre Löschung korrigieren. Besonders relevant ist die Fehlerkorrektur durch einen UPDATE-Befehl. Dieser überschreibt die zu ändernden Daten mit den korrigierten Werten *(Update in Place);* erstere gehen damit verloren und sind nicht mehr abfragbar[7]. Dies kann jedoch aus den oben genannten Gründen unerwünscht sein.

In herkömmlichen Datenbanksystemen ist eine informationserhaltende Korrektur fehlerhafter Daten nur dann möglich, wenn man bei Datenmanipulationen auf Änderungs- und Löschoperationen verzichtet bzw. diese nur sehr eingeschränkt gebraucht. Die korrigierten Daten müssen dann in anderer Form in die Datenbank eingebracht werden. Derartige Vorgehensweisen werden nicht automatisch vom Datenbanksystem unterstützt, sondern müssen in den Anwendungsprogrammen vorgesehen oder vom Benutzer selbst sichergestellt werden.

Anhand zweier Beispiele werden nachfolgend Fehlermöglichkeiten sowie bei Fehlerkorrekturen auftretende Informationsverluste erläutert.

---

6 Vgl. *Melton, J./Simon, A. R.,* SQL.
7 Vgl. *Schueler, B.-M.,* Update Reconsidered.

22 Beispiele

221. Auftragsabwicklung

In Abb. 1 wird ein stark vereinfachtes logisches Schema aus dem Bereich der Auftragsabwicklung eingeführt[8]. Danach wird ein Produkt durch seine Bezeichnung und ein Kunde durch seinen Namen identifiziert. Die unterstrichenen Attribute bilden die Schlüssel der jeweiligen Relationen, über die eine Identifizierung der einzelnen Tupel möglich ist. Aufträge sind charakterisiert durch ein Erteilungsdatum, eine Auftragsmenge und einen Verkaufspreis für ein bestimmtes Produkt; dabei soll sich der Verkaufspreis aus dem zur Zeit gültigen Listenpreis ergeben. Unter dieser Prämisse muß er nicht extra erfaßt werden, sondern läßt sich bei Speicherung eines Auftrags aus den Produktdaten übernehmen. Aus Vereinfachungsgründen umfaßt jeder Auftrag nur eine einzige Auftragsposition. Für Aufträge wird zudem eine Auftragsnummer (ANR) als Identifikator eingeführt. Entsprechende Identifikationsnummern würden in der Praxis auch für die Produkte und Kunden definiert werden, was hier jedoch aus Gründen der Anschaulichkeit unterbleibt.

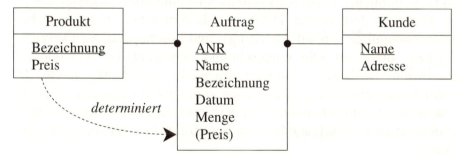

Abb. 1: Rudimentäres Datenschema einer Auftragsabwicklung

Für das beschriebene Beispiel werden nachfolgend Fehlermöglichkeiten betrachtet, die in Zusammenhang mit einem Auftrag auftreten können:

- Der Auftrag betrifft einen anderen Kunden.
- Der Auftrag betrifft ein anderes Produkt.

---

8 Vgl. *Myrach, T.*, Zustands- und Ereignisdaten.

- Das Auftragsdatum ist falsch.
- Die Auftragsmenge ist falsch.
- Der Auftragspreis ist falsch.

In Tabelle 1 sind einige Aufträge angegeben, die das Produkt „Bürostuhl" betreffen[9]. Wir unterstellen, daß der Auftrag vom 24. 1. 1997 zuerst mit einer falschen Menge notiert worden ist, welche man am 31. 1. 1997 durch einen entsprechenden Änderungsbefehl korrigiert hat. Dabei ist der alte Wert für die Auftragsmenge überschrieben worden und damit für spätere Auswertungen nicht mehr verfügbar. Dies wird aus den Tabellen 2 und 3 deutlich, die den Datenbestand vor und nach der Änderung wiedergeben.

Datum	Vorfall	SQL2-Befehl
1996-12-20	Die Meier AG erteilt einen Auftrag für 5 Bürostühle.	INSERT INTO auftrag VALUES (1, 'Meier AG', 'Bürostuhl', 5, 500, '1996-12-20');
1997-01-10	Kunz & Co erteilen einen Auftrag für 8 Bürostühle.	INSERT INTO auftrag VALUES (2, 'Kunz & Co', 'Bürostuhl', 8, 600, '1997-01-10');
1997-01-24	Die Meier AG erteilt einen Auftrag für 3 Bürostühle.	INSERT INTO auftrag VALUES (3, 'Meier AG', 'Bürostuhl', 3, 550, '1997-01-24');
1997-01-31	Es wird berücksichtigt, daß der letzte Auftrag tatsächlich nur 2 Bürostühle umfaßt.	UPDATE auftrag SET menge=2 WHERE anr=3;

Tab. 1: Beispiel für die Erteilung von Aufträgen

ANR	Name	Bezeichnung	Menge	Preis	Datum
1	Meier AG	Bürostuhl	5	500	1996-12-20
2	Kunz & Co	Bürostuhl	8	600	1997-01-10
3	Meier AG	Bürostuhl	3	550	1997-01-24

Tab. 2: Auftragsrelation am 25. Januar 1997

---

9 Alle Zeitstempel in den Tabellen werden gemäß der Norm ISO 8601 in der Form JJJJ-MM-TT angegeben. Zu aktuellen Problemen der Datumsdarstellung vgl. *Knolmayer, G.,* Das Jahr 2000-Problem.

ANR	Name	Bezeichnung	Menge	Preis	Datum
1	Meier AG	Bürostuhl	5	500	1996-12-20
2	Kunz & Co	Bürostuhl	8	600	1997-01-10
3	Meier AG	Bürostuhl	2	550	1997-01-24

Tab. 3: Auftragsrelation am 1. Februar 1997

In diesem Beispiel ist ein falscher Auftragspreis nur als indirekter Fehler anzusehen, da er nicht aus der Eingabe von Auftragsdaten, sondern aus einem dem Produkt zugeordneten fehlerhaften Listenpreis resultiert. Die Veränderungen des Listenpreises werden in Tabelle 4 beschrieben.

Datum	Vorfall	SQL2-Befehl
1996-01-05	Für das Produkt 'Bürostuhl' soll ein Preis von 500,-, beginnend mit dem 1. 1. 1996, gelten.	INSERT INTO produkt VALUES ('Bürostuhl',500)
1997-01-06	Für das ganze Jahr 1997 soll der Listenpreis 600,- betragen.	UPDATE produkt SET preis=600 WHERE bezeichnung= 'Bürostuhl'
1997-01-13	Der Listenpreis von 600,- für das Jahr 1997 ist fehlerhaft und muß 550,- lauten.	UPDATE produkt SET preis=550 WHERE bezeichnung= 'Bürostuhl'
1997-08-16	Der für das Jahr 1996 notierte Listenpreis von 500,- ist nicht korrekt und lautete tatsächlich 520,-.	*Kann nicht berücksichtigt werden!*

Tab. 4: Beispiel für die Entwicklung von Listenpreisen bei Produkten

Diese Evolution beeinflußt über den Listenpreis die den Aufträgen zugeordneten Preise. Nur der augenblickliche Listenpreis von 550,- ist aus der Relation ersichtlich (Tabelle 5); alle anderen Zustände gehen durch Datenmanipulationen mit überschreibenden Updates verloren. Während die Änderung am 6. Januar eine Preiserhöhung wiedergibt und damit die Fortschreibung einer „natürlichen" Wertevolution darstellt, betrifft die Änderung vom 13. Januar einen fehlerhaften Listenpreis und stellt damit eine Fehlerkorrektur dar. Obwohl beide Änderungen eine verschiedene Bedeutung besitzen, stimmen die mit ihnen verbundenen Datenmanipulationen überein.

Bezeichnung	Preis
Bürostuhl	550

Tab. 5: Produktrelation

222. Finanzbuchhaltung

Um den Aufbau eines Buchungssystems als Grundrechnung beschreiben zu können, reichen prinzipiell zwei Objekte aus: das Konto als Wertespeicher und die Buchung als Transaktion. Gemäß der Logik der Doppik muß jeder Buchungssatz wenigstens zwei Konten berühren, nämlich ein Soll- und ein Haben-Konto, wobei sich die beiden Beträge ausgleichen müssen. „Soll (debit) und Haben (credit) als Präfix machen aus ‚Konto' einen Rollennamen, um ein Konto in seine beiden ‚Rollen' als Wertespeicher, dem etwas zufließt (Soll) bzw. von dem etwas abfließt (Haben), zu kennzeichnen"[10]. Entsprechend dieser grundlegenden Logik läßt sich eine Buchungstransaktion im einfachsten Fall durch die Attribute Soll-Konto, Haben-Konto, Buchungsdatum und Betrag beschreiben[11].

Datum	Vorgang	Buchungssatz
1997-01-06	Verkauf von Waren im Werte von 2500,- auf Ziel	Forderung 2500,- an Erlöse 2500,-
1997-01-15	Verkauf von Waren im Werte von 4800,- auf Ziel	Forderung 4800,- an Erlöse 4800,-
1997-01-27	Zahlungseingang von 2500,- auf dem Bankkonto	Bank 2500,- an Forderung 2500,-

Tab. 6: Beispiel für Geschäftsvorfälle

---

10 Wedekind, H., Kaufmännische Datenbanken, S. 8.
11 Vgl. Wedekind, H., Kaufmännische Datenbanken, S. 7.

Für die in Tabelle 6 angeführten Vorfälle ergeben sich bei ihrer Speicherung die Tupel der in Tabelle 7 dargestellten Relation. Da in einer solchen (vereinfachten) Relation das Soll-Konto, das Haben-Konto und das Datum einen unpraktischen zusammengesetzten Schlüssel bilden würden, wird eine Buchungsnummer (BNR) zur Identifikation eingeführt.

BNR	Soll-Konto	Haben-Konto	Datum	Betrag
1	Forderungen	Erlöse	1997-01-06	2500
2	Forderungen	Erlöse	1997-01-15	4800
3	Bank	Forderungen	1997-01-27	2500

Tab. 7: *Relation mit den Beispielbuchungen*

In der Finanzbuchhaltung sind unbeabsichtigte Fehler von beabsichtigten Täuschungen zu unterscheiden[12]. Dabei kann entweder der einer Buchung zugrundeliegende Urbeleg falsch sein und/oder dieser wird falsch in das Informationssystem übertragen[13]. Bei fehlerhafter Verbuchung eines Urbelegs können insbesondere folgende Fehler auftreten:

- Das Soll-Konto ist falsch.
- Das Haben-Konto ist falsch.
- Der Betrag ist falsch.

Als Beispiel für einen Fehler wird hier unterstellt, daß der Zahlungseingang vom 27. 1. 1997 nicht auf dem Bankkonto, sondern auf dem Postscheckkonto erfolgte.

Zur Ordnungsmäßigkeit der Buchführung gehört die Einhaltung von Regeln, die angeben, wie erforderliche Korrekturen zu handhaben sind[14]. Insbesondere sind Eintragungen und Aufzeichnungen so vorzunehmen, daß ihr ursprünglicher Inhalt feststellbar bleibt. Eine Buchung darf also weder verändert noch gelöscht werden, wie es in einem Datenbanksystem durch eine *Update*- oder *Delete*-Operation

---

12 Vgl. z. B. *Taylor, D. H./Glezen, G. W.,* Auditing, S. 142 f.
13 Vgl. *Loitlsberger, E.,* Stornobuchungen, S. 3 ff.
14 Vgl. *Dellmann, K.,* Bilanzierung, S. 63.

geschehen würde. Damit verbietet sich für den Beispielfall folgender Update-Befehl:

UPDATE buchung SET soll-konto=‚Postscheck' WHERE bnr=3;

Vielmehr muß der fehlerhafte Buchungssatz neutralisiert werden und danach eine erneute Verbuchung des Geschäftsvorfalls erfolgen. Diese Stornierung kann bei manueller Buchführung im einfachsten Fall durch Durchstreichung erfolgen, wobei die ursprüngliche Buchung sichtbar bleiben muß; üblichere Formen sind die seitenverschiedene oder seitengleiche Storno-Buchung[15]. Bei der seitenverschiedenen Buchung werden alle Buchungsglieder wiederholt, nur seitenverkehrt. Bei der seitengleichen Buchung wird der Buchungssatz mit unveränderter „Struktur" verbucht; die Beträge werden jeweils mit einem negativen Vorzeichen versehen. Bei Anwendung beider Methoden bleibt zwar der Saldo gleich, jedoch wird bei der seitenverschiedenen Storno-Buchung der Kontenumsatz aufgebläht.

Bei konventioneller Datenhaltung und seitengleicher Stornierung sind die Stornobuchung und die Korrekturbuchung durch folgende Einfügungen in der Datenbank abzubilden:

INSERT INTO buchung
VALUES (4,'Bank','Forderung',-2500, '1997-02-03');

INSERT INTO buchung
VALUES (5,'Postscheck','Forderung', 2500,'1997-02-03');

Da die Buchungsnummer hier als Schlüssel gehandhabt wird, muß eine Stornobuchung mit einer eigenen Buchungsnummer versehen werden. Aus diesen Datenmodifikationen ergibt sich die in Tabelle 8 dargestellte Relation. Dabei treten Informationsverluste auf: Zwar wird anhand der negativen Zahl deutlich, daß ein Tupel eine Stornobuchung repräsentiert; hingegen läßt sich nicht immer zweifelsfrei feststellen, welches Tupel storniert wurde und welches an seine Stelle getreten ist. Die eingeführte Datenstruktur gibt Fehlerkorrekturen somit nur unvollkommen wieder.

---

15 Vgl. z. B. *Loitlsberger, E.,* Stornobuchungen, S. 6 ff.

BNR	Soll-Konto	Haben-Konto	Datum	Betrag
1	Forderungen	Erlöse	1997-01-06	2500
2	Forderungen	Erlöse	1997-01-15	4800
3	Bank	Forderungen	1997-01-27	2500
4	Bank	Forderungen	1997-02-03	-2500
5	Postscheck	Forderungen	1997-02-03	2500

Tab. 8: Buchungs-Relation nach seitengleichem Storno

Die Buchungen wirken sich werteverändernd auf die Saldi der Konten aus. Im Beispiel wird davon ausgegangen, daß alle betroffenen Konten zu Beginn einen Saldo von Null aufweisen. Nach Vornahme aller betrachteten Buchungen resultieren die in Tabelle 9 gezeigten Kontostände.

Konto	Soll	Haben	Saldo
Forderungen	7300	2500	4800
Bank	0	0	0
Postscheck	2500	0	2500
Erlöse	0	7300	-7300

Tab. 9: Auswertung der Relation Konto

3 Ansätze temporaler Datenhaltung

31 Grundlagen zeitorientierter Datenhaltung

Ein Ziel zeitorientierter Datenmodelle ist, geeignete Strukturelemente und Operationen für die systematische Berücksichtigung der Zeitdimension in Datenbanken zur Verfügung zu stellen. Dazu gehört, daß Wertevolutionen dokumentiert werden und damit keine ungewollten Datenverluste durch Datenmanipulationen auftreten (*„zero information loss system"*)[16]. Wie die Beispiele gezeigt haben, wird diese Anforderung in herkömmlichen Datenmodellen nicht sichergestellt: Einmal in der Datenbank enthaltene Daten entfallen nicht nur durch

---

16 Vgl. *Bhargava, G./Gadia, S. K.*, Error in a Database, S. 120.

Lösch-Operationen, sondern auch durch Änderungs-Operationen, bei denen die alten Datenwerte überschrieben werden und damit verloren gehen. In temporalen Datenmodellen müssen daher insbesondere diese beiden Operationen geänderte Funktionalitäten aufweisen, um Datenverluste zu vermeiden.

Die Erweiterung eines herkömmlichen (relationalen) „Schnappschuß-Datenmodells" zu einem zeitorientierten Datenmodell führt dazu, daß für Objekte der Diskurswelt verschiedene Zustände im Zeitablauf festgehalten werden[17]. Die ein bestimmtes Objekt betreffenden Tupel bilden die Zustände einer Objektevolution ab. Datenmodifikationsoperationen verändern bestehende Tupel nicht, sondern führen zu neuen Tupeln, die den geänderten Zustand eines Objekts wiedergeben. Durch die Zuordnung von Zeitstempeln zu Tupeln lassen sich die verschiedenen Objekt-Versionen unterscheiden. Zeitstempel sind Zeitangaben, die die Zeitbindung eines Faktums zum Ausdruck bringen. Die kleinste in einem gegebenen Kontext mögliche Zeitangabe wird als Chronon bezeichnet[18]. Eine Folge aufeinanderfolgender Chroni ergibt ein Zeitintervall.

Die Einführung von Zeitstempeln ist ein Hauptcharakteristikum von zeitorientierten Datenmodellen. Diese sind von benutzerdefinierten Zeitattributen zu unterscheiden, die prinzipiell auch in herkömmlichen Datenbanksystemen definiert werden können. Der Unterschied besteht darin, daß Zeitstempel vom Datenbanksystem systematisch unterstützt werden; oftmals sind sie auch anders zu manipulieren als die übrigen Attribute.

Zeitstempel können attributbezogen oder tupelorientiert vergeben werden[19]. Im ersteren Fall wird jedem zeitveränderlichen Attributwert ein eigener Zeitstempel zugeordnet, im letzteren Fall gilt ein Zeitstempel für ein ganzes Tupel. Die tupelorientierte Zeitstempelung ist systemtechnisch einfacher zu handhaben und eignet sich auch besser für die Adaptierung herkömmlicher (relationaler) Datenmodelle. Allerdings ist sie nur dann unproblematisch, wenn sich alle Attribute

---

17 Vgl. auch *Knolmayer, G./Myrach, T.,* Abbildung zeitbezogener Daten, S. 64 ff.
18 Vgl. *Jensen C. S. et al.,* Glossary of Temporal Database Concepts. Dieses Glossar steht auch im WWW unter *http://www.cs.auc.dk/~csj/Glossary* zur Verfügung.
19 Vgl. z. B. *Snodgrass, R. T.* (Ed.), Temporal Query Language, S. 158.

eines Tupels zum gleichen Zeitpunkt ändern; diese zeitliche Homogenität dürfte in praktischen Anwendungen selten zutreffen. Aus diesem Grunde treten Redundanzen auf, da die Änderung nur *eines* Attributwerts die Einfügung eines neuen Tupels erforderlich macht, in dem auch die unverändert bleibenden Attributwerte wieder enthalten sind. Dies führt nicht nur zu einer redundanten Datenspeicherung, sondern vermindert auch die Aussagekraft der Zeitstempel.

Ein weiterer wichtiger Aspekt temporaler Datenmodelle ist die Berücksichtigung der durch die Zeitstempel abgedeckten Zeitdimensionen. Ein Ansatz besteht darin, den Zeitpunkt der Einfügung des Tupels in die Datenbank als Basis der Zeitstempelung zu verwenden. Dies ist zum Beispiel der Fall, wenn in einem Buchungssatz das Buchungsdatum festgehalten wird. In der Literatur zu temporalen Datenbanken wird eine derartige Zeitangabe als Transaktionszeit bezeichnet. Transaktionszeiten geben an, wann ein Faktum in der Datenbank als gültig geführt wird. Sie ergeben sich aus den Systemzeiten bei Ausführung von (Datenbank-)Operationen. Aus diesem Grund können Transaktionszeiten niemals in der Zukunft liegen. Über die Transaktionszeit-Dimension lassen sich Fehlerkorrekturen in einer Datenbank abbilden.

Ein zweiter Typ von Zeitstempeln gibt an, wann der durch das Tupel abgebildete Sachverhalt in der Diskurswelt gültig ist. Über die Gültigkeitszeit-Dimension lassen sich Wertevolutionen von Objekten in der Datenbank abbilden. Die Gültigkeitszeiten können von Transaktionszeiten abweichen. Im Unterschied zu Transaktionszeiten müssen Gültigkeitszeiten vom Benutzer definiert werden. Sie können sich auch in die Zukunft erstrecken.

Die Verwendung mindestens einer der beiden Zeiten als Zeitstempel kennzeichnet eine temporale Datenhaltung. Da beide Typen von Zeitstempeln für Auswertungen relevant sein können, werden sie in bitemporalen Ansätzen miteinander kombiniert. In ihnen wird ein Tupel bzw. Attributwert sowohl mit der Gültigkeitszeit als auch der Transaktionszeit gestempelt. Nur mit bitemporalen Modellen lassen sich alle denkbaren Fälle temporaler Datenmanipulation korrekt berücksichtigen.

32 Die temporale Datenbanksprache TSQL2

In der Literatur wurden verschiedene Vorschläge für temporale Datenmodelle bzw. für temporale Datenbanksprachen auf der Basis des relationalen Datenmodells unterbreitet. Auch in den Standardisierungsgremien ANSI und ISO beschäftigt man sich in Verbindung mit dem künftigen SQL3-Standard mit einer als SQL/Temporal bezeichneten Regelung[20].

Angesichts der (im Februar 1997) noch nicht abgeschlossenen Standardisierungsarbeiten an SQL/Temporal ist der Konsensvorschlag für eine standardisierte Datenbanksprache TSQL2, auf den sich eine Gruppe maßgeblicher Datenbankforscher verständigt hat, von besonderem Interesse[21]. Dieser ist zum bestehenden Standard SQL2 im wesentlichen aufwärtskompatibel[22]. Zeitstempel behandelt dieser Ansatz als implizite Attribute. Tupel mit gleichen Werten für die expliziten Attribute werden automatisch zusammengefaßt, wobei eine Vereinigung der ihnen zugeordneten Zeitstempel erfolgt (*coalescing*). Die Folge davon ist, daß eine bestimmte Kombination von (expliziten) Attributwerten in einer Relation höchstens einmal existiert.

Alle TSQL2-Befehle sind direkte Erweiterungen von standardisierten SQL-Kommandos. So unterscheiden sich Datendefinitionen in TSQL2 abgesehen von den Spezifikationen der zu verwendenden Zeitdimensionen nicht von jenen in SQL2. Durch Anfügen bestimmter Klauseln an die Spezifikation von Relationen können sechs verschiedene Typen definiert werden:

- Bitemporale Zustands-Tabellen
  (*AS VALID STATE AND TRANSACTION*),

- Bitemporale Ereignis-Tabellen
  (*AS VALID EVENT AND TRANSACTION*),

---

20   Zu Vorschlägen für die Ausgestaltung von SQL/Temporal vgl. etwa *Snodgrass, R. T. et al.*, Adding Valid Time; *Snodgrass, R. T. et al.*, Adding Transaction Time. Diese Dokumente können im Internet von *ftp://ftp.cs.arizona.edu/tsql/tsql2/sql3/* abgerufen werden.
21   Vgl. *Snodgrass, R. T. et al.*, TSQL2 Language Specification, S. 65–86; *Snodgrass, R. T. et al.*, TSQL2 Tutorial, S. 27–33; *Snodgrass, R. T.* (Ed.), Temporal Query Language.
22   Vgl. *Bair, J. et al.*, Temporal Query Languages.

- Gültigkeitszeit-Zustands-Tabellen (*AS VALID STATE*),
- Gültigkeitszeit-Ereignis-Tabellen (*AS VALID EVENT*),
- Transaktionszeit-Tabellen (*AS TRANSACTION*),
- Schnappschuß-Tabellen (*keine Anfügung*).

Zustands-Tabellen beschreiben Eigenschaften von Objekten, die während eines Zeitintervalls als gültig unterstellt werden. Sie gelten wenigstens während eines Chronons, umfassen jedoch typischerweise mehrere Zeiteinheiten. Ereignis-Tabellen repräsentieren zeitpunktbezogene Fakten. Diese treten innerhalb eines bestimmten Chronons auf und erstrecken sich nie über mehrere Zeiteinheiten.

Wie die obige Zusammenstellung deutlich macht, unterstützt TSQL2 auch „zeitlose" Schnappschuß-Tabellen. Für diese Schnappschuß-Tabellen entsprechen die TSQL2-Datenmanipulations-Befehle jenen von SQL2. Damit zeigt sich die Aufwärtskompatibilität von TSQL2: In einem TSQL2-basierten Datenbanksystem wäre es dann möglich, bestehende Applikationen unverändert ablaufen zu lassen.

Auch die Datenmanipulationsoperationen in TSQL2 sind direkte Erweiterungen der bekannten SQL-Kommandos *INSERT, UPDATE* und *DELETE*. Diese sind für Schnappschuß- und für Transaktions-Relationen identisch mit entsprechenden Kommandos in SQL2. In Datenmodifikationsoperationen läßt sich die Transaktionszeit nicht angeben, da sie sich aus dem Zeitpunkt der Ausführung des entsprechenden Befehls ergibt.

Datenmodifikationsoperationen über Gültigkeitszeit- und bitemporale Relationen unterscheiden sich syntaktisch nur durch die VALID-Klausel, über die jene Gültigkeitszeiten festgelegt werden, die von der Modifikation betroffen sind. Wird diese Klausel nicht angegeben, so gilt bei einer Datenmodifikation die implizite Annahme, daß die Gültigkeitszeit von der Gegenwart bis in alle Zukunft reicht.

4 Fehlerkorrekturen in Transaktionszeit-Datenbanken

41 Eigenschaften

In Transaktionszeit-Datenbanken werden Zeitstempel ausschließlich aus Transaktionszeiten gebildet. Bei der Eingabe eines Faktums wird der Transaktionszeitbeginn mit der Systemzeit initialisiert. Das Transaktionszeitende bleibt unbestimmt, solange dieses Faktum nicht in einer Datenmodifikation „ersetzt" wird. Der Wert, der diese Unbestimmtheit zum Ausdruck bringt, soll UC *(until changed)* heißen[23].

In einer konzeptuellen Sicht wie dem weiter unten beschriebenen BCDM wird dem Zeitstempel für jede Einheit der voranschreitenden Systemzeit ein weiteres Chronon hinzugefügt, bis es zur „Ersetzung" des betrachteten Faktums kommt. Diese soll dazu führen, daß das Faktum bei aktuellen Auswertungen nicht mehr berücksichtigt wird. Das kann durch die Operationen UPDATE oder DELETE erreicht werden. Konzeptuell wird dann der UC-Wert aus dem Zeitstempel entfernt, weshalb das Transaktionszeitende bei dem Chronon „stehen" bleibt, an dem das Tupel zuletzt aktuell war.

Wegen dieser Eigenschaften eignen sich Transaktionszeit-Datenbanken sehr gut, um Wertveränderungen aufgrund von Fehlerkorrekturen abzubilden. Aufgrund der Logik der Datenmodifikation ist es unmöglich, daß dabei alte Daten gelöscht werden. Damit wird das angestrebte Ziel erreicht, vergangene Datenbankzustände vollständig zu dokumentieren.

In Transaktionszeit-Datenbanken kann nicht nach Wertevolutionen und Fehlerkorrekturen unterschieden werden. Der Unterschied zwischen der einem Faktum durch Datenmodifikationen zugeordneten Systemzeit und der Zeit der tatsächlichen Gültigkeit des Faktums in der Diskurswelt wird ignoriert. Dies kann z. B. dann angemessen sein, wenn der Zeitpunkt seines tatsächlichen Auftretens ohne Bedeutung ist, oder wenn die Datenmodifikationen stets zeitnah zu den Zustandsänderungen in der Diskurswelt erfolgen; letzteres wäre etwa

---

23 Vgl. Vgl. *Jensen, C. S./Soo, M. D./Snodgrass, R. T.*, Temporal Data Models; *Snodgrass, R. T.* (Ed.), Temporal Query Language, S. 187.

bei einer automatischen Betriebsdatenerfassung der Fall[24]. Transaktionszeit-Datenbanken erlauben weder das Speichern von Fakten, die erst in Zukunft gültig werden, noch nachträgliche Korrekturen falsch beschriebener Vergangenheitszustände.

42 Beispiele

421. Auftragsabwicklung

Durch Spezifikation der Auftragsdaten in einer Transaktionszeit-Relation ändert sich nichts an den expliziten Attributen der in Tabelle 2 bzw. 3 dargestellten Schnappschuß-Relation. Das Auftragsdatum ist als ereignisbezogene Gültigkeitszeit anzusehen und wird durch den Zeitstempel einer Transaktionszeit-Relation nicht abgedeckt; es muß also weiterhin als benutzerdefinierte Zeit geführt werden.

Für die schon in Tabelle 1 beschriebenen Vorfälle bleiben die zur Datenmanipulation der Transaktionszeit-Relationen notwendigen Kommandos gegenüber den nicht-temporalen Schnappschuß-Daten unverändert. Allerdings wirken sich diese auf Transaktionszeit-Relationen anders aus. Bei der Transaktionszeit-Relation *AUFTRAG* schlägt sich diese unterschiedliche Auswirkung von Datenmanipulationen insbesondere bei der Korrektur der fehlerhaften Auftragsmenge mittels eines Updates nieder. Wie Tabelle 10 zeigt, bleibt die fehlerhafte Mengenangabe von 3 auch nach der Korrektur dokumentiert. Dabei werden aktuelle Zeitstempel mit UC-Werten durch geschlossene Intervalle [] dargestellt, abgeschlossene Zeitstempel mit einem konkreten Endwert hingegen durch rechts-offene Intervalle [) beschrieben. Anhand des Zeitstempels für das Tupel mit der Auftragsnummer 1 wird ersichtlich, daß dieses erst am auf die Auftragserteilung folgenden Tag in die Datenbank eingegeben worden ist.

---

24 Vgl. *Knolmayer, G.*, Gestaltung computergestützter Informationssysteme, S. 79.

ANR	Name	Bezeich-nung	Menge	Preis	Datum	Zeit-stempel
1	Meier AG	Bürostuhl	5	500	1996-12-20	{[1996-12-21/UC]}
2	Kunz & Co	Bürostuhl	8	600	1997-01-10	{[1997-01-10/UC]}
3	Meier AG	Bürostuhl	3	550	1997-01-24	{[1997-01-24/1997-01-31)}
3	Meier AG	Bürostuhl	2	550	1997-01-24	{[1997-01-31/UC]}

Tab. 10: Transaktionszeit-Relation für Aufträge

Über die Transaktionszeit lassen sich alle zu einem bestimmten Zeitpunkt im System als korrekt angesehenen Fakten abfragen. Für die aus der aktuellen Sicht gültigen Fakten muß nur nach jenen Transaktionszeiten gefragt werden, deren Ende den Wert „until changed" aufweist. Die entsprechende Abfrage in TSQL2

SELECT * FROM auftrag;

ist identisch mit jener in SQL2, hat jedoch andere Auswirkungen. Sie unterstellt implizit, daß nach den aus der gegenwärtigen Sicht aktuellen Tupeln gefragt wird. Das Ergebnis entspricht prinzipiell Tabelle 3, nur daß zusätzlich der Transaktions-Zeitstempel erscheint.

Sollen die zu einem vergangenen Zeitpunkt in der Datenbank verfügbaren Informationen ermittelt werden, so ist explizit eine Selektion über die Transaktionszeit vorzunehmen. So kann etwa eine in der Vergangenheit gegebene Datensituation durch die TSQL2-Abfrage

SELECT * FROM auftrag

WHERE TRANSACTION(auftrag) CONTAINS DATE '1997-01-27';

dargestellt werden. Durch die Funktion *TRANSACTION()* wird die den einzelnen Tupeln implizit zugeordnete Transaktionszeit referenziert. Der Operator *CONTAINS* legt fest, daß das spezifizierte Datum durch den Zeitstempel abgedeckt sein muß. Das Ergebnis dieser Abfrage entspricht mit Ausnahme der angezeigten Zeitstempel der Tabelle 2.

Die Veränderungen der Listenpreise von Produkten über die Zeit kann ebenfalls durch eine Transaktionszeit-Relation abgebildet werden. Auch hier gleichen die erforderlichen Kommandos den in Tabelle 4 angegebenen. Wie im Schnappschuß-Fall kann die nachträgliche Veränderung des Listenpreises für das Jahr 1996 nicht berücksichtigt werden. Es kommt dann zu der in Tabelle 11 dargestellten Transaktionszeit-Relation *PRODUKT*.

Produkt	Preis	Transaktionszeit
Bürostuhl	500	{[1996-01-05/1997-01-06)}
Bürostuhl	600	{[1997-01-06/1997-01-13)}
Bürostuhl	550	{[1997-01-13/UC]}

Tab. 11: Transaktionszeit-Relation für Produkte

An diesem Beispiel zeigt sich die Problematik der alleinigen Stempelung mit Transaktionszeiten bei zeitveränderlichen Daten: Während die erste in Tabelle 4 beschriebene Wertänderung eine Preiserhöhung und damit eine „natürliche" Evolution darstellt, ist die zweite Mutation die Korrektur eines fehlerhaften Wertes. Die durch die dritte Wertänderung geforderte Fehlerkorrektur, die sich auf einen bereits vergangenen Zustand bezieht, ist zwar technisch möglich, würde jedoch den aktuellen Listenpreis falsch ausweisen. In Tabelle 11 fehlt die Information, daß beide gezeigten Preisänderungen mit Beginn des Jahres 1997 gültig sein sollen, da deren Eingaben später und zudem zu unterschiedlichen Zeitpunkten erfolgten. Um diese Probleme zu umgehen, muß in einer bitemporalen Relation auch die Gültigkeitszeit berücksichtigt werden.

422. Finanzbuchhaltung

Werden die in Tabelle 6 beschriebenen Buchungen in einer Transaktionszeit-Relation abgebildet, so kann die explizite Aufführung des Buchungsdatums entfallen. Dieses ist als Transaktionszeit anzusehen, die im (impliziten) Zeitstempel abgebildet wird.

Bei Verwendung eines zeitorientierten Datenmodells entfällt die Notwendigkeit zu einer expliziten Storno-Buchung: Ein als fehlerhaft erkannter Buchungssatz wird mit einem entsprechenden Zeitstempel versehen. Dadurch sind grundsätzlich dieselben Informationen wie bei der expliziten Storno-Buchung in einer herkömmlichen Datenverwaltung verfügbar. Die Operation

UPDATE buchung SET soll-konto='Postscheck' WHERE bnr=3

führt, anders als bei einer herkömmlichen Relation, nicht zu einem Überschreiben des alten Wertes und damit einem Informationsverlust, wie Tabelle 12 zeigt: Die ursprüngliche Buchung ist auch nach der Korrektur erkennbar und das Datum der Korrektur ist ebenfalls ersichtlich. Durch die identische Buchungsnummer wird der Zusammenhang zwischen beiden Tupeln deutlich; die gleiche Buchungsnummer ist hier zulässig, weil die Tupel durch unterschiedliche Zeitstempel differenziert werden.

BNR	Soll-Konto	Haben-Konto	Betrag	Zeitstempel
1	Forderungen	Erlöse	2500	{[1997-01-06/UC]}
2	Forderungen	Erlöse	4800	{[1997-01-15/UC]}
3	Bank	Forderungen	2500	{[1997-01-27/1997-02-03)}
3	Postscheck	Forderungen	2500	{[1997-02-03/UC]}

Tab. 12: Transaktionszeit-Relation von Buchungen

Die Neuberechnung der Kontostände gestaltet sich etwas schwieriger: Während bei expliziten Stornobuchungen die Salden immer durch Summenbildung mit den dieses Konto betreffenden Buchungen zu errechnen sind, muß hier die Fehlerstempelung von Tupeln im Sinne einer entsprechenden Saldenminderung der betroffenen Konten interpretiert werden.

Eine Transaktionszeit-Relation für die Kontoentwicklung zeigt Tabelle 13. Obwohl das Faktum ('Bank', 0, 0, 0) zweimal auftritt, ist es in der Relation nur einmal enthalten, wobei sich der zugeordnete Zeitstempel aus zwei Intervallen zusammensetzt.

Konto	Soll	Haben	Saldo	Zeitstempel
Forderungen	0	0	0	{[1997-01-03/1997-01-06)}
Forderungen	2500	0	2500	{[1997-01-06/1997-01-15)}
Forderungen	7300	0	7300	{[1997-01-15/1997-01-27)}
Forderungen	7300	2500	4800	{[1997-01-27/UC]}
Bank	0	0	0	{[1997-01-03/1997-01-27), [1997-02-03/UC]}
Bank	2500	0	2500	{[1997-01-27/1997-02-03)}
Postscheck	0	0	0	{[1997-01-03/1997-02-03)}
Postscheck	2500	0	2500	{[1997-02-03/UC]}
Erlöse	0	0	0	{[1997-01-03/1997-01-06)}
Erlöse	0	2500	−2500	{[1997-01-06/1997-01-06)}
Erlöse	0	7300	−7300	{[1997-01-15/UC]}

Tab. 13: Transaktionszeit-Relation von Konti

5 Fehlerkorrekturen in bitemporalen Datenbanken

51 Das Bitemporal Conceptual Data Model

511. Eigenschaften

In der Literatur wurden auf Basis des relationalen Datenmodells verschiedene Vorschläge für bitemporale Datenmodelle unterbreitet. Besonders bemerkenswert ist das *Bitemporal Conceptual Data Model* (BCDM)[25]. In ihm werden Zeitstempel als implizite Attribute behandelt. Tupel mit gleichen Werten für die expliziten Tupel werden automatisch zusammengefaßt (*coalescing*), wobei eine Vereinigung der jeweiligen Zeitstempel erfolgt. Somit existiert eine bestimmte Kombination von (expliziten) Attributwerten in einer Relation höchstens einmal.

---

25 Vgl. *Jensen, C. S./Soo, M. D./Snodgrass, R. T.*, Temporal Data Models; *Snodgrass, R. T.* (Ed.), Temporal Query Language, S. 186 ff.; *Jensen, C. S./Snodgrass, R. T.*, Time-Varying Information, S. 319 ff.

Das BCDM bildet die beiden Dimensionen der Zeitbindung von Fakten durch Mengen bitemporaler Chroni der Form (t_t, t_v) ab, wobei t_t eine Transaktionszeit und t_v eine Gültigkeitszeit ausdrückt. Zeitstempel sind temporale Elemente, d. h. Mengen bitemporaler Chroni. Durch den speziellen Wert 'UC' (*until changed*) für die Transaktionszeit werden im BCDM aus gegenwärtiger Sicht aktuelle Tupel angezeigt; er markiert damit das Ende der Transaktionszeit. Fehlen im Zeitstempel Chroni mit 'UC', so sind die ihm zugeordneten Fakten nicht mehr aktuell und bleiben bei Abfragen aus der gegenwärtigen Sicht unberücksichtigt.

Soll der einem Faktum zuzuordnende Zeitstempel bei der Eingabe vollständig spezifiziert werden, so setzt dies die Kenntnis voraus, wann es sich ändern bzw. ungültig werden wird. Im Beispiel der Auftragsabwicklung müßten dazu z. B. die künftigen Preisänderungen bekannt sein. Kann oder soll das Gültigkeitszeitende nicht von vornherein festgelegt werden, so bietet sich die Verwendung eines speziellen Wertes wie *forever* an. Er drückt aus, daß das Ende der Gültigkeitszeit nicht definiert ist und bis auf weiteres davon ausgegangen wird, daß der abgebildete Zustand unbeschränkt gültig bleibt. Damit weist etwa eine Abfrage auf zukünftige Preise immer ein definiertes Ergebnis auf. Das Pendant zu „*forever*" ist der spezielle Wert „*beginning*", der den kleinsten Zeitwert symbolisiert.

Fehlerkorrekturen können im bitemporalen Modell nicht nur die expliziten Attribute betreffen, sondern auch die ihnen zugeordneten Gültigkeitszeiten. Den Zeitstempel betreffende Fehler lassen sich danach unterscheiden, ob ein in der Datenbasis aktuell, in der Vergangenheit bzw. in der Zukunft gültiges Faktum

- nie gültig war bzw. nie gültig sein wird,
- eine andere Gültigkeitszeit als in der Datenbasis ausgewiesen hat, und zwar einen
  - früheren Beginnzeitpunkt,
  - späteren Beginnzeitpunkt
    (schließt den Fall ein, daß „*beginning*" konkretisiert wird),
  - früheren Endzeitpunkt
    (schließt den Fall ein, daß „*forever*" konkretisiert wird),
  - späteren Endzeitpunkt.

Ändert sich die einem Faktum zugeordnete Gültigkeitszeit im Zeitablauf, so erfordert dies eine Korrektur des Zeitstempels. In den Bildern 2 und 3 wird unterstellt, daß mit dem Fortschreiten der Zeit rechts weitere vertikale Gültigkeitsabschnitte in den durch die aktuell gültigen horizontalen Linien begrenzten Bereichen generiert werden[26]. Auf diese Weise kommt es zu den grau unterlegt dargestellten, rechts offenen Flächen für die Zeitstempel. Diese Bereiche sind nur dann rechts geschlossen, wenn das entsprechende Faktum entgegen früheren Annahmen nie gültig war und eine Löschoperation für die gesamte Gültigkeitsdauer erfolgt ist.

Auf der 45°-Linie stimmen Transaktions- und Gültigkeitszeit überein. Alle aus einer bestimmten Betrachtungsperspektive (d. h. Transaktionszeit) gegenwärtig gültigen Fakten müssen mit ihren (vertikalen) Gültigkeitszeitabschnitten diese Linie schneiden oder zumindest berühren. Liegt dieser Abschnitt aus der Betrachtungsperspektive vollständig unterhalb der 45°-Linie, so handelt es sich um ein historisches Faktum. Gültigkeitszeitabschnitte, die zur Gänze oberhalb dieser Linie liegen, beschreiben aus der Betrachtungsperspektive ein zukünftig gültiges Faktum. Durch dickere Striche werden die Abschnitte hervorgehoben, die durch eine Insert-Operation einem Faktum zugeordnet bzw. durch eine Delete-Operation aus dem Zeitstempel entfernt werden. Auch eine Update-Operation hat den Effekt, den Gültigkeitsbereich des Zeitstempels eines bestehenden Faktums zu verkleinern; dabei entsteht allerdings ein neues Faktum, das gemäß der hier verwendeten Darstellungsweise in einer eigenen Graphik abzubilden wäre.

---

26 Vgl. zu derartigen Darstellungen *Jensen, C. S./Snodgrass, R. T.*, Time-Varying Information, S. 325.

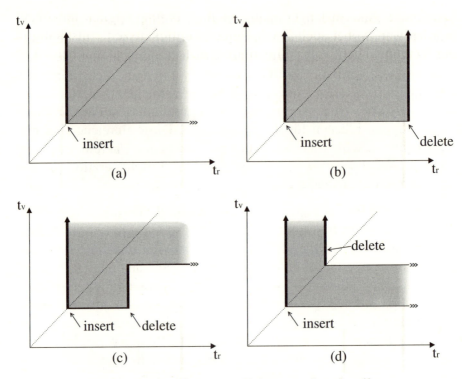

Abb. 2: Entwicklung von Zeitstempeln mit offenen Gültigkeitszeitenden

In Abb. 2a wird eine Situation betrachtet, in der zunächst nur der Beginn des Gültigkeitszeitraums angegeben werden konnte; dabei wurde angenommen, daß die Eingabe des Faktums zu jenem Zeitpunkt erfolgte, in dem seine Gültigkeit beginnt, und daß diese (vorerst) unbeschränkt in die Zukunft reicht (*forever*). Fehler können hinsichtlich der Gültigkeit des beschriebenen Faktums insgesamt (Abb. 2b) oder hinsichtlich des Beginns (Abb. 2c) bzw. des Endes seiner Gültigkeitszeit (Abb. 2d) bestehen. Der letzte Fall ist nicht als Fehler im eigentlichen Sinn zu verstehen, da ja angesichts der Endlichkeit fast aller Fakten trotz Verwendung von „*forever*" kaum eine unbeschränkte Gültigkeit des Faktums unterstellt werden konnte.

Abb. 3a veranschaulicht eine Situation, in der Beginn und Ende der Gültigkeitszeit zum gleichen Zeitpunkt spezifiziert werden. Unter dieser Voraussetzung zeigen die Bilder 3b und 3c analoge Fehler wie die Bilder 2b und 2c. Abb. 3d veranschaulicht den Fall, daß das betrachtete Faktum länger gültig bleibt, als ursprünglich unterstellt worden war, wobei auch die erweiterte Gültigkeitszeit vollständig in der Vergangenheit liegt und damit ein historisches Faktum betrifft.

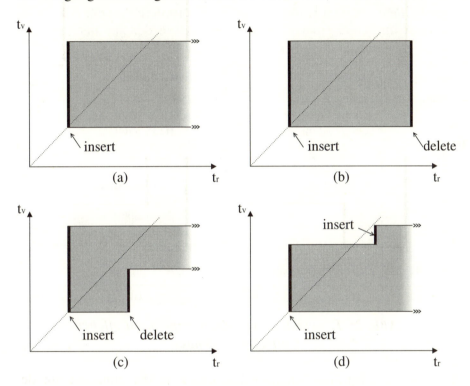

Abb. 3: Entwicklung von Zeitstempeln mit definierten Gültigkeitsenden

512. Beispiele

512.1 Auftragsabwicklung

Die durch die Vorfälle in Tabelle 4 charakterisierte Evolution des Faktentyps „Listenpreis" läßt sich in einer bitemporalen Zustands-Relation Produkt vollständig dokumentieren und damit ablesen. Dies gilt auch für die nachträgliche Korrektur des Listenpreises für 1996. Allerdings unterscheiden sich dann die dafür notwendigen TSQL2-Befehle von den entsprechenden SQL2-Befehlen durch eine *VALID*-Klausel, mit der die Gültigkeitszeit des Faktums festgelegt wird; in Tabelle 14 sind diese Befehle für die gegebenen Vorfälle aufgeführt.

Das nachträgliche Erkennen von Fehlern ist unter Umständen nur beschränkt hilfreich. So sind während 1996 alle Auftragspreise von einem zu niedrigen Listenpreis abgeleitet worden. Die Differenzbeträge können von den Kunden nicht nachgefordert werden. Allenfalls läßt sich im Sinne einer Abweichungsanalyse der aus der falschen Preisangabe entstandene Schaden schätzen.

Datum	Vorfall	TSQL2-Befehl
1996-01-05	Für das Produkt 'Bürostuhl' soll ein Preis von 500,-, beginnend mit dem 1. 1. 1996, gelten.	INSERT INTO produkt VALUES ('Bürostuhl',500) VALID PERIOD '[1996-01-01/*forever*]'
1997-01-06	Für das ganze Jahr 1997 soll der Listenpreis 600,- betragen.	UPDATE produkt VALID PERIOD '[1997-01-01/1997-12-31]' SET preis=600 WHERE bezeichnung= 'Bürostuhl'
1997-01-13	Der Listenpreis von 600,- für das Jahr 1997 ist fehlerhaft und muß 550,- lauten.	UPDATE produkt VALID PERIOD '[1997-01-01/1997-12-31]' SET preis=550 WHERE bezeichnung= 'Bürostuhl'
1997-08-16	Der für das Jahr 1996 notierte Listenpreis von 500,- ist nicht korrekt und lautete tatsächlich 520,-.	UPDATE produkt VALID PERIOD '[1996-01-01/1996-12-31]' SET preis=520 WHERE bezeichnung= 'Bürostuhl'

Tab. 14: Beispiel für die Entwicklung von Listenpreisen bei Produkten

In Tabelle 15 wird die aus diesen Datenmanipulationen resultierende bitemporale Relation gemäß dem BCDM wiedergegeben. In ihr sind die bitemporalen Elemente der Zeitstempel durch eine Menge kartesischer Produkte aus Intervallen für die Transaktionszeit und die Gültigkeitszeit dargestellt. An den UC-Werten in den Transaktionszeit-Intervallen kann man ersehen, welche Tupel zum gegenwärtigen Zeitpunkt aktuell sind. Wie das Beispiel zeigt, können dies im Falle bitemporaler Relationen mehrere Tupel für ein Objekt sein. Diese drücken zu verschiedenen Zeiten gültige Aussagen über ein Objekt aus. Bei einer derartigen bitemporalen Datenhaltung sind alle den Aufträgen zugeordneten Preise nachvollziehbar. Eine Speicherung des Preises in der Auftragsrelation wird damit unnötig, da er sich unter den getroffenen Annahmen jederzeit aus den zu verschiedenen Zeitpunkten in der Datenbank ausgewiesenen zutreffenden Listenpreisen ableiten läßt.

Bezeichnung	Preis	Zeitstempel
Bürostuhl	500	{[1996-01-05/1996-01-06)x[1996-01-01/*forever*], [1997-01-06/1997-08-16)x[1996-01-01/1996-12-31]}
Bürostuhl	600	{[1997-01-06/1997-01-13)x[1997-01-01/1997-12-31]}
Bürostuhl	550	{[1997-01-13/*UC*]x[1997-01-01/1997-12-31]}
Bürostuhl	520	{[1997-08-16/*UC*]x[1996-01-01/1996-12-31]}

Tab. 15: Bitemporale Zustands-Tabelle für Listenpreise von Produkten

Das älteste Tupel der Relation dokumentiert u. a. eine nachträgliche Veränderung der Gültigkeitszeiten des Zeitstempels: Da ursprünglich das Gültigkeitszeitende des eingefügten Tupels nicht bekannt war und deshalb bis auf weiteres als *forever* eingetragen wurde, mußte der Zeitstempel bei Einfügung des nachfolgenden Zustands verkürzt werden. Dies entspricht der Darstellung in Abb. 2d. Da diese Verkürzung in Zusammenhang mit der Eingabe eines neuen Zustandes erfolgt, ist kein eigenständiger Befehl für die Fehlerkorrektur erforderlich.

Produkte oder Kunden werden als zeitveränderliche Zustandsdaten abgebildet, die im Schnappschuß-Fall „zeitlos", d. h. ohne expliziten Zeitstempel, erscheinen. Im Unterschied dazu ist zu Aufträgen auch im Schnappschuß-Fall ein Datum zu notieren, welches den Zeitpunkt der Auftragserteilung kennzeichnet. In diesem Falle wird ein Auftrag implizit als Ereignis definiert, das zeitlich durch seine Erteilung bzw. Annahme charakterisiert ist.

In TSQL2 ist es möglich, spezielle Relationen für Ereignisdaten zu spezifizieren, die deren besonderer Semantik Rechnung tragen. Wie bei den Zustandsrelationen werden auch bei den Ereignisrelationen temporale Elemente als Zeitstempel geführt. Allerdings unterscheidet sich die inhaltliche Interpretation formal übereinstimmender Zeitstempel in den beiden Arten von Relationen[27].

Bei einer bitemporalen Ereignisrelation *AUFTRAG* braucht das Datum nicht als explizites Attribut geführt werden, da es schon über die implizit zugeordnete Gültigkeitszeit des Zeitstempels ausgedrückt wird. Entsprechend verändern sich für die im Beispiel auftretenden Vorfälle die ausgelösten Datenmodifikationen (Tabelle 16).

Datum	Vorfall	TSQL2-Befehl
1996-12-20	Die Meier AG erteilt einen Auftrag für 5 Bürostühle.	INSERT INTO auftrag VALUES (1, 'Meier AG', 'Bürostuhl', 5) VALID date '1996-12-20';
1997-01-10	Kunz & Co erteilen einen Auftrag für 8 Bürostühle.	INSERT INTO auftrag VALUES (2, 'Kunz & Co', 'Bürostuhl', 8) VALID date '1997-01-10';
1997-01-24	Die Meier AG erteilt einen Auftrag für 3 Bürostühle.	INSERT INTO auftrag VALUES (3, 'Meier AG', 'Bürostuhl', 3) VALID date '1997-01-24';
1997-01-31	Es wird berücksichtigt, daß der letzte Auftrag tatsächlich nur 2 Bürostühle umfaßt.	UPDATE auftrag SET menge=2 WHERE anr=3 VALID date '1997-01-24';

Tab. 16: Beispiel für die Erteilung von Aufträgen

Die aus diesen Operationen resultierende Relation wird in Tabelle 17 gezeigt. Diese ist der Transaktionszeit-Relation in Tabelle 10 sehr ähnlich; allerdings wird in jener das Auftragsdatum als benutzerdefiniertes Attribut geführt, in der bitemporalen Relation hingegen als Teil des Zeitstempels.

---

27 Vgl. *Myrach, T.*, Realisierung zeitbezogener Datenbanken.

ANR	Name	Bezeichnung	Menge	Preis	Zeitstempel
1	Meier AG	Bürostuhl	5	500	{[1996-12-21/UC] x1996-12-20}
2	Kunz & Co	Bürostuhl	8	600	{[1997-01-10/UC] x1997-01-10}
3	Meier AG	Bürostuhl	3	550	{[1997-01-24/1997-01-31)x1997-01-24}
3	Meier AG	Bürostuhl	2	550	{[1997-01-31/UC] x1997-01-24}

Tab. 17: Bitemporale Ereignis-Relation für Aufträge

Der Unterschied zwischen einer benutzerdefinierten Zeit und einer systemunterstützten Gültigkeitszeit erscheint bei Ereignisdaten, denen typischerweise nur atomare Zeitwerte zugeordnet werden, nicht groß. In beiden Fällen müssen die Zeitangaben explizit vom Benutzer erfolgen, allerdings einmal als reguläres Attribut, zum anderen als impliziter Zeitstempel. Auswirkungen dieser unterschiedlichen Vorgehensweisen zeigen sich etwa bei der Bildung des Primärschlüssels[28]: Während das Auftragsdatum als benutzerdefiniertes Zeitattribut Teil des Schlüssels wird, ist es als impliziter Zeitstempel kein Schlüsselattribut.

512.2 Finanzbuchhaltung

Das Konzept der Bitemporalität ist nicht ohne weiteres auf das oben betrachtete Buchhaltungsbeispiel zu übertragen. Während das Buchungsdatum als Transaktionszeit klassifiziert werden kann, fehlt eine „natürliche" Gültigkeitszeit-Dimension. Dies liegt daran, daß Buchungssätze an sich keine direkte Entsprechung zu Fakten der Diskurswelt haben. Eine indirekte Entsprechung sind Urbelege, ohne die keine Buchung erfolgen darf: Buchungen sind der systeminterne Ausdruck von Urbelegen. Bei den Beispielbuchungen sind die Urbelege Rechnungen bzw. Einzahlungen auf Rechnungen. Diese Urbelege weisen typischerweise eine Gültigkeitszeit auf, und zwar das Ereignis-Datum, an dem sie materialisieren; im Beispiel wäre dies das

---

28 Vgl. *Myrach, T.*, Schlüsselproblematik; *Myrach, T.*, Realisierung zeitbezogener Datenbanken.

Erstellungsdatum einer Rechnung bzw. das Eingangsdatum einer Zahlung. Entsprechend dem Zusammenhang zwischen Urbeleg und Buchung gelten diese Gültigkeitszeiten prinzipiell auch für die Buchung. Diese brauchen aber der Buchung nicht direkt zugeordnet werden, sondern sind über eine Verbindung zum Urbeleg abfragbar, sofern dieser gesondert in der Datenbank dokumentiert wird.

Eine Erweiterung der Konzepte der Finanzbuchhaltung, in der nicht nur Bezüge zum Urbeleg hergestellt werden, resultiert aus den Arbeiten von *Riebel*[29] und *Fischer*[30]. Im Vordergrund dieser Arbeiten steht die Ausrichtung auf Leistungspotentiale, die aufgrund von Verträgen erbracht werden. Ein Vertrag kann mehrere Ein- bzw. Auszahlungen begründen, die im Rahmen einer festgelegten Vertragsdauer anfallen. Unterstellt man, daß sich Verträge jeweils um einen bestimmten Zeitraum verlängern lassen bzw. sich stillschweigend verlängern, dann sind Dispositionszeitpunkte von Bedeutung, die angeben, wann man sich gegebenenfalls aus einem Vertrag lösen kann bzw. für seine Verlängerung entscheiden muß. In einer vertragsbasierten Buchhaltung werden solche Verträge mit ihren zeitlichen Bindungswirkungen aufgenommen. In einem derartigen System existieren mehrere Zeitdimensionen, die durchweg Gültigkeitszeiten sind.

52 Fehlerkorrekturen in logischen Modellen

521. Eigenschaften

Als konzeptuelles Modell ist das BCDM vor allem dafür gedacht, die Semantik der Zeitvariabilität zum Ausdruck zu bringen. Für die Zwecke der Benutzerrepräsentation einerseits sowie für die physische Speicherung andererseits ist es nicht unbedingt die angemessene Lösung[31]. Insbesondere ist es nicht für eine direkte Umsetzung in real existierende Datenbanksysteme geeignet. Allerdings lassen sich die Konzepte des BCDM in verschiedene geeignete Darstellungsmodelle überführen. Hier sollen solche Ansätze betrachtet werden, die gemäß

---

29 Vgl. z. B. *Riebel, P.,* Abbildung zeitlicher Strukturen.
30 Vgl. *Fischer, J./Walter, A./Dresing, H.,* Vertragsbasierte Buchhaltung; *Fischer, J.,* Vertragsdatenbanken.
31 Vgl. *Snodgrass, R. T.* (Ed.), Temporal Query Language, S. 185 f.

der 3-Schema-Architektur von Datenbanksystemen[32] auf der logischen Ebene anzusiedeln sind.

Einer der Hauptunterschiede verschiedener logischer temporaler Datenmodelle zum BCDM ist die Abbildung der Zeitstempel. Diese werden gewöhnlich nicht über temporale Elemente bitemporaler Chroni abgebildet, sondern über Intervalle für die beiden Zeitdimensionen. Diese Behandlung von Zeitstempeln führt zu einer einfacheren Speicherung und zudem zu einer größeren Übersichtlichkeit im Hinblick auf den chronologischen Ablauf von Wertevolutionen. Nachteilig ist dagegen, daß bezüglich der expliziten Attribute gleichwertige Tupel unter Umständen mehrfach gespeichert werden müssen.

Sollen herkömmliche relationale Datenmodelle eingesetzt werden, dann ist selbst die Vereinfachung auf eine intervallbezogene Darstellung bzw. Speicherung von Zeitstempeln nicht ausreichend, da SQL2 keine Datentypen für Intervalle unterstützt[33]. Der im relationalen Standard SQL2 vorgesehene Datentyp *INTERVAL* ist für diese Zwecke ungeeignet, da er lediglich eine zeitlich nicht verankerte Zeitdauer ausdrückt. In diesem Fall muß man sich damit behelfen, die Zeitstempel in einzelne Attribute zu zerlegen, die jeweils Anfang und Ende eines Intervalles ausdrücken. Somit sind bei einem bitemporalen Datenkonzept mindestens vier Zeitstempel-Attribute einzuführen, und zwar der Gültigkeitszeitbeginn (GZB), das Gültigkeitszeitende (GZE), der Transaktionszeitbeginn (TZB) und das Transaktionszeitende (TZE).

Im folgenden betrachten wir zwei logische Datenmodelle, die eine bitemporale Tupel-Zeitstempelung mit Intervallen realisieren. Die Modelle von *Snodgrass/Ahn* und *Ben-Zvi* unterscheiden sich bezüglich der Systematik der Zeitstempelung, was unter anderem zu unterschiedlichen Konzepten der Fehlerkorrektur führt[34].

---

32 Vgl. z. B. *Schlageter, G./Stucky, W.*, Datenbanksysteme, S. 26 ff.
33 Vgl. *Myrach, T.*, Realisierung zeitbezogener Datenbanken.
34 Vgl. *Knolmayer, G.*, Error Handling.

522. Beispiele für logische Datenmodelle

522.1 Fehlerkorrekturen im Modell von *Snodgrass/Ahn*

Im Modell von *Snodgrass/Ahn*[35] werden Tupeln im Gegensatz zum BCDM jeweils Intervalle zugeordnet. Jede Änderung eines Tupels führt dazu, daß das Transaktionszeitende mit der entsprechenden Systemzeit als Zeitstempel gesetzt wird. Von diesem Zeitpunkt an ist das entsprechende Tupel nicht länger aktuell.

Änderungen können sowohl die nicht-temporalen Attribute als auch die Gültigkeitszeiten betreffen. Bezüglich der verschiedenen Ausprägungen der Zeitstempel kann es dann zu den in Tabelle 18 aufgeführten Situationen kommen; in ihr stehen die Buchstaben W, X, Y, Z für konkrete Zeitangaben. Dabei wird unterstellt, daß der Beginn der Gültigkeit eines Faktums immer bekannt ist.

GZB	GZE	TZB	TZE	Bedeutung
W	forever	Y	until changed	Information über einen gegenwärtig oder zukünftig als gültig erachteten Zustand eines Objektes ohne definiertes Ende seiner Gültigkeit.
W	forever	Y	Z	Fehlerhafte Information über den Zustand eines Objektes, welcher zum Zeitpunkt seiner Fehlerkorrektur als gegenwärtig oder zukünftig gültig angesehen wurde.
W	X	Y	until changed	Information über den Zustand eines Objektes mit definiertem Ende der Gültigkeit. Dies kann ein gegenwärtiger, ein vergangener oder ein zukünftiger Zustand sein.
W	X	Y	Z	Fehlerhafte Information über den Zustand eines Objektes, welches zum Zeitpunkt seiner Fehlerkorrektur eine voll spezifizierte Gültigkeitszeit aufwies. Dieser kann zum Zeitpunkt der Korrektur gegenwärtig, in der Vergangenheit oder in der Zukunft gültig gewesen sein.

Tab. 18: Mögliche Ausprägungen der Zeitstempel-Attribute im Modell von Snodgrass/Ahn

---

35 Vgl. *Snodgrass, R. T./Ahn, I.*, A Taxonomy of Time; *Snodgrass, R. T./Ahn, I.*, Temporal Databases.

Für die im Auftragsabwicklungsbeispiel eingeführte Evolution der Listenpreise ergibt sich die in Tabelle 19 dargestellte bitemporale Relation. Der Vergleich mit der entsprechenden BCDM-Darstellung in Tabelle 15 zeigt die unterschiedliche Struktur der Zeitstempel. Ein weiterer Unterschied besteht darin, daß das Faktum („Bürostuhl", 500) zweimal in der Relation erscheint, in der BCDM-Relation hingegen nur einmal. Diese Duplizierung wird notwendig, weil erkennbar bleiben soll, daß die Abbildung des Gültigkeitszeitraums in der Datenbank zunächst nicht nach oben beschränkt war.

Bezeichnung	Preis	GZB	GZE	TZB	TZE
Bürostuhl	500	1996-01-01	*forever*	1996-01-05	1997-01-06
Bürostuhl	500	1996-01-01	1996-12-31	1997-01-06	1997-08-16
Bürostuhl	600	1997-01-01	1997-12-31	1997-01-06	1997-01-13
Bürostuhl	550	1997-01-01	1997-12-31	1997-01-13	UC
Bürostuhl	520	1996-01-01	1996-12-31	1997-08-16	UC

Tab. 19: Bitemporale Zustands-Relation nach Snodgrass/Ahn für Listenpreise von Produkten

522.2 Fehlerkorrekturen im Modell von *Ben-Zvi*

Auch das Modell von *Ben-Zvi*[36] nimmt eine Tupel-Zeitstempelung vor und weist jedem Tupel nur ein Intervall für die Gültigkeitszeit und die Transaktionszeit zu. Ein Unterschied zum Modell von *Snodgrass* liegt in der Handhabung von Fehlerkorrekturen, für die ein zusätzlicher Fehlerzeitstempel (FZ) eingeführt wird. Dieser wird eingetragen, sobald man das Tupel als fehlerhaft markiert. Das Transaktionszeitende wird dann und nur dann gesetzt, wenn das Gültigkeitszeitende spezifiziert wird. Im Modell von *Ben-Zvi* können die in Tabelle 20 aufgeführten Situationen auftreten.

---

36   Vgl. *Ben-Zvi, J.,* The Time Relational Model.

GZB	GZE	TZB	TZE	FZ	Bedeutung
W	forever	Y	until changed	until changed	Information über den gegenwärtigen oder zukünftig gültigen Zustand eines Objektes ohne definiertes Ende der Gültigkeit.
W	forever	Y	until changed	E	Fehlerhafte Information über den Zustand eines Objektes, welches zum Zeitpunkt seiner Fehlerkorrektur als gegenwärtig oder zukünftig gültig angesehen wurde.
W	X	Y	Z	until changed	Information über den Zustand eines Objektes mit definiertem Ende der Gültigkeit. Dies kann ein gegenwärtiger, ein vergangener oder ein zukünftiger Zeitpunkt sein.
W	X	Y	Z	E	Fehlerhafte Information über den Zustand eines Objektes, welches zum Zeitpunkt seiner Fehlerkorrektur eine voll spezifizierte Gültigkeitszeit aufwies. Dies kann eine Korrektur des gegenwärtig gültigen, eines vergangenen oder zukünftigen Zustandes sein.

Tab. 20: Mögliche Ausprägungen der Zeitstempel-Attribute im Modell von Ben-Zvi

Der Vorteil des Ansatzes von *Ben-Zvi* gegenüber dem Vorgehen nach *Snodgrass/Ahn* besteht darin, daß eine nachträgliche Spezifikation des Gültigkeitszeitendes nicht zwangsläufig ein neues Tupel erfordert. Wenn das Gültigkeitszeitende offen ist, also etwa den Wert „forever" aufweist, kann das nachträgliche Einfügen eines Endwertes durch die Logik der Zeitstempel abgebildet werden, ohne daß dazu ein neues Tupel angelegt werden muß. Dieser Vorteil ist insbesondere dann relevant, wenn häufig mit offenen Gültigkeitszeitenden gearbeitet wird. Als Nachteil ist neben der Verwendung eines zusätzlichen Zeitstempels zu erwähnen, daß die Gültigkeitszeit in einigen

Fällen nicht direkt ausgelesen werden kann, sondern abgeleitet werden muß.

Für die Abbildung der Evolution der Listenpreise führt dieses Konzept zur bitemporalen Relation in Tabelle 21. Im Beispiel erfordert diese Relation ein Tupel weniger als das Modell von *Snodgrass/Ahn:* Die Verdopplung des Faktums („Bürostuhl", 500) entfällt hier, da dieses zuerst mit einem offenen Gültigkeitsende eingegeben worden war, welches im *Ben-Zvi*-Ansatz anders als bei *Snodgrass/Ahn* nachträglich spezifiziert werden kann.

Bezeichnung	Preis	GZB	GZE	TZB	TZE
Bürostuhl	500	1996-01-01	1996-12-31	1996-01-05	1997-01-06
Bürostuhl	600	1997-01-01	1997-12-31	1997-01-06	1997-01-06
Bürostuhl	550	1997-01-01	1997-12-31	1997-01-13	UC
Bürostuhl	520	1996-01-01	1996-12-31	1997-08-16	UC

Tab. 21: Bitemporale Zustands-Relation nach Ben-Zvi für Listenpreise von Produkten

6 Zusammenfassung und Ausblick

In dieser Arbeit wurden das Entstehen fehlerhafter Daten in einer Datenbank und Möglichkeiten ihrer Korrektur dargestellt. Anhand zweier Beispiele illustrierten wir, daß die Fehlerkorrektur mit üblichen Datenmanipulationsoperationenen zu Informationsverlusten führt, die unerwünscht bzw. unzulässig sein können. Mit dem Konzept temporaler Datenbanken lassen sich unerwünschte Datenverluste aufgrund von Datenmanipulationen vermeiden. Von den üblicherweise betrachteten Zeitdimensionen ist es die systemgenerierte Transaktionszeit, über die sich ursprünglich fehlerhafte und korrigierte Daten differenzieren lassen. Durch Anwendung auf die Beispiele wurde deutlich, daß Transaktionszeit-Datenbanken informationserhaltend sind. Die Beispiele zeigen aber auch, daß die alleinige Berücksichtigung der Transaktionszeiten für die vollständige Darstellung der Evolution von Datenwerten nicht immer ausreicht, sondern um die Gültigkeitszeit-Dimension erweitert werden muß. Dieses führt auf das Konzept der bitemporalen Datenmodelle.

In bitemporalen Datenmodellen können Fehlerkorrekturen nicht nur die eigentlichen Fakten, sondern auch die ihnen zugeordneten Zeitstempel betreffen und zwar hauptsächlich die Gültigkeitszeit-Dimension. Das Bitemporal Conceptual Data Model (BCDM) wurde dargestellt und anhand dieses Konzepts die Entwicklung von Zeitstempeln bei Änderungen von Gültigkeitszeiten skizziert. Ein besonderes Augenmerk galt dabei der Verwendung unbestimmter Gültigkeitszeitenden und ihrer Repräsentation durch den speziellen Wert „*forever*". Eine nachträgliche Präzisierung erfordert den Ersatz dieses Wertes durch einen konkreten Zeitwert, was formal einer Fehlerkorrektur entspricht. Für die Umsetzung des BCDM wurden zwei logische Datenmodelle dargestellt, die sich im wesentlichen dadurch unterscheiden, wie sie eine nachträgliche Spezifikation eines unbestimmten Gültigkeitszeitendes darstellen: Im Modell von *Ben-Zvi* wird diese im Gegensatz zum Ansatz von *Snodgrass/Ahn* nicht als Fehler behandelt und erfordert damit auch kein neues, korrigiertes Tupel.

Wegen der in bitemporalen Datenmodellen vorgenommenen Trennung zwischen eigentlichen Wertevolutionen und Fehlerkorrekturen wird es möglich, vergangene Sichten von Entscheidungsträgern zu rekonstruieren. Damit bieten solche Datenbanken ein großes Potential für die Kontrolle, weil Fehlentscheidungen einerseits leichter nachweisbar werden, andererseits aber auch besser gerechtfertigt werden können: Der Entscheidungsträger wird fairerweise nur an dem Informationsstand zu messen sein, der ihm zum Entscheidungszeitpunkt zur Verfügung stand. Weiterhin lassen sich in solchen Datenbanken Vertuschungen und Täuschungen durch Datenmanipulationen leichter aufdecken. Allerdings werden diese Vorteile mit dem Preis verminderter Effizienz der Datenverarbeitung erkauft. Dies betrifft sowohl das Antwortzeitverhalten (*performance*) als auch insbesondere den benötigten Speicherplatz, der drastisch ansteigt. Empfohlen werden daher sorgfältige Kosten-Nutzen-Überlegungen im Hinblick auf die Auswahl jener Anwendungen, für die eine temporale Datenhaltung realisiert werden soll.

Abschließend muß darauf hingewiesen werden, daß zum gegenwärtigen Zeitpunkt kein Datenbankprodukt verfügbar ist, welches die hier beschriebenen Funktionalitäten bereitstellt. Man kann jedoch absehen, daß mittelfristig zumindest eine Teilmenge davon auch kommerziell verfügbar sein wird[37]. Darüber hinaus sind solche Funktionen mit gewissen Einschränkungen auch in herkömmlichen Datenbanksystemen realisierbar[38], weshalb die vorgestellten Konzepte auch bei der heutigen Gestaltung von betrieblichen Informationssystemen zu beachten sind.

---

37 Vgl. z. B. *Bair, J.*, Supporting Temporal Data.
38 Vgl. z. B. *Barnert, R./Schmutz, G.*, Zeitbezogene Datenhaltung; *Thyssen, U. M.*, Bitemporale Tabellen.

Literaturverzeichnis

Baetge, J., Überwachung, in: Vahlens Kompendium der Betriebswirtschaftslehre, Band 2, hrsg. v. Bitz, M. u. a., 3. Aufl., München 1993, S. 175–218 (Überwachung).

Baetge, J./Schuppert, A., Zur Wirtschaftlichkeit der Überwachung von Routinetätigkeiten, Teil I, in: ZfB 1991, S. 1045–1061 (Überwachung von Routinetätigkeiten).

Baetge, J./Steenken, H.-U., Theoretische Grundlagen eines Regelungsmodells zur operationalen Planung und Überwachung betriebswirtschaftlicher Prozesse, in: ZfbF 1971, S. 593–630 (Grundlagen eines Regelungsmodells).

Bair, J., It's About Time! Supporting Temporal Data in a Warehouse, in: Info DB 1996, Nr. 1, S. 1–7. Vgl. auch http://www.leep.com/what.html (Supporting Temporal Data).

Bair, J./Böhlen, M./Jensen, C. S./Snodgrass, R. T., Notions of Upward Compatibility of Temporal Query Languages, in: Wirtschaftsinformatik 1997, S. 25–34 (Temporal Query Languages).

Barnert, R./Schmutz, G., Die zeitbezogene Datenhaltung bei den Schweizer Regionalbanken, in: Wirtschaftsinformatik 1997, S. 45–53 (Zeitbezogene Datenhaltung).

Ben-Zvi, J., The Time Relational Model, Diss. UCLA, Los Angeles 1982 (Time Relational Model).

Bhargava, G./Gadia, S. K., The Concept of Error in a Database: An Application of Temporal Databases, in: Proceedings of the International Conference on Management of Data, hrsg. v. Prakesh, N., New Delhi 1990, S. 106–121 (Error in a Database).

Dellmann, K., Bilanzierung nach neuem Aktienrecht. 3. Aufl., Bern et al. 1996 (Bilanzierung).

Fischer, J., Einsatzmöglichkeiten zeitorientierter Vertragsdatenbanken im Controlling, in: Wirtschaftsinformatik 1997, S. 55–63 (Vertragsdatenbanken).

Fischer, J./Walter, A./Dresing, H., Datenbankgestützte, vertragsbasierte Buchhaltung, in: Wirtschaftsinformatik '95, hrsg. v. König, W., Heidelberg 1995, S. 429–441 (Vertragsbasierte Buchhaltung).

Grupp, B., Optimale Verschlüsselung bei Online-Datenverarbeitung, Köln 1987 (Optimale Verschlüsselung).

Jensen, C. S./Clifford, J./Elmasri, R./Gadia, S. K./Hayes, P./Jajodia, S., A Consensus Glossary of Temporal Database Concepts. Technical Report R 93-2035, Aalborg University 1993. In verkürzter Form in: SIGMOD Record 1994, No. 1, S. 52–64. Vgl. auch http://www.cs.auc.dk/~csj/Glossary/ (Glossary of Temporal Database Concepts).

Jensen, C. S./Snodgrass, R. T., Semantics of Time-Varying Information, in: Information Systems 1996, S. 311–352 (Time-Varying Information).

Jensen, C. S./Soo, M. D./Snodgrass, R. T., Unifying Temporal Data Models via a Conceptual Model, in: Information Systems 1994, S. 513–547 (Temporal Data Models).

Knolmayer, G., Die Beurteilung von Leistungen des dispositiven Faktors durch Prüfungen höherer Ordnung, in: Management und Kontrolle, hrsg. v. Seicht, G., Berlin 1981, S. 365–390 (Beurteilung von Leistungen).

Knolmayer, G., Die Berücksichtigung des Zeitbezugs von Daten bei der Gestaltung computergestützter Informationssysteme, in: Zeitaspekte in betriebswirtschaftlicher Theorie und Praxis, hrsg. v. Hax, H. u. a., Stuttgart 1989, S. 77–88 (Gestaltung computergestützter Informationssysteme).

Knolmayer, G., Error Handling in Temporal Databases, in: Proceedings of the Database Research in Switzerland Conference, hrsg. v. Spaccapietra, S., Lausanne 1991, S. 212–227 (Error Handling).

Knolmayer, G., Das Jahr 2000-Problem: Medien-Spektakel oder Gefährdung der Funktionsfähigkeit des Wirtschaftssystems?, in: Wirtschaftsinformatik 1997, S. 7–18 (Das Jahr 2000-Problem).

Knolmayer, G./Myrach, T., Zur Abbildung zeitbezogener Daten in betrieblichen Informationssystemen, in: Wirtschaftsinformatik 1996, S. 63–74 (Abbildung zeitbezogener Daten).

Kunerth, W./Werner, G., EDV-gerechte Verschlüsselung: Grundlagen und Anwendung moderner Nummernsysteme, 2. Aufl., Stuttgart/Wiesbaden 1981 (EDV-gerechte Verschlüsselung).

Loitlsberger, E., Seitengleiche Stornobuchungen als Problem der Grundsätze ordnungsmäßiger Abschlußprüfung, in: Journal für Betriebswirtschaft 1990, S. 2–13 (Stornobuchungen).

Melton, J./Simon, A. R., Understanding the New SQL: A Complete Guide, San Mateo 1993 (SQL).

Myrach, T., Die Schlüsselproblematik bei der Umsetzung temporaler Konzepte in das relationale Datenmodell, in: Rundbrief des GI-Fachausschusses 5.2 „Informationssystem-Architekturen" 1995, Nr. 2, S. 13–15 (Schlüsselproblematik).

Myrach, T., Über die Behandlung von Zustands- und Ereignisdaten in Konzepten zeitorientierter Datenhaltung, in: Rundbrief des GI-Fachausschusses 5.2 „Informationssystem-Architekturen" 1996, Nr. 1, S. 41–43 (Zustands- und Ereignisdaten).

Myrach, T., Realisierung zeitbezogener Datenbanken: Ein Vergleich des herkömmlichen relationalen Datenmodells mit einer temporalen Erweiterung, in: Wirtschaftsinformatik 1997, S. 35–44 (Realisierung zeitbezogener Datenbanken).

Myrach, T./Knolmayer, G. F./Barnert, R., On Ensuring Keys and Referential Integrity in the Temporal Database Language TSQL2, in: Databases and Informations Systems, Proceedings of the Second International Baltic Workshop, Volume 1: Research Track, Tallinn 1996, S. 171–181 (TSQL2).

Riebel, P., Probleme der Abbildung zeitlicher Strukturen im Rechnungswesen, in: Zeitaspekte in betriebswirtschaftlicher Theorie und Praxis, hrsg. v. Hax, H. u. a., Stuttgart 1989, S. 61–76 (Abbildung zeitlicher Strukturen).

Schlageter, G./Stucky, W., Datenbanksysteme: Konzepte und Modelle, 2. Aufl., Stuttgart 1983 (Datenbanksysteme).

Schueler, B.-M., Update Reconsidered, in: Architecture and Models in Data Base Management Systems, hrsg. v. Nijssen, G. M., Amsterdam et al. 1977, S. 149–164 (Update Reconsidered).

Snodgrass, R. T. (Ed.), The TSQL2 Temporal Query Language, Boston 1995 (Temporal Query Language).

Snodgrass, R. T./Ahn, I., A Taxonomy of Time in Databases, in: Proceedings of the ACM-SIGMOD International Conference on

Management of Data, hrsg. v. Navathe, S., Austin 1985, S. 236–246 (Taxonomy of Time).

Snodgrass, R. T./Ahn, I., Temporal Databases, in: IEEE Computer 1986, Nr. 9, S. 35–42 (Temporal Databases).

Snodgrass, R. T./Ahn, I./Ariav, G./Batory, D. et al., A TSQL2 Tutorial, in: SIGMOD Record 1994, Nr. 1, S. 27–33 (TSQL2 Tutorial).

Snodgrass, R. T./Ahn, I./Ariav, G./Batory, D. et al., TSQL2 Language Specification, in: SIGMOD Record 1994, Nr. 3, S. 65–86 (TSQL2 Language Specification).

Snodgrass, R. T./Böhlen, M. H./Jensen, C. S./Steiner, A., Adding Transaction Time to SQL/Temporal. Change Proposal, ANSI X3H2-96-502r2, October 22, 1996 (Adding Transaction Time).

Snodgrass, R. T./Böhlen, M. H./Jensen, C. S./Steiner, A., Adding Valid Time to SQL/Temporal. Change Proposal, ANSI X3H2-96-501r2, October 22, 1996 (Adding Valid Time).

Taylor, D. H./Glezen, G. W., Auditing: Integrated Concepts and Procedures, 5th ed., New York et al. 1991 (Auditing).

Thyssen, U. M., Ein Bewirtschaftungssystem für bitemporale Tabellen, in: Rundbrief des GI-Fachausschusses 5.2 „Informationssystem-Architekturen" 1995, Nr. 2, S. 19–21 (Bitemporale Tabellen).

Wedekind, H., Kaufmännische Datenbanken, Mannheim et al. 1993 (Kaufmännische Datenbanken).

VII. Prüfungsurteil

Robert Buchner
Matthias Wolz

Zur Beurteilung der Redepflicht des Abschlußprüfers gemäß § 321 HGB mit Hilfe der Fuzzy-Diskriminanzanalyse

1 Problemstellung

2 Die Fuzzy-Diskriminanzanalyse als Modifikation der klassischen Multivariaten Diskriminanzanalyse
   21 Fuzzifikation der Urteilsgrundlagen
   22 Das Verfahren der Fuzzy-Diskriminanzanalyse
   23 Die Interpretation des unscharfen Krisenindikators im Rahmen der Defuzzifikation

3 Würdigung

em. Univ.-Prof. Dr. Robert Buchner
Lehrstuhl für Allgemeine Betriebswirtschaftslehre,
Wirtschaftsprüfung und Treuhandwesen
Universität Mannheim

Dr. Matthias Wolz
Wissenschaftlicher Assistent
Lehrstuhl für Wirtschaftsprüfungswesen
Universität-GH Essen

1 Problemstellung

Handelsrechtliche Jahresabschlußprüfer stehen immer dann in der öffentlichen Kritik, wenn ein unbeanstandet testiertes Unternehmen in eine ernsthafte wirtschaftliche Krise gerät oder gar Vergleich anzumelden oder in Konkurs zu gehen droht[1]. Vom Abschlußprüfer wird von der öffentlichen Kritik somit offensichtlich eine über reine Ordnungsmäßigkeitsaspekte hinausgehende Prüfung und Berichterstattung insbesondere bezüglich der wirtschaftlichen Lage einer Unternehmung erwartet. Eine diesbezügliche Prüfung ist zwar auch zur Beurteilung der Ordnungsmäßigkeit des zu beurteilenden Jahresabschlusses notwendig, eine entsprechende dezidierte Berichterstattung ist aber nach den Bestimmungen des HGB nicht vorgesehen.

Die Berichtspflichten des handelsrechtlichen Jahresabschlußprüfers sind in § 321 HGB geregelt. Danach ist nur in bestimmten Fällen explizit über die wirtschaftliche Lage einer Unternehmung zu berichten: Stellt der Abschlußprüfer (wesentliche) nachteilige Veränderungen der Vermögens-, Finanz- und Ertragslage gegenüber dem Vorjahr bzw. Verluste fest, die das Jahresergebnis nicht unwesentlich beeinflußt haben, so hat er diese nach § 321 Abs. 1 Satz 4 HGB aufzuführen und ausreichend zu erläutern (sog. kleine Redepflicht). Ebenso hat er nach § 321 Abs. 2 HGB zu berichten, falls er bei Wahrnehmung seiner Aufgaben Tatsachen feststellt, die den Bestand eines Unternehmens gefährden oder seine Entwicklung wesentlich beeinflussen können (sog. große Redepflicht)[2]. Die Entscheidung des Abschlußprüfers, ob eine Redepflicht vorliegt, ist in dessen pflichtgemäßes Ermessen gelegt. Dabei handelt es sich um eine Entscheidung unter Unsicherheit. Im Sinne einer *Früh*warnfunktion ist im Zweifelsfalle für eine Berichterstattung zu plädieren, da Krisen in einem früheren Stadium besser zu bekämpfen sind (die negativen Entwicklungen bzw. deren Konsequenzen, sind noch nicht so ausgeprägt. Die Entscheidung für eine solche Berichterstattung verlangt vom Abschlußprüfer jedoch ein besonderes Maß an Weitsicht, da hiermit möglicherweise weitreichende Konsequenzen für das betroffene Unternehmen verbunden sind, wie z. B.

---

1 Vgl. *Clemm, H.*, Abschlußprüfer als Krisenwarner, S. 66. U. a. nennt *Clemm* in diesem Zusammenhang Balsam-Procedo, Schneider oder die Metallgesellschaft.
2 Vgl. *Baetge, J.*, Objektivierung der Redepflicht, S. 7.

- die Aufkündigung bestehender Kreditverhältnisse,
- Schwierigkeiten bei neuerlicher Kreditvergabe,
- bei Aktiengesellschaften möglicherweise Unruhe unter den Aktionären (Panikverkäufe führen zu Kursverlusten).

Diese Auswahl möglicher Szenarien zeigt, daß allein das öffentliche Bekanntwerden der Möglichkeit einer Unternehmenskrise durch Ausübung der Krisenwarnung zu einem Vertrauensverlust führen kann, der ausreicht, eine bestehende Unternehmenskrise zu verstärken, bereits eingeleitete Therapiemaßnahmen zu behindern oder gar eine solche Krise erst heraufzubeschwören[3]. Dieser Themenkomplex wird unter dem Schlagwort der *Self Fulfilling Prophecy* diskutiert[4]. Vor diesem Hintergrund wiegt um so schwerer, daß der Abschlußprüfer für den Fall der (im nachhinein gesehen) unangemessenen Anwendung der Redepflicht *regreßpflichtig* gemacht werden kann[5]. Der Abschlußprüfer befindet sich demnach in einem Dilemma zwischen Berichtspflichten im Rahmen seiner Frühwarnfunktion einerseits und

---

3 Vgl. *Plendl, M.*, Berichterstattung des Abschlußprüfers, S. 29. Die Gefahr des Heraufbeschwörens einer Unternehmenskrise bei einer (zu) pessimistischen Berichterstattung durch den Abschlußprüfer sehen *Baetge, J./Niehaus, H.-J.*, Verfahren der Jahresabschluß-Analyse, S. 143.

4 *Ballwieser* hält die Gefahr der Self Fulfilling Prophecy jedoch nur für den Fall als gegeben, wenn die Unternehmung prinzipiell zwar lebensfähig ist, dies aber aufgrund der Berichterstattung des Abschlußprüfers nicht mehr belegen kann. Für diesen Fall sei ein Wachrütteln des Aufsichtsrates als verantwortliches Kontrollorgan mehr als gut zu heißen, da die Abschlußprüfung dem Schutze Dritter, nicht jedoch dem Erhalt eines schlechten Managements diene. Vgl. *Ballwieser, W.*, Berichterstattung des Abschlußprüfers, S. 324–325. *Schildbach* gibt zu bedenken: „Wer Prüfung und Testat will, trägt die Verantwortung dafür, daß ein normentsprechend handelnder Prüfer auch einmal ein Testat einschränken oder verweigern muß. Wird diese Implikation als unverantwortlich angesehen, sollte die Prüfung abgeschafft werden." *Schildbach, T.*, Glaubwürdigkeitskrise, S. 11. Darüber hinaus haben amerikanische Studien ergeben, daß die Going Concern-Prämisse bei etwa drei Viertel der fallierenden Unternehmen zuvor nicht verworfen werden konnte, wohingegen die meisten der Unternehmen, denen die Erfüllung der Going Concern-Prämisse abgesprochen wurde, bestehen blieben. Vgl. *Taffler, R. J./Tseung, M.*, Audit Going Concern Qualification in Practice, S. 263–269. Die Autoren relativieren damit die Gefahr einer Self Fulfilling Prophecy bei einer Krisenberichterstattung des Abschlußprüfers.

5 Grundlegende Überlegungen zur Haftung des handelsrechtlichen Abschlußprüfers finden sich z. B. bei *Quick, R.*, Haftung, S. 1675–1685.

Haftungspflichten andererseits[6]. Diese Umstände führen in der praktischen Anwendung dazu, daß der Abschlußprüfer von der Redepflicht in der Regel nur sehr vorsichtig und nur für den Fall offensichtlicher Mißstände Gebrauch macht, so daß im Prinzip nur kurz vor dem Zusammenbruch stehende Unternehmen „gewarnt" werden. Das Hauptproblem liegt aus der Sicht des Abschlußprüfers offensichtlich darin, daß er objektive und intersubjektiv nachvollziehbare Entscheidungskriterien benötigt, die unangemessenen Reaktionen seitens möglicher Berichtsempfänger entgegenwirken[7]. Als Hilfsmittel bietet sich hierzu das Instrumentarium der Kennzahlenanalyse an, die auch vom *IDW* als zweckmäßig erachtet wird[8]. Hierauf aufbauende Krisenindikatoren nehmen im Schaffen *Baetges* breiten Raum ein.

Zur Gewinnung von Krisenindikatoren wurden in der betriebswirtschaftlichen Diskussion zahlreiche Verfahren vorgestellt und in empirischen Untersuchungen auf ihre Anwendbarkeit hin diskutiert. In dieser Diskussion wurden bisher die Verfahren der *Multivariaten Diskriminanzanalyse* und der *Künstlichen Neuronalen Netze* für die Darstellung der wirtschaftlichen Lage einer Unternehmung am geeignetsten gehalten[9]. Beide Verfahren weisen jedoch Schwachstellen auf, die sich mit der Fuzzy-Diskriminanzanalyse vermeiden lassen. Zur Verdeutlichung dieser Schwachstellen soll daher kurz auf diese Verfahren kritisch eingegangen werden.

Künstliche Neuronale Netze sind in der jüngeren Vergangenheit ins Gespräch gekommen, da der (Fach-) Presse relativ zahlreiche Erfolgsmeldungen zu entnehmen waren, die auf ein einerseits universell einsetzbares sowie andererseits sehr erfolgversprechendes Prognose- und Klassifikationsverfahren schließen lassen. Ausgangsbasis des Modellansatzes der Künstlichen Neuronalen Netze waren Untersuchungen biologischer Nervensysteme und Überlegungen, wie kognitive Phänomene beschrieben, modelliert und erklärt werden können[10]. Mit Hilfe dieses Instrumentariums versucht man, die Informationsaufnahme-, Informationsverarbei-

---

6 Vgl. *Baetge, J./Huß, M./Niehaus, H.-J.*, Auswertung von Jahresabschlüssen, S. 605.
7 Vgl. *Baetge, J./Niehaus, H.-J.*, Verfahren der Jahresabschlußanalyse, S. 144. Die Autoren schlagen in diesem Zusammenhang die Verwendung mathematisch-statistischer Krisenindikatoren vor.
8 Vgl. *IDW*, Fachgutachten 2/1988, Abschnitt C.II.
9 Vgl. z. B. *Feidicker, M.*, Kreditwürdigkeitsprüfung; *Niehaus, H.-J.*, Früherkennung von Unternehmenskrisen; *Krause, C.*, Kreditwürdigkeitsprüfung.
10 Vgl. *Baetge, J. et al.*, Bonitätsbeurteilung, S. 337; *Steiner, M./Wittkemper, H.-G.*, Neuronale Netze, S. 448.

tungs- und Informationsspeicherungsmethoden des menschlichen Gehirns nachzubilden. Ein Neuronales Netz kann theoretisch jede beliebige stetige Abbildung aus einem Raum R^n in einen Raum R^m erlernen[11]. Ist dieses Netz als *Klassifizierungsnetz* ausgelegt, werden ihm Eingabedaten präsentiert, die selbständig in verschiedene Klassen eingeteilt werden sollen, ohne daß dem System die relevanten Kriterien von außen zugeführt werden. Damit eignet sich ein Künstliches Neuronales Netz aus formaler Sicht in besonderer Weise, die wirtschaftliche Lage einer Unternehmung zu beurteilen[12]. Als Kriterien für die Akzeptanz eines Krisenindikators auf der Basis Künstlicher Neuronaler Netze formulieren *Baetge et al.*:

- Güte der Klassifikationsleistung des Künstlichen Neuronalen Netzes sowie
- Nachvollziehbarkeit des gefällten Bonitätsurteils[13].

Es kann jedoch gezeigt werden, daß beide Kriterien von den Verfahren der Künstlichen Neuronalen Netze aus Sicht des handelsrechtlichen Jahresabschlußprüfers nur unzureichend erfüllt werden[14]. Lesen sich die Klassifikationsergebnisse auf den ersten Blick zwar vielversprechend, so muß man jedoch feststellen, daß die Güte dieser Prognosen stark vom Datenmaterial abhängt[15]. Vor dem Hintergrund einer nicht möglichen Ursachenanalyse aufgrund einer fehlenden Theorie der Unternehmenskrise wiegt dieses Argument schwer, betrifft aber generell alle mathematisch-statistischen Klassifikationsverfahren. Schwerwiegender ist jedoch, daß sich dieser Ansatz als komplexer *Black Box-Ansatz* präsentiert, so daß der Anwender keinen Anhaltspunkt für die Plausibilität der Ergebnisse hat und dem Verfahren blind vertrauen muß[16]. Da sich der Ansatz in der praktischen Anwendung als Hintereinan-

---

11 Vgl. *Mühlenbein, H.*, Reflektive Neuronale Netzwerkarchitekturen, S. 28.
12 Vgl. *Erxleben, K. et al.*, Klassifikation von Unternehmen, S. 1258. *Baetge et al.* untersuchen z. B. die Bonität von Unternehmen anhand ausgewählter Kennzahlen. Vgl. *Baetge, J. et al.*, Bonitätsbeurteilung, S. 337–343.
13 Vgl. *Baetge, J. et al.*, Bonitätsbeurteilung, S. 342.
14 Vgl. *Wolz, M.*, Krisenwarnfunktion, S. 165–171.
15 Da es nicht möglich ist, die optimale Struktur des Künstlichen Neuronalen Netzes vorab zu bestimmen, läuft man Gefahr, das Netz zu komplex oder zu einfach auszulegen. Ein zu komplex ausgelegtes oder übertrainiertes Künstliches Neuronales Netz wird oftmals nicht die den Daten immanenten Regeln lernen, sondern die Daten inklusive Störgrößen „auswendig lernen" (vgl. *Baetge, J. et al.*, Außenprüfung, S. 589; *Krause, C.*, Kreditwürdigkeitsprüfung, S. 211. Der Autor bezeichnet das verwendete Neuronale Netz BP-4 als *überoptimiert*). Man spricht hierbei auch vom sog. *Over-Fitting* des Systems (vgl. *Erxleben, K. et al.*, Klassifikation von Unternehmen, S. 1246; *Steiner, M./Wittkemper, H.-G.*, Neuronale Netze, S. 460). Eine Übertragbarkeit des Indikators auf einen anderen Datensatz ist dann nicht mehr gegeben. Ein zu einfach strukturiertes Künstliches Neuronales Netz kann die zugrunde liegenden Daten nicht zutreffend nachbilden (vgl. *Steiner, M./Wittkemper, H.-G.*, Neuronale Netze, S. 461).
16 Vgl. *Baetge, J. et al.*, Bonitätsbeurteilung, S. 343.

derschaltung von Diskriminanzanalysen herausstellt, deren Gewichte zudem durch Experimentieren gefunden werden, stellt sich für den Anwender die Frage, inwieweit ein solcher Ansatz zum einen glaubwürdig und zum anderen nicht unnötig komplex ist[17]. Zudem liefert das Verfahren keine deutlich besseren Ergebnisse als eine Multivariate Diskriminanzanalyse, der Aufwand zur Klassifikation anhand eines Künstlichen Neuronalen Netzes ist jedoch aufgrund der Notwendigkeit des Testens verschiedener möglicherweiser geeigneter Netztopologien deutlich höher[18]. Vor dem Hintergrund der nicht unerheblichen Konsequenzen für das zu prüfende Unternehmen wie auch seine eigene Person bei einer Fehleinschätzung der wirtschaftlichen Lage wird sich der Abschlußprüfer daher gründlich zu überlegen haben, ob dieser Ansatz für den gewünschten Zweck das geeignete Mittel darstellt.

Im Rahmen der Kreditwürdigkeitsüberprüfung setzen Finanzdienstleister zumeist Verfahren der Multivariaten Diskriminanzanalyse ein[19]. Diese stellen demnach in der Praxis bewährte Methoden zur Unternehmensklassifikation dar, die nicht zuletzt für die hier untersuchte Fragestellung der Einschätzung von Unternehmen durch den handelsrechtlichen Abschlußprüfer als gesund bzw. krisengefährdet interessant sind. Hierbei wird eine Kombination von Kennzahlen gesucht, die eine möglichst scharfe Trennung der verschiedenen Unternehmensklassen erlaubt[20]. Die Verfahren der Multivariaten Diskriminanzanalyse lassen sich nach den Voraussetzungen, die an die zugrunde gelegten Kennzahlen gestellt werden, in *verteilungsfreie* bzw. *verteilungsabhängige* Verfahren unterscheiden[21]. In der empirischen Forschung haben sich dabei die verteilungsabhängigen Verfahren durchgesetzt, obwohl die Voraussetzung normalverteilter Ausgangsdaten in der Realität oftmals nicht erfüllbar ist. Ziel ist es hierbei, eine Zuordnungsregel zu finden, anhand derer Objekte (Unternehmen) mit bekannter Gruppenzugehörigkeit (in unserem Falle krisengefährdet oder gesund) möglichst fehlerfrei zugeordnet werden können. Die Zuordnungsregel zieht dabei verschiedene Variablen (hier: Jahresabschlußkennzahlen) der zu untersuchenden Unternehmen ins Kalkül. Unterstellt man die Repräsentativität der Analysedaten, liegt die Vermutung nahe, daß auch Unternehmen mit unbekannter Gruppenzugehörigkeit treffsicher klassifiziert werden können. Gesucht ist damit eine Kombination und Gewichtung von Jahresabschlußkennzahlen, bezüglich derer sich krisenhafte von gesunden Unternehmen möglichst deutlich unterscheiden lassen[22]. Das Klassifikationskriterium – die Diskriminanzfunk-

---

17 Die Ermittlung des Erregungszustandes eines Neurons auf der Basis der Eingabeneuronen ist nichts anderes als eine (möglicherweise leicht modifizierte) Diskriminanzanalyse.
18 Vgl. *Baetge, J. et al.*, Außenprüfung, S. 591–593.
19 Vgl. *Baetge, J. et al.*, Bonitätsbeurteilung, S. 337.
20 Vgl. *Fouquet, K.-P.*, Sanierungswürdigkeitsanalyse, S. 285.
21 Bei der verteilungsfreien (synonym: nichtparametrischen) Multivariaten Diskriminanzanalyse müssen die Kennzahlen nicht normverteilt sein; bei der verteilungsabhängigen (bzw. parametrischen) Multivariaten Diskriminanzanalyse hingegen wird eine Normalverteilung des zugrunde gelegten Datenmaterials gefordert.
22 Vgl. *Fouquet, K.-P.*, Sanierungswürdigkeitsanalyse, S. 285.

tion – ist dabei transparent und kann vom Abschlußprüfer auf ihre sinnvolle Anwendbarkeit hin nachträglich beurteilt werden. Die Multivariate Diskriminanzanalyse konnte ihre gute Klassifikationseignung bereits in zahlreichen empirischen Untersuchungen unter Beweis stellen[23].

Auch das Verfahren der Unternehmensklassifikation anhand einer mathematisch-statistischen Auswertung von Jahresabschlüssen mit dem Instrumentarium der Multivariaten Diskriminanzanalyse wurde vielfach kritisiert. Die Kritikpunkte werden jedoch in der Literatur weitgehend entkräftet und treten vor der offensichtlichen praktischen Einsetzbarkeit des Verfahrens zurück[24].

Will der Abschlußprüfer einen Krisenindikator im Rahmen seiner Abschlußprüfung verwenden, muß er auf eine ausreichend große Datenmenge zugreifen können, wenn er seinen Krisenindikator selber bestimmen möchte. Dieses Vorgehen ist jedoch problematisch, da solche Daten nur in seltenen Fällen zur Verfügung stehen dürften. Deshalb schlägt *Baetge* die Einrichtung einer *Auswertungszentrale* vor[25]. Der Abschlußprüfer reicht dabei seine geprüften Jahresabschlüsse an diese Zentrale weiter, die diese unter dem Aspekt der Krisenwarnung analysiert und die so gewonnenen Ergebnisse in Form eines einheitlichen und stabilen Krisenindikators an die Abschlußprüfer weiterleitet. Die Auswertungszentrale richtet dementsprechend eine Datenbank ein, in der die Jahresabschlüsse oder (im Sinne einer einheitlichen Erfassung) eine standardisiert aufbereitete Form der Jahresabschlüsse gespeichert werden. Anhand dieser Daten wird in regelmäßigen Abständen ein aktueller Krisenindikator bestimmt und an die Abschlußprüfer weitergeleitet.

Ebenso wäre es möglich, die univariat trennstärkste Kennzahl – *Baetge/Niehaus* identifizieren sieben relevante Teilgebiete – an den Abschlußprüfer weiterzuleiten, um diesem Anhaltspunkte für eine detaillierte Planung weitergehender Prüfungshandlungen bzw. Ursachenanalysen geben zu können[26]. Auf diese Weise ist es möglich, dem Abschlußprüfer immer aktuelle Informationen als Grundlage

---

23 Vgl. beispielsweise die von *Baetge* herausgegebenen Arbeiten *Feidicker, M.*, Kreditwürdigkeitsprüfung und *Niehaus, H.-J.*, Früherkennung von Unternehmenskrisen.

24 Vgl. *Wolz, M.*, Krisenwarnfunktion, S. 171–174.

25 Vgl. *Baetge, J.*, Früherkennung, S. 662; *Baetge, J./Niehaus, H.-J.*, Verfahren der Jahresabschluß-Analyse, S. 161–168.

26 Vgl. *Baetge, J./Niehaus, H.-J.*, Verfahren der Jahresabschluß-Analyse, S. 168.

seiner Frühwarnfunktion zur Verfügung zu stellen. Dieses Instrumentarium ist zudem einheitlich, so daß darüber hinaus eine Vereinheitlichung der Prüfungshandlungen in Richtung einer Objektivierung möglich erscheint. Dies wird auch das Vertrauen externer Dritter in die Abschlußprüfung stärken können.

Eine solche Auswertungszentrale würde allerdings überflüssig, wenn der Abschlußprüfer sicherstellen könnte, daß die in seine Analyse einfließenden Daten keinen branchenspezifischen Eigenheiten mehr unterliegen. Dies könnte beispielsweise dadurch erreicht werden, daß nicht die unternehmensindividuell gemessenen Kennzahlen in die Analyse einfließen, sondern deren Beurteilung durch den Abschlußprüfer. Dieser besitzt bei seiner Beurteilung eine genaue Kenntnis von den Randbedingungen, denen das Unternehmen unterliegt – beispielsweise branchentypische Kennzahlenwerte, Konkurrenzlage, Wirtschaftskraft, Konjunktur. Die hieraus resultierende Einordnung des Abschlußprüfers wird daher im Ergebnis diejenigen Einflußfaktoren herausgefiltert haben, die zu einer Nichthomogenität der Ausgangsdaten geführt haben. Diese Urteile können dann weitestgehend objektiv, branchenübergreifend und frei von unternehmensfremden Einflüssen angenommen werden. Die Urteile eines Abschlußprüfers stellen damit eine homogene Grundgesamtheit dar. Dies bedeutet, ein auf solchen Urteilen basierender Krisenindikator ist weitestgehend universell und berücksichtigt das Expertenwissen des Abschlußprüfers bereits vor Durchführung weitergehender Analysen. Als Instrumentarium soll hierzu die Theorie der unscharfen Mengen (Fuzzy Sets) sowie eine hierauf adaptierte Multivariate Diskriminanzanalyse vorgestellt werden.

2 Die Fuzzy-Diskriminanzanalyse als Modifikation der klassischen Multivariaten Diskriminanzanalyse

Ziel ist es nun, ein Instrumentarium zu finden, das mit den Wertkategorien des Abschlußprüfers exakt umgehen kann. Hierzu soll die Theorie der *unscharfen Mengen (Fuzzy Sets)* vorgestellt werden, die es ermöglicht, die klassische Multivariate Diskriminanzanalyse so zu erweitern, daß ein möglichst branchenunabhängiger Krisenindikator gefunden werden kann, der dem Abschlußprüfer seine Einschätzung erleichtert, ob das aktuell zu prüfende Unternehmen auf eine ernsthafte wirtschaftliche Krisensituation zusteuert. Im folgenden wird ein Modell erarbeitet, das in folgenden Schritten abläuft[27]:

- Der Abschlußprüfer berechnet eine Menge von Kennzahlen, die er für urteilsrelevant hält[28].
- Diese Kennzahlen werden vom Abschlußprüfer unter Berücksichtigung sämtlicher relevanter Umweltfaktoren der Unternehmung bewertet, d. h. in eine von sechs Wertkategorien eingeordnet (sog. *Fuzzifikation*).
- Die so gefundenen unscharfen Teilurteile werden zu einem unscharfen Gesamturteil zusammengefaßt (sog. *Approximatives Schließen*). Dieses Approximative Schließen kann auf der Grundlage vorgegebener Regeln oder durch die im folgenden vorzustellende Fuzzy-Diskriminanzanalyse geleistet werden.
- Das unscharfe Gesamturteil wird in einem letzten Schritt in einen scharfen Krisenindikator zurücktransformiert (sog. *Defuzzifikation*). Diese Rücktransformation entspricht dabei einer vorher bereits angesprochenen Zuordnung des Unternehmens zu einer Risikoklasse.

21   Fuzzifikation der Urteilsgrundlagen

Die einleitend beschriebenen Verfahren zur Bildung von Krisenindikatoren beruhen auf dem scharfen Mengenbegriff nach *Cantor* (1845–1918). Hierbei werden Mengen oftmals durch ihre sogenannte charakteristische Funktion beschrieben:

$$f_X(x) = \begin{cases} 1, & \text{falls } x \in X, \\ 0, & \text{sonst}. \end{cases}$$

Zadeh erweitert diesen Ansatz, indem er als charakteristische Funktion eine auf dem Intervall [0,1] stetige Funktion, die sogenannte Zugehörigkeitsfunktion $\mu(x)$, zuläßt[29]. Wie auch beim klassischen Mengenbegriff ist eine unscharfe Menge durch ihre Zugehörigkeits-

---

27   Vgl. *Altrock, C. v.*, Fuzzy Logic, S. 22; *Vodjani, N./Jehle, E./Schröder, A.*, Fuzzy-Logik zur Entscheidungsunterstützung, S. 292.
28   Auf die Frage, wann der Abschlußprüfer eine Kennzahl als relevant erachten kann, soll in der vorliegenden Arbeit jedoch nicht vertieft eingegangen werden. Vgl. hierzu z. B. *Buchner, R.*, Statistik und Kennzahlenrechnung, S. 360 und die dort angegebene Literatur.
29   Vgl. *Zadeh, L. A.*, Fuzzy-Sets.

funktion eindeutig festgelegt. Zur Charakterisierung einer Zugehörigkeitsfunktion wird im allgemeinen eine parametrische Darstellungsweise gewählt. Die in der Praxis am häufigsten anzutreffenden Funktionstypen sind *Dreiecks-* sowie *Trapezfunktionen* (vgl. hierzu auch Abb. 1)[30].

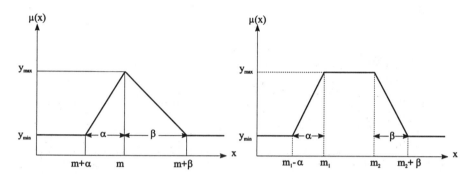

Abb. 1: *Schema Dreiecks- bzw. Trapezfunktion*

Ein generelles Problem in der Anwendung unscharfer Mengen liegt nun in der Auswahl geeigneter Typen von Zugehörigkeitsfunktionen, da diese Entscheidung einen unmittelbaren und wesentlichen Einfluß auf die erzielbaren Ergebnisse besitzt. Bislang ist noch keine Axiomatik bekannt, wie eine solche Zuordnung vorzunehmen ist. Es ist allerdings auch nicht zu erwarten, jemals eine solche Axiomatik zu finden. An dieser Stelle ist somit wiederum das Expertenwissen des Analytikers gefragt, der situationsbezogen zu entscheiden hat, welche Funktionstypen der jeweiligen Problematik angemessen sind. Um das Prüferwissen bereits vor der mathematisch-statistischen Analyse einbringen zu können, bietet es sich an, die errechneten Kennzahlen in

---

30 Für praktische Anwendungen wird es im allgemeinen ausreichen, die ansteigenden/ abfallenden Flanken eines Fuzzy Sets linear zu modellieren, d. h. dreiecks- oder trapezförmige Zugehörigkeitsfunktionen zu wählen (vgl. *Kahlert, H./Frank, J.,* Fuzzy Logic, S. 20). Insbesondere im Hinblick auf den direkten Zusammenhang der unscharfen Ähnlichkeit mit den beiden Größen Träger und Kern der unscharfen Menge stellen die beiden letztgenannten Größen die modelldeterminierenden Parameter dar. Neben Dreiecks- oder Trapezfunktionen existieren – wenn auch weit weniger häufig angewendet – Cosinushalbwellen und Gauß-Kurven. Vgl. *Kahlert, H./Frank J.,* Fuzzy Logic, S. 12. Des weiteren können Trapezfunktionen verallgemeinert werden, indem die linear ansteigenden bzw. abfallenden Flanken durch Funktionen höherer Ordnung ersetzt werden. Auf diese Weise erhält man die sog. *LR-Darstellung* unscharfer Mengen.

Anlehnung an Schulnoten ins sechs Wertekategorien einzuteilen:
I (*hervorragend*) – II (*gut*) – III (*durchschnittlich*) – IV (*unterdurchschnittlich*) – V (*bedenklich*) – VI (*bedrohlich*). Die Auswertung dieser Wertekategorien ist *Abb. 2* zu entnehmen. Dabei wird beispielhaft eine Eigenkapital-Quote von 30% unter dem Branchendurchschnitt unterstellt.

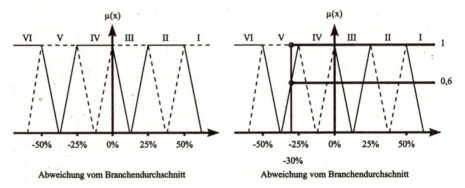

Abb. 2: *Fuzzy-Modellierung der Wertkategorien für die Eigenkapital-Quote*

Diese Kategorisierung in Abhängigkeit vom Branchendurchschnitt bewirkt, daß die Bewertungen weitestgehend branchenunabhängig werden. Dadurch kann einer zu schmalen Datenbasis aufgrund branchenspezifischer Gegebenheiten begegnet werden. Die beiden Wertekategorien, die den relevanten X-Achsenabschnitt überdecken, sind die Kategorie IV (*unterdurchschnittlich*) mit einem Zugehörigkeitsgrad von $\mu(x) = 0{,}6$ sowie der Kategorie V (*bedenklich*) mit einem Zugehörigkeitsgrad von $\mu(x) = 1$. Damit hat der handelsrechtliche Jahresabschlußprüfer zwei Handlungsalternativen:

- Der Prüfer greift bei seiner Bewertung ausschließlich auf die Zugehörigkeitsfunktionen zurück. Dazu bestimmt er die vorliegenden als relevant erkannten Bilanzrelationen, z. B. die Eigenkapital-Quote, des zu prüfenden Unternehmens. Anhand der vorliegenden Zugehörigkeitsfunktionen liest er das korrespondierende Urteil ab. Sehen die Zugehörigkeitsfunktionen z. B. wie in *Abb. 2* dargestellt aus, so ergibt sich eine Fuzzifikation einer Eigenkapital-Quote von festgestellten 30% unter dem Branchendurchschnitt. Das Faktum μ_1 ergibt sich zu $\mu_1 = (0;0;0;0{,}6;1;0)$. Dieses Vorgehen entspricht damit dem Erfordernis einer objektivierten Ermittlung der Urteilsgrundlagen.

- Der Prüfer besitzt die Möglichkeit, die so gefundene Fuzzifikation anhand seiner Erfahrung zu modifizieren, um beispielsweise besondere branchenspezifische Aspekte zu berücksichtigen.

22 Das Verfahren der Fuzzy-Diskriminanzanalyse

Da unscharfe Zahlen nur eine Erweiterung der klassischen scharfen Zahlen darstellen, wird in der Notation im folgenden nicht mehr zwischen scharfen und unscharfen Zahlen unterschieden. Wir gehen dabei von einem Analysedatensatz $X = (x_{ij})_{i=1,\ldots,n; j=1,\ldots,m}$ aus[31]. Die a priori-Einteilung in gesunde bzw. krisengefährdete Unternehmen wird an dieser Stelle nicht durch eine Zweiteilung der Analysedaten vorgenommen, sondern durch die verschiedenen Zugehörigkeitsfunktionen $\mu_G(x)$ für die Menge der gesunden sowie $\mu_K(x)$ für die Menge der krisengefährdeten Unternehmen signalisiert. Als Voraussetzung wird postuliert, daß sich diese Zugehörigkeitsgrade für jedes Unternehmen zu Eins aufaddieren. Diese Voraussetzung ist sinnvoll, da für unsere Untersuchung nur zwei Unternehmenszustände von Interesse sind (gesund vs. krisengefährdet), so daß diese Zugehörigkeitsgrade die Einschätzung des Abschlußprüfers (a priori) bzw. eine Schätzung aufgrund der vorgefundenen Datenkonstellationen wiedergeben, inwieweit ein Unternehmen gesund bzw. krisengefährdet ist. Die unscharfe lineare Diskriminanzfunktion stellt sich – analog zur klassischen Diskriminanzfunktion – wie folgt dar[32]:

$$D = a_0 + \sum_{j=1}^{m} a_j X_j,$$

---

31 Üblicherweise unterteilt man die zur Verfügung stehenden Unternehmensdaten (n Unternehmen mit jeweils m Kennzahlen) in zwei Teildatensätze. Anhand möglichst repräsentativer Lerndaten wird der Indikator erstellt, der unter Einbeziehung der restlichen Daten validiert wird (vgl. z. B. *Feidicker, M.*, Kreditwürdigkeitsprüfung, S. 40–43). Eine solche Unterteilung ist an dieser Stelle jedoch ohne Bedeutung. Es ist des weiteren darauf hinzuweisen, daß in empirischen Studien oftmals der Begriff der *Stichprobe* für die in die Analyse einfließenden Daten Verwendung findet. Dies ist insofern irreführend, als unter einer Stichprobe im eigentlichen Sinne eine zufällige Auswahl aus einer gegebenen Grundgesamtheit zu verstehen ist. Dies ist in den meisten Studien nicht der Fall, da hier gezielt repräsentative Unternehmen gewählt und vergleichbaren Unternehmen gegenübergestellt werden. Es handelt sich hierbei um eine bewußte Auswahl, nicht jedoch um Stichproben.

32 Vgl. *Wolz, M.*, Krisenwarnfunktion, S. 246.

wobei D = Diskriminanzwert (unscharf),
a_0 = konstantes Glied,
a_j = Diskriminanzkoeffizient für Kennzahl X_j mit $j=1,...,m$,
X_j = Kennzahl X_j (unscharf) mit $j=1,...,m$,
m = Zahl der Variablen (Kennzahlen) in der Diskriminanzfunktion.

Gesucht ist nun diejenige Kennzahlenkombination (und damit diejenigen Koeffizienten a_j), die die Gruppe der gesunden von der der krisengefährdeten Unternehmen bestmöglich unterscheidet. Hierzu ermittelt man die Varianz der Unternehmen in jeder Gruppe und setzt sie in Relation zur Varianz zwischen den beiden Unternehmensgruppen. Die optimale Kennzahlenkombination ist gefunden, wenn das Verhältnis der Streuung zwischen den Gruppen und der Innergruppenstreuung maximal ist – das sog. Diskriminanzkriterium nach *Fisher*[33].

Zur Berechnung der Diskriminanzkoeffizienten a_j benötigt man somit den gewichteten Mittelwert der gesunden und der krisengefährdeten Unternehmen. Bezeichnen dabei $\underline{x}_i = (x_{i1},...,x_{im})$ den Zeilenvektor der Kennzahlenausprägungen des i-ten Unternehmens sowie $\mu_G(\underline{x}_i)$ bzw. $\mu_K(\underline{x}_i)$ den jeweiligen Zugehörigkeitsgrad des i-ten Unternehmens zur Gruppe der gesunden bzw. krisengefährdeten Unternehmen, berechnet sich der Vektor der gewichteten Mittelwerte der Gruppe der gesunden bzw. krisengefährdeten Unternehmen $\overline{\underline{x}}_G$ bzw. $\overline{\underline{x}}_K$ als

$$\overline{\underline{x}}_G = \frac{\sum_{i=1}^{n} \mu_G(\underline{x}_i) \cdot \underline{x}_i}{\sum_{i=1}^{n} \mu_G(\underline{x}_i)} \text{ bzw. } \overline{\underline{x}}_K = \frac{\sum_{i=1}^{n} \mu_K(\underline{x}_i) \cdot \underline{x}_i}{\sum_{i=1}^{n} \mu_K(\underline{x}_i)}.$$

Damit läßt sich der Vektor der unscharfen Mittelwerte definieren zu

$$\overline{\underline{x}} = \frac{\sum_{i=1}^{n} \mu_G(\underline{x}_i) \cdot \underline{x}_i + \sum_{i=1}^{n} \mu_K(\underline{x}_i) \cdot \underline{x}_i}{\sum_{i=1}^{n} \mu_G(\underline{x}_i) + \sum_{i=1}^{n} \mu_K(\underline{x}_i)},$$

so daß sich wegen $\mu_G(x) + \mu_K(x) = 1$ unscharfe sowie scharfe Mittelwerte entsprechen[34]. Damit ergeben sich die *unscharfen gewichteten Kreuzproduktmatrizen* zu

$$S_G = \sum_{i=1}^{n} \mu_G(\underline{x}_i)(\underline{x}_i - \overline{\underline{x}}_G)^T \cdot (\underline{x}_i - \overline{\underline{x}}_G) \text{ bzw. } S_K = \sum_{i=1}^{n} \mu_K(\underline{x}_i)(\underline{x}_i - \overline{\underline{x}}_K)^T \cdot (\underline{x}_i - \overline{\underline{x}}_K).$$

---

33 Vgl. *Fisher, R. A.*, Multiple Measurements in Taxonomic-Problems, S. 181.
34 Vgl. *Lietke, G.-H.*, Fuzzy-Diskriminanzanalyse, S. 17.

Die Summe $W = S_G + S_K$ ist somit ein Maß für die Streuung der Unternehmenskennzahlen innerhalb ihrer Gruppe (*unscharfe Innergruppenstreuungsmatrix*). Als Maß für die Streuung zwischen den Gruppen der gesunden und der krisengefährdeten Unternehmen berechnen wir die Gruppenstreuungsmatrix B

$$B = \sum_{i=1}^{n} \left(\mu_G(\underline{x}_i)(\overline{x}_G - \overline{x})^T \cdot (\overline{x}_G - \overline{x}) + \mu_K(\underline{x}_i)(\overline{x}_K - \overline{x})^T \cdot (\overline{x}_K - \overline{x}) \right)$$

und lösen das Maximierungsproblem max λ mit

$$\lambda = \frac{\underline{a}^T B \underline{a}}{\underline{a}^T W \underline{a}}.$$

Wir erhalten – analog zum Sonderfall der scharfen Zahlen –

$$\underline{a}_{opt} = W^{-1}(\overline{x}_G - \overline{x}_K).$$

Bei der klassischen Multivariaten Diskriminanzanalyse wird oftmals eine spezielle Testgröße verwendet, um die Güte der Diskriminanzfunktion beurteilen zu können. Diese Größe ist definiert als

$$\Lambda = \frac{|W|}{|W+B|}$$

und wird als WILKS Λ bezeichnet. Um diese Testgröße nun auf den Fall der unscharfen Diskriminanzanalyse zu übertragen, werden in der Definition die entsprechenden unscharfen Pendants zu W und B eingesetzt. Dann ist die Verteilung dieser beiden Größen berechenbar[35], so daß eine Prüfgröße zur Verfügung steht, mit der auch für den Fall unscharfer Analysedaten auf Unterschiede der Gruppenmittelwerte getestet werden kann[36]. Ein weiteres Testverfahren kann auf der Basis von Koinzidenzen konstruiert werden[37].

Als Fazit läßt sich somit festhalten, daß sich eine Multivariate Diskriminanzanalyse nicht nur anhand von Bilanzrelationen, sondern auch auf der Basis deren Beurteilung durch den handelsrechtlichen Jahresabschlußprüfer durchführen läßt. An der prinzipiellen Vorgehenswei-

---

35 Es kann gezeigt werden, daß damit auch die unscharfe Innergruppenstreuungsmatrix W ebenso wie die Summe $W+B$ Wishart-verteilt ist. Vgl. *Lietke, G.-H.*, Fuzzy-Diskriminanzanalyse, S. 42–43.
36 Die Prüfungsgröße kann – ebenso wie im Fall der klassischen Diskriminanzanalyse – in eine annähernd x^2-verteilte Größe überführt werden.
37 Vgl. *Lietke, G.-H.*, Fuzzy-Diskriminanzanalyse, S. 45–49.

se ändert sich – abgesehen von der zuvor durchzuführenden Bewertung der relevanten Bilanzrelationen – nichts. Allerdings wird die Analyse deutlich besser verwertbare Ergebnisse liefern, da zum einen die Datenbasis wesentlich breiter ist (durch die Beurteilung werden die Daten homogenisiert) und der resultierende Krisenindikator bereits im Sinne von Risikoklassen formuliert ist. Eine nachträgliche Interpretation des Indikators ist somit nicht notwendig.

23 Die Interpretation des unscharfen Krisenindikators im Rahmen der Defuzzifikation

Nach der Durchführung der Fuzzy-Diskriminanzanalyse ist der eigentliche Krisenindikator als unscharfe Menge bereits gefunden. Anhand dieses „Bewertungsprofils" kann sich der Abschlußprüfer einen Eindruck von der wirtschaftlichen Lage der Unternehmung verschaffen (ein beispielhafter unscharfer Krisenindikator mit einer Zugehörigkeitsfunktion $\mu_{Erg.} = (0;0,2;0,5;0,6;1;0,6)$ ist *Abb. 3* zu entnehmen).

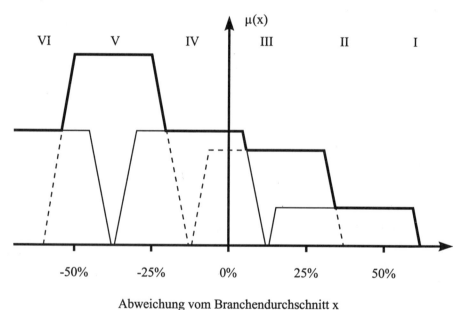

Abb. 3: Beispiel eines unscharfen Krisenindikators

Soll jedoch dieses Profil weiter analysiert werden, bietet es sich an, diesen unscharfen Indikator auf eine einzige Wertekategorie oder eine einzige scharfe Kennzahl zu verdichten. Diese Übersetzung des unscharfen Indikators geschieht im Rahmen der Defuzzifikation. Die hierzu gebräuchlichsten Verfahren sollen kurz dargestellt werden. Anschaulich handelt es sich dabei um mögliche Verfahrensweisen, ein gegebenes Fuzzy Set (das Ergebnis des mathematischen Modells) möglichst treffend einer Wertekategorie oder einem reellen Wert zuzuordnen. Hierzu stehen die nachfolgend beschriebenen Verfahren zur Verfügung[38]:

- *Best Fit*[39]
  Hierbei wird die Euklidische Distanz zwischen dem Ergebnis-Fuzzy Set und allen für die Zuordnung zur Verfügung stehenden Fuzzy Sets (den Wertekategorien) gemessen. Diejenige Wertekategorie, die die kürzeste Distanz zum Ergebnis-Fuzzy Set aufweist, wird zur Ergebnis-Interpretation herangezogen. Die Euklidische Distanz $d_{euklid}(\overline{A},\overline{B})$ berechnet sich dabei wie folgt:

$$d_{euklid}(\overline{A},\overline{B}) = \sqrt{\sum_{x \in X} \left(\mu_{\overline{A}}(x) - \mu_{\overline{B}}(x)\right)^2}.$$

Dieses Verfahren ordnet die wirtschaftliche Lage im Beispiel der Kategorie V mit $\mu_V = (0;0;0;0;1;0)$ zu, da diese zum unscharfen Krisenindikator die minimale Distanz $\sqrt{0^2+0,2^2+0,5^2+0,6^2+0^2+0,6^2} \approx 1$ ($\mu_{Erg.} = (0;0,2;0,5;0,6;1;0,6)$) aufweist.

- *Center-of-Maximum-Verfahren bzw. Mean-of-Maximum-Methode*
  Hierbei werden zunächst die typischen Werte, repräsentiert durch die Wertekategorien mit maximaler Ausprägung, ermittelt. In einem zweiten Schritt werden diese typischen Werte gewichtet und ihr Schwerpunkt bestimmt. Diese Methode ist naturgemäß leicht zu implementieren, allerdings fließt letzten Endes nur eine der möglichen Kategorien in das endgültige Urteil des Abschlußprüfers ein. Auch dieses Verfahren liefert im Ergebnis einen Krisenindikator, der auf eine *bedenkliche* (Kategorie V) wirtschaftliche Lage hindeutet.

- *Flächenschwerpunktverfahren (Center-of-Gravity-Verfahren)*
  Dieses Defuzzifikationsverfahren stellt das wohl gebräuchlichste Verfahren dar. Hierbei wird der Flächenschwerpunkt y_{res} des resultierenden Fuzzy Sets über der Ausgangsgröße ermittelt. Dabei wird folgende Formel verwendet[40]:

---

38 Weitere Verfahren können entnommen werden *Kahlert, H./Frank, J.*, Fuzzy Logik, S. 93–104.
39 Eine ausführliche Aufzählung von möglichen Distanzmaßen ist zu entnehmen *Bortolan, G./Degani, R.*, Linguistic Approximation of Fuzzy Certainly Factors, S. 252–253.
40 Vgl. *Vodjani, N./Jehle, E./Schröder, A.*, Fuzzy-Logik zur Entscheidungsunterstützung, S. 294.

$$y_{res} = \frac{\int_0^\infty y\mu_{res}(y)\,dy}{\int_0^\infty \mu_{res}(y)\,dy}.$$

Eine meist ausreichende Näherung dieser Formel kann in folgender Weise gegeben werden. Dabei werden die Abszissenabschnitte der Schwerpunkte der Ausgangsmengen aller Regeln (idealerweise dreiecksförmig) in eine mit ihrem Erfüllungsgrad H_i gewichtete Summe eingebracht:

$$y_{res} = \frac{\sum_{i=1}^{m} y_i H_i}{\sum_{i=1}^{m} H_i}.$$

Damit wird erreicht, daß alle Wertekategorien in den resultierenden Krisenindikator eingehen. Die Berechnung dieses Indikators gestaltet sich jedoch in der Praxis oft aufwendig. Im hier betrachteten Beispiel ist der Krisenindikator

$$\frac{0 \cdot 1 + 0{,}2 \cdot 2 + 0{,}5 \cdot 3 + 0{,}6 \cdot 4 + 1 \cdot 5 + 0{,}6 \cdot 6}{0 + 0{,}2 + 0{,}5 + 0{,}6 + 1 + 0{,}6} \approx 4{,}5\,,$$

d. h., die wirtschaftliche Lage der zu prüfenden Unternehmung ist als *unterdurchschnittlich* (Kategorie IV) bis *bedenklich* (Kategorie V) einzustufen.

Geht es darum, einen „bestmöglichen Kompromiß" zwischen den in Frage kommenden Alternativen zu finden, verwendet man häufig das *Center-of-Gravity* bzw. *Flächenschwerpunktverfahren*. Dies kann aber in verschiedenen Problemstellungen zu unzulässigen Lösungen führen (wenn zwei gegensätzliche Alternativen keinen Kompromiß zulassen). In solchen Situationen ist man an einer möglichst plausiblen Lösung interessiert, wofür sich insbesondere die *Mean-of-Maximum-Methode* eignet[41]. Ist das Ergebnis eine unscharfe Menge, nicht jedoch eine Wertkategorie, kann man daran interessiert sein, diejenige Wertekategorie zu identifizieren, die dem Ergebnis-Fuzzy Set am nächsten kommt, dieses am besten annähert. Hierzu steht das *Best Fit*-Verfahren zur Verfügung.

3 Würdigung

Bei der Theorie der unscharfen Mengen handelt es sich um eine Erweiterung des klassischen Mengenbegriffs. Somit sind die bekannten Verknüpfungskonzepte auch weiterhin anwendbar, aber auch auf

---

41 Vgl. *Altrock, C.*, Fuzzy-Logic, S. 164–166.

unscharfe Fragestellungen erweiterbar. Beim Aufbau eines solchen Systems gilt es – wie auch bei den klassischen Ansätzen zur Gestaltung von Krisenindikatoren – zunächst, die für repräsentativ erachteten Kennzahlen zu identifizieren. Diese müssen – wie gewohnt – in sich widerspruchsfrei, d. h. unkorreliert sein.

Neu für den Anwender eines solchen unscharfen Systems ist, daß nicht die gemessenen Kennzahlen in der Analyse weiterverarbeitet werden, sondern die Beurteilung der gemessenen Kennzahlenrelationen durch den Abschlußprüfer. Auf diese Weise erreicht man, daß das Prüferwissen nicht erst zur Interpretation der Ergebnisse verwendet wird, sondern bereits am Anfang des Verarbeitungsprozesses steht.

Anhand der so festgelegten Rahmendaten wird herausgearbeitet, daß diese Erfahrungswerte des Abschlußprüfers wie gewohnt in Form einer Multivariaten Diskriminanzanalyse verarbeitet werden können. Am Ende des Verarbeitungsprozesses steht ein unscharfer Krisenindikator, dessen Defuzzifikation (soweit gewünscht) einer Risikoeinordnung gemäß den z. B. von *Baetge* vorgeschlagenen Risikoklassen entspricht. Allerdings ist die Zuordnung der Risikoklasse auf dem vorgestellten Wege wesentlich nachvollziehbarer und ergibt sich in natürlicher Weise aus dem Verfahren. Es ist im Gegensatz zu dem von *Baetge* vorgeschlagenen Vorgehen nicht eine nachträgliche Interpretation des anhand abstrakter mathematisch-statistischer Verfahren gefundenen Indikators notwendig, um die Risikoklasse zu identifizieren.

Als Fazit kann festgehalten werden, daß bei der Anwendung eines unscharfen Krisenindikators das Prüferwissen schon wesentlich früher – im Rahmen der Kennzahlenbewertung – in den Entscheidungsprozeß eingebracht werden kann. Somit steht ein einfacher Ansatz zur Verfügung, der es einem Abschlußprüfer gestattet, seinen Erfahrungsschatz auf nachvollziehbare, konsistente und konsequente Weise zu einem abschließenden Gesamturteil zu verbinden[42]. Die Vorteile eines solchen Vorgehens liegen auf der Hand:

---

42 Auf gleiche Weise wurden in der Vergangenheit bereits Systeme zur Beurteilung der Kreditwürdigkeit konstruiert und erfolgreich eingesetzt. Vgl. z. B. *Rommelfanger, H.*, Verarbeitung von Expertenregeln, S. 37–40; *Rommelfanger, H.*, Fuzzy Logic-Based Processing, S. 103–113, insbesondere S. 105.

- Der Abschlußprüfer erhält ein verläßliches Urteil.

- Durch die Transparenz der Urteilsfindung kann sowohl von seiten des Abschlußprüfers als auch der Berichtsadressaten eine hohe Akzeptanz erwartet werden. Die Transparenz der Urteilsfindung bedingt ebenso eine leichtere Exkulpierbarkeit, falls das Urteil einmal angezweifelt werden sollte.

- Der Erfahrungsschatz eines Abschlußprüfers kann auch leicht an unerfahrenere Prüfer weitergegeben werden, indem diese den Krisenindikator übernehmen.

Ein System wie das oben vorgestellte ist jedoch nur im Rahmen einer überblickshaften Abschätzung der wirtschaftlichen Lage sinnvoll, da es noch zu grob strukturiert ist. Will der Abschlußprüfer beispielsweise die Vermögens-, die Finanz- und die Ertragslage separat beurteilen und zu einem Gesamtindikator zusammenführen oder aber auch direkte Anhaltspunkte für eine sachgerechte Prüfungsplanung im Sinne adäquater Prüfungsintensitäten erhalten, muß er einen komplexeren Indikator auf der Basis eines umfangreichen Regelwerkes verwenden. Auch hierzu ist ein regelbasiertes System auf der Grundlage der Theorie der unscharfen Mengen geeignet[43].

Ein Problem des so zu konstruierenden Krisenindikators besteht in der Formulierung geeigneter Zugehörigkeitsfunktionen. Diese werden subjektiv durch den Abschlußprüfer oder einen anderen Sachverständigen des Prüfungsunternehmens definiert. Festzulegen sind hierbei der Funktionstyp sowie die Breite des Bereiches, auf dem die jeweilige Funktion ungleich Null ist. Hierbei sind die Präferenzen des Abschlußprüfers ausschlaggebend:

- Schätzt der Prüfer die Gesamtsituation des zu prüfenden Unternehmens eher negativ ein oder ist er sich seiner Sache nicht ausreichend sicher, so wird er seinen Funktionen eine breitere Basis geben.

- Schätzt der Abschlußprüfer die Gesamtsituation jedoch eher günstig ein und ist er sich seiner Sache relativ sicher, so wird er sich mit schärferen Funktionen begnügen können.

---

43 Vgl. *Wolz, M.*, Krisenwarnfunktion, S. 244–245.

- Auch die Risikobereitschaft des Abschlußprüfers kann die Breite der Funktionsbasis beeinflussen: je risikoaverser der Prüfer, desto breiter die Funktionsbasis.

Der Abschlußprüfer wird zudem nicht mit einem kaum nachvollziehbaren mathematisch-statistischen Verfahren überlastet. Vielmehr braucht er nur seinen Entscheidungsfindungsmechanismus zu formulieren und formalisieren. Der Ansatz der unscharfen Mengen besteht im wesentlichen darin, diesen Mechanismus in Form bestimmter, einfacher Vektoren und Matrizen auszudrücken, die mit einfachen Operationen zu einem aussagefähigen Indikator verknüpft werden können. Somit wird das Wissen und die Erfahrung des Abschlußprüfers zu einem transparenten Indikator verknüpft, nicht ein abstrakter Indikator anhand der Prüfererfahrung beurteilt. Unscharfe Krisenindikatoren stellen somit ein vielversprechendes Instrument zur Objektivierung der Beurteilung der wirtschaftlichen Lage eines Unternehmens dar.

Literaturverzeichnis

Altrock, Constantin v., Fuzzy Logic – Technologien, München/Wien 1993 (Fuzzy Logic).

Baetge, Jörg, Früherkennung negativer Entwicklungen der zu prüfenden Unternehmen mit Hilfe von Kennzahlen, in: WPg 1980, S. 651–665 (Früherkennung).

Baetge, Jörg, Möglichkeiten der Objektivierung der Redepflicht nach § 321 Abs. 1 Satz 4 und Abs. 2 HGB, in: Internationale Wirtschaftsprüfung, Festschrift für Havermann, hrsg. v. Lanfermann, Josef, Düsseldorf 1995, S. 1–35 (Objektivierung der Redepflicht).

Baetge, Jörg/Niehaus Hans-Jürgen, Moderne Verfahren der Jahresabschluß-Analyse, in: Bilanzanalyse und Bilanzpolitik – Vorträge und Diskussionen zum neuen Recht, hrsg. v. Baetge, Jörg, Düsseldorf 1989, S. 139–174 (Verfahren der Jahresabschluß-Analyse).

Baetge, Jörg/Huß, Michael/Niehaus, Hans-Jürgen, Die statistische Auswertung von Jahresabschlüssen zur Informationsgewinnung bei der Abschlußprüfung, in: WPg 1986, S. 605–613 (Auswertung von Jahresabschlüssen).

Baetge, Jörg/Jerschensky, Andreas/Herrmann, Dagmar/Stibi, Bernd, Die Auswahl prüfungsbedürftiger Betriebe im Rahmen der steuerlichen Außenprüfung, in: DB 1995, S. 585–594 (Außenprüfung).

Baetge, Jörg/Schmedt, Ulrich/Hüls, Dagmar/Krause, Clemens/Uthoff, Carsten, Bonitätsbeurteilung von Jahresabschlüssen nach neuem Recht (HGB 1985) mit künstlichen Neuronalen Netzen auf der Basis von Clusteranalysen, in: DB 1994, S. 337–343 (Bonitätsbeurteilung).

Ballwieser, Wolfgang, Zur Berichterstattung des Abschlußprüfers nach neuem Recht, in: BFuP 1988, S. 313–329 (Berichterstattung des Abschlußprüfers).

Bortolan, G./Degani, R., Linguistic Approximation of Fuzzy Certainty Factors in Computerized Electrocardiography, in: Fuzzy Computing, hrsg. v. Gupta, M. M./Yamakawa, T., Amsterdam 1988, S. 243–261 (Linguistic Approximation of Fuzzy Certainty Factors).

Buchner, Robert, Finanzwirtschaftliche Statistik und Kennzahlenrechnung, München 1985 (Statistik und Kennzahlenrechnung).

Clemm, Hermann: Der Abschlußprüfer als Krisenwarner – Überlegungen zu Möglichkeiten und Grenzen einer Ausfüllung der sogenannten „Erwartungslücke", insbesondere durch eine intensivere Prüfung der wirtschaftlichen Lage und des Lageberichts, in: WPK-Mitteilungen 1995, S. 65–108 (Abschlußprüfer als Krisenwarner).

Erxleben, Karsten/Baetge, Jörg/Feidicker, Markus/Koch, Heidi/ Krause, Clemens/Mertens, Peter, Klassifikation von Unternehmen – Ein Vergleich von Neuronalen Netzen und Diskriminanzanalyse, in: ZfB 1992, S. 1237–1262 (Klassifikation von Unternehmen).

Feidicker, Markus, Kreditwürdigkeitsprüfung – Entwicklung eines Bonitätsindikators, Düsseldorf 1992 (Kreditwürdigkeitsprüfung).

Fisher, R. A., The Use of Multiple Measurements in Taxonomic Problems, in: The Annals of Eugenics 1936, S. 179–188 (Multiple Measurements in Taxonomic Problems).

Fouquet, Klaus-Peter, Sanierungswürdigkeitsanalyse – Die Beurteilung der Vorteilhaftigkeit von Unternehmenssanierungen aus der Sicht des Sanierungskreditgebers, Gelsenkirchen 1987 (Sanierungswürdigkeitsanalyse).

IDW, Fachgutachten 2/1988, Grundsätze ordnungsmäßiger Berichterstattung bei Abschlußprüfungen, in: WPg 1989, S. 20–27 (Fachgutachten 2/1988).

Kahlert, Hubert/Frank, Jörg, Fuzzy Logic und Fuzzy Control – Eine anwendungsorientierte Einführung mit Begleitsoftware, Braunschweig/Wiesbaden 1993 (Fuzzy Logik).

Krause, Clemens, Kreditwürdigkeitsprüfung mit Neuronalen Netzen, Düsseldorf 1993 (Kreditwürdigkeitsprüfung).

Lietke, Gerd-Holger, Fuzzy-Diskriminanzanalyse und deren Anwendung bei Klassifikationsproblemen, Diss. Braunschweig 1982 (Fuzzy-Diskriminanzanalyse).

Mühlenbein, Heinz, Reflektive Neuronale Netzwerkarchitekturen, in: Der GMD-Spiegel – Informationen aus der wissenschaftlichen Arbeit der Gesellschaft für Mathematik und Datenverarbeitung mbH 1991, Heft 2, S. 26–31.

Niehaus, Hans-Jürgen, Früherkennung von Unternehmenskrisen, Düsseldorf 1987.

Plendl, Martin, Die Berichterstattung des Abschlußprüfers über nachteilige Lageveränderungen und wesentliche Verluste nach § 321 Abs. 1 S. 4 HGB – Ein Beitrag zur Warnfunktion des Abschlußprüfers, Düsseldorf 1990 (Berichterstattung des Abschlußprüfers).

Quick, Reiner, Die Haftung des handelsrechtlichen Abschlußprüfers, in: BB 1992, S. 1675–1685 (Haftung).

Rommelfanger, Heinrich, Fuzzy-Logik basierte Verarbeitung von Expertenregeln, in: OR Spektrum 1993, S. 31–42 (Verarbeitung von Expertenregeln).

Rommelfanger, Heinrich, Fuzzy Logic-Based Processing of Expert Rules Used for Checking the Creditability of Small Business Firms, in: Fuzzy Logic in Artificial Intelligence – 8th Austrian Artificial Intelligence Conference, Linz, Austria, June 28–30, 1993, hrsg. von Klement, Erich P./Slany, Wolfgang, Berlin/Heidelberg 1993, S. 103–113 (Fuzzy Logic-Based Processing).

Schildbach, Thomas, Die Glaubwürdigkeitskrise der Wirtschaftsprüfer – Zu Intensität und Charakter der Jahresabschlußprüfung aus wirtschaftlicher Sicht, in: BFuP 1996, S. 1–30 (Glaubwürdigkeitskrise).

Steiner, Manfred/Wittkemper, Hans-Georg, Neuronale Netze – Ein Hilfsmittel für betriebswirtschaftliche Probleme, in: DBW 1993, S. 447–463 (Neuronale Netze).

Taffler, Richard J./Tseung, Meggy, The Audit Going Concern Qualification in Practice – Exploding Some Myths, in: The Accountant's Magazine 1984, S. 263–269 (Audit Going Concern Qualification in Practice).

Vodjani, Nina/Jehle, Egon/Schröder, Achim, Fuzzy-Logik zur Entscheidungsunterstützung im Logistik- und Umweltschutzmanagement, in: BFuP 1995, S. 287–305 (Fuzzy-Logik zur Entscheidungsunterstützung).

Wolz, Matthias, Die Krisenwarnfunktion des Abschlußprüfers, Wiesbaden 1996 (Krisenwarnfunktion).

Zadeh, Lotfi A., Fuzzy Sets, in: Information and Control 1965, S. 338–353.

Karl-Heinz Forster

Zur Lagebeurteilung im Prüfungsbericht nach dem Referentenentwurf zum KonTraG[1]

1 Bisherige Entwicklung der Lageberichterstattung

2 Zur Lagebeurteilung nach § 321 Abs. 1 Satz 2 RefE-HGB
   21 Notwendigkeit zusätzlicher Bestimmungen aus der Sicht des RefE
   22 Bestimmungen zur Lagebeurteilung
   23 Strukturierung des Prüfungsberichts und Einordnung der Lagebeurteilung
   24 Lagebeurteilung aus der Sicht des Prüfers
   25 Erstreckung der Prüfungspflicht auf Risiken der künftigen Entwicklung
   26 Relevante Sachverhalte und Fragestellungen
   27 Verfahren, die die Lagebeurteilung erleichtern können

3 Schlußbemerkung

WP/StB Prof. Dr. Dr. h.c. Karl-Heinz Forster
Frankfurt/M.

---

[1] Referentenentwurf eines Gesetzes zur Kontrolle und Transparenz im Unternehmensbereich (RefE KonTraG) v. 22. November 1996.

1 Bisherige Entwicklung der Lageberichterstattung

Ob der Prüfungsbericht des Abschlußprüfers auch eine Darstellung der wirtschaftlichen Lage enthalten muß, ist de lege lata nicht abschließend geklärt. *Ludewig* hat eine entsprechende Berichterstattung in seiner Dissertation im Jahr 1955 für notwendig erachtet[2]. Entstandene Zweifel hatten das Institut der Wirtschaftsprüfer bereits 1956 veranlaßt, in den von einem Arbeitskreis unterbreiteten Vorschlägen zur Aktienrechtsreform auf eine Klarstellung zu drängen. So war vorgeschlagen worden, daß im Prüfungsbericht die „Entwicklung der Vermögens- und Ertragsverhältnisse sowie die Bilanzstruktur dargestellt" werden sollten; außerdem sollte über bestandsgefährdende oder die Entwicklung des Unternehmens wesentlich beeinträchtigende Umstände berichtet werden[3]. Bei den Beratungen zur Aktienrechtsreform von 1965 haben jedoch Rechts- und Wirtschaftsausschuß des damaligen Bundestages einen Antrag auf Aufnahme von Ausführungen zur wirtschaftlichen Lage abgelehnt; sie gingen dabei davon aus, daß die Prüfungsberichte ohnehin ganz überwiegend solche Ausführungen enthielten, aus einer ausdrücklichen Regelung jedoch auf eine Erweiterung des gesetzlichen Prüfungsumfangs geschlossen werden könnte[4]. Im Bilanzrichtlinien-Gesetz von 1985 hat sich der Gesetzgeber dann dazu entschlossen, vom Abschlußprüfer ausdrücklich eine Berichterstattung über nachteilige Veränderungen der Vermögens-, Finanz- und Ertragslage sowie über das Jahresergebnis nicht unwesentlich beeinflussende Verluste zu verlangen (§ 321 Abs. 1 Satz 4 HGB). Darüber, ob dieser Verpflichtung im Rahmen eines besonderen Abschnitts im Prüfungsbericht entsprochen werden sollte oder ob auch eine Einbindung in die Darstellung der Vermögens-, Finanz- und Ertragslage in Betracht kommt, gehen in der Literatur (und in der Praxis) die Auffassungen auseinander[5]. Eine

---
2 Vgl. *Ludewig, R.*, Darstellung der wirtschaftlichen Lage. Jüngst hat er nochmals auf die Notwendigkeit und eine verbesserte Ausgestaltung der Berichterstattung über die wirtschaftliche Lage hingewiesen. Vgl. *Ludewig, R.*, Ausgestaltung des Prüfungsberichtes, S. 337.
3 Vgl. *IDW*, Vorschläge zur Aktienrechtsreform, S. 76 f.
4 Vgl. Ausschußbericht zu § 154 Abs. 1 RegE, abgedruckt bei *Kropff, B.*, Aktiengesetz, S. 271.
5 Vgl. *Adler, H./Düring, W./Schmaltz, K.*, 5. Aufl., § 321 HGB, Tz. 139, und die dort zitierte Literatur. Das *IDW*, Fachgutachten 2/1988, Abschn. C IV, Anm. 1, hält beides für zulässig.

darüber hinausgehende generelle Verpflichtung des Abschlußprüfers, zur wirtschaftlichen Lage des geprüften Unternehmens Stellung zu nehmen oder sie ggf. darzustellen, besteht nicht, auch wenn die berufliche Übung dahin geht[6].

Es ist Pflicht des Vorstands, auf die wirtschaftliche Lage im Lagebericht einzugehen, d. h. sie ,,so darzustellen, daß ein den tatsächlichen Verhältnissen entsprechendes Bild vermittelt wird" (§ 289 Abs. 1 HGB). Da der Abschlußprüfer allerdings im Prüfungsbericht festzustellen hat, daß der Lagebericht den gesetzlichen Vorschriften entspricht[7], kann sich auch daraus ein Eingehen auf die wirtschaftliche Lage des Unternehmens ergeben.

2 Zur Lagebeurteilung nach § 321 Abs. 1 Satz 2 RefE-HGB

21 Notwendigkeit zusätzlicher Bestimmungen aus der Sicht des RefE

Die Diskussion über eine Verbesserung der Tätigkeit von Aufsichtsräten und Abschlußprüfern hat auch vor den Vorschriften über die Abschlußprüfung nicht haltgemacht. So befaßt sich der Ende November 1996 aus dem Hause des Bundesjustizministeriums vorgelegte Referentenentwurf auch mit den Bestimmungen über den Prüfungsbericht des Abschlußprüfers. Zwar wird dem Prüfungsbericht bescheinigt, daß er sich ,,nach der bislang geltenden Rechtslage . . . grundsätzlich bewährt"[8] habe. Dabei bleibt allerdings unklar, was mit der Bewährung genau gemeint ist, die Rechtslage oder die Praxis der Berichterstattung. Deutlicher wird dies im folgenden Satz, wo es heißt, daß er sich in der Praxis *häufig*[9] auf eine Aufgliederung und Erläuterung der Posten des Jahresabschlusses beschränke[10]. Dadurch

---

6 Vgl. *Adler, H./Düring, W./Schmaltz, K.*, 5. Aufl., § 321 HGB, Tz. 105 ff.; *IDW*, WP-Handbuch 1996, Bd. I, Abschn. P, Tz. 2; *Ludewig, R.*, Ausgestaltung des Prüfungsberichts, S. 337, 339 ff.

7 Insoweit fehlt es an einer Übereinstimmung der Bestimmungen in den §§ 317 Abs. 1 Satz 3, 321 Abs. 1 Satz 2 und 322 Abs. 1 letzter Satz HGB.

8 Begründung Referentenentwurf eines Gesetzes zur Kontrolle und Transparenz im Unternehmensbereich (RefE KonTraG) v. 22. November 1996, S. 65.

9 Hervorhebung nicht im Original.

10 Woher das Bundesjustizministerium diese Erkenntnis hat, bleibt unklar. Sie kontrastiert deutlich mit dem Bild, das Berufskollegen und ich in der Praxis gewonnen haben.

würde er *vielfach*[11] seiner Aufgabe, den Aufsichtsrat bei der Überwachung des Vorstands zu unterstützen, nicht in vollem Umfang gerecht. Aus diesen und anderen Überlegungen solle der § 321 HGB „völlig neu" gefaßt werden. Der Entwurf möchte erreichen, daß der Prüfungsbericht künftig eine „problemorientierte Darstellung" gibt[12].

22   Bestimmungen zur Lagebeurteilung

Unter dem Gesichtspunkt des Themas dieses Beitrages befassen sich die folgenden Ausführungen im wesentlichen mit dem im Referentenentwurf des KonTraG vorgeschlagenen Satz 2 des § 321 Abs. 1 HGB:

> „In den Bericht ist vorweg eine Beurteilung der Lage aus der Sicht des Prüfers, insbesondere des Fortbestandes und der künftigen Entwicklung des Unternehmens unter Berücksichtigung des Lageberichts, und bei der Prüfung von Mutterunternehmen auch des Konzerns unter Berücksichtigung des Konzernlageberichts, aufzunehmen, soweit die geprüften Unterlagen und der Lagebericht oder der Konzernlagebericht eine solche Beurteilung erlauben."

Wird diese Bestimmung, wenn sie denn Gesetz werden sollte, zu einer eigenständigen Darstellung der wirtschaftlichen Lage im Prüfungsbericht führen? Welches sind die Fragen, vor die die Prüfer gestellt werden? Daß zum Zeitpunkt der Abfassung dieses Beitrages, kurz nach Bekanntwerden des RefE, nur erste Überlegungen möglich sind, die, angeregt durch andere Beiträge oder neue Erkenntnisse, später nochmals überdacht werden wollen, bedarf wohl keiner näheren Begründung. Auch erscheint nicht ausgeschlossen, daß der RefE selbst noch Änderungen erfährt, die zu anderen Schlußfolgerungen führen können.

23   Strukturierung des Prüfungsberichts und Einordnung der Lagebeurteilung

Zunächst ist festzustellen, daß erstmals nicht nur vorgeschrieben werden soll, worüber zu berichten ist (Inhalt des Berichts), sondern auch, daß Bestimmungen über die Gliederung (Aufbau des Berichts) getrof-

---

11   Hervorhebung nicht im Original.
12   Begründung Referentenentwurf eines Gesetzes zur Kontrolle und Transparenz im Unternehmensbereich (RefE KonTraG) v. 22. November 1996, S. 65.

fen werden. Die geforderte Beurteilung soll „vorweg" in den Prüfungsbericht aufgenommen werden, was doch nur heißen kann, daß sie ihren Platz eingangs und vor den anderen geforderten Berichtspunkten erhalten soll (die üblichen Abschnitte über Auftrag und Auftragsdurchführung und andere, auf den Vorjahresabschluß und die rechtlichen Verhältnisse sich beziehenden Ausführungen werden wohl davon nicht berührt werden, d. h. ihren Platz eingangs des Berichtes behalten können).

Die Absicht, den Bericht in bestimmter Weise zu strukturieren, wird auch aus den weiteren Bestimmungen des § 321 RefE-HGB deutlich. Abs. 2 i. d. F. des Entwurfs beginnt mit den Worten: „Im Hauptteil des Prüfungsberichts . . ." und fordert für ihn im Prinzip die üblichen[13] weiteren Angaben zur Gesetz- und Ordnungsmäßigkeit sowie die Aufgliederung und Erläuterung der Jahresabschlußposten. Weiter soll in einem „besonderen Abschnitt" über die Prüfungsdurchführung berichtet werden (Abs. 3). Und schließlich ist für bestimmte, sich aus der Anwendung neuer Bestimmungen in § 317 Abs. 4 RefE-HGB ergebende Berichtspunkte wiederum ein besonderer Teil des Prüfungsberichts oder sogar ein besonderer Bericht vorgesehen (Abs. 4).

Die vorgesehene gesetzliche Strukturierung ist grundsätzlich zu begrüßen. Es ist erkennbar die Absicht des Entwurfs, die Berichtsempfänger, die hoffentlich auch Berichtsleser sein werden, gewissermaßen mit der Nase auf eine Beurteilung der Lage des Unternehmens zu stoßen, wie sie sich dem Abschlußprüfer darstellt. Niemand soll später sagen können, er habe die entsprechenden Ausführungen nicht gefunden, weil sie etwa in anderen Ausführungen für ihn untergegangen seien. Umgekehrt soll auch der Abschlußprüfer gezwungen werden, seine vielleicht kritischen Ansichten nicht irgendwo im Prüfungsbericht zu verbergen, sondern sie an prominenter Stelle und gesondert von anderen Ausführungen einzuordnen.

Man sollte andererseits über mögliche Nachteile nicht hinwegsehen. War es bisher üblich, daß die Adressaten des Berichts Wichtiges in der Schlußbemerkung fanden (und sich dadurch die Lektüre anderer Teile ersparten), so besteht jetzt umgekehrt die Gefahr, daß nur eingangs gelesen wird und man sich im übrigen mit dem Testat (Bestäti-

---

13 Der zweite Satz dieses Absatzes stellt jedoch eine Neuerung dar, die einer eigenen Betrachtung wert wäre.

gungsvermerk[14] i. S. d. § 322 HGB) begnügt. Im Testat wird in der vorgesehenen neuen Fassung zwar nicht mehr die Gesetz- und Ordnungsmäßigkeit als solche zu bestätigen sein, aber es soll wesentliche Aussagen zu Jahresabschluß und Lagebericht sowie zu Risiken, die den Fortbestand des Unternehmens gefährden können, ferner zu Art und Umfang der Prüfung enthalten. Alles, so könnte mancher denken, was zwischen dem Abschnitt „Lagebeurteilung" und dem Testat liegt, ist ja doch nur „Buchhalterkram", wie ich es einmal vom Finanzchef eines großen Unternehmens hören mußte, und kann daher ausgespart bleiben.

Das gilt erst recht, wenn es Praxis werden sollte, das Testat nicht an das Ende des Prüfungsberichts zu setzen, sondern mit ihm unmittelbar an die Lagebeurteilung anzuschließen. In seiner vom RefE vorgesehenen Form kann es durchaus als eine Zusammenfassung dessen gesehen werden, was die folgenden Berichtsabschnitte bringen. Eine bestimmte Regelung, an welcher Stelle des Berichts das Testat in den Bericht aufzunehmen ist, enthalten weder das gegenwärtige Recht noch der RefE[15]. Hier sollte *substance over form* gehen, wie es so prägnant anderswo heißt.

Was geschieht, wenn ein Prüfer sich nicht an die vorgeschriebene Gliederung des Berichts hält, gleichwohl aber über alle gesetzlich vorgeschriebenen Sachverhalte berichtet, bleibt offen. Man wird dem geprüften Unternehmen zubilligen müssen, daß es einen solchen Bericht zurückweisen und einen den Bestimmungen in § 321 RefE-HGB entsprechenden Bericht verlangen kann. Verzichtet das Unternehmen

---

14 Zu bedauern ist, daß der Referentenentwurf an der aus heutiger Sicht mißverständlichen Bezeichnung Bestätigungsvermerk festhält und über die Bedenken und Vorschläge, die in der vom Bundesministerium der Justiz im April 1995 eingesetzten interministeriellen Arbeitsgruppe geäußert wurden, sang- und klanglos hinweg geht. Diese Arbeitsgruppe, der nicht nur Beamte aus den Ministerien angehörten, sondern in der auch „namhafte Persönlichkeiten aus dem Bereich der Wirtschaft, der Abschlußprüfung und der Wissenschaft" mitgearbeitet haben, hatte unter anderem den Punkt „Fassung und Inhalt von Bestätigungsvermerk . . ." zu untersuchen. Vgl. *BJM,* Information des BJM Nr. 15/95 v. 19. 4. 1995.

15 Auch das *IDW,* Fachgutachten 2/1988, Abschn. C VII, beschränkt sich auf die Feststellung, daß das Testat in den Prüfungsbericht aufzunehmen ist, wobei es von der bisher gängigen Praxis ausgeht, daß dies im Rahmen der Zusammenfassung des Prüfungsergebnisses geschieht.

darauf, kommen weitere Sanktionen wohl nicht in Betracht. Insbesondere sollte es außer Diskussion stehen, die Abschlußprüfung als noch nicht ordnungsgemäß abgeschlossen anzusehen[16].

24   Lagebeurteilung aus der Sicht des Prüfers

Die vom RefE vorgeschlagene Bestimmung verlangt vom Prüfer „eine Beurteilung der Lage aus der Sicht des Prüfers". Das ist sprachlich gesehen zwar etwas „doppelt-gemoppelt", da mit dem Wort Beurteilung bereits die Sicht des Prüfers angesprochen ist, dürfte aber der Verdeutlichung dienen. Jedenfalls wird vom Prüfer offensichtlich mehr verlangt als eine Feststellung dahingehend, er halte die in § 289 Abs. 1 HGB vorgeschriebenen Ausführungen des Vorstands zur Lage des Unternehmens für dem Gesetz entsprechend. Auch würde es wohl kaum ausreichen, die Beurteilung auf die Feststellung zu beschränken, der Jahresabschluß vermittle ein den tatsächlichen Verhältnissen entsprechendes Bild der Vermögens-, Finanz- und Ertragslage[17]. Dies ergibt sich m. E. aus zwei Gesichtspunkten. Einmal wird die vorerwähnte Feststellung als solche an anderer Stelle verlangt, nämlich in § 321 Abs. 2 Satz 2 RefE-HGB[18]. Es ist kaum vorstellbar, daß der Referentenentwurf dies übersehen haben sollte und zweimal dasselbe verlangt. Die Lage im Sinne des Eingangsteils kann nicht völlig identisch mit den in Abs. 2 Satz 2 erwähnten drei Lagen sein. Zum anderen ergibt sich dies aus der verlangten Zukunftsprognose. Die Lage soll insbesondere in bezug auf den *Fortbestand des Unternehmens* und seine *künftige Entwicklung* beurteilt werden.

Eine am Wortlaut und Sinnzusammenhang orientierte Auslegung muß daher zu dem Ergebnis führen, daß der Prüfer künftig eine eigenständige, unabhängige Beurteilung der Lage des Unternehmens abgeben soll, die sich nicht nur aus einer Bilanz- und Ertragsanalyse

---

16   Vgl. dazu *Adler, H./Düring, W./Schmaltz, K.*, 5. Aufl., § 316 HGB, Tz. 48 ff.
17   Zu den Bedenken, denen diese Formulierung begegnet, habe ich mich an anderer Stelle geäußert. Vgl. *Forster, K.-H.*, Bestätigungsvermerk, S. 951, 958 ff. [S. 151, 153 ff.]. Ich halte sie aufrecht: eine schöne Formulierung mit unbestimmtem, wenn nicht sogar irreführendem Aussagegehalt.
18   Dieser Satz lautet: „Es ist auch darauf einzugehen, ob der Abschluß insgesamt ein den tatsächlichen Verhältnissen entsprechendes Bild der Vermögens-, Finanz- und Ertragslage der Kapitalgesellschaft vermittelt."

herleitet, sondern auch Einsichten berücksichtigt, die vorrangig aus Finanz- und anderen Plänen, ggf. auch aus einer Kapitalflußrechnung zu gewinnen sind. Eine solche Auslegung würde auch Sinn machen, da damit den Aufsichtsräten durch den Prüfer nicht nur eine formelhafte Beurteilung zur Gesetzmäßigkeit des vom Vorstand vorgelegten Rechen- und Erläuterungswerkes gegeben würde, sondern eine eigenständige, betriebswirtschaftlich orientierte Würdigung.

Überlegungen zum Fortbestand des Unternehmens muß der Prüfer in der Regel ohnehin anstellen. Verlangt doch § 252 Abs. 1 Nr. 2 HGB eine Prüfung der Frage, ob tatsächliche oder rechtliche Gegebenheiten einer Fortführung der Unternehmenstätigkeit entgegenstehen. Das schließt auch eine Würdigung der künftigen Entwicklung mit ein. Fällt die Prognose hier bereits negativ aus, d. h. stehen einer Fortführung des Unternehmens Gegebenheiten entgegen, so wird er auch für die Lagebeurteilung im Bericht bereits genügend Erkenntnisse gewonnen haben. Schwieriger wird es dort werden, wo der Fortbestand für bilanzielle Zwecke zwar noch bejaht werden kann[19], aber längerfristig Risiken die künftige Entwicklung bedrohen. Solche Risiken bedürfen ggf. vertiefter Untersuchungen. Dazu müssen ggf. Investitions- und Absatzpläne usw. untersucht und auf ihre Plausibilität geprüft werden. Dies sind Pläne, die zwar im Grundsatz regelmäßig dem Aufsichtsrat vorgelegt werden müssen (§ 90 Abs. 1 AktG)[20], aber im Rahmen einer Abschlußprüfung normalerweise nicht zum Prüfungsstoff des Prüfers gehören.

Ich halte den Berufsstand jedenfalls für durchaus fähig, zur Lage des Unternehmens eigenständig Stellung zu nehmen, auf Risiken hinzuweisen und damit den Erwartungen zu entsprechen, die die Mehrheit der Aufsichtsräte hegt. Das mag kurz und knapp ausfallen, wenn positive Noten zu erteilen sind und der Vorstand bereits eine zutreffende Darstellung im Lagebericht gegeben hat. Im umgekehrten Fall wird es jedoch notwendig sein, ausführlicher und auch kritischer zu

---

19 Vielfach wird hier von der Vorhersehbarkeit eines Jahres ausgegangen. Vgl. *Adler, H./Düring, W./Schmaltz, K.,* 6. Aufl., § 252 HGB, Tz. 24.
20 Nach dem Referentenentwurf soll auch diese Vorschrift verschärft werden, indem die Berichtspflicht in Nr. 1 auf „andere grundsätzliche Fragen der Unternehmungsplanung (insbesondere die Produktions-, Absatz-, Beschaffungs-, Personal-, Finanz- und Investitionsplanung)" ausgedehnt wird.

berichten, damit der Aufsichtsrat seiner Überwachungspflicht (§ 111 Abs. 1 AktG) nachkommen kann.

Stimmt man diesen Überlegungen zum notwendigen Inhalt einer Lageberichterstattung im Prüfungsbericht zu, so scheint der letzte Halbsatz der vorgesehenen Bestimmung einiges wieder in Frage zu stellen. Eine Beurteilung durch den Prüfer wird danach nur insoweit gewünscht, als „die geprüften Unterlagen und der Lagebericht ... eine solche Beurteilung erlauben." Vielleicht ist dieser Satz im Interesse einer Haftungsbegrenzung des Prüfers gedacht; ob er in der Praxis auch so wirken würde, kann man durchaus bezweifeln, wenn man sich vor Augen hält, wie der BGH mit solchen Klauseln umzugehen pflegt[21]. Auf jeden Fall folgt aus dem angeführten Halbsatz eine erhebliche Einschränkung der Beurteilungspflicht und -möglichkeit des Prüfers. Das wird besonders deutlich, wenn man in der Begründung liest, „daß der Prüfer nur die Beurteilung des Vorstandes überprüfen kann und soll. Seine eigene Prognoseentscheidung soll der Prüfer dagegen *nicht*[22] an die Stelle derjenigen des Vorstandes setzen. Er hat diese aber zu bewerten und Fragezeichen zu setzen, wenn hierzu Veranlassung besteht"[23].

Über die Gefahr, daß sich hier zwischen Aufsichtsrat und Abschlußprüfer eine neue Erwartungslücke auftut, daß der Aufsichtsrat von Wortlaut und Sinn der Bestimmung ausgeht, der Prüfer dagegen von einem Verständnis der Bestimmung, wie es die Begründung nahe legt, sollte man nicht hinwegsehen[24].

Wenn der RefE nicht mehr vom Prüfer verlangen möchte als in der Begründung zum Ausdruck gebracht, so sollte dies klarer und deutlicher gesagt werden. In diesem Sinne könnte etwa folgende Formulierung des § 321 Abs. 1 Satz 2 HGB erwogen werden:

---

21 Beispielhaft sei nur an das „Redepflicht"-Urteil des BGH aus dem Jahr 1954 erinnert. Vgl. BGH, Urteil v. 15. 12. 1954, 322/53 II ZR, BGHZ Bd. 16, S. 25.
22 Hervorhebung nicht im Original.
23 Referentenentwurf eines Gesetzes zur Kontrolle und Transparenz im Unternehmensbereich (RefE KonTraG) v. 22. November 1996, S. 66.
24 Zum Verhältnis Aufsichtsrat und Abschlußprüfer vgl. auch *Clemm, H.,* Abschlußprüfer und Aufsichtsrat, S. 455; *ders.,* Abschlußprüfer als Krisenwarner, S. 83.

> „In dem Bericht ist vorweg zum Bericht des Vorstands über die Lage des Unternehmens Stellung zu nehmen; dabei ist insbesondere auch auf die Ausführungen zur voraussichtlichen Entwicklung des Unternehmens und zu Risiken der künftigen Entwicklung einzugehen."

Eine solche Fassung würde eher den Bestimmungen entsprechen, die in § 317 Abs. 2 RefE-HGB für den Umfang der Prüfung des Lageberichts vorgesehen sind. Die eigene Beurteilung des Prüfers würde dabei allerdings auf der Strecke bleiben, was aus meiner Sicht, die nicht notwendigerweise die des Berufsstandes ist, zu bedauern wäre.

25 Erstreckung der Prüfungspflicht auf Risiken der künftigen Entwicklung

Hier ist zunächst darauf hinzuweisen, daß die bisherigen Bestimmungen in § 289 HGB über den Lagebericht ergänzt werden sollen, und zwar dergestalt, daß Abs. 1 um einen Teilsatz folgenden Inhalts erweitert werden soll:

> „. . .; dabei ist auch auf die Risiken der künftigen Entwicklung einzugehen."

Man wird diesen Satz wohl nicht dahin mißverstehen dürfen, daß es bei der Lagedarstellung in erster Linie um Risiken gehe, Chancen dagegen dahinter zurückzutreten hätten[25]. Die „Lage" eines Unternehmens ist ja kein statisches Phänomen, sondern durch künftige Chancen und künftige Risiken gleichermaßen gekennzeichnet. Erst wenn die Gesamtheit aller Faktoren betrachtet wird, ergibt sich ein zutreffendes Bild, dessen faire Darstellung bereits in der bisherigen Fassung des Abs. 1 gefordert wird. Der vorgeschlagene Zusatz muß daher wohl dahin verstanden werden, daß er quasi im Sinne eines übertragenen Vorsichtsprinzips und Gläubigerschutzes besonders ein Eingehen auf künftige, der derzeitigen Lage immanente Risiken fordert. Darauf deutet auch der Beginn des Teilsatzes („dabei") hin, d. h. das Eingehen steht in direktem Zusammenhang mit der Darstellung der Lage. Man könnte die Ergänzung auch dahin interpretieren, daß es sich um eine wichtige Klarstellung, nicht jedoch um ein Novum handelt.

---

25 In dieser Beziehung leicht mißverständlich die Begründung des RefE (S. 61), die den Eindruck vermittelt, daß es in erster Linie um die Belastung der Lage mit künftigen Risiken geht.

Ebenso im Sinne einer Klarstellung wird man daher auch jene nach dem RefE neu in § 317 HGB aufzunehmende Bestimmung anzusehen haben, nach der im Rahmen der Prüfung des Lageberichts auch zu prüfen ist, ob die Risiken der zukünftigen Entwicklung zutreffend dargestellt sind[26]. Die entsprechenden Ausführungen im Lagebericht wären jedenfalls auch ohne diese Bestimmung Gegenstand der Abschlußprüfung.

26   Relevante Sachverhalte und Fragestellungen

Die Beurteilung der Lage wird außer vom Lagebericht selbst in der Regel vom Jahresabschluß ausgehen. Relationen, wie sie bei einer Bilanzanalyse[27] üblicherweise ermittelt werden, sowie Vergleiche mit dem vorangegangenen Jahresabschluß stehen dabei im Vordergrund. Auf die Notwendigkeit, darüber hinaus auch Finanz-, Absatz-, Investitions- und andere Pläne heranzuziehen, wurde oben bereits hingewiesen.

Was im einzelnen im Vordergrund zu stehen hat, ist nach den Verhältnissen des Einzelfalls zu beurteilen. Der folgende Fragenkatalog kann daher nur Anhaltspunkte dafür bieten, in welche Richtung zu denken ist; er erstreckt sich beispielhaft auf die Ertragslage:

- Liegen wesentliche Veränderungen gegenüber dem Vorjahr vor?
- Gründe für eine negative oder positive Veränderung:
  - Mengenmäßiger Rückgang oder Anstieg des Umsatzes
  - Abrechnung oder Nichtabrechnung von Großaufträgen
  - Änderung der Produktpalette
  - Neue Produkte, neue Absatzmärkte

---

26 Die vorgeschlagene Formulierung in § 317 Abs. 2 RefE-HGB lautet, soweit sie hier interessiert, wie folgt: „Der Lagebericht ... (ist) darauf zu prüfen, ob der Lagebericht ... insgesamt eine zutreffende Vorstellung von der Lage des Unternehmens ... vermittelt. Dabei ist auch zu prüfen, ob die Risiken der künftigen Entwicklung zutreffend dargestellt sind."

27 Vgl. z. B. *Coenenberg, A. G.*, Jahresabschluß und Jahresabschlußanalyse; *Born, K.*, Bilanzanalyse international; *Küting, K./Weber, C.*, Bilanzanalyse.

- Sind die Absatzpreise gefallen/gestiegen?
  Ursachen dafür: veränderte Konkurrenzsituation; neue Produkte; veränderte Verbrauchergewohnheiten; Änderung von Währungsparitäten
- Sind die Produkte noch konkurrenzfähig?
- Über- oder unterproportionaler Anstieg der Aufwendungen
- Welche Aufwendungen waren davon hauptsächlich betroffen?
- Werden eingetretene Veränderungen dauerhaft sein?
- Hat das Unternehmen bereits Gegenmaßnahmen gegen negative Veränderungen eingeleitet? Wann und wie werden sie sich auswirken?
- Veränderungen des Forschungs- und Entwicklungsaufwandes
- Einmalige, aperiodische oder außerordentliche Aufwendungen
- Änderung von Bewertungsmethoden
- Aufwendungen, die der Sache nach Ergebnisverwendung sind[28]
- Welche Änderungen auf der Aufwands- und Ertragsseite zeichnen sich heute bereits dauerhaft ab?
- Drohen größere Aufwendungen aus Haftungsfällen, Produktrisiken oder Prozessen?

In ähnlicher Weise lassen sich Fragen zur Kapitalausstattung und zur Finanzierung des Unternehmens stellen, zu bestehenden Beteiligungen, zu anstehenden, bereits begonnenen oder geplanten Investitionen, zu erweiterten Engagements im Ausland oder zu Desinvestitionen und zum Personalbereich. Stets geht es dabei darum, wichtige Veränderungen und Entwicklungslinien aufzuzeigen, die die Lage des Unternehmens im abgelaufenen Jahr verändert haben und vermutlich weiter verändern werden.

Teilweise lassen sich die Feststellungen zu den hier in Rede stehenden Sachverhalten bereits bei einer Zwischenprüfung treffen. Dabei

---

28 Vgl. hierzu BGH, Urteil v. 29. 3. 1996, II ZR 263/94, abgedruckt in: DB 1996, S. 926, mit Anm. von *Moxter, A.,* in: JZ 1996, S. 860.

sollten auch die dem Aufsichtsrat nach § 90 Abs. 1 AktG[29] erstatteten Berichte herangezogen werden, zumal sich aus ihnen wichtige Hinweise zur Lage sowie ein mehr oder weniger deutliches Bild über die Art gewinnen lassen, in der der Vorstand den Aufsichtsrat informiert.

Fragen der Geschäftspolitik, insbesondere Fragen der Zweckmäßigkeit einzelner geschäftspolitischer Maßnahmen, gehören dagegen ebenso wenig in den Verantwortungsbereich des Prüfers wie eine Stellungnahme zur Qualifikation der gesetzlichen Vertreter des Unternehmens, mögen diese Fragen auch von noch so großer Bedeutung für die künftige Entwicklung des Unternehmens sein[30]. Lediglich wenn der Prüfer bei seiner Prüfung auf Tatsachen stößt, die den Bestand des Unternehmens gefährden oder seine Entwicklung wesentlich beeinträchtigen können, ist hierüber nach § 321 Abs. 2 HGB[31] zu berichten.

27 Verfahren, die die Lagebeurteilung erleichtern können

Auch wenn vom Verfasser die Auffassung vertreten wird, daß die bisherigen Prüfungstechniken, ggf. unter Ausdehnung des zeitlichen Prüfungsrahmens, genügend Daten und Fakten liefern können, um die geforderte eigenständige Beurteilung abgeben zu können, so können doch auch andere Hilfsmittel herangezogen und Wege begangen werden, die möglicherweise schneller und/oder sicherer zum Ziel führen. Der Jubilar, dem diese Festschrift gewidmet ist, hat sich seit langem ihrer Erforschung gewidmet und dabei beachtliche Erfolge erzielt. Hinzuweisen ist z. B. auf die Diskriminanzanalyse oder seine

---

29 Der RefE sieht vor, den Inhalt des nach § 90 Abs. 1 Nr. 1 AktG zu erstattenden Berichts dahin zu ändern, daß auch über „grundsätzliche Fragen der Unternehmensplanung (insbesondere die Produktions-, Absatz-, Beschaffungs-, Personal-, Finanz- und Investitionsplanung)" zu berichten ist.
30 Ebenso *Clemm, H.*, Abschlußprüfer als Krisenwarner, S. 103 f.
31 Die im RefE vorgesehene Neufassung dieser Bestimmung (§ 321 Abs. 1 Satz 3) sollte nochmals überdacht werden, da sie die Berichterstattung in den oben genannten Fällen einzuschränken scheint; denn die Neufassung stellt als Voraussetzung nicht mehr auf das Vorliegen von Tatsachen ab, sondern auf „Unrichtigkeiten und Verstöße gegen gesetzliche Vorschriften". Bestandsgefährdungen und wesentliche Beeinträchtigungen der Entwicklung sind aber auch in anderen Fällen denkbar, selbst bei ordnungsgemäßer Geschäftsführung!

Untersuchungen zum Rating von Unternehmen. Insbesondere dort, wo ein Prüfer eine größere Zahl von Unternehmen zu prüfen hat – und das gilt für alle größeren Prüfungsgesellschaften –, würden bei einer fortlaufenden systematischen Auswertung der Abschlüsse bereits vor Beginn der neuen Prüfung wichtige Fingerzeige vorliegen, die die Prüfungsplanung und die Ausrichtung auf eine problem- und risikoorientierte Prüfung erleichtern könnten[32]. Hier ist erneut Kooperation zwischen den Vertretern des Berufsstandes und der Wissenschaft angesagt. Wichtig wäre jedenfalls aus meiner Sicht, daß der Berufsstand in einem Fachgutachten, einer Stellungnahme oder einer anderen Verlautbarung die Wege aufzeigt, die dem Prüfer zur Verfügung stehen, um zu einer sachgerechten Lagebeurteilung zu gelangen.

3 Schlußbemerkung

Durch die im Referentenentwurf vom Abschlußprüfer verlangte eigenständige und wegen ihrer Einordnung in den Prüfungsbericht auch äußerlich hervorgehobene Lagebeurteilung soll die problemorientierte Sicht des Prüfungsberichts normiert werden. Sowohl dieser Absicht als auch dem eingeschlagenen Weg ist im Grundsatz zuzustimmen.

Allerdings sollten die Erwartungen sowohl an den Umfang[33] der verlangten Beurteilungen als auch an die Rezeption durch die Adressaten nicht zu hoch angesetzt werden. Wo die Pflichten auf beiden Seiten ernst genommen werden, kann die Lagebeurteilung durch den Prüfer aber Ansatzpunkte für eine offene Diskussion des Aufsichts-

---

32 Vgl. dazu besonders, jeweils mit weiteren Nachweisen, *Baetge, J.*, Früherkennung negativer Entwicklungen; *Baetge, J./Huß, M./Niehaus, H.-J.*, Auswertung von Jahresabschlüssen; *Baetge, J./Huß, M./Niehaus, H.-J.*, Erkennung einer drohenden Insolvenz; *Baetge, J.*, Früherkennung negativer Unternehmensentwicklungen; *Baetge, J./Beuter, H. B./Feidicker, M.*, Kreditwürdigkeitsprüfung; *Baetge, J./Krause, C./Mertens, P.*, Klassifikation von Unternehmen; *Kühnberger, M./Eckstein, P./Woithe, M.*, Diskriminanzanalyse. – Kritisch dagegen vor allem *Schneider, D.*, Warnung vor Frühwarnsystemen; *Schneider, D.*, Theorie der Bilanzanalyse; *Burger, A.*, Klassifikation von Unternehmen; *Burger, A.*, Theoretische Fundierung der Jahresabschlußanalyse.
33 In diesem Zusammenhang sei auf einen Beitrag von *Hense* hingewiesen: *Hense, B.*, Zusammenarbeit von Aufsichtsrat und Abschlußprüfer.

rats mit dem Prüfer und den gesetzlichen Vertretern des Unternehmens bieten; erst bei einer solchen Diskussion steht zu erwarten, daß Raum für Differenzierungen, Verstärkungen oder Abschwächungen der Lagebeurteilung gewonnen wird, die zu den vom RefE gewünschten Ergebnissen, d. h. einer Verbesserung der Zusammenarbeit zwischen Aufsichtsrat und Abschlußprüfer[34] führen. Die Art, wie dann manches ausgedrückt wird, Verzögerungen der Beantwortung und dergleichen, sagen dem aufmerksamen Zuhörer und Beobachter oft mehr als Worte. Um so erfreulicher ist, daß der RefE künftighin die Teilnahme des Prüfers an der Bilanzsitzung sowie Ausführungen aus seinem Munde über wesentliche Ergebnisse seiner Prüfung obligatorisch machen möchte[35].

---

34 Begründung: Referentenentwurf eines Gesetzes zur Kontrolle und Transparenz im Unternehmensbereich (RefE KonTraG) v. 22. November 1996, S. 24.
35 Durch eine Neufassung des § 171 Abs. 1 Satz 2 AktG: „Ist der Jahresabschluß durch einen Abschlußprüfer zu prüfen, so hat dieser an den Verhandlungen des Aufsichtsrats oder eines Ausschusses über diese Vorlagen teilzunehmen und über die wesentlichen Ergebnisse seiner Prüfung zu berichten."

Literaturverzeichnis

Adler, Hans/Düring, Walther/Schmaltz, Kurt, Rechnungslegung und Prüfung der Unternehmen, Kommentar zum HGB, AktG, GmbHG, PublG nach den Vorschriften des Bilanzrichtlinien-Gesetzes, bearb. v. Forster, Karl-Heinz u. a., 5. Aufl., Stuttgart 1987 ff.

Adler, Hans/Düring, Walther/Schmaltz, Kurt, Rechnungslegung und Prüfung der Unternehmen, Kommentar zum HGB, AktG, GmbHG, PublG nach den Vorschriften des Bilanzrichtlinien-Gesetzes, bearb. v. Forster, Karl-Heinz u. a., 6. Aufl., Stuttgart ab 1995.

Ausschußbericht zu § 154 Abs. 1 RegE, abgedruckt bei *Kropff, Bruno,* Aktiengesetz, Düsseldorf 1965, S. 271.

Baetge, Jörg, Früherkennung negativer Entwicklungen der zu prüfenden Unternehmung mit Hilfe von Kennzahlen, in: WPg 1980, S. 651–665 (Früherkennung negativer Entwicklungen).

Baetge, Jörg, Möglichkeiten der Früherkennung negativer Unternehmensentwicklungen mit Hilfe statistischer Jahresabschlußanalysen, in: ZfbF 1989, S. 792–811 (Früherkennung negativer Unternehmensentwicklungen).

Baetge, Jörg/Beuter, Hubert B./Feidicker, Markus, Kreditwürdigkeitsprüfung mit Diskriminanzanalyse, in: WPg 1992, S. 749–761 (Kreditwürdigkeitsprüfung).

Baetge, Jörg/Huß, Michael/Niehaus, Hans-Jürgen, Die statistische Auswertung von Jahresabschlüssen zur Informationsgewinnung bei der Abschlußprüfung, in: WPg 1986, S. 605–613 (Auswertung von Jahresabschlüssen).

Baetge, Jörg/Huß, Michael/Niehaus, Hans-Jürgen, Betriebswirtschaftliche Möglichkeiten zur Erkennung einer drohenden Insolvenz, in: Beiträge zur Reform des Insolvenzrechts, hrsg. v. Institut der Wirtschaftsprüfer, Düsseldorf 1987, S. 61–81 (Erkennung einer drohenden Insolvenz).

Baetge, Jörg/Krause, Clemens/Mertens, Peter, Zur Kritik an der Klassifikation von Unternehmen mit Neuronalen Netzen und Diskriminanzanalysen, in: ZfB 1994, S. 1181–1191 (Klassifikation von Unternehmen).

BJM, Information des BJM Nr. 15/95 v. 19. 4. 1995.

Born, Karl, Bilanzanalyse international, Stuttgart 1994.

Burger, Anton, Plädoyer für eine theoretische Fundierung der Jahresabschlußanalyse, in: ZfB 1994, S. 1193–1197 (Theoretische Fundierung der Jahresabschlußanalyse).

Burger, Anton, Zur Klassifikation von Unternehmen mit neuronalen Netzen und Diskriminanzanalysen, in: ZfB 1994, S. 1165–1179 (Klassifikation von Unternehmen).

Clemm, Hermann, Abschlußprüfer und Aufsichtsrat, in: ZGR 1980, S. 455–465.

Clemm, Hermann, Der Abschlußprüfer als Krisenwarner und der Aufsichtsrat – Anmerkungen zu einem – wieder einmal – aktuellen Thema –, in: Internationale Wirtschaftsprüfung, Festschrift für Havermann, hrsg. v. Lanfermann, Josef, Düsseldorf 1995, S. 83–107 (Abschlußprüfer als Krisenwarner).

Coenenberg, Adolf G., Jahresabschluß und Jahresabschlußanalyse, 15. Aufl., Landsberg/Lech 1994.

Forster, Karl-Heinz, Gedanken beim Unterzeichnen eines Bestätigungsvermerks, in: Bilanzrecht und Kapitalmarkt, Festschrift für Moxter, hrsg. v. Ballwieser, Wolfgang u. a., Düsseldorf 1994, S. 951–966 [ebenfalls in: WPK-Mitteilungen, August 1996, S. 151–157] (Bestätigungsvermerk).

Hense, Burkhard, Der Prüfungsbericht hat zu viele Empfänger – auch ein Beitrag zur besseren Zusammenarbeit von Aufsichtsrat und Abschlußprüfer, in: Rechenschaftslegung im Wandel, Festschrift für Budde, hrsg. v. Förschle, Gerhart u. a., München 1995, S. 287–311 (Zusammenarbeit von Aufsichtsrat und Abschlußprüfer).

IDW, Vorschläge zur Aktienrechtsreform des Arbeitskreises Aktienrechtsreform im Institut der Wirtschaftsprüfer in Deutschland e.V., Düsseldorf 1956 (Vorschläge zur Aktienrechtsreform).

IDW, Fachgutachten 2/1988, Grundsätze ordnungsmäßiger Berichterstattung bei Abschlußprüfungen, in: Die Fachgutachten und Stellungnahmen des Instituts der Wirtschaftsprüfer auf dem Gebiet der

Rechnungslegung und Prüfung, Düsseldorf 1996 (Fachgutachten 2/1988).

IDW (Hrsg.), WP-Handbuch 1996, Handbuch für Rechnungslegung, Prüfung und Beratung, bearb. v. Budde, Wolfgang Dieter u. a., Bd. I, 11. Aufl., Düsseldorf 1996 (WP-Handbuch 1996).

Kropff, Bruno, Aktiengesetz, Düsseldorf 1965.

Kühnberger, Manfred/Eckstein, Peter/Woithe, Martina, Die Diskriminanzanalyse als ein Instrument zur Früherkennung negativer Unternehmensentwicklungen, in: ZfB 1996, S. 1449–1464 (Diskriminanzanalyse).

Küting, Karlheinz/Weber, Claus-Peter, Die Bilanzanalyse, 3. Aufl., Stuttgart 1997 (Bilanzanalyse).

Ludewig, Rainer, Die Darstellung der wirtschaftlichen Lage im Bericht über die aktienrechtliche Jahresabschlußprüfung, Bd. 12 der Schriftenreihe des IDW, Düsseldorf 1955 (Darstellung der wirtschaftlichen Lage).

Ludewig, Rainer, Gedanken zur Ausgestaltung des Prüfungsberichts, in: WPg 1996, S. 337–342 (Ausgestaltung des Prüfungsberichts).

Referentenentwurf eines Gesetzes zur Kontrolle und Transparenz im Unternehmensbereich (RefE KonTraG) v. 22. November 1996, Bonn 1996.

Schneider, Dieter, Eine Warnung vor Frühwarnsystemen – Statistische Jahresabschlußanalysen als Prognosen zur finanziellen Gefährdung einer Unternehmung?, in: DB 1985, S. 1489–1494 (Warnung vor Frühwarnsystemen).

Schneider, Dieter, Erste Schritte zu einer Theorie der Bilanzanalyse, in: WPg 1989, S. 633–642 (Theorie der Bilanzanalyse).

Verzeichnis der Rechtsprechung

BGH, Urteil vom 15. 12. 1954, 322/53 II ZR, BGHZ Bd. 16, S. 25.

BGH, Urteil vom 29. 3. 1996, II ZR 263/94, abgedruckt in: DB 1996, S. 926, mit Anmerkungen von *Moxter, A.,* in: JZ 1996, S. 860.

Hans-Jürgen Kirsch

Erwartungslücke und Bestätigungsvermerk

1 Problemstellung

2 Das Urteil des Abschlußprüfers über die wirtschaftliche Lage eines Unternehmens auf der Grundlage des BiRiLiG
   21 Form und Inhalt des Bestätigungsvermerkes
   22 Die Aussagefähigkeit des Bestätigungsvermerkes nach § 322 HGB

3 Die Prüfung der wirtschaftlichen Lage durch den Abschlußprüfer

4 Das Urteil des Abschlußprüfers über die wirtschaftliche Lage nach den Vorschlägen des KonTraG[1]
   41 Überblick
   42 Die Form des Bestätigungsvermerkes nach dem Änderungsvorschlag für § 322 HGB
   43 Die Beachtung der Grundsätze ordnungsmäßiger Buchführung
   44 Das Urteil des Abschlußprüfers über Risiken der künftigen Entwicklung und Risiken, die den Fortbestand des Unternehmens gefährden
      441. Überblick
      442. Der Begriff des Risikos in der Bilanzierung
      443. Risiken der künftigen Entwicklung
      444. Risiken, die den Fortbestand des Unternehmens gefährden

5 Schlußbemerkung

Wiss.-Ass. Dr. Hans-Jürgen Kirsch
Institut für Revisionswesen
Westfälische Wilhelms-Universität Münster

---

1 *BMJ*, Referentenentwurf eines Gesetzes zur Kontrolle und Transparenz im Unternehmensbereich (KonTraG) v. 22. November 1996.

Das Problem der Aussagefähigkeit von Jahresabschlüssen und der Vermittlung objektivierter Informationen an die Jahresabschlußadressaten zieht sich wie ein roter Faden durch das wissenschaftliche Schaffen des hochverehrten Jubilars. Schon in seiner Dissertation setzte er sich mit der Frage auseinander, wie Bilanzansätze objektiviert, d. h. intersubjektiv nachprüfbar gemacht werden könnten[2]. Später widmete er sich intensiv den konkreten Abbildungsregeln in Einzel- und Konzernabschluß, wobei ein Schwerpunkt stets auf der Weiterentwicklung des Fundaments der Bilanzierung, den Grundsätzen ordnungsmäßiger Buchführung bzw. Konzernrechnungslegung lag[3]. Besonders hervorzuheben ist seine langjährige Forschung im Bereich der Jahresabschlußanalyse, mit der er ein leistungsfähiges Instrumentarium zur Gewinnung eines objektivierten und differenzierten Urteils über die wirtschaftliche Lage eines Unternehmens auf der Basis des Jahresabschlusses auch aus unternehmensexterner Sicht entwickeln konnte[4]. Daß diese Diskussion um die Aussagefähigkeit von Jahresabschlüssen und die Information der Jahresabschlußadressaten immer noch nicht abgeschlossen ist, zeigt die aktuelle Initiative des Gesetzgebers zur Kontrolle und Transparenz im Unternehmensbereich, mit der unter anderem die Regelung des § 322 HGB zum Bestätigungsvermerk modifiziert werden soll.

1 Problemstellung

„Die 1985 eingeführte Regelung des geltenden § 322 hat sich nicht bewährt"[5]. Mit dieser Aussage wird die Begründung für die Änderung der Vorschrift zum Bestätigungsvermerk im Entwurf eines Gesetzes zur Kontrolle und Transparenz im Unternehmensbereich (KonTraG) eingeleitet. In der Tat ist die Bedeutung des Bestätigungsvermerkes durch einige Zusammenbrüche von Unternehmen, deren Jahresabschlüsse mit einem uneingeschränkten Testat versehen waren,

---

2 Vgl. *Baetge, J.*, Möglichkeiten der Objektivierung des Jahreserfolges, S. 15.
3 Vgl. *Baetge, J.*, Bilanzen, S. 65–94; *Baetge, J.*, Konzernbilanzen, S. 55–75.
4 Vgl. schon 1980 *Baetge, J.*, Früherkennung negativer Entwicklungen; zu aktuellen Forschungsergebnissen und ihrer Bedeutung für die Berichterstattung des Abschlußprüfers vgl. z. B. *Baetge, J.*, Objektivierung der Redepflicht.
5 *BMJ*, KonTraG, Begründung zu § 322 HGB, S. 68.

immer wieder in die Diskussion geraten[6]. Den Schwerpunkt der Kritik bildet dabei die vieldiskutierte sogenannte Erwartungslücke, d. h., daß ein Jahresabschlußadressat mit dem uneingeschränkten Prüfungsurteil auch ein positives Urteil über die wirtschaftliche Lage des geprüften Unternehmens verbindet. Bekanntlich wird aber mit dem Testat nur die sachgerechte Anwendung von Gesetz und Satzung und darauf aufbauend die Abbildung der wirtschaftlichen Verhältnisse durch den Jahresabschluß beurteilt. Daß nach geltendem Recht sowohl die Abbildung im Jahresabschluß als auch das Prüfungsurteil die Vermittlung des Bildes über die wirtschaftliche Lage „im Rahmen der Grundsätze ordnungsmäßiger Buchführung" verlangt, bedeutet in diesem Sinne eine noch weitergehende Verstärkung des Informationsdefizites.

Man könnte sich nun auf den Standpunkt stellen, daß der Leser eines Jahresabschlusses mit diesen Zusammenhängen vertraut sein sollte, und daß sich umgekehrt diejenigen Kritiker, die in den beschriebenen Krisenfällen die Urteile der Abschlußprüfer angezweifelt haben, entsprechend unkundig gezeigt hätten und deren Beurteilung daher vernachlässigt werden könnte. Allerdings wird in der Begründung des KonTraG im Zusammenhang mit der geplanten Änderung des § 321 HGB zum Prüfungsbericht unterstellt, daß sogar Aufsichtsräte möglicherweise nicht hinreichend sachkundig sind[7], so daß es sich bei der Beurteilung von Jahresabschlüssen und Lageberichten sowie der Interpretation von Prüfungsurteilen offenbar um eine sehr komplexe und nicht allgemein verständliche Materie handelt. Der KonTraG geht daher einen anderen Weg, um dem erklärten Ziel näherzukommen und die Erwartungslücke zu schließen. Die Aussagefähigkeit des Prüfungsurteils an die externen Adressaten in Form des Bestätigungsvermerkes soll durch eine Änderung des § 322 HGB erhöht werden[8].

Die Änderung des Bestätigungsvermerkes bildet indes nur einen Stein im Mosaik der geplanten Maßnahmen zur Verbesserung der Kontrolle und Transparenz im Unternehmensbereich. So wird für die Verringerung der Erwartungslücke eine Kombination von verschiedenen Ansatzpunkten diskutiert. Neben der Änderung des Prüfungsurteils an die externen Adressaten soll auch besonderes Augenmerk auf

---

6 Vgl. *Biener, H.,* Die Erwartungslücke, S. 39–43.
7 Vgl. *BMJ,* KonTraG, Begründung zu § 321 HGB, S. 66.
8 Vgl. *BMJ,* KonTraG, Begründung zu § 322 HGB, S. 68.

die Qualität der Prüfer, die Qualität der Prüfung, die Zusammenarbeit von Abschlußprüfer, Vorstand und Aufsichtsrat sowie auf die Haftung des Abschlußprüfers gerichtet werden. Hier soll aber der Beitrag des an die externen Adressaten gerichteten Urteils des Abschlußprüfers im Mittelpunkt stehen. Dabei werden auch einige im Rahmen des KonTraG geplante Änderungen zur Rechnungslegung und zur eigentlichen Prüfung mit in die Betrachtung einzubeziehen sein. Insgesamt stellt sich die Frage, ob bei der scheinbar unendlichen Geschichte der Erwartungslücke[9] nun doch ein Ende abzusehen ist.

2 Das Urteil des Abschlußprüfers über die wirtschaftliche Lage eines Unternehmens auf der Grundlage des BiRiLiG

21 Form und Inhalt des Bestätigungsvermerkes

Schon die Neufassung des Bestätigungsvermerkes im Rahmen des Bilanzrichtlinien-Gesetzes von 1985 sollte die Aussagefähigkeit des externen Urteils über das Prüfungsergebnis gegenüber dem bisher geltenden § 167 AktG 1965 erhöhen[10]. Nach Abs. 1 dieser Regelung bestätigte der Abschlußprüfer lediglich: „Die Buchführung, der Jahresabschluß und der Geschäftsbericht[11] entsprechen nach meiner pflichtgemäßen Prüfung Gesetz und Satzung." Das Testat war gemäß § 167 Abs. 2 AktG 1965 einzuschränken oder zu versagen, wenn Einwendungen zu erheben waren.

In § 322 HGB wurde der formelhafte Bestätigungsvermerk zum einen wesentlich erweitert. Zu der Bestätigung der Übereinstimmung mit den gesetzlichen Vorschriften traten die Formulierungen, daß der Jahresabschluß unter Beachtung der Grundsätze ordnungsmäßiger Buchführung ein den tatsächlichen Verhältnissen entsprechendes Bild der Vermögens-, Finanz- und Ertragslage des geprüften Unternehmens vermittelt und daß der Lagebericht im Einklang mit dem Jahresabschluß steht. Zum anderen wurde eine wesentliche Verbesserung der Aussagefähigkeit des externen Prüfungsurteils darin gese-

---

9 Vgl. *Biener, H.*, Die Erwartungslücke.
10 Vgl. RegBegr zu § 280 HGB-E, abgedruckt in *Biener, H./Berneke, W.*, Bilanzrichtlinien-Gesetz, S. 431.
11 Der Geschäftsbericht gemäß § 160 AktG 1965 entsprach etwa Anhang und Lagebericht nach geltendem Recht.

hen, daß neben Einschränkung und Versagung des Testates in § 322 Abs. 2 HGB nunmehr auch eine Ergänzung des formelhaften Bestätigungsvermerkes möglich war. Dadurch sollten die externen Jahresabschlußleser besser über das Ergebnis der Prüfung und dessen Grenzen informiert werden können; ferner sollten diese Ergänzungen Hinweise sowohl über die allgemeine Prüfungstätigkeit als auch über einzelne Gesichtspunkte der Prüfung an den Jahresabschlußleser weitergeben[12].

Beide Änderungen gegenüber dem AktG 1965 könnten darauf schließen lassen, daß sich die Aussagefähigkeit des Testates für den externen Jahresabschlußleser verbessert hätte. Dennoch soll sich auch die derzeit geltende Regelung des § 322 HGB nicht bewährt haben. Die Gründe dafür mögen zum einen darin zu suchen sein, daß die mit der Generalnorm des § 264 HGB übereinstimmende Erweiterung des Bestätigungsvermerkes noch stärker den Eindruck erweckt, daß der Jahresabschluß ein „wahres" Bild von der wirtschaftlichen Lage des geprüften Unternehmens vermittelt[13]. Der Einschub, daß dieses Bild unter Beachtung der Grundsätze ordnungsmäßiger Buchführung zu vermitteln ist, könnte von der in Bilanzierungsfragen unerfahrenen Öffentlichkeit sicherlich weniger als Einschränkung denn als Gütemerkmal für die Bilanzierung verstanden werden und damit wohl eher zur Verstärkung als zur Verringerung der Erwartungslücke beitragen. Auch die andere beabsichtigte Verbesserung des § 322 HGB gegenüber der alten aktienrechtlichen Regelung, nämlich die inhaltliche Ergänzung des Bestätigungsvermerkes, griff nicht[14]. Zwar wurde auf der Grundlage dieser Regelung die Erweiterung des Testates zu einer Art Bestätigungsbericht allgemein für zulässig gehalten[15], in der Praxis waren Ergänzungen dieser Art indes lange ohne Bedeutung.

---

12 RegBegr zu § 280 HGB-E, abgedruckt in *Biener, H./Berneke, W.*, Bilanzrichtlinien-Gesetz, S. 431.

13 Zur mangelnden Aussagefähigkeit von Jahresabschlüssen vgl. *Baetge, J.*, Möglichkeiten der Objektivierung des Jahreserfolges, S. 21 f.

14 Schon kurz nach Verabschiedung des BiRiLiG skeptisch *Schruff, L.*, Der neue Bestätigungsvermerk, S. 184.

15 Vgl. *Budde, W. D./Kunz, K.*, in: BeckBil-Komm., 3. Aufl., § 322 HGB, Rn. 73; *Breycha, O./Schäfer, W.*, in: HdR, 3. Aufl., § 322 HGB, Rn. 11 f.; *Adler, H./Düring, W./Schmaltz, K.*, 5. Aufl., § 322 HGB, Tz. 311, soweit ein entsprechender Auftrag des geprüften Unternehmens vorliegt; kritisch *Erle, B.*, Der Bestätigungsvermerk des Abschlußprüfers, S. 220–226.

Erst im Rahmen der internationalen Öffnung der Rechnungslegung haben einige deutsche Konzerne in Anlehnung an die internationale Übung ihren Bestätigungsvermerk um allgemeine Ergänzungen zu Prüfungsumfang und Prüfungsdurchführung erweitert[16].

22 Die Aussagefähigkeit des Bestätigungsvermerkes nach § 322 HGB

Wie bereits angemerkt, besteht unter der geltenden Rechtslage die Erwartungslücke vor allem darin, daß in der Öffentlichkeit mit einem uneingeschränkten Bestätigungsvermerk für den Jahresabschluß eines Unternehmens das Urteil verbunden wird, daß das geprüfte Unternehmen auch wirtschaftlich gesund sei. Indes bestätigt der Abschlußprüfer mit seinem Testat lediglich, daß die Lage des Unternehmen nach den gültigen Vorschriften von Gesetz und Satzung und unter Beachtung der Grundsätze ordnungsmäßiger Buchführung im Jahresabschluß abgebildet wurde. Entsprechend erhält ein Unternehmen, daß sich in einer schwierigen wirtschaftlichen Situation befindet, aber bei der Erstellung des Jahresabschlusses alle relevanten Normen beachtet und darüber hinaus über die wirtschaftlichen Probleme (vielleicht etwas verklausuliert) im Lagebericht berichtet, einen uneingeschränkten Bestätigungsvermerk. Hier obliegt es dann dem Leser von Jahresabschluß und Lagebericht, die ungünstige wirtschaftliche Situation des Unternehmens zu erkennen.

Die Bildung eines Urteils über die wirtschaftliche Lage eines Unternehmens wird indes für einen externen Jahresabschlußleser dadurch wesentlich erschwert, daß Jahresabschluß und Lagebericht in aller Regel nicht ein den tatsächlichen Verhältnissen entsprechendes Bild der wirtschaftlichen Lage des Unternehmens vermitteln. Vielmehr bestehen verschiedene gesetzliche Pflichten und Wahlrechte, die dazu führen, daß die wirtschaftliche Lage des Unternehmens besser oder schlechter dargestellt wird als sie ist. So sind Unternehmen beispielsweise durch das Anschaffungkostenprinzip des § 255 HGB gezwungen, stille Reserven zu bilden. Eine Pflicht, über diese Reserven und

---

16 Vgl. z. B. die Testate zu den Konzernabschlüssen für das Geschäftsjahr 1994 der Bayer AG, der Schering AG und der Heidelberger Zement AG; zur Problematik dieser Ergänzungen vgl. *Niehus, R. J.,* Zum Bestätigungsvermerk, S. 557–560.

vor allem deren Auflösung zu berichten, besteht hingegen nur in Ausnahmefällen (vgl. z. B. § 284 Abs. 2 Nr. 4 HGB zur Angabepflicht eines wesentlichen Bewertungsunterschiedes zum letzten vor dem Abschlußstichtag bekannten Börsen- oder Marktpreis bei der Anwendung der Gruppenbewertung oder eines Verbrauchsfolgeverfahrens). Ferner ermöglichen es einige gesetzliche Wahlrechte, das Bild der wirtschaftlichen Lage des Unternehmens durch Bilanzpolitik zu beeinflussen[17]. Hier sei exemplarisch das Wahlrecht des § 249 Abs. 2 HGB zur Bildung von Aufwandsrückstellungen genannt. Durch diese gesetzlichen Möglichkeiten kann sich ein wirtschaftlich gesundes Unternehmen beispielsweise durch die Bildung stiller Reserven zwar immer noch gut aber tendenziell schlechter darstellen, während ein wirtschaftlich krankes Unternehmen zunächst die in Vorjahren gebildeten stillen Reserven auflösen wird und dadurch im Jahresabschluß tendenziell ein besseres Bild der wirtschaftlichen Lage vermitteln kann als dieses tatsächlich der Fall ist[18]. Die Erwartungslücke ist somit in erster Linie durch die Regelungen zur Rechnungslegung begründet, die dazu führen, daß das Bild der wirtschaftlichen Lage aus dem Jahresabschluß nicht unmittelbar ersichtlich ist[19]. Der externe Jahresabschlußleser kann sich sein Urteil über die wirtschaftliche Lage des Unternehmens dann oft nur durch entsprechend aufwendige Analysen bilden.

Gerät ein Unternehmen nun in offensichtliche wirtschaftliche Schwierigkeiten, so wird in der Öffentlichkeit häufig der Abschlußprüfer wegen des uneingeschränkten Testates kritisiert. Ihm wird vorgeworfen, daß er den externen Adressaten über das Medium des Bestätigungsvermerkes ein explizites Signal über die schwierige wirtschaftliche Situation des geprüften Unternehmens hätte geben müssen. Dem Urteil des Abschlußprüfers wird quasi die Aufgabe beigemessen, die Informationsmängel des Jahresabschlusses zu heilen. Der Bestätigungsvermerk gibt aber eben kein Urteil über die wirtschaftliche Lage des Unternehmens[20]. Das bedeutet indes nicht im Umkehrschluß, daß die wirtschaftliche Lage des Unternehmens vom Abschlußprüfer nicht zu prüfen sei.

---

17 Vgl. *Baetge, J.*, Möglichkeiten der Objektivierung des Jahreserfolges, S. 22.
18 Vgl. *Baetge, J.*, Bilanzen, S. 92.
19 Vgl. *Forster, K.-H.*, Zur Erwartungslücke, S. 620.
20 Vgl. *Erle, B.*, Der Bestätigungsvermerk des Abschlußprüfers, S. 126–128.

3 Die Prüfung der wirtschaftlichen Lage durch den Abschlußprüfer

Der Abschlußprüfer muß sich aus verschiedenen Gründen mit der wirtschaftlichen Lage des zu prüfenden Unternehmens auseinandersetzen[21]. So muß er sich für die Beantwortung der Frage, ob der Jahresabschluß den gesetzlichen Anforderungen entspricht, ein Bild von der wirtschaftlichen Lage machen, um dann im Rahmen eines Vergleiches ein Urteil gewinnen zu können. Beispielsweise gehört zu den im Jahresabschluß zu beachtenden gesetzlichen Vorschriften auch die fundamentale Unterstellung der Unternehmensfortführung des § 252 Abs. 1 Nr. 2 HGB. Der Abschlußprüfer bestätigt also mit einem uneingeschränkten Testat, daß aus seiner Sicht keine für das Unternehmen unmittelbar existenzgefährdenden Tatsachen vorliegen. Weiterhin muß der Abschlußprüfer nach geltender Rechtslage bestätigen, daß der Lagebericht keine falsche Vorstellung von der Lage des geprüften Unternehmens vermittelt. Schließlich hat das Urteil des Abschlußprüfers über die wirtschaftliche Lage erhebliche Bedeutung für seine Berichtspflichten außerhalb des Bestätigungsvermerks. Gegenüber den Vertretern des geprüften Unternehmens hat er im Rahmen des Prüfungsberichtes auf nachteilige Veränderungen der wirtschaftlichen Lage einzugehen (vgl. § 321 Abs. 1 Satz 4 HGB) sowie sich darüber hinaus über nicht unwesentliche Verluste, Entwicklungsbeeinträchtigungen und mögliche Bestandsgefährdungen im Rahmen der sogenannten Redepflicht nach § 321 Abs. 2 HGB zu äußern.

Diese Informationen sind indes dem externen Jahresabschlußadressaten nicht zugänglich. Zwar wird die Meinung vertreten, daß beispielsweise eine Ausübung der Redepflicht entsprechende explizite Ausführungen im zu veröffentlichenden Lagebericht nach sich ziehen sollte[22]. In der Praxis dürfte dieser Fall aber ebenso wie eine Einschränkung des Testates bei unterbliebenen Ausführungen im Lagebericht eher die Ausnahme sein.

---

21 Vgl. *Baetge, J.*, Objektivierung der Redepflicht, S. 5–9.
22 Vgl. *Baetge, J.*, Früherkennung negativer Entwicklungen, S. 664 f.; *Baetge, J./Huß, M./Niehaus, H.-J.*, Die statistische Auswertung von Jahresabschlüssen, S. 612.

4 Das Urteil des Abschlußprüfers über die wirtschaftliche Lage nach den Vorschlägen des KonTraG

41 Überblick

Nach dem Entwurf des KonTraG soll die Vorschrift des § 322 HGB über den Bestätigungsvermerk in wesentlichen Teilen geändert werden. So soll der Bestätigungsvermerk künftig „neben einer Beschreibung von Gegenstand, Art und Umfang der Prüfung auch eine Beurteilung des Prüfungsergebnisses ... enthalten." Die derzeit geltende Vorschrift des § 322 Abs. 2 HGB zu Ergänzungen des Bestätigungsvermerkes entfällt.

Ferner soll der Abschlußprüfer künftig bestätigen, daß der Jahresabschluß ein den tatsächlichen Verhältnissen entsprechendes Bild der Vermögens-, Finanz- und Ertragslage des geprüften Unternehmens vermittelt. Der Einschub im Bestätigungsvermerk, daß dieses Bild unter Beachtung der Grundsätze ordnungsmäßiger Buchführung vermittelt wird, ist nach dem KonTraG nicht mehr vorgesehen.

Besondere Bedeutung ist der geplanten neuen Anforderung an das Testat beizumessen, daß der Abschlußprüfer im Bestätigungsvermerk explizit auf künftige Risiken hinweisen soll. Das betrifft zum einen die Frage, ob Risiken der künftigen Entwicklung im Jahresabschluß zutreffend dargestellt sind. Zum anderen ist auf Risiken, die im Rahmen der Prüfung festgestellt wurden und die den Bestand des Unternehmens gefährden, im Testat hinzuweisen, damit diese Information nunmehr auch den externen Jahresabschlußlesern zugänglich ist.

Die letztgenannten geplanten Änderungen des § 322 HGB zu den bestehenden Risiken stehen in direktem Zusammenhang mit anderen Änderungsvorschlägen des KonTraG zur Rechnungslegung und Prüfung. So soll die Berichterstattungspflicht der großen und mittelgroßen Kapitalgesellschaften im Lagebericht in § 289 Abs. 1 HGB um Anmerkungen zu Risiken der künftigen Entwicklung erweitert werden. Analog ist beabsichtigt, den Prüfungsumfang durch eine Änderung des § 317 Abs. 2 HGB dahingehend auszuweiten, daß bei der Prüfung von Jahresabschluß und Lagebericht ein Urteil darüber abgegeben werden muß, ob der Lagebericht eine zutreffende Vorstellung von der wirtschaftlichen Lage des Unternehmens erweckt und ob die

Risiken der künftigen Entwicklung zutreffend dargestellt worden sind[23]. Das schließt mögliche Bestandsgefährdungen mit ein. Diese in dieser expliziten Form neuen Berichtspflichten des Unternehmens wirken sich auch auf die Berichtspflichten des Abschlußprüfers aus. So soll der Abschlußprüfer in Zukunft gegenüber den internen Adressaten des Prüfungsurteils im Prüfungsbericht ebenfalls über die künftigen Risiken einschließlich möglicher Bestandsgefährdungen berichten[24]. Insgesamt tritt also die Betrachtung der künftigen Risiken eines Unternehmens erheblich stärker in den Vordergrund der Urteilsbildung und Urteilsvermittlung des Abschlußprüfers.

42 Die Form des Bestätigungsvermerkes nach dem Änderungsvorschlag für § 322 HGB

Der Bestätigungsvermerk als Bericht des Abschlußprüfers an die Öffentlichkeit wird nach dem Vorschlag des KonTraG erheblich ausführlicher abgefaßt werden. Im Unterschied zur bisherigen Regelung des § 322 HGB soll hier neben dem eigentlichen Prüfungsurteil, das wie nach geltendem Recht bei Einwendungen entsprechend einzuschränken bzw. zu versagen ist, die Art, der Gegenstand und der Umfang der Prüfung näher erläutert werden. Das formelhafte Testat ist danach nicht mehr vorgesehen. In der Begründung zu dieser Änderung wird die mangelnde Akzeptanz von Ergänzungen des Bestätigungsvermerkes in der Praxis angeführt[25]. Eben diese Ergänzungen sollten dazu dienen, die externen Jahresabschlußleser über Details der Prüfung zu informieren. Insbesondere sollten hier zusätzliche Informationen gegeben werden, wenn ansonsten eine falsche Vorstellung von der Tragweite des Prüfungsurteils entstehen könnte[26]. Dieses entspricht in der Intention der Verringerung der Erwartungslücke.

Da diese Möglichkeit, die externen Jahresabschlußleser über das formelhafte Testat hinaus zu informieren, nicht hinreichend genutzt wurde, soll die schon mit dem BiRiLiG intendierte Verbesserung der Aussagefähigkeit des Bestätigungsvermerkes nunmehr dadurch reali-

---

23 Zu Gegenstand und Umfang der Prüfung nach geltendem Recht vgl. *Baetge, J./Fischer, T. R.*, in: HdR, 3. Aufl., § 317 HGB.
24 Vgl. den Änderungsvorschlag zu § 321 Abs. 1 HGB im KonTraG.
25 Vgl. *BMJ*, KonTraG, Begründung zu § 322 HGB, S. 68.
26 Vgl. *Biener, H./Berneke, W.*, Bilanzrichtlinien-Gesetz, S. 428.

siert werden, daß die Ergänzung des Prüfungsurteils in der gesetzlichen Vorschrift inhaltlich konkretisiert und damit in einer ausführlichen Form verbindlich vorgeschrieben wird.

In den entsprechenden Ausführungen im Bestätigungsvermerk sollte zunächst der Prüfungsauftrag kurz skizziert werden, indem die Art der Prüfung beschrieben wird. Ferner sollte der Abschlußprüfer in diesem Teil des Bestätigungsvermerkes auf die Verantwortlichkeit der gesetzlichen Vertreter des geprüften Unternehmens für die Aufstellung des vorliegenden Abschlusses hinweisen und die angewendeten Prüfungsgrundsätze kurz erläutern[27]. Das sollte einen Hinweis einschließen, daß bei der Jahresabschlußprüfung auch Auswahlverfahren angewendet worden sind[28].

Mit dieser Erweiterung des Bestätigungsvermerkes nähert sich die deutsche Gesetzgebung stark an die internationale Praxis an[29]. Die für die Entwicklung internationaler Prüfungsstandards verantwortliche Organisation, die International Federation of Accountants (IFAC), legt in ihrem International Standard on Auditing (ISA) 400 zum Urteil des Abschlußprüfers ähnliche Inhalte fest und nennt darüber hinaus ein konkretes ausführliches Beispiel. Bei den oben genannten deutschen Konzernen, die ihre Rechnungslegung an internationalen Grundsätzen ausrichten, haben sich die Abschlußprüfer mit ihrem Prüfungsurteil wohl an diesen Vorgaben des ISA 400 orientiert.

Hier stellt sich die Frage, wie sich die besprochenen Änderungen bei Form und Inhalt des Bestätigungsvermerkes auf die Erwartungslücke auswirken. Die genannten Erweiterungen des Bestätigungsvermerkes geben dem externen Jahresabschlußleser keinen Hinweis darauf, daß das Testat des Abschlußprüfers kein Urteil über die wirtschaftliche Lage des geprüften Unternehmens fällt. Insofern wird die Erwartungslücke durch diese Änderungen nicht verkleinert. Sehr hilfreich für die Verringerung der Erwartungslücke dürften aber die Ausführungen zur Verantwortlichkeit des Abschlußprüfers und zum Umfang

---

27 Vgl. *BMJ*, KonTraG, Begründung zu § 322 HGB, S. 68.
28 Zum Einsatz von Auswahlverfahren bei der Jahresabschlußprüfung vgl. *Baetge, J./Fischer, T. R.*, in: HdR, 3. Aufl., § 317 HGB, Rn. 40–52.
29 Eine entsprechende Anregung, den Bestätigungsvermerk zu einem Bestätigungsbericht angelsächsischer Prägung auszuweiten, gab der Berufsstand der Wirtschaftsprüfer schon im Rahmen der Diskussion der Umsetzung der EG-Richtlinien. Vgl. dazu *Forster, K.-H.*, Zur Erwartungslücke, S. 613 f.

der durchgeführten Prüfung sein. Der Hinweis, daß das Prüfungsurteil auch auf der Basis von Stichprobenprüfungen gefällt wurde, kann die Erwartungen an den Bestätigungsvermerk vermindern.

43 Die Beachtung der Grundsätze ordnungsmäßiger Buchführung

Nach der geplanten Änderung des § 322 HGB soll der Abschlußprüfer nicht mehr bestätigen, daß das geforderte Bild des Unternehmens im Rahmen der Grundsätze ordnungsmäßiger Buchführung vermittelt wird. Die entsprechende Formulierung soll entfallen. Begründet wird diese Änderung indes nicht explizit. Auch zieht sie wohl keine geänderten inhaltlichen Anforderungen an die eigentliche Jahresabschlußprüfung nach sich.

Oben wurde bereits darauf hingewiesen, daß der Hinweis auf die Beachtung der Grundsätze ordnungsmäßiger Buchführung im Bestätigungsvermerk bisher möglicherweise eher zu einer Vergrößerung als zu einer Verringerung der Erwartungslücke beigetragen hat. Insofern scheint die Streichung dieses Hinweises zu begrüßen zu sein. Kritisch anzumerken ist indes, daß mit der Streichung des Verweises auf die Grundsätze ordnungsmäßiger Buchführung keinerlei inhaltliche Änderung von Rechnungslegung und/oder Prüfung einhergeht. Somit könnte der unzutreffende Eindruck erweckt werden, daß nunmehr anders bilanziert würde, der vorliegende Abschluß also ein zutreffenderes Bild von der wirtschaftlichen Lage des geprüften Unternehmens vermitteln würde, obwohl nach wie vor die Grundsätze ordnungsmäßiger Buchführung beachtet werden mit den oben beschriebenen Einschränkungen für die Aussagefähigkeit des Jahresabschlusses. Im Sinne der Verringerung der Erwartungslücke könnten die externen Jahresabschlußleser nunmehr erwarten, daß der Jahresabschluß das bestätigte, den tatsächlichen Verhältnissen entsprechende Bild der wirtschaftlichen Lage des Unternehmens vermittelt. Diese Erwartung verkennt indes die Rechtssystematik der deutschen Vorschriften zur Rechnungslegung. Zwar verlangt auch die Generalnorm des § 264 Abs. 2 HGB, daß der Jahresabschluß ein entsprechendes Bild vermittelt. Allerdings bildet diese Generalnorm nur eine Auslegungshilfe für ungeregelte Bereiche, Spielräume und gesetzliche Wahlrechte, die nicht aus bilanzfremden Gründen gewährt werden[30]. Die Generalnorm stellt eben keine übergeordnete Anforderung im Sinne eines sogenannten „overriding principle" dar[31]. Somit vermittelt die Formulierung von Generalnorm und Bestätigungsvermerk dem nicht sachkundigen Leser eine unzutreffende Vorstellung von der Aussagefähigkeit des Jahresabschlusses, die nach wie vor durch verschiedene zwingend anzuwendende Einzelvorschriften bzw. die Grundsätze ordnungsmäßiger Buchführung beeinträchtigt ist.

Hinzuweisen ist in diesem Zusammenhang auch auf die formale Verbindung von Bestätigungsvermerk und Generalnorm für den Jahresabschluß von Kapitalgesellschaften in § 264 Abs. 2 HGB bzw. für den Konzernabschluß in § 297 Abs. 2 Satz 3 HGB, die beide die Vermittlung des Bildes der wirtschaftlichen Lage unter Beachtung der Grundsätze ordnungsmäßiger Buchführung verlangen. Da eine Änderung dieser Vorschriften im Rahmen des KonTraG nicht beabsichtigt ist, entsteht eine Inkonsistenz zwischen den Anforderungen an die Rechnungslegung und die Aussage im Prüfungsurteil zumindest auf formaler Ebene.

44 Das Urteil des Abschlußprüfers über Risiken der künftigen Entwicklung und Risiken, die den Fortbestand des Unternehmens gefährden

441. Überblick

Der Abschlußprüfer hat im Testat zu bestätigen, daß im Lagebericht alle Risiken der künftigen Entwicklung des Unternehmens zutreffend abgebildet wurden. Ferner hat er in seinem Urteil an die externen Jahresabschlußleser auf Risiken hinzuweisen, die den Fortbestand des geprüften Unternehmens gefährden. Dieser Begriff des Risikos zieht sich wie ein roter Faden durch die geplanten Änderungen von Rechnungslegung und Prüfung im Rahmen des KonTraG. Die gesetzlichen

---

30 Vgl. *Baetge, J./Commandeur, D.*, in: HdR Ia, 4. Aufl., § 264 HGB, Rn. 33–36; *Baetge, J./Kirsch, H.-J.*, in: HdR Ia, 4. Aufl., GoB, Rn. 343–349.

31 Hier sei an die Diskussion um Inhalt und Bedeutung der Generalnorm im Rahmen der Umsetzung der 4. EG-Richtlinie erinnert, vgl. z. B. *Budde, W. D./Förschle, G.*, True and Fair View, S. 31 f.

Vertreter des geprüften Unternehmens müssen im Lagebericht auf Risiken der künftigen Entwicklung eingehen. Diese neue Berichtspflicht wird explizit in Gegenstand und Umfang der Abschlußprüfung aufgenommen. Der Abschlußprüfer muß dann in seinem Prüfungsurteil sowohl bei der unternehmensinternen Kommunikation im Rahmen des Prüfungsberichtes als auch gegenüber den externen Jahresabschlußlesern durch das Medium des Bestätigungsvermerkes darüber berichten, ob die Risiken der künftigen Entwicklung im Lagebericht zutreffend dargestellt sind.

Auch die sogenannte große Redepflicht des § 321 Abs. 2 HGB soll durch den KonTraG nicht mehr nur gegenüber den gesetzlichen Vertretern des geprüften Unternehmens, sondern nunmehr auch gegenüber den externen Jahresabschlußlesern ausgeübt werden, indem der Abschlußprüfer im Bestätigungsvermerk auf Risiken hinweist, die den Fortbestand des Unternehmens gefährden. Wie bei der derzeit geltenden Vorschrift sind davon nur diejenigen Risiken betroffen, die der Abschlußprüfer im Rahmen der Prüfung feststellt.

442. Der Begriff des Risikos in der Bilanzierung

Allgemein kann der Begriff des Risikos als Gefahr des Eintritts eines nachteiligen Ereignisses umschrieben werden. Im Bereich der Bilanzierung ist dieses eine Verminderung des Nettovermögens. Zu differenzieren ist indes nach der Sicherheit des Eintritts der Nettovermögensminderung. So findet sich in § 252 Abs. 1 Nr. 4 HGB eine Unterscheidung, wonach „alle vorhersehbaren Risiken und Verluste, die bis zum Abschlußstichtag entstanden sind, zu berücksichtigen" sind. Dabei umfaßt der Begriff der Verluste diejenigen nachteiligen Ereignisse im obigen Sinne, deren Eintritt bereits zum Stichtag hinreichend sicher ist. Bei bilanziellen Risiken handelt es sich dagegen um Nettovermögensminderungen, deren Eintritt am Abschlußstichtag noch ungewiß ist, also um künftig drohende Verluste bzw. negative Erfolgsbeiträge aus eingeleiteten Geschäften im Sinne *Leffsons*[32]. Dabei müssen diese künftigen Verluste hinreichend konkretisiert sein. Das allgemeine Unternehmerrisiko ist somit auszugrenzen[33].

---

32 Vgl. *Leffson, U.*, GoB, S. 393–397; *Wagner, A.*, Risiken im Jahresabschluß von Bauunternehmen, S. 22–27.
33 Vgl. m. w. N. *Adler, H./Düring, W./Schmaltz, K.*, 6. Aufl., § 252 HGB, Tz. 74.

Damit sichergestellt ist, daß alle vorhersehbaren Risiken in Jahresabschluß und Lagebericht abgebildet sind, muß der bilanzierende Kaufmann zu jedem Stichtag nicht nur eine Bestandsaufnahme der Vermögensgegenstände und Schulden, sondern auch eine „Inventur der Risiken"[34] durchführen.

443. Risiken der künftigen Entwicklung

Nach dem Vorschlag des KonTraG für den Bestätigungsvermerk soll der Abschlußprüfer in seinem Bestätigungsvermerk darüber berichten, ob im Lagebericht die Risiken der künftigen Entwicklung zutreffend dargestellt sind. Diese Prüfungs- und Berichtspflicht knüpft unmittelbar an der geplanten Änderung der Vorschrift des § 289 HGB an, nach der die gesetzlichen Vertreter im Lagebericht auf eben diese Risiken der künftigen Entwicklung eingehen sollen. Diese geplante Neuerung stellt indes nur eine Ergänzung der bisherigen Berichtspflichten im Lagebericht dar. Nach § 289 Abs. 2 Nr. 2 HGB ist im Lagebericht schon jetzt die voraussichtliche Entwicklung der Kapitalgesellschaft zu erläutern[35], was wohl mit der künftigen Entwicklung gleichgesetzt werden kann. Inhaltlich handelt es sich dabei um Einschätzungen zur gesamtwirtschaftlichen Situation, zur Branchensituation und natürlich auch zur Situation des Unternehmens in der Zukunft in den verschiedenen Bereichen wie Beschaffung, Produktion, Absatz, Investitionen und Finanzierung[36]. Schon nach geltender Rechtslage wird hier vertreten, daß auch über wahrscheinliche negative Entwicklungen zu berichten ist[37]. Schließt man sich dieser Auffassung an, so hat die geplante Änderung zur Berichterstattung im Lagebericht über Risiken der künftigen Entwicklung lediglich klarstellende Bedeutung. In der Begründung zum KonTraG wird die geplante Änderung indes als Erweiterung der Berichtspflicht bezeichnet[38]. Neu ist in jedem Fall der explizite Bezug auf die zutreffende Darstellung dieser Risiken im Bestätigungsvermerk.

---

34 Vgl. *Leffson, U.*, GoB, S. 222.
35 Vgl. *Krumbholz, M.*, Die Qualität publizierter Lageberichte, S. 129–166.
36 Vgl. *Baetge, J./Fischer, T. R./Paskert, D.*, Der Lagebericht, S. 40–44.
37 Vgl. z. B. *Ellrott, H.*, in: BeckBil-Komm., 3. Aufl., § 289 HGB, Rn. 36.
38 Vgl. *BMJ*, KonTraG, Begründung zu § 289 HGB, S. 61.

Die Darstellung der Risiken der künftigen Entwicklung im Lagebericht wird sich im wesentlichen auf Prognosen der Vertreter des Unternehmens stützen. Es entspricht den Grundsätzen ordnungsmäßiger Lageberichterstattung, diese Prognosen gemeinsam mit den Ausführungen zur künftigen Entwicklung im Lagebericht offenzulegen[39]. Die Prüfung der Prognosen bereitet indes besondere Schwierigkeiten. Der Prüfer wird sich hier in aller Regel kein eigenes Sollobjekt[40] bilden können, mit dem er dann die Angaben im Lagebericht abgleicht. Vielmehr wird er sich wie bei der Prüfung der wirtschaftlichen Lage insgesamt im wesentlichen auf die Feststellung beschränken müssen, ob die von den Vertretern des geprüften Unternehmens getroffenen Prognosen vollständig, plausibel und glaubwürdig sind[41]. Da auch über diese Zusammenhänge in der Öffentlichkeit möglicherweise Mißverständnisse bestehen[42], wäre ein entsprechender Hinweis im Bestätigungsvermerk im Sinne der Verringerung der Erwartungslücke sicherlich hilfreich.

Ob mit der neuen Berichtspflicht über Risiken der künftigen Entwicklung eine Verringerung der Erwartungslücke verbunden ist, wird maßgeblich davon abhängen, wie deutlich im Lagebericht über die künftigen Risiken berichtet wird. Der Ansatz zu einer besseren Information der externen Jahresabschlußadressaten liegt also in diesem Punkt eher bei den gesetzlichen Vertretern des geprüften Unternehmens als beim Abschlußprüfer.

444. Risiken, die den Fortbestand des Unternehmens gefährden

Nach dem Vorschlag des KonTraG soll der Abschlußprüfer in seinem Bestätigungsvermerk explizit auf Risiken hinweisen, die den Fortbestand des Unternehmens gefährden. In der Begründung wird aus-

---

39 Vgl. *Baetge, J./Fischer, T. R./Paskert, D.*, Der Lagebericht, S. 44; ausführlich zu den Grundsätzen ordnungsmäßiger Lageberichterstattung vgl. *Baetge, J./Krumbholz, M.*, in: HdR Ia, 4. Aufl., GoL.
40 Zur Ableitung von Sollobjekten als Grundlage eines Soll-Ist-Vergleiches vgl. *Leffson, U.*, Wirtschaftsprüfung, S. 15; *Schuppert, A.*, Die Überwachung betrieblicher Routinetätigkeiten, S. 19–23.
41 Vgl. *Baetge, J./Fischer, T. R./Paskert, D.*, Der Lagebericht, S. 63; *Olbrich, T.*, Die wirtschaftliche Lage der Kapitalgesellschaft, S. 270–273; so auch *BMJ*, KonTraG, Begründung zu § 321 HGB, S. 66.
42 Vgl. *Forster, K.-H.*, Runderneuerung des Bestätigungsvermerks, S. 259.

drücklich auf die Erwartungslücke Bezug genommen, die der Abschlußprüfer „durch eine vorbildliche Formulierung"[43] schließen könne. Wie eine solche vorbildliche Formulierung aussehen könnte, läßt die Begründung offen. Hier kommt neben dem Hinweis auf die Gefährdung wohl auch eine inhaltliche Beschreibung der festgestellten Risiken in Betracht, damit sich der externe Jahresabschlußleser ein Bild von der Tragweite der Bestandsgefährdung machen kann.

Die Berichterstattung des Abschlußprüfers über derartige existenzielle Risiken ist nicht neu. Bisher mußte der Abschlußprüfer zu derartigen Gefährdungen der Going Concern-Prämisse in der Zukunft im Rahmen seiner Berichterstattung gemäß § 321 Abs. 2 HGB in Form der großen Redepflicht Stellung nehmen. Bei dieser großen Redepflicht handelt es sich allerdings um eine rein unternehmensinterne Informationsvermittlung des Abschlußprüfers an die Organe des geprüften Unternehmens. Wie bei seinem Urteil über Risiken der künftigen Entwicklung sollte der Abschlußprüfer indes darauf hinwirken, daß seine Feststellungen über den Lagebericht auch an die externen Jahresabschlußleser weitergegeben werden. Enthält der Lagebericht keine hinreichenden Informationen über die mögliche Bestandsgefährdung des geprüften Unternehmens, so kommt schon ohne die Änderung des § 322 HGB durch den KonTraG eine inhaltlich konkretisierte Einschränkung des Bestätigungsvermerkes in Betracht[44]. Mit der geplanten Gesetzesänderung durch den KonTraG wird die Information der externen Jahresabschlußleser über bestandsgefährdende Tatsachen durch den Abschlußprüfer indes verbindlich vorgeschrieben.

Auch hier steht die geplante Änderung der Vorschrift zum Bestätigungsvermerk im Zusammenhang mit anderen Maßnahmen zur Verbesserung der Transparenz und Kontrolle im Unternehmensbereich. So soll die Regelung des § 321 HGB zum Prüfungsbericht zwar nicht mehr die große Redepflicht nur bei der Feststellung von bestandsgefährdenden Tatsachen vorschreiben. Vielmehr ist der Abschlußprüfer im Rahmen einer jeden Jahresabschlußprüfung gefordert, in seinem unternehmensinternen Prüfungsbericht explizit zum Fortbestand des Unternehmens Stellung zu nehmen.

---

43 Vgl. *BMJ,* KonTraG, Begründung zu § 322 HGB, S. 69.
44 Vgl. *Baetge, J./Huß, M./Niehaus, H.-J.,* Die statistische Auswertung von Jahresabschlüssen, S. 612.

Trägt nun die Berichterstattung des Abschlußprüfers über Bestandsgefährdungen des geprüften Unternehmens im Bestätigungsvermerk zur Verringerung der Erwartungslücke bei? Mit der Erwartungslücke wird das Problem umschrieben, daß der externe Jahresabschlußleser mit einem uneingeschränkten Bestätigungsvermerk ein positives Urteil über die wirtschaftliche Lage des geprüften Unternehmens verbindet. Anders formuliert erwartet der externe Jahresabschlußleser, daß er aus dem Prüfungsurteil des Abschlußprüfers Indizien für wirtschaftliche Schwierigkeiten des Unternehmens ablesen kann. Von besonderer Bedeutung sind hier sicherlich wirtschaftliche Schwierigkeiten existenzieller Natur. In diesem Sinne kann die Verankerung der großen Redepflicht im Bestätigungsvermerk, die den externen Jahresabschlußlesern eben diese erwarteten Informationen zugänglich macht, sicherlich erheblich zur Verringerung der Erwartungslücke beitragen.

Wie schon bei der großen Redepflicht des § 321 Abs. 2 HGB wird die Effizienz dieser neuen Berichtspflicht des Abschlußprüfers indes maßgeblich davon abhängen, in welchem Maße und auf welcher Basis der Abschlußprüfer davon Gebrauch macht. Bei einem Bericht über bestandsgefährdende Tatsachen handelt es sich in verschiedener Hinsicht um außerordentlich sensible Informationen. Anders als mit der Redepflicht im Rahmen des unternehmensinternen Prüfungsbericht, mit der in erster Linie die Organe des geprüften Unternehmens informiert und zu geeigneten Gegenmaßnahmen veranlaßt werden sollen, besteht bei der Information der unternehmensexternen Jahresabschlußleser über den Bestätigungsvermerk die Gefahr von Reaktionen, die dazu geeignet sind, die ohnehin schon kritische wirtschaftliche Situation des Unternehmens weiter zu verschlechtern[45]. Das Urteil des Abschlußprüfers über Risiken für den Fortbestand des Unternehmens muß also besonders gut abgesichert sein. Hier besteht besonderes Konfliktpotential, wenn Abschlußprüfer und gesetzliche Vertreter des geprüften Unternehmens über die Einschätzung bestehender Risiken unterschiedlicher Meinung sind.

Der Fortbestand eines Unternehmens kann aus verschiedenen Gründen gefährdet sein. Zum einen können konkrete Sachverhalte vorliegen, die zum Beispiel eine drohende Zahlungsunfähigkeit wahr-

---

45 Vgl. *Forster, K.-H.*, Zur Erwartungslücke, S. 617, der davon spricht, daß die Alarmglocke zur Totenglocke werden könnte.

scheinlich erscheinen lassen. Vorstellbar wäre etwa ein hoch spezialisierter Zulieferbetrieb, der von einem einzigen Abnehmer abhängig ist. Fällt dieser Abnehmer aus, so besteht solange eine konkrete Bestandsgefährdung, wie kein neuer Abnehmer gefunden wurde bzw. die Produktion nicht entsprechend umgestellt werden konnte. Hier wäre die Begründung für eine Berichtspflicht des Abschlußprüfers vergleichsweise leicht nachzuvollziehen und gegenüber den gesetzlichen Vertretern des geprüften Unternehmens zu begründen. Schwerer wird es dagegen dem Abschlußprüfer fallen, ein negatives Urteil über die Risiken des Fortbestandes des Unternehmens zu fällen und durchzusetzen, wenn die Bestandsgefährdung nicht in konkret abgrenzbaren Sachverhalten, sondern in einer allgemeinen Verschlechterung der wirtschaftlichen Lage des Unternehmens begründet ist. Dazu wird er sich üblicherweise des Instrumentariums der Bilanzanalyse bedienen, das in seiner klassischen Ausprägung die vom Jubilar hinreichend kritisierten Mängel aufweist, daß sowohl die Auswahl der für relevant erachteten Kennzahlen als auch die Gewichtung der Teilurteile zu einem Gesamturteil in hohem Maße subjektiv ist[46]. Ein derart subjektives Urteil mag im Rahmen einer unternehmensinternen Diskussion zwischen Abschlußprüfer und den gesetzlichen Vertretern des geprüften Unternehmens eine geeignete Ausgangsposition sein. Zur Information der unternehmensexternen Jahresabschlußleser scheint es aufgrund der beschriebenen Sensibilität der Aussage indes wenig geeignet und würde daher von den gesetzlichen Vertretern des geprüften Unternehmens wohl verständlicherweise nicht akzeptiert. Entscheidend für die Akzeptanz des Urteils des Abschlußprüfers und damit für den Erfolg der geplanten Änderung der Berichtspflicht des Abschlußprüfers ist somit das objektive Fundament, auf das der Abschlußprüfer sein Urteil stützen kann.

Hier liegt es nahe, sich an das Instrumentarium zu erinnern, das der hochverehrte Jubilar im Rahmen langjähriger Forschung entwickelt und schon verschiedentlich im Zusammenhang mit der Berichterstattung des Abschlußprüfers diskutiert hat[47]. Mit diesem komplexen Instrumentarium ist es gelungen, auf der Grundlage von Jahresabschlußinformationen ein statistisch abgesichertes Urteil über die wirtschaftliche Lage eines Unternehmens zu gewinnen. Dabei handelt es

---

46 Vgl. z. B. *Baetge, J.*, Objektivierung der Redepflicht, S. 9–12.
47 Vgl. z. B. *Baetge, J.*, Objektivierung der Redepflicht, S. 19–26.

sich nicht nur um einen Indikator, der anzeigt, ob das Unternehmen bestandsgefährdet ist oder nicht, sondern um eine abgestufte Beurteilung der wirtschaftlichen Lage, die auch einen Zeitvergleich, also ein Urteil über die Entwicklung der wirtschaftlichen Lage eines Unternehmens im Zeitablauf, zuläßt.

Diese Tatsache gewinnt im Zusammenhang mit der Berichterstattung des Abschlußprüfers im unternehmensinternen Prüfungsbericht noch an Bedeutung. Nach der geplanten Änderung des § 321 HGB durch den KonTraG soll der Abschlußprüfer in jedem Prüfungsbericht eine Einschätzung über den Fortbestand des Unternehmens geben. Dadurch erhält einerseits der Abschlußprüfer die Möglichkeit, frühzeitig auf eine sich aus seiner Sicht verschlechternde wirtschaftliche Lage des Unternehmens hinzuweisen, noch deutlich früher als der Fortbestand des Unternehmens tatsächlich gefährdet ist. Auf der anderen Seite haben die gesetzlichen Vertreter des geprüften Unternehmens in einer Krisensituation ebenfalls frühzeitig die Möglichkeit, geeignete Gegenmaßnahmen einzuleiten und damit die sensible Berichterstattung des Abschlußprüfers über Bestandsrisiken im Bestätigungsvermerk zu vermeiden. Die Fundierung der Berichterstattung des Abschlußprüfers im Prüfungsbericht auf das beschriebene objektive Analyseinstrumentarium[48] könnte einerseits die Akzeptanz seines Urteils erhöhen und andererseits helfen, Krisensituationen des geprüften Unternehmens frühzeitig zu erkennen und zu bekämpfen.

5 Schlußbemerkung

Mit den geplanten Änderungen des Bestätigungsvermerkes durch den KonTraG soll die Lücke zwischen den Erwartungen der Öffentlichkeit und der Aussagefähigkeit des Testates verringert werden. Hierzu können auf der einen Seite die Vorschläge zu einer ausführlicheren Form des Bestätigungsvermerkes beitragen. Hinweise auf die Verantwortlichkeit des Abschlußprüfers und auf die angewendeten Prüfungsgrundsätze und -methoden werden die Erwartungen der Öffentlichkeit auf ein angemessenes Maß vermindern.

Die geplanten Änderungen des KonTraG sind auch dazu geeignet, die Aussagefähigkeit des Bestätigungsvermerkes zu erhöhen und damit

---

48 Vgl. *Dörner, D./Schwegler, I.*, Anstehende Änderungen, S. 287.

die Erwartungslücke von der anderen Seite zu verringern. Zu begrüßen sind insbesondere die neuen Berichtspflichten des Abschlußprüfers über die Risiken der künftigen Entwicklung und Risiken, die den Fortbestand des Unternehmens gefährden können. Ob indes die Erwartungen der Öffentlichkeit erfüllt werden, ein Urteil über die wirtschaftliche Lage des geprüften Unternehmens zu erhalten, hängt in erster Linie davon ab, wie die Berichtspflichten umgesetzt werden. Aufgrund der Sensibilität der neuen Berichtspflichten ist es sowohl im Interesse des Abschlußprüfers als auch des geprüften Unternehmens, das Urteil über die wirtschaftliche Lage des Unternehmens und über die bestehenden Risiken mit der größtmöglichen Objektivität und Sicherheit zu fällen. Dazu bedarf es eines Instrumentariums, das ein objektives Urteil über die wirtschaftliche Lage des geprüften Unternehmens erlaubt. Auf diesem Gebiet hat der hochverehrte Jubilar über viele Jahre hinweg eine wohl einzigartige Forschungsarbeit geleistet, deren Ergebnisse auch in der Praxis schon große Beachtung gefunden haben und erfolgreich eingesetzt werden.

Die Anregung, das mit dem beschriebenen Instrumentarium der modernen Bilanzanalyse gewonnene Urteil über die wirtschaftliche Lage des geprüften Unternehmens nicht nur dazu zu nutzen, die Berichterstattung im Prüfungsbericht zu unterstützen, sondern es regelmäßig im Jahresabschluß zu veröffentlichen oder es gar regelmäßig in den Bestätigungsvermerk des Abschlußprüfers einfließen zu lassen[49], mag zum derzeitigen Zeitpunkt vielleicht etwas hochgegriffen wirken. Sie böte indes die Chance, auch die bilanzunerfahrenen Jahresabschlußleser objektiv über die wirtschaftliche Lage des Unternehmens zu informieren und damit die Erwartungslücke wesentlich zu verringern, wenn nicht sogar zu schließen.

---

49 Vgl. ähnlich *Biener, H.*, Die Erwartungslücke, S. 59.

Literaturverzeichnis

Adler, Hans/Düring, Walther/Schmaltz, Kurt, Rechnungslegung und Prüfung der Unternehmen, Kommentar zum HGB, AktG, GmbHG und PublG nach den Vorschriften des Bilanzrichtlinien-Gesetzes, bearb. v. Forster, Karl-Heinz u. a., 5. Aufl., Stuttgart 1987 (§ 322 HGB).

Adler, Hans/Düring, Walther/Schmaltz, Kurt, Rechnungslegung und Prüfung der Unternehmen, Kommentar zum HGB, AktG, GmbHG und PublG nach den Vorschriften des Bilanzrichtlinien-Gesetzes, bearb. v. Forster, Karl-Heinz u. a., 6. Aufl., Stuttgart 1995 (§ 252 HGB).

Baetge, Jörg, Möglichkeiten der Objektivierung des Jahreserfolges, Düsseldorf 1970.

Baetge, Jörg, Früherkennung negativer Entwicklungen der zu prüfenden Unternehmung mit Hilfe von Kennzahlen, in: WPg 1980, S. 651–665 (Früherkennung negativer Entwicklungen).

Baetge, Jörg, Konzernbilanzen, 2. Aufl., Düsseldorf 1995.

Baetge, Jörg, Möglichkeiten der Objektivierung der Redepflicht nach § 321 Abs. 1 Satz 4 und Abs. 2 HGB, in: Internationale Wirtschaftsprüfung, Festschrift für Havermann, hrsg. v. Lanfermann, Josef, Düsseldorf 1995, S. 1–35 (Objektivierung der Redepflicht).

Baetge, Jörg, Bilanzen, 4. Aufl., Düsseldorf 1996.

Baetge, Jörg/Commandeur, Dirk, § 264 HGB, in: Handbuch der Rechnungslegung, Kommentar zur Bilanzierung und Prüfung, hrsg. v. Küting, Karlheinz/Weber, Claus-Peter, Bd. Ia, 4. Aufl., Stuttgart 1995 (§ 264 HGB).

Baetge, Jörg/Fischer, Thomas R., § 317 HGB, in: Handbuch der Rechnungslegung, Kommentar zur Bilanzierung und Prüfung, hrsg. v. Küting, Karlheinz/Weber, Claus-Peter, 3. Aufl., Stuttgart 1990 (§ 317 HGB).

Baetge, Jörg/Fischer, Thomas R./Paskert, Dierk, Der Lagebericht, Stuttgart 1989.

Baetge, Jörg/Huß, Michael/Niehaus, Hans-Jürgen, Die statistische Auswertung von Jahresabschlüssen zur Informationsgewinnung bei der Jahresabschlußprüfung, in: WPg 1986, S. 605–613 (Die statistische Auswertung von Jahresabschlüssen).

Baetge, Jörg/Kirsch, Hans-Jürgen, Grundsätze ordnungsmäßiger Buchführung, in: Handbuch der Rechnungslegung, Kommentar zur Bilanzierung und Prüfung, hrsg. v. Küting, Karlheinz/Weber, Claus-Peter, Bd. Ia, 4. Aufl., Stuttgart 1995 (GoB).

Baetge, Jörg/Krumbholz, Marcus, Grundsätze ordnungsmäßiger Lageberichterstattung, in: Handbuch der Rechnungslegung, Kommentar zur Bilanzierung und Prüfung, hrsg. v. Küting, Karlheinz/Weber, Claus-Peter, 4. Aufl., Bd. Ia, Stuttgart 1995 (GoL).

Biener, Herbert, Die Erwartungslücke – eine endlose Geschichte, in: Internationale Wirtschaftsprüfung, Festschrift für Havermann, hrsg. v. Lanfermann, Josef, Düsseldorf 1995, S. 37–63 (Die Erwartungslücke).

Biener, Herbert/Berneke, Wilhelm, Bilanzrichtlinien-Gesetz, Textausgabe des Bilanzrichtlinien-Gesetzes vom 19. 12. 1985 (Bundesgesetzblatt I, S. 2355), mit Bericht des Rechtsausschusses des Deutschen Bundestages, Regierungsentwürfe mit Begründung, EG-Richtlinien mit Begründung, Entstehung und Erläuterung des Gesetzes, unter Mitwirkung v. Niggemann, Karl-Heinz, Düsseldorf 1986 (Bilanzrichtlinien-Gesetz).

Breycha, Ottokar/Schäfer, Wolf, § 322 HGB, in: Handbuch der Rechnungslegung, Kommentar zur Bilanzierung und Prüfung, hrsg. v. Küting, Karlheinz/Weber, Claus-Peter, 3. Aufl., Stuttgart 1990 (§ 322 HGB).

Budde, Wolfgang Dieter/Förschle, Gerhard, Das Verhältnis des „True and Fair View" zu den Grundsätzen ordnungsmäßiger Buchführung und zu den Einzelrechnungslegungsvorschriften, in: Einzelabschluß und Konzernabschluß, Beiträge zum neuen Bilanzrecht, Bd. 1, hrsg. v. Mellwig, Winfried/Moxter, Adolf/Ordelheide, Dieter, Wiesbaden 1980, S. 27–45 (True and Fair View).

Budde, Wolfgang Dieter/Kunz, Karlheinz, § 322 HGB, in: Beck'scher Bilanzkommentar, Handels- und Steuerrecht, hrsg. v. Budde, Wolfgang Dieter u. a., 3. Aufl., München 1995 (§ 322 HGB).

Bundesministerium für Justiz, Referentenentwurf eines Gesetzes zur Kontrolle und Transparenz im Unternehmensbereich (KonTraG) v. 22. November 1996, Bonn 1996.

Dörner, Dietrich/Schwegler, Iren, Anstehende Änderungen der externen Rechnungslegung sowie der Prüfung durch den Wirtschaftsprüfer, in: DB 1997, S. 285–289 (Anstehende Änderungen).

Ellrott, Helmut, § 289 HGB, in: Beck'scher Bilanzkommentar, Handels- und Steuerrecht, hrsg. v. Budde, Wolfgang Dieter u. a., 3. Aufl., München 1995 (§ 289 HGB).

Erle, Bernd, Der Bestätigungsvermerk des Abschlußprüfers, Düsseldorf 1990.

Forster, Karl-Heinz, Zur „Erwartungslücke" bei der Abschlußprüfung, in: Für Recht und Staat, Festschrift für Helmrich, hrsg. v. Letzgus, Klaus u. a., München 1994, S. 613–626 (Zur Erwartungslücke).

Forster, Karl-Heinz, Gedanken zu einer Runderneuerung des Bestätigungsvermerks – Nationale oder internationale Grundsätze? –, in: Rechnungslegung, Prüfung und Beratung, Festschrift für Ludewig, hrsg. v. Baetge, Jörg/Börner, Dietrich/Forster, Karl-Heinz/Schruff, Lothar, Düsseldorf 1996, S. 253–273 (Runderneuerung des Bestätigungsvermerks).

Krumbholz, Marcus, Die Qualität publizierter Lageberichte, Düsseldorf 1994.

Leffson, Ulrich, Grundsätze ordnungsmäßiger Buchführung, 7. Aufl., Düsseldorf 1987 (GoB).

Leffson, Ulrich, Wirtschaftsprüfung, 4. Aufl., Wiesbaden 1988.

Niehus, Rudolf J., Zum Bestätigungsvermerk von internationalen Jahresabschlüssen – Neue Risiken für die „Erwartungslücke" –, in: Internationale Wirtschaftsprüfung, Festschrift für Havermann, hrsg. v. Lanfermann, Josef, Düsseldorf 1995, S. 537–563 (Zum Bestätigungsvermerk).

Olbrich, Thomas, Die wirtschaftliche Lage der Kapitalgesellschaft, Düsseldorf 1992.

Schruff, Lothar, Der neue Bestätigungsvermerk vor dem Hintergrund internationaler Entwicklungen, in: WPg 1986, S. 181–185 (Der neue Bestätigungsvermerk).

Schuppert, Arno, Die Überwachung betrieblicher Routinetätigkeiten, Frankfurt am Main 1985.

Wagner, Antonius, Risiken im Jahresabschluß von Bauunternehmen, Düsseldorf 1989.

Wilfried Schlüter

Die Haftung der Arbeitnehmervertreter im Aufsichtsrat einer Aktiengesellschaft bei Nichtigkeit des Jahresabschlusses

1 Einleitung

2 Die Aufgaben des Aufsichtsrats im Zusammenhang mit dem Jahresabschluß und Grundsätze der Haftung bei Nichtigkeit
   21 Die Prüfung und Feststellung des Jahresabschlusses durch den Aufsichtsrat
   22 Die Haftung des Aufsichtsrats bei Nichtigkeit des Jahresabschlusses
      221. Die Nichtigkeit des Jahresabschlusses
      222. Die Haftungsfolgen

3 Die Haftungsbeschränkung für Arbeitnehmervertreter im Aufsichtsrat
   31 Haftungsbeschränkung durch Übernahme der Grundsätze über die Haftung der Arbeitnehmer bei betrieblicher Tätigkeit
   32 Haftungsbeschränkung durch Übernahme der Grundsätze über die Haftung des Betriebsrats

4 Ergebnis

Univ.-Prof. Dr. Dr. h.c. Wilfried Schlüter
Institut für Arbeits-, Sozial- und Wirtschaftsrecht
Westfälische Wilhelms-Universität Münster

1 Einleitung

Die Tätigkeit der Aufsichtsräte ist nach einigen spektakulären Zusammenbrüchen bedeutender Gesellschaften in den letzten Jahren verstärkt in das Blickfeld der Öffentlichkeit gerückt[1]. Dennoch scheint sich die duale Organisation der deutschen Aktiengesellschaft mit geschäftsführendem Vorstand und überwachendem Aufsichtsrat bewährt zu haben[2]. Das System von *checks and balances* mit den drei Hauptorganen Vorstand, Aufsichtsrat und Hauptversammlung hat sich im allgemeinen als funktionstüchtig erwiesen. Hierbei ist allerdings nicht zu verkennen, daß manche Aufsichtsräte wegen ihrer Zusammensetzung und der Befähigung ihrer Mitglieder häufig nicht in der Lage sind, die dem Aufsichtsrat als Kontrollorgan obliegenden Aufgaben sachgerecht wahrzunehmen. Der Aufsichtsrat übt häufig keine effektive Kontrolle mehr aus. Die Mitglieder treffen sich teilweise – wie es den gesetzlichen Mindestanforderungen nach § 110 Abs. 3 AktG entspricht – nur ein- bis dreimal jährlich[3], so daß er nicht über den notwendigen Überblick über die Vorgänge im Unternehmen verfügt. Zudem finden häufig im Vorfeld wichtiger Entscheidungen bereits Absprachen mit dem Vorstand statt[4], so daß von eigentlicher Kontrolle nicht mehr gesprochen werden kann. Der Aufsichtsrat hat sich vielmehr nicht selten zu einem Organ der Beratung und der Pflege der Beziehungen zum Vorstand entwickelt[5]. Das ändert aber nichts daran, daß dem Aufsichtsrat als Wahlorgan für den Vorstand (§ 84 Abs. 1 AktG) und als Kontrollorgan innerhalb der Aktiengesellschaft vom Gesetz ein nicht unerhebliches Machtpotential eingeräumt worden ist, so daß er neben dem Vorstand die wirtschaftliche Entwicklung der Gesellschaft erheblich zu beeinflussen vermag. Als wichtigstes Kontrollinstrument erweist sich in diesem

---

1 Erinnert sei hier nur an die Fälle Metallgesellschaft, Balsam, Schneider.
2 Vgl. *Deckert, M.*, Effektive Überwachung, S. 986; *Hoffmann-Becking, M.*, in MünchHdG, Bd. 4, § 29, Rn. 10; zur Diskussion, insb. dem Vergleich zum amerikanischen Boardsystem, vgl. *Baums, T.*, Aufgaben und Reformfragen, S. 14 ff.; *Bernhardt, W.*, Nebensache, S. 310 ff.; *Scheffler, E.*, Der Aufsichtsrat, S. 64 f.
3 Vgl. *Dörner, D./Oser, P.*, Aufsichtsrat und Wirtschaftsprüfer, S. 1087; *Hoffmann, D.*, Der Aufsichtsrat, S. 105.
4 Vgl. *Lieb, M.*, Arbeitsrecht, Rn. 919.
5 Vgl. *Kittner, M./Köstler, R./Zachert, U.*, Aufsichtsratspraxis, Rn. 112; *Scheffler, E.*, Der Aufsichtsrat, S. 63.

Zusammenhang die Prüfung und Feststellung des Jahresabschlusses, die nach den §§ 171, 172 AktG in den Kompetenzbereich des Aufsichtsrats fallen.

Die gewissenhafte Prüfung des Jahresabschlusses setzt bei den Aufsichtsratsmitgliedern fundierte betriebswirtschaftliche und rechtliche Kenntnisse voraus. In diesem Zusammenhang wird immer wieder die Frage aufgeworfen, ob und inwieweit die Aufsichtsratsmitglieder diesen Anforderungen gerecht werden. Sie stellt sich besonders hinsichtlich der Arbeitnehmervertreter, die häufig über keine betriebswirtschaftliche und kaufmännische Ausbildung verfügen, während die Vertreter der Anteilseigner regelmäßig aus dem Bankgewerbe oder einem anderen kaufmännischen Bereich stammen. Angesichts dieses unterschiedlichen Kenntnisstandes fragt es sich, ob es tatsächlich gerechtfertigt ist, die Arbeitnehmervertreter für Fehler bei der Prüfung und Feststellung des Jahresabschlusses in gleicher Weise haften zu lassen wie die Vertreter der Anteilseigner, die in der Regel für diese sich aus den §§ 171, 172 AktG ergebenden Aufgaben wesentlich besser gerüstet sind.

Daß in der Praxis in der Vergangenheit Regreßansprüche gegen Aufsichtsratsmitglieder wegen Verletzung ihrer Kontrollpflichten selten erhoben worden sind, darf nicht zu der Annahme verleiten, die Haftungsfrage sei nur wenig bedeutsam. Tatsächlich scheitern Schadensersatzklagen in der Praxis überwiegend an der in § 147 AktG errichteten hohen Barriere für eine solche Klage sowie an der Zurückhaltung der Vorstände, derartige Schadensersatzklagen zu erheben, so daß Haftungsfragen fast nur im Zusammenhang mit Insolvenzverfahren relevant wurden[6]. Diese mißliche Situation ist vielfach kritisiert worden und hat zu Reformvorschlägen geführt, nach denen die Aktionärsklage erleichtert werden soll[7]. Es ist deshalb zu erwarten, daß in nächster Zeit nicht nur die Haftung der Vorstands-, sondern auch

---

6 Vgl. *Bernhardt, W.,* Nebensache, S. 311; *Peltzer, M.,* Haftung des Aufsichtsrats, S. 346; *Potthoff, E./Trescher, K.,* Das Aufsichtsratsmitglied, S. 209; *Raiser, T.,* Einschränkung des Einflusses, S. 2261; *Trescher, K.,* Aufsichtsratshaftung, S. 661 ff.; s. aber neuestens BGH, Urteil v. 21. 4. 1997, II ZR 175/95, S. 883–887 und *Jaeger, C./Trölitzsch, T.,* Pflichten des Aufsichtsrats, S. 684.

7 Vgl. nur *Lutter, M.,* Defizite, S. 305; *Raiser, T.,* Einschränkung des Einflusses, S. 2261; *BMJ,* Referentenentwurf eines Gesetzes zur Kontrolle und Transparenz im Unternehmensbereich (KonTraG), S. 8 und S. 49; *SPD-Bundestagsfraktion,* Reform des Aktienrechts, S. 332.

die der Aufsichtsratsmitglieder zunehmend praktische Bedeutung gewinnen wird.

2 Die Aufgaben des Aufsichtsrats im Zusammenhang mit dem Jahresabschluß und Grundsätze der Haftung bei Nichtigkeit

Der Aufsichtsrat ist in erster Linie Kontrollorgan, d. h. seine primäre Aufgabe besteht darin, die Unternehmensleitung zu überwachen (§ 111 AktG). Hierbei hat er neben der Rechtmäßigkeit auch die Zweckmäßigkeit und Wirtschaftlichkeit der Geschäftsführung zu überprüfen[8]. Maßstab für das Handeln des Aufsichtsrats hat dabei stets das Unternehmensinteresse zu sein[9]. Das ist vor allem dann von Bedeutung, wenn das einzelne Mitglied des Aufsichtsrats Aufgaben wahrzunehmen hat, die mit den Unternehmensinteressen in Widerspruch stehen. Eine solche Konfliktlage entsteht für die Arbeitnehmervertreter vor allem dann, wenn die Gesellschaft, deren Aufsichtsrat sie angehören, bestreikt wird und sie vor die Entscheidung gestellt sind, ob und inwieweit sie sich an diesem Arbeitskampf auf Arbeitnehmerseite beteiligen[10]. Die Aufsichtsratsmitglieder unterliegen keinem imperativen Mandat der Gruppe, die sie entsandt hat[11]. Die allgemeine Überwachungsaufgabe läßt sich nach verschiedenen Aspekten unterteilen, etwa die grundsätzliche Überwachung der Ge-

---

8 Vgl. *Hoffmann-Becking, M.,* in: MünchHdG, Bd. 4, § 29, Rn. 25; *Henn, G.,* Handbuch des Aktienrechts, Rn. 613; *Horlitz, H.,* Verantwortung und Haftung, S. 13; *Kittner, M./Köstler, R./Zachert, U.,* Aufsichtsratspraxis, Rn. 690; *Lutter, M.,* Defizite, S. 290; *Peltzer, M.,* Haftung des Aufsichtsrats, S. 347; *Steinbeck, C.,* Überwachungspflicht, S. 84 f.

9 Die h. M. sieht im Unternehmensinteresse die allgemeine Verhaltensmaxime für Vorstand und Aufsichtsrat; vgl. *Brandmüller, G.,* Die Rechtsstellung der Aufsichtsräte, Rn. 81; *Eisenhardt, U.,* Problem der Haftung, S. 294; *Hüffer, U.,* Kommentar zum Aktiengesetz, § 116 AktG, Rn. 5; *Lutter, M./Krieger, G.,* Rechte und Pflichten des Aufsichtsrats, Rn. 303; *Potthoff, E./Trescher, K.,* Das Aufsichtsratsmitglied, S. 23.

10 Vgl. *Kittner, M./Köstler, R./Zachert, U.,* Aufsichtsratspraxis, Rn. 680; *Lutter, M./Krieger, G.,* Rechte und Pflichten des Aufsichtsrats, Rn. 304 ff.; *Steinbeck, C.,* Überwachungspflicht, S. 56.

11 Vgl. *Hoffmann, D.,* Der Aufsichtsrat, Rn. 108; *Hoffmann-Becking, M.,* in: MünchHdG, Bd. 4, § 33, Rn. 1; *Raiser, T.,* Recht der Kapitalgesellschaften, § 15, Rn. 82.

schäftsführung anläßlich der Berichte des Vorstands, die Beratung mit dem Vorstand oder die Mitwirkung an wichtigen unternehmerischen Entscheidungen[12]. Das wichtigste Instrument bei der Überwachung ist die Prüfung und Feststellung des Jahresabschlusses[13]. Dabei kann der Aufsichtsrat die Geschäftsführung des vergangenen Jahres durch den Vorstand kontrollieren und gleichzeitig anhand der dargestellten Planung und des Gewinnverwendungsvorschlags eine vorausschauende Überwachung vornehmen[14].

21 Die Prüfung und Feststellung des Jahresabschlusses durch den Aufsichtsrat

Der vom Vorstand erstellte Jahresabschluß wird dem Aufsichtsrat zusammen mit dem Prüfungsbericht des Abschlußprüfers[15] zugeleitet. Der Aufsichtsrat prüft nunmehr die Recht- und Zweckmäßigkeit des Jahresabschlusses, wobei der Prüfungsbericht als Hilfsmittel dient. Allerdings erstreckt sich der Bericht des Abschlußprüfers lediglich auf die Rechtmäßigkeit, so daß der Aufsichtsrat insofern einen weiteren Prüfungsrahmen als der Abschlußprüfer hat[16]. Dennoch kann sich der Prüfungsumfang für den Aufsichtsrat am Prüfungsbericht orien-

---

12 Vgl. *Brandmüller, G.,* Die Rechtsstellung der Aufsichtsräte, S. 81; *Dekkert, M.,* Effektive Überwachung, S. 986; *Lutter, M.,* Defizite, S. 289; *Scheffler, E.,* Der Aufsichtsrat, S. 66.

13 Vgl. *Adler, H./Düring, W./Schmaltz, K.,* 6. Aufl., § 171 AktG, Tz. 1; *Geßler, J.,* Kommentar zum Aktiengesetz, § 171 AktG, Rn. 4; *Forster, K.-H.,* Aufsichtsrat und Abschlußprüfung, S. 791; *Hoffmann, D.,* Der Aufsichtsrat, Rn. 306; *Horlitz, H.,* Verantwortung und Haftung, S. 29; *Lutter, M.,* Defizite, S. 289; *Raiser, T.,* Recht der Kapitalgesellschaften, § 15, Rn. 6; *Scheffler, E.,* Der Aufsichtsrat, S. 66; *Steinbeck, C.,* Überwachungspflicht, S. 95. Zum Teil wird die Feststellung des Jahresabschlusses nicht mehr der Überwachung zugeordnet, sondern vielmehr als davon selbständige Aufgabe des Aufsichtsrats gesehen; vgl. *Hoffmann-Becking, M.,* in: MünchHdG, Bd. 4, § 29, Rn. 1.

14 Vgl. *Potthoff, E./Trescher, K.,* Das Aufsichtsratsmitglied, S. 119; *Rürup, L.,* Prüfung des Jahresabschlusses, S. 549.

15 Zur Haftung des Abschlußprüfers vgl. *Schlüter, W.,* Verantwortlichkeit.

16 Vgl. *Adler, H./Düring, W./Schmaltz, K.,* 6. Aufl., § 171 AktG, Tz. 11; *Clemm, H.,* Abschlußprüfer und Aufsichtsrat, S. 456; *Hüffer, U.,* Kommentar zum Aktiengesetz, § 171 AktG, Rn. 6; *Jaschke, T.,* Überwachungsfunktion, S. 242; *Mutter, S.,* Unternehmerische Entscheidungen, S. 148; *Potthoff, E.,* Prüfung, S. 836; *Raiser, T.,* Recht der Kapitalgesellschaften, § 18, Rn. 8; *Steinbeck, C.,* Überwachungspflicht, S. 96.

tieren[17]. Soweit sich aus dem Bericht des Abschlußprüfers keine Bedenken gegen die Rechtmäßigkeit ergeben und auch der Bestätigungsvermerk nach § 322 HGB einschränkungslos erteilt wurde, muß der Aufsichtsrat nicht erneut den kompletten Jahresabschluß prüfen, sondern kann sich vielmehr mit der Durcharbeitung des Prüfungsberichts begnügen[18]. In jedem Fall muß er sich aber ein eigenständiges Urteil über den Jahresabschluß bilden[19]. Soweit sich aus dem Prüfungsbericht Bedenken gegen die Rechtmäßigkeit ergeben, ist der Aufsichtsrat verpflichtet, diesen nachzugehen. Grundsätzlich muß jedes Aufsichtsratmitglied die Mindestkenntnisse besitzen, die es befähigen, die Prüfung sachgerecht vorzunehmen. Nach § 111 Abs. 2 Satz 2 AktG kann aber für einzelne Fragen ein auswärtiger Sachverständiger hinzugezogen werden. Dieses Recht steht aber nur dem Aufsichtsrat als Gesamtorgan zu[20]; das einzelne Mitglied hat keinen dahingehenden Anspruch und darf sich auch nicht zur gesamten Prüfung des Jahresabschlusses der Hilfe eines Sachverständigen bedienen[21], weil das dem Grundsatz der persönlichen Wahrnehmung der Amtsaufgaben aus § 111 Abs. 5 AktG zuwider liefe[22].

---

17 Vgl. *Clemm, H.*, Abschlußprüfer und Aufsichtsrat, S. 457; *Claussen, C. P.*, in: Kölner Komm. AktG., 2. Aufl., § 171 AktG, Rn. 4; *Rürup, L.*, Prüfung des Jahresabschlusses, S. 549; a. A. *Henn, G.*, Handbuch des Aktienrechts, Rn. 1047.

18 Vgl. *Forster, K.-H.*, Aufsichtsrat und Abschlußprüfung, S. 790; *Kropff, B.*, in: Geßler/Hefermehl/Eckardt/Kropff, § 171 AktG, Rn. 6; *Horlitz, H.*, Verantwortung und Haftung, S. 29; *Hoffmann-Becking, M.*, in: MünchHdG, Bd. 4, § 45, Rn. 10; *Mutter, S.*, Unternehmerische Entscheidungen, S. 147; *Potthoff, E./Trescher, K.*, Das Aufsichtsratsmitglied, S. 122.

19 Vgl. *Adler, H./Düring, W./Schmaltz, K.*, 6. Aufl., § 171 AktG, Tz. 14; *Clemm, H.*, Abschlußprüfer und Aufsichtsrat, S. 457; *Hüffer, U.*, Kommentar zum Aktiengesetz, § 171 AktG, Rn. 5; *Jaschke, T.*, Überwachungsfunktion, S. 244; *Lutter, M./Krieger, G.*, Rechte und Pflichten des Aufsichtsrats, Rn. 192; *Potthoff E./Trescher, K.*, Das Aufsichtsratsmitglied, S. 122; *Steinbeck, C.*, Überwachungspflicht, S. 96.

20 Vgl. *Adler, H./Düring, W./Schmaltz, K.*, 6. Aufl., § 171 AktG, Tz. 23; *Henn, G.*, Handbuch des Aktienrechts, Rn. 1047; *Hoffmann, D.*, Der Aufsichtsrat, Rn. 317; *Steinbeck, C.*, Überwachungspflicht, S. 97.

21 Vgl. BGH, Urteil v. 15. 11. 1982, II ZR 27/82, S. 298; *Geßler, J.*, Kommentar zum Aktiengesetz, § 171 AktG, Rn. 4a; *Henn, G.*, Handbuch des Aktienrechts, Rn. 1047; *Hoffmann, D.*, Der Aufsichtsrat, Rn. 313; *Hüffer, U.*, Kommentar zum Aktiengesetz, § 171 AktG, Rn. 9; *Lutter, M./Krieger, G.*, Rechte und Pflichten des Aufsichtsrats, Rn. 192; *Potthoff, E./Trescher, K.*, Das Aufsichtsratsmitglied, S. 41.

Das einzelne Aufsichtsratsmitglied muß danach also in der Lage sein, den Jahresabschluß in dem dargestellten Rahmen selbständig zu prüfen. Bei auftretenden Fragen muß es sich in erster Linie an das Kollegium wenden und dort vorhandene Sachkenntnis nutzen bzw. die Hinzuziehung des Abschlußprüfers, ausnahmsweise sogar eines außenstehenden Sachverständigen, durch den gesamten Aufsichtsrat anstreben[23]. Hier erweist es sich als hilfreich, daß auch der Abschlußprüfer zu den Beratungen hinzugezogen werden kann, um den Abschlußbericht näher zu erläutern. Trotz der häufig unverständlichen und schwierigen Berichte wird jedoch in der Praxis von dieser Möglichkeit nur selten Gebrauch gemacht. Mit Recht wird zunehmend gefordert, daß die Teilnahme des Abschlußprüfers an den Sitzungen obligatorisch sein soll[24].

Der Aufsichtsrat kann den Jahresabschluß nicht selbständig ändern, sondern ihn nur entweder billigen oder ablehnen und damit die Entscheidung der Hauptversammlung überlassen[25]. Sobald der Aufsichtsrat als Plenum den Jahresabschluß durch Beschluß billigt, ist dieser nach § 172 AktG festgestellt. Der Aufsichtsrat muß dann nur noch der Hauptversammlung Bericht erstatten, was in der Praxis regelmäßig durch wenig aussagekräftige Floskeln geschieht[26].

Der Einfluß des Aufsichtsrats auf die konkrete Ausgestaltung des Jahresabschlusses ist nicht zu unterschätzen. In der Praxis besteht nämlich – jedenfalls bei Publikumsgesellschaften – aus unterneh-

---

22 Vgl. BGH, Urteil v. 15. 11. 1982, II ZR 27/82, S. 295; *Horlitz, H.,* Verantwortung und Haftung, S. 31; *Raiser, T.,* Recht der Kapitalgesellschaften, § 15, Rn. 94; *Steinbeck, C.,* Überwachungspflicht, S. 98; a. A. *Möllers, T.,* Professionalisierung, S. 1729 f.

23 Vgl. *Hoffmann-Becking, M.,* in: MünchHdG, Bd. 4, § 44, Rn. 12.

24 Vgl. *Arbeitskreis „Externe und interne Überwachung der Unternehmung" der Schmalenbach-Gesellschaft/Deutsche Gesellschaft für Betriebswirtschaft e. V.,* Grundsätze ordnungsmäßiger Aufsichtsratstätigkeit, S. 4; *Deckert, M.,* Effektive Überwachung, S. 988; *Dörner, D./Oser, P.,* Aufsichtsrat und Wirtschaftsprüfer, S. 1093; *Lutter, M.,* Defizite, S. 299; *BMJ,* Referentenentwurf eines Gesetzes zur Kontrolle und Transparenz im Unternehmensbereich (KonTraG), S. 9 und S. 53; *SPD-Bundestagsfraktion,* Reform des Aktienrechts, S. 332.

25 Vgl. *Potthoff, E.,* Prüfung, S. 835.

26 Vgl. *Kropff, B.,* in: Geßler/Hefermehl/Eckardt/Kropff, § 171 AktG, Rn. 32; *Kittner, M./Köstler, R./Zachert, U.,* Aufsichtsratspraxis, Rn. 605; *Hoffmann-Becking, M.,* in: MünchHdG, Bd. 4, § 44, Rn. 13.

menspolitischen Gründen wenig Neigung, nach § 173 AktG der Hauptversammlung die Feststellung des Jahresabschlusses zu überlassen. Wird diese Feststellung auf die Hauptversammlung verlagert, dann entsteht bei den beteiligten Verkehrskreisen sehr leicht der Eindruck, daß sich die Gesellschaft in ernsten Schwierigkeiten befindet und sich der Aufsichtsrat einer möglichen Haftung entziehen will. Schon aus diesem Grund ist der Vorstand praktisch gezwungen, sich mit dem Aufsichtsrat über die Ausgestaltung des Jahresabschlusses zu einigen, um die Feststellung durch den Aufsichtsrat zu erreichen. Damit kann dieser unter Umständen auf den Vorstand erheblichen Druck ausüben und den Jahresabschluß deutlich beeinflussen[27].

Im Ergebnis erweist sich daher die Prüfung des Jahresabschlusses nicht nur als Instrument der Überwachung des Aufsichtsrats. Sie versetzt den Aufsichtsrat vielmehr auch in die Lage, in wichtigen Fragen mitzuentscheiden[28] und damit faktisch an der Unternehmensführung beteiligt zu werden. Mit der Feststellung übernimmt der Aufsichtsrat gemeinsam mit dem Vorstand die Verantwortung für den Jahresabschluß[29] und setzt sich damit auch einem Haftungsrisiko aus.

22 Die Haftung des Aufsichtsrats bei Nichtigkeit des Jahresabschlusses

221. Die Nichtigkeit des Jahresabschlusses

Für den Aufsichtsrat, der mit der Feststellung des Jahresabschlusses hierfür die Verantwortung übernommen hat, kann die Haftung akut werden, wenn sich der Jahresabschluß als nichtig erweist. Die Gründe, die zur Nichtigkeit eines festgestellten Jahresabschlusses führen, sind in § 256 AktG abschließend geregelt[30]. Entgegen dem etwas mißverständlichen Wortlaut bezieht sich die Nichtigkeitsfolge nicht

---

27   Vgl. *Bea, F. X./Scheurer, S.*, Kontrollfunktion, S. 2148; *Raiser, T.*, Recht der Kapitalgesellschaften, § 15, Rn. 6.
28   Vgl. *Forster, K.-H.*, Aufsichtsrat und Abschlußprüfung, S. 791; *Hoffmann, D.*, Der Aufsichtsrat, Rn. 306; *Jaschke, T.*, Überwachungsfunktion, S. 249; *Rürup, L.*, Prüfung des Jahresabschlusses, S. 547; *Semler, J.*, Leitung und Überwachung, S. 79.
29   Vgl. *Potthoff, E.*, Prüfung, S. 837.
30   Vgl. *Hüffer, U.*, Kommentar zum Aktiengesetz, § 256 AktG, Rn. 1; *Hoffmann-Becking, M.*, in: MünchHdG, Bd. 4, § 47, Rn. 1.

auf den Jahresabschluß als solches, sondern auf dessen Feststellung[31], also auf das gesamte kooperationsrechtliche Rechtsgeschäft, durch das die vom Vorstand vorgelegte Rechnungslegung unter der Mitwirkung des Aufsichtsrats nach § 172 AktG oder ausnahmsweise der Hauptversammlung (§ 173 AktG) zum gesetzlich verlangten Jahresabschluß erklärt wird[32].

§ 256 AktG führt in den Absätzen 1–5 unterschiedliche Nichtigkeitsgründe auf, die in dem hier interessierenden Zusammenhang nicht alle gleich bedeutend sind[33]. So betrifft etwa Absatz 3 nur die Fälle, in denen der Jahresabschluß von der Hauptversammlung festgestellt wurde, ein Ausnahmefall, der keine Haftung der Aufsichtsratsmitglieder auslösen kann. Auch die den Abschlußprüfer betreffenden Nummern 2 und 3 des § 256 Abs. 1 AktG sind für die Haftung des Aufsichtsrats unerheblich.

Bei den übrigen Nichtigkeitsgründen wird die Mitwirkung des Aufsichtsrats in Form von Prüfung und Feststellung vorausgesetzt oder ist mindestens möglich. Dabei interessieren hier in erster Linie die Gründe, die besondere Anforderungen an die Aufsichtsratsmitglieder stellen und damit auch besonders „haftungsanfällig" sind. Formelle Fehler, wie sie in § 256 Abs. 1 Halbsatz 1 AktG aufgeführt sind, oder Mitwirkungsmängel i. S. v. § 256 Abs. 2 AktG betreffen in erster Linie Verfahrensfragen, deren richtige Behandlung keine besondere Befähigung der einzelnen Aufsichtsratsmitglieder voraussetzt. Für die Haftung der Aufsichtsratsmitglieder relevant sind vielmehr die in § 256 Abs. 1 Nr. 1 und 4 AktG aufgeführten Inhaltsmängel, die Gliederungsfehler nach § 256 Abs. 4 AktG sowie die Bewertungsfehler nach § 256 Abs. 5 AktG. In diesen Bereichen muß der Aufsichtsrat den vorgelegten Jahresabschluß prüfen und sich von der Richtigkeit überzeugen. Dabei übernimmt er hier eine eigenständige Verantwortung für den Inhalt des Jahresabschlusses und setzt sich dadurch auch einem Haftungsrisiko aus.

---

31 Vgl. *Hoffmann-Becking, M.*, in: MünchHdG, Bd. 4, § 47, Rn. 1.

32 Vgl. BGH, Urteil v. 15. 11. 1993, II ZR 235/92, S. 1862; *Hüffer, U.*, Kommentar zum Aktiengesetz, § 256 AktG, Rn. 3; *Kropff, B.*, Beschlüsse des Aufsichtsrats, S. 633.

33 Aus diesem Grund wird hier auf eine ausführliche Darstellung aller Nichtigkeitsgründe verzichtet und insoweit auf die Kommentierungen zu § 256 AktG verwiesen.

Besonders haftungsträchtig ist der Nichtigkeitsgrund des § 256 Abs. 5 AktG. Um Verstöße gegen Bewertungsvorschriften erkennen zu können, müssen die Aufsichtsratsmitglieder nicht unerhebliche betriebswirtschaftliche Kenntnisse und Fähigkeiten besitzen. Besonders in diesem Bereich stellt sich die Frage, inwieweit solche Kenntnisse von allen Aufsichtsratsmitgliedern einschließlich der Arbeitnehmervertreter zu verlangen sind, und ob Arbeitnehmervertreter bei Verletzung ihrer Pflichten haftungsrechtlich ebenso zu behandeln sind wie die Aufsichtsratsmitglieder der Anteilseigner.

222. Die Haftungsfolgen

Die Haftung der Aufsichtsratsmitglieder richtet sich in erster Linie nach den §§ 116, 93 AktG, so daß sie bei Pflichtverletzungen der Gesellschaft als Gesamtschuldner zum Schadensersatz verpflichtet sind. Möglich ist daneben eine Haftung aus unerlaubter Handlung sowie nach Sondervorschriften, wie etwa § 117 AktG[34]. Als Maßstab für die Pflichterfüllung stellen die §§ 116, 93 AktG auf die „Sorgfalt eines ordentlichen und gewissenhaften" Aufsichtsratsmitglieds ab. Mit dieser Formulierung bleibt die Generalklausel für den Haftungsmaßstab jedoch sehr unklar und bietet für die praktische Umsetzung wenig konkrete Anhaltspunkte[35]. Das hat zu weitreichenden Diskussionen über die Ausgestaltung und Reichweite der Sorgfaltspflicht nach den §§ 116, 93 AktG geführt[36].

Einigkeit besteht insoweit, daß von den Aufsichtsratsmitgliedern nicht die in § 93 Abs. 1 Satz 1 AktG genannte „Sorgfalt eines [...] Geschäftsleiters" verlangt werden kann[37]; denn dem Aufsichtsrat obliegt gerade nicht die Geschäftsführung, sondern lediglich deren Überwachung. Der Aufsichtsrat besitzt also im Gegensatz zum Vorstand

---

34 Vgl. *Mutter, S.*, Unternehmerische Entscheidungen, S. 164 ff.; *Potthoff, E./Trescher, K.*, Das Aufsichtsratsmitglied, S. 210.
35 Vgl. *Eisenhardt, U.*, Problem der Haftung, S. 289; *Peltzer, M.*, Haftung des Aufsichtsrats, S. 349; *Raiser, T.*, Pflicht und Ermessen, S. 552; *Raiser, T.*, Einschränkung des Einflusses, S. 2261.
36 Vgl. *Eisenhardt, U.*, Problem der Haftung, S. 291.
37 Vgl. *Eisenhardt, U.*, Problem der Haftung, S. 290; *Geßler, E.*, in: Geßler/Hefermehl/Eckardt/Kropff, § 116 AktG, Rn. 9; *Schilling, W.*, in: Großkommentar zum AktG, § 116 AktG, Anm. 1; *Hoffmann-Becking, M.*, in: MünchHdG, Bd. 4, § 33, Rn. 40.

grundsätzlich keine unternehmensleitenden Kompetenzen und Initiativrechte[38] und kann deshalb auch nicht mit der aus diesen Kompetenzen resultierenden Verantwortlichkeit belastet werden. Zudem stellt das Aufsichtsratsmandat typischerweise eine Nebentätigkeit dar, so daß von den Mitgliedern nicht erwartet werden kann, daß sie ihrer Aufsichtsratstätigkeit vor ihren sonstigen Verpflichtungen unbedingten Vorrang einräumen[39]. Damit dürfen an sie nicht die gleichen Anforderungen gestellt werden wie an einen hauptberuflichen Geschäftsleiter.

Während die Negativabgrenzung im Hinblick auf die Formulierung des § 93 Abs. 1 Satz 1 AktG verhältnismäßig leicht fällt, läßt sich der Pflichtenkreis positiv nur sehr schwer bestimmen. Aus den gesetzlichen Vorschriften wird der Schluß gezogen, der anzuwendende Sorgfaltsmaßstab müsse einheitlich, objektiv bestimmt werden[40]. Daraus folgt, daß der Pflichtenkreis und der Sorgfaltsmaßstab für alle Aufsichtsratsmitglieder gleich sind. Das bedeutet, daß an die Arbeitnehmervertreter keine geringeren Anforderungen gestellt werden dürfen als an die Vertreter der Anteilseigner[41]. Maßgebend ist die Sorgfaltspflicht eines durchschnittlichen Aufsichtsratsmitglieds, nicht die eines Bankiers oder Leiters eines Großunternehmens[42].

Ein Teil des Schrifttums[43] lehnt diesen objektiven und generell geltenden Sorgfaltsmaßstab ab, weil der Aufsichtsrat mit den Anteilseig-

---

38 Vgl. *Möllers, T.,* Professionalisierung, S. 1727; *Raiser, T.,* Pflicht und Ermessen, S. 553; *Semler, J.,* Leitung und Überwachung, Rn. 85.
39 Vgl. *Hüffer, U.,* Kommentar zum Aktiengesetz, § 116 AktG, Rn. 4; *Potthoff, E./Trescher, K.,* Das Aufsichtsratsmitglied, S. 34; *Raiser, T.,* Recht der Kapitalgesellschaften, § 15, Rn. 80.
40 Vgl. *Lutter, M./Krieger, G.,* Rechte und Pflichten des Aufsichtsrats, Rn. 311.
41 Vgl. *Brandmüller, G.,* Die Rechtsstellung der Aufsichtsräte, Rn. 110; *Horlitz, H.,* Verantwortung und Haftung, S. 37; *Hoffmann-Becking, M.,* in: MünchHdG, Bd. 4, § 33, Rn. 41; *Potthoff E./Trescher, K.,* Das Aufsichtsratsmitglied, S. 36; *Semler, J.,* Sorgfaltspflicht, S. 83; a. A. *Geßler, J.,* Kommentar zum Aktiengesetz, § 116 AktG, Rn. 5; *Geßler, E.,* in: Geßler/Hefermehl/Eckardt/Kropff, § 116 AktG, Rn. 29.
42 Vgl. *Deckert, M.,* Effektive Überwachung, S. 992; *Kittner, M./Köstler, R./Zachert, U.,* Aufsichtsratspraxis, Rn. 684; *Möllers, T.,* Professionalisierung, S. 1733.
43 Vgl. *Eisenhardt, U.,* Problem der Haftung, S. 290; *Geßler, E.,* in: Geßler/Hefermehl/Eckardt/Kropff, § 116 AktG, Rn. 10; *Schilling, W.,* in: Großkommentar zum Aktiengesetz, § 116 AktG, Rn. 5 und Rn. 8; *Schwark, E.,* Haftungsmaßstab, S. 854.

nervertretern einerseits und den Arbeitnehmervertretern andererseits viel zu heterogen zusammengesetzt sei, um einen solchen objektiven Maßstab wählen zu können. Vielmehr sei die mangelnde Befähigung der Arbeitnehmervertreter durch die Wahl eines rollenspezifischen Sorgfaltsmaßstabs zu berücksichtigen.

Überwiegend wird jedoch im Hinblick auf die Formulierung des § 116 AktG auf einen objektiven Sorgfaltsmaßstab abgestellt, wobei sich hinsichtlich des konkreten Pflichtenkreises seit der sogenannten „Hertie"-Entscheidung des BGH[44] die dort aufgestellte Standardformulierung eingebürgert hat, das Aufsichtsratsmitglied müsse „diejenigen Mindestkenntnisse und -fähigkeiten besitzen oder sich aneignen [. . .], die es braucht, um alle normalerweise anfallenden Geschäftsvorgänge auch ohne fremde Hilfe verstehen und sachgerecht beurteilen zu können"[45]. Diese Mindestkenntnisse sollen bereits bei Amtsantritt vorhanden sein und nicht erst im Laufe der Aufsichtsratstätigkeit erworben werden[46]. Ein Aufsichtsratsmitglied, das trotz nicht vorhandener Kenntnisse sein Amt antritt, trifft insoweit ein Übernahmeverschulden[47].

Allerdings ist zu beachten, daß besonders die kompetente Prüfung des Jahresabschlusses im allgemeinen überdurchschnittliche – nicht ohne weiteres voraussetzbare – betriebswirtschaftliche Kenntnisse der Aufsichtsratsmitglieder erfordert. Deshalb wird dem Aufsichtsrat durch § 111 Abs. 2 S. 2 AktG grundsätzlich die Möglichkeit eröffnet, für einzelne Problempunkte einen auswärtigen Sachverständigen hinzuzuziehen, um sich auf diese Weise die nötige Sachkenntnis für eine kompetente Entscheidung zu verschaffen.

---

44 Vgl. BGH, Urteil v. 15. 11. 1982, II ZR 27/82, S. 293.
45 BGH, Urteil v. 15. 11. 1982, II ZR 27/82, S. 295 f.
46 Vgl. *Horlitz, H.*, Verantwortung und Haftung, S. 37.
47 Vgl. *Arbeitskreis „Externe und interne Überwachung der Unternehmung" der Schmalenbach-Gesellschaft/Deutsche Gesellschaft für Betriebswirtschaft e. V*, Grundsätze ordnungsmäßiger Aufsichtsratstätigkeit, S. 1; *Brandmüller, G.*, Die Rechtsstellung der Aufsichtsräte, Rn. 115; *Horlitz, H.*, Verantwortung und Haftung, S. 37; *Hüffer, U.*, Kommentar zum Aktiengesetz, § 116 AktG, Rn. 3; *Potthoff, E./Trescher, K.*, Das Aufsichtsratsmitglied, S. 38.

3 Die Haftungsbeschränkung für Arbeitnehmervertreter im Aufsichtsrat

Zu fragen ist, ob trotz Anerkennung eines grundsätzlich einheitlichen Pflichtenkreises und Sorgfalts- und Haftungsmaßstabs für alle Aufsichtsratmitglieder die Haftung der Arbeitnehmervertreter wegen ihrer besonderen Situation nicht auf andere Weise im Ergebnis eingeschränkt werden muß.

31 Haftungsbeschränkung durch Übernahme der Grundsätze über die Haftung der Arbeitnehmer bei betrieblicher Tätigkeit

Es drängt sich hierbei vor allem die Frage auf, ob die Haftung der Arbeitnehmervertreter bei ihrer Aufsichtsratstätigkeit – ähnlich wie die der Arbeitnehmer bei betrieblicher Tätigkeit – zwar nicht durch Einführung eines besonderen Haftungsmaßstabs, aber durch Korrekturen auf der Rechtsfolgenseite zu begrenzen ist.

Arbeitnehmer haften für Verletzungen der sich aus dem Arbeitsverhältnis ergebenden Pflichten nach allgemeinen zivilrechtlichen Regeln über die positive Vertragsverletzung und die unerlaubten Handlungen (§§ 823 ff. BGB). Haftungsmaßstab ist hierbei § 276 Abs. 1 BGB. Der Arbeitnehmer hat als Schuldner für Vorsatz und Fahrlässigkeit, auch leichteste Fahrlässigkeit, einzustehen. Rechtsprechung und Schrifttum haben es abgelehnt, für die Haftung des Arbeitnehmers generell einen hiervon abweichenden, milderen arbeitsrechtlichen Haftungsmaßstab einzuführen[48]. Dennoch besteht seit Jahrzehnten im Ergebnis darin Übereinstimmung, daß eine uneingeschränkte Haftung des Arbeitnehmers für jeden Personen- und Sachschaden, den er dem Arbeitgeber bei der Ausführung der geschuldeten Arbeit fahrlässig zufügt, nicht sachgerecht wäre[49]. Hierfür waren vor allem zwei Erwägungen maßgebend: Zum einen wird angeführt, daß aufgrund der menschlichen Natur auch dem Arbeitgeber, wenn er die dem Arbeitnehmer übertragenen Aufgaben selbst ausführen würde,

---

48 Vgl. *Döring, H.*, Arbeitnehmerhaftung und Verschulden, S. 49; *Lieb, M.*, Arbeitsrecht, Rn. 210; a. A. *Scheuerle*, Fahrlässigkeitsbegriff, S. 247 u. S. 251 ff.

49 Vgl. *Lieb, M.*, Arbeitsrecht, Rn. 208 m. w. N.

bei der Arbeit gelegentlich Fehler unterlaufen würden. Zum anderen wird betont, daß eine uneingeschränkte Ersatzpflicht des Arbeitnehmers für alle Schäden, die er im Arbeitsprozeß durch Unachtsamkeit verursacht, seine Leistungsfähigkeit bei weitem übersteigen würde; denn ihm steht in aller Regel als Haftungssubstrat nur sein Arbeitseinkommen zur Verfügung, auf das er zu seinem Lebensunterhalt und dem seiner Familie angewiesen ist. Es ist deshalb auf verschiedenen Wegen versucht worden, diese mit dem Einsatz menschlicher Arbeitskraft für betriebliche Zwecke verbundenen Risiken sachgerecht zwischen den Arbeitsvertragsparteien zu verteilen und sie nicht einseitig dem in der Regel sozial schwächeren Arbeitnehmer aufzubürden[50]. Der in den Arbeitsprozeß eingegliederte Arbeitnehmer leistet fremdbestimmte Arbeit, wobei ihm die jeweiligen Aufgaben vom Arbeitgeber aufgrund des Weisungsrechts vorgegeben und die Arbeitsmittel vom Arbeitgeber gestellt werden. Er kann deshalb das Risiko eines Schadenseintritts nur begrenzt selbst beherrschen. Der Arbeitgeber kann hingegen den Betriebsablauf maßgeblich selbst gestalten, die damit verbundenen Risiken besser einschätzen und sie – wenigstens teilweise – durch Abschluß von Versicherungen begrenzen. Rechtsprechung und Wissenschaft haben dieser besonderen, spezifisch arbeitsrechtlichen Interessenlage, wie dargelegt, nicht dadurch Rechnung getragen, daß sie einen speziellen, vom allgemeinen Zivilrecht abweichenden Fahrlässigkeitsbegriff eingeführt haben. Sie wollen vielmehr unter Beibehaltung des allgemeinen zivilrechtlichen Fahrlässigkeitsbegriffs dadurch eine andere Risikoverteilung erreichen, daß sie Korrekturen auf der Rechtsfolgenseite vornehmen und den Haftungsumfang je nach Verschuldensgrad modifizieren. Der Arbeitnehmer haftet für Schäden, die er bei betrieblich veranlaßter Tätigkeit durch leichteste Fahrlässigkeit verursacht hat, überhaupt nicht. Liegt eine mittlere Fahrlässigkeit vor, so haftet er je nach den Umständen des Einzelfalls anteilig. Hat er hingegen vorsätzlich oder grob fahrlässig gehandelt, so haftet er grundsätzlich unbeschränkt[51].

---

50 Vgl. *Kraft, A.,* in: Soergel/Siebert, 11. Aufl., § 611 BGB, Rn. 68; *Brox, H./ Rüthers, B.,* Arbeitsrecht, Rn. 100; *Blomeyer, W.,* in: MünchHd ArbR, Bd. 1, § 57, Rn. 31; *Zöllner, W./Loritz, K.-G.,* Arbeitsrecht, S. 228 f.
51 Ausführlich dazu etwa: *Blomeyer, W.,* in: MünchHd ArbR, Bd. 1, § 57, Rn. 19 ff. und Rn. 37; *Schaub, G.,* Arbeitsrechtshandbuch, S. 350 ff.; *Hueck/ Nipperdey/Dietz,* BAG AP zu § 611 BGB, Haftung des Arbeitnehmers, Nr. 93; *Lieb, M.,* Arbeitsrecht, Rn. 211. Auch bei grober Fahrlässigkeit ist

Ursprünglich kam diese Haftungsbeschränkung den Arbeitnehmern nur dann zugute, wenn es sich um eine schadens- oder gefahrengeneigte Tätigkeit handelte. Von einer schadensgeneigten Arbeit wurde dann gesprochen, wenn die Eigenart der vom Arbeitnehmer zu leistenden Arbeit es mit großer Wahrscheinlichkeit mit sich brachte, daß auch dem sorgfältigen Arbeitnehmer gelegentlich Fehler unterlaufen, die für sich allein betrachtet zwar jedesmal vermeidbar wären, mit denen aber angesichts der menschlichen Unzulänglichkeit als mit einem „typischen Abirren" der Dienstleistung erfahrungsgemäß zu rechnen war[52]. Diese einschränkende Voraussetzung hat die höchstrichterliche Rechtsprechung inzwischen fallengelassen[53]. Es genügt für die Haftungsbeschränkung vielmehr, daß die Schäden bei betrieblich veranlaßter Tätigkeit entstanden sind.

Dadurch, daß kein besonderer arbeitsrechtlicher Haftungsmaßstab eingeführt worden ist, sondern der Haftungsumfang je nach Verschuldensgrad modifiziert wird, hat sich die Rechtsprechung die notwendige Flexibilität erhalten, um der besonderen Situation im Einzelfall gerecht werden zu können. Bei einem besonderen arbeitsrechtlichen Haftungsmaßstab hätte der Arbeitnehmer entweder voll oder gar nicht zu haften, je nachdem, ob sein Verhalten als arbeitsrechtliche Sorgfaltspflichtverletzung einzustufen wäre.

Für eine Übertragung dieser für das Arbeitsverhältnis entwickelten Grundsätze auf die Haftung der Arbeitnehmervertreter im Aufsichtsrat spricht auf den ersten Blick, daß sie gleichzeitig – mit Ausnahme der von der Gewerkschaft entsandten Mitglieder – Arbeitnehmer des Unternehmens sind. Einerseits sind sie normale Arbeitnehmer mit allen normalen arbeitsrechtlichen Pflichten, andererseits sind sie Mitglieder des Unternehmensorgans Aufsichtsrat. Trotz dieser Doppelfunktion ist es aber nicht angängig, ihnen auch in ihrer gesellschaftsrechtlichen Funktion als Aufsichtsratsmitglieder ebenfalls das Privileg einer Haftungsbegrenzung zuteil werden zu lassen, weil diese

---

eine Haftungsbeschränkung möglich bei krassem Mißverhältnis zwischen Schadensrisiko und Tätigkeit; vgl. BAG, Urteil v. 12. 10. 1989, 8 AZR 276/88, S. 97; *Brox, H./Rüthers, B.,* Arbeitsrecht, Rn. 102; *Lieb, M.,* Arbeitsrecht, Rn. 211.

52 So die Formel des BAG seit BAGE, Bd. 5, Nr. 1, S. 7 f., Berlin 1958.
53 Seit BAG, Beschluß v. 12. 6. 1992, GS 1/89, S. 547; BGH, Beschluß v. 21. 9. 1993, GmS, OGB 1/93, S. 856.

Stellung und Funktion als Aufsichtsratsmitglied mit ihrer Stellung als Arbeitnehmer im Rahmen des Arbeitsverhältnisses nicht vergleichbar ist. Die Gründe, die Rechtsprechung und Wissenschaft veranlaßt haben, abweichend vom allgemeinen Zivilrecht zugunsten des Arbeitnehmers eine gesetzlich nicht verankerte Haftungsbeschränkung zu „erfinden"[54], liegen hier gerade nicht vor.

Entscheidend ist zunächst, daß die Arbeitnehmer in ihrer Eigenschaft als Aufsichtsratsmitglieder keinen Weisungen des Arbeitgebers unterliegen. Sie haben ihr Amt als Aufsichtsratsmitglied und ihre Kontrolltätigkeit vielmehr unabhängig auszuüben. Da sie keine fremdbestimmte, einem Weisungsrecht des Arbeitgebers unterliegende Tätigkeit ausüben, kann der Arbeitgeber, d. h. das Unternehmen, dessen Aufsichtsrat sie angehören, das Risiko von Fehlern und Fehlentscheidungen der Arbeitnehmervertreter nicht beeinflussen. Vielmehr ist das Unternehmen – in begrenztem Umfang – selbst Objekt einer Fremdbestimmung durch seine Organe. Nicht das Unternehmen beherrscht den Aufsichtsrat, sondern der Aufsichtsrat beeinflußt die Geschicke des Unternehmens.

Hinzu kommt ein weiteres: Der Arbeitnehmer ist mit seiner Aufgabe im Aufsichtsrat nicht vom Arbeitgeber betraut worden. Seine Stellung als Aufsichtsratsmitglied hat er ohne oder gar gegen den Willen des Arbeitgebers deshalb erhalten, weil er sich freiwillig zur Wahl gestellt und von den Arbeitnehmern gewählt worden ist. Auch deshalb ist für eine von den allgemeinen Haftungsgrundsätzen abweichende Risikoverteilung hier kein Raum.

Ferner hat der Arbeitnehmer sein Aufsichtsratsmandat nicht übernommen, um daraus seinen Lebensunterhalt und den Lebensunterhalt der Familie zu bestreiten. Zwar besteht auch hier regelmäßig ein Mißverhältnis zwischen der relativ geringen Vergütung für die Aufsichtsratstätigkeit[55] und dem bestehenden Haftungsrisiko. Dieses Risiko kann aber weitgehend durch Abschluß entsprechender Versicherungen abgedeckt werden. Es ist auch deshalb, weil der Arbeitnehmer sich diesem Risiko freiwillig ausgesetzt hat, nicht geeignet, den Ansatz für eine Haftungsbeschränkung zu bilden.

---

54 *Lieb, M.*, Arbeitsrecht, Rn. 211.
55 Die durchschnittliche Vergütung liegt zur Zeit bei 16 800 DM; vgl. *Baums, T./Kallfass, H./Wenger, E.*, Versagen, S. 172.

Schließlich verbietet sich eine Übertragung der für das Arbeitsverhältnis entwickelten Haftungsbegrenzungen auf die von der Gewerkschaft entsandten Aufsichtsratsmitglieder von selbst, weil diese nicht einmal gleichzeitig Arbeitnehmer des Unternehmens sind. Würde man die Arbeitnehmervertreter, die gleichzeitig mit dem Unternehmen in einem Arbeitsverhältnis stehen, nur begrenzt haften lassen, dann hätte das zudem die wenig erwünschte Folge, daß für die „Arbeitnehmerbank im Aufsichtsrat" unterschiedliche Haftungsgrundsätze gelten würden.

Zusammenfassend ist daher festzustellen, daß die für das Arbeitsverhältnis entwickelten Grundsätze einer Haftungsbegrenzung nicht auf die Haftung der Arbeitnehmervertreter im Aufsichtsrat übertragbar sind.

32 Haftungsbeschränkung durch Übernahme der Grundsätze über die Haftung des Betriebsrats

Näherliegend ist ein Vergleich mit der Haftung des Betriebsrats. Auch der Betriebsrat ist Träger eines privaten Amts und gegenüber dem Arbeitgeber selbständig. Allerdings ist auch die Haftung des Betriebsrats bis zu der grundlegenden Münsteraner Habilitationsschrift von *Belling*[56] in den letzten Jahren im Schrifttum erstaunlich wenig behandelt worden. Als Sanktion gegen Pflichtverletzungen des Betriebsrats und seiner Mitglieder wurde Amtsenthebung nach § 23 Abs. 1 BetrVG als ausreichend angesehen. Im arbeitsrechtlichen Schrifttum ist allerdings grundsätzlich anerkannt, daß zwar nicht der Betriebsrat als solcher, weil er vermögenslos und auch nicht rechtsfähig ist[57], wohl aber seine einzelnen Betriebsratsmitglieder für Amtspflichtverletzungen haften[58]. Die herrschende Meinung will aber die Haftung der Betriebsratsmitglieder für Amtspflichtverletzungen nur

---

56 Vgl. *Belling, D. W.*, Haftung des Betriebsrats.
57 Vgl. LAG Hamm, Beschluß v. 19. 10. 1989, 8 Ta BV 46/89, S. 2479; *Gaul, D.*, Das Arbeitsrecht im Betrieb, O VII, Rn. 38; *Kraft, A.*, in: Fabricius/Kraft/Wiese/Kreutz, § 1 BetrVG, Rn. 77 ff.; *Hoyningen-Huene, G. v.*, in: MünchHd ArbR, Bd. 3, § 291, Rn. 23; *Schaub, G.*, Arbeitsrechtshandbuch, S. 1809; *Zöllner, W./Loritz, K.-G.*, Arbeitsrecht, S. 472.
58 Vgl. *Kraft, A.*, in: Fabricius/Kraft/Wiese/Kreutz, § 1 BetrVG, Rn. 77 ff.; *Fitting, K./Kaiser, H./Heither, F./Engels, G.*, Kommentar zum Betriebsverfassungsrecht, § 1, Rn. 200 f.

dann eingreifen lassen, wenn ihnen grobe Fahrlässigkeit oder Vorsatz vorzuwerfen ist. Begründet wird diese Reduzierung des Haftungsmaßstabs nach § 276 BGB vor allem damit, daß die Verantwortungsfreudigkeit und persönliche Unabhängigkeit und damit Leistungsfähigkeit des Betriebsrats als Institution gesichert werden müssen. Außerdem soll durch diese Begrenzung der Haftung auf grobe Fahrlässigkeit und Vorsatz erreicht werden, daß Arbeitnehmer nicht durch unkalkulierbare Haftungsrisiken davon abgehalten werden, für ein Betriebsratsamt zu kandidieren. Eine Reduzierung des Haftungsmaßstabs wird schließlich damit begründet, daß die Betriebsratsmitglieder nicht ein gut bezahltes Nebenamt, sondern ein Ehrenamt ausüben[59].

Es ist hier nicht der Ort, die Berechtigung dieser von der herrschenden Meinung propagierten Haftungsbegrenzung zugunsten der Betriebsratsmitglieder näher zu überprüfen. Für sie sprechen gewichtige Gründe. Selbst wenn man ihr folgt, stellt sich hier die Frage, ob eine für die Betriebsratsmitglieder entwickelte Haftungsbeschränkung auf grobe Fahrlässigkeit und Vorsatz in gleicher Weise auch für die Arbeitnehmervertreter im Aufsichtsrat übernommen werden kann. Abgesehen von den bereits eingangs vorgebrachten Bedenken gegen unterschiedliche Haftungsmaßstäbe für die einzelnen Aufsichtsratsmitglieder läßt sich die Stellung der Betriebsratsmitglieder mit der der Aufsichtsratsmitglieder schwerlich vergleichen, so daß eine Übernahme derartiger Grundsätze vom Ansatz her nicht gerechtfertigt erscheint.

Das Amt eines Aufsichtsratsmitglied ist im Gegensatz zum Betriebsratsamt ein Nebenamt und kein Ehrenamt[60]. Während die Mitglieder des Betriebsrats ihr Amt unentgeltlich als Ehrenamt ausüben, erhalten die Aufsichtsratsmitglieder für ihre Tätigkeit eine – wenn auch nicht sehr hohe – Vergütung. Es erscheint wesentlich eher gerechtfertigt, Mitglieder, die ein Ehrenamt ausüben, nicht mit dem vollen Haftungsrisiko zu belasten, um die Bereitschaft zu ehrenamtlicher Tätigkeit zu fördern. Dieses Problem hat der Gesetzgeber auch erkannt und

---

59 Dazu und zum folgenden: *Belling, D. W.*, Haftung des Betriebsrats, S. 246; *Gaul, D.*, Das Arbeitsrecht im Betrieb, O VII, Rn. 38; *Konrad, B.*, Recht am Arbeitsplatz, S. 151; *Weber, H.*, Rechtsfolgen, S. 2138.
60 Vgl. *Hüffer, U.*, Kommentar zum Aktiengesetz, § 116 AktG, Rn. 4; *Lutter, M.*, Defizite, S. 303; *Hoffmann-Becking, M.*, in: MünchHdG, Bd. 4, § 33, Rn. 43; *Potthoff, E./Trescher, K.*, Das Aufsichtsratsmitglied, S. 34.

für den Bereich öffentlicher Ehrenämter entsprechende Haftungsbeschränkungen angeordnet[61].

Entscheidender ist aber, daß die Funktion der Aufsichtsratsmitglieder mit der der Betriebsratsmitglieder nicht vergleichbar ist. Der Betriebsrat hat als Repräsentant der Belegschaft primär die Interessen der Arbeitnehmer zu wahren, wie der Aufgabenkatalog des § 80 BetrVG erkennen läßt. Er hat zwar mit dem Arbeitgeber nicht nur zum Wohl der Arbeitnehmer, sondern auch des Betriebes vertrauensvoll zusammenzuarbeiten (§ 2 Abs. 1 BetrVG). Das ändert aber nichts daran, daß er vom Ansatz her bei der Ausübung seines sozialen, personellen und wirtschaftlichen Mitbestimmungsrechts die Belange der Arbeitnehmer zu vertreten hat. Durch Ausübung seiner Mitbestimmungs- und Mitwirkungsrechte kann er zwar bis zu einem gewissen Grad die Betriebsführung beeinflussen, an rein unternehmerischen Entscheidungen ist er aber nach der Konzeption des Betriebsverfassungsgesetzes selbst im Bereich der wirtschaftlichen Mitbestimmung (§§ 111 ff. BetrVG) grundsätzlich nicht beteiligt. Zudem beziehen sich seine Mitbestimmungs- und Mitwirkungsrechte nur auf die Betriebs-, und nicht auf die Unternehmensebene.

Der Aufsichtsrat und seine Mitglieder, auch die Arbeitnehmervertreter, haben demgegenüber nicht Partikularinteressen zu wahren, sondern sind dem Gesamtinteresse des Unternehmens verpflichtet. Wie eingangs dargelegt, haben sie, wenn auch die eigentliche Leitung des Unternehmens zum Kompetenzbereich des Vorstands gehört (§ 76 Abs. 1 AktG), durch ihre Kontrollrechte und sonstigen umfassenden Machtbefugnisse maßgeblichen Einfluß auf wirtschaftliche und rein unternehmerische Entscheidungen der Gesellschaft. Angesichts dieser wesentlich umfassenderen Machtfülle des Aufsichtsrats, an der die Arbeitnehmervertreter neben den Anteilseignervertretern gleichberechtigt partizipieren, scheint es nicht vertretbar, die Haftung der Arbeitnehmervertreter in gleicher Weise auf Vorsatz und grobe Fahrlässigkeit zu beschränken, wie es für die Haftung der Betriebsratsmitglieder vorgeschlagen wird. Es gehört zu den Kernsätzen jeder Privatrechtsordnung, daß Handlungsmacht mit Verantwortung zu koppeln ist. Das Maß an rechtlicher Verantwortlichkeit bestimmt sich nach Art, Umfang und Zweck der Macht. Regelmäßige Folge ist die

---

61 Vgl. etwa Art. 39 Abs. 3 GO Niedersachsen, § 43 Abs. 4a GO NW, § 42 Abs. 2 SGB IV.

Haftung des Verantwortlichen. Dieser Zusammenhang von Macht und Verantwortlichkeit gilt nicht nur für staatliche Machtausübung, sondern auch die Machtausübung intermediärer Gewalten[62]. Das gilt besonders für die Mitbestimmung der Arbeitnehmer in den Unternehmensorganen. Sie ist das Ergebnis einer langen historischen Entwicklung[63]. Durch diese durch die verschiedenen Mitbestimmungsgesetze[64] eingeführte rechtsformabhängige Unternehmensmitbestimmung wird den Arbeitnehmern und den Gewerkschaften nicht nur ein maßgeblicher Einfluß auf die Zusammensetzung der Leitungsorgane der wichtigsten Unternehmen, sondern auch auf deren Geschäftsführung verschafft. Die Unternehmensmitbestimmung zielt zudem nicht nur darauf ab, die wirtschaftliche Entwicklung des einzelnen Unternehmens zu beeinflussen, sondern Wirtschaft und Gesellschaft allgemein zu gestalten[65]. Die mit der Mitbestimmung auf Unternehmensebene verbundene Machtkonzentration ist in einem Rechtsstaat nur erträglich, wenn diejenigen, die diese Macht ausüben, für Fehler bei der Machtausübung einzustehen und nach allgemeinen zivilrechtlichen Grundsätzen zu haften haben.

4   Ergebnis

Zusammenfassend ist daher festzustellen, daß die Arbeitnehmervertreter im Aufsichtsrat ohne jede Haftungsbeschränkung in gleicher Weise wie die Anteilseignervertreter für eine unzureichende oder fehlerhafte Prüfung und Feststellung des Jahresabschlusses haften.

---

62 Vgl. *Belling, D. W.,* Haftung des Betriebsrats, S. 367.
63 Zur historischen Entwicklung vgl. *Wißmann, H.,* in: MünchHd ArbR, Bd. 3, § 365, Rn. 1 ff.
64 Montan-Mitbestimmungsgesetz vom 21. 5. 1951 (BGBl. I, S. 347); Montan-Mitbestimmungsergänzungsgesetz vom 7. 8. 1956 (BGBl. I, S. 707); §§ 76 ff. Betriebsverfassungsgesetz vom 11. 10. 1952 (BGBl. I, S. 681); Mitbestimmungsgesetz vom 4. 5. 1976 (BGBl. I, S. 1153).
65 Vgl. *Hanau, P./Adomeit, K.,* Arbeitsrecht, S. 139.

Literaturverzeichnis

Adler, Hans/Düring, Walther/Schmaltz, Kurt, Rechnungslegung und Prüfung der Unternehmen, Kommentar zum HGB, AktG, GmbHG, PublG nach den Vorschriften des Bilanzrichtlinien-Gesetzes, bearbeitet von Forster, Karl-Heinz u. a., 6. Aufl., Teilband 4, Stuttgart 1997 (§ 171 AktG).

Arbeitskreis „Externe und interne Überwachung der Unternehmung" der Schmalenbach-Gesellschaft/Deutsche Gesellschaft für Betriebswirtschaft e.V., Grundsätze ordnungsmäßiger Aufsichtsratstätigkeit – ein Diskussionspapier, in: DB 1995, S. 1–4 (Grundsätze ordnungsmäßiger Aufsichtsratstätigkeit).

Baums, Theodor, Der Aufsichtsrat: Aufgaben und Reformfragen, in: ZIP 1995, S. 11–18 (Aufgaben und Reformfragen).

Baums, Theodor/Kallfass, Hermann H./Wenger, Ekkehard, Versagen die Aufsichtsräte?, in: Wirtschaftsdienst 1996, S. 167–180 (Versagen).

Bea, Franz Xaver/Scheurer, Steffen, Die Kontrollfunktion des Aufsichtsrats, in: DB 1994, S. 2145–2152 (Kontrollfunktion).

Belling, Detlev W., Die Haftung des Betriebsrats und seiner Mitglieder für Pflichtverletzungen, Tübingen 1990 (Haftung des Betriebsrats).

Bernhardt, Wolfgang, Aufsichtsrat – die schönste Nebensache der Welt? – Defizite für eine effiziente Aufsichtsratstätigkeit, in: ZHR 1995, S. 310–321 (Nebensache).

Blomeyer, Wolfgang, Leistungsstörungen und Haftung des Arbeitnehmers, in: Münchener Handbuch zum Arbeitsrecht, Bd. 1: Individualarbeitsrecht, hrsg. v. Richardi, Reinhold/Wlotzke, Otfried, München 1992, §§ 55–59.

BMJ, Referentenentwurf eines Gesetzes zur Kontrolle und Transparenz im Unternehmensbereich (KonTraG) v. 22. November 1996, Bonn 1996.

Brandmüller, Gerhard, Die Rechtsstellung der Aufsichtsräte, Heidelberg 1977.

Brox, Hans/Rüthers, Bernd, Arbeitsrecht, 12. Aufl., Stuttgart 1995.

Clemm, Hermann, Abschlußprüfer und Aufsichtsrat, in: ZGR 1980, S. 455–465.

Claussen, Carsten Peter, § 171 AktG, in: Kölner Kommentar zum Aktienrecht, hrsg. v. Zöllner, Wolfgang, 2. Aufl., Köln 1991 (§ 171 AktG).

Deckert, Martina, Effektive Überwachung der AG-Geschäftsführung durch Ausschüsse des Aufsichtsrates, in: ZIP 1996, S. 985–994 (Effektive Überwachung).

Döring, Helmut, Arbeitnehmerhaftung und Verschulden, Berlin 1977.

Dörner, Dietrich/Oser, Peter, Erfüllen Aufsichtsrat und Wirtschaftsprüfer ihre Aufgaben? – Zugleich ein Plädoyer für eine bessere Zusammenarbeit von Aufsichtsrat und Wirtschaftsprüfern, in: DB 1995, S. 1085–1093 (Aufsichtsrat und Wirtschaftsprüfer).

Eisenhardt, Ulrich, Zum Problem der Haftung der Aufsichtsratsmitglieder von Aktiengesellschaft und GmbH gegenüber der Gesellschaft, in: Jura 1982, S. 289–300 (Problem der Haftung).

Fitting, Karl/Kaiser, Heinrich/Heither, Friedrich/Engels, Gerd, Kommentar zum Betriebsverfassungsrecht, 18. Aufl., München 1996.

Forster, Karl-Heinz, Aufsichtsrat und Abschlußprüfung, in: ZfB 1988, S. 789–811.

Gaul, Dieter, Das Arbeitsrecht im Betrieb, 8. Aufl., Heidelberg 1986.

Geßler, Ernst, § 116 AktG, in: Aktiengesetz, Kommentar, hrsg. v. Geßler, Ernst/Hefermehl, Wolfgang/Eckardt, Ulrich/Kropff, Bruno, München 1973 (§ 116 AktG).

Geßler, Jörg H., Kommentar zum Aktiengesetz, Stand: Oktober 1996, Neuwied.

Hanau, Peter/Adomeit, Klaus, Arbeitsrecht, 11. Aufl., Neuwied 1994.

Henn, Günter, Handbuch des Aktienrechts, 5. Aufl., Heidelberg 1994.

Hoffmann, Dietrich, Der Aufsichtsrat, 3. Aufl., München 1994.

Hoffmann-Becking, Michael, in: Münchener Handbuch zum Gesellschaftsrecht, Band 4: Aktiengesellschaft, hrsg. v. Hoffmann-Bekking, Michael, München 1988 (§§ 28–33: Aufsichtsrat, §§ 43–47: Jahresabschluß).

Horlitz, Horst, Betrachtungen zur Verantwortung und Haftung des Aufsichtsrats, 2. Aufl., Essen 1989 (Verantwortung und Haftung).

Hoyningen-Huene, Gerrick v., Allgemeine Grundsätze für die Zusammenarbeit zwischen Arbeitgeber und Betriebsrat, in: Münchener Handbuch zum Arbeitsrecht, Bd. 3: Kollektives Arbeitsrecht, hrsg. v. Richardi, Reinhold/Wlotzke Otfried, München 1992, §§ 289–375.

Hüffer, Uwe, Kommentar zum Aktiengesetz, 2. Aufl., München 1995.

Hueck, Alfred/Nipperdey, H. C./Dietz, Rolf, Arbeitrechtliche Praxis, die Rechtsprechung des Bundesarbeitsgerichts und die arbeitsrechtlich bedeutsamen Entscheidungen anderer Gerichte mit erläuternden Anmerkungen, München, Serie ab 1972 (BAG AP zu § 611 BGB, Haftung des Arbeitnehmer, Nr. 93).

Jaeger, Carsten/Trölitzsch, Thomas, Die Pflichten des Aufsichtsrats bei der Prüfung und Durchsetzung der Vorstandshaftung, in: WiB 1997, S. 684–687 (Pflichten des Aufsichtsrats).

Jaschke, Thomas, Die betriebswirtschaftliche Überwachungsfunktion aktienrechtlicher Aufsichtsräte, Köln 1989 (Überwachungsfunktion).

Kittner, Michael/Köstler, Roland/Zachert, Ulrich, Aufsichtsratspraxis, 5. Aufl., Köln 1995.

Konrad, Birgitta, Das Recht am Arbeitsplatz als sonstiges Recht im Sinne von § 823 I BGB, Diss., Münster 1984 (Recht am Arbeitsplatz).

Kraft, Alfons, § 611 BGB, in: Bürgerliches Gesetzbuch mit Einführungsgesetz und Nebengesetzen, hrsg. v. Soergel, Hans Theodor/Siebert, Wolfgang, Bd. 3, Schuldrecht II (§§ 516–704), Stuttgart u. a., Stand: Mai 1980 (§ 611 BGB).

Kraft, Alfons, § 1 BetrVG, in: Gemeinschaftskommentar zum Betriebsverfassungsgesetz, hrsg. v. Fabricius, Fritz/Kraft, Alfons/Wiese, Günther/Kreutz, Peter, 5. Aufl., Neuwied 1993 (§ 1 BetrVG).

Kropff, Bruno, § 171 AktG, in: Aktiengesetz, Kommentar, hrsg. v. Geßler, Ernst/Hefermehl, Wolfgang/Eckardt, Ulrich/Kropff, Bruno, München 1973 (§ 171 AktG).

Kropff, Bruno, Die Beschlüsse des Aufsichtsrats zum Jahresabschluß und zum Abhängigkeitsbericht – zugleich Besprechung der Entscheidung des BGH ZIP 1993, 1862, in: ZGR 1994, S. 628–643 (Beschlüsse des Aufsichtsrats).

Lieb, Manfred, Arbeitsrecht, 6. Aufl., Heidelberg 1997.

Lutter, Marcus, Defizite für eine effiziente Aufsichtsratstätigkeit und gesetzliche Möglichkeiten der Verbesserung, in: ZHR 1995, S. 287–309 (Defizite).

Lutter, Marcus/Krieger, Gerd, Rechte und Pflichten des Aufsichtsrats, 3. Aufl., Freiburg i. Br. 1993.

Möllers, Thomas M. J., Professionalisierung des Aufsichtsrats: zu einer differenzierten Verantwortung der einzelnen Aufsichtsratsmitglieder, in: ZIP 1995, S. 1725–1735 (Professionalisierung).

Mutter, Stefan, Unternehmerische Entscheidungen und Haftung des Aufsichtsrats der Aktiengesellschaft, Köln 1994 (Unternehmerische Entscheidungen).

Peltzer, Martin, Die Haftung des Aufsichtsrats bei Verletzung der Überwachungspflicht, in: WM 1981, S. 346–352 (Haftung des Aufsichtsrats).

Potthoff, Erich, Die Prüfung des Jahresabschlusses durch den Aufsichtsrat, in: Rechnungslegung, Prüfung und Beratung, Festschrift für Ludewig, hrsg. v. Baetge, Jörg u. a., Düsseldorf 1996, S. 831–853 (Prüfung).

Potthoff, Erich/Trescher, Karl, Das Aufsichtsratsmitglied – Ein Handbuch für seine Aufgaben, Rechte und Pflichten, 2. Aufl., Stuttgart 1994 (Das Aufsichtsratsmitglied).

Raiser, Thomas, Recht der Kapitalgesellschaften, 2. Aufl., München 1992.

Raiser, Thomas, Pflicht und Ermessen von Aufsichtsratsmitgliedern – zum Urteil des OLG Düsseldorf im Fall ARAG/Garmenbeck, in: NJW 1996, S. 552–558 (Pflicht und Ermessen).

Raiser, Thomas, Empfehlen sich gesetzliche Regelungen zur Einschränkung des Einflusses der Kreditinstitute auf Aktiengesellschaften?, in: NJW 1996, S. 2261–2262 (Einschränkung des Einflusses).

Rürup, Lebrecht, Prüfung des Jahresabschlusses und des Lageberichts durch Aufsichtsrat und Abschlußprüfer, in: Rechnungslegung im Wandel, Festschrift für Budde, hrsg. v. Förschle, Gerhart/Kaiser, Klaus/Moxter, Adolf, München 1995, S. 543–560 (Prüfung des Jahresabschlusses).

Schaub, Günter, Arbeitsrechtshandbuch, 8. Aufl., München 1996.

Scheffler, Eberhard, Der Aufsichtsrat – nützlich oder überflüssig, in: ZGR 1993, S. 63–76 (Der Aufsichtsrat).

Scheuerle, Der arbeitsrechtliche Fahrlässigkeitsbegriff und das Problem des innerbetrieblichen Schadensausgleichs, in: RdA 1958, S. 247–253 (Fahrlässigkeitsbegriff).

Schilling, Wolfgang, § 116 AktG, in: Großkommentar zum Aktiengesetz, Bd. I/2, 3. Aufl., Berlin 1973 (§ 116 AktG).

Schlüter, Wilfried, Die Verantwortlichkeit des Abschlußprüfers nach § 323 HGB, in: Abschlußprüfung nach neuem Recht, hrsg. v. Baetge, Jörg, Stuttgart 1988, S. 93–109 (Verantwortlichkeit).

Schwark, Eberhard, Zum Haftungsmaßstab der Aufsichtsratsmitglieder einer AG, in: Handelsrecht und Wirtschaftsrecht in der Bankpraxis, Festschrift für Werner, hrsg. v. Hadding, Walther u. a., Berlin 1984, S. 841–854 (Haftungsmaßstab).

Semler, Johannes, Österreichischer OGH: Zur Sorgfaltspflicht von Aufsichtsrats-Mitgliedern – Urteilsbericht und Anmerkung, in: AG 1983, S. 81–84 (Sorgfaltspflicht).

Semler, Johannes, Leitung und Überwachung der Aktiengesellschaft, 2. Aufl., Köln 1996 (Leitung und Überwachung).

Siebert, Wolfgang/Soergel, Theodor, Bürgerliches Gesetzbuch, Bd. 3 Schuldrecht II, 11. Aufl., Stuttgart 1980.

SPD-Bundestagsfraktion, SPD-Entwurf zur Reform des Aktienrechts, in: ZIP 1995, S. 332–339 (Reform des Aktienrechts).

Steinbeck, Claudia, Überwachungspflicht und Einwirkungsmöglichkeiten des Aufsichtsrats in der Aktiengesellschaft, Berlin 1992 (Überwachungspflicht).

Trescher, Karl, Aufsichtsratshaftung zwischen Norm und Wirklichkeit, in: DB 1995, S. 661–665 (Aufsichtsratshaftung).

Weber, Hansjörg, Die Rechtsfolgen von Amtspflichtverletzungen des Betriebsrats und seiner Mitglieder, in: DB 1992, S. 2135–2143 (Rechtsfolgen).

Wißmann, Hellmuth, Unternehmensmitbestimmung, in: Münchener Handbuch zum Arbeitsrecht, Bd. 3: Kollektives Arbeitsrecht, hrsg. v. Richardi, Reinhold/Wlotzke Otfried, München 1992, §§ 365–375.

Zöllner, Wolfgang/Loritz, Karl-Georg, Arbeitsrecht, 4. Aufl., München 1992.

Verzeichnis der Rechtsprechung

BAG, Beschluß v. 25. 9. 1957, GS 4/56, GS 5/56, in: BAGE 5, 1–19.

BAG, Urteil v. 24. 11. 1987, 8 AZR 524/82, in: AP zu § 611 BGB, Haftung des Arbeitnehmers, Nr. 93.

BAG, Urteil v. 12. 10. 1989, 8 A ZR 276/88, in: NZA 1990, S. 97–100.

BAG, Beschluß v. 12. 6. 1992, GS 1/89, in NZA 1993, S. 547–550.

BGH, Urteil v. 15. 11. 1982, II ZR 27/82, in: BGHZ 85, S. 293–300.

BGH, Beschluß v. 21. 9. 1993, GmS, OGB 1/93, in: NJW 1994, S. 856.

BGH, Urteil v. 15. 11. 1993, II ZR 235/92, in: ZIP 1993, S. 1862–1867.

BGH, Urteil v. 21. 4. 1997, II ZR 175/95, in: ZIP 1997, S. 883–887.

LAG Hamm, Beschluß v. 19. 10. 1989, 8 Ta BV 46/89, in: BB 1989, S. 2479.

Schriftenverzeichnis

von

Prof. Dr. Dr. h.c. Jörg Baetge

Stand 16. August 1997

1965

Mut zur pfenniglosen Buchhaltung, in: Der Volkswirt 1965, S. 1060–1062.

Erfahrungen mit der pfenniglosen Buchhaltung, in: Finanzen und Buchführung 1965, S. 20 und in: Staatshaushalt 1965, S. 20.

1967

Einschränkungen des Pfennigrechnens im Rechnungswesen, in: ZfhF 1967, S. 185–205.

Übersetzung von: ,,Etzioni, Amitai: Soziologie der Organisationen", Grundfragen der Soziologie, Bd. 12, hrsg. v. Claessens, Dieter, München 1967; 5. Aufl. 1978 (gemeinsam mit Rolf Lepenies und Helmut Nolte).

1969

Zur Sicherheit und Wirtschaftlichkeit der Urteilsbildung bei Prüfungen, hrsg. v. Leffson, Ulrich, Düsseldorf 1969 (gemeinsam mit Ulrich Leffson und Klaus Lippmann).

Übersetzung und Bearbeitung von ,,Thorelli, Hans B./Graves, Robert L./Howells, Lloyd T.: Anleitung zum INTOP-Unternehmensspiel, International Operations Simulation. Mit ergänzenden Unterlagen für den Entscheidungsprozeß in der INTOP-Unternehmung", Münster 1969 (2. Aufl. 1971).

1970

Möglichkeiten der Objektivierung des Jahreserfolges, hrsg. v. Leffson, Ulrich, Düsseldorf 1970.

Bilanzkorrekturen, in: Handwörterbuch des Rechnungswesens, hrsg. v. Kosiol, Erich, Stuttgart 1970, Sp. 229–231 (gemeinsam mit Ulrich Leffson).

Buchführungsvorschriften, allgemeine, in: Handwörterbuch des Rechnungswesens, hrsg. v. Kosiol, Erich, Stuttgart 1970, Sp. 314–319 (gemeinsam mit Ulrich Leffson).

1971

The Reliability of Financial Statements, in: Toward Liberty, Vol. I, Essays in Honour of Ludwig v. Mises on the Occasion of his 90th Birthday, Menlo Park 1971, S. 203–214 (gemeinsam mit Ulrich Leffson).

Theoretische Grundlagen eines Regelungsmodells zur operationalen Planung und Überwachung betriebswirtschaftlicher Prozesse, in: ZfbF 1971, S. 593–630 (gemeinsam mit Hans-Ulrich Steenken).

1972

Regelungstheoretischer Ansatz zur operationalen Planung und Überwachung von Produktion und Lagerung, in: ZfbF 1972, S. 22–69 (gemeinsam mit Hans-Ulrich Steenken).

1973

Regelung oder Steuerung ökonomischer Prozesse?, in: ZfbF 1973, S. 263–272.

1974

Betriebswirtschaftliche Systemtheorie. Regelungstheoretische Planungs-Überwachungsmodelle für Produktion, Lagerung und Absatz, Opladen 1974.

Ein Regelungsmodell für die Preispolitik, in: Computergestützte Marketing-Planung. Beiträge zum Wirtschaftsinformatiksymposium 1973 der IBM Deutschland, hrsg. v. Hansen, Hans R., München 1974, S. 156–173.

1975

Sind Lernkurven adäquate Hypothesen für eine möglichst realistische Kostentheorie?, in: ZfbF 1974, S. 521–543 (Wiederabdruck in: Grundlagen der Wirtschafts- und Sozialkybernetik – Betriebswirtschaftliche Kontrolltheorie, hrsg. v. Baetge, Jörg, Opladen 1975, S. 257–281).

Regelungstheorie und Preispolitik, in: Marketing heute und morgen. Neuere Entwicklungstendenzen der Marketingtheorie und -praxis, hrsg. v. Meffert, Heribert, Wiesbaden 1975, S. 213–246.

Kapital und Vermögen, in: Handwörterbuch der Betriebswirtschaft, hrsg. v. Grochla, Erwin/Wittmann, Waldemar, Bd. 2, Stuttgart 1975, Sp. 2089–2096 (Wiederabdruck in: Betriebswirtschaftslehre, Teil 1: Grundlagen, hrsg. v. Grochla, Erwin, Stuttgart 1978, S. 249–252).

Lernprozesse, betriebliche, in: Handwörterbuch der Betriebswirtschaft, hrsg. v. Grochla, Erwin/Wittmann, Waldemar, Bd. 2, Stuttgart 1975, Sp. 2496–2504.

1976

Möglichkeiten des Tests der dynamischen Eigenschaften betriebswirtschaftlicher Planungs-Überwachungsmodelle, in: Organisationstheorie, 2. Teilband, hrsg. v. Grochla, Erwin, Stuttgart 1976, S. 587–594.

Publizität und Finanzierung, in: Handwörterbuch des Bank- und Finanzwesens, hrsg. v. Büschgen, Hans E., Stuttgart 1976, Sp. 1469–1486 (gemeinsam mit Peter Lammerskitten).

Ein einfaches Rückkopplungsmodell für eine monopolistische Preis-, Produktions- und Lagerpolitik, in: WISU 1976, S. 256–260, S. 305–308, S. 407–410 und S. 453–456 (gemeinsam mit Gerhard Bolenz).

Rechnungslegungszwecke des aktienrechtlichen Jahresabschlusses, in: Bilanzfragen, Festschrift zum 65. Geburtstag von Prof. Dr. Ulrich Leffson, hrsg. v. Baetge, Jörg/Moxter, Adolf/Schneider, Dieter, Düsseldorf 1976, S. 11–30.

Systemtheorie, in: Brockhaus Enzyklopädie, Ergänzungen J–Z, Bd. 23, 17. Aufl., Wiesbaden 1976, S. 580–581.

1977

Feedback Models of Monopolistic Business Policies, in: Kybernetes 1977, Part 1: Price Policy Approaches, S. 15–25 und Part 2: A Multiple Decision Approach, S. 81–90 (gemeinsam mit Wolfgang Ballwieser, Gerhard Bolenz, Reinhold Hömberg und Paul Wullers).

Dynamic Price Policies in Monopolistic Competition, in: Modern Trends in Cybernetics and Systems, Proceedings of the Third International Congress of Cybernetics and Systems in Bucharest, Romania, 1975, hrsg. v. Rose, John, Vol. I, Berlin/Heidelberg/New York 1977, S. 401–417 (gemeinsam mit Wolfgang Ballwieser, Gerhard Bolenz, Reinhold Hömberg und Paul Wullers).

Systemtheorie. Ein Fortschritt in der Betriebswirtschaftslehre?, in: Sozialwissenschaftliche Annalen, Bd. 1, Wien 1977, S. 47–68.

Systemtheorie, in: Handbuch der Wirtschaftswissenschaften, hrsg. v. Albers, Willi u. a., Bd. 7, Göttingen 1977, S. 510–534.

Teamtheorie, in: Handbuch der Wirtschaftswissenschaften, hrsg. v. Albers, Willi u. a., Bd. 7, Göttingen 1977, S. 553–566.

Zum bilanzpolitischen Spielraum der Unternehmensleitung, in: BFuP 1977, S. 199–215 (gemeinsam mit Wolfgang Ballwieser).

1978

Ansatz und Ausweis von Leasingobjekten in Handels- und Steuerbilanz, in: DBW 1978, S. 3–19 (gemeinsam mit Wolfgang Ballwieser).

Probleme einer rationalen Bilanzpolitik, in: BFuP 1978, S. 511–530 (gemeinsam mit Wolfgang Ballwieser).

1979

Spielerhandbuch für das Entscheidungsspiel OPEX, Münster 1979; 12. Aufl. 1997 (gemeinsam mit Jörg Biethahn und Rainer Bokranz).

Motivation von Mitarbeitern, in: Unternehmenstheorie und Unternehmensplanung, Helmut Koch zum 60. Geburtstag, hrsg. v. Mellwig, Winfried u. a., Wiesbaden 1979, S. 11–30.

Lernprozesse in der Produktion, in: Handwörterbuch der Produktion, hrsg. v. Kern, Werner, Stuttgart 1979, Sp. 1125–1133.

Simulation, in: Österreichische Gesellschaft für Operations Research Nachrichten 1979, S. 10–13.

Erfolgskontrolle mit Kennzahlen. Beurteilung und Steuerung von Produktivität, Wirtschaftlichkeit, Rentabilität und Liquidität des Unternehmens, in: Fortschrittliche Betriebsführung und Industrial Engineering, Teil 1: 1979, S. 375–379 und Teil 2: 1980, S. 13–17.

1980

Früherkennung negativer Entwicklungen der zu prüfenden Unternehmung mit Hilfe von Kennzahlen, in: WPg 1980, S. 651–665.

Motivation von Mitarbeitern, in: LION 1980, S. 156–157.

Kontrolltheorie, in: Handbuch der Organisation, hrsg. v. Grochla, Erwin, 2. Aufl., Stuttgart 1980, Sp. 1091–1104.

Unternehmensspiele: Amüsement oder Ausbildungshilfe? – Erfahrungen eines Spielleiters, in: Proceedings in Operations Research 9, Würzburg/Wien 1980, S. 661–662.

Unternehmungsspiele: Amüsement oder Ausbildungshilfe? – Erfahrungen eines Spielleiters, in: Personal-Wirtschaft 1980, S. 151–155.

Stichworte „FLOODsche Zurechnungstechnik (FTZ)", „GANTT-Diagramm", „Kritischer Weg, Berechnung des", „Netzplantechnik, Anwendbarkeit der", „RAMPS (Resource Allocation and Multi Project Scheduling)", „Regelungsprinzip", „Sicherheit und Genauigkeit", „Steuerungsprinzip", „VOGELsche Approximationsmethode (VAM)", "Zuverlässigkeit", in: Lexikon der Wirtschaftsprüfung, hrsg. v. Lück, Wolfgang, München 1980, S. 171, S. 179, S. 314 f., S. 350, S. 417, S. 429 f., S. 454 f., S. 498 f., S. 570 f., S. 615.

Stichworte "Geschichtete Stichprobe", "Sequentialtest", in: Lexikon der Wirtschaftsprüfung, hrsg. v. Lück, Wolfgang, München 1980, S. 197 und S. 452 (gemeinsam mit Reinhold Hömberg).

Stichworte "Internes Kontrollsystem (IKS), Organisationsformen des", "Netzplantechnik (NPT)", in: Lexikon der Wirtschaftsprüfung, hrsg. v. Lück, Wolfgang, München 1980, S. 255 und S. 349 f. (gemeinsam mit Ludwig Mochty).

Die Zuverlässigkeit und Wirtschaftlichkeit Interner Kontrollsysteme, in: Anwendungen der Systemtheorie und Kybernetik in Wirtschaft und Verwaltung, Beiträge zur Tagung der Gesellschaft für Wirtschafts- und Sozialkybernetik 1979, hrsg. v. Hauptmann, Harry/Schenk, Karl-Ernst, Berlin 1980, S. 1–63 (gemeinsam mit Ludwig Mochty).

1981

Starre oder flexible Prüfungsplanung?, in: Management und Kontrolle, Festgabe für Erich Loitlsberger zum 60. Geburtstag, hrsg. v. Seicht, Gerhard, Berlin 1981, S. 121–171 (gemeinsam mit Heiner Meyer zu Lösebeck).

Gewinn und Verlust, in: Handwörterbuch des Rechnungswesens, hrsg. v. Kosiol, Erich/Chmielewicz, Klaus/Schweitzer, Marcell, 2. Aufl., Stuttgart 1981, Sp. 657–668 (gemeinsam mit Reinhold Hömberg).

Grundsätze ordnungsmäßiger Buchführung und Bilanzierung, in: Handwörterbuch des Rechnungswesens, hrsg. v. Kosiol, Erich/Chmielewicz, Klaus/Schweitzer, Marcell, 2. Aufl., Stuttgart 1981, Sp. 702–714.

Substitution des Markt-Preis-Mechanismus durch Steuerungs- und Regelungsmechanismen im Unternehmen, in: Zeitschrift für die gesamte Staatswissenschaft 1981, S. 723–732 (gemeinsam mit Thomas Fischer).

1982

Entzieht sich die Kontrolle der Kontrolle?, in: Information in der Wirtschaft, Verhandlungen auf der Arbeitstagung in Graz 1981, hrsg. v. Streißler, Erich, Berlin 1982, S. 225–227 (gemeinsam mit Ludwig Mochty).

Zur simultanen Abstimmung der kurzfristigen Produktions-, Lager- und Preispolitik bei saisonal schwankendem Absatz mit Hilfe der Kontrolltheorie, in: Quartalshefte 1982, Nr. 1, S. 79–93 (gemeinsam mit Thomas Fischer).

Stochastic Control Methods for Simultaneous Synchronization of the Short-Term Production-, Stock- and Price-Policies when the Saisonal Demand is Unknown, in: Optimal Control Theory and Economic Analysis, hrsg. v. Feichtinger, Gustav, Amsterdam u. a. 1982, S. 21–42 (gemeinsam mit Thomas Fischer).

1983

Thesen zur Wirtschaftskybernetik, in: Kybernetische Methoden und Lösungen in der Unternehmenspraxis, hrsg. v. Baetge, Jörg, Berlin 1983, S. 13–24.

Kybernetische Kontrollsysteme, in: Kybernetik und Management. Ein Round Table-Gespräch, hrsg. v. Baetge, Jörg, Berlin 1983, S. 30–58.

Stichworte „FLOODsche Zurechnungstechnik (FZT)", „GANTT-Diagramm", „Netzplantechnik, Anwendbarkeit der", „Pfad, kritischer", „RAMPS (Resource Allocation and Multi Project Scheduling)", „VOGELsche Approximationsmethode" in: Lexikon der Betriebswirtschaft, hrsg. v. Lück, Wolfgang, Landsberg am Lech 1983, S. 375, S. 391, S. 800, S. 854 f., S. 938, S. 1183 f. (4. Aufl. 1990, S. 394, S. 407, S. 829, S. 882 f., S. 972, S. 1236).

Stichworte „Sequentialtest", „Statistisches Stichprobenverfahren", in: Lexikon der Betriebswirtschaft, hrsg. v. Lück, Wolfgang, Landsberg am Lech 1983, S. 1002 f. und S. 1055 f.; 4. Aufl. 1990, S. 1036 f. und S. 1097 (gemeinsam mit Reinhold Hömberg).

Stichwort „Netzplantechnik (NPT)", in: Lexikon der Betriebswirtschaft, hrsg. v. Lück, Wolfgang, Landsberg am Lech 1983,

S. 799 f.; 4. Aufl. 1990, S. 828 f. (gemeinsam mit Ludwig Mochty).

Optimization of Internal Control Systems, in: Control Models for Business Administration, Proceedings of the 10th International Congress on Cybernetics, Namur 1983, S. 3–19.

Wirtschafts- und Sozialkybernetik, in: Gabler Wirtschafts-Lexikon, Bd. 2, L–Z, 11. Aufl., Wiesbaden 1983, S. 2327–2330.

Überwachungstheorie, Kybernetische, in: Handwörterbuch der Revision, hrsg. v. Coenenberg, Adolf G./Wysocki, Klaus v., Stuttgart 1983, Sp. 1556–1569.

Vermögens- und Finanzlage, Prüfung der, in: Handwörterbuch der Revision, hrsg. v. Coenenberg, Adolf G./Wysocki, Klaus v., Stuttgart 1983, Sp. 1641–1662 (Wiederabdruck in: Handbuch der Abschlußprüfung, hrsg. v. Coenenberg, Adolf G./Wysocki, Klaus v., Stuttgart 1985, Sp. 582–604).

1984

The Derivation from Cost Accounts of Production Costs for Financial Accounting Purposes, in: Financial & Cost Accounting – Are they compatible?, Issues in Accountability, No 10, April 1984, S. 52–58 (gemeinsam mit Annegret Uhlig).

Überwachung, in: Vahlens Kompendium der Betriebswirtschaftslehre, Bd. 2, München 1984, S. 159–200 (3. Aufl. 1993, S. 175–218).

1985

Berücksichtigung des realen Zeitbedarfs ökonomischer Systeme in wirtschaftskybernetischen Modellen, in: Beiträge zur Systemforschung, Festschrift für Adolf Adam, hrsg. v. Beran, Helmut/Pichler, Franz, Wien/New York 1985, S. 53–64.

Zur Ermittlung der handelsrechtlichen „Herstellungskosten" unter Verwendung der Daten der Kostenrechnung, in: WiSt 1985, S. 274–280 (gemeinsam mit Annegret Uhlig).

Eine Zielvorschrift für Rationalisierungsansätze im Prüfungswesen, in: BFuP 1985, S. 277–290.

Zur theoretischen und empirischen Analyse von Überwachungsvorgängen betrieblicher Routinetätigkeiten, in: Information und Wirtschaftlichkeit, hrsg. v. Ballwieser, Wolfgang/Berger, Karl-Heinz, Wiesbaden 1985, S. 451–480 (gemeinsam mit Michael Sanders und Arno Schuppert).

1986

Vergleichbar – vergleichbare Beträge in aufeinanderfolgenden Jahresabschlüssen, in: Handwörterbuch der unbestimmten Rechtsbegriffe im Bilanzrecht des HGB, hrsg. v. Leffson, Ulrich/Rückle, Dieter/Großfeld, Bernhard, Köln 1986, S. 326–335 (gemeinsam mit Dirk Commandeur).

Voraussichtlich dauernde Wertminderung, in: Handwörterbuch der unbestimmten Rechtsbegriffe im Bilanzrecht des HGB, hrsg. v. Leffson, Ulrich/Rückle, Dieter/Großfeld, Bernhard, Köln 1986, S. 377–386 (gemeinsam mit Klaus Brockmeyer).

Vorhersehbare Risiken und Verluste, in: Handwörterbuch der unbestimmten Rechtsbegriffe im Bilanzrecht des HGB, hrsg. v. Leffson, Ulrich/Rückle, Dieter/Großfeld, Bernhard, Köln 1986, S. 394–403 (gemeinsam mit Wolfgang Knüppe).

Grundsätze ordnungsmäßiger Buchführung, in: Handbuch der Rechnungslegung, hrsg. v. Küting, Karlheinz/Weber, Claus-Peter, Stuttgart 1986, S. 177–204 (Vorabdruck in: DB 1986, Beilage Nr. 26, S. 1–15; ab der 4. Aufl. 1995, S. 135–173, gemeinsam mit Hans-Jürgen Kirsch).

Pflicht zur Aufstellung, Kommentierung von § 264 HGB, in: Handbuch der Rechnungslegung, hrsg. v. Küting, Karlheinz/Weber, Claus-Peter, Stuttgart 1986, S. 781–802; 4. Aufl. 1995, S. 1217–1241 (gemeinsam mit Dirk Commandeur).

Aufstellungsgrundsatz, Kommentierung von § 243 HGB, in: Handbuch der Rechnungslegung, hrsg. v. Küting, Karlheinz/Weber, Claus-Peter, Stuttgart 1986, S. 399–428; 4. Aufl. 1995, S. 459–493 (gemeinsam mit Dirk Fey und Gerd Fey).

Pflicht zur Prüfung, Kommentierung von § 316 HGB, in: Handbuch der Rechnungslegung, hrsg. v. Küting, Karlheinz/Weber, Claus-

Peter, Stuttgart 1986, S. 1399–1410; 3. Aufl. 1990, S. 1857–1869 (gemeinsam mit Thomas R. Fischer).

Gegenstand und Umfang der Prüfung, Kommentierung von § 317 HGB, in: Handbuch der Rechnungslegung, hrsg. v. Küting, Karlheinz/Weber, Claus-Peter, Stuttgart 1986, S. 1411–1444; 3. Aufl. 1990, S. 1871–1908 (gemeinsam mit Thomas R. Fischer).

Bestellung und Abberufung des Abschlußprüfers, Kommentierung von § 318 HGB, in: Handbuch der Rechnungslegung, hrsg. v. Küting, Karlheinz/Weber, Claus-Peter, Stuttgart 1986, S. 1445–1490; 3. Aufl. 1990, S. 1909–1962 (gemeinsam mit Martin Fröhlich).

Vorlagepflicht, Auskunftsrecht, Kommentierung von § 320 HGB, in: Handbuch der Rechnungslegung, hrsg. v. Küting, Karlheinz/Weber, Claus-Peter, Stuttgart 1986, S. 1571–1586; 3. Aufl. 1990, S. 2041–2057 (gemeinsam mit Reimund Göbel).

Auswahl des Abschlußprüfers, Kommentierung von § 319 HGB, in: Handbuch der Rechnungslegung, hrsg. v. Küting, Karlheinz/Weber, Claus-Peter, Stuttgart 1986, S. 1491–1569; 3. Aufl. 1990, S. 1963–2040 (gemeinsam mit Heinz Hense).

Auswahlprüfung auf der Basis der Systemprüfung, in: Wirtschaft und Wissenschaft im Wandel, Festschrift für Dr. Carl Zimmerer, Frankfurt am Main 1986, S. 45–63.

Die statistische Auswertung von Jahresabschlüssen zur Informationsgewinnung bei der Abschlußprüfung, in: WPg 1986, S. 605–613 (gemeinsam mit Michael Huß und Hans-Jürgen Niehaus).

1987

Simulation eines Marktes zum Zwecke der Ausbildung: Eine Darstellung des Planspiels OPEX, in: Simulation als betriebliche Entscheidungshilfe, hrsg. v. Biethahn, Jörg/Schmidt, Bernd, Berlin u. a. 1987, S. 95–116 (gemeinsam mit Jörg Biethahn).

Stichworte ,,Kontrolladressat", ,,Kontrollbeitrag", ,,Kontrolle", ,,Kontrollfrequenz", ,,Prüfung", ,,Qualitätskontrolle", ,,Regelung", ,,Steuerung", ,,Überwachung", in: Vahlens Großes Wirtschaftslexikon, hrsg. v. Dichtl, Erwin/Issing, Otmar, München

1987, Bd. 1: S. 1060 f., Bd. 2: S. 416, S. 426, S. 454, S. 647, S. 736 f.

Stichwort „Überwachungssystem", in: Vahlens Großes Wirtschaftslexikon, hrsg. v. Dichtl, Erwin/Issing, Otmar, München 1987, Bd. 2: S. 737–739 (gemeinsam mit Michael Sanders).

Stichworte „Aufgabentrennung", „Funktionstrennung", „Kompetenzbündelung", „Kontrollorganisation", in: Vahlens Großes Wirtschaftslexikon, hrsg. v. Dichtl, Erwin/Issing, Otmar, München 1987, Bd. 1: S. 121 f., S. 660, S. 1035, S. 1063 f. (gemeinsam mit Annegret Uhlig).

Die neuen Ansatz- und Bewertungsvorschriften, in: WPg 1987, S. 126–134 (Wiederabdruck in: ZfbF 1987, S. 206–218).

Anforderungen an den Jahresabschluß – Der Jahresabschluß im Widerstreit der Interessen, in: Reform der Rechnungslegung in Österreich, hrsg. v. Egger, Anton/Ruppe, Hans Georg, Wien 1987, S. 55–72.

Neue Methoden der Jahresabschlußanalyse für die Abschlußprüfung – Anmerkungen zu den Beiträgen von Neubert und Weinrich –, in: WPg 1987, S. 351–353 (gemeinsam mit Michael Huß und Hans-Jürgen Niehaus).

Zur Aussagefähigkeit der Gewinn- und Verlustrechnung nach neuem Recht, in: ZfB 1987, Ergänzungsheft 1, S. 175–201 (gemeinsam mit Thomas R. Fischer).

Steuerliche Auswirkungen des Bilanzrichtlinien-Gesetzes, in: DStZ 1987, S. 378–392 (gemeinsam mit Heinz Hense).

Der Einfluß handelsrechtlicher Rechnungslegungs- und Prüfungsvorschriften auf die genossenschaftliche Rechnungslegung und Prüfung nach neuem Recht, in: Rechnungslegung und Prüfung nach neuem Recht, hrsg. v. Baetge, Jörg, Düsseldorf 1987, S. 107–145 (gemeinsam mit Antonius Wagner).

Betriebswirtschaftliche Möglichkeiten zur Erkennung einer drohenden Insolvenz, in: Beiträge zur Reform des Insolvenzrechts, hrsg. vom Institut der Wirtschaftsprüfer, Düsseldorf 1987, S. 61–81 (gemeinsam mit Michael Huß und Hans-Jürgen Nichaus).

1988

Externe Erfolgsanalyse auf der Grundlage des Umsatzkostenverfahrens, in: BFuP 1988, S. 1–21; aktualisierter Wiederabdruck in: Praxis der GmbH-Rechnungslegung, Bd. 2: Sonderfragen der Bilanzierung, hrsg. v. Otte, Hans-Heinrich, Herne/Berlin 1994, S. 668–688 (gemeinsam mit Thomas R. Fischer).

Kontrollmanagement, in: Funktionale Managementlehre, hrsg. v. Hofmann, Michael/Rosenstiel, Lutz v., Berlin u. a. 1988, S. 383–432.

Die Beurteilung der wirtschaftlichen Lage eines Unternehmens mit Hilfe der statistischen Jahresabschlußanalyse, in: Betriebswirtschaftliche Steuerungs- und Kontrollprobleme, hrsg. v. Lücke, Wolfgang, Wiesbaden 1988, S. 19–31 (gemeinsam mit Michael Huß und Hans-Jürgen Niehaus).

Pflicht zur Prüfung (§ 316 HGB), in: Abschlußprüfung nach neuem Recht, hrsg. v. Baetge, Jörg, Stuttgart 1988, S. 1–8.

Bestellung und Abberufung des Abschlußprüfers (§ 318 HGB), in: Abschlußprüfung nach neuem Recht, hrsg. v. Baetge, Jörg, Stuttgart 1988, S. 27–39.

Konsequenzen des Verstoßes gegen die Offenlegungsvorschriften des HGB, in: DB 1988, S. 1709–1714 (gemeinsam mit Bernd Apelt).

Regulacja wydajnoci w przedsiebiorstwie, in: Regulowanie procesów gospodarozych na przykladzie Polski i RFN, Materialy z konferencji naukowej zorganizowanej przez Instytut Ekonomii Politycznej AE oraz Katedre Ekonomii (Lehrstuhl für Volkswirtschaftstheorie) Uniwersytetu w Münster, hrsg. v. Klimaczak, Bozena/Fiedor, Boguslaw, Warschau 1988, S. 15–35.

The Use of Statistical Analysis to Identify the Financial Strength of Corporations in Germany, in: Studies in Banking and Finance 1988, S. 183–196 (gemeinsam mit Michael Huß und Hans-Jürgen Niehaus).

1989

Simulationstechniken, in: Handwörterbuch der Planung, hrsg. v. Szyperski, Norbert, Stuttgart 1989, Sp. 1782–1795 (gemeinsam mit Thomas Fischer).

Systemanalyse, in: Handwörterbuch der Planung, hrsg. v. Szyperski, Norbert, Stuttgart 1989, Sp. 1943–1952 (gemeinsam mit Thomas Fischer).

Sicherheit und Genauigkeit, in: Lexikon der Rechnungslegung und Abschlußprüfung, hrsg. v. Lück, Wolfgang, Marburg 1989.

Inhalt, Kommentierung von § 297 HGB, in: Handbuch der Konzern-Rechnungslegung, hrsg. v. Küting, Karlheinz/Weber, Claus-Peter, Stuttgart 1989, S. 879–906 (gemeinsam mit Hans-Jürgen Kirsch).

Prüfung des Konzernabschlusses, in: Handbuch der Konzern-Rechnungslegung, hrsg. v. Küting, Karlheinz/Weber, Claus-Peter, Stuttgart 1989, S. 585–665 (gemeinsam mit Heinz Hense).

Moderne Verfahren der Jahresabschlußanalyse, in: Bilanzanalyse und Bilanzpolitik, hrsg. v. Baetge, Jörg, Düsseldorf 1989, S. 139–174 (gemeinsam mit Hans-Jürgen Niehaus).

Aktuelle Probleme des Bilanzrichtlinien-Gesetzes, in: Bilanzanalyse und Bilanzpolitik, hrsg. v. Baetge, Jörg, Düsseldorf 1989, S. 331–362 (gemeinsam mit Hans-Jürgen Kirsch).

Möglichkeiten der Früherkennung negativer Unternehmensentwicklungen mit Hilfe statistischer Jahresabschlußanalysen, in: ZfbF 1989, S. 792–811.

Anleitung zum INTOP II Unternehmungsspiel, Version 2.0. Auf der Basis von INTOP (International Operations Simulation) von Hans B. Thorelli, Robert L. Graves, Lloyd T. Howells, 3. Aufl., Münster 1989 (gemeinsam mit Thomas Fischer und Andreas Kunberger).

Player's Manual INTOP II, Version 2.0, on the basis of INTOP by Hans B. Thorelli, Robert L. Graves, Lloyd T. Howells, 3rd Edition, Münster 1989 (gemeinsam mit Thomas Fischer und Andreas Kunberger).

Der Lagebericht. Aufstellung, Prüfung, Offenlegung, Stuttgart 1989 (gemeinsam mit Thomas R. Fischer und Dierk Paskert).

Die Ergebnisse der empirischen Bilanzforschung als Grundlage für die Entwicklung eines kennzahlenorientierten Controlling-Konzeptes, in: Der Integrationsgedanke in der Betriebswirtschaftslehre, Festschrift zum 70. Geburtstag von Helmut Koch, hrsg. v. Delfmann, Werner u. a., Wiesbaden 1989, S. 51–71.

Expertenmeinung, in: Rosenberg, Otto/Weber, Wolfgang, Telekolleg II, Betriebliches Rechnungswesen, München 1989, S. 30–32.

Prognosefähigkeit von Vermögens-, Finanz- und Ertragskennzahlen im empirischen Test, in: Bilanzanalyse nach neuem Recht, hrsg. v. Coenenberg, Adolf G., Landsberg am Lech 1989, S. 69–89; 2. Aufl. 1990, S. 69–89 (gemeinsam mit Hans-Jürgen Niehaus).

1990

Principles of Proper Bookkeeping and Accounting, in: Handbook of German Business Management, hrsg. v. Gaugler, Eduard/Grochla, Erwin u. a., Stuttgart 1990, Sp. 1815–1834.

Bilanzanalyse, in: Lexikon des Rechnungswesens, hrsg. v. Busse von Colbe, Walther, München 1990, S. 72–78; 3. Aufl. 1994, S. 91–97 (gemeinsam mit Harald Köster).

Grundlagen der Konzernrechnungslegung, in: Konzernrechnungslegung und -prüfung, hrsg. v. Baetge, Jörg, Düsseldorf 1990, S. 1–34 (gemeinsam mit Hans-Jürgen Kirsch).

Prüfung des Konzernabschlusses, in: Konzernrechnungslegung und -prüfung, hrsg. v. Baetge, Jörg, Düsseldorf 1990, S. 175–200.

Notwendigkeiten und Möglichkeiten der Eigenkapitalstärkung mittelständischer Unternehmen, in: Rechnungslegung, Finanzen, Steuern und Prüfung in den neunziger Jahren, hrsg. v. Baetge, Jörg, Düsseldorf 1990, S. 205–240.

Bilanzierungsverbote, Kommentierung von § 248 HGB, in: Handbuch der Rechnungslegung, hrsg. v. Küting, Karlheinz/Weber, Claus-Peter, 3. Aufl., Stuttgart 1990, S. 611–623; 4. Aufl. 1995, S. 577–598 (gemeinsam mit Dirk Fey und Claus-Peter Weber).

Löschung nach § 2 Abs. 1 LöschG, Anhang nach § 325 HGB, in: Handbuch der Rechnungslegung, hrsg. v. Küting, Karlheinz/Weber, Claus-Peter, 3. Aufl., Stuttgart 1990, S. 2137–2161 (gemeinsam mit Bernd Apelt).

Gestaltung, Prüfung und Verbesserung des Internen Kontrollsystems in der öffentlichen Verwaltung, in: Das öffentliche Haushaltswesen in Österreich 1990, S. 1–56.

Überblick über das D-Markbilanzgesetz, in: NWB 1990, S. 1099–1104 (gemeinsam mit Andreas Grünewald).

Bilanzpolitik in der DM-Eröffnungsbilanz, in: BBK 1990, S. 961–972 (gemeinsam mit Kai Baetge und Bernd Stibi).

1991

Il Controllo legale dei conti nell'esperienza tedesca, in: Controllo socientario e direttive europee, hrsg. v. Fanni, Maurizio, Milano 1991, S. 157–187.

Allgemeine Grundsätze für die Aufstellung von Jahresabschlüssen, in: BuW 1991, S. 161–168 (gemeinsam mit Bernd Apelt).

Bilanzpolitik in den Jahresabschlüssen nach der DM-Eröffnungsbilanz, in: DB 1991, S. 397–400 (gemeinsam mit Dierk Paskert und Bernd Stibi).

Die Bilanzierung des Anlagevermögens in der Handelsbilanz, in: BuW 1991, S. 209–214 (gemeinsam mit Clemens Krause).

Latente Steuern im deutschen handelsrechtlichen Jahresabschluß, in: Aktuelle Fragen der Finanzwirtschaft und der Unternehmensbesteuerung, Festschrift zum 70. Geburtstag von Prof. Dr. Erich Loitlsberger, hrsg. v. Rückle, Dieter, Wien 1991, S. 27–47.

Bilanzpolitik in der DM-Eröffnungsbilanz, in: Probleme der Umstellung der Rechnungslegung in der DDR, hrsg. v. Baetge, Jörg, Düsseldorf 1991, S. 147–162 (gemeinsam mit Kai Baetge und Bernd Stibi).

Kybernetik, in: Blick durch die Wirtschaft Nr. 193 vom 08.10.1991, S. 1 (Wiederabdruck unter dem Titel „Kybernetik. Die Systeme und ihre Gesetzmäßigkeiten", in: Betriebswirtschaftslehre heute, hrsg. v. Küting, Karlheinz/Schnorbus, Axel, Frankfurt 1992, S. 23–25).

Überwachungstheorie, in: Blick durch die Wirtschaft Nr. 194 vom 09.10.1991, S. 1 (Wiederabdruck unter dem Titel „Überwachungstheorie. Genau geplant – fehlerlos gefertigt", in: Betriebswirtschaftslehre heute, hrsg. v. Küting, Karlheinz/Schnorbus, Axel, Frankfurt 1992, S. 26–28).

Die Bilanzierung des Eigenkapitals in der Handelsbilanz, in: BuW 1991, S. 341–347 (gemeinsam mit Markus Feidicker).

Die Bilanzierung des Umlaufvermögens in der Handelsbilanz, in: BuW 1991, S. 347–350 (gemeinsam mit Clemens Krause).

Zur Wirtschaftlichkeit der Überwachung von Routinetätigkeiten, in: ZfB 1991, S. 1045–1061 und S. 1131–1148 (gemeinsam mit Arno Schuppert).

Grundzüge der Bilanzanalyse, in: BuW 1991, S. 389–396 (gemeinsam mit Harald Köster).

Bilanzen, Düsseldorf 1991 (4. Aufl. 1996).

Überblick über Akquisition und Unternehmensbewertung, in: Akquisition und Unternehmensbewertung, hrsg. v. Baetge, Jörg, Düsseldorf 1991, S. 1–30 (gemeinsam mit Marcus Krumbholz).

Die Bilanzierung der Rückstellungen in der Handelsbilanz, in: BuW, Teil 1: 1991, S. 473–477 und Teil 2: 1992, S. 1–5 (gemeinsam mit Peter Roß).

1992

Überwachungstheorie, kybernetische, in: Handwörterbuch der Revision, hrsg. v. Coenenberg, Adolf G./Wysocki, Klaus v., 2. Aufl., Stuttgart 1992, Sp. 2038–2054.

Vermögens- und Finanzlage, Prüfung der, in: Handwörterbuch der Revision, hrsg. v. Coenenberg, Adolf G./Wysocki, Klaus v., 2. Aufl., Stuttgart 1992, Sp. 2086–2107 (gemeinsam mit Markus Feidicker).

Der beste Geschäftsbericht, in: Rechnungslegung und Prüfung 1992, hrsg. v. Baetge, Jörg, Düsseldorf 1992, S. 199–230.

Die Bilanzierung der Verbindlichkeiten in der Handelsbilanz, in: BuW 1992, S. 40–45 (gemeinsam mit Andreas Grünewald).

Zur Frage der Reichweite des Passivierungsgrundsatzes, in: Rechnungslegung, Festschrift zum 65. Geburtstag von Prof. Dr. Karl-Heinz Forster, hrsg. v. Moxter, Adolf u. a., Düsseldorf 1992, S. 27–44.

Die Gewinn- und Verlustrechnung, in: BuW 1992, Teil 1: S. 273–279 (gemeinsam mit Bernd Stibi) und Teil 2: S. 373–382 (gemeinsam mit Dagmar Herrmann).

Publizität kleiner und mittelständischer Kapitalgesellschaften und Harmonisierung der Rechnungslegung, in: BFuP 1992, S. 393–411 (gemeinsam mit Bernd Apelt).

Bedeutung und Ermittlung der Grundsätze ordnungmäßiger Buchführung (GoB), in: Handbuch des Jahresabschlusses in Einzeldarstellungen, hrsg. v. Wysocki, Klaus v./Schulze-Osterloh, Joachim, 2. Aufl., Köln 1992, Abt. I/2, S. 3–54 (gemeinsam mit Bernd Apelt).

Akzeptanz und Effizienz der Revision in der Sparkassenorganisation in Deutschland, in: Sparkassen International 1992, S. 13–16 (gemeinsam mit Marcus Krumbholz und Peter Roß).

Evaluating Audit Acceptance and Efficiency, in: Savings Banks International 1992, S. 13–16 (gemeinsam mit Marcus Krumbholz und Peter Roß).

Efficacité de la révision dans l'organisation des caisses d'épargne allemandes, in: Le Monde des Caisses d'Epargne 1992, S. 13–16 (gemeinsam mit Marcus Krumbholz und Peter Roß).

Akzeptanz und Effizienz der Innenrevision in der Sparkassenorganisation, in: Sparkasse 1992, S. 515–518 (gemeinsam mit Marcus Krumbholz und Peter Roß).

Akzeptanz und Effizienz der Innenrevision, in: Betriebswirtschaftliche Blätter 1992, S. 634–636 (gemeinsam mit Peter Roß).

Klassifikation von Unternehmen, in: ZfB 1992, S. 1237–1262 (gemeinsam mit Karsten Erxleben, Markus Feidicker, Heidi Koch, Clemens Krause und Peter Mertens).

Harmonisierung der Rechnungslegung – haben die deutschen Rechnungslegungsvorschriften noch eine Chance?, in: Internationalisierung der Wirtschaft, hrsg. v. der Schmalenbach-Gesellschaft – Deutsche Gesellschaft für Betriebswirtschaft e. V., Stuttgart 1992, S. 109–127.

Kreditwürdigkeitsprüfung mit Diskriminanzanalyse, in: WPg 1992, S. 749–761 (gemeinsam mit Hubert B. Beuter und Markus Feidikker).

1993

Grundsätze ordnungsmäßiger Buchführung und Bilanzierung, in: Handwörterbuch der Betriebswirtschaft, Bd. 1, hrsg. v. Wittmann, Waldemar u. a., 5. Aufl., Stuttgart 1993, Sp. 1541–1549.

Grundsätze ordnungsmäßiger Buchführung und Bilanzierung, in: Handwörterbuch des Rechnungswesens, hrsg. v. Chmielewicz, Klaus/Schweitzer, Marcell, 3. Aufl., Stuttgart 1993, Sp. 860–870.

Lagebericht, in: Handwörterbuch des Rechnungswesens, hrsg. v. Chmielewicz, Klaus/Schweitzer, Marcell, 3. Aufl., Stuttgart 1993, Sp. 1327–1334.

Zwischenberichterstattung in Theorie und Praxis, in: Die deutsche Aktie, hrsg. v. Fritsch, Ulrich u. a., Stuttgart 1993, S. 225–249 (gemeinsam mit Julia Schlösser).

Internationale Jahresabschlüsse vergleichbar machen, in: Bilanz & Buchhaltung 1993, S. 220–228.

The Classification of Companies by Means of Neural Networks, in: Journal of Information Science and Technology 1993, Vol. III, S. 96–112 (gemeinsam mit Clemens Krause).

Analyse von Jahresabschlüssen nach neuem deutschen Recht (dHGB 1985), in: Österreichische Zeitschrift für Rechnungswesen 1993, S. 345–349 (gemeinsam mit Stefan Thiele).

1994

Rating von Unternehmen anhand von Bilanzen, in: WPg 1994, S. 1–10.

Rückstellungen für Altlastensanierung, in: BBK 1994, S. 57–66 (gemeinsam mit Holger Philipps).

Prognosen sind im Lagebericht meist unpräzise und vage – Über die Qualität der „Lageberichte", in: Blick durch die Wirtschaft Nr. 173 vom 7. 9. 1994, S. 1 und S. 8 (gemeinsam mit Marcus Krumbholz).

Bonitätsbeurteilung von Jahresabschlüssen nach neuem Recht (HGB 1985) mit Künstlichen Neuronalen Netzen auf der Basis von Clusteranalysen, in: DB 1994, S. 337–343 (gemeinsam mit Ulrich Schmedt, Dagmar Hüls, Clemens Krause und Carsten Uthoff).

Rationalisierung des Firmenkundenkreditgeschäfts auf der Basis empirisch-statistisch gewonnener Bilanzbonität, in: vbo-Informationen 1994, Nr. 1, S. 4–25 (gemeinsam mit Dagmar Hüls, Clemens Krause und Carsten Uthoff).

Konzernbilanzen, Düsseldorf 1994 (2. Aufl. 1995).

Kreditmanagement mit Neuronalen Netzen, in: Technologie-Management und Technologien für das Management, hrsg. v. Zahn, Erich, Stuttgart 1994, S. 383–409 (gemeinsam mit Clemens Krause).

Transformation des Managements von Technologien zu einem Management von Hochschullehrer-Tagungen, in: Technologie-Management und Technologien für das Management, hrsg. v. Zahn, Erich, Stuttgart 1994, S. 513–518.

The Classification of Companies by Means of Neural Networks, in: Recherches en comptabilité internationale, Tome 2 (Association francaise de comptabilité, Congrés 1994), hrsg. v. A.F.C. Paris-Dauphine, Paris 1994, S. 517–533 (gemeinsam mit Clemens Krause).

Zur Kritik an der Klassifikation von Unternehmen mit Neuronalen Netzen und Diskriminanzanalysen, Stellungnahme zum Beitrag von Anton Burger [ZfB 1994, S. 1165–1179], in: ZfB 1994, S. 1181–1191 (gemeinsam mit Clemens Krause und Peter Mertens).

Die Berücksichtigung des Risikos bei der Unternehmensbewertung, in: BFuP 1994, S. 433–456 (gemeinsam mit Clemens Krause).

Änderungen bestehender Beteiligungsverhältnisse im Konzernabschluß, in: Bilanzrecht und Kapitalmarkt, Festschrift für Adolf Moxter, hrsg. v. Ballwieser, Wolfgang u. a., Düsseldorf 1994, S. 531–549.

Konzernbilanzrecht, Teil A: Pflicht zur Aufstellung eines Konzernabschlusses, in: BBK 1994, S. 501–512 (gemeinsam mit Stefan Thiele).

Bilanzbonitätsanalyse mit Hilfe der Diskriminanzanalyse, in: Controlling 1994, S. 320–327 (gemeinsam mit Dagmar Hüls und Carsten Uthoff).

Der Einsatz Künstlicher Neuronaler Netze zur Kreditwürdigkeitsprüfung, in: Interaktion, hrsg. v. Schiemenz, Bernd, Berlin 1994, S. 31–53 (gemeinsam mit Clemens Krause).

Diskussionsbeitrag zum Thema „Realisationsprinzip und Rückstellungsbildung", in: BFuP-Meinungsspiegel, BFuP 1994, S. 40–42, S. 47 f., S. 51–55, S. 59 f.

Discriminatory Analysis Procedures for Corporate Assessment, in: International Handbook of Cooperative Organizations, hrsg. v. Dülfer, Eberhard, Göttingen 1994, S. 229–266 (gemeinsam mit Markus Feidicker).

Stärkung interner Kontrolle, Beitrag zur Podiumsdiskussion, in: Internationale Unternehmenskontrolle und Unternehmenskultur, Festschrift für Bernhard Großfeld, hrsg. v. Sandrock, Otto/Jäger, Wilhelm, Tübingen 1994, S. 63–65.

Spaltung der Unternehmensfunktion, Beitrag zur Podiumsdiskussion, in: Internationale Unternehmenskontrolle und Unternehmenskultur, Festschrift für Bernhard Großfeld, hrsg. v. Sandrock, Otto/Jäger, Wilhelm, Tübingen 1994, S. 76–80.

Ziele und Aufgaben der Revision in Kreditinstituten, in: Aktuelle Schwerpunktaufgaben der Revisionstätigkeit, hrsg. v. der Wissenschaftsförderung der Sparkassenorganisation e. V., Bonn/Stuttgart 1994, S. 9–47 (gemeinsam mit Peter Roß und Carsten Uthoff).

1995

Bilanzanalyse, in: Handwörterbuch des Bank- und Finanzwesens, hrsg. v. Gerke, Wolfgang u. a., 2. Aufl., Stuttgart 1995, Sp. 251–262 (gemeinsam mit Stefan Thiele).

Was bedeutet „fair presentation"?, in: US-amerikanische Rechnungslegung, hrsg. v. Ballwieser, Wolfgang, Stuttgart 1995, S. 27–43; 2. Aufl. 1996, S. 29–45 (gemeinsam mit Peter Roß).

Konzernbilanzrecht, Teil B: Die Abgrenzung des Konsolidierungskreises, in: BBK 1995, S. 513–524 (gemeinsam mit Stefan Thiele).

Kapitalkonsolidierung nach der Erwerbsmethode im mehrstufigen Konzern, in: Rechenschaftslegung im Wandel, Festschrift für Wolfgang Dieter Budde, hrsg. v. Förschle, Gerhart u. a., München 1995, S. 19–42.

Die Auswahl prüfungsbedürftiger Betriebe im Rahmen der steuerlichen Außenprüfung, in: DB 1995, S. 585–594 (gemeinsam mit Andreas Jerschensky, Dagmar Herrmann und Bernd Stibi).

Konzernbilanzrecht, Teil C: Der Grundsatz der Konzernrechnungslegung, in: BBK 1995, S. 525–540 (gemeinsam mit Dirk Thoms-Meyer).

Probleme der Endkonsolidierung im Konzernabschluß, in: WPg 1995, S. 225–232 (gemeinsam mit Dagmar Herrmann).

Grundsätze ordnungsmäßiger Lageberichterstattung, in: Handbuch der Rechnungslegung, hrsg. v. Küting, Karlheinz/Weber, Claus-Peter, Bd. Ia, 4. Aufl., Stuttgart 1995, S. 175–190 (gemeinsam mit Marcus Krumbholz).

Vermögensstrukturanalyse, in: BBK 1995, S. 321–328 (gemeinsam mit Karl-Heinz Armeloh).

Konzernbilanzrecht, Teil D: Die Kapitalkonsolidierung nach der Erwerbsmethode, in: BBK 1995, S. 541–554 (gemeinsam mit Peter Happe).

Möglichkeiten der Objektivierung der Redepflicht nach § 321 Abs. 1 Satz 4 und Abs. 2 HGB, in: Internationale Wirtschaftsprüfung, Festschrift für Hans Havermann, hrsg. v. Lanfermann, Josef, Düsseldorf 1995, S. 1–35.

Früherkennung der Unternehmenskrise, in: Forschungsjournal der Westfälischen Wilhelms-Universität 1995, S. 21–29 (gemeinsam mit Dagmar Hüls und Carsten Uthoff).

Bilanzbonitätsanalyse mit Künstlichen Neuronalen Netzen, in: Berichte über die Gesellschaft zur Förderung der Westfälischen Wilhelms-Universität zu Münster e. V. 1994/95, Münster 1995, S. 22–26 (gemeinsam mit Dagmar Hüls und Carsten Uthoff).

Bankruptcy Prediction Using Different Soft Computing Methods, in: Third European Congress on Intelligent Techniques and Soft Computing, Proceedings Vol. III, hrsg. v. ELITE – European Laboratory for Intelligent Techniques Engineering, Hans-Jürgen Zimmermann, Aachen 1995, S. 1710–1714 (gemeinsam mit Heribert Popp, Peter Protzel und Jörg Wallrafen).

Früherkennung von Kreditrisiken, in: Risikomanagement in Kreditinstituten, hrsg. v. Rolfes, Bernd/Schierenbeck, Henner/Schüller, Stephan, Frankfurt am Main 1995, S. 191–221.

Bilanzierung von Umweltschutzverpflichtungen, in: Das Buch des Umweltmanagements, hrsg. v. Schitag Ernst & Young, Weinheim 1995, S. 241–268 (gemeinsam mit Holger Philipps).

German Accounting Principles: An Institutionalized Framework, in: Accounting Horizons 1995, S. 92–99 (gemeinsam mit anderen Mitgliedern des Arbeitskreises Externe Unternehmensrechnung der Schmalenbach-Gesellschaft – Deutsche Gesellschaft für Betriebswirtschaft e. V.).

1996

Kapitalstrukturanalyse, in: BBK 1996, S. 343–348 (gemeinsam mit Michael Siefke).

Analyse der horizontalen Bilanzstruktur, in: BBK 1996, S. 349–352 (gemeinsam mit Michael Siefke).

Konzernbilanzrecht, Teil E: Die Schuldenkonsolidierung, in: BBK 1996, S. 555–568 (gemeinsam mit Julia Schlösser).

Abweichungsanalyse, Plankostenrechnung, in: Lexikon des Controlling, hrsg. v. Schulte, Christof, München 1996, S. 15–20 (gemeinsam mit Karl-Heinz Armeloh).

Alternative Ratingsysteme: Bilanzbonitäts-Rating von Unternehmen, in: Handbuch Rating, hrsg. v. Büschgen, Hans E./Everling, Oliver, Wiesbaden 1996, S. 221–249 (gemeinsam mit Isabel Sieringhaus).

Wirtschafts- und Sozialkybernetik, in: Gabler Volkswirtschafts-Lexikon, Wiesbaden 1996, S. 1321–1324.

Bonitätsklassifikationen von Unternehmen mit Neuronalen Netzen, in: Wirtschaftsinformatik 1996, S. 273–281 (gemeinsam mit Ariane Kruse und Carsten Uthoff).

Herstellungskosten: Vollaufwand versus Teilaufwand, in: Rechnungslegung, Prüfung und Beratung – Herausforderungen für den Wirtschaftsprüfer –, Festschrift zum 70. Geburtstag von Prof. Dr. Rainer Ludewig, hrsg. v. Baetge, Jörg u. a., Düsseldorf 1996, S. 55–84.

Konzernbilanzrecht, Teil F: Die Zwischenergebniseliminierung, in: BBK 1996, S. 673–686 (gemeinsam mit Carsten Uthoff).

Jahresabschlüsse – Bewertung auf Basis der Künstlichen Neuronalen Netzanalyse – Eine drohende Schieflage kann frühzeitig erkannt werden, in: Handelsblatt Nr. 150 v. 06.08.1996, S. 15 (gemeinsam mit Andreas Jerschensky).

Bilanz-Rating – Die Unterschiede in der deutschen Großchemie nehmen zu – Hoechst liegt bei der Rentabilität deutlich hinter Bayer und BASF, in: Handelsblatt Nr. 153 v. 9./10. 8. 1996, S. 14 (gemeinsam mit Andreas Jerschensky).

Beurteilung der wirtschaftlichen Lage von Unternehmen mit Hilfe von modernen Verfahren der Jahresabschlußanalyse – Bilanzbonitäts-Rating von Unternehmen mit Künstlichen Neuronalen Netzen, in: DB 1996, S. 1581–1591 (gemeinsam mit Andreas Jerschensky).

Klassifikation von Unternehmen, in: Neuronale Netze in der Betriebswirtschaft, hrsg. v. Corsten, Hans/May, Constantin, Wiesbaden 1996, S. 121–149 (gemeinsam mit Karsten Erxleben, Markus Feidicker, Heidi Koch und Clemens Krause).

Früherkennung der Unternehmenskrise, in: Neuronale Netze in der Betriebswirtschaft, hrsg. v. Corsten, Hans/May, Constantin, Wiesbaden 1996, S. 151–168 (gemeinsam mit Dagmar Hüls und Carsten Uthoff).

Konzernbilanzrecht, Teil G: Die Aufwands- und Ertragskonsolidierung, in: BBK 1996, S. 583–596 (gemeinsam mit Isabel Sieringhaus).

Erfolgsquellenanalyse, in: BBK 1996, S. 387–402 (gemeinsam mit Carsten Bruns).

Automobilindustrie: Die vier Konzerne verfügen über ein beträchtliches Ertragspotential, in: Handelsblatt Nr. 197 v. 11./12.10.1996, S. 20 (gemeinsam mit Andreas Jerschensky).

Konzernbilanzrecht, Teil H: Die Quotenkonsolidierung, in: BBK 1996, S. 597–610 (gemeinsam mit Julia Schlösser).

Risikomanagement und Bankenpublizität, in: Bankeninformation und Genossenschaftsforum 1996, S. 22–29 (gemeinsam mit Peter Happe).

Risikomanagement bei der Kreditvergabe an Firmenkunden, in: Bankeninformation und Genossenschaftsforum 1996, S. 56–59 (gemeinsam mit Carsten Uthoff).

Konzernbilanzrecht, Teil I: Die Equity-Methode, in: BBK 1996, S. 611–626 (gemeinsam mit Carsten Bruns).

1997

Akquisitionscontrolling: Wie ist der Erfolg einer Akquisition zu ermitteln?, in: Umbruch und Wandel, Festschrift für Prof. Dr. Carl Zimmerer, München 1997, S. 448–468.

Anforderungen an die Geschäftsberichterstattung aus betriebswirtschaftlicher und handelsrechtlicher Sicht, in: DStR 1997, S. 176–180 (gemeinsam mit Karl-Heinz Armeloh und Dennis Schulze).

Empirische Befunde über die Qualität der Geschäftsberichterstattung börsennotierter deutscher Kapitalgesellschaften, in: DStR 1997, S. 212–219 (gemeinsam mit Karl-Heinz Armeloh und Dennis Schulze).

Sicheres Kreditgeschäft, in: Creditreform 1997, S. 10–14 (gemeinsam mit Carsten Uthoff).

Rentabilitätsanalyse, in: BBK 1997, S. 413–422 (gemeinsam mit Andreas Jerschensky).

Externes Berichtswesen – Qualität der Geschäftsberichte insgesamt nur ausreichend, in: Handelsblatt Nr. 71 v. 14.04.1997, S. 22 (gemeinsam mit Karl-Heinz Armeloh und Dennis Schulze).

Konzernbilanzrecht, Teil J: Konzernanhang und Konzernlagebericht, in: BBK 1997, S. 627–639 (gemeinsam mit Karl-Heinz Armeloh).

Gesellschafterschutz versus Gläubigerschutz – Rechenschaft versus Kapitalerhaltung, in: Handelsbilanzen und Steuerbilanzen, Festschrift für Heinrich Beisse, hrsg. v. Budde, Wolfgang Dieter u. a., Düsseldorf 1997, S. 11–24 (gemeinsam mit Stefan Thiele).

Der risikoorientierte Prüfungsansatz im internationalen Vergleich, in: Rechnungswesen und Controlling, Festschrift für Anton Egger, hrsg. v. Bertl, Romuald u. a., Wien 1997, S. 437–456.

Gesellschafterorientierung als Voraussetzung für Kunden- und Marktorientierung, in: Marktorientierte Unternehmensführung, Festschrift für Heribert Meffert, hrsg. v. Bruhn, Manfred u. a., Wiesbaden 1997, S. 103–117.

Herausgeberschaft

Schriftenreihe des Instituts für Revisionswesen der Westfälischen Wilhelms-Universität Münster.

Schriftenreihe Forschungsergebnisse aus dem Revisionswesen und der betriebswirtschaftlichen Steuerlehre (gemeinsam mit Erich Loitlsberger und Dieter Rückle).

Schriftenreihe Wirtschaftskybernetik und Systemanalyse (gemeinsam mit Heribert Meffert und Karl-Ernst Schenk).

Grundlagen der Wirtschafts- und Sozialkybernetik – Betriebswirtschaftliche Kontrolltheorie, Opladen 1975.

Bilanzfragen, Festschrift zum 65. Geburtstag von Prof. Dr. Ulrich Leffson, Düsseldorf 1976 (gemeinsam mit Adolf Moxter und Dieter Schneider).

Systemtheorie und sozio-ökonomische Anwendungen. Beiträge zur Tagung der Gesellschaft für Wirtschafts- und Sozialkybernetik 1975, Berlin 1976.

Systemtheorie in Wirtschaft und Verwaltung. Ansätze und Anwendungen, Beiträge zur Tagung der Gesellschaft für Wirtschafts- und Sozialkybernetik 1977, Berlin 1978 (gemeinsam mit Norbert Brachthäuser, Reinhold Hömberg und Johann Jirasek).

Kybernetische Methoden und Lösungen in der Unternehmenspraxis, Berlin 1983.

Personalbedarfsplanung in Wirtschaft und Verwaltung, Stuttgart 1983 (gemeinsam mit Helmut Wagner).

Der Jahresabschluß im Widerstreit der Interessen. Eine Vortragsreihe, Düsseldorf 1983.

Kybernetik und Management. Ein Round Table-Gespräch, Berlin 1983.

Das neue Bilanzrecht – Ein Kompromiß divergierender Interessen?, Düsseldorf 1985.

Wirtschaftliche und soziale Auswirkungen neuer Entwicklungen in der Computertechnologie. Ein Round Table-Gespräch, Berlin 1985 (gemeinsam mit Gerhard Neipp).

Rechnungslegung und Prüfung nach neuem Recht, Düsseldorf 1987.

Abschlußprüfung nach neuem Recht, Stuttgart 1988.

Bilanzanalyse und Bilanzpolitik, Düsseldorf 1989.

Konzernrechnungslegung und -prüfung, Düsseldorf 1990.

Rechnungslegung, Finanzen, Steuern und Prüfung in den neunziger Jahren, Düsseldorf 1990.

Probleme der Umstellung der Rechnungslegung in der DDR, Düsseldorf 1991.

Rückstellungen in der Handels- und Steuerbilanz, Düsseldorf 1991.

Akquisition und Unternehmensbewertung, Düsseldorf 1991.

Rechnungslegung und Prüfung 1992, Düsseldorf 1992.

Rechnungslegung und Prüfung – Perspektiven für die neunziger Jahre –, Düsseldorf 1993.

Umweltrisiken im Jahresabschluß – Vorträge und Diskussionen aus umwelt-, handels- und steuerrechtlicher Sicht –, Düsseldorf 1994.

Rechnungslegung und Prüfung 1994, Düsseldorf 1994.

Die deutsche Rechnungslegung vor dem Hintergrund internationaler Entwicklungen, Düsseldorf 1994.

Übungsbuch Bilanzierung, Düsseldorf 1995.

Insiderrecht und Ad-hoc-Publizität, Düsseldorf 1995.

Rechnungslegung und Prüfung 1996, Düsseldorf 1996.

Rechnungslegung, Prüfung und Beratung – Herausforderungen für den Wirtschaftsprüfer –, Festschrift zum 70. Geburtstag von Prof. Dr. Rainer Ludewig, Düsseldorf 1996 (gemeinsam mit Dietrich Börner, Karl-Heinz Forster und Lothar Schruff).

Aktuelle Entwicklungen in Rechnungslegung und Wirtschaftsprüfung, Düsseldorf 1997.